A 2757.
A. 4.

DICTIONNAIRE
HISTORIQUE,
CRITIQUE, CHRONOLOGIQUE,

GEOGRAPHIQUE ET LITTERAL

DE LA BIBLE.

TOME QUATRIEME.

V-Z

DICTIONNAIRE HISTORIQUE,
CRITIQUE, CHRONOLOGIQUE, GEOGRAPHIQUE ET LITTERAL
DE LA BIBLE,

Enrichi de plus de trois cent Figures en taille-douce, qui repréſentent les Antiquitez Judaïques.

NOUVELLE EDITION REVUE, CORRIGE'E, ET AUGMENTE'E, Dans laquelle le Supplément a été exactement refondu.

Par le Reverend Pere Dom AUGUSTIN CALMET, *Religieux Bénédictin, Abbé de Senones.*

TOME QUATRIEME.

A PARIS,

Chez { EMERY, à ſaint Benoiſt.
SAUGRAIN, Pere, à la Fleur de Lys.
PIERRE MARTIN, à l'Ecu de France. } Quai des Auguſtins.

M. DCCXXX.
AVEC APPROBATION ET PRIVILEGE DU ROY.

DICTIONNAIRE
HISTORIQUE, CRITIQUE,
CHRONOLOGIQUE, GEOGRAPHIQUE
ET LITTERAL
DE LA BIBLE.

VAC

(a) Num.
XVIII. 1. 3. 4.
& seq.

ACHE ROUSSE. (a) Le Seigneur dit à Moyse : » Commandez aux Enfans d'Israël vous amener une vache rousse entiére & sans défaut, & qui n'ait jamais porté le joug. Vous la mettrez entre les mains du Prêtre Eléazar, qui l'ayant menée hors du camp, l'immolera devant tout le peuple. Il trempera son doigt dans le sang de cette vache, il en fera sept fois les aspersions vers l'entrée du Tabernacle, & il la brûlera en présence de tout le peuple, en mettant sur les flammes tant la peau & la chair, que le sang » & les excrémens de l'hostie. Le Prêtre jettera aussi dans le feu qui consume la vache un bouquet composé » de bois de cédre, d'hysope & d'écarlatte teinte deux fois. Après avoir lavé » ses vêtemens & son corps, il reviendra au camp, & sera impur jusqu'au soir.

Celui qui aura brûlé la vache, lavera aussi ses vêtemens & son corps, & sera impur jusqu'au soir. Un homme qui sera pur, amassera les cendres de la vache, & les portera hors du camp dans un lieu pur, afin que les Israëlites en prennent, qu'ils les conservent soigneusement; & qu'ils s'en servent pour faire une eau d'aspersion, parce que cette vache a été brûlée pour le péché. Celui qui aura porté ces cendres, lavera son corps & ses vêtemens, & sera impur jusqu'au soir. Cette ordonnance sera sainte, & inviolablement observée, tant par les Enfans d'Israël, que par les étrangers qui sont parmi vous.

Celui qui aura touché le corps d'un homme mort; & qui pour cette raison aura contracté une souillure qui dure sept jours, sera arrosé de cette eau le troisiéme & le septiéme jour; & il sera ainsi purifié. Que s'il ne reçoit

Tome IV.   A   point

» point d'aspersion le troisiéme jour,
» (mais seulement le sixiéme) il ne
» pourra être purifié le septiéme, (mais
» seulement le dixiéme ou l'onziéme.)
» Quiconque ayant touché le corps mort
» d'un homme, n'aura pas été arrosé de
» l'eau mêlée avec la cendre de la vache
» rousse, souillera le Tabernacle du Sei-
» gneur, (s'il s'y présente en cet état) &
» il périra du milieu d'Israël. Il sera
» impur, parce qu'il n'a point été net-
» toyé par l'eau d'expiation, & son im-
» pureté demeurera sur lui.

Voilà ce que Moyse ordonne sur cette matiére, & voici les réflexions qu'y
font les Commentateurs. Spencer (*a*)
croit que cette cérémonie a un rapport
d'opposition avec les superstitions Egyp-
tiennes. Les Egyptiens n'immoloient jamais de vaches, & les Hébreux n'immoloient ordinairement que des animaux
mâles. Les premiers avoient en horreur
le poil roux, & tous les animaux de la
même couleur. Les Hébreux ne faisoient
aucune distinction de la couleur des victimes que dans cette seule occasion. S. Jérôme (*b*), & plusieurs autres croyent
qu'on immoloit la vache rousse tous les
ans, & qu'on en distribuoit la cendre
dans toutes les villes & bourgades des
Israëlites. Quelques Rabbins soutiennent qu'on n'en brûla qu'une depuis
Moyse jusqu'à Esdras, & que depuis
Esdras, jusqu'à la destruction du Temple par les Romains, on n'en immola
que six, ou au plus neuf. Le même saint
Jérôme enseigne que cette cérémonie se
fit toujours sur le mont des Oliviers, vis-
à-vis le Temple, depuis que l'Arche fut
fixée à Jérusalem ; & les Juifs enseignent
que ce fut toujours le Grand-Prêtre qui
immola cette victime, depuis la construction du Temple.

Il y a des Auteurs qui mettent le sacrifice de la vache rousse au rang de
ceux qu'on offroit au nom de tout le
peuple : il falloit que cette vache fût
sans tache ou sans défaut (*c*), aussi-bien
que les victimes des autres sacrifices ;
qu'on fît aspersion de son sang par sept
fois vers l'entrée du Tabernacle (*d*) ;
qu'on la brûlât entiérement, après quoi
les cendres qui en restoient, servoient à
se purifier des souillures contractées à
l'occasion d'un mort, & à empêcher
qu'on ne souillât le Sanctuaire & les
choses saintes (*e*). *La Vache rousse*, dit
Abrabanel, *étoit un sacrifice pour le péché de tout le peuple d'Israël*. Je crois que
l'on peut dire que c'étoit un sacrifice
pour le péché ; mais je ne crois pas que
l'on puisse lui donner le nom d'*Oblation* ; car l'Ecriture ne le donne qu'à ce
qu'on offroit à Dieu solemnellement sur
l'Autel des Holocaustes. On doit porter
le même jugement de cette autre vache,
à laquelle on coupoit la tête, pour l'expiation d'un homicide dont l'auteur
étoit inconnu (*a*). Ce sacrifice ne peut
être appellé oblation, à cause qu'il ne se
faisoit point sur l'Autel des Holocaustes : cépendant c'étoit un véritable sacrifice pour le péché, puisqu'il expioit
l'homicide.

La vache rousse immolée hors du
camp, étoit la figure de JESUS-CHRIST,
dont le Sang nettoye notre conscience
de tous nos péchez. *Car (b) si le sang
des boucs & des taureaux, & l'aspersion
de l'eau mêlée avec la cendre d'une géni-
sse, sanctifie ceux qui ont été souillez,
en leur donnant une pureté extérieure &
charnelle, combien plus le Sang de JESUS-
CHRIST, qui par le Saint-Esprit s'est
offert lui-même à Dieu comme une victime sans tache, purifiera-t-il notre conscience des œuvres mortes ; pour nous
faire rendre un vrai culte au Dieu vivant ?* Voyez les Commentateurs sur
les Nombres, Chap. XIX.

*EXPLICATION DE LA PLANCHE
qui représente la cérémonie du Sacrifice de la vache rousse brûlée hors du
camp d'Israël.*

A A A A. Le Camp d'Israël.
B. Le Tabernacle d'assignation dressé
au milieu du Camp.
C. La Colomne de nuée qui étoit té-
nébreuse pendant le jour, & lumineuse
durant la nuit, & qui restoit sur le Tabernacle tant qu'il falloit camper.
D. Bucher sur lequel on brûloit la vache rousse, après l'avoir égorgée, & ensuite écorchée.
E. Le Grand-Prêtre faisant par sept
fois aspersion vers le Tabernacle d'assignation avec son doigt trempé dans le
sang de la vache rousse.
FF. Prêtres qui ramassent, & jettent
dans le feu le sang & les excrémens de
la vache.
G. Autres qui jettent la peau de la vache rousse dans le feu.
H. Autre qui apporte un fagot de bois
de cédre & d'hyssope, lié avec un cordon de laine couleur de pourpre, pour le
jetter aussi au milieu du feu.
I. Grand bassin où les Sacrificateurs,
après le sacrifice de la vache rousse, se
lavoient,

(*a*) Spencer. l. 1. c. 15. de leg. Hebr. rit.

(*b*) Hieronym. Epistol. 27.

(*c*) Num. XIX. 2.

(*d*) Ibid. ỳ. 4.

(*e*) Ibid. ỳ. 13.

(*a*) Deut. XXI. 1...9.

(*b*) Hebr. IX. 13.

CEREMONIES DU SACRIFICE DE LA VACHE ROUSSE BRUSLÉE HORS DU CAMP D'ISRAEL. Nomb. XIX.

VAC

lavoient, & leurs vêtemens avant de rentrer dans le Camp.

K. Tout le peuple d'Israël assemblé pour la cérémonie de l'immolation de la vache rousse, dont on ramassoit soigneusement les cendres que l'on gardoit pour faire une eau d'aspersion ; qui servoit pour la purification & l'expiation des soüillûres contractées à l'occasion d'un mort, pour empêcher qu'on ne soüillât le Sanctuaire & les choses saintes, &c.

VACHES. Comme le nom de Bœuf & de Taureau, dans le sens figuré, signifie les riches & les puissans, les grands qui vivent dans l'opulence, dans l'oubli de Dieu, dans le mépris des pauvres ; ainsi à proportion *les vaches* se prennent pour les femmes riches, délicates & voluptueuses, qui font leur Dieu de leur plaisir. Voyez comme les apostrophe le Prophéte Amos (*a*) : *Ecoutez ceci, vaches grasses, qui êtes dans la montagne de Samarie, qui opprimez les pauvres & brisez les indigens, qui dites à vos maris ; apportez, & nous boirons.* Et le Prophéte Osée (*b*) : *Israël s'est écarté du droit chemin comme une Genisse qui bondit. Mais ci-après le Seigneur les paîtra comme un Agneau dans la solitude.*

(*a*) Amos IV. 1.

(*b*) Osée IV. 16.

Les Prophétes donnent souvent aux Veaux d'or de Jéroboam, le nom de Vaches ou de Genisses (*c*) : *Vaccas Bethaven coluerunt habitatores Samariæ.* Les Septante, & après eux Joseph & les Peres Grecs les appellent des *Genisses d'or* (*d*). Le terme Hébreu *hegel* signifie proprement *un Veau* : mais on ne doute point que les Hébreux n'ayent voulu en cela imiter les Egyptiens qui rendoient leur culte au taureau Apis ;

(*c*) Osée x. 5.

(*d*) 70. Joseph. PP. Græci ΔΑΜΑΛΙΣ ΧΡΥΣΟΥΣ שני עגלי זהב

Isaïe (*e*) & Jéremie (*f*) donnent à la ville de Ségor, & à celle d'Oronaïm l'épithéte de vache ou de genisse de trois ans ; *Ségor*, ou *Oronaïm vitulam conternantem.* Les uns croyent que ces mots marquent leur vivacité & leur indocilité. Ce sont des Villes indomptées & incapables de subir le joug. D'autres, qu'ils signifient la vigueur, la force de Ségor & d'Oronaïm. Ces deux Villes sentent leur force ; & ne veulent pas se soûmettre. Nous croyons que les mots Hébreux *Agela* & *Salissa*, une genisse de trois ans, marquent deux Villes, l'une nommée *Béthagla*, & l'autre *Baal-Salissa*. La première étoit sur la Mer morte. Voyez *Josue* xv. 5. xviii. 19. 21. & l'autre est marquée, 1. *Reg.* ix. 4. & 4. *Reg.* iv. 42.

(*e*) Isai. xv. 5.

(*f*) Jerem. XLVIII. 34.

VAI

Dans le stile des Prophétes, les Nations sont quelquefois comparées à des genisses. *L'Egypte est une genisse d'une beauté charmante ; il lui viendra du côté de l'Aquilon des maîtres qui la piqueront avec l'éguillon* (*a*). Il veut parler des Caldéens qui devoient subjuguer l'Egypte. Et le Prophéte Osée (*b*), parlant du Royaume des dix Tribus ; *Ephraïm est comme une genisse bien nourrie accoutumée à fouler le bled*, & à vivre dans l'abondance ; mais je la dompterai ; je lui ferai subir le joug.

(*a*) Jerem. XLVI. 20.

(*b*) Osée x. 11.

Samson dans le Livre des Juges (*c*), accuse les jeunes hommes de sa nôce d'avoir abusé de la facilité de sa femme pour tirer son secret. *Si non arassetis in vitula mea, non invenissetis propositionem meam.* Si vous n'aviez pas labouré avec ma genisse ; vous n'auriez pas deviné mon énigme. Moyse ordonne (*d*) que si l'on trouve le corps d'un homme tué dans le finage d'une ville ou d'une bourgade, & que le meurtrier soit inconnu, les Anciens & les Juges du lieu prennent une genisse, qui n'ait pas encore porté le joug ; qu'ils la menent dans un vallon inculte ; & qui n'ait jamais été labouré ; là on coupera la tête à la genisse, les Anciens du lieu laveront leurs mains en présence des Lévites sur la tête de la genisse ; & diront : Nos mains n'ont point répandu le sang de cet homme, & nos yeux ne l'ont point vû ; Seigneur, ayez pitié de votre peuple d'Israël, & ne lui imputez point le sang qui a été répandu. Voyez l'article *Meurtre*.

(*c*) Judic. XIV. 18.

(*d*) Deut. XXI. 3.

VAFRES. Voyez *Vaphrés*, & *Ephrée* Roi d'Egypte.

VAGAO, Valet de chambre d'Holofernes, qui introduisit Judith dans la tente de son maître, esperant qu'elle contenteroit la brutale passion de cet homme. Le nom de *Vagoas*, ou plutôt, *Bagoa*, se prend pour toute sorte d'Eunuque en général (*e*).

Quem penes est Dominam servandi cura Bagoa (*f*).

Dans l'Hébreu d'Esther, les Eunuques sont nommez Bagata ; & dans le Grec, Bugaios.

(*e*) Plin. l. 13. c. 4.

(*f*) Ovid. Amor. l. 2.

VAIN. Voyez ci-après *vanité*. Vain se met très-souvent pour *faux*. Vous ne prendrez point le nom de Dieu en vain : (*g*) Vous ne jurerez point faussement, (*h*) ou vous ne prendrez point inutilement & sans de très-bonnes raisons le nom de Dieu à témoin de ce que vous dites. Le nom Hébreu *Schave* que l'on traduit

(*g*) Exod. xx. 7. לא

(*h*) Ita plerique Interpretes נשא pro falso sumitur. Deut. v. 20. Exod. xxi. 16. &c.

4   VAI   VAL

traduit ici par *vanum*, se met pour *falsum* en plusieurs endroits de l'Ecriture, comme Deut. v. 20. Exod. xx. 16. Lévit. XIX. 12. Psalm. IV. 3. XXXVII. 13. LXI. 10. Ezech. XII. 24. XIII. 6. Osée x. 4. XII. 11. Jonas II. 9. Zach. x. 2. Matt. v. 33. Ter-

(*a*) *Tertull. de Idololatr. c.* 20. *Cyrill. Clem. Alex. &c.*

tullien (*a*), & quelques autres anciens Peres ont crû que ce passage défendoit de donner le nom de Dieu aux faux Dieux, aux Idoles. Il est certain que *vana* se prend souvent pour les faux Dieux ; mais ce n'est point le sens litteral de cet endroit.

V A I N est opposé au vrai, au réel.

(*b*) *Psalm.* v. 10.

Leur cœur est *vain* (*b*), plein de vanité, de mensonge ; *vana locuti sunt unus-*

(*c*) *Psalm.* XI. 3.

quisque ad proximum suum (*c*) ; ils ont trompé leur prochain par de vains discours, par des paroles pleines de mensonges & de tromperies ; les faux Prophétes *vident vana & divinant men-*

(*d*) *Ezech.* XIII. 6.

dacium (*d*) ; n'ont que des songes creux, & des visions vaines ; ils ne prononcent que de vaines & de fausses prédictions. Voyez aussi Isaïe LVI. ℣. 10. *Speculatores ejus cæci... Videntes vana, dormientes & amantes somnia.* Ce sont des rêveurs.

V A I N, choses vaines ; sont les Ido-

(*e*) I. *Reg.* XII. 21.

les (*e*) ; *Nolite declinare post vana.* Ne courez pas après ces Dieux de rien, qui ne pourront vous garantir ; car ils ne sont rien. Voyez Act. XIV. 14. *Annuntiantes vobis ab his vanis converti ad Deum vivum.*

P R E N D R E   S O N   A M E   E N   V A I N ,

(*f*) *Psalm.* XXIV. 4.

(*f*) c'est-à-dire, jurer par sa propre vie, & jurer en vain & faussement. *Ils ont*

(*g*) *Psalm.* LXII. 10.

cherché mon ame en vain (*g*). Ils ont inutilement cherché à m'ôter la vie, Dieu m'a conservé & garanti de leurs piéges ; ou plutôt, ils ont sans raison & sous de vains & de faux prétextes cherché à me faire mourir.

D E S   H O M M E S   V A I N S ne signifient pas seulement des gens enflez d'orgüeil & remplis de vanité, mais aussi des gens de néant, sans Religion, sans regle de conduite, des écervelez ; par exemple :

(*h*) 2. *Par.* XIII. 7. אנשׁ רקם הני

Viri vanissimi, & filii Belial (*h*). L'Hébreu, *des hommes vuides de sens*, ou *des gueux, des miserables enfans sans joug*, ou *enfans de néant.* *Rekim* que la Vul-

70. ἄνδρες λοιμοί.

gate a rendu par *vanissimi*, est le même que *Raka* que l'on trouve dans l'Evangi-

(*i*) *Matth.* v. 22.

le (*i*) : *Qui dixerit fratri suo Raka.* Au lieu de *vanissimi*, les Septante portent : *des hommes pestilentiels & dangereux.*

(*k*) *Prov.* XXI. 6. הבל נדף

Celui qui amasse des richesses par le mensonge est vain & sans cœur, *vanus est & excors* (*k*). L'Hébreu, c'est une

vanité poussée par le vent, c'est comme un festu qui est le joüet des vents. Et ailleurs (*a*) : *Qui vanus est & excors*

(*a*) *Prov.* XII. 8. נעוה לב *Perversus corde.*

patebit contemptui. Celui qui est vain & sans intelligence sera exposé au mépris ; l'Hébreu, celui qui a le cœur pervers & corrompu, &c. *Vani sunt omnes homines in quibus non subest scientia Dei* (*b*). Ceux qui n'ont pas la science

(*b*) *Sap.* XIII. 1.

de Dieu, ne sont que vanité. Toutes leurs autres qualitez, leurs sciences, leur habileté n'est qu'ignorance, sans la science des Saints. Le Grec porte : *Tous les hommes sont vains de leur nature.* Ils ne font rien d'eux-mêmes, ils ne rendent qu'au néant, &c.

V A L L E' E. Il y a plusieurs vallées dont il est parlé dans l'Ecriture. Par exemple, *la vallée de Bénédiction*, dans la Tribu de Juda, à l'occident de la Mer morte. Voyez 2. Paralip. XX. XXVI.

L A   V A L L E' E   D U   B O I S , *vallis Sylvestris ;* Génese XIV. 3. 8. 20. L'Hébreu (*c*) porte la vallée d'Hassidim, que

(*c*) *Genes.* XIV. 3. השׂדים

quelques-uns traduisent la vallée *des Champs ;* d'autres la vallée *de la Chaux ;* les Septante, la vallée Salée. C'est dans cette vallée qu'étoient bâties Sodome & Gomorre, & où se forma depuis le Lac Asphaltite, ou la Mer morte.

L A   V A L L E' E   D E   S A V E', autrement *la vallée Royale.* Gen. XIV. 17. & 2. Reg. XVIII. 18. Savé est une ville située dans la vallée du Roi, vis-à-vis de Jérusalem, selon Eusébe. C'est dans cette vallée où Melchisédech vint au-devant d'Abraham, à son retour de la victoire contre les cinq Rois. Mais quelques-uns croyent que cette entrevuë se fit au pied du mont Thabor (*d*).

(*d*) *Vide alt. Melchisedeth. t.* 1. *Oper. S.* 19 & *Brocard ascript. Terra sancta.*

L A   V A L L E' E   D E S   S A L I N E S , *vallis Salinarum.* 2. Reg. VIII. 13. & 4. Reg. XIV. 7. La plûpart mettent cette vallée dans l'Idumée meridionale, vers le midi de la Mer morte. C'est-là, dit-on, où les Iduméens furent battus par David, ou par Joab, & encore par Amasias fils de Joas Roi de Juda. Nous la plaçons dans l'Idumée orientale, entre Thadmar & Bosra. Voyez *Salines.*

V A L L E' E   D E S   R A P H A I M , ou *vallée des Géans.* 2. Reg. v. 18. & XXIII. 13. Voyez l'article *Raphaïm.*

L A   V A L L E' E   D U   R A I S I N , *vallis Botri. Num.* XXXII. 9. Voyez ci-devant *Nehel Eschol.*

L A   V A L L E' E   D E   J E Z R A E L . C'est la même que *la vallée d'Esdrelon* ou *le grand Champ*, qui s'étend de l'orient à l'occident, depuis Scythopolis, jusqu'au pied du mont Carmel.

LA

VAL

LA VALLE'E DE MAMBRE', près d'Hébron. Voyez *Mambré*.

LA VALLE'E DE MORE', près de Sichem. Voyez *Moré*. Elle est aussi nommée *la vallée Illustre*, *Genes.* XII. 6.

LA VALLE'E D'ACHOR; *Josué* VII. 24. 26. *Isai.* LXV. 10. & *Osée*, II. 15. au septentrion de Jéricho, selon S. Jérôme. C'est-là où le malheureux Achan fut lapidé. Voyez *Achor*.

LA VALLE'E D'AÏALON. Voyez *Aïalon*. C'est cette ville qui donnoit le nom à la vallée.

LA VALLE'E DES ROSEAUX, *vallis Arundinis*. *Josué*, XVI. 8. & XVII. 9. L'Hébreu (*a*) lit *la vallée* ou le torrent *de Kanna*. Elle n'étoit pas loin de la Mer morte, ni de Taphua.

(*a*) גיא קנה *Ge-kanna*.

LA VALLE'E DE JOSAPHAT. On l'entend ordinairement de la vallée où coule le torrent de Cédron, à l'orient & au midy de Jérusalem. Voyez *Josaphat*, & *Joël*, III. 12.

LA VALLE'E D'ENNON, ou *la vallée des enfans d'Ennon*, en Hébreu, (*b*) *Ge-hennon* ou *Gebéné-hennon*, d'où vient le mot de *Gehenna*, étoit à l'orient & au midy de Jérusalem. Voyez *Hennon*, ou *Ennon*, ou *Tophet*.

(*b*) גיא הנון *Ge-hennon*.

LA VALLE'E DU ROI. Voyez ci-devant *la vallée de Savé*, ou simplement *Savé*.

LA VALLE'E DES OUVRIERS; *vallis Artificum*. Voyez I. *Par.* IV. 14. & 2. *Esdr.* XI. 35. en Hébreu (*c*); *Ge-harasim*. On la place sur le Jourdain, dans la Tribu de Benjamin.

(*c*) גיא חרשים *Ge-harasim*.

LA VALLE'E DE CASIS (*d*); dans la Tribu de Benjamin. On n'en sçait pas au juste la situation. Quelques-uns traduisent l'Hébreu par, *la vallée de l'Incision*. Ils conjecturent qu'on pût lui donner ce nom, parce que peut-être on y cultivoit le baume; qui se tiroit par incision. Mais y cultivoit-on cette plante du tems de Josué? Je ne le crois pas.

(*d*) *Josue* XVIII. 21. עמק קציץ

LA VALLE'E DE JEPHTAEL (*e*); prenoit apparemment son nom de la ville de Jephtaël, frontière de Zabulon. On n'en sçait pas au vrai la situation.

(*e*) *Josue* XIX. 14. 27.

LA VALLE'E DE SOREC (*f*); dans laquelle étoit la ville de Sorec; dans la Tribu de Dan. Peut-être la même que *la vallée du Raisin*. Voyez *Sorec*.

(*f*) *Judic.* XVI. 4.

LA VALLE'E DE SE'BOÏM (*g*). Séboïm étoit une des quatre villes qui furent consumées avec Sodome par le feu du Ciel (*h*). La vallée de Séboïm étoit donc sur la Mer morte; mais on

(*g*) 1. *Reg.* XIII. 18.

(*h*) *Genes.* x. XVIII. XIX.

Tome IV.

VAL

n'en sçait pas la situation. Peut-être que dans la suite on rétablit Séboïm; voyez 2. *Esdr.* XI. 34. ainsi que Sodome. Quelques-uns (*a*) prennent *Séboïm*, ou *Tzéboïm*, dans un sens générique; pour *des serpens*, *des basilics*, ou *des hyènes*.

(*a*) *Its Chal. Hebr. Vatab.*

LA VALLE'E DE GAD (*b*); vallée située au-delà du Jourdain, dans le partage de Gad; & apparemment le long de l'Arnon.

(*b*) 2. *Reg.* XXIV. 5.

LA VALLE'E DES LARMES (*c*); apparemment la même que *la vallée des Pleurs* où *des Pleurans*, ou *de Bochim*. Voyez *Judic.* II. 1. & 1. *Reg.* V. 23. & ci-devant l'article *Bochim*, ou *Clauthmon*. Cette vallée étoit au midi de Jérusalem.

(*c*) *Psalm.* LXXXIII. 7.

LA VALLE'E DE VISION (*d*), dans le style prophétique & figuré, signifie Jérusalem. Elle est nommée *vallée* par antiphrase, parce qu'elle est située sur une montagne; & on lui donne le surnom de *vision*, parce qu'elle est le sujet de la prophétie d'Isaïe, ou parce que le Temple de Jérusalem fut bâti sur le mont Moria; qui est *la montagne de vision* (*e*).

(*d*) *Isai* XXII. 1. 5.

(*e*) *Genes.* XXII. 14.

LA VALLE'E GRASSE, *vallis Pinguium* (*f*). C'est la vallée qui est au pied, & aux environs de la ville de Samarie. Ce pays étoit fort gras & fort fertile. Samarie étoit assise sur la hauteur qui commandoit cette vallée: *In vertice vallis pinguissimæ*.

(*f*) *Isai.* XXVIII. 1. 4.

LA VALLE'E DU CARNAGE, *vallis Interfectionis* (*g*). C'est le nom que Jérémie prédit que l'on donnera à *la vallée d'Ennom*, ou de *Topheth*. Voyez *Topheth*, & *Jérem.* VII. 32. XIX. 6. XXXI. 40. Elle est nommée *vallis Concisionis* dans Joël, Chap. III. 14. & dans le même Chapitre; *vallée de Josaphat*, ou *du Jugement de Dieu*.

(*g*) *Jerem.* VII. 3.

LA VALLE'E DES CADAVRES; (*h*) *vallis Cadaverum*. La même que *Topheth*. C'étoit la voirie de Jérusalem.

(*h*) *Jerem.* XXXI. 40.

LA VALLE'E DES VOYAGEURS ou *des Pélerins*, *vallis Viatorum ad orientem maris* (*i*). Nous croyons que cela marque le grand chemin qui étoit au pied du mont Carmel, pour aller de la Judée, de l'Egypte; & du pays des Philistins, dans la Phénicie; & réciproquement de la Phénicie, dans le pays des Philistins, dans la Judée & dans l'Egypte. Ce chemin étoit à l'orient de la Méditerranée.

(*i*) *Ezech.* XXXIX. 11.

LA VALLE'E DE LA MULTITUDE DE GOG (*k*), ou *le cimetière de l'armée de Gog*. C'étoit apparemment la vallée de Jezraël; dans laquelle nous croyons

(*k*) *Ezech.* XXXIX. 11. 15.

B

croyons que l'armée de Cambyfes fut défaite, après la mort de ce Prince. Voyez le Commentaire fur Ezéchiel, XXXIX. & les articles de *Cambyfes* & de *Gog*.

La Valle'e des Montagnes, *vallis Montium* (*a*). C'eſt ainſi que le Prophéte Zacharie appelle les vallées qui étoient autour de Jéruſalem, & où les habitans de cette ville ſe ſauveront dans leur dernier malheur, lorſque la ville fut aſſiégée par les Romains.

La Valle'e Illustre, près de Sichem. La même que *la vallée de Moré*. L'Hébreu porte (*b*): *Elon-Moré*, le Chêne ou la Chenaye de Moré.

La Valle'e de Ce'dron (*c*), à l'orient de Jéruſalem, entre cette ville; & la montagne des Oliviers.

La Valle'e de Gihon (*d*), à l'occident de la même ville. Elle prenoit ſon nom de la fontaine de Géhon, qui a ſa ſource en cet endroit, & qui coule de l'occident au midi, pour aller ſe jetter dans le torrent de Cédron.

La Valle'e des Tentes, *convallem Tabernaculorum* (*e*); l'Hébreu, *la vallée de Socoth*, au-delà du Jourdain, & aux environs de la ville de Socoth. Le Pſalmiſte met *la vallée de Socoth* pour tout le pays de de-là le Jourdain.

La Valle'e de Sennim, où demeuroit *Haber*, ou *Héber le Cinéen* (*f*). Elle étoit dans la Galilée, aux environs de Sennaa, & de Cadés de Nephtali.

La Valle'e du Te're'binthe, (*g*) où Saül étoit campé avec l'armée d'Iſraël, lorſque le géant Goliath vint inſulter les troupes des Hébreux. Cette vallée étoit au midi de Jéruſalem, vers Soco & Azéca. On peut auſſi donner le nom de vallée du Térébinthe, à la vallée de Mambré, à cauſe du térébinthe ſous lequel Abraham reçut les trois Anges. Voyez ci-devant l'article de *Térébinthe*.

La Valle'e de Sephata (*h*). C'eſt-là où Aſa Roi de Juda défit une grande armée d'Ethiopiens ou de *Chuſchims*. Cette vallée étoit vers *Mareſa* & *Eleutheropolis*.

VALERIUS GRATUS, Gouverneur de Judée. Voyez *Gratus*.

VANGEANCE. Voyez *Vengeance*.

VANIA, fut un de ceux qui répudiérent leurs femmes étrangéres, après le retour de la captivité de Babylone. 1. *Eſdr.* x. 36.

VANITE'. Les Interprétes de l'Ecriture traduiſent d'ordinaire par *vani-*

(*a*) *Zach.* XIV. 3.

(*b*) *Geneſ.* XII. 6. אלון מורה *Elon-Moré*.
(*c*) 4. *Reg.* XXIII. 4. 6.

(*d*) 2. *Par.* XXXIII. 14.

(*e*) *Pſal.* LIX. 6. & CVII. 8.

(*f*) *Judic.* IV. 11.

(*g*) 1. *Reg.* XVII. 2. עמק האלה *la vallée d'Ela*, ou du *Chêne*.

(*h*) 2. *Par.* XIV. 9. 10.

tas, ou *vanum*, les mots Hébreux *ſchavé* (*a*), & *habel* (*b*), dont le premier ſignifie plutôt ce qui eſt oppoſé au vrai; & le ſecond, ce qui eſt oppoſé au réel, au ſolide. Auſſi le nom de *vanité*, ſe prend en pluſieurs ſens dans les Auteurs ſacrez.

I. Vanite' ſe met pour *la vaine gloire*, l'orgüeil, qui fait qu'on s'eſtime, qu'on ſe vante, qu'on s'en fait accroire. Par exemple (*c*): *Détournez mes yeux, afin qu'ils ne voyent point la vanité*; &: Ils proférent des paroles de vanité & d'orgüeil (*d*): *Superba vanitatis loquentes*.

II. Vanite' ſe prend pour le menſonge (*e*): *Pourquoi aimez-vous la vanité, & recherchez-vous le menſonge?* Et: *Ils ont proféré des paroles de vanité, de menſonge, & ils ne s'occupent que de fraudes tout le jour* (*f*). Et: *Vous ne prendrez point le nom du Seigneur voire Dieu en vain* (*g*); vous ne jurerez point pour aſſûrer la fauſſeté; vous ne prendrez point le Seigneur à témoin de vos menſonges. Des viſions de vanité, des paroles de vanité, marquent des diſcours de fauſſeté, & des paroles de menſonge.

III. Vanite' ſe prend pour le néant. Par exemple: *Vanité des vanitez, & tout n'eſt que vanité* (*h*). Je n'ai vû que vanité & affliction d'eſprit dans tout ce qui ſe paſſe dans le monde; ou ſous le ſoleil. *Tout homme vivant n'eſt que vanité: Univerſa vanitas, omnis homo vivens*). L'homme eſt comme un néant; ſes jours paſſent comme l'ombre: *Homo vanitati ſimilis factus eſt; dies ejus ſicut umbra prætereunt* (*i*).

IV. Vanite' ſe prend pour les Idoles: *Ils ont irrité le Seigneur dans leurs vanitez*, c'eſt-à-dire, par leurs Idoles, leurs riens (*k*): Ils ont ſuivi des vanitez: *Secuti ſunt vanitates* (*l*). N'a-t-il point de Seigneur dans Sion, puiſqu'ils ont couru après des Dieux étrangers, pour irriter le Seigneur dans leurs vanitez par ces Dieux de rien? *Quare ergò me ad iracundiam concitaverunt in ſculptilibus ſuis* (*m*), *& in vanitatibus alienis?* Ils ont ſuivi la vanité, & ſont devenus vains: *Secuti ſunt vanitates*, (*n*) *& vanè egerunt*; l'Hébreu, *& vani facti ſunt*.

VAPHRE'S. C'eſt le même que Pharaon Ephrée, ou Hophra, dont on a parlé ailleurs. Voyez *Ephrée*, & Jérem. XLIV. 30. On trouve une Lettre de Salomon en Grec à Vaphrés Roi d'Egypte, par laquelle Salomon lui donne

(*a*) שוא *Vanitas, mendacium*.
(*b*) הבל *Habel, vanitas, inutilitas*.

(*c*) *Pſal.* CXVIII. 37.

(*d*) 2. *Petr.* II. 18.

(*e*) *Pſal.* IV. 3.

(*f*) *Pſalm.* XXXII. 13.
(*g*) *Exod.* XX. 7.

(*h*) *Eccle.* 1. 13.

(*i*) *Pſalm* CXLIII. 4.

(*k*) *Deut.* XXXII. 21.
(*l*) 4. *Reg.* XVII. 15.

(*m*) *Jerem.* VIII. 19.

(*n*) 4. *Reg.* XVII. 15. & *Jerem.* II. 5.

VAS — UBI

ne avis de son avénement à la couronne, & lui demande des ouvriers pour lui aider à bâtir le Temple de Dieu. Vaphrés fait réponse à Salomon, le félicite sur son élévation sur le trône d'Israël, & lui mande qu'il lui envoye quatre-vingt mille ouvriers pour faire les ouvrages qu'il désirera; & lui marque les noms des Provinces d'où sont tirez les Ouvriers. Mais ces deux pièces ne méritent aucune créance, quoi qu'elles soient tirées d'Eupoléme, d'où Eusèbe les a prises pour les insérer dans sa préparation Évangélique. ix. 31.

VARUS. Voyez *Quintilius Varus*.

VASSENI, fils aîné de Samuël selon ce Texte des Paralipomènes: *Filii Samuël, primogenitus Vasseni, & Abia.* Quelques Exemplaires Latins portent Vasseni, Joël & Abia. Mais cet endroit (*a*) est visiblement corrompu. Vasseni qu'on a mis pour un nom propre, signifie en Hébreu, *& le second*. Il faut y suppléer de cette sorte: *Les fils de Samuël furent Joël son fils aîné, & le second Abia.* Voyez 1. Par. VI. 33.

(*a*) 1. Par. vi. 28.

VASTHI, femme du Roi Assuérus (*b*). Ce Prince ayant fait un grand festin à tous les Grands de son Royaume, & même à tout son peuple, la Reine Vasthi fit aussi un grand festin aux femmes dans son palais. Le septième jour, lorsque le Roi étoit plus gai qu'à l'ordinaire, & dans la chaleur du vin, il ordonna à ses principaux Officiers de faire venir la Reine Vasthi le diadême en tête, afin de faire voir son extraordinaire beauté à tous les Grands; & à tout son peuple: mais elle refusa fièrement de venir. Ce qui ayant mis le Roi dans une grande colère, il consulta ses principaux Conseillers, & leur demanda quelle peine méritoit Vasthi, de n'avoir pas voulu obéïr au Roi. Mamucan le principal de ses Conseillers, répondit: Que la colère du Roi étoit très-juste, que l'exemple de Vasthi pourroit avoir des suites très-fâcheuses dans tout le Royaume, puisque toutes les autres femmes se croiroient autorisées à son imitation à ne vouloir pas obéïr à leurs maris. Il conclut que le Roi devoit la répudier, lui ôter le diadême, & le donner à un autre. Vasthi fut en effet répudiée, & Esther mise en sa place. Voyez l'article d'*Esther.* Cela arriva l'an du Monde 3486. avant J. C. 514. avant l'Ere vulgaire 518.

(*b*) Esth. 1. 9. & seq.

On demande quelle étoit cette Reine Vasthi? Quelques-uns ont crû que c'étoit la même qu'Athossa fille de Cyrus, laquelle avoit épousé en premières nôces Cambyses son propre frère, puis le Mage qui voulut passer pour Smerdis; & enfin Darius fils d'Hystaspe; que nous croyons être le même qu'Assuérus. Elle étoit d'une rare beauté, & Hérodote (*a*) assûre que Darius en eut quatre fils, & qu'elle eut long-tems part aux affaires. Ce ne peut donc être Vasthi qui fut répudiée la troisième année de ce Prince. D'autres croyent qu'elle étoit propre fille d'Assuérus. Les Perses ne se faisoient point de scrupule de ces sortes de mariages, & la polygamie étoit usitée parmi eux. Mais l'Histoire ne nous donne aucun jour qui favorise cette conjecture. Hérodote (*b*) parle encore d'Aristone femme de Darius fils d'Hystaspe: nous croyons que ce pourroit bien être Esther.

(*a*) *Hérodot. l. 7. c. 3.*

(*b*) *Hérodot. l. 7. c. 59.*

Les Hébreux enseignent que ce qui obligea Vasthi à désobéïr au Roi, fut que ce Prince vouloit qu'elle parût nuë devant tout le peuple; à quoi elle ne put jamais se résoudre.

VAUTOUR, oiseau de proye déclaré impur par Moyse (*c*). On assûre que les vautours se repaissent de chair humaine; d'où vient que les Anciens les ont mis au rang des oiseaux de mauvais augure. Il est pourtant certain que les Romains en avoient une autre idée. Les Indiens, les Perses & les anciens Espagnols exposoient les corps morts aux vautours, afin qu'ils leur arrachassent les yeux, & qu'ils les mangeassent (*d*):

(*c*) *Levit. xi. 14. & Deut. xiv. 13.*

Tellure, ut perhibent, is mos antiquus Iberâ,
Ex anima obscœnus consumat corpora vultur.

(*d*) *Silius Ital. l. c. l. 13.*

On dit que le vautour dans les hyéroglyphes, marquoit la miséricorde, & une vûë perçante, & qu'il étoit consacré à Junon.

Moyse l'appelle en Hébreu (*e*) *daah* ou *daïa*; mais les Interprètes ne conviennent pas tous qu'il signifie un vautour. Bochart distingue *aïa* de *daïa*, & il soutient que le premier signifie un émerillon; & le second un vautour. D'autres croyent que *daah* ou *daïa* signifie un milan, & *aïa* un vautour ou un corbeau. *Daah* est traduit par *une aigle*, dans Jérémie; XLVIII. 40. XLIX. 22. & *daïa*, par *un milan*, dans Isaïe, XXXIV. 15. Les Septante & saint Jérôme rendent dans Job par *un vautour*, (*f*) l'Hébreu *haït*, qui signifie plutôt un oiseau en général.

(*e*) דיה *Daïa*, ou דאה *Daah*.

(*f*) *Job. XXVIII. 7. עיט Haït 70. Vulg. Vultur.*

UBIL, Ismaëlite, Intendant des chameaux

meaux de David (*a*). *Ubil* ou *Ubal* en Arabe, signifie un Chamelier. David donna le soin de ses chameaux à un Ismaëlite, parce que ces peuples connoissoient mieux que d'autres, la maniére d'élever & de conduire ces animaux, qui étoient fort communs dans leur pays.

VEAUX. Il est parlé très-souvent de veaux dans l'Ecriture, parce qu'on les employoit communément pour les sacrifices. Mais en plusieurs occasions, *vitulus* est mis pour un jeune taureau, qui selon notre manière de parler, ne seroit plus simplement veau. *Vitulus de armento*, le veau du troupeau, se met apparemment par opposition au veau qui tette encore, & qui est sous sa mere. *Vitulus* se prend quelquefois pour un taureau déja grand (*b*) : *Circumdederunt me vituli multi*. Le veau gras ; *vitulus saginatus* (*c*), étoit un veau engraissé exprès pour faire une nôce, ou un festin de Religion.

VEAU D'OR, que les Israëlites adorerent au pied du mont Sinaï (*d*). « Le peuple d'Israël voyant que Moyse » différoit trop long-tems à descendre de » la montagne, s'assembla autour d'Aa- » ron, & lui dit : Faites-nous des Dieux » qui marchent devant nous ; car nous » ne sçavons ce qui est arrivé à ce Moy- » se, qui nous a tirez de l'Egypte. Aaron » leur répondit : Otez les pendans d'o- » reilles qui sont aux oreilles de vos » femmes, de vos fils & de vos filles, » & apportez-les-moi. Ils les lui appor- » terent, & Aaron en forma par l'art du » fondeur, un veau jetté en fonte. Alors » le peuple dit : Voilà vos Dieux, Is- » raël, qui vous ont tirez de l'Egypte. » Aaron ayant vû cela, dressa un Autel » devant le veau, & fit publier par un » héraut : Demain sera la solemnité du » Seigneur. Et le peuple s'étant levé du » matin, ils lui immolérent des holo- » caustes & des hosties pacifiques ; & ils » s'assirent pour boire & pour manger, » & ils se leverent ensuite pour joüer.

» Le Seigneur ayant averti Moyse de » ce qu'avoit fait le peuple, lui dit de » descendre ; & Moyse étant arrivé près » du camp, & voyant le peuple qui dan- » soit autour du veau, il jetta par terre » les Tables de la Loi, qu'il tenoit dans » ses mains, & les brisa au pied de la » montagne ; & ayant pris le veau d'or, » il le jetta au feu, le réduisit en pou- » dre, en répandit les cendres dans l'eau » dont le peuple bûvoit, fit de grands » reproches à Aaron de la foiblesse qu'il

aveit eu de consentir ainsi à la de- « mande du peuple ; il se mit à la porte « du camp, & dit : Si quelqu'un est au « Seigneur, qu'il se joigne à moi. Les « Lévites s'assemblerent autour de lui ; ils « prirent chacun leur épée, & passant « & repassant au travers du camp, ils « tuérent sans distinction tous ceux qu'ils « rencontrérent ; & il y eut ce jour-là « près de *vingt-trois mille hommes de* « *tuez.* » Mais l'Hébreu, le Samaritain, le Chaldéen, les Septante, la plûpart des anciens Peres Grecs & Latins ne lisent que trois mille, au lieu de vingt-trois mille.

On ne doute pas (*a*) que les Hébreux dans cette occasion, n'ayent voulu imiter le culte du Dieu Apis, qu'ils avoient vû dans l'Egypte (*b*). On adoroit cette fausse Divinité sous la figure d'un taureau vivant & réel, & sous celle d'une figure de taureau ; & sous la figure d'un homme avec la tête d'un taureau : & certes plusieurs anciens Peres (*c*) en parlant du veau d'or, se sont exprimez comme s'il n'y avoit eu qu'une tête de veau ou de taureau : *Aureum caput bovis*, dit Lactance ; &, *bibulum caput*, dit Tertullien ; &, *conflatum est bibulum caput*. Mais quoi qu'il en soit, on ne peut disconvenir qu'ils n'ayent eu dessein de faire une figure superstitieuse, dans le dessein de lui rendre un culte idolâtre, en disant : *Israël, voilà vos Dieux, qui vous ont tirez de l'Egypte*.

Monceau dans son Livre intitulé : *Aaron purgatus*, a tâché de faire voir que le veau d'or fabriqué par Aaron, étoit une figure toute semblable aux Chérubins, sur lesquels il prétend que le Seigneur étoit assis, lorsqu'il se fit voir à Moyse sur la montagne de Sinaï. Ces Chérubins étoient selon lui, des bœufs aîlez, sur le modéle desquels Moyse fit faire dans la suite les Chérubins du Propitiatoire. C'est l'idée de cet Auteur. Il ajoûte que le péché d'Aaron ne consistoit pas à avoir fait le veau d'or, en tant qu'il représentoit les Chérubins sur lesquels le Seigneur étoit assis, mais à avoir donné occasion au peuple de lui rendre une adoration superstitieuse & idolâtre : Que le peuple auroit pû sans crime adorer le Seigneur à la vûe de ce Chérubin, ou de ce veau d'or ; & que son péché ne gît, qu'en ce qu'il a transporté le culte qu'il ne devoit qu'au Seigneur, à une créature, & à une figure sensible. Il croit de plus que les veaux d'or que fit Jéroboam

après

VEA   VEA

après la séparation des dix Tribus, étoient de vrais Chérubins, & que ni Jéroboam, ni les dix Tribus ne quittérent pas le culte du Seigneur, en recevant celui du veau d'or ; mais seulement qu'ils firent schisme, en se séparant de leurs freres, qui adoroient à Jérusalem le même Dieu assis sur les Chérubins, que les autres Tribus adoroient comme assis sur les veaux d'or à Dan & à Béthel. Sentiment singulier, qui a été justement censuré & combattu par plus d'un Auteur.

Aaron en annonçant la fête du veau d'or, dit au peuple : *Demain sera la solemnité du Seigneur.* Pour tâcher de disculper ce Grand-Prêtre, on remarque qu'il se servit du terme de *Jéhovah*, pour essayer, disent les Interprétes (*a*), de porter le peuple à l'adoration du Seigneur, en la présence de ce veau, comme si cette figure eût été consacrée au vrai Dieu : mais le peuple ne s'en tint pas là ; il rendit ses adorations à un veau qui broute l'herbe (*b*) : *Et fecerunt vitulum in Horeb, & adoraverunt sculptile, & mutaverunt gloriam suam in similitudinem vituli comedentis fœnum.* Certes il est inutile de vouloir excuser Aaron dans cette rencontre ; il ne s'excuse pas lui-même ; & on lit dans le Deutéronome (*c*), que Dieu irrité de son crime, vouloit le faire mourir, si Moyse n'eût employé ses priéres, pour désarmer la colére du Seigneur.

Quelques Rabbins (*d*) enseignent que Moyse ayant réduit en poudre le veau d'or ; & en ayant jetté la poussiére dans le torrent d'Horeb, tous ceux qui bûrent de cette eau, & qui se trouvérent coupables de l'adoration de cette Idole, éprouvérent les mêmes effets, que l'eau de jalousie produisoit sur les femmes coupables d'adultére. Ils furent frappez d'ulcéres, qui les firent distinguer par Moyse, & qui lui donnérent lieu de les châtier avec la derniére sévérité. D'autres (*e*) avancent qu'en bûvant de cette eau, les plus zélez adorateurs du veau d'or virent avec étonnement leur barbe prendre la couleur de l'or ; marque qui passa même, dit-on, à leurs enfans (*f*).

Nam rutilans auro monstrabat barba nocentes ;
Dum patulo latices fluminis ore bibunt.

VEAUX D'OR DE JEROBOAM FILS DE NABAT. Ce Prince ayant été reconnu Roi par les dix Tribus d'Israël, & voulant séparer pour toujours ces dix Tribus, de la maison de

David ; jugea à propos de leur donner des Dieux nouveaux qu'ils adorassent dans leur propre pays ; sans être obligez d'aller au Temple de Jérusalem, pour y rendre leur culte au Seigneur (*a*). Il dit en lui-même : " Si ce peuple va « à Jérusalem pour y offrir des sacrifices « au Seigneur, son cœur se retournera « bien-tôt vers Roboam Roi de Juda « son Seigneur ; ils me tuëront, & se « donneront à lui. C'est pourquoi il fit « deux veaux d'or, & dit au peuple : « Israël, voilà vos Dieux, qui vous ont « tirez de l'Egypte ; & il les mit l'un à « Béthel, & l'autre à Dan, aux deux « extrémitez de son Royaume. Ce qui devint un sujet de chûte au peuple d'Israël, qui alloit à Dan & à Béthel adorer ces veaux.

Nous avons déja remarqué que Monceau (*b*) croit que les veaux d'or de Jéroboam étoient une imitation des Chérubins que Moyse avoit mis sur l'Arche d'Alliance ; & que l'on considéroit comme le trône du Seigneur ; en sorte qu'on devoit considérer Jéroboam & les Israëlites des dix Tribus plutôt comme schismatiques, que comme idolâtres. Et il faut avoüer qu'en effet tout Israël ne renonça pas tout-à-fait au culte & à la Religion du Seigneur ; en adoptant le culte des veaux d'or, & en cessant d'aller au Temple de Jérusalem. Le Seigneur n'abandonna pas entiérement Israël ; & il lui envoya des Prophétes, & il se conserva parmi ce peuple un grand nombre de fidéles adorateurs, qui ont pû parvenir au salut. Mais lorsque Jézabel introduisit dans Israël sous le regne d'Achab, le culte de Baal & d'Astaroth, & des autres Dieux des Chananéens, alors Elie se plaignit amérement au Seigneur que tout le monde avoit abandonné son culte ; qu'il étoit demeuré seul (*c*) : *Je suis brûlé de zéle pour le Dieu d'Israël, parce que les enfans d'Israël ont abandonné votre alliance ; ils ont détruit vos Autels ; ils ont tué vos Prophétes, & je suis demeuré seul.* Le Dieu d'Israël avoit donc auparavant ses Prophétes & ses Autels dans le Royaume d'Achab ; & lorsque le même Elie eut assemblé le peuple sur le mont Carmel, il leur dit de choisir entre le Seigneur & Baal (*d*) : *Jusqu'à quand boiterez-vous des deux côtez ? Si le Seigneur est Dieu, que ne le suivez-vous ? Et si Baal est votre Dieu, attachez-vous à lui.* Voilà ce qu'on dit pour justifier le culte des Israëlites des dix Tribus.

Mais saint Jérôme (*e*), & la plûpart

(*a*) *Vat. Est. Lyran. Boch. le Clerc.*

(*b*) *Psal. cv. 19.*

(*c*) *Deut. ix. 20.*

(*d*) *Vide Rabb. apud Moncaum in Aarone purgato, l. 2, c. 8.*

(*e*) *Rabb Rupert. Petr. Comestor. Nauster. Lyr.*

(*f*) *Petrus de Riga in Aarone.*

(*a*) *3. Reg. XII. 26, 27, 28. &c. An du Monde 3030. avant J. C. 970 avant l'Ere vulg 974.*

(*b*) *Moncaus in Aarone purgato, l. 1. c. 8. Vide & Grot. in 3. Reg. XII.*

(*c*) *3. Reg. XIX. 10.*

(*d*) *3. Reg. XVIII. 21.*

(*e*) *Hieron. in Osee IV. 15. & in cap. v.*

des

des Commentateurs ont crû que Jéroboam avoit voulu imiter par les veaux d'or, le culte du bœuf Apis, qu'il avoit vû pratiquer dans l'Egypte, pendant le tems qu'il y demeura sur la fin du regne de Salomon (*a*). Le crime de ce Prince n'est point équivoque ; l'Ecriture lui reproche en cent endroits, d'avoir fait pécher Israël : *Jeroboam filius Nabat, qui peccare fecit Israël.* Lorsque l'Ecriture veut faire le portrait d'un mauvais Prince, elle dit qu'il a imité le péché de Jéroboam. Elle dit que Jéroboam a séparé Israël du Seigneur, & l'a engagé dans un grand crime (*b*) : *Separavit Jeroboam Israël à Domino, & peccare eos fecit peccatum magnum.* Le Prophéte Ahias ne dit-il pas à la femme de ce Prince (*c*) : *Vous vous êtes fait des Dieux étrangers, & jettez en fonte, pour m'irriter, & vous m'avez jetté derriére vous ?* Combien de fois les Prophétes ont-ils invectivé contre le faux culte des veaux d'or ? Osée ne les menace-t-il pas de la part du Seigneur, de perdre les hauteurs de Béthel, les lieux consacrez à l'Idole (*d*) : *Vaccas Bethaven coluerunt habitatores Samariæ... Et disperdentur excelsa Idoli, peccatum Israël.*

J'avouë que dans Israël il y avoit des Saints & des Prophétes, qui étoient fidéles au Seigneur, & qui pouvoient arriver au salut ; mais ils n'adoroient point les veaux d'or, & ne prenoient aucune part ni au schisme, ni au nouveau culte introduit par Jéroboam ; ou ils alloient secrettement au Temple de Jérusalem, comme Tobie (*e*) ; ou ils adoroient le Seigneur dans leurs maisons, & sous la direction des Prophétes, comme la femme de Sunam (*f*).

Les Septante & les Péres Grecs lisent ordinairement *les vaches d'or*, au lieu des veaux d'or ; & quelques-uns en parlent comme s'il n'y avoit eu qu'une tête de veau, ou de vache. On croit que Manahem Roi d'Israël fut obligé d'envoyer des veaux d'or (*g*) à Phul Roi d'Assyrie, pour l'engager à venir à son secours (*h*). Les Rabbins (*i*) racontent qu'Osée Roi d'Israël ayant été obligé d'envoyer à Salmanasar Roi d'Assyrie, un des veaux d'or, pour satisfaire aux sommes qu'il lui demandoit, les Prêtres de cette Idole au lieu de lui envoyer le veau d'or, lui en envoyerent un autre d'airain bien enveloppé. Le peuple qui ne sçavoit rien de leur friponnerie, faisoit un grand deüil, pleurant l'enlévement de leur veau d'or ;

(*a*) 3. Reg. XI. 40.

(*b*) 4. Reg. XVII. 21.

(*c*) 3. Reg. XIV. 9.

(*d*) Osee X. 5. Vide & XIII. 2.

(*e*) Tob. I. 5.

(*f*) 4. Reg. IV. 25.

(*g*) Osee X. 6. Vide Osee V. 6.

(*h*) 4. Reg. VII. 19. 20.
(*i*) Seder. Olam, & Hieronym.

mais les Prêtres se réjoüissoient en secret, croyant leur fourberie bien à couvert. On applique à cela ce passage d'Osée (*a*) : *Luxit super eum populus ejus, & Æditui ejus super eum exultaverunt.* Mais Salmanasar ayant développé le présent qu'on lui envoyoit, & n'ayant trouvé qu'un veau d'airain, au lieu d'un veau d'or, marcha contre Samarie, la saccagea, & enleva les veaux d'or avec tout le peuple qui les adoroit.

Saint Jérôme (*b*) nous rapporte encore une autre tradition des Juifs sur le sujet des veaux d'or, en expliquant ces paroles d'Osée : *Divisum est cor eorum. Nunc interibunt.* Tandis que le peuple d'Israël, & leurs Rois furent d'accord sur le culte du veau d'or, Dieu suspendit sa vengeance. Le peuple avoit une excuse ; il obéïssoit à son Roi. Mais Osée dernier Roi d'Israël, moins attaché que ses prédécesseurs aux superstitions du pays, ayant déclaré qu'il ne prétendoit forcer personne, & qu'il laissoit la liberté d'aller adorer à Jérusalem, le peuple s'y opposa, & dit qu'il ne vouloit point user de cette liberté. Cela mit la division parmi eux : *Divisum est cor eorum.* C'est pourquoi le Seigneur résolut de les perdre : *Nunc interibunt.*

On a vû sous l'article de Jéroboam, ce qui arriva dans la cérémonie où ce Prince dédia l'Autel du veau d'or à Béthel (*c*) ; comme l'homme de Dieu envoyé du pays de Juda, prononça cette prophétie contre l'Autel : Autel, Autel, voici ce que dit le Seigneur : Il naîtra un fils dans la maison de David, qui s'appellera Josias, & immolera sur toi les Prêtres des hauts lieux, qui t'encensent maintenant, & brûlera sur toi les os des hommes. Cet Autel va tout présentement se rompre, & les cendres qui sont dessus tomberont par terre. Le Roi ayant voulu étendre la main, elle se sécha aussi-tôt ; mais elle fut rétablie à la priére du Prophéte. Voyez 3. Reg. XIII. 1. 2. 3. & *seq.* Joseph (*d*) parle du Temple du veau d'or, qui subsistoit encore de son tems, vers Dan, & non pas près Daphné, comme portent ses Exemplaires, sur le petit Jourdain.

Comme la gloire d'Israël étoit son Dieu, sa Loi, son Arche d'Alliance ; ainsi les adorateurs des veaux d'or, considéroient ces Idoles comme leur gloire. *Æditui ejus exultaverunt in gloria ejus,* (*e*) *quia migravit ab eo.* Ils se faisoient un honneur de les adorer ; ce qui auroit dû les charger de confusion. Aussi les Prophétes

(*a*) Osee X. 5.

(*b*) Hieron. in Osee V. 2.

(*c*) 3. Reg. XIII. 1. XIII. 2. 3. &c.

(*d*) Joseph. de Bello, l. 4. c. 1, & 6. b. 6.

(*e*) Osee X. 5.

IDOLATRIE DES ISRAËLITES DANS LE DESERT. Exod. XXXII. 1. 8.

VEA VEA 11

(a) Osee
XIII. 2. יזבחו
עגלים
ישקון.
70. Θύσατε ἀν-
θρώπους μόσχοι
ἐκλελοίπασιν.

Prophètes leur disoient en raillant (a): *Vous qui adorez des veaux, venez immoler des hommes*. Peut-on une plus grande folie. Vous adorez des veaux, & vous sacrifiez des hommes à Moloc & à Saturne. Les Septante: *Ils disent, les veaux nous manquent; immolons des hommes*. On ne trouve plus de veaux à immoler, qu'on nous amene des hommes. On peut donner à l'Hébreu un autre sens: *Que ceux qui veulent immoler, viennent baiser ou adorer les veaux*. C'est ce que disoit Jéroboam aux Israëlites des dix Tribus.

(b) Osee
VIII. 5. 6.

Osée prédit la destruction & la captivité des veaux de Samarie en ces termes (b): *Le veau de Samarie a été jetté par terre; ma fureur s'est allumée contre ce peuple.... C'est Israël qui a inventé cette Idole.... Le veau de Samarie deviendra aussi méprisable que les toiles d'araignées*. Les Assyriens s'étant rendus maîtres de Samarie, enleverent les veaux d'or que le peuple adoroit; ces vaines Divinitez ne leur serviront pas davantage que des toiles d'araignées; elles ne purent se garantir de la main de leurs ennemis. Le texte Hébreu qu'on traduit par *des toiles d'araignées* (c), est fort inconnu. Les Septante traduisent; le veau de Samarie *est trompeur*, ou *il s'égare*; Symmaque, *il est inconstant*. La cinquiéme édition; *il est vagabond*. Tout cela revient à peu-près au même. Les Rabbins; il est *comme de la poussiére*, de la sciure de bois. La plûpart des nouveaux Interprétes: *Il est réduit en piéces*, en morceaux. Saint Jérôme avoit appris de son maître en Hébreu qu'il signifioit des toiles d'araignées qui volent en l'air & se dissipent bien-tôt.

(c) שבבים
חייב עגל
שמרון.
70. ἐλάτισε
Decipiens. Ita
Aqu. & Theod.
Symmaq.
ἀνυπόστατον.
quinta editio
πλανῶν. Aq.
errans.

On forme sur le veau d'or fabriqué dans le désert par Aaron plusieurs questions. Quelques Rabbins veulent disculper Aaron du péché qu'il commit en faisant le veau d'or. Ils prétendent que ce ne fut pas lui, mais quelques Magiciens d'Egypte, & quelques proselytes mal convertis de la même nation, qui le firent contre l'intention d'Aaron: Joseph a dissimulé & omis cette histoire du veau d'or. Les Septante (d) portent qu'Aaron le dessina avec le burin; mais que le peuple le fit, & le jetta en fonte. Quelques Juifs croyent que d'abord on fit un veau de bois, & qu'ensuite on le couvrit de lames d'or. Selden (e) conjecture qu'il se servit du burin pour graver sur le veau d'or, les marques qui distinguoient le Taureau Apis, c'est-à-dire,

(d) Exod.
XXXII. 4. 70.
ἔπλασεν αὐτὰ
ἐν γραφίδι.

(e) Selden.
de Diis Syr.
Syntagm. 1. c. 3.

un croissant sur le côté, & une tache blanche quarrée sur le front.

Il y en a qui croyent qu'il voulut le jetter en fonte, afin de tirer l'ouvrage en longueur; & afin que cette Idole sortant du fourneau n'eût rien de beau & de brillant dans sa figure. D'autres au contraire veülent qu'Aaron n'ait rien omis, pour le rendre le plus beau & le plus parfait qu'il lui fut possible; & que c'est pour cela qu'il est dit qu'il se servit du burin: *Formavit opere fusorio*. L'Hébreu (a): *Il leur forma un veau avec le burin*. Mais le Paraphraste Caldéen s'éloigne de l'une & de l'autre de ces deux versions. Il porte: Aaron reçut de leurs mains les pendans d'oreilles, *les lia dans une bourse & en forma le veau d'or*. Bochart (b) soûtient que cette version est la meilleure de toutes, & que l'Hébreu *Cheret* signifie *une bourse*, & non *un burin*.

(a) Exod.
XXII. 4. יצר
אתו בחרט

(b) Bochart
de animal. sacr.
part. 1. l. 2. c.
34.

Les Mahometans (c) ont sur le veau d'or une tradition fort singuliére: Ils tiennent que *cette figure, qui n'étoit qu'un corps sans ame, mugissoit néanmoins comme un bœuf*; & voici comme ils ajustent cette fable. Les Israëlites ayant emprunté des Egyptiens avant leur sortie d'Egypte, plusieurs vases d'or & d'argent, & ayant recueilli plusieurs riches dépoüilles des Egyptiens noyez dans la mer rouge, & rejettez sur le bord, commencerent à trafiquer entre eux de ces bijoux. Sameri un des principaux chefs des Hébreux, en avertit Aaron; qui commandoit en l'absence de son frere Moyse, & lui dit que ce commerce ne lui paroissoit pas légitime. Aaron ordonna sur le champ à Sameri de recueillir tous ces ornemens & de les garder en dépôt jusqu'au retour de Moyse; qui étoit alors sur le mont Sinaï.

(c) D'Herbelot, Bibl.
Orient. p. 656.

Sameri qui étoit habile dans la fonte des métaux, crut qu'il étoit avantageux de réduire tout cet or, & cet argent en une masse; afin que Moyse pût dans la suite l'employer à ce qu'il jugeroit plus à propos. Il le fit, jetta tous ces joyaux dans un creuset, & il en sortit, sans qu'il en eût dessein, une espéce de veau de fonte. A la vûë de cette figure que le hazard avoit produit, les Israëlites accoûtumez à l'idolâtrie de l'Egypte, conçurent quelque respect pour le veau; Sameri voulant augmenter leur vénération, prit de la poussiére, & la jetta dans la gueule du veau, qui commença aussi-tôt à mugir, alors les Hébreux se prosternerent devant lui & lui rendirent leurs

VEA

leurs adorations. Et d'où venoit cette poussiére miraculeuse à Sameri ? Il l'avoit prise, disent-ils, sous les pieds de la monture de l'Archange Gabriël, qui marchoit à la tête des Hébreux dans le désert.

LE VEAU GRAS, dont il est parlé en quelque endroit de l'Ecriture, comme Prov. xv. 18. 1. *Reg.* XXVIII. 24. *Luc.* xv. 25. *Jérem.* XXVI. 21. étoit un veau qu'on engraissoit exprès pour quelques fêtes, ou pour quelques sacrifices extraordinaires. Les Payens en usoient de même (*a*).

(*a*) Horat. l. 1. epist. 3.

Pascitur in vestrum reditum votiva Juvenca.

LE VEAU DU LIBAN, dont il est parlé au Pseaume XXXVIII. 6. *comminuet eos tanquam vitulum Libani*, se peut prendre tout simplement pour un veau, ou un jeune taureau qui paît dans le Liban. *La voix de Dieu*, son tonnerre, la tempête *brise un cédre du Liban* avec autant de facilité *qu'elle renverse un veau du Liban.* L'Hébreu se peut traduire autrement. La voix du Seigneur *fera sauter les cédres du Liban comme un veau qui bondit dans la prairie : il agitera les montagnes du Liban & du Sirion, comme le petit du rhinocerós.*

(*b*) Osee IV. 3. פרים שפתינו 70. Καρπον τῶν χειλέων ἡμῶν. Ils ont lû פרי Peri au lieu de Parim.

LES VEAUX DES LEVRES, dont parle Osée (*b*); *Reddemus vitulos labiorum nostrorum,* marquent les Sacrifices de loüanges, les priéres que les Captifs de Babylone adressoient au Seigneur, n'étant plus à portée de lui offrir des Sacrifices dans son Temple. Les Septante ont lû *le fruit de nos lévres*, au lieu des veaux ou des taureaux *de nos lévres*, & leur leçon a été suivie par le Syriaque & par l'Apôtre aux Hébreux chapitre XIII. 15.

(*c*) Jerem. XXXIV. 18. 19.

Jérémie (*c*) parle d'une cérémonie remarquable, qui n'est point marquée dans les Livres historiques de l'Ecriture. Le Seigneur dit : *Je livrerai les hommes qui ont violé mon alliance, & qui n'ont point observé les paroles de l'accord qu'ils avoient fait en ma présence, comme le veau qu'ils ont coupé en deux, & entre les moitiez duquel ils ont passé.* On ignore quand cette alliance fut jurée, & à propos de quoi ; mais il y a apparence que la chose n'étoit pas fort ancienne, puisque ceux qui l'avoient autrefois jurée, étoient encore vivans. L'usage de couper une victime en deux, mettre les moitiez sur deux Autels différens, & de faire passer entre deux ceux qui contractent alliance, est connu dans

VEN

l'Ecriture & dans les Profanes. Voyez *Génese* XV. 9. 10. 17.

VECTIS, sorte de poisson dont il est parlé dans Isaïe (*a*): *Super leviathan serpentem vectem.* C'est, à ce qu'on croit, la baratelle, connuë dans les Auteurs Grecs sous le nom de *zygana.* Voyez *Leviathan.*

(*a*) Isai XXVII. 1. על לויתן נחש ברח

VEILLANS. On donne quelquefois ce nom aux Anges. *Vigil & sanctus de cælo descendit*, dit Daniel (*b*); & un peu après : *In sententiâ vigilum decretum est.* Le Caldéen *Hir*, ou *Ir* qu'on traduit par *veillans*, pourroit bien selon la pensée de saint Jérôme (*c*), avoir donné origine au nom d'*Iris* messager des Dieux. Les Caldéens concevoient ces Anges ou ces veillans, comme une compagnie de Juges qui décidoient du sort des hommes. Cela paroît par ces paroles, y. 14. *C'est ce qui a été ordonné par les veillans, c'est l'ordre & la demande des Saints.* Les Saints & les veillans en ces endroits, font la même chose. Les Septante dans le ch. IV. des Lamentations (*d*), ont lû *hirim*, les veillans, au lieu de *hiverim*, les aveugles, que nous y lisons aujourd'hui. L'Auteur du Livre apocryphe d'Enoch, parle souvent des *Egregoroï* ou *veillans*; & les Syriens reconnoissent un ordre d'Anges dans le Ciel nommé *Egregoroï.* Ce sont ces veillans qui épousérent les filles des hommes & qui devinrent peres des fameux Géants d'avant le Deluge.

(*b*) Dan. IV. 10. 14. עיר וקדיש

(*c*) Hiern. in Dan.

(*d*) Thren. IV. 14. Ἐσαλεύθησαν οἱ ἐγρήγοροι αὐτῆς.

VENDANGES. Vendanger. Voyez *Vignes.*

VENDRE. Les Hébreux pouvoient vendre leur propre liberté ; les peres pouvoient vendre celle de leurs enfans ; (*e*) *Si paupertate compulsus vendiderit se tibi frater tuus, non eum opprimes servitute famulorum.* Si vôtre frere se vend à vous, vous ne l'opprimerez point, en le traitant, ou en le vendant comme un esclave. Il demeurera chez vous comme un ouvrier à gage. Maimonide dit qu'un Hébreu ne pouvoit vendre sa liberté que dans la derniére nécessité. Si quelqu'un vend sa fille pour être servante, elle ne sortira point comme les autres servantes (*f*). Son Maître ne la renvoiera pas comme on renvoie un autre esclave en l'année Sabbatique. Il la prendra pour sa femme, ou la fera épouser à son fils. S'il ne veut faire ni l'un ni l'autre, il la mettra en liberté.

(*e*) Levit. xxv. 39.

(*f*) Exod. XXI. 7.

On vendoit aussi les débiteurs insolvables & même leurs enfans, comme on le voit par l'Evangile (*g*), & par les Livres des Rois (*h*). On vendoit quelquefois

(*g*) Matth. XVIII. 25. (*h*) 4. Reg. IV. 1.

quefois les hommes libres pour esclaves, comme Joseph fut vendu par ses freres; & ce crime s'appelloit *Plagium*, & la Loi le punissoit de mort *(a)*: *Qui furatus fuerit hominem, & vendiderit eum, convictus noxæ, morte morietur.* Les Juifs restreignent ceci au vol d'un homme de leur nation. Esaü vendit son droit d'aînesse, & on croit que c'est pour cela que saint Paul le nomme prophane *(b)*. Il est dit dans les Prophétes *(c)* que le Seigneur a vendu son peuple à leurs ennemis, comme un Maître qui se défait d'un esclave vitieux, pour le punir de son infidélité.

Etre vendu pour faire le péché, comme Achab *(d)*, *qui venundatus est ut faceret malum in conspectu Domini.* Et les mauvais Israëlites dont il est parlé dans les Maccabées. Macc. 1. 16. *Venundati ut facerent malum;* ils se vendirent étant des esclaves du péché, des hommes assujettis à toutes leurs mauvaises inclinations, comme des esclaves à leurs Maîtres. Ces expressions sont assez familiéres aux Hébreux. Voyez Judith VII. 13.

Saint Paul *(e)* parlant de lui-même, ou plutôt parlant de tout le genre humain en sa personne, n'a pas fait de difficulté de dire: *Ego autem carnalis sum venundatus sub peccato.* Je suis tout charnel & vendu sous le péché; esclave de la concupiscence & du péché par la nature; mais affranchi du péché par le Batême, & fortifié contre la concupiscence par la grace de JESUS-CHRIST.

VENGEANCE. La vengeance entant qu'elle enferme du ressentiment & de la douleur de l'injure qu'on nous a faite, ne convient point à Dieu. Nulle créature ne peut troubler sa paix, ni lui causer de la douleur & du ressentiment. *Ultio doloris confessio est*, dit Sénéque. *(f).* L'homme ne cherche à se venger, que parce qu'il est blessé & sensible à l'injure. Lors donc que l'Ecriture dit que Dieu se venge, elle parle d'une maniére impropre & populaire. Il venge les injures faites à sa justice, à sa majesté, à l'ordre qu'il a établi dans le monde; mais sans émotion, & sans plaisir. Il venge les torts faits à ses amis, parce qu'il est juste, & qu'il doit conserver l'ordre & la justice. L'homme se venge, parce qu'il est foible, qu'il est blessé, qu'il s'aime trop. Une ame grande méprise les injures; une ame éclairée des lumiéres de la foi, en laisse la vengeance & le jugement à Dieu.

Tome IV.

(a) Exod. XXI. 16. Deut. XXIV. 7.

(b) Hb. XII. 16. *(c)* Isaï. L. I. LII. 3. Joël. III. 8. Baruc. IV. 6.

(d) 3. Reg. XXI. 20. 25.

(e) Rom. VII. 14.

(f) Senec. de ira. l. 3. c. 5.

Dans l'ancien Testament, Dieu toléroit la vengeance dans certains cas, pour éviter de plus grands maux. Par exemple, il vouloit qu'on donnât *dent pour dent (a)*, *œil pour œil, &c.* Il permettoit, ou plutôt il toléroit que les parens d'un homme qui avoit été mis à mort, tirassent vengeance du meurtrier: *(b) Propinquus occisi statim ut invenerit eum, jugulabit.* Et si un meurtrier volontaire s'étoit sauvé dans une ville d'asyle, on l'en arrachoit, & on le livroit entre les mains des parens du mort, pour en faire justice *(c)*: *Mittent Seniores civitatis illius, & arripient eum de loco effugii, tradentque in manu proximi cujus sanguis effusus est, & morietur.* La parenté se croyoit obligée de poursuivre la vengeance de tels meurtres, & les Hébreux appelloient *Goël* ou *Rédempteur*, celui à qui cette sorte de vengeance appartenoit.

Mais ces tolérances n'étoient accordées qu'à la dureté du cœur des Juifs: *Ad duritiam cordis vestri*, comme dit JESUS-CHRIST à l'occasion du divorce. Dieu s'étoit assez déclaré, pour faire comprendre aux gens de bien que la vengeance lui appartenoit: *Mea est ultio, & ego retribuam (d).* Il défend la haine & la vengeance en termes exprès; il ne veut pas que l'on conserve de l'animosité dans son cœur contre son frere *(e)*: *Non oderis fratrem tuum in corde tuo…. Non quæras ultionem, nec memor eris injuriæ civium tuorum.* Et lorsque Dieu semble établir la Loi du Talion, il ne permet pas la vengeance, mais il la modére: *Non fomes, sed limes furoris est*, dit saint Augustin *(f)*. Il n'entend pas irriter la colére, mais en arrêter les progrès & les suites: *Non ut id quod sopitum erat, hinc accenderetur; sed ne id quod ardebat, ultrà extenderetur.*

LE JOUR DE LA VENGEANCE, marque quelquefois le dernier jour du Jugement, auquel Dieu se vengera de tous ses ennemis; & quelquefois le jour de la vengeance marque la peine que Dieu tire de ses ennemis, lorsque leurs iniquitez sont montées à leur comble. Voyez *Exod.* XXXII. 34. *Isaï.* XXXIV. 8. & LXI. 2. & LXIII. 4. & *Luc* XXI. 22.

LA VENGEANCE est ordinairement exprimée dans l'Hébreu sous le nom de consolation: & quoique saint Jérôme ait ordinairement mis le mot de *venger*, il n'a pas laissé quelquefois de laisser les mots de consoler & consolation, dans le sens de vengeance. Par exemple;

(a) Exod. XXI. 24.

(b) Num. XXXV. 16. 17. 18. & seq.

(c) Deut. XIX. 12.

(d) Deut. XXXII. 35.

(e) Levit. XIX. 17. 18.

(f) Aug. contra Faust. l. 19. c. 25.

D

exemple (*a*) : *Heu ! consolabor super hostibus meis, & vindicabor de inimicis meis.* Et dans les Maccabées : *Deus consolabitur in nobis, quemadmodum in protestatione cantici declaravit Moyses: & in servis suis consolabitur* (*b*). Et dans Isaïe : *Vias ejus vidi,... & reddidi consolationes ipsi* (*c*). Mais les exemples en sont bien plus fréquens dans l'Hébreu.

LA VENGEANCE se met quelquefois dans l'Ecriture pour la simple attaque, ou pour l'injure que l'on fait à un autre ; mais que l'on ne manque pas de colorer du titre de juste vengeance. Ainsi Nabuchodonosor jure par son trône qu'il se vengera de ceux qui n'ont pas voulu se soumettre à son empire, (*d*) comme s'il avoit eu droit d'exiger d'eux cette soumission. De même les Iduméens ont exercé leur vengeance contre Juda, *pro eo quòd fecit Idumaa ultionem, ut se vindicaret de filiis Juda.* (*e*) Il faut entendre sous ces expressions, exercer sa haine, satisfaire sa mauvaise volonté.

Quand on dit que Dieu accorde la vengeance à quelqu'un (*f*), *Deus qui das vindictas mihi*; cela marque, ou qu'il lui livre ses ennemis entre les mains pour en tirer vengeance, ou qu'il punit lui-même par un effet de sa justice, ceux qui ont affligé ses serviteurs.

VENGEUR. On donne ce nom dans l'Ecriture à celui qui est chargé, suivant les mœurs des Juifs, de tirer vengeance de celui qui a tué un de ses proches parens : *Ultor sanguinis*. Si un homme a fait un meurtre involontaire & casuel, il se retirera dans une ville d'asyle, & on le garantira de la main de celui qui est le vengeur du sang de son proche (*g*) : *Liberabitur innocens de ultoris manu*. Et lorsque le vengeur le poursuivra pour le tuer, on ne le lui livrera pas (*h*) : *Cumque ultor sanguinis eum fuerit persecutus, non tradent in manus ejus.*

Le Roi vengeur, ou défenseur dans Osée, v. 13. x. 6. signifie, selon les apparences, Phul Roi d'Assyrie, qui vint au secours de Manahem Roi d'Israël. 4. Reg. xv. 19.

LE VENT, *ventus*, est souvent appellé *Spiritus*, & en quelques passages on est partagé de sentimens, sçavoir, s'il signifie le vent, ou le Saint-Esprit; par exemple (*i*), *Spiritus Domini ferebatur super aquas*. Ce que les uns entendent du Saint-Esprit, & les autres d'un vent violent. Isaïe XL. 7. *Exsiccatum est fœnum, quia Spiritus Domini sufflavit in eo.* Mais ordinairement la suite du discours fait assez distinguer si *Spiritus* signifie le Saint-Esprit, ou le vent, ou l'ame qui nous anime.

Les Hébreux reconnoissoient comme nous quatre vents principaux (*a*); le vent d'orient, Hébreu *Kadim*. Le vent du nord, *Tzaphon*. Le vent du midi, *Darom*; & le vent d'occident, ou de la mer Méditerranée, en Hébreu *Rouah-Haïam*.

Saint Jérôme traduit assez souvent (*b*) le vent *Kadim*, qui est celui d'orient, comme nous le venons de voir par *ventus oriens*, un *vent brûlant*, les Septante, le *vent du midi*. Le vent du midi est extrêmement brûlant dans l'Egypte, aussi-bien que celui d'orient.

LE VENT DU NORD étoit froid, comme il paroît par l'Ecclésiastique XLIII. 22. *Frigidus ventus aquilo flavit & gelavit crystallus.* Salomon dans ses Proverbes (*c*) dit que ce même vent dissipe les nuées & la pluie; mais d'autres Interprétes, traduisent : *Il produit la pluie.* Le vent *Typhonicus* dont parle saint Luc dans les Actes (*d*), est celui qui souffle entre le levant & le nord. *Euro-aquilo*, ou *Euro-clydon*. C'est un vent très-dangereux, qui ressemble à un tourbillon, qui tombe tout-à-coup sur les vaisseaux, leur fait faire la piroüete, & les brise quelquefois. Voyez *Pline* l. 2. c. 48.

VENTRE. *Le fruit du ventre*, sont les enfans : *Privavit te Deus fructu ventris tui* (*e*); & le Psalmiste (*f*) : *Merces Domini, fructus ventris.* Les enfans sont la bénédiction du mariage : *De fructu ventris tui ponam super sedem tuam* (*g*). Je vous donnerai pour héritier de votre trône un de vos fils. Seigneur, vous êtes mon Dieu dès le sein de ma mere : *De ventre matris mea Deus es tu* (*h*).

LE VENTRE se prend souvent pour la gourmandise. Les Crétois sont toujours menteurs, mauvaises bêtes, ventre paresseux (*i*). Et ailleurs (*k*) : *Il y en a plusieurs qui font leur Dieu de leur ventre.* Et aux Romains (*l*) ; ces sortes de gens ne servent pas JESUS-CHRIST, mais sont esclaves de leur ventre.

LE VENTRE se met aussi pour le cœur, le fond de l'ame. Les paroles d'un homme qui n'est pas sincére, *pénétrent jusqu'au fond du ventre* (*m*), font des playes jusqu'au fond de l'ame. Et ailleurs (*n*) : *Lucerna Domini spiraculum hominis, quæ investigat omnia secreta ventris.*

VER

ventris. L'esprit de l'homme est comme la lumière de Dieu, qui pénètre jusqu'au fond de l'ame. Et encore (*a*) : Conservez les leçons de la Sagesse, si vous la gardez *dans votre ventre*, dans votre cœur, elle éclatera sur vos lévres.

LE VENTRE DE L'ENFER, c'eſt le tombeau ou un danger éminent de mort. L'Eccléſiaſtique dit qu'il a été délivré *de altitudine ventris inferi* (*b*) ; & Jonas, qu'il a crié vers le Seigneur *de ventre inferi* (*c*), du fond de la mer, & du ventre du poiſſon.

VENTRILOQUE, en Latin *ventriloquus*; en Grec, *engaſtri-mythos*; celui qui parle du ventre, du fond de l'eſtomach; un Devin, ou une Devinereſſe, qui avoit, ou feignoit avoir un Eſprit familier, un Eſprit de Python, qui lui parloit du fond de l'eſtomach. Voyez *Python*.

VÉNUS, Déeſſe de l'impudicité, adorée par les Payens. Quelques-uns croyent que ſon nom vient de l'Hébreu *Socoth-Bénoth* (*d*), ou *Venos*, ſelon une autre prononciation. Voyez ce qu'on a remarqué ſur ces termes. Elle étoit adorée ſous différens noms. Les Egyptiens la nommoient *Nephtis*; les Aſſyriens, *Militta*; les Arabes, *Alitta*; les Perſes, *Mitra*. Elle étoit auſſi connuë ſous le nom de *Tanaïs*, à Babylone; d'*Erycine*, en Sicile; d'*Aphrodite*, parmi les Grecs. En général, je crois qu'on l'adoroit dans les terres d'Iſraël ſous le nom d'*Aſtarte*, ou *Aſtaroth*, ou *Avera*, ou la Déeſſe des Bois. On la confond avec la Lune, & c'eſt ce que les Payens appelloient *Vénus la céleſte*; & les Hébreux, *la Reine du Ciel*, ou la Déeſſe *Méni*. Le Dieu *Dagon* étoit auſſi apparemment Vénus. La Colombe étoit conſacrée à cette fauſſe Divinité.

A trois lieuës de Carthage (*e*) on voyoit un Temple nommé *Sicca Veneria*, qui avoit d'autant plus de rapport à *Socoth-Bénoth*, de l'Ecriture, que les filles y ſacrifioient leur virginité en l'honneur de Vénus, & y gagnoient les dots avec quoi elles ſe marioient. *Sicca enim fanum eſt Veneris, in quod ſe Matronæ conferebant, atque inde procedentes ad quæſtum, dotes corporis injuriâ contrahebant : Honeſta nimirùm tam inhoneſto vinculo conjugia juncturæ.*

VER. *Vermis, vermiculus.* L'Ecriture voulant marquer la baſſeſſe & la foibleſſe de l'homme, le compare à un ver de terre, parce qu'en effet dans la nature on ne connoît rien de plus mépriſable

VER 15

ble (*a*). *Je ſuis un ver de terre, & non un homme, l'opprobre des hommes & le rebut du peuple*; paroles que le Fils de Dieu a bien voulu adopter, pour marquer l'état d'humiliation, où il s'étoit réduit. *Ne craignez point ver de Jacob*, Hébreux qui êtes auſſi humiliez que des vers de terre (*b*) : *Noli timere vermis Jacob*.

Le ver des damnez ne meurt point, dit le Sauveur après Iſaïe (*c*), & le feu qui les brûle, ne s'éteint point. Voyez ci-devant ce qu'on a dit ſur l'article *Feu*.

Ces expreſſions d'un ver qui ronge & qui ne meurt point, ſont tirées des bêtes jettées à la voirie & abandonnées aux vers rongeurs & aux oiſeaux du Ciel; & quelquefois conſumées par les flammes pour éviter la puanteur & l'infection de l'air (*d*) : *Vindicta carnis impii, ignis & vermis*.

On n'eſt point en peine de ſçavoir ce que c'eſt que le ver & le feu qui conſument les charognes & les cadavres à la voirie; mais on eſt fort partagé ſur la nature du ver qui ronge les damnez. Origéne (*e*) a cru que c'étoit un feu métaphorique. Saint Ambroiſe (*f*) nie expreſſément que ce ver ſoit corporel. Il ſoutient que ce n'eſt que le remors de la conſcience, qui ne donne aucun repos au pécheur. *Neque vermis eſt corporalis... vermis iſte, eò quòd anima peccata mentem rei, ſenſumque compungunt, & quædam exedunt viſcera conſcientiæ.* Saint Jérôme (*g*) reconnoît que c'eſt le ſentiment de pluſieurs que ce ver ne conſiſte que dans le déchirement de la conſcience. Saint Thomas (*h*) a adopté ce ſentiment, qui a été ſuivi par pluſieurs Docteurs Scholaſtiques.

Mais Saint Auguſtin (*i*), après avoir examiné l'une & l'autre opinion, & peſé les raiſons qu'on peut dire pour & contre, ſans condamner ceux qui croyent que les flammes ne marquent que la douleur cuiſante des damnez, & le ver qui ne meurt point, les remors de la conſcience; ſe déclare à la fin toutefois pour le ſentiment qui tient l'un & l'autre corporel : *Ego tamen facilius eſt ut ad corpus dicam utrumque pertinere, quàm neutrum*. Saint Chryſoſtome, ſaint Cyrille d'Aléxandrie, Théophylacte, ſaint Proſper liv. 3. de la Vie Contemplative, ſaint Anſelme, Hugues de ſaint Victor, ſe ſont déclarez pour le même ſentiment. Saint Bernard (*k*), dans ſes Livres de la Conſidération, s'exprime d'une manière qui favoriſe l'un & l'autre

(*a*) Prov. XXII. 18.

(*b*) Eccli. LI. 7.
(*c*) Jonas II. 3.

(*d*) 4. Reg. XVII. 30.

(*e*) Valer. Maxim. l. 2. c. 6.

(*a*) Pſalm. XXI. 7.

(*b*) Iſai. XLI. 14.

(*c*) Iſai. LXVI. 24. Marci IX. 43. 45.

(*d*) Eccli. VII. 19.

(*e*) Origen. homil. 25. in Exod. & l. 2. de princip.
(*f*) Ambroſ. l. 7. in Luc. c. 14.

(*g*) Hieronym. in Iſai. LXV. 1.

(*h*) D. Thom. in 4. diſtinct. 50. q. 1. art. 3. ad 1. & 2.
(*i*) Aug. de Civit. l. 21. c. 9.

(*k*) Bernard. l. 5. de conſider. c. 12. & converſione ad Clericos. c. 5.

tre sentiment. Il marque clairement que ce ver est le remors de la conscience ; mais en même-tems il parle de sa morsure & de sa nourriture, comme d'une chose réelle & sensible. Il dit, en parlant d'une mauvaise conscience : *Hic est vermis qui non moritur, memoria præteritorum, semel injectus vel potiùs innatus per peccatum, hæsit firmiter, nequaquam deinceps evellendus, nec cessat rodere conscientiam, eâque pastus, escâ utique inconsumptibili, perpetuat vitam. Horreo vermem mordacem, & mortem vivacem.*

On convient qu'il est difficile de comprendre comment un ver peut agir sur une ame séparée du corps ; mais est-il impossible à Dieu de faire qu'en la présence d'un ver immortel & insatiable, l'ame soit affligée & tourmentée, comme elle le seroit, si ce ver agissoit sur un corps auquel elle seroit unie par la volonté du Créateur. L'action du corps sur l'ame qu'elle anime, n'est pas plus immédiate, que le peut être par la volonté de Dieu celle d'un ver sur une ame qui mérite que Dieu lui fasse souffrir le supplice d'un ver toujours rongeant, toujours vivant, toujours avide, & jamais rempli.

VERMISSEAU, *Vermiculus*, se prend pour l'écarlate. Moyse se sert souvent de ce terme dans le dénombrement qu'il fait des étoffes & des couleurs qui entroient dans les voiles du Tabernacle de l'Alliance. L'Hébreu, *Tolahat Schani*, que la Vulgate a traduit par *Coccum bis tinctum*, ou *Vermiculum*, & que les Septante (*a*) ont rendu par une couleur rouge signifie proprement le vermisseau du coccus. *Tolahat* signifie certainement un vermisseau, & *Schani*, un ver particulier, comme qui diroit le ver nommé *Schani*. *Tolahat* seul ne signifie précisément qu'un ver en général ; mais *Schani* même seul signifie une couleur fort rouge. *Quand vos péchez seroient comme les Schanim, ils deviendroient blancs comme la neige*, dit Isaïe (*b*). Et l'Epoux dit à l'Epouse du Cantique (*c*) : *Vos lévres sont comme un ruban de Schani.*

Comme ce terme *Schani* peut signifier deux ou double (*d*), saint Jérôme l'a pris en quelques endroits pour une laine teinte deux fois, *Coccum bis tinctum*, & les Septante pour une étoffe à doubles fils ; mais il vaut mieux l'entendre du vermisseau nommé en Latin *Coccus*, & en Arabe *Kermés* ou *Karmés*, d'où vient le nom de *Cramoisi*, parce qu'on se sert de ces petits vers pour teindre en cette couleur. Le *Kermés* ou *Coccus* est une petite coque ronde, membraneuse, fort fine, lissée & luisante, de couleur d'un rouge brun mêlé de blanc cendré, d'environ trois lignes de diametre, divisée ordinairement en deux cavitez inégales, dont la plus grande est remplie d'un nombre presqu'infini de petits œufs ovales, fort rouges & fort vermeils, & la plus petite cavité est remplie d'une espéce de liqueur pareillement rouge, qui ne ressemble pas mal à du sang. Cette coque naît après une espéce de chêne verd, qui ne monte qu'à la hauteur d'un arbrisseau.

On trouve de ces arbrisseaux dans la Palestine, en Provence, en Languedoc, en Espagne, dans l'Isle de Créte & ailleurs (*a*). On détache ces coques, ou ces graines des feüilles ausquelles elles sont attachées, & les vers dont ils sont pleins, en sortent par le trou qui s'y trouve du côté qu'ils étoient attachez à la feüille ; on sépare ces petits animaux des grains, par le moyen d'un crible, & on les met ensemble en les pressant légerement ; on en fait des boules de la grosseur d'un œuf de poule : on s'en servoit autrefois beaucoup pour la teinture du cramoisy ; on s'en sert moins aujourd'hui depuis l'invention de la Cochenille. L'origine du *Kermés*, vient de ce qu'une espéce de cousin, ou de vermisseau piquant le Chêne verd pour en tirer sa nourriture, y fait naître comme une vessie, dans laquelle il pond ses œufs qui deviennent rouges comme nous les avons décrit, & de-là, si on leur en laisse le tems, ils éclosent & forment une quantité prodigieuse de petits cousins de couleur rouge, qui roulant çà & là sur cet arbrisseau, qui leur a servi de matrice, y laissent pour l'année suivante le germe d'un de ces grains dont nous avons parlé.

VERMICULATUS, se trouve dans le Cantique des Cantiques, ch. 1. ỹ. 10. *Murenulas aureas faciemus tibi vermiculatas argento.* Nous vous ferons des bracelets d'or marquetez d'argent. A la lettre, vermoulu d'argent ; car *vermiculari* signifie être vermoulu ; & dans un sens figuré, être fait de piéces de rapports, de marqueterie. L'Hébreu porte (*b*) : *Des colliers d'or avec des trous d'argent.* Les Septante : *Nous vous ferons des figures avec des points d'argent.* Saint Jérôme (*c*) décrit ces colliers appellez *Murenulæ*, dans sa Lettre à Marcelle Dame Romaine ; il dit qu'on les fait de fils

(*a*) Exod. xxv. 4. תּוֹלַעַת שָׁנִי. 70. *Coccinum Rubrum. Aqu. διάφορον. Transfluens. Sym. διάφοσον. Transparens.*

(*b*) *Isai.* 1. 18.
(*c*) *Cantic.* IV. 3.

(*d*) *Κόκκινον διπλοῦν.*

(*a*) *Vide Bochart. observat. l.* 1. *c* 17. *l.* 2. *c* 88. *&c.*

(*b*) *Cant.* 1. 10. תֹּרֵי זָהָב עִם נְקֻדוֹת הַכָּסֶף. *ὁμοιώματα χρυσίου... μετὰ στιγμάτων τοῦ ἀργυρίου.*
(*c*) *Hieron. ad Marcellam. ep.* 15.

VER

fils ou d'anneaux d'argent entrelassez l'un dans l'autre. On leur donna apparemment le nom de Murene, ou de Lamproye, à cause de la varieté des couleurs, & des trous qu'on y marquoit, comme on en voit sur le dos de la Lamproye.

I. VERBE, *verbum*. Ce terme se met souvent dans l'Ecriture, pour marquer une chose (*a*): *Le Seigneur fera demain cette parole*, cette chose (*b*): *Je m'en vais faire une parole dans Israël, que nul ne pourra entendre, que les oreilles ne lui en retentissent* (*c*): *Le reste des paroles de Salomon est écrit dans le Livre des paroles des jours*; c'est-à-dire, le reste de la vie, des actions de Salomon, est écrit dans le Livre qui contient les Journaux, &c.

Verbum Domini, se prend, ou pour la parole intérieure que Dieu faisoit entendre à ses Prophetes par son inspiration; ou pour la parole qu'il leur faisoit entendre extérieurement lorsqu'il leur parloit; comme, par exemple, à Moyse, face à face, & comme un ami parle à son ami (*d*), ou pour la parole que les Ministres de Dieu, les Prêtres, les Apôtres, les serviteurs de Dieu annonçoient aux peuples de la part & au nom du Seigneur. Aod Juge d'Israël, étant entré dans l'appartement d'Eglon Roi de Moab, lui dit (*e*): Sire, j'ai à vous parler en secret de la part de Dieu. Ce Prince se leva par respect de son Trône, & fit sortir tout son monde. Enfin la parole de Dieu se prend pour ce qui est écrit dans les Livres sacrez de l'Ancien & du Nouveau Testament. Il y a encore une autre sorte de parole de Dieu, qui est parvenuë jusqu'à nous par le canal d'une Tradition constante. Nous avons parlé des Traditions des Juifs sous les articles de *Cabale*, & de *Bath-col*, ou fille de la voix; & de celle des Chrétiens, sous l'article *Tradition*.

VERBE, ou parole, marque aussi le Commandement de Dieu: *Misit verbum suum & sanavit eos* (*f*): Il a envoyé sa parole & les a guéri. Il n'a dit qu'un mot, & il leur a rendu la santé. Et ailleurs (*g*): *Il envoyera sa parole, & les réduira en eaux*; il parle de la glace ou de la grêle. Un mot les fera fondre. C'est ainsi que le bon Centenier disoit à JESUS-CHRIST (*h*): Seigneur, je ne suis pas digne que vous entriez dans ma maison; mais ordonnez à votre parole, & mon serviteur sera guéri.

Les paroles de mes péchez, les paroles

(*a*) *Exod.* IX. 5. 6.
(*b*) I. *Reg.* III. II.
(*c*) 3. *Reg.* XI. 41.
(*d*) *Exod.* XXXIII. II.
(*e*) *Judic.* III. 19. 20.
(*f*) *Psalm.* CVI. 20.
(*g*) *Psalm.* CXLVII. 18.
(*h*) *Luc.* VII. 7.

Tome IV.

de mensonge, d'iniquité, de cantiques, les paroles *de science, d'intelligence, de discipline*, ou de conduite: tout cela s'entend assez. On peut l'expliquer, ou des péchez, du mensonge, de la science même, ou des discours qui les accompagnent ou qui les suivent.

Verbum Regis, les ordres du Roi. *Verbum malum*, une médisance. *Loquar verbis meis*, je dirai mes raisons. *Verbis tuis facite stateram*; faites une balance à vos paroles: ne parlez jamais qu'après avoir bien pesé ce que vous voulez dire. *Dedit confessionem excelso in verbo gloriæ* (*a*): David a loué le Très-haut par les paroles de son Cantique; par ses Pseaumes composez pour sa gloire. *La parole des promesses, la parole de la foi, la parole de la Croix, la parole de la Sagesse, la parole de vie, la parole de la vérité Evangélique. La parole saine, verbum sanum & irreprehensibile*; sont des expressions connuës dans saint Paul, & qu'il est aisé de comprendre. Quelquefois le terme de *parole* est superflu, comme dans ce passage: *Posuit in eis verba signorum suorum*: Dieu mit en eux les paroles de ses prodiges; c'est-à-dire, simplement: Il les fit dépositaires de sa puissance pour faire des miracles. Ainsi *verba promissionis*, signifient simplement les promesses. *La parole de la Croix*, la prédication qui annonce JESUS-CHRIST crucifié. *La parole de joye*, celle qui annonce la vie future, & qui donne la vie à l'ame. *La parole saine*, opposée aux discours vains, trompeurs, dangereux, menteurs, des méchans & des Hérétiques.

II. VERBE. Ce terme est consacré pour signifier le Fils unique du Pere, sa Sagesse incréée, la seconde Personne de la très-sainte Trinité, égale & consubstantielle au Pere. Nous avons déja remarqué, en parlant de *Memra*; que les Paraphrastes Caldéens, qui sont les plus anciens Ecrivains Juifs que nous ayons, se servent ordinairement du nom *Memra* qui signifie le *Verbe*, dans les lieux où Moyse met le nom de *Jéhovah* (*b*): par exemple, ils disent que c'est le *Memra*, ou le Verbe qui a créé le monde, qui apparut à Moyse sur le mont Sinaï, qui lui donna la Loi, qui lui parla tête à tête, qui tira Israël de l'Egypte, qui marcha à la tête du peuple, qui fit grand nombre de prodiges qui sont racontez dans l'Exode. C'est ce même Verbe qui apparut à Abraham dans la plaine de Mambré, qui se fit voir à Jacob à Béthel, à qui Jacob fit un vœu,

(*a*) *Eccli.* XLVII. 9.

(*b*) ממרא יהוה
Memra, Jehovah. Verbum Domini.

E &c.

& qu'il reconnut pour Dieu, en difant : (a) *Si le Verbe me conduit, & me ramene dans la maifon de mon pere, il fera mon Dieu, &c.*

(a) Genef. XXVIII. 10.

L'Auteur du Livre de la Sageffe, qui vivoit avant JESUS-CHRIST, s'exprime à peu près de même ; il dit que Dieu a créé toutes chofes par fon Verbe (b) : *Qui fecifti omnia Verbo tuo.* Que ce n'eft pas ce que la terre produit qui nourrit l'homme, mais que c'eft la parole toute-puiffante de Dieu qui le fuftente. (c) *Quoniam non nativitatis fructus pafcunt homines, fed fermo tuus hos, qui in te crediderint, confervat.* C'eft cette parole qui a nourri les Ifraëlites dans le Défert ; c'eft le même Verbe qui les a guéris des morfures des Serpens (d) : *Neque herba neque malagma fanavit eos ; fed tuus, Domine, fermo, qui fanat omnia.* C'eft le même Verbe qui par fa puiffance a exterminé les premiers nez des Egyptiens : *Omnipotens fermo tuus de cælo à regalibus fedibus, durus debellator in mediam exterminii terram profilivit (e)*, &c. Enfin c'eft par la même parole qu'Aaron arrêta l'impétuofité du feu qui s'étoit allumé dans le Camp, & qui menaçoit de confumer tout Ifraël (f) : *Non in virtute corporis, fed verbo illum qui fe vexabat, fubjecit, &c.*

(b) Sap. IX. 11.

(c) Sap. XVI. 26.

(d) Sap. XVI. 12.

(e) Sap. XVIII. 15. Exod. XII. 29. 30.

(f) Sap. XVIII. 22. Vide Num. XVI. 46.

Philon fameux Juif, qui a vécu du tems de JESUS-CHRIST, & qui avoit beaucoup étudié Platon, fe fert à peu près des mêmes manières de parler. Il dit, par exemple, que Dieu a créé le monde par fon Verbe (g) : Que le monde intelligible n'eft autre que le Verbe de Dieu qui créa le monde ; que ce Verbe invifible eft la vraie image de Dieu. Les Platoniciens pour marquer le Créateur de toutes chofes, fe fervoient quelquefois du mot *Logos*, qui eft employé dans faint Jean pour fignifier le Verbe Eternel. Les Stoïciens s'en fervoient auffi contre les Epicuriens, qui foutenoient que tout étoit fait au hazard, & fans raifon ; au lieu que les Platoniciens & les Stoïciens prétendoient que tout avoit été fait par le *Logos*, ou la raifon & la Sageffe divine. Mais on doute avec raifon que les Platoniciens, les Stoïciens & Philon, ayent entendu par ce terme le Verbe de Dieu, & Dieu lui-même de la manière que nous l'entendons.

(g) *Philo de omnibus opificio.* p. 5. Οὐδὲν ἂν ὑπονοήσειε τῶν τολμηρῶν μέρος, ἢ διὰ λόγου ἤδη κοσμοποιηθῆναι. & p. 6. Τὸν δὲ ἀόρατον ἢ νοητὸν θεῖον λέγει τὸν Στῶ λόγον εἰκόνα λέγει Στῶ. & p. 714. e. & lib. de Somniis ; pag. 578. Ὁ λόγον λέγων τὸν Θεὸν λέγει, τὸ τοῦ καθ' ἕκαστον πιζέκνα-λύθεῖν πράγματα.

Quoi qu'il en foit, l'Apôtre faint Jean dans fon Evangile, dans fa première Epître, & dans fon Apocalypfe, nous a parfaitement éclairci fur la nature du Verbe Divin, fur tout lorfqu'il a dit :

Au commencement étoit le Verbe, & le Verbe étoit avec Dieu, & le Verbe étoit Dieu. Il étoit au commencement avec Dieu ; toutes chofes ont été faites par lui, & rien de ce qui a été fait, n'a été fait fans lui, &c. (a) Les Conciles ont fixé le langage de l'Eglife fur cette importante matière, & l'Eglife a réprimé par fes décifions la témérité des Hérétiques, qui ont ofé attaquer fa Doctrine fur la confubftantialité du Verbe, fa nature, fon unité, & la divinité de fa perfonne.

(a) Joan. I. 1.

VERGE, *virga*, fe met quelquefois pour des branches d'arbres : *Tollens Jacob virgas populeas* (b), des branches de peuplier ; d'autrefois pour un bâton, une verge : *Virgam hanc fume in manu tua* (c) ; ou pour la houlette d'un Berger (d) ; ou pour la verge dont Dieu fe fert pour punir les hommes : *Arguam illum in virga virorum* (e) ; & : *Auferat à me virgam fuam* (f) ; & : *Væ Affur, virga furoris mei* ; ou pour un fceptre royal ; Affuérus étendit fon fceptre d'or vers Efther (g) : *Auream virgam ad eam tetendit* ; & : *Virga aquitatis, virga regni tui* ; *Pfalm.* XLIV. 7. & *Hebr.* I. 8. L'empire du Meffie eft quelquefois défigné par *la verge de fer*, qui marque fa puiffance & fa force (h) : *Reges eos in virga ferrea.* Voyez la même expreffion dans l'Apoc. II. 27. XII. 5. & XIX. 15. Ailleurs *virga* eft mis pour un rejetton, & pour défigner la naiffance miraculeufe du Meffie, qui eft forti d'une Mere Vierge. *Confurget virga de Ifraël* (i) : Il fortira de Jacob une étoile, & une verge naîtra d'Ifraël. Et Ifaïe : Il fortira une verge de la racine de Jeffé : *Egredietur virga de radice Jeffe* (k). Enfin *virga* fe met pour une Tribu, un peuple : *Vous avez racheté la verge de votre héritage* (l) ; & : *Ifraël eft la verge de l'héritage du Seigneur* (m). Dans Jérémie, la verge veillante (n) : *Virgam vigilantem ego video*, marque felon l'Hébreu, *une branche d'amandier, ou un bâton d'amandier.* Cet arbre fleurit avant tous les autres ; & le Seigneur vouloit marquer par-là Nabuchodonofor, qui étoit prêt à venir fondre fur la Judée.

(b) Genef. XXX. 37.

(c) Exod. IV. 17. (d) Levit. XXVII. 32. (e) 2. Reg. VII. 14. (f) Job. IX. 34.

(g) Efth. IV. 11.

(h) Pfal. II. 9.

(i) Num. XXIV. 17.

(k) Ifai. XI. 1.

(l) Pfalm. LXXIII. 16. (m) Jerem X. (n) Jerem. I. 11.

VERGE DE MOYSE, eft celle que Dieu lui donna, ou plutôt c'eft le bâton dont Moyfe fe fervoit ordinairement en conduifant fes troupeaux, & que Dieu lui ordonna de prendre avec lui, pour opérer les miracles qu'il devoit faire en Egypte devant Pharaon, & devant tout le peuple. *Que tenez-vous en votre main*, dit le Seigneur à Moyfe ;

Moyſe (a); *une Verge*, répondit Moyſe; *le Seigneur lui dit: Jettez-la par terre. Il la jetta, & elle fut changée en ſerpent. Enſorte que Moyſe ſe mit à fuir. Le Seigneur lui dit: Etendez votre main & prenez-la par la queuë; il la prit, & elle devint une verge comme auparavant.* Moyſe la conſerva juſqu'à la mort; & elle fut l'inſtrument d'une infinité de miracles qu'il opéra dans tout le tems de ſa vie. L'Ecriture ne nous dit point ce qu'elle devint après ſa mort. On pourroit croire qu'elle fut donnée à Joſué, comme au ſucceſſeur de Moyſe dans le commandement du peuple; mais on n'en a aucune preuve. Les Muſulmans diſent qu'elle fut conſervée dans l'Arche d'Alliance. Ils la confondent avec celle d'Aaron.

Les Rabbins racontent bien des merveilles de cette fameuſe Verge. Ils diſent qu'elle avoit d'abord été créée de Dieu pour Adam: qu'elle paſſa par ſucceſſion à Abraham, & de là au Patriarche Joſeph, qui la laiſſa aux Rois d'Egypte, comme un gage de ſa reconnoiſſance. Jéthro étant en Egypte, la déroba, & l'emporta dans ſon pays. Il la planta dans un Jardin où elle prit tellement racine, que perſonne ne pouvoit l'arracher. Jéthro qui en ſçavoit toute la vertu, promit ſa fille en mariage à celui qui pourroit l'arracher. Divers jeunes hommes ſe préſentérent & eſſayérent de la tirer de la terre; mais nul n'en put venir à bout, juſqu'à Moyſe, qui l'arracha ſans peine. Séphora en fut la récompenſe. Le nom de Dieu étoit écrit ſur cette Verge, & c'eſt ce qui en faiſoit tout le mérite & la vertu.

La Verge, ou le Caducée de Mercure que l'on nous repréſente toujours environnée de deux ſerpens, & les effets prodigieux qu'on lui attribuë, ſont une imitation de ce que l'hiſtoire ſainte nous raconte de la Verge de Moyſe convertie en ſerpent, & des miracles que Dieu opéra par ſon moyen.

VERGE D'AARON; c'eſt le bâton dont le Grand-Prêtre ſe ſervoit ordinairement. Dans la conjuration de Coré, Dathan & Abiron, contre Moyſe & Aaron, Dieu ordonna à Moyſe (b) de recevoir une Verge de chacun des Chefs de Tribu, & d'y joindre celle d'Aaron, afin que le Seigneur fiſt connoître par un miracle, qui étoit la Tribu qu'il choiſiſſoit pour l'exercice de ſon Sacerdoce. On ramaſſa donc douze Verges ſelon le nombre des Tribus; celle d'Aaron faiſoit la treiziéme. On écrivit ſur chacune d'elles le nom du Prince de la Tribu qui l'avoit offerte; on les mit dans la Tente de l'Aſſemblée, où le Seigneur avoit accoutumé de ſe manifeſter à Moyſe; & le lendemain on retira ces Verges, & on remarqua que pendant cette nuit la Verge d'Aaron avoit pouſſé des boutons, avoit fleuri, & que ces fleurs s'étoient formées en amandes.

Il ne pouvoit y avoir aucun lieu de ſoupçon qu'on eût changé les Verges. Le nom de chacun étoit écrit ſur la ſienne, celle d'Aaron étoit bien connuë; nulle induſtrie humaine ne pouvoit en une nuit produire un ſi grand changement. Ainſi le Sacerdoce fut confirmé par ce prodige à Aaron, & à ſa poſtérité. Pour conſerver la mémoire d'un événement ſi miraculeux, Dieu ordonna à Moyſe de mettre cette Verge dans la Tente du Témoignage ou de l'Aſſemblée, afin qu'elle ſervît de monument de ce qui étoit arrivé dans cette occaſion.

Quelques-uns croyent qu'elle conſerva ſes feüilles & ſes fruits, tandis qu'elle demeura dans le lieu ſaint; & en effet, il falloit dans le deſſein de Dieu qu'elle conſervât les marques du miracle pour en convaincre la poſtérité.

On demande ſi elle fut miſe dans l'Arche d'Alliance; ou ſimplement auprès d'elle. Dieu ordonne ſimplement à Moyſe de la mettre dans le Tabernacle pour y être conſervée (a); mais ſaint Paul (b) dit qu'elle étoit dans l'Arche avec l'Urne pleine de Manne, & les Tables de la Loy. D'autres ſoutiennent qu'elle fut miſe, non au dedans, mais à côté de l'Arche; ils ſe fondent ſur un paſſage du troiſiéme Livre des Rois (c), qui porte qu'il n'y avoit dans l'Arche que les Tables de la Loi. Mais d'autres prétendent qu'on doit prendre le paſſage de ſaint Paul à la lettre; qu'il n'y a nulle inconvenient que l'on ait mis le bâton d'Aaron dans l'Arche: elle avoit cinq pieds de long, & beaucoup plus de capacité qu'il n'en falloit pour le contenir. Ce bâton étoit une choſe ſanctifiée par le miracle qui y étoit arrivé. Et quand l'Ecriture dit qu'il n'y avoit dans l'Arche que les Tables de la Loi, on peut l'entendre avec cette exception, il n'y avoit originairement que ces Tables. L'Arche ne fut d'abord deſtinée que pour les contenir; mais cela n'empêchoit pas que poſtérieurement on n'y mit autre choſe.

Artapane, dans Euſebe (d), enſeigne que la Verge de Moyſe, dont Aaron ſe ſervit

servit pour faire tant de prodiges dans l'Egypte en préfence de Pharaon, devint dans la fuite des fiécles un objet du culte des Egyptiens; qu'ils la placerent dans un Temple d'Ifis, & lui rendirent des hommages religieux. On dit aufli qu'encore à préfent, on la montre à Rome dans l'Eglife de faint Jean de Latran, où elle eft honorée comme une précieufe relique.

(a) Gerard. Voff. de idololat. c. 11. p. 86. Bochart. Phaleg. l. 1. p. 2. c. 16. p. 451.

Quelques Sçavans (a) ont crû que le Thyrfe, qu'on met entré les mains de Bacchus, & des Bacchantes, & qui nous eft repréfenté comme une lance, ou un dard, environné de pampres & de feüilles de vignes, eft une imitation de la Verge d'Aaron qui fleurit. Euripide raconte qu'une des Prêtreffes de Bacchus frappa avec fon Thyrfé un des rochers du mont Cytheron, & qu'elle en fit fortir une fource abondante; par une autre imitation du miracle arrivé à Horeb, où Moyfe & Aaron tirerent l'eau d'un rocher, par le moyen de la Verge miraculeufe.

VERGE DE S. JOSEPH, Epoux de la fainte Vierge. On lit dans le faux Evangile de la Nativité de la fainte Vierge (b), que quand Marie fut parvenuë à un âge nubile, & qu'on voulut, felon la coutume, la renvoyer à fes parens pour la marier, elle répondit qu'elle ne pouvoit confentir au mariage, parce qu'elle avoit fait vœu de virginité. Comme ce cas étoit fingulier, le Grand-Prêtre confulta le Seigneur, qui répondit d'une voix intelligible, qui fut oüie de tout le monde, qu'il falloit voir à qui cette Vierge devoit être confiée, pour être le gardien de fa virginité; que pour cela tous les hommes de la Maifon de David, qui n'étoient point mariez, euffent à fe préfenter devant l'Autel tenant chacun une Verge à la main, & que celui dont la Verge germeroit & fleuriroit, & fur laquelle l'efprit du Seigneur fe repoferoit en forme de colombe, feroit celui que le Seigneur auroit choifi pour être l'Epoux & le Gardien de la Vierge, fuivant cette parole d'Ifaïe (c): *Il fortira de la racine de Jeffé une Verge, & une fleur en fera produite, & l'efprit du Seigneur repofera fur elle, l'efprit de fageffe & d'entendement, l'efprit de confeil & de force, l'efprit de fcience & de piété; & il fera rempli de l'efprit de la crainte du Seigneur.*

(b) Apud Fabricium apocryph. N. Teft p. 30. 31.

(c) Ifai. xi. 2.

Ceux donc qui étoient défignez, fe préfenterent au Temple, tenant chacun une Verge à la main. Jofeph y vint auffi, mais n'apporta pas la fienne. Le Grand-Prêtre n'ayant point remarqué fur aucune des Verges, le figne que Dieu avoit promis, confulta de nouveau le Seigneur, & il lui fut répondu: Que celui qui n'avoit point de Verge, étoit le feul que Dieu avoit choifi. En effet, il n'eut pas plutôt apporté fa Verge, qu'une colombe venuë du Ciel vint fe repofer fur elle; & à cette marque tout le monde reconnut qu'il étoit deftiné pour être l'Epoux de Marie.

Le Protevangile de faint Jacques (a) raconte la même chofe, mais avec quelques différences. Il dit que la Vierge ayant atteint l'âge de dix ans; les Prêtres dirent au Grand-Sacrificateur Zacharie, qu'il falloit fonger à la marier, de peur que le lieu faint ne fût expofé à quelque foüilure; que Zacharie confulta le Seigneur, qui lui fit dire par un Ange d'affembler tous les veufs d'Ifraël, de leur ordonner d'apporter chacun une Verge, & que celle fur qui on verroit arriver un prodige, feroit reconnu pour Epoux de Marie. On publia la chofe dans tout le pays au fon de la trompette facrée. Il vint au Temple une infinité de prétendans; Jofeph quitta fa boutique de Charpentier & y vint avec tous les autres.

(a) Apud Fabric. apocryph. n. t. p. 87. 88.

Le Grand-Prêtre reçut les Verges d'eux tous, entra dans le Temple, fit fa priére, rendit à chacun fa Verge: Jofeph ayant reçu la fienne, une colombe en fortit, & alla fe repofer fur fa tête. Alors le fouverain Sacrificateur lui déclara que la volonté de Dieu étoit qu'il prît Marie pour femme. Jofeph s'en défendit, difant; J'ai des enfans, je fuis vieux, elle eft jeune, je crains de me rendre la fable d'Ifraël. Le Grand-Prêtre lui répondit: Craignez le Seigneur, fouvenez-vous de ce qui arriva à Coré, Dathan, & Abiron. Ne réfiftez point la volonté de Dieu qui s'eft déclaré par ce prodige. Jofeph fe rendit & prit Marie; mais il la laiffa dans une Maifon, & retourna chez lui travailler de fon métier de Charpentier.

C'eft de ces anciens Evangiles & de la tradition des Orientaux qu'eft venuë la coutume de nos peintres, de repréfenter faint Jofeph avec un bâton fleuri; mais comme la fource d'où cela eft tiré, n'a aucune autorité dans l'Eglife, que la narration d'elle-même paroît fort mal affortie, & que le miracle n'eft nullement néceffaire, on peut rejetter tout cela au rang des Fables. Voyez faint Jérome fur faint Matthieu, *liv.* 2.

VERITE', fe prend en plufieurs fens

VER

sens dans l'Ecriture. 1°. Pour ce qui est opposé à la fausseté, au mensonge, à l'erreur, à la tromperie; par exemple, il n'y aura personne parmi vous qui consulte les morts pour en apprendre la vérité (a); *aut quaras à mortuis veritatem*; & le Psalmiste, parlant des impies (b): *Non est in ore eorum veritas*; & saint Paul (c): *Veritatem dico in Christo, non mentior.*

2°. *La Vérité* se met pour la fidélité, la sincérité & l'exactitude à tenir ses promesses. Ordinairement on joint la vérité prise en ce sens avec la miséricorde; par exemple, Genes. xxiv. 27. Eliézer, serviteur d'Abraham, rend graces à Dieu de ce qu'il a usé de sa miséricorde & de sa vérité envers son maître Abraham: *Benedictus Dominus qui non abstulit misericordiam & veritatem suam à Domino meo* (d). Il la comble de biens par sa miséricorde, & il a parfaitement accompli en lui toutes ses promesses. *Misericordia & veritas*, peuvent aussi marquer une miséricorde stable, constante, permanente. Loué soit le Seigneur qui a favorisé d'une maniére si constante mon seigneur & mon maître Abraham.

Ces expressions, *Misericordia & veritas* sont très-fréquentes dans l'Ecriture. Par exemple; Genes. xxiv. 49. *Si facitis misericordiam & veritatem cum Domino meo, judicate mihi*; & Genes. XLVII. 29. Jacob dit à son fils Joseph: *Si j'ai trouvé graces à vos yeux, vous ferez miséricorde & vérité avec moi; que vous ne m'ensevelirez point en Egypte*: Vous me promettrez cette grace, & vous l'effectuerez fidélement; & dans Josué II. ỹ. 14. Les espions Israëlites promettent à Rahab qu'*ils lui feront miséricorde & vérité*, qu'ils lui tiendront fidélement tout ce qu'ils lui ont promis. Et 2. Reg. c. II. ỹ. 6. David envoye dire aux habitans de Jabès de Galaad, que le Seigneur *leur rendra miséricorde & vérité*, pour avoir donné la sépulture aux os de Saül; que lui-même leur en marquera sa bienveillance. Enfin ces manières de parler qui se rencontrent, pour ainsi dire, à chaque page dans l'Ecriture, peuvent, à mon avis, signifier que Dieu comblera de ses graces, de ses faveurs, & de ses bontés ceux à qui il promet *la miséricorde & la vérité*, & qu'il le fera d'une manière ferme, constante & persévérante.

Il y a des personnes à qui il fait des promesses, mais seulement conditionnelles; d'autres à qui il fait des graces,

Tome IV.

VER 21

mais seulement pour un tems; d'autres sont prévenus de ses premières bénédictions, mais n'obtiennent pas la grace de la persévérance finale. Dieu a fait aux Israëlites plusieurs promesses, mais simplement, à condition qu'ils lui demeureroient fidéles. Il a donné la Royauté à Saül, mais seulement pour un tems; Salomon a été comblé de ses premières graces; mais on doute s'il a eu le don de la persévérance: Dieu leur a fait en ce sens *miséricorde*, mais non pas *vérité*. Au contraire il a fait l'un & l'autre à David d'une manière éclatante, & au Messie d'une manière encore plus parfaite. David dit de lui-même (a): *Misericordia tua & veritas tua semper susceperunt me*: Et encore *Psalm.* LVI. 4. *Misit Deus misericordiam suam & veritatem suam, eripuit animam meam de medio catulorum leonum, &c.* Et ailleurs en parlant du Messie (b): *Misericordiam autem meam non dispergam ab eo, neque nocebo in veritate mea, &c.*

Les Septante traduisent ordinairement par *Justice* le mot Hébreu *Chesed*, que la Vulgate a rendu par *Misericorde*: Béni soit le Seigneur qui n'a point retiré *sa justice & sa vérité* de mon maître. Mais dans ces endroits, comme dans plusieurs autres, la miséricorde & la justice, même dans l'Hébreu, sont synonimes.

Isaïe demande au Seigneur que la paix & la vérité regnent dans ses jours: *Sit pax & veritas in diebus meis* (c). Ou selon l'Hébreu: *Y aura-t-il paix & vérité pendant ma vie*? Puis-je me flatter que Dieu suspendra jusqu'après ma mort les effets de sa vengeance? *La paix & la vérité* marquent une paix, une prospérité constante & persévérante. Jérémie xxxiii. 6. se sert à peu près de la même expression: *Revelabo illis deprecationem pacis & veritatis*: Je leur découvrirai une manière de prier efficace pour obtenir la paix & la vérité, ou une paix fixe & durable. Autrement: Je leur ferai goûter ce solide bonheur après lequel ils soupirent: *Deprecationem pacis*; c'est-à-dire, *pacem quam enixè precantur*. Et Zacharie VIII. 19. *Pacem & veritatem diligite*: Ce qui est relatif à ce qu'il a dit un peu auparavant ỹ. 16. *Veritatem & judicium pacis judicate*; Jugez dans la vérité & dans la paix; vivez en paix, & pratiquez la justice envers vos freres. Que les Juges & les Magistrats rendent la justice à leurs inférieurs dans la vérité, dans l'équité, & qu'ils les maintiennent en paix; ou bien; *Judicium veritatis*

F

(a) Deut. XVIII. 11.
(b) Psalm. v. 5.
(c) Rom. IX. 1.

(d) Genes. xxiv. 17.

(a) Psalm. xxxix. 12.

(b) Psalm. lxxxviii. 34.

(c) 4. Reg. xx. 19. Isaï. xxxix. 8.

ritatis & pacis, marquera un jugement qui leur procure une paix, un bonheur constant. Ou enfin, *Judicium veritatis & pacis*, est mis pour *Judicium verum & perfectum*, un jugement accompagné d'une équité parfaite. Le mot Hébreu *Schalom*, qui signifie *la paix*, se prend aussi pour *la perfection*.

JESUS-CHRIST est la vérité éternelle & essentielle : *Ego sum via, veritas & vita* (*a*). Et encore dans la première Epître de saint Jean chap. v. ỹ. 6. *Quoniam Christus est veritas*; il est le Verbe rempli de grace & de vérité (*b*) : *Plenum gratiæ & veritatis*; c'est lui qui nous a donné, & communiqué la plénitude de l'une & de l'autre (*c*) : *Gratia & veritas per Jesum Christum facta est*, c'est lui qui a envoyé à ses Apôtres l'esprit de vérité (*d*) : *Spiritum veritatis qui à Patre procedit*.

LA PAROLE DE VÉRITÉ, *la voie de la vérité*, *la science de la vérité*, *marcher dans la vérité*, *parler dans la vérité*, *rendre témoignage à la vérité*, dans les Auteurs sacrez du Nouveau Testament signifient la vérité de l'Evangile, les veritez saintes du Christianisme.

Le Psalmiste dit que la miséricorde du Seigneur s'étend jusqu'aux Cieux, & sa vérité jusqu'aux nuës (*e*), pour marquer leur grandeur, leur étenduë, leur immensité, & qu'elles se répandent sur toutes les créatures. Ailleurs (*f*) il dit que *la miséricorde & la vérité se sont rencontrées*; *que la justice & la paix se sont embrassées*; *que la vérité est sortie de la terre*, *& que la justice a regardé du haut du Ciel*. Le Prophéte en cet endroit décrit le bonheur du pays de Juda après le retour de la Captivité, & dans un sens plus relevé, les avantages dont jouïra l'Eglise après la venüe du Messie. La miséricorde & la justice, la paix & la vérité peuvent être considérées comme synonimes dans ces passages. On verra regner dans Juda la miséricorde & la vérité, la justice & la paix, une miséricorde constante & permanente; une justice pleine & parfaite. Il est certain que la justice se met souvent pour la clémence, la bénignité, la miséricorde.

David dans le Pseaume LXXXVIII. releve en plusieurs maniéres la vérité de Dieu, ou sa fidélité dans ses promesses; c'est un Cantique d'actions de graces pour les faveurs que Dieu a faites à la Maison de David. La fécondité de l'esprit du Prophéte lui fournit vingt ma-niéres de publier la grandeur des miséricordes de Dieu, & l'efficace de ses promesses. ỹ. 1. J'annoncerai éternellement *ses miséricordes*; je publierai *sa vérité de race en race*. ỹ. 3. *Sa miséricorde est bâtie dans le Ciel*; il y a affermi *sa vérité*. ỹ. 6. On loüera *sa vérité* dans l'assemblée des Saints. ỹ. 9. Sa puissance est grande, & *sa vérité* l'environne de toutes parts. ỹ. 14. La justice & l'équité sont la base de son Trône. ỹ. 15. *La miséricorde & la vérité* marchent devant lui. ỹ. 24. *Sa miséricorde & sa vérité* seront toujours avec David. Toutes ces expressions & ces tours ne signifient autre chose que la miséricorde qui prévient, & qui promet, & la vérité qui exécute.

VERMILLON. Ce terme vient du latin *Vermiculus*, un *Vermisseau*, parce que le cramoisi & l'écarlate se teignent avec de petits vermisseaux que l'on ramasse sur une éspèce de chêne verd, qui porte le Kermès, graine d'écarlate. Voyez ci-devant l'article *Ver*. Mais le vrai vermillon est tout autre chose, & il n'a aucun rapport avec le *Vermiculus* que par la couleur. Le vermillon connu des Anciens (*a*), se trouvoit en Espagne sur des rochers inaccessibles. C'étoit des pierres qu'on abbatoit avec des fléches. Il s'en trouvoit aussi dans la Colchide : l'artificiel se faisoit d'un sable rouge, qui se voyoit auprès d'Ephèse, après qu'on l'avoit lavé plusieurs fois. Le vermillon dont on se sert présentement, se fait avec le cynabre artificiel, qui a été broyé long-tems sur le porphyre, & réduit en une poudre très-fine.

Le Livre de la Sagesse (*b*) parloit du vermillon dont on frottoit anciennement les statuës des Dieux : *Perliniens rubricâ, & rubicundum faciens fuco colorem illius, & omnem maculam quæ in illo est perliniens*. Le Statuaire ayant formé une statuë d'un bois tortu & plein de nœuds, le frotte avec du vermillon, le peint de rouge, lui donne une couleur empruntée, & cache sous ce fard toutes les difformitez de son bois. Les Anciens faisoient grand cas du vermillon, & n'en usoient qu'avec beaucoup d'œconomie, à cause de son grand prix, & de sa rareté (*c*). Du tems de Vitruve il étoit déja plus commun, & l'on voyoit des murailles entiéres qui en étoient peintes. Verrius cité dans Pline (*d*) assure qu'aux jours des grandes Fêtes c'étoit une cérémonie & une éspèce de somptuosité de frotter de vermillon la face

face de Jupiter. J'ai vû une tête de Diane, où le vermillon étoit encore fort sensible lorsqu'on la frottoit avec un peu d'eau. Les Censeurs du tems de Pline donnoient au rabais le soin de peindre avec du vermillon la statuë de Jupiter. *A Censoribus Jovem miniandum locari.* Camillus triompha fardé avec du vermillon. Tel étoit le goût & la délicatesse des anciens Romains. Parmi les Ethiopiens on donnoit cette teinture aux statuës des Dieux, & les grands Seigneurs s'en frottent tout le corps.

VÉRONIQUE. La tradition du peuple est que JESUS-CHRIST allant au Calvaire, une femme nommée Véronique, ou peut-être Bérénice, lui présenta son mouchoir pour s'essuyer le visage; & que notre Seigneur en s'en essuyant, y imprima sa face. C'est-là l'image du Chef de JESUS-CHRIST, que l'on appelle *la sainte Face*, ou *la Véronique*. On en conserve une à Rome, une à Jérusalem, & une autre à Iènes en Espagne; apparemment l'une a été prise sur l'autre. Quelques Modernes ont mis la Véronique au nombre des Saintes le 4. de Février; mais elle n'est point dans le Martyrologe Romain, quoiqu'on prétende qu'elle est morte à Rome, & que son Corps y est encore. Marianus Scotus qui écrivoit sur la fin de l'onziéme siécle, en dit diverses choses, qu'il cite d'un certain Méthodius; que quelques-uns ont pris pour saint Méthodius de Tyr; mais d'autres soutiennent que l'Auteur que l'on a sous le nom de Méthodius, est beaucoup plus récent. Il est certain qu'il conte beaucoup de fables, & que la bonne Antiquité avant le dixiéme siécle, n'a pas connu sainte Véronique. Il y en a même qui croyent que ce nom est formé de *Vera icon*, la vraye Image, dont on a fait une femme. Voyez Bollandus sur le quatriéme de Février, page 449. & suivantes, & M. de Tillemont, Note 33. sur JESUS-CHRIST.

VERRE. *Vitrum.* Le verre est aujourd'hui fort commun, & personne n'ignore ce que c'est. On ne convient pas de son origine; je veux dire de celui qui en est le premier inventeur. Pline (*a*) raconte que quelques Marchands étant arrivés avec leur Navire au bord de Ptolemaïde, & voulant faire du feu pour cuire à manger, prirent dans leur vaisseau quelques mottes de nitre qu'ils portoient, parce qu'il ne se trouva pas de pierres communes sur le rivage propres à leur dessein, & ayant allumé un grand feu, ils virent avec étonnement que le sable se fondoit & formoit la liqueur transparente dont on a fait le verre. Cette invention se perfectionna bientôt, & les Phéniciens toujours laborieux & industrieux répandirent l'usage du verre dans tous les lieux où ils trafiquerent; c'est-à-dire, sur toutes les côtes & dans toutes les Isles de la Méditerannée. On ne nous dit pas quand ceci arriva; on ne donne pas même cette histoire comme chose fort certaine; mais il paroît indubitable que c'est dans la Palestine & aux environs de Ptolemaïde & de Sidon, que l'on trouva la maniére de faire le verre.

Moyse (*a*) semble avoir voulu marquer le verre & le grand trafic qui s'en faisoit dans les lieux dont nous avons parlé, lorsqu'en donnant sa derniére bénédiction à Zabulon, qui avoit son partage dans ces cantons-là, il dit: *Ils suceront comme le lait les richesses de la mer, & les trésors cachez dans le sable*: Ces richesses de la mer & ces trésors cachez dans le sable, ne sont autres, selon le Paraphraste Jonathan, & le Rabbin Salomon, & quelques autres Interprétes, que la pourpre que l'on teignoit à Tyr; & le sable dont on faisoit du verre dans le même pays. Joseph (*b*) parle du sépulcre de Memnon près de Ptolemaïde, & du fleuve Bélus, dont le sable sert principalement à faire du verre. C'est, dit-il, une espéce de vallon d'environ cent coudées, où s'amasse quantité de sable propre à faire du verre, & quoi qu'on en tire souvent de quoi remplir plusieurs vaisseaux, elle ne s'épuise jamais, mais se remplit d'un nouveau sable. Pline (*c*) parle du même fleuve Bélus qui se dégorge dans la mer proche Ptolemaïde. Le sable qui est à son embouchûre, à la longueur de cinq pas, fournit depuis tant de siécles la matiére pour faire le verre: *Quingentorum est passuum non amplius littoris spatium, idque tantum multa per sæcula gignendo fuit vitro.* Strabon (*d*) assure pourtant que tout le sable du bord de la mer, depuis Ptolemaïde jusqu'à Tyr, est propre à faire ces sortes d'ouvrages. Quoi qu'il en soit, l'Hébreu *Chol*, ou *Hol* ou *Hul* (*e*), qui signifie du sable, est apparemment la racine du Grec (*f*) *Hyalos*, qui signifie *du verre*.

Job parle aussi du verre sous le nom de *Séchochit* (*g*). *Non adæquabitur ei aurum vel vitrum.* L'or & le verre ou le crystal ne sont pas comparables au prix de la Sagesse. Le nom *Séchochit* vient d'une

(*a*) Plin. l. 36. c. 26.

(*a*) Deut. xxxiii. 19.

(*b*) Joseph. de bello Jud. l. ti. ti 17.

(*c*) Plin. l. 36. c. 26.

(*d*) Strabo. b. 16.

(*e*) חול Chol. Arena.
(*f*) ὕαλος Vitrum.
(*g*) Job. xxviii. 17. יערכנה זהב וזכוכית 70. Οὐκ ἰσωθήσεται αὐτῇ χρυσίον, καὶ ὕαλος.

d'une racine qui signifie briller, être pur, net, transparent, ce qui convient parfaitement au verre, & au cryſtal. Ces matiéres autrefois étoient beaucoup plus précieuſes & plus recherchées qu'elles ne ſont aujourd'hui. Ces deux paſſages de Moyſe & de Job prouvent l'antiquité du verre.

On trouve aſſez ſouvent dans l'Ecriture le nom de *cryſtallus*; mais le plus ſouvent il ſignifie de la glace ou de la gelée; par exemple, (*a*): *Mittit cryſtallum ſuam ſicut buccellas*. Dieu envoye la glace ou la grêle, comme des morceaux de pain; l'Hébreu : *Il envoye la glace comme des bouchées*. La grêle eſt une glace, ou une eau gelée & comme coupée en morceaux. L'Eccléſiaſtique parle auſſi de cryſtal, ou plutôt de glace (*b*) : *Gelavit cryſtallus ab aqua*; & Ezéchiel : (*c*) *Quaſi aſpectus cryſtalli*. Il y avoit au-deſſus des quatre animaux comme un ciel de cryſtal, ou de glace, ſelon l'Hébreu; & ſaint Jean dans ſon Apocalypſe (*d*) décrit une mer de verre *ſemblable au cryſtal*, ou à la glace. *Mare vitreum ſimile cryſtallo*. Comme dans le Grec *cryſtallos* ſe prend pour la glace, & pour le cryſtal; on ne peut deviner s'il a voulu déſigner l'un ou l'autre.

VERS. Pluſieurs ont crû que les Hébreux avoient des vers meſurez à la manière des Grecs & des Romains; d'autres, que toute leur Poëſie étoit rimée; d'autres enfin, que leur Poëſie étoit compoſée de vers libres, dont la beauté ne conſiſtoit que dans la hardieſſe des penſées & des expreſſions, & dans certaines chûtes agréables. Voyez notre Diſſertation ſur la Poëſie des Hébreux, à la tête de l'Exode, & ci-devant l'article *Poëſie*.

VERSIONS DE L'ECRITURE. Les Livres de l'Ancien Teſtament ne furent traduits en langue étrangére qu'aſſez tard. Les Hébreux jaloux de leurs prérogatives, ou du privilége qui les diſtinguoit parmi toutes les autres nations d'être les ſeuls dépoſitaires des Oracles des Prophétes & des Loix de Dieu, ne ſe communiquoient pas volontiers aux étrangers, & demeuroient reſſerrez dans leur pays, qu'ils regardoient comme le plus beau & le meilleur pays du monde; ils s'en éloignoient le moins qu'ils pouvoient, & contens de leur propre langue & de l'étude de leurs Loix, ils mépriſoient le commerce des étrangers, & l'étude des ſciences prophanes. C'eſt Joſeph l'Hiſtorien, qui nous fournit cette derniére remarque (*e*).

Ils ne ſongerent à traduire les Livres en Grec que depuis le régne des ſucceſſeurs d'Alexandre le Grand. Auparavant quoiqu'ils fuſſent diſperſez dans la Perſe, la Médie, l'Aſſyrie, & la Caldée, ils n'avoient pas ſongé à traduire leurs Livres Saints en d'autres langues; la proximité & la reſſemblance des langues de ces pays avec la langue Hébraïque, ou plutôt le ſoin qu'ils avoient pris de conſerver l'uſage de leur propre langue au milieu de ces peuples, furent cauſe qu'on ne s'apperçut pas encore alors de la néceſſité de traduire les Livres Hébreux en aucune de ces langues. On ſe contenta de les interpréter de vive voix à ceux qui n'entendoient plus l'Hébreu; c'eſt ainſi qu'en uſa Eſdras au retour de la captivité, & ſon exemple fut imité par ceux qui lui ſuccéderent dans l'emploi de lire & d'interpréter la Loi au peuple. On n'écrivit rien de ces Paraphraſes ou Interprétations en Caldéen; non pas même du tems de Notre-Seigneur, lorſque Onkélos & Jonathan compoſerent leur *Targum*. On peut voir leur titre.

Mais après les Conquêtes d'Alexandre le Grand, les Juifs ſe trouvant répandus dans tout le vaſte Empire de ce Conquérant, & la langue Grecque, qui y devint comme la langue commune & de commerce dans toutes les Provinces, n'ayant aucun rapport de reſſemblance avec la langue Hébraïque, pluſieurs Juifs ſe virent hors d'état d'entendre les Livres ſacrez, & par conſéquent dans la néceſſité de recourir à quelque traduction Grecque; c'eſt ce qui produiſit d'abord la Verſion dite des Septante Interprétes, dont nous avons donné l'Hiſtoire & la Critique, ſous l'article des Septante Interprétes; puis celles d'Aquila, de Symmaque & de Théodotion, deſquelles nous avons auſſi parlé ſous le nom de leurs Auteurs.

Les autres Verſions de l'Ecriture, tant de l'Ancien que du Nouveau Teſtament faites en Latin, en Syriaque, en Arabe, & dans les langues vulgaires de l'Europe, de l'Aſie, de l'Afrique, ont été procurées pour la plûpart par les Chrétiens. Ceux-ci pouſſez par un eſprit tout différent de celui des Juifs, n'ont point eu de plus ardent déſir que de faire connoître à tout le monde les véritez du ſalut, & de répandre en tout lieu les lumiéres de la Loy & de l'Evangile. Nous ne nous étendons pas ici ſur les diverſes Traductions de l'Ecriture, parce que nous en avons déja parlé ſous le nom de Bibles.

VERTU.

VERTU. Ce terme est fort équivoque. Il se prend 1°. pour la *Vertu* qui nous rend agréables à Dieu & aux hommes, & qui répond au Grec *Areté*. 2°. Pour *puissance*, *valeur*, & répond au Grec *Dynamis*. 3°. Pour *Miracle* ou vertu surnaturelle. 4°. Pour les Vertus ou les Puissances Célestes: il faut donner des exemples de toutes ces significations.

1°. *VIRTUS* dans le sens de vertu morale, se trouve rarement dans l'Ecriture. Je ne connois point de nom Hébreu qui lui réponde en ce sens; & même *Areté* dont les Grecs se servent pour exprimer la vertu morale, se met souvent pour marquer la force; même dans le Nouveau Testament; par exemple, 1. Petr. II. 9. *Ut virtutes annuntietis ejus qui de tenebris vos vocavit.* Le Grec *Aretas* signifie visiblement en cet endroit la puissance, de même que 2. Petri 1. 3. *Qui vocavit nos propriâ gloriâ & virtute.* Mais au ⅴ. 5. du même Chapitre *Virtus*, se prend pour la vertu: *Ministrate in fide vestra virtutem, in virtute autem scientiam.*

2°. Rien n'est plus commun dans l'Ancien & le Nouveau Testament que le nom de vertu, pour puissance, valeur, force, armée; ce terme répond aux noms Hébreux (a) בגבורה *on*, איל *ail*, *Gebourah*, חיל כח *Chail*, & *Coach*, & au Grec *Dynamis* & *Arete*. Ruth. III. 11. *Scit omnis populus mulierem te esse virtutis;* une femme de force, une brave femme. Et 2. Par. IX. 5. *In manu tua virtus & potentia;* la force & la puissance sont entre vos mains, Judith II. 7. *Virtus Assyriorum*, les armées des Assyriens. 1. Macc. I. 4. *Congregavit virtutem*, il assembla une armée, il mit sur pied de grandes forces.

3° *VIRTUS* se prend pour *miracles*; Matt. VII. 22. *Nonne in nomine tuo virtutes multas fecimus?* N'avons-nous pas fait plusieurs merveilles en votre nom? & XIII. 58. *Non fecit ibi virtutes multas;* & Act. XIX. 11. *Virtutes non quaslibet faciebat Deus per manum Pauli.*

4°. Le nom de Vertus, *Virtutes*, pour marquer les Puissances Célestes; se trouve dans saint Paul (b) : *Certus sum quia neque virtutes, neque infantia, neque futura,.... neque creatura alia poterit nos separare à charitate Dei.* Et saint Pierre: (c) JESUS-CHRIST montant au Ciel a soumis à sa Majesté les Anges, *les Puissances & les Vertus.*

VESPASIEN fut nommé par l'Empereur Néron pour conduire la guerre contre les Juifs (d), en l'an de l'Ere vulgaire 66. Il étoit alors en Achaïe avec l'Empereur, & il commença aussi-tôt à ramasser les troupes dont il avoit besoin pour cette entreprise, dont il voyoit toute l'importance. Il ne passa en Judée qu'en l'an 67. Il commença la guerre par la Galilée, où il prit Gadare & Jotapate, dont la dernière étoit défendue par Joseph en personne. De là il revint à Ptolémaïde, & de là à Césarée, où il fit reposer son armée pendant quelque tems. Enfin il recommença la guerre, & prit Tibériade, Tarichée & Gamala, & se rendit ainsi maître de toute la Galilée. L'année suivante, 68. de J. C. Vespasien pour se disposer au siége de Jérusalem, songea à se rendre maître de tous les postes des environs.

Cependant Néron étant mort en l'an 68. Galba fut reconnu pour Empereur, & fut tué au commencement de l'année suivante. Vitellius fut proclamé Empereur à Cologne, & Othon fut reconnu à Rome en la même qualité. Othon ayant perdu la bataille de Bébriac, se tua au 15. d'Avril de l'an 69. & Vitellius fut reconnu seul Empereur, & regna environ huit mois. Pendant ces mouvemens, Vespasien fut déclaré Empereur par les troupes qui étoient à Aléxandrie, le premier jour de Juillet de cette année, & par sa propre armée à Césarée, le troisième. Aussi-tôt tout l'Orient se déclara pour lui, & bien-tôt après presque tout l'Occident le reconnut aussi pour Empereur. Des affaires plus pressantes le rappellant en Italie, il laissa la conduite de la guerre des Juifs à Tite son fils, qui assiégea, & prit Jérusalem en l'an 70. de l'Ere vulgaire, de J. C. 73.

Vitellius arriva à Rome avec son armée vers la mi-Juillet de l'an 69. & les Légions d'Illyrie, qui tenoient le parti de Vespasien, conduites par Antonius Primus, défirent en deux batailles près de Crémone, l'armée de Vitellius. Ce Prince fut tué le 20. Décembre, & Vespasien arriva à Rome quelque tems après. Tite son fils y étant venu en l'an 71. de J. C. après avoir réduit la Judée, & ruiné Jérusalem; ils triomphérent ensemble des Juifs (a). Vespasien vendit toutes les terres de la Judée (b), mit un Colonie à Emmaüs; qu'il appella Nicopolis, obligea les Juifs de payer au Capitole le demi-sicle par tête; que jusques-là ils avoient payé au Temple de Jérusalem (c). Enfin il fit chercher tous ceux qui étoient de la race de David (d), pour les exterminer, s'il avoit pû. Ces ordres s'exécutérent avec beaucoup

(a) L. 8. בגבורה / אין חול כות
(b) Rom. VIII. 38.
(c) 1. Petr. III. 22.
(d) Sueton. in Vespas. c. 4. Tacit. Hist. l. 5. Joseph. de Bello l. 3. c. 2.

(a) Joseph. de Bello, l. 7. c. 16. p. 977.
(b) De Bello, L. 7. c. 27 p. 983.
(c) Dio l. 66. p. 748. Vide Origen. ad Africam.
(d) Euseb. l. 3. c. 12. hist. Eccl. ex Hegesippo.

coup de rigueur; mais il ne vint pas à bout de détruire cette tige si illustre. Voilà à peu près ce qui peut avoir rapport à notre dessein dans l'histoire de ce Prince. Il mourut le 24. de Juin de l'an 79. de J. C. âgé de soixante-neuf ans, sept mois, sept jours, après avoir regné dix ans, moins six jours. Tite lui succéda.

VESCE, ou *vesse*, *vicia*; plante qui se traîne sur terre, & qui a plusieurs tiges, qui s'entrelacent, & jettent de petites feüilles longuettes, étroittes, & moindres que celles de la lentille. Sa fleur est petite, tirant sur le rouge, & quelquefois blanche. Ses gousses ressemblent à celles des pois, si ce n'est qu'elles sont plus courtes, & plus grêles. Le grain qu'elles renferment, est rond & noirâtre, & on s'en sert pour la nourriture des pigeons, qui en sont friands.

Il est parlé de la *vesce* dans Isaïe, xxviii. 25. *Viciam in finibus suis*. L'Hébreu (*a*) porte *cusmeth*, que quelques-uns traduisent par *spelta*, de l'épautre; d'autres, *zea*, sorte de froment. Ezéchiel, iv. 9. employe le même terme; & les Septante le rendent par *olyra*, qui est une espéce de froment. On a déja averti plus d'une fois, que l'on n'a rien de bien certain sur les plantes de l'Ecriture.

VESTEMENS. Les Hébreux n'avoient pour habits, que la tunique, nommée (*b*) *chetonet*, & le manteau, nommé en Hébreu (*c*) *mehil*. La tunique étoit l'habit de dessous, qui couvroit immédiatement la chair. Le manteau étoit l'habit de dessus. Ces deux habits ensemble faisoient ce que l'Ecriture appelle *mutatorias vestes*, des habits à changer, ou *mutatoria vestium*, (*d*) que Naaman portoit par présent au Prophéte Elisée. La tunique d'ordinaire étoit de lin, & le manteau d'étoffe. Comme les manteaux n'étoient qu'une grande piéce d'étoffe, qui n'étoit pas taillée, on en avoit souvent de reserve, & on en faisoit des présens. Les Hébreux ne changérent jamais de mode pour les habits, que nous sçachions; mais ils s'habilloient suivant l'usage des pays où ils demeuroient. La couleur blanche, ou la couleur de pourpre étoit la plus estimée. Salomon dans l'Eccléfiaste (*e*), conseille à celui qui veut vivre agréablement, d'avoir toujours ses habits bien blancs: *Omni tempore sint vestimenta tua candida*. Joseph remarque que le Prince, le plus magnifique de tous les Rois, alloit communément vêtu d'un blanc éclatant (*a*). Les Anges apparoissent d'ordinaire avec cette couleur; & dans la transfiguration du Sauveur, ses habits parurent blancs comme la neige. Moyse ne donne aux Prêtres que des tuniques blanches.

Il est parlé dans l'Ecriture d'*une tunique de passim*, dont Joseph étoit habillé (*b*). Thamar fille de David, en portoit une de même (*c*). Les Interprétes sont partagez sur la signification de ce terme. Les uns le traduisent par une tunique, un robbe traînante; d'autres, une robbe rayée de différentes couleurs; & d'autres, une robbe à grandes manches. Les Arabes portent de très-grandes manches à leurs tuniques. Ces manches ont une vaste ouverture vers l'extrémité, qui pend quelquefois jusqu'à terre; mais à l'endroit de l'épaule, elles sont beaucoup plus étroittes. Dans la maison, on laissoit la tunique traînante; mais hors de là, on la retroussoit pour marcher, ou du moins on la serroit avec une ceinture.

Moyse (*d*) nous apprend que les habits dont les Hébreux se servirent dans le désert, ne s'userent point: *Voici la quarantième année que vous êtes en chemin; les habits dont vous étiez couverts, ne se sont point rompus par la longueur de ce tems, & vos pieds n'ont point été foulez.* Saint Justin le Martyr, (*e*) & quelques Interprétes (*f*) après les Rabbins, prennent ces paroles à la lettre, & croyent que non seulement les habits des Israëlites ne vieillirent, & ne s'userent point, mais ceux des enfans croissoient avec eux, & se proportionnoient à leur grandeur, à mesure qu'ils avançoient en âge. Saint Jérôme avance même que ni leurs ongles, ni leurs cheveux ne crûrent point (*g*): *Frustra tonsores & artificia didicerunt, scientes Israëlitarum populum per quadraginta annos nec unguium, nec capillorum incrementa sensisse.* Mais d'autres (*h*) croyent avec beaucoup plus de vraisemblance, que Moyse n'a voulu dire autre chose, sinon que Dieu pourvut de telle sorte à leurs besoins, qu'ils ne manquerent jamais d'habits.

Pour distinguer les Israëlites des autres peuples, le Seigneur leur avoit ordonné de porter aux quatre coins de leurs manteaux des houpes (*i*) ou franges de couleur d'hyacinthe ou bleu céleste, & une bordure ou galon sur les bords du même habit. On voit par l'Evangile (*k*), que notre Sauveur portoit de ces sortes de franges au bas de son manteau:

(*a*) *Isai.* xxviii. 25. ובכסמת גבלתו

(*b*) בתנת Chetonet. (*c*) מעיל Mehil.

(*d*) 4. *Reg.* v. 15.

(*e*) *Eccle.* ix. 8.

(*a*) *Joseph. Antiq.* l. viii. c. 2.

(*b*) *Genes.* xxxvii. 3. כתנת פסים 2. *Reg.* xiii. 18.

(*d*) *Deut.* viii. 4.

(*e*) *Justin. Martyr. Dialog. cum Tryphon.* (*f*) *Vide Grot. Bonfr. Jansen. &c.*

(*g*) *Hieronym. Ep.* 38. *nov. edit.* p. 325.

(*h*) *Abenezra, Cosm. Monach.* l. 5. p. 205. *Vide Est. Jun. Drus. Joan. Cleric.*

(*i*) *Num.* xv. 38. *Deut.* xxii. 12.

(*k*) *Matt.* ix. 20.

FIGURE DU MÉTIER QUE BRAUNIUS A FAIT CONSTRUIRE.
Sur lequel on peut travailler des Tuniques avec des manches toutes d'une pièce, et sans couture.

EXPLICATION
de la figure du Métier.

A. Construction du Métier.
B. Tunique ronde sans couture, ny rentrai= eure commencée par le haut C. et tra= vaillée tout de suite jusqu'a D. Elle est fermée depuis B. jusqu'a I. et depuis I. fenduë par les cotez jusqu'a D. comme sont aujourdhuy les chemises d'hommes. Les fils C. qui font en partie la trame sont tendus de telle sorte a travers le corps de la Tunique, que l'on puisse ensuitte en faire des manches.

Le corps de la Tunique étant fait on le detache du métier et les fils C. étants cou= pez par les extrémitez, on les retend et on les travaille, comme B.D. ainsi se fait la Tunique avec ses manches.

D. Devant de la Tunique, et E. le derriere, lesquels par le fil de la trame sont joints et travaillez ensemble.
F. Les poids qui tiennent les fils en état.
G. Spatule, instrument qui sert a serrer les fils.
H. Femme tenant la Spatule de la main droite, de la gauche la navette, et tra= vaillant de bout; On ne peut travailler sur un Siege, car il faut tourner autour du métier a mesure que le fil fait le tour du corps, ou des manches.
K. Tunique entierre et parfaite fenduë par devant et par les cotez.
L. Autre Tunique sans fente par devant, ni par les cotez, avec une ouverture seulement par le haut pour passer la teste

manteau : *Si je touche seulement la frange de son habit, je serai guérie*, disoit
l'Hémoroïsse. Les Pharisiens pour se distinguer des autres (*a*), portoient ces
houpes & ces franges plus longues que
le commun du peuple : *Magnificant fim-
brias*. Saint Jérôme (*b*) ajoûte que pour
faire parade d'une plus grande austeri-
té, ils y attachoient des épines, afin que
venant à frapper contre leurs jambes
nuës, elles les fissent continuellement
souvenir de la Loi de Dieu.

On dispute si les anciens Hébreux
doubloient leurs habits. Il est assez souvent parlé dans l'Ecriture d'habits doubles ; on promet à Michas dix piéces
d'argent par an, *& vestem duplicem* (*c*).
Giézi demande à Naaman un talent d'argent & des habits doubles, *& vestes mutatorias duplices* (*d*). Les domestiques
de la femme forte, sont tous vêtus d'habits doubles ou doublez : *Vestiti sunt du-
plicibus* (*e*). Mais on croit que sous ces
expressions on doit entendre des habits
à changer, une paire d'habits, deux tuniques, & deux manteaux, ou simplement une tunique & un manteau, un
habit complet, ou peut-être un habit si
vaste que l'on puisse le redoubler. Il faut
toutefois reconnoître que *duplex* en parlant d'habits, se prend quelquefois pour
un habit réellement double, ou doublé,
par exemple, Moyse veut que le Rational, où le Pectoral du Grand-Prêtre soit
quarré & doublé, *quadrangulum & duplex* (*f*).

Les Juifs d'aujourd'hui (*g*) pour obéir
à la Loi de Dieu, qui leur défend de
se servir *d'une étoffe tissuë de lin & de
laine* (*h*), ne consent pas même un habit de laine avec du fil, ni un habit de
toile avec de la laine. Ils observent aussi
de ne se travestir jamais, suivant ce précepte de la Loi (*i*) : *L'homme ne portera
point un habit de femme, ni une femme
l'habit d'un homme*. A l'égard des houpes & des franges dont nous avons parlé, & dont l'obligation ne regarde que
les hommes, les Juifs pour ne se pas rendre ridicules parmi les autres peuples,
s'habillent à peu près comme les autres
au dehors : mais par-dessous leurs habits, ils portent un morceau d'étoffe
quarré avec quatre houpes, ou *zizit*;
Ces houpes sont composées de huit fils
de laine filée exprès pour cela, avec
cinq nœuds chacune, qui occupent la
moitié de la longueur. Ce qui n'est pas
noüé, est éfilé, & acheve de faire une
espéce de houpe. Mais dans le tems des
priéres qu'ils font à la Synagogue, ils se

(*a*) *Matth.* XXIII. 5.
(*b*) *Hieron. in Matt.* XXIII.
(*c*) *Judith.* XVII. 10.
(*d*) 4. *Reg.* V. 22.
(*e*) *Prov.* XXXI. 21.
(*f*) *Exod.* XXVIII. 16. & XXXIX. 9.
(*g*) Léon de Modéne, cérémonies des Juifs, part. 1. c. 5.
(*h*) *Levit.* XIX. 19. *Deut.* XXII. 11.
(*i*) *Deut.* XXII. 1.

couvrent d'un voile de laine nommé *taled*, où sont ces houpes aux quatre coins.
Voyez *Taled*.

Les vêtemens de deüil parmi les Hébreux étoient le sac & le cilice ; leur
couleur étoit sombre, brune, ou noire.
Comme les Prophétes faisoient profession de pénitence, leurs vêtemens d'ordinaire étoient des vêtemens de deüil ;
les veuves s'habilloient de même à proportion. Judith jeûnoit tous les jours,
hors les jours de Fête & de Sabbat, &
portoit sur ses reins un cilice (*a*). Les
Prophétes Elie (*b*) & saint Jean-Baptiste
(*c*) alloient vêtus de peaux, ou d'étoffes grossiéres, & portoient une ceinture
de cuir. Saint Paul dit que les Prophétes portoient des *melotes*, des peaux
de brebis, ou des peaux de chévres (*d*).
Les faux Prophétes imitoient ces habits
de deüil & de pénitence pour seduire
les peuples (*e*) : *Non operientur pallio
saccino ut mentiantur*, dit Zacharie.
Léon de Modéne (*f*) dit que les Juifs
d'aujourd'hui s'habillent de deüil à la
maniére du pays où ils demeurent, sans
y être obligez par aucun commandement.

Nous ne parlons pas ici des voiles ou
des manteaux dont les femmes se couvroient, lorsqu'elles paroissoient en pu-
bic ; nous en avons dit quelque chose
sous l'article *Theristrum*. Isaïe, Chap.
III. ℣. 16. 17. 18. & suivans, jusqu'au ℣.
25. fait un long dénombrement des parures des femmes de son tems. Nous
n'entreprenons point de les expliquer.
La plûpart des termes dont se sert l'Hébreu, sont inconnus aux Intérprétes. On
peut voir les Commentateurs sur ce Chapitre.

Souvent les tuniques étoient sans coutures, & faites au métier, & n'avoient
aucune ouverture ni sur la poitrine, ni
sur les côtez ; mais simplement au haut,
pour passer la tête. Telles étoient apparemment les tuniques des Prêtres (*g*),
& celle de notre Seigneur JESUS-CHRIST,
(*h*) que les soldats ne voulurent pas
rompre ; mais qu'ils tirerent au sort,
pour sçavoir à qui elle appartiendroit
toute entiere. Saint Chrysostome, Théophylacte & Théophane croyent qu'elle
étoit composée de deux piéces de laine
faites au métier, & rentraites à l'éguille
avec de la laine, comme on joint les
piéces des bas faits au métier, en sorte
que le tissu en paroît d'une seule piéce.
D'autres veulent qu'elle ait été faite à
l'éguille depuis le haut jusqu'en bas. Mais
on peut voir notre Commentaire sur
saint

(*a*) *Judith.* VIII. 6.
(*b*) 4. *Reg.* I. 3.
(*c*) *Matth.* III. 4.
(*d*) *Hebr.* XI. 37.
(*e*) *Zach.* XIII. 4.
(*f*) Léon de Modéne, cérémonies des Juifs, part. 5. c. 9.
(*g*) *Exod.* XXVIII. 32.
(*h*) *Joan.* XIX. 23.

saint Jean, Chap. xix. 23. & *Braunius de Vestitu Sacerdotum Hebræorum*, l. 1. c. 16. pour se persuader qu'elle étoit faite au métier.

Voir des chemises entières avec les manches & les quartiers du même tissu faites au métier, n'est pas une chose rare dans l'Orient. On dit que dans les Isles Maldives (*a*), il y a des Ouvriers ou Tisserans si industrieux, qu'ils font avec l'étouppe du cocos des chemises entières & des demi-vestes de la maniére que nous venons de dire ; & dans d'autres endroits (*b*), on voit des habits tissus de cotton, d'une façon si particuliére, qu'il n'y en a pas ailleurs de semblables. Ce sont des vestes rondes pour la plûpart, tissuës avec tant de délicatesse, qu'elles passent par le trou d'une éguille de médiocre grandeur.

C'est une ancienne tradition (*c*), que la sainte Vierge elle-même avoit tissu la tunique de son Fils. C'étoient les femmes autrefois qui faisoient les étoffes & la toile de leurs propres habits, de ceux de leurs maris, & de leurs enfans. Cela paroît par l'exemple de la Femme forte, dont Salomon fait l'éloge (*d*), & par celui de la Reine Pénélope femme d'Ulysse. Aléxandre le Grand, Auguste, Charlemagne portoient des habits faits de la main de leurs meres, de leurs femmes, ou de leurs filles. C'est une autre tradition populaire, que la tunique de JESUS-CHRIST que les soldats tirérent au sort, étoit la même qu'il avoit reçûe de la sainte Vierge étant encore tout enfant, laquelle étoit crûe avec lui, sans s'user jamais. Mais cette tradition n'a aucun fondement dans l'Antiquité. On conserve encore aujourd'hui la sainte tunique de notre Seigneur dans l'Eglise Cathédrale de Tréves ; elle est sans coûture, a de longueur cinq pieds moins un demi-doigt (*e*) ; sa largeur du bout d'une manche à l'autre, est de cinq pieds quatre doigts ; chaque manche a de longeur un demi-pied, & de largeur un pied ; & comme la tunique est plus étroite au-dessous des manches, & qu'elle va en s'élargissant vers le bas, elle n'a au-dessous des manches de largeur que deux pieds trois pouces ; voici toutes ses dimensions. Voyez sa figure ci à côté, tirée des Additions de Mazenius aux Annales du P. Bronverus. Celle qu'on voit au Prieuré d'Argenteüil, près Paris, n'est pas une tunique, mais un manteau couleur de pourpre.

VEUVE. Chez les Hébreux, même avant la Loi, la veuve qui n'avoit point eu d'enfans de son mari, devoit épouser le frere de son époux décédé, afin de lui susciter des enfans qui héritassent de ses biens, & qui fissent passer son nom & sa mémoire à la postérité. Nous voyons la pratique de cet usage avant la Loi, dans la personne de Thamar, qui épousa successivement Her, & Onan fils de Juda (*a*), & qui devoit encore épouser Sela troisième fils de ce Patriarche, les deux premiers étant morts sans lignée.

La Loi qui ordonne ces mariages, est conçûë en ces termes (*b*): *Lorsque deux freres demeurent ensemble, & que l'un d'eux meurt sans enfans, la femme de celui qui est mort, n'en épousera point d'autre que le frere de son mari, qui la prendra pour femme, & suscitera des enfans à son frere; & il donnera le nom de son frere à l'aîné des fils qu'il aura d'elle, afin que le nom de son frere ne soit point éteint dans Israël: que s'il ne veut pas épouser la veuve de son frere, selon la Loi, cette femme se rendra à la porte de la Ville, & s'adressera aux Anciens & leur dira: Le frere de mon mari ne veut pas susciter dans Israël le nom de son frere, ni me prendre pour femme; & aussi-tôt ils le feront appeller, & ils l'interrogeront; & s'il répond: Je ne veux point épouser cette femme-là, la femme s'approchera devant lui en présence des Anciens, lui ôtera son soulier du pied, & lui crachera au visage, en lui disant: C'est ainsi que sera traité celui qui ne veut pas établir la maison de son frere ; & la maison sera appellée dans Israël, la maison du déchaussé.*

Il y avoit deux motifs de cette Loi ; le premier, la conservation des biens dans la même famille ; & le second, de perpétuer le nom d'un homme dans Israël. On regardoit comme un grand malheur de mourir sans héritier, & de voir passer son héritage dans une autre famille ; on faisoit peu d'attention à l'indécence de faire épouser la belle-sœur à son beau-frere ; ce qui étoit d'ailleurs, & en tout autre cas défendu par la Loi.

(*c*) On regardoit apparemment un mariage dont il n'étoit point sorti d'enfans, comme non consommé. Cette Loi ne se bornoit pas au seul beau-frere ; elle s'étendoit aux parens plus éloignez de la même ligne ; ainsi qu'il paroît par l'exemple de Ruth, qui épousa Booz, au refus d'un autre parent plus proche.

Nous avons déja traité la matiére de ces mariages entre le beau-frere & la belle-sœur, ci-devant, sous le titre de
LEVIRAT.

(*a*) Voyage de la Chine par deux Arabes au neuviéme siécle. A Paris 1718. *in octavo*, p. 2.

(*b*) *Ibid*. p. 21.

(*c*) *Vide Euthym. in Joan.* xix.

(*d*) *Prov.* xxxi. 13.

(*e*) *Masen. Addit. ad Annal. Bronveri tom.* 2. p. 583.

(*a*) *Genes.* xxxviii. 6. 7. 8. 9.

(*b*) *Deut.* xxv. 7.

(*c*) *Levit.* xviii. 16

VEU   VIA

Levirat. Ce mariage se devoit faire sans solemnité, & seulement en vertu de la Loi ; le beau-frere prenoit sa belle-sœur sans autre cérémonie. Cependant la coutume avoit voulu que cela se fist en présence au moins de deux témoins ; que l'époux donnât une piéce d'argent à l'épouse : on y ajoûta même la bénédiction nuptiale, & un écrit pour assurer la dot de la femme. Les Juifs depuis la captivité de Babylone, selon Fagius, ou seulement depuis la destruction du second Temple, selon d'autres, ne pratiquent plus cette Loi, à cause de la confusion des familles & des héritages.

Dieu recommande souvent à son peuple d'avoir grand soin de soulager la veuve & l'orfelin (*a*). Saint Paul veut qu'on honore les veuves, qui sont vraiment veuves & désolées (*b*) ; c'est-à-dire, que l'Evêque ait beaucoup d'égard pour elles, & qu'il pourvoye à leurs besoins, car c'est ce que signifie souvent le verbe *honorer*. Dieu défend à son Grand-Prêtre d'épouser une femme veuve ou répudiée (*c*). Dans l'Eglise Chrétienne, il y avoit autrefois des veuves, qui à cause leur pauvreté, étoient entretenuës aux dépens des Fidéles, & qui étoient sur le catalogue des personnes qui étoient à la charge de l'Eglise.

Il y en avoit aussi d'autres qui avoient certains emplois dans l'Eglise, comme de visiter les femmes malades, de leur aider lorsqu'elles recevoient le Baptême ; enfin de faire sous les ordres de l'Evêque, certaines choses que la bienséance ne lui permettoit pas de faire par lui-même. Saint Paul (*d*) ne souffre pas qu'on choisisse ces sortes de veuves, à moins qu'elles n'ayent au moins soixante ans. Il veut qu'elles n'ayent eu qu'un mari, qu'on leur rende bon témoignage à cause de leurs bonnes œuvres, qu'elles ayent bien élevé leurs enfans, qu'elles ayent exercé l'hospitalité, qu'elles ayent lavé les pieds des Saints, qu'elles ayent secouru les affligez. Il défend d'admettre dans ces emplois les jeunes veuves ; car, dit-il, après avoir mené une vie molle au service de JESUS-CHRIST, elles veulent se remarier. Elles sont dignes de condamnation, pour avoir violé leur premier engagement.

L'Ecriture nous propose plusieurs exemples de vrayes veuves, qui vivoient dans les exercices de la pieté, dans la retraitte, & dans l'humiliation de leur état ; par exemple, Judith, Tabithe, Anne fille de Phanuël, la mere des sept freres

(*a*) *Exod.* XXII. 22. *Deut* x. 18. XIV. 29. *& passim.*
(*b*) 1. *Timot.* v. 3. 5. &c.

(*c*) *Levit.* XXI. 14.

(*d*) 1. *Timot.* v. 9.

Macabées, la veuve de Sarepta, qui logea & nourrit Elie pendant quelque tems. JESUS-CHRIST reproche aux Pharisiens que sous prétexte de priéres, ils mangent les maisons des veuves (*a*) ; abusant de leur simplicité & de leur crédulité, ou flattant leur passion, & entretenant leurs vaines superstitions.

LE VEUVAGE, OU LA VIDUITÉ, de même que la stérilité, étoient une espéce de honte & d'opprobre dans Israël : *Vous oublierez la honte de votre jeunesse*, passée dans la stérilité & le célibat ; *& vous ne vous souviendrez plus de l'opprobre de votre viduité*, dit Isaïe.

(*b*) On présumoit qu'une femme de mérite & de bonne réputation auroit trouvé un mari, ou dans la propre famille de son époux décédé, s'il étoit mort sans enfans ; ou dans une autre maison, s'il avoit laissé quelques enfans. Il est vrai néanmoins qu'on loüoit une veuve, qui par un principe d'amitié pour son mari défunt, ne vouloit pas se remarier, & demeuroit dans le deüil & dans la viduité, comme Judith.

C'étoit ainsi un des plus grands malheurs qui pût arriver à un homme que de mourir sans être pleuré de sa veuve, c'est-à-dire, sans recevoir les honneurs solemnels de la sépulture, dont les pleurs & les loüanges de la veuve faisoient la principale partie. L'impie & ses enfans mourront ; *& leurs veuves ne les pleureront point*, dit Job (*c*). Le Psalmiste, parlant de la mort funeste d'Ophni & de Phinées, remarque comme un grand désastre, qu'ils ne furent pas pleurez par leurs veuves (*d*). *Viduæ eorum non plorabantur* ; ou plutôt : *Non plorabant*, selon l'Hébreu.

Les veuves des Rois demeuroient dans la viduité. Adonias fut puni de mort pour avoir demandé en mariage Abisag de Sunam, qui avoit été épouse de David, quoiqu'il n'eût point consommé son mariage avec elle (*e*). On enferma dans le Palais, pour y demeurer jusqu'à la mort, les Concubines du Roi David, dont Absalon avoit abusé (*f*).

VIANDES. Les Hébreux avoient plusieurs sortes d'animaux, dont ils ne mangeoient pas. Nous en avons parlé sous l'article d'*Animaux*. Entre les animaux domestiques, ils ne mangeoient que de ce qui naît de la vache, de la brebis, & de la chévre ; ils avoient aussi l'usage de la poule & du pigeon, qui sont oiseaux domestiques, & de divers autres animaux sauvages. Il leur étoit défendu

(*a*) *Matth.* XXIII. 14. *Luc.* XX. 47.

(*b*) *Isa.* LIV. 2.

(*c*) *Job* XXVII. 15.

(*d*) *Psalm.* LXXXVII. 64.

(*e*) 3. *Reg.* II. 13. 14. 15.

(*f*) 2. *Reg.* XX. 3.

H

défendu de manger la viande avec le sang, & à plus forte raison le sang pur & séparé de la viande. On peut juger de leur goût pour la viande & pour le manger, de ce que l'Ecriture raconte de la table de Salomon (*a*). On y fournissoit chaque jour trente mesures de fleur de farine, & le double de farine ordinaire; vingt bœufs engraissez ; vingt bœufs de pâturages ; cent moutons, outre la venaison de cerfs, de chevreüils, de dains, & la volaille. L'agneau ou le chevreau passoit pour une viande délicieuse. Rébecca en prépara à Isaac, pour le disposer à donner sa bénédiction à Jacob. Moyse l'ordonne pour le repas Pascal. Manué offre un chevreau boüilli à l'Ange qui lui annonce la naissance de Samson. Samson en porte à sa femme pour se réconcilier avec elle.

(*a*) 3. *Reg.* IV. 22. 23.

La graisse des animaux qu'on offroit en sacrifice, étoit réservée au Seigneur : on la brûloit sur le feu de son Autel (*b*); on lui offroit la graisse qui couvre les reins & les intestins, & la queüe des moutons qui dans ces pays-là étoit fort grosse & fort grasse (*c*). Dieu se plaint quelquefois par ses Prophétes que son peuple ne lui offroit que des victimes d'animaux maigres (*d*).

(*b*) *Levit.* III. 16 *&c.*

(*c*) *Levit.* III. 10.

(*d*) *Malac.* I. 13. 14.

Il ne paroît pas que les anciens Hébreux ayent été fort délicats sur l'assaisonnement de leurs viandes. On remarque parmi eux du boüilli, du rôti, & des ragoûts. On rôtissoit l'Agneau Pascal, on faisoit cuire au pot les viandes immolées ; puisque les enfans du Grand-Prêtre Héli tiroient la chair du pot de ceux qui offroient les sacrifices, disant qu'ils la vouloient avoir cruë (*e*), pour la cuire à leur mode. Rébecca fit un ragoût à Isaac, & lui servit à manger, comme il sçavoit qu'il l'aimoit (*f*). Le sel est le seul assaisonnement que je remarque dans les viandes qu'on cuisoit au Temple. La plûpart de nos épiceries étoient alors inconnuës aux Hébreux. On dit que l'on employe aujourd'hui le miel dans plusieurs ragoûts dans la Palestine. L'huile, & peut-être quelques herbes aromatiques y entroient aussi. L'Agneau Pascal se mangeoit avec des herbes améres, ou peut-être avec de la moutarde.

(*e*) 1. *Reg.* II. 15.

(*f*) *Genes.* XXVII. 4. 14.

Moyse défend de cuire le chevreau dans le lait de sa mere (*g*), ce que l'on peut expliquer, en disant qu'il est défendu de l'immoler, tandis qu'il tete encore, ou tout simplement de le cuire dans le lait de sa mere. Les Hébreux l'expliquent en ce dernier sens. Ils ne mêlent jamais de lait dans aucun ragoût de viandes, & ne mangent pas dans la même heure de la viande, puis du lait, du beurre ou du fromage (*a*), de peur qu'il ne reste de la viande entre leurs dents, & qu'elle ne se mêle au fromage ; mais ils peuvent manger du fromage quelque tems auparavant, & de la viande après. Ainsi bien loin de préparer de la viande avec quelque chose fait de lait cuit ou crud, ils ne se servent pas même des mêmes ustensiles pour la viande & pour le beurre, le lait ou le fromage. Ils ont des plats, des écuelles & des couteaux differens pour chacune de ces choses. Et s'il arrivoit que par mégarde on eût préparé ou dressé l'un de ces deux mets dans les ustensiles de l'autre, non seulement ils n'en mangent point ; mais si le vaisseau est de terre, on ne peut plus s'en servir.

(*g*) *Exod.* XXIII. 19. XXXIV. 26.

(*a*) Léon de Modene, part. I. c. 6.

Ils ne mangent point de fromage dont ils n'ayent vû faire le caillé, de peur que l'on n'y ait mêlé du lait de quelque animal défendu, ou qu'il n'y ait quelque partie de la peau mêlée avec le caillé, qui puisse passer pour de la chair ou du fromage ; ou qu'on ne l'ait fait chauffer dans un chaudron qui ait servi à cuire quelque viande défenduë ; ils mettent donc une marque au fromage dont ils ont vû faire le caillé. J'ai vû dans les montagnes de Vosge des Juifs qui venoient eux-mêmes faire leurs fromages dans les maisons des Chrétiens qui nourrissent des troupeaux de vaches.

Ils ne peuvent égorger en un même jour la vache & son veau, ni une brebis, & une chévre, & leurs petits en un même tems. Ils ne peuvent couper une partie d'un animal vivant, ni la manger ni cuitte ni cruë. Si quelque bête ou quelques oiseaux de ceux qu'il est permis de manger, venoit à mourir de soi-même, ou qu'il fût étouffé sans qu'on eût fait écouler son sang, il ne seroit pas permis d'en goûter. Si l'on trouvoit aussi dans les oiseaux quelque épine ou éguille, qui les eût entamez, ou quelque abcès dans les bêtes à quatre pieds, ou qu'ils eussent les poulmons affectez, ou qu'ils ayent été mordus par quelques bêtes, on n'en mange pas, selon ces paroles de la Loi (*b*) : *Carnem quæ à bestiis præguftata fuerit, non comedetis, sed projicietis canibus.* Voyez aussi *Levit.* V. 2. VII. 24. XVII. 15. Celui qui auroit mangé par mégarde d'un animal mort de soi-même, ou d'un animal tué & pris par une bête, étoit soüillé jusqu'au soir,

(*b*) *Exod.* XXII. 31. *Levit.* XXII. 8.

RÉPRÉSENTATION EXACTE DE LA ROBBE DE N.S.
gardée précieusement dans l'Eglise de Trèves.

VIA VIA 31

soir, & n'étoit purifié qu'en lavant ses habits.

Si un animal étant en vie a eu un os rompu dans un des membres déclarez par les Rabbins, ou qu'il soit blessé & en danger de mourir, on n'en peut manger, de peur de manger sans le sçavoir de la viande de quelque animal impur. Ils ne mangent de rien cuit par d'autres que des Juifs, & n'apprêtent point à manger avec des ustensiles de cuisine appartenantes à d'autres qui ne soient pas de leur nation ; ils ne se servent pas même des couteaux d'autrui.

Les Rabbins avoient établi qu'on ne mangeât point de chair & de poisson dans un même repas, sous prétexte que cela est mal sain, mais on ne l'observe pas aujourd'hui. Et à l'égard des poissons, ils mangent indifféremment tous ceux dont il leur est permis de manger selon la Loi, sans y rien observer, ni pour le sang, ni pour la graisse, ni pour les rejetter quand ils sont morts & défectueux, parce que la Loi n'a rien d'exprès pour cela.

La défense de manger du sang, ou d'un animal étouffé, a toujours été exactement observée par les Juifs. Ils ne mangent pas même d'un œuf, où il paroît le moindre filet de sang. Quand il est question d'égorger un animal, il faut que cela s'exécute par une personne qui l'entende, à cause des circonstances qu'il faut observer ; car il faut prendre le tems propre à l'action, avoir un couteau qui coupe bien, & qui soit sans dents, afin que le sang coule vite & sans interruption. On le laisse couler sur la terre, ou sur la cendre, dont on le recouvre ensuite ; & pour mieux exécuter cela, ils laissent pendant une heure les viandes dans le sel, avant de les mettre au pot, afin que le sang sorte tout-à-fait ; autrement, ils ne peuvent manger de la viande, à moins qu'ils ne la rôtissent. Et comme le foye est plein de sang, ils le font bien griller sur les charbons, avant que de le faire bouillir.

Ils ont grand soin d'ôter le nerf de la cuisse des animaux dont ils veulent manger, conformément à ce qui est dit dans la Génése, Ch. XXXII. ℣. 32. *Quam ob causam non comedunt nervum filii Israël, qui emarcuit in femore Jacob, usque in præsentem diem*; & même en plusieurs endroits d'Allemagne & d'Italie, ils ne mangent point du tout des quartiers de derriere, parce qu'il faut beaucoup d'exactitude pour en bien ôter le nerf, & que peu de personnes sçavent s'en acquitter comme il faut.

Quant à la graisse, ils s'abstiennent de toute graisse de bœufs, d'agneaux, de chévres, & des animaux de cette espéce, suivant le texte exprès de Moyse, Lévit. Ch. VII. ℣. 23. *Adipem ovis, & bovis, & capræ non comedetis*. Mais pour toute autre sorte de graisse, ils se la croyent permise, même celle des animaux morts d'eux-mêmes : *Adipem cadaveris morticini habebitis in varios usus, &c.* mais il ne leur étoit pas permis de la manger ; c'est-à-dire, la graisse, ou plûtôt l'animal ainsi mort de lui-même. Voyez l'Hébreu de tout ce passage, Lévit. VII. 23. *Omnem adipem bovis, & agni & capræ non comedetis*; & ℣. 24. *Et adeps cadaveris, & adeps rapti à bestia fiet in omnem usum, sed comedendo non comedetis illum*. Ils croyent donc qu'il ne leur est pas permis de manger de la graisse des animaux dont on vient de parler (*a*) ; mais qu'il leur est permis d'user de la graisse des autres animaux purs. Quant à la graisse des animaux morts par eux-mêmes, ils n'en peuvent pas manger ; mais ils peuvent l'employer à tout autre sorte d'usage.

Il y a toutefois de fort bons Commentateurs qui soutiennent que la graisse des animaux purs n'étoit défendue aux Juifs, que dans le cas qu'ils les offrissent en sacrifice, & que la graisse qui est répandue dans les chairs n'étoit interdite dans aucun cas, si ce n'est ceux où la chair même étoit défenduë. Voyez les Commentateurs sur le Lévitique, Ch. VII. ℣. 23. 24. & Lévit. III. 26. 27.

Dans l'Eglise Chrétienne, l'usage de s'abstenir de viandes suffoquées & du sang, a subsisté long-tems. Dans le Concile des Apôtres (*b*) tenu à Jérusalem quelques années après l'Ascension du Sauveur (*c*), il fut ordonné que les fidéles nouvellement convertis du Paganisme, ne seroient point asservis aux cérémonies légales, mais qu'on se contenteroit d'exiger d'eux qu'ils s'abstinssent de l'idolâtrie, de la fornication, de l'usage du sang, & des animaux étouffés, & dont le sang n'a pas été exprimé. Cette ordonnance a été observée pendant plusieurs siécles dans l'Eglise. Tertullien, (*d*) Athénagore, Minutius Félix (*e*), saint Justin le Martyr (*f*), dans leur Apologie pour la Religion Chrétienne, la sainte Martyre Biblide, qui souffrit vers l'an soixante-dix-neuf, pour répondre aux Payens qui accusoient les Chrétiens de tuer des enfans & d'en boire le sang dans leurs assemblées ; leur disent

(*a*) *Joseph. Antiq.* l. 3. c. 10. p. 94. C. Rabb. *Leo Mutinens* part. 2. c. 8.

(*b*) *Act.* XV. to. 29. XXI. 15.

(*c*) An de J. C. 54. de l'Ere vulg. 51.

(*d*) *Tertull. Apolog.* c. 9. (*e*) *Minut. Felix in Octavia.* (*f*) *Justin. Apolog.* 1.

disent que la Religion Chrétienne défend même d'user du sang d'aucun animal.

Le Concile de Gangré tenu en l'an 324 (*a*). le Concile in Trullo de l'an 692 (*b*). le second d'Arles de l'an 533. (*c*) celui de Vormes de l'an 868 (*d*). la Constitution 58. de l'Empereur Leon, le Pape Zacharie (*e*) écrivant à saint Boniface en 715. marquent unanimement la défense du sang & des animaux souffoquez, comme subsistante de leur tems. Saint Jérôme (*f*) remarque que de son tems on observoit religieusement la coutume de s'abstenir des viandes suffoquées & du sang, dans les Eglises Orientales & dans la Romaine. Sous le Pape Léon IX. dans le onzième siécle le Cardinal Humbert Légat du Saint Siége à Constantinople, (*g*) répondant aux Grecs, montre que dans l'Eglise on s'abstient des viandes étouffées par la négligence des hommes, mortes d'elles-mêmes, ou noyées, & qu'on impose une sévére pénitence à ceux qui sans une pressante nécessité violent quelqu'une de ces régles.

Mais en même-tems il avoüe qu'on ne se fait aucun scrupule de manger des oiseaux pris à la chasse, & le gibier pris avec les chiens ; que dans tout cela on suivoit le précepte de l'Apôtre, qui veut que l'on mange indifféremment de tout ce qui se vend à la boucherie & de tout ce qui se peut manger, sans s'informer d'autre chose (*h*) : *Nihil interrogantes propter conscientiam.* Saint Augustin (*i*), beaucoup plus ancien que le Cardinal Humbert, dit qu'on a observé dans l'Eglise la distinction de certaines viandes, tandis que le mur de séparation qui étoit entre le Juif & le Gentil converti n'a pas entièrement été rompu, & que l'Eglise Chrétienne, formée de ces deux peuples, n'a pas été bien formée. Mais depuis que l'on ne voit plus d'Israëlites selon la chair, on ne voit plus personne se faire un scrupule de manger un animal tué sans répandre son sang, & ceux qui ont encore quelque foiblesse sur cela, sont exposez à la raillerie des autres.

Cela prouve le sentiment de ce Pere, & la pratique de l'Eglise d'Afrique de son tems, on n'a pas laissé dans plusieurs autres lieux d'observer le Canon des Apôtres, jusqu'au dixiéme & onziéme siécle. Les Grecs observent encore aujourd'hui de ne pas manger du sang pur & sépare de la chair (*k*) ; & plus d'un sçavant dans le dernier siécle, vouloient

que cette défense subsistât encore à présent. On nomme pour ce sentiment Saumaise, Blondel, de Courcelles, Gerard Vossius & Grotius.

Plusieurs anciens (*a*), en parlant de la défense faite par les Apôtres au Concile de Jérusalem, ne marquent que la défense de manger du sang, sans parler de celle des animaux suffoquez. Saint Augustin (*b*) & saint Gaudence de Bresse (*c*) regardent ces termes *à suffocato*, comme une glose ajoûtée au texte, pour expliquer ce que veut dire la défense de manger du sang. Mais les manuscrits & les imprimés Grecs & Latins, presque tous de même tems, & les Peres, prennent comme deux défenses différentes, celle de manger des animaux étouffés, & celle de manger du sang. Quelques anciens, sous ce terme *à sanguine*, ont entendu la défense du meurtre, ou de l'effusion du sang ; mais il étoit inutile de faire cette défense dans le Concile de Jérusalem. Il y a plusieurs manuscrits Grecs & quelques Latins, qui ajoûtent après ces mots, *à suffocato & sanguine* ; *& ne faites à autrui ce que vous ne voudriez pas vous être fait* ; qui est une glose ajoûtée sans aucune nécessité.

VIANDES IMMOLÉES AUX IDOLES, nommées en Grec *Idolothyta* (*d*) ; il y eut au commencement de l'Eglise d'assez grosses disputes sur l'usage de ces viandes immolées aux Idoles. Quelques Chrétiens nouveaux convertis, persuadez que l'Idole n'est rien, & que la distinction des viandes pures & impures ne subsiste plus, depuis que le Sauveur nous a prouvé la liberté des enfans de Dieu, mangeoient indifféremment tout ce qui leur étoit servi, même chez des payens, sans se mettre en peine si ces viandes avoient été offertes aux Idoles, ou non ; & qui usoient de la même liberté dans l'achat des viandes qui se vendoient au marché, ne s'informant point si elles étoient pures ou impures, l'idée des Juifs, ou si elles avoient été offertes aux Idoles ; car il y avoit chez les Payens, comme chez les Hébreux, plusieurs sacrifices dans lesquels on n'offroit qu'une partie de la victime sur l'Autel, tout le reste étoit à celui qui fournissoit l'Hostie, il en faisoit son profit, & en mangeoit avec ses amis.

D'autres Chrétiens plus foibles, ou moins instruits, étoient offensez de cette liberté, & croyoient que manger de la viande immolée aux Idoles, étoit en quelque sorte participer à un sacrifice impie & sacrilège. Cette diversité de sentimens

VIA

timens & de pratiques, produisît quelque scandale & quelque altération de la charité à laquelle saint Paul crut devoir apporter du remede. Il décide donc que tout est pur à celui qui est pur (*a*); que l'Idole n'est rien (*b*); que l'on peut manger de tout ce qui se vend à la boucherie (*c*), sans s'enquerir d'où il vient par un scrupule de conscience. Que si un Infidéle prie un Fidéle à manger chez lui, que le Fidéle mange de tout ce qui lui sera servi, sans se mettre en peine d'où il vient par un scrupule de conscience.

Mais en même-tems il veut que l'on observe les loix de la charité & de la prudence; que l'on évite de scandaliser & d'offenser les ames foibles; que tout est permis, mais que tout n'est pas expédient (*d*); que personne ne doit chercher sa propre satisfaction, mais celle de son prochain. Que si quelqu'un nous dit: Cela est immolé aux Idoles, nous n'en devons pas manger, à cause de celui qui nous a donné cet avis, de peur de blesser non notre conscience, mais la sienne; en un mot, que celui qui est foible, & qui ne croit pas pouvoir user indifféremment de toutes sortes de viandes, mange des légumes (*e*).

Il est pourtant vrai qu'en général les Chrétiens s'abstenoient des viandes immolées aux Idoles. Voyez l'Apocalypse; (*f*) où le Saint-Esprit reprend l'Evêque de Thiatire de ce qu'il souffre dans son Eglise une Jézabel, qui se dit Prophétesse; qui séduit les serviteurs de Dieu, & qui leur enseigne à commettre l'impureté, & à *manger des viandes immolées aux Idoles*. Tertullien (*g*) dit que saint Paul nous a mis en main la clef de la boucherie, en nous permettant d'user de toutes sortes de viandes, à l'exception de celles qui sont immolées aux Idoles: *Ad constituendam Idolothytorum exceptionem*. On sçait que dans les persécutions des Empereurs Romains (*h*), on a souvent souïllé les viandes de la boucherie en les offrant aux Idoles, afin d'empêcher les Chrétiens d'en acheter.

Quant aux Juifs, il est inutile de parler de leur éloignement des viandes immolées aux Idoles. On sçait avec quelle constance le vieillard Eleazar souffrit le martyre pour ne vouloir pas même faire semblant de toucher à des viandes qui avoient été offertes en sacrifice aux faux Dieux (*i*): *Rogabant afferri carnes, quibus vesci ei licebat, ut simularetur manducasse de sacrificii carnibus.*

Les Israëlites qui offroient au Temple

(*a*) Rom. IV. 20. Tit. 1. 15.
(*b*) 1. Cor. VIII. 4.
(*c*) 1. Cor. X. 25. 26. 27. &c.

(*d*) 1. Cor. X. 23. 24.

(*e*) Rom. XIV. 1. 2.

(*f*) Apoc. II. 20.

(*g*) Tertull. de jejunio.

(*h*) Theodoret. hist. Eccles. l. 1. c. 11. &c.

(*i*) 2. Macc. VI. 23.

VIE 33

des sacrifices pacifiques, c'est-à-dire, pour rendre graces à Dieu, ou pour obtenir de lui quelques bienfaits, pouvoient manger une partie de leurs chairs, après avoir donné aux Prêtres ce qui leur étoit dû, & brûlé sur l'Autel ce qui étoit ordonné par la Loi. Ils pouvoient, dis-je, manger de la chair de ces victimes le premier & le second jour; mais le troisième jour s'il en restoit quelque chose, on le jettoit au feu; & si on en avoit mangé étant impur, cette faute étoit punie du dernier supplice (*a*).

Dans les Holocaustes, il n'y avoit rien pour celui qui offroit la victime; elle étoit entierement consumée sur le feu de l'Autel. A l'égard des Sacrifices pour l'expiation du péché, la chair de la victime étoit pour le Prêtre qui l'avoit immolée; il n'y avoit que les mâles de la race d'Aaron qui eussent droit d'en manger, & encore ne le pouvoient-ils faire hors de l'enceinte du Temple (*b*).

VICTIMES. Voyez *Hosties*, *Sacrifices*.

VICTIMES HUMAINES. Voyez *Sacrifices*.

VIE FUTURE, VIE ETERNELLE, ou VIE simplement, signifie l'état de bonheur où les Justes & les Prédestinez sont reçus dans le Ciel après leur mort.

LA VOIE QUI CONDUIT A LA VIE EST ETROITE, dit le Sauveur: (*c*) *Si vous voulez entrer dans la vie, gardez les commandemens* (*d*): *Maître, que faut-il que je fasse pour avoir la vie éternelle* (*e*)?

JESUS-CHRIST est quelquefois nommé *la vie*: *Je suis la voie, la vérité & la vie* (*f*). Et encore: (*g*) *Je suis la résurrection & la vie*. Et ailleurs: (*h*) *La vie étoit en lui, & la vie étoit la lumière des hommes*. Et: *Celui qui a le Fils, a la vie, & celui qui n'a pas le Fils, n'a pas la vie* (*i*). JESUS-CHRIST est la vie de l'ame, il l'éclaire, il la console, il la comble de ses graces, il la conduit à la vie éternelle; il est lui-même sa vie, sa nourriture; sa lumière, son bonheur.

LE LIVRE DE VIE est le Livre de la Prédestination, dans lequel sont écrits tous les Elûs: *Quoniam nomina sunt in libro vitæ*, Philipp. IV. 3. *Et non delebo nomen ejus de libro vitæ*, Apocal. III. 5. Voyez aussi Apoc. XIII. 8. XXI. 27. XXII. 19. Et Moyse: *Si non facis, dele me de libro tuo*. Exod. XXXII. 32. 33. Voyez ci-devant *Livre*.

L'ARBRE DE VIE planté dans le Paradis terrestre, pour conserver la vie à Adam;

(*a*) Levit. VIII. 18. 19. 20.

(*b*) Levit. VII. 1. 7. 8. 10.

(*c*) Matth. VII. 14.
(*d*) Matth. XIX. 17.
(*e*) Matth. XIX. 16.

(*f*) Joan. XIV. 16.
(*g*) Joan. XI. 25.
(*h*) Joan. I. 4.

(*i*) Epist. 1. Joan. V. 12.

Tome IV. I Adam,

Adam, s'il étoit demeuré fidéle à Dieu. Voyez *Arbre*.

Dans l'Ancien Testament Dieu promet souvent à ceux qui observent ses loix, une longue vie, & des prospéritez temporelles, qui étoient la figure & l'ombre de la vie éternelle & des biens futurs que Dieu promet d'une manière plus développée dans le Nouveau Testament. Les Juifs charnels bornoient leurs espérances à ces biens passagers ; mais les saints Patriarches, les Prophétes les plus éclairez parmi les Hébreux, portoient plus loin leurs vûës & leurs attentes. Moyse dit aux Israëlites (*a*) : *J'ai proposé aujourd'hui devant vos yeux d'un côté la vie & le bien, & de l'autre la mort & le mal*. Et un peu plus bas : *Je vous ai proposé la vie & la mort, la bénédiction & la malédiction. Choisissez donc la vie, afin que vous viviez, vous & votre postérité ; que vous aimiez le Seigneur votre Dieu.... car il est votre vie, & celui qui doit vous donner une longue suite d'années.* De-là vient que Baruch appelle la Loi de Dieu, les commandemens de la vie : *Audi, Israël, mandata vitæ* (*b*). Et le Psalmiste (*c*) : *La voie de la vie.*

La sagesse, la connoissance des véritez du salut, la conduite sage & réglée, sont nommées *la voie de la sagesse, l'arbre de vie, la fontaine de la vie, la vie* simplement. Comme la vie est le premier de tous les biens du corps, aussi la sagesse est le souverain bien de l'ame ; elle nous procure une vie heureuse en ce monde ; elle est une source de bonheur pour l'Eternité. La principale sagesse, & la plus sérieuse étude des Hébreux consistoit dans la science de leur Loi : aussi le Saint-Esprit donne à la Loi comme à la sagesse, le nom de vie & de source de vie, parce que l'une & l'autre produit les mêmes effets pour le tems & pour l'Eternité.

La Vie se met quelquefois pour la subsistance (*d*) : *Initium vitæ hominis aqua & panis*. Et encore (*e*) : *Panis egentium pauperum est*. En ces passages, *vita* est synonime à *victus*. Il est dit dans saint Marc (*f*), qu'une pauvre Veuve qui mit deux petites piéces d'argent, *duo minuta*, dans le trésor du Temple, y mit plus qu'aucun des autres, puisque c'étoit-là toute sa vie, *omnem victum suum*, son nécessaire.

Dans un sens figuré & hyperbolique, on dit quelquefois que Dieu rend la vie, qu'il ressuscite ceux qu'il tire de quelque grand danger. Cette expression est fréquente dans les Pseaumes : *Posuit animam meam ad vitam*. Et ailleurs : *Tu conversus vivificasti me, & vivifica me, & custodiam sermones tuos*. Et : *Vivificabis nos, & nomen tuum invocabimus*. Il représente la captivité comme une mort, & la liberté comme la vie.

La Vie se prend aussi pour la conduite. *Nous regardions leur vie comme une folie* (*a*). *Sa vie est différente de celle des autres* (*b*). *Votre vie est cachée en Dieu* (*c*).

On trouve dans Moyse (*d*) & dans Job (*e*) une expression qui demande quelque explication : *Erit vita tua quasi pendens ante te, timebis die ac nocte, & non credes vitæ tuæ. Votre vie sera comme suspenduë devant vos yeux, vous serez rempli de frayeur nuit & jour, & vous ne croirez point à votre vie.* Quelques Peres (*f*) ont entendu ceci de Jesus-Christ crucifié aux yeux des Juifs incrédules, qui ne veulent pas croire à ce Sauveur, qui est leur vie & leur salut. Mais le sens littéral est celui-ci : Vous serez perpétuellement en crainte & en inquietude, & *vous ne serez point en assurance de votre propre vie*. On doit donner le même sens à ces paroles de Job : *Cum steterit, non credet vitæ suæ*. Lorsque l'impie paroîtra le plus ferme, il ne sera pas assuré de sa vie ; ou selon l'Hébreu : Lorsqu'il se lévera au milieu de ses gardes, *il ne sera pas sûr de sa vie*.

VIERGE, *virgo* ; en Grec, *parthenos* ; en Hébreu, *almah* (*g*). Ces termes signifient proprement une fille non mariée, & qui a conservé la pureté de son corps : mais quelquefois par abus on les employe pour signifier une jeune personne, soit qu'elle ait gardé la virginité, ou non ; & assez souvent l'Ecriture pour marquer plus expressément la virginité, ajoûte au nom de *fille*, ou *vierge*, ces mots, *qui n'a été connuë d'aucun homme* (*h*), ou quelques autres semblables. Quelquefois *virgo* signifie une jeune femme (*i*) : *Pleurez comme une vierge qui pleure la mort de son mari, qu'elle a épousé dans sa jeunesse*. Et dans les Proverbes, Salomon reconnoît que les marques de la virginité sont très-équivoques (*k*) : *Quartum penitùs ignoro.... viam viri in adolescentiâ* ; l'Hébreu, *in adolescentulâ*.

Le nom Hébreu *almah*, signifie une personne cachée ; parce que les filles qui n'étoient pas mariées, demeuroient dans des appartemens séparez, où les hommes ne fréquentoient point ; & quand les

---

(*a*) Deut. XXX. 15. 19. 20.

(*b*) Baruch. III. 9.
(*c*) Psalm. XV. 11.

(*d*) Eccli. XXIX. 26.
(*e*) Eccli. XXXIV. 25.

(*f*) Marci XII. 44. Luc. XXI. 4.

(*a*) Sap. V. 7.
(*b*) Sap. I. 15.
(*c*) Coloss. III. 3.
(*d*) Deut. XXVIII. 66.
XXIV. 22.

(*f*) Irenæ. l. 4. Tertull. contra Judæos c. 11. Cyprian. de Idol. vanitat. Lactant. l. 4. c. 18. Cyrill. Jerosol. catech. 13. Athanas. l. 1. de Incarn. Aug. l. 16. c. contra Faust.

(*g*) עלמה Halmah. Παρθένος, Virgo.

(*h*) Genes. XXXI. 17. Num. XXIV. 16.
(*i*) Joël. 1. 8.

(*k*) Prov. XXX. 19. בעלמה

VIE   VIE   35

les filles étoient obligées de sortir, elles étoient toujours voilées, & ne paroissoient découvertes que devant leurs plus proches parens. Amnon fils de David, ayant conçu une passion violente pour sa sœur Thamar, ne pouvoit seulement la voir, parce qu'elle étoit vierge, & gardée de fort près (*a*) : *Quia cùm esset virgo, difficile ei videbatur ut quidpiam inhonestè ageret cum ea.* Lorsqu'Héliodore vint à Jérusalem pour enlever les trésors du Temple, les filles les plus resserrées parurent les unes dans les ruës, les autres aux fenêtres, & les autres sur les muts (*b*) : *Virgines quæ conclusæ erant, procurrebant ad Oniam.*

VIERGE se met souvent dans l'Ecriture pour un peuple, une ville, une nation. La vierge fille de Babylone, la vierge fille de Sion, la vierge fille d'Israël, la vierge fille de l'Egypte, la vierge fille de Sidon, &c. Toutes ces manières de parler signifient la Province, le Pays & le peuple de Babylone, d'Egypte, de Sidon, de Jérusalem, d'Israël.

LA VIERGE par excellence, se dit de la très-sainte Vierge Marie Mere de JESUS-CHRIST, Vierge avant, comme avant & dans l'enfantement; Vierge désignée par ces paroles d'Isaïe (*c*) : *Une Vierge concevra & enfantera un Fils, qui sera nommé Emmanuël.*

L'état de virginité n'étoit pas en honneur dans l'Ancien Testament. La fille de Jephté se voyant sur le point d'être immolée par son pere (*d*), avant que d'avoir pû être mariée, va pleurer sa virginité sur les montagnes. La stérilité étoit un opprobre dans Israël. Isaïe (*e*) voulant montrer la rareté des hommes qu'on devoit voir dans Israël, dit qu'elle sera telle, cette rareté, que sept femmes viendront d'elles-mêmes s'offrir en mariage; en disant : Nous ne vous demandons rien, nous nous entretiendrons d'habits & de nourriture; seulement prenez-nous pour femmes, & délivrez-nous de l'opprobre de la stérilité où nous sommes : *Aufer opprobrium nostrum.* Le même Prophète console Jérusalem, & lui dit (*f*) : Vous ne serez plus dans la confusion; vous oublierez la honte de votre jeunesse, & l'opprobre de votre veuvage : *Confusionis adolescentiæ tuæ oblivisceris, & opprobrii viduitatis tuæ non recordaberis ampliùs.*

Mais dans le Nouveau Testament, JESUS-CHRIST a recommandé la virginité, en disant (*g*) : *Il y a des eunuques qui se sont rendus tels pour le Royaume des Cieux; que celui qui le peut comprendre, le comprenne.* Saint Paul a mis dans son jour le conseil du Sauveur : (*a*) *Je n'ai point reçu de commandement du Seigneur sur l'obligation de garder la virginité : mais voici le conseil que je donne, comme étant fidéle Ministre du Seigneur : Je crois donc qu'il est avantageux à l'homme, à cause des fâcheuses nécessitez de la vie présente, de ne se point marier. Etes-vous lié avec une femme? ne cherchez point à vous délier. N'êtes-vous point engagé dans le mariage? ne cherchez point à vous y engager.... Je désire de vous voir dégagez de soins & d'inquiétudes. Celui qui n'est point marié, s'occupe du soin des choses du Seigneur, & des moyens de plaire à Dieu : mais celui qui est marié, s'occupe du soin des choses du monde, & de ce qu'il doit faire pour plaire à sa femme; & ainsi il se trouve partagé, &c.*

VIEUX, *Ancien.* Nous disons le *Vieux Testament*, par opposition au nouveau. Moyse à été le Ministre du Vieux Testament (*b*), de la vieillesse de la Lettre; & JÉSUS-CHRIST est le Médiateur du Nouveau Testament (*c*), ou de la Nouvelle Alliance, qui consiste, non dans la lettre, mais dans l'esprit.

LE VIEIL HOMME, le *vieil Adam*, (*d*) est dans le sens moral ce que nous tirons de la nature corrompuë, & que nous devons crucifier avec JESUS-CHRIST, afin de faire mourir le corps du péché : *Vetus homo noster simul crucifixus est ut destruatur corpus peccati.* Dans un autre endroit (*e*), il veut que nous nous dépouillions du vieil homme avec ses actes, & que nous nous revêtions du nouveau, qui par la connoissance se renouvelle en l'image de celui qui l'a créé; & encore ailleurs (*f*) : Il dit que nous devons nous dépoüiller du vieil homme, qui se corrompt dans ses désirs trompeurs, &c.

LE VIEUX LEVAIN, est la concupiscence & l'attache aux observations litterales & cérémonielles de la Loi. Saint Paul veut que nous célébrions la Pâque (*g*), *non in fermento veteri, nec in fermento malitiæ & nequitiæ, sed in azymis synceritatis & veritatis.* C'est aussi à peu près la même chose que JESUS-CHRIST a voulu marquer, lorsqu'il dit (*h*), que l'on ne mettoit pas le vin nouveau dans de vieux outres, de peur que venant à s'échauffer il ne les rompît.

Anne mere de Samuël, dans son Cantique, dit : *Recedant vetera de ore vestro:*
Que

36 VIE

(a) Que ces anciens reproches de stérilité que vous me faisiez ne sortent plus de votre bouche.

Les anciens fruits & les nouveaux qui se succédent & qui se touchent l'un l'autre, & dont il est parlé dans le Lévitique (b), & dans le Cantique des Cantiques (c), marquent une très-grande abondance. Vous en aurez tant, que pour faire place aux nouveaux, vous serez obligez de jetter les vieux.

VIGNES; *Vignobles.* Il y avoit dans la Palestine plusieurs excellens vignobles. L'Ecriture loüe les vignes de Sorec, de Sébama, de Jazer, d'Abel. Les Profanes parlent des excellens vins de Gaze, de Sarepta, du Liban, de Saron, d'Ascalon, de Tyr (d):

. . . . *Dulcia Bacchi Munera, quæ Sarepta ferax, quæ Gaza crearat.*

Jacob, dans la bénédiction qu'il donne à Juda (e), dit qu'il liera son asnesse à la vigne, & son asnon au sep de la vigne; pour marquer l'abondance des vignes qui devoient être dans son partage. L'Epouse du Cantique (f) compare son bien-aimé au raisin de cypre, qui croît dans les vignes d'Engaddi. Le cypre est un arbrisseau qui porte certaines grappes fort odorantes. Voyez ci-devant les articles *Copher* & *Cypre.* Ceux qui venoient à Engaddi, étoient célébres. Ces vignes d'Engaddi ne sont donc pas des vignes de raisin à faire du vin, mais des plants de cypre. C'est au même lieu qu'étoient les plants de baume, que l'on peut encore mettre au rang des vignes.

Noé planta la vigne après le déluge, (g) & commença à la cultiver. Plusieurs tiennent que le vin n'étoit pas inconnu avant le déluge, & que ce Patriarche continua de cultiver la vigne après ce grand événement, ainsi qu'il avoit fait auparavant : mais les Peres (h) croyent qu'il ignoroit la force du vin, n'en ayant jamais usé auparavant, & n'ayant vû personne qui en usât. Il fut le premier qui ramassa le jus du raisin, & qui le réduisit en liqueur. Avant lui, on se contentoit de manger le raisin, comme un autre fruit.

Dieu compare souvent son peuple à une vigne (i), qu'il a tirée de l'Egypte, qu'il a plantée dans la Palestine, comme dans un bon terroir, mais qui au lieu de lui produire de bons fruits, ne lui a donné que des grappes d'amertume, des raisins sauvages. JESUS-CHRIST dit que le pere de famille

(a) 1. Reg. 11. 5.
(b) Levit. XXV. 2. XXVI. 10.
(c) Cant. VII. 13.

(d) Coripp. l. 3.

(e) Genes. XLIX. 11.

(f) Cant. I. 13.

(g) Genes. IX. 20.

(h) Hieron. l. 1. contra Jovinian. Chrysost. homil. 29. in Genes. Theodoret. qu. 56. Basil. de jejunio, homil. 1. Ambros. de Noë, & Arca. c. 29.

(i) Psalm. XXXIX. 9. Isai. V. 1. 3. &c. Jerem. 11. 21. Ezech. XVII. Joël. 1. 7. Matt. XX. 1.

VIG

ayant loüé cette vigne à des vignerons, qui lui en devoient rendre du fruit, au lieu de cela, ils ont maltraité ses serviteurs, & tué son propre fils, qui étoit allé pour leur demander ce qu'ils devoient. Dans un autre endroit (a), le Sauveur dit à ses Disciples : *Je suis la vigne, & mon Pere est le vigneron. Il retranchera toutes les branches qui ne portent point de fruit en moi, & il émondera celles qui en portent, afin qu'elles en portent davantage,* &c.

La Loi de Moyse ne permettoit pas au propriétaire qui plantoit une vigne, d'en manger le fruit avant la cinquiéme année (b). On ne touchoit point aux vignes la septiéme année. Le raisin qu'elle produisoit alors, étoit pour le pauvre, l'orphelin & l'étranger (c). Il étoit permis à un passant de cüeillir & de manger du raisin dans la vigne qu'il trouvoit sur le chemin; mais il étoit défendu d'en porter dehors (d). Il étoit aussi défendu de semer dans la vigne d'autres choses (e) : *Non seres vineam tuam altero semine.*

VIGNE SAUVAGE, autrement *Lambrusque.* Elle étoit sans culture le long des chemins & proche des hayes. Son fruit est un fort petit raisin, qui, quand il meurit, devient noir. Mais souvent il ne meurit point. Voyez *Raisin sauvage,* & Isaïe v. 2. 4.

La vigne sauvage dont il est parlé 4. Reg. IV. 39. n'est pas la lambrusque; c'est une plante qui produit la coloquinte, qui est d'une amertume mortelle. Voyez *Coloquinte.*

LES VIGNES DE SODOME, dont parle Moyse (f), est une vigne du plant de Sodome, qui ne produit que du raisin amer, & dont on ne peut faire aucun usage; du vin aussi mauvais que du fiel de dragon, des raisins aussi amers que le fiel : *Fel draconum vinum eorum... Uva eorum uva fellis, & botri amarissimi.* Tout le monde sçait que les fruits qui croissent autour de la mer Morte, sont tous gâtez en dedans, & s'en vont en poussiére lorsqu'on les veut ouvrir : *Cuncta sponte edita aut manu sata sive herbâ tenus aut flore, seu solitam in speciem adolevere, atra & inania velut in cinerem vanescunt* (g).

LA VIGNE DE NABOT est passée en proverbe, pour marquer un héritage envahi par une puissance supérieure, sur un pauvre & incapable de la défendre. On en peut voir l'Histoire, 3. Reg. XXI. 1. 2. & suiv.

Pour marquer un tems heureux, une profonde

(a) Joan. XV. 1. 2. 3. &c.

(b) Deut. XX. 6. Levit. XIX. 24. 25.
(c) Levit. XXV. 3. 4.
(d) Deut. XXIII. 14.
(e) Deut. XXII. 9.

(f) Deut. XXXII. 32.

(g) Tacit. hist. l. 5. Vide & Joseph. de Bello, l. 5. c. 5. Solin. c. 44.

VIG — VIN

profonde paix, on dit que chacun vit en repos sous sa vigne & sous son figuier. (*a*) Tout le tems du regne de Salomon, *Juda & Israël demeuroit dans son pays sans aucune crainte; chacun se reposoit sous sa vigne & sous son figuier, depuis Dan jusqu'à Bersabée.* Et le Prophéte Michée (*b*): *En ce tems-là ils forgeront des socs & des charuës du fer de leurs épées, & ils feront des hoyaux de leurs lances: un peuple ne prendra plus les armes contre un autre peuple; on n'apprendra plus à faire la guerre, chacun s'asseoira sans crainte dans sa vigne & sous son figuier, &c.* Et le premier Livre des Maccabées (*c*), sous le gouvernement du Grand-Prêtre Simon: *Chacun cultivoit sa terre en paix; le pays de Juda étoit rempli de biens, & les arbres de la campagne étoient chargez de fruits. Les vieillards étoient assis dans les places publiques, déliberans sur les intérêts de la nation, & les jeunes gens alloient vêtus magnifiquement & parez de riches armes. La paix regnoit dans le pays, & tout Israël étoit dans la joie. Chacun étoit assis sous sa vigne & sous son figuier, sans que personne osât les troubler.*

(*a*) 3. Reg.
IV. 25.

(*b*) Mich.
IV. 4.

(*c*) 1. Macc.
XIV. 8...12.

VENDANGE. Cette récolte, chez les Hébreux, étoit accompagnée de festins & de réjoüissances. *Le Seigneur préparera à tous les peuples sur la montagne de Sion, à tous les peuples un festin de viandes délicieuses, un festin de vendange, un festin d'animaux gras, d'une vendange épurée* (*d*). L'Hébreu à la lettre: *Un festin de graisse, un festin de lies; de graisses moëlleuses, de lies éclaircies.* Et ailleurs (*e*): *On ne verra plus de réjoüissance, ni d'allégresse dans les vignes.* L'Hébreu, dans le *Carmel. Carmel*, signifie une excellente vigne: *On n'y entendra plus les cris de joie. Ceux qui avoient accoutumé de fouler le vin dans le pressoir, ne fouleront plus; je rendrai muettes les voix de ceux qui foulent le raisin.* Et Jérémie (*f*): *La joie & la réjoüissance ont été bannies du Carmel, (ou des vignes) & de la terre de Moab,* (fertile en vignes). *J'ai fait cesser le vin des pressoirs, & ceux qui fouloient le raisin, ne chanteront plus leurs chansons ordinaires.* L'Hébreu à la lettre: *On ne foulera plus le raisin, & celui qui crie Hédad, ne criera plus Hédad, Hédad.* Ce dernier terme est le cri des vendangeurs, d'où s'est formé, *Heth, & de Heth*, maniére de parler, qui veut dire, avec vigueur, avec courage, *alacriter*.

(*d*) Isai.
XXV. 6.

(*e*) Isai.
XVI. 10.

(*f*) Jerem.
XLVIII. 33.

Tome IV.

VENDANGER, dans le sens figuré, se prend souvent pour ravager un pays, y faire une guerre sanglante. Les Prophétes se servent volontiers de cette métaphore pour exprimer la vengeance que le Seigneur exerce contre ses ennemis. *Vous avez planté votre peuple comme une vigne, & aujourd'hui tous les passans la vendangent* (*a*), *& vindemiant eam omnes qui prætergrediuntur viam.* Et Jérémie, dans ses Lamentations, fait parler ainsi Jérusalem (*b*): *Vindemiavit me sicut locutus est Dominus, in die furoris sui.* Elle ajoute: *Traitez-les, Seigneur, comme vous m'avez traitée; vendangez-les, comme vous m'avez vendangée, à cause de mes iniquitez.* Et Isaïe, parlant d'un Conquérant qui vient d'une grande expédition, ayant ses habits encore tout couverts de sang; le dépeint ainsi (*c*): *Qui est celui-ci qui vient d'Edom? qui est ce Conquérant qui vient de Bosra, avec sa robbe toute teinte de sang; qui éclatte par la beauté de ses vêtemens, & qui marche avec tant de force? C'est moi qui parle dans la justice, & qui viens pour défendre & pour sauver. Pourquoi votre vêtement est-il comme d'un homme qui foule le pressoir? J'ai été seul à fouler le raisin, sans le secours d'aucun homme: Je les ai foulé dans la fureur, je les ai écrasé dans ma colere, & leur sang a rejailli sur ma robbe, & tous mes habits en sont tachez.* Voyez aussi Jérémie, Thren. I. 15. Apoc. XIV. 20. XIX. 15. &c. Voyez ci-après *Vin*.

(*a*) Psalm.
LXXIX. 1,.

(*b*) Thren.
I. 21.

(*c*) Isai.
LXIII. 1.

VIN. Plusieurs Anciens ont crû que le vin n'étoit pas en usage avant le déluge, & que Noé est le premier qui ait mis en vogue cette liqueur. Si le vin, dit-on, eût été connu avant le déluge, Abel n'auroit pas manqué d'en offrir au Seigneur, & Noé se seroit bien gardé d'en prendre avec excès. Mais d'autres soutiennent qu'il y a bien plus d'apparence que les premiers hommes se servoient du vin, qui est une liqueur si utile & si agréable, qu'Adam ne pouvoit pas en ignorer l'utilité. JESUS-CHRIST dit (*d*) que les premiers hommes furent surpris par le déluge, lorsqu'ils bûvoient & mangeoient: *Edentes & bibentes*; ce qui se dit ordinairement de ceux qui boivent du vin. Enfin, sans vouloir faire un crime à Noé de son yvresse, on peut dire que quoiqu'il sçût que le vin avoit la vertu d'enyvrer, il ne crut pas que la quantité qu'il en prit, fût capable de causer dans lui l'effet qu'elle y causa.

(*d*) Matth.
XXIV. 38.

K On

On ne faisoit ordinairement point de sacrifice tant soit peu considérable au Seigneur, où l'on n'y fit des libations de vin (*a*).

(*a*) *Exod.* xxix. 40. *Deut.* xv. 5. 7.

Nous avons déja remarqué dans les articles de la vigne, & du *raisin*, qu'il y avoit plusieurs excellens vignobles dans la Palestine ; & pour faire voir la grande quantité qu'il y en auroit dans le partage de la Tribu de Juda, le Patriarche Jacob dit à Juda son fils (*b*) : *Il lavera son manteau dans le vin, & ses vêtemens dans le sang du raisin.* L'usage du vin étoit défendu aux Prêtres pendant tout le tems qu'ils étoient dans le Tabernacle, & occupez au service de l'Autel (*c*). Cette liqueur étoit aussi interdite aux Nazaréens (*d*) ; & quand le vin étoit défendu, d'ordinaire on comprenoit sous la même défense toute liqueur capable d'enyvrer, & exprimée dans la Vulgate sous le nom de *sicera*. Les Réchabites (*e*) observoient une rigoureuse abstinence de vin tous les jours de leur vie, suivant l'ordre qu'ils en avoient reçû de Réchab leur pere.

(*b*) *Genes.* xlix.

(*c*) *Levit.* x. 9.
(*d*) *Num.* vi. 3.

(*e*) *Jerem.* xxxv. 1. 2. 3.

Dans le style des Auteurs sacrez, le vin ou le calice marquent souvent la colére de Dieu : *Vous nous avez abreuvez du vin de componction* (*f*), *de douleur* ; à la lettre, *du vin de lie, ou du vin de tremblement. Le Seigneur tient en sa main une coupe pleine de vin trouble & mêlé avec les liages* (*g*) ; *il en fera boire à tous les pécheurs de la terre.* Le Seigneur dit à Jérémie (*h*) : *Prenez cette coupe de vin de ma colére, & faites-en boire à tous ceux à qui je vous envoyerai.*

(*f*) *Psalm.* lix. 5. תרעילה

(*g*) *Psalm.* lxxiv. 9.
(*h*) *Jerem.* xxv. 15.

On donnoit du vin à ceux qui étoient dans le deüil & dans la tristesse (*i*) : *Ne donnez point de vin aux Rois, parce qu'il n'y a point de secret où regne l'yvrognerie ; donnez à ceux qui sont affligez, une liqueur capable de les enyvrer, & du vin à ceux qui sont dans l'amertume de cœur. Qu'ils boivent, & qu'ils oublient leur pauvreté,* &c. Les Rabbins (*k*) enseignent que l'on donnoit à boire du vin & des liqueurs fortes à ceux qui étoient condamnez au dernier supplice, pour leur ôter une partie de la frayeur & du sentiment de leurs peines. Il y avoit, dit-on, à Jérusalem des femmes charitables, qui se mêloient de faire la mixtion de certaines drogues avec le vin, afin de le rendre plus fort, & plus capable d'amortir le sentiment de la douleur. L'Hébreu porte : *Donnez du vin à celui qui périt*, au lieu de celui qui est affligé. On croit que c'est de

(*i*) *Prov.* xxxi. 4. 5. 6. &c.

(*k*) *Tract. Sanhedrin.*

cette sorte de vin mixtionné dont on donna à boire à Jesus-Christ, avant qu'il fût attaché à la Croix. Nous lisons dans les Evangélistes, trois sortes de boissons que l'on donna à Jesus-Christ dans sa Passion. Saint Matthieu xxvii. ℣. 33. dit qu'étant arrivé au Calvaire, on lui donna *à boire du vin mêlé avec du fiel ; mais qu'en ayant goûté, il n'en voulut pas boire.* Saint Marc, racontant la même chose, Ch. xv. 22. dit qu'on lui présenta du vin de Myrrhe, *Myrrhatum vinum* ; mais qu'il n'en prit point. Le même saint Matthieu, Ch. xxvii. ℣. 48. dit que Jesus-Christ étant en Croix, & ayant crié : Mon Dieu, mon Dieu, pourquoi m'avez-vous abandonné ? *un soldat courut, & ayant rempli une éponge de vinaigre, la mit au bout d'un roseau & lui en présenta à boire.* Nous parlerons de cette derniere boisson, sous l'article *vinaigre* ; on convient qu'elle est toute différente des premières ; il est question de concilier ici saint Matthieu avec saint Marc, & de sçavoir si *le vin mêlé avec du fiel*, dont il est parlé dans saint Matthieu, est le même que *le vin mêlé avec de la Myrrhe* dans saint Marc.

Le Texte de saint Matthieu (*a*) dans plusieurs exemplaires Grecs, porte qu'on offrit à notre Seigneur *du vinaigre mêlé avec du fiel*. Mais plusieurs excellens manuscrits, de même que la Vulgate lisent *du vin*, de même que saint Marc, & plusieurs anciens, tant Grecs que Latins. D'ailleurs on sçait que la matiére du vinaigre est le vin, & que plusieurs mettent le vin & le vinaigre dans la même cathégorie (*b*).

(*a*) *Matth.* xxvii. 31. Ὄξος μετὰ χολῆς μεμιγμένον. Ita Syr. Origen. Hieronym.

Pour concilier nos deux Evangélistes, les uns (*c*) ont dit que saint Matthieu ayant écrit qu'on donna à Jesus-Christ du vin mêlé avec du fiel ; saint Marc a voulu exprimer l'amertume du fiel, par le terme de *Myrrhe*, qui est elle-même très-amére. D'autres ont cru que saint Matthieu ayant écrit en Hébreu, s'étoit servi du mot *Rosch*, qui signifie du poison, de l'amertume ; que saint Marc avoit spécifié de quelle sorte étoit cette amertume, en mettant de la Myrrhe ; mais que l'Interpréte Grec de saint Matthieu l'avoit traduit par du fiel, s'imaginant que c'étoit cela que saint Matthieu avoit voulu désigner.

(*b*) *Vide Batolin. du vino myrrhate* §. 1.
(*c*) *Vide Aug. l. 3. de consensu Evang. c.* 11.

Quelques-uns se sont imaginé que ces deux potions furent offertes à Jesus-Christ en différens tems ; que les femmes dévotes qui le suivoient lui offrirent du vin de Myrrhe, pour lui diminuer le

VIN

le sentiment de la douleur ; mais que les soldats y mêlerent du fiel (*a*) ; tout cela se dit uniquement par conjecture ; celle qui nous paroît la plus probable , est que le *fiel* de saint Matthieu, & la *Myrrhe* de saint Marc ne marquent qu'une même chose ; c'est-à-dire, quelque chose de très-amer. Voyez Thomas Bartholin, *de vino Myrrhato.* §. 5.

Quant au *vin de Myrrhe* de saint Marc, les anciens connoissent une sorte de vin qu'ils appellent *murinum vinum*, qui étoit un vin doux & délicieux : *Murina, genus potionis, quæ græcè dicitur nectar. Hoc mulieres vocabant muriolum, quidam narratum vinum,* dit Festus. Mais ce n'est point là, celui qu'on présenta à boire à JESUS-CHRIST, puisque saint Matthieu, ou son ancien Interpréte, l'explique d'un vin amer & mêlé de fiel. Le vin de Myrrhe est donc celui où l'on a mêlé de la Myrrhe ; les Anciens y mêloient de cette drogue , ou pour le rendre plus ferme , & pour le conserver plus long-tems (*b*), ou pour hâter la mort des patiens à qui on le faisoit boire , si on en croit Maimonide, Kimchi & Fagius.

D'autres (*c*) croyent que la Myrrhe faisoit dans le vin , à peu près le même effet que l'encens ; qu'elle étourdissoit le patient , lui causoit une espèce d'yvresse ; & lui ôtoit le sentiment de ses douleurs. Il est certain qu'on donnoit du vin mêlé avec de l'encens aux Eléphans pour les enyvrer , & leur ôter l'horreur du sang : on en voit la preuve dans le troisiéme Livre des Maccabées. Apulée (*d*) dit qu'un certain homme s'étoit prémuni contre la violence des coups par une potion de Myrrhe, *sese multimodis conculcat ictibus myrrhæ contra præsumptione munitur.* Et ailleurs, Métamorph. l. x. *Sed obfirmatur myrrha præsumptione, nullis verberibus ac ne ipsi quidem succubuit igni.* C'est apparemment dans cette vûë qu'on donna au Sauveur *myrrhatum vinum* ; & c'est le vrai sens de saint Matthieu & de saint Marc. Voyez aussi ce qu'on a dit ci-devant sous le nom de *fiel.*

VIN DE CHELBON. Ezéchiel parle (*e*) de cette sorte de vin qui étoit exquis, & que l'on vendoit aux foires de Tyr. Il l'appelle *du vin gras, in vino pingui* ; l'Hébreu, *du vin de Chelbon.* Ce vin est fort connu des Anciens. Ils l'appellent *Chalibonium vinum.* On le faisoit à Damas , & les Perses y avoient exprès planté des vignes, dit Posidonius cité dans Athénée (*f*). Cet Auteur as-

sûre que les Rois de Perse n'en usoient point d'autre pour leur boire.

VIN DU LIBAN. Osée en parle : (*a*) *Son nom répandra une bonne odeur, comme le vin du Liban.* Les vins des côtes les mieux exposées du Liban étoient autrefois fort estimez. On loüe celui de Biblos ; & Gabriël Sionite assure qu'encore aujourd'hui ceux du Liban sont en réputation. Mais quelques-uns (*b*) croyent que le Texte Hébreu *vin du Liban*, peut marquer *du vin odorant*, du vin où l'on a mêlé de l'encens , ou d'autres drogues ; pour le rendre plus agréable au goût & à l'odorat. Les vins odoriferans n'étoient pas inconnus aux Hébreux. Il est parlé dans le Cantique des Cantiques du vin mixtionné (*c*) : *Vinum conditum*, du vin mêlé de parfum. L'Auteur de la Sagesse fait mention d'un vin précieux qui étoit apparemment parfumé (*d*) : *Impleamus nos vino pretioso & unguentis.* Le nectar étoit aussi une sorte de vin de même nature. L'Hébreu *nectar*, (*e*) signifie être parfumé.

Comme les vins de la Palestine étoient fumeux , on avoit accoûtumé de les mêler avec de l'eau , pour les boire sans s'incommoder (*f*) : *J'ai mêlé mon vin, & j'ai dressé ma table ; venez à mon festin, buvez le vin que je vous ai mêlé.* Et : *Le Seigneur tient en sa main une coupe pleine de vin mêlé* (*g*) : *Sire , mêlez vous-même le vin , & mettez les viandes sur l'Autel de Baal* (*h*), disoient les Prêtres de Bélus au Roi de Babylone. *Mêlez dans la coupe de la prostituée le double de ce qu'elle à mêlé aux autres* (*i*). Fulgence dans le Livre second de ses Mythologiques , dit que le vin de Sarepta , ville de Phénicie , étoit si violent ; que les plus grands bûveurs auroient eu peine d'en boire en un mois un *sextarius*, qui étoit à peu près la pinte de Paris, selon Budée (*k*). Or un homme pouvoit sans s'incommoder, boire deux sextarius dans un repas ; comme il paroît par les Anciens.

LE VIN DE COMPONCTION, dont il est parlé dans les Psaumes (*l*), peut marquer le calice de la colére de Dieu ; dont il enyvre tous les méchans ; ou bien selon l'Hébreu , *le calice de vin troublé* & chargé de ses lies. Dieu menace les grands pécheurs de leur faire boire son calice jusqu'aux lies , jusqu'à la derniére goutte (*m*) ; l'Hébreu se peut aussi traduire , *du vin de tremblement,* du vin qui donne la mort , qui empoisonne ; qui assoupit. Les Septante ; *du vin qui*

VIN

qui pique intérieurement, qui cause de l'affliction, de la componction. Aquila, *du vin d'assoupissement*; Symmaque, *du vin d'agitation*.

Le Vin de Palmier, c'est celui que la Vulgate (*a*) appelle *sicera*, & qui se fait de jus de Palmier. Il est fort commun dans l'Orient. Le vin de Palmier est blanc; quand on le boit frais, il a le gout de cocos, & est doux comme le miel; quand on le conserve plus long-tems, il est fort & enyvre comme du vin: si on le garde plusieurs jours, il se tourne en vinaigre (*b*).

Le Vin de Libation (*c*), *vinum libaminum*; c'est le plus excellent vin, tel qu'on le versoit sur les victimes dans le Temple du Seigneur; ou bien, c'est le vin pur, parce qu'on ne le mêloit point dans les libations.

Les méchans mangent *le pain d'impiété*, & boivent *le vin d'iniquité* (*d*). C'est-à-dire, ils se nourrissent de biens mal acquis; ou ils abusent des dons que Dieu leur a fait; ils l'offensent par le mauvais usage qu'ils font des choses nécessaires à la vie.

Le Vin de Droiture dont il est parlé en quelques endroits du Cantique des Cantiques (*e*), est un bon vin, un vin droit, un excellent vin. Saint Jérôme a traduit l'Hébreu des Proverbes XXIII. 31. par *vinum quod ingreditur blandè*, au lieu de *vinum rectitudinum*, que porte le Texte. Horace a bien exprimé cette pensée par ces vers (*f*):

Generosum & lene requiro,
Quod curas abigat, quod cum spe divite manet
In venas animumque meum.

Le Vin d'encens dont il est parlé dans Osée XIV. sous le nom de *vin de Liban*, car *Lebanon* en Hébreu signifie *le Liban*; *l'encens*, est du vin parfumé, où l'on a mêlé des drogues odorantes: tel étoit le vin qu'on donnoit aux Criminels pour leur ôter le sentiment de la douleur, & celui qu'on donna aux Eléphans de Ptolomée Philopator, pour les enyvrer, afin qu'ils écrafassent sous leurs pieds les Juifs de l'Egypte.

Convivium vini, un festin de vin, est celui où le vin n'est pas épargné. Voyez l'Ecclésiastique Chap. XXXI. 41. XXXII. 7. XLIX. 2. ou même un festin de solemnité, un repas d'invitation; car régulièrement on ne bûvoit point de vin dans les repas ordinaires. Voyez aussi Isaï. XXII. 13. *Ecce gaudium & lætitia, occidere vitulos, & jugulare arietes*,

(*a*) Deut. XIV. 26. & passim.

(*b*) Renaudot, Notes sur le Voyage de la Chine, p. 12.
(*c*) Deut. XXXII. 38. Esth. XIV. 17.

(*d*) Prov. IV. 17.

(*e*) Cant. I. 3. ושירים Prov. XXXIII. 31.

(*f*) Horat. l. 1. ep. 15.

comedere carnes, & bibere vinum. Le même XXIV. 9. 11. *Cum cantico non bibent vinum... Clamor erit super vino in plateis, &c.*

Osée IX. 2. *Vinum mentietur eis*; le vin leur manquera; leurs vignes ne donneront point de vin.

Vin de Damnation. *Vinum damnatorum bibent*. Amos II. 8. On peut l'entendre du vin qu'on donnoit aux Criminels condamnez à mort, dont nous avons parlé ci-devant; & dont il est encore parlé dans les Proverbes Chap. XXXI. 6. *Date siceram mærentibus, & vinum his qui amaro sunt animo*. Diodore de Sicile (*a*) parle d'un vin inventé à Diospolis d'Egypte, pour chasser la tristesse, & appaiser la colère. Homère (*b*) dit que ce fut en Egypte qu'Héléne apprit la composition du *Nepenthe*, qui faisoit oublier tous les maux. Mais on peut fort bien donner un autre sens au passage d'Amos (*c*), *vinum damnatorum bibent*. Ils boivent le vin, ils sont bonne chére aux dépens de ceux qu'ils ont injustement condamnez. Les Septante: *Ils boivent le vin gagné par des calomnies*. Le Caldéen, *du vin de rapine*.

Le Vin qui fait germer les Vierges (*d*), *vinum germinans Virgines*. L'Hébreu, *du vin qui donne l'éloquence aux Vierges*, qui les fait parler, ou qui les rend fécondes. Il les fait parler, il leur inspire la hardiesse, les remplit d'un saint enthousiasme, & leur fait entonner des cantiques de loüanges. On l'explique des Dons du Saint-Esprit répandus sur les fidèles au jour de la Pentecôte, ou des effets de la sainte Eucharistie.

Le Vin Nouveau qui ne doit pas être mis dans de vieux outres, dont il est parlé dans l'Evangile (*e*), n'est autre que le Saint-Esprit, dont les Apôtres dévoient être remplis après l'Ascension du Sauveur.

Les anciens Juifs n'avoient pas l'usage des tonneaux de bois, à la manière d'aujourd'hui; ils conservoient leurs vins dans des cuves soûterraines bien enduites, & bien solides, comme des citernes, d'où ils le tiroient pour le mettre dans de grands vases de grez ou d'argile bien vernissez, ou bien poissez, & quand il étoit question de le transporter ailleurs, on en remplissoit des outres, & on les chargeoit sur des animaux ou sur les épaules des hommes, sans crainte, ni que ces vaisseaux se rompissent, ni que la liqueur se répandit. Nous avons traité cette matière assez au long dans le

(*a*) Diodor. Sicul. l. 1. p. 61.

(*b*) Homer. Odyss. Δ.

(*c*) Amos. II. ענושים 70. Οίνον ἐκ συκοφαντιῶν.

(*d*) Zach. IX. 17. ניב בתולות

(*e*) Matt. IX. 17. Marc. II. 22. Luc. V. 37.

VIN VIS

le Commentaire sur Jérémie Ch. XLVIII. 11. Il y a grand nombre d'expressions dans l'Ecriture, qu'il est mal aisé de bien entendre, si l'on ne sçait ces anciens usages.

VINAIGRE. On fait du vinaigre de vin, de biere, de cidre, & même avec de l'eau; le vin de palmier se tourne en vinaigre si on le garde trois ou quatre jours. Les anciens avoient plusieurs sortes de vinaigre, dont ils se servoient pour boire. L'Empereur Pescennius Niger (a) avoit ordonné que ses soldats ne boiroient que du vinaigre dans les expéditions : *Neminem in expeditione vinum bibere, sed aceto universos esse contentos.* Booz disoit à Ruth (b) de venir tremper son pain dans le vinaigre avec ses gens : *Intinge buccellam tuam in aceto.* Les moissonneurs se servoient de cette liqueur pour se rafraîchir : *Aceto summa vis in refrigerando,* dit Pline. (c) Il y a beaucoup d'apparence que le vinaigre que les soldats Romains donnerent à Jesus-Christ pendant qu'il étoit à la Croix (d), étoit du vinaigre, dont ils se servoient eux-mêmes pour leur boisson. Le grand Constantin leur permit le vin à l'alternative avec le vinaigre de deux jours l'un.

Ce vinaigre n'étoit pas de ces sortes de vinaigre dont nous nous servons dans les salades & dans les sausses; mais un petit vin nommé *Pesca* ou *Sera*, dont les Auteurs de *Re rustica* (e), nous ont donné la composition. On s'en sert encore beaucoup en Espagne & en Italie pendant les moissons, on s'en sert aussi en Hollande, & dans les vaisseaux pour ôter à l'eau son mauvais goût. L'Ecriture défend aux Nazaréens le vinaigre, (f) & toute sorte de boisson qui vient de la vigne, & qui est capable d'enyvrer. L'Hébreu porte : *Du vinaigre fait de vin, & du vinaigre fait de secar,* ou de vin de palmier. Pline l. 14. c. 16. parle de diverses sortes de vinaigre, dont on peut boire.

Il faut toutefois avouer qu'il y avoit certain vinaigre fort, dont on ne pouvoit pas boire, ou dont on n'usoit qu'après l'avoir bien délayé. Le Psalmiste se plaint que ses ennemis lui avoit donné du vinaigre à boire (g) : *Et in siti mea potaverunt me aceto*; & Jesus-Christ pour accomplir en sa personne cette Prophétie, ne voulut pas boire le vinaigre qu'on lui présenta. Et Salomon dans les Proverbes (h) : *Tel qu'est le vinaigre aux dents, tel est le paresseux à l'égard de ceux qui l'ont envoyé.* Le vinaigre passoit

(a) Spartian. in Pescennio.

(b) Ruth. II. 14.

(c) Plin. l. 23. c. 1.

(d) Matth. XXVII. 48.

(e) Columel. l. 1. de Re Rustic. & lib. 12. c. 40. Cato. Plin. &c.

(f) Num. VI. 3. יין חמץ שכר חמץ

(g) Psalm. LXVIII. 26.

(h) Prov. X. 26.

donc pour une boisson fort agréable à boire; mais comme on l'a dit; il faut distinguer le vinaigre, ou petit vin dont on bûvoit, & dans quoi les moissonneurs trempoient leur pain, du vinaigre qu'on mettoit dans les sausses.

Le même Salomon (a) dit dans un autre endroit, *que chanter des Cantiques devant celui dont le cœur est corrompu, c'est mettre du vinaigre dans le nitre.* Le vinaigre dissous dans le nitre, augmente la force détersive du nitre, & le rend plus propre à ôter les taches de la peau, & la graisse ou l'ordure du linge. Chanter des Cantiques devant un homme dont le cœur est corrompu, c'est augmenter sa corruption, c'est allumer de plus en plus le feu de ses passions; les airs les plus touchans & les plus passionnez loin de le guérir, le feront empirer.

VIPERE, sorte de serpent; nommé *vipera*, comme qui diroit *vivipara*; parce qu'elle produit ses petits en vie. La vipère d'ordinaire n'est pas fort longue: Les plus grandes n'excedent pas une demi-aulne. Sa grosseur n'est que d'un pouce. Elle a la tête platte, & le museau élevé comme celui du cochon. Le mâle n'a que deux dents dans la bouche; mais la femelle en a plusieurs. Le mâle est ordinairement plus noir que la femelle. On dit que les petits de la vipère tuent leur mere en naissant; mais cela est démenti par l'expérience. Elle produit ses petits vivans, mais enveloppez de petites peaux, qui se rompent le troisième jour. Le venin de la vipère est très-dangereux; & sa chair est utile contre un grand nombre de maladies.

Il est parlé de vipère en plus d'un endroit de l'Ecriture. Job (b) : *La langue de la vipère le fera mourir.* L'Hébreu *peten*, signifie; dit-on, plûtôt *l'aspic,* que la vipère. Isaïe (c) parle aussi de la vipère, & l'Hébreu porte *éphée,* qui est, à ce qu'on croit, le vrai nom de la vipère. On peut voir Bochard *de Animal. sacr.* parte 2. l. 3. c. 1. pag. 358. & suiv. Saint Jérôme dans Isaïe, LIX. 5. traduit *éphée,* par *le basilic, regulus.* Les Septante traduisent de même.

VIRGINITE' Voyez *Vierge.*

VISION *visio,* se dit des diverses manières dont Dieu se manifeste aux Patriarches, aux Prophètes, aux autres Saints. Il leur envoye des Anges prophétiques, il leur apparoît en songe pendant la nuit, il éclaire leur esprit, il leur fait entendre sa voix; il les ravit hors d'eux-mêmes & leur fait entendre des choses que l'œil n'a point vû; que l'oreille

(a) Prov. XXV. 20.

(b) Job. XX. 16. פתן

70. Γλῶσσα ὄφεως.

(c) Isai. XXX. 6. אפעה Ephée. Les 70. Ἀσπίδων.

reille n'a point entendu, & que le cœur de l'homme n'a point compris. Le Seigneur se fait voir à Moyse, & parle devant lui pendant qu'il est à l'entrée d'une caverne; JESUS-CHRIST se manifeste à ses Apôtres dans sa Transfiguration sur le Thabor, & en plusieurs autres rencontres après sa Résurrection. Dieu apparoît à Abraham sous la figure de trois voyageurs; il se montre à Isaïe & à Ezéchiel dans l'éclat de sa gloire: tout cela dans le stile de l'Ecriture, s'appelle *vision*.

(a) *Genes.* XV. 1. 2. 5.

Le Seigneur se fit voir à Abraham *en vision* (a), *& lui dit: Ne craignez point, je suis votre Protecteur & votre récompense*.... Ceci arriva la nuit, puisqu'il *le conduisit dehors & lui dit: Regardez le Ciel & comptez les étoiles si vous pouvez: c'est ainsi que sera votre postérité*. Le Seigneur apparut aussi à Jacob pendant la nuit, & lui parla, *audivit eum per visionem noctis vocantem se, &c.* Il lui dit de ne pas craindre de descendre en Egypte (b). Moyse ayant apperçu le buisson qui brûloit sans se consumer, dit: (c) *J'irai, & je verrai cette grande vision*. Aaron & Marie ayant murmuré contre Moyse (d): *S'il se trouve parmi vous un Prophéte du Seigneur, je lui apparoîtrai en vision, ou je lui parlerai en songe: mais il n'en est pas ainsi de Moyse mon serviteur; je lui parle bouche à bouche & il voit le Seigneur, non en figure & par énigme, mais visiblement & manifestement*. Balaam ce mauvais Prophéte, dont le cœur étoit si corrompu, dit de lui-même, qu'il voit les visions du Tout-puissant (e): *Qui visionem altissimi intuitus est*. En effet, Dieu lui fit paroître son Ange qui l'arrêta en chemin, & il lui mit en la bouche d'excellentes Prophéties concernant la venuë du Sauveur. Du tems du Grand-Prêtre Héli, *la parole du Seigneur étoit rare & précieuse dans Israël, & la vision n'y étoit pas manifeste* (f). Il n'y avoit point de Prophéte reconnu. En voilà assez pour donner une juste notion du terme *vision*.

(b) *Genes.* XLVI. 2.
(c) *Exod.* III. 3.
(d) *Num.* XII. 6. 7. 8.

(e) *Num.* XXIV. 14. 16.

(f) 1. *Reg.* III. 1.

VISION se prend pour les Prophéties écrites des Prophétes; *visions d'Abdias. Liber visionis Nahum. Visio Isaiæ filii Amos. Scriptum est in visione Addo videntis, &c.*

VISION se met aussi pour les instructions, ou les maximes de Sagesse contenuës dans les Chapitres XXX. & XXXI. des Proverbes. Le premier est attribué à *Agur*, & le second à *Lamuël*: (g) *Verba congregantis* (Hebr. Agur)

(g) *Prov.* XXX. 1. & XXXI. 1.

filii vomentis, visio quam locutus est vir cum quo est Deus. Et Chapitre XXXI. 1. *Verba Lamuëlis Regis; visio quâ erudivit eum mater sua.*

VISION signifie souvent une simple apparence, ce qui paroît aux yeux. Le Messie ne jugera pas selon l'apparence: (a) *Non secundum visionem oculorum judicabit*. Ezéchiel décrivant le Trône de Dieu, dit que les rouës sur lesquelles il étoit porté ressembloient à la mer (b); *opus earum quasi visio maris*. Et ailleurs, il dit que la Majesté de Dieu lui parut depuis les reins jusqu'en bas comme un métal tout en feu (c); *quasi visio electri*. Saint Jean dans l'Apocalypse (d) dit qu'il vit autour du Seigneur comme l'iris de couleur d'émeraude, *similis visioni smaragdinæ*.

(a) *Isai.* XI.
(b) *Ezech.* I. 16.
(c) *Ezech.* VIII. 2.
(d) *Apoc.* IV. 3.

VISION marque quelquefois les vaines Prophéties des visionaires. Les faux Prophétes n'ont que des visions trompeuses (e); *visionem mendacem loquentur*; ceux qui voyent des visions, les visionaires seront confondus (f).

(e) *Jerem.* XXIII. 16.
(f) *Mich.* III. 7.

VISION en quelque endroit marque les Spectres & les Phantômes qui paroissent quelquefois & qui effrayent les méchans. Moyse semble vouloir désigner les horribles visions de cette nature qu'eurent les Egyptiens pendant que leur pays fut couvert de ténébres (g); *Horribiles visiones juxta omnia quæ fecit Dominus in Ægypto*. L'Auteur de la Sagesse en parle distinctement, *Sap.* XVII. ẏ. 9. 10. & XVIII. 19. *Visiones enim quæ illos turbaverunt, hæc præmonebant, ne inscii quare mala patiebantur perirent*. Eliphaz dans Job, décrit la frayeur dont il fut saisi lorsque l'esprit lui parla pendant la nuit (h): *Dans l'horreur d'une vision nocturne, la frayeur me saisit, je fus tout tremblant, tout mes os furent frappez de crainte, les cheveux me dresserent, lorsque l'esprit passa devant moi. Il se présenta en ma présence sous un visage inconnu, &c.* Voyez aussi Job. VII. 14.

(g) *Deut.* IV. 34.

(h) *Job.* IV. 13.

VISITER. Le terme visiter se prend en bonne & en mauvaise part. Dieu visite Sara dans sa miséricorde, en lui donnant un fils (i). Il visite les Israëlites dans l'Egypte, en leur envoyant Moyse pour les délivrer (k). Il visite Anne (l) mere de Samuël; enfin il visite & rachete son peuple par la venuë du Messie (m).

(i) *Genes.* XXI. 1.
(k) *Exod.* III. 16.
(l) 1. *Reg.* II. 21.
(m) *Luc.* I. 48.

Il nous visite aussi dans sa colere & dans sa vengeance. Il visite l'iniquité des peres sur les enfans jusqu'à la troisiéme & quatriéme génération (n). Il menace

(n) *Exod.* XX. 5.

VIS VIT

(a) Exod. XXXII. 34.

menace de visiter l'iniquité des adorateurs du veau d'or (*a*) au jour de sa vengeance. Il dit qu'il visitera la terre de Chanaan dont les crimes sont montez à leur comble (*b*). Enfin rien n'est plus commun dans le langage des Prophétes que le verbe *visiter* pris dans le sens de punir, de châtier, de venger.

(b) Levit. XVIII. 25.

VISITER se prend aussi pour passer en revûë; par exemple une armée, ou pour faire la revûë d'un troupeau (*c*). *Ego requiram oves meas, & visitabo eas, sicut visitat pastor gregem suum.* Et Zacharie (*d*): *Ma fureur est allumée contre les Pasteurs: je visiterai,* je ferai la revûë *des boucs qui en sont les premiers. Le Seigneur visitera,* fera la revûë *de son armée, de son troupeau, de la maison de Juda & d'Israël.*

(c) Ezech. XXXIV. 11. 12.

(d) Zach. X. 3.

L'Ecclésiastique (*e*) a pris le nom de visiter dans un sens fort extraordinaire, lorsqu'il a dit que les os du Patriarche Joseph ont été visitez & ont prophétisé après sa mort: *Ossa ipsius visitata sunt; & post mortem prophetaverunt.* Dans le Grec on ne lit pas ces mots: *Post mortem prophetaverunt.* Joseph avoit prédit à ses freres que le Seigneur les visiteroit après sa mort (*f*), & il les avoit conjuré de ne pas laisser son corps en Egypte, mais de l'emporter avec eux dans la terre de Chanaan; c'est ce qui fut exécuté sous Moyse. *Ses os furent visitez,* on les tira du tombeau; *& ils prophétisérent* en quelque sorte, en vérifiant la Prophétie de Joseph.

(e) Eccli. XLIX. 18.

(f) Genes. L. 42.

Visitans speciem tuam non peccabis, dit Job Ch. v. ỳ. 14. Quelques-uns l'ont entendu du commerce légitime du mariage. Mais l'Hébreu signifie, *vous visiterez,* vous ferez la revûë, *vous gouvernerez votre demeure, & vous ne pécherez point.* Eliphaz parle de la conduite d'un homme sage & prudent.

VISITER se prend aussi pour rendre des visites de civilité, d'amitié, de devoir; comme lorsque Isaï envoya David son fils visiter ses freres à l'armée, pour sçavoir ce qu'ils faisoient (*g*); & lorsque David alla visiter Amnon son fils, qui étoit malade (*h*); & lorsque Ochosias Roi de Juda vint rendre visite à Joram Roi d'Israël (*i*); ou quand saint Paul & Barnabé allerent visiter les Eglises qu'ils avoient fondées (*k*).

(g) 1. Reg. XVII. 18.

(h) 2. Reg. XIII. 6.

(i) 4. Reg. IX. 16.

(k) Act. XV. 36.

VISITE, *visitatio,* se prend de même que *visiter,* quelquefois pour une visite de miséricorde de la part de Dieu, & plus souvent pour une visite de rigueur & de vengeance. *Dies visitationis, annus visitationis, tempus visitationis,* ou simplement *visitatio,* signifie d'ordinaire le tems de la vengence de Dieu.

L. VITELLIUS le Censeur, pere de l'Empereur A. Vitellius, fut fait Gouverneur de Syrie au sortir de son Consulat, en l'an 35. de l'Ere vulgaire, & l'Empereur Tibére lui confia le soin des affaires d'Orient, qui étoient alors extrêmement embroüillées. La même année, ou au plus tard l'année suivante, il vint à Jérusalem (*a*) pour la Fête de Pâque, & y fut reçû magnifiquement. En reconnoissance de l'affection des Juifs, il déchargea la ville des impôts qui avoient accoutumé de se lever sur les fruits qui se vendoient. Il remit aussi à la garde du Grand-Prêtre l'habit pontifical avec tous ses ornemens, qu'Hérode & les Romains avoient gardé jusques-là dans la forteresse Antonia. Il déposa Joseph Caïphe du Souverain Pontificat, mit en sa place Jonathas fils d'Ananus, puis s'en retourna à Antioche.

(a) Antiq. l. 18. c. 6.

L'Empereur Tibére lui ayant ordonné de faire la guerre aux Arabes, il s'avança jusqu'à Ptolemaïde (*b*), dans le dessein de faire passer son armée sur les terres des Juifs, pour aller droit à Pétra. Mais les principaux des Juifs l'étant venus prier de prendre une autre route, parce que leur Loi ne leur permettoit pas de laisser paroître dans leur pays des Dieux étrangers, & des figures, dont les enseignes Romaines étoient chargées, il consentit à leur désir, fit prendre une autre route à son armée, alla à Jérusalem, accompagné seulement de ses amis, & d'Hérode le Tétrarque; il y offrit des sacrifices, & ôta la Grande Sacrificature à Jonathas, à qui il l'avoit donnée deux ans auparavant, & en revêtit Théophile frere de Jonathas. Il étoit encore à Jérusalem, lorsqu'il apprit la mort de l'Empereur Tibére; il y fit aussi-tôt prêter le serment de fidélité aux Juifs au nom du nouvel Empereur Caligula, pour lequel on offrit au Seigneur des sacrifices solemnels (*c*).

(b) Antiq. l. 18. c. 7. p. 627. An de l'Ere vulg. 37.

(c) Philo Legat. p. 1041.

Il avoit dès l'année précédente, 36. de J. C. envoyé Pilate Gouverneur de Judée, à Rome, pour se justifier devant l'Empereur de la violence qu'il avoit exercée contre quelques Samaritains, qui s'étoient assemblés à Thirabata, sans aucun dessein de révolte (*d*). C'est à peu près ce que nous sçavons de ce Lucius Vitellius Gouverneur de Syrie, qui acquit autant d'estime dans la Province par son bon gouvernement, qu'il mérita de mépris à Rome, pour ses basses flatteries pour Caïus & pour Claude (*e*).

(d) Antiq. l. 18. c. 7.

(e) Tacit. Annal. l. 6. c. 32.

VIVIFIER,

VIVIFIER, rendre la vie, ressusciter, se prend dans le sens littéral, par exemple (*a*); *Dominus mortificat & vivificat, deducit ad inferos & reducit.* Et Osée (*b*): *Ipse percutiet & curabit nos; vivificabit nos post duos dies, in die tertia suscitabit nos.* Il nous rendra la vie après deux jours. Il nous ressuscitera au troisième jour. Elisée avoit rendu la vie au fils de la veuve de Sunam (*c*): *Cujus vivificaverat filium.*

VIVIFIER se met aussi pour *conserver la vie*; David n'épargnoit ni homme ni femme (*d*), de ceux qu'il prenoit sur les terres des ennemis; il ne conservoit la vie à aucun; *virum & mulierem non vivificabat David.* Pharaon ordonna aux Israëlites d'exposer leurs enfans & de ne les pas nourrir, de ne leur pas conserver la vie (*e*); *ut exponerent infantes suos ne vivificarentur.* Quand l'impie se convertira & fera la justice, il conservera sa vie (*f*), *ipse animam suam vivificabit.* Que le Seigneur le conserve & le vivifie; qu'il lui accorde la santé & une heureuse vie (*g*).

Dans le sens figuré, *vivifier* se met pour délivrer d'un grand danger, tirer de captivité, d'une grande maladie, garantir d'un grand péril. Les captifs de Babylone demandent souvent à Dieu dans les Pseaumes (*h*) *de leur rendre la vie*; de les tirer de l'état de mort, d'oppression, de douleur où ils gémissoient; vivifiez-moi par votre miséricorde; rendez-moi la vie selon votre parole, &c.

RENDRE LA VIE s'emploie quelquefois dans l'Hébreu, pour marquer le rétablissement d'une ville, d'une maison, d'une muraille; par exemple (*i*): Rendront-ils la vie à ces pierres calcinées, pour rebâtir les murs de Jérusalem? David bâtit la ville de Jérusalem depuis Mello, tout autour (*k*); & *Joab vivifia le reste de la ville.* Il rebâtit tout le reste des murs. Habacuc prie le Seigneur de faire éclater de nouveau ses anciens prodiges (*l*): *In medio annorum vivifica illud*; & saint Paul (*m*) dit que ce qu'on seme ne pousse point, *n'est point vivifié, qu'il ne pourrisse & ne soit mort auparavant.*

Dans les écrits des Apôtres, *vivifier* se met le plus souvent pour rendre la vie de l'ame, qui consiste dans la foi, dans la charité, dans la justice, dans la grace, dans l'innocence. Celui qui veut sauver sa vie aux dépens de la vérité, perdra son ame, & celui qui perdra la vie pour conserver sa foi & pour soutenir la vérité, sauvera son ame (*a*), *vivificabit eam.* La lettre *tuë & l'esprit vivifie* (*b*). La Loi ne peut pas *vivifier* (*c*), ne peut pas donner la justice, sans la foi, animée de la charité.

VIVRE, **VIE**; ces deux termes, de même que ceux de *mourir* & de *mort*, dont nous avons parlé ailleurs, sont équivoques & se prennent dans le sens propre & dans le sens figuré, & s'entendent de la vie du corps & de la vie de l'ame; de la vie de la foi, de la grace & de l'innocence; de la vie temporelle, & de la vie éternelle. *Anima vivens,* signifie un animal vivant; une personne vivante; *ut vivat anima mea ob gratiam tui* (*d*). Que l'on me conserve la vie en votre considération. *L'homme ne me verra point & vivra* (*e*); c'est-à-dire, si un homme a une vision surnaturelle, si Dieu lui apparoît, il est en danger de perdre la vie. Nul homme ne pourra soutenir l'éclat de ma Majesté. *Vive le Seigneur & vive votre ame* (*f*). Je jure par la vie de Dieu & par la vôtre. Le Seigneur jure par sa propre vie: (*g*) *Levabo ad cælum manum meam, & dicam; vivo ego in æternum.*

DES EAUX VIVANTES (*h*), sont des eaux pures, des eaux de sources, des eaux coulantes. On immoloit un passereau sur les eaux vivantes dans un vase de terre, à la purification d'un Lépreux. Les enfans du Grand-Prêtre Héli ne se contentoient pas de recevoir de la chair cuite de la part de ceux qui venoient au Temple; ils vouloient de la chair vive (*i*); c'est-à-dire, de la chair cruë, pour pouvoir l'accommoder à leur fantaisie: *Non enim accipiam à te carnem coctam, sed crudam.* L'Hébreu, *carnem vivam.*

Le Seigneur est nommé *le Dieu vivant*, par opposition aux Dieux des nations, qui n'étoient que des hommes morts, ou des astres, ou des animaux, qui ne vivent que d'une vie empruntée & passagère; mais le Seigneur est vivant, immortel, & auteur de la vie de tout ce qui vit: c'est dans lui & par lui que nous vivons, que nous avons le mouvement & l'être (*k*): *In ipso enim vivimus & movemur & sumus.*

LE JUSTE VIT DE LA FOI (*l*), dit saint Paul. C'est la foi qui donne la vie à l'ame; mais cette foi doit être animée par la charité (*m*), & accompagnée des œuvres; car la foi sans les œuvres est morte (*n*). Ceux-mêmes qui sont morts par le péché, ressuscitent & vivent d'une vie nouvelle, s'ils croient

---

(*a*) 1. Reg. II. 6.
(*b*) Osee VI. 3.
(*c*) 4. Reg. VIII. 5.
(*d*) 1. Reg. XXVII. 11.
(*e*) Act. VII. 19.
(*f*) Ezech. XVII. 17.
(*g*) Psalm. XL. 3.
(*h*) Psalm. LXXIX. 19. CXVIII. 17. 25. 107. 159. &c.
(*i*) 2. Esdr. IV. 1. ותחיו את האבנים
(*k*) 1. Par. XI. 8. ויהי את שאר העיר
(*l*) Habac. III. 2.
(*m*) 1. Cor. XV. 36.
(*a*) Luc. XVII. 33.
(*b*) 2. Cor. III. 6.
(*c*) Galat. III. 21.
(*d*) Genes. XII. 13.
(*e*) Exod. XXXIII. 20.
(*f*) 1. Reg. XX. 3.
(*g*) Deut. XXXII. 40.
(*h*) Levit. XIV. 5. XV. 17.
(*i*) 1. Reg. II. 15.
(*k*) Act. XVII. 28.
(*l*) Rom. I. 17.
(*m*) Galat. V. 6.
(*n*) Jacob. II. 20.

en JESUS-CHRIST; & ceux qui ont une foi vive & agissante ne meurent jamais, ou plûtôt joüissent après leur mort d'une vie éternelle (*a*). *Ego sum resurrectio & vita; qui credit in me etiam si mortuus fuerit vivet; & omnis qui vivit & credit in me, non morietur in æternum.* La veuve qui vit dans les délices est morte, quoiqu'elle paroisse vivante (*b*): *Vivens mortua est.* JESUS-CHRIST est ma vie, disoit saint Paul: (*c*) *Mihi vivere Christus est.* Je ne respire que sa gloire; je ne vis que pour lui, heureux si je puis donner ma vie pour lui; *& mori lucrum.*

(*a*) *Joan.* XI. 25. 26.
(*b*) I. *Tim.* V. 6.
(*c*) *Philip.* I. 21.

ULAI. C'est le fleuve *Eulée*, qui coule près la ville de Suses en Perse. Daniel (*d*) eut une fameuse vision sur le fleuve d'Eulée, & *à la porte de ce fleuve*; c'est-à-dire, vers la porte de la ville qui regardoit l'Eulée. Il eut cette vision la troisième année de Balthasar Roi de Perse, du Monde 3447. avant J. C. 553. avant l'Ere vulgaire 557.

(*d*) *Dan.* VIII. 2. 16.

I. ULAM, fils de Machir & de Maacha, & pere de Badan, de la Tribu de Benjamin. I. *Par.* VII. 16.

II. ULAM, fils d'Esec, de la même Tribu. I. *Par.* VIII. 39.

ULAM, nom de lieu. Eusèbe (*e*) dit qu'il y a un bourg nommé *Ulamma*, à douze milles de Diocésarée, vers l'orient.

(*e*) *Euseb. in Ulamma.*

ULAMAIS. Les Septante disent que l'ancien nom de la ville de Dan étoit *Ulamais*: mais l'Hébreu porte (*f*) *Ulam-Laïs*, qui se traduit par *autrefois Laïs*; & le vrai nom ancien de Dan étoit certainement Laïs, comme il paroît par *Judic.* XVIII. 7. 14.

(*f*) *Judit.* XVIII. 29. אולם ליש

ULAM-US, ou *Ulam-Luz*. Les Septante l'ont pris comme si c'étoit l'ancien nom de Béthel: mais l'Hébreu porte (*g*) *Ulam-Luz*, c'est-à-dire, *autrefois Luz*. La ville qui s'appella dans la suite Béthel, se nommoit auparavant *Luz* (*h*).

(*g*) *Genes.* XVIII. 19. לוז
(*h*) *Vide Hieron. in Bethel.*

ULATHA, ville située entre la Galilée & la Trachonite: *Joseph. Antiq. l.* 15. *c* 13.

UMMA, ou *Amma*, ville de la Tribu d'Aser. *Josue*, XIX. 30.

VOCATION. Ce terme est consacré principalement pour marquer la grace de la vocation à la foi & à la Religion Chrétienne; vocation toute gratuite de la part de Dieu, puisque comme dit saint Paul (*i*), *il nous a appellez par sa vocation sainte, non selon nos œuvres, mais selon le décret de sa volonté, & selon la grace qui nous a été donnée en* JESUS-CHRIST *avant tous les siécles.* La grace de la prédestination

(*i*) I. *Timot.* I. 8. 9.

précédé celle de la vocation, & celle de la vocation, celle de la justification. Tel est l'enchaînement des graces que Dieu nous fait pour nous conduire au salut. Car *il a appellé ceux qu'il a prédestinez, il a justifié ceux qu'il a appellez, & il a glorifié ceux qu'il a justifiez.* (*a*) C'est à nous, aidez du secours de Dieu, d'assurer notre vocation par la pratique des bonnes œuvres (*b*); & de vivre d'une manière qui soit digne de l'état auquel nous avons été appellez; (*c*) car, comme dit notre Sauveur, il y a beaucoup d'appellez, mais peu d'élûs (*d*).

(*a*) *Rom.* VIII. 30.
(*b*) I. *Petr.* I. 10.
(*c*) I. *Thessal.* I. 11.
(*d*) *Matth.* XXII. 14.

VOEU, *votum*; promesse que l'on fait à Dieu d'un plus grand bien. L'usage des vœux se remarque dans toute l'Ecriture. Jacob allant en Mésopotamie, voüa à Dieu *la dixme de tous ses biens*, (*e*) & promit de l'offrir à Béthel en son honneur. Moyse fait diverses Loix pour régler les vœux & leur exécution. Un homme pouvoit se voüer soi-même, ou ses enfans au Seigneur. Jephté lui voüa sa fille, & on croit qu'il la lui immola en sacrifice (*f*). Samuël fut voüé & consacré au service du Seigneur (*g*), & il lui fut réellement offert, pour servir au Tabernacle. Si un homme ou une femme se voüoit au Seigneur, il étoit obligé de s'attacher à son service; suivant les termes de son vœu; sinon il devoit se racheter. L'homme depuis vingt ans, jusqu'à soixante, donnoit cinquante sicles d'argent, & la femme trente (*h*). Depuis l'âge de cinq ans, jusqu'à vingt, l'homme donnoit vingt sicles, & la femme dix. Depuis un mois, jusqu'à cinq ans, l'on donnoit pour un garçon cinq sicles, & pour une fille, trois. Le sexagénaire & au-dessus donnoit quinze sicles, & la femme dix. Que si la personne étoit pauvre, & ne pouvoit pas fournir cette somme, le Prêtre jugeoit de ses facultez, & lui imposoit quelque chose qu'il pût payer.

(*e*) *Genes.* XXVIII. 22.
(*f*) *Judic.* XI. 30. 31.
(*g*) I. *Reg.* I. 22. &c.
(*h*) *Levit.* XXVII. 3.

Si l'on avoit voüé un animal pur, on n'avoit pas la liberté de le racheter, ni de l'échanger; il falloit l'immoler au Seigneur. Si c'étoit un animal immonde, & dont il ne fût pas permis de faire un sacrifice, le Prêtre en faisoit l'estimation; & si le proprietaire le vouloit racheter, il y ajoûtoit encore un cinquième par forme d'amende. On en usoit de même à proportion, si l'on avoit voüé une maison, ou un champ. On ne pouvoit voüer les premiers-nez, parce que de leur nature ils appartenoient au Seigneur. Tout ce qui étoit

Tome IV.

M

devoüé

dévoüé à l'anathême (*a*), ne se pouvoit racheter, de quelque nature & qualité qu'il fût. L'animal étoit mis à mort, & les autres choses étoient dévoüées pour toujours au Seigneur. La consécration des Nazaréens étoit une espéce particuliére de vœu, dont nous avons parlé plus au long dans l'article des *Nazaréens*, & sur les Nombres, Chap. vi.

Les vœux & promesses des enfans de famille étoient nuls, à moins qu'ils ne fussent ratifiez par le consentement exprès ou tacite de leurs parens (*b*). Il en étoit de même des vœux des femmes ; ils n'avoient point de force, à moins que leurs maris n'y consentissent d'une maniére expresse ou tacite. Mais les femmes veuves ou répudiées étoient obligées de satisfaire à tout ce qu'elles avoient voüé : *Si vous avez fait un vœu au Seigneur votre Dieu* (*c*), *vous ne différerez point de l'accomplir, parce que le Seigneur votre Dieu vous en demandera compte, & si vous différez de le rendre, il vous sera imputé à péché*, &c. Voyez l'Ecclésiaste, v. 3. 4. &c.

Sous le Nouveau Testament, on voit aussi l'usage des vœux. On croit que la sainte Vierge avoit fait vœu de virginité perpétuelle, parce qu'elle répondit à l'Ange (*d*) : *Comment cela s'exécutera-t-il, puisque je ne connois point d'hommes ?* Saint Paul avoit fait un vœu de Nazaréen, lorsqu'il partit du port de Cenchrée, pour aller à Jérusalem (*e*). Quand il fut arrivé à Jérusalem (*f*), l'Apôtre saint Jacques & les Freres lui conseillérent de se joindre à quatre Chrétiens judaïzans, qui avoient fait vœu de Nazaréat, & de se présenter au Temple, pour contribuer à la dépense de leur purification. Le même Apôtre (*g*) conseille à Timothée d'éviter les jeunes veuves, parce, dit-il, qu'après avoir vécu avec molesse dans l'Eglise, elles veulent se remarier, *s'engageant ainsi dans la condamnation, par le violement de la foi qu'elles avoient donnée auparavant*. Enfin on a vû dans tous les siécles une infinité de Chrétiens & de Chrétiennes s'engager par des promesses publiques ou particuliéres, à l'observation des conseils évangéliques, & en particulier de la chasteté.

Les vœux que les Juifs faisoient & qui enfermoient toujours, au moins implicitement quelque espéce d'imprécation contre eux-mêmes, s'ils manquoient à leurs promesses ; ces vœux pour l'ordinaire étoient exprimez d'une maniére claire & distincte. Mais la peine n'étoit marquée que dans des termes conditionels & suspendus ; par exemple : (*a*) *J'ai juré dans ma colére, s'ils entreront dans le lieu de mon repos. J'ai juré qu'ils n'entreroient point dans la terre promise*, & *j'ai dit : Que je sois menteur, ou autre chose qu'il n'exprime pas, s'ils entrent dans le lieu que je leur ai préparé*. Et David fait vœu au Seigneur de lui bâtir un Temple, en disant (*b*) : *Si j'entre dans ma maison, si je monte sur mon lit, si je donne le repos à mes yeux, le sommeil à mes paupiéres*, jusqu'à ce que j'aye trouvé un lieu propre pour y bâtir un Temple au Seigneur ; où l'on voit qu'il n'exprime pas la peine à laquelle il se dévoüe, s'il manque à ses promesses ; comme s'il disoit : Que Dieu me traite dans toute sa rigueur, si je me donne le moindre repos, que je n'aye trouvé un lieu propre à mon dessein.

Quelquefois ils exprimoient la peine ou l'imprécation ; mais ils la faisoient contre leurs ennemis, ou contre des bêtes ; par exemple (*c*) : *Hæc faciat Deus inimicis David, & hæc addat, si reliquero, &c. mingentem ad parietem*. Il ne dit pas : Que Dieu me traite comme un parjure, si je laisse un homme vivant dans la maison de Nabal ; mais que Dieu traite les ennemis de David, ... & *si je laisse un chien vivant*. Pour l'ordinaire, l'Ecriture exprime les imprécations par les seules paroles : *Hæc faciat mihi Deus, & hæc addat, &c.* sans y ajoûter, ni spécifier aucune peine, ni aucune imprécation, soit que la personne qui voüe, & qui jure, n'en ait exprimé aucune, soit que par sagesse elle ne veüille pas les marquer. Voyez l'article *Dévoüemens* & *Imprécation*.

Du tems de notre Sauveur les Pharisiens avoient étrangement altéré les Loix du vœu & du serment par leurs vaines explications, & par leurs mauvaises subtilitez. Voyez ce qu'on a dit sur *Corban*.

Voici ce que Léon de Modéne (*d*) nous apprend touchant les pratiques des Juifs d'aujourd'hui au sujet des vœux. Les vœux ne sont pas fort approuvez parmi eux ; mais quand on en a fait, ils doivent être acquittez. Un mari pourtant peut dispenser sa femme, quand même elle ne le voudroit pas, des vœux de toute abstinence, où elle s'est engagée, mais il faut que ce soit dans les premieres vingt-quatre heures qu'il en a connoissance. Le pere peut aussi rompre les vœux de sa fille

VOI

» fille qui n'est point mariée, comme
» il est dit au Chap. xxx. des Nombres
» ⅄. 4.

" Ils tiennent même par tradition
» qu'un homme ou une femme qui ont
» fait un serment ou un vœu, pourvû
» qu'il ne préjudicie point à un tiers,
» & qu'ils ayent une bonne excuse pour
» s'en repentir; ils tiennent, dis-je, qu'ils
» peuvent en être dispensez par un Rab-
» bin d'autorité, ou par trois autres
» hommes, quoique sans titre. Celui
» donc qui demande d'être dispensé de
» son vœu, représente ses raisons à un
» Rabbin, ou à trois particuliers, qui les
» trouvant bonnes, lui disent par trois
» fois: *Sois délié, &c.* & moyennant ce-
» la, il demeure libre.

VOIANT ou PROPHETE. Voyez *Prophétes*.

VOIE, *chemin, via.* Ce terme se prend dans le sens moral, 1°. pour la conduite. Par exemple: *Redressez vos voies*: Les voies des méchans sont tortuës: Le Seigneur connoît la voie des Justes, &c. 2°. *La voie* se met pour les Loix du Seigneur. Suivre la voie du Seigneur, abandonner la voie du Seigneur: Seigneur, conduisez-moi dans votre voie, &c. 3°. Ce mot se met pour la coûtume, les mœurs, la manière de vie: *Toute chair avoit corrompu sa voie*; la voie de toute chair (*a*); l'usage de toutes les nations; les voies des enfans d'Adam (*b*). 4°. *La voie du Seigneur* marque la conduite qu'il tient à notre égard: *Nul ne peut sçavoir ses voies: Mes voies sont autant au-dessus des vôtres, que le Ciel est éloigné de la terre.* Isai LV. 9. *Le Seigneur a produit la sagesse au commencement de ses voies* (*c*). Qui pourra découvrir ses voies? Toutes les voies du Seigneur sont miséricorde & justice (*d*), &c. Enfin on trouve à tout moment dans l'Ecriture ces manières de parler: La voie de la paix, de la justice, de l'iniquité, de la vérité, des ténèbres. *Entrer dans la voie de toute chair, Josue,* XXIII. 14. marque la mort, le tombeau.

LA VOIE DURE marque souvent le chemin des pécheurs, de l'impiété: *Non dimiserunt viam durissimam, per quam ambulare consueverant* (*e*). Les méchans dans la Sagesse se plaignent qu'ils ont suivi des voies difficiles (*f*): *Ambulavimus vias difficiles, viam autem Domini ignoravimus*; & l'Ecclésiastique, Chap. XXXII. 25. *Ne credas te viæ laboriosa, ne ponas animæ tuæ scandalum.* Dans un sens contraire les voies de Dieu, la voie de la piété est souvent

(*a*) Genes. XIX. 31.
(*b*) Jerem. XXXII. 19.

(*c*) Prov. VIII. 22.
(*d*) Psalm. XXIV. 10.

(*e*) Judic. II. 19.
(*f*) Sap. V. 7.

VOI 47

nommée dure, étroite, serrée, difficile à trouver & à tenir (*a*): *Propter verba labiorum tuorum ego custodivi vias duras.* Je me suis conduit avec la circonspection d'un homme qui marche à travers des précipices. Et JESUS-CHRIST dans l'Evangile (*b*): *Quàm angusta porta & arcta via est, quæ ducit ad vitam, & pauci sunt qui inveniunt eam.*

LA VOIE DE LA VIE: *Vous m'avez fait connoître la voie de la vie,* dit le Psalmiste (*c*); vous m'avez fait connoître vos volontez, vos commandemens: *Quæ faciens homo, vivet in eis*; (*d*) qui donnent la vie à l'homme, à l'observance desquels vous avez attaché la promesse d'une longue vie. JESUS-CHRIST par sa Résurrection nous a montré la voie de la vie, une voie auparavant inconnuë aux hommes. Le Sage dans les Proverbes (*e*), dit dans le même sens: *Mandatum lucerna est, & lex lux, & via vitæ increpatio disciplinæ.* Les commandemens de Dieu & sa Loi, sont une lumière brillante, & les répréhensions d'un homme sage *sont la voie de la vie:* elles conduisent à la vie, elles procurent une longue & heureuse vie. Les Livres de l'Ancien Testament sont pleins de ces promesses; mais les Saints les plus éclairez élevoient leurs pensées & leurs espérances à une autre vie que celle-ci. Voyez encore *Prov.* x. 17. *Via vitæ custodienti disciplinam.*

VOIE se prend pour tous les moyens dont quelque chose se fait, & vient jusqu'à nous. Sçavez-vous bien quelle est la voie de la lumière, où elle demeure (*f*); le chemin qui conduit à son Palais, & par quelle voie elle se répand sur la terre, & la voie du tonnerre? Le Sage (*g*) avoué qu'il y a trois choses qui lui paroissent très-difficiles, & une quatrième qui lui est entièrement inconnuë: la voie de l'aigle dans l'air; la voie du serpent sur la terre; la voie d'un vaisseau sur la mer; la voie de l'homme dans sa jeunesse; ou selon l'Hébreu: *Via viri in adolescentula.* L'Ecclésiastique (*h*): Vous ignorez la voie du vent; *ignoras quæ sit via spiritus.*

Dans certains endroits de l'Ecriture il est dit que Dieu nous détourne de ses voies (*i*): *Errare nos fecisti, Domine, de viis tuis; indurasti cor nostrum ne timeremus te?* Et le Psalmiste (*k*): *Declinasti semitas nostras à via tua, &c.* Mais toutes ces expressions marquent seulement que Dieu permet le déréglement des hommes, qu'il pourroit empêcher, si les Loix de sa justice & de sa miséricorde

(*a*) Psalm. XVI. 4.
(*b*) Matth. VII. 14.
(*c*) Psalm. XV. 11.
(*d*) Levit. XVIII. 15.
(*e*) Prov. VI. 23.

(*f*) Job. XXXVIII. 19. 24. 25.
(*g*) Prov. XXX. 19. 20.
(*h*) Eccli. XI. 5.
(*i*) Isai. LXIII. 17.
(*k*) Psalm. XLIII. 17.

corde le demandoient; & si les hommes par leur malice & l'endurcissement de leurs cœurs ne mettoient souvent obstacle à ses graces & à ses miséricordes, Dieu n'endurcit pas le pécheur en lui inspirant la malice, mais en ne lui accordant pas sa miséricorde, dit saint Augustin.

(*a*) *Matth.* XXII. 16.

Les Pharisiens font dire à JESUS-CHRIST par leurs disciples (*a*): *Maître, nous sçavons que vous enseignez la voie de Dieu dans la vérité*; c'est-à-dire, les vraies maximes de la Religion sans respect humain (*b*); *préparez la voie du Seigneur*, disposez les cœurs & les esprits à recevoir JESUS-CHRIST, & à écouter les paroles de vie. Le Sauveur dit qu'il est *la voie, la vérité & la vie*; (*c*) il enseigne la voie du Ciel, il est le plus parfait modéle de la perfection; il est la vérité essentielle, & la source de toute vérité; il est la vie de l'ame. Saint Paul sortit de Jérusalem dans la résolution d'arrêter tous ceux qui faisoient profession *de cette voie* du Christianisme: (*d*) *Ut si quos invenisset hujus viæ viros ac mulieres, vinctos perduceret in Jerusalem.* La voie de la vérité est blasphémée par les Hérétiques, dit saint Pierre (*e*); c'est-à-dire, les véritez de la Religion Chrétienne sont corrompuës par les faux Docteurs. *Ils ont marché dans la voie de Caïn,* dit saint Jude ỹ. 11. Ils ont imité sa conduite.

(*b*) *Marc.* 1. 3.

(*c*) *Joan.* XIV, 6.

(*d*) *Act.* IX. 2.

(*e*) 2. *Petr.* II. 2.

VOILE DES FEMMES JUIVES.
Voyez *Theristrum*.

VOILES DU TABERNACLE.
Voyez *Tabernacle*.

VOIR se dit non seulement du sens de la vision, par lequel nous discernons les objets extérieurs, mais aussi du discernement intérieur, de la connoissance des choses spirituelles, & même de la vûë surnaturelle des choses cachées, de la prophétie, des visions, des extases; d'où vient qu'on appelloit anciennement *Voïans* ceux qu'on appella dans la suite *Nabi,* ou Prophétes; & qu'on appelle les Prophéties, *Visions; Visio Amos, Visio Abdiæ, &c.*

De plus, le verbe *Voir*, s'employe pour marquer presque toutes sortes de sensations: il est dit dans l'Exode (*f*) que les Israëlites voyoient *les voix*, les tonnerres, *les feux, le son de la trompette, & toute la montagne de Sinaï chargée de brouillards*, ou de fumée; & saint Augustin (*g*) remarque que le verbe voir s'attribuë aux cinq sens de la nature; voir, oüir, flairer, goûter, toucher: *Non enim tantùm dicimus, vide quid*

(*f*) *Exod.* XX. 18.

(*g*) *Aug. ep.* 267. *nov. edit. t. 2. p.* 476.

luceat, sed etiam vide quid sonet; vide quid oleat, vide quid sapiat, vide quid caleat.

VOIR LE BIEN, ou les biens; c'est-à-dire, les éprouver: *Credo videre bona Domini in terra viventium* (*a*). J'espére que Dieu me fera retourner dans mon pays, dans la Judée, & d'y vivre encore dans la prospérité. Job (*b*): *Non revertetur oculus meus ut videat bona*; je mourrai, & je ne verrai plus; je ne joüirai plus des biens de ce monde. Et le Psalmiste: *Plusieurs disent: Qui nous fera voir les biens* (*c*)? Pouvons-nous espérer de joüir encore de quelque bonheur pendant cette vie?

(*a*) *Psalm.* XXVI. 13.

(*b*) *Job.* VII. 7.

(*c*) *Psalm.* IV. 6.

VOIR LA FACE DU ROI, être son domestique, l'approcher de près. Les Rois de Perse, sous prétexte de conserver le respect dû à leur Majesté, se laissoient rarement voir à leurs sujets, & ne se montroient presque jamais en public. Il n'y avoit que leurs plus intimes amis, ou leurs serviteurs les plus familiers qui eussent cet avantage: *Erant primi & proximi qui videbant faciem Regis,* dit Esther (*d*). Souvent dans l'Ecriture on fait allusion à cet usage, lorsqu'on parle des sept principaux Anges qui ont l'honneur de voir la face du Seigneur, & de paroître en sa présence. Voyez Tobie XII. 15. *Ego sum Raphaël Angelus, unus de septem qui astamus ante Dominum.* Voyez Apocal. I. 4.

(*d*) *Esth.* I. 10. & 14.

VOIX. *Fille de la voix,* nommée en Hébreu *Bath-kol,* maniére surnaturelle dont Dieu découvrit ses volontez aux Juifs après la cessation de la Prophétie dans Israël. Voyez ci-devant *Bath-kol.*

VOIX. Sous ce nom on entend non seulement la voix de l'homme, ou d'un animal; mais aussi toutes sortes de son, de bruit, de cris; & même assez souvent on donne au Tonnerre le nom de *voix de Dieu*; par exemple Moyse dit, que tout le peuple voyoit ou entendoit *les voix* qui se faisoient entendre sur Sinaï (*e*); c'est-à-dire, le bruit & le tonnerre. Samuël dit aux Israëlites assemblez (*f*): *N'est-il pas à présent la moisson du froment? Je vais invoquer le Seigneur, & il donnera des voix & de la pluie;* du tonnerre & de la pluie. Job (*g*): *Le Seigneur tonnera par la voix de sa Majesté; & on ne pourra découvrir ce que c'est, quand on aura oüi sa voix.* Et le Psalmiste (*h*): *Vox Domini super aquas, Deus majestatis intonuit, vox Domini in virtute; vox Domini in magnificentia; vox Domini confringentis cedros;*

(*e*) *Exod.* XX. 28.

(*f*) 1. *Reg.* XII. 17.

(*g*) *Job.* XXXVII. 4.

(*h*) *Psalm.* XXVIII. 3.

vox

vox Domini intercidentis flammam ignis; vox Domini concutientis desertum; vox Domini præparantis cervos, &c.

ÉCOUTER LA VOIX DE QUELQU'UN, c'est lui obéir. Si Israël avoit écouté ma voix, j'aurois humilié ses ennemis (a). *Si vous écoutez la voix du Seigneur votre Dieu; si vous faites ce qui est juste en sa présence, & si vous obéissez à ses commandemens, il vous garantira de tous les fléaux dont il a frappé l'Egypte* (b). Si au contraire (c), *vous ne voulez point écouter la voix du Seigneur votre Dieu pour observer & pratiquer ses commandemens, toutes sortes de malédictions tomberont sur vous.*

La mere des sept freres Maccabées leur parloit (d) *patria voce*, c'est-à-dire, en Hébreu, ou en Syriaque; car on les interrogeoit en Grec, & toute cette scéne de leur Martyre se passoit à Antioche, où le Grec étoit la langue vulgaire. Elle leur parloit donc en langue Hébraïque, qui étoit leur langue naturelle, afin que les assistans n'entendissent pas ce qu'elle leur disoit.

Saint Paul dit qu'il n'y a rien dans le monde qui n'ait sa voix (e): *Nihil sine voce est;* les instrumens de musique, la trompette, la cithare, &c. *Quæ sine anima sunt vocem dantia, sive tibia, sive cithara.... si incertam vocem det tuba, quis parabit se ad bellum?*

LA VOIX DU SANG D'ABEL crie au Seigneur de dessus la terre (f). Judas Maccabée prie le Seigneur d'avoir compassion de la ville Sainte; *& d'écouter la voix du sang, qui lui demandoit vengeance* (g).

VOL. Voyez *Larcin, & Voleurs.*

VOLEURS. La Loi condamne le vol; *non furtum facies* (h). Mais elle n'y ajoûte aucune peine, sinon la restitution plus ou moins grande, selon la nature du vol. Mais le vol d'un homme libre, ou d'un Hébreu, pour le réduire en servitude est puni de mort (i): *Qui furatus fuerit hominem, convictus noxæ, morte moriatur.* Les Juifs ne croyoient pas que le vol d'un homme d'une autre nation, mérite la peine de mort, mais seulement le vol d'un homme Hébreu libre; si on vole un étranger, on est seulement condamné à restitution. Ils fondent cette distinction sur une Loi du Deuteronome (k), qui limite la Loi dont nous parlons, *si furatus fuerit hominem de filiis Israël.* Exception que les Septante & Onkelos ont même exprimée dans le Texte de l'Exode XXI. 16. Les Loix des Athéniens condamnoient à mort le

plagium (a) ou vol d'un homme libre; & les Loix Romaines condamnent à la même peine le vendeur & l'acheteur de l'homme libre, s'ils connoissent sa condition (b).

Le voleur d'un bœuf étoit puni par la restitution de cinq bœufs; celui d'une brebis ou d'une chévre, par la restitution de quatre brebis ou de quatre chévres (c). On croit que le vol du bœuf, & de son espéce, est puni plus sévérement, parce que cet animal est d'une plus grande utilité que les autres. Le Législateur limite cette Loi un peu après, en disant: ℣. 4. *Que si ce qu'il a volé se trouve chez lui encore vivant, soit que ce soit un bœuf, un asne, ou une brebis, il rendra le double;* ou selon l'Hebreu, *si l'on trouve entre ses mains ce qu'il a volé, il en rendra deux vivans*, pour un qu'il a volé.

Le voleur nocturne pris sur le fait, pouvoit être tué impunément. Mais il n'étoit pas permis de tuer un voleur qui voloit pendant le jour (d). On présume que celui qui se présente pour percer un mur & pour voler la nuit, en veut à la vie de celui qu'il attaque; & celui-ci dans cette présomption, peut prévenir celui qui vient pour le tuer: mais il n'en est pas de même de celui qui vole pendant le jour; on peut se défendre contre lui s'il attaque; & s'il vole, on peut poursuivre devant les Juges la restitution de ce qu'il a pris.

Si le voleur n'avoit pas de quoi restituer le vol, selon la Loi, on pouvoit le vendre ou le réduire en esclavage (e). *Si non habuerit quod pro furto reddat, ipse venundabitur.* Les enfans mêmes des débiteurs insolvables étoient vendus pour les dettes de leurs peres. Nous en voyons la pratique dans le quatriéme des Rois (f). Une femme veuve vint trouver Elisée & lui dit, que son mari qui étoit craignant Dieu, & disciple des Prophétes, étoit mort; & que son créancier venoit pour enlever ses deux enfans, & les réduire en servitude. Le Prophéte multiplia en sa faveur un peu d'huile qu'elle avoit en sa maison, afin qu'elle la vendît pour payer son créancier. Et dans l'Evangile (g), un débiteur qui se trouvoit en arriere de dix mille talens, fut vendu lui, sa femme, ses enfans, & tout ce qu'il avoit, pour satisfaire à ce qu'il devoit à son maître.

Les Rabbins enseignent qu'une femme qui étoit convaincuë de vol, ne pouvoit être venduë; qu'on ne vendoit jamais un voleur, à moins que son vol ne fût

---

(a) Psalm. LXXX. 14. 15.

(b) Exod. XV. 16.
(c) Deut. XXVIII. 15.

(d) 2. Macc. VII. 8. 21. &c.

(e) 1. Cor. XIII. 7. 8. 10.

(f) Genes. IV. 10.

(g) 2. Macc. VIII. 3.

(h) Exod. XX. 15.

(i) Exod. XXI. 16.

(k) Deut. XXIV. 7.

(a) Xenoph. l. 1. comment.

(b) Digest. 48. 5. 15.

(c) Exod. XXII. 1.

(d) Exod. XXII. 2.

(e) Exod. XXII. 3.

(f) 4. Reg. IV. 1.

(g) Matth. XVIII. 25.

fût plus grand que le prix qu'il valoit lui-même; s'il valoit vingt écus, il n'étoit pas vendu pour un vol de dix écus, & le voleur ainsi vendu, n'étoit obligé de demeurer en servitude, que jusqu'à la concurrence de la valeur de ce qu'il avoit volé: c'est la doctrine des Rabbins. Quant à la restitution au double, au triple, ou au quadruple, elle ne se faisoit que quand il étoit mis en liberté.

On demande si le vol, outre la peine de la restitution, n'étoit pas soumis à quelques peines corporelles? Quelques-uns croyent qu'on mettoit quelquefois le voleur à mort, parce que Jacob dit à Laban (a): *Et quant à ce que vous m'accusez de vol, si vous trouvez vos Dieux chez quelqu'un, qu'il soit mis à mort en présence de nos freres.* Estius croit que s'il étoit insolvable, il étoit châtié à coups de foüets, ou même qu'il étoit pendu, s'il étoit convaincu d'avoir volé plusieurs fois. Mais je ne crois pas que chez les Hébreux le simple vol fût puni de mort, ni même de peines corporelles. La Loi n'impose la peine de mort qu'au *plagium*, ou au vol d'un homme libre.

Salomon dans les Proverbes (b), dit que celui qui s'associe avec un voleur, hait sa propre vie. Il s'expose à faire une mauvaise vie; non que toute sorte de vol emporte la peine de mort; mais parce qu'il y a certains cas où le vol étoit puni du dernier supplice, ainsi qu'on l'a vû; & d'ailleurs parce qu'il s'expose à faire un faux serment, & à se parjurer à l'occasion du vol, auquel cas il mérite la mort; non pas précisément à cause du vol, mais à cause du parjure; *adjurantem audit, & non judicat*, dit Salomon; & Moyse (c): *Si quelqu'un est interrogé en justice, & qu'il ne veüille pas déclarer ce qu'il sçait, ou ce dont il a été témoin, ou complice, il portera son iniquité.* Il sera puni du dernier supplice, à cause du parjure & de la profanation du nom de Dieu. Voyez aussi Prov. xxx. 9. *Seigneur, ne me donnez ni les richesses ni la pauvreté, de peur que je ne sois contraint de voler, & qu'ensuite je ne me parjure, & que je profane le Nom de Dieu.*

Il semble que le simple vol parmi les Hébreux n'emportoit point une infamie particulière. *Ce n'est pas une grande faute qu'un homme dérobe; car il vole pour se rassasier*, dit le Sage (d); ou selon l'Hébreu: *On ne méprise point un homme qui a volé pour se rassasier*; la Loi ne lui inflige aucune peine particu-

(a) Genes. xxxi. 32.

(b) Prov. xxix. 24.

(c) Levit. v. 1.

(d) Prov. vi. 30.

lière, & on ne lui fait souffrir aucun supplice honteux & infamant. Salomon ajoûte: *S'il est pris, il en rendra sept fois autant, & il donnera tout ce qu'il a dans sa maison.* Voilà à quoi il s'expose en volant.

Plusieurs peuples des environs de la Judée faisoient une espéce de profession de volerie (a). Isaac avoit prédit à Esaü qu'il vivroit de son épée; c'est-à-dire, qu'il vivroit de brigandages. Ismaël fils d'Abraham n'eut point d'autre métier que la guerre & que le brigandage; il devint *ferus homo* (b), & *juvenis sagittarius* (c); & il fut toujours en guerre avec ses voisins: *Manus ejus contra omnes, & manus omnium contra eum.* Les Ismaëlites ses descendans, ont imité leur pere, & ils ne se font nul scrupule de dérober sur les grands chemins (d); ils s'en font même une gloire & une espéce de métier. Ils ne font point d'autre mal aux passans, quand ils se dépoüillent volontairement; & qu'ils leur donnent toutes leurs hardes sans résistance, & sans leur donner la peine de mettre pied à terre. Dès qu'ils apperçoivent quelqu'un en chemin, ils se couvrent le bas du visage jusqu'aux yeux avec leur Turban, ou Bustmani, qui pend sur leurs épaules, afin de n'être point connus; ils levent la lance, & viennent dessus à toute bride; ils disent d'abord en leur langue: *Dépoüille-toi, maudit, ta tante est toute nuë.*

Ils veulent marquer sous ces paroles leur femme, qu'il seroit très-indécent de nommer, selon leurs mœurs. Ils l'appellent tante de celui qu'ils attaquent, supposant que tous les hommes sont parens. Cependant ils tiennent la lance devant la poitrine du pauvre voyageur, jusqu'à ce qu'ils en ayent ce qu'ils désirent. Ils lui laissent quelquefois un caleçon ou la chemise, lorsqu'après s'être dépoüillé de bon gré, il les prie de ne le pas renvoyer tout nud; ils lui laissent encore sa monture, parce qu'ils n'en ont que faire, & qu'elle pourroit les faire reconnoître. Si toutefois le cheval du voyageur avoit une bonne selle, ou un bon harnois, ils l'échangent contre le leur, s'il vaut moins. Si le passant s'est défendu; & les a blessez jusqu'au sang, ils ne le pardonnent point, & s'ils ne peuvent s'en venger sur lui, ils en tuent tout autant qu'ils en peuvent rencontrer. Ainsi se vérifie l'Horoscope d'Ismaël, pere des Ismaëlites ou Arabes.

L'Ecriture parle souvent des troupes de

(a) Genes. xxvii. 40.

(b) Genes. xvi. 12.
(c) Genes. xxi. 20.

(d) Mœurs des Arabes par M. d'Arvieux. c. 13. p. 211.

VOL — VOL

de *voleurs de Moab*, de *Syrie*, de *Caldée*, d'*Ammon*, & d'autres semblables gens, qui exerçoient leur brigandage par tout où ils le pouvoient faire impunément. Jephté, qui devint Chef du peuple de Dieu, étoit d'abord à la tête d'une troupe de voleurs (*a*); David & ses gens, eurent souvent à faire à ces voleurs des environs de la Palestine (*b*). Ce furent de ces sortes de gens qui pillerent Siceleg, & dont David tira vengeance à son retour de l'expédition, où il avoit accompagné Achis Roi de Geth (*c*). Isboseth fils de Saül avoit à son service deux chefs de voleurs (*d*), qui lui trancherent la tête pendant qu'il dormoit. Razon qui devint Roi de Damas, étoit auparavant chef de voleurs (*e*). Les trois troupes de Caldéens qui enleverent les chameaux de Job (*f*), étoient de ces troupes de voleurs.

(*a*) *Judic.* XI. 3.
(*b*) 1. *Reg.* XII. 22.
(*c*) 1. *Reg.* XXX. 8. 23.
(*d*) 2. *Reg.* IV. 2.
(*e*) 3. *Reg.* XI. 23. 24.
(*f*) *Job.* I. 17.

Le vol parmi ces peuples n'étoit pas si odieux, ni si honteux qu'il l'est parmi nous; cela paroît aussi dans les tems héroïques & même encore depuis parmi les Grecs. On ne se cachoit point d'être venus dans un pays pour voler; il paroît par Homére qu'on s'en faisoit une espéce de gloire, comme de faire une conquête légitime. On demande tranquillement à une troupe de gens qui abordent dans une Province, ou dans une Isle, s'ils y viennent pour voler, ou pour quelqu'autre affaire. Nos ancêtres, dit Joseph (*g*), contens de leur pays qui est très-fertile, ne se sont appliquez ni au commerce, comme les Phéniciens, qui habitent sur les côtes de la Méditerranée, ni aux voyages, ni même à la guerre, pour faire des conquêtes, ni *enfin au brigandage, comme plusieurs autres*. Il veut apparemment marquer les Arabes, & même les anciens Grecs; ils se sont appliquez à cultiver leurs terres, à élever leurs enfans, à étudier leur Loi.

(*g*) *Joseph. lib. 1. contra Appion. p. 1038.*

VOLONTAIRE. *Volontairement.* Dans l'Ecriture *voluntarius* se met d'ordinaire pour celui qui s'offre de son plein gré à faire quelque chose; celui qui de son propre mouvement & par un pur mouvement de son zéle, entreprend quelque chose pour la gloire de Dieu: *Omnis voluntarius & prono animo offerat primitias Domino* (*h*). Que chacun offre volontairement & de son bon gré, ce qu'il voudra offrir à Dieu. Et ailleurs (*i*): *Voluntaria oris mei beneplacita fac Domino*. Les vœux que j'ai fait volontairement, ou les loüanges que je vous offre par le seul mouvement de mon cœur. Et Amos: *Vocate voluntarias oblationes* (*a*). Les aumônes au son de la trompette, *les offrandes volontaires*, les sacrifices pacifiques qu'on doit offrir au Seigneur. Et saint Paul (*b*): Les Eglises de Macédoine ont été libérales au-dessus de leurs forces: *Supra virtutem voluntarii fuere*.

(*h*) *Exod.* XXXV. 5.
(*i*) *Psalm.* CXVIII. 108.

Le Psalmiste (*c*): *Pluviam voluntariam segregabis, Deus, hæreditati tuæ.* Vous avez destiné à votre peuple une pluie volontaire, libérale, abondante. On peut l'entendre de la manne que Dieu fit tomber avec abondance sur son peuple dans le désert. Et ailleurs: *Voluntariè sacrificabo tibi* (*d*). Je vous offrirai un sacrifice d'actions de graces, un sacrifice pacifique. Voyez Lévit. III. 1. 2. 3. &c. Et saint Paul (*e*): *Voluntariè peccantibus, nobis, post acceptam notitiam veritatis, jam non relinquitur pro peccatis hostia*. Dans l'ancienne Loi, les Sacrifices pour l'expiation des péchez commis contre les cérémonies de la Loi, se réitéroient aussi souvent qu'on avoit péché: mais dans la Loi nouvelle, ceux qui sont tombez volontairement dans quelques grands crimes, ne doivent plus attendre que JESUS-CHRIST vienne de nouveau mourir pour eux; il n'est mort qu'une fois, & ne mourra pas davantage. Ceux qui commettent de grands crimes, peuvent à la vérité toujours espérer le pardon en recourant au remède de la pénitence; mais ce retour & ce remède ne sont point aisez; ils sont bien différens du Baptême ne se reçoit qu'une fois. Plusieurs entendent par ces *crimes volontaires*, dont parle ici saint Paul, l'impénitence finale, l'endurcissement, le desespoir ou le péché contre le Saint-Esprit. On peut voir sur cela les Commentateurs.

(*a*) *Amos* IV. 5.
(*b*) 2. *Cor.* VIII. 3.
(*c*) *Psalm.* LXVII. 10.
(*d*) *Psalm.* LIII. 8.
(*e*) *Hebr.* X. 26.

VOLONTE'. Outre l'acception ordinaire de ce terme pour signifier la faculté qui est en nous de vouloir, d'aimer & de désirer, le nom de *volonté* se prend 1°. pour la volonté absoluë de Dieu, à laquelle rien ne résiste (*f*): *Voluntati ejus quis resistit?* 2°. Pour une volonté qui n'est pas absoluë. Ainsi JESUS-CHRIST souhaitoit que le calice de sa passion passât loin de lui; si ç'eût été la volonté de Dieu (*g*). La volonté de Dieu n'est pas que le méchant périsse (*h*): *Numquid voluntatis mea est mors impii?* Il veut qu'il se convertisse, & qu'il vive. Mais s'il veut périr, & ne veut pas se convertir, Dieu n'est pas obligé de l'en empêcher. 3°. La volonté se prend souvent pour ce qu'on appelle

(*f*) *Rom.* IX. 19. *Genes* 1. 11. *Isai.* XLVI. 10.
(*g*) *Matth.*
(*h*) *Ezech.* XVIII. 13.

UR

appelle *une volonté de signe*. Par exemple, Dieu veut que tous les hommes l'aiment, & lui obéiffent, puifqu'il leur commande à tous de l'aimer & de le fervir; cependant il eſt certain que peu de gens fatisfont à ces devoirs. D'ailleurs, il y a des Théologiens qui enfeignent que Dieu n'accorde aucune grace aux infidéles à qui l'Evangile n'a point été annoncé, ni aux endurcis. Il faut donc dire que la volonté qu'il a à leur égard qu'ils lui rendent leur culte, leur amour & leur obéiffance, eſt, felon ces Théologiens, une fimple volonté de figne, oppofée à la volonté qu'on appelle de bon plaifir. Enfin 4°. on diſtingue encore en Théologie en Dieu une volonté antécédente, par laquelle Dieu veut une chofe en général, fans la confidérer revêtuë de toutes fes circonſtances; une volonté conféquente, par laquelle Dieu veut une chofe confidérée en tant qu'elle eſt revêtuë de toutes fes circonſtances; Dieu veut le falut de tous les hommes d'une volonté antécédente, mais Dieu veut d'une volonté conféquente donner le bonheur éternel à fes Elûs.

5°. *Volonté* fe prend pour l'amour, l'approbation, la complaifance: *Non eſt mihi voluntas in vobis* (*a*): Je ne prends point plaifir dans tout ce que vous faites. On ne vous appellera plus la ville déferte & abandonnée, mais la ville dans laquelle j'ai mis ma complaifance (*b*): *Sed vocaberis voluntas mea in ea*. 6°. La *volonté* fe met pour la propre volonté de l'homme. D'où vient que vous n'avez eu aucun égard à nos jeûnes ? C'eſt que votre propre volonté s'y trouve (*c*): *Ecce in die jejunii veſtri invenitur voluntas veſtra*. Et Jefus fils de Sirach (*d*): *A voluntate tua avertere*: Gardez-vous de fuivre votre propre volonté. Siméon & Lévi ont percé le mur des Sichémites, pour contenter leur propre volonté, leur vengeance, leur cruauté (*e*): *In voluntate fua fuffoderunt murum*. 7°. Faire la *volonté de Dieu*, c'eſt mot pour, obferver fa Loi, fe foumettre à fes ordres, &c. *Ceux qui me diront: Seigneur, Seigneur, n'entreront pas tous dans le Royaume des Cieux: mais ceux-là feulement y entreront qui feront la volonté de mon Pere*. (*f*) Et: *Celui qui fait la volonté de mon Pere qui eſt dans le Ciel, c'eſt celui-là qui eſt mon frere, ma fœur & ma mere* (*g*).

UR, ville de Chaldée, patrie de Tharé & d'Abraham. Dieu fit fortir Abraham de la ville d'Ur (*a*), pour le conduire dans la terre de Chanaan, qu'il avoit deffein de donner en héritage à lui & à fes defcendans. Mais comme il y alloit avec Tharé fon pere, & Loth fon neveu, lorfqu'ils furent arrivez à Haran, ville de Méfopotamie, Tharé y tomba malade, & y mourut. Après lui avoir rendu les derniers devoirs, Abraham continua fa route, & alla dans la terre de Chanaan. Cette vocation d'Abraham arriva l'an du Monde 2082. avant J. C. 1918. avant l'Ere vulgaire 1922.

La ville d'Ur étoit dans la Chaldée, comme le dit l'Ecriture en plus d'un endroit; mais on ignore fa vraie fituation. Les uns (*b*) croyent que c'eſt la même que *Camarine*, dans la Babylonie. D'autres la confondent avec *Orché*, ou *Orchoé*, dans la Chaldée, fuivant Ptolémée & Strabon. D'autres croyent que c'eſt *Ura* ou *Sura*, dans la Syrie, fur l'Euphrate. Bochart & Grotius foutiennent que c'eſt *Ura* dans la Méfopotamie, à deux journées de Nifibe (*c*). On remarque que fouvent la Chaldée & la Méfopotamie font confonduës, & qu'on dit affez indifféremment qu'une ville eſt dans l'une ou dans l'autre de ces deux Provinces.

Le nom d'*Ur* en Hébreu (*d*), fignifie *le feu*; & quelques Auteurs ont prétendu que Moyfe en difant que Dieu avoit tiré Abraham d'Ur de Chaldée, vouloit fimplement marquer qu'il l'avoit délivré du feu où les Chaldéens l'avoient jetté, à caufe qu'il méprifoit leurs Idoles, & attaquoit leur idolâtrie. Voyez ce qu'on a dit fur les articles d'*Abraham* & de *Tharé*. Saint Jérôme a fait attention à ce fentiment, lorfqu'il a traduit 2. *Efdr*. IX. 7. *Vous avez tiré Abraham du feu des Chaldéens*, au lieu de traduire, *d'Ur des Chaldéens*. Mais dans fes Queſtions Hébraïques (*e*), il traite de fables ce que les Juifs débitoient fur cette prétenduë délivrance d'Abraham du feu des Chaldéens. On peut voir les Commentateurs fur la Génefe, XI. 31.

On prétend que ce nom d'*Ur*, qui fignifie le feu, fut donné à cette ville à caufe qu'on y adoroit cet élément. Le feu étoit le fymbole du Soleil; & on fçait qu'on adoroit cet aſtre par tout l'Orient. On entretenoit un feu facré & perpétuel en fon honneur dans certains Temples ou enclos, qui étoient fermez de toute part, mais qui n'étoient point couverts. Nous en avons parlé fous le *Chamanim*, & de *Pyræia*, comme auffi de

(*a*) *Malach.* I. 10.
(*b*) *Ifai.* LXII. 4.
(*c*) *Ifai.* LVIII. 3.
(*d*) *Eccli.* XVIII. 30.
(*e*) *Genef.* XLIX. 6.
(*f*) *Matth.* VII. 21.
(*g*) *Matth.* XII. 50.

(*a*) *Genef.* XI. 13.
(*b*) *Eupolem. apud Eufeb. Præp. l.* 9. *c.* 17.
(*c*) *Ammian. l.* 25. *c.* 16.
(*d*) אוּר *Lux, ignis*.
(*e*) *Hieron. qu. Heb. in Genef.*

URI

de la manière dont les anciens Perses entretenoient ces feux & sacrifioient au Soleil.

Rufin (a) raconte que les Caldéens portérent autrefois le feu qui étoit leur Dieu, par toutes les Provinces pour combattre avec toutes les autres Divinitez, afin que celle qui triompheroit dans ce combat, fût censée la véritable ; les Dieux d'airain, d'or, d'argent, de bois & de pierre étoient facilement consumez par le feu, qui avoit la supériorité par tout. Un Sacrificateur de Canope en Egypte, s'avisa de cette ruse ; les Egyptiens ont de certains vases de terre qui ont de petites ouvertures de tous côtez, & qui sont destinez à filtrer l'eau du Nil. Il remplit d'eau un de ces vases, en formant toutes les ouvertures avec de la cire ; il y attacha une tête qu'on disoit être celle de Ménélas, & il l'érigea en Divinité. Les Caldéens voulurent faire essai de la puissance de leur Dieu contre Canope : ils allumérent du feu autour de Canope, afin que ces deux Divinitez combattissent ensemble ; mais le feu ayant bien-tôt fondu la cire qui bouchoit les ouvertures de la cruche, il fut incontinent éteint par l'eau qui en sortit, & le Sacrificateur de Canope remporta la victoire.

UR, Roi d'une ville de Madian, fut tué avec d'autres Rois du même pays ; dans la guerre que Phinées fit aux Madianites par l'ordre du Seigneur (b), l'an du Monde 2553. avant J. C. 1447. avant l'Ere vulg. 1451.

URAI, fils de Béla, de la Tribu de Benjamin. 1. Par. VII. 7.

URBAIN, dont saint Paul parle en ces termes dans l'Epitre aux Romains : (c) Saluez Urbain, qui a travaillé avec moi pour le service de JESUS-CHRIST. Les Grecs en font la Fête le 31. d'Octobre, & disent qu'il a été ordonné Evêque de Macédoine par saint André. Les Latins mettent saint Urbain le 30. d'Octobre. On n'en sçait rien de particulier. Les Grecs veulent qu'il soit du nombre des septante Disciples.

URI, pere du fameux Béséléel, de la Tribu de Juda. Exod. XXXI. 2.

I. URIE, célébre par son malheur, Héthéen d'origine, & mari de Bethsabée. Bethsabée étant tombée dans l'adultére avec David, & se sentant enceinte, en donna avis à David, afin qu'il mît son honneur à couvert (d). Alors David écrivit à Joab de lui envoyer Urie Héthéen. Joab le lui envoya ; & quand il fut venu, David lui demanda des nouvelles de l'armée, & lui dit d'aller chez lui, de laver ses pieds, de se reposer ; & il lui envoya des mets de sa table. Urie sortit du palais, & n'alla point à sa maison : mais il passa la nuit avec les Officiers de la garde du Roi. David en ayant été averti, lui dit : Pourquoi revenant d'un voyage, n'avez-vous pas été chez vous ? Urie répondit à David : L'Arche de Dieu, Israël & Juda sont sous des tentes, & Joab mon Seigneur, & ses serviteurs couchent à platte-terre ; & moi cependant j'irois en ma maison boire & manger, & dormir avec ma femme ? Par la vie de mon Roi, je ne le ferai jamais. David lui dit : Demeurez ici encore aujourd'hui, & je vous renvoyerai demain. David le fit venir ce jour-là manger à sa table, & l'enyvra. Urie sortit, & alla comme les jours précédens, dormir hors du palais avec les Officiers de la garde.

Le lendemain David le renvoya au camp avec une Lettre écrite à Joab en ces termes : Mettez Urie au plus fort de la bataille, & faites en sorte qu'il soit abandonné, & qu'il périsse. Joab exécuta ces ordres ; & les habitans de Rabbath ayant fait une vigoureuse sortie, Urie exposé à tous leurs efforts, & y succomba. Joab en donna aussi-tôt avis à David, lequel fit dire à Joab de ne se point décourager, mais de continuer toûjours avec vigueur le siége de la place. Bethsabée ayant sçû la mort d'Urie, le pleura ; & après que le tems du deüil fut passé, David la fit venir en sa maison, & l'épousa. Les Rabbins prétendent justifier David & Bethsabée, en disant que c'étoit une Loi dans Israël, que quand un homme alloit à l'armée, il laissoit un billet de divorce à sa femme, afin qu'elle pût librement se marier à qui elle voudroit ; que Bethsabée avoit usé de cette liberté, en épousant David. Mais pourquoi vouloir excuser un crime que l'Ecriture condamne en tant d'endroits, & que David a pleuré avec des larmes si améres ? Ceci arriva l'an du Monde 2969. avant J. C. 1031. avant l'Ere vulgaire 1035.

II. URIE, Souverain Pontife des Juifs sous Achaz. Ce Roi de Juda étant allé à Damas au-devant de Téglatphalassar Roi d'Assyrie, qui étoit venu à son secours, & ayant vû dans cette ville un Autel profane, dont la forme lui plut, il en envoya au Pontife Urie un modéle, avec ordre d'en ériger un semblable dans le Temple de Jérusalem. Urie exécuta

cuta trop exactement les ordres du Roi; & lorsqu'Achaz (a) fut de retour de Damas, il vit cet Autel, le révéra, offrit dessus des victimes & des libations, & ordonna au Pontife de transporter l'Autel d'airain qui étoit devant le Seigneur, de mettre en sa place le nouvel Autel qu'il venoit de faire, & d'y offrir les holocaustes du matin & du soir, & les sacrifices pour le Roi & pour le peuple; disant qu'il se réservoit d'ordonner du grand Autel d'airain à sa volonté. Urie obéït en toutes choses aux ordres de ce Roi impie. Ceci arriva l'an du Monde 3264. avant J. C. 736. avant l'Ere vulgaire 740. Urie avoit succédé à Sadoc second, & il eut pour successeur Sellum.

(a) 4. Reg. XVI. 10. 11. 12.

III. URIE, Prophéte du Seigneur, fils de Séméï de Cariath-iarim (b), prophétisoit au nom du Seigneur en même-tems que Jérémie, & prédisoit contre Jérusalem & contre tout le pays, les mêmes choses que ce Prophéte. Joachim Roi de Juda, & les Grands de sa Cour l'ayant entendu, résolurent de l'arrêter, & de le faire mourir. Urie le sçut, & se sauva en Egypte. Joachim envoya des gens après lui, qui le tirérent d'Egypte, & l'amenérent au Roi Joachim. Ce Prince le fit mourir par l'épée, & ordonna qu'on l'enterrât sans honneur dans les sépulchres des derniers du peuple. Ceci arriva vers l'an du Monde 3395. avant J. C. 605. avant l'Ere vulgaire 609.

(b) Jerem. XXVI. 20. 21.

אוּרִי-אֵל

I. URIEL, signifie en Hébreu (c): Dieu est ma lumiére. C'est le nom d'un Ange. Les Juifs & quelques Chrétiens croyent que c'est un Ange de lumiére. Son nom se lit dans un Livre apocryphe des Juifs, intitulé: La Priére de Joseph, dans lequel on introduit le Patriarche Jacob, qui a un entretien avec les Anges Uriel & Raphaël. Le quatriéme Livre d'Esdras (d) parle d'Uriel comme d'un bon Ange, aussi-bien que saint Ambroise, l. 3. c. 3. de Fide: Non moritur Gabriel, non moritur Raphael, non moritur Uriel. Les Liturgies Orientales, & les Livres de priéres des Grecs font souvent mention de l'Ange Uriel ou Suriel; & on l'y invoque comme un bon Ange: Honoremus Surielem quartum inter Angelos, dit l'Eucologe des Cophtes; & dans l'édition du Nouveau Testament Ethiopien, on voit l'image de l'Ange Uriel avec cette inscription: Saint Uriel, qui fut avec Adam & Eve, lorsqu'ils sortirent du Paradis. On le trouve aussi dans plusieurs anciennes Litanies, & entre autres, dans celles que le R. P. Mabillon a publiées au Tome second de ses Analectes, & qu'il nomme Carolines, comme étant du tems de Charlemagne. Surius raconte qu'en 1544. on découvrit à Rome dans le tombeau de l'Impératrice Marie, femme de l'Empereur Honorius, une lame d'or, où l'on lisoit en caractéres Grecs, les noms de Michel, de Gabriël, de Raphaël & d'Uriel. On peut voir les Notes de M. Baluze sur les Capitulaires, & celles de M. l'Abbé Renaudot sur les Liturgies Orientales, tom. 2. p. 299. & Glycas, Annal. part. 2. p. 171.

(c) Uri-el Lux mea Deus.

(d) 4. Esdr. IV. 36. Jeremiel Archangelus. 4. Esdr. v. 20. Sicut mandavit mihi Uriel Angelus.

M. Thiers dans son Epître Dédicatoire au R. P. D. Luc Dachery, à la tête de son Traité De retinenda voce Paraclitus, imprimé à Lyon en 1669. soutient qu'Uriel est le nom d'un mauvais Ange. Il reconnoît qu'on l'invoque dans le Rituel de Chartres; mais il dit qu'il ne récite jamais les Litanies où son nom se rencontre, qu'il n'en soit comme scandalisé. Il montre que les Conciles & les Peres ne parlent jamais que de trois bons Anges; sçavoir, Gabriël, Raphaël & Michel; & que le Concile Romain II. tenu en 745. art. 3. condamne une priére dont se servoit un certain Adalbert, où il invoquoit les Saints Anges Uriel, Raguël, Tubuël, Michel, Inias.

Les Peres de ce Concile (a) soutiennent que tous les noms dont on vient de parler, excepté celui de saint Michel, sont non pas des noms d'Anges, mais des noms de Démons: Non enim nomina Angelorum præter nomen Michaëlis, sed nomina dæmonum sunt; & que l'Eglise ne reconnoît que les noms de trois Anges; sçavoir, Michel, Gabriël & Raphaël. C'est ce qu'on lit dans les Actes de cette Assemblée. Il est toutefois bon de remarquer que l'objet de ce Concile étoit de rejetter les noms nouveaux & inusitez des Anges, que cet homme vouloit introduire dans l'Eglise. Mais celui d'Uriel n'y étoit pas nouveau, & on l'y a reconnu long-tems depuis, même chez les Latins, comme on le voit dans le quatriéme Livre, chapitre 33. n. 20. de Guillaume Durand Evêque de Mende, qui vivoit au siécle treiziéme, mort en 1295.

(a) Tom. 6. Concil. Labb. p. 1561.

Quelques Livres apocryphes (b) assurent que depuis le commencement du monde, jusqu'à la cent soixantiéme année d'Hénoch, on ne comptoit pas par années, mais par semaines; & que ce fut

(b) Vide Salmas. lib. de annis climactericis.

fut l'Archange Uriel qui révéla à Hénoch ce que c'étoit que le mois, l'année & les révolutions des saisons ou des astres.

II. URIEL, fils de Thahat, & pere d'Ozias, de la race des Lévites de la famille de Caath. Il étoit le Chef de cette famille du tems de David. 1. *Par.* VI. 24. XV. 5. II.

III. URIEL, de Gabaa, fut pere de Michaïa femme du Roi Roboam, & mere du Roi Abia (*a*), qui succéda à son pere en l'an du Monde 3046. avant J. C. 954. avant l'Ere vulg. 958.

(*a*) 2. *Par.* XIII. 2.

URIM & *thummim*. Ces deux termes signifient à la lettre, selon l'Hébreu (*b*), *les lumières & la perfection*, ou *les brillans & les parfaits*; saint Jérôme, *la doctrine & le jugement*; les Septante, *la déclaration & la vérité*, ou *la manifestation & la vérité*. Quelques-uns veulent qu'*urim* & *thummim* soient des épithétes des pierres du rational: Vous y placerez des pierres éclatantes & sans défaut. D'autres croyent que ces deux termes sont plûtôt Egyptiens, qu'Hébreux; & que les Septante en ont exprimé la vraie signification, en les traduisant par *la déclaration & la vérité*. L'Auteur de l'Ecclésiastique (*e*) s'exprime comme si *la manifestation & la vérité* étoient des qualitez du Grand-Prêtre, qui étoit revêtu de l'éphod: *Viri sapientis, judicio & veritate præditi*. On voit la même chose encore plus clairement dans le premier Livre d'Esdras, Chap. II. ỳ. 63. *Donec surgeret Sacerdos doctus atque perfectus.* L'Hébreu: *Donec surgeret Sacerdos cum urim & thummim.*

(*b*) *Exod.* XXVIII. 30. האורים והתמים 70. δήλωσιν & ἀλήθειαν.

(*e*) *Eccli.* XLV. 12.

Mais Joseph (*d*), & après lui plusieurs autres, tant anciens que nouveaux, ont prétendu que l'urim & thummim n'étoient autre chose que les pierres précieuses du rational du Grand-Prêtre, lesquelles par leur éclat extraordinaire, lui faisoient connoître la volonté de Dieu, & le succès des événemens pour lesquels on le consultoit. Mais lorsque ces pierres ne rendoient point d'éclat, ou du moins qu'il n'y paroissoit rien d'extraordinaire, on jugeoit que Dieu n'approuvoit point la chose dont il étoit question. Joseph ajoute qu'il y avoit deux cens ans, lorsqu'il écrivoit son histoire, que ces pierres ne jettoient plus cette lueur. Ainsi elle auroit cessé seulement cent dix ou douze ans avant la naissance de JESUS-CHRIST.

(*d*) *Antiq.* l. 3. f. 8.

D'autres croyent que l'*urim* & *thummim* étoient quelque chose d'ajoûté au rational: mais on ne convient pas de ce que ce pouvoit être; &, ce qui est assez extraordinaire, ni Moyse, ni aucun autre Auteur sacré ne nous a marqué distinctement ce que c'étoit. Saint Epiphane (*a*) & Suidas croyent qu'outre les douze pierres du rational, il y avoit un diamant d'une beauté extraordinaire; qui par la vivacité de son éclat, faisoit connoître au Grand-Prêtre si Dieu approuvoit l'entreprise pour laquelle on le consultoit. Procope, Arias Montanus & quelques autres y mettent deux pierres, outre les douze dont parle Moyse. Mais saint Augustin (*b*) n'approuve point ces pierres qu'on ajoute ainsi sans preuves au rational, ni ce qu'on avance de l'éclat prétendu miraculeux de ces pierres, puisque l'Ecriture n'en dit rien.

(*a*) *Epiphan. trad. de* gemmis. Suidas in *Ε φυδ.*

(*b*) *Aug. qu.* 117. *in Exod.*

Saint Cyrille (*c*) semble dire que la *manifestation & la vérité* étoient écrites sur deux pierres précieuses, ou sur une lame d'or; sentiment qui a été assez commun parmi les Anciens & les Modernes. D'autres tiennent que ces mots *urim* & *thummim* étoient écrits en broderie sur le pectoral, entre les rangs de pierres, ou sur deux bandes ajoutées l'une au haut, & l'autre au bas du pectoral. Le Rabbin Salomon suivi d'Eugubin, croit que le nom de Jéhovah écrit sur une lame d'or, étoit ce que l'Ecriture appelle ici *urim* & *thummim*. Spencer dans sa Dissertation sur *urim* & *thummim* (*d*), croit que c'étoit deux petites figures d'or, qui rendoient des oracles, qui étoient enfermées dans le rational comme dans une bourse, & qui répondoient d'une voix articulée aux demandes que le Grand-Prêtre leur faisoit. Il appuye son opinion de l'autorité de saint Jérôme & de Cédréne, parmi les Anciens; de quelques Rabbins, de Cornélius à Lapide & de Loüis de Dieu, parmi les Nouveaux. Philon (*e*) semble avoir eu la même pensée. Il dit qu'il y avoit sur le rational deux figures de vertus en broderie, dont l'une représentoit la vérité, & l'autre la manifestation. M. le Clerc veut qu'*urim* & *thummim* soient des noms de pierreries, qui composoient un grand collier qui pendoit jusques sur la poitrine du Grand-Prêtre; ce qui pouvoit être imité des Egyptiens, dont le chef de la Justice portoit au col une figure de la vérité gravée sur des pierres précieuses, & penduë à une chaîne d'or (*f*). Pierre la Vallée (*g*) dans une Lettre écrite du Caire,

(*c*) *Cyrill. in Exposit. Symboli.*

(*d*) *Spencer de urim & thummim, Dissert. 7. sect. 3. 4. & seq.*

(*e*) *Philo de vita Mos. l. 3. de Monarch. l. 1.*

(*f*) *Diodor. Siculi. l. 2. c. 3. Bibliot. Ælian. Vari. hist. l. 14.*

(*g*) *Petr. Vall. Epist.* XI.

Caire, dit qu'il a vû en Egypte une momie très-ancienne, avec un grand collier qui pendoit sur son estomach, au bout duquel étoit une plaque d'or, où l'on remarquoit un oiseau gravé.

Il n'est pas aisé de dire si les Hébreux ont imité les Egyptiens, ou si les Egyptiens ont pris modéle sur les Hébreux : mais on peut conjecturer que l'*urim* & *thummim* des Hébreux avoient quelque rapport avec cette image de la vérité des Egyptiens. Toutefois il n'est pas probable que Moyse ait représenté en relief, en broderie ou en gravûre, aucune figure d'hommes ni d'animaux : mais il n'y a aucun inconvénient à dire qu'il y fit représenter quelques figures hiéroglyphiques, comme les Chérubins.

Il y a plusieurs diversitez de sentimens sur la manière dont on consultoit Dieu par l'urim & thummim (*a*). On convient 1°. Qu'on n'employoit cette manière de consultation que dans des affaires de très-grande conséquence ; 2°. Que le Grand-Prêtre étoit seul ministre de cette cérémonie ; qu'il falloit qu'il fût revêtu pour cela de ses habits Pontificaux, & en particulier du pectoral ou rational, auquel étoit attaché l'urim & thummim ; & 3°. Qu'il ne lui étoit pas permis de faire cette consultation solemnelle pour une personne privée (*b*) ; mais seulement pour le Roi, pour le Président du Sanhédrin, pour le Général de l'armée d'Israël, ou pour d'autres personnes publiques : & cela, non pour aucune affaire particuliére (*c*), mais pour des choses concernant l'intérêt public de l'Eglise ou de l'Etat ; en un mot pour l'intérêt commun des douze Tribus, dont le Grand-Prêtre portoit le nom dans son pectoral.

Lorsqu'il étoit question de consulter l'urim & thummim, le Grand-Prêtre revêtu de ses habits de cérémonie, se présentoit, non dans le Sanctuaire, où il ne pouvoit entrer qu'une fois l'année, mais dans le Saint (*d*), au-devant du voile qui séparoit le Saint du Sanctuaire. Là étant debout & le visage tourné du côté de l'Arche d'Alliance, sur laquelle reposoit la présence Divine, il proposoit la chose pour laquelle il étoit consulté. Derriére lui & sur la même ligne, à quelque distance de là, & hors du lieu Saint, se tenoit la personne pour laquelle on consultoit & attendoit avec respect & humilité la réponse qu'il plaisoit au Seigneur de donner. Les Rabbins (*e*) croyent qu'alors le Grand-Prêtre ayant les yeux fixez sur la pierre du rational qui étoit devant lui, y lisoit la réponse du Seigneur ; les lettres qui s'élevoient hors de leur rang, & qui jettoient un éclat extraordinaire formoient la réponse désirée. Par exemple, David ayant demandé à Dieu s'il monteroit dans une des villes de Juda, (*a*) il lui répondit : *Allé*, *montez* ; les trois lettres *Ain*, *Lamed* & *Hé*, sortirent, pour ainsi dire, de leur place, & se leverent au-dessus des autres, pour former le mot qui marquoit la réponse demandée. Voyez la figure ci à côté.

Ce sentiment est ancien parmi les Hébreux, puisque Joseph (*b*) & Philon (*c*) l'ont entendu de même, & c'est sur leur autorité que plusieurs anciens Peres (*d*) ont donné dans cette manière d'expliquer les réponses de l'urim & thummim. Mais on y trouve des difficultez. 1°. Toutes les lettres de l'alphabet Hébreu ne se trouvent pas dans le pectoral ; il s'en manque quatre, sçavoir *Heth*, *Theth*, *Zadé* & *Koph*, Pour y suppléer les Rabbins avancent qu'on y lisoit encore les noms d'Abraham, d'Isaac & de Jacob ; & comme malgré ce supplément la lettre *Theth* ne s'y trouvoit pas encore, ils ont dit qu'on y lisoit ce titre : *Col-elle-schibté Israël*. Voici toutes les Tribus d'Israël. Mais tout cela se dit sans preuve & sans la moindre vraisemblance.

Une seconde difficulté, c'est que quand on avoueroit tout ce que les Docteurs Hébreux nous débitent sur cela, il resteroit encore une autre chose à sçavoir ; c'est-à-dire, comment le Grand-Prêtre faisoit la combinaison & l'assemblage de ces lettres ; car il n'est pas dit qu'elles sortissent de leurs places, mais seulement qu'elles s'élevoient hors de leur rang. Supposons par exemple, que six lettres s'enflassent & brillassent à la fois d'un éclat extraordinaire, comment le Grand-Prêtre les arrangeoit-il ? laquelle mettoit-il la première ? On répond que dans cette circonstance il étoit toujours inspiré & rempli de l'esprit de Prophétie ; & si cela étoit, l'urim & thummim étoit superflu ; pourquoi multiplier ainsi les miracles sans nécessité ? Le Grand-Prêtre n'avoit qu'à parler, & peut-être tout l'effet de l'urim & thummim consistoit-il à le remplir intérieurement d'une lumière surnaturelle qui lui découvroit l'avenir, & lui faisoit connoître la volonté de Dieu, sur ce qu'on demandoit.

D'autres croyent avec assez de vraisemblance, que Dieu rendoit alors ses réponses

---

(*a*) Voyez *Spencer de urim & thummim*. c. 6. sect. 1. 2. 3. &c.

(*b*) *Misna in Joma*. c. 7. 8. 5. *Maimon. in Cale Hammikdasch*. c. 10.

(*c*) *Abarbanel in Exod*. XXVIII. & in *Deut*. XXXIII. *Rab. Levi Ben-Gerson & Maimon. ibid*.

(*d*) *Maimon. ibid. Jalkuth fol*. 248.

(*e*) *Maimon. in Calz Hammikdasch*. c. 10. *Zohar in Exod. Jalkuth. ex lib. Siphre. R. Bechai in Deut*. XXXIII. 8. *Ramban. Alii*.

(*a*) 2. Reg. II. 1. עֲלֵה *Ascende*.

(*b*) *Joseph. Antiq. l. 3. c. 9.*
(*c*) *Philo l. de Monarchiâ.* l. 1.
(*d*) *Vide Chrysost. homil. 37. in Judæos. Aug. l. 2. quæst. in Exod. alii plures.*

URI

réponses par des voix articulées, qui se faisoient entendre du fond du Sanctuaire, & du milieu des Chérubins, qui couvroient l'Arche & le Propitiatoire, qui est si souvent appellé *Oracle* dans l'Ecriture (*a*). Lorsque les Israëlites firent la paix avec les Gabaonites, ils furent blâmez *de n'avoir pas consulté la bouche du Seigneur* ; ce qui insinuë qu'il avoit accoutumé de leur faire entendre sa voix, lorsqu'on le consultoit.

Cela s'observoit apparemment dans l'armée & dans le Camp d'Israël, de même que dans le Tabernacle & dans le Temple. On avoit soin de porter l'Arche d'Alliance dans les expéditions militaires, on lui dressoit une tente, & on la consultoit de la même maniére que dans le Tabernacle. On sçait que l'Arche étoit dans le Camp, avec les deux fils du Grand-Prêtre Héli, lorsqu'elle fut prise par les Philistins (*b*); elle étoit aussi dans l'armée de Joab devant la ville de Rabbath, puisque Urie disoit : *L'Arche du Seigneur, Israël & Juda logent sous des tentes à la campagne ; & moi j'entrerois dans ma maison pour manger & boire, &c?* (*c*) Saül avoit sans doute aussi l'Arche d'Alliance auprès de lui, lorsqu'il disoit à Achias (*d*) : *Applica arcam Dei* ; *erat enim ibi arca Dei in die illa cum filiis Israël.*

Mais les Rabbins l'entendent autrement ; ils soutiennent que l'Arche de Dieu n'étoit jamais transportée hors du Sanctuaire : que cela n'arriva que cette seule fois, qui fut si fatale aux Israëlites, lorsque les Philistins la prirent ; que dans toutes les autres occasions où il est dit que l'Arche étoit dans l'armée, il faut l'expliquer d'un coffre, dans lequel on mettoit l'éphod & le pectoral du Grand-Prêtre, & d'où on les tiroit lorsqu'on étoit obligé de consulter le Seigneur par l'urim & thummim. C'est ainsi que Moyse envoya Phinées à la guerre contre les Madianites, & lui donna *les vases du Sanctuaire* (*e*), avec *les trompettes sacrées* ; c'est-à-dire, dit Jonathan fils d'Uziel, il lui mit en main l'urim & thummim, afin de pouvoir consulter le Seigneur dans le besoin. Ainsi lorsque David dit à Abiathar : *Applica ephod* (*f*) ; c'est-à-dire, revêtez-vous de l'éphod, pour consulter pour moi le Seigneur ; tirez l'éphod du coffre où il est, & commencez à consulter Dieu. Ils entendent de même du coffre qui contenoit les ornemens sacrez, ce que dit Urie de l'Arche du Seigneur qui étoit sous des tentes.

Tome IV.

(*a*) *Exod.* xxv. 18. 20. xxxvii. 6. xl. 18. *Levit.* xvi. 2. & *passim.*

(*b*) 1. *Reg.* iv. 3. 5. & *seq.* v. 1. 2. &c.

(*c*) 2. *Reg.* xi. 11.

(*d*) 1. *Reg.* xiv. 18.

(*e*) *Num.* xxxi. 6.

(*f*) 1. *Reg.* xxiii. 9.

URI 57

Ils ajoûtent que dans ces cas ce n'étoit pas le Grand-Prêtre qui alloit au Camp & qui consultoit Dieu dans l'armée, c'étoit un autre Prêtre ; & pour être autorisé à cette grande fonction, il recevoit l'onction sainte, de même que le Grand-Prêtre (*a*), & étoit nommé *l'Oint pour la guerre* ; c'est ce que prétendent les Docteurs Hébreux.

Mais toutes ces particularitez sont fort suspectes. Nous ne voyons dans l'Ecriture aucun vestige de ce coffre ou de cette Arche envoyée dans le Camp & dépositaire des ornemens du Grand-Prêtre ; nous n'y remarquons aucune trace de ce prétendu Prêtre *Oint pour la guerre*, ni de la défense de porter l'Arche d'Alliance dans l'armée. Outre les deux exemples que nous en avons produits, le premier, lorsqu'elle fut prise par les Philistins, & le second lorsque Joab étoit au siége de Rabbath ; elle étoit aussi à Galgal lorsque Saül y sacrifia (*b*), & qu'il dit à Achias de consulter le Seigneur devant son Arche ; car, ajoûte l'Historien sacré, l'Arche étoit là avec les enfans d'Israël. Lorsque David fut obligé de sortir de Jérusalem devant Absalon, le Grand-Prêtre Sadoc le suivit avec l'Arche ; mais David les renvoya (*c*). Du tems du Roi Josias (*d*) les Prêtres portoient l'Arche de lieux en lieux : mais ce Prince ordonna qu'on la remît dans le Sanctuaire ; & qu'on ne l'en tirât plus.

Nous ne prétendons pas toutefois qu'il fût absolument nécessaire que l'Arche fût présente pour consulter Dieu par l'urim & thummim ; nous sçavons que David pendant sa fuite sous Saül consulta le Seigneur en trois différentes occasions (*e*), quoique l'Arche ne fût pas dans sa petite armée ; sçavoir deux fois à Céilat, & une fois à Siceleg : je crois même que l'Arche n'étoit pas en son pouvoir lorsqu'il consulta Dieu une quatriéme fois après la mort de Saül, sçavoir s'il iroit faire sa demeure en une des villes de Juda. Or il s'agit de sçavoir, dans ces occasions, comment on consultoit le Seigneur par l'urim & thummim.

L'Ecriture insinuë que quelquefois cela se faisoit assez à la hâte. Saül voyant tout le camp des Philistins en tumulte, ne sçachant pas ce que venoit d'y faire Jonathas son fils, dit au Grand-Prêtre : *Applica Arcam Dei* (*f*). Et comme le Prêtre étendoit ses mains apparemment pour faire sa priére, & pour consulter Dieu, Saül lui dit : A-

P baissez

(*a*) *Maimon. in Colo Maymidnosch.* c. 1. §. 7. & *in Melachim,* c. 7.

(*b*) 1. *Reg.* xiii. 9. & xiv. 18. 19.

(*c*) 2. *Reg.* xv. 24. (*d*) 2. *Par.* xxxv. 2.

(*e*) 1. *Reg.* xxiii. 2. & 4. & xxx. 8.

(*f*) 1. *Reg.* xiv. 18. 19. 20.

baissez votre main; & sans attendre la réponse, on cria aux armes, & on marcha à l'ennemi. Il paroît dans tout cela peu de préparation, & peu de cérémonie, encore que l'Arche fût présente. Mais quand elle n'étoit pas sur le lieu, on consultoit le Seigneur apparemment dans la Chapelle domestique du Roi, ou dans le lieu de sa tente le plus retiré, & alors le Seigneur faisoit connoître sa volonté au Prêtre, ou par une voix articulée, comme on l'a dit, ou par une illustration intérieure, qui éclairoit l'esprit du Prêtre, & lui inspiroit ce qu'il avoit à dire.

Reste à sçavoir combien de tems a duré dans Israël l'usage de consulter Dieu par l'urim & thummim. Les Rabbins croyent qu'il ne subsistoit que sous le Tabernacle. C'est une maxime parmi eux: *Que le Saint-Esprit parla aux enfans d'Israël tant que le Tabernacle subsista, par l'urim & thummim; sous le premier Temple;* c'est-à-dire, sous le Temple de Salomon, *par les Prophétes, & sous le second Temple*, après la captivité de Babylone, par *Bath-Kol*, c'est-à-dire, la fille de la voix; ils entendent par-là une voix envoyée du Ciel, comme celle qui se fit entendre au Baptême de JESUS-CHRIST (*a*), & à sa Transfiguration (*b*).

(*a*) Matth. III. 7.
(*b*) Matth. XVII. 7. & 2. Petr. I. 17.
(*c*) Spencer de urim & thummim c. 2 §. 2.

Spencer (*c*) qui a adopté ce sentiment, l'appuye de ces deux raisons. La premiére, que l'urim & thummim étoient une suite du gouvernement Divin, ou de la Théocratie des Hébreux. Tandis que le Seigneur gouverna immédiatement son peuple, il fut nécessaire qu'il y eût un moyen toujours prêt & toujours présent pour le consulter en tout tems. 2°. Ce moyen étoit établi pour consulter Dieu sur les choses qui concernoient l'intérêt commun de toute la nation. Or la Théocratie cessa, dit-on, lorsque le Royaume devint héréditaire dans la personne de Salomon; les intérêts de la nation cessèrent d'être communs depuis la division d'Israël en deux Monarchies, l'une gouvernée par Roboam, & l'autre par Jéroboam. Enfin, ce qui paroit plus fort que ces raisons de convenance, il ne paroît dans l'Histoire Sacrée aucun vestige de consulter par l'*urim* & *thummim* depuis la construction du Temple de Salomon jusqu'à sa destruction; & depuis sa destructio, tout le monde convient qu'elle n'a pas été rétablie.

(*d*) עוץ *Us*, ou *Huz. Genes.* x. 23.

US (*d*), premier fils d'Aram, & petit-fils de Sem. On croit qu'il peupla la Trachonite, Province au-delà du Jourdain, ayant l'Arabie déserte à l'orient, & la Batanée au couchant. Ce sentiment est proposé par saint Jérôme & par Joseph. Les Anciens nous apprennent qu'Us fonda la ville de Damas. Les Hébreux nomment Us la campagne de Damas, & les Arabes *Gaut* ou *Gauta*. On pourroit aussi placer Us vers les sources du Tigre. Diodore de Sicile, Strabon & Pline y mettent des peuples nommez Uxii ou Oxii. On peut voir ci-devant Hus ou Huz.

USURE, *usura*, ou *fœnus*. C'est ce qu'on reçoit au-delà du principal, en vertu du prêt usuraire. *Si vous prêtez de l'argent à ceux de mon peuple qui seront pauvres parmi vous, vous ne les presserez point comme un exacteur impitoyable, & vous ne les accablerez point par des usures* (*a*). Et ailleurs (*b*): *Si votre frere est tombé dans la pauvreté, & qu'il ait besoin de votre secours, après que vous l'aurez reçu chez vous comme un hôte & un étranger, & que vous l'aurez nourri avec vous, vous ne tirerez point d'intérêt de lui, & n'en exigerez pas plus que vous ne lui aurez donné; vous ne lui donnerez point votre argent à usure, & n'exigerez pas de lui plus de fruit qu'il n'en a reçu de vous.* On peut traduire ainsi l'Hébreu: *Lorsque votre frere sera tombé dans la pauvreté & dans la misére, vous le soutiendrez. Et à l'égard de l'étranger, & de celui qui est habitué dans le pays, qui vit avec vous, (ẏ. 36.) vous ne prendrez point d'usure de lui, vous ne lui donnerez point votre argent à usure, &c.* En sorte que ce passage renfermeroit deux préceptes: l'un, de soutenir son frere dans sa pauvreté; & le second, de soulager même l'étranger, & de ne lui pas prêter à usure.

(*a*) Exod. XXII. 25, 26.
(*b*) Levit. XXV. 35. 36. 37.

Et dans le Deutéronome (*c*): *Vous ne préterez à usure à votre frere ni argent, ni grain, ni quelque chose que ce soit; mais seulement aux étrangers. Vous préterez à votre frere ce dont il aura besoin, sans en tirer aucun intérêt; afin que le Seigneur votre Dieu vous benisse en tout ce que vous ferez.* En cet endroit, le Seigneur semble tolérer l'usure envers les étrangers, c'est-à-dire, envers les Chananéens & les autres peuples dévoüez à l'anathême; mais non pas envers les étrangers, avec qui les Hébreux n'étoient point en guerre, & contre qui le Seigneur n'avoit rien prononcé.

(*c*) Deut. XXIII. 19. 20.

USU   VUL

prononcé. Exiger l'usure, est ici un acte d'hostilité, dit saint Ambroise; *(a)* c'est une manière de faire la guerre aux Chananéens, que de les ruiner par ce moyen : Exigez l'usure de celui que vous pouvez tuer sans crime : *Cui enim jure inferuntur arma, huic legitimè indicantur usuræ.... Ab hoc usuram exige, quem non sit crimen occidere.* Et encore les Loix ne permettent-elles point d'exercer l'usure envers nos ennemis, quoiqu'en juste guerre : elles permettent seulement de les dépoüiller de leurs biens, dont ils se servent contre nous. Ainsi le plus vrai est de dire que Dieu toléroit, mais n'approuvoit point l'usure, que les Hébreux exerçoient envers les Chananéens. Il avoit accordé cela à la dureté de leurs cœurs, ne pouvant l'empêcher entiérement.

Mais Jesus-Christ dans l'Evangile, a révoqué toutes ces sortes de tolérances, qui étoient en usage sous la Loi ancienne *(b)* : *Donnez à tous ceux qui vous demandent, & ne redemandez point votre bien à celui qui l'emporte.... Si vous prétez à ceux de qui vous espérez de recevoir la même grace, quel gré vous en sçaura-t-on, puisque les gens de mauvaise vie s'entreprétent de la sorte, pour recevoir le même avantage ? C'est pourquoi aimez vos ennemis, faites du bien à tous, & prétez sans en rien espérer.* Ces derniers mots : Prétez sans en rien espérer : *Mutuum date nihil indè sperantes*, se peuvent expliquer en trois maniéres. 1°. Prétez même au plus pauvre, de qui vous n'espérez pas qu'il puisse vous le rendre. 2°. Prétez sans espéter qu'on vous rende un pareil service. 3°. Prétez sans désespérer votre prochain; ou prétez sans que la crainte de tomber dans l'indigence, vous empêche de faire le bien. Mais nous croyons que la vraie explication est celle-ci : Prétez aux plus pauvres, quand même vous n'espéreriez pas qu'ils dussent vous le rendre. Saint Augustin *(c)* a osé décider si ce qui est acquis par l'usure, est injuste, & si l'on est obligé de le restituer. Que dirai-je de l'usure, dir-il, que les Loix Civiles condamnent, & que les Juges obligent à restitution ? Est-il plus cruel de ravir quelque chose aux riches, que d'ôter en quelque sorte la vie aux pauvres, en les opprimant par l'usure ? Tout ce qui est acquis par cette voie, est sans doute mal acquis, & je voudrois qu'on le restituât : mais on n'a point de Juge devant qui on en puisse répéter la resti-

tution : *Quid dicam de usuris, quas etiam Leges & Judices reddi jubent ?... Hæc atque ejusmodi malè utique possidentur, & vellem restituerentur ; sed non est quo Judice repetantur.* Il parle apparemment de l'usure secrette. Néhémie *(a)* oblige les Juifs de retour de la captivité, de restituer à leurs freres ce qu'ils en avoient injustement exigé : *Reddite eis hodie agros suos, & vineas suas, & oliveta sua, & domos suas ; quin potiùs & centesimam pecuniæ, frumenti, vini & olei, quam exigere soletis ab eis, date pro illis.* L'Hébreu : *Reddite illis.* Mais il est inutile de s'étendre plus au long sur l'usure, qui est condamnée par toutes les Loix naturelles, divines & humaines. Voyez les Casuistes, & les Commentateurs sur l'Exode, Chap. XXII. 25. 26.

VULGATE. On donne le nom de *Vulgate*, au Texte Latin de nos Bibles, qui a été déclaré authentique par le Concile de Trente. Voici les termes du Concile *(b)* : Le saint Concile considérant que l'Eglise de Dieu ne tireroit pas un petit avantage, si de plusieurs éditions Latines que l'on voit aujourd'hui, on sçavoit qui est celle qui doit passer pour authentique, ordonne & déclare qu'on doit tenir pour authentique, l'ancienne & commune édition, qui a été approuvée dans l'Eglise par un long usage de tant de siécles; qu'elle doit être reconnuë pour authentique dans les Leçons publiques, dans les disputes, dans les prédications, & dans les explications théologiques; & veut que nul ne soit si osé que de la rejetter, sous quelque prétexte que ce soit. Le saint Concile en cet endroit, ne compare pas la Vulgate aux Originaux ; il n'en étoit pas question alors; mais seulement aux autres Versions Latines qui couroient en ce tems-là, & dont plusieurs étoient suspectes, comme venant d'Auteurs inconnus ou hérétiques. C'est donc mal-à-propos que les ennemis de l'Eglise accusent le Concile d'avoir préféré la Vulgate aux Originaux. Salméron *(c)* qui avoit assisté au Concile, & Pallavicin *(d)* qui en a fait l'histoire, nous asûrent que le Concile n'eut point d'autre intention, que de déclarer que la Vulgate étoit la seule des Versions Latines qu'il approuvât, & qu'il tînt pour authentique, comme ne contenant rien ni contre la foi, ni contre les mœurs.

On ignore le tems auquel l'ancienne Version Latine de l'Ecriture a été faite, & qui en est le premier Auteur : mais

marginal notes:
(a) Ambros. de Tobia, c. XV.
(b) Luc. vi. 30, 31, 32, 33.
(c) Aug. Epist. 153.
(a) 2. Esdr. v. 11.
(b) Concil. Trid. sess. 4. cap. 2.
(c) Salmero Prolegomen. 3.
(d) Pallavicin. hist. Concil. Trident.

on

on est persuadé que ce n'est que depuis l'établissement du Christianisme, que l'on traduisit les Ecritures de Grec en Latin. On n'a nulle connoissance que les Juifs en ayent jamais fait aucune de leurs Livres saints en Latin, quoiqu'ils fussent fort nombreux dans Rome, & dans l'Italie. Mais pour les Chrétiens, leur zéle les porta de bonne-heure à travailler à l'envi, à faire connoître la vérité à tout le monde, par le moyen des Traductions qu'ils firent de l'Ecriture. Il y en eut une infinité qui s'y appliquérent, dit saint Augustin (a): *Qui Scripturas ex Hebræa Lingua in Græcam verterunt, numerari possunt; Latini autem Interpretes, nullo modo.* Dès qu'un homme se sentoit quelque capacité pour tourner du Grec en Latin, il se hâtoit de rendre en cette Langue le premier Texte Grec qui lui tomboit entre les mains: *Ut enim cuique primis fidei temporibus in manus venit Codex Græcus, & aliquantulum facultatis sibi utriusque Lingua habere videbatur, ausus est interpretari.*

De là cette multitude d'Exemplaires Latins de la Bible, si peu d'accord entre eux; ce qui faisoit dire à saint Jérôme (b), que l'on voyoit presqu'autant de Versions diverses, qu'il y avoit de Livres: *Cum apud Latinos tot sint Exemplaria ferè, quot Codices, & unusquisque pro arbitrio suo vel addiderit, vel subtraxerit quod ei visum est.* Mais parmi ces anciennes Versions, il y en eut toujours une plus autorisée, & plus universellement reçuë; c'est celle qui est connuë dans l'Antiquité sous le nom d'*Italique*, de *Commune*, & de *Vulgate*, & qui est appellée *Ancienne*, depuis que saint Jérôme en eut composé une nouvelle sur l'Hébreu. La première étoit faite sur le Grec, & on lui avoit donné le premier rang parmi les éditions Latines, parce qu'elle étoit la plus attachée à la lettre, & la plus claire pour le sens: (c) *Verborum tenacior cum perspicuitate sententiæ.*

Quoiqu'en général les personnes éclairées comprirent assez la nécessité d'une nouvelle Version qui fût fidelle & exacte, & qui pût tenir lieu de toutes les autres, toutefois on demeura jusqu'à la fin du quatriéme siécle, ou au commencement du cinquiéme, sans rien entreprendre sur cela; & lorsque saint Jérôme commença à donner quelque essay de sa Traduction Latine faite sur l'Hébreu, il souffrit de grandes contradictions de la part même des personnes qui étoient très-bien intentionnées, mais qui craignoient que l'on ne donnât atteinte à l'autorité des Septante, que plusieurs tenoient pour inspirez, & qu'on ne causât du scandale aux peuples accoûtumez à l'ancienne Version, en leur en offrant une nouvelle différente de la première. Le saint Docteur fit d'abord quelques tentatives, pour essayer de réformer les Versions Latines faites sur le Grec; il retoucha jusqu'à deux fois le Pseautier; (a) il travailla aussi sur plusieurs autres Livres de la Bible (b): mais son travail n'eut qu'un succès fort médiocre; l'ancien usage prévalut. Enfin il se laissa aller aux prieres de plusieurs de ses amis, qui le sollicitérent d'entreprendre une Version Latine entière de la Bible sur l'Hébreu (c).

Il traduisit d'abord les quatre Livres des Rois, à la priere des saintes Paule & Eustochium. 2°. Il traduisit le Livre de Job, qu'il semble avoir destiné à Marcelle Dame Romaine. 3°. Il mit en Latin les grands & les petits Prophétes; & quelque tems après, le Livre d'Esdras. 4°. Il fit la Traduction des Pseaumes sur l'Hébreu, & les donna à Sophronius, pour les mettre en Grec. 5°. Il traduisit, à la sollicitation d'Héliodore & de Chromace, les trois Livres de Salomon, sçavoir, les Proverbes, l'Ecclésiaste, & le Cantique des Cantiques. 6°. Il entreprit de traduire le Pentateuque, à la priere d'un de ses amis nommé Didier; mais il ne put achever cet Ouvrage qu'à diverses reprises, à cause de sa longueur. 7°. Il accorda aux prieres d'Eustochium la Version de Josué, des Juges, de Ruth & d'Esther. 8°. Enfin il traduisit les Paralipomenes à la priere de Chromace.

Il est impossible de marquer précisément le tems auquel chacun de ces Ouvrages a été fait: mais on sçait qu'en l'an 392. les quatre Livres des Rois, Job, les grands & les petits Prophétes, les Pseaumes & les Livres de Salomon étoient déja traduits: Que les Livres d'Esdras & la Génèse furent mis en Latin entre l'an 392. & 394. Il ne put achever le reste du Pentateuque, c'est-à-dire, l'Exode, le Lévitique, les Nombres, & le Deutéronome, avant l'an 404. ou 405. c'est-à-dire, après la mort de sainte Paule, arrivée en 404 (d). Après cette année, il traduisit Josué, les Juges & Ruth. Il n'acheva la Traduction des Paralipomenes qu'en l'an 396. C'est ce que l'on peut inférer des Lettres & des Préfaces de saint Jérôme. Il ne toucha point aux Livres de l'ancien l'ancien Testament qui ne se trouvent qu'en Grec, comme la Sagesse, l'Ecclésiastique, les deux Livres des Maccabées, la Prophétie de Baruch, la Lettre de Jérémie, les Additions qui sont à la fin d'Esther, les deux derniers Chapitres de Daniel, qui sont encore de l'ancienne Vulgate. Le Pseautier même tel que nous le chantons, est presque tout entier de l'ancienne Italique. La Version que saint Jerôme en avoit faite sur l'Hébreu, ne se trouve pas dans nos Bibles. Notre Vulgate du Pseautier n'est pas même l'ancienne Version Latine réformée sur le Grec par saint Jerôme; c'est un mélange de cette ancienne Italique, & des corrections de ce Saint.

Il traduisit aussi le nouveau Testament sur le Grec, à la sollicitation du Pape saint Damase (*a*). Avant sa Traduction, il y avoit si peu d'uniformité dans les Exemplaires Latins, que l'on voyoit presqu'autant d'Exemplaires différens, que de Livres : *Tot enim sunt Exemplaria penè quot Codices*. Mais pour ne pas trop choquer les peuples, accoutumez à l'ancienne Vulgate, il s'étudia à conserver, autant qu'il put, les maniéres de parler qui se trouvoient déjà dans le Texte : *Ita calamo temperavimus, ut his tantùm quæ sensum videbantur mutare correctis, reliqua pateremur manere ut fuerant*. Ce qui ne contribua pas peu à faire recevoir sa Traduction par toute l'Eglise Latine, & à faire oublier l'ancienne Italique, qui ne se trouve plus entiére dans aucun endroit, que l'on sçache, & dont il ne reste que quelque partie dans les anciens Manuscrits, ou quelques fragmens dans les écrits des Peres, qui ont vécu avant saint Jerôme.

Le progrès de cette nouvelle Traduction fut si promt, que presqu'en mêmes-tems que le saint Docteur en publioit quelque Livre, il étoit aussi-tôt répandu par les villes & par les Provinces. Rufin (*b*) rival de saint Jerôme, ne put voir cela sans quelque chagrin, & il lui en fait des reproches. Lucinius (*c*) Espagnol très-zelé pour les divines Ecritures, envoya dès l'an 394. à Bethléem, six Ecrivains en notes pour copier les Versions & tous les autres Ouvrages de saint Jerôme. Saint Augustin qui dans les commencémens n'avoit pas été fort favorable à la Version de saint Jerôme, l'approuva tellement dans la suite, qu'il en composa son *Speculum*, ou Miroir, qui est un tissu de passages de l'Ecriture, à l'usage des simples Fidéles. Le Prêtre Philippe, contemporain de saint Jerô-

Tome IV.

me, a suivi dans son Commentaire sur Job, toute la Version de saint Jerôme. Saint Grégoire le Grand (*a*) en a presque toujours usé de même dans ses Morales sur Job, quoiqu'il dise que de son tems l'Eglise Romaine se servoit assez indifféremment de l'ancienne Italique, comme de la nouvelle Traduction faite sur l'Hébreu. Saint Isidore de Seville, (*b*) qui vivoit vers l'an 630. dit sans restriction, que toutes les Eglises suivoient la Version de saint Jerôme : *Cujus Editione omnes Ecclesia usquequaque utuntur*. Enfin Hugues de saint Victor (*c*) avance que l'Eglise Latine fit un Décret, par lequel elle ordonnoit qu'à l'avenir on ne se serviroit point d'autre Version que de celle dont nous parlons. Nous ne connoissons point de tel Décret, & il est très-possible qu'il n'y en ait jamais eu de pareil; mais l'usage & l'acceptation de l'Eglise sont équivalens aux Décrets les plus absolus.

L'ancienne Vulgate, qui étoit en usage avant celle de saint Jerôme, quoique faite dans un tems où la langue Latine étoit dans sa plus grande pureté, étoit toutefois fort barbare, & ce qui nous en reste aujourd'hui, en est une bonne preuve. Les premiers Interprétes s'appliquérent beaucoup moins à s'exprimer purement & élégamment, qu'à s'exprimer d'une manière claire & intelligible aux plus simples, & à rendre en Latin très-fidéle-ment & très-littéralement le Texte Grec de l'Ecriture. Saint Jerôme est plus pur pour le style, quoique sans affectation. Il s'est beaucoup plus étudié à traduire clairement, qu'à bien parler. Et pour le fonds, on peut dire que sa Traduction est excellente, quoiqu'on ne puisse pas l'excuser entièrement de fautes. Les plus habiles Protestans même ont loüé la Vulgate, & l'ont préférée aux autres Versions Latines. Loüis de Dieu (*d*) reconnoît que l'ancien Traducteur Latin est un très-sçavant homme. Il a ses défauts & ses barbarismes, ajoûte-t-il; mais je ne puis m'empêcher de loüer & d'admirer sa bonne-foi & son jugement même dans les lieux où il paroît barbare. Grotius (*e*) rendant raison de ce qui l'a porté à prendre la Vulgate, pour faire sur elle ses Notes sur l'Ecriture, dit ces paroles remarquables : *J'ai toujours fait grand cas de l'Auteur de la Vulgate, non seulement parce qu'il ne contient aucun sentiment* contraire à la foi, mais aussi parce qu'il est *rempli d'érudition*. Fagius (*f*) traite de demi-sçavans & d'impudens ceux qui osent mal parler de

(*a*) Hieronym. Præf. in quatuor Evangel.

(*b*) Rufin. l. 2. invectiva in Hieronym.
(*c*) Vide Epist. D. Hieronym. Lucinio Bœtico, olim. 28. nunc 52. nov. Edit.

(*a*) Greg. Mag. Præfat. Moral. in Job.

(*b*) Isidor. Hispal. l. 1. de Officiis Ecclef.

(*c*) Hugo Victor. l. de Scripturis sacris; c. 9.

(*d*) Lud. de Dieu notis ad Evangelia.

(*e*) Grot. Præf. in Annotat. suis in vet. Testam.

(*f*) Fagius Præf. ad Collat. translat. vet. Testam.

62 VUL UZI

(a) Conc. Tridens. Seff. 4.

de cette fameuse Traduction.

Le Concile de Trente (a) ayant ordonné que *l'Ecriture Sainte feroit imprimée au plûtôt le plus correctement qu'il feroit possible*, particuliérement selon l'édition ancienne de la Vulgate, le Pape Sixte V. donna ses principaux soins à procurer une édition parfaite de la Vulgate Latine, qui pût servir de modéle à toutes celles que l'on feroit dans la suite pour toute l'Eglise Catholique. Il employa à cet Ouvrage plusieurs sçavans Théologiens, qui y travaillérent avec beaucoup d'application. Son édition fut faite dès l'an 1589. mais elle ne parut qu'en 1590. Et comme elle ne se trouva pas encore dans toute la perfection que l'on défiroit, le Pape Clément VIII. en fit une autre édition en 1592. qui a toujours depuis été confidérée comme le modéle de toutes celles que l'on a imprimées. C'est cette édition que l'Eglise Latine tient pour authentique, suivant la déclaration du Concile de Trente, & selon la Bulle de Clément VIII. Il ne faut pas toutefois s'imaginer que cette derniere édition soit entiérement exemte de défauts. Le Cardinal Bellarmin (a) qui avoit travaillé avec d'autres Théologiens à la corriger, reconnoît dans sa Lettre à Luc de Bruges, qu'il y a encore plusieurs fautes, que les Correcteurs n'ont pas jugé à propos d'en ôter, pour de justes causes : *Scias velim Biblia Vulgata non esse à nobis accuratissimè castigata; multa enim de industria justis de causis pertransivimus.*

(a) Bellarm. Litteris datis Capua 6. Decemb. 1603.

UZAL, sixiéme fils de Jectan (b). On le place ordinairement dans l'Arabie heureuse. On trouve dans le Livre Juchasim la ville d'Uzal, Capitale du Royaume d'Aljeman ou Sabas. Les Latins ont fait d'*Uzal Auzar*, & ont nommé *myrrha Auzaritis* (c), une sorte de myrrhe qui vient de ce pays-là.

(b) Genef. x. 17.

(c) Plin. l. 12. c. 6.

UZI, Grand-Prêtre. Voyez ci-devant *Ozi*.

XALOTH.

XAL

XALOTH, bourgade située dans le grand Champ, bornant la Galilée inférieure du côté du midi. *Joseph, de Bello, Lib. 3. Cap. 11.*

XERCES, fils de Darius fils d'Hystaspe, & son successeur dans le Royaume de Perse, monta sur le trône l'an du Monde 3519. avant J. C. 481. avant l'Ere vulgaire 485. Il étoit fils d'Atosse fille de Cyrus, & Darius son pere l'avoit déclaré Roi peu de tems avant sa mort. On lui applique ces paroles de Daniel (*a*): *On verra encore trois Rois dans la Perse,* (ces trois sont Cyrus, Cambyses, & Darius fils d'Hystaspe) *& le quatriéme possédera de très-grandes richesses, & surpassera ceux qui ont été avant lui; & lorsqu'il se verra maître de ces grandes richesses, il animera tout le monde contre le regne de la Gréce.* En effet Xercès ayant assujetti les Egyptiens, les Phéniciens, l'Isle de Cypre, la Cilicie, la Pamphilie, la Pisidie, la Lycie, la Carie, la Mysie, la Troade, l'Hellespont, la Bythinie & le Pont, à qui il fit la guerre pendant l'espace de trois ou quatre ans, alors il envoya ses Ambassadeurs en Gréce, pour demander la terre & l'eau, en signe de soumission (*b*). Ce qui lui ayant été refusé, il partit l'année suivante, & attaqua les Grecs par mer & par terre, avec des forces si prodigieuses, qu'on n'avoit jamais rien vû de semblable. Mais son entreprise eut tout le mauvais succès qui est connu de tout le monde. Il revint à Suses, & de là se rendit à Ecbatanes. Il fut tué l'an du Monde 3531. avant J. C. 469. avant l'Ere vulgaire 473. & eut pour successeur Artaxercès surnommé à la longue main.

(*a*) *Dan.* 11. 2. 3. & seq.

(*b*) *Herodot.* l. 7. c. 25. & seqq. An du Monde 3521. avant J. C. 477. avant l'Ere vulgaire 481.

Xercès n'avoit régné que douze ans.

Nous apprenons de Joseph (*a*) que ce Prince confirma aux Juifs tous les priviléges qui leur avoient été accordez par Darius fils d'Hystaspe son pere, & particuliérement celui qui leur assignoit les tributs de Samarie, pour les frais des victimes qu'on offroit au Temple de Jérusalem.

La seconde année de son Regne, il marcha contre les Egyptiens (*b*), & après les avoir vaincus, il appesantit le joug de leur servitude. Il donna le Gouvernement de ce Royaume à son frere Achemenes, & revint sur la fin de l'année à Suses.

Enflé de cet heureux succès, il résolut à l'instigation de Mardonius fils de Gobrias, qui avoit épousé une de ses sœurs, de porter la guerre dans la Gréce (*c*). Joseph (*d*) croit que les Juifs furent commandez pour marcher à cette expédition; & il leur applique ce que dit le Poëte Chœrile dans la description qu'il fait des diverses nations dont l'armée de Xercès étoit composée. *Il y avoit,* dit-il, *un peuple qui avoit quelque chose d'extraordinaire dans sa mine & dans son habillement: leur langue est la Phénicienne; ils habitent les montagnes de Solymes, le long desquelles il y a un grand lac. Ils portent les cheveux coupez en rond.* Saumaise (*e*) est du sentiment de Joseph; & puisque les Juifs étoient sujets de Xercès, quelle raison auroit pû les dispenser de marcher comme tous les autres à cette guerre? Cependant Scaliger, Bochart, Annæus, & la plûpart des Sçavans soutiennent aujourd'hui que Chœrile a voulu parler des Solymes de Pisidie. Voyez ci-devant *Solymes.*

(*a*) *Antiq. l.* xi. *c.* 5. Vers l'An du Monde 3540. avant J. C. 480. avant l'Ere vulg. 484.

(*b*) *Herodot. l.* 7. An du Monde 3524.

(*c*) *Herodot. l.* 7.

(*d*) *Joseph. l.* 1. *contra Appion.*

(*e*) *Salmas. ossileg. lingua Hellenistica.*

Au

XER

Au retour de cette fameuse & fatale expédition, Xercès donna ordre de démolir tous les Temples des villes Grecques d'Asie (*a*); ce qui fut exécuté. Il n'y eut d'épargné que celui de Diane à Ephése; apparemment à cause de sa beauté. Il en usa de même par tous les lieux où il passa, détruisant dans le cours de cette expédition tous les Temples idolâtres qu'il rencontra dans son chemin. Ce ne fut ni par aversion pour les peuples, ni par bizarrerie qu'il se porta à cela. Ce fut le zéle pour la Religion des Mages, dont Zoroastre l'avoit instruit, & lui avoit inspiré une extrême horreur pour les Idoles & les simulacres. Il passa par Babylone à son retour, & y détruisit l'idolâtrie & les Idoles (*b*) par le même motif qui l'avoit porté à renverser les Temples des Grecs. Ainsi furent vérifiées les Prophéties de Jérémie, qui portent (*c*) : *Bel est chargé de confusion, Mérodach est brûlé; leurs statuës sont dans la honte; leurs images sont mises en*

(*a*) *Strabo, l.* 14. *Cicero de legib. l.* 2. *Æschyl. in Persis, Herodot, l.* 8.

(*b*) *Strabo, l.* 16. *Herodot. l.* 1. *Diodor. l.* 2. *Arrian. de Expedit. Alex. l.* 7.

(*c*) *Jerem. l.* 2.

XYS

piéces. Et encore (*a*) : *Je punirai Bel à Babylone; j'arracherai de sa bouche ce qu'il avoit englouti* (*b*); *je tirerai vengeance des images taillées à Babylone*.

XYLOPHORIE. Fête des Hébreux, dans laquelle on portoit en solemnité du bois au Temple, pour l'entretien du feu sacré qui brûloit toujours sur l'Autel des holocaustes. Nous ne trouvons point cette Fête marquée dans aucun endroit de l'Ecriture; mais Joseph en fait mention, Livre 2. de la Guerre des Juifs, Chap. XVII. pag. 811. Selden veut que cette provision se fît dans le mois Ab, qui revient à peu près à Juillet. D'autres la mettent au mois Elul, qui répond au mois d'Août. Les Rabbins enseignent qu'on préparoit avec grand soin le bois qui devoit être brûlé sur l'Autel, qu'on le nettoyoit très-proprement, & qu'on n'y laissoit ni pourriture, ni rien de gâté & de vermoulu.

XYSUTHRUS. Voyez *Sisuthrus*.

(*a*) *Jerem.* LI. 44.
(*b*) *Jerem.* LI. 47. 52.

YADES.

YAD

ADES. Voyez *Hyades*.

YEUX, *oculi*. Dieu dans la formation des yeux, a employé d'autant plus d'adresse, que le sens de la vûë surpasse tous les autres sens extérieurs en noblesse, & en dignité. Il n'y a guéres de nom qui ait plus d'expressions métaphoriques que l'œil ; par exemple : *Mettre ses mains sur les yeux des mourans*, Genése XLVI. 5. lui fermer les yeux, lui rendre ce dernier devoir. *Mettre les yeux sur quelqu'un*, le regarder favorablement, avoir soin de lui, de ses intérêts. *Les yeux du Seigneur sont sur les Justes*, Psal. XXXIII. 16. Il les favorise, il les comble de bénédictions. *Vous humilierez les yeux des superbes*, Psalm. XVII. 28. Vous abaisserez leur orgüeil, leur insolence. *Les yeux du Seigneur regardent les nations*. Sa Providence s'étend sur elles. *Trouver graces aux yeux de quelqu'un*, Ruth. II. 10. &c. Gagner ses bonnes graces, son amitié. *Les yeux des serviteurs sont dans les mains de leurs maîtres*, Psal. CXXII. 2. Les serviteurs ont toujours les yeux attachez sur les mains de leurs maîtres, pour observer leurs moindres mouvemens, & obéir au moindre signal.

L'œil mauvais, le jaloux, ou l'avare ; *l'œil bon*, & *l'œil simple*, le libéral. *Leurs yeux furent ouverts*, Genése III. 7. Ils commencérent à comprendre ce qu'ils ne comprenoient pas auparavant. *Les yeux du Sage sont dans sa tête*, Eccli. II. 14. Il sçait où il va, & ce qu'il doit faire ; il ne se conduit pas à l'avanture. *Je serai humble à mes yeux*, 2. Reg. VI. 22. Je me mépriserai moi-même. *Les yeux ne se rassasient point de richesses*, Eccli. IV. 8. La convoitise est insatiable, &c. Voyez *œil*.

YVOIRE. L'Hébreu appelle l'yvoire *schen*, c'est-à-dire, une dent ; parce que l'yvoire est une dent d'éléphant. Ezéchiel (*a*) l'appelle *corne de dent*, parce que c'est une dent en forme de corne, & qu'il a plûtôt la nature de la corne, que celle d'une dent, étant maniable, & aisée à travailler, comme la corne. Varron (*b*) soutenoit que le nom de dent ne convenoit nullement à l'yvoire, & que c'étoit une vraie corne : *Nam quos dentes multi vocant, sunt cornua*. Dans le troisiéme Livre des Rois, Chap. X. 22. il est dit qu'on apportoit du pays d'Ophir à Salomon des dents d'éléphans : *Dentes elephantorum*. L'Hébreu porte : *Schen-abim* (*c*) ; & Bochart croit que *schen-abim*, est mis pour *schen-kahabim*, prétendant que *kahabim* signifie des éléphans ; de quoi il ne donne aucune preuve. Nous croyons qu'il faut lire ces deux mots séparément, *schen-habenim* ; des dents, ou de l'yvoire, & de *l'ébéne*. Habenim signifie l'ébéne dans Ezéchiel, XXVII. 15.

Dioscoride écrit qu'en faisant cuire l'yvoire pendant six heures, avec la racine de mandragore, il s'amollit ensorte qu'on en peut faire tout ce que l'on veut. L'yvoire de l'Isle de Céilan & de l'Isle d'Achem, a cela de particulier, qu'il ne jaûnit point, comme celui de terre ferme & des Indes Occidentales ; ce qui le rend plus cher que l'autre (*d*). L'Ecriture parle de l'yvoire rouge : *Rubicundiores ebore antiquo*, plus rouges que l'ancien yvoire. Homére (*e*) parle de cette couleur qu'on donnoit à l'yvoire ; on se servoit de cet yvoire ainsi coloré, pour

(*a*) Ezech. XVII. 15. קרנית שן

(*b*) Varro de Lingua Latina, l. 6.

(*c*) שנהבים Schen-habbim. קהבים Dens fuscorum, seu elephantorum.

(*d*) Jerem. Thren. IV. 7.
(*e*) Homer. Iliad. Δ. ως δ' ὅτε τις τ' ἐλέφαντα γυνὴ φοίνικι μιήνῃ Μῃονὶς ἠὲ Κάειρα παρήϊον ἔμμεναι ἵππων.

YVO

en orner les brides des chevaux. Ovide infinuë qu'on teignoit ainfi l'yvoire pour empêcher qu'il ne fe jaunît, comme il fait ordinairement quand il est vieux (a).

Aut quod ne longis flavefcere poffit ab annis
Mæonis Affyrium femina tinxit ebur.

L'Hébreu du paffage de Jérémie que nous avons cité, eft différent de la Vulgate; il porte (b): *Leur corps eft plus brillant*, ou *plus rouge que les perles*. On fçait que les perles font blanches, & non pas rouges; il faut donc prendre l'Hébreu qui fignifie ordinairement *être rouge*, dans le fens *d'être brillant*, comme il fe prend quelquefois dans l'Ecriture, & même dans les Profanes (c); ou bien expliquer le rouge de la perle, de ce beau rouge incarnat qui fe remarque dans la nacre de la perle, où le blanc & le rouge font fi tempérez, qu'on peut très-bien leur comparer un teint blanc, & vermeil : *Candidiores Nazaræi ejus nive, nitidiores lacte, rubicundiores pinnis, feu perulis.*

Le trône de Salomon étoit tout d'yvoire, & revêtu d'or pur; on y montoit par fix degrez, & douze lions d'or placez un à un à chaque côté des degrez, en faifoient un admirable ornement.

L'Ecriture parle auffi quelquefois de maifons d'yvoire (d). Amos invectivant contre la molleffe & la fomptuofité des riches de Samarie, dit que leurs maifons d'yvoire périront : *Peribunt domus eburnæ*. Le Roi Achab avoit bâti une de ces maifons d'yvoire (e) : *Et domus eburnea quam ædificavit*. Il en eft parlé au long dans les Annales des Rois d'Ifraël. Le Pfalmifte (f) décrivant la magnificence des préfens que l'on fit à l'époufe de Salomon, dans la cérémonie de fes nôces, dit que les filles des Rois lui préfentérent la myrrhe, la cafe, & les plus excellens aromates, dans des maifons d'yvoire : *Myrrha & gutta & cafia à veftimentis tuis, à domibus eburneis ex quibus delectaverunt te filiæ Regum in honore tuo*. Ces coffrets d'yvoire fervoient à ferrer les habits, l'or, les pierreries, & ce qu'on avoit de plus précieux; cela eft connu même chez les profanes. On faifoit quelquefois ces caffettes de cédre, comme on le voit par Ezéchiel XXVII. 24. fuivant l'Hébreu; & par Euripide (g), qui les appelle *des maifons de cédre*.

Quant aux maifons d'yvoire, dont parlent Amos & le troifiéme des Rois, il y a affez d'apparence que c'étoit de

YVR

véritables maifons, ornées de quantité de meubles d'yvoire, comme de lits, de tables, de caffettes & d'autres embelliffemens, où l'on avoit employé l'yvoire; ces ouvrages étoient apparemment plus en ufage & plus en eftime en ce tems-là, qu'à préfent.

Le même Amos parle des lits d'yvoire (a) : *Qui dormitis in lectis eburneis, & lafcivitis in ftratis veftris*. Saint Jean dans l'Apocalypfe (b) parlant de la chûte de Rome, qu'il défigne fous le nom de Babylone, dit qu'on n'y verra plus les vafes d'or, d'argent & d'yvoire qu'on y voyoit auparavant. On a parlé ailleurs du trône d'yvoire de Salomon. Ezéchiel (c) dit que les Tyriens avoient porté la magnificence jufqu'à faire les bancs des rameurs avec de l'yvoire des Indes : *Tranflata tua fecerunt tibi ex ebure Indico*. C'eft une fomptuofité qui paroît affez mal placée; auffi on traduit l'Hébreu diverfement : les uns : *Ils ont fait vos ais d'yvoire foulé aux pieds*; (à la lettre : *D'yvoire fille des pas*) *& venu des Ifles de Céthim*. Mais que veut dire, *de l'yvoire foulé aux pieds* ? C'eft que l'éléphant a coutume de cacher fous terre fes dents, lorfqu'elles lui tombent de hazard, ou de vieilleffe (d). *Dentes deciduos cafu aliquo, vel fenectâ defodiunt*. D'autres traduifent : *Ils ont fait vos bancs avec de l'yvoire travaillé en Affyrie, & venu des Ifles de Céthim* ou *de Macédoine*. Mais on fçait que la Macédoine n'eft pas un pays où l'on trouve des dents d'éléphant. Il y en a d'autres qui traduifent ainfi (e) : *On a fait vos bancs d'yvoire, enchaffez dans du boüis venu des Ifles de Macédoine* (f). Les Hébreux donnent le nom d'Ifles aux péninfules, & aux pays maritimes, auffi-bien qu'aux Ifles proprement dites; & la Macédoine produifoit du boüis dont on faifoit cas (g). On enchaffoit quelquefois l'yvoire dans du boüis, comme on le voit par Virgile (h) :

Quale per artem
Inclufum buxo, aut oriciâ therebintho
Lucet ebur.

YVRAIE, ou *yvroie*, *zizanium*, *lolium*; c'eft une plante qui a la feüille longue & veluë, & affez difficile à diftinguer du bled, & des autres grains, au milieu defquels elle croît. Sa tige eft plus menuë que celle du froment; & à la cime de cette tige, il fort un épi long, & garni de petites gouffes, qui l'environnent inégalement, & qui renferment

renferment trois ou quatre grains amoncelez, & couverts d'une bourre, que l'on ne rompt pas aisément. Le pain où l'on met beaucoup d'yvraie, est dangereux pour la santé ; il enyvre, il charge l'estomach, & cause des assoupissemens & des maux de tête à ceux qui en ont mangé. Lorsque la plante est grande & prête à fleurir, on la distingue fort aisément du froment. D'où vient que notre Sauveur dans la parabole de l'yvraie & du bon grain, dit à ses moissonneurs d'attendre le tems de la moisson pour arracher l'yvraie, pour en faire des fagots, & pour les jetter au feu (*a*).

(*a*) *Matth.* VI. 16. 27. 28. 19. &c.

L'épi de l'yvraie est de la longeur d'un pied, d'une forme particuliére : car il est divisé en plusieurs parties rangées alternativement, de maniére que chacune paroît un petit épi, ou paquet composé de quelques grains plus menus que ceux du froment, peu farineux, de couleur rougeâtre. Sa feüille est assez differente de celle du froment ; mais on la distingue principalement lorsqu'elle devient grande & qu'elle commence à fleurir. On dit qu'on lui a donné le nom d'yvraie ou d'yvroie, à cause qu'elle enyvre ceux qui mangent du pain, ou qui boivent de la bierre, où il est entré considérablement de cette graine. Quelques Botanistes croyent que l'yvraie s'engendre des grains de froment & d'orge corrompus, & qui dégénerent de leur nature, d'où vient qu'il y a certaines années, & certains cantons, où l'on recüeille beaucoup d'yvraie, quoiqu'on n'y ait semé que de bon grain ; & au contraire, on assure que l'yvraie se change quelquefois en froment, lorsqu'elle est reçüe dans une bonne terre. J'ai vû des personnes qui disent avoir fait l'expérience de l'un & de l'autre.

Dans l'Eglise, l'yvroie sera mêlée avec le bon grain, les méchans avec les bons, les réprouvez avec les Elûs, jusqu'au jour du Jugement. Les Pasteurs en arrachent quelquefois les hétiques, les schismatiques, & les pécheurs scandaleux, par l'excommunication, qui doit être regardée comme un prélude du Jugement de Dieu.

YVRE, YVROGNE, YVRESSE. Ces termes dans l'Ecriture ne doivent pas toujours se prendre dans le sens odieux qu'on leur donne communément. Assez souvent ils ne signifient que boire autant qu'on peut & qu'on doit dans un repas d'amis, où le vin n'est pas épargné. Par exemple, il est dit (*a*) que les freres de Joseph s'enyvrerent avec lui, la seconde fois qu'ils le virent en Egypte, & ne sçachant pas encore qu'il étoit leur frere ; il n'est pas croyable que dans cette occasion, ils se soient oubliez jusqu'au point de manquer à la bienséance, & au respect qu'ils devoient à un homme de la consideration de Joseph. L'Epouse dans le Cantique (*b*) dit à ses amis : *Venez, mes amis, bûvez, enyvrez-vous ;* c'est-à-dire, *bûvez, mangez, faites bonne-chere.* Et Aggée (*c*) : *Vous avez semé beaucoup, & vous avez recüeilli peu ; vous avez bû, & vous ne vous êtes pas enyvré :* c'est-à-dire, vous n'avez pas recüeilli assez assez de vin pour vous mettre dans l'abondance. Et le Sage (*d*) : *Celui qui enyvre, sera enyvré à son tour.* L'homme liberal & bienfaisant sera liberalement récompensé. Et dans l'Evangile : (*e*) *Tout homme sert d'abord le bon vin, & lorsque les conviez sont enyvrez, il leur sert le moindre.* Croira-t-on que Jesus-Christ ait attendu que ces conviez fussent yvres pour faire en leur faveur le miracle qu'il fit à Cana ? Et saint Paul (*f*) : *Alius quidem esurit, alius autem ebrius est* ; l'un est dans le besoin, & l'autre dans l'abondance.

L'*yvresse* se prend quelquefois pour l'accablement & l'affliction (*g*) : *Paupercula & ebria non à vino,* dit Isaïe ; vous qui avez été enyvrée du calice de la colére de Dieu. Voyez *Calice. Absumat ebria sitientem,* dit Moyse par une espéce de Proverbe (*h*) : Celle qui est yvre dévorera celle qui a soif. Le riche consumera le pauvre : le fort accablera le foible. Le même (*i*) : *J'enyvrerai mes fléches de sang.* Et le Psalmiste : (*k*) *La terre sera enyvrée de pluie.* Et Isaïe (*l*) : *Je rassasierai tes ennemis de ta chair, je les enyvrerai de ton sang.* Et Ezéchiel (*m*) : *Ebrietate & dolore repleberis.* Et encore XXXIX. 19. *Bibetis sanguinem in ebrietatem :* Vous vous enyvrerez du sang de ma victime.

(*a*) *Genes.* XLIII. 34.

(*b*) *Cant.* V. I.

(*c*) *Aggea.* I. 6.

(*d*) *Prov.* XI. 24.

(*e*) *Joan.* II. 10.

(*f*) I. *Cor.* XI. 21.

(*g*) *Isai.* LI. 21.

(*h*) *Deut.* XXIX. 19.

(*i*) *Deut.* XXXII. 42.

(*k*) *Psalm.* LXIV. 11.

(*l*) *Isai.* XLIX. 26.

(*m*) *Ezech.* XXIII. 33.

I. ZABAD.

ZAB

 I. ZABAD, fils de Nathan, & pere d'Ophal, de la race de Juda. 1. Par. II. 36. 37.

II. ZABAD, fils de Tahat, & pere de Suthala, de la Tribu d'Ephraïm. 1. Par. VII. 20.

III. ZABAD, fils de Semmaar, femme du pays d'Ammon, avec Jozabad, fils de Semarith, femme du pays de Moab, tuérent Joas Roi de Juda, 2. Par. 24. 26. en l'an du Monde 3165. avant J. C. 835. avant l'Ere vulg. 839.

IV. ZABAD, fut un de ceux qui se séparérent de leurs femmes, qu'ils avoient prises contre la défense de la Loi. 1. Esdr. 10. 27.

ZABADIENS, Arabes qui demeuroient à l'orient des montagnes de Galaad. Jonathas Maccabée les défit en 3860. Voyez 1. Macc. XII. 31. Mais il y a beaucoup d'apparence qu'au lieu de Zabadien, qui est un nom inconnu, il faut lire Nabathéen avec Joseph. On sçait qui étoient les Nabathéens.

I. ZABADIA, fils de Baria. 1. Par. VIII. 15. 16.

II. ZABADIA, fils d'Elphaal. 1. Par. VIII. 16. 17.

III. ZABADIA, fils de Jéroham, de la ville de Gédor, fut un de ceux qui suivirent le parti de David, pendant la persécution de Saül. 1. Par. XII. 7.

IV. ZABADIA, Lévite, fils de Mésellémia, Portier du Temple. 1. Par. XXVI. 2.

ZABBAI, fils de Bébaï, fut un de ceux qui au retour de la captivité se séparérent de leurs femmes, qu'ils avoient épousées contre la Loi. 1. Esdr. x. 28.

ZABDI, fils de Zaré, ayeul d'Achan. Josue, VII. 1.

ZABDIAS, Intendant des celliers de vin du Roi David. 1. Par. XXVII. 27.

ZABDIEL, fils de Jesbaam, commandoit les vingt-quatre mille hommes qui servoient pendant le premier mois, auprès de la personne de David. 1. Par. XXVII. 2.

ZABDIEL, Roi d'Arabie, tua Aléxandre Ballés Roi de Syrie, qui s'étoit réfugié auprès de lui, & envoya sa tête à Ptolémée Philométor Roi d'Egypte (a), qui étoit alors en Syrie, & qui poursuivoit Aléxandre Ballés. Diodore de Sicile (b) donne à ce Zabdiel le nom de Dioclés. Les Historiens profanes (c) racontent la chose un peu auttrement. Ils disent que les Généraux d'Aléxandre Ballés pensant à leurs intérêts & à leur sûreté, après que leur Maître se fut retiré en Cilicie, traitérent en particulier avec Démétrius Nicanor gendre de Ptolémée Philométor; & tuérent en trahison Aléxandre, dont la tête fut envoyée à Ptolémée par Zabdiel, dont on vient de parler.

ZABIENS (d). On dit que les Zabiens sont d'anciens Chaldéens attachez à l'astrologie, & au culte des astres, & dont la principale occupation étoit de former des talismans sous certains aspects des astres. On doute si les Zabiens étoient un peuple particulier, ou une secte de Philosophes; ou si leur nom marque simplement leur Religion, leur pays, ou leur situation. On propose sur cela cinq ou six sentimens divers (e). Les uns croyent que le nom de Zabiens vient de Zaba, ou plûtôt Saba, fils de Chus; ou de Zaba, une armée,

(a) 1. Mac. XI. 17. An du Monde 3869. avant J. C. 141 avant l'Ere vulg. 145.
(b) Diod. Sicul. l. 32.
(c) Polyb. Diodor. apud Usser. ad an. M 3839.

(d) צביים Zabiim.

(e) Vide Spencer de Legib. Hebr. ritual. l. 2. c. 1. de Zabiis.

Tome IV. S

armée, parce qu'ils adoroient l'armée du Ciel; ou de l'Arabe *Tzabin*, qui signifie le vent d'Orient, parce que ces peuples étoient Chaldéens, & connus sous le nom d'Orientaux. Spencer (*a*) qui a fort examiné cette matière, croit que la meilleure étymologie est celle qui a été proposée par Scaliger (*b*) qui croit que *Zabiim* signifie les Orientaux, ou les Chaldéens : mais il prétend qu'on ne doit pas borner ce nom aux seuls Chaldéens, & qu'il doit s'étendre à tous les peuples qui ont suivi leurs principes ; comme les Egyptiens, les Nabathéens, les Cananéens, les Syriens, & autres : en sorte que le nom de *Zabien* marqueroit une espéce de secte fort répanduë dans tout l'Orient.

Mais quelle étoit la Religion & la Philosophie des Zabiens ? Quelques-uns croyent que c'étoit la plus ancienne Religion du monde. Il y en a qui en mettent l'origine sous Seth fils d'Adam ; d'autres sous Noé ; d'autres (*c*), sous Nachor, pere de Tharé, & ayeul d'Abraham. Maimonide (*d*) croit qu'Abraham suivoit les principes & la Religion des Zabiens, avant qu'il fût sorti de la Chaldée. Un des principaux articles de cette Religion étoit le culte des astres, & une sorte de magie, ce qui fait dire à Spencer qu'ils étoient Payens, & que leur Religion, telle qu'elle a été connuë par les Auteurs Juifs & Arabes qui en parlent, n'a été formée que sur le déclin du Judaïsme, & qu'elle a emprunté diverses choses des anciens Chaldéens, des Juifs, des Platoniciens, & des Gnostiques ; qu'ils ont fait un mélange de tout cela, dont leur Religion est composée. Il ajoûte que le nom des *Zabiens*, & même leur Religion, comme elle est aujourd'hui, est fort récente, & ne surpasse pas les tems de Mahomet, puisqu'on ne trouve ni leur nom, ni leur Religion marquez dans aucun Auteur ancien, ni Grec, ni Latin, ni dans aucun Ouvrage écrit avant l'Alcoran.

M. Hyde dans son Histoire de la Religion des Perses, s'est appliqué à prouver que les anciens Zabiens n'étoient point Gentils. Il prétend que Sem & Elam sont les premiers Auteurs de leur Religion ; que si dans la suite elle se trouva chargée de quelques superstitions, Abraham la réforma, & soutint sa réformation contre Nemrod, qui la persécuta : Que Zoroastre vint ensuite, & rétablit le culte du vrai Dieu, qu'Abraham avoit auparavant enseigné. Il

(*a*) Spencer. loco cit.

(*b*) Scaliger. Epist. l. 1. Ep. 62.

(*c*) Selden Batricid.

(*d*) Maimonid. More Nevoch. l. 3. p. 411.

est vrai que les Zabiens ou les anciens Perses entretenoient un feu éternel sur leurs Autels, & dans leurs Temples ; mais on voyoit la même chose sur l'Autel du Temple de Jérusalem, où les Prêtres avoient soin de nourrir un feu qui ne s'éteignoit jamais. Ils paroissoient adorer le soleil ; mais on prétend que ce n'étoit qu'un culte subalterne, & subordonné au culte du vrai Dieu. Les restes des anciens Perses qui sont encore aujourd'hui dans l'Orient, soutiennent à ceux qui les interrogent, que le respect qu'ils ont pour le soleil, est un culte purement civil, semblable à celui qu'on rend aux Rois & à leurs Ministres.

On prétend que la Religion des Zabiens est la plus ancienne des Religions du monde, après la Religion d'Adam & des Patriarches, qui étoit la seule véritable. L'unité d'un Dieu & la nécessité d'un Médiateur étoit originairement une persuasion générale & regnante parmi tous les hommes (*a*). L'unité d'un Dieu se découvre par la lumière naturelle ; le besoin que nous avons d'un Médiateur pour avoir accès à l'Etre suprême, est une suite de cette première idée. Mais les hommes n'ayant pas eu la connoissance, ou ayant oublié ce que la révélation avoit appris à Adam des qualitez du Médiateur, ils en choisirent eux-mêmes, par le moyen desquels ils pussent s'adresser au Dieu suprême. Ce fut le premier pas vers l'idolâtrie. Ne voyant rien de plus beau ni de plus parfait que les astres, dans lesquels ils supposoient que résidoient des intelligences, qui animoient & qui gouvernoient ces grands corps ; ils crurent qu'il n'y en avoit point de plus propre pour servir de Médiateur entre Dieu & eux. Et comme les planètes étoient de tous les corps célestes les plus proches de la terre, & celles qui avoient le plus d'influence sur elle ; ils leur donnèrent le premier rang parmi ces Médiateurs, & sur ce pied-là, ils en firent l'objet de leur culte.

Telle fut l'origine de toute l'idolâtrie qui a eu cours dans le monde. D'abord on dressa des Tentes ou des Chapelles à ces Puissances ; puis on leur dressa des statuës ou des images. Ces images n'étoient dans les commencemens regardées que comme des demeures sacrées, où les intelligences avoient leurs habitations, & ceux qui les adoroient ne leur rendoient qu'un culte relatif à la Planète qui en étoit la maîtresse.

Ils

(*a*) Voyez Prideaux hist. des Juifs, premiére partie, l. 3. p. 319. & les Auteurs qu'il cite.

Ils s'aviserent ensuite de faire des statuës dans lesquelles ils croyoient qu'après leur consecration ces intelligences étoient aussi présentes par leurs influences, que dans les Planétes, & que les priéres qu'on leur adressoit, avoient autant d'efficace devant l'une que devant l'autre. Ce fut-là l'origine de l'adoration des statuës ou simulacres.

On leur donna le nom de Planétes qu'ils représentoient, & qui sont les mêmes que ceux qu'elles ont aujourd'hui. Aussi trouvons-nous Saturne, Jupiter, Mars, Apollon, Mercure, Venus & Diane placez dans le premier rang dans le culte des anciens. C'étoit-là ce qu'ils appelloient des grands Dieux. Ensuite l'opinion que les ames de gens de bien pouvoient après leur séparation du corps servir de Médiateurs & d'intercesseurs auprès de Dieu pour les hommes, ayant prévalu dans les esprits, on déifia plusieurs de ceux qu'on croyoit justes, & dignes de cet honneur; ainsi le nombre des Dieux s'augmenta dans le monde.

Cette Religion prit son origine chez les Chaldéens. La connoissance qu'ils avoient de l'astronomie contribua à les y porter. C'est ce qui obligea Abraham à quitter la Chaldée. Des Chaldéens ce culte se répandit dans tout l'Orient, de là en Egypte, de l'Egypte en Grèce, & de la Grèce parmi toutes les nations d'Occident. Les premiers Auteurs de cette superstition étoient connus dans l'Orient sous le nom de *Sabbéens* ou *Zabiens* (*a*). Les restes de cette ancienne secte subsistent encore aujourd'hui dans l'Orient sous le nom de Sabbéens, qu'ils prétendent avoir reçû de Sabius fils de Seth; ils ont encore parmi eux un Livre qu'ils attribuent à Seth, & qui contient la doctrine de leur secte.

A cette secte des Sabbéens étoit diametralement opposée celle des Mages, qui avoient horreur des images & des Idoles, & n'adoroient Dieu que par le feu. Ils prirent naissance dans la Perse, & s'étendirent dans les Indes où ils subsistent encore aujourd'hui. Ils reconnoissoient deux principes, l'un du bien, l'autre du mal. On peut voir ce que nous avons dit sous l'article *Mages*.

Pour revenir aux Zabiens, comme tout le systême que nous venons de proposer sur leur origine & leurs progrès n'est fondé ni sur des preuves de fait, ni sur le récit des Historiens anciens, ni sur aucun monument authentique, nous sommes obligez d'avertir le Lecteur que tout cela n'est qu'une hyperbole probable à la vérité, mais peu assurée; voici quelque chose de plus précis tiré des Auteurs Orientaux, qui nous apprennent quelle est la secte des Zabiens, & quels sont leurs sentimens.

Le nom de *Sabbéens* (*a*) ou *Zabiens*, n'est pas le nom d'une nation particuliére, mais celui d'une Religion connuë dans l'Orient, & de ceux qui la professent; il n'est pas bien certain en quoi consiste principalement la Religion des Zabiens. Les Orientaux mêmes sont fort differens sur ce sujet: mais il est très-constant que cette Religion est une des trois auxquelles Mahomet a donné sa protection, & une espéce d'approbation dans l'Alcoran; ces trois Religions sont le Judaïsme, le Christianisme, & le Zabéïsme; parce qu'elles ont, ou prétendent avoir des Livres composez par des Patriarches & des Prophetes, que Mahomet & les Musulmans reconnoissent.

Selon Houssain Vaez dans sa Paraphrase Persienne de l'Alcoran, les Zabiens ont diverses Observances tirées du Judaïsme, du Christianisme, & du Mahométisme; ils honorent les Anges d'un culte religieux; ils lisent les Pseaumes de David; ils prient tournez tantôt au midi, & tantôt au septentrion. Il y en a qui croyent qu'ils sont dans les principes des Saducéens.

Ils ont aussi, dit M. d'Herbelot, un Livre qu'ils attribuent à Adam, & qu'ils regardent comme leur Bible, dont les caractéres sont tout-à-fait particuliers, mais dont la langue est presque entiérement Chaldaïque. Ils ont une grande vénération pour saint Jean-Baptiste, duquel ils se disent disciples; ils pratiquent une espéce de Batême, ce qui leur a fait donner par nos voyageurs, le nom de *Chrétiens de saint Jean*. Voyez ce que nous avons dit sur cet article. Leur langage est presque entiérement Syrien, ou Chaldéen.

Ben-Schunab Auteur Persan nous dit encore quelque chose de plus précis sur les Zabiens, qu'il nomme *Sirians*, ou *Syriens*. Ils sont, selon lui, les descendans de la plus ancienne nation du monde; ils parlent encore aujourd'hui, au moins dans leurs Livres, la langue d'Adam & de ses enfans; ils ont reçû leur Religion & leur Loi de Seth & d'Enoch, dont ils prétendent avoir encore aujourd'hui les Livres, remplis d'instructions morales pour fuir

(*a*) Maimonid. Moreh. Nebochim. Pocok. Specimen histor. Arab. Thom. Hyd. hist. Relig. veter. Persarum.

(*a*) D'Herbelot, Biblioth. Orient. p. 7. s. *Sabi.*

le vice & pratiquer la vertu. Ils prient Dieu sept fois le jour, avec une application si sérieuse, qu'ils n'y mêlent aucune autre action. Ils jeûnent pendant le cours entier d'une Lune, depuis le lever jusqu'au coucher du soleil, sans boire ni manger chose quelconque. Ce jeûne finit toujours à l'équinoxe du printems.

Ils honorent le Temple de la Méque, & ont aussi beaucoup de respect pour les Pyramides d'Egypte, à cause qu'ils croyent que Sabi fils d'Edon, ou d'Enoch est enterré sous la troisiéme. Mais leur principal pélerinage se fait en un lieu proche de Haram, qui est l'ancienne *Carræ* en Mésopotamie, que quelques-uns croyent être le lieu de la naissance d'Abraham, & qui est certainement le lieu d'où il partit pour se rendre avec toute sa famille dans la terre de Chanaan. Quelques-uns veulent que les Zabiens respectent particuliérement ce lieu à cause de *Sabi fils de Mari*, qui vivoit du tems d'Abraham, & duquel ils tirent plus probablement leur origine, & peut-être leur Religion, que de *Sabi fils d'Enoch*, qui vivoit avant le Déluge.

Ben-hazem dit que la Religion des Zabiens est non-seulement la premiére & la plus ancienne, mais aussi la générale, & la seule Religion du monde jusqu'au tems d'Abraham, duquel toutes les autres Religions sont descenduës ; & les Arabes dans toutes leurs Histoires, disent ordinairement que les anciens Perses, Chaldéens, Assyriens, Grecs, Egyptiens, & Indiens, étoient tous Zabiens avant qu'ils eussent embrassé le Judaïsme, le Christianisme, ou le Mahométisme, & les Chrétiens Orientaux ne font point difficulté de dire que le Grand Constantin quitta la Religion des Zabiens pour prendre celle des Chrétiens.

Quelques-uns confondent les Zabiens avec les Mages, ou Guebres, ou Gaures, adorateurs du feu dans la Perse ; mais les plus exacts les distinguent.

On ne trouve pas le nom de *Zabiens* dans l'Ecriture ; & si nous en traitons ici, ce n'est qu'à cause que les Rabbins & les Commentateurs en parlent assez souvent, & prétendent que Moyse les a eu en vûë dans plusieurs de ses Loix cérémonielles, soit pour les contredire, ou pour rectifier les usages & les cérémonies des Zabiens. On peut voir Spencer dans son second Livre *de Legibus Hebraeorum Ritualibus*.

ZABINA, un de ceux qui avoient épousé des femmes étrangéres pendant la Captivité, & qui furent obligez de les renvoyer après leur retour. 1. *Esdr.* x. 43.

ZABUD, fils de Nathan, & favori de Salomon. 3. *Reg.* IV. 5.

ZABULON, sixiéme fils de Jacob & de Liah (*a*), nâquit dans la Mésopotamie, vers l'an du Monde 2256. avant J. C. 1744. avant l'Ere vulgaire 1748. Il eut pour fils (*b*) Sared, Elon & Jahélel. Moyse ne nous apprend aucune particularité de la vie de ce Patriarche : mais Jacob au lit de la mort, & donnant sa derniére bénédiction à ses enfans, dit à Zabulon (*c*) : *Il habitera sur le bord de la mer, & dans le port des vaisseaux, & il s'étendra jusqu'à Sidon.* Ce qui marquoit visiblement que le partage de Zabulon devoit s'étendre, comme il s'étendit en effet, sur la Méditerranée, tenant d'un bout à cette mer, & de l'autre, jusqu'à la mer de Tibériade (*d*). Moyse dans les derniéres paroles qu'il dit aux Tribus d'Israël, joint Zabulon & Issachar (*e*). *Réjouïssez-vous, Zabulon, dans votre sortie ; & vous, Issachar, dans vos tentes. Ils appelleront les peuples sur la montagne, où ils immoleront des victimes de justice : ils suceront comme le lait les richesses de la mer, & les trésors cachez dans le sable.* Il veut dire que ces deux Tribus, qui étoient les plus reculées du côté du septentrion, viendroient ensemble au Temple de Jérusalem, à la montagne sainte, & y améneroient avec eux les autres Tribus qui se rencontroient sur le chemin ; & que se trouvant par leur situation près la mer Méditerranée, ils s'appliqueroient au trafic & à la fonte des métaux ou du verre, désignez par ces termes, *les trésors cachez dans le sable.* Le fleuve Bélus, dont le sable est si propre à faire du verre, se trouvoit dans la Tribu de Zabulon.

Lorsque la Tribu de Zabulon sortit d'Egypte, elle avoit pour Chef (*f*) Eliab fils d'Hélon, & elle comprenoit cinquante-sept mille quatre cens hommes capables de porter les armes. Dans un autre dénombrement (*g*) qui se fit trente-neuf ans après le précédent, cette Tribu étoit de soixante mille cinq cens hommes en âge de porter les armes. Les Tribus de Zabulon & de Nephtali se distinguérent fort dans la guerre de Barac & de Débora contre Sisara Général des armées de Jabin (*h*). On croit

(*a*) *Genes.* XXX. 20.
(*b*) *Genes.* XLVI. 14.
(*c*) *Genes.* XLIX. 13.
(*d*) *Vide Josue* XIX. 10. & *seq.*
(*e*) *Deut.* XXXIII. 18.
(*f*) *Num.* I. 8. & 30. An du Monde 1514. avant J. C. 1486. avant l'Ere vulgaire 1490.
(*g*) *Num.* XXVI. 26. 27. An du Monde 1553. avant J. C. 1447. avant l'Ere vulgaire 1451.
(*h*) *Judic.* IV. 5. 6. 10. V. 14. 18. An du Monde 1719. avant J. C. 1281. avant l'Ere vulgaire 1285.

ZAB

croit que les mêmes Tribus furent des premières emmenées en captivité au-delà de l'Euphrate (a) par Phul & par Téglathphalassar Roi d'Assyrie : mais elles eurent aussi l'avantage d'oüir & de voir JESUS-CHRIST dans leur pays, plus souvent & plus long-tems qu'aucune des autres Tribus (b). Voilà ce que l'Ecriture nous apprend de plus particulier sur la Tribu de Zabulon.

Le Testament des douze Patriarches, Livre ancien, mais apocryphe, que nous avons souvent cité, dit que Zabulon sur le point de mourir, & étant âgé de cent quatorze ans, trente-deux ans après la mort de Joseph, fit venir ses fils, & leur déclara qu'il n'avoit eu aucune part au crime que commirent ses freres, en vendant Joseph; qu'il avoit fait tout ce qu'il avoit pû, pour les détourner de cette résolution, & qu'il avoit eu beaucoup d'envie d'en informer son pere Jacob ; mais que la crainte qu'il eut de ses freres, l'en avoit empêché. Il dit de plus que pendant le séjour de sa famille dans le pays de Chanaan, il inventa & fabriqua un vaisseau; qu'il y mit un gourvernail, un mât, & des voiles; & qu'il s'appliqua à la pêche avec tant de succès, qu'il fournissoit abondamment du poisson à toute la maison de son pere, & même aux étrangers, pendant l'été; & que pendant l'hiver, il s'occupoit avec ses freres à paître les troupeaux de son pere.

Il ajoûte : « J'ai lû dans l'écriture de » mes peres, que dans les derniers tems » vous vous séparerez du Seigneur, vous » vous diviserez dans Israël, & vous » suivrez deux Rois. Vous vous livre-» rez aux abominations de l'idolâtrie, » vos ennemis vous emmeneront cap-» tifs, & vous demeurerez parmi les » nations accablez de douleurs & d'af-» flictions. Après cela vous vous sou-» viendrez du Seigneur, vous vous re-» pentirez ; & le Seigneur vous rame-» nera, parce qu'il est plein de misé-» ricorde ; après quoi Dieu même, le » Soleil de Justice, se levera sur vous; » la santé & la miséricorde sont dans » ses aîles (c). Il rachetera les enfans » des hommes, que Bélial tient en cap-» tivité ; tout esprit d'erreur sera foulé » aux pieds ; le Seigneur convertira tou-» tes les nations, & vous verrez Dieu » sous une forme humaine, parce que » le Seigneur a choisi Jérusalem, & que » son nom est le Seigneur. Enfin vous » l'irriterez de nouveau, & il vous re-» jettera jusqu'au tems de la consom-

(a) 1. Par. v. 26.
(b) Isai. IX. 1. Matth. IV. 15. 15. Vide Hieron. & alios in Isai. IX.
(c) Vide Malach. IV. 2.

ZAC

mation des siécles ». On voit dans tout cela les péchez de la Tribu de Zabulon, le schisme des dix Tribus, leur captivité, leur retour, la venuë du Messie, le salut des hommes, l'incredulité & la reprobation des Juifs.

ZABULON, ville de la Tribu d'Aser (a), mais qui fut apparemment ensuite donnée à la Tribu de Zabulon, de qui elle prit le nom. Elle étoit au voisinage de Ptolémaïde, puisque Joseph (b) met la longueur de la basse Galilée depuis Tibériade, jusqu'à Ptolémaïde. On lui donnoit le surnom de *Zabulon andrôn*, c'est-à-dire, des hommes (c), apparemment parce qu'elle étoit très-peuplée. Cestius y étant entré, la donna au pillage à ses soldats, puis y mit le feu, quoiqu'il en admirât la beauté ; car ses maisons étoient bâties comme celles de Tyr, de Sidon & de Bérythe. C'est ce que dit Joseph, *Lib. 2. de Bello*, *c. 22. pag. 817*. Elon Juge d'Israël, étoit de Zabulon. Il fut enterré dans cette ville. *Judic. XII. 12.*

ZABULUS, ou *Zabolus*, se met pour *Diabolus*, suivant la maniére de prononcer de la Dialecte Dorique, qui met le *Tzeta* pour le *Delta ; Tzaballein*, pour *Diaballein*, calomnier.

ZACHAI. Ses enfans revinrent de Babylone au nombre de sept cens soixante. 1. *Esdr.* VII. 14.

I. ZACHARIE, de la Tribu de Ruben, Prince d'une des familles de cette Tribu (d).

II. ZACHARIE, Roi d'Israël (e), succéda à son pere Jéroboam II. l'an du Monde 3220. avant J. C. 780. avant l'Ere vulgaire 784. Il ne régna que six mois, & fit le mal devant le Seigneur. Sellum fils de Jabès, ayant conspiré contre lui, l'attaqua & le tua publiquement, & regna en sa place. Ainsi fut accompli ce que le Seigneur avoit prédit à Jehu : Vos enfans seront assis sur le trône d'Israël jusqu'à la quatriéme génération.

III. ZACHARIE, fils de Mosollamia, portier du Tabernacle du Seigneur, étoit de la race de Coré. 1. *Par.* IX. 21.

IV. ZACHARIE, Lévite, & Docteur de la Loi, fut un de ceux que le Roi Josaphat envoya dans les villes de Juda, pour instruire son peuple, 2. *Par.* XVII. 7. l'an du Monde 3092. avant J. C. 908. avant l'Ere vulg. 912.

V. ZACHARIE, fils de Joïada, Grand-Prêtre des Juifs ; apparemment le même qui est nommé Azarie, 1. *Par.* VI. 10. 11. fut mis à mort par l'ordre de Joas,

(a) Josué XIX. 27.
(b) De Bello, l. 3. c. 2.
(c) Joseph de Bello, l. 2. c. 224.
(d) 1. Par. v. 7.
(e) 4. Reg. XIV. 29. 2. Paf.

Joas, l'an du Monde 3164. avant J. C. 836. avant l'Ere vulgaire 840. Voici ce que l'Ecriture en a dit : « Les peuples de » Juda ayant abandonné le Seigneur, » (*a*) l'Esprit de Dieu remplit le Grand-» Prêtre Zacharie fils de Joïada, & il » vint se présenter devant le peuple, & » leur dit : Voici ce que dit le Seigneur : » Pourquoi violez-vous les préceptes » de votre Dieu ? Cela ne vous sera » point avantageux. Pourquoi avez-» vous abandonné le Seigneur, pour » le porter aussi à vous délaisser ? Le » peuple s'étant élevé contre lui, ils le » lapidèrent dans le vestibule du Tem-» ple, selon l'ordre qu'ils en avoient re-» çû du Roi. Ainsi Joas ne se souvint » point des extrêmes obligations qu'il » avoit à Joïada pere de Zacharie ; mais » il fit tuer son fils, qui étant sur le » point d'expirer, dit : Que Dieu voye » le traitement que vous me faites, & » qu'il venge ma mort. L'année suivante Dieu envoya l'armée de Syrie contre Juda ; elle entra dans Jérusalem, fit mourir les Princes du peuple, & envoya au Roi de Damas un grand butin, qu'elle avoit fait dans cette expédition.

(*a*) 2. *Par.* XXIV. 20. 21. 22.

Saint Jérôme (*b*) suivi d'un très-grand nombre de Commentateurs, a crû que ce Zacharie fils de Joïada, étoit celui dont parle JESUS-CHRIST dans l'Evangile (*c*) : *Je vous envoye des Prophètes, des Sages & des Sçavans dans la Loi, & vous en tuerez les uns, & vous en crucifierez d'autres,… afin que le sang qui a été répandu sur la terre depuis le sang d'Abel le Juste, jusqu'à celui de Zacharie fils de Barachie, que vous avez tué entre le Temple & l'Autel, retombe sur vous.* La différence du nom du pere de Zacharie fils de Joïada, & de Zacharie fils de Barachie, n'arrête point ni saint Jérôme, ni ceux qui l'ont suivi. Ils remarquent premièrement que dans l'Evangile Hébreu de saint Matthieu, dont se servoient les Nazaréens, on lisoit Joïada au lieu de Barachie. 2°. Que parmi les Hébreux, rien n'étoit plus ordinaire que d'avoir deux noms. Les exemples en sont très-communs dans l'Ecriture, & il est très-aisé que la même personne ait été appellée Barachie & Joïada.

(*b*) *Hieronym. in Matth.* XXIII.

(*c*) *Matth.* XXIII. 35.

Mais on oppose à ce sentiment trois choses. La première, que Zacharie fils de Barachie, semble être, selon l'intention de JESUS-CHRIST, le dernier des Justes mis à mort par les Juifs, comme Abel le Juste est le premier des Saints qui ait souffert une mort violente. 2°. Zacharie fils de Joïada, fut lapidé dans le parvis de la Maison de Dieu, *in atrio Domûs Domini* ; au lieu que Zacharie fils de Barachie, fut tué entre le Temple & l'Autel, *inter Templum, & Altare*. 3°. Enfin quoiqu'il soit vrai que souvent les Hébreux avoient deux noms, il n'est guéres croyable que JESUS-CHRIST ait voulu omettre ici le nom Joïada, qui étoit si connu, pour lui substituer le nom de Barachie, qui ne l'étoit point. Ainsi nous croirions plûtôt que notre Seigneur auroit voulu désigner Zacharie fils de Baruch, dont nous parlerons ci-après, & dont Joseph fait mention dans le Livre quatrième de la Guerre des Juifs, Chap. 19. suivant le Grec ; ou l. 5. c. 1. p. 883. selon le Latin.

Sozoméne (*a*) raconte que sous l'empire de Valentinien, on découvrit près de Caphar-Zacharie, bourgade de la dépendance d'Eléuthéropolis ville de Palestine, le corps du Prophète, ou plûtôt du Grand-Prêtre Zacharie. Ce saint homme apparut la nuit à un nommé Calémerus, Intendant d'un Maître à qui ce terrein appartenoit, & lui dit d'aller fouir en un certain endroit qu'il lui désigna à la campagne, & qu'il y trouveroit deux cercüeils, l'un de bois & l'autre de plomb ; celui de bois enfermé dans celui de plomb ; & auprès du cercüeil, un vase de verre plein d'eau, & deux serpens d'une médiocre grandeur, mais sans venin, & aussi doux que s'ils étoient apprivoisés. Calémerus se transporta au lieu marqué ; fit creuser la terre ; & lorsqu'on eut ouvert le cercüeil, on y trouva Zacharie vêtu d'une robbe blanche, comme un Prêtre. A ses pieds, & hors du cercüeil, étoit un enfant qui avoit une couronne d'or sur la tête, une chaussure d'or, & des habits précieux. Et comme les Sçavans du pays étoient en doute qui pouvoit être cet enfant, l'Abbé Zacharie qui gouvernoit alors le Monastére de Gérare, dit qu'il avoit trouvé dans un ancien Livre Hébreu, mais qui n'étoit pas Canonique, que Joas Roi de Juda, ayant fait mourir, comme nous avons vû, le Grand-Prêtre Zacharie, perdit sept jours après, un de ses fils, qui lui étoit très-cher ; & qu'il le fit enterrer aux pieds du Grand-Prêtre, comme pour lui faire satisfaction de l'injure qu'il lui avoit faite.

(*a*) *Sozoméne*, l. 9. c. 17. *Hist. Eccl.*

VI. ZACHARIE, l'onziéme des douze petits Prophètes, étoit fils de Barachie, & petit-fils d'Addo. Il revint de Babylone

Babylone avec Zorobabel, & commença à prophétiser la seconde année du regne de Darius fils d'Hystaspe, du Monde 3484. avant J. C. 516. avant l'Ere vulgaire 520. le huitième mois de l'année sainte, & deux mois après qu'Aggée eut commencé à prophétiser. Ces deux Prophétes de concert excitoient en même-tems le peuple à reprendre l'ouvrage du Temple, qu'on avoit interrompu quelques années auparavant (*a*). (*a*) 1. *Esdr.* v, 1.
On ignore le tems, & le lieu de la naissance de Zacharie. Les uns veulent qu'il soit né à Babylone pendant la captivité. D'autres le font naître à Jérusalem avant le transport des Tribus de Juda & de Benjamin. Quelques-uns soutiennent qu'il étoit Prêtre, & lui attribuent ce que nous avons dit dans l'article précédent sur l'invention du Grand-Prêtre Zacharie. D'autres soutiennent qu'il n'a pas été Prêtre. Plusieurs prétendent qu'il étoit fils immédiat d'Addo (*b*). D'autres croyent avec beaucoup plus de raison, qu'il étoit fils de Barachie, & petit-fils d'Addo. (*b*) *Vide Esdr.* v, 1.

On l'a confondu avec un Zacharie fils de Barachie, qui vivoit du tems d'Isaïe; (*c*) & avec Zacharie pere de saint Jean-Baptiste: Opinion visiblement insoutenable. Enfin on a voulu que ce soit ce Zacharie fils de Barachie, dont parle JESUS-CHRIST, & qu'il dit avoir été tué entre le Temple & l'Autel; quoiqu'on ne lise rien de pareil de notre Prophéte. On montre aujourd'hui au pied du mont des Oliviers, un tombeau que l'on prétend être celui du Prophéte Zacharie. Dorothée soutient qu'il fut enterré en un lieu nommé Bétharie, à cent cinquante stades de Jérusalem. Saint Epiphane lui attribuë quelques prophéties qu'il fit étant encore à Babylone. Il y prédit la naissance de Jesus fils de Josédech, & celle de Zorobabel fils de Salathiel, & il annonça Cyrus la victoire qu'il devoit remporter sur Crésus & sur Astyages, & que ce Prince rétabliroit à Jérusalem l'exercice public de la Religion. Mais nous faisons peu de cas de ces particularitez, qui ne se trouvent point dans l'Ecriture. (*c*) *Isaï.* VIII, 2.

Zacharie commence sa prophétie par une exhortation qu'il fait au peuple, de se convertir, & de ne pas imiter l'endurcissement de leurs peres. Trois mois après, le Seigneur lui fit voir un Ange à cheval, au milieu d'un bois de myrthe planté sur un fleuve. Plusieurs autres Anges vinrent faire rapport à ce premier Ange que tout le pays étoit en paix, & rempli d'habitans. Ce premier Ange en prit occasion de demander au Seigneur qu'il eût compassion des villes de Juda. Le Seigneur lui répondit d'une maniére consolante, & lui accorda ce qu'il demandoit. Le Prophéte vit ensuite quatre cornes, & quatre hommes prêts à les briser à coups de marteaux; & on lui dit que ces cornes marquoient les Puissances qui avoient opprimé son peuple; mais que le tems étoit venu qu'elles seroient renversées, & mises en piéces. C'est ce qu'on lit dans le premier Chapitre.

Dans le second Chapitre, Dieu lui fit voir un homme qui mesuroit Jérusalem avec un cordeau; & on dit à Zacharie que désormais Jérusalem seroit tellement peuplée, qu'elle ne pourroit contenir ses habitans. Il raconte dans le troisième Chapitre qu'il vit le Grand-Prêtre Jesus fils de Josédech, debout devant l'Ange du Seigneur, & accusé par Satan. Jesus fut absous, & comblé d'honneurs. Dieu lui dit qu'il alloit susciter l'*Orient* ou *le Germe*, c'est-à-dire, le Messie son serviteur, & qu'il seroit comme une pierre précieuse sur laquelle il y avoit sept yeux.

Il eut ensuite la vision du chandelier à sept branches placé entre deux oliviers, d'où découloit l'huile dans les lampes du chandelier. C'est ce qu'on voit dans le Chapitre quatriéme. Au Chapitre suivant, le Prophéte vit un Livre volant, où étoit écrit le Jugement de toute la terre, & un vase rempli d'une femme sur laquelle tomboit une masse de plomb qui fermoit l'orifice de ce vase. Ensuite il vit deux femmes avec des aîles, qui élevérent le vase entre le ciel & la terre. Cette femme enfermée dans le vase, marquoit l'iniquité de Babylone; le plomb qui tomboit sur elle, la vengeance du Seigneur; & les deux femmes qui l'élevoient en l'air, les Médes & les Perses qui détruisirent l'Empire de Babylone.

Au Chapitre six, Dieu fait voir à Zacharie quatre chariots qui sortoient d'entre deux montagnes d'airain, & qui marquoient les Perses, les Grecs, les Egyptiens & les Syriens, qui devoient être employez chacun en leur tems, pour exercer la vengeance du Seigneur contre les pays du septentrion & du midi. Après cela Zacharie reçoit d'Holdaïs, de Tobie & d'Idaïe une certaine quantité d'or, dont il fait deux couronnes; l'une pour le Grand-Prêtre Jesus, & l'autre pour *l'Orient* ou *le Germe*, me, c'est-à-dire, Zorobabel, comme figure du Messie.

La quatriéme année de Darius, du Monde 3486. avant J. C. 514. avant l'Ere vulgaire 518. le quatriéme jour du neuviéme mois, le Prophéte fut consulté par Sarasar, Rogommelec, & quelques autres, s'il falloit continuer de jeûner au cinquiéme mois, ainsi qu'ils avoient fait depuis la ruine du Temple. Il leur répondit que ces jeûnes étoient de leur invention, que ce que Dieu demandoit principalement d'eux, étoit la pratique de la piété & de la justice; & qu'enfin leurs jours de jeûnes seroient bien-tôt changez en jours de joye. C'est ce qu'on lit aux Chapitres sept & huit.

Le Chapitre neuviéme contient des prophéties menaçantes contre le pays d'Adrac, contre la Syrie & contre les Philistins. Il prédit ensuite d'une maniére fort expresse la venuë de JESUS-CHRIST, Sauveur, & pauvre, monté sur une asnesse & sur son asnon. Il parle au Chapitre dixiéme du regne du Messie, & de la vengeance que le Seigneur exercera contre les persécuteurs d'Israël. Enfin au Chapitre onze, il parle de la guerre des Romains contre les Juifs, de la rupture de l'alliance qui étoit entre Dieu & son peuple; des trente piéces d'argent données pour récompense au Pasteur; des trois Pasteurs mis à mort dans un mois.

Le Chapitre douze décrit la guerre d'Antiochus Epiphanes contre les Juifs, les victoires des Maccabées, le deüil pour la mort de Judas Maccabée. Au Chapitre treize, il décrit l'état florissant des Juifs depuis la mort d'Antiochus Epiphanes, jusqu'à celle du Messie. Dans le verset sept, & dans les deux suivans du même Prophéte, on voit les malheurs qui doivent fondre sur les Juifs après la mort de JESUS-CHRIST. Il continuë la même matiére au Chapitre suivant. Il décrit le siége de Jérusalem par les Romains; il prédit la grandeur de l'Eglise Chrétienne, la conversion des peuples Gentils, les persécutions qu'on excitera contre les Fidéles, & le châtiment que Dieu exercera contre les persécuteurs.

Zacharie est le plus long, & le plus obscur des douze petits Prophétes (a). Son stile est coupé & précipité. Ses prophéties qui regardent le Messie, sont plus précises & plus expresses que celles des autres Prophétes. Quelques nouveaux Critiques, comme Médus (b) & Hammon (c), ont crû que les Chapi-

(a) Hieronym. Præfat. in l. 1. Zach.

(b) Medus, l. 4. Epist. xxxi. (c) Hammond. in Matth.

tres IX. X. XI. de ce Prophéte étoient de Jérémie, parce que dans saint Matthieu, Chapitre XXVII. 9. 10. on trouve sous le nom de Jérémie, le verset 12. du Chapitre XI. de Zacharie; & comme les Chapitres IX. X. XI. ne sont qu'un même discours, ils en ont conclu que tous les trois étoient de Jérémie. Mais il est bien plus naturel de dire que le nom de Jérémie s'est glissé mal-à-propos, au lieu de celui de Zacharie, dans le Texte de saint Matthieu.

Le Prophéte Zacharie prédit d'une maniére très-expresse le siége de Babylone par Darius fils d'Hystaspe. Ce Prince attaqua cette ville rebelle au commencement de la cinquiéme année de son Regne (a), & la réduisit au bout de vingt mois de siége. Les Prophétes Isaïe & Jérémie long-tems auparavant avoient prédit son malheur, & avoient averti les Juifs qui y étoient, d'en sortir, lorsqu'ils verroient la chose prête à s'exécuter: *Sortez de Babylone*, leur dit Isaïe (b); *sauvez-vous du milieu des Chaldéens, annoncez dans l'allégresse, & criez jusqu'aux extrémitez de la terre, le Seigneur a racheté son peuple.* Et Jérémie (c): *Sortez du milieu de Babylone, & retirez-vous du pays des Chaldéens, &c.* Et ailleurs: (d) *Fuyez du milieu de Babylone, que chacun sauve son ame; ne dissimulez point ses iniquitez, parce que le tems de la vengeance est venu contre elle de la part du Seigneur; ses crimes sont montez jusqu'au Ciel, &c.* Enfin Zacharie peu de tems avant sa chûte, écrit aux Juifs qui étoient encore dans cette ville. (e): *Fuyez de la terre d'Aquilon, dit le Seigneur, parce que je vous ai dispersez aux quatre vents du Ciel, dit le Seigneur. O Sion, qui habitez chez la fille de Babylone, retirez-vous; car voici ce que dit le Seigneur: Je leve ma main sur eux, & ils seront en proie à ceux qui leur étoient assujettis; & vous sçaurez que c'est le Dieu des armées qui m'a envoyé.* Il y a beaucoup d'apparence que les Juifs profitérent de ces avertissemens, & qu'ils s'évinrent de Babylone dans leur pays, ou du moins qu'ils se retirerent en lieu de sureté jusqu'après la prise de la ville. Nous ne voyons ni dans l'Histoire, ni dans les Prophétes qu'ils ayent rien souffert à l'occasion de ce siége, ni que Darius fils d'Hystaspe, leur ait sçû mauvais gré pour la révolte de Babylone: ce qui fait croire qu'ils n'y prirent aucune part.

Les Mahométans confondent le Prophéte

(a) Herodot. l. 3. Justin. l. 1. c. 10. Polyæn. l. 7.

(b) Isaï. XLVIII. 20.

(c) Jerem. L. 8.

(d) Jerem. LI. 6. 9. 45.

(e) Zach. II. 6. 7. 9.

phéte Zacharie avec Zacharie pere de saint Jean-Baptiste (*a*). Les uns le font de la race de David, & les autres de celle de Lévi. Ceux-ci par un anacronisme encore plus insoutenable confondent Marie Mere de JESUS-CHRIST avec Marie sœur de Moyse, ce qui est tiré de l'Alcoran même. L'Auteur du Tarik Monthekeb raconte que JESUS-CHRIST étant né de la Vierge, le Prophéte Zacharie ne put croire qu'un enfant pût naître sans pere, & que s'étant déclaré sur ce sujet, les Juifs l'eurent pour suspect, & l'obligérent de prendre la fuite. Il se retira donc, & se sauva dans le trou d'un chêne, que les Juifs sciêtent par le milieu. Telle est l'ignorance des Musulmans sur l'Histoire de l'ancien & du nouveau Testament.

VII. ZACHARIE, fils de Barachie, dont il est parlé dans Isaïe, Chapitre VIII. 2. ou, selon saint Jérôme (*b*) c'est le Prophéte dont il est parlé dans les Paralipoménes sous le regne d'Ezéchias, ou plûtôt sous le regne d'Azarias ou Ozias (*c*) : *Exquisivit Ozias Dominum in diebus Zacharia intelligentis, & videntis Deum.* Ce Zacharie a pû vivre jusqu'au regne d'Achaz, en l'an 3262. que le Seigneur lui dit : *Prenez un grand Livre, & écrivez-y en caractéres bien lisibles :* Hâtez-vous de prendre les dépoüilles, prenez vite le butin. Isaïe ajoûte : *Je pris des témoins fidéles ; Urie Sacrificateur, & Zacharie fils de Barachie.* Ces deux personnes pûrent rendre témoignage qu'en un tel tems il avoit prédit qu'il auroit un fils, & qu'avant que ce fils pût nommer son pere & sa mere, Rasin & Phacée les deux ennemis de Juda, seroient détruits.

VIII. ZACHARIE, pere d'Abi mere du Roi Ezéchias. 4. *Reg.* XVIII. 2. & 2. *Par.* XXIX. 1.

IX. ZACHARIE, Lévite, de la race d'Asaph. 2. *Par.* XXIX. 13.

X. ZACHARIE, pere de Joseph du tems des Maccabées. 1. *Macc.* V. 18. 56.

XI. ZACHARIE, Prêtre de la famille d'Abia, pere de S. Jean-Baptiste, (*d*) & époux de sainte Elisabeth. Voici ce que nous en apprenons par l'Evangile. Zacharie & Elisabeth *étoient tous deux justes devant Dieu, & ils vivoient d'une maniére irrépréhensible. Ils n'avoient point de fils, parce qu'Elisabeth étoit stérile, & qu'ils étoient tous deux avancez en âge.* Or en l'an du Monde 3999. environ quinze mois avant la naissance de JESUS-CHRIST, Zacharie étant de semaine, & faisant ses fonctions de Prêtre dans le Temple *suivant le rang de sa famille, il arriva par le sort, que ce fut à lui à entrer dans le Temple, pour offrir le parfum* sur l'Autel d'or, qui étoit dans le Saint. *Alors un Ange lui apparut, se tenant debout à la droite de l'Autel des parfums.* Zacharie le voyant, en fut troublé. Mais l'Ange lui dit : *Ne craignez point, Zacharie, parce que votre priére a été exaucée ; & Elisabeth votre femme vous enfantera un fils, auquel vous donnerez le nom de Jean.... Zacharie répondit à l'Ange : A quoi connoîtrai-je la vérité de ce que vous me dites ? car je suis vieux, & ma femme est déja avancée en âge.* L'Ange lui répondit : *Je suis Gabriël, qui suis toujours présent devant Dieu ; j'ai été envoyé pour vous annoncer cette heureuse nouvelle, & dans ce moment vous allez devenir muet, jusqu'au jour que ceci arrivera, parce que vous n'avez pas crû en mes paroles, qui s'accompliront en leur tems.*

Cependant tout le peuple attendoit que Zacharie sortît du Lieu saint, & on étoit dans l'étonnement qu'il y demeurât si long-tems. Mais étant sorti, il ne pouvoit leur parler ; & comme il leur faisoit des signes, pour se faire entendre, ils jugérent qu'il avoit eu une vision dans le Temple ; & il demeura muet. Quand les jours de son ministére furent accomplis, c'est-à-dire, à la fin de la semaine, il s'en retourna dans sa maison ; & sa femme Elisabeth conçut un fils, & elle l'enfanta heureusement à son terme. Ses voisins & ses parens vinrent s'en réjoüir avec elle ; & le huitiéme jour, on vint pour circoncire l'enfant, & ils l'appelloient Zacharie du nom de son pere : mais Elisabeth prenant la parole, dit : Non ; mais il sera nommé Jean. En même-tems ils demandoient par signe au pere comment il vouloit qu'on le nommât ; & ayant demandé des tablettes, il écrivit : Jean est son nom. Ce qui remplit tout le monde d'admiration.

Au même instant sa bouche s'ouvrit, sa langue se délia, & il parloit, en benissant Dieu. Tous ceux qui demeuroient au voisinage, furent saisis de crainte & d'étonnement ; & Zacharie étant rempli du Saint-Esprit, prophétisa, en disant : Beni soit le Dieu d'Israël, de ce qu'il a visité & racheté son peuple, & de ce qu'il a suscité un puissant Sauveur dans la maison de David

78 ZAC

son serviteur, ainsi qu'il l'avoit promis par ses anciens Prophétes. Il s'adresse ensuite au jeune Jean-Baptiste, à qui il prédit qu'il sera le Prophéte & le Précurseur du Messie, pour lui préparer les voyes, & pour donner à son peuple la science du salut. Voilà ce que nous trouvons dans l'Ecriture touchant la personne de Zacharie. Les particularitez de sa vie & de sa mort ne nous sont point connuës.

(a) Ambros. l. 1. in Luc. Ita Beda, Theophyl. Strab. Brug. in Luc.
(b) Aug. in Joan. homil. 49.

Saint Ambroise (a), saint Augustin (b), saint Chrysostome, & divers autres ont crû que Zacharie étoit Grand-Prêtre, dans la fausse supposition que l'offrande de l'encens dans le Saint, étoit réservée au Grand-Prêtre. Mais il paroît par saint Luc même qu'il n'étoit que simple Prêtre, de la famille d'Abia ; & il est certain d'ailleurs que les simples Prêtres entroient tous les jours dans le Saint. Le Protévangile de saint Jacques, & le faux Evangile de la Nativité de la Vierge disent ou supposent aussi que Zacharie pere de saint Jean, étoit Grand-Prêtre : mais nous comptons pour rien l'autorité de semblables Ouvrages.

(c) Protevangel. Jacob. n. 23.

Le même Protévangile de saint Jacques (c) porte qu'Hérode ayant fait chercher le jeune Jean-Baptiste, pour le faire mourir avec les autres enfans de Bethléem, & ne l'ayant pû trouver, parce qu'Elisabeth l'avoit emporté dans le désert, le Roi envoya demander à Zacharie, qui étoit alors auprès de l'Autel occupé à son ministére, où étoit son fils. Zacharie répondit qu'il n'en sçavoit rien. Hérode envoya de nouveau des soldats, avec ordre de le tuer, s'il ne leur découvroit où étoit son fils. Mais Zacharie leur ayant protesté avec serment qu'il n'en sçavoit rien, ils le tuérent dans le vestibule de l'Autel, & dans l'enceinte qui environnoit l'Autel des holocaustes. Ni les Prêtres, ni les Enfans d'Israël ne sçurent pas quand il fut tué, & un Prêtre voyant qu'il tardoit trop à sortir, entra dans le Temple, le trouva mort, & son sang figé sur la terre. En même-tems il oüit une voix, qui dit : Zacharie a été mis à mort, & son sang ne sera point effacé, que celui qui le doit venger, ne soit venu.

(d) Origen. in Matth. xxvi. Petr. Alex. c. 13. Basil. t. 2. homil. 25. Nyssen. t. 2. homil. de Natal. Christi. Epiphan. de vita & morte Prophet. Theophylactus, &c.
(e) Tertull. Scorpiac. c. 8.

C'est sans doute sur ce fondement que plusieurs Anciens (d) ont crû que Zacharie pere de saint Jean, étoit ce Zacharie fils de Barachie, dont parle JESUS-CHRIST dans l'Evangile, & dont il dit que le sang a été répandu entre le Temple & l'Autel. Tertullien (e) parle

ZAC

du sang de Zacharie, dont on voyoit encore les traces sur le pavé du Temple. Ces marques du sang se montroient encore du tems de saint Jérôme (a), qui n'y avoit aucune foi, comme il le témoigne assez dans son Commentaire sur saint Matthieu. Eustate d'Antioche, & plusieurs Anciens, comme Origénes, S. Basile & S. Grégoire de Nysse (b), que nous avons citez un peu plus haut, croyent qu'il y avoit dans le Temple un lieu destiné pour les filles, entre le Temple & l'Autel ; que la sainte Vierge ayant voulu s'y mettre comme auparavant, après la naissance de JESUS-CHRIST, les Prêtres voulurent l'en faire sortir : mais Zacharie soutint qu'elle y devoit demeurer, parce qu'elle étoit vierge. Ce qui fut cause que le peuple le lapida dans le Temple même. D'autres (c) croyent que Zacharie fut mis à mort, pour avoir annoncé la venuë du Messie dans son Cantique.

(a) Hieron. in Matth. xxiii. 35. Vide, si placet, & Athanas. t. 2. p. 697.
(b) Vide Baron. an. 1. §. 53. Menaa 5. Septemb p. 81. Tillem Not. 5. sur saint Jean-Baptiste.
(c) Apud Hieron. in Matth. xxiii.

Les Grecs honorent saint Zacharie le cinq de Septembre, comme un Prêtre, un Prophéte, & un Martyr. Usuard, Adon & d'autres Latins l'honorent aussi comme un Prophéte le cinq de Novembre. Le Martyrologe Romain joint avec lui sainte Elisabeth. Baronius dit qu'on conserve la tête de saint Zacharie à Rome dans l'Eglise de saint Jean de Latran, & qu'on prétend qu'il en est autrefois sorti du sang.

XII. ZACHARIE, fils de Baruch, (d) étoit un homme ennemi de toute injustice, de tout mal, & de plus trèszélé pour la liberté de sa patrie. Les Zélateurs ayant résolu de se défaire de lui, comme d'un personnage qui leur étoit contraire, & avec cela fort riche, & fort puissant, ils voulurent toutefois garder quelque espéce de formalité dans sa condamnation ; & ayant assemblé soixante & dix Juges des plus notables du peuple, pour en composer une espéce de Sanhédrin & de Conseil, ils firent comparoître devant eux Zacharie fils de Baruch, & l'accusérent de vouloir livrer la ville aux Romains ; ce dont ils ne donnoient ni preuves ni indices.

(d) Joseph. de Bello, l. 4. c. 19. in Græco, in l. 5. c. 1. in Lat. p. 883.

Zacharie voyant bien que ses accusateurs étoient résolus de le faire périr, & qu'il n'avoit aucun moyen de se tirer de leurs mains, au lieu de se laisser abbattre par la vuë du danger, il sentit son courage se ranimer ; & après avoir succinctement réfuté les accusations de ses ennemis, il commença à relever tous leurs crimes, & tout ce qu'ils faisoient pour troubler le repos public. Cependant

dant les Zélateurs trépignoient de dépit, & avoient peine à se contenir. Mais comme ils vouloient continuer jusqu'au bout à donner à ce Jugement quelque apparence de justice, ils permirent à ces soixante & dix Juges de prononcer. Ceux-ci tout d'une voix le déclarérent absous.

A ces mots, les Zélateurs jettérent un cri de fureur, & deux de ces scélérats fondirent sur Zacharie, le tuérent au milieu du Temple ; & lui insultant encore après sa mort, disoient : Reçois maintenant cette absolution que nous te donnons, qui est beaucoup plus assûrée que n'étoit l'autre. Ils jettérent ensuite son corps dans la vallée qui étoit au-dessous du Temple. Ceci arriva l'an de l'Ere vulgaire 67. trois ans avant la prise de Jérusalem ; & la ruine du Temple. Plusieurs sçavans Commentateurs (*a*) ont crû que c'étoit ce Zacharie fils de Baruch ou de Barachie, dont JESUS-CHRIST avoit voulu parler dans l'Evangile, en disant aux Juifs qu'il leur envoyeroit des Prophétes, des Sages & des Sçavans ; qu'ils les tuëroient, & les crucifieroient, ... afin que le sang de tous les Justes, depuis le sang d'Abel, jusqu'au sang de Zacharie de Barachie, qu'ils avoient tué entre le Temple & l'Autel, retombât sur eux. JESUS-CHRIST parloit à la maniére des Prophétes. Il mettoit le passé pour le futur. Ce systême nous paroit un des plus probables que l'on propose sur le passage dont on vient de parler.

On objecte contre l'opinion de ceux qui croyent que c'est lui dont parle le Sauveur en saint Matthieu XXIII. 35. *Usque ad sanguinem Zachariæ filii Barachiæ, quem occidistis inter Templum & altare* ; 1°. Que le Sauveur prédit aux Juifs qu'ils porteront la peine de la mort de ces hommes justes ; & Dieu ne punit pas un mal qui n'est pas encore arrivé : Les Juifs à qui il parloit ne connoissant pas ce Zacharie, & ignorant sa mort future, il étoit inutile de leur faire des menaces à son sujet. Il ne parloit dans l'endroit cité de saint Matthieu que des crimes passez des Juifs, & de ce qui étoit arrivé avant sa venuë. 2°. Zacharie fils de Baruch tué par les Zélez, étoit un Juif, & selon toutes les apparences un Juif incrédule. Joseph ne dit pas un mot qui insinuë qu'il ait embrassé le Christianisme. Les anciens Ecrivains Ecclésiastiques ne l'ont point connu pour tel. Les Zélez qui le firent mourir, n'en vouloient point à sa Religion, ils en vouloient à ses grands biens ; ils

(*a*) Grotius, Hammond, Louis de Dieu, Constantin l'Emper. Jansen. sur saint Matth. XXIII. M. de Tillem. t. 1. des Emper. Ruine des Juifs, art. 54. p. 125. Voyez aussi Fabric. Not. in Protevang. Jacobi. p. 111. apocryph. N. T.

craignoient que par son crédit il ne les fist chasser ; ils l'accusoient d'intelligence avec les Romains. Les nouveaux Chrétiens de Jérusalem n'étoient guéres en état de donner de la jalousie, ni de l'inquiétude aux mécontens ; ni par leurs grands biens , ni par leur autorité dans la ville. Ils se tenoient fort heureux lorsqu'ils n'étoient point persécutez. 3°. Les Chrétiens de Jérusalem s'étoient sauvez de cette ville quelque tems avant le siége & s'étoient retirez à Pella, au-delà du Jourdain, à ce qu'on croit, dès l'an 66. de l'Ere vulgaire. Si Zacharie eût été de leur nombre, il est croyable qu'il ne se seroit pas trouvé dans la ville un an après ; c'est-à-dire, l'an 67. de la même Ere, auquel il fut mis à mort par les Zélez.

Ces raisons ne sont pas sans réplique, non plus que celles qui ont fait croire aux Sçavans que nous avons nommez ci-devant, que ce Zacharie étoit celui dont JESUS-CHRIST parle dans l'Evangile. On convient que régulièrement on ne menace pas de vengeance de Dieu pour un crime qui n'est pas encore commis ; mais il n'est pas rare dans les Prophétes de voir prédire la ruine d'une ville , la désolation d'un peuple, la mort d'un Prince, comme si leurs crimes étoient déja montez à leur comble ; quoique la mesure de leurs excès ne soit pas encore remplie, & que leur châtiment soit encore fort éloigné. Il est vrai que ni Joseph, ni aucun Ecrivain ancien n'a dit que Zacharie ait été Chrétien ; mais aussi nul n'a dit le contraire. Joseph parle de saint Jacques le Mineur mis à mort par Ananus ; comme d'un Juif. On regardoit alors les Chrétiens comme une secte de Juifs. Quoique les Chrétiens pour l'ordinaire ne fussent ni riches, ni puissans, ni accreditez ; il y en a eu pourtant , même du vivant de JESUS-CHRIST, qui avoient des grands biens & qui avoient des emplois considérables, comme Joseph d'Arimathie, Nicodême, Gamaliel. Enfin quoique les Chrétiens de Jérusalem ayent pû commencer à se retirer à Pella dès l'an 66. de JESUS-CHRIST, & quatre ans avant le siége de la ville ; il étoit encore assez tems de le faire en l'an 67. deux ans avant que la ville fût investie. Ainsi jusques-là rien n'empêche que Zacharie fils de Baruch n'ait été Chrétien ; & que JESUS-CHRIST n'ait pû le marquer comme le dernier des justes mis à mort dans Jérusalem, & qui mit le comble à leurs iniquitez,

Dans

Dans la vallée de Josaphat, vis-à-vis de Jérusalem, on voit un monument que l'on dit être le tombeau de ce Zacharie; il est taillé dans la roche vive, quatre colomnes de chaque côté portent sur leurs chapiteaux un comble qui s'élève en pointe, & qui fait une espéce de pyramide; ce monument est quarré, & a quatre-vingt pieds de tour; au côté de derriére est une petite fenêtre, par laquelle on ne voit en dedans que quelques pierres, les unes sur les autres.

I. ZACHE'E. Judas Maccabée ayant laissé Simon, Joseph & Zachée, pour forcer les fils de Béan, qui s'étoient retirez dans deux tours (*a*); les gens de Simon qui s'étoient laissez gagner par de l'argent, laissèrent échapper quelques-uns de ceux qui étoient dans les tours: mais Judas Maccabée fit mourir ces traîtres. Il n'est pas clair si Joseph, Simon & Zachée avoient eu part à cette trahison.

(*a*) 2. Macc. x. 19. 1. Macc. v. 4. 5. An du Monde 3840. avant J.C. 160. avant l'Ere vulgaire 164.

II. ZACHE'E, Prince des Publicains, c'est-à-dire, Fermier Général. » Comme JESUS-CHRIST passoit par » Jéricho (*b*), Zachée qui avoit gran- » de envie de le voir, mais qui ne le » pouvoit à cause de la foule, parce » qu'il étoit fort petit, courut devant, » & monta sur un sycomore, pour le » voir, parce qu'il devoit passer par-là. » JESUS étant arrivé en cet endroit, » leva les yeux, & lui dit: Zachée, hâ- » tez-vous de descendre, parce qu'il faut » que je loge aujourd'hui dans votre » maison. Zachée descendit aussi-tôt, » & le reçut avec joye. Or tous ceux » qui le virent, disoient en murmurant: » Il est allé loger chez un homme de » mauvaise vie. Cependant Zachée dit » à JESUS-CHRIST: Seigneur, je » m'en vais donner la moitié de mes » biens aux pauvres; & si j'ai fait tort » à quelqu'un en quoi que ce soit, je » en rendrai quatre fois autant. (Les Loix Romaines (*c*) condamnoient les Publicains convaincus de concussion ou de fraude, de restituer le dommage au quadruple).

(*b*) Luc. xix. 1. 2. &c. An de J.C. 37. de l'Ere vulg. 33. peu de tems avant la mort du Sauveur.

(*c*) L. hoc Edicto in fine digesti de Publicani.

» Sur quoi JESUS-CHRIST lui dit: » Cette famille a reçu aujourd'hui le » salut, parce que celui-ci est aussi enfant d'Abraham; car le Fils de l'Homme est venu pour sauver, & pour chercher ce qui étoit perdu. C'est tout ce que l'Ecriture nous apprend de Zachée le Publicain. Quelques-uns (*d*) ont crû qu'il étoit Gentil avant sa conversion: mais le sentiment des Commentateurs est qu'il étoit Juif. Il y en avoit

(*d*) Cyprian. l. 2. Ep. 3. & lib. de opere & eleemosyn. & Tertull. l. 4. contra Marcion. Chrysost. homil. de Zachaeo. Ambros. in Luc. Beda in Luc. xix.

plusieurs de cette nation qui exerçoient l'office de Publicain. Saint Clément d'Aléxandrie (*a*) dit que plusieurs ont confondu Zachée avec saint Matthias, prétendant qu'il avoit été élevé à l'Apostolat après la mort de Judas. D'autres (*b*) ont avancé que saint Pierre l'avoit ordonné Evêque de Césarée en Palestine: mais ils l'ont apparemment confondu avec un autre Zachée Evêque de cette Eglise, qui vivoit au second siécle (*c*).

(*a*) Clem. Alex. l. 4. Stromat.

(*b*) Constitut. Clement. l. 7. c. 46. Recognit. l. 3. c. 65. 74. Ru-fin. Praefat. Recognit. Vide & Chrysolog. homil. de Zachaeo.

(*c*) Praedestinat. Serm. c. 11. 15. p. 15.

Le faux Evangile de l'Enfance de JESUS-CHRIST donne au Sauveur un maître nommé Zachée (*d*). Saint Irenée (*e*) parle aussi de ce maître qui ayant demandé à JESUS-CHRIST qu'il lui dit A, Jesus répondit A; le maître lui ayant dit de dire B, il lui répondit: Enseignez-moi premièrement ce que veut dire A, puis je vous dirai ce que veut dire B; voulant marquer, dit saint Irenée, que lui seul sçavoit le mystére caché sous la lettre A. L'Evangile de l'Enfance que l'on a en Grec, porte que Zachée ayant dit à JESUS-CHRIST, dites *Aleph*, JESUS répondit *Beth*, *Gimel*, & tout le reste de l'alphabet sans hésiter; & qu'ensuite il expliqua à son maître les écrits des Prophétes, d'une façon qui le ravit en admiration. L'Evangile de l'Enfance imprimé en Latin raconte à peu près la même chose, mais d'une manière plus étenduë. Il nomme aussi ce maître *Zachée*.

(*d*) Apocryph. N.T. à Fabricio edit. p. 165. & 207.

(*e*) Iren. lib. 1. c. 17. contra haeres. & apud Epiphan. haeres. 34.

I. ZACHUR, fils de Hamuel, & pere de Seméï. 1. Par. IV. 26.

II. ZACHUR, Lévite, & de la famille de Mérari. 1. Par. XXIV. 27.

III. ZACHUR, Lévite & Chantre, fils d'Asaph. 1. Par. XXV. 2.

IV. ZACHUR, fils d'Amri, revint de la captivité de Babylone avec son frere Uthaï, & soixante & dix personnes de leur Famille. 1. Esdr. VIII. 14. & 2. Esdr. III. 2.

I. ZAMBRI, fils de Salu, Chef de la Tribu de Siméon, étant entré à la vûë de tout le monde dans la tente d'une fille Madianite nommée Cozbi, y fut suivi par Phinées fils du Grand Prêtre Eléazar, qui le perça d'un seul coup avec Cozbi, au milieu de leurs honteux embrassemens (*f*).

(*f*) Num. xiv. 14. L'An du Monde 1553. avant J.C. 1447. avant l'Ere vulgaire 1451.

II. ZAMBRI, qui commandoit la moitié de la cavalerie d'Ela Roi d'Israël (*g*), se révolta contre son Roi; & pendant que ce Prince bûvoit à Thersa, Zambri se jetta sur lui, le tua, & s'empara du Royaume. Il extermina toute la famille de son Maître, sans épargner même

(*g*) 3. Reg. xvi 9. 10. An du Monde 3075. avant J.C. 925. avant l'Ere vulg. 929.

TOMBEAU DE ZACHARIE.

ZAR

me ses proches ni ses amis ; tout cela en exécution de la parole que le Seigneur avoit fait dire à Baasa pere d'Ela, par le Prophéte Jéhu. Zambri ne regna que sept jours ; car l'armée d'Israël, qui assiégeoit alors Gebbéthon ville des Philistins, établit Roi Amri son Général, & vint assiéger Zambri dans la ville de Thersa. Zambri voyant la ville sur le point d'être prise, se brûla dans le palais avec toutes les richesses qui y étoient. Il fit le mal devant le Seigneur, & mourut dans ses iniquitez. Le reste de ses actions, sa conspiration & sa tyrannie étoient écrites plus au long dans les Annales des Rois d'Israël.

ZAMIRA, fils de Béchor, de la Tribu de Benjamin. 1. *Par.* VII. 8.

ZAMRAM, premier fils de Céthura & d'Abraham. Il demeura dans l'Arabie avec ses freres. *Genes.* XXV. 2.

ZAMRI, fils de Zaré, & petit-fils de Juda & de Thamar. 1. *Par.* II. 6.

ZANOÉ, fils d'Icuthiel. Mais je pense que Zanoé est une ville, ou bâtie ou habitée par Icuthiel & sa postérité. 1. *Par.* IV. 18.

I. ZANOÉ, ville de la Tribu de Juda. *Josue,* XV. 56. & 2. *Esdr.* III. 13. Voyez l'article précédent. On n'en sçait pas la situation.

II. ZANOÉ, ville de Juda, dans la plaine. *Josue,* XV. 34.

I. ZARA, de Bozra, fils de Rahuël, & petit-fils d'Esau, & pere de Jobab. Voyez *Genes.* XXXVI. 13. 17. 33.

II. ZARA, fils de Juda & de Thamar. Sa mere étant sur le point d'accoucher, Zara présenta sa main, & la sage-femme y mit un ruban d'écarlatte, en disant : Celui-ci naîtra le premier ; il sera le premier-né. Mais l'enfant ayant retiré sa main, son frere sortit, & fut nommé Pharès (*a*). Zara eut cinq fils ; sçavoir, Ethan, Zamri (*b*), Eman, Chalchal & Dara.

III. ZARA, fils de Siméon, & petit-fils de Jacob, pere de la famille des Zaraïtes. *Num.* XXVI. 13.

IV. ZARA, Roi d'Ethiopie, ou plûtôt, Roi du pays de Chus, dans l'Arabie, sur la mer Rouge, à l'orient de l'Egypte (*c*). Ce Prince vint attaquer Aza Roi de Juda, avec une armée d'un million d'hommes de pied, & avec trois cens chariots de guerre. S'étant avancé jusqu'à Maréza, Aza marcha contre lui, & rangea son armée dans la vallée de Saphéta, près de Maréza. Il invoqua le Seigneur, & Dieu jetta l'épouvante dans le cœur des Ethiopiens, qui com-

Tome IV.

(*a*) *Genes.* XXXVIII. 28. 29. Vers l'an du Monde 2277. avant J. C. 1723. avant l'Ere vulgaire 1727.

(*b*) 1. *Par.* 11. 6.

(*c*) 2. *Par.* XIV. 9. 10. & *seq.* An du Monde 3063. avant J. C. 937 avant l'Ere vulgaire 941.

ZAR 81

mencérent à prendre la fuite. Aza & toute son armée les poursuivit jusqu'à Gérare, pilla toutes leurs villes, & remporta un grand butin. Nous avons fait le récit de cette fameuse victoire, sous l'article d'*Aza* ; nous allons ici donner quelques nouvelles conjectures sur le pays de Zara & sur les causes d'une guerre si formidable, si prompte, & de si peu de durée.

☞ Aza nous fournit d'abord une excellente maxime dans les versets 7. & 8. du Chapitre XIV. des Paralipoménes. Il fait réparer ses villes ; il y ajoûte de nouvelles fortifications, il leve une armée de trois cens mille hommes choisis, & cela tandis que son Royaume est en paix : ceci est d'une instruction admirable pour les Princes & pour ceux qui sont chargez du Gouvernement des Etats.

Quoique l'Ecriture nous apprenne par tout les sujets des différentes guerres du peuple du Seigneur contre ses ennemis ; cependant l'Auteur sacré ne nous dit rien du sujet de celle de Zara Roi d'Ethiopie contre Aza Roi de Juda ; nous ne voyons rien même par le commencement & les suites du combat qui puisse nous faire remarquer l'ordre & la manière dont les deux armées combattirent ; c'est ici la baguette devinatoire de Nabuchodonosor, que l'Auteur ne m'enleve pas si souvent que j'aye lieu de m'en plaindre ; comme on l'a pû remarquer dans les différentes observations que j'ai données sur les principales batailles de l'Ecriture. Cet événement arrivé long-tems après la prise de Troye n'est fondé que sur le rapport unique de l'Auteur sacré, mais quel rapport à la vérité même : ce qui prouve que les Historiens Grecs ont été très-peu informez des guerres des peuples de l'Asie, quoiqu'ils en fussent voisins, & qu'ils eussent envoyé dans ce pays plusieurs Colonies que je crois beaucoup plus anciennes que le Regne de Salomon, & que le tems d'Homére, qui naquit 168. ans après la prise de Troye, selon la Période Julienne.

Il est surprenant qu'Hérodote qui a écrit des guerres de la Gréce & de l'Asie ait été si mal informé ; à l'entendre, ne diroit-on pas qu'il a parcouru toute l'Asie & lu tous les Historiens de ce pays ; cependant jamais Historien, pour avoir entrepris un si grand dessein, n'a moins voyagé ni moins lû que lui : qu'avoit-il vû ? l'Egypte seulement ; aussi en parle-t-il en homme qui n'a pas perdu son

X tems

Observations sur la bataille de Séphata près de Marésa. *Par.* XIV.

tems; on voit assez qu'il y est allé par mer, qu'il est revenu en son pays par la même route, & qu'il ne connut jamais les Juifs, ni leurs Historiens, ni ceux des peuples de leur voisinage, ni leur langue, ni celles des autres nations de l'Asie, pas même celle des Egyptiens. Il ne faut donc pas s'étonner si nous n'avons d'autres témoignages que les Livres sacrez, des grandes actions des Hébreux; car si cet Auteur eût entendu leur langue, eût-il négligé de nous apprendre quelque chose de leurs guerres, ou du moins les événemens les plus remarquables? Et sans doute que la bataille de Séphata près de Marésa n'eût pas échappé à la plume d'un si grand & si judicieux Ecrivain. De-là on doit conclure que les Historiens ont ignoré les affaires de l'Asie, quoique cette partie du monde, comme nous l'avons déja dit, fût remplie de Colonies Grecques le long de la mer, & dans les terres de ce pays. Cette digression m'a paru nécessaire pour faire connoître la vérité de l'Histoire du peuple Juif, attestée par sa propre suite, & par la Religion de ceux qui l'ont écrite, comme dit fort bien un Auteur célèbre (a).

(a) M. Bossuet, Discours sur l'Histoire universelle.

Quoique les causes de la guerre de Zara contre Aza nous soient inconnuës, j'hazarderai cependant mes conjectures, puisque les Commentateurs n'ont osé le faire. Aza pouvoit se l'être attirée pour deux raisons qui me paroissent très-probables & presque convaincantes; l'Auteur sacré nous les fournit lui-même: *Aza*, dit-il (b), *fit ce qui étoit juste & agréable aux yeux de son Dieu, il détruisit les Autels des cultes superstitieux, & les hauts lieux, brisa les statuës, abattit les bois des faux Dieux.... Il renversa aussi les Autels & les Temples* consacrez aux fausses Divinitez *dans toutes les villes de Juda, & il regna en paix*, pendant dix années. N'est-ce pas là un sujet de guerre pour les peuples voisins de ceux qu'ils regardoient auparavant comme leurs alliez, & qui venoient de renverser les Temples des mêmes Dieux qu'ils adoroient comme eux? Ces principes ne sont pas nouveaux, on ne croyoit pas en ce tems-là, non plus qu'aujourd'hui, que ces sortes de guerres fussent injustes; Dieu les ordonna toujours contre les peuples qui adoroient des Divinitez si ridicules, & le monde en étoit alors tellement rempli, que cet Etre suprême n'étoit connu & servi que dans un petit coin de la terre; lui, qui avoit fait tant de prodiges en faveur de son peuple qu'il voyoit très-souvent tomber dans l'idolâtrie: faut-il donc s'étonner de tant d'affreux châtimens dont il le punissoit?

(b) 2. Par. XIV. 1... 5.

La seconde raison qui avoit pû occasionner cette guerre, est purement politique, & aujourd'hui même nos Jurisconsultes militaires la tiennent pour légitime, & elle l'est en effet : c'est une leçon aux Princes de se tenir sur leurs gardes, de profiter du tems pour se mettre à couvert des entreprises de leurs ennemis, & de se préparer à la guerre pendant la paix.

C'est pourquoi, continuë l'Auteur sacré (a), *il dit au peuple de Juda: Travaillons à réparer ces villes; fortifions-les de murailles, & ajoûtons-y des tours, avec des portes & des serrures, pendant que nous n'avons point de guerre, parce que nous avons cherché le Seigneur, le Dieu de nos peres, & qu'il nous a donné la paix avec tous nos voisins. Ils se mirent donc à bâtir, & à fortifier les places, & personne ne les en empêcha.*

(a) Ibid. vers. 7.

Aza prévit bien qu'en détruisant les Temples & les Autels des faux Dieux dans son pays, il indigneroit & révolteroit contre lui ses voisins qui professoient l'idolâtrie : & lorsqu'on s'engage dans de telles entreprises, il faut être sur ses gardes, & en état de soûtenir la guerre; aussi avoit-il pris toutes les précautions nécessaires, s'étoit-il préparé à tout événement; il avoit fait fortifier ses places pour arrêter les premiers efforts des ennemis, & lui donner le tems, s'il étoit nécessaire, de lever de bonnes armées pour arrêter leurs progrès, & renverser leurs projets par quelque action éclatante.

Dom Calmet dit que les Interprétes sont partagez sur le pays de ce Roi, que l'Ecriture nomme Roi d'Ethiopie, je n'en suis nullement surpris; je le suis cependant beaucoup qu'il s'en soit trouvé qui ayent crû que cette armée formidable soit venuë par l'Egypte; à moins que Zara n'eût commencé par en faire la conquête, ce qui ne se voit nulle part dans l'Histoire profane, qui remonte bien plus haut que le regne d'Aza; aussi nul Sçavant n'a donné dans une telle absurdité.

Le nom d'Ethiopie n'est peut-être pas si équivoque qu'on diroit bien : cet Empire étoit si formidable & d'une si vaste étenduë, qu'il pouvoit bien s'étendre

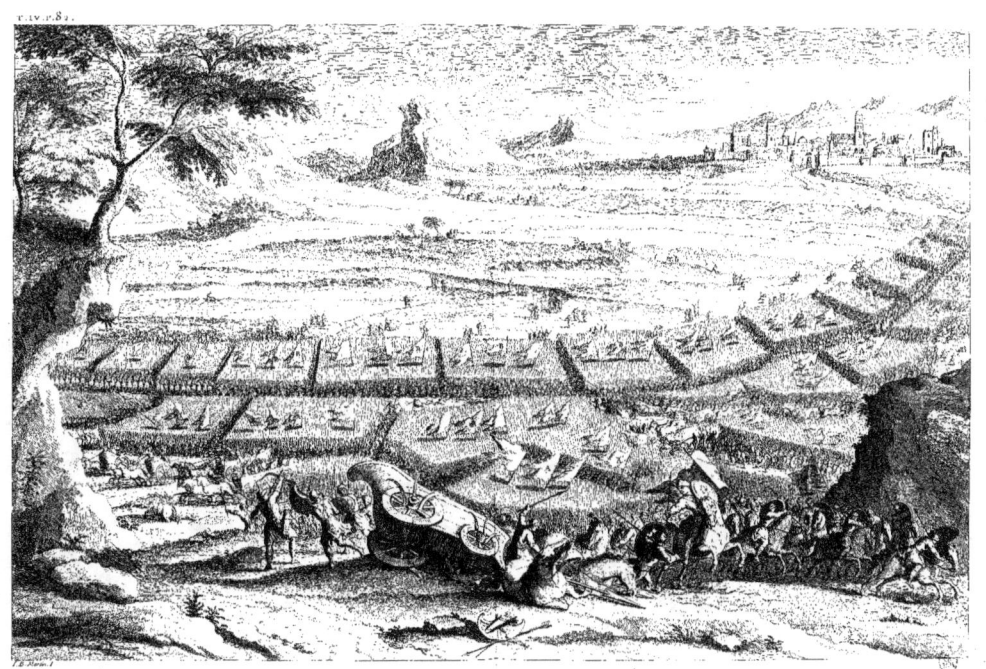

DÉFAITE DE ZARA ROY D'ETHIOPIE, PAR ASA ROY DE JUDA, DANS LA VALLÉE DE SEPHATA.

dre jusques dans l'Arabie, & Zara pouvoit venir de ce pays-là, pour attaquer Juda : cette conjecture me semble probable ; mais, dira-t-on, comment une armée d'un million d'hommes a-t-elle pû traverser les déserts d'entre l'Arabie & la Judée, où on ne trouve ni vivres, ni fourages, ni eau, ni arbres ; rien en un mot que des sables & des rochers ? Je leur demande à mon tour, comment Aléxandre le Grand a pû passer ces déserts immenses en certains endroits, qui séparent la Perse d'avec les Indes ? Il est vrai, me répondra-t-on : mais si vous comparez les forces d'Aléxandre à celles de ce Roi d'Ethiopie, il en faudra beaucoup rabattre ; rien du tout, puisqu'à la façon des Caravannes, chacun en particulier peut faire provision de vivres, d'eau, de fourages, &c. tant qu'il en faut pour traverser ces déserts. Rapprochons-nous de nos tems ; l'armée de Timurbec où de Tamerlan n'étoit guéres moins nombreuse que celle dont parle l'Ecriture ; cependant elle traversa avec une diligence incroyable les déserts de Ségistan, & une infinité d'autres de plus de vingt marches d'étenduë.

Aza qui pendant la paix s'étoit préparé à la guerre, ne fut nullement surpris ; il alla même à l'ennemi, tant un Prince qui est sur ses gardes, & qui se trouve armé, est hardi & audacieux. *Il marcha au-devant de lui*, dit l'Auteur sacré (*a*), *& rangea son armée en bataille dans la vallée de Séphata près de Maréfa* : à la tête d'une armée de trois cens mille hommes, qui portoient des boucliers & des piques ; & dans Benjamin, deux cens quatre-vingt mille hommes, armez aussi de boucliers, & qui tiroient des flêches, tous gens de cœur & d'exécution. Voilà des troupes bien armées, bien délibérées, & conduites par un Roi courageux, & très-entendu ; on en juge assez par le poste qu'il occupe : la crainte d'être enveloppé par la multitude de ses ennemis, lui fit ranger son armée dans la vallée, en appuyant les aîles de son armée des deux côtez aux montagnes, de sorte que son ennemi ne put combattre que sur un front de même étenduë ; c'est justement ce qui rend inutiles les armées trop nombreuses.

Comme les peuples de l'Asie combattoient en phalange, & sur une très-grande profondeur, je ne sçaurois guéres me tromper dans la disposition des deux armées ; je suis persuadé que les Ethiopiens A suivoient la même méthode que les Juifs B.

Zara avoit trois cens chariots de guerre : on les rangeoit ordinairement à la tête de la ligne ; mais je ne vois pas qu'ils ayent jamais fait un grand effet dans les batailles : il paroit au contraire que les Hébreux ne s'en mettoient guéres en peine, & qu'ils sçavoient bien les éviter. L'Ecriture ne parle point en cet endroit de cavalerie ; cependant elle en fait mention ailleurs (*a*) : mais les principales forces des peuples de l'Asie consistoient en infanterie ; à peine y avoit-il six mille chevaux dans une armée de soixante mille hommes. Les Grecs & les Romains, si grands maîtres dans la science des armes, n'en avoient pas davantage. Le grand nombre de cavalerie n'est venu que dans le tems de la barbarie, c'est de toutes les armes la plus ruineuse à un Etat ; & rarement décide-t-elle dans une action : je m'en rapporte aux gens éclairez.

V. ZARA, ville de Moab. Joseph, *Antiq.* XIII. Chap. 23. dit qu'Aléxandre Jannée prit cette ville.

ZARAIAS, fils du Grand-Prêtre Ozi, & pere de Méraïoth. Voyez 1. *Par.* VI. 6.

ZARED, torrent au-delà du Jourdain, & frontiére des Moabites. Il se dégorge dans la mer Morte. Voyez *Num.* XXI. 12. *Deut.* II. 13. 14.

ZARE'S, femme d'Aman, laquelle conseilla à son mari de faire périr Mardochée (*b*).

ZATHAN fils de Lédan, étoit un des Trésoriers du Temple. 1. *Par.* XXVI. 22.

ZEB, un des Princes de Madian, fut trouvé dans un pressoir, & mis à mort par les Ephraïmites (*c*), qui prirent sa tête, & la portérent à Gédéon au-delà du Jourdain, où ils poursuivoient les ennemis.

I. ZEBEDE'E, fils d'Asaph, & pere de Micha (*d*). C'étoit un excellent Musicien du Temple.

II. ZEBEDE'E, pere des Apôtres saint Jacques & saint Jean l'Evangéliste. Nous ne sçavons rien de particulier ni d'assûré sur la personne de Zébédée, sinon que ses deux fils l'abandonnérent pour suivre le Seigneur, qu'il étoit pêcheur de profession, & que sa femme s'appelloit Salomé. Voyez *Matth.* IV. 21.

ZEBEDIA, fils de Michel (*e*), revint de la captivité de Babylone, avec quatre-vingt hommes.

ZEBE'E étoit un Prince des Madianites,

(*a*) *Ibid.* J. 10.

(*a*) 1. *Par.* XVI. 8.

(*b*) *Esther.* V. 10. 14. An du Monde 3495. avant J. C. 505. avant l'Ere vulgaire 509.

(*c*) *Judic.* V. 25. An du Monde 2759. avant J. C. 1245. avant l'Ere vulgaire 1251.

(*d*) 2. *Esdr.* XI. 17.

(*e*) 1. *Esdr.* VIII. 8.

nites, que Gédéon lui-même perça de son épée. *Judic.* VIII. 5. 21. *Pſal.* LXXXII. 8. L'an du Monde 2759. avant J. C. 1247. avant l'Ere vulg. 1251. Gédéon ayant pris Zébée & Salmana dans leur fuite, leur demanda : Comment étoient faits ceux que vous avez mis à mort dans le Thabor ? Ils répondirent : Ils étoient faits comme vous, & l'un d'eux étoit comme un fils de Roi. Gédéon répondit : Ils étoient mes freres, & fils de ma mere ; vive le Seigneur : Si vous les euſſiez épargnez, je ne vous ferois pas mourir. Alors il dit à Jéther son fils aîné : Jettez-vous sur eux, & les tuez ; mais il ne tira pas son épée, parce qu'il n'étoit qu'un enfant, & qu'il craignoit. Alors Zébée & Salmana dirent à Gédéon : Tuez-nous vous-même. Il tira son épée, & les tua.

ZEBIDA, mere de Joachim Roi de Juda. Elle étoit fille de Phadaïa de Ruma (*a*).

(*a*) 4. *Reg.* XXIII. 37.

ZEBOIM. Voyez *Séboïm*.

ZEBUL, fut établi Gouverneur de la ville de Sichem (*b*) par Abimélech fils de Gédéon. Gaal fils d'Obed, ayant engagé les Sichémites dans la révolte, Zébul en donna avis à Abimélech, qui ayant marché toute la nuit, parut dès le matin sur les hauteurs de Sichem. Gaal étant sorti de la ville, & se tenant à la porte avec Zébul, lui dit : Voilà bien du monde qui deſcend des montagnes. Zébul lui répondit : Ce sont les ombres des montagnes, qui vous paroiſſent des têtes d'hommes. Mais les troupes d'Abimélech s'avançant toujours, & Gaal ne pouvant plus douter que ce ne fuſſent des hommes, Zébul lui dit : Où est maintenant cette audace avec laquelle vous diſiez : Qui est Abimélech, pour que nous lui ſoyons aſſujettis ? Ne ſont-ce pas là ces gens que vous mépriſiez ? Sortez donc maintenant, & combattez-les. Il se met en effet à la tête des Sichémites ; mais il fut aiſément vaincu par Abimélech. Voyez l'article d'*Abimélech*.

(*b*) *Judic.* IX. 28. An du Monde 2171. avant J. C. 1229. avant l'Ere vulg. 1233.

I. ZECHRI, fils d'Iſaar, & petitfils de Caath. *Exod.* VI. 22.

II. ZECHRI, de la Tribu d'Ephraïm, homme puiſſant & vaillant ; tua Maaſias, fils du Roi Achaz, Ezrica Intendant du palais, & Alcana qui étoit le ſecond après le Roi. 2. *Par.* XXVIII. 7.

ZECHUR, pere de Sammua, de la Tribu de Ruben. *Num.* XIII. 5.

ZEDEKIEL. Nom d'un Ange du premier ordre ; son nom ſignifie *la Juſtice de Dieu*. Les Juifs le donnent pour Précepteur au Patriarche Abraham. Voyez Fabricius, tom. 1. p. 4. Apocryph. *Veter. Teſtam.*

ZELA. Voyez *Sela*.

ZELATEURS, où *Zélez*. On donna ce nom à certains Juifs qui parurent dans la Judée vers l'an 66. de l'Ere vulgaire, & quatre ou cinq ans avant la priſe de Jeruſalem par les Romains. Ils prirent le nom de *Zélateurs*, à cauſe du zéle mal-entendu qu'ils prétendoient avoir pour la liberté de leur patrie. On leur donna auſſi vers le même tems le nom de *Sicaires* ou *Aſſaſſins* ; à cauſe des fréquens aſſaſſins qu'ils commettoient avec des dagues, nommées en Latin *ſica*. Nous croyons que ce ſont les mêmes que les *Hérodiens*, dont il eſt parlé dans l'Evangile (*a*). Voyez les articles des *Hérodiens* & des *Galiléens*. Tous ces gens étoient Diſciples de Judas le Galiléen (*b*), Auteur d'une quatriéme ſecte parmi les Juifs, différente de celles des Phariſiens, des Saducéens & des Eſſéniens. Joſeph (*c*) attribuë aux Diſciples de Judas tous les maux qui arrivérent à la Judée ſous le gouvernement de Florus, & ſa perte entiére par les armes des Romains. On peut voir l'article de *Judas le Galiléen*, & Joſeph dans ſon Livre XVIII. des Antiquitez, & tout ſon Ouvrage de la Guerre des Juifs. Voyez auſſi ci-après l'article *Zéle, Jugement de zéle*.

(*a*) XXII. *Marc.* & XII. (*b*) *Joſ. Antiq.* l. 6. de *Ant*. *Antiq.* l. & de *a. f. c.* 30. p. 9. (*e*) *Antiq.* l. 16. 6.

ZELE, en Latin, *zelus*, en Hébreu, *kanah* (*d*), ſe prend 1°. pour l'ardeur que nous avons pour quelque choſe (*e*) : *Zelo zelatus ſum pro Domino exercituum* : Je brûle de zéle pour le Seigneur des armées. Phinées eût loüé pour avoir été rempli de zéle contre les méchans qui violoient la Loi du Seigneur (*f*) : *Quia zelatus eſt pro Deo ſuo.* Judith dit que Siméon & ſes freres furent remplis du zéle du Seigneur, pour venger l'outrage fait à leur ſœur (*g*) : *Zelaverunt zelum tuum.*

(*d*) *lui, ze* (*e*) XIX. 10
(*f*) XXV. 11.
(*g*) IX. 3.

II. *Zelus* ſe met pour la colére : *Zelus Domini exercituum faciet hoc* (*h*) : La colére du Seigneur fera cela. *Uſquequo accendetur velut ignis zelus tuus ?* (*i*) Juſqu'à quand votre colére ſera-t-elle allumée comme un feu ? *In igne zeli mei devorabitur omnis terra* (*k*) : Le feu de ma colére détruira toute la terre.

(*h*) XIX. 31. (*i*) LXXXV (*k*) 18. &

III. *Zelus* eſt pris pour la jalouſie : (*l*) *Zelus & furor viri non parcet* : La jalouſie d'un mari en fureur ne pardonnera point. *Zelatus ſum Jeruſalem & Sion*

(*l*) VI. 34

ZEL

Sion zelo magno (*a*) : J'ai aimé Jérusalem & Sion d'un amour de jalousie.

IV. *Zelus* se met pour l'envie. N'ayez point d'envie contre les méchans ; n'enviez point leur bonheur passager (*b*) : *Noli æmulari in malignantibus, neque zelaveris facientes iniquitatem*. N'êtes-vous pas encore charnels, puisque l'envie & les disputes regnent encore parmi vous (*c*) ? *Cùm enim sint inter vos zelus & contentio, nonne carnales estis ?* Voyez aussi *Jacobi* III. 6. Le zéle d'amertume, *Jacobi* III. 14. est opposé au zéle de la charité, qui ne s'irrite point, dit l'Apôtre, 1. *Cor.* XIII. 4. 5. *Non irritatur.... non æmulatur.* Mais le faux zéle, le zéle d'amertume, est rempli d'aigreur & d'animosité.

ZELE. *Jugement du zéle.* On donnoit ce nom parmi les Hébreux, à l'action d'un Israëlite, qui transporté de zéle, sans attendre la sentence des Juges, & sans observer les formalitez ordinaires de la Justice, frappoit ou mettoit à mort un Juif, qu'il trouvoit dans le violement manifeste & scandaleux de quelque point important de la Loi, ou à qui il entendoit proférer quelque blasphême contre le nom de Dieu, ou contre son Temple, ou son peuple. Dans ces cas, il étoit permis à tout Israëlite de lui courir sus, & de le mettre à mort, s'il pouvoit. Et de même si les Prêtres dans le Temple, voyoient un de leurs confréres qui fît ses fonctions dans un état de souïllure, ils étoient autorisez par la coutume à l'arracher du Lieu saint, à le tirer hors du parvis, & à lui casser la tête à coups de bâtons. (*d*) Mais afin qu'on pût se servir de cette liberté, il falloit que le mal se commît au moins en présence de dix Israëlites, & que celui qui étoit en faute, y persévérât, & ne s'en retirât point, lorsqu'il se voyoit averti & attaqué ; car s'il cessoit de mal faire, il étoit défendu de le tuer, sans l'avoir auparavant fait condamner en Jugement.

On fonde ce droit sur une tradition qu'ils prétendent avoir reçûë de Moyse, & sur l'exemple de Phinées (*e*), qui transporté d'un saint zéle, perça d'un seul coup Zamri Chef de la Tribu de Siméon, & Cozbi fille d'un Prince de Madian. C'est en vertu du même droit que Matthatias pere des Maccabées (*f*), tua Apelles, que le Roi de Syrie avoit envoyé à Modin, pour contraindre les Juifs de sacrifier. On rapporte à la même pratique la vengeance que les Juifs d'Egypte (*g*) tirérent de trois cens de

Tome IV.

ZEL 85

leurs freres, qui avoient lâchement abandonné leur Religion. Enfin on peut dire que c'est par le même zéle que notre Seigneur chassa du Temple les banquiers, ceux qui trafiquoient, & qui y vendoient des colombes, & des animaux pour les sacrifices (*a*). L'Evangéliste remarque que dans cette occasion les Apôtres se souvinrent de cette parole de l'Ecriture (*b*) : *Le zéle de votre maison m'a dévoré.* Voyez *Grot. de Jure Belli & Pacis*, l. 2. c. 20. §. 8. *Selden, de Jure Nat. & Gent.* l. 4. c. 4. 5.

L'IDOLE DU ZELE, *Idolum zeli*, dont parle Ezéchiel (*c*), est, à ce qu'on croit, le faux Dieu Adonis, justement appellé l'*Idole de jalousie*, à cause qu'il étoit aimé de Vénus, & que Mars piqué de jalousie envoya contre lui un sanglier, qui le tua d'un coup de dent. De plus, en suivant le récit d'Ezéchiel, on voit que le même simulacre qui est nommé au ℣. 5. l'Image de Jalousie, est appellé ℣. 14. Thammuz, en l'honneur duquel les femmes faisoient des lamentations, comme tout le monde sçait qu'on en faisoit aux Fêtes d'Adonis. Saint Jérôme (*d*), suivi de plusieurs Commentateurs, croit que l'*Idole de jalousie*, est le Dieu Baal, qui ayant été placée dans le Temple du Seigneur par le Roi Manassé, fut enfin ôtée par Josias. D'autres croyent que sous le nom d'*Image de jalousie*, *qui excite la jalousie*, le Prophéte avoit voulu marquer toute sorte d'Idoles, qui irritent la colére de Dieu, & allument son zéle contre leurs adorateurs.

L'oreille du zéle entend toutes choses : Auris zeli audit omnia. Dieu est comme un époux jaloux, qui écoute toutes choses, qui est attentif à tous les discours des méchans, qui les réprimera & les châtiera.

Nolite zelare mortem in errore vitæ vestræ : Cessez de chercher la mort avec tant d'ardeur ; ne témoignez pas tant de zéle pour votre propre perte : autrement, *n'accusez point la mort*, ne lui imputez point votre perte. Le verbe *zelare* se met quelquefois pour tirer vengeance. Phinées fut emporté de zéle contre les prévaricateurs (*e*), il s'arma pour les mettre à mort. Saül fit mourir les Gabaonites par un zéle à contretems ; pour venger la tromperie qu'ils avoient faite à Israël : *Voluit Saül percutere eos zelo, quasi pro filiis Israël & Juda* (*f*). L'Auteur de la Sagesse (*g*) nous représente le Seigneur qui va s'armer

Y

mer de zéle contre ses ennemis ; c'est-à-dire, qui va tirer vengeance de leur malice. Isaïe (*a*) dit qu'Ephraïm n'aura plus de guerre contre Juda ; que ces deux Royaumes vivront en paix : *Auferetur zelus Ephraim & hostes Juda peribunt ; Ephraim non æmulabitur Judam, & Judas non pugnabit contra Ephraïm.* Où l'on voit que *zelari* & *æmulari*, sont mis comme synonimes à *hostis*, & à *pugnare*. Ezéchiel (*b*) dit que le Seigneur va venger l'outrage fait à son nom : *Assumam zelum pro nomine sancto meo.*

Dans le Deutéronome (*c*), Dieu dit que les Israëlites ingrats & infidéles, l'ont voulu comme piquer de jalousie, ou de *zéle*, en adorant des Dieux qui ne sont point Dieux ; & moi, dit le Seigneur, je les piquerai de jalousie & de *zéle*, en aimant une autre, qui n'est point un peuple ; & je les irriterai en substituant en leur place une Nation insensée, comme un époux irrité & piqué de jalousie contre une épouse infidelle, qui s'est abandonnée à des amans indignes, au mépris d'un mari infiniment digne de respect ; il la menace de la répudier, de la rejetter, & de prendre en sa place un peuple qui ne mérite pas le nom de peuple, pour lui causer par ce paralele un zéle, une jalousie, un dépit de désespoir. Cela s'est parfaitement accompli dans la réprobation du peuple Juif, & dans la vocation des Gentils à la Religion Chrétienne.

ZELOTES. *Simon Zelotés.* Voyez *Simon.*

ZELPHA, servante de Liah, devint femme du second rang du Patriarche Jacob, & fut mere de Gad & d'Aser. *Genes.* XXX. 9. XLVI. 18.

ZEMMA, Lévite, pere de Joab, de la race de Gersom. 2. *Par.* XXIX. 12.

ZENAS, Docteur de la Loi (*d*), & Disciple de saint Paul. On n'en sçait rien autre chose, sinon qu'il étoit un homme apostolique, bien instruit des Loix des Juifs, & fort considéré de saint Paul. Cet Apôtre mande à Tite de le lui envoyer à Nicople avec Apollo, & d'avoir soin qu'ils ne manquent de rien dans leur voyage. Dorothée Evêque de Tyr, le fait Evêque de Diospolis en Palestine.

ZEPHRONIE, ville qui étoit au septentrion de la Terre promise. *Num.* XXXIV. 9. On ne la connoît plus aujourd'hui. Saint Jérôme sur Ezéchiel, XLVII. dit que c'est *Zephyrium*, dans la Cilicie.

(*a*) *Isai.* XL. 13.

(*b*) *Ezech.* XXXIX. 25.

(*c*) *Deut.* XXXII. 21.

(*d*) *Tit.* III. 13. Ζηνᾶν τὸν νομικὸν. *Vulg. Zenam, Legis peritum,* Zénas le Jurisconsulte. Mais *Legis peritus* en cet endroit, est le même que *Scriba,* ou Docteur de la Loi. Voyez *Math.* XXII. 35. & *Luc.* VII. 30. Item X. 27. XI. 45. &c.

ZERETH, mesure Hébraïque, qui étoit la demi-coudée, ou dix pouces $\frac{4}{9}$. Saint Jérôme l'a traduit par *palmus,* 1. *Reg.* XVII. 5. Le rational du Grand-Prêtre avoit un *zereth* (*a*), ou une demi-coudée en quarré. *Exod.* XXVIII. 16. & XXXIX. 9. Isaïe semble dire qu'à l'égard de Dieu, les Cieux n'ont qu'un zereth de long : *Et Cœlos palmo ponderavit ;* l'Hébreu, *in zereth direxit ; Isai.* XL. 12. Mais dans ce passage, *zereth* signifie plûtôt la main étenduë.

I. ZETHAN, fils de Balan, fils de Jadihel, de la Tribu de Benjamin. 1. *Par.* VII. 10.

II. ZETHAN, fils de Léédan, de la Tribu de Lévi, & de la famille de Gersom. 1. *Par.* XXIII. 8.

ZETHAR, un des sept Eunuques, ou des sept principaux Officiers d'Assuérus. *Esth.* I. 10.

ZETHU, fut un de ceux qui après le retour de la captivité de Babylone, renouvellérent & signérent l'alliance avec le Seigneur. 2. *Esdr.* X. 14. l'an du Monde 3551. avant J. C. 449. avant l'Ere vulgaire 453.

ZETHUA, revint de la captivité de Babylone avec neuf cens quarante personnes de sa famille (*b*). C'est apparemment le même que *Zethu* de l'article précédent.

ZIA, ville de de-là le Jourdain, à cinq milles de Philadelphie, vers l'occident. *Euseb. in Zem.*

ZIE', fils d'Abigaïl, de la Tribu de Gad. 1. *Par.* v. 13.

ZIN. Désert de Zin. Voyez *Sin.*

ZIO, second mois de l'année sainte des Hébreux. C'est le même qu'on a depuis nommé *Jiar.* Il répond à la Lune d'Avril. On ne trouve le nom de *Zio* ou *Ziv*, que dans le troisiéme Livre des Rois, Chap. VI. 1.

I. ZIPH, ou *Zipha*, fils de Jaléleel, de la Tribu de Juda, & de la famille de Caleb. 1. *Par.* IV. 16. C'est lui apparemment qui donna son nom à la ville de Ziph, située dans la Tribu de Juda.

II. ZIPH, ville de la Tribu de Juda. (*c*) Saint Jérôme dit que l'on montroit encore de son tems la bourgade de Ziph, à huit milles d'Hébron, vers l'orient. David demeura quelque tems caché dans la solitude de Ziph (*d*).

III. ZIPH. Il paroît qu'il y avoit encore une autre ville de Ziph, aux environs de Maon & du Carmel de Juda. Voyez *Josué*, XV. 54.

I. ZIZA, fils de Jonathan, de la race de

(*a*) 1. *Reg.* XVII. 5. *in Zereth.*

(*b*) 1. *Esdr.* II. 8.

(*c*) *Josué* XV. 24.

(*d*) 1. *Reg.* XXIII. 14. 15.

de Jéraméel, fils d'Hefron, de la Tribu de Juda. 1. *Par.* 11. 33.

II. Ziza, fils de Séphéi. 1. *Par.* IV. 37.

III. Ziza, fils de Séméi, Lévite. 1. *Par.* XXIII. 10.

IV. Ziza, fils de Roboam Roi de Juda, & de Maacha fille ou petite-fille d'Abfalom ou d'Abeffalom. 2. *Par.* XI. 20.

ZIZANIE, *zizania.* Voyez Yvraie. Le terme de zizanie ne se dit point au propre, mais on l'employe souvent au figuré. Semer la zizanie dans une famille, y répandre la difcorde. L'ennemi a femé la zizanie dans le champ de l'Eglife. L'Hérétique y a répandu fes erreurs. Le Démon y a jetté la divifion.

ZIZITH. C'eft ainfi que les Juifs appellent les houpes qu'ils portoient autrefois aux quatre coins de leurs manteaux (*a*), & qu'ils ne portent maintenant que par-deffous leurs habits, & attachées à une piéce quarrée, qui repréfente le manteau dont ils étoient couverts anciennement dans leur pays, avant leur difperfion. Le *zizith* des Juifs d'aujourd'hui eft une houpe compofée de huit fils de laine filée exprès pour cela, avec cinq nœuds, chacun

on fe fert des fentimens & des expreffions de l'Epoux & de l'Epoufe du Cantique de Salomon, pour élever l'ame à Dieu, & lui infpirer les tranfports qui doivent la porter vers son Créateur. On peut voir ce que nous avons raconté de cette femme dans l'article de Jofeph.

ZOMZOMIM, anciens Géans, qui demeuroient au-delà du Jourdain, dans le pays qu'occupérent depuis les Ammonites. *Deut.* 11. 20.

ZOOM, fils de Roboam, & d'Abihaïl fille d'Eliab. 2. *Par.* XI, 19.

ZORA, ou *Zor.* Voyez *Tyr.*

ZOROASTRE. Je ne parlerois pas ici de cet homme fi fameux, fi l'on ne le confondoit avec Abraham, & fi dans l'Ecriture il n'étoit parlé des *Chamanims,* ou Temples confacrez au feu, qui eft le principal objet du culte des difciples de Zoroaftre.

L'on eft fort partagé fur le tems auquel a vécu Zoroaftre. Nous propoferons d'abord les fentimens des Orientaux, puis nous viendrons à ceux des Grecs & des Latins. Les Orientaux le nomment pour l'ordinaire *Zerdafcht,* ou *Zaradafcht,* ou *Zerdouft* (*a*). L'Ouvrage intitulé: *Livre du Philofophe Gia-*

(*a*) *Num.* xv. 8. & *Deut.* XII. 12.

(*a*) D'Herbelot, Biblioth.

Il remarque comme le premier, que le Maître de la Verge, ou Moyse parut dans la seconde grande conjonction des planetes ; & ils sont conformes en cela au sentiment des anciens Persans, qui veulent tous que Zoroastre soit plus ancien que Moyse.

Sur ce pied-là Zoroastre aura paru dans le monde treize cens ans après le Déluge ; c'est-à-dire selon la Chronologie que nous suivons, l'an du Monde 2956. avant JESUS-CHRIST 1044. avant l'Ere vulgaire 1041. & par consequent long-tems après Moyse, qui sortit de l'Egypte l'an du Monde 2513. avant JESUS-CHRIST 1487. avant l'Ere vulgaire 1484. Ainsi la Chronologie des Persans qui veulent que Zoroastre soit beaucoup plus ancien que Moyse, & qui croyent toutefois qu'il a paru 1300. ans après le Déluge, est défectueuse ; & il faut dire, qu'il ne commença à paroître qu'au commencement du regne de David sur tout Israël, après la mort d'Isboseth.

Les Mages de Perse (*a*), pour autoriser leur Doctrine, soutiennent que leur Maître Zoroastre, est le même que le Patriarche Abraham, qui ayant été jetté dans une fournaise ardente par l'ordre de Nemrod, duquel il condamnoit l'idolâtrie, en sortit miraculeusement sans en ressentir la moindre impression. La vûë de ce prodige convertit plusieurs personnes & attira à Abraham, qu'ils appellent *Ibrahim Zerdascht*, comme qui diroit *Abraham l'ami du feu*, une infinité de Sectateurs, ausquels il n'eut pas de peine de persuader de rendre leur adoration au feu. Aussi ce fut dans la Mésopotamie & dans la Chaldée, que les premiers Pyrées ou Temples du feu furent établis.

Mais ce sentiment est encore plus insoutenable que le premier, pour plusieurs raisons ; la première tirée de la Chronologie. Nemrod naquit bien-tôt après le Déluge, puisque l'Ecriture, aussi-tôt après la construction de la Tour de Babel, le représente comme fondant des villes & établissant une grande Monarchie ; ainsi en mettant sa naissance sous l'an du Monde 1660. quatre ou cinq ans après le Déluge, il aura dû être âgé de 423. ans lorsque Abraham sortit de la ville d'Ur pour aller dans la Terre de Chanaan, l'an du Monde 2083. avant JESUS-CHRIST 1917. avant l'Ere vulgaire 1914. Or il est rare de voir des hommes nez depuis le Déluge, vivre aussi long-tems.

(*a*) D'Herbelot, p. 931.

Mais accordons que Nemrod l'ait pû voir, & même qu'il l'ait persécuté ; quelle preuve a-t-on qu'il l'ait fait jetter dans le feu, & qu'Abraham en soit sorti sain & sauf ? Les Juifs & les Orientaux l'enseignent ainsi, il est vrai ; mais sur quel fondement ? C'est qu'il est dit qu'il sortit d'Ur. Ur signifie le feu, donc il sortit d'une fournaise ardente. Moyse auroit-il raconté si succinctement un fait d'une si grande conséquence ? La manière même dont il raconte la chose, ne prouve-t-elle pas qu'Ur signifie une ville (*a*) ? *Aran mourut avant son pere Tharé dans la terre de sa naissance, dans Ur de Chaldée* ; & ensuite, *Tharé prit donc Abram son fils, & Lot fils d'Aran, & Saraï sa bru & il les fit sortir d'Ur de Chaldée.* Et ailleurs, Genes. XV. 7. *C'est moi qui vous ai fait sortir d'Ur de Chaldée.* Tous ces passages réunis ne prouvent-ils pas qu'Ur est un nom de ville ? car qui a jamais dit que Tharé, Abram, Lot, & Saraï ayent été jettez dans le feu par les Chaldéens ? Saint Jérôme à la vérité traduit 2. Esdr. IX. 7. *Vous avez tiré Abraham du feu des Chaldéens*, parce qu'il a jugé à propos de rendre litteralement le nom d'Ur. Mais dans ses questions Hébraïques, il traite de fables, ce que les Juifs disent du feu d'où Abraham fut délivré.

C'est faire injure à la Religion & à la pieté d'Abraham, de dire qu'il établit dans l'Orient le culte du feu. Il ne paroît pas par sa véritable histoire racontée dans la Genese, qu'il ait jamais rendu aucun honneur particulier à cet élément, ni qu'il en ait inspiré la dévotion à ses enfans. Les Israëlites anciens, bien instruits sans doute des sentimens de leur pere, ont toujours détesté ce culte, & tout autre culte de la créature. Je ne m'informe pas si les sectateurs de Zoroastre ont rendu autrefois, & rendent encore aujourd'hui une adoration absoluë, ou un culte seulement relatif à l'élément du feu ; il me suffit de montrer qu'Abraham n'a rien fait ni rien enseigné de pareil, & par conséquent qu'il est très-différent de Zoroastre.

Les autres Auteurs Orientaux (*b*) font vivre Zoroastre long-tems après Abraham. Kondemir dans la vie de Kischtab fils de Lohorasb, dit que Zoroastre ayant appris par les régles d'Astrologie, qu'il devoit naître un grand Prophete, se mit en tête de persuader au monde que c'étoit lui-même. Pour

(*a*) Gen. XI. 28. 31.

(*b*) D'Herbelot, Biblioth. Orient. p. 9.

y

y réüssir, il invoquoit souvent le Démon, qui lui apparoissoit au milieu du feu, & lui imprimoit une marque lumineuse sur le corps. Cet éclat avec lequel il paroissoit de tems en tems, & la hardiesse avec laquelle il déclaroit qu'il étoit envoyé de Dieu, lui acquirent la créance de plusieurs; il composa un Livre sous le nom de *Zend*, qui contenoit toute sa doctrine, & tout ce que le Diable transformé en Ange de lumière, lui avoit fait entendre du milieu du feu. Le même Auteur dit que ceux qui ne font pas Zoroastre si ancien, veulent qu'ayant appris par les Livres des Hébreux, qu'il viendroit après Moyse un autre grand Prophète désigné par Balaam sous l'idée d'un astre & d'une lumière, entreprit de se faire passer pour cette lumière.

Le Tarik Monthekeb enseigne que Zoroastre fut disciple des Prophétes Elie & Elisée, & des Réchabites, desquels il avoit appris le secret des Prophéties des Juifs; mais que les ayant corrompuës par le mélange de ses rêveries particuliéres, il en composa *son Livre de vie*. Il est, dit le même Auteur, le premier qui ait enseigné la doctrine des deux principes du bien & du mal, & que le nom de Mégioufch ou de *Mages*, qu'on donne à ses sectateurs, est un nom corrompu du Persien *Méikoufch*, qui signifie *aigre doux*, à cause des deux principes bon & mauvais qu'il établissoit.

Selon ces deux Auteurs Persans que nous venons de citer, Zoroastre étoit contemporain de Kischtasb fils de Lohorasb cinquiéme Roi de Perse, de la Dynastie des Caïaniens, que ce Prince embrassa la doctrine de cet imposteur, la fit recevoir par tous ses sujets, & fit bâtir des Pyrées par toute la Perse. Or le Roi Kischtasb est le même que Hystaspe, ou Darius fils d'Hystaspe des Grecs, & par conséquent Zoroastre n'aura vécu qu'après la captivité de Babylone; d'autres le font contemporain de Jérémie, de Daniel, & d'Esdras; & font son pere Lohorasb contemporain de Nabuchodonosor, & de Balthasar. Tout cela éloigne extrêmement Zoroastre du tems d'Abraham.

Les Chrétiens Orientaux (*a*) font Zoroastre contemporain de Cambyse. Quelques-uns le font natif de Médie, & d'autres d'Assyrie, & veulent qu'il ait été disciple d'Elie, apparemment, parce que ce Prophéte fut enlevé par un chariot de feu (*b*), & qu'il fit descendre le feu sur ceux qui étoient

(*a*) Apud bulpharag. Dynastic.

(*b*) 4. Reg. 1. 12.

envoyez pour le prendre (*a*), & ensuite sur les victimes qu'il offrit au Seigneur sur le Mont-Carmel (*b*). Abulfarage dit de plus que Zoroastre prédit à ses sectateurs la venuë du Messie, les avertit qu'il paroîtroit une nouvelle étoile à sa naissance, que ce Messie naîtroit d'une Vierge, & qu'ils en auroient la premiére nouvelle, & qu'ils ne manquassent point de lui aller offrir leurs présens: c'est à quoi obéïrent les Mages qui vinrent adorer JESUS-CHRIST à Bethléem. L'Anachronisme est sensible de faire Zoroastre contemporain de Cambyse & d'Elie, qui ont vécu en des tems si éloignez les uns des autres. Cambyse est mort l'an du Monde 3483. & Elie a été enlevé du monde vers l'an 3108.

(*a*) 4. Reg. 1. 10. 12.

(*b*) 4. Reg. XVIII. 38.

Ebn-Batrik, autrement Eutychius, Patriarche d'Aléxandrie, croit que Zoroastre fut contemporain de *Smerdis* successeur de Cambyse, & prédécesseur de Darius fils d'Hystaspe, & qu'il a vêcu sous Thamurarh Roi de Perse de la premiére Dynastie des Pischdadiens. L'Auteur du Tarik Monthekeb semble croire que Zoroastre étoit le même que *Smerdis* dont on vient de parler, & chef de la secte des Guébres, que les Mages firent monter sur le trône: car le nom Persien de Mikhoufch, qui est un abrégé de *Mickgoufch*, convient fort bien à Smerdis, qui avoit les oreilles coupées.

Ben-Schunah prétend que Zoroastre étoit disciple d'Esdras, & que ce Prophéte lui donna sa malédiction, à cause qu'il soutenoit des sentimens fort opposez à ceux du Judaïsme; que Dieu pour le punir de son impiété, le frappa de lépre, comme autrefois Giézi; qu'ayant été à ce sujet chassé de Jérusalem, il se retira en Perse, où il se rendit chef d'une nouvelle Religion. Les Perses étoient alors Zabiens; il leur enseigna le culte du feu, & fit un mélange du Zabiisme & du Magisme, dont il est l'inventeur; d'où vient que plusieurs confondent les Zabiens avec les Mages.

D'autres Auteurs Persans veulent que Zoroastre soit du nombre de ceux qui ont bâti la tour de Babel, d'autres le confondent avec Dohac, un des Rois de Perse de la premiére Dynastie des Pischdadiens; d'autres le font descendre de Manougeher Roi de Perse de la même Dynastie, tant les Perses eux-mêmes sont peu d'accord sur l'âge de ce fameux imposteur.

Plusieurs Auteurs anciens & modernes parmi les Orientaux, veulent que Zoroastre

Zoroastre n'ait été que le réformateur, & non pas l'inventeur du Magisme. En effet nous lisons dans les histoires des plus anciens Rois de Perse, que le culte du feu avoit commencé dès le tems de Caïumarrath premier fondateur de cette grande Monarchie des Perses, selon les Orientaux, ou plûtôt des Assyriens, selon les Grecs & les Latins. Or voici, selon eux, l'origine de ce culte. Caïumarrath ayant perdu son fils Siamek, qui avoit été assassiné par des brigands, fit allumer un grand bucher sur le lieu où il fut enterré. Tous ses sujets à l'envi l'un de l'autre firent de même allumer des feux par toute la Perse, pour marquer la part qu'ils prenoient à la perte du jeune Prince. Ces feux devinrent peu à peu l'objet de leur culte, & le fondement de leur Religion.

Venons à présent aux Auteurs Grecs qui ont parlé de Zoroastre. Eudoxe (*a*) le met six mille ans avant la mort de Platon; Aristote en fait de même. Hermodore (*b*), Hermippe (*c*), & Plutarque (*d*), veulent qu'il ait vécu cinq mille ans avant la guerre de Troye. Mais Xanthus le Lydien (*e*), & un autre Auteur anonyme que Suidas a suivi (*f*), se contentent de mettre l'un cinq cens ans avant la guerre de Troye, & l'autre six cens ans avant l'expédition de Xercès contre la Gréce. Ce dernier sentiment est celui de Xanthus le Lydien, que Suidas fait vivre sous le regne de Darius fils d'Hystaspe, & dont le témoignage seroit beaucoup plus considérable, si l'on étoit sûr que les Ouvrages qui portent son nom, fussent véritablement de lui; mais Athénée (*g*) nous apprend que les Ouvrages qui portoient son nom, avoient été composez par un Grec nommé Denys Scythobrachion, qui vivoit peu de tems avant Jules César.

Justin (*h*) dit que Zoroastre étoit Roi de la Bactriane, & contemporain de Ninus Roi d'Assyrie, qu'il inventa l'art magique, & fut très-habile dans l'Astronomie, & dans la connoissance de l'Antiquité, que Ninus lui fit la guerre, le vainquit, & lui ôta la vie. Pline (*i*) reconnoît deux Zoroastres; l'un très-ancien, qui a vécu, dit-il, plusieurs milliers d'années avant les factions de magie de Moyse, de Jamnes & de Jotape. Ce Zoroastre étoit de Perse, & on le tient pour le plus ancien inventeur de la Magie; l'autre étoit de Proconese, & vivoit peu de tems avant Ostane qui accompagna Xercès dans l'expédition contre la Gréce. Il est certain qu'on

ne peut concilier ni les Auteurs Orientaux entre eux, ni avec les Orientaux, si l'on admet deux, ou même plusieurs Zoroastres.

Jean Cassien, Pierre le Mangeur, le faux Bérose, le P. Kircher, le P. Scipion Sgambat, & quelques autres (*a*) ont crû que *Cham* étoit le même que Zoroastre inventeur de la Magie. L'Auteur des Récognitions sous le nom de saint Clément (*b*), croit que c'est *Mizraïm* fils de Cham; l'Auteur de la Chronique Pascale a suivi ce dernier sentiment. Grégoire de Tours a confondu Zoroastre avec *Chus* fils de Cham; celui qui a donné les écrits prétendus de saint Clément, le confond avec *Nemrod*; François Patricius avec *Japhet*; l'Evangile (*c*) de l'Enfance de JESUS croit que les Mages qui vinrent adorer JESUS-CHRIST à Bethléem, avoient appris sa naissance de Zoroastre leur maitre; & George Hornius a prétendu que Zoroastre étoit le même que Balaam de Moyse. Il faut avoüer qu'il est très-mal-aisé de faire un choix juste & assuré au milieu de toutes ces diversitez de sentimens, & que vouloir les concilier, c'est entreprendre l'impossible; qu'enfin une des plus grandes preuves d'incertitude en fait d'histoire, est la diversité de sentimens, qui n'est nulle part si grande que dans cet endroit.

Si pour nous frayer un chemin à la connoissance de Zoroastre, nous recherchons l'origine du culte du feu, nous nous trouverons dans de nouveaux embarras; puisque Moyse, au jugement de plusieurs Sçavans, a parlé des Pyrées ou des Temples consacrez au culte de cet élément dans le Lévitique (*d*) sous le nom de *Chamanim*. Dieu y menace les Israëlites désobéissans à ses ordres, de *renverser leurs hauts lieux*, *d'exterminer leur Chamanim*, ou lieux consacrez au culte du feu ou du soleil, & *de jetter leurs cadavres sur les cadavres de leurs Dieux d'ordure*. Isaïe se sert du même terme de *Chamanim*, (*e*) il menace de même les Juifs infidéles de *renverser leurs bois profanes* & *leur Chamanim*.

Il y en a qui croyent que les *Chamanim* marquez dans le quatriéme des Rois (*f*), dans Osée (*g*) & dans Sophonie (*h*), ne sont autres que les Prétres ou les Mages qui entretenoient le feu sacré dans les Pyrées. Le terme *Chamanim* signifie *Noircis*, nom que l'on donne par dérision à ces Prêtres, qui comme des Charbonniers étoient perpétuellement occupez à attiser, & à entretenir

ZOR   ZOR   91

(a) 2. Par. XXIV. 4.

(b) Levit. I. 9. 12.

(c) Theophrast. apud Euseb. præpar. l. 1. c. 9.

(d) Ammian. 23.

entretenir le feu. Le Roi Josias (a) détruisit les Autels de Baal, & renversa les Chamanim, qui étoient en haut au-dessus d'eux, & les bois consacrez aux faux Dieux. Tout cela fait voir l'antiquité de cette superstition.

Quelques-uns croyent que ce feu perpétuel que Moyse ordonna qu'on entretînt sur l'Autel du Seigneur (b), étoit une imitation du feu des Mages, & une condescendance de Moyse pour les Hébreux, accoutumez de longue main à voir de ces sortes de feux entretenus dans les Temples des Payens. Théophraste cité dans Eusébe (c), met cette coutume de conserver le feu toujours allumé dans les Temples, parmi les plus anciennes pratiques de Religion. Ammien Marcellin (d) dit que les Mages prétendoient que le feu de leurs Temples étoit descendu du Ciel. On portoit toujours le feu devant les Rois de Perse. On ne peut pas dire que Zoroastre & les Mages ayent imité en cela les Juifs, puisque Moyse parle déja des Chamanim, qui subsistoient encore dans Israël du tems d'Isaïe, & après lui sous Josias Roi de Juda.

Si donc Zoroastre est le premier auteur du culte du feu, il faut avouer qu'il est plus ancien que Moyse ; s'il n'en est que le réformateur, on pourra le mettre quelque tems après Cyrus ; & s'il y a eu plusieurs hommes du nom de Zoroastre, cela donnera encore une plus grande carriere aux conjectures & aux varietez de sentimens sur sa personne. Nous n'osons donc prendre aucun parti sur le tems précis auquel il a vécu. Mais il nous paroît que le Zoroastre qui parut en Asie un peu après Cyrus, & qui forma la Religion des Mages, étoit purement Payen ; qu'il rendoit un culte impie aux astres & au feu, & aux deux principes, dont l'un étoit subordonné à l'autre, & que cette ancienne Religion étoit assez différente de celle des Guébres ou Gaures d'aujourd'hui, qui se disent disciples de Zoroastre, & qui adorent le feu ; mais ils ont mêlé à l'ancienne Religion de leur Maître plusieurs sentimens pris des Juifs & des Chrétiens. Nous avons parlé des anciens Mages, & de leurs principes de Religion ci-devant sous le nom Mages. Nous allons donner ici ce qui regarde les Guébres, ou adorateurs du feu, qui se voyent aux Indes & dans la Perse.

M. Hyde qui a fort étudié l'ancienne Religion des Perses, prétend que Zoroastre est le plus grand imposteur qui ait paru dans le monde, à l'exception de Mahomet. Celui-ci étoit ignorant & ne sçavoit ni lire ni écrire ; au lieu que Zoroastre étoit, dit-il, très-versé dans toutes les sciences des Orientaux, & sur tout dans la Religion des Juifs, & dans les Livres de l'ancien Testament ; ce qui lui fait croire qu'il étoit Juif d'origine, & natif de la Terre-Sainte. Il conjecture qu'il étoit disciple du Prophéte Daniel, & qu'ayant vû ce grand homme élevé aux premiéres dignitez, il résolut de s'ériger aussi en Prophéte, & de tenter de parvenir à une pareille fortune. Il ne fonda pas une nouvelle Religion ; il entreprit seulement de réformer celle des Mages, qui pendant plusieurs siécles avoit été la Religion dominante des Medes & des Perses.

Mais il paroît que M. Hyde s'est laissé trop prévenir en faveur des disciples de Zoroastre, & qu'il n'a pas assez distingué la créance des anciens Mages, de celle des Guébres, ou Gaures d'aujourd'hui. Il prétend que les anciens Perses avoient des idées justes de la Divinité, qu'ils n'admettoient qu'un seul Dieu ; qu'à la vérité, ils admettoient deux principes, mais l'un incréé & l'autre créé ; que le culte qu'ils rendoient au soleil & au feu, étoit purement civil. Mais les anciens Auteurs qui nous ont parlé de la Religion des Perses conviennent unanimement qu'ils adoroient le soleil & le feu, l'un & l'autre sous le nom de Mithras. Si les nouveaux adorateurs du feu s'expliquent différemment, & s'ils ont adopté divers sentimens tirez de la Religion des Juifs, des Mahométans ou des Chrétiens, on ne doit pas les mettre sur le compte de Zoroastre leur maître.

Les Guébres, par exemple, tiennent qu'il y a un Etre Souverain & indépendant, qui existe par lui-même de toute éternité ; que sous cet Etre il y a deux Anges, l'un de lumière, qui est l'auteur du bien, & l'autre des ténébres, qui est l'auteur du mal ; que ces deux Anges ont formé du mélange de la lumiére & des ténébres, toutes les choses qui existent. Anciennement les Mages élevoient des Temples découverts consacrez au feu, sur le sommet des montagnes, & sur d'autres lieux élevez en plein air ; mais comme la pluïe, les tempêtes, les orages éteignoient souvent leur feu sacré, on bâtit sur ces Autels des Temples, afin que ce feu sacré ne s'éteignît plus, & qu'on y pût mieux pratiquer le culte divin. C'étoit devant ces feux qu'ils exerçoient tous les actes de leur Religion. Les Anciens enseignent

enseignent unanimement qu'ils leur rendoient un culte suprême ; mais ceux d'aujourd'hui nient constamment qu'ils adorent le feu, mais seulement Dieu dans le symbole du feu ; ils s'approchent toujours de ces feux du côté de l'Occident ; en sorte qu'ils ont toujours le visage tourné vers le feu & le soleil levant.

(a) Isaï. XLV. 5. 6. 7.

Le Prophéte Isaïe (a) paroît avoir eu en vûë les erreurs des Mages sur le sujet des deux principes, lorsqu'il dit : *Je suis le Seigneur, & il n'y a point d'autre Dieu que moi. C'est moi qui forme la lumiére, & qui crée les ténébres, qui fais la paix, & qui crée la diversité. Je suis le Seigneur qui fait toutes choses.* C'est le Dieu d'Israël qui adresse ces paroles à Cyrus Roi de Perse. Ezéchiel parlant des Idolâtres (b),

(b) Ezech. VIII. 16.

dit qu'il *les vit qui étoient prosternez entre le Parvis & l'Autel des Holocaustes, ayant leurs visages tournez vers l'Orient, & se prosternant devant le soleil.* Tout cela fait une allusion sensible au culte des Mages, disciples de Zoroastre.

Cet imposteur feignit qu'il avoit apporté du Ciel un feu sacré, & il le déposa sur l'Autel du premier Temple qu'il fit bâtir dans la ville de Xiz en Medie, d'où il fut répandu dans tous les autres Temples qui suivirent le Rit des Mages. Le respect que les Prêtres avoient pour ce feu prétendu sacré, étoit tel, qu'ils veilloient jour & nuit pour l'entretenir, & qu'ils ne le souffloient jamais ni avec la bouche, ni avec des soufflets, de peur de le souïller. Cela leur étoit défendu sous peine de la vie ; & ils poussoient si loin cette superstition, que les Prêtres mêmes n'osoient approcher de ce feu sacré qu'avec un linge sur la bouche, de peur que leur souffle ne le souïllat : de-là vient aussi qu'en faisant leurs cérémonies, ils murmuroient plûtôt entre leurs dents qu'ils ne prononçoient leurs priéres d'une maniére articulée.

De la Médie, Zoroastre passa dans la Bactriane, où il établit sa demeure dans la ville de Balch, de-là il se rendit dans les Indes, & se rendit habile dans toutes les sciences qui y étoient en honneur. Il revint à Balch située sur le fleuve Oxus, aux confins de la Perse, des Indes & du Cowaresman, y bâtit le principal de ses Temples, & voulut que tous ses sectateurs y fissent leur pélerinage. Mais depuis le ravage de la Perse par les Mahométans au septiéme siécle, l'Archimage a fixé sa demeure à Kerman, & le Temple de ce lieu n'est pas moins respecté, que l'étoit celui de Balch auparavant.

Les Mages ont encore aujourd'hui un Livre, composé, à ce qu'ils prétendent, par *Zoroastre* ; il le composa dans une caverne, où il s'étoit retiré ; il étoit écrit en douze volumes, dont chacun contenoit cent peaux réduites en velin. Ce Livre est nommé *Zendavesta*, & par contraction *Zend*. Ce mot signifie à la lettre : Allume-feu, comme est parmi nous une boëte à fusil. La premiére partie de ce Livre contient leur Liturgie, dont ils se servent encore aujourd'hui dans leurs Temples ; le reste traite des autres matiéres de leur Religion. Les Mages ont pour ce Livre le même respect que nous avons pour la Bible ; il est écrit en vieux langage & en vieux caractéres Persans, ou Chaldéens. M. Hyde s'étoit offert de publier cet Ouvrage avec une traduction Latine, pourvû qu'on voulût l'aider à soutenir les frais de l'édition. Mais ce projet faute de secours, n'a pas eu son exécution.

On trouve dans ce Livre plusieurs choses prises de l'ancien Testament & une grande partie des Pseaumes de David. Zoroastre y fait Adam & Eve chefs du genre humain : il y donne l'Histoire de la création du Monde, à peu-près de même que Moyse ; avec cette différence, qu'au lieu que Moyse dit que Dieu créa le Monde en six jours, Zoroastre veut qu'il l'ait créé en six tems différens, composez chacun d'un certain nombre de jours, qui font en tout trois cens soixante-cinq, c'est-à-dire, un an entier. Il y parle aussi d'Abraham, de Joseph, de Moyse, & de Salomon de la même maniére que l'Ecriture. Il appelle son Livre, le Livre d'Abraham ; & sa Religion, la Religion d'Abraham. Il donne les mêmes Loix que Moyse touchant les animaux purs & impurs, touchant le payement des dixmes aux Prêtres ; touchant le soin qu'on doit avoir d'éviter toutes sortes de souïllures, tant intérieures qu'extérieures ; touchant la maniére de s'en corriger ; touchant la conservation du Sacerdoce dans la même Tribu ; touchant l'Ordination d'un Souverain Pontife. Le reste de ce Livre contient l'Histoire de la vie & des Prophéties de l'Auteur, & des exhortations à la vertu. Sa morale est pure, à l'exception de l'inceste qu'il regarde comme une chose indifférente.

Tous ces caractéres prouvent invinciblement que Zoroastre est postérieur à Moyse, & d'autres particularitez que

les

TRADUCTION
LITTERALE
DES
NOMS HEBREUX,
CALDÉENS, SYRIAQUES,
ET GRECS
DE LA BIBLE.

les Guébres racontent de l'Auteur de leur secte, copiées sur l'Histoire de JESUS-CHRIST, prouvent qu'ils ont mêlé leurs anciennes superstitions à quelques véritez de la Religion Chrétienne, & à quelques pratiques des Chrétiens, qu'ils ont toutefois altérées & corrompuës en différentes manières. Ils disent, par exemple, que la mere du Prophéte qui les a fondez, se trouva enceinte après la visite qu'elle reçut d'un Ange, que les Astrologues connurent par la vertu de leur art, que le fils qu'elle mettroit au monde, seroit un Prophéte qui formeroit une nouvelle secte. Ils en avertirent Neubrom, ou Nemrod, qui regnoit alors. Ce Prince ordonna qu'on mît à mort toutes les femmes qui se trouveroient enceintes dans son Empire. L'ordre fut exécuté. Mais la grossesse du futur Prophéte ne parut point : elle fut sauvée ; l'enfant nâquit heureusement, & fut nommé *Ebrahim-Zer-Atcucht*. Le Roi ayant été averti de sa naissance, se le fit apporter, & tirant son sabre, voulut le tuer de sa propre main ; mais le bras lui sécha sur le champ. Il fit allumer un grand feu, & y fit jetter l'enfant, qui y reposa comme sur un lit de roses. Après plusieurs autres prodiges opérez, le Prophéte disparut, & fut enlevé, selon les uns, dans le Ciel en corps & en ame ; selon d'autres, s'étant mis dans un cercueïl de fer, il fut emporté par les Anges.

Après qu'Ebraïm-Zer-Atcucht fut entré dans le Paradis, Dieu envoya à ses disciples, par son moyen, sept Livres, qui contenoient la véritable Religion, puis sept autres de l'explication des songes, & enfin sept de la Médecine. Aléxandre devenu maître de l'Orient, fit brûler les sept premiers, parce que personne n'entendoit la langue dans laquelle ils étoient écrits, & garda les quatorze autres pour son usage. Après la mort de ce Conquérant, les Gaures rétablirent, autant que leur mémoire leur put fournir, les sept Livres qui avoient été brûlez, & en composérent un assez gros, que les Gaures conservent encore aujourd'hui, mais dont ils n'entendent pas le langage, & dont ils ne connoissent pas même le caractére, qui est différent de l'Arabe, du Persan & de l'Indien. C'est ce qu'en disent certains nouveaux Voyageurs, moins instruits que les Auteurs que nous avons citez plus haut, touchant le caractére & la langue des Livres de Zoroastre.

Les Guébres ou Gaures ont encore du respect pour le feu, ils le gardent encore avec soin, & le distribuent chaque mois à ceux de leur secte : ils le nomment *Feu céleste*, & jurent par cet élément ; mais ils ne l'adorent point ; ils ne reconnoissent qu'un seul Dieu Créateur du Ciel & de la Terre. Ils lavent leurs enfans après leur naissance dans de l'eau chaude, pendant qu'un Mage ou Gazi récite quelque priére. Quand ils se marient, un Gazi frotte le front des mariez avec une certaine eau sur laquelle le Gazi a prononcé quelques priéres. Ils croyent la résurrection universelle, & ils croyent qu'avant ce tems toutes les Nations se réüniront en une seule Religion, qui sera celle de leur Prophéte. Tous ces caractéres paroissent empruntez du Christianisme. Chaque Gaure peut avoir cinq femmes ; mais il y en a toujours une qui a la supériorité sur les autres ; ce qui est pris du Judaïsme.

La plûpart de ceux qui ont écrit touchant Pythagore, veulent qu'il ait été disciple de Zoroastre à Babylone, & qu'il ait tiré de lui toutes ces grandes connoissances, qui l'ont rendu depuis si fameux dans tout l'Occident. C'est ce qu'en disent Apulée (*a*), Jamblique (*b*), Porphyre (*c*), & Clément d'Aléxandrie (*d*). Le *Zabratus*, ou *Zaratus* de Porphyre, & le *Nazaratus* de Clément d'Aléxandrie ne sont autres que Zoroastre. Cambyse ayant conquis l'Egypte, y trouva Pythagore qui y voyageoit, le prit prisonnier, & l'envoya avec les autres captifs à Babylone ; il y fit connoissance avec Zoroastre ou Zabratus, qui y étoit alors (*e*) ; Zabratus le purifia des souïllures de sa vie précédente, l'instruisit des choses dont un homme vertueux doit être affranchi, lui apprit ce qui concerne la nature, & quels sont les principes de l'Univers. Nous n'entrons pas ici dans l'examen de toutes ces choses. N'en voilà déja que trop pour un Dictionnaire de la Bible. On peut voir sous le titre d'*Ezéchiel*, que quelques-uns ont crû que Pythagore avoit connu ce Prophéte, & que c'étoit lui que les Anciens avoient voulu désigner sous le nom de *Nazaratus*, ou de *Zaratus*.

ZOROBABEL, fils de Salathiel, de la race royale de David. Saint Matthieu (*f*) & les Paralipoménes donnent pour pere à Salathiel, Jéchonias Roi de Juda : mais ils varient pour le pere de Zorobabel. Les Paralipoménes veulent que Phadaïa soit pere de Zorobabel ; mais saint Matthieu, saint Luc, Esdras & Aggée lui donnent toujours pour pere Salathiel. Il faut donc prendre le nom de *fils*, dans le sens de *petit-fils*, & dire que Salathiel ayant eu soin de l'éducation de Zorobabel, fut dans la suite regardé

(*a*) *Apulei Florid.* 2.
(*b*) *Jamblic. vita Pythagor. c.* 4.
(*c*) *Porphyr. vita Pythagor.*
(*d*) *Clem. Alex. strom.* 1.

(*e*) *Porphyr. vita Pythag. p.* 18. *Edit. Cantabrig.*

(*f*) *Matth.* t. 12. & 1. *Par.* 111. 16.

ZOR

gardé comme son pere. Quelques-uns croyent que Zorobabel portoit aussi le nom de *Sassabasar*, & qu'il est désigné sous ce nom dans Esdras (*a*). Voyez ci-devant l'article *Sassabasar*. Joseph (*b*), & le troisiéme Livre d'Esdras veulent que Zorobabel ait été un des trois fameux Gardes du Corps de Darius fils d'Hystaspe, & que dans la dispute qui fut entre eux pour sçavoir laquelle de ces trois choses étoit la plus forte, le Roi, les femmes, le vin ou la vérité, il ait soutenu que c'étoit la vérité, & ait remporté le prix, au Jugement du Roi & de ses Conseillers. Mais cette histoire est fort apocryphe. Zorobabel étoit de retour à Jérusalem long-tems avant le regne de Darius fils d'Hystaspe. Il revint tout au commencement de Cyrus, l'an du Monde 3468. avant J. C. 532. avant l'Ere vulgaire 536. & quinze ans avant Darius.

Voici ce que l'Ecriture nous apprend de Zorobabel. Cyrus lui remit en main les vases sacrez du Temple, qu'il renvoyoit à Jérusalem (*c*). Il est toujours nommé le premier, comme étant Chef des Juifs qui retournérent en leur pays. (*d*) Il jetta les fondemens du Temple (*e*), & y rétablit le culte du Seigneur, & les sacrifices ordinaires. Les Samaritains s'étant offerts pour rebâtir avec les Juifs le Temple du Seigneur, Zorobabel & les principaux de Juda leur répondirent, qu'ils ne pouvoient partager cet honneur avec aucun autre, Cyrus n'en ayant donné la permission qu'aux seuls Juifs (*f*).

Cet ouvrage ayant été interrompu pendant un assez long tems, les Prophetes Aggée & Zacharie furent inspirez du Seigneur (*g*), pour encourager Zorobabel & les autres Juifs à continuer cet ouvrage; ce qu'ils firent la seconde année de Darius fils d'Hystaspe, du Monde 3485. avant J. C. 515. avant l'Ere vulgaire 519. Le Seigneur ayant fait voir au Prophéte Zacharie deux oliviers à côté du chandelier d'or à sept branches (*h*), l'Ange qui fut envoyé pour expliquer cette vision au Prophete, lui fit entendre que ces deux oliviers, qui fournissoient l'huile au grand chandelier, étoient le Prince Zorobabel, & le Grand-Prêtre Jesus fils de Josédech. L'Ecriture ne nous apprend rien de la mort de Zorobabel; mais elle nous dit dans les Paralipoménes (*a*), qu'il eut sept fils, & une fille; sçavoir, Mosollam, Hanania & Salomith leur sœur, & Hasaban, Ohol, Barachias, Hasadian & Josabhésed. Saint Matthieu (*b*) lui donne pour fils *Abiud*, & saint Luc (*c*), *Besa*. Il faut par conséquent que quelqu'un des sept fils que nous venons de nommer, ait eu deux noms.

Quelques-uns ont voulu distinguer un deuxiéme Zorobabel, fils de Phadaïa, dont il est parlé dans le premier Livre des Paralipoménes (*d*), Chap. III. 19. mais nous croyons qu'il est inutile de recourir à cette solution, & qu'il suffit de dire que Phadaïa étoit fils de Salathiel, & pere de Zorobabel; & que l'Ecriture donne ordinairement à Zorobabel le nom de fils de Salathiel, à cause que Salathiel son ayeul étoit plus célébre, & que peut-être il avoit eu soin de son éducation.

D'autres pour concilier le troisiéme Livre d'Esdras avec l'Histoire sainte, prétendent que Zorobabel après avoir demeuré à Jérusalem pendant dix-sept ans, depuis la premiere année de Cyrus, jusqu'à la deuxiéme de Darius fils d'Hystaspe, s'en retourna à Babylone, où il exerça son emploi de Garde du Corps de Darius. Mais rien ne nous oblige à recevoir cette histoire des trois Gardes du Corps de Darius, laquelle porte en elle-même plusieurs caractéres de fausseté.

ZUZIM, certains Géans qui habitoient au-delà du Jourdain, & qui furent vaincus par Codorlahomor & ses alliez (*e*), l'an du Monde 2079. avant J. C. 1921. avant l'Ere vulgaire 1925. Saint Jérôme dit que l'Hébreu lisoit qu'ils furent vaincus à *Hem*: mais l'Hébreu d'aujourd'hui lit, à *Cham*. On ne sçait pas la situation de ce lieu, supposé que ç'en soit un. La Vulgate & les Septante disent qu'ils furent vaincus avec les Réphaïms d'Astaroth-Carnaïm. Le Chaldéen & les Septante ont pris *Zuzim* dans un sens appellatif, pour des hommes puissans & robustes. Nous conjecturons que les *Zuzim* sont les mêmes que les *Zomzomim*, Deut. II. 20. On trouve un Sévére Evêque de *Zuzumes*, sous la Métropole de Bostres, parmi ceux qui ont souscrit au I. Concile de Nicée (*f*).

Fin du Dictionnaire de la Bible.

TRADUCTION

PRÉFACE
SUR LA TRADUCTION
DES NOMS HEBREUX,
CALDÉENS, SYRIAQUES
ET GRECS
DE LA BIBLE.

E respect que la Religion Chrétienne a inspiré aux Fidéles pour les saints Livres, & la persuasion où ils ont toujours été que tout y étoit plein de mystéres & d'instructions, les a portez à rechercher avec soin jusqu'à la signification littérale & grammaticale des noms propres, que les Interprétes de la Bible ont conservez dans leurs Traductions, sans les traduire. Ils sçavoient que, suivant la parole du Sauveur (*a*), un *iota* ou un point de l'Ecriture ne passeroit pas sans avoir son accomplissement. Ils étoient informez que plusieurs de ces noms avoient été dictez par le Saint-Esprit, annoncez par les Prophétes, imposez de Dieu même: Que dans la Langue sainte tout est significatif, jusqu'aux noms des animaux & des plantes: Que leurs noms représentent parfaitement la nature des choses dénommées. C'est dans cet esprit que les Péres ont si souvent recherché dans ces noms des moralitez édifiantes, pour nourrir la pieté des Fidéles, & quelquefois même des preuves, pour fortifier leur créance.

Quoiqu'à cet égard le goût d'aujourd'hui soit assez différent de celui des Anciens, il faut avoüer toutefois que si l'on demeure dans les justes bornes, sans vouloir à tout propos moraliser sur les termes, & trouver par tout du mystére & de l'allégorie, on peut utilement & avec édification se servir des lumiéres que fournissent les noms propres du Texte de l'Ecriture traduits à la lettre.

Quelques-uns (*b*) ont crû qu'Hénoch dès avant le déluge, avoit composé un Livre tout rempli de mystéres touchant la signification des noms Hébreux ; mais on l'a crû sur un endroit d'Origéne (*c*) mal entendu. Cet Auteur après avoir cité ce passage du Pseaume (*d*): *Dieu sçait le nombre des Etoiles, & il les appelle toutes par leurs noms*; dit que *dans les petits Livres qu'on appelle d'Hénoch, on trouve plusieurs mystéres sur les noms de ces Etoiles*: mais, ajoûte-t-il, *ces Livres ne paroissent pas autorisez parmi les Hébreux*. Or certainement ce passage ne dit pas qu'Hénoch ait écrit un Livre des noms Hébreux, mais seulement que l'on voyoit sous son nom un Livre apocryphe, qui expliquoit mystiquement certains noms des Etoiles. Ce qui est bien différent.

Philon (*e*), le plus éloquent des Juifs, avoit autrefois donné une espéce de Dictionnaire des noms Hébreux de l'ancien Testament, avec le Grec à côté ; qui en marquoit la signification & l'étymologie. Origéne pour rendre l'ouvrage de Philon plus complet, & plus utile aux Eglises Chrétiennes, & pour mettre la derniére main à l'édifice que

(*a*) Matth. 5. 18.

(*b*) Voyez la Préface sur l'Explication des noms Hébreux, dans la derniére édition de la Bible in fol. de M. de Sacy.

(*c*) Origen. Homil. 28. in Numer.

(*d*) Psalm. CXLVI. 4.

(*e*) Vide Hieronym. Prologo in lib. de Interpret. nomin. Hebraic.

Tome IV. Bb

ce sçavant Juif avoit commencé, traduisit en Grec les noms Hébreux qui se trouvent dans le nouveau Testament.

Ces deux Ouvrages étoient entre les mains des Sçavans, & remplissoient toutes les Bibliothéques du Monde, lorsque saint Jérôme entreprit de les traduire en Latin, à la priére de deux pieux freres Lupulien & Valérien. Mais il trouva des dérangemens si extraordinaires dans la liste de ces noms, & si peu de conformité entre les Exemplaires de ces Dictionnaires, qu'il fut obligé de faire en quelque sorte un nouvel Ouvrage, en parcourant tous les Livres de l'Ecriture, pour en extraire, & pour ranger par ordre tous les noms propres, qu'il rendit ensuite en Latin : *Singula per ordinem Scripturarum Volumina percurri, & vetus ædificium novâ curâ instaurans, fecisse me reor quod à Græcis quoque appetendum sit.*

Sa méthode est de rapporter de suite selon l'ordre alphabétique, les noms propres Hébreux & Grecs qui se rencontrent dans chaque Livre de l'Ecriture, & d'en donner une interprétation Latine ; en sorte que chaque Livre a son Dictionnaire distingué de celui des autres. Dans l'arrangement, il se contente de mettre sous l'*A*, tous les noms qui commencent par un *A*, suivant notre manière de les prononcer, quoique souvent en Hébreu ils commencent par une autre lettre, par exemple, Aleph, Haïn, Hé ; sans se contraindre non plus à suivre trop scrupuleusement la méthode des Dictionnaires, & l'arrangement des lettres de notre Alphabet. Ainsi on trouve, par exemple, *Azia*, avant *Acan* ; *Aram*, avant *Adad* ; & ainsi des autres.

De plus il suit communément la prononciation des Septante, qui étoit alors la seule en usage, mais qui pour l'ordinaire est différente de celle de la Vulgate d'aujourd'hui. Enfin en plusieurs endroits il donne les interprétations de Philon & d'Origéne plûtôt que les siennes, faisant en cela plûtôt le devoir de Traducteur, que celui d'Auteur : & comme ces interprétations ne sont pas toujours ni correctes, ni heureuses, ni exactes, & qu'elles sont toutes tirées de l'Hébreu, lors même qu'il s'agit de noms Grecs, quelques Sçavans en ont mal-à-propos inféré que ni Philon, ni Origéne n'étoient pas fort habiles dans la Langue Hébraïque, puisqu'ils avoient si mal réüssi dans ces explications. Le R. P. Dom Jean Martianay a pris avec chaleur la défense de saint Jérôme contre M. le Clerc, & l'a bien vengé dans son Commentaire sur le Livre des noms Hébreux dont nous parlons ici ; mais il a abandonné Philon & Origéne (*a*), à l'imitation de M. Huët, & de quelques autres Critiques, qui reconnoissent que Philon, Josephe & Origéne n'avoient qu'une assez médiocre teinture de la Langue Hébraïque.

Quoiqu'il en soit, il faut convenir ingénuement que le travail de ces grands Hommes ne nous paroît pas aujourd'hui d'une aussi grande utilité qu'on pourroit croire ; car il est certain que dans ce que Philon & Origéne avoient écrit, & qui n'est pas parvenu entier jusqu'à nous, la traduction des mots Hébreux n'étoit pas toujours juste ni fidelle, & que dans le travail d'Origéne, les mots Grecs mêmes étoient interprétez comme venans de l'Hébreu ; ce qui rendoit ces interprétations frivoles & puériles. De plus ils suivoient en tout la prononciation des Septante, qui est différente de celle de notre Vulgate ; avec cela l'ordre alphabétique y étoit mal observé, & il seroit difficile de s'en servir aujourd'hui, que nous ne manions que la Version Latine de saint Jérôme, & les Concordances Latines qui en sont tirées.

Pour ce qui est de l'Ouvrage de saint Jérôme, quelques efforts qu'ait fait le Pere Martianay pour le remettre dans sa premiére perfection, jusqu'à demeurer quelquefois, comme il dit, quinze jours sur un seul mot (*b*), jusqu'à lire jusqu'à trois fois les Livres du Lévitique ou des Nombres, pour y rencontrer dans les Septante un seul nom propre qu'il cherchoit ; toutefois comme le saint Docteur ne fait pour l'ordinaire que traduire Philon & Origéne, on retrouve dans son Ecrit presque tous les mêmes inconvéniens que l'on peut reprocher à ces anciens Ecrivains, on y voit les mêmes embarras dans l'ordre, dans l'arrangement, dans la méthode & dans la prononciation des noms ; & sur tout, ce défaut essentiel de dériver de l'Hébreu les noms Grecs du nouveau Testament.

Les anciennes éditions des Bibles Latines sont presque toutes terminées par une interprétation des noms Hébreux rangez selon l'ordre de l'alphabet. Mais ces interprétations sont différentes de celles de saint Jérôme, & quant à l'ordre & à l'arrangement, & même quant au sens. J'ai une Bible de 1478. imprimée à Venise, où ces explications se trouvent à la fin. On les lit aussi dans la Bible imprimée en 1512. par Simon Vostre, & dans la Bible Latine de Sebastien Munster.

Robert Estienne dans sa Bible *in folio* imprimée à Paris en 1528. y ajoûta les noms Hébreux

(*a*) *Vide 2. Tom. nov. Edit. Hieron. p. 178. 179.*

(*b*) *Prolegomen. in Tom. 2. Operum S. Hieronymi.*

DES NOMS HEBREUX, &c.

Hébreux dans leur caractére original, avec leurs explications, & la citation des Livres & des Chapitres où ces noms se rencontroient. Il paroît avoir copié l'édition de Complute, quoiqu'il parle de son Dictionnaire comme d'un Ouvrage tout nouveau. Plantin en 1565. imprima à part dans un petit *in douze* les mêmes interpretations des noms propres Hébreux, Caldéens, Grecs & Latins, qu'il avoit déja données dans sa Polyglotte; mais il avertit qu'il n'avoit fait que suivre l'édition de Complute, laquelle fut publiée en 1520.

Marius de Calasio dans ses Concordances Hébraïques imprimées en 4. vol. in fol. à Rome en 1621. ajoûta considérablement aux anciennes Interprétations des noms Hébreux; en justifiant par les racines du texte original, les explications qu'il donnoit à chaque terme : chose qui manquoit dans ceux qui l'avoient précédé. Depuis ce tems tous ceux qui se sont mêlez d'écrire sur cette matiére, n'ont fait que copier ceux dont nous venons de parler; & pour dire le vrai, il y a plûtôt à retrancher qu'à ajoûter à ces sortes d'Ouvrages : car dans ce grand nombre d'interpretations, il y en a qui sont visiblement violentes, frivoles & inutiles; & c'est, à mon sens, ce qui est cause que dans la suite on les a beaucoup abrégées, & que dans la plûpart des Bibles imprimées depuis cent ans, on s'est contenté d'expliquer environ 600. noms Hébreux & Grecs; au lieu de plus de 3000. qui se rencontrent dans la Bible, & les anciennes éditions.

Il auroit été seulement à souhaiter que l'on eût fait un meilleur choix, & que l'on y eût donné des explications plus sûres & plus exactes. Car, par exemple, en quelle langue *Ægyptus* signifie-t-il *angoisses, tribulations*? *Artaxercés*, lumiére ou malédiction? *Assuérus*, Prince & chef? *Carmel*, connoissance de la circoncision, ou agneau circoncis? *Colossenses*, puni, chassé? *Cleophas*, toute gloire? *Damascus*, ressemblance d'incendie; & ainsi des autres? Mais on a crû bien faire de multiplier les significations du même terme, pour fournir aux chercheurs d'allégories, une plus ample matiére; car souvent l'étymologie la moins vraie, a été embrassée avec plus d'avidité, parce qu'elle a paru ouvrir un plus beau champ aux moralitez, & aux sens mystiques.

Pour parler à présent de ce que nous avons eu dessein de faire ici; nous déclarons premiérement que nous tenons un très-grand nombre des interprétations que l'on donne aux mots Hébreux pour très-douteuses, très-incertaines, & très-équivoques; & que l'utilité qu'on en peut tirer est très-médiocre. Nous sommes persuadez qu'il est impossible de marquer au juste ce que signifie un très-grand nombre de noms propres qui se lisent dans la Bible. On ne le marque, & on ne le marquera jamais qu'au hazard. Par exemple, les mots Egyptiens, Persans, Assyriens; la plûpart des noms d'animaux, de plantes, de pierres précieuses, de Villes & de Bourgades.

A l'égard des noms Grecs & Persans, il est aussi ridicule d'en vouloir trouver l'étymologie dans l'Hébreu; qu'il seroit de chercher celle des noms Hébreux dans le Grec ou dans le Persan. C'est néanmoins ce qu'on a voulu faire, & ce qu'on a fait en effet très-mal-à-propos. On dira que le Public veut une interpretation de tous les noms étrangers qui sont dans la Bible : mais on ne sçauroit la donner de tous, sans tomber dans les inconvéniens que nous venons de marquer, & sans hazarder infiniment.

Les noms propres parmi les Hébreux, de même que parmi les autres Nations, sont pris de différentes circonstances. Le hazard, la fantaisie, la superstition, la tendresse, en ont imposé, aussi-bien que la piété, la religion, & l'esprit de Prophétie. Il y a des sobriquets, des noms de raillerie pris des défauts du corps & de l'esprit. L'un est nommé *Nabal*, l'insensé; l'autre *Edom*, le roux; l'autre *Laban*, le blanc; l'autre *Seroa*, le lépreux; l'autre *Hamor*, l'âne : celui-ci *Caleb*, le chien; celui-la *Nahas*, le serpent; *Coré*, le corbeau; *Saphan*, le lapin; *Aia*, le vautour; *Hagab*, la sauterelle; *Zeb*, le loup; *Caath*, le pélican; *Pharos*, le moucheron; *Elon*, le cerf; *Hazi*, le porc; *Suzi*, le cheval, ou l'hirondelle; *Thachar*, le blereau, &c.

Plusieurs femmes ont eu des noms d'animaux, comme *Sephora*, la poule; *Debora*, l'abeille; *Rachel*, la brebis; *Nohesta*, la couleuvre; *Holda*, la belette; *Tabita*, la chévre sauvage; *Egla*, la genisse; *Sebia*, la gazelle. D'autres ont des noms pris de leur taille ou de leurs autres qualitez. Par exemple, *Thamar*, le palmier; *Oholibama*, ma tente est élevée; *Axa*, parée; *Edissa*, le mirthe; *Sana*, la Princesse; *Jocabed*, glorieuse; *Anne*, gracieuse, &c.

Le Nom de Dieu est joint à une infinité de noms propres : Tantôt c'est par un principe de piété & de reconnoissance; par exemple : Donné de Dieu, Demandé à Dieu, Ami de Dieu, Dieu est mon secours, Dieu est ma force, Dieu est mon conseil, Dieu est mon salut, Dieu est mon rocher; Dieu est ma hauteur, mon pere, ma frayeur, ma gloire, l'objet de mes loüanges. Quelquefois ce nom de Dieu est simplement

ment employé pour exagérer, ou pour diminuer ; ainsi ardeur du Seigneur, douaire du Seigneur, force du Seigneur, demeure du Seigneur, élévation de Dieu, conseil du Seigneur : tout cela marque principalement l'excellence de la chose à laquelle le nom de Dieu est joint par forme d'épithéte.

Dans les derniers tems de la République des Hébreux, & depuis la domination des Grecs dans la Syrie, & dans l'Egypte, la plûpart des Juifs avoient deux noms, l'un Hébreu ou Syriaque, & l'autre Grec. Par exemple, la Reine *Aléxandra* s'appelloit aussi *Salomé* ; ce dernier nom est Hébreu, & le premier Grec. *Onias* s'appelloit aussi ment *Ménélaüs*. *Lévi* s'appelloit aussi *Matthieu*. *Simon* avoit aussi le nom de *Pierre* ; *Saul* celui de *Paul* ; *Silas* celui de *Sylvanus*, & peut-être de *Tertius* ; *Lucas* celui de *Lucius*, ou *Lucanus*. Quelquefois ils se contentoient de grécifer leurs noms Hébreux, & de leur donner une terminaison qui fût significative en Grec, & qui revint à peu près à la signification de l'Hébreu. Par exemple, de *Jesus*, ils faisoient *Jason*. Le premier signifie celui qui sauve, & le second celui qui guérit. Ainsi de *Joachim*, ou *Jacim*, ils faisoient *Alcime*, fort ; de *Cléophas*, *Alphée* ; & ainsi des autres.

La Langue Hébraïque se sert souvent de noms abstraits, au lieu de noms concrets ; c'est ce qui rend quelquefois les étymologies si obscures & si bizarres en notre Langue. Par exemple, *la fléche d'élévation*, au lieu de fléche élevée, & qui est tirée fort haut. *L'homme de graces*, ou *de miséricorde*, ou *de désir*, pour un homme gracieux, aimable & miséricordieux. *La femme de beauté*, le rocher de force, l'épée de carnage, les vases de Cantiques, l'homme de perdition, de confusion, de péché, la ville d'iniquité, enfant de lumière, enfant d'iniquité ; & ainsi des autres. D'autres fois ils se servent du futur, au lieu du participe. Il haïra, il sauvera, il fera, il combattra, il regnera ; au lieu de dire, le ris, le Sauveur, le Créateur, le Combattant, le Roi, &c.

On demandera peut-être pourquoi nous donnons à part ces explications, & pourquoi nous ne les avons pas insérées dans le corps du Dictionnaire. Nous en avons deux raisons principales. La première, c'est que d'abord nous n'avions pas dessein de nous engager à ce travail, que nous regardions comme assez peu nécessaire. La seconde est que nous ne voulions pas trop bigarrer cet Ouvrage, en y mêlant beaucoup de Langues étrangéres. Nous ne nous sommes déterminé à travailler à ce Dictionnaire des noms Hébreux, qu'après coup, & par l'avis de certaines personnes pour qui nous avons beaucoup de considération & de déférence.

Nous nous sommes contenté ici de marquer nuëment la signification des noms Hébreux, sans entrer dans l'explication des choses, ni dans l'histoire des personnes, ni dans la position des lieux, parce que cela est déja fait dans le corps du Dictionnaire. Nous n'y avons pas même expliqué en termes de Grammaire les noms des lettres, ni les tems & les nombres des noms & des verbes, ni bien d'autres détails, qui auroient ennuyé les Lecteurs sans aucun profit considérable.

Nous n'avons pas rapporté non plus toutes les significations que l'on peut donner à un mot, nous nous sommes contenté des plus probables, & encore en avons-nous peut-être mis un trop grand nombre. Par exemple, *saal* signifie *demander* : cependant sous ce nom, nous avons rapporté demandant, comme s'il y avoit *soël* ; demandé, comme s'il y avoit *saül* ; l'enfer, comme s'il y avoit *seol*. De même sous *samer*, nous mettons gardien, comme s'il y avoit *somer* ; diamant, comme s'il y avoit *samir* ; des liages, comme s'il y avoit *samerim* ; des épines, comme s'il y avoit *semir*, ou *semer*. Ainsi *schaar*, signifie une porte, *saar*, des cheveux ; *seïr*, velu comme un bouc ; *seïrim*, des démons. Nous mettons tout cela sous le même nom, parce que nous ignorons quelle étoit anciennement la vraie prononciation du terme dont il s'agit, & que les trois lettres qui forment le thême, ou la racine des noms, peuvent avoir toutes ces significations, selon les diverses maniéres dont on les prononce. Il est assez mal-aisé de faire entendre ces raisons à ceux qui ne sçavent pas la Langue Hébraïque ; & ceux qui la sçavent, trouveront peut-être mauvais que nous ayons rapporté ainsi indistinctement toutes ces significations sous le même mot. Mais aussi comment faire toutes ces distinctions dans un Abrégé comme celui-ci ? D'ailleurs ç'auroit été un jargon insupportable à ceux qui ne sont pas au fait de ces matiéres grammaticales.

TRADUCTION

Sanctum & terribile nomen. *Psalm. cx. 9.*

TRADUCTION
LITTERALE
DES NOMS HEBREUX,
CALDÉENS, SYRIAQUES, ET GRECS
DE LA BIBLE.

A

אחה אדני A, a, *Dominè Deus*, hélas, hélas, Seigneur ; mon Dieu !

אהרן AARON, fils d'Amram, *Exod.* IV. 14. & I. *Paral.* VI. 12. montueux ou montagneux, du mot הר har, montagne. Saint Jérôme, montagne de force.

אחסבי ἀχασβὰ AASBAI, fils de Machati ; 2. *Reg.* 23. v. 24. qui se confie en moi ; du mot חסה hasa, confiance : autrement frere, qui environne, du mot אח ach, proche parent, & du mot סבב sabab, environner.

אבא ABBA, pere ; *Marc.* XIV. 36. Ce mot est Syriaque. L'Hébreu est אב ab, pere.

ABACUC. *Vid.* Habacuc.

אברון ABADON, ou Abaddon, abime ; *Apoc.* IX. 11. autrement, qui extermine, ou perdition ; *Job.* XXVIII. 22. *Prov.* XV. 11.

אבנה ABANA, nom d'un fleuve de la Provincé de Damas ; 4. *Reg.* V. 11. qui est de pierre, ou un édifice ; du mot אבן aben, pierre, ou de בנה bana, bâtir.

עברים ABARIM, montagne dès Moabites ; *Nomb.* XXXIII. 48. les passages, ou les passans, du mot עבר abar ou avar, passer ; autrement, fureurs, du mot עברה abara ou avara, colére.

העברום ἀβαρὰμ ABARON, surnom d'Eléazar fils de Mathathias, & frere de Judas Maccabée ; I. *Machab.* II. 5. passant, emporté, colére ; de l'Hébreu עבר habar, passer, être en colére. Il a été surnommé fils de Saura ; I. *Mach.* VI. 43. c'est-à-dire , le fils d'un lézard ou d'une salamandre.

עברא ABDA, pere d'Adoniram ; 3. *Reg.* IV. 6. serviteur ou servitude, du mot abad ou avad עבד.

עברי ἀβδὶ ABDAI, ou Abdi, pere de Cis Lévite ; 2. *Paral.* XXIX. 12. nuée, ou servitude

Tome IV. C c

tude abondante, ou mon serviteur.

עבדאל ABDEEL, pere de Selemias; *Jerem.* XXXVI. 26. serviteur de Dieu, du mot עבד ebed, & de אל el, Dieu, autrement, nuée de l'abondance de Dieu.

עבד־מלך ABDE-MELECH, Eunuque Ethiopien; *Jerem.* XXXVIII. 8. serviteur du Roi, du mot ebed, עבד serviteur, & מלך melech, Roi.

עבדנגו ABDENAGO; le même qu'Azarias compagnon de Daniel; *Dan.* I. 7. esclave de la lumiére, du mot עבד ebed, serviteur, & נגה naga, luire, avoir de l'éclat; autrement, serviteur de Nago, que l'on croit avoir été une Divinité des Babyloniens.

עבדי ABDI, fils de Maloch, fils d'Azabias. I. *Paral.* VI. 44. Voyez Abdaï ci-dessus. C'est mon serviteur, du mot עבד ebed, & du pronom י i, mon.

עבדיה ABDIAS, Intendant de la maison d'Achab; 3. *Reg.* XVIII. 3. serviteur du Seigneur, du mot עבד abed, & de יה Jah, qui signifie Seigneur. Un des douze petits Prophétes porte aussi ce nom; *Abdias.* I. I.

עבדאל ABDIEL, fils de Guni, de la Tribu de Gad; I. *Paral.* V. 15. serviteur de Dieu. Voyez Abdéel ci-dessus.

עבדון ABDON, fils de Michaï ou Micha. 2. *Paral.* XXXIV. 20. Quelques-uns croyent que c'est le même qu'Achobor; 4. *Reg.* XXII. 12. C'est aussi le nom d'une ville de la Tribu d'Aser; *Josue,* XXI. 30. & le nom d'un des Juges; *Judic.* XII. 13. serviteur ou nuée du jugement, du mot עבד abed, serviteur, ou abda, nuée, & de דון dun, jugement.

עבד ἀειδ ABED, fils de Jonathan. I. *Esdr.* VII. 6. serviteur ou ouvrier.

אבל ABEL, par un א aleph, ville; I. *Reg.* VI. 18. deüil; autrement, vallée ou plaine, selon Pagnin: ainsi Abel-Maïm, vallée des eaux.

הבל ABEL, par un ה hé, second fils d'Adam; *Gen.* IV. 2. vanité ou respiration, souffle ou vapeur.

אבלה ABELA, nom d'une ville. 2. *Reg.* XX. 15. deüil.

אבל־מים ἀβελμαείμ ABEL-MAIM, ville; 2. *Paral.* XVI. 4. le deüil des eaux, ou vallée des eaux.

אבל־מחולה ἀβελμαουλά ABEL-MEHULA, nom d'un lieu; *Judic.* VII. 13. deüil d'infirmité ou de maladie, du mot חלה chala; autrement, deüil du Chœur des Chantres ou Danseurs, du mot מחול machol, ou du tambour ou de la flûte, du mot חליל chalil.

אבל־השטים ἀβελσαατίμ ABEL-SATIM, lieu proche le Jourdain, dans le désert; *Nomb.* XXXIII. 49. le même qu'Abel-Setim ou Sittim, deüil des épines; autrement, prévarications, du mot שטה sata, décliner.

אבן־בהן λίθος βοαν ABEN-BOEN, nom de lieu; *Josue* XVIII. 18. la pierre du pouce, de la force; nom d'un des fils de Ruben. *Josue* XVIII. 17.

אבן־העזר ABEN-EZER, la pierre du secours, du mot עזר hazar, secours, & אבן aben, ou eben, une pierre.

אבץ ἀεβώς ABE's nom d'une ville, *Josue* XIX. 20. un œuf, du mot ביץ bits; autrement, bourbeux, du mot בץ bots; autrement, du byssus, du mot בוץ En Caldéen & Syriaque, travail fatiguant.

אבצן ABESAN; le nom d'un des Juges d'Israël; *Judic.* XII. 8. pere du bouclier, ou le bouclier du pere; du mot אב ab, pere, & צן tsan, bouclier.

אבישלום ABESSALOM, ou Abeschalom, pere de Maacha, mere d'Abiam; 3. *Reg.* XV. 2. c'est-à-dire, pere de la paix, ou la paix du pere, du mot שלום schalom, la paix, & אב ab, le pere, ou l'accomplissement, ou la récompense du pere.

אבגתא ἀγαθά ABGATHA, mot Mede ou Persan, Eunuque d'Assuérus Roi des Perses, *Esther.* I. 10. peut marquer en Hébreu, pere du pressoir, ou le pressoir du pere, de גת gath, pressoir, & אב ab, pere.

אבי ABI, mere d'Ezéchias Roi de Juda. 4. *Reg.* XVIII. 2. Elle est appellée Abia. 2. *Paral.* XXIX. I. Abi signifie mon pere, du mot אב ab, pere, & du pronom י jod, mon; & abia, Dieu est mon pere.

אביה ABIAH; le même qu'Abi ci-dessus; 2. *Paral.* XXIX. I. autrement, le second fils de Samuël; I. *Reg.* VIII. 2. pere du Seigneur, ou le Seigneur est mon pere, du mot יה Jah, le Seigneur; ou, en les dérivant du אבה aba, ou ebe, volonté, le Seigneur est ma volonté ou la volonté du Seigneur.

אבי־עלבון ABI-ALBON, nom d'homme. 2. *Reg.* XXIII. 31. Il est nommé Abiel, I. *Paral.* XI. 32. pere très-intelligent, de la préposition al, על *super*, & de בון bun, intelligent; ou pere est sur l'édifice, du mot בנה banah, bâtir; ou pere de l'injure, en prenant sa racine de l'Hébreu & du Syriaque.

אבים ἀβιά ABIAM, Roi de Juda, fils de Roboam; 3. *Reg.* XIV. 31. pere de la mer, du mot ים jam, la mer. Voyez Abia ci-dessus.

אבי אסף ou אביסף ABI-ASAPH, ou Abisaph, fils de Coré; *Exod.* VI. 24. & I. *Par.* VI. 37. ou fils d'Elcana; I. *Paral.* VI. 23. pere qui assemble ou qui ajoûte, ou mon pere qui a ajoûté, du mot יסף asaph.

אביתר ABIATHAR, fils du Prêtre Achimélech, ou, selon d'autres, le même qu'Achimélech; *Marc.* II. 26. pere excellent, ou pere de celui qui a survécu.

אבידע ABIDA, fils de Madian fils d'Abraham; *Gen.* XXV. 4. pere de la science, ou la science du pere, du mot ידע jada, sçavoir.

אבידן

ABI — ABO

אֲבִידָן *ἀμυδὺς* ABIDAN, fils de Gédéon; *Nomb.* I. 11. pere du jugement, ou mon pere est Juge, du mot דוּן dun; ou, selon le Syriaque & l'Hébreu, celui-là est mon pere.

אֲבִיאֵל ABIEL, fils de Seror, 1. *Reg.* IX. 1. pere de Ner, *ibid.* XIV. 51. Il est appellé Abi-albon, 2. *Reg.* XXIII. 31. Dieu mon pere, ou mon Dieu le pere, du nom אבי abi, mon, & אל el, Dieu.

אֲבִיעֶזֶר ABIEZER, fils de Manassé, *Josue* XVII. 2. & l'un des forts de David, 2. *Reg.* XXIII. 27. & un autre dont il est parlé *Judic.* VI. 34. pere du secours, ou secours du pere, ou mon pere est mon secours, dérivé du mot עזר hazar, secourir.

אֲבִיגִבְעוֹן *πατήρ γαβαών* ABI-GABAON, mari de Maacha; 1. *Par.* VIII. 29. pere de la colline, du mot גִּבְעָה ghibba; autrement, pere de la coupe, du calice, du mot גָּבִיעַ gabah; autrement, pere du dos, du pécheur, du mot גַּב gab, dos, & עָוֹן havon, péché; autrement, pere de Gabaon, ou auteur des Israëlites qui ont habité Gabaon.

אֲבִיגַיִל ABIGAIL, ou Abigal, femme de Nabal, 1. *Reg.* XXV. 3. depuis femme de David 1. *Par.* II. 16. autrement, fille de Naas sœur de Sarvia mere de Joab, 1. *Paralip.* II. 16. Son nom signifie pere de la joye, ou la joye du pere, du mot גּוּל gul, ou גִּיל gil, se réjoüir.

אֲבִיחַיִל *ἀβιχαία* ABIHAIL, ou Abihaiel, ou Abichail, par un ה heth à la pénultiéme, pere de Suriel Prince des Moabites; *Nomb.* III. 35. autrement, femme de Roboam fils de Salomon. 2. *Par.* XI. 18. pere de la force, du mot חַיִל hail, ou chail, qui signifie valeur, richesse, munition, armée, bastions, ou pere de douleurs, du mot חִיל hil, ou kil.

אֲבִיהוּא ABIHAIL, par un ה hé à la pénultiéme, femme d'Abisur fils de Séméï; 1. *Paral.* II. 29. pere de lumiére ou de la loüange, du mot הִלֵּל hillul, qui signifie briller, & הלל qui signifie loüer.

ἀβιληνή ABILINA; *Luc.* III. 1. Province entre le Liban & l'Antiliban; le pere du logement ou du murmure. Ce mot, à ce que l'on croit, vient d'abela, le deüil, les pleurs.

אֲבִימָאֵל *ἀβιμαήλ* ABIMAEL, ou Abiméel, fils de Jectan; *Gen.* X. 25. pere qui est envoyé de Dieu, ou mon pere vient de Dieu, de la préposition מ mem, de, & du mot אל el, Dieu.

אֲבִימֶלֶךְ ABIMELECH, Roi de Gerara, *Gen.* XX. 3. & fils de Gédéon, *Judic.* VIII. 31. autrement, fils de Jérobeseth ou Jérobaal, 2. *Reg.* XI. 21. pere du Roi, du mot מֶלֶךְ melech; autrement mon pere Roi, en prenant le י jod, pour un affixe de la premiere personne.

אֲבִינָדָב *ἀμιναδὰς* ABINADAB, frere de David, & fils d'Isaï; 1. *Reg.* XVI. 8. un autre fils de Saül; 1. *Paral.* VIII. 33. pere de bon gré, du mot נדב nadab, ou mon pere est Prince.

אֲבִינֹעַם *ἀβινεὲμ* ABINOEM, pere de Barac, Chef de l'armée des Juifs; *Judic.* IV. 6. pere de la beauté ou de l'agréement: ou mon pere est beau, du mot נעם naham, beau, agréable.

אֲבִירָם ABIRAM, fils aîné d'Hiël, qui rebâtit Jéricho; 3. *Reg.* XVI. 34. pere de l'élévation, du mot רוּם ram; autrement, pere de la fraude, du mot רמה ramah, frauder, tromper.

ἀβειρών ABIRON, ou, selon l'Hébreu, Abiram, fils d'Eliab; *Nomb.* XVI. 1. pere de l'élévation.

אֲבִישַׁג ABISAG, Sunamite, jeune fille que David épousa sur la fin de sa vie; 3. *Reg.* I. 3. l'ignorance du pere, du mot שָׁגַג schagag; autrement, mon pere a saisi, a pris, est arrivé, du mot נשג naschag, atteindre, saisir.

אֲבִישַׁי ABISAI, fils de Sarvia, sœur d'Abigail, & frere de Joab; 1. *Reg.* XXVI. 6. le présent de mon pere, ou le pere du présent, du mot שַׁי schai; autrement, le pere du sacrifice; ou le sacrifice de mon pere.

אֲבִישׁוּעַ *ἀβισοὺθ* ABI-SUE fils de Phinée, fils d'Eléazar, fils d'Aaron; 1. *Paral.* VI. 4. un autre fils de Bela, ou Bala; 1. *Par.* VIII. 4. pere du salut ou de la magnificence, ou le salut de mon pere, du mot שׁוּעַ schah, qui signifie aussi qui crie, ou clameur, le pere de la clameur.

אֲבִישׁוּר ABISUR, fils de Séméï, 1. *Paral.* II. 29. pere du mur ou du Taureau, du mot שׁוּר schur ou sur; ou, en le dérivant de יָשָׁר jaschar, être droit, pere de la droiture, ou mon pere est droit.

אֲבִיטַל ABITAL, mere de Saphatia fils de David; 2. *Reg.* III. 4. pere de la rosée, du mot טַל tel, selon l'Hébreu, ou, selon le Syriaque, pere de l'ombre. On change le teth en צ tsadé en cette Langue très-ordinairement.

אֲבִיטוֹב ABITOB, fils de Mehusim; 1. *Paral.* VIII. 11. pere de la bonté, ou mon pere est bon, du mot טוֹב tob, bon, excellent.

אֲבִיהוּ ABIU; fils d'Aaron. *Exod.* VI. 23. Il est mon pere, ou son pere, du pronom הוּ hu; autrement, pere du Seigneur, abrégé pour יהוה אב ab Jehovah.

אֲבִיהוּד *ἀβιοὺδ* ABIUD, fils de Bela ou Balé; 1. *Paral.* VIII. 3. pere de la loüange ou la gloire de mon pere: il tire sa racine du mot הוֹד hod, la gloire.

אֲבִינֵר *ἀβεννήρ* ABNER, un des Capitaines de Saül; 1. *Reg.* XIV. 50. pere de la lumiére, ou la lampe du pere, ou le fils du pere, du mot נֵר nur, ou נֵר ner, lampe, lumiére, fils.

ἀβώβος ABOBI, nom d'homme; 1. *Mach.* XVI.

ACH

xvi. 15. pere des enchantemens ou des choses cachées.

ἄβρα ABRA, mot Grec qui signifie une servante, une fille de chambre; *Judith.* VIII. 32. & XIII. 11.

אברם ABRAM, fils de Tharé; *Gen.* XVII. 5. le pere de l'élévation, du mot רם ram, & du mot אב pere.

אברהם ABRAHAM, fils de Tharé; *Gen.* XVII. 5. le pere d'une grande multitude, autrement, de plusieurs nations; abrégé de ces mots Hébreux אב רב המון ab, rab, hamon, pere d'une grande multitude.

אברון ἀχράν ABRAN, ou Abron, nom d'une ville; *Josue* XIX. 28. du mot עבר habar, ou havar, ou heber, passer, ou passage; autrement, qui est de-là le fleuve, ou qui est emporté; selon d'autres, la nuée du Cantique.

אבשלום ἀβισαλὼς ABSALOM, fils de David & de Maacha; 2. *Reg.* III. 3. pere de la paix, ou la paix du pere, ou de la consommation, ou de la récompense. Voyez ci-dessus Abessalom.

ἀψάλωμος ABSOLOMI, nom d'homme. I. *Machab.* XIII. 11. Voyez Absalom ci-dessus.

עקן ἰκὰμ ACAN, fils d'Eser fils de Séir, Horrhéen; *Gen.* XXXVI. 27. tumulte, soufflement ou grincement de dents; autrement, rempart, avant-mur.

עקר ἰκὼρ ACAR, fils de Ram, fils aîné de Jéraméel; I. *Paral.* II. 27. stérile; autrement, qui arrache, ou tronqué, attaché.

חקין ἰκεν ACCAIN, nom d'une ville; *Josue* XV. 57. possession, du mot קנה cana, d'où מקנה micna, achat, jouïssance; autrement, un nid, du mot קן kinen.

עקרון ACCARON, nom de ville; *Josue* XIII. 3. Voyez le mot Acar ci-dessus; stérilité, arraché.

עקש ἰκκὶς ACCE'S, pere d'Hiran; 2. *Reg.* XXIII. 26. méchant & corrompu, pervers, dangereux.

עבו ACCO, nom de ville; *Judic.* I. 31. c'est Ptolémaïde; serré, pressé, brisé, du mot עוק huc, presser, ou du mot עקח haca, renfermer.

הקוץ ACCOS, un des enfans de Joïasib; I. *Paral.* XXIV. 10. épine ou été, du mot קוץ cots, chagrin, veille; autrement, fin ou extrémité, du mot קץ kets ou ketsa.

עקוב ἀκυ̃ν ACCUB, fils d'Elioënaï, fils de Naarias; I. *Par.* III. 23. vestige, talon; autrement, qui supplante, qui fraude, du mot עקב akab, qui a toutes ces significations.

ACELDAMA. Voyez Haceldama.

אחאב ἀχαάβ ACHAB, fils d'Amri Roi d'Israël; 3. *Reg.* XVI. 29. frere du pere, oncle ou pere du frere, du mot אחה akha, frere ou proche parent, & de אב ab, pere.

אבד ἀρχὸδ ACHAD, ville où regnoit Nemrod; *Genes.* X. 10. une cruche, un flacon, un baril, du mot כד cad; autrement, une étincelle, du mot כידוד kidod.

ἀχαία ACHAIA, Achaïe, pays; *Rom.* XV. 26. signifie en Grec douleur ou tristesse.

ἀχαϊκὸς ACHAICUS, nom d'homme; I. *Cor.* XVI. 15. natif d'Achaïe.

עכן ACHAN, fils de Charmi, petit-fils de Judas; *Josue* VII. 1. qui trouble & qui brise; du mot עכר achar, autrement couleuvre, *ibid.*

עכר ACHAR, le même qu'Achan; I. *Paral.* II. 7. Voyez Achor ci-après.

ἄχαρις ACHARIS, désagréable.

ἀχάτης ACHATES, agate, pierre précieuse.

אחז ACHAZ, fils de Joathan Roi de Juda; 4. *Reg.* XVI. 1. qui prend & qui possede, & qui voit; car le mot de voir חזה signifie assez souvent dans l'Hébreu jouïr & posseder. Cet Achaz est différent de celui de la Généalogie de saint Luc, III. 9.

אכזיב ACHAZIB, ville; *Judic.* I. 31. qui est dite Achziba; *Josue* XIX. 29. menteur & mensonge, du mot כזב casab, mentir; autrement, qui coule, du mot זוב zub; autrement, qui cesse.

אחיה ACHIA, ou Achias fils d'Achitob, de la Tribu de Lévi, frere d'Ichabob, I. *Reg.* XIV. 3. frere du Seigneur, du mot אח acha, frere, & du mot יה Jah, Seigneur.

אחימעץ ACHIMAAS, pere d'Achinoam femme de Saül; I. *Reg.* XIV. 50. autrement fils de Sadoc Prêtre; 2. *Reg.* XV. 36. frere du Conseil, ou mon frere est Conseiller, du mot אח acha, frere, & de celui de Jahats, יעץ Conseiller; autrement, la beauté du frere.

אחימן ἀχειμὰν ACHIMAN, fils d'Enac, *Nomb.* XIII. 23. frere préparé, du mot מנה manah, préparer; autrement, frere de la droite, du mot ימן jamin, la droite, ou lequel, du pronom מן man.

אחימלך ACHIMELECH, nom d'un Prêtre; I. *Reg.* XXI. 1. mon frere est Roi, ou frere de mon Roi, du mot אח acha, frere, du jod, affixe, qui signifie mon, & de מלך melech, Roi.

אחימות ACHIMOTH, fils d'Elcana; I. *Par.* VI. 25. frere de la mort, ou mon frere est mort; autrement, le frere des jours, du mot יום jom, qui a au pluriel ימות jomoth.

ἀχεὶμ ACHIN, ou Achim, fils de Sadoc, *Matth.* I. 14. je préparerai ou j'affermirai, de כן קום ou קים

אחינעם ἀχιναὰμ ACHINOAM, femme de Saül; I. *Reg.* XXV. 43. la beauté & l'agrément du frere, du mot נעם naham; autrement, frere du mouvement.

אחיאור ἀχιὼρ ACHIOR, Capitaine des enfans d'Ammon; *Judith.* V. 5. frere de la lumiére; ou la lumiére de mon frere.

אחירם ACHIRAM, ou Ahiram, fils de Benjamin;

ADA   ADA

Benjamin ; *Nomb.* XXVI. 38. l'élévation de mon frere, du mot רמם ramam, élever ; autrement, la fraude du frere, du mot רמה rama, qui signifie aussi jetter, lancer

אכיש Achis, Roi de Geth ; 1. *Reg.* XXI. 1. *Item* le fils de Maoch ; 1. *Reg.* XXVII. 2. cela est ainsi, du mot אך ac, certainement, & de יש jesch, il est ; autrement, comment cela est-il ?

אחיסמך ἀχισαμὰχ Achisamech, pere de Ooliab, de la Tribu de Dan ; *Exod.* XXXI. 6. frere de la fermeté ou de l'appui, ou mon frere me soutient, du mot סמך soutenir, & אח frere.

אחיטוב Achitob, pere d'Achas ; 1. *Reg.* XIV. 3. ou pere d'Achimelech ; 1. *Reg.* XXII. 9. &c. frere de la bonté, ou mon frere est beau ou bon, du mot טוב tob, ou tub.

אחיתפל Achitophel, Conseiller de David ; 2. *Reg.* XV. 12. pere d'Eliam, 2. *Reg.* XXIII. 34. frere de la ruine, ou de la fadeur, ou de la folie, du mot תפל tophel ou taphel.

עכבור Achobor, pere de Balanan, septiéme Roi d'Edom ; *Gen.* XXXVI. 38. ou fils de Michaï, ou Micha ; 4. *Reg.* XXII. 12. un rat ; autrement, brisant ou serrant, le puits, du mot עכס ekes, serrer, & du mot בור bor, le puits.

עכור Achor, vallée ; *Josue* XV. 7. differente de celle qui a reçu le nom d'Achan, *Josue* VII. 26. trouble, du mot עכר achar, troubler.

אכסה ἀξὰ Achsa, fille de Caleb ; 1. *Paral.* II. 49. la même qu'Axa ; *Judic.* I. 12. être ornée, du mot עכס echés ou ékés, chaînes, ornemens des pieds.

אכשף Achsaph, ville ; *Josue* XI. 1. la même qu'Axaph ; *ibid.* XIX. 29. poison, prestiges, du mot כשף chischeph ; ou qui brise, du mot שפה schapha, selon sa racine Caldaïque, ou autrement, lévre, bord de quelque chose שפת

אכזיב Achzib, ou *Achziba*, nom d'une ville ; *Josue* XV. 44. & XIX. 29. Voyez ci-dessus *Achazib*, & *Mich.* I. 14. où ce mot est traduit par, mensonge & tromperie.

עקרון Acron, ville ; *Josue* XIX. 43. stérilité. Voyez *Acar* ci-dessus, & *Accaron*.

עדה Ada, seconde femme de Lamech ; *Genes.* IV. 20. autrement fille d'Elon, femme d'Esaü ; *Genes.* XXXVI. 2. assemblée, ou selon le Caldéen, qui passe ; autrement ; ornée, du même mot עדה hada ; autrement, butin, du mot עד hivéd ; ou qui rend témoignage, du mot עד hed, témoin.

אדד Adad, par un א aleph, nom d'un Iduméen ; 3. *Reg.* XI. 17. ce même nom s'écrit par un ה hé, aux versets 14. & 19. suivans ; mort, ou vapeur, du mot איד ed.

הדד Adad, par un ה hé, fils de Badad quatriéme Roi d'Edom ; *Genes.* XXXVI. 36.
Tome IV.

bruit, clameur, cri de nautonniers ; autrement, mammelle ou amitié, du mot דד ou dod.

עדעדה Adada, nom de ville, *Josue* XV. 21. Voyez ci-dessus le mot *Ada* ; autrement, le butin de son butin, ou l'éternité de son témoignage, ou le témoignage de l'assemblée, du mot עד had ou hed.

Adadezer. Voyez *Adarezer*.

הדדרמון Adadremmon, ville ; *Zach.* XII. 11. cri de la grenade, du הדד hedad, cri, clameur, & de רמון rimmon, grenadier. Rimmon étoit un Dieu des Syriens, l'invocation du Dieu Rimmon.

עדיה Adaja ; autrement, *Adia*, ou *Adajas*, fils d'Ethan, fils de Zamma ; 1. *Paral.* VI. 41. autrement, fils de Jéroboam ; 1. *Paral.* IX. 12. de pere d'Idida mere de Josias ; 4. *Reg.* XXII. 1. du mot עד ada, témoin, &c. Voyez *Adada* & *Ada*, ci-dessus, & de יה jah, du mot יה jah, le Seigneur, le témoignage du Seigneur.

אדליא Adalia, fils d'Aman, fils d'Amatha ; *Esther.* IX. 8. qui puise, du mot דלה dala, puiser ; autrement, pauvreté, du mot דל dal ; autrement, nuée, vapeur, mort. Mais ce mot n'étant pas Hébreu, on n'en doit pas tirer son étymologie.

אדם Adam, nom du premier homme, & de l'homme en général ; *Genes.* II. 19. & donné également à sa femme ; *Genes.* I. 26. c'est aussi le nom d'une ville ; *Josue* III. 16. qui est dite Adom, & selon la Vulgate, Adam, c'est-à-dire, homme terrestre, roux, de couleur de sang, du mot אדם Adam, rouge, rubicond.

אדמה Adama, ville ; *Genes.* X. 19. sanguine, terrestre.

ἀδάμας Adamas, *diamant* ; à la lettre ; indompté. L'Hébreu, Samir שמיר

אדמי Adami, ville qui est surnommée Neceb ; *Josue* XIX. 33. mon homme ; rouge, terrestre, humain.

עדין Adan ; Voyez *Adin* עדן voluptueux, délicieux.

הדר Adar ; autrement ; *Adad* ; 1. *Paral.* I. 46. le huitiéme Roi d'Edom ; *Genes.* XXXVI. 39. gloire, beauté ; splendeur ; autrement, habitation, du mot דור dur, selon son étymologie Caldaïque, ou du mot דר dor.

הדר־עזר Adar-ezer, fils de Rohob Roi de Soba ; 2. *Reg.* VIII. 3. Quelques Exemplaires portent *Adadezer*, beauté du secours, du mot הדר adar ; beauté, & עזר ezer, secours.

ἀδασὰ Adarsa, nom de lieu ; 1. *Machab.* VII. 40. Le Grec lit *Adasa* ; il peut signifier le soleil ; le sourd, ou celui qui laboure, en supposant qu'on lisoit dans l'Hébreu חרס cheres, qui veut dire soleil, ou חרש cherisch, qui veut dire, sourd & laboureur.

D d   ἀδασὰ

ἀδαοῦ ADAZER, ville; 1. *Macc.* VII. 45. témoignage du secours, du mot Ada, & de celui d'ezer, secours. Voyez ci-dessus *Adarsa*.

ארבאל ἀσδεηλ ADBEEL, fils d'Ismaël; *Gen.* XXV. vapeur, nuée de Dieu, du mot אד ed. Voyez le mot *Adad* par א ci-dessus, & אל El, Dieu; autrement, qui contriste Dieu, du mot ארב adab, contrister, & אל El, Dieu.

אדר ou אדרה ADDAR, ou *Addara*, ville, & nom d'un mois; *Josué* XV. 1. *Esdr.* VI. 3. 15. autrement, fils de Balé; 1. *Par.* VIII. 2. manteau; autrement, puissance, grandeur, du même mot אדר adar.

עדי ἀδδι ADDI, pere de Melchi; *Luc.* III. 28. mon témoin, orné, passage, butin.

עדו ADDO, fils de Joah; 1. *Par.* VI. 21. autrement, pere de Barachie, pere de Zacharie; *Zach.* I. 1. son témoin, son ornement.

אדן ou אדון ἀδὼν ADDON nom de lieu, 2. *Esdr.* VII. 61. autrement, adon; 1. *Esdr.* II. 59. base fondement, Seigneur, du mot adon אדון ou אדן aden.

ἀδδοῦς ou ἀδδἰες ADDUS, nom de lieu, 1. *Macc.* XIII. 13. nouveauté, du mot חדש addesch, ou selon une autre leçon, codesch, le mois, le premier jour de la lune. Le Grec lit *Adida*, & le Syriaque *Adira*.

אלחנן ADEODATUS, mot Latin, en Hébreu Elchanan; 2. *Reg.* XXI. 19. Dieu donné, ou don, grace, miséricorde de Dieu, du mot חנן Chanan, grace, du mot אל El, Dieu.

עדיתים ἀγιθθαἰμ ADETHAIM, ville; *Josué* XV. 36. assemblées; autrement, témoignages, de l'Hébreu עדה ada, le témoignage.

ἀδιδά ADIADA, ville 1. *Macc.* XII. 38. témoin de la main, ou butin de la main, du mot עד ada, témoignage, & du mot יד jad, la main. On croit que c'est la même que l'ancienne Adada; *Josué* XV. 25.

עדיאל ADIEL, nom d'un Prince; 1. *Par.* IV. 36. autrement, fils de Jezra; 1. *Par.* IX. 12. témoignage du Seigneur, du mot עדה ada, & du nom אל El, le Seigneur.

עדין ἀδδὶν ADIN, nom d'homme; 1. *Esdr.* II. 15. orné; du nom עדי ade; autrement, voluptueux, délicieux, du mot עדן eden; autrement, en Syriaque, temporel, ou le tems.

עדינא ἀδεινὰ ADINA, fils de Siza; 1. *Paral.* XI. 42. volupté, délices.

עדלי ἀδλαι ADDI, pere de Saphal; 1. *Par.* XXVII. 29. mon témoin, mon ornement, de l'Hébreu עדה ada.

אדמתא ADMATHA, nom d'un Prince; *Esth.* I. 14. nuée de mort, vapeur mortelle, du mot אד ed, vapeur, & מות moth, la mort. Ce nom est Persan ou Méde, & ne doit pas tirer son étymologie de l'Hébreu.

אדמים ἀδαμμιμ ADOMMIM, nom de lieu; *Josué* XV. 7. terrestre, roux, couleur de sang, du mot אדם Adam.

אדן ἠδὼν ADON, nom de lieu; 1. *Esdr.* II. 59. Seigneur; autrement, base, de l'Hébreu אדון adon, ou אדן aden.

אדני κύριος ADONAI, mes Seigneurs. Saint Jérôme a traduit ainsi le nom de Dieu écrit dans l'Exode, VI. 1. par ces quatre lettres יהוה Jehovah, & en d'autres lieux il l'a traduit par Seigneur, *Dominus*. La Paraphrase Caldaïque au lieu de ce nom ineffable, que les Juifs ne prononçoient jamais par respect, ont mis trois jod, ainsi ייי

אדניה ADONIAS, ou *Adonia*, fils de David & d'Aggith; 2. *Reg.* III. 4. le Seigneur est mon Maître, de l'Hébreu אדון Adon, Seigneur, & יה Jah, Dieu.

אדניבזק ADONIBESECH, nom d'homme; *Judic.* I. 5. l'éclair du Seigneur, ou le Seigneur de l'éclair; du mot אדון Adon, Seigneur, & du mot בזק Bazac; autrement, Seigneur de Besech : en effet il étoit Prince de cette ville.

אדניקם ADONICAM, nom d'homme; 1. *Esdr.* II. 13. le Seigneur est ressuscité, ou mon Seigneur m'a ressuscité, du mot אדן Seigneur, & du mot קום, *cum* s'élever; ressusciter.

אדנירם ADONIRAM, fils d'Abda, qui étoit Intendant des tribus de Salomon; 3. *Reg.* IV. mon Seigneur est très-haut, ou le Seigneur de la grandeur, ou de l'élévation, du mot adon, & de רמם ramam, s'élever.

תמוז θαμμὲζ ADONIS, en Hébreu Thamuz, nom d'un Idole; *Ezech.* VIII. 14. consommation, incendie, selon l'étymologie Syriaque; ou caché, parce qu'on tenoit Adonis dans un cercüeil.

אדניצדק ADONI-SEDECH, Roi de Jérusalem; *Josué* X. 1. justice du Seigneur, ou le Seigneur de la justice; du mot Adon; Seigneur, & de צדק tsedec, justice.

ἄδωρα ADOR, nom de lieu; 1. *Macc.* XIII. 20. génération, ou habitation, du mot דור dor; autrement, témoignage de la lumiére, ou du feu, de l'Hébreu עדה ada, témoignage, & du mot אור or, feu & lumière.

אדורם ADORAM ou *Aduram*, fils de Jectan; *Gen.* X. 27. leur beauté, leur manteau, du mot אדר eder, & du pronom ם mem, d'iceux; autrement, loüange, ou cri élevé, du mot רום rom, le même, à ce que l'on croit, qu'Adoniram.

אדרמלך ADRAMELEC, fils de Sennachérib Roi des Assyriens; 4. *Reg.* XIX. 36. manteau, ou gloire, ou grandeur, ou puissance du Roi, du mot אדר eder, & מלך Melec, Roi.

AFR

ἀδρια ADRIA; nom de ville, qui donne son nom à la mer Adriatique; aujourd'hui Golfe de Venise; *Act.* XXVII. 27.

הצור־מות ἀδραμυτιον ADRUMETUM, ville; *Act.* XXVII. 2. solidité pure, ou plûtôt parvis de la mort, demeure de la mort, de l'Hébreu הצור parvis, & מות moth, la mort. Adrumète étoit Capitale de la premiére Bizacène; c'est le même nom qu'*Azarmoth*.

אדלם ὀδολλαμ ADULLAM; Vulgate, Odollam, ville; *Josue* XII. 15. Voyez *Odollam*.

אדרם ἀδωραμ ADURAM, Intendant des Tribus de David; 2. *Reg.* XX. 24. leur manteau, leur puissance, leur grandeur, du mot אדר eder, ou vapeur, ou nuée élevée; douleur; ou perte de la grandeur.

אדורים ἀδωραμ ADURAM, dans l'Hébreu *Adoraïm*, nom d'une ville bâtie par Roboam; 2. *Paral.* XI. 9. autrement, force, ou puissance de la mer, du mot אדר eder, & du mot ים jam, ou amas d'eau; Aduram; leur manteau; leur puissance.

מצרית ἀιγυπτια ÆGYPTUS, Egypte; Hébreu Mitzeraaïm; *Gen.* XVI. 1. qui serre, qui étrécit, ou qui trouble & opprime, du mot מצר metzar. On ignore la vraie signification du Grec *Ægyptos*.

מצרי ÆGYPTIUS; *Gen.* XXXIX. 1. Hébreu, Melseri.

עילם ÆLAM, fils de Sem; *Gen.* X. 22. ou fils de Sésac; 1. *Paral.* VIII. 24. autrement, le pays des Elamites, un jeune homme vierge; autrement, caché, ou le siécle; du mot עלם halam, ou holam.

עילם ÆLAMITÆ, les Elamites; *Gen.* XIV. 1. *Act.* II. 9.

עין ÆEN, nom de ville, *Josue* XV. 32. la même qu'Aïn, *Josue* XIX. 7. œil ou fontaine.

ÆNGANNIM. Voyez *Engannim* ci-après.

αἰνιας ÆNEAS, nom d'homme, loüable; *Act.* IX. 33. dérivé du Grec αινεω, laudo.

ÆNON. Voyez *Enon*.

כוש ÆTHIOPIA, Ethiopie; Hébreu, Chus, nom d'homme & de pays; *Gen.* II. 13. noirceur, en Grec signifie ardeur, incendie, de αιθω, je brûle, & οψ, visage.

כושי ÆTHIOPS, Ethiopien; Hébreu, Chusi; 2. *Paral.* XIV. 9.

כושים χουσειμ ÆTHIOPES; Ethiopiens; Hébreu, Chusim; 2. *Paral.* XII. 3. autrement, siim ציים *Psalm.* LXXI. 9. selon l'Hébreu, LXXII. du mot צי tsi, navire, sec & aride, ou le démon.

בושית ÆTIOPISSA, Ethiopienne; en Hébreu, Chusithe; *Num.* XII. 1. noire, incendie, ardeur.

AFRICA. Voyez *Aphrica*.

AHA

ἀγαθος AGABUS, nom d'homme; *Act.* XI. 28. sauterelle, du mot גוב gob; autrement, la fête du perc, du mot חג chag ou hag, réjouissance, אב ab, pere.

אגג ἀγαγος AGAG, nom du Roi d'Amalec; 1. *Reg.* XV. 9. toit, plancher, du mot גג gag, *tectum*.

אגגי AGAGITES, Vulgate, qui est de la race d'Agag; *Esth.* II. 1. autrement, du pays d'Agag, dont il est parlé *Num.* XXIV. 7.

הגר AGAR, servante d'Abraham; *Gen.* XVI. 1. étranger, ou qui craint, du mot גר ger, ou גור gur; ou qui rumine, du mot גרה gerah.

חגרי ἀγαρει AGARAI, nom d'homme; 1. *Paral.* XI. 38. de même qu'*Agar*.

הגראים ἀγαρηνοι AGARENI; la Vulgate, Agarei, de la famille d'Agar; 1. *Paral.* V. 10. de même.

AGARENUS, Vulgate, Agareus; 1. *Par.* XXVII. 33. de même.

אגא AGE, pere de Semma; 2. *Reg.* XXIII. 11. vallée ou profondeur; du mot גיא ghe; vallon.

אגי ἀγγαιος AGGEUS, nom d'un Prophète; *Agg.* I. 1. fête, solemnité; du mot חגג chagag, danser; tournoyer; tourner en rond; célébrer une fête.

אגי ἀγγι AGGI; fils de Gad; *Gen.* XLVI. 16. de même Aggitai de la famille d'Aggi; *Num.* XXVI. 15. de même.

חגית ἀγγιθ AGGITH, mere d'Adonias, fils de David; 2. *Reg.* III. 4. réjouissance, tirée de la même racine qu'Aggi.

ἀγριππας AGGRIPPA, fils d'Hérode Agrippa, qui fit mourir saint Jacques, & emprisonna saint Pierre; *Act.* XXV. 13. Ce nom est Latin, & signifie celui qui cause des douleurs en naissant; qui naît les pieds devant; *ager partus*.

אחלב ἀχλαβ AHALAB, nom de ville; *Judic.* I. 31. qui est de lait, ou qui est gras, du mot חלב calab; lait; autrement, frere du cœur, du mot אחא acha, proche parent, & de לבב lebab, cœur.

אחרה AHARA, fils de Benjamin; 1. *Par.* VIII. 1. frere qui a de l'odeur, du mot אחא ach, frere, proche parent, & de ריח reac; autrement, pré odoriferant, du mot acu, אחו & du nom ריח riac. Il est appelé Géra, *Gen.* XLVI. 21. Voyez ci-après.

אחראל ἀδελφος θεου AHAREEL, fils d'Aram; 1. *Paral.* IV. 8. une seconde armée, du mot אחר akher, l'autre du mot חיל chail, ou chil, armée ou douleur; autrement, la brebis du frere, du mot רחל rahel, brebis, & de אחא acha, frere.

AHASBAI, fils de Machati. Voyez ci-dessus *Aasbai*.

אחשתרי αισθαρει AHASTHARI, fils d'Aslur de Naara; 1. *Par.* IV. 6. coureur, postillon;

lon ; autrement , diligence , ou hâte de la tourterelle , du mot חוש cusch , aller vite , & du mot תור thor, tourterelle ; autrement , de la sentinelle, ou de l'emploi ; autrement , selon le Syriaque & l'Hébreu , Prince de la tourterelle , ou de la sentinelle.

אחוא ἄχευα A H A V A , nom de fleuve ; 1. Esdr. VIII. 31. essence ou génération.

אחז A H A Z , fils de Micha , fils de Méribaal ; 1. Par. VIII. 35. qui prend , qui jouit , qui voit ; selon l'Hébreu חזה voir , signifie joüir & posséder.

אחזי ἀχίος A H A Z I , nom d'homme , 2. Esd. XI. 13. de même qu'Achaz.

אחר ἀχίρ A H E R , nom d'homme ; 1. Par. VII. 12. l'autre , le dernier, celui d'après.

אחי A H I , fils de Somer, fils d'Héber ; 1. Par. VII. 34. mon frere , du mot אחה acha , proche parent , & du pronom י mon ; autrement , mes freres. Le nom de frere, ach, se trouve dans la plûpart des noms suivans , & il est inutile de le répéter si souvent.

אחיה A H I A , ou Ahias , fils de Sisa , Lieutenant Général des armées de Salomon ; autrement , pere de Baasa ; 4. Reg. IX. 9. autrement , Ahias Silonite , Prophéte ; 3. Reg. XII. 15. frere du Seigneur , du mot אחה acha , frere , & de יה Jah , Seigneur.

אחיאם A H I A M , Vulgate , Ajam , fils de Sarar ; 2. Reg. XXIII. 33. ou Sachar ; 1. Par. XI. 35. frere de la mere, du mot אחה acha , frere , & de אם em , mere ; autrement , frere de la nation, du mot אום om , nation & acha , frere.

אחיקם A H I C A M , fils de Saphan , 4. Reg. XXII. 12. frere qui ressuscite , du mot קום cum , s'élever , ressusciter.

אחיעזר A H I E Z E R , fils d'Amisaddaï ; Num. I. 12. frere du secours, du mot עזר hazar , secourir ; autrement , du parvis , du mot עזרה hasarah.

אחיהוד ἀχιηὺδ A H I H U D , nom d'homme ; 1. Par. VIII. 7. frere de l'union , du mot יחד j:cad, joindre, uni ; autrement , de la pointe , du mot חד cad , aigu , pointu ; autrement , de l'énigme , du mot חוד cud ; autrement , de la joye , du mot חדה cada , se réjoüir.

אחילוד ἀχιλὼδ A H I L U D , pere de Josaphat , Sécretaire de David ; 2. Reg. VIII. 16. frere né , du mot ילוד jillod , ou frere unique , du mot יחיד jachid , unique , & du mot acha , frere.

אחימן A H I M A N , nom d'homme ; 1. Par. IX. 17. autrement , fils d'Enac ; Josue XV. 14. frere préparé , du mot מן man , qui tire sa racine du mot מנה mana ; autrement , frere de la droite, du mot ימין jamin ; autrement , mon frere , quoi ? du mot אחה Acha , frere , & du pronom י jod , & de מן man , qui , quoi ?

אחימלך A H I M E L E C H , un des enfans d'Ithamar ; 1. Par. XXIV. 3. le Roi mon frere ,

de l'Hébreu אחה frere , du pronom י jod , mon , & de מלך Melech , Roi.

אחין A H I N , fils de Sémidas, fils de Galaad ; 1. Paral. VII. 19. frere du vin , du mot יין jain, ou freres.

אחינדב A H I N A D A B , fils d'Addo ; 3. Reg. IV. 14. frere volontaire ou libéral , du mot נדב nadab , qui signifie aussi vœu & offrande ; autrement , du Prince , du mot נדיב Nadib , Prince.

אחיו ἀδελφοὶ αὐτοῦ A H I O , fils d'Adigabaon , 1. Par. VIII. 31. son frere , du mot ach , frere , & du pronom יו jo , ou ses freres.

עיון αἰν A H I O N , nom de ville ; 3. Reg. XV. 20. regard , œil , fontaine , du mot עין hain.

אחירע A H I R A , fils d'Enan , Prince de la Tribu de Nephthali ; Num. I. 15. frere d'iniquité , du mot ירע jarah , méchant ; autrement , frere du compagnon , ou du pasteur , du mot רעה rohé ; autrement , frere de celui qui brise , du mot רעע rahah.

אחישר A H I S A R , Intendant de la Maison de Salomon ; 3. Reg. IV. 6. frere du Prince , du mot שר sar ; autrement , frere du Cantique , du mot שור schur , qui signifie aussi ennemi ; autrement , frere de la direction , ou frere droit , du mot ישר jaschar ; droiture , & du mot אחה acha , frere.

אחישחר A H I S A H A R , fils de Balam , fils de Jadihel ; 1. Par. VII. 10. frere de l'aurore, ou du matin, ou de la noirceur, du mot שחר schahar.

אחיהוד ἀχιὼρ A H I U D , fils de Salomi , Prince de la Tribu d'Azer ; Num. XXXIV. 27. frere de la loüange , du verbe ידה jada , loüer.

אחבן ἀχὰν A H O B B A M , fils d'Abisur , fils de Séméi , 1. Par. II. 29. frere du fils , ou le fils du frere , du mot אחה acha , frere , & de בן ben , fils , autrement , de l'intelligence , du mot בינה binah , ou du bâtiment, du mot בנין binjan ; autrement , caché חבה chabah , d'où חביון hebjon , cachette.

אחד A H O D , fils de Siméon , fils de Jacob ; Genes. XLVI. 10. autrement , Ohad : le même qui est appellé Jarib ; 1. Par. IV. 24. qui loué , du mot ידה jada , loüer.

אחוד A H O D , fils de Balan , fils de Jadiel ; 1. Par. VII. 11. de même.

אחד A H O D , nom d'homme ; 1. Paral. VIII. 6. une unité , &c. Voyez ci-dessus Ahihud.

אחוה ἀχὼδ A H O É , fils de Béla , fils de Benjamin ; 1. Paral. VIII. 4. fraternité , du mot אחה acha ; autrement , épine , du mot חוח coac ; autrement hameçon , du mot חח chac.

אחחי A H O H I T E S , Hébreu , Achochi ou Ahohi , de la famille d'Ahoc , 2. Reg. XXIII. 9. frere vivant , du mot אחה acha , frere ,

ALI   AMA

frere, & de חיה chaja, vivant; autrement, mon épine; du pronom י jod, mon, & de חח cac, épine.

אחומי AHUMAI, fils de Jahath, fils de Jabal; 1. *Paral.* IV. 2. frere des eaux, du mot מים maim; autrement, le pré des eaux, pré aquatique, du mot אחו acu, pré, & de מים maim, des eaux.

A I, ville des Ammonites. Voyez *Haï*.

איה ou איא AJA, par un א aleph, fils de Sébéon, *Gen.* XXXVI. 24. autrement, pere de Respha, femme de Saül; 2. *Reg.* III. 7. vautour; selon d'autres, pie ou corneille, du mot איה aja, ou hélas! autrement, où est-il?

עיא ou עי AIA, Vulgate, *Haï*, par un ה hé, enfant de Benjamin; 2. *Esdr.* XI. 31. amas ou tas.

אילון AJALON, nom de ville bâtie par Roboam; 1. *Paral.* VIII. 13. & une vallée, *Josué* X. 12. une chaîne, du mot אלה alah; autrement, force ou cerf, du mot איל ail ou ajal.

אית ἀἰγαὶ AIATH, ville; *Isaï.* X. 28. tas, amas. Voyez *Aja*, ci-dessus; autrement, heure;

אילה ou אלה ou אילות ἐλωθ AILA; la Vulgate, *Ælath*, ville qu'Azarias bâtit; 4. *Reg.* XIV. 22. Voyez ci-après *Ailath*, chenaye, la force, une biche.

AILAM. Voyez *Ælam*.

אילות ἀιλὼθ AILATH, nom d'une ville d'Idumée; la même qu'*Ælath*, & *Aila*. Voyez ci-dessus; 3. *Reg.* IX. 26.

עין ἀϊν AIN, ville sur les confins de la Tribu de Juda; *Josué* XXI. 16. Enan, *Num.* XXXIV. 11. autrement, Aën; *Josué* XIX. 7. fontaine ou œil. Voyez *Aën* ci-dessus.

אילם ἰλὰμ ALAM, ou *Ailam*, nom d'homme; 1. *Esdr.* VIII. 7. secret, caché, du mot עלם âlam; autrement, méprisé.

עלמת ἀλεμὺθ ALAMATH, ou *Alameth*, fils de Joïada; 1. *Paral.* VIII. 36. cachée, vierge. Voyez *Almath*, ci-après.

ἄλκιμος ALCIMUS, nom d'un Prêtre impie; 1. *Macc.* VII. 5. fort, vigoureux, du mot Grec ἄλκιμος; fort.

ἀλέξανδρος ALEXANDRE, nom de Roi des Macédoniens; 1. *Macc.* I. 1. ou celui que saint Paul livra à Satan; 1. *Tim.* I. 20. qui secoure les hommes, ou qui secoure fortement, ou qui détourne le mal. C'est ce que signifie ce mot Grec; il répond à peu près à l'Hébreu Salomon.

ἀλεξανδρεῖς ALEXANDRINI, les peuples d'Alexandrie; *Act.* VI. 9.

אליון ἀλιὰν ALIAN, fils de Sobal; 1. *Paral.* I. 40. autrement, *Alvan*; *Gen.* XXXVI. 23. des feuilles, du mot עלה halé; autrement, élevé, du mot עליון helion.

ἄλιμος ALIMIS, nom de ville; 1. *Macc.*

v. 26. vestibule, portique, du mot Hébreu אולם ulam, apparemment la même qu'*Elim* dans Moab; *Isaï.* XV. 8.

אלון ουλών ALLON, pere de Séphéi, pere de Ziza; 1. *Paral.* IV. 37. chêne, du mot אלה alla; autrement, fort, du mot איל el.

עלמת ἀλεμὼθ ALMATH, ville; 1. *Paral.* VI. 60. caché; autrement, la jeunesse, les siècles, du mot עלם alam, elem, ou olam; autrement, au-dessus de la mort, du mot על al, au-dessus, & de celui de מות moth, ou mavet, mort.

עלמון ἐλμὼν ALMON, ville, la même qu'*Almath*; *Josué* XXI. 18. Voyez *Almath* ci-dessus.

הלוחש ALOHES, nom d'homme, 2. *Esdr.* III. 12. enchanteur, du mot לחש lachasch; autrement, qui se tait, du mot השה caschâ.

ἀλφαῖος ALPHE'E, pere de saint Jacques l'Apôtre; *Matth.* X. 3. mille, du mot Hébreu אלף eleph, ou aleph, qui enseigne; cela signifie docte, chef.

עלוה γωλα ALVA, ville de l'Idumée; *Gen.* XXXVI. 40. son ascension ou élévation à ce que l'on croit, du mot עלה hala, ascension, & du pronom ה hé, son; autrement, prévarication, du mot עלילה halila.

עלון τωλαμ ALVAN, fils de Sobal; *Gen.* XXXVI. 23. le même qui est dit *Alian*, 1. *Paral.* I. 40. élévation. Voyez *Alian* ci-dessus; autrement, prévarication. Voyez *Alva*.

עלוש ἀϊλοὺς ALUS, nom de lieu; *Num.* XXXIII. 13. pâte, farine pâtrie, du mot לוש lusch, pâtrir.

עמעד AMAAD, ville; *Josué* XIX. 26. le peuple du témoignage, du mot עם umma, & de עד hed, témoignage, ou du butin, & de l'éternité, autrement, du passage, du mot עדה hala.

המדתא AMADATHI, Hébreu, *Amadatha*; *Esth.* III. 1. pere d'Aman, qui trouble la Loi; du mot הום hum, troubler, & du mot dath דת de la Loi; autrement, mesure, du mot מדד madad. Amadathi est un mot Persan, dont l'étymologie ne se peut aisément prendre de l'Hébreu.

עמל AMAL, fils d'Hélem; 1. *Paral.* VII. 35. labeur & iniquité.

עמלק AMALEC, fils d'Eliphas & de Thamna; *Gen.* XXXVI. 12. peuple qui léche, ou qui enlève tout, du mot עם ham, peuple, & du mot לקק lacac, lécher, enlever tout, d'où vient le mot ילק jelec, chenille; autrement, peuple qui frappe, ou qui maltraite, du mot עמל hamal, &c. Voyez ci-dessus.

עמלקי AMALECITÆ, peuples descendus d'Amalec; *Gen.* XIV. 7.

אמם AMAM, ville; *Josué* XV. 26. leur mere, ou leur crainte, du mot אים am,

Tome IV. E e

AMA

la crainte; autrement, coudée, du mot אמה amma, & de l'affixe ם mem, leur.

המן AMAN, nom d'un Prince; *Esth.* III. 1. bruit, tumulte, du mot המה hama; autrement, qui prépare, du mot מנה manah. Ce nom n'est point Hébreu, ainsi on ne doit point y chercher son étymologie.

אמנה ou אבנה AMANA, fleuve du territoire de Damas; *Cant.* IV. 8. qui est aussi appellé *Abana*, ou plûtôt c'est une montagne qui étoit jointe à Samir & à Hermon; *4. Reg.* V. 12. Voyez ci-dessus *Abana*, la bonne foi, & la vérité, du mot Hébreu אמון emun.

אמריה ou אמריהו AMARIA, ou *Amarias*, pere de Godolias; *Sophon.* I. 1. autrement, fils de Mérajoth; 1. *Paral.* VI. 7. le Seigneur dit, du mot אמר amar, dire, & de יה Jah, Seigneur; autrement, élévation, du mot ראם raam; autrement, l'Agneau de Dieu, du mot אמרא ammera, en Caldéen, un agneau, & de יה Jah, Seigneur.

עמשא AMASA, fils d'Abigaïl; 2. *Reg.* XVII. 15. autrement, fils d'Adali; 2. *Paral.* XXVIII. 12. peuple qui pardonne, du mot עם ham, peuple, & du mot נשא nascha, pardonner, ou s'élever; autrement, fardeau du peuple, dérivé du même mot נשא nascha, porter.

אמצי AMASAI, la première, par un א aleph, fils de Boni, fils de Somer; 1. *Paral.* VI. 46. fort & robuste, du mot Hébreu אמץ amats.

עמשי AMASAI, la première par un ע ain, fils d'Elcana; 2. *Paral.* VII. 25. autrement, pere de Mahath. 2. *Paral.* XXIX. 12. le présent du peuple, du mot עם ham, peuple, & de שי schaï, présent; autrement, avec un présent, de la préposition עם hem, avec, & du mot Hébreu שי schaï, présent.

אמציה AMASIA, ou *Amasias*, pere de Josa; 1. *Paral.* IV. 34. autrement, fils d'Elcias, 1. *Paral.* VI. 45. autrement, le nom d'un Prêtre; *Amos* VII. 12. autrement, fils de Joas Roi de Juda; 4. *Reg.* XIV. 1. la force du Seigneur, du mot עמץ amats, force, & du mot Hébreu יה Jah, Seigneur.

עמסיה AMASIAS, fils de Zéchri; 2. *Paral.* XVII. 16. fardeau, ou poids du Seigneur, du mot עמס amas, fardeau, & de יה Jah, Seigneur.

עמשסי AMASSAI, fils d'Azréel; 2. *Esdr.* XI. 13. oppression du peuple, du mot עם ham, peuple, & du mot שסה schassa, piller, opprimer.

אמתי AMATHI, pere de Jonas le Prophete; 4. *Reg.* XIV. 25. véritable, du mot אמת emeth, fidéle, véritable; autrement, coudée; autrement, serviteur, du mot אמה amma; autrement, qui craint.

AMM

אמלך AMELECH, pere de Joas; 3. *Reg.* XXII. 26. le Roi, ou le Conseiller, du mot מלך Melec, Roi.

אמן AMEN, qu'il soit fait ainsi, il est vrai, du mot אמן vrai, fidéle, *Deut.* XXVII. 15.

אמי AMI, Chef des principaux d'Ascabaïm; 1. *Esdr.* II. 57. ma nation; autrement, ma mere; du mot אם amam, autrement, ma coudée, du mot אמה ama; autrement, crainte.

עמינדב AMINADAB, fils de Ram; 1. *Paral.* II. 10. autrement, pere de Nahasson; *Num.* I. 7. mon peuple est libéral, du mot עם ham, peuple, & du mot נדב nadab, de bon gré, libéral, ou Prince du peuple; autrement, peuple qui voue.

חמיטל AMITAL, mere de Sédécias, fils de Josias; 4. *Reg.* XXIII. 31. autrement, mere de Sédécias; 4. *Reg.* XXIV. 18. l'ombre de sa chaleur, du mot חם cam, chaleur; & du mot טלל tilel, l'ombre; ou en le dérivant du mot טל tal, rosée, chaleur de la rosée.

עמיזבד ἀμισαβαδ AMISABAD, fils de Banaïas; 1. *Paral.* XXVII. 6. la dot de mon peuple, du mot עם ham, peuple, & du mot זבד sabad, dot ou domination.

עמה AMMA, ville; *Josue* XIX. 30. caché, couvert, du mot עמם hamam; autrement, son peuple, du mot עם ham, peuple, & du pronom ה hé, son; autrement, avec elle, de la préposition עם im, avec, & du pronom ה hé, son.

עמוני AMMANITES, ou Ammonites, peuples; 2. *Esdr.* II. 19. mon peuple.

AMMANITIS, descendante d'Ammon; 3. *Reg.* IV. 31.

ἐμμαοὺμ AMMAUM, ville; 1. *Macc.* IX. 50. peuple méprisé, ou obscur, du mot עם ham, peuple, & de עמם hamam, caché, couvert; ou plûtôt chaude, de l'Hébreu חמה chamath. On donnoit ce nom aux villes, où il y avoit des bains d'eau chaude.

עמיאל AMMIEL, pere de Beth-sua; Vulgate, Bethsabée; 1. *Paral.* III. 5. autrement, fils de Gémalli; *Num.* XIII. 13. autrement, pere de Machir; 2. *Reg.* IX. 4. autrement, fils d'Obed-edom; 1. *Paral.* XXVI. 5. peuple de Dieu, du mot עם ham, peuple, & de אל El, Dieu; ou mon peuple est à Dieu.

עמישדי AMMISADDAI, pere d'Ahiezer, peuple du Tout-puissant, du mot עם ham, peuple, & du mot שדי schaddaï, Tout-puissant, ou le Tout-puissant avec moi; de la préposition עם im, avec, & du pronom י i, moi; autrement, qui ravage avec moi, du mot שד schod, ravager.

עמיהוד σαμιὴδ AMMIUD, pere d'Elisama; *Num.* I. 10. autrement, pere de Samuël; *Num.* XXXIV. 20. autrement, pere d'Hutaï, Vulgate,

AMO — ANA

Vulgate, Othéï ; 1. *Paral.* IX. 4. autrement, de Tholomaï ; 2. *Reg.* XIII. 37. Voyez ci-après *Amiud.* Peuple de loüange, du mot עם ham, peuple, & du הוד hod ; loüange, où la loüange est avec moi, de la préposition עם im, avec, & du pronom י jod, moi.

עמיהוד AMMIUR, pere de Tholmaï ; Vulgate, Tholomaï. La Vulgate a lû *Ammiud*, un ד daleth pour un ר resch ; 2. *Reg.* XIII. 37. de même. Voyez *Ammiur*, peuple de la liberté, de la blancheur, ou du trou ; du mot הור chur.

עמון AMMON, peuple ; 1. *Reg.* XI. 11. son peuple, du mot עם ham, peuple, & du pronom ון on, son.

עמון AMMON, fils de Loth, & de sa fille cadette ; *Genes.* XIX. 38. pere des Ammonites, qui est appellé au même endroit, Ben-Ammi, & est interprété par la Vulgate, le fils de mon peuple ; בן עמי ben-ami, du mot ben בן fils, de י jod, mon, & de עם ham, peuple.

• עמונים AMMONITÆ ; autrement, Meonite ; מעונים 2. *Paral.* XXVI. 8. du mot מעון mahon, ou affligez, ou qui manquent, du mot עני honi ; autrement, qui répondent, du mot ענה hana, il a répondu.

אמנון AMNON, le fils aîné de David & d'Achinoam ; 2. *Reg.* III. 2. autrement, אמינון aminon ; 2. *Reg.* XIII. 20. autrement, Amnon, fils de Simon ; 1. *Paral.* IV. 20. fidéle & véritable, du mot אמן amen, où aman, ou nourricier, du mot אמון amon, ou pédagogue, ou hourisson ; autrement, le fils de la mere, du mot אמם aman, mere, & du mot נין nin, fils.

עמוק AMOC, un des Prêtres qui revinrent avec Zorobabel à Jérusalem ; 2. *Esdr.* XII. 6. vallée, ou profondeur, du mot עמק hamac, vallée.

אמון AMON, fils de Manassé ; Roi de Juda ; 4. *Reg.* XXI. 18. & pere de Josias ; *Jerem.* 1. 2. un autre Prince d'une des villes de Samarie ; 3. *Reg.* XXII. 26. autrement, ayeul de Phocereth ; 2. *Esdr.* VII. 5. fidéle véritable, &c. Voyez *Amnon* ci-dessus.

אמונה AMONA, ville ; *Ezech.* XXXIX. 16. qui compte ; tumulte, multitude, du mot המון haman, & עמון hamon, selon le Syriaque, vérité.

אמרי AMMORRHÆUS, fils de Chanaan ; *Gen.* X. 16. amer, du mot מרר marar ; autrement, rebéle, du mot מרה marah ; autrement, babillard, parleur, du mot אמר amar.

אמוץ AMOS, par un א aleph au commencement, pere d'Isaïe Prophéte ; *Isaï.* 1. 1. fort, robuste, du mot אמץ amats.

עמוס AMOS, par un ע ain au commencement, l'un des douze petits Prophétes ;

Amos 1. 1. chargeant ; pesant, du mot עמס amas.

אמוצה AMOSA, nom de ville ; *Josue* XVIII. 26. azyme, pain sans levain, du mot מצה matsa, ou qui presse ; autrement, dispute, querelle. Voyez נצץ natsats.

ἀμφίπολις AMPHIPOLIS, ville ; *Act.* XVII. 1. ville environnée de la mer, du mot Grec. ἀμφὶ, qui signifie ; environner, & de πόλις, ville.

ἀμπλιᾶς AMPLIATUS, ami de saint Paul ; *Rom.* XVI. 8. mot Latin, qui signifie ample, augmenté.

עמרם ἀμβράμ AMRAM, fils de Caath ; *Exod.* VI. 18. peuple élevé, du mot עם ham, peuple, & du mot רום rum, ou רם ram, élevé ; autrement, leurs gerbes, ou poignées de grains ; du mot עמר homer, de l'affixe ם am, leurs ; autrement, avec le Très-haut, de la préposition עם him, avec, & du mot רום rum, ou רם ram, haut, & élevé.

עמרמי ἀμράμ AMRAMITES, peuples ; 1. *Paral.* XXVI. 23. de même.

אמרפל AMRAPHEL, Roi de Sennaar ; *Gen.* XIV. 1. qui parle des choses cachées, du mot אמר amar, parler, & de פלא phala, caché, mystérieux ; autrement, qui parle du Jugement, du mot פלל pillel, juger ; autrement ; de la ruine, du mot פלח palac.

אמרי AMRI, par un א aleph, pere de Zachur ; 2. *Esdr.* III. 2. amer ; du mot מרר marar ; autrement, qui parle, du mot Hébreu אמר amar ; autrement, élevé ; du mot רמה rama.

עמרי ἀμβρεὶ AMRI, par un ע hain ; Roi d'Israël ; 3. *Reg.* XVI. 16. autrement, pere d'Athalie, 4. *Reg.* VIII. 26. autrement, fils de Béchor ; 1. *Paral.* VII. 8. gerbe ou poignée de grains, du mot עמר ou rébellion, du mot מרה marah ; autrement, amer, du mot מרר mara.

אמצי ἀμασὶ AMSI, fils de Zacharie ; 2. *Esd.* XI. 12. fort ; robuste, du mot אמץ amats.

אמתר ἀμαθὰρ AMTHAR, nom de lieu ; *Josue* XIX. 13. forme, figure, du mot Hébreu תאר thoar ; autrement ; qui maudit la mort, du mot Hébreu ארר avar, maudire, & du mot מת meth, ou moth, mort.

ענה ἰνὰς ANA, fils de Sébéon, & pere d'Oolibama femme d'Esaü ; *Gen.* XXXVI. 2. qui répond, ou qui chante ; du mot Hébreu ענה hana, répondre, chanter ; avec refrain ; autrement, pauvre, ou affligé, & dans la misére ; du mot Hébreu עני honi.

הנע ANA, Idole ; 4. *Reg.* XVIII. 34. mouvement, trouble. C'est, à ce que l'on croit, l'Anaïs des Perses ; autrement , Nanæa, Vénus, l'Etoile de Vénus, ou Lucifer. Sa racine n'est point proprement Hébraïque.

ענב ANAB, nom de ville, ou de montagne ;

tagne; *Josue* XI. 21. raisin; autrement, nud, lien, du mot עָנָד hanad.

עֲנָחֲרַת ANAHARATH, ville; *Josue* XIX. 19. sécheresse, inflammation, du mot חרר charar; autrement, colére, du mot חרה chara; autrement, hennissement; selon le Syriaque, suffocation.

אַנְמֶלֶךְ ANAMELECH, l'un des Dieux de la ville de Sépharvaïm, ville des Assyriens; 4. *Reg.* VII. 31. réponse, ou cantique du Roi & du Conseil, du mot ענה hana, réponse, & de מֶלֶךְ Melec du Roi ou du Conseil, selon l'étymologie Caldéenne, ou le Roi.

עֲנָמִים ἀναπμεία ANAMIM, fils de Mezraïm; *Gen.* X. 13. fontaine, ou œil, du mot עין hain, du mot מים maim, les eaux; autrement, réponse, cantique, affliction, du mot ענה hana, &c.

עָנָן ANAN, un de ceux qui signérent avec Néhémie l'alliance du Seigneur, 2. *Esdr.* X. 26. nuée; autrement, augure, l'art de deviner.

עֲנָנִי ANANI, fils d'Elioënaï, fils de Naarias; 1. *Paral.* III. 24. mon augure, ma nuée.

עֲנַנְיָה ANANIA, ou *Ananias*, ville, 2. *Esdr.* XI. 32. autrement, nom d'homme; *Act.* V. 1. Voyez *Hanania*, nuée du Seigneur, du mot ענן anan, & de יה Jah, Seigneur. Voyez *Anan* ci-dessus.

עֲנָת ANATH, pere de Samgar; *Judit.* III. 31. réponse, cantique, du mot ענה hana, autrement, affliction, pauvreté, du mot עָנִי honi.

עֲנָתוֹת ANATHOTH, ville; *Josue* XXI. 18. autrement, fils de Béchor, 1. *Paral.* VII. 8. de même qu'*Anath*.

עֲנְתוֹתִיָה ANATHOTHIA, fils de Sésac; 1. *Paral.* VIII. 24. les réponses, les Cantiques, &c. du Seigneur. Voyez *Anath*.

עֲנָתֹתִי ἀναθωθί ANATHOTHITES; *Jerem.* XXIX. 27. natif d'Anathoth, de même.

ἀνδρέας ANDREAS, nom d'un Apôtre; *Matth.* IV. 18. mot Grec, qui signifie viril, & homme fort.

ἀνδρόνικος ANDRONICUS, nom d'homme; 2. *Machab.* IV. 34. mot Grec, qui signifie homme qui surpasse les autres par sa hauteur, homme victorieux.

עָנֵם ἐνάμ ANEM, ville; 1. *Paral.* VI. 73. leur réponse, leur cantique, leur affliction, ou pauvreté. Voyez *Anath* ci-dessus, du pronom ם mem, & עֲנִי ani.

עָנֵר ANER, frere de Mambré; *Gen.* XIV. 13. autrement, ville; 1. *Paral.* VI. 70. réponse, cantique, affliction de la lumiére, du mot עֲנִי hani, affliction, & du mot נר ner, ou nur, lumiére.

עָנִי ANI, nom d'un Portier, ou Chantre; 1. *Par.* XV. 18. pauvre ou affligé.

עֲנִיָה ANIA, nom d'homme; 2. *Esdr.* VIII. 4. réponse, ou affliction du Seigneur, du mot יה Jah, Seigneur; & du mot עֲנִי hani.

אֲנִיעָם ANIAM, fils de Samidas; 1. *Paral.* VII. 19. je suis peuple, du mot אֲנִי hani, moi, & du mot עַם ham, peuple; autrement, navire, du peuple, du mot אֳנִי oni; autrement, affliction, ou force du peuple, du mot און on, ou anan; & ham עַם le peuple.

עָנִים ANIM, nom de ville; *Josue* XV. 15. ceux qui répondent, qui affligent. Voyez ci-dessus *Anath*.

חַנָה ANNA, Hébreu *Hanna*, femme d'Elcana; 1. *Reg.* I. 2. De plus le nom d'une Prophétesse; *Luc.* II. 36. *Joan.* XVII. 13. & du beau-pere de Caïphe, *ibid. Luc.* III. 2. gracieux, miséricordieux; ou celui qui donne, du mot חנן chanan.

ἄννα עֲנָה ou חַנָה ANNAS; Vulgate, beaupere de Caïphe; *Joan.* XVIII. 24. qui répond, qui afflige, & qui humilie, du mot anah: ou gracieux, miséricordieux, de channa חַנָה.

עֲנוֹב ANOB, fils de Cos; 1. *Paral.* IV. 8. raisin, du mot ענב hanob, ou hanav; autrement, nœud, en Syriaque.

ἀντιλίβανος ANTILIBANUS, montagne à l'opposite & vis-à-vis de Liban.

ἀντιόχεια ANTIOCHIA, ville; *Lib.* I. *Macc.* III. 37. autrefois Emath; *Zach.* IX. 2. ville ainsi nommée par le Roi Antiochus.

ἀντίοχος ANTIOCHUS, nom d'homme; 1. *Macc.* I. 11. qui égale la vitesse d'un chariot.

ἀντιπᾶς ANTIPAS, un des témoins tuez par ceux de Pergame; *Apoc.* II. 13. pour tous & contre tous, mot Grec composé de deux autres, de ἀντί, contre, & de πᾶς, toutes: il se peut mettre aussi pour Antipater, égal au pere.

ἀντίπατρος ANTIPATER, fils de Jason; 1. *Macc.* XII. 16. qui vaut un pere; mot composé de deux mots Grecs, ἀντί, contre, & πατήρ, pere.

ἀντιπατρίς ANTIPATRIS, ville; *Act.* XXIII. 31. qui tire son nom d'Antipater.

אֵהוּד AOD, fils de Géra; *Judic.* III. 15. loüange, ou qui loüe, du mot ידה jada.

אַפַּדְנוֹ APADNO, nom de lieu; *Dan.* XI. 45. notre ornement, du mot אפוד éphod, ornement, & de l'affixe נו notre, mot étranger à la Langue Hébraïque; c'est Padanaram, la Mésopotamie. Saint Jérôme traduit son trône, son habit, ou sa couverture.

ἀπάμεια APAMEA, ou *Apamia*, ville; *Judith.* III. 14. mot Grec qui signifie, qui chasse, qui éloigne.

ἀπελλῆς APELLES, homme que saint Paul recommande; *Rom.* XVI. 10. mot Grec, du du verbe ἀπειλῶ, j'exclus, j'éloigne, ou d'ἀπειλαί, discours public.

APHADNO. Voyez ci-dessus *Apadno*.

אפרה APHARA, ville; *Josué* XVIII. 23. vache, du mot פר par; autrement, abondante en fruit, du mot פרה para; autrement, cendre, du mot אפר apher, *cinis*.

אפרסתכיא APHARSATHACHÆI, peuples; 1. *Esdr.* IV. 9. qui divise, ou qui déchire, les paons, du mot פרס paras, couper, mettre en morceaux, & de תך thoc, d'où תוביים tuchiim, des paons; autrement, des perroquets ou oiseaux de proye. Ces étymologies sont étrangéres à la Langue Hébraïque. D'*Apharsatachæi* vient le nom de Satrapes.

אפרסכיא APHARSACHÆI, 1. *Esdr.* V. de même.

אפרסיא APHARSÆI; 1. *Esdr.* IV. 9. de même.

אפקה ou אפק APHEC, ou *Apheca*, ville; *Josué* XII. 18. Il y en a une autre nommée אפיק Aphec; *Judic.* I. 31. l'écoulement, un torrent impétueux; autrement force ou vigueur.

אפיח APHIA, fils de Gémini; 1. *Reg.* IX. 1. qui souffle, qui respire, ou qui parle, du mot פוח puac; autrement, qui lie & qui enchaîne; du mot פח pac.

עפר pulvis אפר *cinis*. APHRICA, une des parties du Monde, en particulier elle désigne la Lybie; *Nahum.* III. 9. Le Grec ἄφρικα, en le dérivant de l'Hébreu *Haphar* ou *Epher*, réduite en poussiére.

הפצץ APHSES, l'un des Chefs des familles Sacerdotales; 1. *Paral.* XXIV. 15. qui diminuë, qui atrache, qui détruit, du mot פצה patsa, d'où פצים patsam, détruire.

פוט APHUTÆI, gras; gros, de l'Hébreu phuth פוט.

ἀποκάλυψις APOCALYPSIS; *Apocal.* I. 1. révélation, mot qui vient du verbe ἀποκαλύπτω, je révéle, je découvre.

ἀπολλῶς APOLLO, natif d'Aléxandrie; *Act.* XVIII. 24. qui perd & qui détruit, mot Grec qui vient du verbe ἀπολλύμαι, je péris, ou je suis perdu, ou ἀπόλλυω, je perds.

ἀπολλοφάνης APOLLOPHANES, qui fut tué par Judas Maccabée; 2. *Macc.* X. 37. qui découvre Apollon, ou Apollon qui se manifeste.

ἀπολλωνία APOLLONIA, ville; *Act.* XV. 1. perdition, destruction de même.

APOLLONIUS, un de ceux qui furent tuez par Judas Maccabée; 1. *Macc.* III. 10. de memê qu'Apollo. Voyez ci-dessus.

ἀπολλύων אבדון APOLLYON, en Hébreu Abaddon; *Apoc.* IX. 11. qui extermine, &c. de même.

ἀπόστολος APOSTOLUS, Apôtre, mot Grec; *Luc.* VI. 16. envoyé, légat.

Tome IV.

ἀποθήκη APOTHECA, boutique, lieu de réserve.

אפים APPHAIM, fils de Nadab; 1. *Par.* II. 30. visage, face, du mot אף qui signifie aussi le nez, ou la colere, אנף anaph, colere; autrement, boulanger, du mot אפה apha.

ἀπφία APPHIA, nom d'une femme dont parle saint Paul; *Epist. à Philemon.* II. qui produit, est féconde.

σαπφοῦς APPUS, fils de Mathathias; 1. *Macc.* II. 5. conseil d'indignation; autrement, qui usurpe le conseil, ou qui le pénétre, du mot חפש chaphas, pénétrer.

Ἀκύλας AQUILA, Juif, natif du Pónt. Ce nom est Latin; *Act.* XVIII. 2. aigle.

ער AR, ville des Moabites; *Num.* XXI. 15. C'est pourquoi il est appellé, *Isaï.* XV. 1. *Ar de Moab*, réveil, veille, évacuation, dénuëment.

הרא ARA, ville des Assyriens; 1. *Paral.* V. 26. montagne, du mot הר har; autrement, qui est prête d'enfanter; du mot הרה hara; autrement, démonstration.

ארא ARA, fils de Jéther; 1. *Paral.* VII. 38. médisant, qui maudit, du mot ארר arar, selon quelques-uns; autrement, voyant, du mot ראה raa.

חרחם ARAAS, pere de Thécua; 4. *Reg.* II. 14. colere de confiance, ou colere de protection, du mot חרה cara, colere, ou chaleur, & du mot חסה casa, misericorde, bonté.

ארב ARAB, nom de ville; *Josué* XV. 25. qui dresse des embûches; autrement, qui multiplie, du mot רבב rabab; autrement, sauterelles, du mot ארבה arabé; autrement, fenêtre, du mot ארבה aruba.

ארביים ARABES, peuples; 2. *Paral.* XXVI. 7. du mot hereb, le soir, ou lieu champêtre, désert, ou ôtages, gages, corbeaux, mélanges, mixtions, doux, ce mot a tous ces sens, toutes ces significations; mélanges, du mot ערביים arabim, parce que ce pays étoit habité par différens peuples.

ערקי ἀρυκαῖος ARACEUS, fils de Chanaan; *Gen.* X. 17. nerf, artere, du mot ערק arac, ou ôtec; autrement, selon le Syriaque, fugitif.

ארך ἀρχ ARACH, ville; *Gen.* X. 10. longueur; ou qui allonge; autrement, santé, médecine, du mot ארכה arocca.

ארכי ἀρχι ARACHITES, habitans d'Arach; 2. *Reg.* XV. 32. de même.

ערד ARAD, ville; *Num.* XXI. 1. âne sauvage; ou, selon le Syriaque, un dragon.

ארודי ARADIUS, fils de Chanaan; *Gen.* X. 18. plénitude, ou engraissement de malédiction, du mot ארר arar, malédiction, & du mot רוה rava; autrement, qui défend, du mot ירד jarad; autrement, qui commande, du mot רוד rud.

Ff ARADIUS,

ARADIUS, habitans d'Arad; *Ezech.* XXVII. 8. de même.

ἄραδος ARADOS, Isle d'Arad; 1. *Macc.* XV. 23. Voyez ci-devant *Arad*.

ARAIA. Voyez *Haraja* ci-après.

ארם ARAM, fils de Sem; *Gen.* X. 23. autrement, fils de Somer; 1. *Paral.* VII. 34. élévation, grandeur, du mot רמם ramam, ou רום rum; autrement, qui trompe, du mot רמיה ramija; autrement, leur malédiction, du mot ארר arar, & du pronom ם am, d'iceux. Ce nom d'Aram, signifie la Syrie, ou le pere des Syriens.

רם ἄραμ ARAM, en Hébreu Ram, fils d'Esron; *Ruth.* IV. 19. de même.

הרמה ῥαμα ARAMA, ville; *Josue* XIX. 36. de même; autrement, ver, du mot רמה rama, ou élévation, de רמם ramam.

הרן ARAN, fils de Tharé; *Gen.* XI. 26. montagne, ou pays montagneux, du mot הר har; autrement, qui est enceinte, du mot הרה hara; autrement, chant, cri, du mot רנן ranan.

ארן ARAN, Vulgate, *Aram*, fils de Disan; *Gen.* XXXVI. 28. autrement, fils de Jéraméel; 1. *Paral.* II. 25. arche, du mot ארן aron; autrement, chant, cri de joye, du mot רנן ranan; autrement, leur malédiction, du mot ארר arar, maudire, & de l'affixe ם am.

הרפה γίγας ARAPHA, nom de certains Géans; 2. *Reg.* XXI. 16. médecine, ou pardon, du mot רפא rapha, guérir & pardonner; autrement, la bouche, ou l'ouverture de la montagne, du mot פה pé, ou phé, bouche, & du mot הר har, montagne.

ארט ἀραρά ARARAT, Vulgate, Arménie, pays, Province; 4. *Reg.* XIX. 37. malédiction de tremblement, du mot ארר arar, maudire, & du mot רטט retet, crainte, tremblement. Voyez ci-après *Armenia*. Selon le Syriaque, la lumière de celui qui court, du mot אור or, lumière, du mot ירט jarat, ou arat, courir, se promener; ou, selon d'autres, de רטה rata, courir.

הררי ARARI, Vulgate, *Ararites*, peuples; 1. *Paral.* XI. 34. qui est des montagnes, du mot הר har, montagne.

ἀρβάτυς ARBATHIS, nom; 1. *Macc.* V. 23. caution, répondant, du mot ערב arab. C'est apparemment les Araboth, ou les plaines de Moab. Voyez *Num.* XXII. 1. XXVI. 63. &c.

ערבות ἀραβωθίτις ARBATHITES, qui est d'Arbat, ou d'Arbée; 2. *Reg.* XXIII. 31.

ערבע ARBE'E, ville. Voyez *Cariath-Arbée*; *Gen.* XXIII. 2. ou Hébron & Mambré, la ville des quatre, du mot עי ra-bah; autrement, qui est couché, du mot רבץ rabats.

ἄρβηλα ARBELIA, ville qui bornoit la Judée vers l'Orient; 1. *Macc.* IX. 2. renouvellement de la vieillesse, du mot עור her, s'éveiller, & du mot בלה bala, vieillesse, autrement, embûches, du mot ארב arab; autrement, la plaine de Dieu, en le dérivant de ערבה & de אל ou la sauterelle de Dieu, du mot ארבה sauterelle.

ארבי ARBI, nom de lieu; 2. *Reg.* XXIII. 35. de même. Il signifie encore ma fenêtre, du mot ארבה aruba, ou ma sauterelle, de ארבה

ἀρχέλαος ARCHELAUS, fils du Grand Hérode; *Matth.* II. 22. Prince du peuple, du mot Grec ἀρχων, premier Prince, & de λαός, peuple.

ארבי ἀρχιαδαρώθ ARCHI, nom de ville; *Josue* XVI. 2. qui bornoit le partage des enfans de Joseph, longueur, du mot ארב arab: il signifie aussi la santé; autrement, cicatrice, du mot ארוכה arucha.

ἄρχιππος ARCHIPPUS, nom d'homme; *Coloss.* IV. 17. Prince ou Préfet de chevaux, ou de la cavalerie, du mot Grec ἀρχων, premier ou Prince, & du mot ἵππος, cheval.

ἀρχιτρίκλινος ARCHITICLINUS, nom d'office; *Joan.* II. 8. Prince des trois lits, mot Grec composé de trois autres, d'ἀρχων, Prince ou premier, de τρεῖς, trois; & de κλίνη, lit; parce qu'on se couchoit à table sur des lits, & que ces tables étoient d'ordinaire environnées de lits de trois côtez.

ארדון ARDON, fils de Caleb, & d'Azuba; 1. *Paral.* II. 18. qui commande, du mot רדה rada; autrement, qui descend, du mot ירד jarad; autrement, jugement de malédiction, du mot ארר arar, malédiction, & du mot דון dun, jugement.

ארח ἄρες ARE, ou *Arac*, nom d'homme; 1. *Esdr.* II. 5. chemin, voye ou voyageur; autrement, provision journalière de bouche, ארחה arucha; autrement, flairer, du mot ריח riach.

הרבה ἀρεμβά AREBBA, nom de ville; *Josue* XV. 60. grande, ou puissante, du mot רבה ou רבב raba; autrement, contentieuse, ou plaideuse, du mot רוב rub.

הרקון ἀρεκων AREGON, nom de ville; *Josue* XIX. 46. vain, vuide, du mot רקק racac, ou ריק ric; autrement, montagne de lamentations & de pleurs, du mot הר har, montagne, & du mot קון cûn, se lamenter; autrement, montagne de joüissance, du mot קנה cana, posseder, joüir.

ארד ἄρεδ ARED, fils de Benjamin; *Gen.* XLVI. 21. qui commande, du mot רדא rada; autrement, qui descend, du mot ירד jarad.

ארה ARE'E, fils d'Olla; 1. *Paral.* VII. 39. voye, chemin. Voyez ci-dessus *Area*, ou *Arac*.

אראלי ἀρουλει ARELI, fils de Gad; *Gen.* XLVI. 16. le même qu'*Ariel*, lumière de Dieu, du

ARI   ARO

du mot אור or, lumière, & du mot אל El, Dieu; autrement, vision de Dieu, & du mot ראי Roi, ou ראה vision; &c.

ἀρεοπαγίτης ΑREOPAGUS; lieu; *Act.* XVII. 34. coline de Mars, mot Grec composé de deux autres, ἄρεως; de Mars, & de πάγος, colines; où les Sages & les Grands d'Athènes tenoient leur Conseil souverain.

AREOPAGITA; qui est du Conseil de l'Aréopage.

ἀρέτα ARETAS; Roi des Arabes; 2. *Macchab.* v. 8. mot Grec qui vient d'ἀρέσκω; qui est agréable, qui plaît, & qui est vertueux. Je crois qu'il étoit Roi d'Arad; & que de là est venu le nom d'Arétas.

ארונה AREUNA, nom d'homme; 2. *Reg.* XXIV. 16. qui est le même qu'*Ornan*; 1. *Paral.* XXI. 15. arche, du mot ארון aron; autrement, chant, cri de joye, malédiction. Voyez *Aran* ci-dessus.

ארגב ARGOB, nom d'une Province du Royaume de Basan; *Deut.* III. 13. motte de terre; du mot רגב regeb, ou terre grasse. Le pays de Basan étoit fort gras. Autrement, malédiction du puits, du mot ארר arar, malédiction, & du mot גבא ghebé, ou ghevé, puits; autrement, lumière profonde; du mot אור or, lumière, du mot גבה gavah, hauteur, élévation.

ארידי ARIDAI, fils d'Aman; *Esth.* ix. 9. lion, abondant, du mot arié ארי lion, & du mot די di, abondance: C'est un nom Persan, dont on ignore la vraye étymologie.

ארידתא ARIDATHA; fils d'Aman; *Esth.* ix. 8. la loi du lion, du mot ארי arié, lion, & du mot דת dath, loi, ou loi de malédiction, du mot ארר arar, malédiction: C'est encore un nom Persan, dont on ne devroit pas chercher l'étymologie dans l'Hébreu.

אריה ARIE', nom d'homme; 4. *Reg.* xv. 25. lion; autrement, lumière du Seigneur, du mot אור or, lumière, du mot יה Jah, Seigneur.

אריאל ARIEL, nom d'homme, ou ville des Moabites. C'est la ville capitale de Moab. Lion de Dieu; *Ezech.* XLIII. 16. donne ce nom à l'Autel des holocaustes; lion de Dieu, de l'Hébreu arié אריה lion, & אל El, Dieu.

ἀριμαθαία ARIMATHÆA, nom de ville; *Matth.* XXVII. 27. lion mort au Seigneur, du mot אריה lion; מות muth, mort, & du mot יה Jah, Seigneur; autrement, lumière de la mort du Seigneur, du mot אור or, lumière, &c. ou simplement Ramatha, ou Rama, ville où demeuroit Samuël; 1. *Reg.* I. 19. élévation, du mot רמה ramam.

אריוך ARIOC, Roi du Pont; *Gen.* XIV. 1. long, grand, haut, du mot ארך arac; autrement, votre yvresse, du mot רוה ra-

va, s'enyvrer, & de l'affixe ך ca, vôtre; autrement, votre lion, du mot אריה arié, & du même affixe ך ca, vôtre.

אריסי ARISAI; fils d'Aman; *Esth.* ix. 9. époux, mot Persan, dont il est inutile de chercher l'étymologie dans l'Hébreu.

ἀρίσταρχος ARISTARCHUS, nom d'homme; *Act.* XIX. 29. bon Prince, mot Grec qui vient du verbe ἀρισταρχέω, je gouverne bien, composé d'ἄριστα, bien, bon, & d'ἄρχω, je gouverne.

ἀριστόβουλος ARISTOBOLUS, Précepteur de Ptolomée; 2. *Macc.* I. 10. un bon consulteur, un bon conseil, du mot Grec ἄριστα, bon, bien, & de βουλή, conseil.

ἁρμαγεδών ARMAGEDON, nom de lieu; *Apoc.* XVI. 16. montagne de Magédo, montagne de l'Evangile; du mot הר ar, montagne, & du mot הגיד haggid, j'annonce, ou je découvre; autrement, montagne des fruits, ou des pommes. Voyez *Magédo*, ci-après.

ארמט ARMENIA, *Arménie*, Province; on croit qu'elle tire son nom d'Aram; nom d'un des fils de Sem, & de Menni: Elle est aussi appellée par la Vulgate; *Ararat*; *Gen.* VIII. 4. & *Isai.* XXXVII. 38.

הרמון τὸ ὄρος τὸ ῥεμονῶ ARMON, nom de lieu; *Amos* IV. 3. La Vulgate, selon quelques-uns, a mis le nom d'un lieu en la place de la signification littérale de l'Hébreu; & auroit dû traduire; & le Seigneur dit: Vous rejetterez le palais: L'Hébreu ארמון armon, signifie autrement, grenadier; du mot רמון rimmon, montagne de dénombrement, ou de préparation, du mot הר har, montagne, & du mot מנה mana, nombrer, ou préparer; autrement, montagne du don, du mot מנחה manac, offrande, don.

ארמני ARMONI; fils de Saül, & de Respha; 2. *Reg.* XXI. 8. mon palais, du mot ארמון armon; autrement, malédiction de l'énumération & de la préparation, du mot ארר malédiction. Voyez ci-dessus.

ארנן ARNAN, fils de Raphaïa; 1. *Par.* III. 21. leur coffre, leur cassette, du mot ארון aron, coffre, & du pronom ן an, d'iceux; autrement, cri de joye, de l'Hébreu ranan, ou malédiction, du mot ארר arar; autrement, lumière du fils, du mot אור or, lumière, & du mot נין nin, fil.

ארנון ARNON, fleuve des Moabites; *Num.* XXI. 14. sautant de joye, où leur coffre, de la même racine qu'Arnon.

ארוד AROD, fils de Gad; *Num.* XXVI. 17. Voyez ci-dessus *Arad* par un א aleph.

ערד AROD; 1. *Paral.* VIII. 15. fils de Baria. Voyez ci-dessus *Arad* par un ע ain; autrement, un âne sauvage; du mot ערוד harod.

ארודי ARODI, fils de Gad; *Genes.* XLVI. 16.

16. qui comffiande; autrement, qui descend. Voyez *Arad* par un א aleph.

ערער AROER, ville des Moabites; *Num.* XXXII. 34. bruyere, tamarin; autrement, nudité de la peau, du mot ערוה herva, nudité, & du mot עור hor, peau; autrement, exultation, réveille, des mots ער her, ער hor; ou nudité de la veille, ou de l'ennemi, du mot ער har, nudité, ou ennemi, & du mot ער her, veille.

ערערי ARORITES, du mot d'*Aroër*, habitant de la ville d'Aroër; 1. *Paral.* XI. 44. Voyez *Aroër*.

ארפד ARPHAD, Isle de la Phénicie; 4. *Reg.* XVIII. 34. la lumiére de la rédemption, du mot אור or, lumiére, & du mot פדה pada, racheter; autrement, qui se couche, ou fait un lit, du mot רפד raphad.

ארפכשד ARPHAXAD, fils de Sem; *Genes.* X. 22. qui guérit, du mot רפא rapha; autrement, qui relâche, du mot רפה rapha, & de בשל caschal, qui renverse, & du mot דד dad, mammelle. Ce nom n'est pas Hébreu, & il est inutile de chercher sa racine dans la Langue Hébraïque.

ארצא ARSA, nom du Préfet de la ville de Thersa; 3. *Reg.* XVI. 9. la terre, du mot ארץ erets; autrement, volonté; du mot רצה ratsa, vouloir; autrement, coursés, du mot רוץ ruts, courir.

ἀρσάκης ARSACE'S, nom d'homme; 1. *Macc.* XV. 22. qui éleve le bouclier, du mot Grec ἄρσις, élévation, & d'ἀκή, qui signifie la pointe d'une lance, ou d'une épée. Ce mot est Persan, & il n'est pas possible de trouver sa racine dans l'Hébreu.

ἀρτάβαι ARTABA, une sorte de mesure; *Dan.* XIV. 2. On n'en trouve pas l'étymologie dans l'Hébreu. L'artabe, selon saint Epiphane, contient soixante & douze septiers.

ארתחששתא ARTAXERCE'S, nom commun aux Rois de Perse; 1. *Esdr.* IV. 7. & Chap. VII. I. en Hébreu Artachsasta, silence de la lumiére, ou lumiére qui impose silence, du mot אור or, lumiére, & de חרש cheresch, silence; autrement, la joye qui s'empresse & se hâte, du mot חוש cusch, & de שש sus, joye. Au Chap. VII. ỹ. 21. ce même nom s'écrit ainsi ארתחשסתא attestatha, & signifie la même chose. On ne doit point s'attendre de trouver la vraye étymologie de ce nom dans l'Hébreu, puisqu'il est Persan.

ἀρτεμᾶς ARTEMAN, nom d'homme; *Tit.* III. 10. mot Grec, qui signifie homme de bien, qui est sans reproche, qui est saint, agréable & beau.

ארבות ἀρωβώθ ARABOTH, nom de ville; 3. *Reg.* IV. 10. cataractes, fenêtres, sauterelles, du mot ארבה aruba, ou arbé; autrement, des embûches, du mot ארב areb, ou ereb.

הרום ἀεὶμ ARUM, pere d'Aharchel; 1. *Paralip.* I. 8. élevé, grand, du mot רום rum; autrement, qui rejette & éloigne, du mot רמה rama.

אסא ASA, fils d'Abiam Roi; 3. *Reg.* XV. 8. autrement, pere de Barachie; 1. *Par.* IX. 16. Médecin, ou guérison, selon le Syriaque.

עשאל ASAEL, fils de Servia; 2. *Reg.* II. 18. & le frere de Joab; 2. *Reg.* XXIII. 24. œuvre, ou créature de Dieu, du mot עשה hascha, faire, & du mot אל El, Dieu.

עשיה ASAIA, un des Officiers du Roi Josias; 4. *Reg.* XXII. 14. Il signifie aussi un Prince; 1. *Paral.* IV. 36. ou créature du Seigneur, du mot עשה hascha, faire, & du mot יה Jah, Seigneur.

העצלפוני ἀσαλαφών ASALELPHUNI fille d'Etham; 1. *Paral.* IV. 3. ombre & tristesse du visage; autrement, submersion de la face, du mot צלל tsalal, attrister, & l'ombre, & du mot פנים panim, la face.

עצליה ASALIA, pere de Saphan; 4. *Reg.* XXII. 3. près, ou délivré du Seigneur, du mot אצל atsal, ou du mot הציל hitsil, & du mot יה Jah, Seigneur.

עשן ASAN, nom de ville; *Josue* XV. 42. fumée, ou qui fume.

הסנאה σαναά ASANA, pere d'Oduia; 1. *Paral.* IX. 7. buisson, du mot סנה sené; autrement, ennemi, selon le Syriaque.

אסף ASAPH, fils de Barachie; 1. *Par.* VI. 39. autrement, pere de Zacharie; 1. *Par.* IX. 15. qui assemble; autrement, qui finit, qui consomme.

אסרחדן ἀσαρδάν ASAR-ADDON, fils de Sennachérib; 4. *Reg.* XIX. 37. qui lie la joye, ou qui resserre de la pointe, du mot אסר asar, lier, du mot חדד cadad, aiguiser, & affiler, ou du mot חדה cada, la joye; ou, selon le Syriaque, qui interdit ou défend la nouveauté, ou l'unité.

הצור ASAR. Voyez *Hasor-parvis*; de même.

σαραμὴλ ASARAMEL, nom de lieu; 1. *Macc.* XIX. 27. la place de Mello dans Jérusalem, béatitude du peuple de Dieu, du mot אשר aschar, être bienheureux, & du mot אום om, peuple, & du mot אל El, Dieu; autrement vestige de la circoncision, אשור aschur, la marche, & du mot מול mul, retrancher, circoncire.

אשראלה ASARELA, nom d'homme; 1. *Par.* XXV. 2. béatitude, ou conduite de Dieu; autrement, qui regarde le chêne, ou le fort, du mot אלה alla, un chêne, & du mot אל el, fort; autrement, qui voit Dieu, ou félicité de Dieu.

ASARMOTH. Voyez *Hasarmoth*, parvis de la mort.

ASASON-THAMAR. Voyez *Hasason-Thamar*.

הצביים

ASE   ASM

הצביים σαβαὶν ASBAIM, Vulgate, Sabaim, nom d'homme; 2. *Esdr.* VII. 59. chevreüil, gazelles, ou les beautez, du mot צבי tsabi; autrement, les armées, du mot צבא tsaba.

אשבל ἀσβὴλ ASBEL, fils de Benjamin; *Gen.* XLVI. 21. Le même est appellé Jadiel; 1. *Paral.* VII. 11. feu de la vieillesse, du mot אש esch, feu, & du mot בלה bala, vieillir; autrement, qui se consume, & s'éteint, du mot בלא bala, & איש l'homme.

אשבלי ἀσυβηλὶ ASBELITÆ, de même; *Num.* XXVI. 38.

אשקלון ASCALON, ville; *Judic.* I. 18. poids ou balance, du mot שקל schacal; autrement, feu d'infamie, du mot אש esch, feu, & du mot קלון kalon, infamie, ou ignominie.

אשקלוני ASCALONITÆ; peuples d'Ascalon; *Josue* XIII. 3. de même.

אשכנז ASCENEZ, fils de Gomer; *Gen.* X. 3. *Jerem.* XV. 27. un feu qui distille, ou qui se répand, du mot אש esch, feu, & du mot נזה naza, arroser.

מעלה-עקרבים προσανάβασις ἀκραβὶν ASCENSUS-SCORPIONIS; Hébreu, Maleacerabbim, nom de lieu; *Josue* XV. 3. la montée des Scorpions, du mot עלה hala, monter, & du mot עקרב acrab, scorpion.

הצביים ASEBAIM, nom d'homme; 1. *Esdr.* II. 57. Voyez *Asbaim* ci-dessus.

אשדות ASEDOTH, nom d'un pays & d'une ville des Amorrhéens; *Josue* X. 40. effusion, du mot אשד eschod; épanchement, pente; autrement, lieu champêtre, ou pillage, du mot שוד schod, piller, ravager.

אצל ASEL, fils d'Elasa; 1. *Paral.* VIII. 37. proche, vis-à-vis, ou séparé & ôté.

עצם ASEM, ou *Asom*, ville; *Josue* XIX. 3. os, force, autrement, clôture, ou clore, cligner les yeux, du mot עצה hatsa; autrement, leur bois, du mot עץ hets, bois, & de l'affixe ם mem. C'est la même qu'*Asom*; 1. *Paral.* IV. 29. Voyez *Asom* ci-après.

עצמנה ASEMONA, ville; *Josue* XV. 4. os, où force, maintenant, du mot עצם atsem, & du mot נא na, maintenant; autrement, notre os, notre force ou clôture, du mot עצה atsa, & notre, de l'affixe נה na; autrement, bois, du mot עץ hets; autrement, conseil de celui qui compte, ou de celui qui prépare, du mot יעץ jahats, conseiller, & du mot מנה manah, qui compte, ou qui prépare.

אסנה ASENA, nom d'homme; 1. *Esd.* II. 50. buisson, du mot סנה sené; autrement, malheur, infortune, du mot אסן ason.

אשנה ASENA, nom de ville; *Josue* XV. 33. feu maintenant, du mot אש esch, feu, & du mot נא na, maintenant; autrement,

changement, du mot שנה schana, changer; autrement, duplicité, du mot שני scheni, double.

אסנפר ASENAPHAR, nom d'homme; 1. *Esdr.* IV. 10. malheur, infortune du taureau, du mot אסן ason, infortune; & du mot פר par, taureau, ou jeune veau; autrement, fécondité, ou accroissement de péril, du mot אסן asan, péril. Ce nom est Assyrien, & ne tire point proprement sa racine de l'Hébreu.

אסנת ASENETH, fille de Putiphar; *Genes.* XLI. 45. péril ou infortune. Voyez *Asena* par un ס samech, ci-dessus. Ce mot est un nom Egyptien, qui ne peut tirer sa racine ni son étymologie de l'Hébreu.

אסיר ASER, ou *Asir*, fils de Caath; *Exod.* VI. 24. & 1. *Paral.* VI. 22. lié, ou emprisonné; ou selon le Syriaque, empêché, interdit, défendu.

אשר ASER, huitième fils de Jacob & de Zelpha; *Genes.* XXX. 13. béatitude, ou félicité.

אשרות ἄλσος ASEROTH; nom d'une Idole; *Judic.* III. 7. La Vulgate lit *Astaroth*, un bois dédié aux faux Dieux, du mot אשרה assera, le bois. C'est apparemment *Astaroth* la Déesse des bois.

אשחור ἀσοὺρ ASHUR, fils d'Esron; 1. *Paral.* II. 24. brun, noir, du mot שחר schacar; autrement, feu de la blancheur, ou feu du trou, de la caverne, du mot אש esch, feu, & du mot חור cur, caverne, ou ear, blancheur, feu de la liberté, du mot חר ear, libre.

ἀσία ASIA, une des parties du Monde; 1. *Macc.* VIII. 6. fangeuse, boüeuse, du mot Grec ἄσις.

עשיאל ASIEL, fils de Saraïa; 1. *Paral.* IV. 35. Voyez ci-dessus *Asaël*; la force de Dieu; le bouc du Seigneur.

אשימא ASIMA, nom d'une Idole; 4. *Reg.* XVII. 30. crime, du mot אשם ascham; autrement, position, du mot שום sum; mettre; autrement, feu de la mer, du mot אש esch, & du mot ים jam, mer. Ce nom est étranger à la Langue Hébraïque.

עציון-גבר ASION-GABER, ville; 3. *Reg.* IX. 26. le bois de l'homme, ou du fort, du mot עץ hets, bois, & du mot גבר gaber, l'homme, ou le fort; autrement, le conseil du mot יעץ jahats, conseiller.

אסיר ASIR, fils de Jéchonias; 1. *Paral.* III. 17. prisonnier, enchaîné.

ASLIA. Voyez ci-après *Eselias*.

ἀσμοδαῖος אשמדי ASMODÆUS, nom d'un Démon; *Tob.* III. 8. qui mesure le feu, du mot אש esch, & du mot מדד madad, mesurer; autrement, crime abondant, du mot אשם ascham, crime, ou plûtôt, destructeur, exterminateur, du mot שמד schamad:

הסינאה

הסנאה ASNAA, nom d'homme; 2. Esdr. III. 3. buisson, du mot סנה séné; ou selon le Syriaque, ennemi.

אצם ASOM, sixiéme fils d'Isaï; 1. Paral. II. 15. ou le fils de Jérameel; 1. Paral. II. 25. qui jeûne, du mot צום tsom, jeûner; ou leur empressement, du mot אץ uts, empressement, & de l'affixe ם am, leur, ou d'iceux.

עצם ASOM, ville: la même qu'Asem; Josué XIX. 3. 1. Paral. IV. 29. os, force, ou clôture, du mot עצם hatsa. Voyez ci-dessus Asem.

ASOR, ou Asar, ville ou terre d'Arabie; Judic. IV. 2. & Jerem. XLIX. 28. Voyez Hasor.

אסר־חדד ἀσαρμδὰν ASOR-ADDAN, Roi d'Assur; 1. Esdr. IV. 2. lié, emprisonné, &c. Voyez Asor par un ס samech, & Aser-addon ci-dessus.

עשות ASOTH, fils de Jephlat; 1. Par. VII. 33. qui fait, ou qui est fait, du mot עשה hasa, faire; autrement, la tigne des vêtemens, du mot עש hasc, tigne, vermisseau.

ἀσφαρ ἀσφαλτὸς ASPHAR, nom d'un Lac; 1. Macc. IX. 33. empressement du taureau, du mot אץ uts, empressement, & du mot פר par, jeune veau, ou taureau. Il vaut mieux le faire venir d'aspbaltos, qui en Grec signifie bitume.

אשפנז ASPHENEZ, Préfet des Eunuques de Nabuchodonosor; Dan. I. 3. carquois, du mot אשפה aschpha; autrement, Interprête ou Astrologue; אשף aschaph, aspersion, & du mot נזה naza. Ce nom est Assyrien, & il est inutile d'en chercher la vraye étymologie dans l'Hébreu.

אשראל ἀσριὴλ ASRAEL, ville de Jaleléel; 1. Paral. IV. 16. la béatitude du Seigneur, ou du fort, du mot אשר ascher, la béatitude, & de אל El, Dieu, fort.

אשריאל ASRIEL, ville de Galaad; Num. XXVI. 31. autrement, Esriel; Josué XVII. 2. de même qu'Asraël.

האשריאל ἰσριὴλ ASRIELITÆ, ibid. Num. XXV. 31. descendans d'Asriel.

חצדים ASSEDIM, ville; Josué XIX. 35. chasses, du mot צדה tsada, chasser, ou dresser des embûches; autrement, côtez, & selon le Syriaque, destructions, ou désolations.

חסידים ἀσιδαῖοι ASSIDÆI, nom d'hommes & de peuples; 1. Macc. VII. 13. miséricorde, pieux, religieux, du mot חסד checed, miséricorde.

השם ASSEM, nom d'homme; 1. Paral. XI. 39. nom ou nommée, du mot שם sem, le nom; autrement, placé, mis, de שום placer.

ἀσσον ASSON, ville; Act. XX. 13. approche, du mot אסון, voisin, proche.

אחשורש ASSUERUS, pere de Darius; Dan. IX. 1. Prince, Chef, du mot ראש rosch. Ce mot est étranger à la Langue sainte; ainsi il n'est pas certain d'y trouver son étymologie.

אשור ASSUR, fils de Sem; Genes. X. 21. qui est bienheureux, qui marche, qui regarde, du mot אשר aschar, être heureux, regarder, marcher.

אשורים ASSURIM, fils de Dedan; Gen. XXIII. 3. de même les heureux.

ASSYRII, les Assyriens, peuples; Gen. II. 14. descendus d'Assur.

עשתרות ASTAROTH, ville des Moabites; Deut. I. 4. les troupeaux, les brebis, du mot עשתר hasthar; autrement, les richesses, parce que les troupeaux font la richesse de leur maître; autrement, la ligne de la Loi, du mot עש asch, ligne, & du mot תורה thora; Loi; autrement, qui fait recherche, du mot עש hascha, faire, & du mot תור thur, recherche. Astaroth signifie aussi une Déesse des Cananéens, Astarthé, la Lune.

עשתרותי ASTAROTHITES, peuples; 1. Paral. XI. 44. habitans d'Astaroth.

ASTARTHEN, Déesse des Sidoniens; 3. Reg. XI. 5. la même qu'Astaroth & Astaroth.

ἀςυάγης ASTIAGES, Roi de Perse; Dan. XIII. 65. le Chef, ou Capitaine de la ville, du mot Grec ἄςυ, ville, & du mot ἀγητωρ, Chef, Capitaine. Ce nom est Persan, on ne peut trouver sa véritable étymologie dans l'Hébreu, non plus que dans le Grec.

ἀσύγκριτος ASYNCRITUS, nom d'homme; Rom. XVI. 14. incomparable, mot Grec.

אטד ATAD, lieu au-delà du Jourdain; Genes. V. 10. buisson, épine.

עטרה ATARA, seconde femme de Jerameel; 1. Paral. II. 26. couronne.

עטרות ATAROTH, ville; Num. XXXIII. 3. ou pays; Josué XVI. couronnes. C'est le pluriel d'Athara.

עטרות־אדר ATAROTH-ADDAR, ville; Josué XVI. 5. couronne de la magnificence, ou de la robe, du mot אדר & atharoth.

אטר ATER, autrement, Ather, nom d'homme; 1. Esdr. II. 16. clos, renfermé, sinistre.

עתך ATHACH, par un ע ain, ville; 1. Reg. X. 3. votre heure, votre tems, du mot עת heth, tems & du pronom féminin ך ec, vôtre.

התך ATHAC, par un ה hé, nom d'un Eunuque; Esth. IV. 5. qui frappe. Nom étranger à la Langue sainte, dont on ne peut sçavoir certainement l'étymologie.

עתיה ATHAIAS, nom d'homme; 2. Esdr. XI. 4. tems du Seigneur, du mot עת heth, tems, & du mot יה Jah, le Seigneur.

עתלי

AUR — AZB

עֲתָלָי ATHALAI, nom d'homme; 1. Esdr. x. 28. mon tems, du mot עֵת heth, tems, & de l'affixe י, mon.

עֲתַלְיָהוּ γοθολία ATHALIA, mere d'Ochosias; 4. Reg. VIII. 26. le tems du Seigneur, du mot עֵת heth, tems, & de יָהּ Jah, Seigneur.

אֶתְנִי ίθανι ATHANAI, fils de Zara; 1. Paral. VI. 41. fort, du mot אֵית eth; autrement, âne, du mot אִתוֹן athon; autrement, donneur, du mot nathan.

עֶתֶר ATHAR, ville; Josue XIX. 7. priére; oraison.

ἀθῆναι ATHENÆ, ville; Act. XVII. 16. mot Grec qui tire son origine d'Athéné, ou d'Athénaïa, Minerve.

ἀθηναῖοι ATHENIENSES, peuples d'Athénes; Act. XVII. 21.

Ἀθηνόβιος ATHENOBIUS, nom d'homme; 1. Macc. xv. 32. l'arc de Minerve, du mot Grec Ἀθήναια, Minerve, & du mot βιός, arc.

הַתִּרְשָׁתָא ATHERSATHA, fils d'Achelaï; 2. Esdr. x. 1. qui renverse le fondement; du mot שָׁתוֹת schathoth, fondement, & du mot תּוּר thor ou thur, qui renverse; autrement, selon le Syriaque, qui regarde le tems ou l'année. Comme ce nom est étranger à la Langue sainte, il est difficile de trouver sa véritable étymologie dans l'Hébreu.

חַמְאתָא ATMATHA, autrement, Humeta, ou Chemta; Josue xv. 54. lézard ou limaçon; du mot חֹמֶט comet.

ἀτάλια ATTALIA, ville; Act. XIV. 24. qui augmente ou qui nourrit, du verbe Grec ἀτάλλω.

ἄτταλος ATTALUS, nom d'homme; 1. Macc. XV. 22. nourri, augmenté, engraissé.

עַוָּה AVAH, Hébreu Ava, nom de pays, ou d'une Idole; 4. Reg. XVII. 24. iniquité.

עִוָּא AVA, Hébreu Avah, nom de pays, ou d'une Idole; 4. Reg. XVIII. 34. Il paroit que c'est le même, quoiqu'il s'écrive différemment.

αὔγουστος AUGUSTUS, nom Latin, qui tire sa racine du mot augur, ou du mot Latin augere, augmenter; Luc. II. 1. accrû, augmenté.

עַוִּים AVIM, nom de ville; Josue XVIII. 23. les méchans, du mot עָוָה ava. Voyez ci-dessus.

עֲוִית γεθθαίμ AVITH, nom de ville; Gen. XXXVI. 35. l'iniquité; autrement, temporel; du mot עֵת havia.

αὐλών AULON, une vaste vallée, campagne. Il y en avoit plusieurs de ce nom dans la Palestine.

חַוְרָן AURAN, lieu; Ezech. XLVII. 17. Hébreu hauran, trou, creux, blancheur, du mot חוֹר cor, ou hor, selon les diverses leçons; autrement, liberté.

עוּץ AUSITIS, Hébreu Hus, nom de lieu; Jerem. XXV. 20. conseil; autrement, bois, arbre, du mot עֵץ hets, ou selon le Syriaque, ajoûté, attaché. Nom étranger à la Langue Hébraïque.

עַכְסָה עֶכְבֹּס AXA, fille de Caleb; Josue XV. 16. autrement, achsa; 1. Paral. II. 49. ornée, parée, du mot עֶכֶס hekes; ornement; autrement, rupture du voile, du mot סוּת sava, voile, & du mot כָּבַס casac, abattre, retrancher.

עַכְשָׁף AXAPH, ville; Josue XIX. 25. autrement, Achsaph; Josue XI. 1. car la Vulgate écrit ce mot en ces deux manieres; Magicien qui use de prestiges, du mot כָּשַׁף kiscpeph; autrement, qui brise, du mot שָׁפַח schapha, briser, selon le Caldéen.

AZA, Voyez Gaza.

עַזָּא AZA, nom d'homme; 1. Esdr. II. 49. force, du mot עָזַז hazaz; autrement, chévre ou bouc, du mot עֵז hez.

AZAEL. Voyez Hazaël.

אֲזַנְיָה AZANIAS, nom d'homme; 2. Esdr. X. 9. l'oreille du Seigneur, du mot אֹזֶן ozen, oreille, & du mot יָהּ Jah; Seigneur; autrement, arme du Seigneur, du mot זַיִן zan, arme.

אַזְנוֹת־תָבוֹר AZANOTH-THABOR, ville au voisinage du Thabor; Josue XIX. 34. les oreilles du Thabor, du mot אֹזֶן ozen, oreilles.

עֲזַרְאֵל AZAREEL; nom d'homme; 1. Paral. XII. 6. secours de Dieu; du mot עָזַר hazar, secours, & du mot אֵל El, Dieu; autrement, le parvis de Dieu, du mot עֲזָרָה hazera, parvis.

אֲזַרְיָה AZARIAS, fils d'Amasias; 4. Reg. XIV. 21. le fils de Johanan; 2. Paral. XXVIII. 12. & le fils d'Etian; 1. Paral. II. 8. secours ou parvis du Seigneur; autrement, qui écoute le Seigneur, ou que le Seigneur écoute.

עֶזְרִיקָם AZARICAM; nom d'homme; 2. Esdr. XI. 15. mon secours est levé, ou mon secours levez-vous; du mot עֵזֶר hasar, secours, & du pronom י jod; mon, & du קוּם cum, se lever.

חֲזוֹ AZAU, Hébreu Hazo, fils de Nachor; Genes. XXII. 22. Voyant, ou Prophéte.

עֲזָז AZAZ; pere de Bala; 1. Paral. V. 8. fort.

עֲזַזְיָהוּ ὀζίας AZAZIAS, nom d'homme; 1. Paral. XXXI. 13. Quelques Exemplaires de la Vulgate portent Azarias, par une méprise de Copiste; force du Seigneur, du mot עָזַז azaz, & du mot יָהּ Jah, Seigneur.

אֶזְבָּי AZBAI, pere de Naaraï; 1. Paral. XI. 37. mon hyssope, du mot אֵזוֹב azob, & du pronom י, i, ou ai, mon.

עַזְבּוּק ὀζβούκ AZBOC, pere de Néhémias;

2. *Paral.* III. 16. bouc, du mot עז hez; autrement, force vaine & inutile; autrement, une forte dissipation, du mot עזז azaz, force, & du mot בקק bacac, dissiper, épuiser, répandre, du mot בוק buc, vuider.

עזקה AZECA, ville; *Josué* XV. 35. force des murailles, du mot עז azaz, force, & du mot קו co, muraille; autrement, ligne dont on mesure, & on dresse les murailles, & l'on dessine l'enceinte d'une ville, du mot עזק hizec; autrement, selon le Syriaque, un anneau.

עזר *ἀοὺρ* AZER, fils de Josué; 2. *Esdr.* III. 19. secours de Dieu, ou parvis du Seigneur. Voyez ci-dessus *Azarias.*

עזגד *ἀζγὰδ* AZGAD, l'un des Chefs qui revinrent de Babylone avec Zorobabel; 1. *Esdr.* II. 12. une forte armée, ou la force de la fortune, du mot עזז azaz, force, & du mot גד gad, fortune, ou une troupe de brigands, ou un parti de soldats.

עזיה AZIA, pere d'Athaïas; 2. *Esdr.* XI. 4. force du Seigneur, du mot עזז azaz force, & du mot יה Jah, Seigneur, autrement, bouc du Seigneur, du mot עז hez.

עזיזא AZIZA, un des fils de Jéthua; 1. *Esdr.* X. 27. force ou fort.

עזמות AZMAVETH, ou *Azmoth,* nom d'homme; 2. *Reg.* XXIII. 31. la force de la mort, ou du bouc, du mot עז hazaz, force, ou du mot עז hez, & du mot מות muth, mort.

AZMOTH, fils de Jo*ï*ada; 1. *Paral.* VIII. 36. a la même signification qu'*Azmaveth.*

עצם AZOM. Voyez *Azem*; 1. *Paral.* IV. 29. force.

ἀζὼρ AZOR, fils d'Eliacim; *Matth.* I. 14. qui secoure, du mot עזר hazar, ou ceint, du mot עזר azar, ceindre, environner.

אשדודיות *ἀζώτιοι* AZOTIDÆ, en Hébreu *Azdodioth,* femmes d'Azoth; 2. *Esdr.* XIII. 23. qui pillent & qui détruisent, du mot אשד esched; autrement, le feu des dilections, du mot אש esch, feu, & du mot דוד dod, amitié, ou oncle.

אשדודים AZOTII, en Hébreu *Asdodim,* peuples d'Azoth; *Josue* XIII. 3. de la même racine.

אשדוד AZOTUS, en Hébreu *Asdoth,* ville; *Josue* XI. 22. pillage, volerie.

אוריאל AZRIEL. Voyez *Azaréel* ci-dessus.

עזובה AZUBA, mere de Josaphat; 3. *Reg.* XXII. 44. abandonnée, délaissée, du mot עזב hazab, abandonner; autrement, sa force est en elle, du mot עזז azaz, force, & de bah, en elle; comme s'il y avoit azuz-bah.

עזור AZUR, pere d'Ananie Prophéte, *Jerem.* XXVIII. 1. celui qui secoure, ou celui qui est secouru, du mot עזר hazar.

ἄζυμοι AZYMI, ou *Azymus,* pain sans levain; *Act.* XII. 3. d'*ἀ,* privatif, & de ζύμος, levain.

עזי AZZI, fils de Banni; 2. *Esdr.* XI. 22. ma force, du mot עזז azaz, force, & de l'affixe י i, ma.

B

בעל BAAL, Idole des Moabites; *Num.* XXII. 41. celui qui domine, & qui soumet; autrement, maître, ou Seigneur, ou mari.

בעלה BAALA, nom de ville; *Josue* XV. 9. son Idole, du mot בעל Baal, Idole, & du pronom ה a, sa; autrement, qui est dominée, & sujette; épouse. Voyez ci-dessus. Autrement, baalah, dans l'élévation, de la préposition ב beth, dans, & du mot עלה hala, élévation.

בעלת BAALATH, ville; *Josue* XIX. 8. de même.

בעל-ברית BAAL-BERITH, nom d'une Idole des Sichimites; *Judic.* IX. 4. Idole de l'alliance; autrement, qui possede, ou se soumet l'alliance, du mot Baal, & de ברית berith, alliance, pacte.

בעל-גד BAAL-GAD, montagne où Gad étoit adoré, *Josue* XI. 17. Idole de la fortune, ou de l'armée; du mot Baal, & du mot גד gad, fortune, armée, félicité, ou capture; autrement, le Seigneur est maître de la fortune.

בעל-חמן BAAL-HAMON, nom de lieu; *Cant.* VIII. 11. lieu peuplé, du mot baal, qui signifie, qui possede ou qui domine, & du mot חמן hamon, peuple, multitude, trouble, richesses.

בעל-חצר BAAL-HASOR, nom de lieu; 2. *Reg.* XIII. 23. le parvis de l'Idole, la demeure de Baal; du mot חצר chatser, & Baal, Idole; autrement, Seigneur, ou maître du parvis.

בעל-חרמון BAAL-HERMON, montagne; *Judic.* III. 3. qui est le possesseur ou l'auteur de la destruction, du mot baal, possesseur, & du mot חרם cherem, anathême, me. Le même mot signifie aussi dévoüé & consacré à Dieu.

בעלי BAALI; Vulgate; *Baalim*; *Osee* II. 17. mon idole, du mot Baal. Voyez ci-dessus; & de l'affixe י i, ma, ou mon, &c.

בעליה BAALIA, nom d'homme; 1. *Par.* XII. 5. le Seigneur de l'Idole, du mot Baal, & du mot יה Jah, Seigneur; autrement, le Seigneur Dieu est mon maître, mon Souverain, ou mon mari.

בעל־ידע BAALJADA, fils de David; 1. *Paral.* XIV. 7. Idole manifeste, ou maître de la science, du mot Baal, Idole; maître, & du mot ידע jadah, manifester, connoître.

בעלים BAALIM, Idoles, maîtres, faux-Dieux; 1. *Reg.* VII. 4. C'est le pluriel du mot Baal.

בעל־מעון Βεελμών BAAL-MEON; ville des Amorrhéens; *Num.* XXIII. 38. l'Idole, le maître de la maison, du mot Baal, & du mot מעון mahon, maison, demeure; autrement, qui domine par le péché, du mot baal, & du mot עון havon, péché.

בעל־פרצים BAAL-PHARASIM, nom de lieu; 2. *Reg.* V. 20. Maître ou Dieu des divisions, ou qui possede & jouit des divisions & dissipations, du mot baal, & du mot פרץ parats, rompre, diviser.

בעל־תמר BAAL-THAMAR, ville, *Judic.* XX. 33. maître du palmier, du mot baal, & du mot תמר thamar, palmier.

בענה BAANA, fils de Remmon; 2. *Reg.* IV. 2. dans la réponse, de la préposition ב beth, dans, & du mot ענה hana, répondre, chanter, être dans l'affliction, ou dans le chant.

בעשא BAASA, nom d'un des Rois d'Israël; 3. *Reg.* XV. 17. dans l'ouvrage: de la préposition ב beth, dans, & du mot עשה hasha, faire; autrement, dans la tigne; du mot עש asch; autrement, dans la compression, du mot עשש haschach; autrement, qui cherche & demande, du mot בעה baha, ou qui désole, du mot שאה schaa.

בבל BABEL, ville; *Gen.* XI. 9. confusion, ou mélange, du mot בלל balal, mêler; confondre.

BABYLONE, ville; *Gen.* X. 10. Hébreu, *Babel*, de même.

בקבקר BACBACAR; nom d'homme; 1. *Esdr.* IX. 15. qui est vain, ou vuide, du mot בקק bacaq, vuider; autrement, vaine recherche, du mot בקר bikker, rechercher; autrement, de grand matin, du même mot; autrement, flagellation, du mot בקרת bicoreth; autrement, évacuation de bœufs, du mot בקק bacaq, évacuer, & du mot בקר bacar, bœuf.

בקבוק Βαγχώκ BACBUC, Chef de famille; 1. *Esdr.* II. 51. bouteille vuide.

BACHENOR. Voyez ci-après *Bacenor*.

Βαχχίδης BACCHIDES, nom d'homme; 1. *Macc.* VII. 8. mot Grec qui signifie fils de Bacchus, ou semblable à Bacchus.

Βαχηνώρ BACENOR, nom d'homme; 2. *Macc.* XII. 35. le même que *Bachenor*, yvrogne, ou qui aime le vin, du mot Grec *Bacchos*, & *Enor*, l'homme de Bacchus.

בדקר Βαδακάρ BADACER, nom d'un des Chefs de l'armée de Jéhu; 4. *Reg.* IX. 25. dans la composition, ou dans la douleur perçante, dans la playe; de la préposition ב beth, dans, & du mot דקר dacar, percer.

בדד Βαραδ BADAD, pere d'Adad, quatrième Roi d'Edom; *Gen.* XXXVI. 35. seul, solitaire, du mot בד bad; autrement, dans l'amitié, ou dans le sein, ou la mammelle, de la préposition ב beth, dans, & du mot דד dad, mammelle, ou du mot דוד dod, ami, ou amitié.

בריה BADAIAS, l'un des enfans de Bani; 1. *Esdr.* X. 35. le seul Seigneur, du mot בד bad, seul; & du mot יה Jah, Seigneur; autrement, le levier du Seigneur, du même mot בד bad, &c.

בדן BADAN, nom d'homme; 1. *Reg.* XII. 11. seul; ou levier, du mot בד bad; autrement, dans le jugement, ou selon le jugement, de la préposition ב beth, dans, & du mot דון dun, jugement.

בנתה BAGATHA, ou *Bagathan*, nom d'un Eunuque; *Esth.* I. 10. dans le pressoir, de la préposition ב beth, dans & du mot גת gath; pressoir. Nom Persan ou Méde; dont on ne trouve point la véritable étymologie dans l'Hébreu: Les Perses donnoient aux Eunuques le nom de Bagoas, qui a quelque rapport à Bagatha.

בעלים Βασίλισσα BAHALOS, Roi des Ammonites; *Jerem.* XL. 14. dans la joye, ou dans l'orgüeil, de la préposition ב beth, dans, & du mot עלץ halas, se divertir, ou du mot עלה hala, élévation.

Βαίμ BAHEM; mot Grec; qui signifie une branche, ou rameau d'or de palmier, nommé βαϊς en Grec: Le Syriaque, veste ou baudrier; autrement, en eux, ou avec eux, de la préposition ב beth, & du pronom ם am, eux.

בחרים Βαχουείμ BAHURIM, nom de ville; 2. *Reg.* III. 16. choisis, ou jeunes hommes, du mot בחר bachar; autrement, dans les trous ou cavernes, ou dans la liberté; de la préposition ב beth, dans; & du mot חור cur, caverne, ou liberté.

בלהה ou בלה Βαλλα uo Βαλάχ BALA, nom de femme & de ville; *Josue* XIX. 3. *Genes.* XXIX. 28. qui est vieilli; autrement, troublée, ou confuse, du mot בלל balal; autrement, qui se répand, du même mot בלה bala.

בלע Βαλάκ ou Βαλάα BALA, nom de ville, la même que Ségor; *Genes.* XIV. 2. & un fils

fils d'Azaz ; I. *Paral.* v. 8. engloutie, détruite.

בלעם BALAAM, fils de Béor ; *Num.* XXII. 5. la vieillesse, ou absorption, du mot בלל balal, vieillesse ou absorption, & du mot עם ham, peuple ; autrement, sans le peuple, de l'adverbe בל beli, sans, & du mot עם ham, peuple ; autrement, leur destruction, du mot בלע balah, engloutie, & de l'affixe ם am, eux, ou leur.

בלהן Βαλααμ BALAAN, fils d'Aser ; *Gen.* XXXVI. 27. qui est vieilli, ou troublé, du mot בלה bala.

בלק BALAC, fils de Séphor ; *Num.* XXII. 2. qui désole, & qui détruit ; autrement, qui léche ou qui lappe, de ב avec, & du mot לקק lacac, lécher.

בלאדן BALADAN, Roi de Babylone ; 4. *Reg.* XX. 12. le Seigneur Dieu, de baal & d'adon, ou vieillesse du jugement, du mot בלל balal, vieillesse, & du mot דון dun, jugement ; autrement, sans jugement, du mot בלי beli, sans ; autrement, sans commandement, du mot אדן adan, qui domine & qui commande. Ce nom est Babylonien, & son étymologie est difficile à trouver dans la Langue sainte.

בלן BALAN, fils de Jadihel ; I. *Paral.* VII. 10. vieillard ou troublé, du mot בלל balal.

בעל־חנן BALANAN, fils d'Achobor, septiéme Roi d'Edom ; *Genes.* XXXVI. 38. grace ou don de l'Idole, du mot בעל Baal, Idole, & du mot חן chen, grace, ou don ; autrement, agréable à Dieu.

בלדד BALDAD, un des amis de Job ; *Job.* VIII. 1. vieille amitié, du mot בלל balal, vieille, & du mot דוד dod, amitié, ou mammelle, du même mot ; autrement, vieil, ou vieux mouvement, du mot בלל balal, vieil, & du mot דדה dada, se remuer, aller, marcher.

בעלות Βαλωθ BALOTH, nom de ville ; *Josue* XV. 24. qui sont dominées, ou qui dominent, du mot בעל baal ; autrement, dans l'élévation, de la préposition ב beth, dans, & du mot עלה hala, élévation ; autrement, les maîtresses, les souveraines, les Déesses de Baal.

בעל־שלשה BALSALISA, nom de lieu ; 4. *Reg.* IV. 42. Idole troisiéme, troisiéme mari, du mot בעל Baal, Idole, ou mari, & du mot שלש schalasch, troisiéme ; autrement, qui en domine ou posséde trois, des mêmes mots baal, & schalasch.

בלשאצר Βαλτασαρ BALTHASAR, fils de Nabuchodonosor ; *Dan.* V. 1. ou selon Joseph, fils d'Evilmérodach, maître du trésor, ou qui thésaurise en secret, du mot בעל baal, maître, & ozer, trésor.

בלטשאצר BALTHASSAR, ou *Baltha*zar, surnom de Daniel ; *Dan.* I. 7. qui thésaurise en secret, du mot בלט balat, secretement, & du mot אצר atsar, thésauriser ; autrement, celui qui est dans le polissoir du trésor, de la préposition ב beth, dans, du mot לטש latasch, polissoir, & du mot אצר atsar, du trésor ; ou qui secretement porte la peine, ou la presse.

במהל BAMAAL, fils de Jephlat, ou comme porte la Vulgate dans quelques Exemplaires, *Chamaal* ; I. *Par.* VII. 33. dans la circoncision, ou dans la confusion, ou le mélange, de la préposition ב beth, dans, & du mot מחל maal, mêler, confondre, ou du mot מול mul, circoncire.

במות BAMOTH, nom d'une vallée ; *Num.* XXI. 19. hauts-lieux, du mot במה bama, hauteur ; autrement, dans le mort, de la préposition dans, & du mot מות moth, mort.

במות־בעל BAMOTH-BAAL, ville ; *Josue* XIII. 17. les hauts lieux de Baal ; de bamoth, hauteurs, & de Baal.

בנעה BANAA, fils de Mosa ; I. *Paral.* VIII. 36. dans le mouvement, de la préposition ב beth, dans, & du mot נוע nua, se mouvoir.

בניהו Βαναιας BANAIA, ou *Banaïas*, fils de Joïada ; 2. *Reg.* XXIII. 20. &c. fils du Seigneur, du mot בן ben, & de יה Jah, le Seigneur ; autrement, intelligence du Seigneur, du mot בון bun, entendre, & du mot יה Jah, le Seigneur.

בני BANE', fils ; autrement, qui bâtissent, de l'Hébreu בנה bana, bâtir ; autrement, qui sont intelligens, du mot בון bun.

בניה Βαναι BANEA, ou *Baneas*, un des enfans de Pharés ; I. *Esdr.* X. 25. Voyez *Banaïa*.

בני Βαναι BANI, nom d'homme ; I. *Esdr.* X. 34. mon fils, mon édifice, mon intelligence ; de bana, bâtir, ou de bun, être intelligent.

בנינו BANINU, un de ceux qui signérent avec Néhémie le renouvellement de l'alliance, 2. *Esdr.* X. 13. nos fils, nos architectes, ou maçons ; autrement, nos intelligens, de la même racine, ben & bani.

בערא Βααρα BARA, seconde femme de Saharaïm ; I. *Paralip.* VIII. 8. incendie, stupidité, bête, pâture, du même mot בער bahar ; autrement, expurgation, du mot ברר barar ; autrement, dans la veille, de la préposition ב beth, dans, & du mot עור hur, s'éveiller, veiller, être vigilant.

ברע Βαλλα BARA, Roi de Sodome ; *Gen.* XIV. 2. dans le mal ; de la préposition ב dans, & du mot רע rah, mal, ou mauvais, ou dans le compagnon, du mot רעה rohé, autrement, dans les cris, du mot רוע ruah.

Βαραββας BARRABBAS, nom d'un insigne

BAR BAS

signe voleur & meurtrier ; *Matth.* XXVII. 16. *Marc.* XV. 7. & *Luc.* XXIII. 25. fils du pere, ou du maître, du mot Caldéen בר bar, fils, & du mot Hébreu אב ab, pere ou maître ; autrement, fils de la confusion & de la honte.

ברק BARAC, nom de ville ; *Josué* XIX. 45. & l'un des Juges ; *Judic.* IV. 6. foudre ; autrement, en vain ; de la préposition beth, dans, ou en, & du mot רק rik, vuide ; vain.

ברכה BARACHA, un de ceux qui suivirent David lorsqu'il fuyoit Saül ; I. *Paral.* XII. 3. bénédiction & génuflexion ; du mot ברך barac.

ברכאל BARACHEL, pere d'Eliud ; *Job.* XXXII. 2. qui benit Dieu, ou qui fléchit le genou devant Dieu ; de l'Hébreu barach ; benir, & fléchir le genou, & du mot אל El, Dieu.

ברכיה BARACHIA, ou *Barachias*, pere de Zacharie Prophète ; *Zach.* I. 1. &c. qui benit le Seigneur, qui fléchit le genou devant le Seigneur ; de l'Hébreu barach, & du mot יה Jah, le Seigneur.

ברד BARAD, nom de lieu ; *Genes.* XVI. 14. grêle ; autrement, dans la descente ; de la préposition ב beth, dans, & du mot ירד jarad, descendre ; autrement, dans la domination, du mot רוד rud, dominer, & de la préposition bé.

בראיה BARAIA, fils de Séméi ; I. *Par.* VIII. 21. la créature du Seigneur, du mot ברא bara, créer ; autrement, élection du Seigneur, du mot ברה bara, & du mot יה Jah, le Seigneur ; ou engraissement, du mot בריא bari, gras, gros ; autrement, dans la vision, de la préposition ב beth, dans, & du mot ראה raa, voir.

Βοσορρα BARASA, nom de ville ; I. *Macc.* V. 26. dans l'indigence, de la préposition beth, dans, & du mot רש ras, pauvreté ; ou dans la course, du mot רצא ratsa, courir, ou dans le bon plaisir, du mot רצא ratsa ; autrement, fils de la formation, ou dans le mal, de רשע rascha.

ברד BARED, fils de Suthala ; *Paral.* VII. 20. Voyez *Barad* ci-dessus, c'est la même racine.

ברעה BARIA, un des Princes qui demeuroient dans Ajalon ; I. *Paral.* VIII. 13. dans la compagnie, dans le mal, dans les cris ; c'est la même racine que *Bara*, ci-dessus. Voyez I. *Par.* VIII. 30.

ברעה Βαρεία BARIA, petit-fils de Sechenia ; I. *Paral.* III. 22. une barre ou levier, du mot בריה bariah ; autrement, fugitif, du mot ברח barah ; autrement, dans l'odeur, de la préposition ב beth, dans, & du mot ריח riah, sentir l'odeur, flater.

ברעה BARIA, fils d'Aser ; I. *Par.* VII.

30. ou *Béria*; *Gen.* XLVI. 17. de même que *Bara* ci-dessus.

Βαρϊησοῦς BAR-IESU, autrement ; *Barjeu*, faux Prophète ; *Act.* XIII. 6. fils de Jesus, du mot בר bar ; qui en Caldéen signifie fils.

Βαρϊωνᾶ BARJONA, ou *Barjoanna*, surnom de saint Pierre ; *Matth.* XVI. 17. fils de Jean ; du mot בר bar, fils, & du mot Jona, ou Joanna, Jean ; autrement, fils de la colombe, du mot יונה jona, colombe. Ce mot est en partie Hébreu & Syriaque.

Βαρναβᾶς בר־נבא BARNABAS, nom d'un Disciple de JESUS-CHRIST ; *Act.* IV. 36. fils du Prophète, du mot בר bar, fils, & du mot נבי Nabi, Prophète ; autrement, consolation, du mot Syriaque נבא jaba.

Βαρσαβᾶς בר־שבע BARSABAS, surnom d'un Disciple de JESUS-CHRIST ; *Act.* I. 23. fils de retour, ou de la conversion, du mot בר bar, fils, & du mot שוב schub, retour, conversion ; autrement, fils du repos, du mot שבא schuba, ou schaba שבת pour שבת schabath, repos ; autrement, fils du jurement, du mot שבע schabah.

Βαρθολομαῖος BAR-THOLOMÆUS, nom d'Apôtre ; *Matth.* X. 3. fils qui suspend les eaux, du mot בר bar, fils, & du mot תלה thala, suspendre, & du mot מים maim, les eaux ; ou peut-être fils de Ptolomée.

Βαρτιμαῖος BAR-TIMÆUS, nom d'un aveugle de naissance ; *Marc.* X. 46. fils de Timée, du mot בר bar, fils, & de תמם thamam, achevé, parfait.

ברוך BARUCH, fils de Nérei ; *Jerem.* XXXII. 12. qui est beni, ou qui fléchit le genou ; du mot ברך barac.

ברזית BARZAITH, fils de Melchiel ; I. *Paral.* VII. 31. fils de l'angle, du mot בר bar, fils, & de זית zaa, un angle, ou plûtôt, fils de l'olivier ; de bar, fils, & saith, un olivier.

בעשיה Βασαία BASAIA, fils de Melchia ; I. *Par.* VI. 40. dans l'œuvre du Seigneur, du mot ב beth, dans, & du mot עשה ascha, faire, & du mot יה Jah, Seigneur.

בשן BASAN, Royaume d'Og ; *Isai.* II. 13. *Num.* XXI. 33. & *Deut.* III. 14. dans la dent, où dans l'yvoire ; du mot ב beth, dans, & de שן schen, dent ou yvoire ; autrement, dans le changement, ou le sommeil ; du mot שנה schana, ou dormir.

Βασκαμὰ BASCAMAN, nom de lieu ; I. *Macc.* XIII. 23. infamie ou confusion de la colère, ou de la chaleur, du mot בוש boscha, infamie, & du mot חמה chema, colère ; ou dans le feu de la colère.

בצקת BASCATH, ville ; *Josué* XV. 39. autrement, *Bosecath*, masse, pâte, ou enflé, du mot בצק batsec ; autrement, dans la détresse, de la préposition ב beth, dans, & du mot צוק tsuc, être pressé & serré de près, autrement,

autrement, dans l'effusion ou l'écoulement, du mot יצק jatsaq.

בשמת BASEMATH, seconde femme d'Esaü ; *Gen.* XXVI. 34. ou la fille de Salomon ; 3. *Reg.* IV. 15. parfumée, du mot בשם baschim ; autrement, confusion de la mort ; de בושה bascha, confusion, & du mot מות muth, mort ; autrement, dans la désolation, de la préposition ב beth, dans, & du mot שמם schamam, désoler.

בתואל BATHUEL, fils de Nachor ; *Gen.* XXII. 22. filiation de Dieu, du mot בת bath, fille, & du mot אל El, Dieu.

בת χοινιξ BATHUS, espéce de mesure Hébraïque pour les liqueurs ; *Ezech.* XLV. 14. Ce nom à la lettre signifie une fille ou une maison.

בוי Βαδαὶ BAVAI, fils d'Enadad ; 2. *Esdr.* III. 18. dans les hélas, c'est-à-dire, dans la misére, & dans la tristesse ; de la préposition ב beth, dans, & de cette interjection הוי hoi, hélas ! ou malheur.

בחרומי Βαχαρμεὶ BAURAMITES, autrement, *Béromi*, Hébreu *Barhumi*, nom de peuple ; 1. *Paral.* XI. 32. ou 2. *Reg.* XXIII. 31. qui choisit les eaux, du mot בחר baccar, choisir, & du mot מים maim, les eaux ; autrement, choix de l'élévation, du mot bachar, choisir, & ram, élévation.

בותא BAZATHA, nom d'un Eunuque ; *Esth.* I. 10. mépris, du mot בזה baza ; autrement, dégats, du mot בזז bazaz ; autrement, dans l'olive, de la préposition ב beth, dans, du mot זית zaïth, olive, ou olivier ; nom Persan, dont il est difficile de trouver l'étymologie dans l'Hébreu. Je crois que c'est le même que *Bagatha*, ou *Bagoas*. Voyez *Bagatha*.

בזיותיא BAZIOTHIA, nom de ville ; *Josue* XV. 28. ses mépris, ou ses dégats, des mots baza ou bazaz, & du pronom ה ha, son ; autrement, dans les oliviers du Seigneur, du mot zaïth & du nom יה Jah, Seigneur.

בען BEAN. Voyez *Béon*, dans l'affliction. בעין baïan ; 1. *Macc.* v. 4.

בבי BEBAI, Chef de famille ; 1. *Esdr.* II. 11. prunelle de l'œil, du mot בבה baba ou bava, le creux, le vuide.

בקבקיה BECBECIA, nom d'homme ; 2. *Esdr.* 11. 17. dissipation, ou évacuation du Seigneur ; du mot בקק bacac, épuiser ou répandre ; autrement, la bouteille du Seigneur ; du mot בקבוק bacbuc, bouteille, & du mot יה Jah, Seigneur, ou le Seigneur est mon vase.

בכר BECHER, fils d'Ephraïm ; *Num.* XXVI. 35. premier-né, & prémices ; autrement, dans le bélier, de la préposition ב beth, dans, & du mot כר car, bélier.

בכרי BECHERITÆ, descendans de Bécher ; *Num.* XXXV. de même.

BECHOR, fils de Benjamin ; *Gen.* XLVI. de même que Bécher, premier, ou prémices.

בכורת BECORATH, fils d'Aphia ; 1. *Reg.* IX. 1. primogeniture, ou prémices, de la même racine que Bécher.

BEDAN. Voyez ci-dessus *Badan*.

בעל-פעור BEEL-PHEGOR, Idole des Moabites ; *Josue* XXII. 17. L'Hébreu porte simplement phégor, maître de l'ouverture, du mot בעל bel, maître, Dieu, & du mot פער pahar, ou pagar, ouvrir. Voyez *Osee* IX. 10. ou le Dieu *Or*.

בעל-מעון BEEL-MEON, ou *Baalméon*, ville ; *Ezech.* XXV. 29. & I. *Paral.* v. 8. la maison, ou la demeure de Bel ; du mot בעל Bel, faux-Dieu, & du mot מעון maon, maison ; autrement, maître du péché, du mot עון havon.

בעל-צפון BEEL-SEPHON, nom de ville ; *Exod.* XIV. 2. l'Idole, ou la possession d'Aquilon, du mot בעל Baal, Idole, possession, & du mot צפון Tsaphon, Aquilon ; autrement, caché ou secret, du mot צפן tsaphan.

בעל-טעם BEEL-TEEM, Scribe ; I. *Esdr.* IV. 8. Idole, ou celui qui possède le goût, la raison, le discours ; du mot טעם taham, le goût, & baal בעל le maître.

בעל-זבוב Βεελζεβὼλ BEELZEBUB, nom d'une Idole des Acaronites ; 4. *Reg.* I. 2. le Dieu de la Mouche, du mot baal, & du mot זבב zebub, mouche.

בחמת BEEMOTH, une bête, ou un éléphant ; *Job.* XL. 10. du mot בהם béem, qui signifie en général des animaux. Il est ici au pluriel.

בארה Βαρὰ BEERA, fils de Joël ; 1. *Par.* v. 6. le puits, du mot באר béer ; autrement, qui explique ou éclaircit, du même mot ; autrement, dans la lumière ; de la préposition ב beth, dans, & du mot אור or, lumiére.

בארי Βεὴρ BEERI, pere de Judith femme d'Esaü ; *Gen.* XXVI. 34. autrement, pere d'Osée ; *Osee*, I. I. mon puits, autrement, dans le lion, de la préposition ב beth, dans, & du mot אריה arié, lion.

באר-ראמת BEER-RAMATH, ville ; *Josue* XIX. 8. puits de l'élévation, ou celui qui explique les choses élévées, du mot béer, éclaircir, & du mot רום rum, élevé ; autrement, dans une lumière élevée ; de la préposition ב beth, dans, & du mot אור or, lumière & du mot רום rum, élever.

בגוי Βογυὲ BEGOAS, nom d'homme ; 2. *Esdr.* VII. 7. dans mon corps, de la préposition ב beth, dans, & de l'affixe י mon, & du mot גו gav, corps ; autrement, dans la nation, du mot גוי goi, ou selon le Syriaque, au dedans. Je crois que c'est

BEN BEN

c'est un nom Persan, qui signifie esclave.

Βαγυὲς BEGUAI, nom d'homme ; 1. Esdr. II. 2. de même.

BEGUI, nom d'homme ; 1. Esdr. VIII. 14. de même.

בֵּל Βὴλ BEL, nom d'une Idole des Babyloniens ; Isaï. XLVI. 1. Dan. XIV. 2. ancien, de בלה bala, vieillir, dépérir ; autrement, rien, du mot בלי beli, non, d'où vient בלימה belima, rien.

בֶּלַע BELA, fils de Benjamin ; Genes. XLVI. 21. autrement, fils de Béor ; Genes. XXXVI. 33. autrement, nom de ville ; autrement, Bala ou Ségor ; Gen. XIV. 2. Voyez Bala ci-dessus, qui engloutit & qui détruit.

בְּלָעִי BELAITÆ, Num. XXVI. 38. descendans de Bala.

בִּלְגָּה BELGA, le Chef d'une des vingt-quatre familles Sacerdotales ; rafraîchissement ou rétablissement du mot בלג balag ; autrement, vieillesse du corps ; du mot בלה bela, vieillir, & du mot גוה gheva, corps.

בִּלְגַּי BELGAI, nom d'homme ; 2. Esdr. X. 8. de même ; autrement, vieillesse de la vallée, du mot בלה bala, vieillesse, & du mot גיא gei, vallée.

בְּלִיַּעַל παράνομος ou ἀωφελίας BELIAL ; Judic. XIX. 22. méchant, inutile, du mot בל bel, ou בלי beli, non, ou sans, & de יעל jahal, bien faire ; c'est-à-dire, qui ne fait aucun bien. La Vulgate le traduit, sans joug ; libertin.

Βελμὰν BELMA, nom de lieu ; Judith. VII. 3. rien, néant, du mot בל bel, ou de בלימה belima ; autrement, une extrême vieillesse, du mot בלה bala. Je crois que Belma est le même que Béelméon, le maître de la demeure.

בלשן Βαλασὸν BELSAN, nom d'homme ; 2. Esdr. II. 2. dans la langue ; de la préposition beth, dans, & du mot לשן laschon, langue ; autrement ; la médisance ; du mot לשן loschen, médire ; autrement, vieillesse de la dent, ou vieille yvoire, du mot בלה bela, vieillir, & du mot שן schen, dent, ou yvoire.

בֶּן BEN, υἱὸς nom d'homme ; 1. Paral. XV. 18. fils ; autrement, qui bâtit, du mot בנה bana ; autrement, qui est intelligent, du mot בון bun, être intelligent.

בֶּן־אֲבִינָדָב BEN-ABINADAB, l'un des Préfets des revenus de Salomon ; 3. Reg. IV. 9. fils, du mot בן ben, & d'Abinadab, qui signifie, mon pere est Prince, ou mon pere est libéral.

בֶּן־הֲדַד BENADAD, fils de Tabrémon Roi de Syrie ; 3. Reg. XV. 18. fils d'Adad. Voyez Adad.

בֶּן־חַיִל υἱὸς δυνατοῦ BEN-AIL, Prince de la Cour de Josaphat ; 2. Paral. XVII. 7. fils de la force, ou des richesses, ou des bastions ;

Tome IV.

autrement, de la douleur, du même mot que חיל caïl, ou chil, ou aïl.

בֶּן־דֶּקֶר υἱὸς δάκαρ BEN-DECAR, Préfet des revenus de Salomon ; 3. Reg. IV. 9. fils de celui qui perce & qui divise ; du mot בן ben, fils, & du mot dacar, percer, diviser.

בְּנֵי־יַעֲקָן μακακὰν BENE-JAACAN, l'une des demeures des enfans d'Israël ; Num. XXXIII. 31. fils de Jacan, du nom בן ben, & de Jacan, nom propre.

בֶּן־חִנֹּם BEN-ENNON, nom d'une vallée ; nommée autrement, Tophet ; 2. Par. XXVIII. 3. fils d'Hennon, du mot בן ben, & du mot הון hon, richesses ; autrement, fils de celui qui contriste & qui trompe ; du mot הום hom, affliger.

בֶּן־גֶּבֶר BEN-GABER, Préfet des revenus de Salomon ; 3. Reg. IV. 13. fils de l'homme, du fort, du puissant : du mot גבר gabar, ou גבור gibor.

בֶּן־חֶסֶד BEN-HESED, ou Ben-chesed, nom d'un Préfet des revenus de Salomon ; 3. Reg. IV. 10. fils de la miséricorde, ou de l'outrage, du même mot חסד kessed, ou kissed.

בֶּן־חוּר Βενώρ BEN-HUR, Préfet des revenus de Salomon ; 3. Reg. IV. 8. fils de la caverne, ou du trou, ou de la blancheur ; du mot חור cur ; autrement, de la liberté, du mot חרר carar, qui selon le Caldéen & le Syriaque, signifie rendre libre.

BENI. Voyez ci-dessus Bani, mon fils.

בִּנְיָמִין BENJAMIN, deuxième fils de Jacob & de Rachel ; Gen. XXXV. 18. le Chef d'une des Tribus, fils de la droite, du mot ימן jamin, main droite, & du mot בן fils.

בִּנִּי Βαγιὼ BENNI, nom d'homme ; 2. Esdr. III. 17. Voyez ci-dessus Beni & Bani, mon fils.

בְּנוֹ υἱὸς αὐτοῦ BENNO, fils d'Oziaü ; 1. Paral. XXIV. 26. son fils, du mot בן ben, fils, & du pronom ו o, son ; autrement, son édifice, du mot בניה benja ; autrement, son intelligence, du mot בון bun.

בְּנוֹ BENNOS, pere de Noadaja ; 1. Esdr. VIII. 33. édifice, ou filiation ; autrement, dans mon habitation, du mot ב beth, dans, & du mot נוה nava, logement, & du pronom י i, mon.

בְּנוּי Βαγυὶ BENNUI, nom d'homme ; 1. Esdr. X. 30. de la même racine que Benni.

בֶּן־אוֹנִי υἱὸς ὀδύνης μου BEN-ONI, le même que Ben-jamin ; Gen. XXXV. 18. fils de ma douleur, du mot בן ben, fils, & du mot און on, deuil, douleur, & du pronom י i, ma.

בְּנוֹת BENOTH, Vulgate, Sochoth-benoth, les tentes des jeunes filles, lieu destiné à la prostitution ; 4. Reg. XVII. 3. du mot succa, tente, succoth, ou soecoth, au pluriel, & benoth, filles.

I i

בֶּן־זוֹחֵת

בֶן־זוֹחֵת υἱὸς Ζωχὲθ BEN-ZOHETH, fils de Jeſi ; 1. *Paral.* IV. 20. fils de la ſéparation, du mot זחח zakak, ſéparer ; autrement, fils de cette crainte, ou de cette briſure, du pronom זו zu, celui ou celle-là, & du mot חת cat, ou חתת cathath, crainte, &c.

בְעֹן Βαιὰμ BEON, ville des Amorrhéens ; *Num.* XXXII. 3. dans l'affliction, de la prépoſition ב beth, dans, & du mot עני hani, ou honi, affliction ou miſére, autrement, dans la réponſe, ou dans le chant, du mot ענה hana, chanter, répondre.

בְעוֹר Βαιὼρ BEOR, pere de Béla Roi d'Edom ; *Geneſ.* XXXVI. 32. autrement, pere de Balaam ; *Num.* XXII. 5. incendie, du mot בערה behera, fou, inſenſé, bête, du mot בעיר bahar, ou בעור bahir, ſtupide, bête.

בארה BERA, nom de lieu ; *Judic.* IX. 21. autrement, fils de Supha ; 1. *Paral.* VII. 37. puits, ou qui explique & éclaircit, du mot באר beer ; autrement, dans ſa lumiére, de la prépoſition ב beth, dans, & du mot אור or, lumiére.

ברקום BERCOS, pere ou chef de famille ; 1. *Eſdr.* II. 35. fils de la ſéparation, du mot בר bar, fils, ſelon le Caldéen, & du mot קום cos, couper, retrancher.

Βερέα BEREA, nom de ville ; 1. *Macc.* IX. 4. ſon puits, du mot באר ber, puits, & du pronom ה a, ſon.

בראשית ἐν ἀρχῇ BERESITH, titre que l'Hébreu donne au Livre de la Genèſe ; c'eſt le premier mot qui le commence ; *Gen.* I. 1. au commencement, de la prépoſition ב beth, dans, & du mot ראשית reſchith, commencement.

ברי BERI, fils de Supha ; 1. *Paral.* VII. 37. mon fils ; du mot Caldéen בר bar, & du pronom י i, mon ; autrement, mon froment, du mot Hébreu בר bar, & du pronom י i, mon ; ou enfin, mon puits, de béer ; un puits.

בריעה BERIA, fils d'Aſer ; *Gen.* XLVII. 17. autrement, *Baria*, fils d'Ephraïm ; 1. *Paral.* VII. 23. dans le pâturage, dans le mal, ou dans la clameur, de l'Hébreu רוע & de ב.

ברית BERITH, nom d'une Idole des Sichimites ; *Judic.* IX. pacte, contrat ou alliance.

Βερνίκη BERNICE ; nom Grec de femme ; *Act.* XXV. 13. une qui apporte la victoire, du mot Grec φέρω, j'apporte, & du mot νίκος, victoire : en le dérivant de l'Hébreu, il peut marquer puits de parfums.

בראדך Βαρωδὰχ BERODACH, Roi de Babylone ; 4. *Reg.* XX. 12. Iſaïe l'appelle *Mérodach*, XXXIX. 1. qui crée la contrition, du mot ברא bara, créer, & du mot דכא daca ; autrement, le fils de la mort, ou de ta vapeur, du mot בר bar, fils, & du mot אויר

ed, vapeur, & du pronom ך ec, ta, ton ; autrement, le froment ou la pureté de ta nuée, ou de ta vapeur, du même mot בר bar, du même mot איד ed, & du même pronom ך ec.

ברחמי BEROMI, nom de ville ; 2. *Reg.* XXIII. 31. fils de la chaleur, ou de l'indignation, du mot בר bar, fils, & du mot cam, chaleur ; autrement, pureté ou froment de l'indignation, du mot בר bar, & חם cham. Béromi eſt le même que *Baurhimi* ; 1. *Paral.* XI. 32. ou *Baürhim*.

בארות BEROTH, ou *Béeroth*, une des demeures des Iſraëlites dans le déſert ; *Deut.* X. 6. autrement, ville des Hévéens ; *Joſue* IX. 17. les puits ou éclairciſſemens, du mot באר béer, puits ; autrement, dans les lumiéres, de la prépoſition ב beth, dans, & du mot אור or, lumiére.

ברתי λεκτῶν ὀκλεκτῶν BEROTH, nom de ville, en Hébreu *Bérothaï* ; 2. *Reg.* VIII. 8. les puits, du mot באר béer ; autrement, les puretez, du mot בר bar, pur.

ברותה BEROTHA, une des bornes des terres des Iſraëlites ; *Ezech.* XLVII. 16. les puits.

Βέρῥοια BERRHOEA, ville de Macédoine ; *Act.* XVII. 10. lourde ou peſante, du mot Grec βάρος, poids.

ברשע BERSA, Roi de Gomorrhe ; *Gen.* XIV. 2. dans le mal, de la prépoſition ב dans, & du mot רשע reſcha, mal, malice ; autrement, fils qui regarde, du mot בר bar, & du mot שעה ſchaiah, voir.

באר־שבע BER-SABE'E, limites des terres d'Iſraël du côté du midi ; *Gen.* XXI. 14. puits ou fontaine du jurement, du mot באר béer, puits, & du mot שבע ſchaba, jurement ; autrement, ſeptiéme puits, ou puits du raſſaſiement, de la même racine.

ברזלי BERZELLAI, vieillard qui conduiſit David au-delà du Jourdain ; 2. *Reg.* XVII. 27. autrement, pere d'Hadriel ; 2. *Reg.* XXI. 8. habitant de la Galaatide ; 1. *Eſdr.* II. 61. qui eſt de fer, du mot ברזל barzel ; autrement, ſelon l'Hébreu & le Syriaque, fils du mépris, du mot בר fils, & du mot זול zul, mépriſer.

בסי Βησὶ BESAI, Chef d'une des familles d'Iſraël ; 2. *Eſdr.* VII. 23. qui mépriſe, qui foule aux pieds, du mot בוס bus, ou buz, mépriſer.

בצי Βαεαῦ BESAITH, nom d'homme ; 1. *Eſdr.* II. 17. des œufs, du mot ביצ betſa, un œuf ; autrement, boüeux, du mot בץ bats, boüe.

בצקת Βαεπκαθ BESECATH, ville, la même que *Baſcath* ; 4. *Reg.* XXII. 1. Voyez ci-deſſus.

בסי Βαεὶ BESE'E, Chef d'une des familles d'Iſraël ; 1. *Eſdr.* II. 49. de même que *Beſai*, ci-deſſus.

בשלם

BET

בשלם ἐν εἰρήνῃ BESELAM, un de ceux qui écrivirent à Artaxercés; *Esdr.* IV. 7. dans la paix, ou dans la récompense, de la préposition ב, beth, dans, & du mot שלום schalom, la paix, ou la récompense; autrement, leur cuisson, du mot בשל baschal, cuire, & du pronom ם am, leur.

בצלאל BESELEEL, fils d'Urie; *Exod.* XXXI. 2. dans l'ombre de Dieu; de la préposition ב beth, dans, & du mot צלל tsalal, ombre, & du mot אל El, Dieu.

בצלות Βασαλὼθ BESLUT, ou *Basloth*; Chef de famille des Israëlites; 1. *Esdr.* II. 52. dans les ombres, du mot Hébreu צל zel, l'ombre, ou dans la cuisson, du mot צלה tsala, cuit ou rôti; ou selon le Syriaque, dans la prière.

בסדיה BESODIA, pere de Mosallam; 2. *Esdr.* III. 6. dans le secret, ou conseil du Seigneur: de la préposition ב beth, dans, & du mot סוד sod, secret ou avis, & du mot יה Jah, Seigneur.

בשור BESOR, nom d'un torrent de la Palestine; 1. *Reg.* XXX. 9. Evangélization, ou incarnation, du mot בשר bicer, ou baçar; autrement, dans le bœuf, ou le mur, de la préposition ב beth, dans, & du mot שור schur, ou schor, bœuf, &c.

בטח Βαλὰκ BETE', nom de ville; 2. *Reg.* VIII. 8. confiance, du mot בטח bathach; autrement, dans l'enduit, ou frottement; de la préposition ב beth, dans, & du mot טוח tuac, enduire, frotter.

בטן BETEN, nom de ville; *Josue* XIX. 25. ventre, ou térébinthe.

Βηταβαρᾶ BETH-ABARA, nom d'un lieu, que dans le Grec de l'Evangéliste saint Jean, Chap. I. ♥. 28. les Copistes ont changé par erreur en Béthanie: maison du passage; du mot בית beth, maison, & du mot עבר habar, passage; autrement, dans la colère, du mot עברה habara; autrement, dans le froment, selon le Syriaque.

בית-הכרם BETH-ACHAREM, nom d'un bourg; *Jerem.* VI. 1. maison de la vigne, du mot בית beth, maison, & du mot כרם kerem, vigne; autrement, la maison de leur connoissance; du mot נכר nicar, & de l'affixe ם am, leur.

בית-ענת BETH-ANATH, nom de ville; *Josue* XIX. 38. maison du cantique, ou de la réponse, ou de l'affliction; du mot beth, maison, & du mot ענה hana, cantique, réponse, ou du mot עני honi, affliction.

Βηθανία BETHANIA, petite ville; *Matth.* XXI. 17. maison du cantique, ou de l'affliction; du mot ענה hana, & עני honi; affliction; autrement, maison d'obéissance, du mot ענו hanav; autrement, maison de la grace du Seigneur, du même mot hana, & du mot יה Jah, Seigneur.

ישבי בית-ענת Κατοικοῦντες Βαιθαναχι BETHANITÆ, les peuples qui habitoient dans Béthana; *Judic.* I. 32. Voyez ci-dessus *Béthanath*.

בית-הערבה BETH-ARABA, nom de ville, la maison du plat-pays, ou de la douceur, ou de la caution, ou de la nuit; ou du saule, du mot ערב harab, campagne, douceur, nuit, &c.

בית-הרם Βηταρὰμ BETH-ARAM, Vulgate, *Bétharan*, ville; *Num.* XXXII. 38. maison des femmes enceintes; du mot הרה hara; autrement, maison de leur montagne, du mot הר har, montagne, & du pronom ם am, leur; autrement, maison de l'élévation; du mot רמם ramam.

בית-הרן Βαιταρώαν BETH-ARAN, la maison de celui qui chante, du mot רנן ranan; chanter.

בית-און Βηταῦεν BETH-AVEN, ville; 1. *Reg.* XIII. 15. maison de la vanité, de l'iniquité ou de la douleur, ou de la force, du mot און aven, ou on, qui signifie tout cela, selon la différence des leçons.

בית-עזמות ἀζαμὼθ BETH-AZMOTH, ville; 2. *Esdr.* VII. 27. maison forte de la mort; du mot עז hazaz, force, & du mot מות maveth, mort.

בית-ברה BETH-BERA, ville; *Judic.* VII. 24. la maison de son fils, du mot בר bar, fils; & du pronom ה a, son; autrement, maison choisie, pure, ou maison du froment; du mot ברר barar, ou בר bar.

בית-בראי BETH-BERAI, ville; 1. *Par.* IV. 31. la maison de mon Créateur, du mot ברא bara, créer; du pronom י i, mon; autrement, la maison de ma santé & de mon embonpoint, ou de mon choix, du même mot bara.

Βαιθζω̃ BETH-BESI, Vulgate, *Bessen*, ville; 1. *Macc.* IX. 62. maison de la confusion, de la pudeur, ou de la honte, du mot בוש bosch, rougir; avoir honte.

בית-כר BETH-CHAR, ville; 1. *Reg.* VII. 11. maison de l'agneau, du mot כר car, agneau; autrement, maison de la connoissance, du mot נכר nicar.

בית-דגון BETH-DAGON, ville; *Josue* XV. 41. la maison du froment, du mot דגן dagon; autrement, demeure du poisson, du mot דג dag; ou plûtôt, le Temple du Dieu Dagon.

בית-אל BETH-EL, ville; *Genes.* XII. 8. la même que *Luza*, la maison de Dieu, du mot בית beth, maison, & du mot אל El, Dieu.

בית-עמק BETH-EMECH, ville; *Josue* XIX. 27. la maison du vallon, ou de la profondeur, du mot עמק hamac, creux, profond.

בתר ὄρη κοιλωμάτων BETHER, nom d'une montagne;

montagne; *Cantique des Cantiques*, II. 17. division, du mot בתר bathar, diviser; autrement, dans la tourterelle, ou dans l'examen, ou perquisition; de la préposition ב beth, dans, & du mot תור thor, ou thur, selon les différentes leçons.

Βηθεσδά BETH-ESDA, nom d'une Piscine; *Joan*. v. 2. maison de l'épanchement, du mot אשד efched, ou maison de miséricorde, de l'Hébreu beth, maison, & חסד chessed, miséricorde.

בית-גדר Βηθγεδώρ BETH-GADER, nom de lieu; 1. *Paral*. II. 51. la maison du mur, ou du tas, du mot נדר garder.

בית-גמול BETH-GAMUL, ville; *Jerem*. XLVIII. 23. maison de récompense, ou du sevré, ou maison du chameau, du mot גמל gamal, chameau, ou sevrer.

בית-חגלה οἶκος γαμίος BETH-HAGLA, ville; *Josue* XV. 6. la maison de la fête, de la danse, du mot חגג cagag, fête; ou de l'Hébreu גלל galal, & du pronom ה a, sa.

בית-חנן BETH-HANAN, ville; 3. *Reg*. IV. 9. maison de grace, ou de miséricorde & de don, du mot חנן canan.

בית-עזמות BETH-HAZMAVOTH, Voyez *Beth-azmoth*, la maison de la force de la mort.

בית-חרון BETH-HORON, ville; *Josue* XVI. 3. maison de colère; autrement, maison du trou, ou de la caverne, ou de la liberté, du mot חור cor, ou cur; ou demeure de la blancheur, dérivé du même mot; mais selon l'expression & la leçon Caldéenne.

ביתיה φαδδία BETH-IA, fille de Pharaon, femme de Méred; 1. *Paral*. IV. 18. fille du Seigneur, du mot בת beth, fille, & Jah, le Seigneur.

בית-חישמות Βηθασιμώθ BETH-JESIMOTH, ville; *Josue* XIII. 20. maison de la désolation, ou des lieux désolez, du mot בית beth, maison, & du mot ישם jascham, désoler; autrement, maison où l'on place, où l'on remet, du mot שום shum, mettre.

בית-לבאות BETH-LEBAOTH, nom de ville; *Josue* XIX. 6. maison des lionnes, du mot לביא labi, lion.

בית-לחם BETH-LÉEM, ville ou bourg, *Josue* XIX. 15. maison du pain, du mot לחם lekem; autrement, maison de la guerre, du mot מלחמה milkama, la guerre.

בית-מעכה BETH-MAACA, ville; *Reg*. XX. 14. maison pressée, du mot מעך mahac.

בית-מעון οἶκος μίων BETH-MAON, ville; *Jerem*. XLVIII. 23. la maison de l'habitation; autrement, la maison du péché, de עון havon, iniquité.

בית-מרכבות Βηθαμαρχαβώθ BETH-MACABOTH, ville; *Josue* XIX. 5. maison des chariots, du mot רכב racab; autrement, demeure de l'amertume éteinte, du mot מרר marar, amertume, & du mot כבה caba, éteindre.

בית-נמרה Βηθαμρά BETH-NEMRA, ville; *Num*. XXXII. 36. maison du léopard, du mot נמר namar; autrement, de la rébellion, du mot מרה mara; autrement, de l'amertume, du mot מרר marar.

בית-חרון παρατέτυσα BETHORON, ville; 2. *Reg*. II. 29. division, du mot בתר bether; autrement, dans son examen, de la préposition ב beth, dans, & du mot תור thur, recherche, examen, & du pronom ן au, son ou ses; autrement, fille du cantique, ou maison du cantique bath, fille, & de רנה rana, cantique, ou demeure du cantique, ou de la colère, ou du bien, ou de la liberté.

בת-פגע Βηθφαγεὶ BETH-PHAGE', bourg; *Luc*. XIX. 29. maison de la bouche, ou embouchures des vallées, du mot פה pé, ouverture, & du mot גיא gehei, vallée; autrement, la maison des figues précoces, du mot פגג pagag; ou enfin, maison de la rencontre, ou de phaga, rencontrer.

בית-פלט BETH-PHELET, ville; *Josue* XV. 27. autrement, *Beth-phalet*, 2. *Esdr*. XI. 26. maison de délivrance, ou d'expulsion, de l'accouchement.

בית-פצץ BETH-PHESES, ville; *Josue* XIX. 21. maison de division, ou de fraction, du mot פצה patsa.

בית-פעור BETH-PHOGOR, ville; *Josue* XIII. 20. maison de l'ouverture, du mot פער pahar, ouvrir, ou Temple de Phégor.

בית-רפא BETH-RAPHA, fils d'Esthon, 1. *Paral*. IV. 12. maison de la santé, ou de la médecine; autrement, du relâchement, רפה raphah.

בית-שבע BETH-SABE'E, fille d'Eliam; 2. *Reg*. XI. 3. ou, mere de Salomon; 3. *Reg*. I. 11. fille du jurement, ou du rassasiement, ou la septiéme fille, du mot בת beth, ou bath, fille, & du mot שבע schabah, jurement, sept, satiété, &c.

Βηθσαιδά BETSAIDA, ville; *Joan*. I. 44. la maison des fruits, ou des viandes, des chasseurs, ou des embûches, du mot בית beth, maison, & du mot צדה tsada, ou צוד tsud, &c. Voyez ci-devant *Bethesda*.

בית-שמש BETH-SAME's, ville; *Josue* XV. 10. autrement, *Bethsemés*, 1. *Paral*. VI. 59. maison du soleil; *Jerem*. XLIII. 13. autrement, selon l'Hébreu & le Syriaque, la maison du service, ou du ministére, du même mot שמש schames.

בית-שן BETH-SAN, ville; *Josue* XVII. 11. maison de la dent, ou d'yvoire : de beth, maison, & שן schen, la dent, autrement, maison du changement, du mot שנה schana, ou demeure du sommeil, du mot ישן jaschan; autrement, בית-שאן *Beth-sèan*, Judic.

dic. I. 27. comme porte l'Hébreu, maison du tumulte, du mot שׁעַן schanan, qui signifie tranquille & paisible, mais qui signifie le contraire par la figure que les Grecs appellent métalepse.

BETH-SEME'S. Voyez *Beth-samés.*

בית-השטה BETH-SETTA, nom de lieu; *Judic.* VII. 22. maison du détour, du mot שׂטה sata; autrement, de l'épine.

בית-הישמת BETH-SIMOTH, ville; *Josue* XII. 3. la même que *Beth-jesimoth*, selon les différentes leçons, & quelques Exemplaires, qui portent בית-השימת *Beth-hasimoth*: Voyez *Num.* XXXIII. 49. maison de désolation, du mot שׁמם schamam, désoler, ou demeure de la position, du mot שׂוּם mettre; autrement, maison de la dénomination, du mot שֵׁם schem, nom.

בית-צוּר BETH-SOR, ou *Beth-sur*, ville; *Josue* XV. 58. la maison du rocher, du mot צוּר tsur; autrement, demeure de la force, ou de la forteresse, du mot מצוּר metsor; autrement, maison du lien, du mot צרר tsarar, lier.

בית-שׁוּע BETH-SUA, mere de Salomon; 1. *Paral.* III. 5. On lit ainsi dans l'Hébreu: la Vulgate lit *Beth-sabée*, mais *Beth-sua* signifie fille du cri, du mot בת beth, fille, & du mot שׁוע schava, cri.

Βηθσούρα BETH-SURA, la même que *Beth-sor*, ou *Beth-sur*, 1. *Macc.* IV. 61.

בית-תפוח BETH-THAPHUA, ville; *Josue* XV. 53. maison de la pomme, ou du pommier, du mot תפח thaphuae; autrement, demeure du gonflement, ou de l'enflure, du mot נפח naphac, souffler, gonfler.

בתוּל BETHUL, ville; *Josue* XIX. 4. vierge.

Βετουλία BETHULIA, ville; *Judic.* VI. 7. vierge du Seigneur, du mot בתוּל bethoul, vierge, du mot יה Jah, Seigneur.

Βαιθζαχαρία BETH-ZACHARA, ville; 1. *Macc.* VI. 33. maison de la mémoire, ou du souvenir, du mot זכר zacar, ou la demeure du mâle, de l'Hébreu sacar.

Βηζέθ BETHZACA, ville; 1. *Macc.* VII. 19. maison des chaînes, ou des entraves, du mot זקק zacac, lier, enchaîner; autrement, selon le Syriaque & l'Hébreu, la maison de l'outre.

בטנים Βετανίμ BETONIM, ville; *Josue* XIII. 26. noix, ou térébinthes; autrement, les ventres, du mot בטן bethen.

בזק BEZEC, ville; *Judic.* I. 4. éclair; autrement, dans les chaînes, ou les entraves, de la préposition ב be, dans, & du mot זקק zacac, enchaîner.

Βιθυνία BITHYNIA, Province; *Act.* XVI. 7. mot Grec, qui signifie violente précipitation, du mot βία, violent, & du verbe θύω, je me hâte.

Tome IV.

Βλαστός BLASTUS, nom d'homme; *Act.* XII. 20. mot Grec qui signifie, qui germe, & qui produit.

Βοανεργές BOANERGE'S, surnom des fils de Zébédée; *Marc.* III. 7. fils du tonnerre. Saint Jérôme dit qu'on a dû lire *Banéréem*, du mot בן ben, fils, & du mot רעם raham, tonnerre; ou *Baniregés*, du mot רגש reges, ou resgesch, bruit, tumulte, & de là, tonnerre. Par corruption on a fait de *bené* ou *bané*, fils, le mot *boan* & du mot regesch, ergés.

בקי BOCCI, fils de Jogli; *Num.* XXXIV. 22. vuide ou dissipation, du mot בקק bacac; autrement, dans le vomissement, de la préposition ב be, dans, & du mot קיא ki, vomissement.

Βοκχίας BOCCIAU, fils d'Héman; 1. *Par.* XXV. 4. l'évacuation, ou dissipation du Seigneur, du mot bocci, ci-dessus, & du mot יה Jah, Seigneur.

בכרי Βοχοεί BOCRI, pere de Séba; 2. *Reg.* XX. 2. premier-né, ou prémice; du mot בכור becor; autrement, dans le bélier, ou le mouton, de la préposition ב be, dans, & du mot כר car, bélier.

בכרו BOCHRU, fils d'Asel; 1. *Par.* VIII. 38. son premier-né.

בהן BOEN, pierré, ainsi appellée par Ruben; *Josue* XV. 6. *Aben-boën*; la pierre du pouce.

בני Βανί BONI, fils de Somer; 1. *Paral.* VI. 46. mon fils, du pronom י i; mon, & du mot בן ben, fils.

Καλοὶ λιμένες BONI-PORTUS, mots Latins qui marquent le nom d'un lieu; *Act.* XXVII. 8. bons ports.

בני Βοννέας BONNI; pere d'Omraï; 1. *Paral.* IX. 4. celui qui me bâtit, ou m'adopte; du mot בנה bana, bâtir; autrement, qui m'entend ou comprend, du mot בין bina, intelligence, & du pronom י i, moi.

בעז BOOZ, fils de Salomon; *Ruth.* II. 1. c'est aussi le nom d'une des colomnes d'airain de Salomon; 3. *Reg.* VII. 21. dans la force, ou dans le bouc, de la préposition ב be, dans, & du mot עז hazaz, fort, ou עז hez, bouc.

ברית πόα BORITH, herbe fort acre, propre à nettoyer les taches; *Jerem.* II. 22. du mot ברר barar, purger.

בצץ BOSEZ, nom d'un rocher; 1. *Reg.* XIV. 4. boué, marais, du mot בצץ bitsats; autrement, en lui la fleur, de la préposition ב be, dans, & du mot ציץ tsits, fleur.

Βόσπορος BOSPHORUS, Bosphore de Thrace, bras de mer, ainsi nommé parce que Jupiter le passa à la nage sous la forme d'un taureau, quand il enleva Europe. L'Hébreu lit *Sépharad*.

בצר BOSOR, fils de Supha; 1. *Paral.*
K k VII.

VII. 37. autrement, ville; *Deut.* IV. 43. selon le Grec, βαταρ; I. *Macc.* V. 26. munition, ou vendange, du mot בצר batsar ou bitser; autrement, couper, ôter, ou défendre, empêcher, du même mot; autrement, dans l'angoisse ou la détresse, de la préposition ב be, dans, & du mot צרר tsarar.

Βοσορρά בצרה BOSRA, ville; *Gen.* XXXVI. 33. de la même racine que *Bosor*.

Βεεθαρά בעשתרה BOSRA, Hébreu, *Béesthara*, ville; *Josue* XXI. 27. dans son troupeau, de la préposition ב be, dans, & du mot עשתר asthar, & du pronom ה a, son.

Βαρια בריעה BRIE', fils d'Aser; *Num.* XXVI. 44. dans la malice, de la préposition ב be, dans, & du mot רוע roah, malice; autrement, dans la société ou compagnie; ou dans la pâture, du mot רעה rohé; autrement, dans le cri, du mot ריע riha.

BRUCHUS, sorte de sauterelles.

Βούβαςος פיבסת BUBASTE, ville d'Egypte; Hébreu, *Pibeseth*, bouche de confusion.

Βυγαῖος BUGAEUS, mot Grec; *Esth.* XII. 6. qui signifie homme qui se vante, apparemment le même que *Bagoas*, Eunuque.

Βουλ בול BUL, nom d'un mois des anciens Hébreux, qui est le huitième de leur année; vieillesse, dépérissement, du mot בלה bala.

Βουνα בונה BUNA, fils de Jéraméel, I. *Paral.* II. 25. qui bâtit, ou qui entend, ou qui adopte, du mot בנה bana, ou ban.

Βούζ בוז BUZ, nom de lieu; *Jerem.* XXV. 23. autrement, fils de Nachor; *Genes.* XXII. 21. méprisé, ou dépouillé.

Βουζί בוזי BUZI, pere d'Ezéchiel; *Ezech.* I. 3. mon mépris.

Βουζίτης בוזר BUZITES, nom de pays; *Job.* XXXII. 2. descendans de Buz.

C

קהת CAATH, fils de Lévi; *Gen.* XLVI. 11. congrégation, du mot קוה kava; autrement, ride, plis, du mot קמט camat; autrement, émousser, du mot קהה caa; autrement, obéissance, du mot יקה jaka, obéir.

קבצאל CABSEEL, ville; *Josue* XV. 21. congrégation de Dieu, du mot קבץ cabats, assembler, & du mot אל El, Dieu.

Χοβωλ בבול CABUL, ville; *Josue* XIX. 2. qui est lié, du mot בבל kebel; autrement, qui vieillit, & qui dépérit, du mot בלה bala.

קדמת CADEMOTH, nom d'une solitude, & d'un bourg; *Deut.* II. 26. la même que *Cedemoth*, *Josue* XIII. 18. antiquité, vieillesse, du mot קדם kiddem; autrement, Orientaux, du mot קדמים kadmim.

קדש CADE's, ville; *Num.* XX. 22. saint ou sainteté.

קדש־ברנע CADE'S-BARNE', solitude; *Deut.* I. 2. sainteté du fils inconstant, du mot קדש cadesch, du mot בר bar, fils, & du mot נוע nuah, qui se remue; autrement, sainteté du froment, ou de pureté, du mot בר bar, ou ברר barar, pur, froment.

קדמים CADUMIM, nom d'un torrent; *Judic.* V. 21. les anciens, les premiers, ou Orientaux, ou les eaux d'Orient, de Cademoth, & du mot מים maim, les eaux Orientales.

Καῖσαρ CAESAR, nom Latin; *Matth.* XXII. 17. du mot *cædo*, je coupe, parce qu'il a été tiré du sein de sa mere par l'ouverture qu'on y fit, ou du mot *cæsaries*, chevelure; autrement, qui a les yeux bleus, ce qu'en Latin on appelle *cæsios*, ou *glaucos oculos*.

Καισαρεία CAESAREA, ville de Palestine; *Matth.* XVI. 13.

Καϊάφας CAIPHAS, l'un des Grands-Prêtres des Juifs; *Matth.* XXVI. 57. qui recherche avec soin, du mot חפש caphas; autrement, vomissement, du mot קיא co, vomir, & du mot פה phé, ou pé, bouche, ou plûtôt, de céphas, un rocher.

קין CAIN, fils d'Adam; *Genes.* IV. 1. possession, ou possédé, du mot קנה cana, jouir, posséder.

קינן CAINAN, fils d'Enos; *Genes.* V. 9. possesseur ou acheteur, du même mot קנה cana; autrement, qui se lamente, du mot קון cun, ou le nid, du mot קן kinnen.

γαιός CAIUS, nom d'homme; *Rom.* XVI. 23. ou *Gaius*, *Act.* XIX. 29. Ce mot, selon l'ancien Latin, signifioit Seigneur, ainsi que *Caja* signifioit Dame, que l'on employe souvent le g, à la place du c.

כלנו CALANO, ville; *Isai.* X. 9. notre consommation, du mot כלה cala, ou כלל calal, entier, & du pronom נו no, eno, notre.

כלב כלבי CALEB, fils de Jéphoné; *Num.* XIII. 7. כלב ou kaleb, ou keleb, signifie chien, ou une corbeille, ou panier; autrement, comme le cœur, de l'adverbe כי ki, comme, & du mot לבב lebab, cœur.

Χαλδαίης

CAP   CAR 131

Χαλλισθένης CALISTHENES, nom d'homme ; 2. *Macc.* VIII. 33. mot Grec , belle force , du mot κάλος , beau ou grand , & du mot ἔνος , force , puissance.

קליטה Κωλίτας CALITA, nom d'homme ; 1. *Esdr.* X. 23. refuge , ou retiré , du mot קלט calat ; autrement , voix qui décline , du mot קול voix , & du mot נטה nata ; incliner.

חמת Ἀιμάθ CALOR, la chaleur. C'est la signification du nom Hébreu חמת camath , ou emath ; 1. *Paral.* I. 55. Voyez ci-après , *Emath.*

Χαλφὶ CALPHI, pere de Judas ; 1. *Macc.* XI. 70. voix de la bouche , du mot קול col , voix , & du mot פה pé ou phé , bouche. Joseph l'appelle Casphe , qui dérive de l'Hébreu ceseph בסף argent.

כלובי Καλουβὶ CALUBAI, fils d'Esron ; 1. *Paral.* II. 9. de la même racine que Caleb , mon chien , ou mon panier.

קמון CAMON, nom de lieu ; *Judic.* X. 5. sa résurrection , du mot קום cum , résurrection , & du pronom ן an , sa.

קמואל CAMUEL, fils de Nachor par Melcha ; *Genes.* XXII. 21. autrement , fils de Sephtan ; *Num.* XXXIV. 24. Dieu est ressuscité , du mot קום cum , ressusciter , du mot אל El , Dieu ; autrement , Dieu l'a ressuscité.

קנה CANA, ville ; *Josue* XIX. 28. ou *Joan.* II. 1. zéle ou jalousie , du mot קנה kinné ; autrement , possession , du mot קנה cana ; autrement , lamentation , du mot קין cun ; autrement , le nid , du mot קן kinen ; autrement , canne ou bâton , du même mot kana.

קנת CANATH, ou *Chanath* , ville , surnommée *Nobé* , *Num.* XXXII. 42. achat , possession , du mot קנה cana , ou lamentation , du mot קין cun.

Κανδάκη CANDACE, nom commun des Reines d'Ethiopie ; *Act.* VIII. 17. qui possede de la contrition , du mot קנה cana , posseder , jouir , & du mot רכה daca , briser ; ou selon le Syriaque & l'Hébreu , possession pure. Mais ce nom étant étranger , on n'en doit point chercher l'étymologie dans l'Hébreu.

כפירה CAPHARA, ville ; *Josue* XVIII. 26. la même , à ce que l'on conjecture , que *Caphira* , *Josue* IX. 17. petite lionne , propitiation , enduit , bourg , du même mot כפר capher , ou copher.

Καπερναοὺμ CAPHARNAUM, ville ; *Matth.* IV. 13. champ de la pénitence , ou ville de consolation , du mot כפר kepher , bourg ou ville , & du mot נחם nacham , pénitence ; autrement , propitiation du pénitent , des mêmes mots ; autrement , bourg d'agrément , la belle ville , du mot נעום naum , beau , & capher , champ.

Καφαρσαλαμὰ CAPHARSALAMA, ville ; 1. *Macc.* VII. 31. champ ou ville de paix , du mot כפר caphar , & שלום schalom , la paix.

Χαφενατὰ CAPHELETHA, nom d'un mur ; 1. *Macc.* XII. 37. la main du don , du mot בף caphaph , la main , & du mot נתן nathan , don. Ce nom n'est pas Hébreu.

כפירה CAPHIRA, ville ; *Josue* IX. 17. la même que *Caphara* , petite lionne.

כפתרים CAPHTHORIM, peuples , appellez par la Vulgate & les Septante , *Cappadociens* ; *Gen.* X. 14. une sphére , une boucle , une main , une palme , des tourterelles , ou ceux qui cherchent , ou s'enquêtent , du mot בף caph , sphére , &c. & du mot תור thur , ou thor , s'enquêter , ou tourterelle.

Καππαδόκες CAPPADOCE, en Hébreu , *Caphthorim.* *Deut.* II. 23. Ce nom n'est ni Grec , ni Hébreu d'origine.

קרקעה CARCAA, ville ; *Josue* XV. 3. couvrir , ou couverture contre le froid , du mot קרם caram , couverture , & du mot קרח karac , froid ; autrement , poutre , & du mot יקע jaka , suspendre.

קרח Κάρις CAREE, pere de Johanan ; 4. *Reg.* XV. 23. chauve , ou glacé , du mot קרח carac.

קרחים CARCHIM, nom de lieu ; 1. *Paral.* XII. 6. de même , chauves , glacez.

Καρία CARIA, nom d'une Province ; 1. *Macc.* XV. 23. capitale , du mot Grec κάρη , la tête.

קרית πόλις CARIATH, nom de ville ; *Josue* XVIII. 28. ville , du mot קרת kereth ; autrement , vocation , du mot קרא kara , appeller ; autrement , leçon , lecture , ou rencontre , tiré du même verbe , qui signifie lire.

קריתים Καριαθιαρεὶμ CARIATHAIM ; ville des Moabites ; *Num.* XXXII. 37. les deux villes , les vocations , &c. Voyez *Cariath.* Cariathaim est au duel.

קרית־ארבע πόλις ἀρβὼκ CARIATH-ARBE', ville ; *Josue* XV. 13. ville de quatre , du mot cariath , & du mot ארבע arba , quatre.

קרית־עדים Καριαθιαρεὶμ CARIATHIARIM, nom de ville ; 1. *Esdr.* II. 24. ville des villes , ou de bourgs , du mot cariath , & du mot עיר hir , ville ; autrement , ville de ceux qui veillent , du mot עור hur , veiller.

קרית־בעל CARIATH-BAAL, ville ; *Josue* XV. 60. la ville de Baal , ou de ceux qui commandent , ou qui possedent , de cariath , ville , & de baal , maître , mari.

קרית־יערים πόλις ἰαεὶμ CARIATHIARIM, ville ; *Josue* IX. 7. la ville des bois , ou des forêts , du mot cariath , ville , & du mot יער jahar , forêt.

קרית־ספר

קרית־ספר πόλις γράμματων CARIAT-SEPHER, ville; *Josué* xv. 15. la ville des lettres, ou du livre, du mot קרית cariath, ville, & du mot ספר sepher, lettre, livre.

קרית־סנה πόλις γράμματων CARIATH-SENNA, ville; *Josué* xv. 49. ville du buisson, du mot סנה sené, buisson, ou selon l'Hébreu & le Syriaque, la ville de l'inimitié.

קריות πόλεις CARIOTH, ville; *Josué* xv. 25. les villes, les vocations. Voyez *Cariath* ci-dessus.

קרית Χαειθ CARITH, nom d'un torrent; 3. *Reg.* xvii. 3. incision, du mot כרת carath, couper, percer, exterminer.

כרמל CARMEL, ville; *Josué* xv. 55. un tendre agneau, du mot כר car, agneau, & du mot רכך racac, s'attendrir; autrement, écarlatte, du mot Hébreu כרמל carmel, mot de quatre lettres; autrement, moisson, ou épi plein; ou plûtôt, vigne de Dieu, excellente vigne.

קרנים CARNAIM, peuple; *Gen.* xiv. 5. Ce mot est joint à astaroth, des cornes, du mot קרן keren. On croit que c'est le nom de la Déesse Astarté, qui portoit un croissant sur sa tête.

Καρνίον CARNION, 2. *Macc.* xii. 21. la corne, du même mot קרם kerem, apparemment la même que *Carnaim* ci-devant.

Καρπὸς CARPUS, nom d'homme; 2. *Tim.* iv. 13. mot Grec, qui signifie fruit, ou fructueux.

קרתה CARTHA, ville; *Josué* xxi. 34. ville, du mot קרת kereth, ou occasion, ou lecture & leçon, ou rencontre, du mot קרא kara, appeller, lire.

תרשיש CARTHAGINENSES, peuples; en Hébreu, *Tarsis*; *Ezech.* xxvii. 12. nom dont on ignore la vraie signification. Quant à carthage, ou cartada, on peut le dériver de l'Hébreu cartha, ville, & הדתא cadeta, la neuve. Voyez *Bochart*.

קרתן CARTHAN, ville; *Josué* xxi. 32. ville, vocation, &c. Voyez ci-dessus *Carath*; autrement, qui donne du froid, du mot קרר carar, froid.

קושיהו Κασαίας CASAIA, pere d'Ethan; 1. *Paral.* xv. 17. sa dureté, & son importunité, du mot קשה cascha, & du pronom יו o, son; autrement, l'enchaînement du Seigneur, du mot יקש jakasch, enchaînement, & du mot יה Jah, Seigneur.

Κασφὼν CASBON, ville; 1. *Macc.* v. 36. la même que *Héfébon*. Voyez *Héfébon*.

בשד CASED, fils de Nachor; *Gen.* xxii. 22. comme un démon, de l'adverbe כ ki, comme, שד sched, démon; autrement, comme un destructeur, comme une mammelle, du mot שד schad, ou שדד schadad;

autrement, comme un champ, du mot שדה schade.

קציץ CASIS, vallée; *Josué* xviii. 21. fin, extrémité, bout; autrement, tronquer, du mot קץ kets, ou קצה catsa, ou du mot קצץ catsaz, couper les extrémitez.

כסלו CASLEU, le neuviéme mois de l'année des Hébreux; *Zach.* vii. 1. témérité, confiance, les flancs, du mot כסל chesel.

Κασφιν CASPHIN, ville; 2. *Macc.* xii. 13. qui est d'argent, ou cupidité, du mot כסף keseph, ou en Syriaque, honte, pudeur. C'est la même qu'*Esébon*. Voyez *Esébon*.

Κασφὼρ CASPHOR, ville; 1. *Macc.* v. 26. d'argent, du mot כסף keseph; autrement, mont désirable, du mot כסף keseph, désirer, & du mot הר har, mont: mais sa vraie racine est Hézébon, ou Ezébon.

קעיעה CASSIA, seconde fille de Job; *Job.* xlii. 14. superficie; autrement, angle, du mot קצע catsa; autrement, casse, plante aromatique, ou espéce d'aromate. Voyez *Pseaume* xliv. 9. différent de celui qui est appellé *Casia*, קדה kidda, ou kadda; *Exod.* xxx. 24.

מחנים παρεμβολαὶ CASTRA, nom de lieu, en Latin, les deux champs; en Hébreu, Mahanaim; *Gen.* xxxii. 2.

Καταράκτης CATARACTA, chûte d'eau avec impétuosité, de κατάρασσω, je brise.

קטת CATETH, ville qui terminoit la Tribu de Zabulon; *Josué* xix. 15. ennui, dégoût, du mot קוט cut, dispute.

CAUDA, Isle de l'Archipel. Voyez *Clauda* ci-après.

קדר CEDAR, fils d'Ismaël; *Gen.* xxv. 13. ou un pays; *Isaï.* xvi. 7. noirceur ou tristesse.

קדם CEDEM, fils d'Ismaël, le même que *Cedma*; *Genes.* xxv. 15. *Jerem.* xlix. 28. orientale, de l'Hébreu, קדם cedem, orient.

קדש CEDES, ville; *Josué* xix. 37. sainteté. Il y en a plusieurs de ce nom. Voyez *Cadés* ci-dessus.

קדמת CEDIMOTH, nom d'un bourg; *Josué* xiii. 18. les anciens, les premiers, les Orientaux. Voyez *Cademoth*.

קדמה CEDMA, la même que *Cedem*, ci-dessus, *Gen.* xxv. 15.

קדמיאל CEDMIEL, nom d'homme; 1. *Esdr.* iii. 9. l'antiquité de Dieu, du mot קדם cedem, antiquité, & du mot אל El, Dieu; ou le Dieu de l'orient, ou Dieu est mon orient.

קדמני CEDMONÆI, peuples; *Gen.* xv. 19. anciens, premiers, Orientaux, du même mot קדם cedem.

קדרון CEDRON, torrent; 2. *Reg.* xv. 23. obscurité, ou obscur, du mot קדר cedar.

קהלתה

CER CHA

קהלתה μακελλάθ CEELATHA, nom de lieu; *Num.* XXXIII. 22. assemblée, du mot קהל kaal, assembler.

קעילה CEILA, ville; *Josue* XV. 44. celle qui divise, qui tranche.

קלי Καλλαὶ CELAI, nom d'homme; 2. *Esdr.* XII. 2. être léger, du mot קלל calal; autrement, rôti, du mot קלה kala; autrement, ma voix, du mot קול col, voix, & du pronom י i, ma.

קליה Κωλία CELAIA, nom d'homme; 1. *Esdr.* X. 23. voix du Seigneur, du mot קול col, voix, & du mot יה Jah, Seigneur; autrement, légereté du Seigneur, du mot קלל calal, & du mot יה Jah, Seigneur.

Χιλίυσμα CELEUSMA, cris des matelots, qui s'excitent à travailler; de κελεύω, je commande.

קליטא Κωλίτας CELITA, nom d'homme; 2. *Esdr.* VIII. 7. réfuge, ou resserrement.

Κεγχρέας CENCHREE, port de Corinthe; *Rom.* XVI. 1. mot Grec, du millet, petites légumes.

Κενδεβαῖος CENDEBÆUS, nom d'un Capitaine; 1. *Macc.* XV. 38. zèle de douleur, du mot קנא kinné, zèle; autrement, qui possède la douleur, du mot קנה cana, posséder, & du mot דאבה daba, douleur.

בנרת CENERETH, ville; *Josue* XIX. 35. guitarre, du mot כנר kinnor; autrement, comme une lumière, de l'adverbe כי ki, comme, & du nom נור nur, lumière, ou novale.

בנרות CENEROTH, ville; *Josue* XII. 3. de même.

קנז CENEZ, fils d'Eliphaz; *Gen.* XXXVI. 42. c'est un nid, du mot קנן kinan, faire un nid, & du pronom zé, cette; autrement, cette lamentation, ou cette possession, ou cet achat.

קניזי CENEZÆI, ceux de la famille de Cenez; *Gen.* XV. 19. de même.

קני Κενεζὶ CENI, pays des Philistins; 1. *Reg.* XXVII. 10. possession, ou achat, ou lamentation, ou nid, de קנה cana, ou ken, ou kun.

Κηφᾶς CEPHAS, Simon-Pierre; *Joan.* I. 42. pierre, du Caldéen קיף kiph, qui signifie une pierre, ou du mot כיפא ccipha; en Syriaque, rocher, pierre.

קפירה Καφηρὰ CEPHIRA, nom d'homme; 2. *Esdr.* VII. 29. le même que *Caphira*, & que *Caphara*, lionne.

Κεράστης CERASTES, sorte de serpens; nommé céraste, ou cornu, parce qu'il a sur la tête des espèces de cornes; de κέρας, corne.

כרתי Χορεθὶ CERETHI, nom de peuples; 1. *Reg.* XXX. 14. qui coupe, qui arrache & extermine, du mot כרת carath; ou les Crétois, gardes de David.

Tome IV.

כרי Χορρὶ CERETHI; 4. *Reg.* XI. 19. qui extermine, Crétois, de Carath.

קרוס Κορὶς CEROS, nom de famille des Nathinéens; 1. *Esdr.* II. 44. qui est courbé ou abaissé, du mot קרס caras; autrement, boucle ou crochet, keres, du même mot lû différemment.

כסולות ἀχασελὼθ CESLETH-THABOR; *Josue* XIX. 12. autrement, casatoth, les témeritez du nombril, du mot כסל kesel; autrement, les côtez du Thabor, ville joignant le Thabor.

כסיל Κασιλ CESIL, ville; *Josue* XIX. 19. l'orion, étoile; *Amos* V. 8. autrement, folie, autrement, les flancs, du mot כסל casal, ou kesel.

קשון CESION, ville; *Josue* XIX. 19. dureté, du mot קשה cascha; autrement, de la paille, du mot קש casch; autrement, du concombre, du mot קשא cascha.

כתים Κίτιοι CETHIM, fils de Javan; *Gen.* X. 4. autrement, les Macédoniens; *Dan.* XI. 30. ceux qui brisent, du mot כתת cathath; autrement, or, du mot כתם kethem; autrement, teinture.

כתליש Κασελὼν CETHLIS, nom de ville; *Josue* XV. 40. mur ou muraille, du mot כתל cathal, ou selon le Syriaque & l'Hébreu, une troupe de lionnes; ou selon le Syriaque, écrasement du lion.

קטורה CETHURA, seconde femme d'Abraham; *Gen.* XV. 1. qui brûle, ou fait fumer de l'encens, du mot קתר cathar; autrement, parfumée, ou odoriférante; autrement, lier, du même mot.

Καβερὶ CHABRI, ville; *Judith.* VIII. 9. compagnon, du mot חבר chabar; autrement, playe ou cicatrice, ou enchanteur, du même mot.

CHABUEL. Voyez ci-dessus *Chabul*.

Χαιρέας CHÆREAS, nom d'homme; 2. *Macc.* X. 32. qui se réjouït; du mot Grec χαίρω.

בלל Καλὰλ CHALAL, nom d'homme; 1. *Esdr.* X. 30. consommation, ou le tout; autrement, comme une nuit, du mot ליל laïl, nuit, & de l'adverbe כי ci, comme; autrement, selon le Syriaque, une couronne, autrement, parfaite couronne.

כלנה CHALANNE, ville; *Genes.* X. 10. notre consommation, ou nous tous, du même mot כלל kalal, & du pronom נה nous, notre, ou comme murmurant, de לן lun, murmurer, & de l'adverbe כי ci, comme; autrement, qui demeure, qui séjourne.

כלכל CHALCOL, fils de Maol; 3. *Reg.* IV. 31. autrement, *Chalcal*, fils de Zara; 1. *Paral.* II. 6. qui nourrit, consume, & soutient tout, du même mot כלל calal, & du mot כל cal, tout.

כשדים Χαλδαία CHALDÆA, pays; *Jerem.*

L l

rem. 1. 10. en Hébreu, *Casdim*, comme des démons, ou des brigands, ou des mammelles, ou des champs, du mot שד sched, ou schod, ou schad; ou שדד scheded, ou שדה schade, & de l'adverbe כ ci, comme.

כשדים Χαλδαῖος CHALDÆI, peuples; *Isaï.* XIII. 19. l'Hébreu, *Casdim*, de même que *Chaldæa.*

כלח Χαλάχ CHALE', ville; *Genes.* X. 12. occasion favorable; autrement, comme de la verdure, ou un fruit verd, du mot לח lac, & de l'adverbe כ ci, comme, autrement, humilité, du même mot לח lac, ou לחי lacac; autrement, une table, une planche, du mot לוח luac.

חלי CHALI, ville; *Josue* XIX. 25. infirmité; autrement, prière, du mot חלה chala, ou חלי choli; autrement, collier, bracelet, du mot חליה khelia; autrement, commencement, du mot תחלה rechilla; autrement attente, du mot יחל jekel.

חם CHAM, fils de Noé; *Genes.* V. 3. chaud, chaleur, ou brun. La terre de Cham est l'Egypte.

כמהם Ἀχιμαάν CHAMAAN, ville; *Jerem.* XLI. 17. ou le nom d'un homme; 2. *Reg.* XIX. 37. comme eux, de l'adverbe כ ci, comme, & du pronom הם hem, eux; autrement, comme un trouble, du mot המה ama, trouble.

Χαμαιλέων כח CHAMAELEON; *Levit.* XI, 30. sorte de petit animal qui prend toutes sortes de couleurs, de χαμαί à terre, & λέων, lion; comme qui diroit, lion rampant, petit lion. L'Hébreu, כח peut, dit-on, signifier un crapaut.

כמוש CHAMOS, nom d'une Idole des Moabites; *Num.* XXI. 29. comme tâtant, maniant, ou comme s'éloignant, ou ôtant, de l'adverbe כ ci, comme, & du mot מוש musah, s'éloigner.

כנען CHANAAN, fils de Cham; *Gen.* IX. 18. marchand, négociant, autrement, qui humilie, & qui abat, du mot כנה canah; autrement, qui répond ainsi, ou qui afflige, du mot כן ken, ainsi, & du mot ענה hana, répondre ou affliger.

כנענה CHANAANA, pere de Sédécias; 3. *Reg.* XXII. 24. ou fils de Balan; 1. *Paral.* VII. 10. Voyez *Chanaan.*

כנני CHANANI, nom d'homme; 2. *Esdr.* IX. 4. ma préparation, du mot כון kun, préparation; autrement, base, du mot כן ken, & du pronom י i, ma.

תהו בהו CHAOS, confusion. L'Hébreu, tohu, bohu.

εἰς Χάρακα CHARACA, nom de lieu; 2. *Marc.* XII. 17. enveloppement, habit ou manteau, du mot כרך keric; ou en Grec, une vallée.

ἀναφα Χαράδριον CHARADRION; *Levit.* XI.

19. courlis, sorte de héron. En Héb. anapha.

כרן CHARAN, fils de Disan; *Genes.* XXXVI. 26. comme chantant, ou comme criant, du mot רנן ranan, criant, ou chantant, & de l'adverbe כ ci, comme; autrement, leur agneau, du mot כר car, agneau; autrement, leur connoissance.

הרן CHARAN, Vulgate *Haran*, ville de la Mésopotamie, ou *Charas*; *Genes.* XI. 31. Voyez ci-après *Haran*; c'est la même que *Charra, Charres.*

כרכמיש Χαρκαμώς CHARCAMIS, ville; *Isaï.* X. 9. un agneau; comme ôté, retiré, ou enlevé, du mot כר car, agneau, & de l'adverbe כ ci, comme, & du mot מוש moschè. Il est difficile de tirer de l'Hébreu l'étymologie d'un nom qui est étranger à cette langue. On dit que ce nom en Caldéen signifie du plomb.

כרבס Χαρβαδὰς CHARCHAS, nom d'un Eunuque; *Esth.* I. 10. couverture de l'agneau, du mot כסם casa, couvrir; ou l'agneau du trône, du mot כר car, agneau, & du mot כסא kissé, trône. Ce nom est Persan, ainsi il est inutile de chercher son étymologie dans l'Hébreu.

כרמל CHARMEL, Vulgate *Carmel*, nom de ville; *Josue* XV. 55. Voyez ci-dessus *Carmel*; on lit *Charmel*, *Isaï.* XXIX. 17. vigne du Seigneur.

כרמי CHARMI, fils de Ruben; *Gen.* XLVI. 9. ma vigne, du mot כרם kherem, & de l'affixe י i, mon; autrement, la connoissance des eaux, du mot נכר niccar, connoître; autrement, l'agneau des eaux, du mot כר car, agneau, & de מים maim, les eaux.

CHARRAN. Voyez *Charan* ci-dessus, & *Haran* ci-après.

כסלון CHASELON, pere d'Elidad; *Num.* XXXIV. 21. confiance, témérité, ou les flancs, du mot כסל kesel; autrement, trône de sa demeure, du mot כסא kissé, trône, & du mot לון lon.

כרשנא CHARSENA, nom d'homme; *Esth.* I. 14. agneau d'un an, du mot כר car, agneau, & du mot שנה schana, d'un an, autrement, agneau qui dort, du mot ישן jaschan, dormir; autrement, agneau qui est changé, du mot שנה schana, changer. Ce nom est Persan, ainsi il est inutile de chercher son étymologie dans l'Hébreu.

כסלחים Χασλωνιείμ CHASLUIM, Hébreu, *Chasluchim*, fils de Mesraïm; *Genes.* X. 14. le couvercle des tables, du mot כסה casa, & du mot לוח luac, table, planche. Ce terme est étranger à la langue Hébraïque.

כספיא CHASPHIA, pays; 1. *Esdr.* VIII. 17. argent, ou cupidité, du mot כסף casaph, argent.

כבון

CHE   CHO

כבון CHEBBON, ville; *Josué* xv. 40. qui éteint, ou qui est éteint, du mot כבה caba; autrement, comme intelligent, de l'adverbe כ ci, comme, & du mot בון bon, intelligent; ou comme bâtissant, du mot בנה bana, bâtir.

Χεβρὼν CHEBRON, ville; *Macc.* v. 65. société, participation, adhérence, &c. Voyez ci-dessus *Chabri.*

Χελλῶν CHELLON, Vulgate, *Cellon*, nom de pays; *Judith.* 11. 13. consommation, perfection, destruction totale, du mot כלה cala; autrement, qui retient, ou resserre la douleur, du mot כלא cala, resserrer, & du mot און ou, aven, tristesse, douleur. Ce terme n'est pas Hébreu.

כלאב CHELEAB, second fils de David, & d'Abigaïl, 2. *Reg.* III. 3. la totalité du pere, du mot כלא kelé, tout, rassembler, & du mot אב pere; autrement, consommation, ou perfection du pere, du mot כלה ou כלא cala, consumer, ou resserrer.

Χελκία CHELIAU, nom d'homme; 1. *Esdr.* x. 35. tout lui-même, ou sa consommation, sa destruction, ou son empêchement, du mot כלה ou כלא cala, & de l'affixe ו o, lui.

כליון CHELION, fils d'Elimelech; *Ruth.* I. 2. consommé, parfait, du mot כלה cala, consomer, &c. ou du mot כלא kelé, tout.

כלמד CHELMAD, ville; *Ezech.* XVII. 23. comme enseignant, ou apprenant, de l'adverbe כ ci, comme, & du mot למד lamad, apprendre; autrement, tout mesurant, du mot כל kel, tout, & du mot מדד madad, mesurer, ou couvrir. C'est le nom d'une ville d'Asie, dont la véritable étymologie ne peut se trouver dans l'Hébreu.

Χελμωνὸς CHELMON, nom de lieu; *Judith.* VII. 3. préparatif, ou dénombrement de l'armée, du mot חיל caïl, armée, ou munition de guerre, & du mot מנה mana, préparer, nombrer; autrement, son songe, du mot כלם calam, songer, rêver. Peut-être *Belmon*, ou *Belméon.*

כלוב CHELUB, pere d'Ezri; 1. *Paral.* XXVII. 26. chien, ou pannier, du mot כלב keleb.

כנה Χαναὰν CHENNE, nom de ville; *Ezech.* XXVII. 23. base, du mot כן ken; autrement, rectitude, du mot כון con, ou כן ken.

כרוב CHERUB, l'un des Nathinéens; 1. *Esdr.* II. 59. en Caldéen ce mot signifie comme un enfant, de l'adverbe כ ci, comme, & du mot רביא rabia, jeune homme, ou enfant; autrement, comme multipliant, ou comme combattant, du mot רבב rabab, ou abondance, ou multitude de sciences, du mot רב rab, multitude, & du mot נבר nacar, connoître; autrement, en Hébreu רבה raba, signifie grandir, nourrir, élever; en Syriaque, labourer.

כרבים CHERUBIM, Ange; *Gen.* III. 14. des ouvrages de Chérubins, ou en Chérubins; *Exod.* XXVI. 1. des ouvrages variez, des espéces de grotesques.

כסלות־תבר CHESELETH-THABOR, nom de ville; *Josué* XIX. 12. Voyez *Ceseleth-Thabor*, ville à côté du Thabor. A la lettre, les reins du Thabor.

Χασαλὼν CHESLON, ville; *Josué* XV. 10. Voyez *Chaselon* ci-dessus.

חתית Χετταία CHETHÆA, Vulgate, *Cetæa*; *Ezech.* XVI. 3. femme Céthéenne, & la race de Cheth, celle qui est brisée, autrement, formidable, du mot חתת cathath.

כידון CHIDON, nom d'une aire; 1. *Par.* XIII. 9. lance, dard, infortune; autrement, comme jugeant, de l'adverbe כ ci, comme, & du mot דין dun, juger.

CHIMHAM. Voyez *Chamaam* ci-dessus.

Χίος CHIUM, Isle de Chios; *Act.* XX. XV. ouverte, ou ouverture.

Χλόη CHLOÉ, nom d'une mere de famille de Corinthe; 1. *Cor.* I. 11. herbe verte, mot Grec.

כבר CHOBAR, fleuve; *Ezech.* I. 3. force, puissance; autrement, comme le fils, du mot בר bar, fils, ou comme pur, ou comme froment, du mot ברר barar, & de l'adverbe כ ci, comme.

כדכד CHODCHOD, jaspe ou pierre précieuse, ou une cruche, ou vase; *Ezech.* XXVII. 16.

כדרלעמר Χοδολλογομὼρ CHODORLAHOMOR, Roi des Elamites; *Gen.* XIV. 4. comme une génération de servitude, de l'adverbe כ ci, comme, & du mot דור dor, génération, & du mot עמר amar, fardeau, servitude; autrement, la rondeur de la gerbe, du mot כדר kidor, une boule, ou sphére, & du mot עמר hamar, une gerbe.

Χοιρογρύλλος CHOEROGRILLUS; *Levit.* XI. 5. hérisson terrestre; c'est la signification du Grec chærogrillus. L'Hébreu saphan signifie une sorte de rats.

כלחוזה Χαλαζῆς CHOLHOZA, pere de Cellum; 2. *Esdr.* III. 15. tout Prophéte; autrement, voyant tout, du mot כל col, tout, & du mot חזה cozé, Prophéte.

בונניהו CHONENIAS, frere de Sémeï; 2. *Par.* XXXI. 13. préparation, ou disposition, ou fermeté, ou rectitude du Seigneur, du mot כון cun, ou כן cun, ou ken, & du mot יה Jah, Seigneur.

חרי Χορραῖοι CHORRÆI, peuples; *Gen.* XIV. 6. fureur, du mot חרה cara, colére; autrement, trou, caverne, ou liberté, du même mot; autrement, habitant des trous

ou

ou cavernes, ou noble & libre, blanc, héros.

Χειϛός CHRISTUS, 1. *Reg.* II. 10. en Hébreu, *Meschiah*, oint, du mot משח maschac, oindre. Le mot *Christus* est Grec, & signifie la même chose, oint.

Χρυσόλιθος CHRYSOLITHUS, chrysolithe, pierre précieuse. L'Hébreu, *tharsis*; *Exod.* XXVIII. 20. Le Grec à la lettre, pierre dorée.

Χρυσόπρασος CHRYSOPRASUS, *Apoc.* XXI. 20. pierre précieuse d'un verd tirant sur l'or: c'est ce que veut dire le mot Grec chrysoprasus.

בוב Λίβυες CHUB, nom de nation; *Ezech.* XXX. 5. Les Septante, les *Lybiens*. A la lettre, celui qui éteint, du mot כבה caba, éteindre.

כון Καὶ ἐκτῶν Ἐκλεκτῶν CHUN, ville; 1. *Par.* XVIII. 8. préparation; autrement, des gâteaux, du mot כונים cavanim: ou selon le Syriaque, fenêtre.

כוש Χοῦς CHUS, fils de Cham; *Genes.* X. 6. Ethiopiens, ou noirs.

כושן רשעתים CHUSAN-RASA-THAIM, nom d'un Roi; *Judic.* III. 8. Ethiopien, ou noirceur des iniquitez, du mot כוש cusch, & du mot רשע raschah, iniquité.

כושי CHUSI, pere de Séléni; 2. *Reg.* XVIII. 21. de même que *Chus*.

Χουζᾶ CHUSA, Intendant de la maison d'Hérode: voyant, ou qui prophétise, du mot חזה cozé; ou Ethiopien, du mot chus.

Χυτρόποδες CHYTROPODES, chaudieres ayant des pieds, du mot Grec χύτρος, pot, chaudière, & πούς, le pied.

קבצים Κασείμ CIBSAIM, ville; *Josué* XXI. 22. les assemblées, du mot קבץ cabats.

Κιδάρεις CIDARIS, diadême, bandeau de tête, bonnet.

Κιλίκια CILICIA, Province; *Act.* XXIII. 24. qui roule, ou qui renverse, de l'Hébreu חלך chalac.

קין Κοινία CIN, le pere des Cinéens; *Num.* XXIV. 22. possession, achat, du mot קנה cana; autrement, nid, du mot קן kinen; autrement, lamentation, du mot קין cun.

קינה CINA, ville; *Josué* XV. 22. de la même racine.

קיני CINÆI, peuples descendus de Cin; *Genes.* XV. 19. de même.

קינות Θρῆνοι CINOTH, lamentation; 2. *Paral.* XXXV. 25. les Septante traduisent, threnoi, Θρῆνοι.

קיר חרש ou קיר חרשת CIR-HARE-SETH, & *Cir-hares*, ville; *Isaï.* XVI. 7. La Vulgate a mis la signification pour le nom, *urbs cocti lateris*. Le mot קיר cir, signifie ville; le mot חרש hares, ou chares, ou keresch, signifie brique, cuit, fabriqué, ou construit.

קיש CIS, fils d'Abiel; 1. *Reg.* IX. 1. dure, difficile, du mot קשה cascha; autrement, de la paille, ou fourage, du mot קש caschash; autrement, concombre, & du mot קשא cascha.

קישון CISON, torrent; *Judith.* IV. 7. de la même racine.

קטרון Κιτρών CITRON, ville; *Judic.* I. 30. Vulgate, *Cétron*, des liens; autrement, qui parfume, ou qui fait de la fumée, du mot קטר catar, brûler de l'encens; autrement, le cantique de celui qui s'ennuye, du mot קר cut, s'ennuyer, & du mot רנה rana, cantique.

בור הסרה φρέαρ νεερά CISTERNA-SIRA. L'Hébreu, *Bair-hasira*, nom de lieu; 2. *Reg.* III. 26. citerne, ou lavoir de l'apostasie, ou de l'opiniâtreté, du mot בור baor, ou ביר baïr, lavoir, puits, & du mot סרה sarar, apostasier.

Κλαύδη CLAUDA, Isle; *Act.* XXVII. 16. La vulgate porte *Cauda*, queuë. En Hébreu, *Clauda* peut signifier voix cassée, ou voix lamentable, du mot קול col, voix, & du mot דוה dava, languir; ou du mot Grec κλαυθμός, lamentation. Mais il faut convenir que ce terme n'est ni Grec, ni Hébreu. En Latin, *Clauda*, signifie boiteuse.

Κλαυδία CLAUDIA, nom Latin, boiteuse; 2. *Epist.* IV. 21.

Κλαύδιος CLAUDIUS, nom Latin, boiteux, XI. 28.

Κλήμης CLEMENS, nom Latin; *Philipp.* IV. 3. doux, bon, modeste, clément.

Κλεοπάτρα CLEOPATRA, fille de Ptolemée, & femme d'Alexandre Roi de Syrie; 1. *Macc.* X. 57. gloire du pere ou de la patrie, mot Grec composé de deux autres, de κλέος, gloire, & de πατήρ, pere, ou πατρά, patrie.

Κλεόπας CLEOPHAS, ou, selon le Grec, Cléopas, l'un des Disciples qui accompagnérent JESUS-CHRIST en Emmaüs; *Luc* XXIV. 18. toute la gloire, ou la gloire en toute manière; mot Grec composé de deux autres; de κλέος, & de πᾶς, tout. Il peut aussi dériver de l'Hébreu chalaph, חלף changer.

Κνίδος CNIDUS, Vulgate Gnidus, isle; 1. *Macc.* XV. 23. des arroches, herbes purgatives ou laxatives, du mot Grec κνίδιον.

קוה ou קוא διεκκνεῖ COA, nom de lieu, selon la Vulgate, ou d'une isle, selon quelques Interprétes; 3. *Reg.* X. 28. foire ou marché; autrement, espérance; autrement, assemblée, du mot קוה cava; autrement, regle, & cordeau, du mot קו cau; les Massorettes en un seul mot, מקוה macoa, assemblée.

Κοιλη-ουρία COELESYRIA, Province nommée Célésyrie; 2. *Macc.* III. 5. basse Syrie, ou Syrie creuse, du mot κοῖλος, bas, creux.

קהלת

CRE — CYR

קהלת COHELETH, Vulgate, *Ecclesiastes*; *Eccles*. I. 1. prédicateur, autrement, celle qui assemble.

קוליה Κωλοуια COLAIA, nom d'homme; 2. *Esdr*. XI. 6. la voix du Seigneur, du mot קול col, voix, & du mot Jah, Seigneur.

קיליה COLIA, pere d'Achab; *Jerem*. XXIX. 21. la voix du Seigneur.

Κολοσσαι COLOSSÆ; *Coloss*. I. 2. punition, châtiment, du mot Grec κολαζω, je punis.

Κως COO, isle, & ville célébre de l'Archipel, vis-à-vis, la Carie; I. *Macc*. XV. 23. de l'Hébreu, קן fil, délié.

Κορβας CORBAN, ou Corbana; *Marc*. II. VII. don, présent, du mot קרבן corban. Voyez *Joseph. lib.* 4. *Antiq. cap.* IV. *pag.* 109. & *lib.* 1. *contra Appionem, pag.* 1047.

קרח CORE, fils d'Isaar; *Exod*. VI. 21. chauve, ou gelé, glacé, du mot קרח carac, ou kerac.

קורא CORE', pere de Sellum; 1. *Paral*. IX. 19. qui lie ou qui appelle; ou perdrix, du mot קרא cora, ou coré.

Κόρινθος CORINTHUS, ville de Grèce; *Act*. XVIII. 1. qui est rassasié, ou ornement, ou beauté, du mot Grec κορεια.

קרחים Κορειται CORITHE', ou Corithes, 1. *Paral*. IX. 19. les enfans de Coré, de la même racine que קרח corac, ci-dessus.

קרן־הפוך ἀμαλθειας κερας CORNU-STIBII, en Hébreu, Keren-apuch, nom de la troisiéme fille de Job; *Job*. XIII. 14. du mot קרן kéren, corne, & du mot פוך phuc ou puch, de l'antimoine, d'où vient *fucus*, du fard.

Χεραειν COROZAIM, bourg; *Luc*. X. 13. le secret, ou c'est ici un mystère, du mot רז raz, secret, mystère, & de l'adverbe כי ci, comme, &c.

קוץ Κως COS, pere d'Arob; 1. *Paral*. IV. 8. épine, chagrin, veille, du mot קוץ cuts.

Κωσαμ COSAM, Vulgate, Cosan, pere d'Addi; *Luc*. III. 28. qui devine, du mot Hébreu קסם casam.

כזבי COZBI, fille de Suri; *Num*. XXV. 18. menteur, du mot כזב cazab, mentir; autrement, comme, s'écoulant, de l'adverbe כי ci, comme, & du mot זוב zub, s'écouler.

Κρητη CRETA, isle; 1. *Macc*. X. 67. charnelle, ou qui est de chair, du mot Grec κρεας;

en Hébreu, l'isle des Caphtorim, ou des Crétim, ou Cérétéens.

Κρητες CRETES, ou *Cretenses*; *Tit*. 1. 12. *Act*. II. 11. en Héb. Cérétim, les Crétois.

קושי Κυσει CUSI, fils d'Abdi; 1. *Paral*. VI. 44. *Vide* Fâcheux, du mot קשה cascha; autrement, fourage, paille, du mot קש casch; autrement, concombre, du mot קשא kischa: mais cette étymologie est fort douteuse.

כות Χυθ CUTHA, Province; 4. *Reg*. XVII. 30. qui est brisé, broyé, du mot כתת cathath; autrement, combustion. Ce nom, qui est celui d'une Nation orientale, ne peut guéres trouver son étymologie dans la Langue Hébraïque. Je crois qu'il vient de Chus ou Chut, d'où est tiré Chuta, Scytha, les Scythes.

Κυπρειαρχης CYPRIARCHES, nom de Dignité; 2. *Macc*. XII. 2. mot Grec, Prince de Cypre, du mot Κυπρος, Cypre, & du mot Αρχων, Prince; autrement, Prince de la beauté, du mot Αρχων, & du mot Κυπρις, Vénus, qui, selon les Poëtes, a reçu le nom de *Cypris*.

Κυπρος CYPRUS, isle de Cypre; 1. *Macc*. XV. 23.

כפר Κυπρος CYPRUS, sorte de parfum d'arbre; *Cantic*. 1. 14. en Hébreu, כפר copher, espéce de poix ou gomme odoriférante, qui coule d'une espéce de cyprés.

קרה Κυρηνη CYRENE, ville; 4. *Reg*. XVI. 9. muraille, du mot קיר kir; autrement, froidure, du mot קר kar; autrement, rencontre, du mot קרא kara; autrement, une planche, du mot קרה kereth. On ne peut point trouver dans la Langue Hébraïque la vraie étymologie de ce nom, qui est étranger.

Κυρηναιος CYRENÆI, peuples de Cyréne; *Act*. XI. 20.

Κυρηνιος CYRINUS, Préfet de Syrie; Grec, Cyrinus; *Luc*. II. 2. qui domine, du mot Grec Κυριος.

כורש CYRUS, Roi de Perse; 1. *Esdr*. I. 1. comme un misérable, de l'adverbe כי ci, comme, & du mot ירש jarasch, misérable, ou héritier; autrement, ventre, du mot כרש keresch. C'est un nom Persan, dont l'étymologie ne se peut pas tirer de l'Hébreu. On assure qu'en Persan coresh signifie le soleil. *Ctesias. Plut. in Artaxerce. Alii.*

Tome IV.   M m   דברת

D

דברת Δαβραθ **DABERETH**, ville; *Josué* XIX. 12. parole, chose, du mot דבר daber; autrement, abeille, ou qui est soumis, & se laisse conduire, du mot דברה dibera, ou Debora.

דביר Δαάρ **DABIR**, Roi d'Eglon; *Josué* X. 3. oracle, discours, parole.

דברי Δαβίρ **DABRI**, ou Dibri, pere de Salumith; *Levit.* XXIV. 11. ma parole, mon oracle.

דדן **DADAN**, fils de Regma; *Gen.* X. 7. mammelle, du mot דד dad; autrement, amitié, oncle, du mot דוד dod; autrement, qui siége, qui juge, du mot דין din.

דגון **DAGON**, Idole des Philistins; *Judic.* XVI. 23. du froment, autrement, un poisson, du mot דג dag, poisson.

דליה Δαλία **DALAIA**, ou *Dalaïas*, fils d'Elioënaï; I. *Paral.* III. 24. le pauvre, ou l'épuisement du Seigneur, du mot דלל dalal, & du mot יה Jah, Seigneur, autrement, la branche de la vigne, du mot דליות dalioth, ou qui est amaigri, du mot דל dal, amaigri.

דלילה **DALILA**, femme aimée par Samson; *Judic.* XVI. 4. pauvre, menuë, ou chevelure, du mot דלה dala, ou seau à puiser.

Δαλμανουθά **DALMANUTA**, pays; *Marc.* VIII. 10. seau à puiser, du mot דלי dali, seau; autrement, épuisement, maigreur, branche.

Δαλματία **DALMATIA**, pays ou Province; 2. *Tim.* IV. 10. lampe trompeuse, ou éclair vaine, du mot Grec δαλός lampe, &c. & du mot ματαία, vaine.

Δάμαρις **DAMARIS**, femme; *Act.* XVII. 34. petite femme ou femmelette, du mot Grec δάμαρ.

דמשק ou דומשק Δαμασκός **DAMASCUS**; Hébreu, Dumeschek, le fils de l'Intendant d'Abraham; *Gen.* XV. 2. sac plein de sang, de dam, sang, & de שק schak, un sac; autrement, similitude de l'incendie, ou du baiser, ou du pot, ou du sac, du mot דמה dama, ressemblance, &c.

דמנה **DAMNA**, ville; *Josué* XXI. 35. meurtre, silence, du mot דם dam; autrement, sa ressemblance, du mot דם dam, & du pronom נה ena; sa; autrement, fumier, du mot דמן domen.

דן **DAN**, nom de lieu; *Genes.* XIV. 14. cinquième fils de Jacob & de Bala, servante de Rachel; *Gen.* XXX. 6. Jugement, ou celui qui juge, du mot דין dajan, ou du mot דון juger.

דניאל **DANIEL**, nom de Prophéte; *Dan.* I. 6. Jugement de Dieu, du mot dan, & du mot אל El, Dieu, ou Dieu est mon Juge.

דנה Ρεννά **DANNA**, ville; *Josué* XV. 49. Jugement, ou qui juge, du mot dan. Les Septante ont lû *Renna*.

דפקה Ραφακά **DAPHCA**, nom de lieu où les Israëlites camperent, dans le désert de Sin; *Num.* XXXIII. 12. impulsion, du mot דפק daphaq. Les Septante l'ont lû par un ר resch, raphaca, au lieu du ד daleth, daphca.

Δάφνη **DAPHNE'**, faubourg d'Antioche; 2. *Macc.* IV. 33. mot Grec qui signifie un laurier.

DAPHNIS, fontaine; *Num.* XXXIV. 11. Ce mot ne se lit point dans l'Hébreu, ni dans les Septante en cet endroit; il signifie laurier.

דרע Δαραδά **DARA**, fils de Zara; I. *Par.* II. 6. génération ou maison du pasteur ou du compagnon, du mot דור dor ou dur, génération ou maison, & du mot רעה rohé, compagnon ou pasteur; autrement, race de méchanceté, du mot רוע raah.

דרקון **DARCON**, Vulgate, Dercon, fils de Gedel; I. *Esdr.* II. 56. ou achat de la génération ou de l'habitation, du mot קנה kana, acheter, posseder, & du mot דור dor ou dur, génération ou habitation; selon le Syriaque, un dragon. Darcon ou Darconim signifie apparemment un Darique, monnoye de Perse.

דריוש **DARIUS**, Roi des Médes; *Dan.* V. 31. qui s'informe, & qui recherche, du mot דרש darasch.

דרמשק Δαμασκός **DARMASCUS**; le même, à ce qu'on croit, que Damascus; I. *Par.* XVIII. 6. Voyez ci-dessus. La Vulgate & les Septante ont lû ici Damascus.

דתן **DATHAN**, fils d'Eliab; *Num.* XVI. 1. loi ou rits, du mot דת dath.

Δάθεμα, ou Διάθεμα **DATHEMAN**, ville; 1. *Macc.* V. 9. Les Septante ont lû dathema, préparation de la Loi, du mot דת dath, loi, & du mot מנה mana, préparation; autrement, présent ou don de la Loi, du mot מנה manac ou mincha, présent.

דויד **DAVID**, fils d'Isaï; I. *Reg.* XVII. 12. bien-aimé, chéri, du mot דוד dod, chérir, aimer.

דבשת

DEM DID

רבשת DEBBASSETH, ville; *Josué* XIX. 11. d'où découle le miel, du mot דבש debasch; autrement, qui cause de l'infamie, du mot דבה dibba, infamie, mauvaise réputation; & du mot שות schuth, imposer, mettre.

Διεβλαιμ DEBELAIM; pere de Gomer femme d'Osée, *Osée* 1. 3. tas ou cabas, des figues.

דברה DEBERA, nom de lieu; *Josué* XV. 7. parole, chose.

דבלתה DEBLATHA, ville; *Ezech.* VI. 14. cabas de figues.

דבלתים DEBLATHAIM, ville; *Jerem.* XLVIII. 22. la même, à ce que l'on croit, que Helmon-Deblathaïm. Voyez ci-après. Le même que Deblatha, cabas de figues.

דברה DEBORA, nourrice de Rebecca; *Gen.* XXXV. 8. autrement, la Prophétesse, femme de Lapidoth; *Judic.* IV. 4. Voyez ci-dessus *Debera* & *Dabereth*; autrement, abeille, mouche à miel, du mot דברה debora.

Δεκαπολις DECAPOLIS, pays; *Math.* IV. 25. mot Grec composé de deux autres, du mot δεκα, dix, & du mot πολις, ville, parce que ce canton comprenoit dix villes.

דקלה DECLA, fils de Jectan; *Gen.* X. 27. sa diminution, du mot דק, & du pronom ה a, sa, ou plûtôt, deela, palme, ou palmier.

דדן DEDAN, ville; *Jerem.* XXV. 23. leurs mammelles, ou leur amitié, ou leur oncle, &c. Voyez ci-dessus *Dadan*.

דדנים DEDANIM, fils de Dedan; *Isaï.* XXI. 13.

דלען Δεελλων DELEAN, ville; *Josué* XV. 38. pauvre, affligé, du mot דלל dalal; autrement, réponse, ou cantique du pauvre, de dalal, pauvre, & du mot ענה hana, répondre ou chanter, affliger.

DELPHON, fils d'Aman; *Esth.* IX. 7. goutiere, ou l'eau qui distille de dessus les toits, du mot דלף dalaph; autrement, qui regarde le pauvre, du mot דלל dalal, pauvre ou affligé, & du mot פנה pana, regarder.

Δηλος DELOS, Isle; I. *Macc.* XV. 23. montrée & manifestée, du mot Grec δηλόω, je montre.

Δημας DEMAS, nom d'homme; *Coloss.* IV. 14. populaire, du mot Grec δημος autrement, gras.

Δημητριος DEMETRIUS, fils de Seleucus; I. *Macc.* VII. 1. qui appartient à Cérés, du mot Grec Δημητηρ, qui signifie la Déesse Cérés, qui préside aux bleds.

Δημοφων DEMOPHON, nom d'homme; 2. *Macc.* XII. 2. qui tuë le peuple, ou le meurtre du peuple, du mot δημος peuple, & du mot φινω, je tuë.

דנבה DENABA, ville; *Genés.* XXXVI. 32. son jugement en elle, ou elle rend le jugement, du mot דין din, jugement, & du pronom ה a, son, & de la préposition ב beth, dans, du même pronom ה a, elle; autrement, qui rend le jugement, du mot דין din, jugement, & du mot יהב cab, je donne.

Δερβη DERBE', ville de la Lycaonie; *Act.* XIV. 6. en Hébreu, darban, un éguillon.

Δερβαιος DERBEUS, nom d'homme natif de Derbé; *Act.* XX. 4.

Δεσαυ DESSAU, nom d'un château; 2. *Macc.* XIV. 16. graisse, du mot Grec δασυς; autrement, cendre, de l'Hébreu, daschan. L'Hébreu דשא signifie germer, pousser.

Δευτερονομιον DEUTERONOMIUM, Déuteronome, seconde Loi ou répétition de la Loi; en Hébreu, Elle-haddebarim.

Διαβολος DIABOLUS; I. *Macc.* I. 38. calomniateur, accusateur, du mot Grec διαβολος.

Διακονος DIACONUS, Diacre; Ministre, serviteur.

Διαδημα DIADEMA, diadème; bandeau royal; du Grec δια, & δεω, ligo.

Αρτεμις DIANA, nom de Déesse que les Ephésiens adoroient; *Act.* XIX. 24. Ce mot Latin peut signifier lumineuse. Diane se prend pour la Lune. Le Grec αρτεμις signifie parfaite.

דבון DIBON, ville des Moabites, *Isaï.* XV. 2. *Josué* XIII. 17. intelligence, abondance de l'intelligence, ou du bâtiment, du mot בנה bana, bâtir, ou בונה bana, entendre; ou, selon le Syriaque, écoulement.

דמון Δεβων DIBON, ou selon l'Hébreu, Dimon; *Isaï.* XV. 9. ville où il y avoit des eaux qui portoient ce nom; plaine de sang, du mot דם dam; autrement, fumier, du mot דמן domen.

דיבן-גד DIBON-GAD, ville qui échut à la Tribu de Gad; autrement, l'une des demeures des enfans d'Israël; *Num.* XXXIII. 45. abondance du fils heureux & puissant, du mot דד dad; abondance ou fortune, & du mot בן ben, fils, & du mot גד gad, puissant, grand; autrement, entendement ou édifice heureux ou grand, du mot בנה bina, entendre, & du mot בנה bana, bâtir; autrement, abondance du fils armé ou habillé, du même mot גד gad.

דברי-הימים Παραλειπομενων DIBRE-HAIAMIM. Ainsi est intitulé le Livre des Paralipomènes. Paroles des jours, Annales, du mot דבר dabar, paroles, & du mot יום jom, le jour; en Grec, Paralipomenon; c'est-à-dire, des choses laissées ou omises.

Διδυμος DIDYMUS, surnom de l'Apôtre saint Thomas; *Joan.* XI. 16. mot Grec qui signifie jumeau.

דהוא

140 DOD DUE

Δαуиῖοι דהוא DIEVI, l'un des Samaritains ennemis du Peuple de Dieu; 1. *Esdr.* IV. 9. mot Syriaque, qui signifie celui qui est du pays de Hava.

דליהו Δαλαία DILAJAU, le Chef d'une des vingt-quatre familles Sacerdotales; 1. *Paral.* XXIV. 17. le pauvre du Seigneur, du mot דל dalal, pauvre ou épuisé; autrement, branche du Seigneur, du mot דלית dalioth, branches, & du mot יה Jah, Seigneur.

דימונה DIMONA, ville; *Josue* XV. 22. fumier, du mot דמן domen; autrement, présent ou nombre abondant, du mot די daï, abondant, & du mot מנה mana, nombrer, ou מנח manac, ou minca, présent, don.

דינה DINA, fille de Jacob & de Lia; *Gen.* XXX. 21. Jugement, ou qui juge, du mot דין din.

דיניא DINÆI, nom de Peuples; 1. *Esdr.* IV. 9. Juges ou Jugemens, du même mot דין din.

Διονύσιος DIONYSIUS, sçavant Athénien converti par la prédication de saint Paul; *Act.* XVII. 34. divinement touché, du mot δίος, divin, & du mot νύω, je frappe, ou plûtôt enfant de Jupiter.

Διόρυξ DIORYX, le lit d'une riviere, fossé, ruisseau; *Eccli.* 24. 41. du Grec διά, & ὀρύσσω.

Διόσκορος DIOSCORUS, fils de Jupiter. On appelloit *Dioscori* Castor & Pollux.

Διοτρεφής DIOTREPHES; 3. *Ep. S. Joan.* v. 9. qui est nourri par Jupiter, ou nourrisson de Jupiter, du mot Grec δίος, Jupiter, & du mot τρέφος, nourrisson.

Διπλοῒς DIPLOIS, manteau double, du Grec διπλοῦς, double.

Διπονδιον DIPONDIUM, deux oboles, du Grec δίς, deux fois, & *pondus*, poids.

Διψάς צמאן DIPSAS, serpent qui tuë par l'altération qu'il cause, du Grec διψάω, j'ai soif. L'Hébreu zimam a la même signification.

דישן Ῥισών DISAN, fils de Séïr; *Gen.* XXXVI. 21. graisse, du mot דשן daschen; autrement, cendre, du même mot.

דישון DISON, fils d'Ana; *Gen.* XXXVI. 21. cendre, ou trituration.

Διθάλασσος DITHALASSUM, arrosé de deux mers, ou situé entre deux mers, *Act.* XXVII. 41. du mot Grec δίς, deux, & du mot θάλασσα mer, épithéte de la ville de Corinthe.

Δώχ DOCH, forteresse; 1. *Macc.* XVI. 15. pousser, piler, broyer, du mot Hébreu דוך duc. En lisant dog, on pourroit traduire poisson.

דדנים DODANIM, fils de Javan; *Genes.* X. 4. le sommeil de l'ami & de l'oncle, ou mammelle de celle qui dort, du mot דד dad, ou דוד dod, & du mot נום num, dormir, ou les amours, les mammelles.

דודנים Δωδανείμ DODANIM, selon quelques Exemplaires Hébreux, Rodanim, le même fils de Javan; 1. *Paral.* I. 7. sommeil de celui qui descend ou commande, du mot נום num, dormir, & du mot ירד jarad, descendre, ou du mot רדה rada, commander. On a lû un ר resch, pour un ד daleth.

דדוהו Δωδία DODAU, pere d'Eliézer; 2. *Par.* XX. 37. son amitié, son oncle, ou sa mammelle, du mot דד dad, mammelle, ou du mot דוד dod, oncle, ou amitié, & du pronom הו ou, son.

דאג DOEG, un de ceux qui avoient la principale intendance sur les troupeaux de Saül; 1. *Reg.* XXI. 7. qui agit avec inquiétude, du mot דאג daag; autrement, pêcheur de poissons, du mot דוג dug, pêcher.

דמים DOMMIM, nom de ville; 1. *Reg.* XVII. 1. qui est de sang, ou ensanglantez du mot דם dam; autrement, qui garde le silence, du mot דום dum.

דאר ou דור DOR, ville; *Josue* XI. 2. Ce nom s'écrit différemment; *Josue* XVII. génération ou habitation, du même mot דור dur ou dor, selon les différentes leçons.

Δορκάς טביתה DORCAS, femme surnommée *Tabytha* en Syriaque; *Act.* IX. 39. 40. mot Grec qui signifie une chévre, une femelle de chevreüil.

דרדע DORDA, fils de Maol; 3. *Reg.* IV. 31. génération ou habitation de la science, du mot דור dur ou dor, habiter ou engendrer, & du mot ידע jadah, science.

Δορυμένης DORYMINI, pere de Ptolemée; 1. *Macc.* III. 38. génération ou habitation de la droite, du mot דור dor, habitation, &c. Voyez ci-dessus, & du mot ימין imin, ou jamin, droite; ou plûtôt, selon la force du Grec, la vigueur de la lance, ou du javelot.

Δωσίθεος DOSITHEUS, l'un des Capitaines de Judas Maccabée; 2. *Macc.* XII. 19. Dieu donné, du mot Θεός, Dieu, & du mot δωσις, don.

דתן ou דתין DOTHANI, ou *Dothan*; *Gen.* XXXVII. 17. la coûtume, où la loi, du mot דת dath.

Δρουσίλλα DRUSILLA, femme de Félix, Préfet de Judée; *Act.* IV. 29. moüillé par la rosée, du mot δρόσος, rosée.

דודי Δωδαί DUDIA, l'un des douze Chefs qui chaque mois de l'année commandoient les troupes de David; 1. *Par.* XXVII. 4. mon bien-aimé, ou mon oncle, du mot דוד dod, & du pronom י, mon.

דעואל βαγιηλ DUEL, pere d'Eliasaph; *Num.* I. 14. connoissance, ou science de Dieu, du mot ידע jadah, science, & du mot אל El,

DUM — DYS

El, Dieu. Les Septante ont lû Raguel, par un ר refch, au lieu d'un ד daleth.

דוּמָה Δουμά DUMA, région; *Ifai*. XXI. 11. autrement, fils d'Ifmaël; *Genef*. XXV. 14. filence, du mot דום dum; autrement, reffemblance, du mot דמה dama. Quelques Exemplaires, ῥυμά, un ר refch, pour un ד daleth. Dans la Vulgate on lit Ruma; *Jofue* xv. 52. & dans les Septante ρεμμα, & en quelques Exemplaires ρυμμα.

דוּרָא Δουρά DURA, vallée; *Dan*. III. 1. génération, ou habitation, du mot דור dur ou dor, félon les différentes leçons.

Δύσκολος DYSCOLUS, difcole, difficile, incommode; terme Grec.

E

עֵיבָל Γεβάλ EBAL, fils de Sobaï; *Gen*. XXXVI. 23. tas & amas de vieillefle, du mot עי hi, & du mot בלה balé ou bala, vieux, ou amas qui s'écoule, & qui fe diffipe.

אחמתא Ἐκβάτανα ECBATANA, pays; 1. *Efdr*. VI. 2. frere de la mort, du mot אח aka, frere, & du mot מות muth, mort. Ce nom eft Méde, ainfi il n'eft pas poffible de trouver fa véritable étymologie dans l'Hébreu.

חקטן Ἀκατάν ECCETAN, pere de Johanan; 1. *Efdr*. VIII. 12. petit, ou très-petit, du mot קטון caton.

קהלת Ἐκκλησιαστής ECCLESIASTES, en Hébreu *Coheleth*; *Ecclef*. I. 1. qui affemble & qui prêche, titre d'un des Livres de Salomon.

אחיה ἀλά ECHAIA, nom d'homme; 2. *Efdr*. X. 26. frere du Seigneur, du mot אח aka, frere, & du mot יה Jah, Seigneur.

אחי Ἀχείς ECHI, fils de Benjamin, *Gen*. XLVI. 21. qui eft appellé Rapha; 1. *Par*. VIII. 2. mon frere, du même mot אח aka, frere; & du pronom י i, mon.

אדון Ἀδδούς EDDO, nom d'homme; 1. *Efdr*. VIII. 17. fa vapeur, fa mort ou fa nuée, du mot איד ed, vapeur, & du pronom ו vau, fa.

אדמה ἀδαμά EDEMA, ville; *Jofue* XIX. 36. terre rouffe, ou de fang, du mot אדם Adam.

עדן ἀδέν EDEN, peuples, enfans d'Eden; *Ifai*. XXXVII. 12. volupté, ou les délices.

עדר EDER, fils de Mufi; 1. *Paral*. XXIII. 23. troupeau; autrement, ôter, retrancher. Il y avoit près de Bethléem une tour de ce nom; *Genef*. XXXV. 21. La Vulgate en a donné la fignification, en l'appellant la tour du troupeau.

הדסה EDISSA, la même qu'Efther; *Efth*. II. 7. myrte, du mot הדס hadas; autrement, félon le Syriaque, la joye.

עדנא Ἐδνί EDNA, ou *Ednas*, nom d'homme; 1. *Efdr*. X. 30. volupté, du mot עדן eden.

עדנה EDNAS, l'un des Chefs des troupes de Manaffé; 1. *Paral*. XII. 20. repos, ou témoignage éternel, du mot עד hod, témoignage, & éternité; & du mot נוח nuac, repos.

אדום EDOM, Efaü fils d'Ifaac; *Gen*. XXV. 30. roux, terreftre, ou de fang.

אדם Ἐδώμ EDOM, Vulgate, *Adom*, ville; *Jofue* III. 16. Hébreu, *Adam*, roux, fanguin.

אדרעי ἀδραΐ EDRAI, ville du Roi Og; *Deut*. I. 4. un fort grand & magnifique amas, du mot אדר adar, grand, fort; & du mot עי hi, tas & amas; autrement, nuée, mort du méchant, du mot איד ed, nuée & mort, & du mot רוח ruah, ou עי rah, méchant; autrement, mort du compagnon, ou du pafteur, du mot רעה rohé.

הגא EGEUS, Eunuque du Roi de Perfe; *Efth*. II. 3. méditation, parole, enlèvement, ou éloignement, ou gémiffement, du mot הגה haga. Ce nom eft Perfan, & ne fçauroit tirer fa véritable étymologie de l'Hébreu.

עגלה EGLA, femme de David; 2. *Reg*. III. 5. jeune vache, un chariot, ou un rond.

עגלון EGLON, ville du Roi Dabir; *Jofue* X. 3. ou nom du Roi de Moab; *Judic*. III. 12. veau, char, rond.

אלא ou אלה Ὀλάς ELA, ville des Iduméens; *Gen*. XXXVI. 41. Voyez *Elath* ci-après, un chêne, malédiction, parjure, jurement, imprécation.

אלעד Ἐλαάδ ELAD, fils de Suthala; 1. *Paral*. VII. 21. l'éternité, le témoignage, ou le butin de Dieu, du mot עד hed, ou had, éternité, & du mot אל El, Dieu.

אלעדה ELADA, fils de Taharh; 1. *Par*. VII. 20. affemblée, congrégation de Dieu, du mot יעד jahad, affembler, réunir, ou עדה heda, affemblée, & du mot אל El, Dieu; autrement, l'éternité, le témoignage, ou le butin de Dieu.

Ἐλιμά ELAI, pere d'Ofias; *Judith*. VIII. 1. fort, du mot אל cli; autrement, mon Dieu, du mot אל El, Dieu, & du pronom י i, mon.

עלם ELAM. Voyez Ælam.

אלעשה ELASA, fils d'Hellés; 1. Par. II. 39. créature de Dieu, du mot עשה hascha, faire, & du mot אל El, Dieu.

אילת Ἰλὼν ELATH, ou *Ailath*, ville de l'Idumée; *Deut.* II. 8. la même qu'*Ela* ci-dessus, une biche, du mot איל aïl; autrement, force, du même mot; autrement, chêne, du mot אלה ala.

אלקנה ELCANA, fils de Choré; *Exod.* VI. 24. pere de Samuël, mari d'Anne; 1. *Reg.* I. 4. Dieu zélateur, du mot אל El, Dieu, & du mot קנא kiné, zeler; autrement, possession, ou canne de Dieu, du mot קנה cana.

אלקשי Ἐλκεσαῖος ELCESAÏ, nom d'un bourg; *Nahum.* I. I. dureté de Dieu, du mot קשה cascha, rude, fâcheux, & du mot אל El, Dieu.

אלדעה ῥαγὰ ELDAA, fils de Madian; *Genes.* XXV. 4. science, ou connoissance de Dieu, du mot ידע jadah, science, & du mot אל El, Dieu.

אלדד ELDAD, nom d'homme; *Num.* XI. 26. amour de Dieu, ou chéri de Dieu, du mot דוד dod, amitié; du mot אל El, Dieu.

אלעלה ELEALE, ville des Amorrhéens; *Isai.* XV. 4. *Num.* XXXII. 37. ascension de Dieu, ou holocauste de Dieu, du mot עלה hala, ou holà, élévation, du mot אל El, Dieu.

אלעזר ELEAZAR, fils d'Aaron; *Exod.* VI. 22. secours de Dieu, ou parvis de Dieu, du mot עזר hazar, secours, ou parvis, & du mot אל El, Dieu.

Ἤλεκτρον ELECTRUM, métal composé d'or & d'argent. On ne sçait pas la véritable étymologie de ce terme Grec. L'Hébreu חשמל chasmal, signifie de l'airain fondu & brûlant.

אלחנן ELEHANAN, cousin germain d'Azaël; 2. *Reg.* XXIII. 24. grace, don, ou miséricorde de Dieu, du mot חנן chen, ou chanan, & du mot אל El, Dieu.

אלף ἴλαφ ELEPH, ville; *Josue* XVIII. 28. mille, doctrine, chef, ou bœuf, du mot אלף alaph, ou eleph.

Ἐλεύθερος ELEUTHERUS, nom d'un fleuve; I. *Macc.* XI. 7. à la lettre, libre.

אלי ELI, parole d'exclamation qui s'adresse à Dieu; *Psal.* XXII. I. & *Matth.* XXVII. 46. mon Dieu, du mot אל El, Dieu, & du pronom י i, mon.

אליה ELIA, fils d'Harem; I. *Paral.* VIII. 27. & I. *Esdr.* X. 21. le Seigneur Dieu, du mot אל El, Dieu, & du mot יה Jah, Seigneur; autrement, le Seigneur fort, du mot יה Jah, Seigneur, & du mot אול ul, ou el, fort.

אליאב ELIAB, fils de Phallu; *Num.*

XXVI. 8. &c. Dieu est mon pere, du mot אל El, Dieu, du pronom י i, mon, & du mot אב ab, pere; autrement, le Dieu du pere.

אליחבא ELIABA, nom d'homme; 2. *Reg.* XXXIII. 32. le Dieu, ou le fort, le cachera, du mot אל El, Dieu, ou du mot אול ul, fort, & du mot חבא caba, cacher, couvrir, ou Dieu est ma couverture.

אליקים ELIACIM, fils d'Helcias; *Isai.* XXII. 20. ou l'Intendant de la maison du Roi Ezéchias; 4. *Reg.* XXIII. 34. résurrection de Dieu, ou le Dieu de la résurrection, ou de la fermeté, du mot קום cum, ressusciter, affermir, & du mot אל El, Dieu; autrement, Dieu vangeur, du mot נקם nakam, vanger.

אלידע ELIADA, pere de Razon; 3. *Reg.* XI. 23. science de Dieu, ou connoissance de Dieu, du mot ידע jada, science, & du mot אל El, Dieu.

אליעם ELIAM, fils d'Achitophel; 2. *Reg.* XXXII. 34. le peuple de Dieu, ou le Dieu du peuple, du mot אל El, & du mot עם ham, peuple.

אליהו ELIAS, Prophète; 3. *Reg.* XXVII. I. Dieu, le Seigneur. Voyez ci-dessus *Elia*.

אליסף ELIASAPH, fils de Duel; *Num.* I. 14. Dieu qui ajoûte, qui achéve, ou qui finit, du mot יסף jasaph, ajoûter, achever, finir, & du mot אל El, Dieu.

אלישיב ELIASIB, fils d'Elioénaï; I. *Par.* III. 24. le Dieu de conversion; autrement, mon Dieu ramenera, du mot שוב schub, se convertir, ou rappeller, & du pronom י i, mon.

אליאתה ἄλωθα ELIATHA, fils d'Hémaï; I. *Reg.* XXV. 4. vous êtes mon Dieu, des pronoms אתה atha, toi, vous, י i, mon, & du mot אל El, Dieu; autrement, mon Dieu vient, du mot אל El, & du pronom י i, mon, & du mot אתה atha, venir, arriver.

אליקא ELICA, l'un des trente vaillans Capitaines de David; 2. *Reg.* XXIII. 25. pélican de Dieu, du mot קאה caa, pélican, & du mot אל El, Dieu, ou un fort vomissement, du mot אול hul, fort, & du mot קיא kia, vomir.

Ἐλκεοὶ ou ἰδυμαῖοι ELICI, peuples; *Judith.* I. 6. noirs; autrement, retors, du mot Grec ἰλμὲς. Le Grec & le Syriaque lisent les Elimiens, ou peut-être les Elamites.

אלידד ELIDAD, fils de Chaselon; *Num.* XXXIV. 21. chéri de Dieu, ou amour de mon Dieu. Voyez ci-dessus *Eldad*.

אליאל ELIEL, fils de Thohu; I. *Paral.* VI. 34. Dieu, mon Dieu, ou mon Dieu est Dieu, du mot אל El, qui est répété, & du pronom י i, mon; autrement, force de Dieu, du mot אול ul, force, & du mot אל El, Dieu.

אליעזר ELIEZER, Intendant de la maison

maison d'Abraham ; *Genes*. xv. 2. secours ou parvis de mon Dieu. Voyez *Eléazar* ci-dessus.

אליחרף ELIHOREPH, fils de Sisa, un des Chefs des armées de Salomon ; 3. *Reg*. IV. 4. le Dieu d'hyver, du mot חרף horeph ; hyver, & du mot אל El, Dieu ; autrement, le Dieu de la jeunesse, du même mot horeph ; autrement, de la honte & de l'opprobre, du mot חרף haraph.

אילם A'λὶμ ELIM ; ville des Moabites ; *Num*. XXXVI. 9. & *Exod*. XV. 27. les béliers ; du mot איל aïl ; autrement, les forts, ou les cerfs, ou les vallées ; de la même racine.

אלימלך ELIMELECH, époux de Noémi ; *Ruth*. I. 2. mon Dieu est Roi, du mot אל El, Dieu ; du pronom י i, mon, & de מלך Melech, ou Malach, Roi.

עליועיני E'λιωναὶ ELIOENAIM, fils de Naaria ; 1. *Paral*. III. 23. IV. 36. autrement, fils de Béchor, I. *Parhl*. VII. 9. & VIII. 19. vers lui sont mes yeux, du mot על hal, qui signifie *ad, apud, juxta*, selon le Latin, & du pronom י ai, mes, & du mot עין l'œil ; autrement, vers lui sont mes fontaines, du même mot ; autrement, vers lui est ma pauvreté & ma misere, du mot עני honi.

אליפל ELIPHAL, fils d'Ur ; 1. *Paral*. II. 35. miracle ; ou jugement de Dieu, du mot אלפ phala, miracle, ou du mot פלל pillel, jugement, & du mot אל El, Dieu.

אליפלט E'λιφαλὲτ ELIPHALET ; fils de David ; 2. *Reg*. V. 16. Dieu de la délivrance, du mot אל El, Dieu, & du mot פלט palat, délivrer ; autrement, mon Dieu qui met en fuite, du pronom י i, mon, & du mot אל El, Dieu, & du même mot palat ; qui met en fuite.

אליפלהו E'λιφαλὶ ELIPHALU, nom d'un Prêtre ; 1. *Par*. XV. 18. mon Dieu est admirable, ou le jugement de mon Dieu ; Voyez ci-dessus *Eliphal*.

E'λισαφὰτ ELIPHELET, fils d'Aasbaï ; 2. *Reg*. XXIII. 34. de même qu'*Eliphalet* ci-dessus.

אלישה ELISA, fils de Javan ; *Genes*. x. 4. ou les Isles d'Eliza ; *Ezech*. XXVII. 7. c'est mon Dieu, du mot ישה jesch, il est, il represente ; autrement, agneau de Dieu, du mot שה sché ; autrement, Dieu qui prête secours, du mot ישה jascha, & du mot אל El, Dieu. Ces étymologies ne sont pas bien sûres, mais on n'en sçait point d'autres.

אלישבע E'λισάβεθ ELISABETH, femme d'Aaron ; *Exod*. VI. 23. &c. Dieu du jurement, ou le serment de Dieu, du mot שבוע schabua ; autrement, du rassasiement, du mot שבע scheba, ou schebah, & du mot אל El, Dieu.

אליצפן ELISAPHAN, fils d'Oziel ; *Exod*.

VI. 22. c'est aussi le fils de Pharnach ; *Num*. XXXIV. 25. Dieu de l'Aquilon, du mot צפון tsaphon ; autrement, mon Dieu est caché, du mot צפן tsaphan ; autrement, mon Dieu contemple, du mot צפה tsapha, & du mot אל El, Dieu.

אלישפט ELISAPHAT, fils de Zéchri ; 2. *Par*. XXIII. 1. Dieu qui juge, du mot שפט schaphat, & du mot אל El, Dieu.

אלישמע ELISAMA, fils d'Amiud ; *Num*. I. 10. &c. Dieu exauçant ; du mot שמע schama, & du mot אל El, Dieu.

אלישע ELISEUS, nom d'un Prophete ; 3. *Reg*. XIX. 16. salut de Dieu, ou Dieu qui sauve, du mot ישע jascha, & du mot אל El, Dieu.

אלישוע E'λισομὶ ELISUA, fils de David ; 2. *Reg*. V. 15. Dieu est mon salut.

אליצור ELISUR, fils de Sédéor ; *Num*. I. 5. Dieu est ma force, mon rocher, du mot צור tsor, rocher, d'où vient מצור matsor ; forteresse ; autrement, pierre ou rocher de Dieu, du même mot צור tsor.

אליהוא ELIU, fils de Jéroham ; 1. *Reg*. I. 1. il est lui-même mon Dieu, du mot אל El, Dieu, & du pronom י i, mon, & de הוא ha, lui.

E'λιοὺδ ELIUD, fils d'Achim ; *Matth*. I. 14. Dieu est ma loüange, ou loüange de mon Dieu, du mot אל El, Dieu, & du mot הוד od, gloire, loüange.

אלה־הדברים ELLE-HADDEBARIM, c'est-à-dire, ce sont-là les paroles, du pronom אלה ala, ceux-ci ou ceux-là, & du mot דבר dabar, parole ; titre & premiers mots du Livre du Deuteronome, comme l'appellent les Grecs & la Vulgate, Chap. XVII. 18. de ce Livre, c'est-à-dire, seconde Loi, ou renouvellement de la Loi.

הלל ELLEL, pere d'Abdon ; *Judic*. XII. 12. qui loüe, du mot הלל hillul ; autrement, folie, du mot הלל halal ; autrement, Lucifer, du mot הולל helel.

E'λμωδὰμ ELMADAN, fils d'Her, *Luc*. III. 28. Quelques exemplaires Grecs anciens portent *Elmadad*, le Dieu de la mesure, du mot אל El, Dieu, & du mot מד mad, mesurer ; autrement, le Dieu du vêtement, du même mot mad, ou madad.

אלמלך ELMELECH ; ville ; *Josue* XIX. 26. Dieu est Roi, du mot אל El, Dieu, & du mot מלך melech.

אלמודד ELMODAD, fils de Jectan ; *Gen*. X. 26. mesure de Dieu. Voyez *Elmadan* ci-dessus. Autrement, parvis du bien-aimé, du mot אלם ulam, parvis, & du mot דוד dod, bien-aimé.

E'λναὰμ ELNAAM, Vulgate, *Elnaëm*, pere de Josue ; 1. *Par*. XI. 46. beauté de Dieu, du mot אל El, & du mot נעם naham ; autrement, Dieu qui les remue, du
mot

mot נוע nuah, remuer, & du pronom עם am, les, ou eux.

אלנתן ELNATHAN, fils d'Achobor; *Jerem*. XXVI. 22. Dieu a donné, ou don de Dieu, du mot אל El, Dieu, & du mot נתן nathan, donner.

אלון ELON, fils de Zabulon; *Gen*. XLVI. 14. chêne ou chenaye; autrement, fort, de איל ejal.

ELONITÆ, famille d'Elon; *Num*. XXVI. 26. de la même racine.

אלפעל ELPHAAL, fils de Méhusim; I. *Par*. VIII. 11. œuvre de Dieu, du mot אל El, Dieu, & du mot פעל pahal, faire.

Ἐλθεκὰ אלתקא ELTHECE', ville; *Josue* XIX. 44. le coffre, l'armoire de Dieu, selon le Syriaque & l'Hébreu; la même qui est appellée par la Vulgate, *Josue* XXI. 23. *Eltheco*.

אלתקה Ἐλθεκὼ ELTHECO, ville; *Josue* XXI. 23. la même qu'*Elthecé* ci-dessus, qui a à la fin un ה hé.

אלתקן Ἐλθεκὼν ELTHECON, ville; *Josue* XV. 59. Dieu l'a assuré, de la même racine qu'*Elthecé*.

אל-תולד Ἐλθωλὰδ ELTHOLAD, ville; *Josue* XV. 30. génération de Dieu, du mot ילד jalad, enfanter, & du mot אל El, Dieu.

אלול Ἐλεὰ ELUL, sixiéme mois de l'année des Hébreux, *Esdr*. VI. 15. cri, hurlement, du mot אלה ala; autrement, veille. Ce nom est Assyrien, & sa racine ne se trouve pas dans l'Hébreu.

אלעוזי Ἐλιωζὶ ELUZAI, l'un des trente vaillans Capitaines de David; I. *Par*. XII. 5. Dieu est ma force, du mot אל El, Dieu, & du mot עז hazaz, force.

Ἐλύμαις ELYMAIS, ville Capitale du pays d'Elam; I. *Macc*. VI. I. Voyez *Ælam*.

Ἐλύμας עלמה ELYMAS, Magicien; *Act*. XIII. 8. un homme corrompu & méchant. En Arabe ce nom signifie un Magicien.

אלזבד ELSABAD, nom d'un Prince; I. *Paral*. XII. 12. présent reçû de Dieu, ou donné à Dieu, du mot זבד zabad, doter, donner, & du mot אל El, Dieu.

Ἐμαγχουὴλ EMALCHUEL, *Elmalchuël*, un des Chefs des Arabes; I. *Macc*. XI. 39. Dieu est son Roi, du mot מלך Melec, Roi, & du mot אל El, Dieu; autrement, envoyé de Dieu, du mot מלאך malac, envoyer, & du mot אל El, Dieu.

הימן EMAN, fils de Zara; I. *Paral*. II. 6. beaucoup; autrement, tumulte, du mot המון hamon; autrement, selon le Syriaque, fidéle.

חמת EMATH, ville; 4. *Reg*. XIV. 25. autrement, *Hémath*, la colére, chaleur, du mot חם kam, apparemment à cause qu'il y avoit des bains d'eau chaude; autrement, muraille, du mot חמה coma.

מאת μεὰ EMATH, nom d'une tour; 2. *Esdr*. XII. 38. en Hébreu מאה meah, ou meath, cent.

אמים Ὀμμὶν EMIN, géant; *Deut*. II. II. les craintes, ou les terreurs, du mot אום am; autrement, formidable, du mot אמה ema; autrement, peuples, du mot אום om.

עמנואל EMMANUEL, autrement, *Immanuël*, nom donné à JESUS-CHRIST; *Isai*. VII. 14. Dieu avec nous, de la préposition עם him, avec, du pronom נו eno, nous, & du mot אל El, Dieu.

Ἐμμαους חמת EMMAUS, nom d'un château; *Luc*. XXIV. 13. apparemment il se nommoit en Hébreu, hemath, ou chamath, chaleur, à cause de ses eaux chaudes.

אמר Ἐμμὴρ EMMER, pere de Phassur; *Jerem*. XX. I. Voyez ci-dessus *Emer*, disant, parlant, qui a le don de la parole.

אמר EMMER, nom d'homme, & de lieu; I. *Esdr*. II. 37. qui parle, disant, & selon le Syriaque, agneau; autrement, exaltation.

ענק ENAC, nom d'un fameux géant; *Num*. XIII. 23. collier, ou ornement; quelques-uns dérivent de là le Grec ἄναξ, un Roi.

ענקים ENACIM, géans; *Deut*. II. II. de même.

עינים Ἠναὶμ ENAIM, bourg; *Josue* XXXIV. 34. les deux fontaines, ou les deux yeux, du mot עין haïn, leur. Enaïm est au duel.

עינן ENAN, bourg; *Num*. XXXIV. 9. nuées, prestiges, ou augures, du mot ענן honen; autrement, leur fontaine, ou leur œil, du mot עין haïn, & du pronom ן an, leur.

Ἐγκαίνια ENCÆNIA, une des Fêtes des Juifs; *Joan*. X. 22. mot Grec, qui signifie renouvellement, ou dédicace, de καινός, nouveau.

עין-דור ENDOR, ville; *Josue* XVII. fontaine ou œil de génération, ou habitation, du mot עין haïn, œil, fontaine, & du mot דור dor, ou dur, génération.

עין-גדי EN-GADDI, ville; I. *Reg*. XXIV. I. fontaine, ou œil du bouc, ou de la félicité, du mot עין haïn, fontaine, ou œil, & du mot גדי ghedi, bouc.

עין-עגלים οὐ ἀγγλεὶμ EN-GALLIM, nom d'un bourg; *Ezech*. XLVII. 10. fontaine, ou œil des veaux, ou des chariots, ou des rondeurs, du mot עין haïn, œil, ou fontaine, & du mot עגלים hagolim, & des rondeurs, & des roües ou chariots, ou du mot עגלה hegla, un bœuf.

עין-גנים EN-GANNIM, nom de lieu; *Josue* XIX. 21. Vulgate, *Ængannim*; *Josue* XV. 34. fontaine, ou œil, des jardins, du mot עין haïn, fontaine ou œil, & du mot גן gan, jardin.

עין-חדה

EPH   ESA

עֵין־חֲדָה Aἰναδὰ EN-HADDA, ville ; *Josue* XIX. 21. fontaine, ou œil aigu, fin, délié, du mot עין haïn, œil, fontaine, & du mot חדר cadad, ou חד cad, aigu, afilé, autrement, joyeux, du mot חדה cada ; autrement, fontaine, ou œil de la pointe, ou de la joye.

עֵין־חָצוֹר πηγὴ ἀσὼρ EN-HASOR, ville ; *Josue* XIX. 37. fontaine, ou œil du parvis, de la demeure, du mot עין haïn, œil ou fontaine, & du mot חצר chatsar, parvis, entrée, ou le foin, ou l'herbe de la fontaine, du mot חציר catsir. Les Septante, la fontaine d'Asor.

הֵנֹּם ENNOM, vallée ; *Josue* XV. 8. les voilà : de l'adverbe הן hen, voilà & du pronom ם am, les ; autrement, leurs richesses, du mot הון on, richesses, & du pronom ם am, leurs.

עֵינוֹן Ἀινὼν ENON, confins de Damas ; *Ezech.* LVII. 17. *&c.* nuée, ou tas ténébreux, ou sa fontaine, ou son œil.

אֱנוֹשׁ ENOS, fils de Seth ; *Gen.* IV. 26. homme mortel, malade, ou désespéré, oublieux.

עֵין־שֶׁמֶשׁ πηγὴ-σαμὲς EN-SEMES, nom de lieu ; *Josue* XVIII. 17. fontaine, ou œil du soleil, du mot עין haïn, fontaine, ou œil, & du mot שמש semes, soleil.

Ἐπαινετὸς EPÆNETUS, ami de saint Paul ; *Rom.* XVI. 5. mot Grec, qui signifie loüable, digne de loüange.

Ἐπαφρᾶς EPAPHRAS, l'un des Disciples de saint Paul ; *Coloss.* IV. 12. mot Grec, qui signifie couvert d'écume.

Ἐπαφρόδιτος EPAPHRODITUS, aide de saint Paul ; *Phil.* II. 25. mot Grec, qui signifie agréable, beau, d'ἀφροδίτη Vénus.

עֵיפָה EPHA, fils de Madian ; *Gen.* XXV. 4. *&c.* las, fatigué, du mot עיף hajaph ; autrement, voler en l'air comme un oiseau, du mot עוף huph, voler.

עֵפֶר Ἀφεὶρ EPHER, fils de Madian ; *Gen.* XXV. 4. Vulgate, *Opher, &c.* poudre ; autrement, un faon, ou du plomb, du mot עפרת ophereth.

Ἔφεσος EPHESUS, ville ; *Act.* XVIII. 19. désir.

עֵיפָה μέτρον EPHI, ou *Epha*, espèce de mesure Hébraïque ; *Ezech.* XLV. 34. Voyez ce que l'on en a dit en parlant des mesures Hébraïques.

אֵפוֹד Ἐφὼδ EPHOD, espèce d'habit de Prêtres ; *Judic.* VIII. 27. Voyez *Exod.* XXV. 7. couvrant les épaules, superhumerale, comme a traduit la Vulgate, & que les Grecs appellent ἐπωμίδα.

עֶפְרָה EPHRA, ville ; *Judic.* VI. 11. la même, à ce que l'on croit, qu'*Ophera* ; *Josue* XVIII. 23. cendre, poussière, ou du plomb.

אֶפְרַיִם EPHRAIM, second fils de Joseph ; *Genes.* XLI. 52. *&c.* qui porte du fruit ; ou qui croît, du mot פרה phara.

אֶפְרָת Ἐφραθὰ EPHRATHA, ou *Ephrath*, femme de Caleb ; I. *Paral.* II. 19. autrement, la ville *Ephratha*, ou *Bethléem*, abondance, ou portant du fruit, & croissant. Cherchez sa racine dans *Ephraïm* ci-dessus.

אֶפְרָתִי Ἐφραθὶ EPHRATHÆUS, habitant d'Ephrata, ou descendant d'Ephraïm ; *Judic.* XII. 5. de même.

הָפְרַע οὐαφρὰ EPHRE'E, Roi d'Egypte ; *Jerem.* XLIV. 30. en Hébreu, *Hophra*, nom Egyptien, dont il est inutile de chercher l'étymologie dans l'Hébreu.

אֶפְרַיִם EPHREM, Vulgate, *Ephraïm* ; *Psal.* LXXVII. 67. Voyez *Ephraïm* ci-dessus.

עֶפְרוֹן ou עֶפְרוֹן EPHRON, fils de Séor ; *Gen.* XXIII. 8. ville de ce nom ; 2. *Par.* XIII. 9. Voyez sa racine dans *Epher*.

Ἐπικούρειοι EPICURÆI, Philosophes Payens ; *Act.* XVII. 18. qui donne secours, du mot Grec ἐπικουρέω, j'aide, je secoure.

Ἐπινίκιον EPINICIUM, champ de victoires ; 2. *Macc.* VIII. 33. mot Grec de ἐπὶ & de νίκη, la victoire.

Ἔραστος ERASTUS, compagnon des travaux de saint Paul ; *Act.* XIX. 22. mot Grec, qui signifie aimable.

אַרְכְּוָיֵא ERCHUÆI, Vulgate, *Archuæi*, peuples ; I. *Esdr.* IV. 9. longs, du mot ארך erec ; autrement, qui guérissent, du mot ארכה aroeca.

Ἀειὼχ ERIOCH, Roi des Elicéens ; *Judith.* I. 6. long, élevé, étendu, du mot ארך erec.

אַשָּׁן Ἐσὰν ESAAN, ville ; *Josue* XV. 52. appuyé, soutenu, du mot שען schaan ; autrement, feu de l'affliction, du mot אש esch, feu ; autrement, de la réponse, du mot ענה hana, répondre.

יְשַׁעְיָהוּ ESAIAS, Prophète ; *Isai.* I. 1. Salut du Seigneur, du mot ישע jascha, salut, & du mot יה Jah, le Seigneur.

עֵשָׂו ESAU, le même qu'*Edom* fils d'Isaac ; *Genes.* XXV. 25. qui fait, ou qui agit, ou parfait, du mot עשה hasha.

אֶשְׁבַּעַל ESBAAL, fils de Saül ; I. *Paral.* VIII. 33. le feu de l'Idole ; du mot אש esch, feu, & du mot בעל Baal, Idole ; autrement, qui jouit, qui possède. Voyez *Baal*.

אַצְבּוֹן Ἀσεβὼν ESBON, fils de Balé ; Vulgate, *Bela* ; I. *Paral.* VII. 7. qui s'empresse d'entendre, du mot אוץ uts, s'empresser, & du mot בינה bina, entendre ; autrement, qui se hâte de bâtir, du mot בנה bana.

אֶשְׁכֹּל Ἐσχὼλ ESCOL, frère de Mambré ; *Genes.* XIV. 13. grape de raisin ; autrement, privation, du mot שכל schacal.

עֶזְרָא ESDRAS, nom d'un Prêtre & Prophète ; I. *Esdr.* VII. 6. aide, secours, du mot עזר hazar, secourir ; autrement, parvis, du mot חצרה hazara.

O o   Ἐσδριλὼν

Ἐσδριλών ESDRELON, ou *Esrelon*, ville; *Judith*. I. 8. le secours de la force, du mot עזר hazar, secourir, & du mot אול aul, ou ul, force. Nous croyons que c'est la même que Jezraël. Voyez *Jezrael* ci-après.

Ἔσδριν ESDRIN, Capitaine; 2. *Macc*. XII. 36. secours, du mot עזר hazar, secourir. Voyez *Esdras*.

אשבן Ἀσβὰν ESEBAN, fils de Dison; *Genes*. XXXVI. 26. le feu du fils, du mot אש esch, & du mot בן ben, fils, ou de celui qui bâtit, ou de בנה bana, bâtir; autrement, le feu de l'intelligent, du mot בן bun.

אצבן ESEBON, fils de Gad; *Gen*. XLVI. 16. précipitation, ou hâte du fils, du mot אץ uts, pressé, hâté, & du mot בן ben, fils; ou de celui qui bâtit, ou de l'intelligent. Voyez *Eseban*.

עשק Ἐσεκ ESEC, frere d'Aser; I. *Paral*. VIII. 39. violence ou calomnie.

אליהו Ἐσυῆλος ESELIAS, pere de Saphan; 2. *Paral*. XXXIV. 8. le Seigneur le garde, ou le délivre, du mot אצל atsal; autrement, qui est proche du Seigneur; du même mot אצל ezel, & du mot יה Jah, le Seigneur.

עצם Ἀσὴμ ESEM, ville; *Josue* XV. 29. l'os ou la force; autrement, leur bois, du mot עץ hets, bois; autrement, leur conseil, du mot עוץ huts.

אצר Ἀσαρ ESER, fils de Séir; *Gen*. XXXVI. 21. trésor, ou lieu où l'on serre & amasse quelque provision, un cellier; autrement, qui embarrasse, empêche, ou retient & chagrine, du mot צר tsar, ou צור tsur, resserrer, affliger.

אשנה Ἀσνὰμ ESNA, ville; *Josue* XV. 43. changement, ou réitération du mot שנה schana; autrement, sommeil, du mot ישן jaschan; ou secondement, du mot שני scheni.

אספתא ESPHATHA, fils d'Aman; *Esth*. IX. 7. assemblée, du mot אסף asaph; autrement, finir, consumer, du mot ספה sapha. Ce nom est étranger à la Langue Hébraïque.

אשריאל ESRIEL, fils de Galaad; *Josue* XVII. 2. béatitude de Dieu, bonheur parfait, du mot אשרי aschri, bienheureux, bonheur, & du mot אל El, Dieu, autrement, regard du fort, du mot רוא reva, regard, & du mot אול ul, force; autrement, les démarches de Dieu, du mot אשור aschur, démarches.

חצרן ESRON, *Hesron*, fils de Ruben; *Genes*. XLVI. 9. le dard de la joye, du mot קרן kets, dard; & du mot רנן ranan, cri de joye; autrement, division du Cantique, du mot חצה catsa, partager, diviser, du même mot רנן ranan; autrement, parvis, du mot חצר catsar; autrement, du foin, du mot חציר catsir.

אשתאול ESTHAOL, ville; *Josue* XV. 33. Vulgate, *Estaol*, femme forte, & du mot אשת escheth, femme, & du mot אול ul, forte; ou folle, du mot אויל evil; autrement, feu du travail, du mot אש esch, feu, & du mot תלאה thelah; autrement, demande, prière, du mot שאל schaal.

אשתמע ESTHAMO, ou *Esthemo*, ville; I. *Reg*. XXX. 18. la même qu'*Esthemo*, ou *Esthemoa*, qui est exaucé, du mot שמע schamah; autrement, le sein d'une femme, du mot אשת escheth, femme, & du mot מעה maha, entrailles.

אסתר ESTHER, nom d'une femme, appellée aussi *Edissa*; *Esth*. II. 7. cachée, du mot סתר sathar, ou qui démolit, du même mot, selon le Caldéen; autrement, preuve de la médecine. Ce mot, à ce que l'on croit, est Persan ou Méde : l'Hébreu étoit *Edissa*.

אשתן Ἀσσαθὼν ESTON, fils de Mahir; I. *Paral*. IV. II. femme, du mot אשת escheth, femme, & du pronom ן an, sa; autrement, le don du feu, du mot אש esch, & du mot נתן nathan, don.

אתי ἐθι ETHAI, Géthéen, qui vint au secours de David; 2. *Reg*. XV. 19. robuste, du mot אית eth, mon signe, du mot את oth, & du pronom י i, mon; autrement, un hoyau, ou une bêche, du mot את eth, ou leur arrivée, du mot אית aith.

עתי ὁυθὶ ETHAI, fils de Roboam; 2. *Par*. XI. 20. mon heure, ou mon tems, du mot עת heth; autrement, préparer, du mot עתד hithed.

עיטם ETHAM, Chef de famille; I. *Paral*. IV. 3. leur oiseau, du mot עיט haït, oiseau, du pronom ם am, leur; autrement, leur couverture, du mot עטה hata, revêtir; autrement, leur plume, du mot עט het.

עתם Σὰμ ETHAM, nom d'une solitude qui est aussi appellée *Sur*, par un ש schin; *Exod*. XIII. 20. leur force, leur signe, &c. Voyez *Ethaï*, & du pronom ם am, leur.

איתן αἰθὰν ETHAN, fils de Mahol; 3. *Reg*. IV. 31. fort, bêche. Voyez *Etham*; autrement, le don de l'isle, du mot אי i, isle, & du mot מתן mathan, don.

אתנים ἀθανὶμ ETHANIM, septième mois de l'année Ecclésiastique des Hébreux; 3. *Reg*. VIII. 2. robustes, forts. Voyez *Ethan*; autrement, don, du mot מתן mathan.

אתבעל ETHBAAL, nom d'un Roi des Sidoniens; 3. *Reg*. XVI. 31. vers l'Idole, ou avec Baal, du mot את eth, envers, ou proche, ou avec, & du mot בעל Baal, Idole, ou qui domine, ou qui possède; autrement, signe de l'Idole, ou de celui qui possède, ou qui

ETH   EZE   147

qui domine, du mot אֹת oth, signé, & du mot בַּעַל baal, dominer.

אֲתִיקָא ETHECÆ, balcons, ce qui avance en dehors d'un bâtiment; *Ezech.* XLI. 15. autrement, portique, chambre ou gallerie. Saint Jérôme, sur le Chapitre XLII. 5. *Ezech.* a traduit l'Héb. atikim, par portique. Les Septante, ὑποφαύσεις. Voyez Chap. XLI. ỳ. 16. des illuminations, des jours ou des vûës.

אִיתִיאֵל Ἰθιὴλ ETHE'EL, fils de Isaïa; 2. *Esdr.* XI. 6. Dieu avec moi, du mot אֵת eth, avec, & du mot אֵל El, Dieu; autrement, signe, arrivée de Dieu, du même mot אֵת eth, ou du mot אִיוָה aïth, arrivée, & du mot אֵל El, Dieu.

עֵתַי Ἐθὶ ETHÆI, Vulgate, *Etheï*, fils de la fille de Sésan; 1. *Par.* 11. 36. mon heure, ou mon tems, du mot עֵת eth, tems, & du pronom י i, mon.

עֶתֶר ETHER, ville; *Josué* XV. 42. pierre.

Ἐσλὶ ETHI, un des trente vaillans Capitaines de l'armée de David; 1. *Paral.* XII. 11. mon tems, mon heure.

אֶתְנָן Ἐθνὰ ETHNAN, fils d'Assur, & d'Halaa; 1. *Paral.* IV. 7. don, récompense, signe, arrivée du fils, du mot אֵת eth, ou oth, arrivée, & du mot נִין nin, fils.

עֲטָרוֹת ETHROTH, couronnes, ce qui enferme, de l'Hébreu עָטַר environner.

Εὐαγγέλιον EVANGELIUM, bonnes nouvelles, d'εὖ, bien, & d'ἀγγέλλω, j'annonce.

Εὔβουλος EUBULUS, ami & Disciple de saint Paul; 2. *Timot.* IV. 21. mot Grec qui signifie prudent, qui agit avec bon conseil.

Εὐεργέτης EVERGETES, surnom d'un Roi d'Egypte, mot Grec qui signifie libéral, bienfaisant.

אֱוִי Εὐὶν EVI, Roi des Madianites; *Num.* XXXI. 8. hélas, du mot אוֹי oi; autrement, mon désir, du mot אִוָּה iva, désir, & du pronom י i, mon.

אֱוִיל־מְרֹדָךְ Ἐυιλμαροδὰχ EVILMERODACH, Roi de Babylone; *Reg.* XXV. 27. le fou de Mérodach, ou méprisant, l'amertume du fou; autrement, le fou contrit amèrement, du mot אֱוִיל evil, un fou, & du mot מָרַר marar, amertume, & du mot דָּחָה daca, renverser, ou du mot דּוּךְ duc, piler, broyer. Ce nom est Babylonien, & il est difficile d'en donner la véritable étymologie dans l'Hébreu.

Εὐμενὴς EUMENES, Roi; 1. *Macc.* VIII. 8. mot Grec qui signifie, doux, bienfaisant.

Εὐνίκη EUNICE, mere de Timothée; 2. *Timot.* 1. 5. mot Grec qui signifie bonne victoire, du mot εὖ, bonne, bien, & du mot νίκη, victoire.

Εὐνοῦχος EUNUCHUS, Eunuque. A la lettre; Gardien du lit, du Grec εὐνὴ, un lit,

& ἔχω, je tiens, je garde. L'Hébreu saris, se prend pour un vrai Eunuque, & pour un grand Officier de la Cour d'un Prince.

Εὐωδία EVODIA, amie de saint Paul; *Philip.* IV. 2. mot Grec qui signifie bonne odeur, ou qui sent bon, du mot εὖ, bon, & du mot ὄζων, qui sent, & qui est odoriférant.

Εὐπάτωρ EUPATER, ou *Eupator*, fils d'Antiochus; 1. *Macc.* VI. 17. bon père, du mot Grec, εὖ, bon, & du mot πατὴρ, pere.

פְּרָת EUPHRATES, fleuve; *Gen.* II. 14. nommé en Hébreu, pherat, qui fructifie, qui croît, du mot Hébreu פָּרָה para.

Εὐπόλεμος EUPOLEMUS, fils de Jean; 1. *Macc.* VIII. 17. bon combattant, bon soldat, du mot εὖ, bon, ou bien, & du mot πόλεμος, guerre.

Εὐτύχης EUTYCHUS, jeûne homme ressuscité par saint Paul; *Act.* XX. 9. heureux, & bien fortuné, du mot Grec εὐτυχὴς, composé de εὖ, bon, & de τύχη, fortune.

Ἐξέδρα EXEDRA, chaise, siége, lieu d'assemblée où il y a des bancs, ou des sièges.

חִזְקִיָּה EZECHIAS, Roi de Juda, fils d'Achaz; 4. *Reg.* XVIII. 1. force du Seigneur, du mot חֵזֶק chasac, force, & du mot יָהּ Jah, Seigneur; autrement, pris & soutenu par le Seigneur, des mêmes mots chasac, & Jah.

יְחֶזְקֵאל EZECHIEL, Vulgate; *Hezechiel*, Prêtre; 1. *Paral.* XXIV. 16. autrement; Ezéchiel le Prophète; *Ezech.* I. 3. force de Dieu, ou soutenu de Dieu, ou Dieu est ma force, du mot אֵל El, Dieu.

יְחֶזְקֵאל EZECHIEL, Hébreu, *Jahaziel*, l'un de ceux qui revinrent de Babylone avec Esdras; 1. *Esdr.* VIII. 5. qui voit Dieu, du mot חָזָה casa, voir, & du mot אֵל El, Dieu.

הָאָזֵל Ἀζὴλ EZEL, pierre; 1. *Reg.* XX. 19. sortie, promenade, du mot אָזַל ezel; autrement, distillation.

עֵזֶר EZER, fils de Hur; 1. *Paral.* IV. 4. secours; de עֶזְרָה; autrement, parvis, du mot חָצֵר hazara.

עֻזִּיאֵל Ὀζιὴλ EZIEL, fils d'Haraja, Vulgate, Araja; 2. *Esdr.* III. 8. force de Dieu, autrement, le bouc de Dieu, du mot עֵז hez, bouc, & du mot אֵל El, Dieu.

עֶזְרָא EZRA, nom d'homme; 1. *Paral.* IV. 17. secours, ou parvis. Voyez ci-dessus *Ezer.*

אֶזְרָחִי EZRAITES, Vulgate, *Ezrahita*, un des Sages du tems de Salomon; 3. *Reg.* IV. 31. étranger, du mot אֶזְרָח ezrac; autrement, oriental, du mot זָרַח zarac; il s'est levé.

עֲזַרְאֵל Ἐσριὴλ EZREL, Hébreu, *Hazarel*; 1. *Esdr.* X. 41. secours, ou parvis de Dieu. Voyez *Ezra.*

עזרי

עֶזְרִי Ἐζραὶ EZRI, Intendant des jardins & des métairies de David, & de Salomon; 1. Paral. XXVII. 26. mon secours, ou mon parvis. Voyez *Ezra*, & du pronom י i, mon.

עֶזְרִיקָם EZRICAM, Intendant de la maison d'Achaz; 1. Paral. III. 23. &c. mon secours est ressuscité, ou mon secours s'est levé, du mot עֵזֶר ezer, voyez ci-dessus, & du mot קוּם cum, ressusciter, se lever; autrement, mon secours m'a vengé, de l'Hébreu נקם venger.

עֶזְרִיאֵל EZRIEL, pere de Saraïa; Jerem. XXXVI. 26. secours ou parvis de Dieu. Voyez ci-dessus *Ezreel*.

F

צִיִּים אִיִּים FAUNI FICARII; Jerem. I. 39. les faunes qui se nourrissent des figues sauvages. L'Hébreu lit ziim, avec les Isles.

G

גַּעַל GAAL, fils d'Obed; Judic. IX. 35. mépris ou abomination.

גַּעַשׁ GAAS, nom d'une montagne; Josue XXIV. 30. tempête, commotion, tumulte, ou renversement.

גֶּבַע GABA, ville; Isai. X. 29. la même que *Gabaa*, coupe, gobelet; autrement, colline, du mot גִּבְעָה gabaa.

גִּבְעָה GABAA, ou *Gabaath*, la même que *Gaba*; Josue XV. 57.

גֶּבַע GABAE, ville; Josue XVIII. 24. XXI. 17. la même que *Gabaa*, ou *Gabaath*, ci-devant.

גִּבְעוֹן GABAON, ville; Josue XVIII. 25. colline ou gobelet. Voyez *Gaba*. Autrement, ce qui est au dehors, ou ce qui s'éleve, du mot נבב gabab; autrement, élévation d'iniquité, du mot גב gab, élévation, & du mot עון havon, iniquité.

גִּבְעוֹנִים Γαβαωνίται GABAONITÆ, peuple de Gabaon; 2. Reg. XXI. 1. de même que ci-devant.

גִּבְּתוֹן γκεθών GABATHON, ville; Josue XXI. 23. son dos, ou son éminence, ou élévation, sa paupiére, du mot גב gab, & du pronom ן an, son; autrement, don élevé, du mot גב gab, élever, & du mot נתן nathan, don; autrement, *Gebbethon*; Josue XIX. 44.

Γαβαθὰ GABBATHA, lieu élevé; Joan. XIX. 13. en Grec lithostrôtos, pavé de pierres, du mot λίθος, pierre, & du mot ϛρωτός, pavé.

גֶּבַע GABE'E, ville; Josue XVIII. 28. Voyez *Gabaa* ci-dessus.

Γαβαῆλος GABELUS, parent de Tobie; Tob. I. 17. limites, bornes, du mot גבל gabal.

גֶּבֶר GABER, fils d'Uri; 3. Reg. IV. 19. homme fort; autrement, selon le Syriaque, un coq.

גֵּבִים γκεβίμ GABIM, ville; Isai. X. 31. fosses; autrement, sauterelles, du mot גוב gob; autrement, hauteur, du mot גב gab.

גַּבְרִיאֵל GABRIEL, nom d'un Ange; Dan. VIII. 16. Dieu est ma force, ou homme de Dieu, ou force de Dieu, ou mon Dieu fort, du mot גבר gaber, homme, ou du mot גבור ghibbor, force, du pronom י i, mon, & du mot אל El, Dieu.

גָּד GAD, septiéme fils de Jacob, & de Zelpha; Genes. XXX. 11. qui est appellé *Gaddi* גדי 1. Paral. V. 18. selon l'Hébreu, heureux, ou armé & préparé; autrement, bouc, du mot גדה gada.

גַּדֵּל GADDEL, nom d'homme; 1. Esdr. II. 47. grand, puissant; autrement, frange, ruban, du mot גדלים gedalim, franges ou rubans.

גַּדִּי GADDI, fils de Susi; Num. XIII. 12. ou nom de lieu; 1. Paral. XII. 8. mon bonheur, mon armée, ma troupe; autrement, un chevreau.

Γαδδὶς GADDIS, fils de Mathathias; 1. Macc. II. 2. de même que *Gaddi*, ou amas de gerbes dans l'aire, du mot גדיש gadisch.

גָּדִי Γὰδ GADITÆ, peuples; Josue I. 12. de même que *Gad*.

גֶּדֶר GADER, ville; Josue XII. 13. Elle est appellée *Gedera*, ibid. XV. 36. mur, muraille seche, ou haye.

גְּדֵרוֹת GADEROTH, ville; 2. Par. XXVIII. 18. les murs, les hayes, les clôtures.

גֻּדְגֹּד GADGAD, l'un des campemens des Israëlites; Num. XXXIII. 32. félicité de la félicité, ou armée préparée au combat.

GAL — GAR

גדי GADI, pere de Manahem; 4. Reg. xv. 14. autrement, nom de lieu; le même que Gaddi, 2. Reg. xxiii. 36. Voyez Gaddi ci-dessus.

גדר Γεδουρα GADOR, nom de lieu; 1. Par. iv. 39. Voyez Gader ci-dessus; & le même, à ce que l'on croit, que Gedor, & Gedera.

גחם Γαὰμ GAHAM, fils de Nachor, & de Roma sa concubine; Gen. xxii. 24. qui les conduit, du mot גוח guae, conduire, mettre dehors, & du pronom ם am, les; autrement, leur sortie; autrement, sortie de la chaleur, du mot גוח guae, sortie, & du mot חם cum, chaleur.

גחר GAHER, un des Chefs des familles qui revinrent de Babylone à Jérusalem; 1. Esdr. ii. 47. la sortie de la chaleur ou de la colere, du mot גוח guac, sortie, & du mot חרה cara, colere, & du mot חרר carar, feu, chaleur.

Γαῖος GAIUS, ou Caius, peut signifier terrestre, de γαῖα, la terre, ou joyeux.

גלעד GALAAD, fils de Machir; Num. xxvi. 29. &c. autrement, montagne & pays Gen. xxxi. 21. le tas, ou l'amas du témoignage, du mot גל gal, tas, &c. & du mot עד hud, témoignage.

גלעדים GALAADITÆ, peuples de Galaad; 4. Reg. xv. 25. de même.

GALAADITIS, Province de Galaad; 1. Macc. v. 17.

גלל GALAL, un des Chefs de Lévites qui revinrent de Babylone à Jérusalem; 1. Paral. ix. 15. roue, boule, révolution, frontière.

גללי Γαλαὰ ou Γαλωλαι GALALAI, un des Princes de la Tribu de Juda; 2. Esdr. xii. 35. ma roue, ma frontière.

Γαλάται GALATÆ, peuples; Galat. iii. 1. mot Grec qui signifie blancs, couleur de lait, ou qui vivent de lait.

Γαλατία GALATIA; 1. Macc. viii. 2. Province de l'Asie Mineure occupée par les Gaulois, ou Galates.

גלגל GALGAL, ou Galgala, ville; Osée ix. 15. roue, révolution, tas; autrement, révolution de la roue, ou tas du tas.

גליל Γαλιλαία GALILÆA, Province; Matth. iii. 13. frontière; dérive de Galgal. Voyez ci-devant.

גלים GALLIM, nom d'un bourg; 1. Reg. xxv. 44. qui amassent, qui couvrent, qui roulent, du mot גל gal, ou du mot גלה galah.

אנלים Γαλλίμ GALLIM, ville, Hébreu, Eglaïm; Isaï. xv. 8. gouttes ou goutte de la mer, du mot אגל agal, goutte; & du mot ים jam, mer, ou amas d'eaux; autrement, qui couvre, qui court, qui roule, du mot גל gal.

Γαλλίων GALLION, Proconsul d'Achaïe;

Act. xviii. 12. qui tette, ou qui vit de lait.

גמליאל GAMALIEL, fils de Phadassur; Num. i. 10. récompense de Dieu, ou chameau de Dieu, ou sevré de Dieu; du mot גמל gamal, & du mot אל El, Dieu.

גמריה GAMARIAS, fils d'Helcias; Jerem. xxix. 3. consommation, ou accomplissement du Seigneur, du mot גמר gamar, accomplissement, & du mot יה Jah, Seigneur.

גמול GAMUL; Chef d'une des vingt-quatre familles Sacerdotales; 1. Par. xxiv. 17. récompense; autrement, sevrer, du mot גמל gamal.

גמזו GAMZO, ville; 2. Paral. xxviii. 18. aussi celui-là: du mot גם gam, aussi; & du pronom זו zo ou zu, celui-là; autrement, ce jonc, ce roseau, du mot גמא gama, jonc, & du pronom זו zu, ce.

גרב GAREB, nom d'une colline; Jerem. xxxi. 39. galle, ou selon le Syriaque, une cruche.

גריזים GARISIM, montagne; Judic. ix. 7. des coupeurs ou des trancheurs, du mot גרז garaz.

גרמי GARMI, l'un des fils d'Odaïe sœur de Naham, mon os, ou les os; autrement, l'eau de l'étranger, du mot מי mi, l'eau & du mot גר ghet, voyageur.

גשפא Γασφα GASPHA; nom de lieu; 2. Esdr. xi. 21. approche ou attouchement de la bouche, du mot גשש gischesch, toucher, & du mot פה pé, bouche; autrement, qui approche ici, du même mot פה pé ou po, ici.

גתעם Γαϑὸμ GATHAM, fils d'Eliphaz; Gen. xxxvi. 11. leur mugissement, du mot געה gaha, mugir, meugler, & du pronom ם am, leur, ou leur toucher, du mot נגע nagah, toucher; autrement, mugissement du parfait, du mot געה gaha, mugir & du mot תמם thamam, ou תם tham, parfait.

גור GAVER, ou Gor, petit d'un animal, comme d'un chien, d'un lion, ou demeure, frayeur.

גולן Γωλὰν GAULON, ville; Josue xx. 8. leur transmigration, du mot גלה gala, transmigration, & du pronom ן an, leur; autrement, leur révolution.

עזה GAZA, ville; Gen. x. 19. fort; du mot עז hazaz; autrement, bouc, du mot עז hez.

גזבר Γαζαβαῖος GAZABAR, pere de Mithridate; 1. Esdr. i. 8. L'Hébreu porte: Mithridate le trésorier. La Vulgate a mis le nom pour la signification, du mot גדבר gadabar, trésorier, en changeant le ר daleth en ז zain.

גזם GAZAM, nom d'un des Chefs des familles qui revinrent de Babylone à Jérusa-lem;

GED

lem ; 1. *Esdr.* 11. 48. une chenille ; autrement, leur toifon, du mot גֵז ghez, ou qui les tond, du même mot גֵז ghez, & du pronom ם am, leurs, les.

שׁוּתִים Γαζαῖοι GAZÆI, peuples de Gaza ; *Josue* XIII. 3. forts, du mot עוז hazaz ; autrement, boucs, du mot עז hez.

Γάζαρος GAZARIS, ville ou territoire de Gazara ; 1. *Macc.* XIII. 54. Voyez ci-après *Gazer*.

גזר Γάζερα GAZER, *Gazera*, ou *Gazara*, ville ; *Josue* X. 33. coupé, ou retranché, ou divifé ; autrement, fentence, ou ordonnance, décifion.

Γαζοφυλάκιον GAZOPHYLACIUM, la chambre du tréfor, ou le tronc où l'on mettoit les aumônes & les offrandes ; *Luc.* XXI. 1. du mot γάζα, qui felon la Langue Perfienne, fignifie richeffes, meubles, & du mot φυλακή, garde.

נבע Γαβαά GEBA, ville ; 2. *Esdr.* XI. 31. autrement, *Gaba*, *Gabaa*, & *Gabaath*, colline ou gobelet. Voyez ci-deffus *Gabaa*.

GEBAL, ville ; *Pfal.* LXXXII. 8. borne ou limite. Voyez *Gabal*.

גבי Γαββίς GEBBAI, nom d'homme ; 2. *Esdr.* XI. 8. élévation, dos, du mot גב gab ; autrement, fauterelles, du mot גוב gob ; autrement, citerne, foffé, du mot גבא ghebé.

נבתון GEBBETHON, ville ; *Josue* XIX. 44. Voyez ci-deffus *Galbathon*, hauteurs, élévation.

גדל GEDDEL, nom d'homme ; 1. *Esdr.* 11. 56. grand ou grandeur ; autrement, frange, cordon, du mot גדלים ghedalim.

גדלתי Γοδδολλόθ GEDDELTHI, nom d'homme ; 1. *Par.* XXV. 4. ma frange, ou ma grandeur. Voyez ci-deffus *Geddel*.

גדיאל Ινδιήλ GEDDIEL, fils de Sodi ; *Num.* XIII. 11. bouc de Dieu, du mot גדי ghedi, bouc ; autrement, le Seigneur eft ma félicité, ou mon armée, du mot גדה gada, félicité, armée, &c. & du mot אל El, Dieu.

גדליהו Γοδολίας GEDELIAS, fils de Phaffur ; *Jerem.* XXXVIII. 1. Dieu eft ma grandeur, ou frange du Seigneur, du mot גדילו gedilim, franges, & du mot יה Jah, le Seigneur.

גדעון GEDEON, fils de Joas ; *Judic.* VI. 29. qui brife & qui rompt, du mot גדע gadah ; autrement, retranchement de l'iniquité, felon le Syriaque & l'Hébreu.

גדרה Γάδιρα GEDERA, ville ; *Josue* XV. 30. muraille sèche, ou haye. Voyez ci-deffus *Gader*, *Gadera*.

גדרתים Γαδιρά GEDORATHAIM, ville ; *Josue* XV. 36. Vulgate, *Gederothaim*, les deux murs. Voyez *Gedera*.

Γέεννα GEHENNA, nom de lieu ; *Matth.* XVIII. 9. vallée de la vanité, ou de la tromperie, du mot גיא ghei, vallée, & du mot און on, vallée de vanité ; autrement, des richeffes, du mot הון hon ; autrement, de la triftefe, du mot אנה ana, ou enfer, felon le Syriaque.

גיהנם Φάραγξ Ἐννόμ GEHENNON, nom de lieu, vallée de leur triftefe, ou de leur richeffe, ou de leur tromperie, du mot gehenna. Voyez ci-deffus.

גיחון GEHON, fleuve ; *Genef.* II. 13. vallée de la grace, du mot גיא ghei, vallée, & du mot חן ken, grace, ou de la demeure, du mot חנה cana.

גלבע GELBOE', montagne ; 1. *Reg.* XXVII. 4. révolution de la recherche, du mot גל gal, révolution, & du mot בעה baha, recherche ; autrement, amas de la tumeur, & de l'inflammation : du même mot gal, amas, & du même mot baha ; autrement, qui renverfe fa prière, felon le Syriaque & l'Hébreu.

גלני GELONITES, peuples ; 2. *Reg.* XXIII. 34. qui fe releve, ou qui fe réjouït, ou qui découvre, ou qui repafe, du mot גלל galal, ou גלה gala, ou גיל ghil.

גמלי Γαμαλί GEMALLI, pere d'Ammiel, *Num.* XIII. 13. ma récompenfe ; autrement, qui m'a fevré ; autrement, mon chameau.

גיאמלה Γεμελλίν GEMELLI, vallée ; 2. *Reg.* VIII. 13. vallée des falines, du mot גיא ghié, vallée, & du mot מלח melac, fel, ou falines ; autrement, vallée des nautonniers, du même mot.

Γεννησαρέτ GENESAR, nom de lieu ; *Matth.* XIV. 34. autrement, *Genesareth* ; *Luc.* V. 1. jardin du Prince, du mot גן gan, jardin, & du mot שר far, Prince ; autrement, protection du Prince, ou de celui qui gouverne, des mêmes racines.

Γενναῖος GENNÆUS, pere d'Apollonius ; 2. *Macc.* XII. 2. généreux, du mot Grec γενναῖος, noble, généreux.

גנתון Γανγγαδών GENTHON, nom d'homme ; 2. *Esdr.* XII. 2. jardin ou verger, ou fa protection, du mot גן gan, & du pronom ן an, fa.

גנבת Γαιζάθ GENUBATH, fils d'Adad ; 3. *Reg.* XI. 20. vol, larcin, du mot גנב ganab ; autrement, jardin, ou protection de la fille, du mot גן gan, jardin, &c. & du mot בת bath, fille.

גרא GERA, fils de Benjamin ; *Genef.* XLVI. 21. autrement, *Ahara* ; 1. *Paral.* VII. 2. Voyez ci-deffus, pélerinage, du mot גר gur ; autrement, combat, difpute, du mot גרה gara ; autrement, ruminer, du mot גרר gatar.

גרר GERARA, ville ; *Genef.* X. 19. de même.

Γεργησηνοί GERASENI, ou felon le Grec, *Gergeseni* ; *Matth.* VIII. pays ou peuple ; voyez
ce

GER GEZ

ce qui a été dit sur ce lieu dans le Dictionnaire; ceux qui approchent du pelerinage, du combat, & de la consommation, du mot נגש nagasch, & du mot gera.

Γαδαρηνοὶ GERASENI, pays, peuples; Grec, *Gadareni*; *Marc*. V. 1. entouré, muré, du mot Hébreu גדר ghedar.

גרגשי Γεργεσαῖοι GERGESÆI, peuples; *Gen*. XV. 21. qui approche du pelerinage, &c. Voyez ci-dessus *Geraseni*.

Γερρηνοι GERRENI, peuples de Gerres ou de Gerare; 2. *Macc*. XIII. 24. habitant, pélerin, ou qui dispute. Voyez ci-dessus *Gera* & *Gerar*.

גרשם Γηρσάμ GERSAM, Vulgate, *Gersam*, fils de Moyse; *Exod*. II. 22. Hébreu, *Gersom*, étranger ici, du mot גר gher, étranger ou voyageur, & du mot שם sam, ici; autrement, voyageur de réputation, du même mot gher, & de שם schem, nom, réputation.

גרשום GERSOM, le même; I. *Paral*. VI. 20. & 71. autrement, *Gerson*, *ibid*. 62. Voyez ci-après.

גרשן GERSON, fils de Levi; *Gen*. XLVI. II. & I. *Paral*. VI. 1. son exil, du mot גרש garasch, exil, & du pronom אן an, son; autrement, le changement du pélerinage, du mot שנה schana, changer, & du mot גר gher, pélerinage.

גרות Βαρωὼ GERUTH, nom de lieu; *Jerem*. XLI. 17. pélerinage, ou qui voyage. La Vulgate a mis la signification pour le nom, & les Septante ont lû un ב beth, pour un ג ghimel.

גרזי Γερζαῖος GERZI, nom d'un bourg; I. *Reg*. XXVII. 8. hache, coignée; autrement, celui qui coupe & qui tranche, du mot גרז garaz.

גישן Γοίσων GESAN, fils de Johaddaï; I. *Paral*. II. 47. qui approche, du mot נגש nagasch; autrement, la vallée du changement, du mot ניא ghié, vallée, & du mot שנה schana, changement; ou de l'yvoire, du mot שן schen; autrement, du sommeil, du mot שנה schena, & de ישן jaschan.

גשן GESSEN, pays, terre; *Gen*. XLVI. 28. approche, voisinage. Voyez ci-dessus *Gesan*.

גשור GESSUR, pays, terre; 2. *Reg*. III. 3. la vûë de la vallée, du mot ניא ghié, vallée, & du mot שור schur, regarder, voir; autrement, vallée du bœuf, du même mot schur; autrement, vallée du mur.

גשורי Γεσσὺρ GESSURI, pays; *Deut*. III. 14. le même que *Gessur*. Voyez ci-dessus.

גת GETH, ville; 2. *Paral*. XI. 8. pressoir.

גתים GETHAIM, ville; 2. *Reg*. IV. 3. les deux pressoirs, ou les deux villes de Geth.

גתר Γαθὴρ GETHER, fils d'Amram; *Gen*.

X. 23. vallée de l'examen, ou de la recherche, du mot ניא ghié, vallée, & du mot תור thur, examen; autrement, vallée de la tourterelle, du même mot thur; autrement, pressoir de la recherche, ou de la contemplation; du mot גת geth, pressoir, & du même mot thur, ou contemplation.

גת-חפר Γεθὰ ἑφὲρ GETH-HEPHER, ville; *Josue* XIX. 13. qui foüit au pressoir, du mot חפר caphar, creuser, foüir, & du mot גת geth, pressoir; autrement, qui recherche, ou qui confond le pressoir, du même mot caphar.

גת-רמון GETH-REMMON, ville; *Josue* XXI. 25. pressoir de la grenade, du mot גת geth, pressoir, & du mot רמן rimmon; grenadier; autrement, pressoir élevé, du mot רמם ramam, élévation.

גיא-שמני GETHSEMANI, autrement, *Ge-semani*, Hébreu, *Isai*. XXVIII. 1. vallée très-grasse; autrement, vallée de l'huile, du mot ניא ghié, vallée, & du mot שמן schemen, huile, parfum.

גזר Γαζηρα GEZER, ville; 2. *Reg*. V. 25. la même que *Gazar*; voyez ci-dessus; coupé, retranché ou divisé; autrement, sentence, jugement, décision.

GEZEM, la même que *Gazam*; 2. *Esdr*. VII. 51. Voyez ci-dessus.

Ἀσαρημὼθ οὐ Γαζηρών, comme portent d'autres Manuscrits.

GEZERON, ville; I. *Macc*. IV. 15. retranchement, ou division, ou sentence de la douleur, ou de la force, du mot גזר gezer, retrancher, & du mot און on, force, ou du mot אנה ana, douleur ou affliction.

גזז Γαζὴζ GEZEZ, fils de Caleb; I. *Par*. II. 46. tondeur, toison.

גזוני Γεζωνίτος GEZONITES, qui est de Gezon; I. *Par*. XI. 33. ou qui tend, du mot גזז gazaz; autrement, qui passe, du mot מזון mazon, passage.

גיח τῆς GIAH, vallée; 2. *Reg*. II. 24. conduire, extraire, produire, du mot גוח guac; autrement, soupirs ou gémissemens, du mot אנק anac.

גבלים Γιβλιοι GIBLII, peuples de Biblos en Phénicie; 3. *Reg*. V. 18. autrement, *Gebal*; *Psal*. LXXXII. 8. fin, limites, ou bornes de la mer, du mot גבול ghebol, & du mot ים jam, mer.

גדרות Γαδηρὼθ GIDEROTH, ville; *Josue* XV. 41. mur, murailles séches, ou hayes, du mot גדר gadar.

גיחזי GIEZI, serviteur d'Elisée; 4. *Reg*. IV. 12. vallée de la vision, du mot ניא ghié, vallée, du mot חזה caza, voir, autrement, vallée de la poitrine, du même mot.

גיחון ou גיחן GIHON, fontaine; 2. *Par*. XXXII. 30. poitrine, du mot חזה cazé, ou caza;

GOL

caza ; autrement, impétueux, violent, du mot נוח guac ; autrement, vallée de la grace, & de la demeure, du mot גיא ghié, vallée, & du mot חנן canan, grace, ou du mot חנה cana, demeure.

גלה GILO, ville ; *Josue* XV. 51. qui se réjouit, ou qui renverse, ou qui passe, ou qui révèle, ou qui découvre.

גינת GINETH, père de Thebni ; 3. *Reg.* XVI. 21. jardin ou protection, du mot גן gan.

GNIDUS. Voyez ci-dessus *Cnidus*, l'Isle de Gnide.

געתה ἐξ ὀλεκτῶν λίθων GOATHA, nom de lieu ; *Jerem.* XXXI. 39. son toucher, ou son mugissement, du mot נגע nagah, toucher, & du mot געה gaha, meugler.

גוב Γώς GOB, nom de lieu ; 2. *Reg.* XXI. 18. citerne, du mot גבא gheba ou ghebé ; autrement, sauterelle, du mot גוב gob ; autrement, éminence, élévation, du mot גב gab.

גדליהו GODOLIAS, fils d'Ahicam ; 4. *Reg.* XXV. 22. grandeur du Seigneur, du mot גדול gadol, grandeur ; autrement, frange du Seigneur, du mot גדלים ghedilim, franges ou rubans, & du mot יה Jah, Seigneur.

גוג GOG, nom d'un Roi ou Royaume ; *Ezech.* XXXVIII. 2. toit, couverture, du mot גג gag.

גולן GOLAN, ville ; *Deut.* IV. 43. autrement, *Gaulon* ; *Josue* XX. 8. passage, ou révolution, du mot גלה gala.

גלגלת Γολγοθᾶ GOLGOTHA, ou *Golgolta*, montagne ; *Matth.* XXVII. 33. En Grec κρανίον, crane, ou Calvaire, du mot Latin *calva*, le crane, ou le têt de la tête. Le mot Golgotha est Syriaque, & signifie amas de têtes ou de cranes, du mot גל gal, amas, & de גלת golatha, crane ou tête.

גלית GOLIATH, nom d'un géant ; 1. *Reg.* XVII. 4. passage, révolution, découverte, amas, du mot גלל galal, & גלה gala.

גמר GOMER, fils de Japheth ; *Genes.* X. 2. achever, consommer, accomplir.

עמר GOMOR, espéce de mesure, ou une gerbe, ou la dixiéme partie de l'éphi ; *Exod.* VI. 36.

עמרה GOMORRHA, ville, une de celles de la Pentapole ; *Genes.* XIX. 24. peuple

GUR

rebéle, du mot עם am, peuple, & du mot מרה mara, rebéle, ou révolté ; ou peuple qui craint, du mot ירא ira, craindre.

γοργίας GORGIAS, nom d'homme ; 1. *Macc.* III. 38. terrible, ou diligent, du mot Grec γοργός.

γορτύνα GORTYNA, nom de lieu ; 1. *Macc.* XV. 24. carquois, du mot Grec γωρυτός.

גשם GOSEM, Vulgate, *Gessem*, nom de pays ; *Gen.* XLVI. 28. approche, du mot נגש nagasch.

גשם γοσόμ GOSSEM, nom d'homme ; 2. *Esdr.* II. 19. pluïe ; autrement, leur approche, du mot נגש nagasch, & de l'affixe ם am, leur.

עתניאל GOTHONIEL, le même qu'*Othoniel*, nom d'homme ; 1. *Paral.* XXVII. 15. Dieu est mon heure & mon tems ; du mot עת heth, le tems, du pronom י i, mon, & du mot אל El, Dieu.

גוזן GOZAN, fleuve ; 4. *Reg.* XVII. 6. toison, ou passage, du mot גזז gazaz ; autrement, qui nourrit le corps, du mot גוה gua, le corps, & du mot זון zun, nourrir.

יונים Ἕλληνες GRÆCI, peuples ; *Dan.* VIII. 21. en Hébreu, javanim, c'est-à-dire, boueux, fangeux, du mot יון javan ; autrement, colombins, du mot יונה jonah, colombe ; autrement, trompeurs, du mot ינה jana. En Grec *Hellenes*, forts, robustes.

גאואל γουδιὴλ GUEL, fils de Machi ; *Num.* XIII. 16. rachat, ou rédemption, ou exaltation de Dieu, du mot גאל gaal, racheter, ou du mot גאה gaa, élever, glorifier, & du mot אל El, Dieu.

גוני GUNI, fils de Nephtali ; *Gen.* XLVI. 24. mon jardin, ou celui qui me protége, du mot גן gan.

גור GUR, Vulgate, ou *Gaver*, montagne, ou le penchant de la montagne de Jeblaam ; 4. *Reg.* IX. 27. les petits d'une bête, ou autrement, demeure ou assemblée, ou la crainte.

גור-בעל GUR-BAAL, nom de lieu ; 2. *Paral.* XXVI. 7. les petits de l'idole, ou de celui qui domine ou qui possede ; du mot גור gur, les petits d'une bête, & du mot בעל baal, idole, ou de celui qui domine, &c. autrement, la demeure, l'assemblée, ou la crainte de l'idole, ou de celui qui domine, &c. des mêmes mots gur & baal.

H

יחבה H ABA, fils de Somer ; 1. Paral.
ἰαβα   VII. 34. secret, cachette, du mot
חבה caba ; autrement, dilection, amitié, du
mot חבב chabab.

חבקוק ἀμβακοὺμ HABACUC, nom d'un
Prophéte ; Habac. 1. 1. qui embrasse, du mot
חבק cabac ; autrement, lutteur, du mot נאבק
nebac, lutter.

חבר χόβερ HABER, Cinéen ; Judic. IV.
11. autrement, Heber, fils de Baria ; 1. Par. VI.
32. compagnon, enchanteur, participant ;
autrement, playe, tumeur, du mot חבורה
cabura.

חביה βία HABIA, Chef d'une des familles Sacerdotales ; 2. Esdr. VII. 63. secret,
ou cachette du Seigneur, du mot חבא caba ;
autrement, dilection ou amour du Seigneur,
du mot חבב cabab, dilection, & du mot יה
Jah, le Seigneur.

חבור HABOR, nom du fleuve Chabo-
ras ; 4. Reg. XVII. 6. compagnon, associé, enchanteur.

חבצניה χαβασελμ HABSANIAS, pere de
Jérémie ; Jerem. XXXV. 3. la dette du bouclier
du Seigneur, du mot חוב cob, debiteur, du
mot צנא tsana, bouclier, & du mot יה Jah,
le Seigneur ; autrement, amitié, secret, ou
amour du bouclier du Seigneur, du mot חבא
caba, secret, &c. ou du mot חבב cabab,
aimer.

חקל-דמה ἀγρὸς αἵματος HACELDAMA,
nom d'un champ ; Matth. XXVII. 8. c'est-à-
dire, champ du sang ; mot Syriaque composé de deux autres חקל cakel, qui signifie
champ, héritage, & de דם dam, ou dama,
qui signifie sang.

חכמני ἀχαμανὶ HACHAMONI, pere de
Jesbaam, ou de Jahiel ; 1. Paral. XI. 11. &
Chap. XXVII. 32. sage, ou très-sage, du mot
חכם cacam ; autrement, hameçon du dénombrement, du mot cach, hameçon, &
du mot מני mini, nombre, dénombrement ;
autrement, l'attente du présent, du mot חבה
cacah, attente, & du mot מנחה mincha,
présent.

חכלי ἀχαλία HACHELAI, pere d'A-
thersatha ; 2. Esdr. X. 1. qui attend le Seigneur, du mot חכה caca ; autrement, l'hameçon du Seigneur, du mot חח cach, hameçon, & du mot יה Jah, le Seigneur.

חכילה ἰαχὰ HACHILA, colline ; 1. Reg.
XXIII. 19. mon espérance est en elle, du mot
חכה caca, attendre, espérer ; autrement,
hameçon en elle, du mot חח cach ; autre-

ment, dans son palais, du même mot חדר
cach.

חקק ὑκὼκ HACOC, ville ; 1. Par.
VI. 75. Vulgate, Hucac ; la même, à ce que
l'on croit, que Huccua ; Josue XIX. législateur,
graveur, scribe, du mot חקק cacac, ordonner, établir.

חקופא ἀκυφὰ HACUPHA, l'un des Chefs
des Nathinéens ; 1. Esdr. II. 51. le commandement, ou l'ordonnance de la bouche ; du
mot חק coq, statut, ordonnance, & du mot
פה phé, bouche ; autrement, gravûre de la
bouche, des mêmes mots.

חקוץ ἀκκὼς HACUS, Vulgate, Haccus ; 2.
Esdr. III. 21. pere d'Urie, grand-pere de Mé-
rimuth, épine, du mot קוץ cots ; autrement,
l'été, du mot קיץ kaïts ; autrement, chagrin,
ou veille, du mot קוץ cuts ; ou fin, du mot
קץ cets ou kets.

חדד ἀδὰδ HADAD, fils d'Ismaël ; 1. Paral. 1. 30. le même qui est appellé Adar ;
Genes. XXV. 15. éguisé, du mot חדד cadad ;
autrement, joye, du mot חדה cada ; se réjoüir.

חדלי HADALI, pere d'Amasa ; 2. Par.
XXVIII. 12. mon repos, ma défense, ou mon
défaut, du mot חדל cadal, cesser.

חדשה HADASSA, ville ; Josue XV. 37.
renouvellement, ou le premier du mois : selon
le Syriaque & l'Hébreu, un bélier.

חדיד ἀδὶδ HADID, ville ; 2. Esdr. XI. 34.
Voyez ci dessus Hadad, de même.

חדרך σεδρὰχ HADRACH, ville ou pays ;
Zach. IX. 1. pointe ou joye de la tendresse,
du mot חדד cadad, pointe, & du mot חדה
cada, joye, & du mot רכך racac, s'attendrir ; autrement, votre chambre, du mot
חדר keder, chambre, & du pronom ך ec,
votre ; ou selon le Syriaque & l'Hébreu, l'u-
nité & la nouveauté de la tendresse.

עדריאל ἰδεὶλ HADRIEL, mari de Mé-
rob fille de Saül ; 1. Reg. XVIII. 19. troupeau
de Dieu, du mot עדר heder, troupeau, autrement, retranchement, ou privation de
Dieu, du mot עדר heder, & du mot אל El,
Dieu.

חדשי χάδης HADSI, nom de lieu ; 2. Reg.
XXIV. 6. Vulgate, Hodsi, renouvellement,
ou le premier du mois ; ou selon le Syriaque,
un présent, ou un nouveau présent.

חגב HAGAB, un des principaux d'entre
les Nathinéens ; 1. Esdr. II. 46. sauterelle, du
mot חגב hagab.

חגבה HAGABA, un des principaux
d'entre

d'entre les Nathinéens ; 1. *Esdr.* II. 45. de même.

חגיה HAGGIA, fils de Mérari ; 1. *Par.* VI. 30. la fête ou la solemnité du Seigneur, du mot חגג cagag, fête, réjoüissance, & du mot יה Jah, le Seigneur ; autrement, le tour ou la roüe du Seigneur.

HAGGITH. Voyez ci-dessus *Aggith*.

עי HAI, ville ; *Gen.* XII. 8. *Josue* VII. 2. autrement, *Ajath* ; *Isaï.* X. 28. amas, tas, du mot עי hi.

חלה HALA, nom d'un fleuve ; 4. *Reg.* XVII. 6. infirmité, ou douleur de la machoire, du mot חלה cala, infirmité ; autrement, principe d'humilité & de tendresse, du mot תחלה thekila, le commencement. Ce mot n'est pas Hébreu ; car c'est le nom d'un fleuve de la Médie, ou de la Colchide.

חלאה HALAA, femme d'Assur ; 1. *Paral.* IV. 5. infirmité, du mot חלה cala, autrement, écume, roüille, du mot חלא calé.

חלקת HALCATH, ville ; *Josue* XIX. 25. la même que *Helcath* ; *Josue* XXI. 31. portion, héritage, division, du mot חלק calac ; autrement, adoucissement ou flaterie, du même mot.

חלחול HALHUL, ville ; *Josue* XV. 58. douleur, du mot חלה cala, ou de חיל kil ; autrement, principe de la douleur, ou de l'impureté, du mot תחלה thekila, principe, commencement, & du mot חלה cala, douleur, & du mot חלל calal, impur, profane ; autrement, la douleur de l'enfantement, du mot חיל hal, enfanter, ou attente de la douleur, du mot חלל colel, attendre avec peine & impatience.

HALICARNASSUS, ville de Carie ; 1. *Macc.* XV. 23. chef de la mer, c'est-à-dire, entrée de la mer, de deux mots Grecs, d'ἅλς, qui signifie mer, & de καρηαρ, qui signifie la tête.

עזניה HALIÆTUS, aigle de mer ; *Levit.* XI. 13. L'Hébreu hazninah, peut marquer l'aigle noire.

הללו־יה HALLELU-IAH, titre du Pseaume CIV. & de quelques autres, loüez le Seigneur, ou loüange au Seigneur. C'est un mot Hébreu composé de deux autres, du mot הללו hallelu, loüez, & du mot יה Jah, le Seigneur.

חמתי HAMATHÆUS, fils de Chanaan ; *Genes.* X. 8. vaisseau, bouteille, du mot חמת kemeth ; autrement, muraille, du mot חומה koma ; autrement, chaleur ou colére, du mot חמם kamam.

חמדן HAMDAN, fils de Disan ; *Gen.* XXXVI. 26. qui est appellé חמרן hamram ; 1. *Par.* I. 41. où l'on lit un ר resch pour un ד daleth, cupidité ou chaleur du jugement, du mot חם kam ou kum, chaleur, & du mot חמד kemed, désir, cupidité, & du mot דין din, jugement.

חמת־דאר HAMMOTH-DOR, ville ; *Josue* XXI. 32. colére, ou chaleur de la génération, du mot חם kam, chaleur, & du mot דור dor, âge, génération.

חמון HAMON, ville ; *Josue* XIX. 28. sa colére, ou sa chaleur, ou son soleil, du mot חם kam ou kamam, ou du mot חמה kama, soleil, & du pronom ן an, sa ou son ; autrement, colére, du mot יחמש jakam.

חמרן HAMRAN, fils de Disan ; 1. *Paral.* I. 41. autrement, *Hamdam* ; *Gen.* XXXVI. 26. un ר daleth, au lieu d'un ר resch ; hamram peut signifier un âne, ou vineux : du mot חמר kamor ou kemer.

חמואל HAMUEL ; 1. *Par.* IV. 26. chaleur, ou colére de Dieu, du mot חם kam, chaleur, &c. & du mot אל El, Dieu ; autrement, beau-pere, du mot חמא cama ; autrement, Dieu est son Pere.

חמול HAMUL, fils de Pharés ; *Gen.* XLVI. 12. pieux, miséricordieux, du mot חמל camal, pardonner.

חנמאל HANAMEEL, fils de Sellum ; *Jerem.* XXXII. 7. la grace qui vient de Dieu, ou miséricorde, ou don de Dieu, du mot חן ken, ou חנן kanan, & de la préposition מ mem, de, ou *ex* Latin, & du mot אל El, Dieu.

חנן HANAN, fils de Maacha ; 1. *Paral.* XI. 43. gracieux, donnant, pieux, ou miséricordieux : du mot חן ken, ou חנן kanan.

חננאל HANANEEL, nom d'une tour ; 2. *Esdr.* III. 1. grace, miséricorde, don de Dieu, du mot חן ken, ou חנן kanan.

חנני HANANI, pere de Jéhu le Prophéte ; 3. *Reg.* XVI. 7. ma grace, ma miséricorde ; autrement, il m'a fait miséricorde.

חנניה HANANIA, ou *Hananias* ; *Jerem.* XXXVII. 12. grace, miséricorde, & don du Seigneur ; du mot חן ken, ou חנן canan, grace, &c. du mot יה Jah, le Seigneur.

חנתון HANATHON, ville ; *Josue* XIX. 14. grace, miséricorde, ou don, du mot חן ken ou kanan ; autrement, nathon, don, du mot נתן nathan, donner ; autrement, campement, du mot חנה cana.

חנס HANES, ville ; *Isaï.* XXX. 4. tentation, ou étendart de la grace, du mot נזה naza, étendart, & tentation ou fuite de la grace, du mot נוס nus, fuite, & du mot חן ken, grace.

חניאל HANIEL, fils d'Oza ; 1. *Paral.* VII. 39. grace, miséricorde, don ou repos de Dieu, du mot חן ken, &c. Voyez ci-dessus *Hana*, & du mot אל El, Dieu.

עני HANNI, l'un des Prêtres ou Lévites qui revinrent de Babylone à Jérusalem ;

HAP   HAR

lem ; 2. *Esdr.* XII. 9. pauvre, affligé; autrement, qui répond, du mot ענה ahana, répondre.

חנון *ἀννών* HANON, fils de Naamas; 2. *Reg.* X. 1. gracieux, miséricordieux, ou qui repose. Voyez ci-dessus *Hanan*.

חפם HAPHAM, fils de Hur, ou Hir; 1. *Paral.* VII. 12. leur lit, ou leur couverture, ou leur enduit, du mot חפף caphaph, ou חפא capha, & du pronom ם am, leur.

חפרים Ἀφαρίμ HAPHARAIM, ville; *Josue* XIX. 19. qui creusent, qui examinent, ou qui confondent, du mot חפר kaphar.

חפציבה Ἐψιβά HAPHSIBA, mere de Manassé; 4. *Reg.* XII. 1. ma volonté en elle, du mot חפץ caphats, vouloir, & de la préposition ב beth, dans, & du pronom ה a, elle. Voyez Isaïe XLII. 4.

חפים ὁφάμ HAPPHIM, fils de Machir; 1. *Paral.* VII. 15. de même qu'*Hapham* ci-dessus.

חרד HARAD, nom d'une fontaine; *Judic.* VII. 1. étonnement, frayeur.

חרדה χαραδάι HARADA, une des demeures ou stations des Israëlites; *Num.* XXXIII. 24. de même.

חרהיה ἀραγίας HARAIA, Vulgate, *Araja*, pere d'Éziel; 2. *Esdr.* III. 8. chaleur ou colére du Seigneur, du mot חרה chara, chaleur, & du mot יה Jah, le Seigneur.

חרן ἀράν HARAN; *Gen.* XI. 32. la même que *Charan* ou *Charra*, ville de la Mésopotamie. Voyez ci-dessus.

חרבונה γαραβωνά HARBONA, nom d'un Eunuque; *Esth.* I. 10. Sa destruction, ou son épée, ou sa sécheresse, du mot חרב carab ou kereb, destruction & épée, & du pronom ו o, sa ou son; autrement, la colére de celui qui bâtit, ou qui entend, du mot חרה kara, colére, & du mot בינה bina, intelligent, ou du mot בנה bana, bâtir. Comme ce nom est Persan, il est difficile de trouver sa véritable étymologie dans l'Hébreu.

חריף ἀριφ HAREPH, nom d'homme; 2. *Esdr.* VII. 24. hyver, affront, jeunesse, ou adolescence, du mot חרף karaph ou koreph, ou selon le Syriaque, aigu, pointu, subtil & ingénieux.

חרם ἄρες HARES, nom de montagne; *Judic.* I. 35. soleil; autrement, un vase de terre, du mot חרש kerefch.

חרת χάριθ HARETH, Vulgate, *Haret*, nom d'une métairie; 1. *Reg.* XXII. 5. graver, buriner; autrement, liberté, du mot חרים korim, des personnes libres.

חרחור Ἀρούρ HARHUR, nom d'homme; 1. *Esdr.* II. 51. brûlé, grillé, du mot חרר karar; autrement, colére ou chaleur de la blancheur, du mot חרה kara, colére ou chaleur, & du mot חור cur, blancheur, trou ou caverne, & du mot חרים corim, liberté.

חרים χαρήμ HARIM, Chef de la troisiéme famille Sacerdotale; 1. *Paral.* XXIV. 8. détruit, anathématisé, du mot חרם karam, ou kerem, anathême.

חריף HARIPH, fils de Hur; 1. *Par.* II. 51. Voyez ci-dessus *Hareph*.

חרמה Ἑρμά HARMA, ville; *Josue* XV. 30. ou *Harama*; 1. *Reg.* XXX. 30. autrement, *Horma*; *Judic.* I. 17. ville, qui auparavant s'appelloit *Sephaath*; *Horma* signifie destruction ou anathême, du mot חרם karam, ou kerem.

חרנפר Ἀρναφεὶ HARNAPHER, fils de Supha; 1. *Paral.* VII. 36. la colére du taureau, du mot חרה kara, colére, & du mot פר phar, par, taureau; autrement, la colére qui croît & fructifie, du mot פרה phara, croître, fructifier; autrement, liberté du taureau, selon le Syriaque & l'Hébreu.

חרדי Ἀραρὶ HARODI, ville; 2. *Reg.* XXIII. 25. être étonné, surpris, du mot חרד carad; autrement, abondance de la chaleur & de la colére, du mot חרה kara; chaleur & colére, & du mot די daï, abondance ou suffisance.

חרומף HAROMAPH, fils de Jeddaïa; 2. *Esdr.* III. 10. destruction, ou anathême de la bouche, du mot חרם karam, destruction, anathême, & du mot פה pé ou phé, bouche, ou selon le Syriaque, la colére de la couverture.

חרשת Ἀρεισώθ HAROSETH, ville; *Judic.* IV. 2. agriculture, silence, surdité, un vase de terre, du même mot חרש karafch, ou kerefch, ou selon le Syriaque, une forêt.

חרשא HARSA, l'un des Chefs des Nathinéens; 1. *Esdr.* II. 52. de même qu'*Haroseth*.

חרופי HARUPHITES, descendans d'Hareph; 1. *Par.* XII. 5. de même qu'*Hareph* ci-dessus.

חרוץ HARUS, pere de Massalemeth; 4. *Reg.* XXI. 19. coupé, or pur, ou foulé, ou soigneux, du mot חרץ carats.

חשבה Ἀσαβά HASABA, Vulgate, *Hasaban*, fils de Zorobabel; 1. *Par.* III. 20. dénombrement, estime, pensée, industrie, du mot חשב caschab.

חשביה Ἀσαβία HASABIA, ou *Hasabias*, fils d'Amasis; 1. *Par.* VI. 45. dénombrement, estime du Seigneur, du mot חשב caschab, & du mot יה Jah, le Seigneur. Voyez *Hasaba*.

חסדיה HASADIAS, fils de Zorobabel; 1. *Par.* III. 20. miséricorde du Seigneur, du mot חסד kesed, bonté, bienfait, & du mot יה Jah, le Seigneur.

חצר־מות

חצר-מות Ἀσαρμώθ HASARMOTH, fils de Jectan ; *Genes.* x. 26. parvis, ou entrée, ou demeure de la mort, du mot חצר catsar, parvis, & du mot מות maveth, la mort, ou foin de la mort, du mot חצר catsir, foin.

חצר-שועל HASAR-SUHAL, ville ; 1. *Paral.* IV. 28. *Josue* XIX. 3. bourg ou village, ou parvis, ou demeure du renard, du mot חצר catsar ou cazar, parvis, & du mot שועל schual, renard.

חצר-סוסים HASARSUSIM, ville ; 1. *Paral.* IV. 31. la même que *Haser͏̄susa*, parvis ou demeure des chevaux, du mot חצר catsar, parvis, & du mot סוס sus, cheval.

חצצון-תמר HASASASON-THAMAR, nom d'un bourg ; *Genes.* XIV. 7. nommé autrement, *Engaddi* ; 2. *Paral.* XX. 2. sable ou caillou, ou pierre de changement, du mot חצץ catsats, sable, &c. du mot מור mur, changement ; autrement, division de la palme, du mot חצה catsa, diviser, ou du mot חץ khets, dard ou flêche, du mot תמר thamar, palme.

חשבדנה Ἀσαβδανά HASBADANA, nom d'homme ; 2. *Esdr.* VIII. 4. qui se hâte, du mot חוש cus ; autrement, qui pense ou qui compte judicieusement, du mot חשב coscheb, & du mot דינה dina, jugement ; autrement, qui tait son jugement, du mot חשה taire, du mot דין din, jugement, & du pronom ה a, son.

חשביה Ἀσαβία HASEBIA, fils de Mérari ; 1. *Paral.* IX. 14. autrement, *Hasebias* ; 2. *Esdr.* III. 17. pensée, intelligence, industrie des Juges.

חשבנה Ἀσεβανά HASEBNA, nom d'homme ; 2. *Esdr.* X. 25. compte, pensée, ou hâte d'intelligent, ou de celui qui bâtit, du mot חשב coscheb, compter, & du mot חוש cus, hâter. Voyez ci-dessus *Hasbadana* ; & du mot בנה bana, bâtir, ou du mot בינה bina, intelligence.

חשבניה HASEBNIA, nom d'homme ; 2. *Esdr.* IX. 5. compte, intelligence, ou silence du Seigneur. Voyez *Hasebna* ; & du mot יה Jah, le Seigneur ; autrement, hâte du fils du Seigneur, du mot חוש cus, hâter, & du mot בן ben, fils, & du mot יה Jah, le Seigneur.

Χοσονίας de même. HASEBONIAS, pere d'Attus ; 2. *Esdr.* III. 10. le Seigneur est ma force, mon intelligence.

חשם Ἀσύμ HASEM, un des principaux Chefs des Juifs qui revinrent à Jérusalem ; leur silence, ou leur empressement, du mot חשה cascha, se taire, ou du mot חוש se hâter, & du pronom ם am, leur.

חצר-גדה HASER-GADDA, nom d'un bourg ; *Josue* XV. 27. le parvis du bouc, du mot חצר catsar, parvis, & du mot גדי gedi,

bouc ; autrement, la demeure de sa félicité ; autrement, selon le Syriaque & l'Hébreu, le parvis de son incision ou de sa fente, du mot צדד tsadad, incision.

חצרים Ἀσηρώθ HASERIM, ville ; *Deut.* II. 23. bourgades, hameaux ; autrement, *Haseroth*, les parvis, entrées ou vestibules, du mot חצר catsar ; autrement, flêches élevées, du mot חץ catsats, flêche ou dard, & du mot רמם ramam, élevé.

חצרות Ἀυλών HASEROTH, nom d'un désert ; *Deut.* I. 1. bourgades, hameaux ; autrement, parvis ou vestibule, du mot חצר catser.

חצר-שועל HASER-SUAL, ville ; *Josue* XIX. 3. la même que *Hasar-suhal*, village ou bourg du renardeau. Voyez ci-dessus.

חצר-סוסה Ἀσερσουείμ HASER-SUSA, ville ; *Josue* XIX. 5. la même qu'*Haser-susim*. Voyez ci-dessus. La demeure des chevaux.

חשם HASIM, fils d'Aher ; 1. VII. 12. qui se taisent, ou qui se hâtent, du mot חשה cascha, se taire, ou du mot חוש cus, se hâter.

חשם Ἀσύμ HASOM, nom d'homme ; 1. *Esdr.* V. 33. leur silence, ou leur hâte, du mot חשה cascha, se taire, ou du mot חוש cus, se hâter, du pronom ם am, leur.

חצור HASOR, Vulgate, *Asor* ; *Josue* XIX. 36. parvis, ou foin, du mot חצר catser, parvis, ou du mot חציר catsir, foin.

חסרה Ἀσίρ HASRA, pere de Thécua ; 2. *Par.* XXXIV. 22. autrement, *Araas* ; 4. *Reg.* XXII. 14. défaut, indigence, du mot חסר casar, manquer.

חשמן HASSEMON, ville ; *Josue* XV. 27. nombre, ou compte prompt ou abrégé, du mot חוש cus, hâte, du mot מני meni, dénombrement, ou silence du nombre, ou de la portion : du mot חשה cascha, silence, & du mot מנה mana, portion.

חשוב HASSUB, fils d'Ezricam ; 1. *Par.* IX. 14. estimé, ou compté, travaillé avec soin, du mot חשב caschab ; autrement, artifice ou art, du même mot.

HASUB, fils de Phahath ; 2. *Esdr.* III. 11. de la même racine.

חשם HASUM, Chef d'une des familles qui revinrent de Babylone à Jérusalem ; 1. *Esdr.* II. 19. Voyez ci-dessus *Hasom*.

חשופא Ἀσουφά HASUPHA, un des Chefs de familles des Nathinéens ; 1. *Esdr.* II. 43. dépouillé, épuisé, du mot חשף caschap.

חטיל HATEL, un des Chefs de familles des Nathinéens ; 1. *Esdr.* II. 57. le cri du péché, du mot חטא cata, péché, & du mot יליל jalil, crier.

חתת Ἀθάθ HATHATH, fils d'Othoniel ; 1. *Paral.* IV. 13. rupture, brisure, ou épouvante. Les Septante le nomment *Athet*.

חטיפא HATIPHA, un des Chefs de familles

HEB   HEL   157

milles des Nathinéens; 1. *Esdr.* II. 54. pillerie, rapine, du mot חמט cataph; autrement, les restes du péché, du mot חטא cata, péché.

חטיטא HATITA, un des descendans des Portiers du Temple; 1. *Esdr.* II. 42. les déclins du péché, du mot חטא cata, péché, & du mot נטה nata, décliner.

חטוש HATTUS, fils de Séméïas; 1. *Paral.* III. 22. qui quitte le péché, du mot חטא cata, péché, & du mot טוש tus, s'envoler.

חותאיר Ἀὐωθιαὶρ HAVOTH-JAIR, bourgs; *Deut.* III. 14. les bourgs qui éclairent, ou qui annoncent les lumières, du mot חות cavoth, bourg, & du mot אור or, lumière, & du mot חוה kiva, annoncer. Ces lieux furent le partage de Jaïr & de ses enfans.

חזאל HAZAEL, Roi de Syrie; 3. *Reg.* XIX. 17. qui voit Dieu, du mot חזה caza, voir, & du mot אל El, Dieu.

חזיה Ὀζία HAZAIA, Vulgate, *Hazia*, fils d'Adaja; 2. *Esdr.* XI. 5. qui voit le Seigneur, du mot חזה caza, voir, & du mot יה Jah, le Seigneur.

חזיר Ἠζίρ HAZIR, nom d'homme; 2. *Esdr.* X. 20. porc, ou selon le Syriaque, converti, ou revenu.

עיבל HEBAL, fils de Jectan; *Gen.* X. 28. tas, amas de vieillesse; du mot עי hi, tas, ou amas, & du mot בלה bala, vieillir, s'user, s'épuiser. Il y a une montagne de ce nom, Deutéronome XI. 29.

חבר HEBER, fils de Salé; *Genes.* X. 24. qui passe, ou passage; autrement, colère, emportement.

חבר HEBER, fils de Béria; *Genes.* XLVI. 17. nommé *Brié*; *Num.* XXVI. 45. compagnon, associé, enchanteur; autrement, playe, cicatrice, tumeur, du mot חבורה cabura.

עברי Ἐβραῖος HEBRAEUS, qui est descendu d'Héber, fils de Salé; *Gen.* XLI. 12. Voyez ci-dessus *Heber*.

עברי Ἐβαρὶ HEBRI, fils de Mérari; 1. *Paral.* XXIV. 27. dérive de la même.

חברון Χεβρὼν HEBRON, ville des Amorrhéens; *Gen.* XIII. 18. société, amitié, enchantement.

עברנה HEBRONA, lieu d'un des campemens des Israëlites; *Num.* XXXIII. 34. qui passe, ou qui se met en colère. Voyez ci-dessus *Heber* fils de Salé.

חברני Χεβρωνὶ HEBRONI, descendant d'Hébron; *Num.* XXVI. 58. ami, allié, compagnon, enchanteur.

חבליה Χελκίας HECHELIAS, Vulgate, *Helchias*, pere de Néhemie; 2. *Esdr.* I. 1. qui attend le Seigneur, ou hameçon du Seigneur, du mot חבה kaca, attendre, ou hameçon, & du mot יה Jah, le Seigneur.

חדי HEDDAI, nom d'homme; 2. *Reg.* XXIII. 30. autrement, *Huri* ou *Huraï*; 1. *Par.* XI. 31. loüange ou cri, du mot הוד hod, loüange, & du mot הדד hedad, cri, autrement, éguiser, du mot הדד chadad. Pour Huri ou Huraï, voyez son titre.

חדר Ἄδερ HEDER, fils de Béria ou Bara; 1. *Paral.* VIII. 15. troupeau; autrement, qui coupe & qui retranche.

חגלה HEGLA, fille de Salphaad; *Num.* XXVI. 33. sa fête ou sa danse: du mot חגג cagag, & du pronom ה a, sa.

חלאם ou חילם Χαλαμὰ HELAM, ville. Elle s'écrit *Chelam* au verset 16. & au ῟. 17. du même Chap. X. du second Livre des Rois, *Helam*, leur armée ou leur douleur, leur force, du mot חיל haïl, ou kaïl, armée, ou douleur, ou force; autrement, attente, du mot חלל colel; autrement, songe, du mot חלם calam, rêver, songer.

חלבה HELBA, ville; *Judic.* I. 31. lait ou graisse, du mot חלב calab; autrement, il a demeuré en elle, du mot חיל hui, s'arrêter, & de la préposition ב beth, dans, & du pronom ה a, elle.

חלקת HELCATH, ville; *Josue* XXI. 31. la même qui est appellée *Halcath*, *Josue* XIX. 29. portion, partage, ou qui est amolli, qui est doux, du mot חלק calac, adoucir, glisser.

חלקי Ἐλκὶ HELCI, un des Prêtres ou Lévites qui revinrent de Babylone à Jérusalem; 2. *Esdr.* XII. 15. mon partage.

חלקיה ou חלקיהו Χελκίας HELCIA, ou *Helcias*, pere d'Héliacim; 4. *Reg.* XVIII. 18. Il s'écrit différemment dans l'Hébreu; *Isaï.* XXII. 20. Dieu est mon partage, du mot helcath, & du mot יה Jah, le Seigneur.

חלק HELEC, fils de Galaad; *Num.* XXVI. 30. portion, ou légéreté, ou ce qui est glissant.

חלקי Χαλκὶ HELECITAE, descendans d'Helec; *Num.* XXVI. 30. vient de la même racine.

חלם HELEM, nom d'homme; *Zach.* VI. 14. qui rêve, ou qui guérit; autrement, leur attente, ou leur douleur, du mot חלל colel, ou du mot חיל kil, & du pronom ם am, leur.

חלם HELEM, par un ה hé, frere de Somer; 1. *Paral.* VII. 35. brisement.

חלף Μωλὲφ HELEPH, ville; *Josue* XIX. 33. passage, changement, ou tracer, fendre, percer, couper.

חלץ HELES, un des trente vaillans Capitaines de David; 2. *Reg.* XXIII. 26. armé, ou dépouillé & débarrassé.

עלי HELI, le Grand-Prêtre Héli; 1. *Reg.* I. 3. élévation, offrande, du mot עלה hala; autrement, pilon, du mot עלות haloth.

Tome IV.   R r   Ἠλιόδωρος

Ἡλιόδωρος HÉLIODORUS, Lieutenant Général des armées de Séleucus, Roi de l'Asie; 2. Macc. III. 8. don du soleil : mot Grec composé de deux autres, de ἥλιος, soleil, & du mot δῶρον, don.

און Ἡλιούπολις HELIOPOLIS, en Hébreu, On ou Aven, ville d'Egypte; Gen. XLI. 50. & Ezech. XXX. 17. Heliopolis est composé de deux mots Grecs, du mot ἥλιος, soleil, & du mot πόλις, ville; l'Hébreu, on, signifie force, richesse, iniquité.

Ἑλλάς HELLAS, la Grèce; 1. Macc. VIII. 9.

חלץ Ἀλλάς HELLES, la même qu'Heles; 1. Paral. II. 39. armé, ceint.

עלמון־דבלתימה HELMON-DEBLATHAIM, une des stations des Israëlites dans le désert; Num. II. 47. nom composé de deux mots Hébreux, du mot helmon, ou עלם halam, cachette, jeunesse, le siécle, ou mépris, & du mot deblathaim, ou דבל dabal, cabas de figues, ou figues, ou masse.

חלון Ἑλάμ HELON, pere d'Eliab; Num. I. 9. ou nom d'une ville : la même dont il est parlé, Jerem. XLVIII. 21. fenêtre; autrement, profanation, du mot חלל calal, autrement, maladie, ou infirmité, du mot חלה cala.

חימם HEMAM, fils de Lothan; Gen. XXXVI. 22. autrement, Homam; 1. Paral. I. 39. leur trouble, ou leur tumulte, du mot המה ama, trouble, & du pronom ם am, leur.

הימן HEMAN, fils de Moal, 3. Reg. IV. 31. beaucoup, ou en grand nombre; autrement, tumulte, du mot המה ama, trouble, ou selon le Syriaque, fidéle; autrement, foi, confiance, créance, du mot האמין amen.

HEMATH. Voyez ci-dessus Emath.

עמונה Καμωνά ou Καφαραμμωνά HEMONA, ville; Josue XVIII. 24. Vulgate, Emona, populaire, ou notre peuple, du mot עם am, peuple, & du pronom נו enou, notre.

חמור HEMOR, pere de Sichem; Genes. XXXIII. 19. un âne, ou de la bouë, ou du vin, le tout dérivé du même mot, mais selon différentes leçons.

חן HEN, Vulgate, Hem, nom d'homme; Zach. VI. 14. grace, du mot חן ken, & miséricorde, du mot חנן kanan; autrement, demeure ou repos, du mot חנה kana.

חנדד Ἀναδά HENADAD, pere de Bavaï; 2. Esdr. III. 18. grace, miséricorde du bien-aimé, du mot חן ken, חנן kanan, grace, &c. & du mot דוד dod, chéri, bienaimé.

חנוך HENOCH, fils de Caïn; Gen. IV. 18. &c. dédié, ou discipliné, & bien reglé, du mot חנך canac.

חנוכי Δῆμος τοῦ Ἑνώχ HENOCHITÆ, peuples descendans d'Hénoch; Num. XXVI. 5.

חפר HEPHER, fils d'Ashur; 1. Paral. IV. 6. c'est aussi une portion de la terre promise, appellée Opher; Josue XII. 17. qui recherche, ou qui fouïlle; autrement, opprobre & confusion, du mot חפר caphar.

חפרי HEPHERITÆ, descendans d'Epher; Num. XXVI. 32. de la même racine.

הפתח Ἐφφαθά HEPHETHACH, Vulgate, Ephphetha, expression qui signifie ouvrir; autrement, ouvre-toi, à l'impératif; Marc. VII. 34.

ער HER, fils de Juda; Gen. XXXVIII. 3. veille ou ennemi, selon les différentes prononciations Her ou Har; autrement, ville, du mot עיר hir; autrement, nud, dépouillé, du mot ערה hara.

ערן Ἐδάν HERAN, fils de Suthala; Num. XXVI. 36. leur veille, ou leur ennemi, du mot ער her, veille, ou har, ennemi, & du pronom ן an, leur.

הערני HERANITÆ, descendans d'Heran; Num. XXVI. 36.

Ἡρακλῆς HERCULES, en Grec, Heraclés; 2. Macc. IV. 19. la gloire de Junon, ou de celle qui gouverne, du mot ἥρα, Junon, & de κλέος, gloire.

ארד Ἀδάρ HERED, fils de Bala; Num. XXVI. 40. Hébreu, Ared, qui commande, du mot רדה rada; autrement, qui descend, du mot ירד jarad.

ערד Ἀρώδ HERED, ville; Josue XII. 14. âne sauvage, du mot ערד harod; ou selon le Syriaque, dragon.

ארדי Δῆμος ὁ Ἀδαεί HEREDITÆ, descendans d'Hered; Num. XXVI. 40. qui commande, ou qui descend. Voyez ci-dessus Hered fils de Bala.

חרם Ἡράμ HEREM, nom d'homme; 1. Esdr. X. 31. destruction, anathême, rets, filets, ou consacré.

ערי Ἀηδεῖς HERI, fils de Gad; Gen. XLVI. 16. qui veille, qui est dépouillé, ou qui répand. Voyez ci-dessus Her. Autrement, ma ville, du mot עיר hir, ville, & de l'affixe, י i, ma.

ערי Ἀδδί HERITÆ, descendans d'Heri; Num. XXVI. 16. Voyez Heri.

חרמא HERMA, ville; Josue XII. 14. anathême, destruction. La même que Horma, ou Harma.

Ἑρμῆς HERME'S, un des amis de saint Paul; Rom. XVI. 14. mot Grec qui signifie Mercure, ou gain, ou refuge.

Ἑρμογένης HERMOGENES, adversaire de saint Paul; 2. Timot. I. 15. mot Grec qui signifie né de Mercure, ou génération du lucre, ou refuge de la génération, du mot ἑρμῆς, Mercure, & du mot γένεσις, génération.

חרמון HERMON, montagne; Deut. III. 8. anathême, destruction.

חרמונים

חרמוניים HERMONIIM, les monts d'Hermon; *Psal.* XLI. 7. Voyez *Hermon.*

Ἡρώδης HERODES, Roi des Juifs; suivant le Grec, la gloire de la peau, du mot ἥρως, grace, gloire, & du mot δέρμα, la peau, ou plûtôt fils du Héros, ou selon le Syriaque, un dragon en feu.

Ἡρωδιανοί HERODIANI, courtisans ou sujets d'Hérodes, ou Officiers députez de sa part pour lever les tributs; *Matth.* XXII. 16. de la même racine.

Ἡρωδιάς HERODIAS, femme d'Hérodes; *Matth.* XIV. 3.

Ἡρωδίων HERODION, cousin de saint Paul; *Rom.* XVI. 11. chant ou chanson de Junon, du mot Grec ἥρα, Junon, & du mot ἡρωδιῶν, chant héroïque, ou plûtôt, vainqueur des Héros.

חשבון HESEBON, ville des Moabites; *Num.* XXI. 30. invention, industrie ou pensée, du mot חשב caschab; autrement, qui se hâte d'entendre, ou de bâtir, du mot חוש cusch, & du mot בינה bina; entendre, ou du mot בנה bana, bâtir.

חצר Ἀσώρ HESER, ville; 3. *Reg.* IX. 15. bourgade; autrement, parvis ou foin. Voyez ci-dessus *Hasor.*

Ἐσλί HESLI, père de Nahum; *Luc.* III. 25. près de moi, du mot עצל etsel, près, & de l'affixe י i, moi, autrement, qui sépare.

חשמנה Ἀσεμωνά HESMONA, une des demeures ou stations des Israëlites; *Num.* XXXV. 29. diligence, ou dénombrement, du mot חוש chus, se hâter, & du mot מנה meni, compter ou dénombrement; autrement, ambassade ou présent, du mot חשמן caschman.

חצרי Ἀσαρί HESRAI, un des trente vaillans Capitaines de David; 2. *Reg.* XXIII. 35. le même qui est appellé *Hesro*; 1. *Paral.* XI. 36. le parvis, la demeure où le foin, du mot חצר catsar, parvis ou entrée, & du mot חציר catsir, foin.

חצרו HERSO, le même qu'*Hesrai* ci-dessus; 1. *Paral.* XI. 36.

חצרון HESRON, ville; *Josue* XV. 13. la même qu'*Hasor* ou *Asor*; *Josue* XIX. 36. la flêche, ou la division de la joye ou du cantique, du mot חץ kets, flêche, ou du mot חצצ katsats, division, & du mot רנן ranan, joye ou cantique; autrement, parvis ou foin, du mot חצר catsar, ou חציר catsir.

חצרוני HESRONITÆ, descendans d'Hesron; *Num.* XXVI. 6. de même.

חת Χέθ HETH, nom d'homme & de peuples; *Gen.* XXIII. 3. tremblement ou crainte; du mot חת cath, חתת cathath, ou selon le Syriaque, descente.

חתלון Ἀθαλώμ HETHALON, ville qui bornoit la Judée au septentrion; *Ezech.* XLVII. 15. demeure formidable, du mot חת cat, briser ou craindre, & du mot מלון malon, logis, demeure, ou du mot לון lun, loger, passer la nuit; autrement, son enveloppement, du mot חתל cathal, envelopper, du pronom ן an, son.

חתי Χετταῖος HETHÆUS, fils de Chanaan, descendant d'Heth; *Gen.* X. 15. qui est brisé, ou qui craint, ou selon le Syriaque, qui descend.

חתים Χετιίμ HETHIM, nom de lieu; *Judic.* I. 26. vient de la même racine.

חוה Ζωή HEVA, la première de toutes les femmes; *Gen.* III. 20. vivante ou vivifiante; Grec, la vie.

עוים Ἐυαῖοι HEVÆI, peuples; *Deut.* II. 23. méchans, mauvais, ou méchanceté, du mot עוה hava, iniquité.

חוי Ἐυαῖος HEVÆUS, fils de Chanaan; *Gen.* X. 17. ma vie, du mot חוה heva ou keva, vie, & du pronom י i, ma.

חוילה Ἐυειλά HEVILA, nom d'un des enfans de Chus; *Genes.* X. 7. autrement, fils de Jectan, *ibid.* 29. autrement, *Hevilath*, terre, pays; *Genes.* II. 11. qui souffre de la douleur, du mot חלל kolel; autrement, qui enfante, du mot חיל kul, autrement, qui lui annonce, ou qui lui parle, du mot חוה kiva, & du pronom לה la, à elle.

חזקי HEZEC, fils d'Elphaal; 1. *Paral.* VIII. 17. fort, ou qui prend, du mot חזק casac, saisir, prendre.

חזקיה HEZECIAS; 2. *Esdr.* VII. 21. Voyez ci-dessus *Ezechias.*

חזיון Ἀζιών HEZION, père de Gabremon; 3. *Reg.* XV. 18. vision ou prophétie, du verbe Hébreu chasah, voir, prophétiser.

חזיר Χαζείρ HEZIR, un des Chefs des vingt-quatre Classes des Lévites; 1. *Reg.* XXIV. 15. porc.

חיאל Χιήλ HIEL, celui qui rebâtit Jéricho; 3. *Reg.* XVI. 34. Dieu vit, ou vie de Dieu, du mot חיה caja, vivre, & du mot אל El, Dieu.

Ἱεράπολις HIERAPOLIS, ville; *Coloss.* IV. 13. ville sainte, de deux mots Grecs, de ἱερόν, sainte, & de πόλις, ville.

Ἱερώνυμος HIERONYMUS, nom d'homme; 2. *Macc.* XII. 2. nom sacré, du mot Grec ἱερά, saint, & du mot ὄνομα, nom.

HIIM. Voyez ci-après *Iim.*

HIEROSOLYMA. Voyez ci-après *Jérusalem.*

HILLEL. Voyez ci-dessus *Ellel.*

הין HIN, mesure Hébraïque des liqueurs; *Ezech.* IV. 11. Cette mesure, selon saint Jérôme, contenoit environ six demi-septiers.

עירואל ἤν ἀδὰ autrement, ἱρὼ ou ὑραλαά HIR, fils de Caleb; 1. *Paral.* IV. 15. ville. Quelques-uns prétendent que ce mot ne doit pas être séparé d'Ela, qui suit, & qu'il faut lire

HIR

lire Hir-vela, c'est-à-dire, Hir & Ela.

עירא Ἰρά HIRA, fils d'Accés; 2. *Reg.* XXVII. 26. ville, du mot עיר hir; autrement, veille, du mot עור hur; autrement, dépouillement, du mot ערה hara; autrement, effusion ou amas de la vision, du mot הי hi, tas, & du mot ראה raa, vision. Voyez ci-après *Ira*.

חירם Χειραμ HIRAM, Roi de Tyr; 2. *Reg.* V. II. autrement, Huram, selon l'Hébreu: voyez ci-après, élévation ou hauteur de la vie, du mot חיה kaja, vie, & du mot רום rum, élévation.

חורם HIRAM, ou Huram, selon l'Hébreu, Roi de Tyr; 2. *Paral.* II. 3. leur blancheur, du mot חור cur, blancheur; & du pronom ם am, leur; autrement, leur trou, ou leur liberté, du même mot, & du pronom ם am, leurs; autrement, qui détruit, ou qui anathématise, du mot חרם karam.

עירם Ἐράμ HIRAM, ville; *Gen.* XXXVI. 43. leur ville, leur veille, &c. du mot עיר hir. Voyez ci-dessus, & du pronom ם am, leurs.

חירה Ἐιράς HIRAS, nom d'un Odollamite; *Genes.* XXXVIII. 1. liberté, ou colére, du mot חרר corar, délivrer, ou חרה cara, se fâcher.

Ἰρκάνος HIRCANUS, nom d'homme: Hircanien; 2. *Macc.* III. 11. le preneur de la ville, du mot קנה cana, possesseur, & du mot עיר hir, ville. Mais c'est plûtôt un surnom emprunté des Grecs: Jean étoit son nom propre Hébreu; il est nommé Hircanien pour quelque événement inconnu.

עיר שמש HIR-SEMES, ville; *Josue* XIX. 41. ville du soleil, du mot עיר hir, ville, & du mot שמש schemesch, soleil.

Ἰσπανία HISPANIA, partie considérable de l'Europe; *Rom.* XV. 24. En Grec, rare ou précieux.

חובה Χαβαλ HOBA, pays; *Gen.* XIV. 15. dilection, amitié, du mot חבב cabab; autrement, cachette, du mot חבה caba; autrement, débiteur, du mot חוב cub.

חבב HOBAB, fils de Raguel; *Num.* X. 29. chéri & aimé, de חבב aimer.

HOBIA. Voyez ci-dessus *Habia*.

חוד Ἰωυδ HOD, fils de Sapha; 1. *Par.* VII. 37. louange, gloire.

חדש χοδἐς HODES, femme de Saharim; 1. *Paral.* VIII. 9. mois, du mot חדש kodesch, mois, ou nouveauté, du mot חדש kadasch.

חלדה ou חלדי HOLDA, ou Holdai; 1. *Paral.* XXVII. 15. homme de la race de Gothoniel, signifie le monde, &c. Voyez ci-dessus *Heled*.

חלפר-נחש חלא-חרנה Ὀλοφέρνης HOLOFERNES, Lieutenant Général de l'armée de Nabuchodonosor; *Judith.* II. 5. Capitaine fort & courageux, du mot Hébreu חיל

HOR

caïl, fort, & du mot phernes, Capitaine, selon le Syriaque. Ce nom est Persan; ainsi il est difficile de trouver sa racine dans l'Hébreu. On peut aussi l'expliquer par celui qui brise la colére, ou l'huissier du serpent, du diable.

חלון Χαλων HOLON, ville; *Josue* XV. 51. Vulgate, *Olon*; fenêtre; autrement, profanation, du mot חל col; autrement, douleur, du mot חלה cala.

חומם Εὑμαμ HOMAM, fils de Lotan; 1. *Par.* I. 39. le même qui est nommé *Héman*, *Genes.* XXXVI. 22. leur tumulte ou leur bruit, du mot המם ama, tumulte, & du pronom ם am, leurs.

HOMRI. Voyez *Amri*.

און Ἀυνάν HON, fils de Pheleth; *Num.* XVI. 1. douleur, force ou iniquité.

חפה HOPPHA, un des Chefs des vingt-quatre familles Sacerdotales; 1. *Paral.* XXIV. 13. un lit; autrement, couverture, du mot חפף caphaph; ou bien son bord ou rivage, ou son port, du mot חוף copha, & du pronom ה a, son.

חר HOR, montagne; *Num.* XX. 22. qui conçoit, ou qui montre.

חורם Ἐλαμ HORAM, Roi de Gazer; *Josue* X. 33. leurs montagnes, ou qui les conçoit ou les montre, du mot חר chor, & du pronom ם am, leurs, les. Les Septante ont lû un ל lamed, pour un ר resch.

חרב χωρὴβ HOREB, montagne ou rocher; *Exod.* III. 1. & XVII. 6. désert, solitude, destruction, sécheresse, épée.

חרי χορραῖοι HORRHÆI, peuple, Vulgate, *Chorrhai*; *Gen.* XIV. 6. Princes, Héros, ou hommes libres; autrement, qui se met en colére, du mot חרה cara.

חרי χορραῖος HORRHÆUS, descendant des Horrhéens; *Gen.* XXXVI. 20. de même.

חרם ὡραμ HOREM, ville; *Josue* XIX. 38. destruction, anathême, rets, filets, chose dévouée ou consacrée à Dieu.

חרי χορρί HORI, fils de Lothan; *Genes.* XXXVI. 22. Prince, homme libre, ou qui se met en colére. Voyez ci-dessus *Horrhai*.

חרמה ραμά HORMA, ville; *Josue* XIX. 29. qui est élevé, du mot רמם ramam, ou רום rum; autrement, rejetter, ou ver, du mot רמה rama.

חרמה ἐρμά HORMA, nom de lieu; *Num.* XXI. 3. la même que *Horma*, *Josue* XV. 30. & que *Beth-alarma*, ou qu'*Arma*; car la Vulgate les prend pour deux villes différentes; *Josue* XIX. 4. destruction, anathême. Voyez ci-dessus *Horem*.

חרני Ἀρωνὶ HORONITES, qui est de Horon; 2. *Esdr.* II. 10. colére, ou fureur, du mot חרה kara; autrement, liberté, selon le Syriaque.

HORRIM, Vulgate, *Horrhai*; *Deut.* II. 12. Voyez ci-dessus *Horrhai*.

HOZ   HUS

חסה ὅσά HOSA, nom d'homme; 1. *Par.* XXVI. 10. qui se confie, ou qui protége.

חושה ὡσά HOSA, nom d'homme; 1. *Par.* IV. 4. qui se tait, du mot חשה cascha; autrement, qui se hâte, du mot חוש cusch, autrement, sensuel, du même mot.

הושיע־נא ὡσαννα HOSANNA, cri de joye; *Matth.* XXI. 9. Hébreu, *Hosiah-na*, sauvez-moi, je vous prie: du mot ישע jascha, sauver, & du mot נא na, je vous prie; autrement, sauvez-moi présentement, du même mot.

חותם HOTHAM, fils d'Heber; 1. *Par.* VII. 32. sceau ou cachet, fermeture.

חוזי ὁρῶντες HOZAI, nom d'un Prophéte; 2. *Paral.* XXXIII. 19. voyant, du mot חזה caza, voir.

חוזיאל HOZIEL, fils de Séméi; 1. *Paral.* XXIII. 9. qui voit Dieu, du mot חזה caza, voir, & du mot אל El, Dieu.

HOZRIEL. Voyez ci-dessus *Ezriel*, & ci-après *Ozriel*.

חקקה ἱκκὼλ HUCUCA, ville; *Josue* XIX. 34. gravûre, du mot חקק cakak; autrement, statuts, loi, du mot חק koc.

חול ὡλ HUL, fils d'Aram; douleur, infirmité, enfantement, sable ou attente, du mot הולל holel, ou חול col.

חופם ὀφάμ HUPHAM, fils de Benjamin; *Num.* XXVI. 39. leur lit, leur couverture, du mot חפף caphaph. Voyez ci-dessus *Hoppha*, & du pronom ם am, leur.

HUPHAMITÆ, descendans d'Hupham; *Num.* XXVI. 39.

חור ὡρ HUR, fils de Juda; 1. *Paral.* IV. 1. liberté, du mot חרים korim, autrement, blancheur, trou, caverne, du mot חור kur.

חורי ὑραί HURAI, un des trente vaillans Capitaines de l'armée de David, qui est appellé *Heddai*, 2. *Reg.* XXIII. 30. un ר daleth, pour un ר rosch, dérivé de la même racine que *Hur*.

חורם Ἀυράμ HURAM, fils de Balé; 1. *Paral.* VIII. leur liberté, leur blancheur, leur trou, ou leur caverne, du mot חור cur. Voyez ci-dessus *Hur*, & du pronom ם am, leur.

חורי ουρεί HURI, pere de Saphat; *Num.* XIII. 6. qui se met en colère, du mot חרה kara; autrement, liberté, trou & caverne. Voyez ci-dessus *Hur*, ou *Huram*.

עוץ HUS, Vulgate, *Us*, fils d'Aram; *Gen.* X. 23. &c. conseil; autrement, bois, du mot עץ ets; ou selon le Syriaque, ficher, attacher.

חשם Ἀσόμ HUSAM, le troisiéme Roi d'Edom; *Gen.* XXXVI. 34. leur hâte, ou leur sensualité, du mot חוש kusch; autrement, leur silence: du mot חשה & du pronom ם am, leur.

חשתי Ἀωθί HUSATHI, ville; 2. *Reg.* XXI. 18. de la même racine.

ωσαθί HUSATHITES, habitans d'Husathi; 1. *Par.* XXVII. 11. de même.

חושי χυσι HUSI, pere de Baana; 3. *Reg.* IV. 16. de même qu'*Husam* ci-dessus.

חשים ὁ'σείμ HUSIM, seconde femme de Saharaïm; 1. *Paral.* VIII. 8. de même qu'*Husi*.

כימה ὑάδες HYADES, étoiles qui aménent de la pluye, d'ὕτος, la pluye, *Job.* IX. 9.

ὑμέναιος HYMENÆUS, nom d'un apostat de la foi de JESUS-CHRIST; 2. *Timot.* II. 17. mot Grec qui signifie nuptial, ou les nôces, ou le Dieu des nôces.

I

JASIA. Voyez ci-après *Jesia*, la force du Seigneur.

יבל ἰωβὴλ JABEL, fils de Lamech, & d'Ada; *Genes.* IV. 20. qui coule, du mot יבל jubal, ou qui apporte, du mot יבל jabal, ou qui produit, du mot יבול jebul, ou trompette du Jubilé, du mot יבל jobel, bélier.

יבש JABES, pere de Sellum; 4. *Reg.* XV. 10. sécheresse; autrement, confusion, honte, du mot בוש bosch.

יעבץ ἰαβὶς JABES, nom de lieu; 1. *Par.* II. 55. ou nom d'homme; *ibid.* IV. 9. tristesse, ou douleur, du mot חצב hatsab, par transposition de lettres.

יבין JABIN, Roi d'Asor; *Josue* XI. 1. qui entend & qui bâtit, du mot בינה bina, entendre, & du mot בנה bana, bâtir.

יבנה ἰαβνὴ JABNIA, ville; 2. *Par.* XXVI. 6. qui bâtit, ou qui entend. Voyez *Jabin*.

יבק JABOC, nom d'un gué; *Gen.* XXXII. 22. autrement, *Jeboc*; *Num.* XXI. 34. évacuation ou dissipation, du mot בקק bacac.

יעקן JACAN, fils d'Eser; 1. *Paral.* I. 42. autrement, *Acan*, *Genes.* XXXV. 27. tribulation, travail, peine; autrement, qui ôte ou rejette le nid, ou la possession, du mot עיה jaha, rejetter, & du mot קנן canan, nid, ou du mot קניי kinan, possession, ou קנה cana, posseder.

יקנעם ἰακαάμ JACANAM, nom de lieu;

Tome IV.   S f   *Josue*

Josue XII. 22. qui possède ou gouverne le peuple, du mot קנה cana, possession, ou posséder ; autrement, le nid du peuple, du mot קן canan, & du mot עם ham, peuple.

יעכן ἰωαχάν JACHAN, un des enfans de la Tribu de Gad ; 1. *Paral.* v. 13. qui brise & qui comprime, ou qui ôte & rejette la base, du mot יעה jaha, rejetter, &c. & du mot כן ken, base.

יכין JACHIN, fils de Siméon ; *Gen.* XLVI. 10. qui confirme ou rend stable, du mot כון cun.

יכיני ἰαχεινὶ JACHINITÆ, descendans de Jachin ; *Num.* XXVI. 12. de même.

יקום ἰακεὶμ JACIM, fils de Séméi ; 1. *Paral.* VIII. 19. qui se léve, du mot קום cum, ou qui confirme, du même mot.

יעקב JACOB, fils d'Isaac ; *Gen.* XXV. 27. qui supplante ; autrement, le talon ou le vestige, du mot עקב hacab.

יעקבה ἰακωβὰ JACOBA, nom d'un Prince ; 1. *Par.* IV. 36. de même.

ἰάκωβος JACOBUS, Jacques Apôtre, fils de Zebedée ; *Matth.* IV. 21. & ailleurs ; a la même signification que *Jacob* ci-devant.

ידע JADA, fils d'Onan & d'Atara ; 1. *Par.* II. sçavant & connoissant.

ידעיה JADAIA, un des descendans de Josué ; 1. *Esdr.* II. 36. science ou connoissance du Seigneur, du mot jada ci-dessus, & du mot יה Jah, le Seigneur.

יחידיהו JADAIAS, Vulgate, *Jadias*, Surintendant des ânes de David ; 1. *Paral.* XXVII. 30. il peut aussi signifier ensemble, du mot יחד jakid, ou un seul Seigneur, du même mot jakid, & du mot יה Jah, le Seigneur.

ὑδάσωπις JADASON, Roi que Nabuchodonosor avoit défait ; *Judith.* I. 6. connoissance de la brebis, ou du changement : dérivé du mot jada, connoître, & du mot צאן tson, brebis. Ce terme est étranger à la Langue Hébraïque.

ידו JADDO, fils de Zacharie ; 1. *Paral.* XXVII. 21. sa main ou sa puissance, ou sa loüange, du mot יד jad, main, ou du mot ידה jada, loüange, & du pronom ו o, sa ou son.

ידעאל JADIHEL, Vulgate, *Jadiel*, fils de Benjamin ; 1. *Paral.* VII. 6. le même qui est appellé *Asbel*, *Gen.* XLVI. 21. science ou connoissance de Dieu, du mot ידע jada, science, &c. & du mot אל El, Dieu.

ידון Ἄαρὼν JADON, nom d'homme ; 1. *Esdr.* III. 7. qui juge ou qui plaide, du mot דון don ou dun ; autrement, sa main, du mot יד jad, & du pronom ן an, sa. Les Septante ont lû jaron, un ר resch, pour un ד daleth.

יגור JAGUR, ville ; *Josue* XV. 21. étran-

ger ou voyageur, du mot גר gher ; autrement, qui craint & qui assemble, du mot גור gur.

יחדי ἰηδὶ JAHADDAI, pere de Régom, &c. 1. *Paral.* II. 47. avec moi, ou je suis seul : du mot יחד jakad, & du pronom, ו i, moi, ou je ; autrement, aigu, du mot חד cad, ou qui se réjoüit, du mot חדה kada, ou selon le Syriaque, mon unité.

יעלא JAHALA, un des Chefs des Nathinéens qui revinrent de Babylone à Jérusalem ; 2. *Esdr.* VII. 58. qui monte, du mot עלה hala, monter ; autrement, chevreüil ou chevre, du mot יעלה jahala.

יחת JAHATH, fils de Lobni ; 1. *Paral.* VI. 20. briser ou épouvanter : du mot חתת cathath.

יחזיה JAHAZIA, fils de Thécué ; 1. *Esdr.* X. 15. vision du Seigneur, du mot חזה kaza, voir, & du mot יה Jah, Seigneur.

יחזיאל JAHAZIEL, fils d'Hébron ; 1. *Par.* XXIII. 19. qui voit Dieu, ou vision de Dieu, du mot חזה caza, voir, & du mot אל El, Dieu. La Vulgate a lû *Jaziel* ; 1. *Paral.* XVI. 6.

יעל JAHEL, femme d'Haber ; *Judic.* IV. 17. qui monte ; du mot עלה hala, monter ; autrement, chevreüil ou chévre, du mot יעלה jahala. Voyez ci-dessus.

יחלאל ἀχονὰλ JAHELEL, fils de Zabulon ; *Genes.* XLVI. 14. qui attend Dieu, du mot יחל jikel, attendre ; ou qui prie Dieu, du mot חלה cala ; autrement, Dieu qui commence, du mot חלל calal, commencer.

יחיאל ἰεχιὴλ JAHIEL, un des Lévites destinez au chant, & à joüer des instrumens ; 1. *Par.* XV. 18. Dieu vit, vive Dieu, du mot חיה caja, & du mot אל El, Dieu.

יאיר JAIR, fils de Ségub ; 1. *Par.* II. 22. qui répand la clarté, ou qui est éclairé ; du mot אור or, éclairer.

איירי ἰαεὶ JAIRI, pere de Mardochée ; *Esth.* XI. 2. ma lumiére, du mot אור or, & du pronom, ו i, ma ; autrement, qui répand la clarté, ou qui est éclairé.

יארי ἰαιρὶ, selon d'autres, ἰαειρεὶ JAIRITES, descendans de Jaïr ; 2. *Reg.* XX. 26. qui est éclairé, du mot אור or, lumière ; autrement, fleuve ou riviére, du mot יאר jéor.

ἴαειρος JAIRUS, nom d'homme ; *Marc.* V. 22. de même.

יעלה ἰελὰ JALA, un des Chefs des Nathinéens, Officier de Salomon ; 1. *Esdr.* II. 56. Voyez ci-dessus *Jahala*.

יחללאל ἰαλολὴλ JALALE'EL, ou *Jaleléel*, selon la Vulgate ; 1. *Paral.* IV. 16. qui loüe Dieu, du mot הלל hillel, loüer ; autrement, clarté ou lumiére de Dieu ; du même verbe gillel, & du mot אל El, Dieu.

יחלאל ἀχοηλ JALEL, fils de Zabulon. *Genes.*

JAM   JAR

nef. XLVI. 14. en Hébreu, *Jahelel.* Voyez ci-dessus.

יחלאלי ἀλληλὶ JALELITÆ, descendans de Jalel; *Num.* XXVI. 26. de même.

ילון JALON, fils d'Ezra; 1. *Par.* iv. 17. qui demeure, ou qui murmure, du mot לון lun.

ἰαμβρὶ JAMBRI, nom d'homme; 1. *Macc.* IX. 36. qui rend amer, du mot מרר marar; autrement, qui se revolte, ou qui change, du mot מרה mara. Voyez ci-après *Jamra.*

ימין JAMIN, fils de Siméon; *Gen.* XLVI. 10. la droite, ou qui est à la droite; autrement, le côté du midi.

ימני ἰαμενὶ JAMINITÆ, descendans de Jamin; *Num.* XXVI. 12. de la même racine.

ἰαμνεία JAMNIA, nom de ville; 1. *Macc.* IV. 15. Dieu est ma droite, ou qui bâtit, ou qui entend, en lisant *Jabnia.*

ἰαμνῖται JAMNITÆ, habitans de Jamnia; 2. *Macc.* XII. 9. de même.

Ἀγαγίας, ou ἀλλως JAMNOR; un des ayeuls de Judith; *Judith.* VIII. 1. la lumiére de la mer, du mot אור or, lumiére, & du mot ים jam, mer; autrement, la droite de la lumiére, du mot ימין jamin, droite, & du mot אור or, lumiére.

מרה ἰαμβρὶ JAMRA, fils de Suphan; 1. *Par.* VII. 36. rebéle, factieux. Voyez ci-dessus *Jamri.*

ימואל ἰαμουὴλ JAMUEL, fils de Siméon; le même qui est appellé *Namuël,* 1. *Par.* IV. 24. Dieu est son jour, du mot יום jom, jour, & du pronom ו o, son; autrement, mer de Dieu, du mot ים jam, mer, & du mot אל El, Dieu.

יעני ἰωανὶ JANAI, fils de Gad; 1. *Par.* V. 12. qui parle, ou qui répond, du mot ענה hana; autrement, affliction, misére; du mot עני hani; autrement, appauvri.

Ἰαννὲ JANNE, pere de Melchi; *Luc.* III. 24. de même que *Janai* plus haut.

Ἰαννῆς JANNES, ennemi ou adversaire de Moyse; 2. *Timot.* III. 8. de même.

ינוחה Ἰανώχω JANOC, ville; *Josué* XVI. 7. qui se repose ou qui demeure, du mot נוח nuac; autrement, qui conduit, & qui méne, du mot נחה naca.

ἰανθινος IANTHINUS, couleur de violettes; du Grec ἴον, violette, & ἄνθος, une fleur. L'Hébreu *tachsim* signifie aussi le violet.

נום JANUM, ville; *Josué* XV. 53. qui dort, du mot נום num.

יפת JAPHET, fils de Noë; *Genes.* V. 31. qui persuade, qui dilate, du mot פתה patha; autrement, beau, du mot יפה japha.

יפיע ἰαφιὲ JAPHIA, fils de David; 2. *Reg.* V. 16. qui éclaire ou qui paroît, qui monte, du mot יפע japha; autrement, qui gémit, du mot פעה paha.

JAPHIE', nom d'un bourg; *Josué* XIX. 21, de même.

JAPHO. Voyez ci-après *Joppé.*

ירוה ἰαφὲ JARA, pere d'Huri; 1. *Par.* V. 14. qui respire, du mot רוח ruac; autrement, lune ou mois, du mot ירח jarac; autrement, flairer, du mot ריח ric.

ירעה JARA, fils d'Achaz; 1. *Paral.* IX. 42. qui dépouille & rend nud, ou qui répand, du mot ערה hara; autrement, forêts ou rayons de miel, du mot יער jahar; autrement, s'éveiller, du mot עור hur. Les Septante ont lû un ד daleth, pour un ר resch, *joda* pour *jara.*

ירמות ἱερμὼθ JARAMOTH, ville; *Josué* XXI. 29. des hauteurs, du mot רום rum; autrement, qui craint la mort, du mot ירא jara, craindre, & du mot מות maveth, mort; autrement, qui trompe ou qui rejette la mort, du mot ירה jara, jetter, & du mot רמה rama, jetter & tromper.

ירח ἰαρὲχ JARB', fils de Jectan; *Genes.* X. 26. la lune ou le mois, du mot ירח jarac; autrement, flairer, du mot ריח ric.

ירד JARED, fils de Malaléel; *Genes.* V. 15. qui descend; autrement, qui domine ou qui commande, du mot רוד rud.

ירפאל ἰερφαὴλ JAREPHEL, ville; *Josué* XVIII. 27. la santé, ou la médecine de Dieu; du mot רפא rapha, soulager, traiter, & du mot אל El, Dieu.

יריב JARIB, fils de Siméon; 1. *Paral.* IV. 24. qui multiplie, du mot רבב rabab; autrement, qui combat, qui dispute, qui plaide, du mot רוב rub.

יערים JARIM, partie ou côteau d'une montagne; *Josué* XV. 10. des bois, des forêts, du mot יער jahar.

יצחה JASA, ville; *Num.* XXI. 23. la même qui est dite *Jassa,* *Josué* XIII. 18. querelle, dispute, du mot נצה natsa, ou sortie du Seigneur, du mot יצא jatsa, & du mot יה Jah, Seigneur.

JASER. Voyez ci-après *Jeser.*

ישר ἰασὰρ JASER, fils de Caleb; 1. *Paral.* II. 18. ou un nom de lieu; *Isai.* XVI. 8. juste, équitable; autrement, qui chante, qui regarde ou qui gouverne, du mot שור schur.

ישרי JASERITÆ, descendans de Jaser; *Num.* XX. 49. de même.

יעשי ἰωσίας JASI, nom d'homme; 1. *Esdr.* X. 37. qui me fait, ou mon Créateur, du mot עשה hascha, faire, & du pronom י i, mon.

יחציאל ou יחצאל ἀσιὴλ JASIEL, fils de Nephtali; *Genes.* XLVI. 24. Dieu qui divise, du mot חצה catsa, ou qui sépare par moitié, du mot חצי catsi; autrement, qui

JAS

se hâte, de חוש se hâter, & du mot אל El, Dieu.

יעשיאל JASIEL, habitant de Mosobia; 1. Paral. XI. 46. œuvre, ou créature de Dieu, du mot עשה ascha, faire, & אל El, Dieu.

Ἰάσων JASON, nom d'homme; 1. Macc. VIII. 17. qui guérit, ou qui donne des médicamens, du mot Grec ἴασις, santé ou guérison. C'est le même que Jesus, Sauveur.

JASSA, ville; Josue XIII. 1. Voyez ci-dessus Jasa.

ישן JASSEN, un des trente vaillans Capitaines de David; 2. Reg. XXIII. 32. vieux & ancien, ou qui dort.

ישוב JASUB, fils du Prophéte Isaïe; Isai. VII. 3. &c. qui demeure, ou qui s'assit, du mot ישב jaschab; autrement, qui reviendra, du mot שוב schub, retourner, revenir.

יטבה Ἰετεβά JATEBA, Vulgate, Jeteba, nom de lieu; 4. Reg XXI. 19. qui fait du bien, ou sa bonté, du mot טוב tob, ou יטב jatab, bonté, & du pronom ה a, sa.

יתנאל JATHANAEL, quatriéme fils de Meselemia; 1. Paral. XXVI. 2. don ou récompense de Dieu, du mot תנה thana, & du mot אל El, Dieu.

יון Ἰωυάν JAVAN, fils de Japheth; Gen. X. 4. qui trompe, ou qui attriste, du mot און aven; autrement, bouë, fange, du mot יון javen ou javan.

יעוש Ἰωάς JAUS, fils de Séméï; 1. Paral. XXIII. 11. qui assemble, du mot עוש busch; autrement, qui corrompt, du mot עש haschasch, ou tigne, du mot עש hasch.

יעזר JAZER, ville des Amorrhéens; Num. XXXII. 35. secours, ou qui aide, du mot עזר hazar, aider.

יזיאל Ἰαζιήλ JAZIEL, fils d'Azmoth; 1. Paral. XII. 3. aspersion ou distillation de Dieu, du mot נזה naza, & du mot אל El, Dieu.

יעזיאל Ἰοσιήλ JAZIEL, nom d'un Prêtre; 1. Par. XV. 18. Dieu est ma force, ou force de Dieu, du mot עזז hazaz, fort, & du mot אל El, Dieu.

יזיז JAZIZ, Intendant des brebis de David; 1. Paral. XXVII. 31. splendeur, du mot זיז ziz; autrement, selon le Syriaque, départ, retraite.

יקמיה Ἰακεμία ICAMIA, fils de Sellum; 1. Paral. II. 41. résurrection, ou confirmation du Seigneur, du même mot קום cum, se lever, ou confirmer & appuyer, & du mot יה Jah, le Seigneur.

JECE's. Voyez ci-dessus Accès.

איכבוד ἰχαβώδ JECABOD, fils de Phinées; 1. Reg. IV. 21. où est la gloire, de l'adverbe אי cic, ubi; ou autrement, malheur à la gloire, de l'adverbe אוי ou אי oi, malheur ou hélas, & du mot כבד cabod, gloire.

IDI

Ἰκόνιον ICONIUM, ville; Act. XIV. 1. qui vient, du mot Grec ἴκω, je viens.

קותיאל ICUTHIEL, ou Jecuthiel, pere de Zanoc; 1. Paral. IV. 18. Dieu est mon espérance, ou espérance de Dieu, du mot קוה cava, espérer, attendre; autrement, assemblée de Dieu, du même terme, & du mot אל El, Dieu.

ידיה Ἰεδδία IDAIA, pere d'Allon; 1. Par. IV. 37. la main du Seigneur, du mot יד jad, la main, ou loüange du Seigneur, du mot ידה jada, loüange, & du mot יה Jah, le Seigneur.

ידעיה Ἰεδδία, ou Ἰαδέα IDAIA, Chef d'une des familles Sacerdotales; 2. Esdr. VI. 39. science du Seigneur, du mot ידע jada, science, & du mot יה Jah, le Seigneur.

ידידה Ἰεδδιδά IDIDA, mere de Josias; 4. Reg. XXII. 1. bien-aimée, ou aimable, du mot יד jadad, ou ידיד jedid; autrement, ses mains, du mot יד jad, main, & du pronom ה a, ses.

ידיתון IDITHUN, pere de Galal; 1. Par. IX. 16. sa loi, du mot דת dath, & du pronom ן an, sa; autrement, qui donne, loüange, du mot ידה jada, loüer, & du mot נתן nathan, donner.

ῦς IDOX, grand-pere de Judith; Judith. VIII. 1. qui brise le grain, du mot דיש disch; autrement, joyeux & agréable.

אדום IDUMAEA, Province de la Syrie; Isai. XI. 14. Voyez ci-dessus Edom, rouge, humain.

עיי-העברים αἰϐαρίμ JE-ABARIM, trente-huitiéme demeure ou station des Israëlites; Num. XXI. 11. tas, amas, ou collines, ou monceaux des Hébreux, ou des passans, du mot עי ou עי hi, tas, ou collines, & du mot עבר heber, passer.

יבחר JEBAHAR, fils de David, 2. Reg. V. 15. élection, ou qui est élû, du mot בחר bacar, choisir.

יבניה Ἰεχονίας JEBANIAS, pere de Rahüel; 1. Paral. IX. 8. bâtiment de Dieu, du mot בנה bana; ou filiation de Dieu, du mot בן ben; autrement, intelligence de Dieu, du mot בינה bina, & du mot אל El, Dieu.

יבלעם Ἰεϐλαάμ JEBLAAM, ville; Josue XVII. 11. vieillesse du peuple, du mot בל bala, vieillir, dépérir; autrement, production du peuple, du mot יבל jebul, & du mot עם ham, peuple; autrement, qui les engloutit, du mot בלע bala, & du pronom ם am, les.

יבנאל Ἰεϐνά JEBNAEL, ville; Josue XIX. 33. bâtiment de Dieu, du mot בנה bana, ou intelligence de Dieu, du mot בינה bina, & du mot אל El, Dieu.

JEBNE'EL, ville; Josue XV. 11. de même que Jebnaël.

יבק Ἰαϐώκ, ou Ἰαϐώχ JEBOC, torrent; Num. XXI.

JEC

XXI. 24. évacuation, dissipation, du mot בוק buc; autrement, lutter, combattre.

יבשם *iaβσey* JEBSEM, fils de Thola; I. *Par*. VII. 2. qui parfume, du mot בשם beschem; autrement, leur sécherefle, du mot יבש jabesch, être sec; autrement, leur honte, du mot בוש bosch, rougir de honte, & du pronom ם am, leur.

יבוס JEBUS, ville: la même que *Jérusalem*; *Josué* XV. 11. 28. Ce mot s'écrit ainsi יבום *Jebus*, *Judic*. XIX. 10. qui foule aux pieds, ou méprise, du mot בום bus; autrement, étable.

יקמיה JECEMIA, fils de Jéchonias; I. *Paral*. III. 18. Voyez ci-dessus *Icamia*.

יכליהו JECHELIA, mere d'Azarias Roi de Juda; 4. *Reg*. XV. 2. consommation du Seigneur, du mot כלה cala, consommer; autrement, puissance du Seigneur, du mot יכל jacol, pouvoir, & du mot יה Jah, le Seigneur.

יכניה *ieχoνιας* JECHONIAS, fils de Joachim, fils de Josias; I. *Paral*. III. 16. Il est appellé dans l'Hébreu כניהו *Chonias*; *Jerem*. XXII. 28. préparation du Seigneur, du mot כון cun, préparer; autrement, fermeté, du même mot, & de celui de יה Jah, le Seigneur.

יקמעם JECMAAM, Vulgate, *Jecmaan*; 3. *Reg*. IV. 12. résurrection, ou confirmation, ou vengeance du peuple, du mot קום kum, & du mot עם ham, peuple.

יקנעם JECNAM, ville; *Josué* XXI. 34. la même qui est appellée *Jeconam*, *Josué* XIX. II. possession ou achat, du mot קנה cana; autrement, nid du peuple, du mot קן kinnen, nicher, & du mot עם am, peuple.

JECONAM, de même que *Jemam*, *Josué* XIX. 11.

יקשן *ieχσαδς* JECSAN, fils d'Abraham & de Céthura; *Genes*. XXV. 2. dure, difficile, scandaleux, du mot קשה cascha.

יקטן JECTAN, fils d'Heber; *Genes*. X. 25. petit, du mot קטן caton, autrement, dégoût, ennui, du mot קוט cut; autrement, dispute, contention.

יקתאל *iακbωλ* JECTHEL, Vulgate, *Jecthel*, ville; *Josué* XV. 38. assemblée de Dieu, du mot יקה jaca, j'assemble, je réunis, & du mot אל El, Dieu.

ידעה *iaδda* JEDAIA, nom d'un Prêtre; I. *Par*. IX. 10. le même que *Jedei*, ibid. XXIV. 7. science ou connoissance du Seigneur, du mot יד jada, connoître, & du mot יה Jah, le Seigneur.

יריה *iωδιας* JEDAIA, fils d'Aromaph; 2. *Esdr*. III. 10. main ou loüange du Seigneur, du mot יד jad, main, ou du mot ידה jada, loüange, & du mot יה Jah, le Seigneur.

Tome IV.

JED

ידאלה JEDALA, ville; *Josué* XIX. 15. main du jurement, ou de malédiction, du mot יד jad, main, & du mot אלה ala, jurer; autrement, selon le Syriaque & l'Hébre, main de Dieu.

יחדו JEDDO, fils de Buz; I. *Paral*. V. 14. lui seul, ou lui-même, du mot יחד jacad, & du pronom ו o, lui; autrement, sa joye, du mot חדה kada, joye, & du pronom ו o, sa; autrement, sa pointe, du mot חדד cadad, & du même pronom ו o, sa: ou selon le Syriaque, sa nouveauté.

ידוע *iaδsε* , autrement, *aδsε* JEDDOA, fils de Jonathan, 2. *Esdr*. 11. 11. qui a de la science, ou qui connoît, du mot ידע jada.

ידי *iaδαι* JEDDI, fils de Nébo; I. *Esdr*. X. 43. ma main, du mot יד jad; autrement, ma loüange, du mot ידה jada, loüange, & du pronom י i, ma.

ידוע JEDDUA, un des Chefs qui signérent l'alliance renouvellée sous Néhémie: de la même racine que *Jeddoa* ci-dessus.

ידבש JEDEBOS, fils d'Elam; I. *Paral*. IV. 3. miel ou mielleux, du mot דבש debasch; ou main de confusion, du mot יד jad, main, & du mot בוש bosch, honte, confusion.

יחדיאל JEDIEL, nom d'un Prince; I. *Paral*. V. 24. l'unité de Dieu, du mot יחד jacad, un seul; autrement, joye de Dieu, du mot חדה cada, joye; autrement, pointe de Dieu, du mot חדד cadad, pointe, & du mot אל El, Dieu; autrement, selon le Syriaque & l'Hébreu, renouvellement de Dieu.

ידיעאל JEDIEL, fils de Samri; I. *Paral*. XI. 45. Dieu est ma science, ou science, connoissance de Dieu, du mot ידע jada, science, &c. & du mot אל El, Dieu.

ידלף *ioλδαs* JEDLAPH, fils de Nachor & de Melcha; *Genes*. XXII. 22. qui distille, ou goutte d'eau, du mot דלף dalaph; autrement, main jointe, selon l'Hébreu & le Syriaque.

יגאל JEGAAL, fils de Séméia; I. *Paral*. III. 22. qui rachette ou qui souille, du mot גאל gaal, ou ghéel, selon les différentes leçons.

יגבחה *καγ υψωσαν αυτας* JEGBAA, ville; *Num*. XXXII. 35. hauteur ou exaltation, du mot גבה gaba.

יחדליה *γοδολιας* JEHEDELIA, homme de Dieu, pere de Hanan; *Jerem*. XXXV. 4. grandeur du Seigneur, ou le Seigneur m'exaltera, me fera grandir, du mot גדל gadal ou gadel, grandeur, & du mot יה Jah, le Seigneur.

יחדיהו *iaδsα* JEDEIA, fils de Subaël; I. *Par*. XXIV. 20. un seul Seigneur, du mot יחד jacad; autrement, la joye du Seigneur, du mot חדה cada, joye; autrement, la pointe du Seigneur, du mot חדד cadad, pointe,

T t &

& du mot יה Jah, le Seigneur, ou selon l'Hébreu & le Syriaque, renouvellement du Seigneur.

יחת *Ληθ* JEHETH, Vulgate, *Leheth*, Lévite, un de ceux qui gardoient les portes du Temple, ou qui présidoient au chant; 1. *Paral.* XXIII. 10. rompu, brisé, épouvanté, du mot חתת cathath.

יחזאל JEHEZIEL, nom d'homme; 1. *Par.* XII. 4. *&c.* qui voit Dieu, ou vision de Dieu, du verbe חזה cafa, voir, & du mot אל El, Dieu.

יחיה *ἰκεία* JEHEIAS, Prêtre ou Portier de l'Arche; 1. *Paral.* XV. 24. vive le Seigneur, du mot חיה caja, vivre, & du mot יה Jah, le Seigneur.

יעיאל JEHIEL, nom d'un Scribe; 2. *Paral.* XXVI. 11. Dieu l'a ôté ou chassé, du mot יעה jaha; autrement, Dieu est mon amas, du mot עי hi, amas, & du mot אל El, Dieu.

יחיאלי JEHIELI, fils de Ledan; 1. *Paral.* XVI. 21. Dieu vit, ou vive Dieu, du mot חיה caja, vivre, & du mot אל El, Dieu.

JEHOIACHIN. Voyez *Joachin*.
JEHOIACHIM. Voyez *Joachim*.

יהוא JEHU, fils de Josaphat; 4. *Reg.* IX. 2. lui-même, du pronom הוא hu; autrement, qui existe, du mot יפתה ava.

יעואל *ἰσυὴλ* JEHUEL, fils de Zara; 1. *Par.* IX. 6. le Seigneur l'a ôté, l'a enlevé.

יעוש *Ἰνοῦς* JEHUS, fils d'Esaü & d'Oolibama; *Genes.* XXXVI. 5. assemblée, du mot עוש husch; autrement, desséché, dépéri, du mot עשש haschasch; autrement, tigne, du mot עש hasch.

יעיש JEHUS, fils de Saharaïm & de Hodes; 1. *Par.* VIII. 10. qui est de bois, du mot עץ hets; autrement, conseiller, du mot עוץ huts.

יחמי *ιαμὶ* JEMAI, Hébreu, *Jehemaï*, fils de Thola; 1. *Par.* VII. 2. qui échauffe, ou qui est chaud, du mot יחם jacam.

ימימה JEMIMA, Hébreu, fille de Job; *Job.* XLII. 14. belle comme le jour, de יום jom, le jour.

ימיני *ἰαμινὰ* JEMINI, pere d'Aphia; *Reg.* IX. 1. ma droite, ou qui est adroit, du mot ימין jamin, la main droite.

ימיני *ἰαμινὶ* JEMINEUS, fils de Benjamin; 2. *Reg.* XX. 1. de la même racine.

ימלה *ἰαμλὰ* JEMLI, pere du Prophéte Michée; 3. *Reg.* XXII. 8. plénitude ou réplétion, du mot מלא mala; autrement, circoncision, du mot מול mul.

ימלך *ἀμαλὲκ* JEMLEC, nom d'un Prince; 1. *Paral.* IV. 34. qui regne, du mot מלך malac.

ימנה JEMNA, fils d'Aser; *Genes.* XLVI. 17. sa droite, du mot ימין jamin, ou qui compte, ou qui prépare, du mot מנה mana; ou selon le Syriaque, qui régle, qui établit.

ימנע JEMNA, fils d'Helem; 1. *Paral.* VII. 35. empêchement, du mot מנע manah; autrement, la mer émûë, du mot ים jam, mer, & du mot נוע nuah, se mouvoir.

ימנה *ἰαμενὴ* JEMNAITÆ, descendans de Jemna; *Num.* XXVI. 44. droit, du mot ימין jamin, ou qui compte, ou qui prépare, du mot מנה mana.

יעוש *ἰκὼς* JEUS, fils de Roboam & d'Abiaïl; 2. *Paral.* XI. 19. Voyez ci-dessus *Jehus*.

יפדיה JEPHDAIA, fils de Sésac; 1. *Par.* VIII. 25. la rédemption du Seigneur, du mot פדה phada, racheter, & du mot יה Jah, le Seigneur.

יפלט *ἰαφλὴτ* JEPHLAT, fils d'Heber; 1. *Par.* VII. 32. qui délivre, ou qui chasse, ou fait évader, du mot פלט phalat.

יפלטי JEPHLETI, nom de peuple, dont le pays échut en partage aux enfans de Joseph; *Josue* XVI. 3. de la même racine que *Jephlat*.

יפנה JEPHONE, pere de Caleb; *Num.* XIII. 7. qui regarde, du mot פנה phana, il a regardé.

יפתח JEPHTHA, ville; *Josue* XV. 43. qui ouvre, du mot פתח pathac.

יפתחאל JEPHTHAEL, nom d'une vallée; *Josue* XIX. 14. Dieu ouvre, du mot פתח pathac, & du mot אל El, Dieu.

יפתה JEPHTE', un des Juges d'Israël, fils de Galaad, & d'une concubine; *Judic.* XI. 1. qui ouvre, ou il ouvrira, de l'Hébreu, פתח pathac, ouvrir.

ירחא *ιερὰ* JERAA, serviteur de Sésan; 1. *Paral.* II. 34. lune ou mois, du mot ירח jerac; autrement, flairer, du mot ריח ric.

ירחמאל *ιεραμαήλ* JERAMEEL, fils d'Esron; 1. *Paral.* II. 9. miséricorde de Dieu, du mot רחם racam, & du mot אל El, Dieu; autrement, selon l'Hébreu & le Syriaque, amour de Dieu.

ירחמלי JERAMEELITA, Vulgate, *Jeraméel*, descendant de Jéraméel; 1. *Reg.* XXVII. 10. de la même racine.

ירקעם *ιερκαὰμ* JERCAAM, fils de Raham, ou Ragam; 1. *Paral.* II. 44. leur extension, du mot רקק raca, & du pronom ם am, leur; autrement, verdeur, ou crachat du peuple, du mot ירק raca, ou évacuation, ou armure, du mot ריק ric, & du mot עם ham, peuple.

ירמיה *ιερεμίας* JEREMIA, nom d'un Prince; 1. *Paral.* V. 24. autrement, *Jeremias*, nom d'un des quatre grands Prophétes; *Jerem.* I. 1. élévation ou grandeur du Seigneur, ou qui éléve, ou rend gloire au Seigneur, du verbe רמם ramam, élever, &

JER

& du mot יה Jah, le Seigneur.

ירחמאל *Ἱερμιὴλ* JEREMIEL, fils d'Amelech ; *Jerem.* XXXVI. 26. la miséricorde de Dieu. Voyez ci-dessus *Jeraméel*.

יראיה *Ἱωρίας* JERIAS, fils de Selemia ; *Jerem.* XXXVII. 13. la crainte du Seigneur, du mot ירא jaré, craindre ; autrement, vision du Seigneur, du mot ראה raa, voir, autrement, projection du Seigneur, du mot ירה jara, jetter, & du mot יה Jah, le Seigneur.

ירהו *Ἱωσιὰ* JERIAU, fils aîné d'Hébron ; 1. *Paral.* XXIII. 19. de la même racine que *Jerias*.

יריבי *Ἱωρίβαι* JERIBAI, fils d'Elnaën ; 1. *Par.* XI. 46. qui combat, qui plaide, ou qui reprend, du mot רוב rub, ou qui multiplie, du mot רבה raba.

ירחו JERICHO, ville ; *Num.* XXII. 1. sa lune ou son mois, du mot ירח jareac ; autrement, son odeur, du mot ריח reac, & du pronom יו, sa ou son.

יריאל *Ἱωριὴλ* JERIEL, fils de Thoü ; 1. *Par.* VII. 2. crainte, ou vision, ou projection de Dieu. Voyez ci-dessus *Jerias*.

ירמות JERIMOTH, fils de Béla ; 1. *Par.* VII. 7. les hauteurs, du mot רמם ramam ; autrement, qui craint, ou qui voit, ou qui rejette la mort. Voyez ci-dessus *Jerias* ; & du mot מות maveth, la mort.

JERIMUTH, un des trente vaillans Capitaines de David ; 1. *Paral.* XII. 5. de même.

יריעות JERIOTH, fils de Caleb & d'Azuba ; 1. *Paral.* II. 18. des rideaux, du mot יריה jeriah ; autrement, des cris confus, du mot רוח ruah, ou ריה riah : ou des ruptures, du mot רעה rhaa.

ירמי *Ἱεριμὶ* JERMAI, nom d'homme ; 1. *Esdr.* X. 33. ma hauteur, ou mon élévation, du mot רום rum, élévation, & du pronom י i, ma ; autrement, qui craint, du mot ירא jaré : ou qui rejette les eaux, du mot רמה rama, rejetter, & du mot מים maim, les eaux.

ירבעל JEROBAAL, le même que *Gédéon*, un des Juges d'Israël ; *Judic.* VI. 32. qui dispute, ou défend Baal, ou qui venge l'Idole ; autrement, que Baal défende sa cause, du mot רוב rub, disputer, plaider, ou défendre, & du mot בעל Baal, Idole.

ירבשת *Ἱεροβοὰλ* JEROBESETH, selon la Vulgate, le même que *Gédéon*, ou *Jérobaal*, pere d'Abimelech ; 2. *Reg.* XI. 21. que l'idole de confusion se défende, de l'Hébreu רוב rub, combattre, plaider, & du mot בוש bosch, honte : ou du mot בשת boscheth, idole, infame.

ירבעם JEROBOAM, fils de Joas, Roi d'Israël ; 4. *Reg.* XIV. 23. qui rejette ou qui combat le peuple, du mot ירה jara, rejet-

JES

ter : ou procès, ou dispute du peuple, du mot רוב rub, plaider, disputer ; autrement, qui multiplie le peuple, du verbe רבב rabab, multiplier, & du mot עם ham, peuple.

ירחם JEROHAM, fils d'Elcana ; 1. *Par.* VI. 27. miséricordieux, du mot רחם rekem : ou selon le Syriaque, bien-aimé.

יראון JERON, ville ; *Josue* XIX. 38. crainte, du mot ירא jaré, ou vision, du mot ראה raa, ou qui rejette la douleur ou la force, du mot ירה jara, rejetter, & du mot און aven, ou on, selon les différentes leçons, force ou douleur.

Ἱεροσόλυμα JEROSOLYMA, ville ; 1. *Macc.* I. 15. vision de la paix, du mot ראה raa, voir ou vision, & du mot שלם schalom, paix ou perfection.

ירשיה JERSIA, fils de Jéroam ; 1. *Par.* VIII. 27. lit du Seigneur, du mot ערש heresch, lit ; autrement, le Seigneur l'a délivré de la pauvreté, du verbe ירש jaha, chasser, éloigner, & du mot רשש raschasch, pauvreté, & du mot יה Jah le Seigneur ; autrement, plante, herbe du Seigneur, du mot ערש heresch.

יראול JERUEL, vallée, ou solitude ; 2. *Paral.* XX. 16. crainte de Dieu, ou vision de Dieu, du mot ירא jara, craindre, ou du mot ראה raa, voir, & du mot אל El, Dieu.

ירושה JERUSA, mere de Joathan ; 4. *Reg.* XV. 33. qui possede l'héritage, du mot ירש jarasch ; autrement, exilé, banni, rejetté, du mot ירה jara.

ירושלם JERUSALEM, ville ; *Josue* X. 1. la même que *Jerosolyma* ; comme qui diroit, vision du parfait, ou du pacifique. Voyez ci-dessus *Jerosolyma*.

יצחר JESAAR, fils de Caath ; *Num.* III. 19. clarté ou méridien, du mot צהר tsaar ; autrement, l'huile, du mot יצהר jitsar.

יצחרי *Ἱσαάρ* JESAARITÆ, *Num.* III. 27. descendans de Jesaar ; de même.

ישעיה *Ἱεσεία* JESAIA, ou *Jesaïas*, Lévite ; 1. *Par.* XXV. 15. Voyez ci-dessus *Esaïas*, salut du Seigneur, du mot ישע jascha, sauver, & du mot יה Jah, le Seigneur.

ישמרי JESAMARI, fils d'Elphaal ; 1. *Par.* VIII. 18. gardien, du mot שמר schamar.

ישנה JESANA, ville ; 2. *Paral.* XIII. 19. qui dort, ou qui vieillit, du mot ישן jaschan ; autrement, qui change, du mot שנה schana.

ישבה JESBA, fils d'Ezra ; 1. *Par.* IV. 17. tranquillité, ou retour, du mot שוב schub ; autrement, louange, du mot שבח schibac.

ישבעם JESBAAM, fils de Hachamoni ; 1. *Paral.* XI. 11. le peuple qui s'assied, ou qui est assis avec le peuple, du mot שב jaschab,

chab, s'asseoir; ou la conversion, le retour du peuple, du mot שוב schub, se convertir, retourner; autrement, soufflement, ou respiration du peuple, du mot נשב naschab; autrement, captivité du peuple, du mot שבה schaba, être captif, & du mot עם ham, le peuple.

ישבקשה JESBACASSA, fils d'Héman; 1. Paral. xxv. 4. qui demande, ou qui s'informe, ou information, du mot בקש bikhesch; autrement, respiration dure, du mot נשב naschab, respirer, ou conversion, retour dur, du mot שוב schub, se convertir, & du mot קשה cascha, rude, fâcheux.

שבי־בנוב *Ἰεσϐὶ ἀπὸ γνῶθ* JESBI-BENOB, un géant, Jesbi fils d'Ob; 2. Reg. xxi. 16. qui s'assied dans la prophétie, ou dans la parole, ou dans la production, du mot שבא jeschiba, s'asseoir, & de la préposition ב beth, dans, & du mot נבא nibba, prophétie, ou du mot נוב nub, parole, ou production de la force; autrement, conversion, ou soufflement, ou respiration dans la prophétie, &c. du mot שוב schub, conversion, ou du mot נשב naschab, respiration; autrement, captivité dans la prophétie, du mot שבה schaba, enchaîner. Les Septante, *Jésbi*, de la ville de Nob.

ישבעם JESBOAM, qui présidoit sur les enfans de Zabdiel; 1. Paral. xxvii. 2. conversion du peuple, ou séance du peuple, ou soufflement, ou respiration du peuple, ou captivité du peuple. Voyez ci-dessus *Jesbaam*.

ישבק JESBOC, fils d'Abraham & de Céthura; Genes. xxv. 11. qui est vuide, ou épuisé, du mot יש jesch, il est, & du mot בוק buc; autrement, qui est délaissé, ou abandonné, du mot בקק bacac, épuiser.

יסכה JESCHA, fils d'Aaron; Genes. xi. 29. qui oint, du mot יסך jasac; autrement, qui couvre ou protége, du mot סכך sacac, ou selon le Syriaque, qui regarde.

ישעיה *Ἰεσιὰς* JESEIAS, fils de Phaltias; 1. Paral. iii. 21. salut du Seigneur, du mot ישע jaschah, sauver, & du mot יה Jah, le Seigneur.

ישמא *Ἰεσμὰ* JESEMA, fils d'Elam; 1. Paral. iv. 3. nommé, désigné, du mot שם schem; autrement, désolation ou admiration, du mot שמם schamam, ou de יש jascham, désoler.

יצר *Ἰουὰρ* JESER, fils de Nephthali; Gen. XLVI. qui est fermé, fait, créé: ou qui est à l'étroit, ou dans la peine, selon les diverses leçons de l'Hébreu.

יצרי *Ἰσραεὶ* JESERITÆ, descendans de Jéser; Num. xxvi. 49. Les Septante ont lû *Jesaar*, & *Jesaarita*.

ישישי *σωμσὶ* JESESI; fils de Jeddo; 1. Paral. v. 14. ancien, vieux, du mot ישיש jaschasch; autrement, un présent, du mot שי schaï; autrement, qui se réjouït, du mot שוש schusch.

ישעי JESI, fils d'Aphaïm; 1. Paral. 11. 31. mon salut, du mot ישע jaschah, sauver; autrement, qui regarde, du mot שעה schaha.

ישיהו *Ἰεσία* ou *Ἰωσία* ou *Ιωσείας* JESIA, ou *Jesias*, fils d'Israïa; 1. Par. vii. 3. le Seigneur est, du mot יש jesch, il est, & du mot יה Jah, le Seigneur.

יחצאל JESIEL, fils de Nephthali; Num. xxvi. 48. Dieu sera mon partage, du mot חצה catsa, partager; autrement, hâte de Dieu, du mot חץ catsats, se lancer avec vitesse, & du mot אל El, Dieu.

יחצאלי *Ἰεσιὴλ* ou *ἀσιὴλ* JESIELITÆ, les descendans de Jesiel; Num. xxvi. 48. de la même racine.

ישימון JESIMON, nom d'un désert; 1. Reg. xxiii. 24. solitude, désolation, du mot ישם jascham.

יסמכיהו *σαμαχίας* JESMACHIAS, un des Chefs des Lévites sous le Roi Ezéchias; 2. Paral. xxxi. 13. qui est joint & uni au Seigneur, ou le Seigneur est mon appui, du mot סמך samac, s'unir, s'appuyer, & du mot יה Jah, le Seigneur.

ישמעיהו *σαμαίας* JESMAIAS, un de ceux qui présidoient aux Lévites sous David; 1. Paral. xxvii. 19. qui écoute le Seigneur, ou qui lui obéit, du mot שמע schamah, écouter, obéir, & du mot יה Jah, le Seigneur.

ישפא JESPHA, fils de Baria; 1. Paral. viii. 16. le jaspe, du mot ישא jischphé, pierre précieuse; autrement, bord, lévre, du mot שפה schapha.

ישפן JESPHAN, Vulgate, *Jespham*, fils de Sésan; 1. Paral. viii. 22. un lapin, ou un autre animal sauvage, du mot שפן schaphan; autrement, caché ou brisé, du mot שוף schuph.

ישראלי *Ἰσραελὰ* JESRAELI, le même qu'*Israël*, nom de lieu; 2. Reg. xvii. 25. qui prévaut contre Dieu, ou qui le domine. Voyez ci-dessous *Israël*.

ישי *Ἰσσαὶ* JESSE', ou *Isaï*, pere de David; *Isaï*. xi. 10. être, ou qui est, du mot יש jesch; autrement, mon présent, du mot שי schaï.

ישוי *Ἰσσουὶ* JESSUI, fils d'Aser; Gen. xlvi. 17. qui est égal, propre & placé, du mot שוה schava; autrement, plat-pays.

JESSUITÆ, les descendans de Jessui; Num. xxvi. 44. de même.

ישוע *Ἰωσῆ* JESU, Luc. iii. 29. fils d'Eliezer, élevé, ou qui existe, du mot יש jesch; autrement, qui pardonne, ou Sauveur; comme s'il y avoit jehosua. Le Grec porte, *José*.

ישוע *Ἰσσοῦ* JESUA, Chef de la neuviéme famille

JET   JEZ   169

famille Sacerdotale; 1. *Paral.* XXIV. 11. Sauveur, du mot ישע jascha.

ישוה *Ἰσουά* JESUA, fils d'Aser; *Genes.* XLVI. 17. Voyez ci-dessus *Jessui*, ou *Jessua*.

ישוע JESUA, nom d'un des Lévites qui étoient sous la dépendance de Coré; 2. *Paral.* XXXI. 15. Sauveur.

ישוע *Ἰησοῦς* JESUS, le saint nom de JESUS; *Matth.* I. 16. Sauveur.

יטה ישה JETA, ville; *Josue* XXI. 16. la même, à ce que l'on croit, que *Jota*; *Josue* XV. 55. qui décline, ou se détourne, du mot נטה nata.

יטבתה ou יטבת *ἰτεμαθά* JETEBA, ou *Jetebatha*, une des stations des Israëlites dans le désert; *Num.* XXXIII. 33. celle qui est bienfaisante, du mot טוב tub, bonté; autrement, celle qui décline, du mot יט jat, décliner, & du mot בת bath, fille. La racine de ce terme ne se trouve pas aisément dans l'Hébreu.

יחת *Ἰαάθ* JETH, fils de Gerson; 1. *Paral.* VI. 43. Hébreu, johath, qui rompt, ou qui brise, ou qui s'épouvante, du mot חתת cathath.

יתלה *Ἰεθλά* JETHELA, ville; *Josué* XIX. 42. qui est attaché ou suspendu, du mot תלה thala, ou qui est rassemblé, du mot תלל thalal.

יתר JETHER, ville; *Josue* XV. 48. qui excelle, ou qui est resté, du mot יתר jathar; autrement, qui examine & qui recherche, du mot תור thur; autrement, cordeau.

יתר JETHER; 1. *Paral.* II. 17. autrement, *Jethra*, pere d'Amasa; 2. *Reg.* XVII. 25. *Jethro*, selon l'Hébreu, beau-pere de Moyse; *Exod.* IV. 18. de même.

JETHER, ville; 1. *Reg.* XXX. 27. de même.

יתת JETHETH; *Genes.* XXXVI. 40. qui donne, de l'Hébreu נתן nathan.

יתמה *Ἰεθμά* JETHMA, Moabite; 1. *Par.* XI. 46. orphelin ou pupille, du mot יתם jatham; autrement, admiration ou perfection, du mot תמה thama, admirer, ou du mot תמם thamam, perfection.

יתנן *Ἰοθάν* JETHNAN, Vulgate, *Jethnam*, ville; *Josue* XV. 23. récompense, salaire, du mot תנה thana, ou nathan.

יתרא JETHRA. Voyez ci-dessus *Jether*, pere d'Amasa; 2. *Reg.* XVII. 25.

יתרעם JETHRAHAM, Vulgate, *Jethraam*, fils de David & d'Egla; 2. *Reg.* III. 5. excellence du peuple, du mot יתר jathar, & du mot עם ham, le peuple.

יתרי JETHRAN, fils de Sapha; 1. *Paral.* VII. 37. de même que *Jether* יתיר, ci-dessus.

יתרי JETHRAEUS, fils de Sobal; 1. *Par.* II. 53. de même.

Tome IV.

יתרי *Ἰετραῖος* JETHRITES, fils de Jéthri; 2. *Reg.* XXIII. 38. de même que *Jether*.

יתרו *Ἰοθόρ* JETHRO, beau-pere de Moyse; *Exod.* III. 1. son excellence, son reste, sa postérité. Voyez *Jether*.

יתור *Ἰθούρ* ou *Ἰατούρ* JETHUR, fils d'Ismaël; *Coloss.* XXVI. 15. qui garde; autrement, ordre, suite, du mot תור thur: ou selon le Syriaque, montagneux.

יעוש JETHUS, fils de Roboam, & d'Abigaïl; 2. *Paral.* XI. 19. qui est dévoré, rongé par la tigne, du mot עשש haschasch; autrement, assemblé, du mot עוש husch.

יזבד *Ἰωζαβάδ* JEZABAD, habitant de Gaderoth; 1. *Paral.* XII. 4. celui qui est doté par le Seigneur. C'est un composé du nom de Dieu יה Jah, & du mot זבד zabad, doter.

איזבל JEZABEL, fille du Roi des Sidoniens; 3. *Reg.* XVI. 31. isle de la demeure, du mot אי aï, isle, & du mot זבל zabal, demeure; autrement, malheur à la demeure, du mot אוי oi, malheur, & du mot zabad, demeure: ou selon l'Hébreu & le Syriaque, isle du fumier, ou malheur au fumier.

איעזר *Ἀχιεζέρ* JEZER, fils de Galaad; *Num.* XXVI. 30. Il est appellé *Abiezer*; *Josue* XVII. 2. isle du secours, du mot אי aï, isle, & עזר hazar, secourir; autrement, isle de l'entrée, ou du parvis, du mot עזרה hazara; autrement, malheur au secours, ou au parvis, du mot אוי oi, malheur. Ce nom est une corruption du mot אביעזר abiezer, le secours de mon pere.

יעזר *Ἰαζόρ* JEZER, ville des Amorrhéens; 1. *Paral.* VI. 81. qui secoure, du mot עזר hazar.

איזרי *ἀχιζρί* JEZRITAE, descendans de Jezer; *Num.* XXVI. 30. Voyez ci-dessus *Jezer* fils de Galaad.

יזרח *ἰσοαρά* JEZRITES, qui est descendu de Jezer; 1. *Paral.* XXVII. 8. oriental, du mot זרח zarac; autrement, qui éclaire.

יזיה *ἀζιά* JEZIA, ou *Jeziah*; Vulgate, *Josia*, fils de Thécué; 1. *Esdr.* x. 15. & *Jezia*, 25. *ibid.* aspersion, ou distillation du Seigneur, du mot נזה naza, aspersion, & du mot יה Jah, le Seigneur.

יזליאה *Ἰεζλία* JEZLIA, fils d'Ephaal; 1. *Paral.* VIII. 18. aspersion, ou distillation pénible, du mot נזה naza, distiller, & du mot לאה laa, difficile, laborieux.

יאזניה JEZONIAS, fils de Maachati; 4. *Reg.* XXV. 23. le Seigneur écoutera, ou qui est attentif au Seigneur, du mot אזן izen : ou balancés du Seigneur, du mot מאזנים moznaïm, balances, & du mot יה Jah, le Seigneur; autrement, armes du Seigneur, du mot זין zenan, armes.

יאזניה *Ἰεζονίας* ou *Ἰεχονίας* JEZONIAS, fils de

JEZ

de Jérémie ; *Jerem.* xxxv. 3. que le Seigneur écoutera, ou qui est attentif au Seigneur, &c. Voyez ci-dessus, ou nourriture du Seigneur.

יחזרה ιζιρά JEZRA, fils de Mosollam ; 1. *Par.* IX. 12. qui tient du porc, du mot חזיר cazir, porc.

יזרעאל JEZRAEL, ou *Jezrahel*, ville ; *Josué* XV. 56. semence de Dieu, du mot זרע zeruah, semence ; autrement, Dieu qui répand le mal, du mot נזה naza, répandre, & du mot רוע ruah, mal ; autrement, distillation de l'amitié de Dieu, du même mot naza, répandre, & du mot רעה raa, amitié, & du mot אל El, Dieu.

יזרעאלי ίζραηλίτης JEZRAHELITES, qui est de Jezrahel ; 3. *Reg.* XXI. 4.

יזרחיה ίζραιάς JEZRAIA, Chef des Chantres ; 2. *Esdr.* XII. 41. le Seigneur est l'orient, où il se leve ; autrement, clarté du Seigneur, du mot זרח zarac, se lever, & du mot יה Jah, le Seigneur.

יגאל IGAAL, fils de Nathan ; 2. *Reg.* XXIII. 36. qui est racheté, ou qui est taché, souillé, du mot גאל goël.

IGAL, fils de Joseph ; *Num.* XIII. 8. de la même racine.

יעלם ίηλώμ IHELOM, fils d'Esaü & d'Oolibama ; *Gen.* XXXVI. 5. Vulgate, *Ihelon*, qui est caché, ou jeune homme, du mot עלם halam, ou helem, selon les différentes leçons ; autrement, leurs chevres ; du mot יעלה jahala, chevre, & du pronom ם am, leur ; autrement, le siecle, du mot עלם holam.

עיים ανίμ IIM, ville ; *Josué* XV. 29. tas & amas, au pluriel, du mot עי hi, ou haï, un tas.

עילי ηλαί ILAI, un des trente vaillans Capitaines de David ; 1. *Paral.* XI. 29. qui monte, du mot עלה hala, ou qui est au-dessus ; autrement, un amas à moi, du mot עי hi, amas, & de la préposition ל l, à, & du pronom י i, moi.

ίλλυρικόν ILLYRICUM, Province ; *Rom.* XV. 19. joye, réjouissance, peut venir du mot Grec λύρα lyra, lyre, instrument de joye. Mais il vaut mieux avouer que l'on en ignore la racine, & la vraie signification.

שרף σαραφ INCENDENS, 1. *Paral.* IV. 22. L'Hébreu, *Saraph*, un des Princes de Moab, le brûlant, serpent brûlant, & ailé.

תבערה INCENSIO, *Num.* XI. 3. Hébreu, *thabera*, incendie.

הדו ίνδίαν INDIA, région considérable de l'Orient ; *Esth.* I. 1. L'Hébreu, *hodu*, loüange, loi, du mot הוד hod.

אופיר INDIA, Hébr. *Ophir* ; *Job.* XXVIII. 16. Voyez ci-après *Ophir*.

יואב JOAB, frere d'Abizaï ; 1. *Reg.* XXVI. 26. paternité, ou qui a un pere, du mot אב

JOA

ab, pere ; autrement, volontaire, du mot יאב joab.

יואחז JOACHAZ, fils de Josias, Roi de Juda ; 4. *Reg.* XXIII. 34. la prise, ou la possession du Seigneur, du mot אחז achaz, possession, & du mot יה Jah, le Seigneur : ou le Seigneur qui voit, du mot חזה caza, voir.

יואחז JOACHAZ, pere de Joas ; 2. *Par.* XXXIV. 8. qui prend, ou qui possede, ou qui voit, du mot אחז achaz, posseder, ou du mot חזה caza, voir.

יהויכין ίωακείμ JOACHIN, fils de Joacim, ou Eliacim ; 4. *Reg.* XXIV. 6. la préparation, ou la fermeté du Seigneur, du mot כון cun, préparer, & יה Jah, le Seigneur.

יהויקים ίωακείμ JOACIM, fils de Josias ; 4. *Reg.* XXIII. 34. Il se nommoit aussi *Eliacim*, la résurrection, ou confirmation du Seigneur, du mot תקומה thecuma, résurrection, & du mot Jah, le Seigneur.

יויקים ίωακείμ JOACIM, pere d'Eliasib ; 2. *Esdr.* X. 10. de même.

יהועדה ίωδά JOADA, fils d'Achas ; 1. *Par.* VIII. 36. assemblée du Seigneur, du mot עדה heda, assemblée ; autrement, témoignage, du mot עוד hud ; autrement, dépouillé, ou butin, du mot עד had ; autrement, ornement, ou passage, du même mot עדה hada ; & יה Jah, le Seigneur.

יהועדן JOADAN, pere d'Amasias ; 4. *Reg.* XIV. 2. les délices du Seigneur, du mot עדן hadan, plaisir, & du mot יה Jah, le Seigneur : ou le tems du Seigneur, selon l'Hébreu ou le Syriaque.

יואח ίωάχ ou ίωαά JOAH, fils de Zema, 1. *Paral.* VI. 21. fraternité, ou qui a un frere, du mot אחה acha, frere, ou frere du Seigneur, du même mot ach, ou acha, & Jah, le Seigneur.

JOHAA, fils d'Obédédom ; 1. *Paral.* XXVI. 4. de même.

JOHAE', fils d'Asaph ; 4. *Reg.* XVIII. 18. de même.

ίωαρείβ JOARIM, Vulgate, *Joarib* ; 1. *Macc.* II. 1. le Seigneur élevé, ou élévation du Seigneur, du mot רום rum, élever, & du mot יה Jah, le Seigneur.

יואש JOAS, pere de Gédéon ; *Judic.* VI. 11. &c. qui se désespere, du mot יאש jaasch ; autrement, qui est de feu, ou qui brûle, du mot אש esch.

יהואש JOAS, fils d'Ochosias ; 4. *Reg.* XI. 21. le feu du Seigneur, du mot אש esch, feu ; autrement, victime du Seigneur, du mot אשה ische, victime, & du mot יה Jah, le Seigneur.

יעיש JOAS, fils de Béchor ; 1. *Paral.* VII. 8. rongé par la tigne, du mot עש hasch ; autrement, qui est assemblé, du mot עוש husch.

יותם

JOE   JOR   171

יותם JOATHAM, Vulgate, *Joathan*, fils d'Ozias, ou Azarias Roi de Juda ; 4. *Reg.* xv. 5. perfection du Seigneur, du mot תם tham, ou תמם parfait, ou perfection, & du mot יה Jah, le Seigneur.

איוב JOB, nom d'un Patriarche ; *Job.* I. 1. qui pleure, qui crie ; autrement, qui parle du creux, comme un ventriloque.

יוב ἀσούμ JOB, fils d'Assachar ; *Gen.* XLVI. 13. le même qui est appellé *Jasub* ; *Paral.* VII. 1. qui crie, qui pleure, qui heurle.

יובב JOBAB, fils de Jectan ; *Gen.* x. 29. de même.

יבניה JOBANIA, fils de Jéroham ; 1. *Paral.* IX. 8. l'édifice du Seigneur, du mot בנה bana, édifice ; autrement, filiation du Seigneur, du mot בן ben, fils ; autrement, intelligence du Seigneur, du mot בינה bina, intelligence, & du mot יה Jah, le Seigneur.

יוכבד JOCABED, fille de Lévi, femme d'Amram ; *Exod.* VI. 26. glorieuse, honorable, personne de poids, du mot כבד cabad, ou la gloire du Seigneur. Ce mot est composé du nom יה Jah, le Seigneur, & du mot cabad, gloire.

יעד ἰωάδ JOED, un des petits-fils de Benjamin ; 2. *Esdr.* XI. 7. qui est orné, ou qui passe, du mot עדי hada ; autrement, qui rend témoignage, du mot עוד hud, ou qui pille, du mot עד hed.

יואל JOEL, nom d'un Prince ; 1. *Par.* IV. 35. qui veut, qui commande, ou qui jure, du mot יאל jaal.

יועאלה JOELA, fils de Jéroham ; 1. *Paral.* XIII. 7. élévation, du mot עלה hala ; autrement, qui profite ou avance, du mot יעל jahal ; autrement, qui ôte la malédiction, du mot יעה jaha, éloigner, rejetter, & du mot אלה ala, malédiction.

יועזר JOEZER, un des Capitaines qui suivirent David, lorsqu'il fuyoit Saül ; 1. *Par.* XII. 6. qui aide ou qui secoure, du mot עזר hazar.

יגלי ἰωλί JOELI, pere de Bocci ; *Num.* XXXIV. 22. révélation, exil, révolution, du mot גלה gala ; autrement, exultation ou joye, du mot גל gul.

יוחא ἰοχά JOHA, fils de Baria ; 1. *Paral.* VIII. 16. qui vivifie & donne la vie, du mot חיה caja, vivre, ou vivifier.

יוחנן autrement, ἰωάν JOHANAN, fils de Carée ; 4. *Reg.* XXV. 23. qui est libéral, miséricordieux, pieux, & qui accorde des graces, du mot חנן canan ; autrement, la grace du Seigneur. Ce mot est composé du mot יה Jah, le Seigneur, & חן chen, la grace.

יהוחנה ἰωάννα JOHANNA, la femme de Chusa ; *Luc.* VIII. 3. la grace, ou le don, ou la miséricorde du Seigneur. Voyez ci-dessus *Johanan*.

ἰωάννης JOHANNES, frere de Jacques, fils de Zébédée ; *Matth.* IV. 21. de même que *Johanna*.

יהוידע ἰωαδέ, ou ἰωδάε JOIADA, nom d'un Prêtre ; 4. *Reg.* XI. 15. science ou connoissance du Seigneur, du mot ידע jedah, science, & du mot יה Jah, le Seigneur.

יויריב JOIARIB, un des Prêtres qui revinrent de Babylone à Jérusalem avec Zorobabel ; 2. *Esdr.* XII. 6. qui combat, qui plaide, qui conteste, ou qui reprend, du mot רוב rub ; autrement, qui multiplie, du mot רבב rabab.

יונה ἰωνᾶ JONA, ou *Jonas*, nom d'un Prophète ; 4. *Reg.* XIV. 25. colombe ; autrement, qui opprime, du mot ינה jana.

יונדב JONADAB, fils de Semmaa ; 2. *Reg.* XIII. 2. qui agit de bon gré, donne & offre librement, liberalement, ou qui agit en Prince, du mot נדב nadab.

יהונתן JOATHAM, fils de Gessan ; *Judic.* VIII. 30. Dieu donné, ou le don du Seigneur, du mot נתן nathan, don, & du mot יה Jah, le Seigneur.

יפו JOPPE', ville ; *Josue* XIX. 46. beauté, du mot יפה japha.

ἰωππῖται JOPPITÆ, peuples de Joppé ; 2. *Macc.* XII. 3. de même.

יורה JORA, un des Chefs de ceux qui revinrent de Babylone à Jérusalem avec Zorobabel ; 1. *Esdr.* II. 18. qui jette, ou qui montre, du mot ירה jara ; autrement, à tems, à propos, du mot יורה joré.

יורי JORAI, un des Chefs de la Tribu de Gad ; 1. *Par.* V. 13. de même.

יורם JORAM, fils de Thou ; 2. *Reg.* VIII. 10. Il s'écrit aussi en Hébreu יהורם jehoram, jetter, du mot ירה jara ; autrement, élevé, du mot רום rum.

יהורם JORAM, fils de Josaphat ; 3. *Reg.* XXII. 51. élévation du Seigneur, du mot רום rum, élévation, ou rejetté du Seigneur, du mot ירה jara, rejetter, & du mot יה Jah, le Seigneur.

ירדן JORDANIS, fleuve ; *Deut.* I. 1. fleuve du jugement, & du mot יאר jéor, fleuve, & du mot דין dun, jugement ; autrement, qui montre, ou qui rejette le jugement, du mot ירה jara, montrer, ou rejetter ; autrement, descente, du mot ירד jarad.

ἰωρείμ JORIM, fils de Mathat ; *Luc.* III. 29. qui éleve le Seigneur, ou élévation du Seigneur, du mot רום rum, élévation, & du mot יה Jah, le Seigneur.

יושה ἰωσία JOSA, fils d'Amasia ; 1. *Paral.* I. 34. qui est, ou qui existe, du mot יש jesch ; autrement, qui oublie, & du mot נשה nascha.

יהושבע ἰωσαβεά JOSABA, fille du Roi Joram, sœur d'Ochosias ; 4. *Reg.* XI. 2. qui est rassasié & rempli du Seigneur, du mot
שבע

שבע schaba, rassasier : ou serment, ou septiéme du Seigneur, du mot שבעה schebuah, serment ou septiéme, & du mot יה Jah, le Seigneur.

יושב־חסד JOSAB-HESED, fils de Zorobabel ; 1. *Paral.* III. 20. le retour, la demeure, ou la séance de la miséricorde, du mot ישב jassab, ou du mot שוב schub, conversion, retour, séance, &c. & du mot חסד kesed, bonté, miséricorde.

יהושבעת Ἰωσαβεαὶθ JOSABET, fille de Joram, sœur de Joas ; 2. *Par.* XXII. 11. Voyez ci-dessus *josaba*. Autrement, le Seigneur change l'heure, du mot יה Jah, le Seigneur, & du mot ישב jaschab, conversion, & du mot עת heth, tems ; 4. *Reg.* XI. 2. elle est appellée *Josaba*.

יהושביה JOSABIA, fils de Saraïa ; 1. *Paral.* IV. 35. demeure, séance, ou retour du Seigneur. Voyez ci-dessus *Josab-hesed*. Autrement, captivité du Seigneur, du mot שבה schaba, captivité, & du mot יה Jah, le Seigneur.

יושיה JOSAIA, fils d'Elnaïm ; 1. *Paral.* XI. 46. l'équité, ou la justice, ou la plaine du Seigneur, du mot שוה schava, équité, &c. & du mot Jah, le Seigneur : ou le Seigneur mettra l'égalité, du même mot.

יהושפט JOSAPHAT, fils d'Asa ; 4. *Reg.* XV. 24. Dieu juge, ou jugement du Seigneur, du mot שפט schaphat, juger, & du mot יה Jah, le Seigneur.

יהוצדק JOSEDEC, fils de Saraïas ; 1. *Par.* VI. 14. le Seigneur juste, ou la justice du Seigneur, du mot צדק tsadic, juste, & du mot יה Jah, le Seigneur.

יוסף JOSEPH, onziéme fils de Jacob ; *Gen.* XXX.

יאשיהו Ἰωσίας JOSIAS, fils d'Amon ; 4. *Reg.* XXII. 3. le Seigneur brûle, ou le feu du Seigneur, du mot אש esch, feu, & du mot יה Jah, le Seigneur.

יוספיה JOSPHIAS, fils de Sélomith ; 1. *Esdr.* VIII. 10. le Seigneur est mon augmentation, ou le profit du Seigneur, du mot יסף jasaph, augmentation, &c. autrement, le Seigneur qui consume & qui finit, du mot ספה sapha, consumer, & du mot יה Jah, le Seigneur.

יהושע Ἰησοῦς, ou Ἰωσίας JOSUÉ, fils de Nun ; *Num.* XIII. 17. le Seigneur, Sauveur, du mot ישע jascha, sauver, secourir, & du mot יה Jah, le Seigneur.

יוטה ἰωτά JOTA, ville ; *Josué* XV. 55. la même sans doute que *Jeta* ; *Josué* XXI. 16. se détourner & s'affoiblir, du mot מוט mut : ou plûtôt, penchant, du mot נטה nata, étendre, incliner.

יהוזבד JOSABAD, fils de Somer, serviteur de Joas ; 4. *Reg.* XII. 21. dot du Seigneur, du mot זבד zabad, dot, & du mot יה Jah, le Seigneur.

יהוזבר JOZACHAR, fils de Sémaath, serviteur de Joas ; 4. *Reg.* XII. 21. qui se ressouvient, ou qui est mâle, du mot זבר zacar : le même qui est appellé *Zabad* ; 2. *Paral.* XXIV. 26.

עירא Ἴρας IRA, Prêtre de David ; 2. *Reg.* XX. 26. Il est dit fils d'Accès ; 1. *Paral.* XI. 28. Voyez ci-dessus *Hira*.

עירד IRAD, fils d'Enoch ; *Gen.* IV. 18. âne sauvage, du mot ערד harod ; autrement, amas de descentes, ou empire, du mot עי hi, amas, & du mot רוד rud, dominer, commander : ou du mot ירד jarad, descendre.

עירי ἰεί IRAI, fils de Béla ; 1. *Paral.* VII. 7. ma veille, ou ma ville, ou mon ânon, du mot עיר hir ; autrement, qui dépouille.

יצחק autrement שכך ISAAC, fils d'Abraham & de Sara ; *Gen.* XVII. 19. Hébr. *Ishac*, ris, du mot שחק sacac, ou du mot צחק tsacaq, rire.

יצהר ISAAR, fils de Caath ; *Exod.* VI. 18. l'huile, du mot יצהר itsar ; autrement, lumiére, du mot צהר tsaar, ou méridien.

יצרי Ἰσαάρ ISAARI, fils de Salémoth ; 1. *Par.* XXIV. 22. ma lumiére, mon huile. Voyez ci-devant *Isaar*.

ISAARITÆ, descendans d'Isaar ; 1. *Par.* XXVI. 23. de même.

ישי Ἰωσαί ISAI, pere de David, que les Grecs appellent *Jessé* ; *Ruth.* IV. 17. don de Dieu, du mot שי schaï, don, présent ; autrement, qui existe, du mot יש jesch.

ISAIA. Voyez *Esaïas*.

יצרי Ἰωσέ ISARI, Chef de la premiére classe entre les vingt-quatre familles Sacerdotales ; 1. *Par.* XXV. 11. mon affliction, formation, celui qui est à l'étroit, du mot יצר jatsar, ou צור zur.

ישבאב ISBAAB, Chef de la quatorziéme famille Sacerdotale ; 1. *Par.* XXIV. 13. demeure, résidence du pere, du mot ישב jaschab, demeure, &c. autrement, captivité, du mot שבה schaba ; autrement, conversion, retour du pere, du mot שוב schub, & du mot אב ab, pere.

איש־בשת ISBOSETH, fils de Saül ; 2. *Reg.* II. 12. homme de confusion, du mot איש isch, homme, & du mot בוש bosch, honte ; autrement, le retardement de l'homme, du mot בשש boschesch, retardement. *Isboseth* est le même qu'*Isbaal*, l'homme de Baal.

ἰσκαριώτης ISCARIOTES, à ce que l'on croit, natif du bourg d'Iscariot ; ou selon d'autres, de la Tribu d'Issachar ; *Matth.* X. 4. homme de meurtre, du mot איש isch, homme, & du mot כרת carath, qui coupe, qui tranche, qui extermine. D'autres prétendent

IST   JUC

dent que ce furnom donné à Judas, fignifie qu'il étoit de la Tribu d'Iſſachar ; nom qui fignifie récompenſe, retribution. Ce traître verifia ſon horoſcope, en recevant le prix du Sang de JESUS-CHRIST ſon Maître ; du mot שכר ſacar, recevoir récompenſe.

ישמעאל ISMAHEL, fils d'Abraham & d'Agar ; Geneſ. XVI. 15. Dieu qui exauce, du mot שמע ſchamah, exaucer, & du mot אל El, Dieu.

ישמעאלים ISMAHELITÆ, deſcendans d'Iſmaël ; Gen. XXVII. 25. de même.

ישמיאל ISMIEL, nom d'un Prince ; 1. Paral. IV. 36. le Seigneur m'a nommé, du mot שם ſchem, nom ; autrement, admiration, étonnement, du mot שמם ſchamam, & du mot אל El, Dieu.

ישראל ISRAEL, nom de Jacob ; Gen. XXXV. 10. qui prévaut contre Dieu, du mot שרה ſchara, dominer, & du mot אל El, Dieu ; autrement, homme qui voit Dieu, comme s'il y avoit איש־רא־אל iſch-ra ël.

ישראלי Ἰσραηλίτης ISRAELITÆ, deſcendans d'Iſraël ; 2. Reg. III. 18. de même.

ישראלה Ἰσραηλα ou Ἰασαρηλα ISRE'ELA, Chef de la ſeptiéme famille des Chantres ; 1. Par. XXV. 14. Dieu qui prévaut, ou celui qui ſurmonte Dieu, du mot שרה ſchara, dominer ; autrement, droiture de Dieu, du mot ישר jaſchar, ou cantique de Dieu, du mot שור ſchur, cantique, & du mot אל El, Dieu.

יששכר ISSACHAR, neuviéme fils de Jacob ; Geneſ. XXX. 18. prix ou récompenſe, du mot שכר ſacar.

אשתמה ISTHEMO, ville ; Joſue XV. 50. feu d'admiration, du mot אש eſch, feu, & du mot תמה thama, admiration, ou homme d'admiration ou de perfection, du mot תמם thamam, perfection, & de איש un homme.

אישטוב ISTOB, nom d'homme ; 2. Reg. X. 8. bon homme, du mot איש iſch, homme, & du mot טוב tob, bon.

ישחיה Ἰσουία ISUHAIA, nom d'un Prince ; 1. Par. IV. 36. le Seigneur qui preſſe ou humilie, du mot ישח jeſchac, humilier, autrement, méditation du Seigneur, du mot שוח ſchuac, méditer, & du mot יה Jah, le Seigneur.

ἰταλία ITALIA ; Num. XXIV. 24. Vulgate. Mot Latin qui tire ſon origine du mot Vitulus, ou Vitula, parce que ce pays abondoit en geniſſes & en veaux. Selon d'autres, il a pris ſon nom du Roi Itale ; quelquefois ſaint Jérôme a rendu כתים cethim, ou תובל thubal, par Italic : mais on ignore le vrai & ancien nom de l'Italie dans la Langue ſainte.

אתי ou איתי ἰθθί ITHAI, fils de Rubaï ; 2. Reg. XXIII. 29. le même qu'Ethaï ; 1.

Tome IV.

Paral. XI. 31. ſigne, du mot את oth ; autrement, hoyau ; autrement, qui vient, ſelon le Syriaque.

איתמר ITHAMAR, fils d'Aaron ; Exod. VI. 23. Iſle du palmier, ou des palmes, du mot תמר thamar, palmier, & du mot אי i, iſle, autrement, changement de l'iſle, du mot מור mur, changement ; autrement, malheur au palmier & au changement, du mot אוי oï, malheur, du mot thamar, palmier, & du mot mur, changement.

Ἰτυραία ITURÆA, Province ; Luc. III. 1. de Jethur fils d'Iſmaël, ſelon ſaint Jérôme, qui eſt gardée, du mot טור tur, garder ; autrement, ſelon le Syriaque, pays de montagnes.

יטור Ἰνθυραίοι ITURÆI, peuples d'Iturée ; 1. Par. V. 19. de même.

יובל JUBAL, fils de Lamech ; Gen. IV. 21. qui coule ; autrement, qui produit, ou le Jubilé, ou la trompette du jubilé.

JUBILÆUS, fête des Juifs ; Levit. XXV. 11. de même.

יקדעם Ἰνκαδαμ JUCADAM, ville ; Joſué XV. 56. humiliation ou l'abaiſſement du peuple, du mot קדד cadad, ſe courber ; autrement, incendie du peuple, du mot יקד jakad, incendie, & du mot עם ham, le peuple.

יהבל JUCHAL, fils de Sélémia ; Jerem. XXXVII. 3. toute choſe du Seigneur, ou perfection & conſommation du Seigneur, du même mot calal, & du mot יה Jah, le Seigneur.

יובל Ἰωακαλ JUCHAL, le même ; Jerem. XXXVIII. 3. conſommation du Seigneur, ou le Seigneur eſt tout, ou eſt parfait.

יהד ιωδ JUD, ville ; Joſue XIX. 45. qui loué.

יהודה Ἰούδας JUDA, fils de Jacob, XXIX. 35. Joſue XV. 1. loüange du Seigneur, du mot ירה jada, loüer, & du mot יה Jah, le Seigneur.

יהודיה JUDAIA, femme d'Ezra ; 1. Paral. IV. 18. la loüange du Seigneur ; de même.

Ἰούδας JUDAS, fils de Mathathias ; 1. Macc. II. 4. de même.

יהודי Ἰουδαῖοι JUDI, fils de Nathanias ; Jerem. XXXVI. 14. Dieu eſt ma loüange.

יהודית JUDITH, femme veuve ; Judith. VIII. 1. qui loüe Dieu, ou la Judée, de la même racine.

ἰουλία JULIA, amie de ſaint Paul ; Rom. XVI. 15. cotoneuſe, du mot Grec ἴουλος, premier poil, ou poil folet.

Ἰούλιος JULIUS, nom d'un Centurion ; Act. XXVII. 1. de même.

Ἰουνία JUNIA, nom d'un compagnon de la priſon de ſaint Paul ; Rom. XVI. 7. de Junon la Déeſſe, ou de la jeuneſſe ; juventus.

X x   ζοῦς

IXI   IZR

ζεὺς JUPITER; *Act*. XIV. 11. comme qui diroit, *juvans pater*, pere qui secoure.

ἴξιον ראה ou ראה IXION, sorte d'oiseau. L'Hébreu, da ou ra, signifie un vautour.

יזרחיה Ἰεζρεία IZRAHIA, fils d'Ozi; 1. *Paral*. VII. 3. l'orient du Seigneur, ou la clarté du Seigneur, du mot זרח zarak, s'élever, & du mot יה Jah, le Seigneur.

L

לחבים LAABIM, fils de Mezraïm; *Genes*. x. 30. les flammes, ou qui sont enflammez; autrement, les pointes d'une épée, du mot להב léab.

להד LAAD, fils de Jahath; 1. *Par*. IV. 2. qui louë & donne des loüanges, du mot ידה jada, loüer.

לעדה LAADA, fils de Séla; 1. *Par*. IV. 21. pour ornement, ou pour passer, de la préposition ל 1, pour, & du mot עדה hada, ornement ou passage; autrement, pour témoigner, ou pour dépoüiller, de la même préposition ל 1, & du mot עד hud, témoigner, &c.

לעדן LAADAN, fils de Thaan; 1. *Par*. VII. 26. pour le plaisir, de la préposition ל 1, & du mot עדן hadan, plaisir, ou pour l'ornement, ou pour le témoignage. Voyez ci-dessus. Autrement, qui devore au jugement, du mot לוע luah, dévorer, & du mot דון dun, jugement; ou suivant le Syriaque, selon le tems.

לבן LABAN, frere de Rébecca; *Genes*. XXIV. 29. blanc; autrement, brique.

לבנה LABANA, ville; *Josue* XV. 42. lune, blancheur, brique, ou encens. La même, à ce que l'on croit, que *Lebna*, ou *Lebana*.

לבנת LABANATH, ville; *Josue* XIX. 26. blanche ou blancheur; la même que *Labana*.

λακεδαίμονες LACEDÆMONES, peuples; 2. *Macc*. V. 9. lac des démons, mot Grec composé de deux autres, du mot λάκκος, lac, & du mot δαίμονες, démons, ou mauvais génies; autrement, heureux.

לכיש LACHIS, ville; *Josue* X. 3. elle marche, elle va, du mot ילך jalac, & du mot יש jesch, être; autrement, qui de soi-même existe, du pronom c, & de la préposition ל 1, & du mot יש jesch, être, exister.

לאל LAEL, fils d'Eliasaph; *Num*. III. 24. à Dieu même, ou au fort & puissant, de la préposition ל 1, & du mot אל El, Dieu, ou אל el, fort.

לחלה LAHELA, fleuve; 1. *Paral*. V. 26. le même que *Hela*: voyez ci-dessus; humidité, ou vert récent, du mot לח lak; autrement, planche humide, du mot לוח luak,

planche, & du mot לח lac, humide; ou machoire fraîche, du mot לחי leki, machoire, & du mot לח lac, humide, frais, récent.

לחם LAHEM, nom de lieu; 1. *Paral*. IV. 22. pain, du mot לחם lekem; autrement, guerre, combat, du mot מלחמה milkama.

ליש LAIS, ville; *Judic*. XVIII. 27. la même, à ce que l'on croit, que *Dan* & *Lessem*; *Josue* XIX. 47. lion.

לישה LAISA, ville; *Isai*. X. 30. lionne.

למך LAMECH, fils de Mathusaël; *Gen*. IV. 18. pauvre, humilié, du mot מכך macac, ou qui est frappé, du mot naca.

למה λαμά LAMMA, pourquoi; *Psal*. XXI. 7. *Matth*. XXVII. 46. de la préposition ל 1, pour, & du pronom מה ma, qui, quoi, comment.

למואל ὑπὸ Θεῦ LAMUEL, surnom ou épithéte donné à l'Auteur des Proverbes; *Prov*. XXXI. 1. Dieu avec eux, ou avec lui, de la préposition ל 1, avec, du pronom ם am, eux, & du mot אל El, Dieu.

λαοδικεία LAODICEA, ville; *Coloss*. IV. 13. mot Grec, qui signifie peuple juste, composé de λαὸς, peuple, & du mot δίκαιος, juste.

לאמים λααμμείμ LAOMIM, fils de Dedan, ou Dadan; *Gen*. XXV. 3. Vulgate, *Loomim*, Gentils, du mot לאם leom, peuple, nation; autrement, sans eaux, de l'adverbe לא lo, sans, & du mot מים maim, eaux.

לפידות LAPIDOTH, époux de Débora la Prophétesse; *Judic*. IV. 4. éclairez, ou lampes, du mot לפד lephad.

לשע LASA, ville; *Genes*. x. 19. Vulgate, *Lesa*, pour crier, de la préposition ל 1, pour, & du mot שוע schuha, crier; autrement, sauver, du mot ישע jascha, autrement, oindre.

λασθένης LASTHENES, pere de Démétrius; 1. *Macc*. XI. 32. la force de la pierre, du mot λᾶας, ou λίθος, pierre, & du mot σθένος, fort.

לטושים λατουσείμ LATUSSIM, fils de Dedan; *Gen*. XXV. 3. qui travaillent du marteau, ou qui polissent, ou sont polis, du mot לטש latasch.

λάζαρος LAZARUS, frere de Marie de Béthanie; *Joan*. XI. 1. du secours de Dieu, du mot עזר hazar, secours, & du mot אל El, Dieu.

LEC LOD 175

Dieu. Apparemment le même qu'*Eléazar*.

לבנה λαβανὰ ou βαλανὰ LEBANA, un des Chefs des Nathinéens; 1. *Esdr.* II. 45. le blanc, la blancheur.

לבאות λαβαὼθ LEBAOTH, ville; *Josué* XV. 32. lionnes; autrement, le signe du cœur, du mot לבב lebab, cœur, & du mot אות oth, signe.

λεββαῖος LEBBÆUS, Apôtre de JESUS-CHRIST, surnommé *Thadée*; *Matth.* X. 3. homme de cœur, de leb, ou lebab לבב cœur.

לבנה λεβανὰ LEBNA, dix-septième demeure des Israëlites; *Num.* XXXIII. 20. blanche, blancheur.

לבנה λεβωνὰ LEBONA, bourg; *Judic.* XXI. 19. blanc.

לכה λαχὰ LECHA, fils d'Her; 1. *Par.* IV. 21. qui se promène, ou qui s'en va, du mot ילך jalac.

לחי LECHI, nom de lieu; *Judic.* XV. 9. machoire.

לקחי λοχεῖ LECI, Hébreu, *Lichi*, fils de Semida; 1. *Par.* VII. 19. loi, doctrine, du mot לקח lacac; autrement, enlèvement, du même mot, & du pronom י i, mon.

לקום λακοὺμ LECUM, ville; *Josué* XIX. 33. pour confirmer, ou ressusciter, de la préposition ל 1, pour, & du mot קום cum, s'élever, confirmer.

לעדן λααδὰν LEDAN, Vulgate; 1. *Par.* XXIII. 7. fils de Gerson; pour le plaisir, du mot עדן hadan: ou pour l'ornement, ou pour le passage, du mot עדה hada, & de la préposition ל 1, pour.

לחמם λαμμὰς LEHEMAM, ville; *Josué* XV. 40. leur pain, ou leur guerre. Voyez ci-dessus *Laham*, & du pronom ם am, leur.

לחמי λαχμι LEHEMITES; autrement, *Beth-léhémites*, qui est de Bethléhem; 1. *Par.* XX. 5. mon pain, ou ma guerre, du même mot lekem. Voyez ci-dessus *Lahem*, & du pronom י i, mon.

לשם LESEM, ville; la même, à ce que l'on croit, que *Lais* & *Dan*; *Josué* XIX. 47. nom, ou celui qui pose, du mot שם schem, nom, ou pierre précieuse, du mot לשם leschem.

לוי LEVI, troisième fils de Jacob; *Genes.* XXIX. 34. qui est lié & associé.

לויתן δράκων LEVIATHAN, monstre marin, crocodile; *Job.* XL. 20. A la lettre, grand poisson collé, attaché, peut-être à cause de ses écailles qui sont très-dures, & presque impénétrables, de l'Hébreu תן grand poisson, & לוי attaché.

לוי λευίτης LEVITA, qui est descendant de Lévi, & destiné à servir à l'Autel; *Judic.* XVII. 9. qui est lié & joint. Voyez ci-dessus *Lévi*.

לאה λεία LIA, fille aînée de Laban; *Gen.* XXIX. 16. qui est fatiguée & lassée.

לבנון λίβανος LIBANUS, montagne; *Deut.* I. 1. L'Hébreu, *Lebanon*, blanc, du mot לבן laban; autrement, encens, du mot לבנה lebona.

λιβερτῖνοι LIBERTINI, mot Latin qui signifie affranchis; *Act.* VI. 9.

לבים λίβυες LIBIA, Province, en Hébreu, *Lubim*; *Dan.* XI. 43. le cœur de la mer, du mot לבב lebab, cœur, & du mot ים jam, mer; autrement, nation qui a du cœur, du même mot lebab; autrement, les cœurs, au pluriel, du mot lubim.

λῖνος LINUS, ami de saint Paul; 2. *Timot.* IV. 21. mot Grec qui signifie rets & filets.

λιθόστρωτος LITHOSTROTOS, lieu où Pilate jugeoit; *Joan.* XIX. 13. pavé de pierres, de deux mots Grecs, de λίθος, pierre, & du mot στρωτὸς, pavé.

לבנה LOBNA, ville; *Josué* XXI. 13. la même que *Lebna*, ou *Lebana*, blancheur.

לבני λοβνὶ LOBNI, fils de Gerson; *Exod.* VI. 17. le blanc.

LOBNI, *Num.* III. 18. de même. Vulgate, *Lebni*.

לוד LOD, ville; 1. *Paral.* VIII. 12. Vulgate, *Lud*, naissance, génération, du mot ילד jalad.

לודבר LODABAR, bourg; 2. *Reg.* IX. 4. à lui la parole, du mot דבר dabar, parole, du pronom ו o, lui, & de la préposition ל 1, à lui: ou la perte, & la parole même, du même mot דבר dabar, mais prononcé diversement *deber*.

λωΐς LOIS, ayeul de Timothée; 2. *Timot.* I. 5. meilleure, du mot Grec λωΐων, meilleur.

לוט LOT, fils d'Aran; *Genes.* XI. 27. enveloppé, caché, couvert; autrement, myrrhe, resine.

לוטן LOTAN, fils de Séir; *Gen.* XXXVI. 20. de même.

λουκᾶς LUCAS, un des quatre Evangélistes; *Coloss.* IV. 14. mot qui est tiré du Latin, & signifie lumineux.

λούκιος LUCIUS, Prophéte de la ville de Cyréne; *Act.* XIII. 1. lumière, du mot Latin *lux*.

לוד LUD, fils de Sem; *Genes.* X. 22. naissance, génération. Voyez ci-dessus *Lod*.

לודים λουδιεὶμ LUDIM, fils de Mesraïm; *Genes.* X. 13. les naissances, du même mot jalad.

לוחית LUITH, nom de lieu; *Isai.* XVI. 5. table ou tablette, ou planche, du mot לוח luac; autrement, verdure, du mot לחה lacac.

לוזה LUZA, ville; *Josué* XVI. 2. amandier, ou éloignement, ou départ, du mot לוז luz; la même qui est appellée *Béthel*; *Gen.* XXVIII. 19.

λυκαονία LYCAONIA, Province; *Act.* XIV.

XIV. 16. louve, du mot Grec λυκαινίς.

λυκία LYCIA, Province; I. *Macc.* XV. 23. qui appartient au loup.

λύδδα LYDDA, ou *Lyda*, ville; I. *Macc.* XI. 34. Voyez *Ludim*.

לודיﬦ λυδοὶ LYDI, ou *Lydii*; *Jerem.* XLVI. 9. Voyez ci-dessus *Ludim*.

λυδία LYDIA, femme de Lydie; *Act.* XVI. 14. Voyez ci-devant *Lud*, ou *Lod*.

λυσανίας LYSANIAS, Préfet établi par les Romains; *Luc.* III. 1. qui détruit ou chasse la tristesse, du mot Grec λύσις, éloignement, & du mot ἀνία, tristesse.

λυσίας LYSIAS, Prince; I. *Macc.* III. 32. qui dissoud, qui dissipe, du même mot λύσις.

λυσίμαχος LYSIMACHUS, frere de Ménélaüs; 2. *Macc.* IV. 29. qui renverse l'armée, qui la met en fuite, du même mot λύσις, & du mot μάχη, combat.

λύστρα LYSTRA, ville; *Act.* XIV. 6. qui dissipe, qui dissout, du même mot λύσις.

M

מעכה MAACHA, fils de Nachor & de Roma; *Gen.* XXII. 24. presser, du mot מעך mahac.

מעכתי μααχαθὶ MAACHATI, ou *Machati*, pere d'Aasbaï; 2. *Reg.* XXIII. 34. brisé, ou brisement du ventre, du mot מעה maha, ventre, & du mot כתת cathath, briser.

μοοδίας MAADI, Vulgate, *Maaddi*, nom d'homme; I. *Esdr.* X. 34. fête, ornement, passage, du mot עדה hada; autrement, qui vacille, du mot מעד mahad; autrement, qui m'éleve, du mot עוד hoded, ou qui m'ôte mon ornement, du mot מערי mahadi.

מעי μαία MAAI, nom d'homme; 2. *Esdr.* XII. 35. les entrailles, du mot מעה maha; autrement, amas, du mot עי hi, ou עיה haia.

מחלה MAALA, fille de Salphaad; *Num.* XXVI. 33. danse ou chanson, du mot מחול macol; autrement, infirmité, du mot חלה cala, ou מחלה macala, maladie.

מערה σιδώνιος MAARA-SIDONIORUM, nom de lieu; *Josue* XIII. 4. caverne, du mot מער mahar; autrement, qui se découvre ou se répand, du mot ערה hara, ou qui s'éveille, du mot עור hur.

מעשי MAASAI, fils d'Adiel; I. *Par.* IX. 12. mon ouvrage, du mot עשה hasha, faire, & du pronom י i, mon.

מעשיה MAASIA, ou *Maasias*, fils d'Achaz; I. *Par.* XV. 18. l'ouvrage du Seigneur, du mot עשה hasha, faire, & du mot יה Jah, le Seigneur.

μαασίας MAASIAS, Hébreu, *Mahasias*, pere de Néria; *Jerem.* XXXII. 12. confiance du Seigneur, ou espérance au Seigneur, du mot חסה casa, espérance, & du mot יה Jah, le Seigneur.

מעזיהו μααζίας MAAZIAU, nom d'un homme; I. *Par.* XXIV. 18. force du Seigneur, du mot עזז hazaz, être fort, & du mot יה Jah, le Seigneur.

מבשם MABSAM, fils d'Ismaël; *Genes.* XXV. 13. qui parfume, du mot בשם beschem; autrement, qui les confond, du mot בוש bosch, couvrir de honte, & du pronom ם am, les.

μαζὰρ MABSAR, bourg, fort, forteresse, vendange; *Genes.* XXXVI. 42. qui est muni & fortifié, ou qui coupe, ou qui vendange, du mot בצר batsar, ou bitser, ou bitsur, selon les diverses leçons.

מקץ MACCES, nom de lieu; 3. *Reg.* IV. 9. fin, extrémité, bout, du mot קץ kets; autrement, racourcir, du mot קצץ catsats; autrement, ennui, chagrin, ou l'été, épine, & veille, du mot קוץ cuts.

מקדה MACEDA, ville; *Josue* X. 10. adoration ou prostration, du mot קדה cada, ou incendie, du mot יקד jecod.

μακεδὼν MACEDO, natif de Macédoine; I. *Macc.* I. 1. adoration, prostration, selon l'Hébreu; autrement, élevé & éminent, du mot Grec μακεδνός.

μακεδόνες MACEDONES, peuples; *Act.* XIX. 29. de même. L'Hébreu כתים cethim, brisant, ou l'or fin.

μακεδονία MACEDONIA; *Act.* XVI. 9. de même.

מקהלות μακελὼθ διὸ MACELOTH, fils d'Abi-gabaon, I. *Paral.* IX. 32. signifie des verges ou bâtons, du mot מקל makel; autrement, les voix, du mot קל col, ou legeretez, ou mépris, du mot קלל calal, mépriser; mais avec un ה hé, macheloth signifie assemblée, congrégation, du mot קהל caal.

μακκηνία MACENIAS, Prêtre; I. *Par.* XV. 18. la possession ou achat du Seigneur, du mot קנה cana; autrement, troupeau, du mot מקנה micné; ou nid du Seigneur, du mot קן kinen, nicher, & du mot יה Jah, le Seigneur.

מעכה MACHA, Vulgate, *Maacha*, Roi; 2. *Reg.* X. 6. pressé, mis à l'étroit, du mot מעך mahac.

μακκαβαίος

MAC   MAG   177

μακκαβαῖος מכבא MACHABÆUS, fils de Mathathias ; 1. *Macc.* II. 4. qui frappe, du mot Hébreu מחא maca, ou selon le Grec, qui combat, du mot μάχη, combat. On croit que le nom de Machabée est l'abrégé de l'Hébreu, *Mi camoca beelohim Jehova* ; *Exod.* XIV. 11. qui est semblable à vous, Seigneur, entre les Dieux. Voyez le Dictionnaire sur les autres étymologies que l'on donne à ce nom.

MACHATI. Voyez ci-dessus *Maachati*.

מכבני μαχαβανι MACHBANAI, nom d'un Prince ; 1. *Paral.* XII. 13. mon fils pauvre ou misérable, du mot מכך macac, misère, pauvreté, & du mot בן ben, fils, & du pronom י i, mon ; autrement, pauvreté de l'intelligence ou de l'édifice, du même mot מכך macac, pauvreté, & du mot בנה bana, bâtir, ou בינה bina, intelligence.

מכבנה μαχαβανα MACHBENA, nom de lieu ; 1. *Paral.* II. 49. frappement de l'intelligence, ou de l'édifice, du mot נכה naca, frapper, & du mot בנה bana, ou בינה bina, ou l'humiliation, la pauvreté de la fille.

מכי MACHI, pere de Guel ; *Num.* XIII. 16. qui frappe, ou qui est pauvre & dans la misere. Voyez ci-dessus *Machbanai* & *Machbena*.

מכיר MACHIR, fils de Manassé ; *Genes.* L. 22. qui vend, ou qui connoit, du mot מכר macar.

מכירי μαχιρει MACHIRITÆ, descendans de Machir ; *Num.* XXVI. 29. qui vendent, ou qui connoissent.

מכמש MACHMAS, nom d'un bourg ; 1. *Reg.* XIII. 2. qui frappe, du mot נכה naca ; autrement, pauvre qui est ôté ou enlevé, du mot מכך macac, pauvre, & du mot משה mascha, retiré, enlevé ; autrement, qui touche, du mot משש maschasch.

מכמס MACHMAS, un des Chefs des familles qui revinrent de Babylone à Jérusalem avec Zorobabel ; 1. *Esdr.* II. 27. secret, cachette, du mot כמס camas ; autrement, tribut du pauvre, ou de celui qui est battu, du mot מס mas, tribut, & du mot מכך macac, pauvre, ou du mot נכה naca, frapper.

מכמתת MACHMETHATH, ou *Macmathath*, limite de la Tribu de Manassé ; *Josue* XVI. 6. le don de celui qui frappe, ou du pauvre, du mot מתת mathath, don, & du mot מכך macac, pauvre, & du mot נכה naca, frapper ; autrement, la mort du pauvre, & de l'affligé, du mot מות muth, la mort, & du mot מכך macac, pauvre.

מכתש MACHTES, dent macheliére, mortier, pilon.

מדבה MADABA. Voyez *Medaba*.

מדי MADAI, fils de Japheth ; *Genes.* Tome IV.

X. 2. mesure, du mot מד mad, mesure ; autrement, couverture, ou habit, du même mot.

מדן μαδὰλ MADAN, troisième fils d'Abraham & de Céthura ; *Genes.* XXV. 2. jugement, procédure, du mot דון dun ; autrement, mesure, habit, couverture, du mot מד mad.

מדיה μααδιας MADIA, un des Chefs des familles qui revinrent de Babylone à Jérusalem avec Zorobabel ; 2. *Esdr.* XII. 5. solemnité, fête, ou ornement, ou passage du Seigneur, du mot עדה ahada, & du mot יה Jah, le Seigneur ; autrement, témoignage, du mot עוד hud.

מדין MADIAN, quatrième fils d'Abraham & de Céthura ; *Genes.* XXV. 2. jugement. Voyez *Madan*.

מדמנה MADMENA, fils de Saaph ; 1. *Paral.* II. 49. mesure de nombre, de מד mad, mesure, & du mot מנה mana, nombrer ; autrement, préparation du vêtement, du même mot מנה mana, préparation, & du même mot מד mad, vêtement, ou couverture ; autrement, fumier, du mot מדמנה madmena, ou immondices, ordures, du mot דמן domen.

מדון MADON, ville ; *Josue* XI. 1. procès, dispute. Voyez ci-dessus *Madan*. Autrement, sa mesure, du mot מד mad, mesure, & du pronom ן an, sa, ou leurs.

מעגלה φρεγυλλωσις MAGALA, nom de lieu ; 1. *Reg.* XXVI. 20. un chemin, un chariot, un cercle, un rond, une vache, du mot עגלה gagla ou hegla, d'où vient מעגל mahagal.

μαγδαληνὴ MAGDALENE, nom d'une femme ; *Matth.* XXVI. 56. Tour, du mot מגדל migdal ; autrement, grand, élevé, magnifique, du mot גדל gadol ; autrement, en Syriaque, la frisée, ou friseuse, du mot גדל gadal, friser.

מגדל-אל μαγδαλιηλ MAGDAL-EL, ville ; *Josue* XIX. 38. Tour de Dieu, ou grandeur de Dieu. Voyez ci-dessus *Magdalene*, & du mot אל El, Dieu.

מגדל-גד MAGDAL-GAD, ville ; *Josue* XV. 37. Tour de Gad, tour heureuse, ou fortifiée ; du mot מגדל migdal ; une tour, & du mot גד gad, bonne fortune ; autrement, grandeur de la félicité, du mot גדל gadol, grand, magnifique.

מגדל μαγδαλω MAGDALUM, Hébreu, *Magdal*, ville ; *Exod.* XIV. 2. tour, ou grandeur, du même mot מגדל migdal.

מגדיאל MAGDIEL, ville différente de *Magdal-el* ; *Genes.* XXXVI. 43. qui annonce ou évangélise Dieu, du mot הגיד higgid, qui annonce, & du mot אל El, Dieu ; autrement, fruits de Dieu, ou Dieu est ce que j'ai de plus précieux, du mot מגד meghed.

Y y   μαγδαλα

MAH

μαγεδαλά MAGEDAN, ville; *Matth.* XV. 39. En Grec, *Magdala*, tour ou grandeur, selon l'Hébreu. *Maïe-dan* peut aussi signifier les eaux de Dan.

מגדו MAGEDDO, ville royale; *Josue* XII. 21. qui annonce; autrement, son fruit précieux, du mot מגד maged; autrement, qui dépouille, du mot גדד godad, ou fortune, du mot גד gad.

ὃν τόπον ὃν ὀνομάζουσι MAGEDDON, ville ou champ; *Zach.* XII. 11. de même que *Mageddo*.

μαγέθ MAGETH, ville; 1. *Macc.* V. 26. pressoir, du mot גת gath.

μάγοι MAGI, Sages, ou Philosophes, ou grands-Prêtres; *Matth.* II. 1. mot Grec, qui signifie Interprètes des mystéres sacrez; d'autres croyent que ce mot vient des Perses; suivant l'Hébreu, on peut l'expliquer de ceux qui inspirent de la frayeur, du découragement, de l'Hébreu מוג se décourager, se fondre; ou en le dérivant du mot הגה méditer, ceux qui s'appliquent à l'étude des choses saintes.

מגוג MAGOG, fils de Japheth; *Genes.* X. 2. toit, ou qui couvre, du mot גג gag; autrement, qui dissout, du mot מוג mug.

μαγεδδώ MAGRON, ville; *Isaï.* X. 28. crainte, du mot מגור magor, dans un sens métaphorique; autrement, une aire ou grange, du mot גרן goren, ou gosier, du mot גרון garon; autrement, livrer, du mot מגר magar; autrement, crainte, du mot יגר jagar.

מחלת μαγαλλὶθ MAHALATH, femme de Roboam; 2. *Paral.* XI. 18. chant mélodieux; autrement, infirmité, du mot חלה cala.

מחלון MAHALON, fils d'Elimélech; *Ruth.* I. 2. chant, ou infirmité.

מחנים MAHANAIM, nom de lieu; *Gen.* XXXII. 2. les deux camps, du mot מחנה machana. Voyez *Manaïm* & *Castra*.

מהרי μααραμ MAHARAI, un des trente vaillans Capitaines de David; 2. *Reg.* XXIII. 28. qui se hâte, & qui se presse, du mot מהר maar; autrement, ma montagne, du mot הר har, & du pronom י i, mon.

מחת MAHATH, fils d'Amasaï; 1. *Par.* VI. 35. qui efface & qui supprime, du mot מחה maha, ou qui brise, ou qui s'épouvante, du mot חתת cathath.

מחזיאות MAHAZIOTH, un des Chefs des vingt-quatre familles Lévitiques; 1. *Par.* XXV. 4. qui voit un signe, ou la lettre, du mot חזה kaza, voir, & du mot אות oth, signe ou lettre.

מחלת MAHELETH, troisième femme d'Esaü; *Gen.* XXVII. 9. Voyez ci-dessus *Mahalath*.

מחידא μαιδά MAHIDA, un des Chefs des familles qui revinrent de Babylone à Jé-

MAL

rusalem avec Zorobabel; 1. *Esdr.* II. 52. énigme, du mot Chaldéen אחידן akidan, autrement, pointe, du mot חדד kadad; autrement, qui efface & supprime la main, du mot מחה maca, effacer, & du mot יד jad, la main.

מחיר μαχὶρ MAHIR, fils de Chelub; 1. *Par.* IV. 11. prise, du mot מכר makar, priser, estimer.

מחול μαχωλά MAHOL, pere de plusieurs Sages; *Reg.* IV. 31. chant, chœur, infirmité. Voyez ci-dessus *Mahalath*. Autrement, qui est sablonneux, du mot חול col, sable.

מחומתי μααμι MAHUMITES, un des vaillans Capitaines qui suivirent David; 1. *Paral.* XI. 46. qui annonce, du mot מחה kiva; autrement, qui efface & supprime du mot מחה maca; autrement, les moëlles, du mot מוח moac.

מימן μαιμάμ MAIMAN, un des Chefs des vingt-quatre familles Lévitiques; 1. *Par.* XXIV. 9. qui est adroit; autrement, la main droite, du mot ימין jamin, ou qui prépare les eaux, du mot מים maim, les eaux, & du mot מן min, préparation; autrement, vrai, fidéle, assuré, du mot נאמן naaman.

מלאכי ἄγγελος MALACHIAS, Hébreu, *Malachi*, nom d'un Prophéte; *Malach.* I. 1. mon Ange, ou mon Nonce ou Envoyé, du mot לאך laac, ou du mot מלאך malac; Ange ou Ambassadeur.

מלכים MALACHIM, autrement, *Melachim*, les Rois, du mot מלך malac, au plurier; titre que portoient les troisième & quatrième des Rois.

מללי MALALAI, un des Chefs des Lévites ou Prêtres; 2. *Esdr.* XII. 35. circoncision, du mot מול mul; autrement, ma parole, du mot מלל malal, parler, & du pronom י i, ma.

מהללאל MALALE'EL, fils de Caïnan; *Genes.* V. 12. Hébreu, *Mahaléel*, qui loüé Dieu, du mot הלל hillel ou halul, loüer; autrement, illumination de Dieu, du même mot hillel, & du mot אל El, Dieu.

מלצר MALASAR, ce mot est Chaldéen, chef des Eunuques de Nabuchodonosor; *Dan.* I. 11. dispensateur ou œconomie; autrement, circoncision de la détresse ou misère, du mot מול mul, circoncision, & du mot צרר tsarar, être dans les liens, & à l'étroit.

μάλχος MALCHUS, un des domestiques du grand-Prêtre; *Joan.* XVIII. 10. Roi ou Royaume, du mot מלך malac.

μαλλώται MALLOTÆ, peuples, habitans de la ville de Malothe; 2. *Macc.* IV. 30. qui remplit ou achève, ou qui est rempli, du mot מלאה mallé, plein.

מלוך MALOCH, fils d'Azabia; 1. *Par.* VI.

MAN   MAR

vi. 44. qui regne ou qui consulte, du mot מלך malac.

ממרא MAMBRE', ville; Genes. XIII. 18. En Hébreu, Mamré; Genes. XXIII. 19. & XXXV. 27. rebéle, du mot מרה mara; autrement, amer, du mot מרר marar; autrement, qui change, qui troque, du mot מור mur; autrement, gras, ou élevé, du mot מרא mara.

Ἰαμβρῆς MAMBRE'S, Grec, Jambrés, un des Devins qui s'opposérent à Moyse; 1. Timot. III. 8. Hébreu, la mer avec pauvreté, du mot ים jam, mer, & de la conjonction ב beth, &, & du mot ריש rasch, pauvre. Ce mot est Egyptien, & on n'en doit pas chercher la racine dans l'Hébreu.

μαμωνᾶ MAMMONA; Luc. XVI. 9. mot Chaldéen ou Syriaque, signifie les richesses. La vraie leçon est Matmon, l'avarice, la cupidité, la richesse.

μαμουχὰν MAMUCHAN, Général des troupes des Perses; Esth. I. 16. appauvri, du mot מוך muc; autrement, préparer, du mot כון cun; autrement, certain, vrai, du mot כן ken. Ce mot est Persan, & ne peut avoir sa véritable étymologie dans l'Hébreu.

ממזר ou πόρνης MAMZER, illégitime ou bâtard; Deut. XXIII. 2. du mot מזר mazer.

מן MAN, la manne; Exod. XVI. 31. don, ou présent, du mot מנחה mincha, ou מנה mana; autrement, qu'est-ce que ceci? du mot man-hu, ou ceci est de la manne.

מנחת MANAHATH, fils de Sobal; Gen. XXXVI. 23. autrement, Manahath, nom de pays; 1. Paral. VIII. 6. don ou présent, du mot מנחה mincha, ou מנה mana; autrement, repos, du mot נוח nuak; autrement, crainte ou brisure préparée, du mot מנה mina, préparation, & du mot כתת cathath, crainte ou brisure.

מנחם MANAHEM, fils de Gaddi; 4. Reg. XV. 14. consolateur, du mot נחם nacam, ou qui les conduit, du mot נחה naca, conduite, & du pronom ם am, les; ou préparation de la chaleur, du mot מנחה mincha, préparation, & du mot חמם camam, chaleur.

מחנים MANAIM, ville; Josue XIII. 26. la même que Mahanaim, les deux camps. Voyez ci-dessus.

מנשה MANASSE', ou Manassés, l'aîné des fils de Joseph; Gen. XLI. &c. oubli, ou qui est oublié, du mot נשה nascha, oublier.

מנא μανὴ MANE', mot Chaldéen; Dan. V. 25. qui compte, ou qui est compté.

מן הוא ou ἐστι τοῦτο MAN-HU, exclamation; Exod. XVI. 15. qu'est-ce que ceci? ainsi l'a traduit la Vulgate & les Septante; autrement, c'est un don, ou c'est de la manne. Voyez ci-dessus Man; du mot מנחה mincha,

présent, don, & du mot הוא hu, celui-là même.

μάννα MANNA; Joan. VI. 49. la même que Man ci-dessus.

מנוח μανωὲ MANUE', pere de Samson; Judic. XIII. 2. repos, du mot נוח nuac; autrement, présent, du mot מנחה mincha.

מעוך MAOCH, pere d'Achis; 1. Reg. XXVII. 2. qui est pressé & brisé, du mot מעך mahac.

מעון MAON, ville; Josue XV. 55. &c. maison ou habitation; autrement, crime, du mot עון havon; autrement, par le péché, du même mot, & de la préposition מ m.

מעונתי MAONATHI, fils d'Othoniel; 1. Par. IV. 13. ma demeure, mon péché, de la même racine que Maon.

מחזים MAOZIM, nom d'une Idole; Dan. XI. 38. les forces, ou les fortifiez, du mot עז hazaz, fort & puissant: ou les forteresses, du mot מעוז mahoz.

מרה μιρρὰ ou πικρὸν MARA, cinquième station des Israëlites dans le désert; Exod. XV. 23. amer, ou amertume, du mot מרר marar.

מראי μαρεὶ MARAI, un des descendans de Zaraï; 1. Paral. XXVII. 13. qui se hâte, du mot מהר maar; autrement, dot, du même mot; autrement, de ma montagne, de la préposition מ m, & du mot הר har, montagne, & du pronom י i, mon.

מריה ἀμαρίας MARAIA, un des Prêtres qui revinrent à Jérusalem avec Zorobabel; 2. Esdr. XII. 12. amertume, du mot מרר marar; autrement, la myrrhe, du mot מור mor; autrement, le Seigneur est mon maître, du mot מרה mara; qui en Syriaque signifie maître: nom que les Juifs donnoient à leurs Rabbins; & du mot יה Jah, le Seigneur.

מריות MARAIOTH, un des Prêtres qui revinrent à Jérusalem avec Zorobabel; 2. Esdr. XII. 15. amertumes; autrement, rébellions, du mot מרה mara; autrement, permutations & changemens; du mot מור mur.

μαρὰν-ἀθὰ MARAN-ATHA, espéce de malédiction: le Seigneur vient; 1. Cor. XVI. 22. composé de deux mots Syriaques, dont le premier maran, signifie Seigneur ou maître, & l'autre atha, signifie venir.

μάρκος MARCUS, cousin de Barnabé; Act. XIII. 12. poli, luisant, du mot מרק maraq.

מרדכי MARDOCHAI, un des Chefs des familles qui revinrent avec Zorobabel; 1. Esdr. II. 2. contrition ou brisement amer, du mot דוך duc, briser, & du mot מרר marar, amer: ou myrrhe brisée, du mot מור mor, myrrhe, & du mot duc, briser, ou qui enseigne à briser, du mot mara, maître,

ou

ou qui enseigne; autrement myrrhe très-pure, selon l'Hébreu & le Syriaque. Ce nom n'est point Hébreu, mais Chaldéen, composé de Mérodach, ou Mardack, ou Mordack, Divinité des Babyloniens.

μαρδοχαῖος MARDOCHÆUS, fils de Jaïr; *Esth.* II. 5. de même.

מרס μάρις MARES, nom d'un Prince; *Esth.* I. 15. arrosement, distillation, du mot רסס rasas: ou selon le Syriaque, abcès ou brisement. Comme ce nom est Persan, on ne peut trouver sa véritable étymologie dans l'Hébreu.

מראשה MARESA, ville; *Josue* XV. 44. depuis la tête, ou depuis le commencement; de la préposition מ m, depuis, & du mot ראש rosch, tête ou commencement; autrement, femme amère, du mot מרר marar, amer, & du mot אשה ischa; autrement, héritage, de l'Hébreu ירש hériter.

מורשה μαρισωθ MARESA, ville; I. *Par.* IV. 21. de même que la précédente. C'est la même que *Morasthi*; *Mich.* I. 1.

מערת μαρεφω MARETH, ville; *Josue* XV. 59. caverne, du mot ערה hara; autrement, qui découvre, se répand, s'éveille, du mot עור hur.

מרים μαριαμ MARIA, fille d'Amram; *Exod.* VI. 20. Hébreu, *Miriam*; *Exod.* XV. 20. élevée, du mot רמם ramam; autrement, amertume de la mer, du mot מרר marar, amertume, & du mot ים jam, mer; autrement, myrrhe de la mer, du mot מור mor, myrrhe; autrement, Dame ou maîtresse de la mer, du mot מרה mara, mot Syriaque, qui signifie Seigneur, ou maître.

מרמות μαρεμωθ MARIMUTH, nom d'homme; I. *Esdr.* X. 36. amertume ou myrrhe de la mort, du mot מרר marar, & מור mor, & du mot מות muth, mort; autrement, hauteur & élévation, du mot רמם ramam; autrement, fraude, du mot רמה rama.

מרמה MARMA, fils de Saharaïm; I. *Paral.* VIII. 10. fraude, du mot רמה rama; autrement, hauteur, ou qui s'élève, du mot רמם ramam, élever, & du pronom ה a, se.

מרסנא MARSANA, nom d'un Prince; *Esth.* I. 14. amertume ou myrrhe du buisson, des mots מרר marar, & מור mur, & du mot סנה sené, buisson; autrement, qui montre le buisson ou l'ennemi.

μάρθα MARTHA, sœur de Lazare; *Luc.* XX. 38. qui devient amer, du mot מרר marar: ou selon le Syriaque, maîtresse, ou qui enseigne.

משל μασαλ MASAL; *Josue* XXI. 30. & I. *Paral.* VI. 74. parabole, ou celui qui domine.

μασαλωθ MASALOTH, ville; I. *Macc.* IX. 2. paraboles, similitudes, dominations.

מצפה MASEPHA, ou *Masphe*, Vulgate, ville; *Josue* XV. 38. autrement, *Masepha*, spéculation, vedette, sentinelle, ou qui attend.

משרעי MASEREI, fils de Sobal; I. *Par.* II. 53. qui touche le compagnon, l'ami, le pasteur, ou la milice, du mot משש maschasch, toucher, & du mot רעה raha, l'ami, &c. du mot רע rah, malice.

משרפות MASEREPHOTH. L'Hébreu ajoûte à ce mot מים maïm, lieu où l'on sèche les salines ou les sels; *Josue* I. 8. les incendies des eaux, du mot שרף saraph, brûler, & du mot מים maïm, les eaux: ou simplement, les fourneaux où l'on fond les métaux.

משמע MASMA, fils d'Ismaël; *Genes.* XXV. 14. qui écoute & qui exauce, ou qui obéit, du mot שמע schama; autrement, bruit, réputation.

משמנה MASMANA, un des trente vaillans Capitaines de David; I. *Paral.* XII. 10. sa graisse, ou son huile, du mot שמן schaman, huile ou graisse, & du pronom ה a, sa: ou simplement, parfum, huile de senteur.

מצביה MASOBIA, nom de lieu; I. *Paral.* XI. 46. station du Seigneur, du mot מצב matsab, station, & du mot יה Jah, le Seigneur; autrement, צבה tsaba, chèvre.

מצפה MASPHA, ville; 3. *Reg.* XV. 22. autrement, *Masphe*; *Josue* XV. 38. sentinelle, vedette.

מצפתה μασπφα MASPHATH, ville; I. *Reg.* VII. 7. de même.

משרקה μασηκας MASRECA, ville; *Gen.* XXXVI. 31. sifflement, du mot שרק scharaq; autrement, qui touche la vanité, ou le vuide, du mot משש maschasch, toucher, & du mot רקק racac, qui réduit à rien; autrement, vigne, du mot שרק schoreq.

מסה MASSA, Vulgate, tentation, nom de lieu; *Exod.* XVII. 7. du mot נסה nassa, tentation.

משא MASSA, fils d'Ismaël; *Genes.* XXV. 14. fardeau ou élévation; & dans un sens de métaphore, prophétie fâcheuse, du mot נשא nascha, porter, soulever.

מתן MATTHAN, ou *Mathan*, Vulgate, pere de Saphatia; *Jerem.* XXXVIII. 1. don, du mot נתן nathan; autrement, les reins, du mot מתן mathan; autrement, la mort d'iceux, du mot מות muth, mort, & du pronom ן an, iceux.

מתנה MATHANA, nom d'une solitude; *Num.* XXI. 18. don, présent.

מתני μαθθαναι MATHANAI, enfans d'Hason; I. *Esdr.* X. 33. mon don, mon offrande.

מתחני

MAT — MED

מתהני MATHANAS, ou *Mathanias*, fils de Josias; 4. *Reg*. XXIV. 17. don de Dieu, attente ou espérance du Seigneur.

מתניהו ματθανίας MATHANIAU, fils d'Héman; 1. *Paral*. XXV. 4. de même que *Mathanias*.

מתני ματθαναὶ MATHANITES, descendans de Mathan; 1. *Par*. XI. 43. don, reins: selon le Syriaque, attente ou espérance. Voyez ci-dessus *Mathan*.

ματθὰτ MATHAT, pere d'Héli, pere de Joseph; *Luc*. III. 24. don, ou qui donne, du mot נתן nathan, donner.

מתתה MATHATH, ou *Mathatha*, Vulgate, *Mathata*; 1. *Esdr*. X. 33. son don, du mot מתת mathath, don, & du pronom ה a, son.

ματθαθὰ MATHATHA; le même que *Mathath*; *Luc*. III. 31. don.

מתתיה ματταθίας MATHATHIA, ou *Mathathias*, pere de Judas Maccabée; 1. *Marc*. II. 1. autrement, fils aîné de Sellum; 1. *Paral*. IX. 31. don du Seigneur; du mot mathath, don, & du mot יה Jah, le Seigneur.

ματθίας MATTHIAS, Apôtre; *Act*. I. 13. c'est l'abrégé du mot *Mathathias*.

מתושאל MATHUSAEL, fils de Maviaël; *Genes*. IV. 18. qui demande sa mort, du mot שאלה schela, demander, & du mot מות muth, mort, & du pronom ו o, sa; autrement, la mort est son enfer ou son tombeau, du mot שאל scheol, enfer ou tombeau; autrement, homme qui demande, du mot מתים methim, homme, & du mot שאלא schela, demander.

מתושלח MATHUSALA, fils d'Hénoc; *Gen*. V. 21. il a envoyé sa mort, du mot מות muth, mort, & du mot שלח schalac; autrement, les armes de sa mort, des mêmes mots muth, mort, & de schalac ou schelec, selon les diverses leçons, & du pronom ו o, sa; autrement, selon l'Hébreu & le Syriaque, dépouillé de sa mort; autrement, homme qui demande : de meth, homme mortel, & schaal, demander.

מטרד MATRED, pere de Meétabel femme d'Adar; *Genes*. XXXVI. 39. verge, bâton, ou levier qui descend, du mot מטה mot, bâton, & du mot ירד jarad; descendre; autrement, la descente, ou l'empire du lit, du mot jarad, descendre, & du mot רוד rud, empire, & du mot מטה mitta; lit.

ματθαῖος MATTHÆUS, Apôtre; *Matth*. IX. 9. donné, du mot מתת mathath, don.

מחויאל MAVIAEL, fils d'Irad; *Genes*. IV. 8. qui annonce Dieu, du mot חוה kiva, annoncer, & du mot אל El, Dieu, ou Dieu qui efface, du mot מחא maca, effacer: ou selon le Syriaque & l'Hébreu, qui est frappé de Dieu.

Tome IV.

מחומן MAUMAN, nom d'un Eunuque; *Esth*. I. 10. Hébreu, *Mehouman*, qui est troublé, du mot המה ama, troubler, ou faire du tumulte; autrement, multitude, du mot המן hamon. Nom Persan ou Méde, dont l'étymologie ne se trouve point dans l'Hébreu.

מכברתי μεχυραθὶ MECHERATHITES, famille; 1. *Paral*. XI. 36. vente, du mot מכר macar, vente: ou connoissance, du mot נכר nicar, connoître.

מכמש μεχμὰς MECHMAS; nom d'un bourg; 1. *Esdr*. XI. 31. autrement, *Machmas*, pauvre, qui ôte; du mot מכך macac, pauvre, & du mot משה mascha, ôter; autrement, qui touche, du mot מוש musch, toucher; autrement, qui frappe, du mot נכה naca.

מכנדבי μεχναδα MECNEDEBAI, nom d'homme; 1. *Esdr*. X. 40. pauvre; autrement, celui qui frappe, du mot machach, pauvre, & de naca, qui frappe; autrement, le Prince, ou celui qui voue; ou qui agit de son propre mouvement, du mot נדב nadab, qui agit sans être forcé, ou qui voue & fait un présent: ou du mot נדיב nadib, Prince.

מידבא MEDABA, ville; *Num*. XXI. 30. eaux de douleur ou de force, du mot מי mei; l'eau, & du mot רבא daba, & du mot דאב daab, douleur, par transposition de lettres: ou selon le Syriaque & l'Hébreu, les eaux qui coulent.

מרעלא MEDALAA, ville; Vulgate, *Meralaa*; *Josue* XIX. 11. On croit que ce mot a été corrompu par les Copistes, & qu'il faut lire *Medaba*: Voyez ci-dessus, & ci-après *Merala*.

מידד μωδὰδ MEDAD; Prophéte; un des soixante & douze Anciens dont Dieu composa le Conseil de Moyse; *Num*. XI. 26. qui mesure, du mot מדד madad; autrement, l'eau de dilection, ou des mammelles, ou de l'oncle, du mot מי mi, eaux, & du mot דוד dod, oncle, ou amitié: ou du mot דד dad, mammelle.

מדין μωδδὶν MEDDIN, ville; *Josue* XV. 61. autrement, *Niddin*, jugement, ou qui plaide, ou qui reprend, du mot דין din, d'où vient מדון madon, procès; autrement, qui mesure, du mot מדד madad.

מדמנה MEDEMENA, ville; *Josue* XV. 31. mesure de nombre, ou de présent. Voyez ci-dessus *Madmena*.

מדי φύλις simplement, ou φύλις μήδων MEDENA, Province; 1. *Esdr*. VI. 2. Hébreu, *Medai*, la Médie, les Médes. A la lettre: mesure, habit, ou couverture, du mot מד mad; autrement, abondance, du mot מאד meod.

מדי μῆδοι MEDI, peuples; *Isai*. XIII. 17. de même que *Medai*, ou *Madai*.

מדי μηδία MEDIA, Province; *Jerem.* LI. 28. Voyez *Medena*.

מהיטבאל ME'ETABEL, femme d'A-dar; *Genes.* XXXVI. 39. combien Dieu est bon, ou nous a fait de bien, de la conjonction מה ma, combien, ou de מן men, de, & du mot טוב tub, bon, ou du mot יטב jatab, faire du bien, & du mot אל El, Dieu.

מגבי MEGBIS, un des Chefs des familles qui revinrent avec Zorobabel; I. *Esdr.* II. 30. hauteur, éminence, du mot גביש gabisch; selon le Syriaque, amasser.

מגפיעש μαγεὲς MEGPHIAS, un de ceux qui renouvellèrent l'alliance sous Néhémie; 2. *Esdr.* X. 20. vêtemens, ou corps qui dépérit, du mot גף gaph, corps, & du mot ששׁ haschasch, dépérir; autrement, la tigne du corps, du mot עש hasch, tigne; autrement, assemblée, du mot עוש husch.

מחושים μωσείμ MEHUSIM, pere d'Abitob; I. *Par.* VIII. 11. précipitez, qui se hâtent, du mot חוש cusch; autrement, qui se taisent, du mot חשה cascha.

מי־ירקון MEIARCON, les eaux de Jarcon, eaux rouillées, gâtées, &c. de מים maim, les eaux, & jarak, rouillé, verd.

מלכה MELCHA, femme de Nachor; *Gen.* I. 29. Reine, du mot מלך malac, regner.

מלכי μαχὶ MELCHI, pere de Lévi; *Luc.* III. 24. mon Roi, ou mon conseil, du mot מלך malac, & du pronom י i, mon.

מלכיה MELCHIAS, pere de Phasur; *Jerem.* XXI. 1. le Seigneur est mon Roi, ou le Seigneur me domine, du mot מלך malac, Roi, & du mot יה Jah, le Seigneur.

מלכיאל MELCHIEL, fils de Béria; *Gen.* XLVI. 17. le Roi mon Dieu, ou Dieu est mon Roi, du mot מלך melec, Roi, & du pronom י i, mon, & du mot אל El, Dieu.

מלכיאלי MELCHIELITÆ, descendans de Melchiel; *Num.* XXVI. 45. de même.

מלכירם MELCHIRAM, fils de Jéchonias; I. *Par.* III. 18. mon Roi est élevé, du mot מלך melec, Roi, & du mot רמם ramam, élever.

מלכי־צדק MELCHI-SÉDECH, Prêtre & Roi de Solyme, depuis nommée Jérusalem; *Gen.* XIV. 18. Roi de la justice, du mot מלך melec, Roi, & du mot צדק tsedeq, justice.

מלכישוע μελχισοὺ MELCHISUA, fils de Saül; I. *Reg.* XIV. 49. mon Roi est mon Sauveur, du mot מלך melec, Roi, ou conseil, & du mot ישע jascha, Sauveur; autrement, Roi magnifique, du mot שוה schuah.

מלכום MELCHOM, Idole des Ammonites; 4. *Reg.* XXIII. 13. autrement, *Moloch*, *ibid.* ỳ. 10. leur Roi, du mot מלך melec, Roi, & du pronom ם am, leur.

מלך MELECH, fils de Micha; I. *Paral.* VIII. 35. Roi.

μελίτη MELITE, isle, en François *Malte*; *Act.* XXVIII. 1. mielleuse, d'où découle le miel, du mot Grec μέλι, miel.

מלוא ἄκρα μαιλὼ MELLO, 2. *Reg.* V. 9. plénitude, ou réplétion, du mot מלא malé.

מלותי MELLOTHI, un des enfans d'Héman; I. *Paral.* XXV. 4. plénitude, circoncision, du mot מול mul; autrement, mes paroles, du mot מלל malal, parler, & du pronom י i, mes.

מלוך μαλὼκ MELLUCH; Vulgate, *Maloch*; I. *Esdr.* X. 32. qui regne, du mot מלך malac, regner.

MELOTHI, ville; *Judith.* II. 13. rempli, ma plénitude.

מלטיה MELTIAS, un de ceux qui rebâtirent Jérusalem sous Néhémie; 2. *Esdr.* III. 7. la délivrance du Seigneur, du mot מלט malat, délivrer, & du mot יה Jah, le Seigneur.

נף MEMPHIS, en Hébreu *Noph*, ville; *Isaï.* XIX. 13. distillation, ou rayon de miel, ou crible, ou élévation, du mot נף nuph.

מף MEMPHIS, la même en Hébreu que *Moph*; *Osée* IX. 6. par la bouche, de la préposition מ m, par, ou de, & du mot פה pé, bouche. Ce mot *Memphis* est Egyptien, & ne sçauroit prendre son étymologie de l'Hébreu.

μενέλαος MENELAUS, frere de Simon; 2. *Macc.* IV. 23. la puissance, ou la force du peuple, du mot μένος, force, & du mot λαὸς, peuple.

μαναὼν MENNA, pere de Melca; *Luc.* III. 31. nombre, ou récompensé, ou préparé, du mot Hébreu מנה mana.

מני MENNI, nom de pays; *Jerem.* LI. 27. disposé, compté, préparé.

מנית MENNITH, ville; *Judic.* XI. 33. comptée, préparée.

מפעת μαιφαὰθ MEPHAATH, ville; *Josue* XIII. 18. apparition des eaux, ou impétuosité, du mot יפע japhah, paroître, & du mot מים maïm, eaux.

מריות MERAIOTH, fils d'Achitob; I. *Par.* IX. 11. les amertumes, du mot מרר marar; autrement, rébellions, du mot מרה mara: ou trois, ou permutations, du mot מור mur.

מרעלה MERALA, une des limites de la Tribu de Zabulon; *Josue* XIX. 11. l'amertume de l'élévation, ou de la feüille, du mot מרר marar, amertume, & du mot עלה hala, élévation ou feüille; autrement, l'holocauste de la myrrhe, du mot מור mor, myrrhe, & du mot עלה hala, holocauste; autrement, yvresse, ou assoupissement, ou consternation, du mot רעל rahal.

מררי MERARI, fils de Lévi; *Gen.* XLVI. 11. amer, du mot מרר marar; autrement, irriter.

MERARITÆ, descendans de Mérari, *Num.* XXVI. 57. de même.

ἑρμῆς MERCURIUS, faux-Dieu; *Act.* XIV.

MER   MES

xiv. 11. du mot Latin *mercari*, vendre, & acheter, parce que ce Dieu présidoit à la marchandise. En Grec, *Hermés*. Ce mot signifie Orateur, Interpréte.

מרד MERED, fils de Bethia; 1. *Par.* iv. 17. rébelle, du mot מרד marad; autrement, qui descend רדד radad; autrement, qui commande, du mot רדה rada.

מרמות μαεριμωθ MEREMOTH, fils d'Urie, grand-Prêtre; 1. *Esdr.* viii. 33. amertume ou myrrhe de la mort, du mot מרר marar, amertume : ou du mot מור mor, myrrhe, & du mot מות muth, mort, autrement, les hauteurs ou élévations, du mot רום rum ; autrement, fraude, du mot רמה rama.

מריבה autrement מרבה MERIBA, nom de lieu; *Exod.* xvii. 7. dispute, querelle, du mot רוב rub. Voyez *Num.* xx. 13.

מריב-בעל MERIB-BAAL, fils de Jonathan; 1. *Par.* viii. 34. rébellion, ou qui résiste à Baal, & conteste contre l'Idole, du mot רוב rub, contester, & du mot בעל Baal, Idole : ou qui conteste contre celui qui domine ou possède, du même mot Baal.

מרמות μαεριμωθ MERIMUTH, fils d'Urie; 2. *Esdr.* iii. 21. le même qui est appelé *Merimoth*; 1. *Esdr.* viii. 33. Voyez ci-dessus.

מרב MEROB, fille aînée de Saül; 1. *Reg.* xiv. 49. qui combat ou dispute, du mot רוב rub; autrement, qui multiplie, du mot רבה raba : ou selon le Syriaque, maîtresse.

מראדך MERODACH, Roi de Babylone; *Isaï.* xxxix. 1. contrition amère, du mot מרר marar, amer, & du mot דכה daca; contrit, brisé ; autrement, myrrhe brisée, du mot מור mor, myrrhe, & du mot דכה daca, brisé : ou selon le Syriaque & l'Hébreu, myrrhe très-pure ; selon le Chaldéen, il signifie le petit Seigneur, du mot מרא mara, maître ou Seigneur, & du mot דך dac, petit, pauvre. C'est le nom d'une des Divinitez des Chaldéens, dont la vraie étymologie ne se trouve pas dans l'Hébreu.

מרום μερωμ MEROM, eaux ou fleuves; *Josue* xi. 5. ou selon saint Jérôme, bourg, appellé *Merom*, des élévations ou hauteurs; du mot רום ramam, ou du mot רום rum.

מרומי ἄπ ἀγρῦ MEROME', nom de lieu; *Judic.* v. 18. hauteur ou élévation, du mot רום rum; autrement, l'amertume des eaux, du mot מרר marar, amertume, & du mot מי mi, les eaux.

מרונתי μεραδων MERONATHITES, qui est de Méronathi; 1. *Paral.* xxvii. 30. mes chansons, du mot רנן ranan; chanson, & du pronom י i, mes; autrement, cri de joye, ou de loüange, du mot רנה rana : ou selon le Syriaque, qui domine.

מרה MEROZ, ville; *Judic.* v. 23. secret, du mot רז raz, selon les Chaldéens; autrement, maigreur, du mot רזה raza.

מש μοσοχ MES, fils d'Aram ; *Genes.* x. 23. autrement, *Mosoch* ; 1. *Paral.* 1. 17. qui ôte, ou qui touche, du mot מוש maschasch, toucher, retirer.

מישע μησα MESA, Roi de Moab ; 4. *Reg.* iii. 4. salut, ou sauvé, du mot משה mascha; autrement, eau du salut, ou celui qui regarde les eaux, du mot מי mi, eau, & du même mot משה mascha, regarder.

משלמיהו MESELEMIA, fils de Coré ; 1. *Paral.* xxvi. 1. paix, ou perfection, ou rétribution du Seigneur : ou le Seigneur est ma récompense, ou mon bonheur, du mot שלם schalam ; autrement, proverbe ou domination du Seigneur, du mot משל maschal, dominer, & du mot יה Jah, le Seigneur.

משיזבאל μασεζεβλ MESEZEBEL, pere de Barachie ; 2. *Esdr.* iii. 4. qui ôte l'écoulement de Dieu, du mot מוש musch, ôter, & du mot זוב zub, flux, & du mot אל El, Dieu. C'est un nom Chaldéen, qui signifie, que Dieu délivre, a délivré, ou délivrera, du mot שיזב schezib, & du mot אל El, Dieu.

μοσοζεβηλ MESIZABEL, un des Chefs de familles qui renouvellèrent l'alliance avec le Seigneur sous Néhémie ; 2. *Esdr.* x. 21. de même.

MESOLLAM. Voyez ci-après *Mosollam*.

ארם-נהרים MESOPOTAMIA, Province ; en Hébreu, *Aram-Naharaïm* ; *Genes.* xxiv. 10. C'est-à-dire, la Syrie des deux fleuves, du mot Aram, Syrie, & du mot נהרים naaraïm, les deux fleuves. Le Grec *Mesopotamia*, signifie aussi entre les deux fleuves, du mot μέσος, *medius*, & ποταμός, *fluvius*.

מספר MESPHAR, un des Chefs des familles qui revinrent de Babylone à Jérusalem avec Zorobabel ; 1. *Esdr.* ii. 2. nombrer ou écrire, ou scribe, ou livre, ou qui raconte, du mot ספר saphar, ou sapher, relation aux diverses leçons ; autrement, le taureau du tribut, du mot מס mas, tribut, & du mot פר phar, taureau.

מספרת μασφαραθ MESPHARATH, de même ; 2. *Esdr.* vii. 7. qui suppute, ou qui raconte, du mot ספר saphar ; ou augmentation du tribut, du mot מס mas, tribut, & du mot פרה para, multiplier.

מצפה μασηφα MESPHE', ville ; *Josue* xviii. 26. sentinelle, guérite, ou qui regarde, qui contemple, ou qui attend ; autrement, du mot צפה tsapha ; ou toit, ou vedette, du mot צפוי tsapui, ou מצפה mitspha.

מצרים μεσραειμ MESRAIM, fils de Cham ; *Genes.* x. 6. tribulation, ou qui est serré & à l'étroit, du mot מצר matsar.

משא MESSA, Province ; *Genes.* x. 30. Voyez ci-dessus *Massa*, écrit à la fin par un א aleph.

מסה MESSA, nom d'un homme ; 4. *Reg.*

Reg. XI. 6. qui arrache, ou qui foule aux pieds.

משאל μασαλ MESSAL, ville; Josue XIX. 26. la même que Massal; Vulgate, Masal; I. Paral. VI. 74. qui demande, ou qui est demandé, ou qui prête, du mot שאל schaal, demander; autrement, l'enfer, sépulchre, la mort, du même mot; autrement, touché de Dieu, du mot משש maschash, toucher, & du mot אל El, Dieu; ou que Dieu enleve & ôte, ou retire, du mot משח mascha.

משלמת μεσολλάμ MESSALEMETH, mere d'Amon Roi de Juda; 4. Reg. XXI. 19. perfection, paix, récompense, parabole, ou domination de la mort, du mot שלם schalam, ou משל maschal, & du mot מות muth, mort.

משיח μεσίας χριστος MESSIAS, Joan. I. 41. oint, du mot Hébreu משיח maschiac. En Grec CHRISTOS, qui signifie la même chose.

משלם μεσολλαμ MESSULAM, pere d'Asalia: Vulgate, d'Aslia; 4. Reg. XII. 3. pacifique, parfait, qui récompense, du mot שלם schalam; autrement, leur parabole, ou leur puissance, du mot משל maschal, parabole, domination, & du pronom מ ma, leurs.

מהיטבאל METABEEL, pere de Dalaja; 2. Esdr. VI. 10. que Dieu est bon, de la conjonction מה ma, que, ou combien! & du mot טוב tob, bon; autrement, Dieu bienfaisant, du même mot טוב tob, & du mot אל El, Dieu.

מתקה μαθεκκά METHCA, nom de lieu; Rom. XXXIII. 28. douceur, du mot מתק mathaq, doux.

מטרי αμαρτλαελ METRI, un des ayeuls de Saül; I. Reg. X. 21. pluïe, du mot מטר matar, ou prison, lieu où l'on serre, & où l'on garde, du mot נצר natar, garder.

מזה μοξὶ MEZA, fils de Rahuel; Genes. XXXVI. 13. distillation, ou aspersion, écoulement, du mot נזה naza; autrement, de celui-ci, de la conjonction מ m, de, & du mot זה zé, celui-ci; ou selon le Syriaque, consomption ou incendie.

מיזהב μιζαάβ MEZAAB, pere de Matred; Genes. XXXVI. 39. qui est doré, du mot זהב zaab, de l'or; autrement, les eaux dorées, du mot מי mei, les eaux, & du mot זהב zaab, or; autrement, qu'est-ce que l'or? de la conjonction מי mi, qu'est-ce? & du mot zaab, or.

מימין μεμὼν MIAMIN, un des descendans ou fils de Pharos; I. Esdr. X. 25. qui est adroit, ou main droite, du mot ימין jamin; autrement, qui prépare les eaux, du mot מי mi, les eaux, & du mot מן min, préparation.

מבהר MIBAHAR, fils d'Agaraï; I. Par.

XI. 38. élû, ou élection, ou jeunesse, du mot בחר bakar, choisir, &c.

מיכא MICHA, pere d'Abdon; 2. Paral. XXXIV. 20. pauvre, humble, du mot מכך macac; autrement, qui frappe, ou est frappé, du mot נכה naca; autrement, qui est là, de la conjonction מי mi, & du mot כה co, ici, là; autrement, les eaux d'ici, du mot מי mi, les eaux, & du mot כה co, ici.

מיכאל MICHAEL, pere de Sthur; Num. XIII. 14. qui est semblable à Dieu, de la conjonction מי mi, qui, & du mot כה co, de même, ou semblable, & du mot אל El, Dieu; autrement, humilité, pauvreté de Dieu, du mot מכך macac, pauvreté, & du mot נכה naca, frapper, & du mot יה Jah, le Seigneur.

מיכיהו μιχαίας MICHAS, nom d'homme; Judic. XVII. 1. Hébreu, Michaiaü, qui est semblable à Dieu.

מיכה μιχαίας MICHÆA, ou Michaas, fils de Gamaria; Jerem. XXXVI. 11. de même.

מיכל MICHOL, fille cadette de Saül; I. Reg. XIV. 49. qui est-ce qui a tout? de la conjonction מי mi, qui, est-ce? & du mot כלל calal, tout; autrement, qui est parfait ou achevé, du même mot; autrement, eau totale, du mot מי mi, eau, & du mot כל col, toute chose; autrement, défense, du mot כלא cala.

μυνδὸς MIDO; Vulgate, Myndus, nom de lieu; 2. Macc. XV. 23. Plusieurs Exemplaires Grecs portent Myndus, qui est une ville de Carie.

μίλητον MILETUM, ville; Act. XX. 15. rouge, ou écarlatte, du mot Grec, μίλτος, vermillon, rouge.

מוליך MILICHO, un des Chefs des Lévites qui revinrent de Babylone à Jérusalem avec Zorobabel; 2. Esdr. XII. 14. son Royaume, du mot מלך melac, & du pronom ו o, son.

MINNITH, Voyez Mennith.

מפיבשת MIPHIBOSETH, fils de Jonathas; 2. Reg. IV. 4. de ma bouche sort l'ignominie, du mot פה pé, bouche, & du mot בוש bosch, honte. Boseth est mis pour Baal.

משעם MISAAM, fils d'Elphaal; I. Par. VIII. 12. leur Sauveur, du mot ישע jascha, ou הושיע hosiah, sauver: ou qui le regarde, de שעה regarder; autrement, qui ôte ou touche le peuple, du mot משש maschasch, ou משה mascha, & du mot עם ham, le peuple.

מישך MISACH, le même qui est dit en Hébreu, Misaël; Dan. I. 7. qui tire avec force, du mot משך maschac: ou qui environne les eaux, du mot מי mi, les eaux, & du mot שוך suc, environner. Ce mot Misach est Chaldéen, & ne sçauroit avoir sa véritable étymologie dans l'Hébreu.

מישאל

MIT   MOL

מישאל MISAEL, fils d'Oziël; *Exod.* IV. 22. autrement, le même que *Misach*. Voyez ci-dessus, qui est demandé, ou prêté, du mot מי mi, qui, & du mot שאל schaal, qui demande ou qui prête; autrement, Dieu ôte & se retire, du mot משה mascha, ôter, & du mot אל El, Dieu.

μισώ MISOR, Grec, *Miso*, ville; *Josue* XXI. 36. On lit dans l'Hébreu, *Jahesar*, plaine, ou chemin plat, du mot ישר jaschar; autrement, bœuf, du mot שר schur, ou muraille; autrement, scié, du mot נשר naschar.

משפט MISPHAT, fontaine; *Genes.* XIV. 7. jugement, du mot שפט saphat.

μιτυλήνη MITYLENE, Isle, *Act.* XX. 14. mot Grec qui signifie pureté, nettoyement, ou pressoir.

מתרדת MITHRIDATES, fils de Gazabar; 1. *Esdr.* I. 8. qui explique ou qui réfléchit sur la loi, du mot הור thur, loi; autrement, la descente, ou la domination de la mort, du mot דרר radad, descendre, ou du mot רדה rada, dominer, & du mot מות muth. Ce nom est Chaldéen ou Persan, dans la composition duquel entre celui de Mithra, Divinité des Perses, qui écrivent ce nom sans T, mais avec la simple aspiration mirh; ainsi le ת n'y a point de part.

מנה μνᾶ MNA, ou *Mina*, mine, espèce de poids, ou de monnoyes. Voyez la Table des monnoyes; *Ezech.* XLV. 11. & *Luc.* XIX. 13.

MNASO. Voyez *Jason*.

μνησθεὺς MNESTHEUS, pere d'Apollonius; 2. *Macc.* IV. 21. force, vigueur, ou colère de Dieu, du mot Grec μένος, force, colère, & du mot Θεός, Dieu.

מואב MOAB, fils de Loth & de sa fille aînée; *Genes.* XIX. 36. 37. de son pere, de la préposition ם m, de, du pronom ו o, son, & du mot אב ab, pere. Les Anciens au lieu de Moab, prononçoient *Meab*, les eaux du pere, le fils du pere. Les eaux marquent la génération.

מואדיה μααδίω MOADIA, un des Chefs des Lévites qui revinrent de Babylone à Jérusalem avec Zorobabel; 1. *Esdr.* XII. 17. solemnité ou fête du Seigneur.

מבני μιςωναῒ MOBONNAI, un des trente vaillans Capitaines de David; 2. *Reg.* XXIII. 22. fils ou filiation, du mot בן ben; autrement, édifice, bâtiment, du mot בנה bana, bâtir: ou entendement, du mot בנה bina.

מכנה μεδεγὸ MOCHONA; 2. *Esdr.* XI. 28. base, du mot כן ken; ou préparation, du mot בנה cana, disposer, fonder, préparer.

מברי μαχειρὶ MOCHORI, pere d'Ozi; 1. *Paral.* IX. 8. vente, du mot מכר macar, vendre; autrement, connoissance, du mot נכר nicar.

Tome IV.

μωδεῒν MODIN, ville; 1. *Macc.* II. 1. jugement, ou débat & querelle, du mot דון dun.

מחל MOHOLA, petit-fils de Galaad; 1. *Par.* VII. 18. chœur de chantres, du mot מחל makol; ou un instrument de musique; autrement, infirmité, du mot חלל calal.

מחלי MOHOLI, fils de Mérari; *Exod.* VI. 19. de même.

מולדה MOLADA, ville; *Josue* XV. 26. naissance, génération, du mot ילד jalad, engendrer.

מחלתי μααλαθὶ MOLATHI, ou *Molathites*, qui est de Molathi; 1. *Reg.* XVIII. 19. de même que *Mohola*; voyez ci-dessus.

מלכום μελχὼμ MOLCHOM, fils de Saharaïm; 1. *Paral.* VIII. 9. il marque aussi l'Idole des Ammonites; *Jerem.* XLIX. 1. leur Roi, du mot מלך melec, & du pronom ם am, leur.

מוליד MOLID, fils d'Abisur, 1. *Paral.* II. 29. Voyez ci-dessus *Molada*. Autrement, circoncision de la main, du mot מול mul, circoncision, & du mot יד jad; autrement, qui engendre.

מלך MOLOCH, Idole des Moabites, de même que *Melchom*; 4. *Reg.* XXIII. 10. Roi, du mot מלך melec.

מועץ μωὰς MOOS, fils de Ram; 1. *Par.* II. 27. bois, du mot עץ hets; autrement, conseil, du mot עוץ huts.

מפיים μωφὶμ MOPHIM, fils de Benjamin; *Gen.* XLVI. 21. de la bouche; de la préposition ם am, & de פה pé, bouche.

מורשתי MORASTHI, bourg; *Jerem.* XXVI. 18. héritier ou héritage, ou de l'héritage; de la préposition ם m, de, & du mot ירש jarasch; autrement, de la pauvreté, du même mot.

μωραθίτης MORASTHITES, qui est de Morasthi; *Mich.* I. 1. de même.

מוריה ἀμορεία MORIA, colline, ou partie de la montagne de Sion; 2. *Par.* III. 1. amértume du Seigneur, du mot מרר marar; autrement, myrrhe du Seigneur, du mot מור mor; autrement, doctrine ou crainte du Seigneur, du mot ירא jara, craindre, ou ירה jara, enseigner, & du mot יה Jah, le Seigneur; autrement, selon le Syriaque & l'Hébreu, domination du Seigneur.

מוצא MOSA, fils de Câleb & d'Epha sa concubine; 1. *Par.* II. 46. azyme, pain sans levain, du mot מצה matsa; autrement, trouvé, ou qui a réussi, du mot מצא matsa; autrement, mis dehors, du mot יצא jasa, sortir.

מושא μωσὰ MOSA, fils de Saharaïm, & de Hodes; 1. *Paral.* VIII. 9. fardeau, du mot משא mascha; autrement, prophétie, ou élévation, du même mot נשא nascha, porter, lever; autrement, élévation de l'eau, du mot מי mi, & du mot נשה nascha, élévation.

A 3   מסרה

מסרה μοσιρά MOSERA, montagne où Aaron est mort ; *Deut.* x. 6. autrement, appellée *Hor* ; *Num.* xx. 27. *Moseroth* ; *Num.* xxxiii. 30. érudition, discipline, lien, du mot יסר lier.

משבב MOSOBAB, nom d'un Prince ; 1. *Paral.* iv. 34. qui est revenu, ou qui s'est converti, du mot שוב schub.

משך MOSOCH, fils de Japheth ; *Genes.* x. 2. qui est attiré avec force, du mot משך maschaq ; autrement, clos, enfermé, entouré, du mot שוך suc.

משלם μοσολάμ MOSOLLAM, fils de Zorobabel ; 1. *Paral.* iii. 19. pacifique, ou parfait, ou qui récompense, du mot שלם schalam ; autrement, leur parabole, ou leur puissance, du mot משל maschal, & du pronom ם am, leurs.

משלמיהו MOSOLAMIA, père de Zacharie ; 1. *Paral.* ix. 21. Voyez ci-dessus *Meselemia* ; autrement, rétribution du Seigneur, du mot שלם schalem, & du mot יה Jah, le Seigneur.

משלמית μοσολαμώθ MOSOLLAMITH, fils d'Emmer ; 1. *Paral.* ix. 1. pacifique, parfait, &c. Voyez ci-dessus *Mosollam* ; autrement, parabole, ou puissance de la mort, du mot משל maschal, parabole, &c. & du mot מות muth, mort.

משלמות μοσαλμώθ MOSOLLAMOTH,

pere de Barachias ; 2. *Par.* xxviii. 12. de même.

משה MOYSES, fils d'Amram ; *Exod.* ii. 10. retiré ou enlevé des eaux.

מאזל μοοζὴλ MOZEL, nom de pays ; *Ezech.* xxvii. 19. qui sort & s'en va, du mot אזל azal.

מעונים MUNIM, un des Chefs des Nathinéens ; 1. *Esdr.* ii. 50. maisons, demeures, du mot מעון mahon ; autrement, pauvre, affligé, du mot עני hani ; autrement, qui répondent, du mot ענה hana.

מוסך καθιδρα MUSACH, espéce de couverture ou de voile, qu'on mettoit dans le Temple le jour du Sabbat ; 4. *Reg.* xvi. 18. de l'Hébreu נסך nasac, couvrir ; autrement, onction, libation ou mélange de liqueurs, du mot מסך masac.

מושי MUSI, fils de Mérari ; *Exod.* vi. 19. qui touche, qui s'éloigne, qui ôte, qui se retire, du mot מוש musch.

MUSITÆ, descendans de Musi ; *Num.* iii. 33. de même.

μύνδος MYNDUS, nom d'une ville de Carie ; 1. *Macc.* xv. 23. muette, du mot Grec μύδος.

μυσία MYSIA, Province ; *Act.* xvi. 7. criminel, ou abominable, du mot Grec μύσος, crime.

N

נחלול ou נחלל NAALOL, ville ; *Josue* xix. 15. qui est loué, ou qui brille, du mot הלל hillul ; ou autrement, qui devient fort, du mot חלל halal.

נעמה NAAMA, ville ; *Josue* xv. 41. beau ou agréable, du mot נעם naham ; autrement, qui se remue fortement, du mot נוע nuah, se remuer, & du mot מאה ma, beaucoup.

נעמן νοεμάν NAAMAN, fils de Benjamin ; *Genes.* xlvi. 21. beau, agréable.

נעמתי NAAMATHITES, qui est de Naamath ; *Job.* ii. 1. beauté, ou mouvement de la mort, du mot נעם naham, beauté ; ou du mot נוע nuah, se remuer, & du mot מות muth, mort.

נערה ou נערתה νοερά NAARA ; Vulgate, *Naaratha*, une des bornes de la Tribu d'Ephraïm ; *Josue* xvi. 7. jeune ou enfant, du mot נער nahar ; autrement, répandre, du mot ערה hara ; autrement, qui veille, du mot עור hur.

נערי νοραί NAARAI, fils d'Asbaï, 1. *Par.* xi. 37. mes jeunes enfans, ou mes vigilans,

ou mes répandans ; ou du mot nahar, ou du mot hara, ou du mot hur. Voyez ci-dessus *Naara*, & du pronom י i, mes.

נעריה νηερία NAARIA, fils de Séméia ; 1. *Par.* iii. 22. enfant ou effusion, ou veille du Seigneur, des mots nahar, hara & hur. Voyez ci-dessus *Naara*, & du mot יה Jah, le Seigneur.

נחש NAAS, Roi des Ammonites ; 1. *Reg.* xii. 12. couleuvre ou serpent, ou qui augure, ou airain, du mot נחש nikesch.

נביות NABAIOTH, fils d'Ismaël ; *Gen.* xxv. 13. paroles ou prophéties, du mot נבא nabia, ou fruits, du mot תבואה thabua.

נבל NABAL, mari d'Abigaïl ; 1. *Reg.* xxv. 3. fou ou insensé.

נבט NABAT, pere de Jéroboam ; 3. *Reg.* xi. 26. qui regarde.

ναβὰτ NABATH, cousin de Tobie ; *Tob.* xi. 20. de même.

נבו ναβαῦ NABO, ville ; *Isai.* xv. 2. ou Idole ; *Isai.* xlvi. 1. autrement, *Nebo*, montagne ; *Num.* xxxii. 3. prophétie, discours.

נבת NABOTH, nom d'homme ; 3. *Reg.* xxi.

NAB   NAH   187

XXI. 3. de même que *Nabajoth*.

נבכדנאצר NABUCHODONOSOR, Roi de Babylone ; 4. *Reg.* XXIV. 10. pleurs & gémissemens du jugement, du mot בכה baca ; pleurer, & du mot דון dun, jugement ; autrement, angoisse, ou tristesse du jugement ; du mot צר tsar, angoisse, & du mot דון dun, jugement. Ce nom est étranger à la Langue Hébraïque, & renferme le nom du Dieu Nabo, ou Nébo ; il n'en faut pas chercher l'étymologie dans l'Hébreu.

נבוכדראצר NABUCHODONOSOR, en Hébreu, *Nabuchodorosor*, ou *Nabuchadresar*, presque par tout ainsi dans Jérémie, excepté aux Chap. XXVII. 8. Chap. XXVIII. 11. Chap. XXIX. 1. Chap. XXXIV. 1. Chap. XXXIX. 1. & dans Ezéchiel, Chap. XXVI. 7. Chap. XXIX. 18. & Chap. XXX. 10. pleurs ou angoisses de la génération, du mot בכה baca, & du mot צר tsar. Voyez ci-dessus, & du mot דור dor, génération.

נבושזבז NABUSEZBAZ ; Vulgate, *Nabusezban*, un des Princes de la Cour de Nabuchodonosor ; *Jerem.* XXXIX. 13. parole, ou prophétie qui se répand, du mot נבא niba, prophétie, & du mot זוב zub, qui s'écoule ; autrement, fruits qui se répandent, ou qui s'écoulent, du mot תבואה thebua, fruits, & du mot זוב zub, qui s'écoule ; autrement, fruits de la délivrance.

ναβαταίοι NABUTHÆI, peuples descendans de Nabajoth fils d'Ismaël ; 1. *Macc.* V. 25. Voyez *Genes.* XXV. 13. qui prophétisent, qui parlent, ou qui portent des fruits. Voyez ci-dessus *Nabajoth*.

נבוזראדן NABUZARDAN, Lieutenant Général des armées de Nabuchodonosor ; 4. *Reg.* XXV. 8. fruits ou prophéties du jugement ; ou éventé, ou qui se répand, du mot נבא niba, prophétie, ou du mot תבואה thebua, fruits, & du mot דון dun, jugement, & du mot זרה zara, vanner. On doit dire la même chose de ce nom que de celui de Nabuchodonosor. Voyez ci-dessus ; il est aussi composé du mot Nébo ou Nabo, faux Dieu des Babyloniens.

נכון NACHON, nom de lieu ; 2. *Reg.* VI. 6. préparé, du mot כון cun ; autrement, certain, solide, du mot כן ken.

נחור NACHOR, fils de Sarug ; *Gen.* XI. 22. enroué, séché, échauffé, colère, du mot חרר karar ; autrement, selon le Syriaque, suffoqué.

נדב NADAB, fils d'Aaron ; *Exod.* VI. 23. de bon gré, ou don libre & volontaire, du mot נדב nadab ; autrement, Prince, du mot נדיב nadib.

נדביה NADABIA, fils de Jéchonias ; 1. *Paral.* III. 18. don ou vœu du Seigneur, ou le bon plaisir du Seigneur, ou qui s'offre au Seigneur, du mot נדב nadab ; autrement, Prince du Seigneur, du mot נדיב nadib, & du mot יה Jah, le Seigneur.

ναγγαὶ NAGGE', pere d'Esli ; *Luc.* III. 25. clarté, splendeur, du mot נגה naga.

נחבי NAHABI, fils de Vapsi ; *Num.* XIII. 15. mon bien-aimé, du mot חבב caba ; bien-aimé & du pronom י i, mon ; autrement, mon conducteur, ou mon repos, du mot נוח nuac, reposer ; ou du mot נחה naca, conduire, & de la conjonction ב beth, avec, & du pronom י i, moi.

נחליאל NAHALIEL, lieu où les Israëlites campèrent dans le désert ; *Num.* XXI. 19. torrent, vallée, ou héritage de Dieu, ou Dieu est mon torrent, du mot נחל nacal, torrent, &c. & du mot אל El, Dieu.

נחם ναυμ NAHAM, frere de la femme d'Oda'ia ; 1. *Paral.* IV. 19. consolation, ou repentir, du mot נחם nakam ; autrement, qui les conduit, du mot נחה naca, conduire, ou leur repos, du mot נוח nuac, reposer, & du pronom ם am, les ou leurs.

נעם νοὴμ NAHAM, fils de Caleb ; 1. *Par.* IV. 15. beau, agréable ; autrement, qui les remuë, du mot נוע nüah, remuer, & du pronom ם am ; les.

נחמני ναιμανὶ NAHAMANI, un des Chefs de ceux qui revinrent avec Zorobabel ; 2. *Esdr.* VII. 7. consolateur, ou qui me console, ou qui se répand, du mot נחם nacam.

נחרי ἀραὶ NAHARAI, un des trente vaillans Capitaines de David ; 2. *Reg.* XXIII. 37. mes narines, mon nez ; autrement, enroué, sec, échauffé, en colere, du mot חרר karar, ou selon le Syriaque, suffoqué.

נחשון NAHASSON, fils d'Aminadab ; *Exod.* VI. 23. qui devine, ou qui conjecture, ou serpent, du mot נחש nikesch ; autrement, leurs augures, du même mot nikesch, & du pronom ן an, leur.

נחת ναχὼθ NAHATH, fils de Rahuel ; *Genes.* XXXVI. 13. repos, du mot נוח nuac ; autrement, conducteur, du mot נחה naka ; conduire ; autrement, selon le Syriaque, descente.

נחום ναὺμ NAHUM, nom d'un Prophète ; *Nahum.* I. 1. consolateur, pénitent, ou leur conducteur. Voyez ci-dessus *Naham*, frere d'Oda'ia.

ναίμ NAIM ; *Luc.* VII. 11. beauté, &c. Voyez ci-dessus *Naham*, fils de Caleb.

ניות ναιὼθ NAIOTH, nom de lieu ; 1. *Reg.* XIX. 18. beautez, du mot נאה naa ; autrement, demeures, habitations, du mot נוה nava.

נמשי NAMSI, pere de Jéhu, 3. *Reg.* XIX. 16. retiré du péril, du mot משה ou משא mascha ; autrement, qui touche, du mot משש musch.

נמואל NAMUEL, fils de Siméon ; 1. *Par.* IV.

NAT

IV. 28. autrement, *Jamuel*; *Genes.* XLVI. 10. Dieu qui dort, ou sommeil de Dieu, du mot נום num, sommeil, & du mot אל El, Dieu; autrement, du mot Arabe נמה nama, accroissement, & du mot Hébreu אל El, Dieu.

נמואלי ναμνηλοὶ NAMUELITÆ, descendans de Namuël; *Num.* XXVI. 12. de même.

νανεία NANEA, Idole des Perses; 2 *Macc.* I. 13. mot Persan, qui signifie Diane, ou la Lune.

נפג ναφὶκ NAPHEG, fils d'Isaar; *Exod.* VI. 21. imbécile, qui est foible, & qui n'en peut plus, du mot פוג phug.

נפיש NAPHIS, fils d'Ismaël, *Genes.* XXV. 15. l'ame, du mot נפש naphesch; autrement, qui se repose, ou se rafraîchit, qui respire; ou selon le Syriaque, qui multiplie.

νάρκισσος NARCISSUS, ami de saint Paul; *Rom.* XVI. 11. étonnement, assoupissement, surprise, du mot Grec νάρκωσις.

נציה νσία NASIA, un des Chefs des Nathinéens; 1. *Esdr.* II. 54. victorieux, fort ou éternel, du mot netsac.

נתן NATHAN, fils de David; 2. *Reg.* V. 14. qui donne, ou qui est donné.

נתנאל NATHANAEL; autrement, *Nathanel*, frere de Séméïa; 2. *Paral.* XXXV. 9. don de Dieu, du mot נתן nathan, don, & du mot אל El, Dieu.

נתניה NATHANIA, ou *Nathanias*, pere d'Ismaël; 4. *Reg.* XXV. 23. don du Seigneur, du mot נתן nathan, don, & du mot יה Jah, le Seigneur.

נתן מלך NATHAN-MELECH, nom d'un Eunuque; 4. *Reg.* XXIII. 11. don du Roi, du mot נתן nathan, donner, & du mot מלך melec, Roi, &c.

נתינים NATHINÆI; 1. *Paral.* IX. 2. les Gabaonites, ou ceux qui leur succédérent dans leurs ministéres. Voyez *Josue* IX. 21. donnez ou oblats, du même mot nathan. Voyez ci-dessus.

ναυῆ נוע NAVE', nom que les Grecs ont mis au lieu de Nun pere de Josué; *Eccl.* XLVI. 1. *Josue* I. 1. Le Traducteur Grec de l'Ecclésiastique a lû Navé pour Nun. Ce dernier signifie fils, postérité durable & éternelle, du mot נין nin : mais Navé signifie beauté, du mot נאה naa; autrement, demeure, du mot נוה nava.

נזרים ναζηραῖοι NAZARÆI, Nazaréens; *Num.* VI. 18. séparé ou couronné, du mot נזיר nazir, ou נזר nazar, ou nazir. Ce mot signifie une fleur, un bourgeon.

ναζωραῖοι NAZARÆUS, ou *Nazarenus*; *Matth.* II. 2. XXVI. 71. natif de Nazareth; fleur, gardé, de l'Hébreu נצר nazar, garder ou fleurir.

נצרת ναζαρεθ NAZARETH, bourg; *Matth.* II. 23. Voyez ci-dessus *Nazaræus*, gardée ou fleurie.

NEH

νεάπολις NEAPOLIS, ville; *Act.* XVI. 11. ville nouvelle, du mot Grec νέα, nouveau, récent, & du mot πόλις, ville.

נבחן NEBAHAZ, Idole des Hévéens; 4. *Reg.* VII. 31. qui fructifie, ou qui produit la vision, du mot נוב nub, fructifier, & du mot חזה caza, voir; autrement, prophétiser, prédire ou parler, du mot נבא niba. Ce mot est Méde, & n'a point sa véritable étymologie dans l'Hébreu.

נברי ναβαὶ NEBAI, nom d'homme; 2. *Esdr.* X. 19. qui fructifie, du mot נוב nub; autrement, qui prédit, ou qui parle, du mot נבא niba.

נבלט NEBALLAT, ville; 2. *Esdr.* XI. 34. qui fructifie, ou qui prophétise en secret, ou en énigme, du mot nub & niba. Voyez ci-dessus, & du mot לוט lut, cacher, envelopper.

נבו NEBO, ville; *Num.* XXXII. 3. qui parle, qui prophétise, qui fructifie. Voyez ci-dessus *Nabo*.

נבשן NEBSAN, ville; *Josue* XV. 62. qui parle, prophétie, ou fruits du sommeil, ou du changement, du mot nub ou niba. Voyez ci-dessus, & du mot שנה schana, changer, & du mot ישן jaschan, dormir; autrement, prophétie de la dent, ou de l'yvoire, du mot שן schen, la dent.

נכה NECHAO, nom d'un Roi d'Egypte; 4. *Reg.* XXIII. 29. boiteux, ou qui a été battu.

נקב ἀννκὶς NECEB, ville; *Josue* XIX. 33. qui troué, perce, ou qui maudit.

נקודא NECODA, un des Chefs des Nathinéens; 1. *Esdr.* II. 48. peint, tacheté de diverses couleurs, du mot נקד nacad; autrement, qui est courbé, ou pasteur qui pique le bétail, du mot קדד cadad; autrement, incendie, du mot קדח cadac.

נחל אשכול φάραγξ βότρυος NEHEL-ESCHOL, nom d'un torrent; *Num.* XIII. 25. torrent ou vallée de la grappe, ou du raisin, du mot נחל nakal, torrent ou vallée, & du mot אשכול eschkol, raisin.

נחלמי NEHELAMITES, nom de pays; *Jerem.* XXIX. 24. songeur, ou sommeil, du mot חלם kalam; autrement vallée ou torrent, ou héritage des eaux, du mot נחל nakal, torrent, &c. & du mot מי mi, des eaux.

נחמיה NEHEMIAS, fils d'Helcias; 2. *Esdr.* I. 1. consolation, ou repentir du Seigneur, du mot נחם nakam; autrement, repos du Seigneur, du mot נוח nuak, repos; autrement, conduite du Seigneur, du mot נחה naka, & du mot יה Jah, le Seigneur.

נעיאל ναιήλ NEHIEL, ville; *Josue* XIX. 27. ébranlement ou mouvement de Dieu, du mot נוע nuah, ébranler, & du mot אל El, Dieu.

נחשתא νεσθὰν NEHUSTHA, Vulgate, *Nohestha*, mere de Joachin, fils de Joachim;

4. *Reg.* XXIV. 8. couleuvre, devin, ou d'airain, du mot נחוש ou du mot נחש nakasch.

נחשתן NEHUSTHAN, Vulgate, *Nohestban*, le serpent d'airain qu'Ezéchias fit brûler; 4. *Reg.* XVI. 8. qui est d'airain ou de cuivre, par dérision, je ne sçai quoi d'airain, du mot נחש nacasch.

נמרה ναμβρών NEMRA, ville; *Num.* XXXII. 3. léopard, du mot נמר namer; autrement, amertume ou rébellion, du mot מרר marar, amertume, & du mot מרה mara, rébellion; ou changement, du mot מור mur.

נמרים νεβρείμ NEMRIM, nom de lieu; *Isai.* XV. 6. de même.

נמרד νεμρώδ NEMROD; *Genes.* X. 8. rébellion, ou sommeil de la descente, ou de celui qui domine, du mot מרה mara, ou מרד marad, rébellion, & du mot נום num, sommeil, & du mot רדד radad, descente, ou domination, du mot רדה rada.

νομηνία NEOMENIA, nouvelle lune; *Coloss.* II. 16. Mot Grec qui signifie le premier jour de la lune, ou du mois, selon les Hébreux, jour consacré à Dieu, par un sacrifice; *Num.* X. 10. & XVIII. 11. de νέος, nouveau, & μήν, mois.

νεόφυτος NEOPHYTUS, I. *Timot.* III. 6. mot Grec qui signifie à la lettre, nouvelle plante, ou nouvellement planté, de νέος, nouveau, & φυτος, plante.

נפת־דור νεφαδώρ NEPHATH-DOR, ville: la même que *Dor*; 3. *Reg.* IV. 11. rayon de miel de la demeure, ou de la génération, du mot נוף nuph, rayon, & du mot דור dur ou dor, demeure ou génération; autrement, distillation, ou crible de la demeure, ou de la génération, du même mot נוף nuph, & du même mot dor.

נפג ναφηγ NEPHEG, fils de David; 2. *Reg.* V. 15. Voyez ci-dessus *Napheg*, foible, relâche.

νεφθάς NEPHI, nom de lieu; autrement, *Nephthar*; 2. *Macc.* I. 36. purification, peut-être du mot נוף nuph, vanner.

נפתלי NEPHTHALI, sixiéme fils de Jacob, & de Bala servante de Rachel; *Genes.* XXX. 8. comparaison, similitude; autrement, qui lutte ou qui combat; ou contour & entorse, du mot פתל pathal.

NEPHTHALITÆ; I. *Paral.* XXVII. 19. descendans de Nephthali, de même.

νεφθάρ NEPHTHAR. Voyez ci-dessus *Nephi*; 2. *Macc.* I. 36. purification, éclaircissement, de פתר. Mais en le dérivant de פטר il peut signifier, sans mélange, pur.

נפתוח ναφτώ NEPHTHOA, nom d'une fontaine; *Josue* XV. 9. ouverture ou sculpture, du mot פתח pathac.

נפתחים νεφθωείμ NEPHTHIIM, fils de Mezraim; *Genes.* X. 13. ouverts ou ouvertures.

נפוסים νεφουσείμ NEPHUSIM, un des Chefs des Nathinéens; I. *Esdr.* II. 50. qui sont diminuez, ou comme réduits en poudre, du mot פסס pasas.

נר NER, pere d'Abner; I. *Reg.* XIV. 51. lampe, lueur; autrement, novales, terre nouvellement défrichée, du mot ניר nir.

נרגל νηργέλ NEREGEL, un des Princes de la Cour du Roi de Babylone; *Jerem.* XXXIX. 3. espion ou piéton, du mot רגל ragal; autrement, lumiére découverte ou conservé, du mot נר ner, lumiére, & du mot גלל galal, développer; autrement, novales, découvertes, du mot ניר nir, novales, & du mot galal, développer.

νερέυς NEREUS, ami de saint Paul; *Rom.* XVI. 15. lumière ou novales. Voyez ci-dessus *Ner*.

NERGEL, Idole des Cuthéens; 4. *Reg.* XVII. 30. de même que *Neregel*.

נריה NERI, Hébreu, *Nerias*, pere de Baruch; *Jerem.* XXXII. 12. autrement, lumiéres & novales du Seigneur; ou le Seigneur est ma lumiére, du mot נר ner. Voyez ci-dessus, & du mot יה Jah, le Seigneur.

νηρεί NERI, pere de Salatiel; *Luc.* III. 27. ma lumiére.

נריה νηρίας NERIAS, pere de Baruch; *Jerem.* XXXVII. 4. Voyez ci-dessus *Neri*, ou *Nerias*.

נציב NESIB, ville; *Josue* XV. 43. qui est debout, statuë, ou titre élevé, ou garnison, du mot נצב netsib, ou plante, selon le Syriaque.

נסרך ναραχ, ou ασαράχ NESROCH, Idole des Assyriens, que Sennachérib adoroit; 4. *Reg.* XIX. 37. fuite ou étendart, ou épreuve & tentation, tendre ou délicat, du mot נום nus, fuir, ou du mot נסס nassas, étendart, ou du mot נסה nassa, tentation, & du mot רך rac, tendre & mollet. La racine de ce terme ne se doit pas chercher dans l'Hébreu.

נטופתי NETOPHATHI, nom de lieu ou de famille; I. *Par.* II. 54. goutte ou distillation, du mot נטף nataph; autrement, ambre, myrrhe, ou du même mot.

νετωφαθίτης NETOPHATHITES, qui est de Néthophathi; 2. *Reg.* XXIII. 28. de même.

נטופה νετωφά NETUPHA, nom de lieu; I. *Esdr.* II. 12. goutte, distillation, gomme, &c. du mot nataph; autrement, inclination de la bouche, du mot נטו nata, & du mot פה pé, bouche. Voyez ci-dessus *Netophathi*.

נטופתי NETUPHATHI, nom de lieu; 2. *Esdr.* XII. 28. de même que *Netophathi*.

νικάνωρ NICANOR, ami du Roi Antiochus; I. *Macc.* I. 58. victorieux, du mot Grec νικάω, vaincre.

νικόδημος NICODEMUS, nom d'un Prince de la suite des Pharisiens, depuis Disciple de JESUS-CHRIST; *Joan.* III. 1. sang innocent, du mot נקי naki, innocent, & du mot דם dam, sang; autrement, selon le Grec, victoire

NOA NOE

victoire du peuple, du mot Grec νικάω, & du mot δῆμος, peuple.

νικολαΐται NICOLAITÆ, secte hérétique; *Apoc.* II. 6. victoire du peuple, du mot Grec νικάω, vaincre, & du mot λαός, peuple.

νικόλαος NICOLAUS, nom d'un Diacre qui a donné le nom à la secte des Nicolaïtes; *Act.* VII. 5. de même.

νικόπολις NICOPOLIS, ville; *Tit.* III. 12. ville de la victoire, ou victorieuse, du mot νικάω, vaincre, & du mot πόλις, ville.

νίγερ NIGER, surnom d'un Prophète; *Act.* XIII. 1. le noir, du mot Latin *niger*.

שיחור NILUS, en Hébreu, *Sihor*, fleuve; *Isai.* XXIII. 3. noir, bourbeux, obscur, ou le matin, du mot שחר schacar; peut-être que le mot *Nilus* vient de l'Hébreu נחל nahal, un fleuve, un torrent.

נינוה NINIVE, ville; *Genes.* X. 11. belle, agréable, du mot נאה naa; autrement, demeure, du mot נוה nava.

νινευΐται NINIVITÆ, peuples; *Luc.* XI. 30. de la même racine.

נסן NISAN, mois des Hébreux, qui commençoit leur année Ecclésiastique, & qui répondoit en partie à notre mois de Mars & d'Avril; 2. *Esdr.* II. 1. fuite, du mot נוס nus, ou étendart, du mot נסס nasas; ou épreuve & tentation, du mot מסה massa.

נעה NOA, fille de Salphaad; *Num.* XXVI. 33. qui se remuë ou chancelle, du mot נוע nuah.

נועדיה NOADIA, Vulgate, *Noadaja*, fils de Bennoï; 1. *Esdr.* VIII. 33. témoignage, du mot עדד hadad, ou assemblée, ou ornemens du Seigneur, du mot עדה heda, &c. & du mot יה Jah, le Seigneur.

נבה NOBE', Hébreu, *Nob*, ville; 2. *Esdr.* II. 32. discours, prophétie.

נבח NOBE', ville; *Num.* XXXII. 42. qui aboye ou qui jappe, du mot נבח nabac.

נודב NODAB, nom d'homme; 1. *Par.* V. 19. qui voüe; autrement, libéral; autrement, Prince ou premier, du mot נדב nadab.

נח NOE', fils de Lamech; *Genes.* V. 29. repos ou cessation, du mot נוח nuac; autrement, consolation, du mot נחם naçam, en retranchant le מ mem.

נחמה NOEMA, fille de Lamech & de Sella; *Genes.* IV. 22. belle, agréable, du mot נעם naham; autrement, qui se remuë fortement, du mot נוע nuah, se remuer, & du mot מאה maha, beaucoup.

נעמן NOEMAN, fils de Balé; *Num.* XXVI. 40. beau, agréable. Voyez ci-dessus *Noëma*. Autrement, qui se prépare au mouvement, du mot נוע nuah, mouvement, & du mot מנה mana, préparation.

נעמני NOEMANITÆ, descendans de Noéman; *Num.* XXV. 40. de même.

נעמי NOEMI, femme d'Elimelech; *Ruth.* I. 2. belle, agréable. Voyez ci-dessus *Noëma*.

נגה NOGA, fils de David; 1. *Paral.* XIV. 6. clarté, splendeur.

NOGE', le même que *Noga*; 1. *Par.* III. 7.

נחא NOHAA, quatriéme fils de Benjamin; 1. *Paral.* VIII. 2. le même qui est appellé *Naaman*; *Genes.* XLVI. 21. qui repose, du mot נוח nuah, chef, conducteur, du mot נחה naka, conduire.

נפח NOPHE', nom de lieu; *Num.* XXI. 30. qui souffle, du mot נפח naphak; autrement, qui enchaîne ou qui lie, du mot עפה puac, ou qui craint, du mot פחד pacad; autrement, qui parle ou qui murmure, du mot יפח japhac.

נפת NOPHETH, ville; *Josue* XVII. 11. rayon de miel, du mot נוף nuph, ou crible, ou qui distille, du même mot.

נערן NORAAN, nom de lieu; 1. *Paral.* VII. 28. Vulgate, *Noran*, jeune enfant, du mot נער nohar; autrement, qui s'éveille, du mot עור hur.

νουμήνιος NUMENIUS, fils d'Antiochus; 1. *Macc.* XII. 16. nouvelle lune, nouveau mois, ou le premier jour du mois. Voyez ci-dessus *Neomenia*.

נון NUN, pere d'Osée, ou de Josué; *Num.* XIII. 9. Voyez ci-dessus *Navé*. Nun signifie fils.

νύμφα NYMPHA, nom d'une des amies de saint Paul; *Coloss.* IV. 15. épouse, du mot Grec νύμφη.

O

עבדיה OBADIA, fils d'Arnan; 1. *Par.* III. 21. Vulgate, *Obdia*, esclave, ou ouvrier du Seigneur, du mot עבד habad, esclave, &c. & du mot יה Jah, le Seigneur.

עובל OBAL, fils de Jectan. Voyez ci-dessus *Hébal*; *Genes.* X. 28. incommodité de la vieillesse ou du flux, du mot בלה bala, vieillir, ou du mot יבל jabel, flux, & du mot עוה hava, malice; & selon l'Arabe, qui marche, du mot עבל habal.

עבדיא OBDIA, ou *Obdias*, fils d'Asel; 1. *Paral.* VIII. 38. Voyez ci-dessus *Obadia*, serviteur de Dieu.

עבד

OCH   OHO

עֶבֶד ou עוֹבֵד O B E D, pere de Gaal ; *Judic.* IX. 26. esclave, ou ouvrier, du mot עבד habad.

עֹבֵד אֱדוֹם O B E D - E D O M, nom d'homme ; 2. *Reg.* VI. 10. esclave d'Edom, de l'Iduméen ; ou ouvrier de l'homme, du roux, du terrestre, du mot עבד habad, esclave, &c. & du mot אדם adam, homme, &c. ou Edom Iduméen.

עֹבַדְיָה O B E D I A, fils de Jahiel ; 1. *Esdr.* VIII. 9. serviteur ou ouvrier du Seigneur. Voyez ci-dessus *Obadia*.

עֹבֹת O B O T H, trente-sixiéme demeure ou station des Israëlites dans le désert ; *Num.* XXI. 10. esprits de python, faux oracles, ou des outres, peaux de boucs qui servent de vases ou de vaisseaux pour mettre des liqueurs, du mot אוב ob ; autrement, desirs, du mot אבה aba ; autrement, peres, du mot אב ab.

אֲחֻזַּת O C H O Z A T H, un des amis d'Abimélech ; *Genes.* XXVI. 26. possession, vision, prise, du mot אחז achaz, ou frere de l'olivier, du mot אח acha, frere, & du mot זית zaïth, olivier.

אֲחַזְיָהוּ O C H O Z I A S, fils d'Achab ; 3. *Reg.* XXII. 50. prise, ou possession, ou vision du Seigneur : du mot אחז achaz, prise, &c. & du mot יה Jah, le Seigneur.

עֶכְרָן O C H R A N, pere de Phegiel ; *Num.* I. 13. perturbateur, ou qui dérange, du mot עכר hacar, troubler.

הוֹדָיָה ou הוֹדַוְיָה O D A I A, ou *Odajas*, soeur de Naham ; 1. *Paral.* IV. 19. le Seigneur est ma loüange, ou loüange, ou confession du Seigneur, du mot הוד hod, loüer, & du mot יה Jah, le Seigneur.

ὀδουμπὰ O D A R E N, nom d'homme ; 1. *Macc.* IX. 66. cantique de loüange, du mot הוד hod, loüange, & du mot רנן ranan, cantique ; autrement, témoignage de l'arche, du mot עד hud, témoignage, & du mot ארון aron, arche.

עוֹדֵד O D E D, pere d'Azarias Prophéte ; 2. *Paral.* XV. 1. soutenir, tenir, élever, du mot עדד hoded.

הוֹדָיָה ὀδουΐα O D E V I A, le même qu'*Odaja* ; 2. *Esdr.* X. 13. Voyez ci-dessus *Odaïa*, Dieu est ma loüange.

O D I A, nom d'homme ; 2. *Esdr.* VIII. 7. de même.

O D O I A, le même qu'*Odevia*, Dieu est ma loüange ; 1. *Paral.* V. 24.

עֲדֻלָּם O D O L L A M, ville ; 2. *Paral.* XI. 7. la même, à ce que l'on croit, qu'*Adullam* ; *Josue* XII. 15. leur témoignage, leur butin, ou leur ornement, du mot עד hud, témoignage, ou du mot עדה hada, ornement & butin.

עֲדֻלָּמִי O D O L L A M I T E S, qui est de la ville ou du territoire d'*Odollam* ; *Gen.* XXXVIII. 1. de même.

הוֹדַוְיָה O D O V I A, ou *Odvia*, Vulgate, fils d'Asana ; 1. *Paral.* IX. 7. loüange du Seigneur. Voyez ci-dessus *Odaïa*, ou *Odoïa*.

עוֹג O G, Roi de Basan, *Num.* XXI. 33. pain cuit sous la cendre, ou gâteau.

הוֹחָם ἐλαὶμ O H A M, Roi d'Hébron ; *Josue* X. 3. malheur à eux, du mot הוֹי hoi, & du pronom אם am, eux ; autrement, qui trouble & inquiéte, du mot הום hum.

אֹהֶל ὀὸλ O H O L, fils de Zorobabel ; 1. *Par.* III. 20. tente, tabernacle ; autrement, splendeur, du mot הלל hillul.

אָהֳלָי O H O L A I, fils de Séfan ; 1. *Par.* II. 31. qui prie, du mot חלה kala ; autrement, qui se plaint, du mot כול kul, ou du mot חיל kil ; ou qui attend, du mot יחל jikel ; ou qui commence, du mot חלל calal.

אָהֳלִי O H O L I, fils de Zabad ; 1. *Paral.* XI. 41. de même, priant, commençant, se plaignant.

עֶלְיָא O L L A, pere d'Haniel ; 1. *Paral.* VII. 39. élévation, ou holocauste, ou feüille, du mot עלי hala, ou halé, selon les diverses leçons ; autrement, jeune enfant, du mot עלל halal.

ὀλυμπίας ou ὀλυμπῶν O L Y M P I A S, ami de saint Paul ; *Rom.* XVI. 15. On lit dans le Grec ὀλυμπᾶς, du mot Grec ὀλυμπος, du mont Olympe.

ὀλυμπίος O L Y M P I U S, surnom de Jupiter ; 1. *Macc.* VI. 2. Olympien.

אוֹמָר O M A R, fils d'Eliphaz ; *Gen.* XXXVI. 11. qui dit, qui parle, du mot אמר amar ; autrement, amer, du mot מרר marar.

אָמְרִי ἰμϐεί O M R A I, pere d'Amri ; 1. *Paral.* IX. 4. mes discours, mes paroles.

אוֹנָם ὠνὰμ ou ἰανὰμ O N A M, fils de Soba ; *Genes.* XXXVI. 23. leur douleur, du mot אנה ana ; autrement, leur force, ou leur iniquité, du mot און on, ou aven, selon les diverses leçons, & du pronom אם am.

אוֹנָן ὠνὰν O N A N, fils de Juda & de Sua ; *Genes.* XXXVIII. 4. douleur, force, faculté, iniquité. Voyez ci-dessus *Onam*.

ὀνήσιμος O N E S I M U S, esclave de Philémon, & depuis converti par saint Paul ; *Epist. à Philem.* 10. utile, du mot Grec ὀνήσιμος.

ὀνησφορος O N E S I P H O R U S, ami de saint Paul ; 2. *Timot.* I. 16. qui apporte de l'utilité, du mot Grec ὀνησις, utilité, & du mot φορος, qui porte.

ὀνίας O N I A S, grand-Prêtre des Juifs ; 1. *Macc.* XII. 7. force du Seigneur, ou le Seigneur est ma force, du mot און on, & du mot יה Jah, le Seigneur ; autrement, navire du Seigneur, du mot אני ani, & יה Jah, le Seigneur.

אוֹנוֹ O N O, ville ; 1. *Par.* VIII. 12. autrement, champ ou vallée ; 2. *Esdr.* VI. 2. sa douleur, sa force, ou son iniquité, du mot און on, ou aven, & du pronom ו o, son.

אהלה

OPH

אהלה O OLA, nom d'une femme, sous la figure de laquelle le Prophète Ezéchiel peint les Israëlites, & les dix Tribus d'Israël; *Ezech.* XXIII. 4. son tabernacle ou sa tente, du mot אהל oël.

אהלי ἀλαί O OLI, Vulgate, *Oholi*, pere de Zabad, 1. *Paral.* XI. 41. ma tente, mon pavillon.

אהליאב ἰκλιὰδ O OLIAB, fils d'Achisamech; *Exod.* XXXI. 6. tente ou tabernacle du pere, du mot אהל oël.

אהליבה O OLIBA, nom d'une femme, sous la figure de laquelle Ezéchiel a peint les Juifs ou les Tribus de Juda & de Benjamin; *Ezech.* XXIII. 4. ma tente & mon tabernacle, du mot אהל oël, tente, & du pronom י i, mon, & de la préposition ב beth, dans, & du pronom ה a, elle.

אהליבמה ὀλιβμὰς O OLIBAMA, femme d'Esaü; *Genes.* XXXVI. 2. mon tabernacle, ou ma tente est élevée, du mot אהל oël, tente, du pronom י i, ma, & du mot במה bama, élevé.

אחושם ἰζαμ O OSAM, fils d'Ashur & de Naara; 1. *Paral.* IV. 6. leur possession, leur prise, du mot אחז achaz, prendre, posséder, & du pronom ם am, leur; autrement, leur vision, du mot חזה caza, voir.

אופס μωφὰς O PHAS, nom de lieu; *Jerem.* X. 9. or du Phasis, ou du Phison, or le plus pur, du mot פז paz.

עפל O PHEL, nom d'un mur, ou d'une tour; 2. *Paral.* XXVII. tour ou lieu élevé, du mot עפל hophel; autrement, obscurité, du mot עפה hipha.

עפרה ἀφαρὰ O PHERA, ville; *Josué* XVIII. 23. Il faut lire *Ophra*, poudre, ou faon, du mot עפר hapher; autrement, plomb, du mot עפרת hophereth.

עופי ὀφεὶ O PHI, nom d'homme; *Jerem.* XL. 8. qui est las, du mot יעף jahaph; ou qui vole, du mot עוף huph, oiseau; autrement, selon le Syriaque, qui est plié, ou entrelassé; autrement, feuille.

חפים ὀφιμν O PHIM, fils de Benjamin; *Genes.* XLVI. 21. Hébreu, *Huppim*, qui sont couverts, du mot כפף kaphaph; autrement, un lit, du mot כפה kapha; autrement, bord ou port de mer, du mot חוף kuph, & du mot ים jam, mer.

אופר O PHIR, fils de Jectan; *Gen.* X. 29. tendre, du mot אפר epher.

אפלל ἰφαλὰ O PHLAL, fils de Zabad; 1. *Paral.* II. 37. juger, prier, du mot פלל pelel.

חפני O PHNI, fils du grand-Prêtre Héli; 1. *Reg.* I. 3. Hébreu, *Hophni*, qui couvre, du mot כפף kaphaph; autrement, mon poing, du mot כפן kophen.

עפני ὀφνὶ O PHNI, ville; *Josué* XVIII. 24. qui est las, du mot יעף jahaph, ou qui vole, du mot עוף huph, ou selon le Syriaque, qui est plié ou entrelassé.

OTH

עפרה O PHRA, fils de Mahonathi, 1. *Par.* IV. 14. poudre, faon, ou plomb. Voyez ci-dessus *Ophera*.

ערב O REB, un des Madianites qui fut tué par des Israëlites de la Tribu d'Ephraïm; *Judic.* VII. 27. corbeau, doux, caution, ou mélange, du mot ערב harab, autrement, soir, du même mot ערב hereb, selon la variété des leçons.

ארנן O RNAN, nom d'homme; 1. *Par.* XXI. 18. le même qui est appellé *Aréüna*; 2. *Reg.* XXIV. 20. qui se réjoüit, du mot רנן ranan; autrement, leur arche, du mot ארון aron, arche; autrement, lumière du fils, du mot אור or, & du mot בן fils.

הררי ἀροδὶ O RORI, ville; 2. *Reg.* XXIII. 33. pays de montagnes ou de pierres, du mot הרר herer. Les Septante lisent *Arodi*.

חרנים ἀρωνὶμ O RONAIM, deux bourgs, ou villes des Moabites; *Isaï.* XV. 5. En Hébreu, *Horonaim*, colères ou fureurs, du mot חרה kara; autrement, trou, caverne, du mot חור cur; ou selon le Syriaque, liberté.

ערפה O RPHA, femme de Chelion, *Ruth.* I. 4. le cou ou le crane, nudité de la bouche, du visage, du mot ערה hara, être nud, & du mot פה pé, bouche, ou réveil de la bouche, du mot ער har, réveil.

ὀρθωσιὰς O RTHOSIAS, ou *Orthosis*, nom de lieu; 1. *Macc.* XV. 37. Vulgate, *Orthosias*, qui est droite, du mot ὀρθὸς, droit, debout.

הושעיה ὠσαίας O SAIAS, nom d'homme; *Esdr.* XII. 32. le Seigneur est mon Sauveur, ou que le Seigneur sauve, ou salut du Seigneur, du mot ישע jascha, Sauveur, & du mot יה Jah, le Seigneur.

הושע ὠσηὲ O SEE, Prophéte, fils d'Ela; 4. *Reg.* XV. 30. Sauveur ou salut, du mot ישע jascha.

עתי ὀθὶ O THEI, fils d'Ammiud; 1. *Par.* IX. 4. mon tems, du mot עת heth; autrement, mon iniquité, du mot עות hiveth, pervertir, & du pronom י i, mon.

הותיר O THIR, fils d'Héman; 1. *Par.* XXV. 4. excellent, ou la postérité, ou ce qui demeure, du mot יתר jathar.

עתני O THNI, fils de Sémeïa; 1. *Paral.* XXVI. 7. mon tems, mon heure. Voyez ci-dessus *Othei*.

עתליה O THOLIA, fils de Joram; 1. *Paral.* VIII. 26. le tems ou l'heure au Seigneur, du mot עת heth, le tems, de la préposition ל l, au, & du mot יה Jah, le Seigneur.

עתניאל γοθονιὴλ O THONIEL, fils ou plûtôt neveu de Cenez; *Josué* XV. 17. le tems ou l'heure de Dieu, du mot עת heth, le tems, & du mot אל El, Dieu.

עזא O ZA; 1. *Paral.* XXI. 26. &c. force, du mot

OZA   OZI

mot עז hazaz ; autrement, bouc ou chévre, du mot עז hez, bouc ou chévre.

עזה Oza, fils d'Abinadab ; 2. Reg. VI. 3. la force, ou le bouc.

עזן Ozan, pere de Phaltiel ; Num. XXXIV. 26. leur force, ou leur bouc, ou leur chévre, du mot hazaz ou hez, & du pronom אן an, leur.

עזיהו ὀξίω Ozaziu, un des principaux Musiciens ou Chantres sous David ; 1. Paral. XXV. 21. force du Seigneur, du mot עז hazaz, force, & du mot יה Jah, le Seigneur.

עזן־שארה Ozen-sara, ville ; 1. Paral. VII. 24. oreille de la chair, ou du parent, &c. du mot אז ozen, oreille, & du mot שאר scheor, chair ou parent, ou l'oreille de celui qui reste, du même mot שאר schaar, ou scheor, selon ses diverses leçons ; autrement, balances de la chair, &c. du mot מאזנים moznaïm, & du mot scheor, chair.

עזי Ozi, fils de Bocci ; 1. Paral. VI. 5. ma force, ou ma chévre, du mot hazaz ou hez. Voyez ci-dessus Oza.

עזוי Ozi, pere de Phalel ; 2. Esdr. III. 25. maintenant, du mot אז az ; autrement, ou celui-là, du mot או o, ou, & du pronom זה za, celui-là.

עזיהו ὀξίω Ozia, fils d'Amasias ; 2. Par. XXVI. 1. force du Seigneur, du mot עז hazaz, force ; autrement, la chévre du Seigneur, du mot עז hez, chévre, & du mot יה Jah, le Seigneur.

עזיהו ἰοζίας Oziau, pere de Benno ; 1. Paral. XXIV. 26. force du Seigneur, de même.

עזיאל Oziel, fils de Bela ; 1. Paral. VII. 7. force de Dieu, du mot עז hazaz, ou chévre de Dieu, du mot עז hez, chévre ; & du mot אל El, Dieu.

עזיאלי Ozielitæ, descendans d'Oziel ; Num. III. 27. de même.

עזני ἀξί, ou ἀξινι Ozni, fils de Gad ; Num. XXV. 16. mon oreille, ou mes balances. Voyez ci-dessus Ozen.

Oznitæ, descendans d'Ozni ; Num. XXVI. 16. de même.

עזריאל Ozriel, pere de Jerimoth ; 1. Paral. XXVII. 19. secours, ou parvis de Dieu, du mot עזר hazar, secours, & du mot עזרה hazara, parvis ; & du mot אל El, Dieu.

P

παλάθη Palatha, masse de figues séches ; 2. Reg. XVI. 1.

פלשת ἀλλόφυλοι Palæstina, nom de pays, en Hébreu, Palescheth ; 1. Reg. VI. 17. qui est couvert, arrosé, du mot פלש palasch ; autrement, porter ou causer la ruine, du mot שות schuth, mettre, & du mot מפלה maphala, ruine. Ce nom n'est pas Hébreu, il n'en faut pas chercher l'étymologie dans la Langue sainte. Les Philistins qui donnérent leur nom à la Palestine, étoient étrangers d'origine, & sortis apparemment de l'Isle de Crète.

פלשתים Palæstini, les Philistins ; Genes. XXI. 33. Le Grec traduit pour l'ordinaire par ἀλλόφυλοι, 1. Reg. VI. 17. c'est-à-dire, étrangers, du mot Grec ἄλλος, autre ; & du mot φυλή, nation, pays.

תדמר Palmyra, ville, en Hébreu Thadmor ; 3. Reg. IX. 18. תדמר 2. Paral. VIII. 4. la palme, ou le palmier, du mot תמר ; autrement, amertume, du mot מרר marar ; autrement, changement, du mot מור mur.

παμφιλία Pamphilia, Province ; Act. XIII. 13. tout aimable, du mot παν, tout, & du mot φιλος, aimable.

πάφος Paphus, ville ou isle ; Act. XIII. 6. autrement, Paphos, selon quelques-uns, qui bout, ou qui a grand chaud, du mot παφλάζειν ; bouillir, ou avoir grand chaud.

πάπυρος Papyrus, sorte de jonc d'Egypte ; dont on faisoit le papier.

παράκλητος Paracletus, le Saint Esprit ; Joan. XIV. 16. mot Grec qui signifie Consolateur, ou Avocat.

פרדס παράδεισος Paradisus, Paradis, jardin planté d'arbres ; Genes. II. 8.

παράλυσις Paralysis, paralysie, relâchement ou résolution de nerfs, de παρά, & λύω, solvo.

παρασκευή Parasceve, mot Grec qui signifie préparation ; Marc. XV. 42.

παρμενάς Parmena, nom d'un des sept Diacres ; Act. VI. 5. qui demeure & est permanent, du mot Grec παραμένω, je demeure.

παροψίς Paropsis, plat, de παρά, & de ὄψον, mets cuit.

παρθοί Parthi, les Parthes ; Act. II. 9. vient de l'Hébreu פרש parasch, qui signifie cavalier. Les Parthes & les Perses vont presque toujours à cheval.

פסח Pascha, ou Phase, saut, passage. Hébreu, Pesak ; Ezech. XLV. 21. en Chaldéen פסחא pasha, d'où παχα, en changeant le ח cheth en χ chi, comme on a traduit charan pour haran.

παστοφόριον Pastophorion, chambre, lieu caché, chambre nuptiale, de παστός, thalamus,

lamus, & φέρω, je porte : dans l'Ecriture on prend aussi Pastophorion, pour l'appartement du Temple où l'on serroit les habits des Prêtres, & les provisions; 1. Macc. IV. 38.

πατάρα PATARA, Province; Act. XXI. 1. qui est foulé aux pieds, du mot Grec πατέω, je foule aux pieds.

παθμός PATMOS, Isle; Apocal. I. 9. mortelle, du mot Grec πατυμαι, je suis écrasé.

πατρόβας PATROBA, ami de saint Paul; Rom. XVI. 14. paternel, ou qui suit les traces de son pere, du mot Grec πατήρ, pere, & βαίνω, je marche.

πατρόκλος PATROCLUS, pere de Nicanor; 2. Macc. VIII. 9. la gloire du pere ou de la patrie, du mot Grec πατήρ, pere, & κλέος, gloire.

παῦλος PAULUS, l'Apôtre saint Paul; Act. XIII. 9. Ce nom signifie petit : Paulus, quasi pusillus. Son nom Hébreu étoit Saul ou Saül, demandé.

παιδαγωγὸς PEDAGOGUE, qui conduit un enfant à l'école, du Grec παῖς, enfant, & ἄγω, je conduis.

סין PELUSIUM, ville; en Hébreu Sin; Ezech. XXX. 15. buisson, du mot Hébreu סנה sené. Pelusium en Grec signifie boüeuse, du mot Grec πηλός, lutum.

πενταπόλις PENTAPOLIS, Sap. X. 6. pays des cinq villes, Sodome, Gomorrhe, Adama, Séboïm & Ségor; Gen. XIX. 24. du mot Grec πέντε, cinq, & du mot πόλις, ville.

πεντατεύχος PENTATEUCHUS, les cinq Livres, surnom que les Grecs ont donné aux cinq Livres de Moyse; sçavoir, la Genése, l'Exode, le Lévitique, les Nombres, & le Deuteronome, du mot Grec πέντε, cinq, & de τεύχος, volume ou livre.

πεντηκόνταρχος PENTECONTARCHUS, chef de cinquante, du mot πεντήκοντα, cinquante, & d'ἀρχιμαι, je commande; 1. Macc. III. 55.

πεντηκοστή PENTECOSTE, le cinquantiéme. Nom que l'on donnoit au cinquantiéme jour, ou aux sept semaines d'après la Pâque; 2. Macc. XII. 32. & Act. II. 1. du mot Grec πεντήκοντα, cinquante. Le mot ἡμέρα, jour, est sous-entendu.

παινόλη, ou φαινόλη PENULA, manteau contre la pluïe; 2. Timoth. IV. 13.

πέργαμος PERGAMUS, ville; Apoc. I. 11. hauteur, élévation.

πέργη PERGE', ville; Act. XIII. 13. très-terrestre, de la préposition περὶ, très, & du mot γῆ, terre.

פרס πέρσαι PERSIA, Province; Ezech. XXVII. 10. qui coupe ou qui divise, ou ongle, ou gryphon, ou cavalier, du mot פרס paras ou pérés, selon les diverses leçons.

περσίς PERSIS, femme, amie de saint Paul; Rom. XVI. 12. de même que Persa, Persienne.

סלע πέτρα PETRA, ville ou citadelle; Isai. XVI. 1. roc ou rocher, du mot סלע selah, une pierre, un rocher.

πέτρος PETRUS, le surnom de Simon, frere puîné d'André, Apôtre de Jesus-Christ; Joan. I. 16. Pierre. Voyez Céphas.

פקח φακεὲ ou φακεαὶ PHACE'E, fils de Romelie, Roi d'Israël; 4. Reg. XV. 25. qui ouvre, du mot פקח pacak; autrement, qui ouvre l'œil, ou qui est en liberté, du même mot.

פקחיה πακεια PHACEIA, fils de Manahem; 4. Reg. XV. 22. Pecahia, c'est le Seigneur qui ouvre, &c. du mot פקח pacak, ouvrir, & du mot יה Jah, le Seigneur.

פדיה PHADAIA, pere de Zébéda, mere de Joachim; 4. Reg. XXIII. 36. rachat du Seigneur, du mot פדה pada, racheter, & du mot יה Jah, le Seigneur.

פדה־צור PHADASSUR, pere de Gamaliel; Num. I. 10. Sauveur, fort & puissant, ou pierre du rachat, du mot פדה pada, sauver, racheter, & du mot צור tsur, fort, forteresse, ou pierre, ou rocher; autrement, le rachat de ce qui est mis ou dressé, du mot pada, rachat, & du mot צורה tsura, dressé, mis, posé.

פדון PHADON, un des Chefs des Nathinéens; 1. Esdr. II. 44. sa rédemption, du mot פדה pada, racheter, & du pronom ן an, sa; ou selon le Syriaque, joug ou jougs.

פחת־מואב PHAHATH-MOAB; 1. Esdr. II. 6. Chef ou Capitaine, ou Pachat de Moab, du mot פחה paca, Prince, Chef de Moab; autrement, la force du pere, du mot פחת pacath, creux, fosse, & de la préposition מן mo, du, & du mot אב ab, pere.

פעי φαὶ, ou φογωρ PHAI, ville, qui selon la Vulgate, Genes. XXXVI. 39. est appellée פהו pahu, & 1. Paral. I. 50. mais dans l'Hébreu, en ce dernier endroit, on lit Phai, qui crie bien fort, du mot פעה paha.

פלאיה PHALAIA, Lévite; 2. Esdr. VIII. 7. miracle, ou mystére, ou secret du Seigneur, ou le Seigneur est admirable, du mot פלא pala, chose cachée ou admirable, & du mot יה Jah, le Seigneur.

פלחא φαλλώς PHALCHA, nom d'homme; 2. Esdr. X. 24. fragment, rupture, morceau, du mot פלח palac, fendre, diviser: nom Chaldéen, qui signifie servir, agir, du mot Chaldéen פלח palac.

פלג PHALEG, fils d'Héber; Genes. X. 25. division, du mot פלג pilleg, couper, diviser.

פלל φαλαλι PHALEL, fils d'Ozzi; 2. Esdr. III. 25. qui pense, ou qui prie, ou qui juge, du mot פלל pillel, supplier, juger.

פלג

PHA   PHA   195

פלט PHALET, fils de Jahaddaï ; 1. Par. 11. 27. qui délivre, ou délivrance, ou fuite ; du mot פלט palat.

פלת φαλετ PHALETH, fils de Jonathan; 1. Paral. 11. 33. jugement, du mot פלל palal, juger ; autrement, ruine, du mot מפלה maphala, ou du mot נפל naphal, tomber.

פלוא PHALLU, fils de Ruben ; Genes. XLVI. 9. admirable, ou caché, du mot פלא phala.

פלאי φαλλυι PHALLUITÆ, descendans de Phallu ; Num. XXVI. 5. de même.

פלני PHALONITES, qui est de Phaloni ; 1. Paral. XI. 27. qui tombe, du mot נפל naphal ; autrement, qui est caché, du mot פלא.

פלטי PHALTI, fils de Raphu ; Num. XIII. 10. délivrance ou fuite, du mot פלט palat.

פלטיה PHALTIAS, fils d'Ananias ; 1. Paral. III. 21. que le Seigneur délivre, ou délivrance, ou fuite du Seigneur, du mot פלט palat, délivrance, &c. & du mot יה Jah, le Seigneur.

פלטיאל PHALTIEL, fils d'Ozan ; Num. XXXIV. 36. délivrance ou fuite de Dieu, du mot פלט palat, délivrance, &c. & du mot אל El, Dieu.

פנואל PHANUEL, nom de lieu ; Gen. XXXII. 30. visage ou vision de Dieu, ou qui voit Dieu, du mot פנה pana, voir, & du mot אל El, Dieu.

פרה PHARA, serviteur, ou valet de Gédéon ; Judic. VII. 10. qui porte du fruit, ou qui croit, du mot פרה para.

פערי φαιρα PHARAI, un des trente vaillans Capitaines de David ; 2. Reg. XXIII. 35. ouverture, du mot פער pahar, ouvrir.

פראם PHARAM, Roi de Jérimoth ; Josue X. 3. leur âne sauvage, ou leur férocité, du mot פרא peré ou para, & du pronom ם am, leur ; autrement, le taureau, ou le fruit de la mere, du mot פר par, taureau, ou du mot פרה para, fructifier, & du mot אם am, mere.

פארן PHARAN, nom d'un canton de l'Arabie ; Gen. XIV. 6. beauté, gloire, ornement, du mot פאר péer.

פרעה PHARAO, Roi d'Egypte ; 4. Reg. XXIII. 33. qui dissipe, ou qui dépoüille, ou qui découvre, du mot פרע parah ; ou selon le Syriaque, le vengeur, le destructeur, le Roi, le crocodile.

פרעתון PHARATHON, ville ; Judic. XII. 15. sa dissipation, son dépoüillement, sa rupture, du mot פרע parah, & du pronom ן an, sa ou son ; autrement, selon le Syriaque, sa vengeance.

פרעתני PHARATHONITES, habitans de Pharathon ; Judic. XII. 13. de même.

פרץ PHARES, fils de Juda & de Thamar ; Gen. XXVIII. 39. division, rupture ; autrement, qui rompt avec violence.

פרש PHARES, fils de Machir, & de Maacha ; 1. Paral. VII. 16. homme de cheval, ou Écuyer ; autrement, qui divise, qui expose, ou qui déclare, du mot פרש parasch ou paras, selon les différentes leçons.

פרצי δημος ὁ φαρσι PHARESITÆ, descendans ou enfans de Pharés, de même. Voyez ci-dessus Pharés fils de Juda.

φαρισαιοι PHARISÆI, nom d'une secte des Juifs ; Matth. III. 7. séparez, du mot פרש phares, séparé ou divisé.

פרנך ἀφρανάχ PHARNACH, pere d'Elisaphan ; Num. XXXIV. 25. taureau frappé, battu, ou qui frappe, du mot פר par, taureau, & du mot נכה naca, battre ; autrement, fruit ou production des parfums, du mot פרה para, produire, & naca, parfum.

פרעש φορος PHAROS, un des Chefs des familles qui revinrent de Babylone à Jérusalem avec Zorobabel ; 1. Esdr. II. 3. puce, ou espéce de moucheron qui sautille, du mot פרעש parosch ; autrement, fruit de la tigne, du mot פרה para, fructifier, & du mot עש hasch, tigne.

פרפר PHARPHAR, fleuve ; 4. Reg. V. 12. qui produit des fruits, ou le taureau du taureau, du mot פרה para, produire, ou du mot פר par, taureau.

פרשנדתא PHARSANDATHA, fils d'Aman ; Esth. IX. 7. révélation d'impuretez corporelles, ou de son trouble, du mot פרש parasch, exposez, révélez, & du mot נדה nada, impuretez des femmes, ou trouble ; autrement, équierre du trouble, du même mot parasch, & du mot נדה nada ; autrement, fumier d'impureté, des mêmes mots נדה nada & parasch, selon leurs différentes leçons. Ce nom est originairement Persan ou Méde, ainsi il est impossible de trouver sa véritable étymologie dans l'Hébreu.

פרוח ןαρυε PHARUA, Vulgate, Pharue, pere de Josaphat ; 3. Reg. IV. 17. fleuri, du mot פרח parak, ou selon le Syriaque, qui s'envole.

פרידא PHARUDA, Chef d'une des familles des Nathinéens de Salomon ; 2. Esdr. II. 57. divisé ou séparé, ou mulet, ou cheval, du mot פרד parad ou pered, selon les diverses leçons.

פרודא PHARUDA, un des Chefs des Nathinéens, & des serviteurs de Salomon ; 1. Esdr. II. 57. séparation ou dispersion, du mot פרד parad.

פרורים φαρυρειμ PHARURIM, Hébreu, Pharvarim, nom de lieu ; 4. Reg. XXIII. 11. chaudiére ou chaudron, du mot פרר parar, ou fauxbourg, du mot פרור parevar.

פסח φασή PHASE, passage. Voyez Pascha.

φασηλις

PHA

φασηλὶς PHASELIS, nom de lieu; 1. *Macc.* XV. 23. passage, ou clochement de la naissance ou de la génération, du mot פסח pasac, passer, ou clocher, & du mot ילד jalad, enfanter, naître. On ne sçait pas la vraie étymologie de ce nom.

φασιρών PHASERON, un des ennemis de Jonathas; 1. *Macc.* IX. 66. le cantique de la bouche, du mot פה pé, & du mot שיר schir, cantique; autrement, bouche platte ou droite, du mot ישר jaschar.

פסגה PHASGA, montagne des Moabites; *Num.* XXI. 20. colline, hauteur, forteresse, du mot פסג pasag.

פספה PHASPHA, fils de Jether; 1. *Paral.* VII. 38. diminution de la bouche, du mot פסס pasas, diminuer, & du mot פה pé, bouche.

פשחור PHASSHUR, ou *Phassur*, fils d'Emer; *Jerem.* XX. 1. qui étend ou multiplie le trou, ou la blancheur, du mot פשה pascha, répandre ou étendre, & du mot חור cur, trou, caverne, ou blancheur; autrement, qui multiplie, ou étend la liberté ou la principauté, du même mot pascha, étendre, & du mot חרר carar, d'où חורים corim, gens libres & nobles.

פתחיה PHATHAHIA, Vulgate, *Phataïa*, la porte du Seigneur, ou le Seigneur qui ouvre, du mot פתח pathac, ouvrir, & du mot יה Jah, le Seigneur.

פתואל PHATUEL, pere du Prophéte Joël; *Joël.* I. 1. bouchée de Dieu, du mot פת path, bouchée; autrement, dilatation, ou persuasion de Dieu, du mot פתה patha, persuader, ou du mot פתח pathac, dilater, & du mot אל El, Dieu.

פתרום PHATURES, nom de lieu; *Jerem.* XLIV. 1. bouchée de la rosée, du mot פת path, bouchée, & du mot רסס rasas, arroser; autrement, persuasion ou dilatation de la ruine, du mot patha, persuader, ou pathac, dilater; rasas qui signifie aussi dissoudre: on croit que ce nom est le même que *Phethros*. Voyez ci-après. C'est le nom d'un lieu d'Egypte, dont l'étymologie ne peut se trouver dans l'Hébreu.

פעו φαυὶ, ou φογὼ PHAU, ville; *Genes.* XXXVI. 39. qui crie bien fort, du mot פעה paha; autrement, qui paroît. Voyez ci-dessus *Phaï*.

פדאל PHEDAEL, fils d'Ammiud; *Num.* XXXIV. 28. rachat de Dieu, du mot פדה pada, sauver, racheter, & du mot אל El, Dieu.

פגעיאל φαγτιὴλ PHEGIEL, fils d'Ochran; *Num.* I. 13. prévenance de Dieu, ou priére de Dieu, du mot פגע paga, prévenir, prier.

פלדש φαλδὲς PHELDAS, fils de Nachor & de Melcha; *Genes.* XXII. 22. ruine ou per-

PHE

te du brisement, du mot פלח pala, ruine ou perte, & du mot דיש disch, brisement du grain; autrement, jugement du brisement, du mot פלל pillel, jugement, &c.

פליה PHELEIA, fils d'Elioënaï; 1. *Par.* III. 24. miracle ou mystére, ou mystére du Seigneur, du mot פלא pala, faire mystére, cacher, & du mot יה Jah, le Seigneur.

פלליה PHELELIA, ayeul d'Adaïa; 2. *Esdr.* XI. 12. qui pense au Seigneur, ou qui prie le Seigneur, du mot פלל pillel, juger, prier; & du mot יה Jah, le Seigneur.

פלת PHELETH, pere de Hon; *Num.* XVI. 1. ruine ou jugement, du mot פלה pala, ou פלל pillel; autrement, qui tombe, du mot נפל naphal; le mot פלת phalath, en est l'infinitif, qui dans les Langues Orientales se met aussi pour un nom.

פלתי φιλτὶ, ou φιλετὶ PHELETHI, troupes ou gardes du Roi David; 2. *Reg.* VIII. 18. Le Chaldéen, ceux qui tiroient de l'arc, ou les frondeurs. Ce surnom en Hébreu peut signifier juges ou destructeurs. Ces Péléthiens étoient des troupes Philistines.

פלוני PHELONITES, qui est de Phélon, ou qui est descendant de Phélon; 1. *Par.* XI. 36. Hébreu, *ploni*, pronom qui est mis en la place du nom, & qui exprime celui-ci, ou celui-là, dont le nom est sous-entendu, & que l'on ne veut pas nommer; ce que le Grec exprime, *Matth.* XXVI. 18. par δεῖνα, un tel, quelqu'un, *quidam*.

פלטי φιλετὶ PHELTI, un des Prêtres ou Lévites qui revinrent de Babylone à Jérusalem avec Zorobabel; 2. *Esdr.* XII. 17. fuite ou délivrance, du mot פלט palat.

פלטיה φελτίας PHELTIA, ou *Pheltias*, fils de Banaïa; *Ezech.* XI. 1. fuite ou délivrance du Seigneur, ou le Seigneur est ma fuite, mon salut, du mot פלט palat, fuir ou délivrer, & du mot יה Jah, le Seigneur.

פננה φεννανὰ PHENENNA, seconde femme d'Elcana; 1. *Reg.* I. 2. perle, pierre précieuse, du mot פנינים paninim, autrement, sa face, du mot פנים panim, la face, & du pronom ה a, sa.

פרזי PHEREZÆI, nom de peuples; *Genes.* XV. 20. qui habitent des bourgs ou lieux non fermez de murs, du mot פרז peraz.

פרמשתא φαρμασθα PHERMESTHA, fils d'Aman; *Esth.* IX. 9. rupture du fondement, du mot פרם param, rompre, diviser, &. du mot שתות schathoth, fondement, ou qui pose, ou qui met la rupture, du mot שות schuth, mettre, & param, rupture, & selon le Syriaque & l'Hébreu, un veau ou taureau d'un an. Ce nom est originairement Persan ou Méde, ainsi il n'est pas facile de trouver sa véritable étymologie dans l'Hébreu.

פס-דמים

PHE   PHI

פס-דמים PHESDOMIM, nom de lieu; 1. Par. XI. 13. portion, ou effusion des sangs, ou goute de sang, du mot פסס pasas, diminution, ou פס pas, portion, & du mot דם dam, sang.

פשחור PHESHUR, un des Chefs des familles qui revinrent de Babylone à Jérusalem avez Zorobabel; 1. Esdr. II. 38. Voyez ci-dessus Phashur.

פסח φασί PHESSE', fils d'Esthon; 1. Par. VI. 12. saut, passage, ou qui cloche. Voyez ci-dessus Phasé & Pascha.

פתחיה PHETHEHIA, un des Chefs des vingt-quatre familles Sacerdotales ou Lévitiques; 1. Paral. XXIV. 16. porte du Seigneur, ou à qui le Seigneur ouvre, du mot פתח pathac, ouvrir ou porte, & du mot יה Jah, le Seigneur.

פתרוס βαβυλών PHETHROS, ou Phetros, nom de pays; Isaï. XI. 11. de même, à ce que l'on croit, que Phaturés. Voyez Phaturés.

פתרסים φαθροσωνιειμ PHETRUSIM, fils de Mesraïm; Genes. X. 14. peuples de Phétros.

פיכל φικωλ PHICOL, Lieutenant Général de l'armée d'Abimélech; Genes. XXI. 22. la bouche de tous, ou toute langue, du mot פה pé, bouche, ou langue, ou parole, & du mot כלל calal, tout, autrement, perfection, ou consommation de la bouche, du mot פה pé, bouche, & du mot כלה cala, perfectionner.

פי-החירת PHI-HAHIROTH, nom de lieu, une des stations des Israëlites au sortir d'Egypte; Exod. XIV. 2. la bouche; le défilé de Hiroth, ou l'ouverture de la liberté; du mot פה pé, bouche, & du mot חרר carar, ou de חיר kir, liberté; autrement, bouche gravée ou ciselée, du mot חרת carath, graver.

φιλαδέλφια PHILADELPHIA, ville; Apoc. I. 11. amour du frere; ou de la fraternité, du mot Grec φίλος, ami, & ἀδελφός, frere.

φιλάρχης PHILARCHES, compagnon de Timothée; 2. Macc. VIII. 32. amateur du Prince, du mot Grec φίλος, ami, & du mot ἀρχός, Prince.

φιλήμων PHILEMON, ami & Disciple de saint Paul; Epist. à Phil. I. qui baise ou qui embrasse, du mot Grec φίλημα, baiser.

φιλητός PHILETUS, apostat; 2. Timot. II. 17. aimable, ou qui est aimé, du mot Grec φιληθείς.

φιλιππήσιοι PHILIPPENSES, peuples; Epist. aux Philipp. belliqueux, ou amateurs des chevaux, du mot Grec φίλιππος.

φίλιπποι PHILIPPI, ville; Act. XVI. 12. de même.

φίλιππος PHILIPPUS, pere d'Alexandre;
Tome IV.

1. Macc. I. 1. belliqueux, ou amateur des chevaux: de même.

פלשת ἀλλόφυλοι PHILISTHÆA, pays; Isaï. XIV. 31. Hébreu, Peleseth. Voyez ci-dessus Palæstina. Ce nom n'est point Hébreu; non plus que Philistæus.

פלשתים φυλισιειμ PHILITHIIM, peuples; Gen. X. 14. de même que Philisthæi, les Philistins, ceux qui habitent les bourgades.

φιλόλογος PHILOLOGUS, ami de saint Paul; Rom. XVI. 15. amateur des lettres ou de la parole, du mot Grec φίλος, amateur, & du mot λόγος, parole.

φιλομήτωρ PHILOMETOR, surnom d'un Roi d'Egypte; Macc. IV. 21. amateur de la mere, du mot φίλος, amateur; & du mot μήτηρ, mere.

φιλοσοφία PHILOSOPHIA, Philosophie, amour de la sagesse, de φίλος, ami, & de σοφία, sagesse.

פנחס PHINEES, fils d'Eléazar; Exod. VI. 25. Hébreu, Pinchas, aspect, ou face de la confiance, ou protection, du mot פנה pana, regarder, & du mot חסה casa, espérer, se confier.

פינן PHINON, ville, ou le nom d'un des Chefs de la posterité d'Esaü; Gen. XXXVI. 41. perle ou pierre précieuse, du mot פנינים peninim; autrement, qui regarde, du mot פנה pana, regarder.

פישון φίσων PHISON, un des fleuves du Paradis terrestre; Genes. II. 11. changement ou redoublement, ou extension de la bouche, du mot פה pé, la bouche, & du mot שנה schana, changer, redoubler; autrement, étendu, du mot פשה pascha; autrement, multitude, du mot פוש phusch, être multiplié. Nous croyons que c'est le Phasis de Colchide.

פתם PHITHOM, ville d'Egypte; Exod. I. 11. leur bouchée ou morceau, du mot פה path, & du pronom ם am, leur; autrement, consommation, ou dilatation de la bouche, du mot פה pé; bouche, & du mot תם tham, achevé, parfait. Ce nom n'est point Hébreu; & dans la Langue Egyptienne, le phi ou le pi, est un article masculin.

פיתון PHITHON, fils de Micha; 1. Par. VIII. 35. sa bouchée, du mot פה path; autrement, sa persuasion, du mot פתה patha, & du pronom ן an, sa; autrement, don de la bouche, du mot פה pé, bouche, & du mot תנה thana, don.

φλέγων PHLEGON, ami de saint Paul; Rom. XVI. 14. brûlant, ardent, du mot Grec φλέγων.

פוכרת φαχαράθ PHOCERETH, un des Chefs des serviteurs de Salomon; 1. Esdr. II. 57. destruction de la bouche, du mot כרת carath, couper, arracher, & du mot פה pé; bouche.

D 3   φοίνιξ

φοίβη PHOEBE, Diaconesse de l'Eglise de Cenchrée ; *Rom.* XVI. 1. brillante , pure , du mot Grec φοῖβος.

φοινίκη PHOENIX, ou *Phænicia* , Province ; 2. *Macc.* III. 5. rouge ou pourpré , du mot Grec φοινικὶς ; autrement , palmier , du mot φοινιξ.

פְּעוֹר PHOGOR, autrement , *Phégor* , montagne ; *Num.* XXIII. 28. trou , ouverture , du mot פער pahar. Voyez *Béel-phégor*.

פְּעֻלְּתָי PHOLLATHI, huitiéme fils d'Obédédom ; 1. *Par.* XXV. 5. mes ouvrages ou mon ouvrage , du mot פעל pahal ou pohal , faire , ou ouvrage , & du pronom י i , mon.

פּוֹרָתָא φοραδαθα PHORATHA , fils d'Aman ; *Esth.* IX. 8. fructueux , du mot פרה para. Ce mot est Persan ou Méde , ainsi il n'est pas possible de trouver son étymologie dans l'Hébreu.

פסך φασὶχ PHOSECH, fils de Jephlat ; 1. *Par.* VII. 33. votre fragment , ou votre diminution , du mot פסס pasas, fragment , & de l'affixe ך ec , vôtre.

φρυγία PHRYGIA, Province ou pays ; *Act.* II. 10. sec & aride , du mot Grec φρύγιος.

φρὺξ PHRYX, un habitant de la Phrygie ; 2. *Macc.* V. 22. de même , brûlant , ou brûlé , rôti.

פוּא φυὰ PHUA, fils d'Issachar ; *Genes.* XLVI. 13. ici adverbe de lieu, du mot פה pé ou פי pi ; autrement , la bouche , du mot פה pé ; autrement , beau , du mot יפה japha.

פוּעָה PHUA , une des sages femmes des Hébreux ; *Exod.* XV. 1. qui gémit , qui crie , du mot פעה paha ; autrement , qui paroît , du mot יפע japha.

פוּאָה PHUA , pere de Thola ; *Judic.* X. 1. angle ou chevelure , du mot פאה pea.

פוּנִי φυαὶ PHUAITÆ , descendans de Phua ; *Num.* XXVI. 23. Hébreu , *phuni* , qui regarde , du mot פנה pana , regarder ; autrement , ma face , du mot פנים panim , visage ou face.

פוּל PHUL, Roi des Assyriens ; 4. *Reg.* XV. 19. féve , du mot פול phol ; autrement , ruine , du mot פלח palac , fendre , détruire. Nom Assyrien , qui ne peut avoir son étymologie dans l'Hébreu.

פוּנוֹן PHUNON, une des stations des Israëlites dans le desert ; *Num.* XXXIII. 42. pierre précieuse ; autrement , qui regarde. Voyez ci-dessus *Phinon*. Ce mot peut venir du mot פנן pinan , angle , coin , lieu caché. C'étoit un lieu où l'on trouvoit des mines de cuivre. Voyez le *Dictionnaire*.

פוּר κλῆρος PHUR, sort ; *Esth.* III. 7. ou fêtes des Sorts , établie en mémoire de la délivrance des Hébreux de la fureur d'Aman.

פוּרִים φυσιμ κλῆροι PHURIM, les sorts , surnom donné aux quatorziéme & quinziéme jours du mois d'Adar , en mémoire de la délivrance des Juifs , obtenuë par la priére d'Esther ; *Esth.* IX. 26.

פוּט φοὺδ PHUT, fils de Cham ; *Genes.* X. 6. priére , gros & gras. *Phut* est un peuple d'Afrique.

פוּתִי ἀρυθὶ PHUTHÆI, fils de Sobal ; 1. *Paral.* II. 53. qui séduit , du mot פתה patha ; autrement , bouchée ou largeur , du mot פת path , bouchée , morceau , & du mot פתה patha ; en Chaldéen , largeur.

פוּתִיאֵל PHUTIEL, beau-pere d'Eléazar ; *Exod.* VI. 25. Dieu est ma graisse , du mot פוט phut , & du mot אל El, Dieu. Ces étymologies sont fort incertaines , car ces noms ne sont pas Hébreux.

פוֹטִיפַר πετιφρῆ PHUTIPHAR, Eunuque de Pharaon Roi d'Egypte ; *Gen.* XXXVII. 36. taureau de l'Afrique , du mot פר par , taureau , & du mot פוט phut , l'Afrique ; autrement , selon le Syriaque & l'Hébreu , un taureau engraissé. Nom Egyptien , qui n'a point son étymologie dans l'Hébreu.

פּוֹטִיפֶרַע PHUTIPHAR , Prêtre d'Héliopolis , beau-pere de Joseph ; *Genes.* XLI. 45. qui dissipe , ou qui dépouille la graisse , du mot Hébreu פרע parah , dépouiller , & du mot Syriaque פוט phut. Ce mot est Egyptien , & ainsi on ne peut trouver sa véritable étymologie dans l'Hébreu. C'est apparemment le même que le précédent , quoiqu'il ne s'écrive pas tout-à-fait de même.

φύγελλος PHYGELLUS , un de ceux qui avoient abandonné saint Paul , ou peut-être apostasié ; 2. *Timot.* I. 15. fugitif.

φυλακτήριον PHYLACTERE , préservatif , du Grec φυλάσσω , je garde , je préserve ; *Matth.* XXIII. 5.

מכתש κατακεκομμένη PILA, nom de lieu ; en Hébreu , *Machthés* ; *Sophon.* I. 11. dent macheliére, qui broye , qui pile , du mot כתש cathasch ; autrement , mortier , profondeur , enfoncement.

πιλάτος PILATUS , Gouverneur de la Judée pour les Romains ; *Matth.* XXVII. 2. qui est armé d'un dard.

πισιδία PISIDIA , Province ; *Act.* XIII. 14. poix , ou poisse , du mot Grec πισσώδης.

πιστικὴ PISTICA *nardus* , nard pur , & non sophistique ; *Joan.* XII. 3. autrement , *nardus spicata* , nard qui croît en épi. Voyez le Dictionnaire sous *Nard*.

ποντικὸς PONTICUS , qui est de la Province du Pont ; *Act.* XVIII. 2.

πόντιος PONTIUS , nom propre de Pilate ; *Matth.* XXVII. 2. du mot Grec qui signifie marin , homme de mer.

πόντος PONTUS , Province *Act.* II. 9. mer , du mot Grec πόντος. Dans la Génése , Chap. XIV. 1. saint Jérôme a traduit l'Hébreu אלסר Elazar , par *pontus*. Or Elazar peut signifier Dieu qui ôte , ou qui se retire , du mot סור sur ,

PRI — PTO

fur, qui se retire, ou qui s'éloigne; & du mot אל El, Dieu.

πόρτιος PORTIUS, surnommé *Festus*, Préfet de la Palestine & de la Judée; *Act.* XXIV. 27. veau, du mot Grec πορταξ.

ποσειδώνιος POSIDONIUS, un des Envoyez de Nicanor; 2. *Macc.* XIV. 19. qui donne à boire, du mot πόσις, breuvage, & du mot δίδωμι, je donne.

מפלצת ἀσπαρτή PRIAPUS, Priape, Divinité infame des Payens. Hébreu, *Miphleseth*; 3. *Reg.* XV. 13. signifie Idole, le trouble, l'horreur & la crainte; ou épouvantail, du mot פלץ palats, d'où miphleseth. Je crois que les Phallus des Payens viennent de là.

πρίσκιλλα PRISCA, compagnon des travaux de saint Paul, son aide; *Rom.* XVI. 3. mot Latin qui signifie ancienne.

PRISCILLA, femme d'Aquila, de la Province du Pont; *Act.* XVIII. 2. de même.

προβατική PROBATICA, surnom d'une Piscine, en Hébreu, *Bethsaïda*, ou *Bethesda*; *Joan.* V. 2. Voyez ci-dessus *Bethsaïda*, signifie piscine aux brebis, & *Bethesda*, piscine de miséricorde. Quant à *probatica*, elle vient du mot Grec προβάτινος, *ovinus*.

πρόχορος PROCHORUS, nom d'un des sept Diacres; *Act.* VI. 5. celui qui préside aux chœurs, de πρό & de χορός.

προσήλυτος PROSELYTUS, un Gentil ou un Payen qui a embrassé le Judaïsme & la Religion du vrai Dieu; *Act.* II. 11. En Grec, un étranger venu d'ailleurs; en Hébreu גר ghet, voyageur, étranger.

ψευδόχριστος PSEUDO-CHRISTUS, faux Christ, du Grec ψευδός, mensonge, & χρίστος, Christ. Ainsi *pseudo-Apostolus*, faux Apôtre, & *pseudo-Propheta*, faux Prophète.

πτολεμαϊς PTOLEMAIS, ville; 1. *Macc.* V. 15. belliqueux, du mot Grec πτόλεμος, la guerre.

πτολεμαῖοι PTOLEMÆI, surnom des Rois d'Egypte depuis la mort d'Aléxandre; 2. *Macc.* VI. 8. guerrier, belliqueux.

פובסת βούβαστος PUBASTHUS, ville; *Ezech.* XXX. 1. la bouche du mépris, du mot פה pé, bouche, & du mot בוס bus, mépriser, fouler aux pieds.

גמדים PYGMÆI, nom de peuples; en Hébreu, *Gamadim*; *Ezech.* XXVII. 11. haut d'une coudée, du mot גמד gamad, coudée. Les Septante, vos braves ou vos gardes, du mot Grec πυγμή, qui combat avec le poing; ou plûtôt de πῆχυς, une coudée, ou de πυγμή, la mesure du coude à l'extrémité de la main.

πύρρος PYRRHUS, pere de Sosipater; *Act.* XX. 4. blond ou roux, du mot Grec πύῤῥος.

R

רחב RAAB, Vulgate, *Rahab*; *Psalm.* LXXXVI. 4. On croit que sous ce nom les Hébreux entendoient l'Égypte. A la lettre, superbe, du mot רחב raab; autrement, querelleuse, du mot ריב rob.

ראה ῥοία RAAIA, ou *Raja*, selon la Vulgate, fils de Sobal; 1. *Paral.* IV. 2. vision du Seigneur, du mot ראה raa, voir, regarder, & du mot יה Jah, le Seigneur.

רעמיה ῥεαμαϊ RAAMIAS, un des Chefs des familles qui revinrent de Babylone à Jérusalem avec Zorobabel; 2. *Esdr.* VII. 7. tonnerre du Seigneur, du mot רעם raham, tonnerre, & du mot יה Jah, le Seigneur.

רבה RABBA, ville; *Josue* XIII. 25. que l'on croit être la même que *Rabbath*, ou *Philadelphie*, grande multitude, du mot רבב rabab; autrement, querelle ou dispute, du mot ריב rob.

רבת ἄκρα ῥαββάθ RABBATH, ville; *Deut.* III. 11. la même que *Rabba*, la grande, la multitude.

ῥαββί RABBI, surnom que les Hébreux donnoient aux Docteurs de la loi; *Matth.* XXIII. 7. Maître, Docteur, du mot Hébreu רב rab.

ῥαββονί RABBONI, diminutif du même; *Marc.* X. 51.

רבות RABBOTH, ville; *Josue* XIX. 20. multitude, du mot רבב rabab; autrement, du mot ריב rob, querelle; autrement, usure, prêt, du mot מרבית marbith.

רב־מג RAB-MAG, Prince affoibli, peut-être le Prince ou Chef des Mages. Voyez *Reb-mag*; *Jerem.* XXXIX. 3.

רב־שקה RAB-SACE's, Prince de l'armée de Sennachérib; 4. *Reg.* XVIII. 17. Echanson du Prince, ou Maître-d'hôtel, du mot רב rab, maître; & du mot שקה saka, boire.

רב־סריס RAB-SARES, Vulgate, *Rab-saris*, un des Princes de la Cour de Sennachérib; 4. *Reg.* XVIII. 17. Grand-Maître des Eunuques, du mot רב rab, maître; & du mot סריס sarim, Eunuque, ou valet de la chambre du Prince.

ῥακά RACA, mot de mépris & d'injure; *Matth.* V. 22. Saint Jérôme dit que ce mot tire sa racine du mot ריק ric, vain, néant, sans esprit, sans cervelle; autrement, gueux,

un

un homme de néant : il est traduit ainsi par la Vulgate, *Judic*. XI. 3.

רכל RACHAL, ville ; 1. *Reg*. XXX. 29. médisant, du mot רכיל rakil ; autrement, parfumeur ou commerçant, du mot רכל racal.

רחל RACHEL, fille cadette de Laban ; *Genes*. XXIX. 9. brebis.

רדי ῥεδδαὶ RADDAI, cinquième fils d'Isaï ; 1. *Paral*. II. 14. qui défend, du mot רדד radad, étendre ; autrement, qui domine, du mot רדה rada.

רעו RAGAU, fils de Phaleg ; 1. *Paral*. I. 25. le même qui est appellé Réu ; *Genes*. XI. 18. son ami, son pasteur, ou son malheur.

ῥάγοι RAGES, ville ; *Tob*. I. 16. tempête, tumulte, sédition, du mot Hébreu רגש ragasch. Comme ce mot est Méde, il n'est pas possible de trouver sa véritable étymologie dans l'Hébreu.

רעואל RAGUEL, Prêtre de la ville de Madian, & beau-pere de Moyse ; *Exod*. II. 18. le même qui est appellé *Jethro* ; *Exod*. III. 1. pasteur de Dieu, ou ami de Dieu, du mot רעה raha, ou rohé, selon les diverses leçons ; autrement, rupture de Dieu, du mot רוח ruah, rupture ou brisement, & du mot אל El, Dieu.

רחב RAHAB, femme qui reçut & cacha les espions de Josué ; *Josué* II. 1. qui est large & étenduë, ou place publique, du mot רחב rakab.

רחביהו RAHABIA, fils d'Elieser & pere d'Isaïas ; 1. *Paral*. XXVI. 27. largeur ou étenduë, ou place du Seigneur, du mot רחב rakab, largeur, &c. & du mot יה Jah, le Seigneur, ou Dieu est mon étenduë, il m'a mis au large.

רחם RAHAM, fils de Samma ; 1. *Par*. II. 44. entrailles, ou compatissant, du mot רחם rakam.

ῥεελιας RAHELACA, un des Chefs des familles qui revinrent de Babylone à Jérusalem ; 1. *Esdr*. II. 2. surprise ou étonnement du Seigneur, ou le Seigneur qui enyvre, le Seigneur est mon yvresse, du mot על רהל rahal, épouvanté, enyvré, & du mot יה Jah, le Seigneur ; autrement, pasteur ou compagnon du Seigneur, du mot רעה raha, ou rohé, selon les diverses leçons, pasteur ou compagnon, & de la préposition ל, à, & du mot יה Jah, le Seigneur.

רעואל ῥαγουλλ RAHUEL, fils d'Esaü & de Basemath ; *Genes*. XXXVI. 4. pasteur ou ami de Dieu, du mot רעה raha, pasteur, ami, autrement, brisement de Dieu, du mot רוע rua, & du mot אל El, Dieu. Voyez *Raguel*.

רם RAM, fils d'Ezron ; 1. *Paral*. II. 9. qui est élevé & sublime, du mot רום rum, ou qui rejette ou qui est rejetté, du mot רמה rama.

רמה RAMA, ville ; *Josue* XVIII. 25. de même.

ראמת RAMATH, ville ; *Josue* XIX. 8. élevée, haute.

רמתה ἀραμαθαὶμ ἀρμαθὲμ RAMATHA, la même que *Rama* ci-dessus ; 1. *Reg*. I. 19. autrement, *Ramath*, ou *Ramathan* ; 1. *Macc*. XI. 34. Voyez ci-après *Ramathaïm*.

רמתים RAMATHAIM, ville ; 1. *Reg*. I. 1. la même que *Rama* ; à la lettre, *Ramathaïm* signifie les deux Ramatha, apparemment parce que la ville étoit partagée en deux. La ville de Ramatha patrie de Samuël, étoit surnommée *de Zophim*, à cause d'une famille de Lévites descenduë de Zoph, qui y demeuroient.

רמתי ῥαμαθαῖος RAMATHITES, qui est de Ramath ou de Ram ; 1. *Par*. XXVII. 27. élevé, sublime, &c. Voyez ci-dessus *Ram*.

רמת־לחי ἀναίρεσις σιαγόνος RAMATH-LECHI, nom de lieu ; *Judic*. XV. 17. élévation de la machoire, du mot רם ram, élever, & du mot לחי leki, machoire. Les Septante, projection de la machoire, du mot רמה rama, jetter.

רעמסס RAMESSES, ville ; *Gen*. XLVII. 11. tonnerre, du mot רעם raham ; autrement, reproche de la tigne, du même mot raham, reprocher, & du mot סס sas, tigne ; autrement, qui détruit & résout le mal, du mot מסס masas, dissoudre, & du mot רוע ruah, mal. Ce mot n'est point Hébreu, & ainsi il est inutile de chercher sa véritable étymologie dans cette Langue.

רמת ῥαμὼθ RAMETH, ville ; *Josue* XIX. 21. sublime, élevé, &c. Voyez ci-dessus *Ram* & *Rama*.

רמת ῥαμμὼθ RAMOTH, ville ; *Josue* XIII. 26. les hauteurs, ou élevées.

רפא RAPHA, fils d'Ephraïm ; 1. *Paral*. VII. 25. relaxation ; autrement, medecine.

רפאל RAPHAEL, fils de Sémeïa ; 1. *Par*. XXVI. 7. medecine de Dieu, du mot רפא rapha, guérir, donner des remedes, & du mot אל El, Dieu.

רפיה RAPHAIA, fils de Jeseïa ; 1. *Par*. III. 21. médecine, ou affranchissement du Seigneur ; ou Dieu est ma médecine, du mot רפא rapha, médecine, & du mot יה Jah, le Seigneur.

רפאים RAPHAIM, descendans d'un géant nommé Rapha ; *Genes*. XIV. 5. mot que la Vulgate a traduit par les géants ; *Deut*. II. 11. du mot רפה rapha ; autrement, médecins, ou relâchez, ou qui relâchent, qui affoiblissent, du mot רפא rapha.

רפידים RAPHIDIM, nom de lieu, ou l'onzième station ou demeure des Israëlites dans le désert, *Num*. XXXIII. 14. des lits ou des lieux de repos, du mot רפד raphad.

ῥαφὼν RAPHON, nom de lieu ; 1. *Macc*. V.

REB REM

v. 37. médecine ou accablement, du mot רפא rapha; autrement, géant, du mot רפה rapha; autrement, molesse, du mot ריפון riphon.

רפוא ῥαφώ RAPHU, pere de Phalti; *Num.* XIII. 10. guéri, pansé, soulagé.

ῥασίς RASIAS, un des anciens de Jérusalem; 2. *Macc.* XIV. 37. secret ou mystére du Seigneur, ou le Seigneur est mon secret, du mot רז raz, secret, & du mot יה Jah, le Seigneur.

רצין ῥασών RASIN, Roi de Syrie; 4. *Reg.* XV. 37. volontaire, ou bonne volonté, du mot רצה ratsa; autrement, coureur ou courier, du mot רץ rats.

רזון ῥεζών RAZON, fils d'Eliada; 3. *Reg.* X. 21. maigre ou menu, du mot רזה raza, maigrir; autrement, secret, du mot רז raz; autrement, Prince, du mot רזון razon.

רבע ῥοβέ REBE', Roi des Madianites; *Num.* XXXI. 8. quatriéme, ou un quarré, du mot רבע rabah; autrement, qui se couche ou qui se baisse, du mot רבץ rabats.

רבקה REBECCA, fille de Bathuel, femme d'Isaac; *Genes.* XXII. 23. grasse, engraissée, du mot rabac; autrement, querelle appaisée, ou émoussée, ou cessée, du mot רוב rub, querelle, dispute, & du mot קהה caa, émoussée.

רבלה REBLA, ou *Reblatha*, ville; *Num.* XXXIV. 11. la querelle, ou la grandeur, à lui, du mot רבב rabab, grandeur, ou du mot רוב rub, querelle, & de la préposition ל l, à, & du pronom ה ha, lui; autrement, querelle qui s'accroît, ou qui se répand, du mot רוב rub, querelle, & du mot לוה livia, croître ou augmenter. Ce terme n'est pas Hébreu.

רב־מג ῥαβαμάγ REB-MAG, un des Princes de la Cour du Roi de Babylone, dont parle Jérémie; *Jerem.* XXXIX. 3. qui renverse ou détruit la multitude; du mot מוג mug, dissoudre, & du mot רבב rabab; multitude; autrement, Chef ou Prince de la dissolution, du mot רב rab, maître, & du mot מוג mug, dissolution; ou peut-être Chef des Mages. Nom Babylonien, dont on ne peut trouver l'étymologie dans l'Hébreu.

רקת ῥακκάθ RECCATH, ville; *Josue* XIX. 35. vuide, ou salive, ou crachat, ou temple de la tête, du mot רקק racac, ou רקח raca.

רקם RECEM, ville; *Josue* XVIII. 27. vuide ou vain, du mot רק rac, ou רקה raca; autrement, peinture ou broderie de diverses couleurs; ou nuances, du mot רקם racam; ou leur salive, du mot רקק racac, salive, & du pronom ם am, leurs.

רכה RECHA, nom de famille ou de lieu; I. *Paral.* IV. 12. tendre, mou, du mot רכך racac.

Tome IV.

רכב RECHAB, pere de Jonadab; 4. *Reg.* X. 15. carré, ou chariot, ou attelage de chevaux, ou qui va à cheval, cavalier.

רכבים ῥαχαβείμ RECHABITÆ, descendans de Réchab; *Jerem.* XXXV. 2. Voyez *Réchab*.

רעמה ῥαγμά REGMA, pays ainsi appellé de Regma fils de Chus; *Ezech.* XXVII. 22. grandeur, tonnerre, du mot רעם raham; autrement, quelque sorte de mal, ou de brisement, ou de compagnie, du mot רוע ruah, mal, &c. ou du mot רעה raha, ou rohé, société, & de l'adverbe מה ma, quelque sorte.

רעמה REGMA, fils de Chus; *Genes.* X. 7. le même que *Regma*, voyez ci-dessus.

רגם ῥεγμά REGOM, fils de Johaddaï; I. *Par.* II. 47. qui lapide, ou qui est lapidé, du mot רגם ragam; autrement, pourpre, du mot ארגמן argaman.

רחום REHUM, un des Chefs des familles qui revinrent de Babylone à Jérusalem avec Zorobabel; I. *Esdr.* II. 2. miséricordieux, compatissant, ou selon le Syriaque, ami.

רעי ὁ ἑταῖρος, autrement, ῥηεί REI, un des vaillans Capitaines de la garde de David; 3. *Reg.* I. 8. mon pasteur, mon compagnon, mon ami, du mot רעה raha ou rohé, selon les diverses leçons; autrement, mon mal, ou mon brisement, du mot רוע roha, & du pronom י i, mon.

ראיה REIA, fils de Joël; I. *Par.* V. 5. vision du Seigneur, du mot ראה raa, & du mot יה Jah, le Seigneur.

רמיה REMEIA, nom d'homme; I. *Esdr.* X. 25. élévation, ou sublimité du Seigneur, du mot רום rum, & du mot יה Jah, le Seigneur; autrement, rejetté du Seigneur, du mot רמה rama, rejetter.

רמון REMMON, ville; *Josue* XV. 31. Il y a aussi un rocher ou pierre, ou une vallée de ce nom, &c. grandeur ou élévation, du mot רמם ramam; autrement, un grenadier, du mot רמון rimmon.

רמון־פרץ REMMON-PHARES, seiziéme station des Israëlites dans le désert; *Num.* XXXIII. 19. division de la grenade, ou le grenadier de division, du mot פרץ parats, rompre, diviser, &du mot רמון rimmon, grenade, ou grenadier.

רמונו ῥεμμών REMONO, ville; I. *Paral.* VI. 77. sa hauteur; du mot רמם ramam; autrement, son grenadier, du mot רמון rimmon, & du pronom ו o, son.

כיון ῥεμφά REMPHA, Idole, *Amos* V. 26. selon les Septante; la Vulgate a traduit l'étoile de votre Dieu. Le mot Hébreu est chiun, ainsi ont lû Aquila & Symmaque; c'est-à-dire, piedestal, appui, préparation: on dit que c'est Saturne. Saint Etienne, *Act.* VII.

E 3

VII. 43. a lû *Remphan*. Voyez *le Dictionnaire*.

ρησα RESA, pere de Joanna; *Luc.* III. 27. volonté, du mot רצה ratsa; autrement, course, du mot רוץ ruts.

רסן RESEN, ville; *Genef.* X. 12. frein ou mord.

רשף ρησα RESEPH, fils d'Ephraïm; I. *Par.* VII. 25. flèche ardente, du mot רשף reſcheph; autrement, un oiſeau, ou le Diable, du mot צרף ſaraph, ſerpent.

רצף ρεσίφ RESEPH, ville; 4. *Reg.* XIX. 12. lit ou extenſion, ou charbon, ou pierre en feu, du même mot רצף ratſaph.

רעיא RESIA, fils d'Olla; I. *Par.* VII. 39. Voyez ci-deſſus *Reſa*.

רצפה RESPHA, concubine de Saül; 2. *Reg.* III. 7. Voyez ci-deſſus *Reſeph*, ville.

רסה RESSA, une des ſtations des Iſraëlites dans le déſert; *Num.* XXXIII. 21. arroſement, diſtillation, ou roſée, du mot רסס raſas.

רתמה RETHMA, autre ſtation des Iſraëlites dans le déſert; *Num.* XXXIII. 18. geniévre, du mot רתם rothem; autrement, ſon, bruit, ſelon quelques-uns.

רעו ραγαῦ REU, fils de Phaleg; *Genef.* XI. 18. qui eſt appellé *Ragau*; I. *Paral.* I. 26. compagnon, ami, ou mal, ou briſement, du mot רעה reha ou rohé, ſociété; ou du mot רוע ruah, mal ou briſement. Voyez ci-deſſus *Ragau*.

ῥῆγιον REGION, ville; *Act.* XXVIII. 13. rupture ou fracture, du mot Grec ῥηγή.

ῥόδη RHODE', nom d'une jeune fille; *Act.* XII. 13. mot Grec qui ſignifie roſe.

ῥοδόχος RHODOCHUS, ſoldat de l'armée des Juifs; 2. *Macc.* XIII. 21. un chariot de roſes, du mot Grec ῥόδῳ, roſe, & du mot ὄχος, chariot.

ῥόδος RHODUS, Iſle de Rhode; I. *Macc.* XV. 23. roſe, du mot Grec ῥόδῳ.

ריבי RIBAI, pere d'Ithaï; 2. *Reg.* XXIII. 29. qui multiplie, du mot רבה raba, ou רבב rabab; autrement, qui diſpute, ou qui reprend, du mot רוב rub.

רנה ρινὰ RINNA, fils de Siméon; I. *Par.* IV. 20. chant, cantique, du mot רנן ranan.

ריפת RIPHATH, fils de Gomer; *Genef.* X. 3. reméde ou médecine, ou relâchement, ou pardon, du mot רפא rapha; autrement, étable, du mot רפת raphath.

רהגה ROAGA, fils de Somer; I. *Paral.* VII. 34. enyvré, ou raſſaſié de diſcours, de méditations ou d'abſtractions, du mot רוה rava, enyvré, &c. & du mot הגה haga, parler, méditer, &c.

רחבעם ROBOAM, fils de Salomon; 3. *Reg.* XI. 43. qui met au large le peuple, du mot רחב racab, mettre au large; autrement, place du peuple, du même mot racab; autrement, qui flaire ou reſpire le peuple, du mot רוח ruac, reſpirer, & du mot עם ham, le peuple.

רגל ROGEL, fontaine; *Joſue* XV. 7. le pied, ou piéton, ou foulon; autrement, médiſant, inquiſiteur, eſpion, délateur, du mot רגל ragal; ou ſelon le Syriaque, coûtume.

רגלים ROGELIM, bourg; 2. *Reg.* XVII. 27. de même.

רגם מלך ῥογομ ὁ βασιλεὺς ROGOM-MELECH, Prince de la Cour de Darius; *Zach.* VII. 2. qui lapide le Roi, du mot רגם ragam, lapider, & du mot מלך melec, Roi; autrement, la pourpre du Roi, ou du Conſeil, du mot Chaldéen ארגמן argaman, pourpre. Ce mot eſt Méde, & ainſi il eſt difficile de trouver dans l'Hébreu ſa véritable étymologie.

רחב ROHOB, ville; *Joſue* XIX. 28. largeur, place ou étenduë, du mot רחב racab.

רחביה ROHOBIA, fils d'Eliezer; I. *Par.* XXIII. 17. largeur ou place du Seigneur, du mot רחב rachab, largeur, & du mot יה Jah, le Seigneur.

רחבות ROHOBOTH, ville; *Gen.* XXXVI. 37. les largeurs, ou les places, du mot רחב racab. La Vulgate a traduit ce mot rohoboth, *Genef.* X. 11. par les places de la ville, la ſignification pour le nom; car les Septante ont traduit la ville de Rohoboth, ῥωβὼς πόλις.

ראומה ῥωμὼν ROMA, concubine de Nachor; *Genef.* XXII. 24. élevée, ſublime, du mot רם ramam; autrement, rhinoceros, du mot ראם réem.

ῥώμη ROMA, ville; *Act.* XVIII. 2. puiſſance, force, du mot Grec ῥωμή.

כתיים ῥωμαῖοι ROMANI, peuples; *Dan.* XI. 30. Hébr. *Chithim*, qui briſent, du mot כתת cathath, briſer; autrement, briſement de la mer, du même mot cathath, briſer, & du mot ים jam, mer; autrement, du plus pur or, ou diadême, ou teinture, du mot כתם kethem. Mais le mot Latin *Romani*, ſignifie forts, puiſſans, en le dérivant du mot Grec ῥωμή.

רמליה ROMELIA, pere de Phacée; 4. *Reg.* XV. 27. l'élévation du Seigneur, du mot רם ramam, élevé, & du mot יה Jah, le Seigneur; autrement, qui eſt rejetté du Seigneur, du mot רמה rama, jetter, & de la prépoſition ל, du, & du mot יה Jah, le Seigneur.

רמתיעזר ROMEMTHIEZER, un des Chefs des vingt-quatre familles Sacerdotales ou Lévitiques; I. *Paral.* XXV. 4. élévation du ſecours, du mot רם ramam, élever, & du mot עזר hezer, ſecours.

ראש ROS, fils de Benjamin; *Gen.* XLVI. 21. la tête ou le ſommet, ou commencement, du mot ראש roſch.

עטרת

RUB   RUM   203

עטרת ROTH, ville; *Num.* XXXII. 35. Hébreu, *Atroth*; Vulgate, *Etroth*, couronne, du mot עשר hatar, couronner.

ראובן RUBEN, fils de Jacob & de Liah; *Genes.* XXIV. 32. qui voit le fils, ou vision du fils, du mot ראה raa, voir, & du mot בן ben, fils.

ראובני RUBENITÆ, fils, enfans, descendans de Ruben; *Josue* XIII. 23. de même.

רומה RUMA, ville; *Judic.* IX. 41. élevé, sublime, ou rejetté, du mot רום rum, élevé, &c. & du mot רמה rama, rejetté. L'Hébreu porte דמה duma, *Josue* XV. 52.

רות RUTH, femme de Mahalon; *Ruth* I. 4. enyvrée, rassasiée.

S

שאל SAAL, nom d'homme; 1. *Esdr.* X. 29. qui demande, qui prie; autrement, les lieux bas & soûterrains, ou l'enfer, du mot שאל schaal ou scheol, selon les diverses leçons.

צננים σεναγμα SAANANIM, ville; XIX. 33. mouvemens; autrement, le mouvement de celui qui sommeille, du mot ענה tsaha, errer, aller çà & là, & du mot נום num, sommeiller; autrement, transporter, du mot עץ tsahon.

שעף SAAPH, fils de Jahaddaï; 1. *Par.* II. 47. qui pense, du mot שעף schahaph; autrement, qui s'envole, du mot עוף huph, voler, oiseau.

שערים σαρειμ SAARAIM, ville; 1. *Par.* IV. 31. portes, estimations, prisée, cheveux, orges, tempêtes, boucs, velus, Démons, du même mot שער schahar, schor, sahor, ou שעיר schir, & שערה schora, selon les différentes leçons.

שבא SABA, fils de Regma; *Genes.* X. 7. captivité, du mot שבה schaba; autrement, conversion, repos, vieillesse, du mot שוב schub.

סבא SABA, fils de Chus; *Genes.* X. 7. yvrogne, du mot סבא saba; autrement, qui tourne ou environne, du mot סבב sabab; autrement, selon le Syriaque, vieillard.

שבקתני SABACTHANI, mot Chaldéen; *Matth.* XXVII. 46. vous m'avez abandonné, de שבק schabac. L'Hébreu du Pseaume XXI. 1. lit עזבתני asabtani, vous m'avez abandonné; mais on peut lire זבחתנו vous m'avez sacrifié.

שבא SABÆI, peuples; *Job.* I. 15. Voyez ci-dessus Saba fils de Regma.

סבאים SABAIM, peuples; *Isaï.* XLV. 14. Voyez ci-dessus Saba fils de Chus.

שבמה SABAMA, ville; *Num.* XXXII. 38. conversion, retour, captivité, vieillesse, ou repos, du mot שבה schaba, ou שוב schub, captivité, repos, &c.

שבם σαβαμα SABAN, ville; *Num.* XXXII. 3. qui les tient captifs, ou leur captivité, du mot שבה schaba, & du pronom ם am, leurs.

שבניה SABANIAS, Vulgate, *Sabania*, un des Lévites chargez de lire la Loi conjointement avec Esdras; 2. *Esdr.* IX. 4. le Seigneur qui convertit, ou qui rappelle de captivité, ou qui captive, du mot שבה schaba; autrement, qui entend, qui bâtit, ou produit la filiation, du mot בנה bana, ou בן bun, ou בן ben, & du mot יה Jah, le Seigneur; autrement, qui entend le Seigneur, ou auquel le Seigneur fait attention.

צבאות SABAOTH, *Jerem.* XI. 20. armées, troupeaux, combats, du mot צבא tsaba.

סברים SABARIM, nom de lieu; *Ezech.* XLVII. 16. circuit, ou environ des hauteurs, du mot סבב sabab, circuit, & du mot רמה ramam, hauteurs; ou selon le Syriaque, opinions, espérances.

שברים SABARIM, nom de lieu; *Josue* VII. 5. ruptures, brisemens, espérances, du mot שבר schabar, ou schibber.

שבט SABAT, Vulgate, *Sabath*, nom des mois Hébreux, qu'ils ont emprunté des Babyloniens; *Zach.* I. 7. verge, sceptre, ou tribu.

סבתה SABATHA, fils de Chus; *Gen.* X. 7. circuits ou cause, du mot סבב sabab; ou du mot סבה siba.

סבתכא SABATHACA, fils de Chus; *Genes.* X. 7. qui environne, ou qui cause la blessure, du mot סבב sabab, environner; ou du mot סבה saba, causer, & du mot נכה naca, ou כאה caa, frapper, blesser; ou selon le Syriaque & l'Hébreu, blessure de la vieillesse, ou vieillesse battue.

שבתי σαββαθαιος SABBATHAI, un des Chefs des familles qui habitérent Jérusalem au retour de Babylone; 2. *Esdr.* XI. 16. mon sabbat ou mon repos, du mot שבת sabbath, repos ou sabbat, & du pronom י i, mon.

σαββατισμος SABBATISMUS, observation du Sabbat Judaïque; *Hebr.* IV. 9. repos, cessation du travail. Voyez ci-dessus *Sabbathaï*.

שבת SABBATHIZO, mot Hébreu latinisé,

SAB

nifé, pour dire être en repos, observer le Sabbat; *Exod.* XVI. 30.

שבת σάββατον SABBATHUM, Vulgate, *Sabbatum*, le Sabbat; 4. *Reg.* IV. 23. cessation de travail, repos. Voyez ci-dessus *Sabbathaï*.

שבע SABE'E, ville; *Josue* XIX. 2. sept ou septième, rassasiement, ou jurement, du mot שבע schabah ou schibah, selon les differentes leçons.

שבר SABER, fils de Caleb & de Maacha; I. *Par.* II. 48. brisure, rupture, espérance. Voyez *Sabarim*.

סככה χαχα SACHACA, ville; *Josue* XV. 61. ombrage, couverture, protection, du mot סכך sacac; autrement, onction, du mot סוך soc, s'oindre; autrement, selon le Syriaque, spéculation, vûë, regard.

שכר ζαχάρ SACHAR, un des trente vaillans Capitaines de David; I. *Paral.* XI. 34. yvrognerie; autrement, toute liqueur qui enyvre, salaires, gages, du mot שכר sachar ou schacar, selon les differentes leçons.

σαδδυκαῖοι SADDUCÆI, disciples de Sadok, & partisans d'une des sectes des Juifs qui nioient la résurrection; *Matth.* III. 7. justes ou justifiez.

צדוק SADOC, fils d'Achitob, 2. *Reg.* VIII. 17. Voyez ci-dessus *Sadducai*, de même.

שגא σαγαι SAGE', un des trente vaillans Capitaines de David; I. *Paral.* XI. 33. qui est ignorant ou dans l'erreur, du mot שגג sagag; autrement, qui s'augmente & multiplie, du mot שגא saga.

צחר SAHAR, Vulgate, *Isaar*, fils d'Ashor & d'Halaa; I. *Par.* IV. 7. autrement, *Sohar*, *Genes.* XLVI. 10. clair, blanc, du mot צחר tsacar.

שחרים SAHARAIM, fils d'Ahod; I. *Paral.* VIII. 8. noires, troubles, ou qui se levent & vont de grand matin, du mot שחר schacar.

SALABIM. Voyez ci-après *Salebim*.

שעלבני σαλαβωνίτης SALLABONI, nom de lieu; 2. *Reg.* XXIII. 32. l'entendement, le fils, le bâtiment du renard, ou de la poignée, ou du sentier; des mots בון bun, entendement, בן ben, fils, de בנה bana, bâtiment, & des mots שעל schaal, la main, le poing, ou de שעל schual, renard, ou de משעל mischol.

σαλαβων SALLABONITES, qui est natif ou descendant de Salloboni; I. *Par.* XI. 33. de même.

שלחי SALAI, mere d'Azuba; 3. *Reg.* XXIII. 42. mission, envoi; autrement, branches ou dard, javelot, du mot שלח schalac ou schelac, selon les diverses leçons; ou selon le Syriaque, qui dépouille, ou qui est dépoüillé.

שלמיאל SALAMIEL, fils de Sarisad-

SAL

daï; *Num.* I. 6. paix de Dieu, ou Dieu est mon bonheur, retribution ou perfection de Dieu, du mot שלם schalam, paix, &c. & du mot אל El, Dieu.

σαλαμίς SALAMINA, ou *Salamis*, Isle; *Act.* XIII. 5. ébranlée, agitée, battuë, du mot Grec σαλεύω, je bats, ou j'agite.

צלתי SALATHI, nom d'un des Chefs des troupes de Manassé; I. *Paral.* XII. 20. ombre, ou tintement d'oreille, du mot צלל tsalal; autrement, rôti, brûlé, du mot צלה tsala; ou selon le Syriaque, qui prie.

שאלתיאל SALATHIEL, pere de Zorobabel; I. *Esdr.* III. 2. j'ai demandé à Dieu ou prêt de Dieu, du mot שאל schaal.

שלח σαλά SALE', fils d'Arphaxad; *Gen.* X. 24. Voyez ci-dessus *Salaï*.

שעלבים SALEBIM, nom de lieu; *Judic.* I. 35. qui regarde le cœur, du mot שעה schaha, voir, & du mot לבב lebab, le cœur; autrement, poing ou main, ou renard dans la mer, du mot שעל schoal, main, ou de שעל schual, renard, & de la préposition ב beth, dans, & du mot ים jam, mer.

סלכה σεχας SALECHA, ville; *Josue* XII. 5. autrement, *Seleha*, votre panier, du mot סלל salal; autrement, qui se foule aux pieds, du mot סלה sala, & du pronom כ cca, toi, vous.

סלד SALED, fils de Nadab; I. *Paral.* II. 30. affliction; ou selon le Syriaque, brûlure ou chaleur. Ce mot ne se trouve comme verbe qu'une seule fois dans la Bible, & il signifie être brûlé, être ardent; autrement, fortifier, être fort.

שלם σαλήμ SALEM, ville; *Genes.* XIV. 18. consommée, parfaite, du mot שלם schalam; ou selon les Septante, la paix, du même mot schalam.

שלמות σαλωμώθ SALEMOTH, pere de Jonath; I. *Par.* XXIV. 22. de même.

שלף SALEPH, fils de Jectan; *Genes.* X. 26. qui tire du foureau, ou qui déchausse.

שעלים SALIM, nom de lieu; 3. *Reg.* IX. 4. renard, ou le poing, du mot שעל schaal; autrement, le sentier, du mot משעול mischol.

שלישה SALISA, pays, I. *Reg.* IX. 4. trois ou troisiéme, du mot שלש schalosch; autrement, Prince, Capitaine, du mot שליש schalisch.

שלם SALEM, fils de Nepthali; *Genes.* XLVI. 24. parfait, pacifique. Voyez ci-dessus *Salem*, le même sans doute, qui est appellé *Sallum*; I. *Par.* VII. 33. Vulgate, *Sellum*.

שלמא ou שלמה σαλμών SALMA, fils de Nahasson; I. *Par.* II. 11. le même qui est appellé Salmon; *Ruth.* IV. 20. parfait, pacifique, heureux, du mot שלם schalam; autrement, habit, du mot שלמה salma.

צלמנע

SAL   SAM

עלמנע SALMANA, Roi de Madian; *Judic.* VIII. 6. ombre, image, ou idole défenduë, du mot צלם tselem, ombre, &c. & du mot מנע manah, défendre, ou du mot נוע nuah, être ébranlé; autrement, tintement du trouble, du mot צלל tsalal, tintement, & du mot manah, trouble.

שלם SALMANA, nom d'un Roi idolâtre; *Osée* X. 14. paisible, parfait, ou qui récompense, du mot שלם schalam, &c. Voyez ci-dessus *Salma*.

שלמנאסר SALMANASSAR, Roi des Assyriens; 4. *Reg.* XVII. 3. paix liée ou enchaînée, ou perfection & retribution, ou paix ôtée, où qui se retire, du mot שלם schalam, paix, perfection, & retribution, & du mot אסר asar, lier, & du mot יסר jasar, lier ou retenir.

שלמיה SALMIAS, nom d'homme; 1. *Esdr.* X. 39. Dieu est ma paix, mon bonheur, ou retribution, paix ou perfection du Seigneur, du mot שלם schalam, perfection, &c. & du mot יה Jah, le Seigneur.

שלמון SALMON, fils de Nahasson; *Ruth.* IV. 20. paisible, parfait, ou qui récompense, du mot שלם schalam; le même que *Salma* ci-dessus.

צלמנה SALMONA, une des stations des Israëlites dans le désert; *Num.* XXXIII. 41. l'ombre, ou le tintement du nombre, du mot צלל tsalal, ombre, &c. & du mot מנה mana, nombre; autrement, votre image ou portrait, du mot צלם tselem, image ou portrait, & du pronom נה na, vôtre, ou nôtre.

σαλώ, ou σαλώμ SALO, fils de Mosollam; 1. *Paral.* IX. 7. pannier; du mot סלל salal; autrement, mépris; ou qui foule aux pieds, du mot סלה sala; autrement, élévation, du mot מסלול maslul.

σαλώμη SALOMÉ, nom d'une femme; *Marc.* XV. 40. paisible, parfaite, ou qui récompense, du mot שלם schalam.

שלמי SALOMI, pere d'Abiud; *Num.* XXXIV. 27. de même.

שלמית SALOMITH, fille de Zorobabel & de Phadaja; 1. *Par.* III. 19. ma paix, mon bonheur, ma récompense.

שלמה SALOMON, fils de David & de Bethsabée; 2. *Reg.* V. 15. paisible ou parfait. Voyez ci-dessus.

צל-פחד SALPHAD, fils d'Hépher; *Num.* XXVI. 33. Hébreu, *Salphahad*, l'ombre ou le tintement de la crainte, du mot צלל tsalal, ombre, &c. & du mot פחד pakad, crainte; autrement, la crainte de la submersion, ou d'être brûlé, du même mot פחד pakad, & du mot צלה tsala, brûler, ou du mot צלל tsalal, être submergé.

סלוא σαλώ SALU, pere de Zamri; *Num.* XXV. 14. pannier, ou foulement des pieds,

ou élévation, du mot סלל salal. Voyez *Salo*.

שלמית SALUMITH, fille de Dabri; *Levit.* XXIV. 11. pacifique, parfaite, ou qui récompense, du mot שלם schalam.

שלשה SALUSA, fils de Supha; 1. *Paral.* VII. 37. trois ou troisiéme, ou Prince, ou Chef, du mot שלש schalosch, ou שליש schalisch. Voyez ci-dessus *Salisa*.

הושמע Σωσαμά SAMA, fils de Jéchonias, fils de Joacim; 1. *Paral.* III. 18. qui est exaucé, qui écoute, ou qui obéit, du mot שמע schamah.

שמע SAMA, ville; *Josue* XV. 26. de même.

שמעה σαμαά SAMAA, frere de David; 2. *Reg.* XXI. 21. de même.

שמעה SAMAA, fils de Macélloth; 1. *Paral.* VIII. 32. le même que *Samaam* ou *Samaan, ibid.* IX. 38. nommé ou placé, du mot שם schem, nom, ou שם sam, placer; autrement, perdu, désolé, du mot שמם schamam; autrement, renommée, bruit, rumeur, de schem, nom.

שמאם σαμαάμ SAMAAM, Vulgate, *Samaan*; 1. *Paral.* IX. 38. le même que *Samaa*; voyez ci-dessus, nom, réputation de la mere, ou de la nation; du mot שם schem, nommer, & du mot אם mere; ou du mot אום om, nation; autrement, nom de la crainte, du même mot שם schem, nommer, & du mot אם am, terreur, crainte.

סמכיה σαμαχία SAMACHIAS, un des Lévites destiné à garder les portes du Temple; 1. *Paral.* XXVI. 7. qui s'attache & s'unit au Seigneur, סמך samae, s'unir, se joindre, s'appuyer; & du mot יה Jah, le Seigneur.

שמד SAMAD, fils d'Elphaal; 1. *Par.* VIII. 12. qui brise & détruit.

שמעיא SAMAIA, ou *Samaïas*, pere de Semri; 1. *Paral.* IV. 37. qui écoute, ou qui obéit au Seigneur, du mot שמע schamah, qui écoute, &c. & du mot יה Jah, le Seigneur.

שמחות SAMAOTH, un des Princes ou Chefs des gardes qui servoient David chaque mois de l'année; 1. *Par.* XXVII. 8. désolation, destruction, étonnement, du mot שמם schamam; autrement, désolation de l'iniquité, du même mot שמם schamam, & du mot הוה hava, iniquité.

צמרים SAMARAIM, ville; *Josue* XVIII. 22. laine, du mot צמר tsamar; autrement, seve, ou rejetton, du mot צמרת tsamereth.

שמרת SAMARATH, fils de Séméï; 1. *Paral.* VI. 1. 21. lie, ou prison, du mot שמר schamar, ou schemer; autrement, buisson, épine, ou diamant, du mot שמיר chamir.

צמרי σαμμαραΐος SAMARÆUS, fils de Chanaan; *Genes.* X. 18. laine, ou seve, ou rejet-

Tome IV.   F 3

ton. Sept. des arbres. Voyez ci-deſſus *Sama-raïm*.

שמרון σωμηρων SAMARIA, nom de Province, de ville & de montagne ; 3. *Reg.* XVI. 24. Hébreu, *Someron*, ſa lie, ſa priſon, ſa garde, ſon buiſſon, ſon épine, ou ſon diamant, du mot שמר ſchamar, &c. Voyez ci-deſſus *Samarath*, & du pronom ן an, ſa, ou ſon.

שמריה ou שמריהו σαμαρειας SAMARIA, ou *Samarias*, un des Officiers de la Cour de Saül qui ſuivirent David ; 1. *Paral.* XII. 5. Dieu eſt ma garde, ou garde du Seigneur, diamant, lie, épine, ou buiſſon du Seigneur, du mot שמר ſchamar, &c. Voyez ci-deſſus *Samarath*, & du mot יה Jah, le Seigneur.

סמרון SAMARITANI, ou *Samarites*, peuples de Samarie ; *Luc.* IX. 52. Voyez *Samaraï* ci-deſſus.

שמגר SAMGAR, fils d'Anath ; *Judic.* III. 31. nommé étranger, du mot ש ſchem, nommé, & du mot גר gher, étranger ; autrement, il eſt ici étranger, du mot ש ſcham, là, ici, & du même mot גר gher, pélerin, étranger ; autrement, rumination, ou déſolation du nom, גרר garar, ruminer, déſoler, & du mot ש ſchem, nom ; autrement, ſurpriſe & étonnement de l'étranger, du mot שמם ſchamam, déſoler, s'étonner, & du mot גר gher, étranger.

שמיר SAMIR, ville ; *Joſue* XV. 48. priſon, buiſſon, &c. Voyez ci-deſſus *Samaria*.

שמה σαμαά SAMMA, fils d'Iſaï, pere de David ; 1. *Reg.* XVI. 9. Le même qui eſt dit *Simmaa*, 1. *Paral.* II. 13. perte, déſolation, étonnement, du mot שמם ſchamam ; autrement, nom, ou nommé, ou mis & poſé, du mot ש ſcham, ou ſchem, ici, là, ou nommé, ſelon les diverſes leçons.

שמא ou שמע SAMMA, fils d'Hébron ; 1. *Paral.* II. 23. qui écoute, ou obéit.

שמי SAMMAI, fils de Récem ; 1. *Par.* II. 44. mon, ou ma perte, ou ma déſolation, ou mon étonnement, du mot שמם ſchamam, & du pronom י, mon ou ma ; autrement, les Cieux, du mot שמים ſchamaïm.

שמות SAMMOTH, un des trente vaillans Capitaines de David ; 1. *Paral.* XI. 27. noms, déſolations, &c. du mot שמם ſchamam. Voyez ci-deſſus *Samma*, fils d'Iſaï.

שמוע σαμ SAMMUA, Vulgate, *Samua*, fils de Zachar ; *Num.* XIII. 5. autrement, fils de David 2. *Reg.* V. 14. le même qui eſt appellé, 1. *Par.* III. 5. *Simmaa*, celui qui eſt écouté, & à qui l'on obéit, du mot שמע ſchama, obéïr, écouter.

σαμοθρακη SAMOTHRACE, Iſle ainſi nommée, parce qu'elle eſt peuplée de Samiens & de Thraces ; *Act.* XVI. 11.

שמרי σαμβρι SAMRI, pere de Jédihel ; 1. *Paral.* XI. 45. qui garde ou empriſonne, de la lie, un buiſſon, ou diamant. Voyez ci-deſſus *Samir*, ou *Samaria*.

שמשי σαμψα SAMSAI, un des Scribes d'une lettre qui fut envoyée à Artaxercès contre les Juifs ; 1. *Eſdr.* IV. 8. mon ſoleil, du mot שמש ſchemeſch, ſoleil, & du pronom י i, mon.

שמשרי SAMSARI, fils de Jéroham ; 1. *Paral.* VIII. 22. nom de celui qui chante, ou nom de mon Prince, du mot שם ſchem, nommer, & du mot שור ſchur, chanter ; autrement, ici celui qui domine ou qui chante, du mot שם ſcham, ici, ou là, & du mot שור ſchur, chanter ; ou du mot שרר ſcharar, dominer.

שמשון SAMSON, fils de Manué ; *Judic.* XIII. 24. ſon ſoleil, du mot שמש ſchemeſch, ſoleil, & du pronom ן an, ſon ; ſelon le Syriaque, ſon ſervice, ou ſon miniſtére, du mot שמש ſchemeſch.

שמוע σαμαά SAMUA, fils de David ; 2. *Reg.* V. 14. le même qui eſt appellé *Samaa*, 1. *Par.* III. 5. ſelon les Septante, qui eſt écouté & obéi, du mot שמע ſchamah.

שמואל SAMUEL, fils d'Ammiud ; *Num.* XXXIV. 20. mis & poſé de Dieu, du mot שום ſum, mettre, placer, être ; autrement, ſon nom qu'il a reçu de Dieu, du mot ש ſchem, nommer, & du pronom ו o, ſon, du mot אל El, Dieu ; autrement, qui eſt de Dieu, ש ſchin, qui, & de la prépoſition מן mo, pour מן min, de, & du mot אל El, Dieu.

σαμος SAMUS, Iſle ; 1. *Macc.* XV. 23. ſabloneux, du Grec αμμος, ſable.

סנבלט SANABALLAT, ennemi des Iſraélites ; 2. *Eſdr.* II. 10. buiſſon dans le ſecret, du mot סנה ſené, buiſſon, & de la prépoſition ב bé, dans, לוט lut, cacher ; ou ſelon l'Hébreu & le Syriaque, l'ennemi dans le ſecret. Ce nom eſt étranger à la Langue Hébraïque.

צנן συναμ SANAN, ville ; *Joſue* XV. 37. froidure, du mot Chaldéen, צנן tſanan ; autrement, bouclier, armes.

שניר SANIR, montagne, ou *Sarion*, par tranſpoſition des lettres, ou *Hermon* ; *Deut.* III. 9. lanterne ou lumiére, qui dort, du mot נור nur, lampe ou lumiére, & du mot ישן jaſchan, dormir ; autrement, réitération, ou renouvellement de lampe, ou de celui qui montre, du mot שנה ſchana, réitération, ou renouvellement, & du mot נור nur, lampe ou lumiére.

סף σαφ SAPH, ou *Saphaï*, nom d'un géant ; 2. *Reg.* XXI. 18. jonc ou mouſſe de mer, fin, conſommation, du mot סוף ſuph ; autrement, vaſe, plat, ſeüil, du mot סף ſaph.

שפם σαφαν SAPHAM, fils de Gad ; 1. *Paral.* V. 12. Vulgate, *Saphan*, barbe, mouſtrache,

SAP   SAR

tache, du mot שׂפם fapham ; autrement ; leur lèvre, leur barbe, leur bord, du mot שׂפה fapha ; ou leur brifement, ou leur retraite, du mot שׁוף fchuph, brifer, ou fe cacher, & du pronom ם am, leur.

שׁפן SAPHAN, fils d'Afalia, 4. *Reg.* XXII. 3. lapin ou rat fauvage, du mot שׁפן fchaphan ; autrement, leur bord, léur lèvre, leur brifement, du mot שׂפה fchapha, ou du mot שׁוף fchuph, & du pronom ן an, leur.

שׁפט SAPHAT, fils d'Huri ; *Num.* XIII. 6. qui juge.

שׁפטיה SAPHATIA, ou *Saphatias*, fils de David & d'Abital ; 2. *Reg.* III. 4. le Seigneur qui juge, ou jugement du Seigneur, ou Dieu eft mon juge, du mot שׁפט fchaphat, jugement, & du mot יה Jah, le Seigneur.

σαπφείρη SAPHIRA, femme d'Ananie ; *Act.* V. 1. qui raconte ou qui conte ; autrement, qui écrit ou compofe des livres, du mot ספר faphar, ou fepher, felon les diverfes leçons ; autrement, belle, du mot שׁפר fchaphar ; ou en lifant *Sephora* ou *Siphora*, une poule, un oifeau, de צפורה.

שׁפמי σαφαμιμ SAPHOMITES, nom de pays ou de famille ; 1.*Par.*XXVII.27. lèvre, ou bord, ou rive des eaux, du mot שׁוף fchuph, brifer ; & du mot מים mim, eaux. Voyez ci-deffus *Sapham*.

צפון SAPHON, nom de lieu ; *Jofue* XIII. 17. qui eft caché, ou qui obferve, du mot שׁוף fchuph ; autrement, l'aquilon, ou le feptentrion, du mot צפון tfaphon.

שׂרה SARA, femme d'Abraham ; *Genef.* XVII. 15. Dame ou Princeffe, de שׂר fur, Prince.

שׂרה σαραά SARA, ou *Sarah*, fille d'Afer ; *Genef.* XLVI. 17. Dame de l'odeur, du mot שׂר farar, dominer, & du mot Chaldéen ריח riac, odeur ; autrement, cantique, du mot שׁור fchur ; autrement, l'aurore, l'étoile du matin, du mot renverfé שׁחר fchacar.

שׁארה σάρα SARA, fille d'Ephraïm ; 1. *Par.* VII. 24. chair, parenté, ou levain, ou refte ; du mot שׁאר fchaar, ou fcheer, ou fcheor, felon les diverfes leçons.

צרעה SARAA, ou *Sara*, ville ; *Jofue* XIX. 41. la même que *Sarea*, *Jofue* XV. 33. Voyez ci-après, lèpre, ou gale ; du mot צרע tfarah.

שׂרביה SARABIA, ou *Sarabias*, nom d'homme ; 1. *Efdr.* VIII. 18. fécherefse du Seigneur ; du mot שׁרב fcharab, fécherefse, & du mot יה Jah, le Seigneur ; autrement, qui prévaut avec le Seigneur, du mot שׂר fcharar, dominer, & de la conjonction ב beth, dans, ou avec.

שׂרי σάρα SARAI, fille d'Aran ; *Genef.* XI. 29. ma Dame, & ma Princeffe, du mot שׂרר

fcharar, dominer, & du pronom י i ; ma. Voyez *Sara*, par un שׂ chin.

צרעי SARAI, nom d'homme ; 1. *Par.* II. 54. lépreux ou galeux.

שׂרי σαραά SARAI, nom d'homme ; 1. *Efdr.* X. 40. mon Seigneur & mon Prince, du mot שׂרר fcharar, dominer, & du mot שׁור fchur, cantique, & du mot יה Jah, le Seigneur.

שׂריה σαραιας SARAIA, ou *Saraïas*, fils de Cénez ; 1. *Paral.* IV. 14. Prince du Seigneur, ou le Seigneur eft mon Prince, ou cantique du Seigneur, du mot שׂרר fcharar, dominer, & de שׁור fchur ; cantique, & du mot יה le Seigneur.

SARAITÆ, defcendans de Sataï ; 1. *Par.* II. 53. de même que *Saraï*.

שׂרים σούκρειμ SARAIM, ville ; *Jofue* XV. 36. la même que *Saaraïm*. Voyez ci-deffus ; portes, eftimations, cheveux, boucs, &c.

שׂרר SARAR, pere d'Ahiam ; 2. *Reg.* XXIII. 33. le même qui eft dit *Sachar*, 1. *Par.* XI. 34. nombril, ou Seigneur, & du mot שׂרר fcharar ou farar, felon les diverfes leçons ; autrement, penfée, confidération, ou chant, du mot שׁור fchur.

שׂראצר SARASAR, fils de Sennachérib ; 4. *Reg.* XIX. 37. Intendant du tréfor ou du cellier, du mot שׂר fcharar, qui domine ou qui commande ; & du mot אצר atfar, tréfor, ou cellier ; ou le tréfor de celui qui chante ; du même mot atfar, & du mot שׁור fchur, chanter ; autrement, qui voit les embûches, du mot שׂר fcharar, voir, & du mot צר tfar, embûche ; & felon le Syriaque & l'Hébreu, campement de celui qui affiége. Ce nom eft Affyrien, & ne peut avoir fon étymologie dans l'Hébreu.

צרת־חשחר σαρθ κάιειορ SARATH-ASAR, Hébreu, *Sarath-afahar* ; ville ; *Jofue* XIII. 19. pofition ou plan du matin, du mot צורה tfura, pofer, mettre, & du mot שׁחר fchacar, matin ; autrement, enchaînement, ou embûches, ou figure de la noirceur, du mot צר tfarar, lier, ou mettre des embûches ; ou du mot צור tfur, figurer, & du mot שׁחר fcachar, noirceur ; autrement, ce nom eft compofé du mot יצר jatfar, former, & de שׁחר fchaaar, aurore ; c'eft-à-dire, formation de l'aurore.

צרעתי SARATHI, Chef de famille ; 1. *Par.* IV. 2. lépreux, ou galeux.

σαρδεῖς SARDI, *Sardorum*, ville ; *Apoc.* I. 11. Prince de la joye, ou cantique de la joye, du mot שׂר fcharar, dominer, ou du mot שׁור fchur, cantique, & du mot רוץ ruts, fauter de joye ; autrement, ce qui refte, du mot שׂרד farad, refter ; ou felon le Syriaque, une marmite, une chaudiére. Son étymologie Grecque eft inconnuë.

צרעה SAREA, ville ; *Jofue* XV. 33. la même que *Sarea* ou *Saraa*, lèpre ou gale ; du mot צרע tfara.

שׂריה

שריה σαραίας SAREAS, fils de Thanchumeth; *Jerem*. XL. 8. Prince, ou cantique du Seigneur, ou Dieu est mon cantique, du mot שרר scharar, qui domine, ou du mot שור schur, cantique, & du mot יה Jah, le Seigneur.

שבניה σαραβίας SAREBIAS, un des Lévites qui se joignirent à Néhémie pour consoler le peuple; 2. *Esdr*. IX. 4. sécheresse du Seigneur, &c. Voyez ci-dessus *Sarabia*.

סרד SARED, fils de Zabulon; *Genes*. XLVI. 14. suppression du domaine, du mot סור sur, s'en aller, se dissiper, du mot רדד rada, plein-pouvoir; autrement, retranchement de la descente, du mot ירד jarad.

צרדה SAREDA, patrie de Jéroboam; 3. *Reg*. XI. 26. embûche, ou enchaînement du domaine, ou de la descente, du mot צרר tsarar, lier ou mettre des embûches, & du mot רדד rada, dominer, ou du mot ירד jarad, descente; autrement, plan du pouvoir & de la descente, du mot צורה tsura, poser, mettre.

צרדתה SAREDATHA, nom de lieu; 2. *Par*. IV. 17. de même.

סרדי σαριδει SAREDITÆ, descendans de Sared; *Num*. XXVI. 26. Voyez ci-dessus *Sared*.

צרפתה SAREPTHA, ville; 3. *Reg*. XVII. 9. embûches de la bouchée, du mot צרר tsarar, mettre des embûches, & du mot פת path, bouchée; autrement, creuset où l'on fond les métaux, du mot צרף tsaraph, fondre, purifier.

שרש σαρος SARES, frere de Pharés; 1. *Par*. VII. 16. racine, ou petites chaînes.

שרגון SARGON; c'est apparemment le même qu'*Assaradon*; *Isai*. XX. 1. qui enléve, ou qui ôte la protection, du mot סור sur, enlever, ôter, & du mot גן gan, protection; autrement, qui ôte le jardin, du même mot גן gan; autrement, selon le Syriaque, rets, filets. Ce nom n'est point Hébreu.

שעריה SARIA, fils d'Asel; 1. *Par*. VIII. 38. cheveux ou porte du Seigneur, du mot שער schahar, porte & cheveux, & du mot יה Jah, le Seigneur; ou du mot שעיר sahir, bouc; autrement, tempête ou orage du Seigneur.

SARIAS. Voyez *Saréas*.

שריד SARID, une des bornes de la Tribu de Zabulon; *Josue* XIX. 10. délaissé ou resté, du mot שרד sarad; autrement, la main du Prince, ou le cantique de la main, du mot שרר scharar, dominer, & du mot שור schur, cantique, & du mot יד jad, la main.

שריון SARION, montagne, appellée autrement *Sanir*; voyez ci-dessus, *Deut*. III. 9. cuirasse, du mot שריה schiria, ou שריון schirion; autrement, délivrance, ou cantique de la colombe, du mot שרה schara, délier, dissoudre; ou du mot שור schur, cantique, & du mot יונה jona, colombe.

שרוחן SAROHEN, ville; *Josue* XIX. 6. Prince de la grace, ou la grace du Prince, du mot שרר scharar, dominer, & du mot חן ken, grace; ou le cantique de la grace, du mot שור schur, cantique, & du mot חן ken, grace.

שרון SARON, ou *Sarona*, pays; 1. *Par*. XXVII. 29. sa plaine, ou son cantique, du mot שור schur, cantique; ou du mot צורה tsura, plan, & du pronom אן an, son.

שרוני SARONITES, qui est habitant, ou natif de Saron, plaine ou pays plat. Voyez ci-dessus *Saron*.

שר-סכים ναβουσαρσαχιμ SAR-SACHIM, un des Grands de la Cour du Roi de Babylone; *Jerem*. XXXIX. 3. l'Intendant des habits ou meubles, du mot שרר scharar, & du mot סכך sacac, couvrir; autrement, des parfums, du mot סך suc, onction ou parfum. Comme ce mot est Babylonien, il est difficile de trouver sa véritable étymologie dans l'Hébreu.

צרתן SARTHAN, nom de lieu; *Josue* III. 16. 3. *Reg*. IV. 12. peine, ou tribulation, ou enchaînement, ou qui est mis en place; autrement, figure, du mot צרר tsarar, peine, chagrin, embûches, enchaînement, & du mot צורה tsura, placer, mettre; ou du mot צור tsur, figurer; autrement, dressant, ou donnant des embûches, du mot נתן nathan, & זור zur, embûches.

שרוג SARUG, fils de Réü; *Genes*. XI. 12. branches, provins, du mot שריג scherig, autrement, entrelassement, du mot שרג scharag.

צרויה σαρυία SARVIA, mere d'Abisaï & de Joab; 1. *Reg*. XXVI. 6. peine ou tribulation, enchaînement du Seigneur, du mot צרר tsarar; autrement, placement, ou du mot צורה tsura; autrement, figure, du mot צור tsur, & du mot יה Jah, le Seigneur.

ששגז γαι SASAGA, Eunuque du Roi Assuérus; *Esth*. II. 14. Hébreu, *Saasagaz*, qui comprime la toison, du mot עשה contraindre, & du mot גזז gazaz, toison; autrement, celui qui fait la tondaille des brebis, du mot עשה faire, & du mot גזזי gazazi, la tondaille. Ce nom est Persan ou Méde, & ne sçauroit avoir sa véritable étymologie dans l'Hébreu.

ששבצר SASSABASAR, Prince de Juda; 1. *Esdr*. I. 8. C'est le même que *Zorobabel*, joye dans la tribulation, du mot שוש sus, joye, de la préposition ב beth, dans, & du mot צרר tsarar, tribulation, peine; autrement, production, ou munition de joye, du mot צור tsur, munition; autrement, joye de la vendange, du mot בצר batsar, & du mot שוש

SAU   SEC

שש׳ fus, joye. Nom Chaldéen, dans lequel il semble qu'on ait fait entrer *Sacé*, divinité Babylonienne.

שטן διάβολος σατανᾶς SATAN, ou *Satanas*; nom du Démon; 2. *Reg.* XIX. 22. contraire, adversaire, qui est partie dans un procès.

שוה σαυῆ SAVE, ville ou vallée; *Genes.* XIV. 5. plaine, ou qui pose, ou qui met l'égalité, du mot שוה scava.

שאול SAUL, sixiéme Roi d'Edom; *Gen.* XXXVI. 37. demandé ou prêté, fosse, sépulchre, la mort ou l'enfer, du mot שאל schaal, ou scheol, selon les diverses leçons.

שאולי SAULITÆ, descendans de Saül; *Num.* XXVI. 13. de même.

σαῦλος SAULUS, depuis surnommé *Paulus*, Apôtre; *Act.* VIII. 1. de même que *Saül.*

σκύρα SAURA, pere d'Eléazar, ou surnom d'Eléazar; I. *Macc.* VI. 43. mot Grec qui signifie salamandre, ou espéce de lézard.

σκευᾶ SCEVA, Prince des Prêtres des Juifs; *Act.* XIX. 14. disposé, préparé, du mot Grec σκευάζω, je dispose, je prépare.

SCENOFACTORIA, l'art de faire des tentes ou des tabernacles; *Act.* XVIII. 3. du mot σκηνή, tente, & du verbe Latin *facio*, je fais.

σκηνοπηγία SCENOPEGIA, fête des Tabernacles; *Joan.* VII. 5. mot Grec qui signifie dresser des tentes. Les Hébreux appellent cette fête *Succoth*, des tentes ou des tabernacles.

שבלת σίαχυς SCHIBBOLETH; *Judic.* XII. 6. épi ou courant d'eau.

σκύθαι SCYTHÆ, peuples; *Coloss.* III. 11. En Grec corroyeurs, ou cordonniers, du mot Grec σκύτος. D'autres traduisent, buveurs, gens de cabaret, du mot Grec σκύτος, espéce de pot ou verre. Ils viennent de l'Hébreu chusch, chuth ou chuta בוש כות ou בותח chuta.

σκυθοπολίται SCYTHOPOLITÆ, peuples; 2. *Macc.* XII. qui habitent la ville des Corroyeurs, ou des Scythés, du même mot Grec *Scytha*, & *polis*, ville.

שבא σαυβα SEBA, ou *Sebé*, fils de Bochri; 2. *Reg.* XX. 1. sept ou septiéme, rassasiement ou jurement, du mot שבע scheba, ou שבע schebua, ou נשבע nischbah.

שבניה SEBENIA, ou *Sebenias*: le même que *Sabanias*; 1. *Esdr.* IX. 4. Voyez ci-dessus *Sabanias*.

שבעון εὐσεβών SEBEON, pere d'Ana; *Genes.* XXXVI. 2. iniquité qui demeure, du mot שב seuh, demeurer, reposer, & du mot עון havon, iniquité; autrement, élévation ou enflure; autrement, jurement ou rassasiement, ou septiéme, du mot שבע schaba; selon le Syriaque, celui qui est teint, ou qui teint.

צביה SEBIA, mere de Joas; 4. *Reg.* XII.

Tome IV.

1. daim ou chévre, ou honorable & belle; du mot צבה tsaba, ou צבי tsabi; autrement, le Seigneur demeure, du mot יצב jatsab; demeurer, être debout, & du mot יה Jah, le Seigneur; ou selon le Syriaque, volontaire.

SEBNIA; 2. *Esdr.* IX. 5. le même que *Sabanias.* Voyez ci-dessus.

SEBOIM, ville; *Genes.* X. 19. daims, chévres, &c. Voyez ci-dessus *Sebia*.

צבעים SEBOIM, vallée; 1. *Reg.* XIII. 18. teint, ou teinture, du mot צבע tsaba, teindre.

SEBOLETH. Voyez ci-dessus *Schibboleth*.

שבתי SEBTHAI; la Vulgate, *Septhaï*; Lévite; 2. *Esdr.* VIII. 7. mon sabbat, mon repos, du mot שבת schabath.

שכם εὐχίμ ou συχίμ SECHEM, fils de Galaad; *Num.* XXVI. 31. partie, portion, le dos, épaules, ou de grand matin; de bonne heure, du mot שכם schekem, selon les diverses leçons. Voyez ci-après *Sichem*.

שכמי συχιμί SECHEMITÆ, enfans ou descendans de Sechem; *Num.* XXVI. 31. de même.

שכניה SECHENIAS, fils d'Obdia; 1. *Paral.* III. 31. le Seigneur est proche; autrement, maison ou demeure du Seigneur, du mot שכן schaken, voisin, ou tente & demeure, & du mot יה Jah, le Seigneur.

שביא ou שכיה SECHIA, fils de Saharaïm; 1. *Paral.* VIII. 10. protection, clôture; branche ou rameaux du Seigneur, du mot שוך suc; autrement, repos du Seigneur, du mot שכך schacac, reposer, & du mot יה Jah, le Seigneur.

שרונה SECHRONA, ville; *Josue* XV. 11. yvrognerie, ou son don, ou ses gages, du mot שכר schaear, ou sachar, selon les diverses leçons, & du pronom ינו enou, son.

שדדה SEDADA, nom de lieu; *Num.* XXXIV. 8. son côté, du mot צד tsad, ou sa chasse ou ses embûches, du mot צדה tsada, & du pronom ה a, sa ou son.

צדקיה SEDECIAS, fils de Josias, qui auparavant se nommoit *Mathanias*; 4. *Reg.* XXIV. 17. 20. le Seigneur est ma justice, ou la justice du Seigneur, du mot צדק tsadaq, juste, & du mot יה Jah, le Seigneur.

ἀσαδίας SEDEI, fils d'Helcias; *Baruch*, 1. 1. tout-puissant, du mot שדי schaddaï; ou destructeur, ou mammelle, du mot שד schad, ou שדד schadad; autrement, champ, du mot sadah, selon les différentes leçons.

שדיאור SEDEUR, pere d'Elisur; *Num.* I. 5. champ, mammelle, tout-puissant, ou destructeur du feu; ou de la lumiére, du mot שדי schaddaï, tout-puissant, & du mot אור or, feu ou lumiére.

צוער σηγορα, ou σογώρ, ou σηγώρ SEGOR, ville;

ville; *Genes.* XIII. 10. la même qui est appellée, *Bala*, *Genes.* XIV. 8. petite, du mot צער tsahar.

שגוב συγυβ SEGUB, fils de Hiel; 3. *Reg.* XVI. 34. fortifié ou élevé, du mot שגב schagab.

שחצימה σασιμα SEHESIMA, ville; *Josué* XIX. 22. humiliations du jeûne, du mot שחח schacac, s'humilier; autrement, fosse du jeûne, du mot שחות schecuth; autrement, méditation du jeûne, du mot שיח suac, & du mot צום tsum, jeûne; autrement, l'orgüeil de la mer, du mot שחץ schacats, orgüeil, & du pronom ים jam, mer.

סיחון SEHON, Roi des Amorrhéens; *Num.* XXI. 21. déracinement, du mot נסח nasak; autrement, conclusion.

שעיר SEIR, nom d'homme; *Gen.* XXXVI. 20. velu, bouc, démon, ou tempête, du mot שער sahar, ou שעיר sehir; autrement, orge, du mot שעירה scheora.

צעירה σειωρ SEIRA, ville; 4. *Reg.* VIII. 21. petite, du mot צער tsarar. Voyez ci-dessus *Ségor*; autrement, affligé, ou dans la tribulation.

שעירתה σειραθα SEIRATH, nom de lieu; *Judic.* III. 26. velu, élevé. Voyez *Séir*.

שלה σιλωμ ou σιλω SELA, fils de Juda & de Sua; *Gen.* XXXVIII. 5. qui rompt, qui délie, ou qui déchausse, du mot שלח schalac, envoyer, rejetter, délier.

צלע SELA, ville; *Josué* XVIII. 28. côte ou côté, ou qui cloche, ou boite; autrement, tranquille, ou pacifique.

שלני σηλωνι SELAITÆ, descendans ou enfans de Sela. Voyez ci-dessus.

שלחי σηλοι SELAHI, mere d'Asuba, mere de Josaphat; 2. *Paral.* XX. 31. branche, rameau, armes, renvoyer ou congédier, du mot שלח schalac, ou schelac, selon les diverses leçons.

סלכה σλχα SELCHA, ville; *Deut.* III. 10. ton pannier, du mot סל sal; autrement, ton mépris, ou ton foulement aux pieds, du mot סלה sala, & du pronom ך ac.

שעלבין SELEBIN, ville; *Josué* XIX. 42. l'entendement du renard, du mot שועל schuhal, renard, & du mot בון bun, entendement.

צלק SELEC, un des trente vaillans Capitaines de David; 2. *Reg.* XXIII. 37. l'ombre, ou le tintement de celui qui lèche, qui lappe, ou qui frappe, du mot צלל tsalal, être à l'ombre, ou tintement d'oreille, & du mot לקק lacac, lécher, ou lapper; autrement, selon le Chaldéen, qui rôtit & brûle, ou qui frappe, du mot צלה tsala, rôtir; & selon l'Arabe, qui fait bruit, du mot צלק tsalaq.

שלמיהו SELEMIAH, un des descendans de Bani; 1. *Esdr.* X. 41. Dieu est mon bonheur, ma perfection, ma paix, ou paix, ou perfection du Seigneur, du mot שלם schalam, paix, ou perfection, & du mot יה Jah, le Seigneur.

שלמיה SELEMIAS, pere de Juchal; *Jerem.* XXXVIII. 1. de même.

שלמית SELEMITH, fils de Zechri; 1. *Par.* XXVI. 26. pacifique ou parfaite, ou qui récompense, du mot שלם schalam, paix ou perfection.

צלף SELEPH, pere d'Hanun; 2. *Esdr.* III. 30. ombre, ou tintement d'oreille, ou frappement, du mot צלל tsalal, ombre, &c. & du mot Chaldéen צלף tsalaph, briser.

צלתי SELETHAI, fils de Sémei; 1. *Par.* VIII. 20. un des Chefs des familles qui habitérent à Jéricho, qui est rôti ou brûlé, du mot צלה tsala; autrement, mes ombres, ou mes tintemens d'oreilles, du mot צלל tsala, & du pronom י i, mon, ou mes; ou selon le Syriaque, ma prière.

σελευκεια SELEUCIA, ville; 1. *Macc.* XI. 8. ébranlée, ou battuë des flots, ou qui coule comme un fleuve; du Grec *salevo*.

σιλευκος SELEUCUS, pere de Démétrius; 1. *Macc.* VII. 1. battu des flots, flottant.

שלחים SELIM, ville; *Josué* XV. 32. envoyez, provins, branches, dards, javelots, du mot שלח schalac, ou schelac, selon les diverses leçons; ou selon le Syriaque, qui dépoüillent.

צלה σελλα SELLA, femme de Lamech; *Genes.* IV. 19. ombre, qui est rôti, ou tintement d'oreille, du mot צלה tsala, ou צלל tsalal; ou selon le Syriaque, prière.

סלע SELLA, nom de lieu; 4. *Reg.* XII. 20. estimation, du mot סלא sala; autrement, élévation, levée, du mot סל sal; ou mépris, ou être foulé aux pieds, du mot סלה sala, ou fila, selon les diverses leçons; ou selon le Syriaque, panier.

סלי σηλωσι SELLAI, un des Chefs de la Tribu de Benjamin; 2. *Esdr.* XI. 8. ma levée, mon chemin, mon panier.

שלם SELLEM, fils de Nephthali; *Num.* XXVI. 49. Voyez ci-dessus *Sallem*.

שלמי SELLEMITÆ, descendans de Sellem; *Num.* XXVI. 49. de même.

שלש SELLES, fils d'Hélem; 1. *Paral.* VII. 35. trois, du mot שלש schalosch; ou Prince, ou Capitaine, du mot שליש schalisch.

שלא SELLU, Vulgate, *Sellum*, un des Chefs de la Tribu de Benjamin; 2. *Esdr.* XI. 7. panier, hauteur, chaussée.

שלום SELLUM, fils de Jabés; 4. *Reg.* XV. 10. &c. pacifique, parfait, ou qui récompense, du mot שלם schalam.

שלמי SELMAI, pere d'Hagaba; 2. *Esdr.* VII. 48. mon habit, du mot שלמה salma, habit, & du pronom י i, mon.

צלמון SELMON, montagne; *Judic.* IX. 48.

SEM   SEM

48. son ombre, ou son obscurité, ou son image, du mot צלם tsalam, ombre, ou image, &c. du pronom ן an, son.

שלומית SELOMITH, fils de Josphia; 1. Esdr. VIII. 10. pacifique, parfaite, ou qui récompense, du mot שלם schalam.

שם SEM, fils de Noé; Gen. V. 31. nom, renommée, ou celui qui pose, qui met, ou qui est posé & qui est mis.

שמעת SEMAATH, pere de Josachar; 4. Reg. XII. 21. autrement, mere de Zabad; 2. Par. XXIV. 26. qui écoute, & qui obéit, du mot שמע schamah; autrement, bruit, renommée, du mot שמעה schamaha, ouïr, entendre.

שמעיה σαμαιας SEMAIA, fils de Sechenia; 2. Esdr. III. 29. qui écoute le Seigneur, ou qui obéit au Seigneur, du mot schamah, obéir, écouter, & du mot יה Jah, le Seigneur.

שמרית SEMARITH, mere de Jozabad; 2. Paral. XXIV. 26. qui est gardée, ou toute de diamant, épine, ou lie, du mot שמר chamir, ou schemir, selon les diverses leçons.

שמתי σαμαθι SEMATHEI, fils de Sobal; 1. Par. II. 53. nommé ou posé, du mot schem; autrement, désolé ou étonné, du mot שמם schamam.

שמאבר SEMEBER, Roi de Séboïm; Genes. XIV. 2. nom de force, ou renommée du fort, ou de l'aîle, du mot שם schem, nom, &c. & du mot אבר abbar, ou eber, fort ou aîlé, selon les différentes leçons; autrement, qui détruit le fort ou l'aîlé.

שמגר SEMEGAR, un des Princes de la Cour du Roi de Babylone; Jerem. XXXIX. 3. parfum, ou odeur de l'étranger, du mot שם sam, huile, ou parfum, & du mot גר gher, étranger; autrement, parfum de celui qui rumine, ou qui combat, du mot גרר garar, ruminer, ou du mot גרה gara, combattre.

שמעי SEMEI, fils de Gerson; Exod. VI. 17. qui écoute, ou qui obéit, du mot שמע schamah; autrement, nom du tas, ou de l'amas, du mot שם schem, nom, & du mot עי hi, tas; ou qui détruit le tas, du mot שמם schamam, détruire, désoler, & du mot עי hi, tas; autrement, ma réputation, ma renommée, du mot שם schem, nom, renommée, & du pronom י i, ma.

שמי SEMEI, fils d'Onan; 1. Paral. II. 28. mon nom, du mot שם schem, nom; autrement, ma perte, ou ma désolation, mon étonnement, du mot שמם schamam, désolation, &c. & du pronom י i, ma ou mon; autrement, les Cieux, du mot שמים schamaïm.

שמעיה σαμειας SEMEIA, ou Seméias, pere d'Urie Prophéte; 3. Reg. XII. 22. qui écoute le Seigneur, ou que le Seigneur entend, ou qui obéit au Seigneur, du mot שמע schama, obéir, &c. & du mot יה Jah, le Seigneur.

SEMEITICUS, nom d'une des deux familles descenduës de Gerson; Num. III. 21. qui obéit au Seigneur. Voyez Seméïa.

שמר σεμμηρ SEMER, Vulgate, Somer, maître de la montagne de Samarie; 3. Reg. XVI. 24. gardien, épine du Seigneur, du mot שמר schamar, &c. Voyez ci-dessus Semer, & du mot יה Jah, le Seigneur; autrement, que le Seigneur garde.

שמרון SEMERON. Voyez ci-dessus Samarie ou Sameron.

SEMERON, nom d'une montagne; 2. Paral. XIII. 4. Hébreu, Semaraim, faîne, branche, moëlle, du mot שמר tsemer.

שמרון αμαρων SEMERON, ville; Josue XII. 20. gardien ou diamant, épine, lie de la douleur, ou de l'iniquité, ou de la force, du mot שמר schamar, gardien, diamant, épine, lie, du mot און haven, ou on, selon les différentes leçons; c'est-à-dire, force, iniquité.

שמידע SEMIDA, fils de Galaad; Num. XXVI. 32. nom de science, ou qui pose la science, du mot שם nommer, ou poser, mettre, & du mot ידע jadah, science, ou connoissance; autrement, la science de la désolation, ou de l'étonnement, du mot שמם schamam, désoler, s'étonner, & du même mot ידע jadah, science; autrement, la science des Cieux, du même mot ידע jadah, & du mot שמים schamaïm, les Cieux.

שמידעי σαμαες SEMIDAITAE, les descendans de Sémida; Num. XXVI. 32. de même.

שמירמות SEMIRAMOTH, un des Lévites qui présidoient aux chants; 1. Paral. XV. 18. la hauteur des Cieux, du mot שמים schamaïm, les Cieux, & du mot רמם ramam, hauteur, élévation; ou élévation du nom, du même mot ramam, hauteur, & du mot שם schem, nom.

שמלה σεμαα SEMLA, cinquiéme Roi d'Edom; Gen. XXVI. 36. habit, du mot שמלה simla; autrement, sa main gauche, du mot שמאל semol; autrement, son nom, son étonnement, ou ce qui lui a été mis, du mot שם schem, nom, ou du mot שמם schamam, étonnement, ou du mot שום sum, poser, mettre, & de la préposition ל l, a, & du pronom ה a, lui.

שמלי SEMLAI, un des Chefs des Nathinéens; 1. Esdr. II. 46. mon habit.

שמה σαμαε SEMMA, fils d'Agé; 2. Reg. XXIII. 11. désolation, étonnement, du mot שמם schamam; autrement, là, ici, nommé, ou mis, ou posé, du mot שם scham,

ou

ou schem, selon les diverses leçons.

שמעה SEMMAA, pere de Jonadab; 2. Reg. XIII. 3. qui écoute, ou qui obéit, du mot שמע schamah.

שמרון σαμβραν SEMRAN, fils d'Issachar; Num. XXVI. 24. gardien, diamant, buisson, épine, lie, du mot שמר schamar, ou שמיר schamir, selon les diverses leçons. Voyez ci-dessus Semer.

שמרני σαμβρανὶ SEMRANITÆ, descendans de Semra; Num. XXVI. 24. de même.

שמרי SEMRI, fils de Samaïa; 1. Paral. IV. 37. mon gardien, mon diamant, mon buisson, &c.

SEMRON. Voyez ci-après Simeron.

שן σαλαιά SEN, nom de lieu; 1. Reg. VII. 12. dent, yvoire, du mot שן schen; autrement, changement, du mot שנה schana; autrement, celui qui dort, du mot ישן jaschan.

סנאה SENAA, ville; 1. Esdr. II. 35. buisson, du mot סנה sené; ou selon le Syriaque, ennemi.

שנאב σενααβ SENAAB, Roi d'Adama; Genes. XIV. 2. dent du pere, ou changement du pere, ou sommeil du pere, du mot שן schen, dent, ou du mot שנה schana, changement, ou du mot ישן jaschan, sommeil, & du mot אב ab, pere.

סנה σινᾶ SENE', rocher; 1. Reg. XIV. 4. buisson. Voyez ci-dessus Senaa; autrement, ennemi, selon le Syriaque.

צנה ἐνυξ SENNA, nom de lieu; Num. XXXIV. 4. bouclier ou lance, du mot צנה tsinna; autrement, froid.

שנער SENNAAR, Province; Genes. X. 10. C'est le pays qui est appellé dans l'Ecriture Babylone & la Chaldée; veille de celui qui dort, du mot עור hur, veille, & du mot ישן jaschan, dormir; autrement, dépouillement de la dent, du mot ערה hara, dépouillement, & du mot שן schen, dent, ou changement de la ville, du mot שנה schana, changement, & du mot עיר hir, ville. Ces explications sont violentes & peu certaines, parce que le nom n'est pas Hébreu.

סנחריב SENNACHERIB, Roi des Assyriens; 4. Reg. XVIII. 13. buisson de la destruction de l'épée, de la solitude, ou de la sécheresse, du mot סנה sené, buisson, & du mot חרב carab, perdre, sécher, désoler, désert ou épée; autrement, selon l'Hébreu & le Syriaque, l'épée ou la destruction de l'ennemi. Ce nom est étranger à la Langue sainte.

שנאצר σαναάσαρ SENNESER, fils de Jéchonias; 1. Paral. III. 18. trésor de la dent, ou de l'yvoire, du mot שן schen, dent, yvoire, & du mot אצר atsar, trésor; autrement, trésor, de celui qui dort, du mot atsar, trésor, & du mot ישן jaschan, dormir; ou changement de l'angoisse, ou détresse, du mot שנה schana, changement, & du mot צרר tsarar, être dans la peine ou dans les liens. Ce nom est Babylonien plûtôt qu'Hébreu.

סנסנה σανσανὰ SENSENNA, ville; Josue XV. 31. des Provinces, des branches, le buisson du buisson, du mot סנה sené, buisson; ou selon le Syriaque & l'Hébreu, le buisson de l'ennemi.

שנואה ωσαμ SENUA, pere de Juda; 2. Esdr. XI. 9. buisson, du mot סנה sené; autrement, selon le Syriaque, ennemie.

שיאון SEON, ville; Josue XIX. 19. son bruit, du mot שאה schaa.

צור σααρ SEOR, pere d'Ephron; Genes. XXIII. 8. Hébreu, Soar, blanc, resplendissant, du mot צחר sahar.

שעירים SEORIM, Chef de la quatriéme famille Sacerdotale; 1. Paral. XXIV. 8. orges, portes, cheveux, tourbillons, estimations ou appréciations, tempêtes, du mot שער schohar ou schahar, selon les différentes leçons; autrement, boucs, démons, hommes velus, du mot שעיר schahir; autrement, orge, du mot שעורה scheora.

שפם σαφὰμ SEPHAM, fils d'Hir; Vulgate, Hur; 1. Par. VII. 12. barbe des lévres, la moustache; autrement, leurs lévres, ou leurs bords, du mot שפה sapha, lévres, bords; autrement, leurs brisemens, du mot שוף schuph, briser, & du pronom ם am, leur.

שפמה SEPHAMA, une des bornes de la Terre promise; Num. XXXIV. 10. son bord, sa lévre, sa barbe, son brisement. Voyez ci-dessus Sépham.

שפמות SEPHAMOTH, ville; 1. Reg. XXX. 28. les barbes, ou les bords, &c. Voyez Séphama.

ספרה σωφηρὰ SEPHAR, montagne; Gen. X. 30. livre, lettre ou scribe, narration ou dénombrement, du mot ספר saphar ou sepher, selon les différentes leçons.

ספרוים σεπφαρυιμ SEPHARVAIM, région de Syrie; 4. Reg. VIII. 38. les deux livres ou les deux scribes. Voyez ci-dessus Séphar.

צפת SEPHATH, ville; Num. XXI. 3. nommée Horma, Judic. I. 17. Hébreu, Séphaath, qui regarde ou qui attend, ou qui couvre, du mot צפה tsapha; autrement, rayon de miel, du mot צוף tsuph.

שפתה SEPHATHA, ville; 1. Esdr. II. 4. Voyez ci-dessus Saphatia.

שפעי σωφει SEPHEI, pere de Ziza; 1. Paral. IV. 37. inondation ou multitude, du mot שפע schepha; autrement, couteau, du mot שפי sephi.

שפלה σεφηλὰ SEPHELA, nom de lieu; 1. Macc. XII. 38. lieux bas, plats, vallons ou plaines, du mot שפלה schaphela.

שפר ἀρσυφὰρ SEPHER, montagne; Num. XXXIII. 23. beauté, trompette, du mot שפר schaphar,

SEP   SER

schaphar, ou schophar, selon les diverses leçons.

SEPHET, ville; *Tob.* I. I. qui juge, du mot שפט schaphat, juger; ou qui ordonne, du mot שפת schaphath, ordonner.

עפי σωφρυν SEPHI, fils d'Eliphaz; I. *Par.* I. 36. le même qui est dit *Séphor*, *Gen.* XXXVI. II. qui voit & observe, ou qui attend & qui couvre, de עפה zapha.

שפי σωφι SEPHI, fils de Sobal; I. *Par.* I. 40. le même qui est dit *Séphor*, *Gen.* XXXVI. 23. bord, lèvre, solitude, brisement. Voyez ci-dessus *Sépham*.

שפים SEPHIM, un des Chefs des Portiers du Temple du côté de l'occident; I. *Paral.* XXVI. 16. leur barbe, leur bord, leur lévre, ou leur brisement. Voyez ci-dessus *Sépham*.

צפי SEPHO, fils d'Eliphaz; *Gen.* XXXVI. II. le même que *Sephi* ci-dessus.

σωφαρ SEPHO, fils de Sobal; *Gen.* XXXVI. 23. Voyez ci-dessus *Sephi*.

צפון SEPHON, fils de Gad; Vulgate, *Sephion*; *Genes.* XLVI. 16. qui contemple, du mot צפה tsapha; ou l'aquilon & le nord, du mot צפון tsaphon; ou qui est caché, du mot צפן tsaphan; autrement, le nord qui est caché.

צפוני σωφωνι SEPHONITÆ, descendans de Séphon; *Num.* XXVI. 16.

צפור SEPHOR, pere de Balac; *Num.* XXII. 2. oiseau ou passereau, du mot צפור tsiphor; autrement, couronne ou désert; ou selon le Syriaque, de bon matin, ou bouc.

שפרה SEPHORA, une des sages-femmes des Hébreux; *Exod.* I. 15. belle ou trompette, du mot שפר schaphar ou schepher, selon les diverses leçons; ou selon le Syriaque, qui fait du bien, ou poulette, petit oiseau.

שפרה SEPHORA, femme de Moyse; *Exod.* II. 21. de même que *Sépher* ci-dessus.

שפטן SEPHTAN, pere de Camuël; *Num.* XXXIV. 24. juge, ou qui juge, du mot שפט schaphat.

שפופן σωφαμ SEPHUPHAN, fils de Béla; I. *Paral.* VIII. 5. cérafte ou espéce de serpent, du mot שפף schaphaph, d'où שפיפי schaphiphon.

צר σωρος SER, ville; *Josue* XIX. 35. angoisses, peines, tribulations, du mot צור tsur, opprimer; autrement, pierre, rocher, forteresse, du même mot.

שרפים SERAPHIM; *Isai.* VI. 2. ardents, pleins de feu, du mot שרף saraph, brûler, ou serpent volant.

שרביה σαραβιας SEREBIA, un des Lévites qui lisoient la Loi; 2. *Esdr.* IX. 5. la sécheresse du Seigneur, du mot שרב scharab, lieu sec & brûlé; autrement, qui domine avec le Seigneur, du mot שרר sarar, domi-

Tome IV.

ner, & de la préposition ב beth, dans, & du mot יה Jah, le Seigneur; autrement, qui chante dans le Seigneur, du mot שור schur, chanter.

שרבצר σαραξαρ SERESER, un des Grands de la Cour du Roi de Babylone; *Jerem.* XXXIX. 3. Prince du trésor, du mot שר Prince, & de אוצר trésor.

צרת SERETH, fils d'Ashur; I. *Paral.* IV. 7. Voyez ci-dessus *Ser*; autrement, formée, faite, du mot יצר jatsar.

σεργιος SERGIUS, nom d'un Proconsul, surnommé Paul; *Act.* XIII. 7. On n'en sçait pas l'étymologie.

σηρων SERON, Lieutenant Général de l'armée de Syrie; I. *Macc.* III. 13. Prince de la douleur, ou qui chante la tristesse; autrement, plaine ou pays-plat, du mot שרר sarar, dominer, commander, ou du mot שור schur, chanter, ou du mot ישר ischor ou מישור mischor, plaine.

צרור σαραρ SEROR, fils de Béchorath; I. *Reg.* IX. I. botte ou bouquet, ou qui serre, qui lie, & qui tient à l'étroit, du mot צרר tsarar; autrement, une pierre, du mot צרור tseror.

צרועה SERVA, mere de Jéroboam; 3. *Reg.* XI. 26. lépreuse, ou guespe, ou frelon, du mot צרע tserha.

שישא SESA, pere d'Ahia; 3. *Reg.* IV. 3. six ou sixième, du mot ששה sischa; autrement, marbre, du mot שיש schaïsch; ou élévation du don, du mot שי schaï, présent, don, & du mot נשא nascha, élever.

שישק SESAC, Roi d'Egypte; 3. *Reg.* XI. 40. présent du sac, du pot, de la cuisse, du mot שק sac, sac, & du mot שוק schoc, cuisse; autrement, du baiser, du mot נשק naschaq. Ce nom est Egyptien, & il n'est pas possible d'en trouver l'étymologie dans l'Hébreu.

ששך σισακ SESAC, fils de Baria; I. *Par.* VIII. 14. & *Sésac* Roi ou Divinité de Babylone; *Jerem.* XXV. 26. sac de lin, du mot שק sac, sac, & du mot שש schesch, lin; autremen, sixiéme sac, du même mot שש scheschs, six, & du mot sac.

ששי SESAI, fils d'Enac; *Josue* XV. 14. sixiéme, lin, joye. Voyez ci-dessus *Sesa*, fils de Baria.

ששי SESAN, fils de Jési; I. *Paral.* II. 34. lys ou rose, du mot שושן schoschan; autrement, joye ou lin. Voyez ci-dessus *Sésac*, fils de Baria.

שת SETH, fils d'Adam; *Genes.* IV. 25. mis ou qui met, du mot שות schuth, mettre.

שתר SETHAR, nom d'un Capitaine; *Esth.* I. 14. qui pourrit, du mot Chaldéen שחיתא schekitha, pourriture. Ce mot est Persan ou Méde, & il est difficile de trouver dans l'Hébreu sa véritable racine.

H 3 שתרי

שתרי SETHRI, fils d'Oziel; *Exod.* VI. 22. cacher; autrement, démoli ou renversé, du mot סתר fathar; autrement, mon refuge, du même mot fathar, & du pronom י, mon.

שטים σατιειν SETIM, nom de lieu; *Num.* XXV. 1. qui détournent ou divertissent, du mot שטה fata ou fita; autrement, fleaux, verges ou épines, du mot שוט schut. Voyez ci-après *Sitim*. Ce mot est le pluriel de שטה fita, qui signifie une espèce d'épine blanche fort commune dans l'Arabie, que saint Jérôme décrit en deux endroits de ses Commentaires sur les petits Prophètes, & le nom de ces épines a été donné à ce lieu, où elles croissent en abondance.

שטרי σατραυ SETRAI, un des Surintendans de David; 1. *Paral.* XXVII. 29. Intendant ou Chef, Juge, du mot שטר schoter; ou selon le Syriaque, obligation ou contrat.

סיעהא SIAA, un des Chefs des Nathinéens; 1. *Esdr.* II. 44. mouvement, du mot שעה saha; ou selon le Syriaque, aide ou secours, du mot סיע siba.

סיהא SIAHA, un des Chefs des Nathinéens; 2. *Esdr.* XI. 21. splendeur, blancheur, du mot צחח tsakak; autrement sécheresse, du mot צחיחה tsekika.

ציבא SIBA, serviteur de Saül; 2. *Reg.* IX. 2. armée, combat, force, ou cerf, du mot צבא tsaba.

סבלת SIBBOLETH, Vulgate, *Scibboleth*; *Judic.* XII. 6. fardeau, du mot סבל sabal.

צקלג SICELEG, ville; *Josue* XV. 31. sétier ou mesure pressée, du mot לוג log, sétier, & du mot צוק tsuq, presser; ou mesure épanchée, du mot יצק jatsaq, répandre, & log, sorte de mesure.

שכר σικερα SICERA, tout ce qui peut enyvrer; Hébreu, *Sechar, Deut.* XXIX. 6. Ce terme signifie en particulier du vin de palmier.

συχαρ SICHAR, ville; *Joan.* IV. 5. que saint Jérôme prétend être une faute de Copiste, qui a lû *Sichar* pour *Sichem*. Voyez *Sichem*.

שכם SICHEM, fils d'Hémor; *Genes.* XXXIII. 19. autrement, ville; *Gen.* XII. 6. l'épaule, ou qui est prêt, de bonheur, ou de bon matin, du mot שכם sichem, par corruption sichar. Voyez ci-dessus.

σικιμα SICHIMA, ville; *Judic.* IX. 26. de même.

σικιμιοι SICHIMI, peuples; *Gen.* XXXIII. 18. de même.

SICHIMITÆ, peuples; *Judic.* IX. 57. de même.

שקל SICLUS, espèce de poids qui contient vingt oboles; *Ezech.* XLV. 12. du mot שקל sekel, peser. Ce poids contenoit vingt gerahs ou oboles, comme l'a traduit la Vulgate, *Exod.* XXX. 13. & chaque gérah ou obole, selon les Rabbins, pesoit seize grains d'or. Voyez la Table des monnoyes.

σικυων SICION, nom de lieu; 1. *Macc.* XV. 23. Quelques exemplaires Grecs portent σικυωνη, *sicyone*, c'est-à-dire, lieu où naissent les concombres, du mot Grec σικυος, concombres.

σιδην SIDE, nom de lieu; 1. *Macc.* XV. 23. chasse, filets, embûches, du mot צדה tsada; autrement, viatique, provision, nourriture, du mot צוד tsud; le Grec σιδη, signifie une pomme de grenade, ou un grenadier.

צידון SIDON, fils de Chanaan, *Genes.* X. 15. chasse, pêche, ou venaison, du mot ציד tsid ou tzida.

צידני σιδωνιος SIDONIUS, habitant ou natif de la ville & territoire de Sidon; *Judic.* III. 3. de même.

שדרך SIDRACH, autrement, *Ananias*, un des compagnons de Daniel; *Dan.* I. 7. mammelle tendre, ou un champ mou, & tendre, du mot שד schod, mammelle, ou שדה champ, & du mot רכך racac, tendre. C'est un nom Babylonien, dont il est difficile de trouver l'étymologie dans l'Hébreu.

שיהא SIHA, un des principaux Chefs des Nathinéens; 1. *Esdr.* II. 43. splendeur, blancheur, sécheresse. Voyez ci-dessus *Siaha*.

שיחור σιωρ SIHOR, autrement, le Nil, fleuve de l'Egypte; *Josue* XIX. 26. noir, trouble, ou de grand matin, du mot שחר schacar.

σιλας SILAS, un des compagnons de saint Paul & de Barnabé; *Act.* XV. 22. troisième, de שלש silas, trois ou troisième. Si c'est le même que *Silvanus*, comme on le croit, il signifie qui aime les bois, les forêts.

שלה ou שלו συλω SILO, ville; *Josue* XXI. 2. paix ou abondance, du mot שלה schala; autrement, selon le Syriaque, qui trompe & se joue.

שלח σιλωαμ SILOE', fontaine ou piscine de Siloé; *Isai.* VIII. 6. envoyé, ou qui envoye; autrement, dard, branche, ou tout ce que l'on envoye, du même mot שלח schalac; autrement, selon le Syriaque, dépouillé, ou qui dépouille.

שילוני συλωνει SILONI, un des Chefs des familles qui ont les premiers habité dans Jérusalem au retour de la captivité; 1. *Paral.* IX. 5. qui demeure, du mot שלה schala; autrement paix & abondance, du même mot schala, ou שלי scheli; ou selon le Syriaque, qui trompe ou qui se joue.

σιλωνιτης SILONITÆ, ou *Silonites*, qui est de la ville de Silo; 3. *Reg.* XI. 15. Voyez *Silo*.

σιλουανος SILVANUS, Disciple de saint Paul;

SIM   SIS

Paul ; 2. *Cor.* I. 19. qui aime les bois, les forêts, du mot Latin *sylva*, forêt.

שמעון SIMEON, second fils de Jacob, & de Liah; *Genef.* XXIX. 33. qui écoute, qui obéït, ou qui est exaucé, du mot *schama*. Sa mere le nomma ainsi, parce que Dieu l'avoit exaucée.

שמעוני SIMEONITÆ, les enfans de Siméon ; I. *Paral.* XXVII. 19. de même.

שמרון σομόρων SIMERON, fils d'Issachar ; *Genef.* XLVI. 13. Vulgate, *Semron*, son gardien, son diamant, son buisson ou sa lie, du mot שמר *schamar*, ou שמיר *schamir*.

שמאא σαμαά SIMMAA, fils de David ; 1. *Par.* III. 5. le même qui est appellé *Samua*, 2. *Reg.* V. 14. qui écoute ou qui obéit, du mot שמע *schama*.

σίμων SIMON, fils de Mathathias ; I. *Macc.* II. 3. qui écoute & qui obéit, du mot שמע *schama*; ou de même que *Siméon* ci-dessus.

שימון SIMON, nom d'homme ; I. *Paral.* IV. 10. qui met ou qui est mis, du mot שום *schum*; autrement, huile, parfum, du mot שמן *schemen*.

סין SIN, désert, & la huitième demeure ou station des Israëlites ; *Exod.* XVI. 1. buisson, du mot סנה *sené*.

צן SIN, autre désert qui est voisin de Cadès, & de Pharan ; *Num.* XIII. 22. bouclier, froidure, du mot צנן *sinan*.

SINA, montagne d'Arabie ; *Josue* XV. 3. *Galat.* IV. 25. de même.

סני SINA, Vulgate, *Sinaï*, montagne dans le désert de Pharan ; *Deut.* XIX. 2. buisson, du mot סנה *sené* ; selon le Syriaque, inimitié.

SINAI, de même.

הסיני SINÆUS, fils de Chanaan ; *Gen.* X. 17. inimitié, buisson.

ציון SION, montagne ou citadelle ; 2. *Reg.* V. 2. monument élevé, amas de pierres dressées, sépulchre ou guérite, ou sécheresse, du mot צון *tsun*.

שיאן σιών SION, montagne du pays des Amorrhéens, la même qu'*Hermon*; *Deut.* IV. 48. bruit, tumulte, du mot שאן *schaon*, ou שאה *schaa*.

ציער SIOR, ville ; *Josue* XV. 54. petit, du mot צער *tsahar* ; autrement, navire de celui qui veille ou qui est éveillé, ou de celui qui est dépouillé, ou de l'ennemi, de צי *tsi*, navire, & du mot עור *hur*, s'éveiller ; ou du mot ער *her* ou *har*, ennemi, ou qui veille, ou du mot ערה *hara*, dépouiller.

סרה SIRA, citerne ; 2. *Reg.* III. 26. chaudrons ou marmites, épines, du mot סיר *sir* ; ou trahison & rébellion, du mot סרר *sarar*.

σιράχ SIRACH, pere de Jesus, & Auteur du Livre de l'Ecclésiastique ; *Eccl.* L. 29. cantique du frere, du mot שיר *schur*, ou שור *schir*, cantique, & du mot אחה *aka*, frere.

ציץ αἰεὶς SIS, le penchant d'une montagne ou côteau ; 2. *Paral.* XX. 16. fleur, rameau, une tresse de cheveux, du mot ציץ *sis* ; autrement, selon le Syriaque, aîle, plume.

SISA, Scribe, pere d'Ahia ; 3. *Reg.* IV. 3. Voyez ci-dessus *Sesa*, six, sixième.

שש σιυ SISAI, fils d'Enach ; *Num.* III. 23. six ou sixième, ou fin lin ou coton, du mot שש *schesch* ; autrement, joye, du mot שוש *schusch* ou *sus*.

ססמי σασαμωὶ SISAMOI, fils d'Elhasa ; I. *Par.* II. 40. cheval, ou hirondelle des eaux, du mot סוס *sus*, cheval, &c. & du mot מים *maïm*, les eaux ; ou selon le Syriaque, aveuglement.

סיסרא SISARA, Chef de l'armée des Chananéens ; *Judic.* IV. 2. qui voit un cheval, une hirondelle, du mot ראה *raa*, voir, & du mot סוס *sus*, cheval, &c.

שטים χοῖνος SITIM, nom d'un torrent ; *Joël.* III. 18. torrent des épines ou du bois de *sethim*. Voyez ci-dessus *Setim*.

שוא σκαα SIVA, un des Scribes de David ; 2. *Reg.* XX. 25. vanité, du mot שוא *schové* ; autrement, élévation, bruit, du mot שאה *schaa*.

סיון νισάν SIVAN, nom Babylonien du troisiéme mois de l'année des Hébreux, qui répond en partie aux mois de May & de Juin ; *Esth.* VIII. 9. buisson, du mot סנה *sené* ; ou épine, du mot סן *sin*. Ces étymologies sont violentes & incertaines.

שיזא SIZA, pere d'Adina ; I. *Paral.* XI. 42. ce présent, du mot זה *zé*, ceci, cela, & du mot שי *saï*, présent ; autrement, présent qui se répand, du même mot *schai*, & du mot נזה *naza*, arroser, répandre.

σμύρνα SMYRNA, ville ; *Apocal.* I. 11. du mot Grec qui signifie myrrhe.

שהם SOAM, fille de Mérati ; I. *Paral.* XXIV. 27. l'émeraude, ou autre pierre précieuse, du mot שהם *schoem*.

צובה SOBA, nom d'un Royaume ; I. *Reg.* XIV. 47. armée ou combat, du mot צבא *tsaba*. Voyez ci-dessus *Siba*. Autrement, enflure ou tumeur, du mot צבה *tsaba*.

שובב SOBAB, fils de David ; 2. *Reg.* V. 14. revenu, converti, du mot שוב *schub* ; autrement, selon le Syriaque, étincelle.

שבך SOBACH, Lieutenant Général des armées d'Adarezer ; 2. *Reg.* X. 16. vos liens, vos chaînes, vos rets, vos filets, du mot שבה *schaba*, & de l'affixe ך *ec* ; autrement, sa captivité, du même mot *schaba* ; ou votre conversion, votre retour, du mot שוב *schub*, retourner, & du pronom ך *ec*, votre ; autrement, selon le Syriaque, un colombier.

שובי SOBAI, Lévite, & un des Portiers du Temple ; I. *Esdr.* II. 42. captivité, du mot

שבה schaba, qui s'assied, qui se repose ou qui se convertit, du mot ישב jaschab.

שובל SOBAL, fils de Séir; Genes. XXXVI. 20. chemin, épi, cuisse, du mot שבל schobel; autrement, vieillesse, vaine, du mot בלה bala, vieillir, & du mot שוא schové, vain.

שובק SOBEC, un des principaux Juifs qui signèrent & renouvellèrent l'Alliance avec le Seigneur sous la conduite de Néhémie; 2. Esdr. x. 24. égalé à la vanité, ou placé avec le vuide, du mot שוה schava, placer, égaler, & du mot בוק buq, vuide; autrement, vaine dissipation, du mot שוא schové, vanité, & du mot בוק buq, dissipation.

שבי SOBI, fils de Vaas; 2. Reg. XVII. 27. conversion, captivité, ou repos. Voyez ci-dessus Sobai.

שבנה σοβνάς SOBNA, ou Sobnas, nom d'un Scribe; 4. Reg. XVIII. 18. qui se repose, ou qui est captif présentement, du mot שוב schub, ou שבה schaba. Voyez Sabai, & du mot נא na, maintenant.

SOBNAS; de même.

צבבה σοβοβα SOBOBA, fils de Cos; 1. Paral. IV. 8. l'armée ou le combat est en elle, du mot צבא tsaba; autrement, la tumeur, l'enflure est en elle, du mot צבה tsaba; Voyez ci-dessus Soba; & de la préposition ב beth, dans, & du pronom ה a, elle.

סבכי SOBOCHAI, de la race des Géans; 2. Reg. XXI. 18. mon rejetton, ma branche, ou branches, rameaux, ombrages, du mot סבך sabac.

סכות SOCO, ou Socoth, ville; Genes. XXXIII. 17. les tentes, les tabernacles, du mot סך soc.

סכות־בנות SOCOTH-BENOTH, 4. Reg. XVII. 30. les tabernacles des filles, ou les tentes des prostituées, du mot סך soc, tente, tabernacle, & du mot בת bath, fille.

סודי SODI, pere de Geddiel; Num. XIII. 11. mon secret, du mot סוד sod, secret, & du pronom י i, mon.

ουδι SODI, fleuve; Baruch. I. 4. de même.

שדמה SODOMA, ville; Genes. x. 19. leur secret, leur chaux, ou leur ciment, du mot סוד secret, & du pronom ה a, leur, & du mot שוד sud, chaux; mais improprement, car Sodome s'écrit par un ס samech.

שדם σοδομιοι SODOMITÆ, peuples de Sodome; Gen. XIII. 13. de la même racine.

צחא SOHA, un des Chefs des Nathinéens; 2. Esdr. VII. 46. candeur, sécheresse, du mot צחח tsacac, ou du mot צחיחה tsekica.

צחר σααρ SOHAR, fils de Siméon; Gen. XLVI. 10. blanc, du mot צחר tsacar; autrement, sécheresse, du mot צחיחה tsekica.

שחריה θαραια SOHORIA, fils de Jéroam; 1. Par. VIII. 26. 27. le matin du Seigneur, où le noir du Seigneur, du mot שחר schacar, matin ou noir, & du mot יה Jah, le Seigneur.

שמר SOMER, fils de Moholi; 1. Par. VI. 46. gardien, diamant, lie, buisson, épine, du mot שמר schamar. Voyez ci-dessus Samaria.

שמריה SOMORIA, fils de Roboam, 2. Par. XI. 19. Voyez ci-dessus Samaria.

σωπατρος SOPATER, Disciple de saint Paul; Act. xx. 4. qui garde le pere, ou le salut du pere, du mot Grec σώζω, je sauve, & du mot πάτηρ, pere.

שופך SOPHACH, Lieutenant Général d'Adarezer; 1. Par. XIX. 16. qui répand ou qui est répandu, du mot שפך scaphac.

צופי SOPHAI, fils d'Elcana; 1. Par. VI. 26. qui contemple, du mot צפה tsapha; autrement, rayon de miel, ou qui nagent, du mot צוף tsuph; autrement, qui est couvert.

שופן SOPHAN, ville; Num. XXXII. 35. lapin, ou rat des montagnes, du mot שפן schaphan; autrement, qui lâche ou qui brise, du mot שוף schuph.

צופר SOPHAR, nom Chaldéen, un des amis de Job; Job. II. 11. matinal ou couronne, du mot עפירה tsephita; autrement, passereau ou petit oiseau, du mot עפר tzippor; autrement, bouc, selon le Syriaque, du mot צפיר tsaphir.

ספר γραμματευς SOPHER, 4. Reg. xxv. 19. Scribe, du mot ספר sepher, ou livre, ou celui qui écrit, qui raconte ou qui compte.

ספרת σωφηρα SOPHERETH, un des Chefs des familles des Nathinéens; 1. Esdr. II. 55. de même.

צופים SOPHIM, descendans de Zuph; 1. Reg. I. 1. ceux qui regardent, ou qui attendent, du mot צפה tsapha, regarder, attendre; autrement, qui surnagent ou qui couvrent, ou rayons de miel, du mot צוף tsuph.

פניה SOPHONIAS, fils de Maasia; 4. Reg. xxv. 18. le Seigneur est mon secret, ou le secret du Seigneur, ou l'aquilon du Seigneur, du mot צפן tsaphan, cacher, ou de צפון tsaphon, aquilon, nord, & du mot יה Jah, le Seigneur.

שופטים κριται SOPHTIM, titre du Livre des Juges, du mot שפט saphat, juger. Les Septante l'ont traduit par κριται, juges.

שורק SOREC, vallée ou torrent; Judic. xvi. 4. vigne, sifflement, couleur tirant sur le jaune, du mot שרק sorec.

צרי SORI, fils d'Idithun; 1. Paral. xxv. 3. presse, liens, peines, du mot צרר tsarar; autrement, résine, thériaque, du mot צרה tsara; autrement, pierre, du mot צור tsur.

σωσίπατρος

SOS — SUN

ὁσίπατρος SOSIPATER, un des principaux Capitaines qui commandoient sous Maccabée ; 2. *Macc.* XII. 19. qui sauve le pere, ou salut du pere, du mot Grec σώζω, je sauve, ou Sauveur, & du mot πατήρ, pere.

ὁσθένης SOSTHENES, Prince d'une synagogue ; *Act.* XVIII. 17. Sauveur, fort & puissant, du mot Grec σώζω, sauver, & du mot σθένος, force.

σώστρατος SOSTRATUS, Gouverneur de la citadelle de Jérusalem ; 2. *Macc.* IV. 27. qui sauve l'armée, ou le salut de l'armée, du mot Grec σώζω, sauver, & du mot Grec στράτος, armée.

סוטי SOTAI, un des Chefs des familles des Nathinéens ; 1. *Esdr.* II. 55. qui décline, qui tombe, ou qui prévarique, du mot סוט mut.

σπαρτιατοὶ SPARTIANI, ou *Spartiatæ*, peuples de Lacédémone ; 1. *Macc.* XIV. 20. qui sement, du mot Grec σπαρτὸς.

στάχυς STACHYS, ami de saint Paul ; *Rom.* XVI. 9. épi, du mot Grec στάχυς.

στεφανᾶς STEPHANAS, un des Disciples de saint Paul, & qu'il avoit baptisé, ainsi que sa famille ; 1. *Cor.* I. 16. couronne ou couronné, du mot Grec στεφάνη.

στέφανος STEPHANUS, un des sept Diacres ; *Act.* VI. 5. de même.

שְׁתַר־בּוֹזְנַי σαθραβουζάνης STAR-BUZANAI, un des Princes qui s'opposèrent à la réédification du Temple de Jérusalem ; 1. *Esdr.* V. 3. qui fait pourrir & corrompre, ou qui recherche & examine ceux qui me méprisent, du mot בוז baza, mépriser, & du pronom י i, moi, me, & du mot תור thur, chercher, examiner. Ce mot est Méde ou Persan ; on ne peut trouver sa véritable racine dans l'Hébreu.

σαθύρ STHUR, fils de Michaël ; *Num.* XIII. 14. cachet, ou qui détruit, du mot סתר sathar, cacher & détruire.

στοϊκοὶ STOICI, Philosophes ; *Act.* XVII. 18. ainsi appellez par les Grecs, parce qu'ils s'assembloient & conféroient ensemble sous un portique, qui se nomme en Grec στοά.

שׁוּעַ σαυὰ SUA, pere d'une des femmes de Juda, fils de Jacob : l'Écriture ne nomme point cette femme ; *Genes.* XXXVIII. 2. qui crie & qui prie, du mot שׁוע schuah ; autrement, riche, magnifique, du même mot ; autrement, qui regarde, du mot שׁעה schaha.

סוֹא σαυὰ SUA, Roi d'Egypte ; 4. *Reg.* XVII. 4. mesure des grains, ou matieres seches : Hébreu, *Seah*, que les Grecs traduisent σατον. Mais il vaut mieux dire que l'étymologie de ce terme Egyptien ne se trouve pas dans la Langue Hébraïque.

Tome IV.

שׁוּחָה σύα SUA, frere de Caleb ; 1. *Paral.* IV. 11. fosse, ou qui nage, du mot שׁחה schecuth ; autrement, humiliation, méditation ou parole, du mot שׁוּעַ suac ; autrement, humiliation, du mot שׁחח schacac.

שׁוּעָא σύα SUAA, fils d'Eber ; 1. *Par.* VII. 32. Voyez *Sua*, pere d'une des femmes de Juda, ci-dessus.

שׁוּעָל SUAL, fils de Supha ; 1. *Par.* VII. 36. renard, le poing, la main, du mot שׁעל schahal, שׁוּעָל schuhal, selon les différentes leçons ; autrement, traces, chemin, du mot משׁעול meschol.

שׁוּבָאֵל SUBAEL, petit-fils d'Amram ; 1. *Par.* XXIV. 20. conversion, retour, repos, ou captivité de Dieu ; du mot שׁוּב schub, conversion & repos, ou du mot שׁבה schaba, captivité, & du mot אל El, Dieu.

שׁבוּאֵל SUBUEL, fils de Gerson ; 1. *Par.* XXIII. 16. de même.

שׁוּעַ σούε, ou σύε SUE, fils d'Abraham & de Céthura ; *Gen.* XXV. 2. de même que *Sua*, frere de Caleb, ci-dessus.

שׁוֹאָ σύε SUE, fils de Saaph, pere de Machbena ; 1. *Par.* II. 49. vanité, ou élévation, ou tumulte, du mot שׁוא schavé, vanité, orgueil, ou du mot שׁאה schoa, tumulte, vacarme.

סוֹה SUE, fils de Supha ; 1. *Par.* VII. 36. qui déracine, du mot סחה saca, ou du mot נסף hasak ; autrement, mépriser.

צוֹעֵר σουγάρ SUER, pere de Nathanaël ; *Num.* I. 8. Vulgate, *Suar*, petit.

שׁוּחָם σαμεὶ SUHAM, fils de Dan ; *Num.* XXVI. 42. leur parole, leur méditation, leur humiliation, du mot שׁוּעַ schuac, ou שׁחח schacac ; autrement leur fosse, du mot שׁוּחָה schika.

SUHAMITÆ, descendans de Suham ; *Num.* XXVI. 42. de même.

שׁוּחִי SUHITES, Hébreu ; natif de Suhi ; *Job.* II. 11. parole, méditation, &c. Voyez *Suham* ; c'est la même racine.

שׁלמית SULAMITIS, l'épouse de Salomon ; *Cantic.* VI. 12. pacifique, parfait, ou qui récompense, du mot שׁלם schalam.

שׁוּנֵם SUNAM, ville ; 1. *Reg.* XXVIII. 4. leur changement ou réitération, du mot שׁנה schana ; autrement, leur seconde, du mot שׁני seni, & du pronom ם am, leur ; autrement, sommeil, du mot שׁוּם num, dormir.

שׁוּנַמִּית SUNAMITIS, natif de Sunam ; 3. *Reg.* III. 3.

שׁוּנֵם SUNEM, ville ; la même que *Sunam* ; *Josue* XIX. 18. Voyez *Sunam*.

שׁוּנִי σαυνὶς SUNI, fils de Gad ; *Gen.* XLVI. 16. mon changement ; mon second, ma réitération. Voyez *Sunam*.

SUNITÆ, descendans de Suni ; *Num.* XXVI. 15. de même.

צוּף σώφ, σύφ, ou σὶφ SUPH, fils de Thau, ou Thahu, selon la Vulgate; 1. *Reg*. I. 1. qui regarde ou observe, ou vedette, ou qui attend, du mot צפה tsapha; autrement, toit, couverture, du mot צפוי tsuphui; autrement, rayon de miel, ou qui nage, du mot צוף tsuph.

צוֹפַח SUPHA, fils d'Helem; 1. *Paral*. VII. 35. ordonnance qui lie, du mot צוה tsiva, ordonnance ou précepte, & du mot פח pac, lien; autrement, le précepte du souffle ou du soufflement, du même mot tsiva, & du mot פוח puac, souffler. Ces étymologies sont forcées, il est croyable que le Texte n'est pas pur.

שְׁפוּפָם σωφαν SUPHAM, fils de Benjamin; *Num*. XXVI. 39. barbe, du mot שפם sapham; autrement, leur lèvre ou leur bord, ou leur rive, du mot שפה schapha; autrement, qui les brise, du mot שוף schuph, qui brise, & du pronom ם am, les, ou leur.

שׁוּפָמִי SUPHAMITÆ, descendans de Supham; *Num*. XXVI. 39. de même.

שׁוּר SUR, chemin du désert du même nom; *Genes*. XVI. 7. & 1. *Reg*. XV. 7. mur, bœuf, ou qui regarde; du mot שור schur ou ou schor, selon les différentes leçons.

צוּר SUR, pere de Cozbi Madianite, qui fut tué par Phinées dans le désert de Sétim; *Num*. XXV. 15. pierre, rocher, ou qui prêche ou qui assiége, du mot צרר tsarar; autrement, qui lie ou qui enchaîne; autrement, plan, forme, du mot צורה tsura.

כּוּר ὁδῶν SUR, nom d'une des portes du Temple de Salomon; 4. *Reg*. XI. 6. qui se retire ou qui s'éloigne, du mot סור sur.

צוּרִיאֵל SURIEL, fils d'Abigaïl; *Num*. III. 35. pierre, force, rocher de Dieu, ou Dieu est ma force, du mot צור tsur. Voyez *Sur* pere de Cozbi ci-dessus, & du mot אל El, Dieu.

צוּרִישַׁדַּי SURISADDAI, pere de Salamiel; *Num*. I. 6. le très-puissant est mon rocher, ma force, du mot צור tsur, & du mot שדי schadaï, tout-puissant.

שׁוּשָׁא SUSA, Scribe; 1. *Paral*. XVIII. 16. joye ou élévation, du mot שוש sus, joye, &c.

שׁוּשָׁן σωων SUSAN, ville; *Dan*. VIII. 2. Vulgate *Susis*, lys ou rose, du mot שושן schoschan; autrement, joye, du mot שוש sus.

שׁוּשַׁנְכַיָא SUSANACHÆI, Vulgate, *Susanechai*; I. *Esdr*. IV. 9. peuple ennemi des Israëlites, & qui s'opposa au rétablissement du Temple; lys ou rose, ou joye des boiteux ou de ceux qui frappent, du mot שושן schoschan, lys ou rose, ou du mot נכה naka ou neké, boiteux, ou qui bat & qui frappe. Comme ce mot est étranger, il n'est pas possible de trouver sa véritable étymologie dans la Langue sainte.

σωσαννα SUSANNA, femme de Joachim; *Dan*. XIII. 2. lys ou rose, ou joye, du mot שושן schoschan.

סוּסִי SUSI, pere de Gaddi; *Num*. XIII. 12. cheval ou hirondelle, du mot סוס sus; autrement, tigne, du mot סס sas.

שֻׁתֶּלַח SUTHALA, fils d'Ephraïm; *Num*. XXVI. 35. plante de verdure, du mot שות schuth, & du mot לח lac, verdure; autrement, pot humide, du mot שתה schuta, boire, ou pot à boire, & du même mot לח lac, humide.

שֻׁתַּלְחִי SUTHALITHÆ, descendans de Suthala; *Num*. XXVI. 35. de même.

סְוֵנֵה SYENE, ville; *Ezech*. XXIX. 10. buisson, du mot סנה sené; ou selon le Syriaque, inimitié.

SYLVANUS, bocager, qui aime les bois, de *sylva*, bois, forêts.

συντύχη SYNTICHE, sainte veuve, dont parle saint Paul; *Philipp*. IV. 2. qui parle, ou qui confère, du mot Grec συντυγχάνω, converser.

סִרָה σεύρα SYRA, citerne; 2. *Reg*. III. 26. épine, chaudron ou marmite, du mot סיר sir; autrement, retraite, apostasie, du mot סור sur.

אֲרָמָה σύρα SYRA, mere de Machir; 1. *Paral*. VII. 14. Hébreu, *Aramea*; c'est-à-dire, femme Syrienne. A la lettre, sublime, du mot רום rum; autrement qui trompe, du mot רמה rama. Quant au terme *Syria*, il vient apparemment de l'Hébreu צור tsur, rocher, forteresse, qui est aussi le nom de la ville de Tyr, autrefois très-célébre dans la Syrie & dans la Phénicie.

συρακοῦσαι SYRACUSÆ, ville; *Act*. XXVIII. 12. qui attire violemment, du mot Grec σύρω & ἀκούω.

אֲרָם συρία SYRIA, Hébreu, *Aram*, la Syrie, ou la Mésopotamie; 2. *Reg*. VIII. 5. sublime, ou qui trompe, du mot רמה rama. Voyez ci-dessus *Syra*.

אֲרַם־צוֹבָה SYRIA-SOBAL, la Syrie de Sobal; *Psalm*. LIX. 2. Hébreu, *Aram-Sobah*, élevé & combattant.

συροφοινίσσα SYROPHOENISSA, qui est de la Syrie Phénicienne; *Marc*. VII. 26. rouge ou pourpre, attiré, du mot Grec σύρω, j'attire, & du mot φοινιξ, rouge, palmier, ou de pourpre; ou peut-être *Syro* viendra de *Zur*, Tyr, & *Phœnix* de בני ענק bene Anak, fils d'Enak ou Enaïm, Géant de la terre de Chanaan.

σύρτις SYRTIS, banc de sable de la grande mer; *Act*. XXVII. 17. qui attire, ou attraction, du Grec σύρω, j'attire.

אֲרָם σύρος SYRUS, Hébreu, *Aram*, qui est de Syrie; *Genes*. XXII. 21. élevé, sublime, ou qui trompe, ou rocher, Tyrien. Voyez ci-dessus *Syra* mere de Machir.

שְׁבֻעוֹת

T

טבעות TABBAOTH, autrement, *Tab-both*, un des Chefs des Nathinéens; 1. *Esdr.* 11. 43. anneaux, bagues, du mot טבעת tabahath; autrement, submergez, du mot טבע tabaha, bon tems, du mot טוב tob, bon, & du mot עת heth, tems.

טבח ταϐεὲ TABE'E, fils de Nachor & de Roma; *Genes.* XXII. 24. égorgement, meurtre, ou garde du corps, cuisinier, du mot טבח tabac.

טבאל TABE'EL, Vulgate, *Thabéel*, un de ceux qui écrivirent à Artaxercès contre les Juifs; 1. *Esdr.* IV. 7. Dieu bon, du mot טוב tub, bon, & du mot אל El, Dieu.

טבליהו TABELIAS, un des Chefs des Portiers du Temple; 1. *Paral.* XXVI. 11. baptême du Seigneur, ou baptisé par le Seigneur, du mot טבל tabal, laver dans l'eau; autrement, bonté du Seigneur, du mot טוב tub, bonté, de la préposition ל l, au, & du mot יה Jah, le Seigneur.

טביתה ταϐιθὰ TABITHA, nom d'une femme Chrétienne de Joppé, que saint Luc interprète par celui de *Dorcas*; *Act.* IX. 36. c'est-à-dire, chévre sauvage Le Syriaque tabita, signifie clairvoyante.

טברמן TABREMON, pere de Benadad; 3. *Reg.* XV. 18. bonne grenade, du mot טוב tub, bon, & du mot רמון rimmon, grenade, ou grenadier; autrement, bonté élevée, du même mot טוב tub, & du mot רמומה ramam, élevé; autrement, le nombril ou milieu, préparé, compté, donné, du mot טבור tabur, nombril, & du mot מנה mana, préparer, nombrer, donner.

עתה־קיצין TACASSIM, ville; *Josue* XIX. 13. Hébreu, *Tacasin*, Vulgate, *Thacasin*, l'heure ou le tems du Prince, du mot עת heth, le tems; autrement, le Prince de maintenant, du mot עתה hatha, maintenant, & du mot קצין catsin, Prince.

תחת TAHATH, fils d'Asir; 1. *Paral.* VI. 37. dessous, du mot תחת thakath; autrement, crainte, terreur, du mot תחת kathath; autrement, selon le Syriaque, descente.

ταλιθα-κῦμι TALITHA-CUMI, expression Syriaque & Hébraïque, dont JESUS-CHRIST s'est servi en ressuscitant la fille de Jaïr; *Marc.* v. 41. jeune fille levez-vous; du mot Hébreu קומי cumi; levez-vous, *Dan.* VII. 5. & du mot Syriaque talitha, fille.

תענך TANACH, ville; *Judic.* I. 27. qui t'afflige, qui t'humilie, qui te reprend, du mot ענה hana, affliger, &c. & du pronom ך ec, תא, toi.

צען TANIS, Hébreu, *Soan*, ville d'Egypte; *Num.* XIII. 23. mouvement. On ne sçait ce que *Soan* signifie en Egyptien.

טפת TAPHETH, fille de Salomon; 3. *Reg.* IV. 11. petite fille, du mot טפה taphah ou טף taph, monter à petits pas, comme les enfans; autrement, distillation, goute, du mot נפש nephesch.

תחפנים ταχφανὶς TAPHNE', femme de Pharaon Roi d'Egypte; 3. *Reg.* XI. 19. étendart, fuite, tentation, cachée, du mot נום nus, fuite, ou du mot נסה nasa, tenter, ou du mot נסס nasas, étendart, & du mot חפף chaphah, caché, couvert.

תחפנחס TAPHNES, ou *Taphnis*, ville d'Egypte; *Jerem.* 11. 16. tentation secrette, fuite cachée, ou étendart couvert, du mot חפה chaphah, couvert ou caché, du mot נסה nes, tentation, fuite, étendart. Mais comme ce mot est Egyptien, il ne peut avoir son étymologie dans l'Hébreu.

צען TAPHNIS, il faut lire *Thanis*; Hébreu, *Soan*; *Ezech.* XXX. 14. Voyez ci-dessus *Tanis* mouvement.

תחפנחס ταφνῆς TAPHNIS, Hébreu, *Thaphnehés*, ou *Techaphnehés*; *Ezech.* XXX. 18. la même, à ce que l'on croit, que *Tanis*, ci-dessus. Pour la signification, voyez ci-dessus *Taphnés*.

טפסר βιλοσκόπους TAPHSAR, nom de lieu; *Jerem.* LI. 27. armée, celui qui enléve les enfans. Ce nom est étranger à la Langue Hébraïque.

תפוה ταπφουὲ TAPHUA, ville; *Josue* XII. 17. pomme ou pommier; du mot תפח thaphac; autrement, souffle, gonflement; autrement, qui lie ou qui retient dans des filets, du mot פוח puac.

ταρσοὺς TARSENSIS, qui est de Tarse; *Act.* XXI. 36. ailé, du mot Grec ταρσὸς, aîles, plumes.

ταρσὸς TARSUS, ville; *Act.* XXI. 39. ailé, emplumé, de même que *Tarsensis*.

טבחת TEBATH, ville; 1. *Paral.* XVIII. 8. meurtre, ou cuisinier. Voyez ci-dessus *Tabée*.

טבח ταϐὰθ TEBBATH, nom de lieu; *Judic.* VII. 23. bonne ou bonté, du mot טוב tub.

TEBBAOTH,

TEBBAOTH, un des Chefs des Nathinéens ; 2. *Esdr.* VII. 4. Voyez ci-dessus *Tabboth*.

טבת ΤηϐὴϑTEBETH, nom Babylonien du dixiéme mois des Hébreux, qui répond en partie aux mois de Décembre & de Janvier ; *Esth.* II. 16. On ne peut avoir sa véritable étymologie dans l'Hébreu.

תחנה Θεννὰ TEHINNA, fils d'Ethon ; I. *Paral.* IV. 12. priére, grace, miséricorde, du mot חנן kanan.

טלם TELEM, ville ; *Josue* XV. 24. leur agneau, du mot טלה talé ; autrement, leur rosée, du mot טל tal, rosée, & du pronom ם am, leur. En Chaldéen, en Syriaque en Arabe, ce nom signifie faire tort, maltraiter, violer.

טלמון TELMON, un des Chefs des Portiers du Temple ; I. *Par.* IX. 17. préparation, ou présent, ou dénombrement de la rosée, du mot מנה mana, &c. & du mot טל tal, rosée ; & selon le Syriaque & l'Hébreu, présent ou préparation de l'ombre, de même que *Telem* ci-dessus.

טרפליא TERPHALÆI, peuples qui s'opposérent au rétablissement du Temple ; I. *Esdr.* IV. 9. ravisseurs ou fatiguez, du mot טרף taraph ; autrement, suite ou rang des miracles, du mot תור tur, rang, ordre ; & du mot פלא phala, miracle ; autrement, ordre ou rang ruineux, du mot מפלה maphala, ruine ; autrement, selon le Syriaque & l'Hébreu, coûtume, ou gardien du miracle, ou de la ruine, ou feüille d'arbre. Ce nom est étranger à la Langue sainte.

τέρτιος TERTIUS, Disciple de saint Paul, & qui lui servoit quelquefois de Sécretaire ; *Rom.* XVI. 22. mot Latin qui signifie troisiéme.

τέρτυλλος TERTULLUS, espéce d'Avocat qui plaida devant Félix contre saint Paul ; *Act.* XXIV. 1. un menteur, un imposteur, du mot Grec τερατόλογος, faiseur de contes & imposteur.

תחש τόχος THAAS, fils de Nachor & de Roma ; *Gen.* XXII. 24. Hébreu, *Thakas*, qui se hâte, du mot חוש cusch ; qui garde le silence, du mot חשה cascha ; ou de couleur d'hyacinthe, du mot תחש thacasch. Ce nom signifie aussi un animal dont on teignoit la peau couleur de violette, ou bleu céleste ; *Exod.* XXV. 5. Quelques-uns croyent qu'il signifie le blereau ou taisson.

תבור THABOR, montagne ; *Judic.* IV. 6. élection ou pureté, du mot ברר barar ; ou selon le Syriaque, brisement, contrition. Le nom thabor תבור avec un ת teth, signifie l'ombilic, le nombril.

תרעל θαργὰλ THADAL, Roi des Gentils ; *Genes.* XIV. 1. qui brise le joug, du mot עול hol, joug, & du mot דלל dalal, briser ; autrement, science d'élévation, du mot ידה jadah, science, & du mot עלה hala, élévation. Les Septante ont lû un ר resch, pour un ד daleth, tharal.

Θαδδαῖος THADDÆUS, un des Apôtres de JESUS-CHRIST ; *Marc.* III. 18. qui dans le Grec de saint Matthieu, Chap. X. 3. est surnommé *Lebbæus*. Or Lebbée signifie homme de cœur, & *Thaddæus*, qui loué & confessé, du mot ידה jada, d'où תודה thoda ou thada.

תחן THAHAN, fils de Thalé ; I. *Paral.* VII. 25. priére, miséricorde ou grace, du mot חנן kanan.

תחת THAHATH, vingt-troisiéme station des Israëlites dans le désert ; *Num.* XXXIII. 26. sous, dessous, du mot תחת thacath ; autrement, terreur, épouvante, du mot תחת cathath ; ou selon le Syriaque, descente.

λασαία θάλασσα THALASSA, dans le Grec, *Lasæa*, ville ; *Act.* XXVII. 8. épaisse, veluë, herbuë, du mot Grec λάσιος. Le Grec θάλασσα, signifie la mer.

תלאשר ou תלשר THALASSAR, pays ; 4. *Reg.* IX. 12. Vulgate, *Thelassar*, nom étranger à la Langue sainte, qui attache ou pend le Prince, du mot תלה thala, & du mot שרה sara, Prince ; autrement, tombeau ou amas du cantique, ou de celui qui chante, du mot תלל thalal, amas, tas, & du mot שור schur, chanter ; ou peut-être la levée d'Assur ou d'Assyrie.

תלה θαλὰ THALE', pere de Thaan ; 1. *Paral.* VII. 25. humilité ou verdure, du mot תלה lac.

תמר THAMAR, femme d'Her ; *Genes.* XXXVIII. 6. palme ou palmier, du mot תמר thamar, un palmier.

תמנע THAMNA, seconde femme d'Eliphaz ; *Genes.* XXVI. 12. empêchement, défense, du mot מנע mana ; autrement, trouble parfait, & consommé, du mot נוע nua, mouvement ou ébranlement, & du mot תמם thamam, parfait, achevé.

תמנה THAMNA, ville ; *Josue* XV. 57. image ou figure, du mot מן mon ; autrement, dénombrement, du mot מנה mana ; ou selon le Syriaque, qui établit.

תמנתה THAMNAS, Hebreu, *Thamnatha*, ville ; *Gen.* XXXVIII. 13. de même que *Thamna*.

THAMNATHA, ville ; *Judic.* XIV. 1. de même.

Θαμναθαῖος THAMNATHÆUS, natif de Thamnatha, surnom du pere de Samson : Hebreu, *Timni*, *Judic.* XV. 16. de même.

תמנת־סרה Θαμναθα-σαρά THAMNATHSARA, autrement, *Thanath-saré* ; *Josue* XIX. 50.

THA   THA   221

50. ou *Thamath-hares*, par la transposition du ס samech; figure ou image étenduë, ou qui reste, du mot מון mun, image, & du mot סרה sarah, étendu ou qui reste, autrement, dénombrement qui s'étend, du mot מנת mana, nombrer, & du mot סרח sarac; autrement, image, puanteur, du mot Syriaque & Chaldéen סרה sara.

תמנת־חרס THAMNATH-HARES; *Josue* XXIV. 30. la figure ou image du soleil, du mot מון mun, figure, & du mot חרס keres, soleil. Voyez ci-dessus *Thamna*, ville.

תענך Θααναχ THAMNACH, ville; 3. *Reg.* IV. 12. elle est appellée *Thenach*, *Josue* XVII. 11. par la Vulgate, qui t'humilie, ou qui te répond, ou qui t'afflige, du mot ענה hana, & du pronom ך ac, tu, toi.

תאנת־שלח Θηναβασιλώ THANATH-SILO, nom de lieu; *Josue* XVI. 6. qui ruine ou brise les figuiers ou les figues, du mot נתש nathasch, ruiner, arracher, démolir, & du mot תאן thaan, figuier; autrement, figuier d'erreur & de mensonge, du même mot thaan; figuier, & du mot שלה schala ou schal, erreur; autrement, figuier d'abondance ou de paix, du mot שלו paix, &c.

תנחמת Θανημαθ THANCHUMETH, pere de Saraja; 4. *Reg.* XXV. 23. consolation ou pénitence, du mot נחם nakam; autrement, bouteille ou muraille donnée, ou du don, du mot חמת kemeth, vase ou bouteille, & du mot חמה coma, muraille, & du mot מתת mathath; autrement, le don de l'indignation, ou de la chaleur, du mot חמה cama, colére, emportement, ou du mot חם cam, chaleur, & du mot mathath; autrement, le repos de la mort, du mot נוא nua, repos, & du mot מות muth, mort.

תפסח Θαφά, ou Θαφθά THAPHSA, ou *Thapsa*, ville ou nom de lieu; 3. *Reg.* IV. 24. passage, faut ou pas qu'on fait en boitant, ou la Pâque, du mot פסח pasac.

תארע THARA, fils de Micha; 1. *Paral.* VIII. 35. Vulgate, *Tharac*, la maison ou la chambre du compagnon, ou du pasteur, ou de la malice, du mot תא tha, lit ou chambre, & du mot רעה rohé, compagnon ou pasteur, ou du mot רע rah, ou רוח ruah, malice; autrement, qui crie & se lamente, ou qui est malfaisant, du mot רוח ruah.

תהרע THARA, fils de Micha; 1. *Paral.* IX. 41. mauvaise colére, du mot חרה cara, colere, & du mot רע rah, mauvais; autrement, colere du pasteur & du compagnon, du mot רעה rohé, compagnon ou pasteur.

Θαρρά THARA, Eunuque; *Esth.* XII. 1. le même que *Tharés* תרש ibid. II. 21. Voyez ci-après.

תרהקה THARACA, Roi d'Ethiopie; 4. *Reg.* XIX. 9. inquisiteur, examinateur, ou

Tome IV.

contemplateur grossier, dont les yeux sont bouchez, ou qui a la vuë troublée, du mot תור thur, chercher, examiner, & du mot קהה caa, qui est émoussé; autrement, tourterelle ou loi émoussée, du même mot תור thur, tourterelle, ou du mot תורה thora, loi, & du même mot קהה caa, émousser. Ce nom est Ethiopien, & ne peut avoir son étymologie dans l'Hébreu.

תרהנה THARANA, fils de Caleb & de Maacha; 1. *Par.* II. 48. inquisiteur ou examinateur, ou tourterelle de la grace ou de la miséricorde; du mot תור thur, examinateur ou tourterelle, & du mot חן ken, grace ou miséricorde.

תרח THARE', fils de Nachor; *Genes.* XI. 24. flairer, sentir, souffler, respirer, du mot ריח rik.

תראלה THARELA, ville; *Josue* XVIII. 27. examinateur, ou tourterelle de la malédiction, ou de la force ou du chêne, du mot תור thur, examinateur ou tourterelle, & du mot אלה ala ou alla, maudire ou chêne, ou אל ejal, force.

תרש THARES, nom d'un Eunuque; *Esth.* II. 21. C'est le même que *Tharé* ci-dessus, héritier, miserable, ou banni, du mot ירש jarasch. Ce nom est Méde & Persan, & ainsi il ne peut avoir son étymologie dans l'Hébreu.

Θαρσαίος THARSÆAS, 2. *Macc.* III. 5. Le Grec lit *Thrasæas*, hardi, vaillant.

תרשיש THARSIS, fils de Javan; *Gen.* X. 4. contemplation, ou examen du marbre, ou de la joye; du mot תור thur, examiner, &c. & du mot שיש schisch, marbre, ou du mot שוש sus, joye; autrement, pierre précieuse, couleur de bleu céleste, du mot תרשיש tharschisch, qui est le nom du pays dont on tiroit cette pierre précieuse.

תרתק THARTHAC, Idole des Hévéens; 4. *Reg.* XVII. 31. ou selon d'autres, *Tertark*, qui est enchaîné, ou renfermé, lié, du mot רתק kathaq, ou nirthaq.

תרתן THARTHAN, Lieutenant Général des armées de Sargon Roi des Assyriens; *Isai.* XX. 1. qui recherche & examine le don de la tourterelle, du mot תור thur, examiner, ou tourterelle, & du mot תנה thana, don, salaire; autrement, leur loi, du mot תורה thora, & du mot ן an, leur. Ce nom est étranger à la Langue sainte.

Θασί THASI, fils de Mathathias, 1. *Macc.* II. 3. qui dort, ou qui oublie, du mot נשה nascha, ou תסי bouillant, ou תש foible, ou תיש un bouc.

תתני THATHANAI, un des Chefs du peuple qui s'opposérent au rétablissement du Temple; 1. *Esdr.* V. 3. qui donne, ou l'Intendant des dons, des présens, des tributs,

K 3   Officiers

Officiers du Roi de Perse, du mot נתן nathan, donner.

תו σημεῖον THAU, signe qui devoit marquer les fidéles & les élûs d'entre les Juifs. Vulgate, *Thau*, *Ezech.* IX. 4. signe. C'est la derniére lettre de l'alphabet Hébreu.

תבץ THEBES, ville; *Judic.* IX. 50. boüeux, du mot בץ bots, boüe, marécageux; ou des œufs, du mot ביץ bits; autrement, fin lin, ou soye, du mot בוץ buts.

תבני THEBNI, fils de Gineth; 3. *Reg.* XVI. 21. de la paille ou du foin, du mot תבן theben; autrement, intelligence, du mot בינה bina; autrement, filiation, du mot בן ben.

תקל THECEL, mot qui parut à Daniel écrit sur la muraille; *Dan.* V. 25. poids, du mot Chaldéen תקל thekel, peser.

תקועה Σουε THECUA, ville; 2. *Reg.* XIV. 2. trompette, ou son de la trompette, du mot תקע thakah; autrement, qui est affermi, du même mot.

תקוה THECUA, ou *Thecuath*, pere de Sellum; 4. *Reg.* XXII. 14. espérance, union ou amas, du mot קוה cava; autrement, ligne, cordeau ou régle, du mot קו eau.

תקועים Θεκωειμ THECUNI, habitans de Thecua; 2. *Esdr.* III. 5. trompettes, ou affermis. Voyez ci-dessus *Thecua*, ville.

תקועי THECUITES, un habitant de Thecua; 1. *Par.* XI. 28. de même.

תגלת-פלאסר THEGLATH-PHALASAR, Roi d'Assur; 4. *Reg.* XV. 29. qui lie ou ôte la captivité miraculeuse ou ruineuse, du mot אסר asar, lier, & du mot גלה gala, captivité, & du mot פלא pala, miraculeuse, ou du mot נפל nephel, d'où מפלה maphala, ruine. Ce nom est Assyrien, & étranger à la Langue sainte.

תחן THEHEN, fils d'Ephraïm; *Num.* XXVI. 35. qui prie, ou est miséricordieux, ou gracieux, du mot חנן kanan; autrement, camper, du mot חנה cana.

THEHENITÆ, descendans de Thehen; *Num.* XXVI. 35. de même.

תלאשר Θαλασσὰ THELASSAR, partie de la Syrie; 4. *Reg.* XIX. 2. la même que *Thalassar*; *Isaï.* XXXVII. 12. qui délie & congédie la suspension ou l'amas, du mot שרה schara, délier, &c. & du mot תלה thala, suspendre, ou du mot תלל thalal, tas ou amas. Comme ce nom est Méde ou Persan, il n'est pas possible de trouver sa véritable étymologie dans l'Hébreu.

תלגת-פלנאסר THELGATH-PHALNASAR, Roi des Assyriens; 1. *Par.* V. 6. qui empêche ou lie & retient la neige qui tombe, du mot אסר asar, lier, empêcher, & du mot Chaldéen תלג thelag, neiger, & du mot פלה pala, se séparer, se diviser. Il est difficile de trouver dans l'Hébreu la véritable étymologie de ce mot, qui est étranger à cette Langue.

תל-חרשא Σελαρηθ THEL-HARSA, nom de lieu; 1. *Esdr.* II. 59. amas ou suspension de la charuë, ou de la surdité, ou du silence, du mot תלה thala, suspendre, ou du mot תלל thalal, tas ou amas, & du mot חרש carasch, labourer, se taire, être sourd; autrement, suspension du têt, du même mot תלה thala, suspendre, & de kéresch ou karasch, selon les différentes leçons.

תל-מלח THEL-MELA, nom de lieu; 1. *Esdr.* II. 59. tas ou amas de sel ou des nautonniers: du mot תלל thalal, amas, & du mot Chaldéen מלח melac, sel, ou du mot מלחים malakim, nautonniers; autrement, suspension du sel, ou du nautonnier, du mot תלה thala, suspendre, &c.

תימא Θιμαν THEMA, fils d'Ismaël; *Gen.* XXV. 15. admiration, du mot תמה thama; autrement, perfection ou consommation, du mot תמם thamam; autrement, le midi, du mot ימין jamin. Les Septante ont lû *Théman*.

תמה THEMA, un des Chefs des familles des Nathinéens; 1. *Esdr.* II. 53. qui efface ou supprime, du mot מחא maca; autrement, selon le Syriaque, qui frappe.

תימן THEMAN, ville dont Eliphaz fils d'Esaü fut le Prince; *Gen.* XXXVI. 15. le midi ou l'Afrique, du mot ימין jamin, la droite, &c. autrement, parfait, consommé, du mot תמם thamam.

תימני Θαιμαν THEMANI, fils d'Ashur; 1. *Par.* IV. 6. de même.

תימני Θαιμανιτης THEMANITES, habitans de Théman; *Job.* IV. 1. de même.

תמנתה THEMNA, ville; *Josue* XIX. 43. Hébreu, *Thamnatha*, ou *Thamnitica*, image ou figure, du mot מון mun, dénombrement, du mot מנה mana. Voyez ci-dessus *Thamna*; autrement, selon le Syriaque, établi, constitué.

תענך THENACH, *Josue* XVII. 11. la même que *Thanach*. Voyez ci-dessus.

Θεοδᾶς THEODAS, faux Prophétes; *Act.* V. 36. Voyez ci-après *Theudas*, donné de Dieu.

Θεοδοτος THEODOTIUS, un des Envoyez de Nicanor à Judas Maccabée; 2. *Macc.* XIV. 19. donné de Dieu, ou don de Dieu, du mot Grec Θεος, Dieu, & du mot δοτος, donné.

Θεοφιλος THEOPHILUS, homme de qualité à qui saint Luc a adressé son Evangile & ses Actes; *Luc.* I. 3. ami de Dieu, du mot Θεος, Dieu, & du mot φιλος, ami.

תרפים THERAPHIM, espéce d'Idole; *Judic.* XVII. 5. autrement, une espéce de poupée, qui selon saint Jérôme, *Epist. à Marcelle*, représentoit un Chérubin, ou la figure
d'un

THI — THO — 223

d'un homme; il est pris en ce sens; 1. *Reg.* XIX. 16. Ce mot vient du mot תרף theraph, idole, image.

Θέριστρον **THERISTRUM**, voile dont les femmes se servent pour se couvrir pendant l'été, du mot θέρος, été. *Isai.* III. 23.

תרצתה **THERSA**, ville; 3. *Reg.* XIV. 17. L'Hébreu, *Thersatha*, qui est complaisant ou bienveillant, du mot רצה ratsa; autrement, qui court, du mot רוץ ruts.

תשבי **THESBITES**, habitans de Thesba ou Thisba; 3. *Reg.* XVII. 1. qui fait des captifs, du mot שבה schaba; autrement, qui convertit ou qui rappelle, qui demeure, du mot שוב schub.

Θεσσαλονίκη **THESSALONICA**, ville dans laquelle saint Paul a prêché l'Evangile; *Act.* XVII. 1. Victoire contre les Thessaliens, ainsi nommée par Philippe Roi de Macédoine, en revenant de la victoire qu'il avoit remportée contre les Thessaliens.

Θεσσαλονικείς **THESSALONICENSES**, peuples de Thessalonique, dont il est parlé; *Act.* XX. 4. & auxquels saint Paul a écrit deux Lettres qui portent leur nom; de même.

Θευδᾶς **THEUDAS**. Voyez ci-dessus *Théodas*, donné de Dieu, ou don de Dieu, de Θεός, Dieu, & δίδωμι, je donne.

תיכון **THICHON**, nom d'un bourg; *Ezech.* XLVII. 16. milieu, du mot תוך thoc; autrement, préparation, du mot כון cun.

תילון **THILON**, fils de Simon; 1. *Paral.* IV. 20. murmure, du mot לון lun; autrement, sa suspension, du mot תלה thala, suspendre; autrement, son amas, du mot תלל thalal, tas, amas, & du pronom ן an, leurs.

THIRSA. Voyez ci-dessus *Thersa*.

תירם **THIRAS**, fils de Japheth; *Genes.* X. 2. qui démolit ou qui détruit, du mot הרם aras; autrement, qui arrose, du mot רסם rasas.

תריא **THIRIA**, fils de Jaleléel; 1. *Paral.* IV. 16. qui cherche ou qui examine, du mot תור thur; autrement, qui contemple, du mot ראה raa.

תכן **THOCHEN**, ville; 1. *Paral.* IV. 32. de même que *Tichon*.

תגרמה **THOGORMA**, fils de Gomer; *Genes.* X. 3. qui est tout os ou robuste; autrement, qui rongement des os, du mot גרם gherem, os, fort, ou fort timide.

תחו **THOHU**, fils d'Eleu; Vulgate, *Eliu*; 1. *Reg.* I. 1. qui vit, du mot חיה caja; autrement, qui annonce, du mot חיה kiva.

תוח **THOHU**, fils de Suph; 1. *Paral.* VI. 34. Hébreu, *Thoah*, dard, javelot, du mot תותח thothac.

תולע **THOLA**, fils d'Issachar; *Gen.* XLVI. ver, ou vermisseau; autrement, écarlatte,

parce que du sang de ce ver on fait cette couleur, du mot תלע tholah.

תולד **THOLAD**, ville; 1. *Par.* IV. 29. naissance ou génération, du mot ילד jalad.

Θωλαῒ **THOLAITÆ**, descendans de Thola; *Num.* XXVI. 23. Voyez ci-dessus.

תלמי **THOLMAI**, fils d'Enac; *Josue* XV. 14. mon sillon fait avec la charuë, du mot תלם thelem; autrement, qui suspend les eaux, du mot תלה thala, pendre ou suspendre, & מים maim, eaux; ou amas d'eaux, du mot תלל thalal, amas, & du mot מים maim, eaux.

THOLOMAI, fils d'Ammiud; 2. *Reg.* XIII. 37. de même.

Θωμᾶς **THOMAS**, nommé aussi *Didyme*, un des douze Apôtres; *Matth.* X. 3. *Joan.* XI. 16. Thomas, du mot Hébreu תאם theom, jumeau; Didyme, du mot Grec δίδυμος; jumeau.

תפל **THOPHEL**, lieu désert; *Deut.* I. 1. ruine, folie, sans esprit, insipide, du mot תפל taphil.

תפת **THOPHETH**, nom de lieu; 4. *Reg.* XXXIII. 10. tambour, du mot תף toph; autrement, séduction, du mot פתה patha.

τόπῳ **THOPO**, autrement, *Topo* ou *Tepho*, nom de lieu; 1. *Macc.* IX. 59. τόπῳ en Grec, signifie lieu; peut-être qu'il faut lire *Tophel*. Dans le *Deut.* I. 1. on lit *Pharan* ou *Tophel*, & 1. *Macc.* IX. 50. *Topho* ou *Topo* & *Pharas*; or *Thophel*, signifie ruine, folie, chûte.

תיסי **THOSAITES**, nom de pays; 1. *Paral.* XI. 45. dissipation, ou celui qui sort, du mot יצא jatsa.

תעו ou תעי **THOU**, Roi d'Emath; 2. *Reg.* VIII. 9. qui est errant, du mot תעה thaha.

Θρᾷκες **THRACES**, peuples; 2. *Macc.* XII. 35. âpre, difficile, plein de pierres, du mot Grec Θρᾴξ.

Θρασία **THRASEA**, la Vulgate lit *Tharsaa*; 2. *Macc.* III. 5. audacieux, téméraire, du mot Grec θρασύς.

תבל **THUBAL**, fils de Japheth; *Genes.* X. 2. la terre, le monde, du mot תבל thebel; autrement, qui est porté ou qui est conduit, du mot יבל jabel; autrement, confusion, du mot בלל balal.

Θυάτειρα **THYATIRA**, ville; *Apocal.* I. 11. parfum ou sacrifice de travail & de contrition, du mot Grec θύα, odeur, parfums, & du mot τείρω, je brise, je contriste.

Τιβεριάς **TIBERIAS**, ville; *Joan.* VI. 1. bonne vision, du mot טוב tub, bonne, & du mot ראה raa, vision; autrement, le nombril, du mot תבור thabur; autrement, brisement, du mot תבר thabar.

Τιβέριος **TIBERIUS**, Empereur Romain; *Luc.* III. 1. fils du Tibre.

חרקל

חדקל Τίγρης TIGRIS, fleuve du Tigre, Hébreu, *Chidekel*, fleuves ; *Gen.* II. 14. pointe de vitesse, ou vite comme une flèche. Tigris en Persan signifie une flèche, dit Q. Curce, liv. IV. c. 9. Chidkel peut venir du mot חד cad, aigu, & du mot חלל calal, vitesse ; autrement, son aigu, du mot חיל col, son, & du même mot cad, son ou vitesse, joyeuse, des mêmes mots calal & col, & du même mot חדה cada, se réjouïr ; ou selon le Syriaque & l'Hébreu, une voix, un son, une vitesse.

תמה τιμαῖος TIMÆUS, pere de Bar-timée ; *Marc.* x. 46. Timée peut signifier en Grec, parfait, honorable ; & en Hébreu, admirable, de תמה thama, j'admire.

τίμων TIMON, un des sept Diacres ; *Act.* VI. 5. honorable, précieux, du mot Grec τιμή.

τιμόθεος TIMÓTHÆUS, Disciple de saint Paul ; *Act.* XVI. 1. honneur de Dieu, ou précieux à Dieu, du même mot Grec τιμή, & du mot Θεός, Dieu.

τιτάνης TITAN, nom de peuple ou de Géans ; *Judith.* XIX. 8. Suivant le Grec, il peut signifier, vengeur, punisseur.

τίτος TITUS, surnommé *le Juste* ; *Act.* XVIII. 7. honorable, du mot Grec τίω, j'honore.

טוב TOB, nom de pays ; *Judic.* XI. 5. bon, ou bonté.

טוב-אדניה TOB-ADONIAS, un des principaux Chefs des Lévites ; 2. *Paral.* XVII. 8. mon bon Dieu, du mot טוב tob, bon, du mot אדון adon, maître, dominateur, & du mot יה Jah, le Seigneur ; autrement, la bonté de la base du Seigneur, des mêmes mots tob & Jah, & du mot אדן eden, base.

טוביה TOBIA, ou *Tobias*, Chef d'une des familles des Nathinéens ; 1. *Esdr.* II. 60. le Seigneur est bon, ou bonté du Seigneur, du mot טוב tob, bon, ou bonté, & du mot יה Jah, le Seigneur.

τοπαρχία TOPARCHIA ; 1. *Macc.* XI. 28. mot Grec qui signifie territoire ; domaine sur un certain canton.

τραχωνῖτις TRACONITIS, pays ; *Luc.* III. 1. difficile, plein de pierres, du mot Grec τραχύν.

τρεῖς-ταβέρναι TRES-TABERNÆ, nom de lieu ; *Act.* XXVIII. 15. trois tavernes, trois boutiques.

TRIPOLIS, ville de Tripoli : à la lettre, trois villes ; 2. *Macc.* XIV. 1.

Τρωάς TROAS, Troade, Province ou ville ; *Act.* XVI. 8. percée, du mot Grec τιτρώσκω, je perce.

Τρόφιμος TROPHIMUS, un de ceux qui accompagnérent saint Paul à Troade ; *Act.* XX. 4. bien nourri & élevé, du mot Grec τροφίμος.

סכיים Τρωγλοδύτη TROGLODYTÆ, Hébreu, *Suchiim*, peuples ; 2. *Par.* XII. 3. A la lettre, qui sont oints, du mot סוך suc ; autrement, qui sont couverts & à l'ombrage, du mot סכך sacac. Le Grec, *Troglodyta*, signifie ceux qui habitent les cavernes, de τρωγλή, une caverne, & δύω, ou δύμι, *subeo*.

Τρύφαινα TRYPHÆNA, un des Disciples & amis de saint Paul ; *Rom.* XVI. 12. délicieuse, délicate, du mot τρυφῶ.

Τρύφων TRYPHON, nom d'homme ; 1. *Macc.* XI. 39. de la même racine.

Τρυφῶσα TRYPHOSA, une des Disciples & amies de S. Paul ; *Rom.* XVI. 12. de même.

תובל-קין Θοβέλ TUBAL-CAIN, fils de Lamech ; *Gen.* IV. 22. possession mondaine, ou possesseur du monde, du mot תבל thebel, monde ou terre, & du mot קנה cana, possession ; ou qui est jaloux de la confusion ; du mot קנא kinné, être jaloux, & du mot בלל balal, confusion.

Τουβιανοί TUBIANÆI, peuples du pays de Tob : à la lettre, les bons hommes ; 2. *Macc.* XIII. 17.

Τουβίν TUBAIN, nom de lieu ; 1. *Macc.* V. 13. bon, du mot טוב tob, bon.

Τυχικός TYCHICUS, un de ceux qui accompagnérent saint Paul à Troade ; *Act.* XX. 4. fortuit, casuel, du mot Grec τύχη.

Τυφωνικός TYPHONICUS, nom de vent ; *Act.* XXVII. 14. vent turbulent, impétueux, du mot Grec τύφω, qui s'enflamme, ou qui souffle avec impétuosité.

Τύραννος TYRANNUS, Prince ; autrement, qui gouverne ; *Esth.* VI. 9. du mot Grec τυραννίς, qui regne, qui gouverne.

צרים Τύριοι TYRII, Hébreu, *Tzorim*, peuples ; 2. *Esdr.* XIII. forts, robustes, aigus, rochers, de צור zur ou zor.

צרי Τύριος TYRIUS, qui est de Tyr ; 3. *Reg.* VII. 14. de même.

צור Τύρος TYRUS, Hébreu, *Sor* ou *Tzur*, ville ; *Josue* XIX. 29. force, rocher, aigu.

V

βαγώα **VAGAO**, Eunuque d'Holophernes ; *Judith.* XII. 10. *Bagao* signifie un Eunuque en Perfan.

ויקרא **VAICRA**, titre du Livre du Lévitique, & le premier mot de ce Livre ; & il appella, de la conjonction ו vau, & du mot קרא kara, appeller.

וידבר **VAIEDABER**, titre du Livre des Nombres, & le premier mot de ce Livre, & il parla, de la conjonction ו vau, & du mot דבר dabar, parler.

ויזתא βαιζαθὰ **VAIEZATHA**, Vulgate, *Iezata*, fils d'Aman ; *Efth.* IX. 9. qui arrose le lit, du mot נזה naza, arroser, & du mot תא tha, chambre ou lit ; ou selon le Syriaque & l'Hébreu, malheur à l'olive.

גיא־שמנים **VALLIS-PINGUIUM**, Hébreu, *Ge-femanim* ; *Ifai.* XXVIII. 1. Voyez ci-dessus *Cethfemani*, vallée des gras, ou vallée grasse, du mot גיא ghei, vallée, & du mot שמן schaman, gras.

גיא־מלח **VALLIS-SALINARUM**, Hébreu, *Ge-melac* ; 2. *Reg.* VIII. 13. Voyez ci-dessus *Gemelli*, vallée des Salines, du mot גיא ghei, vallée, & du mot מלח melac, sel.

עמק חשדים φαργξ **VALLIS-SYLVESTRIS**, Hébreu, *Emec-haffidim* ; *Genef.* XIV. 3. vallée des bois ou des champs, ou sauvage, du mot עמק hamaq, vallée ou creux profond, & du mot שדד chidded, herser, préparer un champ.

וגיה **VANIA**, nom d'homme ; 1. *Efdr.* X. 36. nourriture du Seigneur, ou les armes du Seigneur.

ופסי ἄπι **VAPSI**, pere de Nahabi ; *Num.* XIII. 15. fragment ou diminution, du mot פסס pafas.

ושני καὶ ὁ δεύτερος **VASSENI**, le premier-né de Samuël ; 1. *Par.* VI. 28. On a pris mal-à-propos ce nom pour un nom propre ; l'endroit des Paralipoménes est défectueux, il porte : *Filii Samuel primogenitus Vaffeni* ; il faut lire : *Filii Samuel, Joël primogenitus & fecundus*, (Hébr. ושני vafeni.) *Abia.* Vafeni veut donc dire, & le second.

ושתי ἀςὶ **VASTHI**, femme d'Affuérus ; *Efther.* I. 9. qui boit, du mot שתה schatha ; autrement, filet ou trame, du mot שתי scheti.

אוביל ἀεὶ **UBIL**, un des Surintendans des chameaux de David ; 1. *Paral.* XXVII. 30. qui pleure, ou qui mérite d'être pleuré, du mot אבל abal ; autrement, vieux, du mot

בלה bala ; autrement, qui est amené ou apporté, du mot יבל jabal.

אואל οὐὴλ **VEL**, defcendans ou enfans de Bani ; 1. *Efdr.* x. 34. ou Dieu, ou le fort, de la conjonction או o, ou, & du mot אל El, Dieu ou fort ; autrement, qui défire Dieu, du mot אוה iva, defirer, & du mot אל El, Dieu.

ואלה־שמות **VELLE-SEMOTH**, titre du Livre de l'Exode, & les premiéres paroles qui le commencent, & voici les noms, de la conjonction ו vau, &, & du pronom אלה ellé, les, & du mot שם schem, nom.

אולי οὐλαὶ **ULAI**, nom de fleuve, connu par les anciens Géographes sous le nom Grec οὐλαῖος ; *Dan.* VII. 2. force, du mot אול ul ; autrement, fou, insensé, du mot אויל ovil. L'Hébreu אובל־אולי ubal ulaï ; or ubal signifie un fleuve, & ulaï est le nom du fleuve.

אולם **ULAM**, fils de Sarés ; 1. *Par.* VII. 16. le vestibule, le parvis, du mot אולם ulam ; autrement, leur force ou leur folie, du mot אול ul, force, & du mot אויל evil, insensé, & du pronom ם leur.

אור ὖρ **UR**, ville ; *Gen.* XI. 28. feu, lumiére, du mot אור ur ou or, selon les différentes leçons ; autrement, vallée.

עירה־תמרים πόλις τῶν φοινίκων **URBS-PALMARUM** ; *Deut.* XXXIV. 3. en Hébreu, *Hirthamar*, la même que *Jéricho*, voyez ci-dessus, du mot עיר hir, ville, & du mot תמר thamar, palme.

אורי ὐρες **URI**, fils d'Hur ; 1. *Par.* II. 20. Voyez ci-dessus *Ur*, feu, lumiére.

אוריה **URIA**, ou *Urias*, Prêtre du reins d'Isaïe ; *Ifai.* VIII. 2. le Seigneur est ma lumiére, ou feu, lumiére du Seigneur, du mot אור ur ou or, feu, & du mot יה Jah, le Seigneur.

אוריאל **URIEL**, pere de Maacha ; Vulgate, *Michaïa* ; 2. *Paral.* XIII. 2. Dieu est ma lumiére, ou feu, lumiére de Dieu, du mot אור or ou ur, feu, lumiére, & du mot אל El, Dieu.

עותי **UTHAI**, un des enfans de Béguí ; 1. *Efdr.* VIII. 14. méchanceté, du mot עות heveth ; autrement, le tems, du mot עת heth.

אוזל αὐζὰλ **UZAL**, fils de Jectan ; *Genef.* X. 27. qui voyage, qui approche, du mot אזל azel ; autrement, naviger ; autrement, distiller.

X

ξανθικός **XANTHICUS**, nom d'un des mois de l'année des Grecs, qui répond à notre mois d'Avril ; 2. *Macc.* XI. 30. Le Grec *Xanthicus* peut signifier le noir.

Z

זבד **ZABAD**, fils de Nathan ; 1. *Paral.* II. 36. dot ou doté.

ζαβαδαῖοι **ZABADÆI**, peuples qui habitent une partie de l'Arabie ; 1. *Macc.* XII. 31. de même.

זברדיה **ZABADIAS**, fils de Béria ; 1. *Par.* VIII. 15. dot du Seigneur, ou le Seigneur est ma dot, du mot זבד zabad, dot, & du mot יה Jah, le Seigneur.

זבי ζαβού **ZABBAI**, descendant de Bébaï ; 1. *Esdr.* X. 28. qui coule, du mot זוב zub.

זברי **ZABDI**, pere de Charmi ; *Josué* VII. 1. dot, doté, du mot זבד zabad.

ZABDIAS, Intendant des celliers de David ; 1. *Par.* XXVII. 27. Dieu est ma dot.

זבדיאל **ZABDIEL**, pere de Jesboam ; 1. *Par.* XXVII. 2. dot de Dieu, du mot זבד zabad, dot, & du mot אל El, Dieu.

ζαβεινά **ZABINA**, nom Chaldéen, d'un de ceux qui avoient épousé des femmes étrangéres ; 1. *Esdr.* X. 43. qui coule présentement, du mot זוב zub, couler, & du mot נא na, maintenant ; autrement, qui achete, du mot Chaldéen זבן zaban.

זבוד **ZABUD**, fils de Nathan ; 3. *Reg.* IV. 5. dot ou doté, du mot זבד zabad.

זבולון **ZABULON**, dixiéme fils de Jacob ; *Genés.* XXX. 20. ainsi appellé par allusion au verbe זבד zabad, doter ; autrement, demeure ou habitation, du mot זבל zabal.

זבולוני **ZABULONITÆ**, les descendans de Zabulon ; 1. *Par.* XXVII. 19. de même.

ζακχαῖος **ZACCHÆUS**, nom d'homme ; 2. *Macc.* X. 19. pur, net, du mot זכך zacaq ; ou selon le Syriaque, juste ou justifié.

זבי ζαχαΐα **ZACCHAI**, un des Chefs des familles qui revinrent de Babylone à Jérusalem ; 1. *Esdr.* II. 9. de même.

זכור **ZACCHUR**, fils de Masma ; 1. *Par.* IV. 26. qui se ressouvient, ou dont on se ressouvient ; autrement, mâle, du mot זכר zacar, mémoire, ou mâle.

זכריה **ZACHARIAS**, un des Princes ou des Chefs de la Tribu de Ruben ; 1. *Paral.* v. 7. mémoire du Seigneur, ou mâle du Seigneur, du mot זכר zacar, mémoire ou mâle, & du mot יה Jah, le Seigneur.

זכר ζαχεί **ZACHER**; Vulgate, *Zachar*, fils d'Abi-gabaon ; 1. *Paral.* VIII. 31. mémoire ou mal. Voyez ci-dessus *Zacchur*, le même qui est dit *Zacharias* ; *ibid.* IX. 37.

זמרי ζαμεί **ZAMBRI**, fils de Salu ; *Num.* XXV. 14. mon champ ; autrement, ma vigne ou mon sarment, du mot זמר zamar, chanter, ou זמיר zamir, vigne ou sarment.

זמירה **ZAMIRA**, fils de Béchor ; 1. *Par.* VII. 8. de même.

זמה ζαμμά **ZAMMA**, fils de Séméï ; 1. *Paral.* VI. 42. pensée, projet ou crime, du mot זמם zamam.

זמרן **ZAMRAN**, fils d'Abraham & de Céthura ; *Gen.* XXV. 2. chant ou chantre, du même mot זמר zamar. Voyez ci-dessus *Zambri*.

זמרי ζαμβεί **ZAMRI**, fils de Zara, fils de Juda & de Thamar ; 1. *Paral.* II. 6. de même que *Zambri* ci-dessus.

זנוח ζανώ **ZANOE**, ville ; *Josué* XV. 34. oubli ou abandon, du mot זנח zanak ; autrement, ce repos ou cette consolation, du pronom זה zé, celui-ci ou celui-là, & du mot נוח nuac, repos, ou du mot נחם nakam, consolation.

זרח **ZARA**, ou *Zaré*, fils de Ruhuel ; *Gen.* XXXVI. 13. orient ou clarté, du mot זרח zarak, s'élever, ou soleil levant.

זרחי **ZARAHI**, chef ou pere de Sobochaï ; 1. *Paral.* XXVII. 11. mon orient, ma clarté.

זרחיה **ZARAHIAS**, fils d'Ozi ; 1. *Paral.* VI. 6. orient ou clarté du Seigneur, du mot זרח zarak, &c. & du mot יה Jah, le Seigneur.

זרד **ZARED**, torrent ; *Num.* XXI. 12. descente ou puissance étrangére, du mot ררד radad, descendre, mettre dessous, ou du mot רדה rada, puissance, & du mot זר zat, étranger.

זרחיה

ZEB   ZET

זרחיה Z A R C H E', un des Chefs des familles qui revinrent de Babylone à Jérusalem; 1. *Esdr.* VIII. 4. l'orient, ou la clarté du Seigneur, du mot מזרח mizrac, orient, &c. & du mot יה Jah, le Seigneur. Voyez ci-dessus *Zarahias*.

זרחי ζαραὶ Z A R C I T Æ, descendans de Zaré; *Num.* XVI. 13. orientaux ou éclairez. Voyez ci-dessus *Zara*.

ורש ζωσάρα Z A R E S, femme d'Aman; *Esth.* V. 10. nom étranger à la Langue sainte: misére, étrangére, héritage étranger ou dispersé, du mot ירש jarasch, misére ou héritage, & du mot זר zer, étranger, ou dispersé; autrement, couronne de l'héritage ou de la misére, du même mot זר zer, couronne ou cercle, du mot ירש jarasch, héritage ou misére.

זתם ζυθὰμ Z A T H A M; Vulgate, *Zathan*, fils de Jehiéli; 1. *Par.* XXVI. 22. leur olive, du mot זית zaïth, & du pronom ם am, leur; autrement, celui-ci est parfait, achevé, consommé; autrement, simple, du pronom זה zé, celui-ci ou celui-là, & du mot תמם thamam, parfait, &c.

זון ζουὰμ Z A V A N, fils d'Ezer; *Genes.* XXXVI. 27. terreur, crainte, véxation, émotion, mouvement, du mot זתה zatha.

זאב Z E B, un des Madianites que les Ephraïmites tuérent sur le bord du Jourdain; *Judic.* VII. 27. loup, du mot זאב zéeb.

זברי ζεκρεί ζεβεδαίος Z E B E D Æ U S, pere de Micha; 2. *Esdr.* XI. 17. dot ou flux véhément, du mot זבד zabad, dot ou doté, ou du mot זוב zub, flux, & du mot די daï, abondant ou suffisant.

זבדיה ζαβδίας Z E B E D I A, fils de Michaël; 1. *Esdr.* VIII. 8. dot du Seigneur, ou Dieu est ma dot, du mot זבד zabad, dot, ou doté, & du mot יה Jah, le Seigneur.

זבח Z E B E'E, Roi des Madianites; *Judic.* VIII. 5. victime, sacrifice ou immolation, du mot זבח zabac.

זבודה ζαβούδα Z E B I D A, mere de Joacim, ou Eliacim; 4. *Reg.* XXIII. 36. dotée, du mot זבד zabad.

זבל Z E B U L, serviteur d'Abimélech; *Judic.* IX. 28. demeure, du mot זבל zabal.

זכרי Z E C H R I, fils d'Isaar; *Exod.* VI. 21. qui se souvient, ou qui est mâle, du mot זכר zacar.

זכור Z E C H U R, pere de Sammua; *Num.* XIII. 5. de même.

ζηλωτής Z E L O T E S, surnom de Simon l'Apôtre; *Luc* VI. 15. jaloux, ou rempli de zéle, du mot Grec ζῆλος.

זלפה Z E L P H A, servante de Lia; *Gen.* XXIX. 34. distillation, du mot זלף zalaph, ou mépris de la bouche, du mot זל zul, vile, ou digne de mépris, & du mot פה pé, bouche.

זמה Z E M M A, enfant de Gerson; 2. *Par.* XXIX. 12. pensée, projet mauvais, ou crime, du mot זמם zamam.

ζηνᾶς Z E N A S, Docteur de la Loi; *Tit.* III. 13. vivant, du mot Grec ζῶν, vivre.

זפרונה Z E P H R O N A, une des limites de la Judée; *Num.* XXXIV. 9. selon l'Hébreu & le Syriaque, fausseté du cantique, ou fausse joye; autrement, sifflement, du mot זפר zaphar, siffler.

זתם Z E T H A M; Vulgate, *Zathan*, un des descendans de Gerson; 1. *Paral.* XXIII. 8. leur olive, ou leur olivier.

זתן Z E T H A N, fils de Balan; 1. *Par.* VII. 10. olive ou olivier, du mot זית zaïth.

זתר Z E T H A R, nom d'un des Eunuques d'Assuérus; *Esth.* I. 10. mot étranger à la Langue sainte: celui-ci qui examine ou qui contemple, ou olivier de vision, ou olivier de la tourterelle, du pronom זה zé, celui-ci ou celui-là, & du mot תור thur, examiner ou contempler; autrement, tourterelle, du même mot תור thur; ou olive, du mot זית zith.

זתוא συθούα, ou ζηθού Z E T H U, un des Chefs des familles qui renouvellérent l'alliance conjointement avec Néhémie; 2. *Esdr.* X. 14. olive ou olivier, du mot זית zith.

Z E T H U A, un des Chefs des familles qui revinrent de Babylone à Jérusalem; 1. *Esdr.* II. 8. de même.

זיו Z I B', un des descendans de Gad; 1. *Paral.* V. 13. sueur, travail, du mot יזה jazah; autrement, crainte, émotion, du mot זוע zuah.

זינא ζινὰ Z I N A; Vulgate, *Ziza*, fils de Zéméi; 1. *Par.* XXIII. 10. fornication, prostitution, du mot זנה zana; autrement, selon le Syriaque, cabaretiére, hôtelliére, du mot זון zun, ou du mot זנה zuna; autrement, armes.

זיו δεύτερος μὴν Z I O, nom du second mois des Hébreux, qui après la captivité reçut celui de *Jar* ou *Ajar*; 3. *Reg.* VI. 1. Il répond en partie aux mois d'Avril & de May. Il signifie celui-ci ou celui-là, du mot זה zé ou זו zu; ou selon le Syriaque, clarté.

זיף Z I P H, ville; *Josue* XV. 24. cette bouchée ou cette bouche, du mot זה zé, celui-ci ou celui-là, & du mot פה pé, bouche ou bouchée; autrement, זוף zuph, qui en Chaldéen, signifie falsifier, corrompre.

זיף ou זיפה Z I P H, fils de Jaléléel; 1. *Par.* IV. 16. de même.

זפאי ζοφαεὶ Z I P H Æ I, peuples; 1. *Reg.* XXIII. 19. de même.

זיזא Z I Z A, fils de Jonathan; 1. *Par.* II. 33. bête, du mot זיז ziz, ou universelle, ou qui brille; ou selon le Syriaque, qui recule.

זוחלת Z O H E L E T H, rocher; 3. *Reg.* I. 9.

9. qui rampe, qui glisse ou qui attire, du mot זחל zakal.

זחת ZOHETH, fils de Jési; 1. *Paral.* IV. 20. séparer, du mot זחח zacac; autrement, celui-ci craint, ou est brisé, du mot זו zu, celui-ci ou celui-là, & du mot חתת briser & épouvanter; ou selon le Syriaque, qui descend.

זמזמים ZOMZOMIM, Géans ou peuples; *Deut.* II. 20. crimes énormes ou projet de crimes, du mot זמם zamam.

זזם ζααμ ZOOM, fils de Roboam & d'Abigaïl; 2. *Par.* XI. 19. souillure, impureté, du mot זחם ziem, méchant, impur.

זרבבל ZOROBABEL, pere de Mosollam; 1. *Par.* III. 19. banni ou étranger à Babylone, du mot זר zar, étranger; & du mot בבל babel, ou dispersion de la confusion, du mot זר zar, disperser, & babel, confusion.

זוזים Ἰθνη ἰσχυρά ZUZIM, peuples, selon la Vulgate; *Gen.* XIV. 5. les jambages d'une porte, du mot זוז zuz; autrement, splendeur, beauté, du mot זיז ziz; autrement, selon le Syriaque, ceux qui se révoltent.

Fin de la Traduction littérale des noms Hébreux, Syriaques & Grecs de la Bible.

BIBLIOTHEQUE
SACRÉE,
OU
CATALOGUE
DES MEILLEURS LIVRES
QUE L'ON PEUT LIRE,
POUR ACQUERIR L'INTELLIGENCE
DE L'ECRITURE.

PRÉFACE
OU
INTRODUCTION
A LA
BIBLIOTHEQUE SACRÉE.

Dans laquelle on explique le deſſein de cet Ouvrage, & la méthode qu'on a ſuivie dans cette nouvelle Édition.

L'OBJET qu'on s'eſt propoſé en dreſſant cette Bibliotheque Sacrée, a été de donner un Catalogue des meilleurs Livres qui facilitent l'étude de l'Ecriture. Cet Ouvrage ſec & épineux pour l'Auteur, eſt néanmoins en lui-même agréable, d'une grande utilité, & même néceſſaire; mais ſous différens regards, & ſelon les diſpoſitions & l'état des perſonnes qui s'appliquent à ce genre d'étude. Ces perſonnes ſont de trois ſortes : Les uns ne font que commencer : Les autres y ont fait déja des progrès : Et d'autres enfin, veulent former un corps complet de Bibliotheque. Il eſt certain que les premiers & les derniers ne ſçauroient ſe paſſer de cet Ouvrage : ceux-là pour connoître les Livres auſquels ils doivent ſucceſſivement s'attacher : & ceux-ci, afin de raſſembler dans leur Cabinet tous les Ecrits des Auteurs, qui ont conſacré leurs veilles à éclaircir le Texte ſacré. Quant aux ſeconds, on peut aſſurer que de quelques lumières qu'ils ſoient doüez, & quelques progrès qu'ils ayent fait, ils trouveront ici de quoi les étendre & les fortifier.

La méthode qu'on ſuit en général dans tout l'Ouvrage, c'eſt de donner le Titre des Livres; de marquer le nom de ceux qui en ſont, ou qui paſſent pour en être les Auteurs; de tracer le plan qu'ils ont ſuivi, d'expoſer le jugement que les Sçavans en portent; & enfin, de faire connoître les meilleures éditions.

Entré un ſi grand nombre de Livres dont on donne ici le Catalogue; on ne diſconvient pas qu'il n'y en ait de plus utiles les uns que les autres, & que quelques-uns mêmes n'ayent des endroits qui ſont dangereux : mais cet aveu ne doit pas diminuer l'idée qu'on s'eſt formée du ſecours que l'on en peut tirer, & des lumières qu'ils répandent ſur des paſſages obſcurs ou conteſtez. Quant au venin dont un petit nombre pourroit être infecté, on a eu ſoin de l'indiquer, afin que le Lecteur ſoit ſur ſes gardes.

Comme le monde Chrétien eſt redevable aux Proteſtans auſſi-bien qu'aux Catholiques, des recherches immenſes qu'on a fait juſqu'ici ſur la lettre de l'Ecriture; leurs Ouvrages tiendront ici leur place : mais on ſuppoſe que ceux qui veulent les lire, auront ſoin, avant toutes choſes, d'en demander la permiſſion aux Supérieurs prépoſez par l'Egliſe pour la donner.

Cette ſoûmiſſion n'eſt pas moins néceſſaire à l'étude de l'Ecriture, que la méthode qu'on doit ſuivre pour y faire les progrès qu'on a en vûë : ainſi il faut ſe ſouvenir qu'on ne doit guéres s'engager dans cette carriere, ſans avoir auparavant une teinture de l'Hiſtoire des Hébreux, de leurs Loix, Mœurs, Uſages, Coûtumes, & Cérémonies, de leur Pays, de leur Langue & des Livres ſacrez. Sur ce pied on peut, ce ſemble, commencer ce cours d'étude par la lecture de l'Hiſtoire

de

PREFACE OU INTRODUCTION

de l'Ancien & du Nouveau Testament & des Juifs, que nous avons donnée suivant l'ordre des tems, dans les termes mêmes de l'Ecriture, imprimée à Paris en deux volumes in 4°. chez Emery, Saugrain & Martin en 1718, & réimprimée chez les mêmes Libraires en 7. vol. in 12. l'an 1725. On peut ensuite prendre la petite Introduction du P. Lami de l'Oratoire, & les Regles pour l'intelligence des saintes Ecritures de M. l'Abbé d'Asfeld, à Paris chez Etienne 1716. in 24.

Nous ne nous étendrons point sur le mérite de ce Dictionnaire, il fournit seul des secours qu'il ne faut pas négliger: ainsi on ne doit pas manquer de le consulter sur quelques articles; par exemple aux titres, *Bible*, *Juges*, *Prêtres*, *Sacrifice*, *Palestine*, *Juifs*, & en quelques autres dont on peut avoir besoin, tels que *Génèse*, *Moyse*, *Pseaumes*, *Salomon*, *David*, &c.

Pour n'être pas arrêté dans l'étude de l'Ecriture, il faudroit posséder plusieurs Langues; en particulier l'Hébraïque, la Grecque & la Latine: on ne peut même se promettre un entier succès, si l'on ne joint à la connoissance de ces Langues celle du Chaldéen, du Syriaque & de l'Arabe: l'affinité que ces dernieres ont avec l'Hébraïque, est reconnuë de tout le monde; & chacune en particulier a des racines primordiales qui n'existent plus dans l'Hébreu, & dont on ne connoît la force que par leur moyen.

La proposition de sçavoir toutes ces Langues, ne doit rebuter personne, sur tout ceux qui sçavent le Latin par principes. Cette étude ne demande pas autant de tems qu'on se le figure ordinairement: car pour ne parler ici que de l'Hébreu, en moins d'un mois un esprit clair, net, précis & méthodique peut apprendre à lire, à écrire, à décliner, à conjuguer, & même à chercher dans un Dictionnaire les mots & les racines Hébraïques: & dès-là il est en état d'entendre les passages Hébreux, que les bons Commentateurs citent pour appuyer leurs explications.

Ceux que leur état & leurs engagemens empêchent d'étudier les Langues sçavantes, & qui sont réduits à ne sçavoir que le François, doivent se contenter des Traductions & des Commentaires de l'Ecriture qu'on a fait en cette Langue. M. de Sacy a exécuté l'un & l'autre: mais il est bon d'avertir que dans ses Explications, il s'est plus attaché au sens spirituel qu'au sens littéral: ainsi ceux qui font leur capital du fruit qu'on peut tirer du sens spirituel, trouveront dans son travail plus de quoi s'édifier que de quoi s'instruire.

M. l'Abbé de Beaubrun a abrégé l'Explication de M. de Sacy, & a donné une nouvelle édition de la Bible en François & en Latin avec des notes, en trois volumes in folio, imprimée à Paris chez Desprez. Dès l'an 1702. on avoit déja donné la traduction Françoise de la Bible, avec de courtes notes, & les variétez du Grec & de l'Hébreu, aussi en trois volumes in folio. Ces Ouvrages sont bons & utiles, & ils peuvent suffire à une infinité de personnes, qui n'ont ni le loisir, ni la commodité d'en lire, ou d'en avoir d'autres.

Si l'on désire de plus grandes lumières sur le sens littéral, & sur les principales difficultez du Texte, on peut nous prendre pour Commentateur: nous nous sommes étudiez à y rassembler tout ce que les Interprétes ont de meilleur, & à y joindre des Préfaces & des Dissertations pour éclaircir les faits qui demandoient quelque discussion. Si l'étendue de l'Ouvrage, & le nombre des volumes arrête ceux qui n'ont pas le tems de les parcourir, ils se borneront à une bonne traduction de la Bible, à ce Dictionnaire, & au Recüeil de nos Préfaces & Dissertations, qui peuvent servir de Prolégomènes à toute l'Ecriture sainte, imprimé en trois gros volumes in 4°. à Paris 1720.

Quoique les Livres de l'Ancien Testament ayent été composez long-tems avant ceux du Nouveau; comme les premiers se rapportent aux derniers, ainsi que la figure se rapporte à la vérité, on conseille aux Commençans de lire d'abord de suite le Nouveau Testament, avec un bon Commentaire; d'accompagner cette lecture d'une Concorde choisie des quatre Evangiles, d'une Carte Géographique de la Terre-Sainte, & d'une Table Chronologique, pour arranger les faits de la Vie de JESUS-CHRIST, & des Apôtres, & pour bien apprendre les dattes des Livres saints, depuis la naissance du Sauveur jusqu'à l'année que saint Jean écrivit son Apocalypse.

Cette étude servira ainsi de degrez pour s'élever à celle de l'Ancien Testament, & en applanira les difficultez: il ne faut rien changer dans la maniere d'y procéder: en l'une comme en l'autre, il faut faire choix d'un Commentaire clair, exact & succint, & se servir de Tables Chronologiques & de Cartes Géographiques convenables aux matieres qu'on traite. Quand on aura ainsi parcouru tous les Livres sacrez, on pourra recommencer, & prendre des Commentaires plus étendus & plus profonds, & les choisir dans la liste que nous en allons donner.

Comme on ne peut guéres avancer sans se donner quelque essor, il faut être extrêmement réservé, & user d'autant plus de précaution, qu'on risque plus de s'égarer quand on est au large: on fait poison de tout; ainsi quelque pieuse, quelque loüable, quelque méritoire même que soit l'étude de l'Ecriture sainte, elle est funeste & mortelle aux esprits qui se laissent éblouïr par de fausses lumières. Pour éviter ce danger, il faut s'attacher inviolablement aux regles suivantes, & ne s'en écarter jamais le moins du monde.

I. En fait de Dogme, le sens que l'Eglise a fixé doit être le nôtre. L'analogie de la Foi, la Tradition, les Explications des Peres, lorsqu'elles sont uniformes sur un sujet, & celles des Docteurs Catholiques & approuvez, doivent être l'objet sur lequel nous ayons toujours les yeux,

pour

pour ne les point perdre de vûë, & ne nous en écarter jamais. Mais à l'égard des matiéres de pure critique, par exemple, de Chronologie, de Géographie, d'Architecture, d'Histoire Naturelle, d'Usages, de Cérémonies, &c. il est libre de consulter & de suivre les Sçavans qui paroissent les mieux fondez, fussent-ils d'une autre Communion que nous ; en gardant toutefois les mesures que la prudence & la Religion prescrivent, & usant sobrement de la liberté que l'Eglise nous laisse. Que si en tenant cette route, l'on fait quelque découverte, & qu'on veüille proposer quelque nouvelle conjecture ; il faut le faire sans blesser en quoi que ce soit le respect qui est dû aux Peres, qui sont d'un sentiment contraire, & sans jamais s'éloigner de la soûmission qui est dûe à l'Eglise & à ceux qui la gouvernent.

II. Comme les saintes Ecritures sont l'Ouvrage du Saint-Esprit, on ne peut les entendre sans son secours & sans sa lumiére ; il faut donc les lui demander, mais avec ferveur, mais avec instance & persévérance. Quand on n'apporte à cette étude qu'un esprit de critique & de curiosité, on n'en rapporte ni lumiéres ni édification ; Dieu ne se communique qu'aux humbles d'esprit, & à ceux qui ont un cœur docile : on ne doit donc se présenter devant lui, qu'avec la simplicité qui fait le caractére de ses enfans.

III. Il faut poser pour principe, que les Auteurs sacrez ont dit non seulement la vérité ; mais qu'ils ont encore parlé d'une maniére sensée, raisonnable, divine. Ainsi quand le sens de la lettre ne renferme ni absurdité, ni impiété, on ne doit pas recourir à l'allégorie, ni à la métaphore : & si l'on est obligé de le faire ; ce ne doit être qu'après avoir établi ou supposé le sens littéral, qui est le fondement de l'autre.

IV. Une vérité est-elle exprimée obscurément dans un endroit, & clairement dans un autre ? l'endroit clair doit éclaircir l'endroit obscur & lui servir de clef. Par exemple, les Passages où l'Ecriture semble dire que Dieu est corporel, doivent s'expliquer par ceux qui disent qu'il est Esprit : & ceux où le Sauveur dit que le Pere est plus grand que lui, par ceux où il témoigne que lui & le Pére ne sont qu'un.

V. Il est d'une très-grande conséquence de connoître à fond l'Auteur du Livre qu'on lit, dans quelles circonstances, en quels tems, & dans quelle langue il a écrit ; quel est son but, pour qui & contre qui il parle. Cette maxime regarde principalement les Livres de Moyse, les Prophétes, les Pseaumes, les Epîtres de saint Paul, & celles des autres Apôtres. On aura beau faire, on n'expliquera jamais bien ces Ecrits divins, si l'on ne se met auparavant en état de pénétrer les vûës de leur Auteur. Ce n'est pas assez de sçavoir en général, que JESUS-CHRIST est représenté dans l'Ancien Testament, & que tout ce qui arrivoit aux Juifs étoit la figure de ce qui se passe dans l'Eglise. Il faut de plus, s'il est possible, percer & connoître le sens de chaque Prophétie, de chaque figure, de chaque cérémonie.

VI. On ne doit jamais avancer qu'un Auteur sacré est contraire à un autre : c'est une vérité constante dans l'Eglise, qu'il n'y a dans l'Ecriture que des contrariétez apparentes ; en effet, elles ne sont jamais dans les choses, mais seulement dans l'écorce des termes : ou bien, c'est qu'un des Auteurs rapportera une circonstance que l'autre aura omise : ou enfin qu'ils employeront tous deux un même mot dans une acception différente l'une de l'autre : Par exemple, JESUS-CHRIST nous fait une Loi de devenir comme les enfans : d'autre part saint Paul nous défend d'être enfans. Le sens des paroles du Sauveur, est que nous imitions la simplicité, la candeur & l'innocence des enfans : & l'Apôtre veut que nous évitions leur vaine crédulité, & l'inconstance ou l'irrégularité de leur conduite. *Matth. XVIII 3. I Corinth. XIV. 20.*

VII. Le génie de la langue Sainte est si différent de celui de la langue Françoise, qu'il est moralement impossible d'avoir une connoissance parfaite de tous les idiotismes, sans une étude sérieuse, & une longue expérience. Quelle différence de mœurs entre les Hébreux & nous ! Ils commencent un Livre, ou un Discours par *Et* ; ou par *Or* ; ils n'usent point de comparatifs, & disent : *Il vaut* * *se confier au Seigneur, que de se confier dans l'homme* : chez eux *la Circoncision* est mise pour *le Juif*, & *le Prépuce* pour *le Gentil* ; ils joignent le terme *Dieu* aux choses dont ils veulent marquer la grandeur, l'excellence & la beauté : une beauté *de Dieu*, c'est une excellente beauté ; des Cédres *de Dieu*, sont des Cédres *fort hauts*, &c. L'Ecriture veut-elle mettre un nombre rond ? elle ajoûte ou supprime quelques années, quelques mois, quelques jours. En d'autres occasions elle se sert du mot *Eternel*, pour marquer *un tems long* ; elle dit *Toute* la terre, pour désigner *la Palestine entiére* ; *Mort* & *Tombeau*, sont des termes figurez, ausquels elle fait signifier *Disgrace*. Ces hébraïsmes, & mille autres semblables, sont si fréquens dans les Livres saints que je n'aurois jamais fait, si je les voulois tous recüeillir. Ce qui est certain, c'est que ces façons de parler si éloignées des nôtres, font sentir la nécessité qu'il y a d'étudier les autres : il faut donc consulter les Auteurs, qui en ont le mieux traité ; en particulier Bonfrerius & Cornelius à Lapide ; les Canons qu'ils ont fait imprimer l'un & l'autre à la tête de leurs Commentaires sur le Deuteronome, sont excellens, & d'un grand usage. *Il vaut mieux.*

A ces Regles il faut joindre une connoissance exacte des Livres, tant de l'Ancien que du Nouveau Testament, & sçavoir ceux qui sont canoniques, & ceux qui ne le sont point. La chose n'eſt pas difficile ; les uns & les autres ſont marquez au commencement de toutes les Bibles Grecques, Latines & Françoiſes : mais ſans y recourir, on peut voir dans ce Dictionnaire ſous l'article *Bible*, le Catalogue des Livres ſacrez, leur ordre & leur diviſion, tant de l'Ancien que du Nouveau Teſtament, ſuivant la déciſion du Concile de Trente, *Seſſion IV. Decret I.* on y trouvera auſſi la liſte des Livres apocryphes. On peut auſſi avoir recours aux articles qui parlent de chacun de ces Livres en particulier, où l'on rapporte ce qu'on peut dire ou penſer de leurs Auteurs, du tems auquel ils ont été écrits, de ce qu'ils contiennent, & ce qu'on dit tous les jours pour & contre leur Canonicité.

Il y eſt encore parlé des Bibles, & des différentes Traductions qu'on en a faites ; le précis de l'Hiſtoire de ces Traductions s'y trouve auſſi : mais on s'eſt réſervé à marquer ici les principales éditions de la Bible, tant dans les Langues originales, que dans les Verſions ; on ſe flatte même de le faire avec plus d'étenduë, & , ſi on l'oſe dire, avec plus d'exactitude. Car cette Bibliothéque s'étant inſenſiblement augmentée par des recherches, & des réflexions de toutes ſortes dont on l'a groſſie ; on a été obligé de refondre la premiére, & de lui donner une nouvelle forme, en la diviſant en cinq parties, & ſubdiviſant chaque partie en différens articles.

La premiére partie contient le Catalogue des Livres qui concernent non ſeulement l'étude de l'Ecriture, mais encore qui ſervent à l'intelligence des Langues Orientales, tels que les Grammaires, les Dictionnaires, les Concordances, &c.

Dans la ſeconde, on trouve ceux qui traitent des Antiquitez Judaïques, des Loix & Coûtumes des Hébreux, de leur Religion, de leur Police, Milice, Hiſtoire, Géographie, &c.

La troiſiéme eſt deſtinée à faire connoître les Textes originaux de la Bible, les Paraphraſes, & les différentes Verſions & Traductions qui en ont été faites.

La quatriéme renferme les Commentateurs anciens & modernes de l'Ancien Teſtament ; ſoit qu'ils ayent travaillé ſur toute cette partie de l'Ecriture, ſoit qu'ils ne ſe ſoient attachez qu'à quelques Livres particuliers. Sur tout cela on marque exactement les Diſſertations, & tous les Ouvrages critiques faits pour éclaircir les endroits difficiles ; obſervant deux choſes : la première de rapporter ces Ecrits aux différens Livres de l'Ecriture, ſuivant l'ordre qu'ils tiennent dans la Bible : la ſeconde de les ranger ſelon l'antiquité plus ou moins grande de ceux qui les ont mis au jour.

La derniére partie enfin traite des Ouvrages, & des Auteurs conſacrez à éclaircir le Texte du Nouveau Teſtament, rangez auſſi dans le même ordre que ceux qui ont l'Ancien Teſtament pour objet.

Les articles différens qui compoſent chaque partie, ſervent à placer les matières chacune dans ſa claſſe, à diſtinguer un ſujet ou un Livre de l'Ecriture, d'avec un autre ſujet ou un autre Livre ; & à faire voir comme dans un point de vûë, quels ſont les Auteurs Catholiques, & quels ſont les Auteurs Proteſtans. Cette voie & cette préciſion conduira comme par la main, ceux qui ne demandent que d'avancer, & levera la plûpart des difficultez qui pourroient les arrêter.

Au jugement que les Sçavans ont porté de tant d'Ouvrages, que nous avons ſur l'Ecriture, & que nous avons promis dès le commencement de ce Diſcours ; nous ne ferons pas difficulté de joindre quelquefois le nôtre ; & pour ne rien omettre d'intéreſſant, l'année & la forme des éditions ; la naiſſance, la qualité, & la mort des Auteurs ; leur Pays, leur Religion, leur caractère, tout ſera marqué. Car ces ſortes d'Ouvrages ou Catalogues, qui n'ont rien d'eux-mêmes qui pique, qui attache, il faut les relever par tout ce qui peut d'ailleurs réveiller la curioſité des connoiſſeurs. Auſſi eſt-ce eux, que nous avons particuliérement en vûë : leur goût eſt connu : ils veulent tout ſçavoir ; mais ils veulent qu'on leur épargne la peine de parcourir un grand nombre de Bibliographes. Il faut donc s'accommoder à leurs déſirs, & réduire en précis tout ce qui mérite d'être lû, faire l'analyſe de tout, diſcerner le bon d'avec le mauvais, le médiocre de ce qui excelle, marquer en quel tems floriſſoit un Auteur, ce qu'il étoit, quel étoit ſon génie, ſa capacité, ſon âge, ſa profeſſion. C'eſt en quoi on a tâché de les ſatisfaire, autant que le permettoient les bornes d'un Ouvrage qu'on ne fait que retoucher, & auquel il ne manquoit qu'une juſte étenduë.

On ne doit point être ſurpris du nouvel ordre dans lequel il paroît aujourd'hui : c'eſt ſur le modéle de celui que nous avons ſuivi dans le Recüeil de nos Diſſertations. On n'a qu'à comparer l'un & l'autre Ouvrage : on ſe convaincra bien-tôt, qu'ils ont été dreſſez tous deux ſur le même plan, & que ce plan eſt le plus méthodique.

Nous ne nous étendons pas ſur les avantages que cette Bibliothéque Sacrée a ſur celle que nous avions publiée dans la première édition de ce Dictionnaire : il ſuffit de faire remarquer qu'elle eſt ici augmentée de près de moitié, & qu'on a corrigé toutes les fautes qui avoient échappé par mégarde, ou que de faux Mémoires avoient occaſionné.

BIBLIOTHEQUE SACRÉE,
OU
CATALOGUE
DES MEILLEURS LIVRES
QUE L'ON PEUT LIRE,
POUR ACQUERIR L'INTELLIGENCE
DE L'ECRITURE.

PREMIERE PARTIE
Qui renferme les Livres concernans l'étude de l'Ecriture sainte.

POUR avoir une exacte connoissance des divines Ecritures, le premier moyen & le plus important, c'est de connoître d'abord les Auteurs qui se sont apliquez à expliquer ces Livres sacrez, & les différens Ouvrages que ces mêmes Auteurs ont donnez dans ce dessein. Il faut ensuite se former une idée générale de tout ce qui peut servir à éclaircir les difficultez qui se trouvent en plusieurs endroits de l'Ecriture. Enfin, il est très-utile de sçavoir les Langues Originales afin d'entrer avec succès dans cette étude, pour ne se point tromper dans les explications qu'on doit faire des passages les plus difficiles des Livres saints.

C'est à quoi sont destinées les Bibliothéques Sacrées, les Grammaires, les Dictionnaires, les Concordances, les Prolégoménes, les Dissertations, les Introductions à l'Ecriture, & les

les Livres qui traitent de la maniére de la bien interpréter : c'est ce que nous nous proposons dans cette premiére Partie.

ARTICLE PREMIER.

Des Bibliothéques Sacrées, faites par les Catholiques.

On ne peut pas mieux commencer cet Essay d'une nouvelle Bibliothéque Sacrée, qu'en parlant des Auteurs qui en ont fourni l'idée, & qui ont fait des Ouvrages dans le même goût, quoique l'execution en soit assez différente.

Le premier qui se présente, est *Notker* ou *Notger*, surnommé *le Bégue*, à cause de sa difficulté de parler. Il étoit Moine de l'Abbaye de saint Gal en Suisse, & il mourut en 912. le 6. Avril. Il a fait un Livre des Ecrivains qui ont expliqué les saintes Ecritures. Il se trouve dans les Anecdotes de D. Bernard Pez, Tome premier de la premiére Partie, & contient douze Chapitres.

Sixte de Sienne a donné long-tems après un Ouvrage beaucoup plus ample, sous le nom de Bibliothéque sainte, *Bibliotheca sancta*; elle mérite bien de porter ce Titre, puisqu'on n'avoit encore rien vû de plus achevé sur la matiére qu'il traite.

Elle est divisée en huit Livres; dont le premier traite du nombre, de l'ordre, de l'autorité des Auteurs, & des sujets des Livres sacrez. Le second, des saintes Ecritures, & de ceux qui les ont composées; des Ecrits qui existent ou qui n'existent point; de ceux qui sont certains, & de ceux qui sont douteux & apocryphes, qui ont été citez par les Auteurs sacrez, & des Ecrits supposez. Cette partie n'est pas la moins curieuse de l'Ouvrage quoiqu'il y ait quelques fautes, comme le remarque M. Simon dans son Histoire Critique du nouveau Testament, Liv. 3. Ch. 17. Le troisiéme traite de la maniére d'expliquer l'Ecriture, des divers sens des Livres saints, & des différentes sortes de Commentaires qu'on a fait dessus. Le quatriéme, des Commentateurs Catholiques, dont il marque les noms par ordre alphabétique; la vie, les Ecrits, leur maniére d'expliquer l'Ecriture, & le jugement des Sçavans sur les principaux Commentateurs. A la fin de ce quatriéme Livre, on trouve le simple nom de ces Auteurs, suivant l'ordre des Livres de l'Ecriture qu'ils ont commentez. Ce qui est suivi d'un Catalogue curieux des Auteurs selon les différentes maniéres qu'ils ont travaillé sur les Livres saints; comme par exemple, de ceux qui ont abrégé les longs Commentaires des autres; de ceux qui ont travaillé sur la Chronologie, qui ont fait des Dictionnaires, qui ont mis en vers l'Ecriture, qui ont fait des Homelies. Et le cinquiéme Livre de cette Bibliothéque, contient quelques endroits dignes de remarque & de censure, tirez des différentes Explications qu'ont donné les Commentateurs Catholiques, & sur tout les anciens. En rapportant ces endroits, il suit l'ordre des Livres de l'ancien Testament, & il marque ordinairement le jugement des autres, Lorsqu'il le peut, il rapporte des Auteurs qu'il censure d'autres endroits de leurs Ouvrages sur les mêmes passages de l'Ecriture, lesquels sont ou plus clairs, ou entiérement différens des premiers; pour servir, comme il dit lui-même, d'antidote. Dans le sixiéme Livre, Sixte de Sienne continuë sur le nouveau Testament, ce qu'il avoit fait dans le cinquiéme sur l'ancien. Dans le septiéme & le huitiéme, l'Auteur combat ceux qui ont osé écrire contre ces divins volumes. Il finit son Ouvrage par l'Article des nouvelles Versions, qui étoient fort fréquentes de son tems, & qu'il rejette. Il tâche de faire voir qu'il faut s'en tenir à la Vulgate; ce qu'il prouve par différentes raisons, & il traite à ce sujet des anciennes Traductions de l'Ecriture.

Cet Ouvrage est très-estimé, & il est bon de le consulter. L'on y trouvera un grand nombre d'Auteurs qui ont travaillé sur l'Ecriture. J'en rapporterai ici plusieurs autres, qui n'ont pas été connus de Sixte de Sienne, parce qu'ils n'ont écrit que depuis lui. Il y a eu plusieurs éditions de cet Ouvrage, tant *in fol.* que *in* 4°. La premiére édition parut à Venise l'an 1560. en 2. Tom. *in fol.* On peut voir dans le Pere Echard les différentes éditions qui ont été données de cet Ouvrage: *Bibliothec. Script. Ord. Prædicat.* t. 2. p. 207. & 208. Sixte vint au monde à Sienne l'an 1520. Etant sorti de parens Juifs, il se convertit à la Religion Chrétienne. Après sa conversion, il entra chez les Freres Mineurs, d'où il passa quelque tems après chez les Dominicains. Il mourut à Genes l'an 1569. âgé de 49. ans. Il sçavoit les Langues Orientales.

Depuis Sixte de Sienne, le Pere *Possevin* a fait quelque chose de semblable en partie dans son Apparat Sacré, *Apparatus Sacer*, au Livre 2. où il traite de l'Ecriture sainte. A la fin de ce Livre, il donne un Catalogue alphabétique de ceux qui ont écrit sur l'Ecriture sainte, ou entiére ou en partie. Ce qui est suivi d'une autre Liste des Auteurs, selon la différente méthode qu'ils ont suivi, en expliquant l'Ecriture. Cet Auteur ne s'est pas borné à parler des Commentateurs de l'Ecriture, mais il parle aussi de tous les Ouvrages des Peres, des Théologiens, & de ceux

SUR L'ECRITURE SAINTE

ceux qui ont écrit fur l'Histoire Ecclésiastique. L'Ouvrage est en deux volumes *in fol.* par ordre alphabétique, imprimé à Cologne en 1608. On peut voir dans la Bibliothéque Ecclésiastique de M. Dupin, le jugement qu'il en fait; c'est au Tome I. p. 143. 144. du XVII. siécle *in 8.* où il parle aussi de l'Auteur.

De nos jours on n'a porté plus loin ce genre d'Ouvrage. Le Pere *Cherubin de saint Joseph*, Carme Déchaussé & natif de Toulouse, en a donné un sous ce titre: *Bibliotheca critica sacra, &c.* dont il y a quatre volumes *in fol.* de douze qu'il avoit promis. Les deux premiers ont été imprimez à Louvain l'an 1704. Le troisiéme & le quatriéme à Bruxelles en 1705. 1706.

Dans le premier Tome, 1°. Il fait une longue exhortation à la lecture de l'Ecriture Sainte. 2°. Il en donne une connoissance générale. 3°. Il traite des principes & des mystéres de la Cabale. 4°. Du culte des Juifs avant la construction du premier Temple. 5°. Du Temple de Salomon.

Dans le second il parle 1°. Des Sacrifices & des Fêtes. 2°. Des Jeûnes. 3°. De l'Urim & Thummim. 4°. Des Ecoles des Juifs, & de leurs Sectes différentes. 5°. De la Mischne & du Talmud.

Dans le troisiéme, il est parlé 1°. de la Cabale des Juifs. 2°. De leur gouvernement spirituel & politique. 3°. Des nouvelles Versions de l'Ecriture.

Dans le quatriéme, l'Auteur fait l'Histoire des Versions en Langues vulgaires, des différentes Versions de la Bible, & des Polyglottes. Il seroit à souhaiter qu'il eût achevé un si vaste dessein; mais il y a bien de l'apparence que la mort en a empêché l'exécution; ou ce qui reste n'est que manuscrit.

On voit par ce détail, quel devoit être ce prodigieux Ouvrage, & combien il en a coûté à son Auteur, pour fournir à tant de sujets, qu'il traite à fond, & avec une juste étendue: les matériaux en sont bons, & bien choisis; mais il y a un peu de confusion dans l'arrangement. Il a donné depuis un abrégé de cette Bibliothéque critique, à Bourdeaux 1709. 1710. *in 8.*

Le Pere *le Long* dans sa Bibliothéque sacrée, n'a point embrassé tant de matiéres; il s'est borné à de simples Catalogues, au moins dans la deuxiéme partie. Car dans la premiére il s'est donné plus d'effort, & il est à présumer qu'il auroit fait la même chose dans la seconde; si la mort ne l'eût pas enlevé trop tôt, au grand regret des personnes de lettres. La premiére fut d'abord imprimée à Paris en 1709. 2. vol. *in 8.* Depuis on l'a réimprimée avec la seconde en 2. vol. *in fol. ibid.* l'an 1723.

Dans le premier volume, l'Auteur traite de toutes les différentes éditions de la Bible, des Versions & des Livres qui la concernent. Dans le second, il parle de tous les Commentateurs, anciens & modernes, Catholiques & Protestans; ce qui demandoit beaucoup de recherches & d'application. On voudroit qu'il les eût rangez dans un meilleur ordre, & qu'il fût entré dans un plus grand détail, soit pour la vie & le caractére des Auteurs, soit pour le jugement qu'il faut faire de leurs Ouvrages. C'est à quoi nous avons tâché de suppléer dans cette Bibliothéque Sacrée, autant que les bornes que nous nous sommes prescrites l'ont pû permettre.

ARTICLE II.

Des Bibliothéques Sacrées données par les Protestans.

Entre les Protestans, *Pierre Ravanel* est le premier qui ait donné une Bibliothéque Sacrée, sous ce titre: *Bibliotheca Sacra, sive Thesaurus Scripturæ Canonicæ.* Elle est par ordre alphabétique, & divisée en deux parties, qui font deux volumes *in fol.* avec des observations ou notes marginales. La premiére édition parut en 2. vol. *in fol.* à Genéve l'an 1650. La seconde augmentée, & en 3. vol. *ibid.* en 1660. Il y joignit ensuite un Supplément *in fol.* qui fut imprimé aussi à Genéve en 1663. Il y traite de tout ce qu'il y a de Théologie, de Physique, de Morale & de Politique dans les Saintes Ecritures.

Il étoit Calviniste, Ministre d'Uzez, & est mort vers l'an 1680.

Michel Walter a fait quelque chose d'approchant dans un Ouvrage qui a pour titre: *Officina Biblica,* imprimé à Wittemberg en 1702. *in-fol.* troisiéme édition, corrigée & augmentée. C'est une espéce d'Introduction à la lecture de l'Ecriture Sainte. L'Auteur s'y propose d'en donner une connoissance exacte; & d'en résoudre les principales difficultez.

Cet Ouvrage pourroit avoir son utilité, s'il étoit écrit de sorte que l'esprit de division & d'animosité n'y fût pas si visible. C'est se donner des bornes trop étroites, que de se restraindre à servir un seul parti, quand on fait un Livre qui doit être utile à toutes les Eglises Chrétiennes.

Theodore Hasée & *Adolphe Lampe*, Allemans Luthériens, ont donné en 1719. une Bibliothéque Philologique en six volumes *in 8.* où ils ont ramassé un grand nombre de Dissertations sur plusieurs endroits de l'Ecriture: je tâcherai de les marquer toutes; selon les sujets qu'elles traitent, parce que cet Ouvrage est devenu rare, & ne se trouve pas facilement, quoique nouveau.

Wendler,

Wendler, autre Allemand Luthérien, a donné en 1721. l'Essai d'une Bibliothéque Sacrée, intitulé : *Prodromus Bibliotheca Sacra*, où il donne sur chaque Auteur le jugement des autres, & le sien. Cet Ouvrage est fort estimé, & ne se trouve point encore à Paris, quelques recherches que j'en aie faites. Il auroit pû beaucoup me servir, si je l'avois pû rencontrer.

Quoique l'*Elenchus* de *Crovvée*, Anglois, & de la Religion Anglicane, ne soit qu'un simple Catalogue des Commentateurs Catholiques & Protestans, il ne laisse pas d'y donner une notion assez utile des Bibles, des Interprétes, & de ces Commentateurs. Il y joint quelquefois un abrégé de leur vie, leur caractére, & le jugement de leurs Ouvrages. On a imprimé ce Catalogue à Londres en 1672. *in* 12. Il en avoit déja donné un presque semblable en 1668. *in* 8.

ARTICLE III.

Des Grammaires Hébraïques, Chaldaïques, Syriaques, Arabes, &c.

Quand on a quelque connoissance de tous les Auteurs qui ont travaillé sur l'Ecriture ; le second pas, & le plus difficile qu'il faut faire dans cette étude, c'est d'apprendre les Langues Orientales, par le secours des Grammaires, des Dictionnaires, & des Concordances.

On a donné dans le dernier Tome de la Polyglotte d'Anvers, des Grammaires & des Dictionnaires, pour l'intelligence des Langues qui se trouvent dans cette Polyglotte.

Edmond Castel, dont le *Lexicon Heptaglotton*, c'est-à-dire, en sept Langues, & imprimé en deux volumes *in-folio*, est comme une suite de la Polyglotte de Londres, a aussi donné une Harmonie entre les Grammaires Hébraïques, Chaldaïques, Syriaques, Samaritaines, Ethiopiennes, Arabes & Persanes.

Nous avons d'*Elie Levite* Juif, deux sortes d'Ouvrages, que *Sebastien Munster* a mis en Latin ; sçavoir sa Grammaire Hébraïque, imprimée pour la premiére fois à Bâle en 1518. *in* 4. & pour la derniére fois en 1549. *in* 8. sous ce titre : *Sepher Dik duk*. Une Institution Elémentaire sur la même Langue, imprimée à Paris en 1537. *in* 8. & à Bâle 1543. Cette derniére édition est la cinquiéme de celles qui ont été faites à Bâle.

Le même *Munster* a donné de son propre fond, cette partie de la Grammaire Hébraïque, qui regarde la conjugaison des verbes, à Bâle 1536. *in* 8. De plus, les mots Hébreux qui sont irréguliers, *ibid.* la même année *in* 8. quelques regles générales sur les Commentaires des Hébreux, où il explique en Hébreu & en Latin, plusieurs maniéres de parler Hébraïques, & les abbréviations Hébraïques, *ibid.* 1527. *in* 8. Nous parlerons de lui dans l'article des Commentateurs généraux, Partie troisiéme.

Nicolas Abram Jésuite, a donné en vers Latins un abrégé des principes de la Langue Hébraïque, imprimé à Paris l'an 1645. & pour la derniére fois à Dijon l'an 1651. *in* 4. sous ce titre : *Epitome Rudimentorum Linguæ Hebraicæ, versibus Latinis comprehensa*. On parlera de lui dans l'article des Commentateurs Catholiques sur le Pentateuque.

Le *Cardinal Bellarmin* a donné des Institutions Hébraïques, imprimées plusieurs fois : il y en a eu une édition en 1622. à Paris *in* 8. avec des notes de Siméon de Muis ; & à la fin une Exercitation Grammaticale sur le Pseaume XXXIII. La derniére édition est de 1642. imprimée à Cologne. Nous parlerons de lui ci-après sur les Pseaumes.

Georges Mayr a donné aussi des Institutions de la même Langue, imprimées en différens endroits : la derniére & neuviéme édition est de 1693. à Tubinge *in* 8. Elles sont divisées en six parties ; la premiére traite de la maniére de lire & de prononcer l'Hébreu ; la seconde, du nom ; la troisiéme, du verbe ; la quatriéme, de la diction ; la cinquiéme, de la syntaxe ; la sixiéme, de la Poësie des Hébreux. On trouve à la fin une Exercitation Grammaticale sur le Prophéte Jonas, au moins dans l'édition de Lyon 1622. *in* 8. Il étoit Jésuite. Il mourut en 1623. le 25. d'Août.

Thomas Dufour a fait une Grammaire Hébraïque, imprimée à Paris en 1641. *in* 8. Il a aussi laissé un Essai d'un Commentaire sur les Pseaumes ; mais il n'a point achevé ce Commentaire, ayant été prévenu par la mort. Il a encore composé une Paraphrase sur le Cantique des Cantiques. Il est parlé de lui dans les Mélanges Historiques de Vigneul-Marville, tome 2. page 286. derniére édition. Sa Grammaire est d'une méthode très-facile. Il étoit de Normandie, né à Fécamp en 1613. Il s'appliqua beaucoup à apprendre l'Hébreu. Il se fit Bénédictin de la Congrégation de saint Maur à Jumiéges en 1636. & mourut à la fleur de son âge en 1647.

Nicolas Clénard a fait une Grammaire Hébraïque, imprimée à Leide en 1589. *in* 8. troisiéme édition ; & des Tables Hébraïques de Grammaire, imprimées à Paris *in* 4. en 1581. cinquiéme édition.

Guillaume Schickard a donné un petit Abrégé de Grammaire Hébraïque, sous ce titre : *Horologium Schickardi*, *in* 8. qui parut à Leipsic en 1624. C'est la même chose que les

SUR L'ECRITURE SAINTE.

les Inſtitutions de cette Langue publiées par les ſoins de *Jean Erneſt Gerard*, à Jene en 1647. *in* 4. & imprimées pluſieurs fois depuis en divers endroits ; la derniere édition eſt de 1677. *in* 8. à Leipſic. Schickard a donné auſſi un Arbre des Déclinaiſons Hébraïques, avec une Inveſtigation du Théme, imprimée à Ulm en 1647. *in* 8. De plus, la Roüe Hébraïque, pour la facilité de conjuguer, imprimée à Tubinge en 1670. *in* 8. Le Cercle des Conjugaiſons Orientales, repréſenté & expliqué harmoniquement, à Straſbourg 1651. *in* 4.

Jean Buxtorf le pére, a donné le Tréſor de la Langue Sainte, imprimé à Bâle en 1663. *in* 8. ſixiéme édition. L'Abrégé de la Grammaire Hébraïque, imprimé à Utrect en 1701. *in* 8. quinziéme édition. Il a auſſi donné des préceptes de Grammaire, imprimez à Bâle en 1605. *in* 8. De plus, un Livre tout nouveau des Abbréviations Hébraïques, imprimé à Herborne en 1708. *in* 8. quatriéme édition beaucoup augmentée. On parlera de lui ailleurs.

D. Pierre Guarin a fait une Grammaire Hébraïque, plus parfaite qu'aucune des précédentes; car en général la plûpart des Grammaires Hébraïques ſont aſſez défectueuſes. Celle-ci a commencé à paroître en 1724. & ſera en trois volumes *in* 4. en Latin. Elle eſt partagée en trois Livres. Le premier traite de l'Etymologie, ou de l'Analogie des mots; le ſecond comprend la Syntaxe tant ſimple que figurée ; le troiſiéme, a pour objet divers traitez qui regardent la Grammaire & la Littérature Hébraïque. Il y a de plus un Lexicon fort ample ; enſorte que cet Ouvrage doit être moins regardé comme une Grammaire Hébraïque, que comme un Recüeil fort méthodique de tout ce que l'on peut trouver de plus curieux, qui ait rapport à cette Langue, avec des notes & des recherches.

Dom Guarin vint au monde dans le Dioceſe de Roüen en 1678. Il ſe fit Religieux Bénédictin de S. Maur en 1696. âgé de 18. ans. Il s'eſt depuis fort appliqué à l'étude de la Langue Sainte. Il eſt à préſumer qu'il auroit enrichi le Public de quelques nouveaux Ouvrages, ſurtout depuis qu'il étoit devenu Bibliothéquaire de la célebre Abbaye de ſaint Germain des Prez, ſi la mort ne nous l'eût enlevé le 29. Décembre 1729.

Monſieur *Maſclef*, Chanoine d'Amiens, a publié une Grammaire intitulée : *Grammatica Hebraïca, à punctis aliiſque inventis Maſſorethicis libera*, à Paris en 1716. *in* 12. où il prétend prouver que l'on peut non ſeulement apprendre, mais lire & entendre l'Hébreu, ſans le ſecours des points voyelles. Il y donne des regles pour lire cette Langue d'une maniere uniforme, ſans aucune mutation de ces points. C'eſt ce qui a donné lieu à l'Ouvrage de D. Guarin, qui prétend prouver le contraire.

Le même M. Maſclef avoit donné auparavant un Eſſai de cette Grammaire, comme il paroît par les Mémoires de Trévoux au mois d'Octobre & de Décembre de 1711. nous y liſons ce titre : *Conſpectus novæ Grammaticæ ad Hebraicam & alias Linguas Orientales, abſque punctis ediſcendas aptiſſima*.

Chrétien Nold, où *Noldius*, a fait un Livre très-utile, pour connoître la force des particules indéclinables, & pour entendre pluſieurs paſſages de l'Ecriture. En voici le titre en Latin : *Concordantiæ Particularum Hebræo-Chaldaicarum ; Hafniæ* 1679. *in* 4.

Louis de Dieu, dont nous parlerons dans l'Article des Commentateurs généraux Proteſtans, Partie quatriéme, a donné un Ouvrage intitulé : *Grammatica Linguarum Orientalium, Hebraicæ, Syriacæ, & Chaldaicæ* ; à Leide 1628. *in* 4. à Francfort 1686. *in* 4. Il y aura occaſion de parler ailleurs de cet Auteur.

Salomon Glaſſius a fait une Philologie Sacrée, qui a paru pour la derniere fois à Amſterdam l'an 1711. *in* 4. De cinq Livres qu'elle contient, la Grammaire occupe le troiſiéme & le quatriéme, & la Rhétorique le cinquiéme. Cet Ouvrage eſt très-utile, & contient une infinité de bonnes remarques ſur l'Ecriture.

Il ne faut pas oublier *Génébrard*, qui a donné un Alphabet Hébreu, imprimé à Paris en 1564. *in* 8. avec le Décalogue en Caractéres Hébreux, & la Verſion Latine. La derniere édition parut en 1584. à Paris *in* 4. Génébrard a donné auſſi un Introduction Rabbinique pour lire & entendre l'Hébreu ſans points, imprimée à Paris en 1587. *in* 4. ſeconde édition. Nous parlerons de lui ſur les Pſeaumes.

La Grammaire de la Langue Sainte par *Hottinger*, diviſée en deux livres, & imprimée à Zuric en 1687. *in* 8. en Latin, ſeconde édition ; avec un Alphabet de Racines Grecques, & un Abrégé de cette Grammaire.

La Clef de la Langue Sainte, par *Nicolas Trotius*, imprimée à Oxford en 1719. *in fol.*

La Clef du Texte Hébreu de la Bible, par *Joachim Langius*, imprimée en Latin à Hall 1707. *in* 4. On y trouve un Abrégé de la Grammaire Hébraïque, une Interprétation Latine de tous les mots Hébreux qui ſont dans la Bible manuſcrite de Berlin, & trois Lexicons fort courts.

Les Inſtitutions Hébraïques de *Calignius*, imprimées en Latin à Paris en 1645. *in* 12.

Benoît

Benoît Blancuccius a donné des Institutions de la même Langue, avec un Traité des Abbréviations, dont les Rabbins se servent dans leurs Commentaires ; imprimées à Rome chez Zanettif 1608. *in* 4.

Etienne Guichard, dans son Harmonie étymologique des Langues, commence par l'Hébraïque, & continuë par la Chaldaïque, la Syriaque & la Grecque ; elle est imprimée en François à Paris 1606. *in* 8. Cet Ouvrage est assez utile.

Les Institutions de *Jean Cinquarbres*, connu sous le nom Latin de *Quinquarboreus*, avec les Notes de Vignatius, & la Syntaxe de Génébrard, ont été imprimées à Paris en 1609. *in* 4. & une infinité d'autres, dont on peut voir le Catalogue à la fin de la Bibliothéque Sacrée du P. le Long, p. 1165. & suivantes.

Il est bon d'avoir aussi le Traité de la Ponctuation & des Accens des Hébreux, donné par *Jean Franck*, & *Jean-George Abichius* ; imprimé en Latin à Leipsic en 1710. *in* 4. On y fait voir l'origine des Points & des Accens Hébreux ; leur utilité, & la nécessité de s'en servir.

Jean Leusden a aussi donné un Ouvrage, qui est une espéce de Grammaire, sous ce titre : *Clavis Hebraïca & Philologica Veteris Testamenti* ; où il explique tous les termes difficiles du Texte Hébreu de l'Ancien Testament, à Utrect 1683. *in* 4. Il y suit l'ordre des Livres de l'Ecriture, & ne passe point les Livres historiques. Il y a à la fin de cette édition un Essai d'un nouveau Dictionnaire Hébraïque de la Bible, sur le modéle du Dictionnaire Grec de Schrevelius.

Le *Pere Thomassin*, Prêtre de l'Oratoire, a donné en François la méthode d'étudier & d'enseigner la Grammaire, par rapport à l'Ecriture Sainte ; à Paris 1690. 1562. 2. vol. *in* 8. Tout son dessein est de faire voir dans le premier Tome, que toutes les Langues viennent de l'Hébraïque : le second contient deux Glossaires, l'un Grec, & l'autre Latin, réduits à l'Hébreu.

On a imprimé à Paris l'an 1708. *in* 12. chez Colombat, une Grammaire Hébraïque en François, en faveur de ceux qui n'entendent pas le Latin. C'est le *Pere le Long* qui a eu soin de faire imprimer cet Ouvrage, qui lui est tombé manuscrit entre les mains. Ce qui fait croire qu'il est d'un Pere de l'Oratoire.

Voyez un plus long Catalogue de Grammaires & de Grammairiens de la Langue Sainte dans le tom. V. de la Bibliothéque Rabbinique, p. 538. 539. 540. 541. & suivantes.

On peut rapporter au même sujet les Auteurs qui ont écrit sur la confusion des Langues arrivée à Babel, & sur la premiére Langue. Voyez ce que nous avons remarqué sur ce sujet dans notre Commentaire sur la Génése, & notre Dissertation sur le même sujet.

ARTICLE IV.

Des Dictionnaires Hébreux, Chaldéens, Syriaques, &c.

Les Dictionnaires doivent naturellement suivre les Grammaires : celles-ci sont pour apprendre les premiers élémens de la Langue ; les autres servent à l'entendre & à l'expliquer. C'est l'ordre que l'on suit pour bien apprendre le Latin & le Grec ; c'est aussi ce qu'il faut faire dans l'étude de la Langue Hébraïque.

Alphonse de Zamora, est un des premiers qui a travaillé sur ce sujet. Voici le titre de son Ouvrage : *Alphonsi Zamora è Judæo Christiani Lexicon Hebraïcum, in Polyglottis Complutensibus an.* 1517. On l'a depuis imprimé séparément à Alcala 1526. *in* 4. sous le titre de *Vocabulaire*. Nous parlerons de cet Auteur dans l'Article des Polyglottes, Partie troisiéme, Article premier.

Joannis Reuchlini, seu Capnionis Lexicon Hebr. anni 1521. Il y a deux Auteurs de ce nom qui ont donné un Dictionnaire de la Langue Hébraïque ; Jean & Antoine. Celui de Jean a été revû par *Sebastien Munster*, & imprimé *in fol.* en 1537. C'est la seconde édition, & la meilleure. Celui d'Antoine a aussi été imprimé à Bâle en 1556. *in fol.* & en 1569. *in* 8.

Sebastien Munster n'a pas laissé d'en donner un séparément, & de son propre fond, *ibid.* en 1564. *in* 8. sixiéme édition, beaucoup augmentée. Il a aussi donné un Dictionnaire Rabbinique, *ibid.* 1527. *in* 4. & un autre en trois Langues, Grecque, Latine Hébraïque, *ibid.* 1561. *in-fol.* seconde édition. On parlera de lui ailleurs.

Sanctis Pagnini Thesaurus in fol. & son Abrégé *in* 4. Ce Thrésor de la Langue Sainte a été imprimé d'abord à Lyon l'an 1529. *in fol.* ensuite augmenté par Jean le Mercier, Antoine Chevalier & Corneille Bertrand, à Geneve 1614. troisiéme édition. L'Abrégé a été imprimé à Paris en 1548. *in* 4. & *in* 8. à Anvers 1578. & 1616. *in* 8. On aura lieu de parler de lui en un autre endroit.

Rapheleng, ou *Raphelengius*, a donné la derniére édition de son Epitome ou Abrégé, qu'il a corrigé & augmenté.

Joannis Forsteri, Lexicum Hebraïcum novum an. 1558. *in fol.* Il y en a eu une seconde édition en 1564. *in fol.* à Bâle. Sa Préface est remarquable par l'aveu qu'il fait de l'inutilité de l'étude des Rabbins.

Joannis Buxtorfii, Lexicon Hebraïcum & Chaldaïcum, in 8. 1676. Ce Dictionnaire
avoit

PREMIERE PARTIE.

avoit déja été imprimé plusieurs fois. Il est de Buxtorf le pere. Il y a eu une nouvelle édition de son Ouvrage à Bâle, l'an 1710. *in fol.* Il a encore donné *Lexicon Hebraïcum, Thalmudicum, Chaldaïcum & Rabbinicum, in fol. ibid.* 1639. Un Manuel Chaldaïque & Hébraïque, imprimé à Rostock *in* 12. l'an 1634.

Joannis Cocceii Lexicon & Commentarius Sermonis Hebraïci, Lugd. Ce Léxicon ou Dictionnaire de *Jean Cock* avoit d'abord été imprimé à Amsterdam en 1669. On en a fait une seconde édition à Francfort sur le Mein en 1689. & une autre en 1702. & depuis avec ses autres Ouvrages. On parlera de lui plusieurs fois.

David de Pomis, Médecin Juif, a fait un Dictionnaire Hébreu. Il est imprimé à Venise en 1587. *in fol.* Il y explique la force de chaque mot en trois Langues, la Latine, l'Italienne & la Langue Hébraïque vulgaire. Voici le titre du Dictionnaire de ce Juif : *Tzemach David, id est, Germen David.*

Dictionarium Hebræo-Chaldæo-Thalmudico-Rabbinicum Philippi Aquini, imprimé à Paris en 1629. *in fol.* On parlera de l'Auteur en un autre endroit. On peut joindre à ce Dictionnaire celui de *Jean Avenarius*, autrement dit *Habermann*, imprimé à Wittemberg, l'an 1568. & 1589. *in fol.* beaucoup augmenté. Il étoit de Bohême, Professeur Luthérien à Wittemberg, & est mort en 1590.

Marci Marini Brixiani Arca Noë seu Thesaurus Linguæ sanctæ, Venetiis 1593. *in fol.* en Hébreu & en Latin. Ce Marc Marin étoit de Bresse, & Chanoine Régulier. Il sçavoit les Langues Orientales, & est mort en 1594.

Critica Sacra Eduvardi Leigh, in vetus & novum Testamentum. Cette Critique Sacrée est divisée en deux parties; dont la premiere contient des Observations Philologiques & Théologiques sur toutes les racines Hébraïques de l'ancien Testament ; la seconde sur les mots Grecs du Nouveau. Elle a été imprimée à Londres en deux volumes *in* 4. l'an 1641. 1646. & *in fol.* 1650. avec un Supplément, *ibid.* 1662. *in fol.* Henri Middoch l'a mise depuis en Latin, & l'a fait imprimer à Amsterdam en 1678. *in fol.* & en 1696. à Leipsic *in* 4. la même année, & à Gotha l'an 1701. Il y a une autre édition augmentée d'un Appendix en 1707. *ibid.* Enfin *Loüis de Wolzogue* l'a mise en François sous ce titre : *Dictionnaire de la Langue Sainte, concernant ses origines, augmenté de diverses Remarques*, à Amsterdam 1703. *in* 4.

L'Ouvrage de Leigh est un précis de ce qui est contenu dans plusieurs volumes dont il a fait un juste discernement. Il peut servir tout ensemble, & de Concordance & de Dictionnaire, dans la nouvelle forme que Henri Middoch lui a donnée. Volzogue n'a fait que le rendre plus commun en le mettant en François. Il seroit seulement à souhaiter qu'on en eût retranché les Interprétations de Calvin & de Luther, qui n'étoient pas fort habiles en Hébreu.

Leigh étoit Anglois, Chevalier, sçavoit trois Langues, & est mort en 1671. Loüis Wolzogue étoit Calviniste, Professeur en Histoire, & est mort en 1691. Il a aussi travaillé sur l'Ecriture Sainte.

Guillaume Robertson a donné le Trésor de la Langue Sainte, à Londres en 1686. *in* 4. Et un autre Ouvrage sous ce titre : *Manipulus Linguæ Sanctæ*, il est divisé en quatre parties, & imprimé à Cambrige en 1683. *in* 8.

Joannis Henrici Ottonis Lexicon Talmudicum Rabbinico-Philologicum. C'est un Dictionnaire Talmudique imprimé à Genève en 1675. *in* 8. Il est différent de celui de Jules Conrad Otton, qui a fait quelques Ouvrages semblables, comme on le verra ailleurs.

Commentarii Linguæ Hebraïcæ à *Jacobo Gussetio, Amstelodami* 1702. *in fol.* Ce sont des Commentaires de la Langue Hébraïque que Jacques Gousset a fait en forme de Notes sur le Manuel de Buxtorf. On parlera de lui sur l'Epitre aux Hébreux.

Lexicon Heptaglotton Edmundi Castelli. C'est un Dictionnaire en sept Langues, imprimé en deux volumes *in fol.* à Londres l'an 1669. qui est la suite de la Polyglotte d'Angleterre. Cet Ouvrage peut beaucoup servir pour combiner les termes de la Langue Hébraïque avec les autres Langues Orientales, qui ont un grand rapport avec elle.

Lexicon Harmonicum Heptaglotton Joan. Henrici Hottingeri. Ce Dictionnaire est beaucoup plus court que le précédent, & peut servir au même usage ; car il regarde particulierement l'usage qu'on doit faire des Langues Orientales, pour l'intelligence de l'Ecriture Sainte. Il a été imprimé à Heidelberg *in* 4. l'an 1657. Cet Auteur a encore donné d'autres Ouvrages de même nature.

Lexicon Biblicum sacræ Philosophiæ Candidatis elaboratum per Andream Placum, Colonia 1536. *in fol.* Il y a encore eu deux autres éditions de cet Ouvrage, l'une en 1543. l'autre en 1553. L'Auteur y explique les mots Grecs, Hébreux, & ceux des autres Langues qui se trouvent dans les saintes Ecritures.

Lexicon Arabico-Latinum Golii, Lugduni Batavorum, an. 1653. *in fol.* Il est fort estimé; mais il est meilleur pour entendre les Historiens & les Ecrivains Profanes, que pour expliquer les Auteurs qui ont écrit sur la Théologie, & les matiéres Ecclésiastiques en Arabe.

Lexicon Æthiopico-Latinum de *Ludolphe*, a été imprimé à Londres en 1661. *in* 4. & à Francfort *in fol.* en 1699.

Lexicon novum Hebræo-Latinum de *Jean Leufden*, à Utrecht l'an 1687. *in* 8. Il est fait sur le Dictionnaire Grec de Schrevelius.

Lexicon Græco-Latinum, sur le nouveau Testament, par *Georges Pasor*, à Londres 1644. On a encore le *Manuel* & le *Syllabus* du même Auteur sur le nouveau Testament, qui sont l'Abrégé du Dictionnaire.

Elie Hutter en 1598. *Zacharie Rozemback* en 1634. & *Chretien Schotan* en 1662. ont aussi fait imprimer des Lexicons Grecs sur l'Ecriture. *Matthias Illyricus* en 1567. & *Augustin Marlorat* en 1601. ont donné des Dictionnaires Latins sur le même sujet.

Mare Rabbinicum Capellani, imprimé à Paris l'an 1667. *in* 8. Il y examine si les Talmudistes rapportent le Texte Hébreu autrement qu'il n'est dans nos exemplaires. Il fut Professeur en Langue Hébraïque à Paris, où il mourut l'an 1702.

Hodegeticum Hebræo-Chaldæo-Biblicum; c'est-à-dire, Conduite Hébraïque, Chaldaïque pour entendre la sainte Bible, où les mots Hébreux & Chaldéens sont distinguez selon l'ordre des Livres, des Chapitres & des Versets, par *Josias Henri Opitius*, à Hambourg en 1702. & 1711. *in* 8. C'est le même Ouvrage que son pere avoit déja donné à Leipsic en 1696.

Nous avons, dans la Bibliothéque Philologique dont il a été parlé ci-dessus, la Préface du Dictionnaire Egyptien Latin de *Mathurin Veiffiere la Croze*, qui sera *in* 4. & doit contenir 686. pages. Il doit aussi donner le Dictionnaire Arménien Latin en 2. vol. de 649. & 622. pages, sans la Préface qui sera de 99. pages. C'est dans le tome cinquiéme de cette Bibliothéque Philologique qu'il en est parlé pag. 745. 753.

Matthieu Hiller a donné en Latin un Dictionnaire Sacré, imprimé à Tubinge en 1706. *in* 4. Il est en deux parties, dont la premiere traite de l'Origine, de l'Analogie & du sens de tous les mots propres de la Bible. La seconde n'est qu'une Table de ces mots par ordre alphabétique. Cet Ouvrage paroit écrit avec beaucoup d'exactitude, & peut contribuer à l'intelligence de plusieurs passages de la Bible.

Dom *Bernard Pez*, Religieux Bénédictin Allemand, a fait imprimer dans ses Anecdotes, tome premier, page 320. de la premiére Partie, un ancien Dictionnaire intitulé : *Glossarium Latino-Theodifcum*, sur l'Ecriture Sainte, fait par un Auteur Anonyme.

Enfin, *Jean-Christophe Wolf* a donné en Latin l'Histoire des Dictionnaires Hébreux, imprimée à Wittemberg en 1705. *in* 8. Ce n'est pas un simple Catalogue des Auteurs qui ont composé des Dictionnaires Hébreux, & de leurs Ouvrages ; c'est une Histoire Critique de tout ce qui a été fait & promis en ce genre jusqu'à présent sur cette matiére. On peut avancer que sa Critique est sage & judicieuse.

En général, les Dictionnaires Hébreux sont trés-commodes pour les commençans; mais lorsqu'on veut étudier les choses plus à fond, la meilleure méthode est de recourir aux Concordances Hébraïques de Buxtorf ou de Calasio, & de confronter tous les passages où le même terme se rencontre, pour découvrir plus sûrement, par ce paralelle, la force & la vraie signification des termes de l'original.

Il est aussi fort utile de confronter les mots Hébreux avec les anciennes Versions Grecques ; à quoi peut beaucoup servir la Concordance Grecque de Conrad Kircher, & les Fragmens des Hexaples d'Origenes, ramassez par le R. P. Dom *Montfaucon*, avec les deux Lexicons qu'il a mis à la fin de ce Recueil. Nous parlerons de ces Concordances dans l'Article suivant.

ARTICLE V.

Des Dictionnaires Historiques & François de la Bible.

Nous avons crû qu'il falloit distinguer ces sortes de Dictionnaires de ceux dont nous venons de parler, parce qu'ils sont d'une espéce toute différente ; & cependant nous n'avons pas jugé qu'il fallût les omettre, ou les éloigner de cet Article ; car quoi qu'ils soient entiérement Historiques, on ne laisse pas d'y expliquer un grand nombre de mots Hébreux, & d'en donner la véritable signification.

M. *Simon* Prêtre, Docteur en Théologie, & différent du fameux Richard Simon, autrefois Prêtre de l'Oratoire, a fait imprimer en François un Dictionnaire de la Bible, qui est un Ouvrage peu correct & peu exact. On nous conseilla d'abord de le retoucher, mais nous crûmes qu'il étoit plus aisé d'en faire un nouveau que de travailler sur celui d'un autre. Il y a deux éditions de celui dont nous parlons ; l'une en un volume *in fol.* à Lyon l'an 1693. & l'autre en deux volumes *ibid.* de l'an 1703. Celui-ci est tellement augmenté, que ce n'est presque plus le Dictionnaire de la Bible, mais un Dictionnaire Universel ; ensorte que si on n'avoit pas quelque chose de meilleur à présent, il faudroit s'en tenir à la premiére édition, qui est dégagée d'une infinité de faits qui n'ont point de rapport à l'Ecriture Sainte, & qui

sont

font traitez hors de propos dans la seconde édition.

Le Dictionnaire de la Bible par M. *Huré*, est une espéce de Commentaire Alphabétique de l'Ecriture Sainte ; dans lequel on distingue les différentes significations des mots de la Vulgate, & on explique les autres façons de parler qui se trouvent dans les Livres sacrez, à Reims 1715. *in fol.* 2. vol.

M. Huré étoit de Sens ; il fut fait Professeur des Humanitez dans l'Université de Paris, & mourut en 1718. étant Principal du Collége de Boncour. Il a fait d'autres Ouvrages sur l'Ecriture, dont on parlera dans la suite.

Nous ne dirons rien de notre Dictionnaire de la Bible, puisque ceux qui liront cette Bibliothéque l'auront entre leurs mains.

ARTICLE VI.

Des Concordances Hébraïques Chaldaïques, Syriaques, &c.

Concordantiæ Hebraicæ Mardochæi Nathan, Venetiis apud Danielem Bomberg 1523. *Basileæ* 1581. *apud Froben, in fol.* Ce Rabbin a employé l'espace de dix ans à faire cette Concordance Hébraïque. Il n'y a pas travaillé seul, mais plusieurs Juifs avec lui, comme il le déclare dans sa Préface, sous le nom d'*Isaac Nathan*, qui est le même que celui de Mardochée. Mais il ne faut pas le confondre avec Nathan surnommé le Juste, comme a fait Gaspar Wasor, dans son Traité *de Nummis*, pag. 16. car celui-ci vivoit vers 1050. & est mort à Rome ; au lieu que l'autre fleurissoit vers 1438. S'il se nomme tantôt Mardochée, tantôt Isaac, c'est que les Juifs ont coutume de changer de nom dans les maladies extrêmes ; & s'ils viennent à guérir, ils retiennent le dernier comme un signe de pénitence, & du changement de leurs mœurs.

Outre les deux éditions que nous venons de marquer, il est bon de sçavoir que *Rabbi Anschel* en a donné une troisième en Hébreu & en Allemand, à Cracovie *in* 4. l'an 1584. mais en caractéres Hébreux : & *Marius Calasius* ou *de Calasio*, en Latin & en Hébreu. Il a encore donné des Canons ou Regles pour apprendre la Langue Sainte, à Rome 1616. *in* 4. Il fut nommé *Calasio*, du lieu de sa naissance, petite ville d'Italie, embrassa l'Ordre de saint François, & est mort à Rome en 1620.

Voici le titre des Concordances de Calasio : *Concordantiæ Sacrorum Bibliorum Hebraicorum, Romæ* 1621. 4. vol. *in fol.* Cet Ouvrage est d'une utilité infinie pour ceux qui étudient l'Ecriture. Ils y trouvent les passages Hébreux traduits en Latin, en deux colonnes ; & en marge, les différences de la Vulgate & des Septante aussi en Latin. Au commencement de chaque mot, on voit toutes les significations du même terme rangées par ordre ; & à la fin, la combinaison de l'Hébreu avec les autres Langues Orientales.

Antoine Reuchlin avoit déja donné quelque chose des Concordances du Rabbin Mardochée, sous ce titre : *Concordantiarum Hebraicarum Capita à Rabbino Mardochæo conscripta & Latinè translata, in fol. Basileæ Henrici Petri* 1556. mais il y a beaucoup de fautes dans la Version de Reuchlin.

Les deux *Buxtorfs*, pere & fils, ont fait aussi des Concordances, en voici le titre : *Concordantiæ Bibliorum Hebraicæ nova & artificiosa methodo dispositæ.... Accesserunt novæ Concordantiæ Chaldaicæ vocum quæ corpore Biblico Hebraico continentur.... per Joa. Buxtorfium filium, in fol. Basileæ* 1632. Ainsi ces Concordances sont Hébraïques & Chaldaïques. Buxtorf le pere les ayant laissé en mourant imparfaites, son fils y mit la derniére main, & y joignit les Concordances Chaldaïques avec une Préface qui marque l'usage qu'on doit faire de cet Ouvrage. Il y en a eu une autre édition en 1636. en la même ville. *Chretien Rave*, Allemand & Luthérien, en a donné un Abrégé en forme de Dictionnaire, lequel a été imprimé à Berlin en 1677. *in* 8. sous ce titre : *Fons Sion.*

Epitome Concordantiarum Bibliorum Hebræo-Græco-Germanicorum 2. *partibus absoluta.... Auctore Friderico Lanckisch, in* 4. *Lipsiæ & Francofurti* 1680. C'est un Abrégé partagé en deux parties ; la premiére contient tous les mots Hébreux & Chaldéens de l'ancien Testament : la seconde, les mots Grecs du nouveau Testament, ceux de la Version des Septante, & de la Traduction Allemande de Luther.

Concordantiæ veteris Testamenti Græcæ Hebraïs vocibus respondentes, Francofurti 1607. 2. vol. *in* 4. *Conrad Kirtter* d'Ausbourg est Auteur de cet Ouvrage, qui est encore très-utile, non seulement pour la lecture de l'Ecriture Sainte, & pour apprendre de quelle maniere les anciens Interprétes Grecs ont traduit chaque terme de l'Original, mais aussi pour lire les Peres Grecs. Kirtker n'a travaillé à sa Concordance que sur l'édition Grécque de Complute ; il auroit été à souhaiter qu'il eût suivi l'édition Romaine, qui est sans comparaison beaucoup meilleure.

On a réimprimé ces Concordances en 2. vol. *in fol.* à Anvers & à Utrecht en 1718. *Abraham Trom* ou *Trommius*, qui a présidé à cette nouvelle édition, a changé l'ordre de celle de Kitcker, en ce qu'il a arrangé son Dictionnaire suivant l'ordre de l'Alphabet Grec,

Grec, au lieu que Kircker dans son édition, commence par l'Hébreu, & suit l'ordre de l'Alphabet Hébreu; ce qui est embarassant pour ceux qui ne sçavent pas cette Langue, & inutile pour ceux qui sçavent le Grec. Trommius y a mis plus d'ordre, l'a corrigée en plusieurs endroits, & y a ajouté les Versions des anciens Interpretes Grecs; il a suivi l'édition Septante par *Wechel*, & à la fin il donne une Table, où il confronte les différentes divisions des Chapitres, suivant les diverses éditions des Septante, afin de faciliter aux Lecteurs l'usage de la Concordance : ce qui étoit absolument nécessaire.

Il est encore bon de sçavoir que *Jean Gagnier* a fait imprimer à Oxford l'an 1718. *in fol.* des Observations sur les Concordances de Trommius : où 1°. il défend celle de Kircker, contre les injustes accusations de celui-ci : 2°. il fait voir que la sienne n'est pas sans défauts : 3°. il propose une méthode pour en faire de nouvelles, & leur donner un meilleur ordre. Ces Observations ne contiennent que vingt pages, & paroissent assez justes.

Trommius y a répondu dans une Lettre Apologétique, imprimée à Amsterdam en 1718. *in 4*. Il en est parlé dans la Bibliothéque choisie de la même année, pag. 11. Cet Auteur vint au monde en 1633. & est mort en 1719. âgé de 86. ans. On peut voir sa vie dans la Bibliothéque Philologique, tom. III. pag. 1117.

Symphonia sive novi Testamenti Concordantiæ Græcæ, *in fol. Basileæ* 1546. *Sixte Betuleïus* est le premier Auteur de ces Concordances Grecques du nouveau Testament, que *Colomiez* dans sa Bibliothéque choisie, pag. 497. croit si nécessaires avec celles de l'ancien Testament, qu'il dit qu'il n'y a point de Commentaire dont on puisse tirer tant d'utilité. Kircker a fait un Traité touchant l'usage de ces Concordances, imprimé à Wittemberg en 1622. *in 4*.

Betuleïus étoit de Suabe, né à Memmingen en 1500. Il étudia à Bâle, se fit Luthérien, & est mort en 1554. Il se nommoit *Birk*. On peut voir sa vie dans *Melchior Adam* parmi celles des Philosophes Allemans, pag. 74. de la derniére édition. On y lit qu'il étoit d'un travail infini, toujours appliqué à l'étude, à lire, ou à écrire.

Henri Etienne donna en 1594. des Concordances Grecques du nouveau Testament *in fol.* Elles furent réimprimées en 1600. à Genéve *in fol.* par Paul Etienne, avec un Supplément en 1624. Choüet en donna une nouvelle édition augmentée *in fol.* à Genéve. Les mêmes Concordances parurent à Wittemberg en 1638. corrigées par les soins d'Erasme Schmid ; cette édition est préférable à celles qui l'ont précédé.

La première édition des Concordances Grecques est assez imparfaite. Celles qui sont venuës depuis sont beaucoup meilleures; elles sont d'une très-grande utilité pour connoître le sens dans lequel les Auteurs du nouveau Testament prennent certains termes Grecs, sens qui est assez different de celui que leur donnent les bons Auteurs Grecs.

ARTICLE VII.

Des Concordances Latines, Françoises, Allemandes, &c.

Nous avons crû devoir encore distinguer ces sortes de Concordances des précédentes, parce qu'elles font comme une Classe toute différente, & qu'elles sont dans un autre goût. Les Latines sur tout sont d'un plus grand usage, ce qui oblige à en marquer les principales éditions ; car il y en a une infinité.

Les éditions Gothiques sont beaucoup moins parfaites que celles que l'on a données depuis ; non seulement parce que les Versets n'y sont pas marquez, & qu'on se contente d'y désigner les Chapitres, & d'en marquer le commencement, le milieu, & la fin par les lettres A, B, C, D, E, F, G, mais aussi parce qu'elles sont moins correctes, & que les particules indéclinables ne s'y trouvent que séparément & à la fin.

Concordantiæ Majores, *Lugduni in 4. Gryphii* 1540. *Basileæ* 1543. *in fol.*

Magna Concordantia à Francisco Arola recognita, *in 4. Lugduni apud Gryphium* 1551.

Concordantiæ utriusque Testamenti studio Roberti Stephani, *Parisiis, in fol.* 1555.

Concordantiæ utriusque Testamenti per Joannem Benedictum, *Parisiis* 1562. *in fol.*

Concordantiarum sanctæ Scripturæ Oeconomia methodica à Georgio Bulloco, *Antuerpiæ Plantini* 1572. *in fol.*

Concordantiæ Bibliorum Plantini, *in 8.* 1581. *in 4.* 1585. 1599.

Concordantiæ Bibliorum Lugd. apud Juntas 1586. *in 4*.

Concordantiæ Bibliorum maxima, *apud Wechelios Francofurti* 1600. *in fol.*

Concordantiæ Bibliorum cum Annotationibus Francisci Lucæ Brugensis, *in fol. Antuerpiæ* 1606. *in 4. ibid. Lugd.* 1615. *Venetiis* 1612. *Parisiis Dionysii de la Noüe* 1635. 1638. Les mêmes revuës par Hubert Phalesius, Bénédictin d'Afflinghem, & imprimées *in fol.* à Anvers en 1642. chez Morete, *in 4.* à Lyon 1649. 1652. *in 4.* à Paris 1656. à Cologne 1684. *in 8.* Majori à Lyon 1687. 1700.

Concordantiæ utriusque Testamenti generales à Petro

à *Petro de Besse emendatæ*, *in fol. Parisiis* 1611.

Concordantiæ sacrorum Bibliorum majores, *per Gasparem de Zamora*, *in fol. Romæ*, *Zanetti* 1627.

Autres Concordances, par *Georges Siberbaur*, à Vienne en Autriche 1700. *in* 4. On ne le connoît pas d'ailleurs.

En général, les Concordances *in* 4. ou *in* 8. sont préférables aux autres, parce qu'elles sont plus d'usage & plus faciles à manier. Celles de *Bullocus* & de Zamora sont plus recherchées & plus belles. On y trouve tout d'un coup tout ce qui regarde un sujet, mais leur grosseur les rend incommodes & embarrassantes.

Il y a encore des Concordances Morales de l'Ecriture, à l'usage des Prédicateurs, & de ceux qui sont chargez de faire des Exhortations ; qui sont :

Sylva Allegoriarum Hieronymi Lauret, Benedictini, imprimée à Venise l'an 1575. *in* 4. 2. vol. à Paris 1583. *in fol.* & à Cologne 1701. *in fol. Possevin*, dans sa Bibliothéque choisie, compare cet Ouvrage avec celui de *Pagnin*, qui est de même espéce, dit-il ; & y rapporte ce que saint Charles Borromée en pensoit. C'est dans le Livre 2. Chap. 46. pag. 81.

Sacra Scriptura in locos communes digesta, par le P. de *Balinghem*. C'est une distribution des Passages de l'Ecriture en lieux communs, à l'usage des Prédicateurs, avec des sujets tirez des Peres ; ce qui a été imprimé à Douay en 1631. à Lyon 1711. *in fol.* derniere édition. Il en est parlé dans les Nouvelles Littéraires de 1705. pag. 3.

Antoine de Balinghem étoit Flamahd, natif de saint Omer, vint au monde en 1571. se fit Jésuite en 1588. & mourut en 1630. le 24. Janvier. Son Ouvrage est utile & a eu un grand cours.

Concordantia Bibliorum Morales & Historica, *Antuerpia* 1625. *in* 4. par *Pierre Eulard*. Il étoit d'Artois, né en 1564. mourut en 1636. à Hall en Hainaut, après avoir passé pour un célebre Missionnaire Jésuite.

Concordantia Bibliorum Morales, *edente Luca Wadingo*, à Cologne 1647. *in* 4. seconde édition.

Matthieu Gravelin a fait une Concordance de la Bible en François, qui se trouve à la fin des Bibles de Genève, & imprimée séparément à Lyon l'an 1545. *in* 4. & à Genève en 1564. *in fol.* Il étoit François Calviniste, & fleurissoit vers 1535.

On en a fait aussi en Allemand, en Flamand, & en d'autres Langues étrangéres ; ce que l'on peut voir dans le P. le Long, & dans la Bibliothéque Théologique de Lipenius tome premier, p. 384. 386. sur tout, pour

Tome IV.

ce qui concerne les Concordances Latines, anciennes & modernes.

Avant que de finir cet Article, il ne sera pas inutile d'examiner qui a été le premier Auteur de ces sortes d'Ouvrages. Il y en a qui les attribuent à Hugues de saint Cher ; d'autres à Hugues de saint Victor. Il faut voir là dessus ce qu'en dit Sixte de Sienne dans sa Bibliothéque Sainte, Livre quatriéme, & le Pere le Long dans sa Bibliothéque Sacrée, tom. premier, pag. 456. *in fol.*

ARTICLE VIII.

De l'Introduction à l'Etude de l'Ecriture Sainte.

Les quatre Livres de saint Augustin, *de Doctrina Christiana* ; & ceux de Cassiodore, *de Divinis Lectionibus*, sont de vraies Introductions à l'Ecriture.

Ceux d'Eusebe *de la Préparation & de la Démonstration Evangélique* ; celui de M. Huet, intitulé : *De la Démonstration Evangélique*, peuvent revenir au même sujet ; de même que plusieurs Lettres de saint Jérôme, sur tout celle que l'on met ordinairement à la tête des Bibles Latines, qui commence : *Frater Ambrosius*. Ses Préfaces sur les Livres de l'Ecriture qu'il a traduits, & sur ses Commentaires.

Nous avons de Louis de Tena ; *Isagoge in totam Scripturam*, imprimée à Barcelone en 1620. *in fol.* Un même Ouvrage de Génébrard, *in* 8. Un autre de Pagnin, *in fol.* imprimé à Lyon l'an 1536.

Adriani Isagoge Sacrarum Litterarum, dans les grands Critiques de Londres, en Grec ; ce que David Hoeschelius avoit déja donné à Ausbourg en 1602. *in* 4. C'est un Auteur Grec dont nous parlerons encore sur les Prophétes.

Ambrosii Catharini Claves duæ ad aperiendas intelligendasve Sacras Scripturas, *Lugd.* 1543. *in* 8. Nous parlerons ailleurs de ses autres Ouvrages.

Nicolai Abrami Pharus veteris Testamenti, *Parisiis* 1648. *in fol.* Nous en ferons le détail en un autre endroit.

Georgii Ederi Oeconomia Bibliorum. Cet Ouvrage contient cinq Livres ; & a été imprimé à Venise en 1572. à Cologne en 1582. *in fol.*

Delrio Pharus Sacræ Sapientiæ, *in* 4. *Lugd.* 1608. On en fera aussi le détail ailleurs.

Apparatus ad Biblia Sacra, *per Tabulas dispositus*. Cet Ouvrage du P. Lami, Prêtre de l'Oratoire, a été imprimé à Grenoble en 1687. *in fol.* & 1720. *in* 4. *Lugd.* C'est ce qu'il a donné depuis sous le titre d'Introduction, mise en François par l'Abbé de Bellegarde, & imprimée à Paris l'an 1697. *in* 8. Depuis par M. Boyer

Boyer, Chanoine de Montbrizon, & imprimée à Lyon l'an 1709. *in* 4. seconde édition revûë & augmentée. Il faut voir la Lettre que le Pere Lami lui écrit à ce sujet, & touchant la Traduction de Bellegarde. Il y a un Abrégé de cette même Introduction, imprimée à Lyon *in* 8. Nous parlerons de l'Auteur dans la cinquième Partie, sur les Harmonies de l'Evangile, Article premier.

Contradictiones apparentes Sacræ Scripturæ, de Magrius, Prêtre de l'Oratoire, imprimées à Paris en 1685. *in* 8. Il y en avoit déja eu plusieurs autres éditions.

Tractatus de Lectione Sacrarum Scripturarum, de M. Neercassel, Evêque de Castorie. Tout son dessein est de combattre la manière de lire l'Ecriture Sainte qui est en usage parmi les Protestans, & de faire voir le bon usage qu'en font les Catholiques. Cet excellent Traité a été imprimé en 1677. *in* 8. à Emmerick. Il y a joint une Dissertation sur la manière de bien interpreter l'Ecriture Sainte. M. l'Abbé le Roi a mis ce Traité en François, & cette Traduction se trouve imprimée à Cologne en 1680. *in* 8.

Martini Becani Analogia veteris ac novi Testamenti, imprimée à Mayence en 1620. & 1655. *in* 8. à Doüay 1641. *in* 12. Il étoit du Brabant, né en 1550. se fit Jésuite en 1583. & mourut en 1624. âgé de 63. ans. Il avoit un bon esprit & du jugement; étoit sçavant dans la Scholastique, & modéré dans la dispute; étant persuadé que les reproches & les injures ne se trouvent point avec la vérité.

Sacrorum Bibliorum Notio generalis, par M. Humbelot, imprimée à Paris en 1700. *in* 12.

De la lecture de l'Ecriture Sainte contre M. Mallet, à Anvers 1682. *in* 8. Ce Traité est de M. *Antoine Arnaud*, Docteur de Sorbonne.

Francisci Georgii Veneti Problemata in Scripturam Sacram, imprimez à Venise en 1536. à Paris 1575. & 1622. *in* 4. Il se propose d'y expliquer 3000. Passages de l'un & l'autre Testament. Il entreprit ce pénible travail sur la fin de ses jours; car ayant toujours été occupé soit à enseigner, soit à prêcher publiquement, il crut devoir employer le peu de loisir que la vieillesse lui donnoit à travailler sur l'Ecriture. Mais il étoit trop tard pour donner quelque chose de bien travaillé & de bien exact; de plus, il étoit trop attaché à la doctrine Platonicienne, & aux rêveries du Talmud, pour expliquer les divines Ecritures aussi saintement qu'elles le méritent, dit Wadding. C'est pour cela que Sixte de Sienne, dans sa Bibliothéque Sainte, Livre quatrième, avertit que son Ouvrage est digne de censure: *Censurâ gravi & diligenti dignum.*

Il n'a pas laissé de donner encore une Harmonie du Monde, imprimée à Venise en 1525. *in fol*. Il étoit Venitien, de l'Ordre des Freres Mineurs, & est mort vers l'an 1540.

On peut mettre aussi au nombre des Introductions à l'étude de l'Ecriture Sainte, les Exercitations de l'Ecriture Sainte du Pere *Morin*, & ce que *Simeon de Muis* a écrit contre lui. Ces Exercitations ont été imprimées à Paris en 1633. *in* 4. & depuis en 1660. *in fol*. beaucoup augmentées. Il y aura lieu de parler de ces deux sçavans Hommes dans la suite de cet Ouvrage.

Les Histoires Critiques de M. *Simon* sur l'ancien & le nouveau Testament, les Sentimens de quelques Théologiens de Hollande, & les Réponses qu'on y a faites, peuvent avoir le même rang; mais ce sont des Ouvrages qu'il faut lire avec beaucoup de précaution, à cause de la hardiesse des sentimens qui y sont répandus. Tout cela fait un corps d'Ouvrage assez considérable en six volumes *in* 4. imprimé à Amsterdam & ailleurs, avec d'autres pièces. Il faut sçavoir que *Henri May* ou *Maïus* a fait une sévére Critique de la Critique du nouveau Testament, par M. Simon. Elle est imprimée en Latin à Francfort en 1708. *in* 4. seconde édition; car elle l'avoit déja été à Giessen l'an 1694. sous ce titre: *Examen Historiæ Criticæ Textus novi Testamenti adversus Richardum Simonium*.

On peut encore rapporter aux Introductions à l'étude de l'Ecriture, les Disquisitions du Pere *Frassen*, dont on parlera ailleurs.

Disquisitiones Criticæ de variis per diversa loca & tempora Bibliorum editionibus, imprimées à Londres en 1684. *in* 4.

Sanderi Apologia Biblica, *in* 4.

Christophori Cartvvright Mellisicium Hebraicum.

Lux de Luce, de Henri Bukentop, à Cologne 1710. *in* 4. Il y a beaucoup de Recherches utiles dans ce Recüeil. On en fera un plus long détail ailleurs.

Christophori Crinesii Exercitationes Hebraicæ.

Les Mœurs des Chrétiens & des Israëlites, par M. l'Abbé *Fleuri*, deux volumes *in* 12. à Paris chez Emery 1712. Les Mœurs des Israëlites sur tout, sont fort utiles pour l'intelligence de l'Ecriture. On en a fait depuis plusieurs éditions, à cause du grand débit de cet Ouvrage.

Les Regles pour l'intelligence de l'Ecriture, par M. l'Abbé d'*Asfeld*, *in* 8. à Paris 1716. Ouvrage utile & bien écrit. Ces Regles sont au nombre de douze, qui contiennent une excellente méthode pour bien expliquer l'Ecriture. Un Auteur Moderne, sous le nom emprunté d'*Ismaël*, a osé les attaquer

quer dans un *in* 8. imprimé à Paris en 1723. On y a répondu dans les Mémoires de Trévoux de la même année au mois de Novembre, pag. 2169.

M. Huré avoit déja donné quelque chose de semblable, sous le titre de *Grammaire Sacrée pour entendre le sens littéral de l'Ecriture Sainte*, à Paris 1707. *in* 12. Ce n'est qu'une Traduction un peu abrégée des Regles qui ont paru en Latin il y a plusieurs années, avec ce titre : *Novum Testamentum Regulis illustratum*, ou *Canones sacræ Scripturæ certâ Methodo digesti*. Cette Grammaire Sacrée est très proportionnée à la portée de ceux qui voudront étudier l'Ecriture Sainte, & très propre à leur en applanir les difficultez.

L'Ouvrage du Pere *Honoré Joseph Brunet*, Carme, imprimé à Paris en 1701. deux volumes *in* 12. sous ce titre : *Manuductio ad Sacram Scripturam*, est une espéce de Dialogue, qui contient des Prolégoménes sur la Bible, avec une Addition touchant la parole de Dieu reçûë par Tradition. Dans le premier tome, il y a des Questions sur l'Ecriture, considérée en elle-même, & sur les Livres de l'ancien Testament. Dans le second, des Questions sur le nouveau, sur les contradictions apparentes des Livres Canoniques, sur les Livres apocryphes & perdus, & sur la Tradition.

Les Pandectes Sacrées de l'ancien & du nouveau Testament d'*Othon Brunsfeld*, imprimées à Bâle en 1564. *in* 8. septiéme édition. On parlera de lui sur les Actes des Apôtres.

On peut mettre dans cette Classe les Auteurs qui ont recüeilli les Adages, ou Proverbes de l'Ecriture, ou qui les ont expliquez ; par exemple :

Martini Delrio Adagialia Sacra, 2. vol. *in* 4. *Lugd*.

Andreæ Schotti, *Adagialia Sacra novi Testamenti*, qui se trouvent dans le *Fasciculus* troisiéme de Crenius.

Joannis Drusii Adagia Hebraïca, & Proverbiorum Classes duæ, dans les grands Critiques de Londres.

Jonnes Worstius de Adagiis novi Testamenti ; dans le même *Fasciculus* de Crenius.

Enfin, on y peut ranger les Miscellanées Sacrées, *Miscellanea Sacra* de Fuller, & qui se trouvent dans les grands Critiques, & ailleurs : comme aussi *Danielis Heinsii Castigationes, & Aristarchus Sacer*.

ARTICLE IX.

Des Prolégoménes & Dissertations générales sur l'Ecriture.

On peut commencer par les Prolégoménes d'*Arias Montanus*, qui se trouvent dans sa Polyglotte d'Anvers, & par ceux de *Brian Walton*, qui sont aussi à la tête de sa Polyglotte d'Angleterre. Ceux-ci sont excellens, ils regardent principalement les Langues & les Versions de l'Ecriture. On y a joint une Chronologie, des Tables Géographiques, des Plans du Temple de Salomon, des Traitez des Poids & Mesures, & des Idiotismes des Hébreux.

Henri Heidegger les a fait imprimer séparément à Zurich en 1673. *in fol.* sous le titre d'*Apparatus Biblicus*. Si nous croyons les Mémoires de Trévoux de 1701. au mois de Mars & d'Avril, ces Prolégoménes sont aussi de Jean Péarson, d'Edmond Castel, & des autres sçavans Anglois qui y ont travaillé conjointement avec Walton. Nous parlerons de celui-ci dans l'Article des Polyglottes, Partie troisiéme.

On a fait un petit Abrégé en François de ces Prolégoménes, imprimé à Lyon en 1699. *in* 8. mais la Traduction n'est point conforme à l'Original ; il y a même des fautes, particuliérement dans les noms de ville qu'on a défigurez, faute d'avoir sû la Géographie Sacrée.

Julii Bartolocci de Antiquitate Linguæ Hebraicæ. Cet Ouvrage se trouve dans sa Bibliothéque Rabbinique, tome troisiéme, pag. 13.

Les Prolégoménes de Serrarius, de Salmeron & de Bonfrére ou Bonfrérius, sont fort estimez.

Ceux de *Serrarius* ont été imprimez à Mayence en 1611. *in fol.* & depuis à Lyon 1704. avec ce qu'il a fait sur les Epitres Canoniques. Ils contiennent vingt-huit Chapitres, & chaque Chapitre est divisé en Questions, dont il donne la solution. Ils sont aussi le premier tome de ses Commentaires sur l'Ecriture, imprimez en 16. vol. *in fol.*

Ces Prolégoménes sont au nombre de quarante-trois : Le premier est de la nécessité, de l'autorité, de la dignité & de l'utilité de la sainte Ecriture. Le second, de la profondeur des saintes Lettres, *de profunditate*. Le troisiéme, de l'édition Hébraïque, Grecque, & Latine Vulgate. Le quatriéme, de la corruption du Texte Hébreu. Le cinquiéme & le sixiéme, des Septante Interprétes. Le septiéme & le huitiéme, du double sens de l'Ecriture. Le neuviéme, dixiéme, onziéme & douziéme, des Regles pour en trouver, ou donner le véritable sens. Le treiziéme, de l'utilité de la connoissance des trois Langues, pour la bien entendre. Le quatorziéme, quinziéme & seiziéme, des Phrases & des Idiotismes, tant Hébreux que Grecs. Le dix-neuviéme & vingtiéme, du sens spirituel & mystique. Les suivans, excepté

cepté les trois derniers, regardent en particulier les quatre Evangiles. Dans le trente-huitiéme, il traite de l'âge de JESUS-CHRIST. Dans le quarante-uniéme, il fait la description de la Syrie & de la Palestine. Dans le quarante-deuxiéme, celle de Jérusalem & du Temple. Dans le quarante-troisiéme, il explique les Septante Semaines de Daniel. Ces Prolégoménes ont été imprimez séparément à Bresse en 1601. & à Cologne en 1602. *in fol.* Ce qu'il est bon de marquer pour ceux qui seront bien-aise de les avoir sans faire la dépense de 16. vol. *in fol.*

Ceux de *Bonfrérius* sont à la tête de son Commentaire sur le Pentateuque. Voyez la premiére Partie, où nous en avons déja parlé, & de lui-même. Nous dirons ici qu'ils contiennent vingt-un Chapitres divisez en Sections, & qu'il y traite, 1°. De la sainte Ecriture en général. 2°. Des Livres Canoniques & Apocryphes. 3°. Des Agiographes. 4°. De l'inspiration de l'Ecriture, de son obscurité, de son stile & de ses idiômes. 5°. Du Texte Hébreu. 9°. De la Vulgate Latine. 10°. Des Versions Grecques & des Héxaples d'Origénes. 11°. De l'interprétation & de la Cabale.

Les Préfaces de *Cornelius à Lapide* sur les Livres de l'Ecriture, peuvent aussi servir de Prolégoménes, de même que celle de M. de *Sacy*, & de ceux qui ont continué son Commentaire littéral & spirituel sur l'ancien & le nouveau Testament.

Le Traité de *Jean Despeires* ou plûtôt *Despiers*, intitulé : *Auctoritas Scripturæ Sacræ*, & imprimé à Doüay en 1651. *in 4.*

Les Prolégoménes de M. *du Pin.* Il n'avoit donné d'abord qu'une Dissertation préliminaire sur la Bible, au commencement de sa Bibliothéque Ecclésiastique. Depuis, il en a fait des Prolégoménes imprimés séparément à Paris en deux volumes *in 8.* l'an 1701. & à Amsterdam en 1703. *in 4.* un volume en François, où il traite du Canon de la Sainte Ecriture, de son autorité & de son inspiration ; des Ecrivains de l'ancien & du nouveau Testament ; du Texte Hébreu ; du Pentateuque Samaritain ; des anciennes versions Grecques, Latines, Orientales, & en Langues vulgaires ; du stile, du sens, de l'interprétation & de la division des Livres de la Bible. Il a paru en 1729. une nouvelle édition de ces Prolégoménes. Il a encore donné des Dissertations Historiques, Chronologiques, Géographiques & Critiques sur l'Ecriture, imprimées à Paris en 1712. *in 8.* On parlera de lui sur le Pentateuque, Partie quatriéme.

Les Disquisitions Bibliques du P. *Frassen.* Il en a fait de deux sortes ; les unes sont sur la Bible en général, imprimées à Paris en 1682. *in 4.* en Latin, & 1711. beaucoup augmentées & corrigées ; les autres sont en particulier sur le Pentateuque, imprimées à Roüen en 1705. *in 4.* aussi en Latin.

Les premieres sont divisées en quatre Livres. Dans le premier, il traite de la vénérable antiquité de l'Ecriture Sainte. Dans le second, des principales éditions de la Bible. Dans le troisiéme, du Canon de l'Ecriture, & des Livres Canoniques. Dans le quatriéme, il concilie les contradictions apparentes du Texte Sacré. L'Ouvrage est curieux, utile & méthodique ; le stile est clair & assez pur.

Frassen étoit de Péronne en Picardie, de l'Ordre de saint François, & est mort en 1711. Il est encore plus connu par sa Théologie Scolastique, en 4. vol. *in fol.*

Les Prolégoménes *de Biblia Maxima* par le Pere *de la Haie.* Ils sont à la tête du premier tome de sa très-grande Bible, & contiennent trente Sections, dont chacune est divisée en plusieurs Chapitres. On parlera de lui & de ses deux grandes Bibles dans l'Article des Commentateurs généraux Catholiques, Partie quatriéme.

La Démonstration Evangélique de M. *Huet.* Tout son but est d'y faire voir la convenance de l'ancien Testament avec le nouveau ; ce qu'il a sçavamment exécuté en six Livres. Dans le premier, il prouve l'antiquité des Livres Sacrez. Dans le second, il traite du Canon des saintes Ecritures. Dans le troisiéme, il parle des Prophétes. Dans le quatriéme, il fait un paralele de l'ancien avec le nouveau Testament, en ce qui regarde le Messie. Le cinquiéme est une Dispute sur le Sceptre de Juda ; & le sixiéme sur les Septante Semaines de Daniel.

Cet Ouvrage a été imprimé à Paris en 1679. & 1681. *in fol.* à Amsterdam en 1680. 2. vol. *in 8.* La troisiéme édition revûë & augmentée par l'Auteur, est de 1690. *in fol.* à Paris, à Leipsic 1694. *in 4.* Il a eu ses Adversaires & ses Défenseurs ; car Toland dans ses Antiquitez Judaïques, a eu la témérité d'attaquer cet Ouvrage, prétendant qu'il n'y a pas une citation juste : mais M. de la Faye, dans sa défense de Moyse & de la nation Juïve, en a fait l'Apologie contre Toland. Il en prouve l'utilité & la solidité. M. Morin de l'Académie des Inscriptions, en a pris aussi la défense contre ce même Protestant ; c'est dans une Lettre adressée à M. Huet, & rapportée dans les Mémoires de Trévoux de 1709. au mois de Septembre, pag. 1588.

Ce sçavant Homme qui étoit de Caën, fut nommé Evêque de Soissons en 1686. mais avant que d'avoir obtenu ses Bulles, il fut transféré à Avranches, dont il fut sacré Evêque

Evêque le 24. Août 1692. Il se démit de cet Evêché en Avril 1699. fut nommé Abbé de Fontenay; & mourut à Paris le 25. Janvier 1721. âgé de 87. ans.

Les Dissertations du Pere *Aléxandre*. Elles sont répandües dans le corps de son Histoire Ecclésiastique en 8. vol. *in fol*. Quoique nous en ayons déja marqué quelques-unes, selon les différens sujets qu'elles traitent; nous en donnerons ici une liste exacte: il y en a sur l'ancien & le nouveau Testament. Il a distribué les premiéres selon les Ages du Monde, & les autres selon les siécles de l'Eglise.

Le premier Age contient dix Dissertations. La premiére, sur l'Ouvrage des six jours. La seconde, sur le Paradis Terrestre. La troisiéme, sur Adam & Eve. La quatriéme, sur la Polygamie de Lamech. La cinquiéme, sur l'enlevement & la Prophétie d'Enoch. La sixiéme, sur la nourriture des hommes avant le Déluge. La septiéme, sur le commerce des enfans de Dieu avec les enfans des hommes, & sur les Géans. La huitiéme, sur les années des Patriarches avant le Déluge. La neuviéme, sur la longue vie des Patriarches. La dixiéme, sur l'Arche de Noé & le Déluge.

Il n'y en a que six pour le second Age. La premiére, sur l'ordre des enfans de Noé. La seconde, sur les Préceptes de Noé pour ses descendans. La troisiéme, sur son yvresse & la bénédiction qu'il donna à ses enfans: La quatriéme, sur Caïnan fils d'Arphaxad. La cinquiéme, sur la confusion des Langues. La sixiéme, sur l'année de la naissance d'Abraham, & de la sortie de son pays.

On en trouve seize dans le troisiéme Age. 1°. Sur les quatre cens trente années de la demeure des Hébreux en Egypte. 2°. Sur l'enlevement de Sara. 3°. Sur Melchisedech. 4°. Sur les limites de la Terré promise. 5°. Sur le commerce d'Abraham avec Agar. 6°. Sur la Circoncision. 7°. Sur Loth. 8°. Sur le Sacrifice d'Abraham. 9°. Sur Jacob, qui surprit son pere pour avoir sa bénédiction. 10°. Sur les crimes que commirent ses enfans au sujet de Dina leur sœur. 11°. Sur l'Histoire de Juda & de Thamar. 12°. Sur la Prophétie de Jacob touchant le Sceptre de Juda. 13°. Sur l'Histoire & le Livre de Job. 14°. Sur le meurtre que commit Moyse en la personne d'un Egyptien. 15°. Sur l'apparition de Dieu dans le Buisson ardent. 16°. Sur la Pâque des Juifs.

Vingt-six Dissertations sur le quatriéme Age. 1°. Sur la sortie des Israëlites de l'Egypte. 2°. Sur les Préceptes Moraux de la Loi Judaïque. 3°. Sur les Loix Cérémonielles. 4°. Sur les Loix Judicielles. 5°. Sur le Veau d'or. 6°. Sur le Serpent d'airain. 7°. Sur l'Asne & la Prophétie de Balaam. 8°. Sur la mort de Moyse. 9°. Sur les Livres de Moyse. 10°. Sur l'antiquité de Moyse & des autres

Prophétes. 11°. Sur la divinité des Livres de l'ancien Testament. 12°. Sur le serment fait aux Gabaonites. 13°. Sur le Soleil arrêté par Josué. 14°. Sur les Années Sabbatiques & Jubilaires. 15°. Sur le tems du Gouvernement de Josué. 16°. Sur son Livre. 17°. Sur les années d'interregne & de servitude. 18°. Sur Débora. 19°. Sur le vœu de Jephté. 20°. Sur la pénitence & la mort de Samson. 21°. Sur le Livre des Juges. 22°. Sur l'Histoire de Ruth. 23°. Sur l'apparition de Samuël. 24°. Sur les Pseaumes de David. 25°. Sur les Livres de Samuël. 26°. Sur le commencement du regne de Salomon.

Onze dans le cinquiéme Age. La premiére, sur le Temple de Salomon. La seconde, sur la Reine de Saba. La troisiéme, sur le salut éternel de Salomon. La quatriéme, sur ses Livres. La cinquiéme, sur l'Idolâtrie de Jéroboam, & des dix Tribus. La sixiéme, sur le Prophéte Elie. La septiéme, sur Naaman. La huitiéme, sur la rétrogradation du Soleil sous le régne d'Ezéchias. La neuviéme, sur la conciliation des Livres des Rois avec saint Matthieu & saint Luc, touchant les Généalogies des Rois de Juda. La dixiéme, sur les Prophétes qui ont paru sous les Rois de Juda & d'Israël. L'onziéme, sur l'Histoire & le Livre de Tobie.

Huit dans le sixiéme Age. 1°. Sur les Prophétes de la Captivité de Babylone. 2°. Sur les Septante semaines de Daniel. 3°. Sur l'Epoque de la même Captivité. 4°. Sur Esdras. 5°. Sur le Roi des Perses, sous lequel le second Temple fut achevé de bâtir. 6°. Sur les Prophétes qui ont paru après la Captivité. 7°. Sur les autres livres du sixiéme Age du Monde. 8°. Sur la version des Septante. Tout cela se trouve dans les six premiers tomes *in 8*. de son Histoire Ecclésiastique; imprimée à Paris en 1689. & les deux premiers *in fol*. 1703.

Dans le premier siécle, il y a six Dissertations qui regardent l'Ecriture. La seconde est sur les années de la Naissance, du Batême & de la Mort de JESUS-CHRIST. La sixiéme, sur le sort dans les Elections. La septiéme, sur le choix des sept Diacres. La dixiéme, sur l'abstinence du sang & des animaux suffoquez. La onziéme, sur la réprimende de saint Pierre, faite par saint Paul. Il y a de plus une Observation Historique, où il examine s'il n'y a qu'une seule femme qui ait oint les pieds de JESUS-CHRIST.

Dans le second siécle, la onziéme Dissertation est sur les différentes versions de l'Ecriture, dont l'Eglise s'est servie pendant les quatre premiers siécles, & sur les Septante Interpretes.

On parlera de ce sçavant Auteur dans la cinquiéme Partie, sur les quatre Evangiles & sur saint Paul.

Les Dissertations du R. P. *Petit-Didier*, sur l'ancien Testament, imprimées à Toul en 1699. *in* 4. en Latin. Elles sont Critiques, Historiques & Chronologiques. Il avoit commencé quelque chose de semblable sur le nouveau Testament; mais d'autres études & les premiéres Charges de sa Congrégation, qu'il a remplies pendant plusieurs années, ont interrompu ce travail.

On a déja parlé ci-dessus des Exercitations du Pere *Morin*. On ajoûtera seulement ici, qu'il étoit de Blois, Prêtre de l'Oratoire, & est mort en 1659. Il sçavoit les Langues Orientales.

Les Traitez qui ont été faits pour & contre l'antiquité des points voyelles, sur l'authenticité & l'intégrité du Texte Hébreu; voyez le Prolégoméne VII. de *Walton*, & les Auteurs qu'il cite, comme:

Louis Cappel, son *Critica Sacra & Arcanum punctuationis revelatum*, imprimé *in fol*. à Paris en 1650. & les Traitez de *Jean Buxtorf*, de l'origine & de l'antiquité de la Ponctuation.

Simeon de Muis, contre le Pere Morin, sous le titre : *Castigatio Animadversionum Morini*, à Paris en 1639. *in* 8. Et ensuite : *Assertio veritatis Hebraïcæ adversus Exercitationes Joannis Morini*, à Paris en 1631. *in* 8. Il a aussi composé, *Assertio altera*, &c. ibid. 1634. Tout cela se trouve à la fin de son grand Commentaire sur les Pseaumes. Voyez Partie quatriéme.

Arnoldi Bootii, *Animadversiones Sacræ ad Textum Hebraïcum veteris Testamenti*, imprimées à Londres en 1644. *in* 4. Il a encore fait un Examen de la Préface du Pere Morin sur les Bibles Grecques, imprimé à Leide *in* 12. l'an 1636. Une Lettre sur la certitude & l'authenticité du Texte Hébreu, contre Cappel, imprimée à Paris en 1650. *in* 4. Son Apologie du même Texte, contre Morin & Cappel, *ibid. in* 4. 1653. Il étoit Flamand, Calviniste, Docteur en Médecine, & est mort en 1650.

Defensio Veritatis Hebraïcæ contra Lindanum, par *Jean Isaac Levite*, imprimée à Cologne en 1558.

Anticritica, seu Vindicia Hebraïcæ, à Bâle en 1653. *in* 4.

De Arcanis Catholicæ veritatis, par Pierre *Galatin* ou *Galatinus*, imprimé à Bâle en 1561. avec *Reuchlin*, *de Verbo Mirifico*, Livre 3. *in fol*. Il est bon de remarquer que Galatin est un Plagiaire, qui a copié le *Pugio fidei* de *Raymond Martin*.

Apologeticus pro lectione Vulgatæ, Translatione LXX. &c. par *Leon de Castres*, imprimé à Salamanque en 1585. *in fol*.

Capellani Mare Rabbinicum infidum. Il en est parlé ci-dessus.

Les Lettres de M. *de Flavigny*, sur la certitude & l'authenticité du Texte Hébreu, imprimées à Paris *in* 8. en 1646. Il étoit Picard, Docteur de la Maison & Société de Sorbonne, Professeur des Langues à Paris, & est mort en 1674.

Quæstiones Sacræ de *David le Clerc*, & *Diatribæ* d'*Etienne le Clerc*, avec les Notes de *Jean le Clerc*, à Amsterdam en 1685.

Usserius a fait un *Syntagma* sur les Septante, imprimé à Londres en 1655. & 1695. *in* 4. Il prétend y prouver que leur version Grecque est presque perdüe, ou qu'il en reste très-peu de chose. M. *de Valois* lui a fait une réponse judicieuse, qui est à la fin de son édition de l'Histoire d'Eusebe.

Dissertatio de LXX. *Interpretibus*, par *Isaac Vossius*, imprimée à la Haye en 1661. *in* 4. Il a fait depuis un Appendix pour répondre aux objections de quelques Théologiens, imprimé au même endroit en 1663. *in* 4. & beaucoup d'autres, dont il sera parlé ailleurs.

Historia versionis LXX. *Interpretum*, par *Humfroy Hody*, imprimée à Oxford en 1705. *in fol*. Il avoit déja écrit quelque autre chose de semblable contre Vossius, ibid. 1682. *in* 8. Il étoit Anglois, Professeur en Langue Hébraïque, & est mort en 1704.

Dissertatio super Aristea & LXX. Interpretum, par *Antoine Vandale*, à Amsterdam en 1705. Il faut voir la Préface de Dom *Bernard de Montfaucon*, sur les Hexaples d'Origenes.

Julii Bartolocci de LXX. *Interpretibus & Aristea*, dans sa Bibliothéque Rabbinique, tom. 1. pag. 437.

Sur l'inspiration des Livres Saints, voyez la Censure des Theses de *Lessius* & d'*Amnius*, de l'an 1586. par les Universitez de Louvain & de Doüay, en 1587. & 1588. & la Réponse de Lessius en 1588. Les Justifications des Censures de Louvain & de Doüay.

Les Difficultez proposées à Steyaërt, par M. *Arnaud*, & imprimées en 1692. *in* 8. quatre volumes en François. Il y a un cinquiéme volume qui parut en 1693.

Les Sentimens des Théologiens de Hollande, dont on a déja parlé, & l'Histoire Critique du nouveau Testament, par *Richard Simon*, Chap. 23. 24.

M. *Dupin*, dans ses Dissertations préliminaires sur la Bible, & *Jaquelot*, de l'Inspiration des Livres Saints.

Notre Dissertation sur le même sujet, à la tête des Epitres Canoniques.

Le Traité de l'Inspiration des Livres Sacrez du nouveau Testament, par M. *de la Mothe*, Médecin de S. A. E. à Amsterdam en 1695. *in* 12.

Joannis Henrici Maii Dissert. de Inspiratione Librorum SS. contre Richard Simon, imprimée à Francfort l'an 1699. *in* 4.

Sur les divers sens de l'Ecriture, il faut voir les Auteurs des Prolégoménes marquez au commencement de cet Article, comme Salmeron, Bonfrerius, Serrarius, la Haye. Sur l'Hébreu, les Septante, la Vulgate, les Bibles Samaritaines, les Targums, les diverses Traductions de l'Ecriture; on peut voir Walton, la Bibliothéque Sacrée du P. le Long, Partie premiere, qui est sur les Bibles; notre Dictionnaire, sous les Articles, *Bible*, *Septante*, *Vulgate*, *Targum*, &c.

ARTICLE X.

Autres Differtations plus nouvelles.

Il y a encore d'autres Differtations plus nouvelles que tout ce que nous venons de marquer. Celles qui se trouvent dans le dernier volume de la Bible de Sacy, donnée par M. de Beaubrun, & imprimée à Paris chez Desprez *in fol.* quatre vol. derniere édition. Elles ne sont pas fort étenduës, mais elles sont claires & judicieuses.

La Philologie Sacrée de *Salomon Glasse*, imprimée à Amsterdam en 1711. *in* 4. en Latin, contient plusieurs Differtations, que nous marquerons dans la suite selon le sujet qu'elles traitent. Tout l'Ouvrage est divisé en cinq Livres, & chaque Livre en plusieurs Traitez ou Differtations. Il mériteroit d'être recommandé, si l'Auteur avoit été moins entêté de son Luthéranisme, & s'il en avoit retranché ce qu'il y a d'inutile.

Dans la derniere édition du Commentaire de *Menoch*, ou *Menochius*, faite en 1719. 2. vol. *in fol.* à Paris, on a ajoûté un grand nombre de Differtations, qui sont celles de *Bonfrere* ou *Bonfrerius*, de *Mariana*, de *Ribera*, de *Basile Ponce*, & de *Sigonius*.

Corneille Adami, Calviniste & Ministre à Dam, a aussi donné plusieurs Differtations en Latin, imprimées à Groningue en 1710. *in* 4. Cet Ouvrage est estimé des Sçavans, & il le mérite; l'Auteur paroit avoir beaucoup de lecture. Son Ouvrage est divisé en cinq Chapitres, & chaque Chapitre en Paragraphes. En voici le titre: *Observationes Theologico-Philologicæ*, &c. Cet Ouvrage a été suivi d'un autre, imprimé aussi à Groningue en 1712. *in* 4. sous ce titre: *Exercitationes Exegeticæ*, &c.

Le P. *Souciet* l'ainé, Jésuite, a donné douze Differtations Critiques sur quelques endroits difficiles de l'Ecriture, imprimées en François à Paris *in* 4. 1715.

La premiere est sur les Médailles Hébraïques, & sur les premieres Lettres des Hébreux. La seconde, sur un revers des Médailles d'Hérode I. & sur le Lys de l'Ecriture. La troisiéme, sur un Passage de Théophile d'Antioche, sur la Génese 1. ℣. 3. La quatriéme, cinquiéme & sixiéme, sur les trois différens noms de Dieu dans l'Ecriture. La septiéme, huitiéme, neuviéme & dixié- me, sur le ℣. 3. du Chapitre vi. de l'Exode. La onziéme, sur le ℣. 8. du Chapitre LIII. d'Isaïe. La douziéme, sur la Mischne, à l'occasion de l'édition de cette partie du Talmud, faite en Hollande par les soins de M. Sutenhusius, en 6. vol. *in fol.* les années 1698. 1699. 1700. 1702. 1703.

Cette derniere Differtation, qui est une des plus amples, contient trois Lettres du Pere Souciet, adressées à un de ses Amis, où il l'informe de tout ce que contient ce prodigieux Ouvrage, & de son utilité pour bien entendre l'Ecriture. Il a inféré parmi ces Differtations, une Lettre qu'il avoit écrite à M. Indés, Docteur de Salamanque, touchant la maniere de rétablir le Texte Grec des Septante. Elle se trouve aussi dans les Mémoires de Trévoux de 1709. au mois de Juin, avec sa Réponse au même, *ibid.* 1710. au mois de Janvier. Cette Réponse est la même chose que la onziéme Differtation sur Isaïe, dont nous avons fait mention.

Salomon Deyling a fait des Observations Sacrées sur l'Ecriture, imprimées en Latin à Leipsic. Cet Ouvrage est divisé en deux parties, dont la premiere parut en 1708, elle contient cinquante Observations. La seconde, qui en renferme aussi cinquante autres, parut en 1711. *in* 4. Elles ont leur mérite.

Jean de Marck a donné en Latin, sur l'ancien & le nouveau Testament, plusieurs Differtations renfermées en différens volumes; dont le premier parut en 1694. le second en 1697. le troisiéme en 1706. le quatriéme en 1709. & le cinquiéme en 1710. à Amsterdam *in* 4. Il en veut particulierement à M. le Clerc, quoique Protestant comme lui.

Jean le Clerc, neveu de David le Clerc, a fait imprimer les Observations, ou Questions Sacrées en Latin de son oncle, à Amsterdam 1685. *in* 8. Il y a joint huit Differtations d'Etienne le Clerc son pere, qui ne sont pas moins curieuses. C'est sans doute la premiere des trois que Jean de Marck attaque.

Jean Henri Maius ou *du May*, a fait des Disputes choisies, Philologiques & exégétiques, imprimées à Francfort sur le Mein, en 1711. 2. volumes *in* 4. Il y en a vingt-trois dans le premier, & dix-sept dans le second. Il y cite quantité d'Auteurs, mais peu de Catholiques. Il paroit sçavoir les Langues Orientales & avoir de la lecture. Nous avons parlé de lui sur les Concordes de l'Evangile.

Jean Henri Heidegger, a fait vingt-quatre Differtations contre Cappel, Simon & Spinosa, touchant l'origine des Livres Sacrez, leur authenticité, intégrité & perfection, &c. imprimées à Zuric en 1700. *in* 4. Nous avons parlé de lui ailleurs.

Tout son but dans cet Ouvrage, est de montrer que la sainte Ecriture seule suffit pour prouver qu'elle vient de Dieu, & pour

servir

servir de Regle dans les matières de Foi. On voit assez par-là qu'il en veut à la Tradition & à l'autorité de l'Eglise.

Nous pouvons encore mettre ici le Recüeil général de nos Dissertations qui ont été rangées dans un ordre méthodique, pour servir de Prolégoménes de l'Ecriture sainte, imprimé en 3. gros vol, *in* 4. à Paris 1720. Ce Recüeil pourra servir à ceux qui ont déja le Commentaire, par le nouvel ordre que l'on y a observé, & par les corrections & augmentations que l'on y a faites. Il sera encore plus utile à ceux qui n'ont pas le Commentaire ; car ces Dissertations serviront à leur faire entendre les endroits les plus difficiles du Texte. Elles suppléeront à ce qui manque dans les Bibles ordinaires, & même dans plusieurs Commentateurs : sçavoir les Préfaces Critiques, & des Recherches curieuses & solides sur les Auteurs des Livres sacrez ; sur leur âge ; sur l'authenticité & la canonicité de leurs Ouvrages. Enfin, on y trouvera plusieurs Questions importantes & curieuses traitées à fond, & les divers sentimens des plus sçavans Interprétes, fidelement rapportez & mis dans leur jour.

ARTICLE XI.
De la manière d'interpréter l'Ecriture.

Saint *Jérôme* a écrit sur ce sujet une Lettre exprès à Pammachius, inscrite : *De optimo Genere interpretandi.* C'est la 33. *al.* 101.

Guillaume *Lindan* ou *Lindanus* a fait aussi un Traité *de optimo Genere interpretandi,* qui contient trois Livres, & a été imprimé à Cologne en 1558. *in* 8. Il a fait d'autres Ouvrages sur l'Ecriture, dont nous parlerons.

Il étoit de Dordrecht, Evêque de Gand, & est mort en 1558. *Jean Isaac,* Juif converti, a écrit contre son Ouvrage un autre Traité sous le même titre, & imprimé *ibid.* en 1559. *in* 8.

Petrus Daniel Huëtius *de optimo Genere interpretandi, & de claris Interpretibus.* Cet Ouvrage est imprimé à Paris en 1661. *in* 4. & à la Haye 1683. *in* 8. troisiéme édition. Il est fort estimé, & très-utile pour les différens jugemens qu'il y porte sur les différentes interprétations que les Sçavans ont faites, tant des Livres de l'Ecriture, que des autres Ouvrages Sacrez & Profanes.

Joannis Clerici *de optimo Genere Interpretum sanctæ Scripturæ.* Cela se trouve dans le tome premier de son Commentaire sur le Pentateuque, au commencement.

M. *Simon*, dans son Histoire Critique de l'ancien Testament, traite le même sujet : c'est dans le Livre second & troisiéme.

Charles le *Céne* a donné en François le projet d'une nouvelle Traduction Françoise de la Bible, imprimé à Roterdam en 1696.

in 8. Il y a quantité de bonnes remarques dans cet Ouvrage, mais l'impression n'en est pas correcte. Ce qui est de plus fâcheux, c'est que nous n'avons que la première Partie de ce projet : La seconde est encore Manuscrite, selon les nouvelles Littéraires de 1703. au mois de Septembre, pag. 356. à moins qu'on ne l'ait imprimée depuis.

Le dessein de l'Auteur est de faire voir toutes les fautes qui se trouvent dans les Versions Françoises de la Bible, & particulièrement dans celle de Genève. Il étoit de Caën, & Arminien de Religion. Il est mort en 1703. C'est ainsi que les ennemis mêmes de la Religion Catholique ont quelquefois rendu témoignage à la vérité.

De accuratâ, eâque genuinâ commentandi Ratione, de *Jean Henri Hottinger,* dans le premier *Fasciculus* de Crenius. La première de ses Dissertations est aussi sur ce sujet. Elles ont été imprimées à Heidelberg en 1659. & 1677. *in* 4. sous ce titre : *Primitiæ Heidelbergenses.* Nous parlerons de lui sur la Génése.

Dissertatio pro Editione vulgata de *Jean Mariana.* Cet Ouvrage est rare & estimé. Il fut d'abord imprimé à Cologne en 1609. avec son Traité *de Adventu Jacobi Apostoli in Hispanias.* Le Pere *Tournemine* l'a fait réimprimer dans la nouvelle édition du Commentaire de *Menochius.*

Josephi Acostæ de verâ Scripturas interpretandi Ratione, ce qui se trouve aussi imprimé dans la même édition de *Menochius,* & l'Ouvrage est partagé en trois Livres. Il étoit Espagnol, Jésuite, & est mort en 1600.

Proœmia quatuor, in quibus disquiritur quinam Scripturæ sacræ Interpretes cæteris præferendi sunt, de *François Ribera.* Cet Ouvrage se trouve encore dans la même édition.

Quæstiones de Scripturâ sacrâ exponendâ, de *Basile Ponce,* imprimées dans la même édition. Elles l'avoient déja été à Salamanque en 1600. & 1611. *in fol.* Cet Auteur étoit Espagnol de Grenade, de l'Ordre de saint Augustin, & est mort en 1629. âgé de 59. ans.

Dans la même édition de *Menochius,* on trouve aussi un Traité, *de Scriptura sacra stylo & obscuritate,* & l'Apologie de la Vulgate, par *Filesac.* Elle avoit déja été imprimée dans un Recüeil de ses Ouvrages en 3. vol. *in* 4. à Paris 1621. c'est le quatorziéme Traité du premier tome, en Latin. Il étoit de Paris, fut reçu Docteur de Sorbonne en 1590. & fait Curé de saint Jean en Gréve. Il mourut le 27. Mai de l'an 1638. fort âgé.

De Concordiâ Sacrarum Scripturarum cum introductoriis Quæstionibus, par *Pierre Lopez de Montoya,* à Madrit en 1600. On avoit déja imprimé cette Concorde en deux Livres in 4. en 1596. Il étoit Espagnol, Professeur à Salamanque sur la fin du seiziéme siécle.

Fin de la première Partie de la Bibliothèque Sacrée.

BIBLIOTHEQUE SACRÉE.

SECONDE PARTIE.

Contenant les Auteurs qui traitent des Antiquitez Judaïques, des Loix, des Coûtumes des Hébreux, de leur Religion, de leur Police & Milice, de la Géographie, de l'Histoire Sacrée, des Plantes, des Animaux, des Pierres précieuses, des Poids, des Mesures, des Maladies, &c. dont il est parlé dans l'Ecriture.

ETTE seconde Partie a quelque chose qui est plus agréable que la première. Dans celle-là, tout y est difficile & épineux; il faut parcourir de gros volumes, telles que sont les Bibliothéques Sacrées; il faut apprendre des Langues inconnuës & étrangéres, qui ont donné tant de peine à saint Jerôme, comme il l'avouë lui-même, & qui faisoient une partie de son austére pénitence. Il faut se former les premiéres idées des saintes Ecritures, par le moyen des Introductions, des Prolégoménes, des Dissertations, & apprendre la véritable maniére de l'interpréter. Ici tout est agréable & curieux. On n'a plus besoin d'étudier; il ne faut que lire, parcourir de petits Traitez, pour apprendre, en s'égayant, bien des choses absolument nécessaires pour l'intelligence d'un grand nombre de Passages difficiles à expliquer dans les saintes Ecritures.

ARTICLE PREMIER.

Des Antiquitez Judaïques en général.

Antiquitates Judaïcæ, par *Arias Montanus*, dans les grands Critiques, tom. 8. & sa Polyglotte d'Anvers. Nous parlerons de lui dans l'Article des Polyglottes, Partie 3me.

De Mosaïcis Antiquitatibus, quatre vol. *in fol.* & *de Judaïcis Antiquitatibus*, par *Guillaume Goerée*, 2. vol. *in fol.* à Amsterdam en 1690. & 1702. avec des figures en taille douce. Ces deux Ouvrages sont en Flamand; & il étoit Flamand lui-même, Calviniste & Médecin

Médecin. Il y aura encore occasion de parler de lui dans l'Article de la République des Hébreux.

Antiquitates Biblicæ, c'est-à-dire, de l'ancien & du nouveau Testament, par *Jean Conrad Dieteric*, imprimées à Francfort en 1671. & 1680. 2. vol. *in fol*. Livre sans méthode, & où les matiéres sont placées sans choix & sans aucun ordre. On ne laissera pas d'en faire ici le détail.

L'Auteur traite de la Physique Sacrée dans le premier tome, pag. 37. Du Paradis Terrestre, pag. 73. De l'Arche de Noé, pag. 100. De la Tour de Babel, pag. 116. De la transmigration & division des Nations, pag. 180. De leur Police, pag. 186. De l'habit du Grand-Prêtre, pag. 192. De la construction du Tabernacle, pag. 200. De l'Onomatologie Sacrée, pag. 225. Des Autels, des Statuës & des Idoles, pag. 256. De la Géographie Sacrée, pag. 287. De la Musique Sacrée, pag. 349. Du Temple de Jérusalem, pag. 361. De l'Histoire Sacrée des Animaux, pag. 416. De la Botanique Sacrée, pag. 527. De la ville de Jérusalem, pag. 643. Des Divinations & Sortiléges, pag. 653. De la Milice des Orientaux, pag. 663. De la Lithologie Sacrée, pag. 675. De l'état des quatre Monarchies. Des Monnoyes & des Poids, pag. 726. De la Métallogie Sacrée, pag. 756. Et de l'Anatomie Sacrée, pag. 773.

Dans les Antiquitez du nouveau Testament, il examine & explique plusieurs endroits difficiles ; & leur a donné, dans l'édition qui a paru à Francfort *in fol*. en 1680. ce titre : *Novi Testamenti Illustramentum, sive Lexicon Philologico-Theologicum in novum Testamentum*, Gr. Lat.

Antiquitates Biblicæ, par *Jean André Quenstedt*, imprimées à Wittemberg en 1688. & 1699. *in 4*. Il y traite de l'Ordre Ecclésiastique, & des Cérémonies Sacrées en usage dans l'ancien Testament ; de la Circoncision & de l'Agneau Paschal ; du Culte étranger & idolâtre des Juifs ; des lieux Sacrez ; des Fêtes des anciens Hébreux ; des Juifs originaires & étrangers ; de leurs Esclaves ; des différentes espèces d'Excommunications ; de ses Formules ; de son Droit ; de son Usage, & de son Absolution chez les anciens Hébreux. Nous parlerons de ses autres Ouvrages dans la quatriéme & cinquiéme Partie.

Albert Fabricius dans son Livre intitulé : *Bibliographia Antiquaria*, Chap. 1. pag. 21. rapporte un Projet d'un Trésor d'Antiquitez Hébraïques, en douze Livres, formé par Geoffroy Voigt. Il employe aussi tout ce premier Chapitre à marquer ceux, tant Juifs que Chrétiens, anciens & modernes, qui ont écrit sur ce sujet. Nous en emprunterons ici quelque chose.

Thomas Goodwin, Antiquitates Judaïcæ, item, Moses, & Aaron, seu de Ritibus Hebræorum cum Notis Joannis Henrici Reizii, & Joannis Henrici Hottingeri, nepotis. Tout cela ne fait qu'un même Ouvrage, qui a deux différens titres, & qui est d'un même Auteur. Car Goodwin, Anglois de Sommerset, Professeur à Oxfort, a donné en Anglois son Ouvrage intitulé : *Moses & Aaron* ; c'est-à-dire, des Rits des Hébreux, imprimé à Londres en 1685. *in 4*. septiéme édition ; en Latin à Amsterdam 1679. *in 8*. & à Utrecht 1698. cinquiéme édition, avec les Notes de Reizius, à Brême 1707. *in 8*. troisiéme édition ; avec celles d'Hottinger, à Zuric 1712. *in 12*. en Allemand, *ibid*. 1687. *in 8*. en Flamand, 1676. *in 8*. L'édition de 1690. a cela de particulier, qu'on y trouve au commencement une Préface & des Dissertations sur la Théocratie des Israëlites & des Rechabites. Goodwin est mort en 1642.

L'Ouvrage est divisé en six Livres. Le premier, traite des Personnes. Le second, des Lieux. Le troisiéme, des Jours & des Tems. Le quatriéme, de l'Idolâtrie. Le cinquiéme, des Consistoires. Le sixiéme, des choses Mixtes. Le tout regarde les Rits Civils & Ecclésiastiques des anciens Hébreux.

Antiquitates Sacræ veterum Hebræorum delineatæ, par *Adrien Reland*, imprimées à Utrecht en 1708. *in 8*. & 1712. Plus ample & corrigé, à Leipsic 1714. Il y traite des Lieux, des Personnes, des choses Sacrées. On parlera encore de lui.

Delineatio Antiquitatum Hebraïcarum, cum Observationibus Joannis Jacobi Schudt, par *Auguste Pfeiffer*. Ce sont des Antiquitez Judaïques choisies, qui ont paru à Leipsic en 1687. *in 8*. On peut y joindre sa Sciagraphie qui se trouve dans sa Critique Sacrée, pag. 141. & que *Jean Jacques Schudt* a mise avec des augmentations dans ses Délices Philologiques, à la fin de l'Histoire des Juifs, pag. 147. où il fait une Liste de ceux qui ont écrit sur le même sujet, pag. 166. 177.

Cette Sciagraphie contient huit Livres. Le premier, de l'Idolâtrie des anciens Hébreux. Le second, des lieux Sacrez. Le troisiéme, des personnes Sacrées & de leurs Ministres. Le quatriéme, des Cérémonies. Le cinquiéme, des Feries & des Fêtes. Le sixiéme, de la Littérature, des Docteurs & des Sectes des Hébreux. Le septiéme, des Magistrats & des choses de Police. Le huitiéme, du Domestique & de la maniére de converser. Nous parlerons ailleurs de Pfeiffer : pour Schudt, il étoit Allemand Luthérien, & Recteur du Collége de Francfort sur le Mein.

Antiquarium Judaïcum, de *Herman Vonder-Hardt*,

SECONDE PARTIE.

der-Hardt, marqué dans Fabricius. Nous parlerons de lui ailleurs.

Theriaca Judaica de *Jean Wulfer*, dont parle le même, & imprimée à Nuremberg en 1681. *in 4*.

Menesse Ben-Israel Thesauro dos Dinnim, imprimé à Amsterdam en 1645. *in 8*. en Langue Portugaise.

De corruptis Antiquitatum Hebræarum apud Tacitum & Martialem Vestigiis, par *Chrétien Vorme* ou *Vormius*, dont parle le même Fabricius.

Antiquitates Hebraïcæ & Græcæ selectæ seu de conclusis & velatis Feminis, par *Samuel Friderie Bucher*, imprimées à Budissen l'an 1717. 2. vol. *in 12*.

Antiquitates Judaïcæ & Evangelicæ, par *Balthasar Bebelius*, imprimées à Strasbourg en 1673. *in 4*. Il étoit Allemand, Luthérien de Strasbourg, & est mort en 1686.

Antiquitates Hebraïcæ, par *Joachim Reimer*: ce n'est qu'un Essai des Antiquitez cachées dans le nouveau Testament, dont parlent les quatre Evangélistes, imprimé à Copenhague en 1657. *in 4*. Nous parlerons encore de lui plus bas.

Antiquitatum Hebraïcarum Dioptra, de *Paul Sherlock*, en Latin *Sherlogus*, divisée en deux Livres, & imprimée à Lyon en 1651. *in fol*.

Jean Van-Bashuysen a fait aussi une Sciagraphie des Antiquitez Hébraïques, imprimée à Hanover en 1702.

La *Clef des Antiquitez Judaïques* de *Josué Arnd* ou *Arndius*, imprimée en 1707. *in 4*. par les soins de Charles Arnd son fils; c'est une espéce de Dictionnaire, où il éclaircit un grand nombre de passages de l'Ecriture. Il étoit Allemand Luthérien, & est mort en 1685. Il faut voir sa vie écrite par son fils, dans les Mémoires Théologiques de Kipping, pag. 178. & un Discours que celui-ci a prononcé à Rostoch, imprimé en 1711. Arnd avoit promis une Bibliothéque des Antiquitez Judaïques. Nous ne sçavons pas encore s'il a executé ce vaste dessein.

Antiquitates Hebraïcæ, de *Theodore Dassovius*, mais qui n'ont pas encore été imprimées. Nous ne laisserons pas d'en donner ici les titres, tels que nous les trouvons dans les Nouvelles Littéraires de la mer Balthique de 1705. pag. 86.

1°. L'Histoire des Hébreux *in fol*. dont chaque Chapitre sera divisé en six Sections; par exemple, dans celles du Chapitre des Victimes, il doit: 1°. Faire leur Histoire; 2°. Examiner les Cas de conscience qui les regardent; 3°. Rapporter ce qu'en dit l'Ecriture; 4°. Corriger ce que les Auteurs en ont écrit; 5°. Donner les Versions des anciens & des nouveaux; 6°. Concilier les passages de l'Ecriture, qui semblent se contredire sur ce sujet.

2°. La Version Latine du Talmud Menachoth, c'est-à-dire, qui traite des fruits offerts à Dieu, avec la Gemare Babilonienne, *in fol*.

3°. Le Dictionnaire Hébreu Emphatique *in fol*. où il expliquera par ordre alphabétique, tous les mots Hébreux Emphatiques, & ceux qui se trouvent dans la Bible. Il en a déja donné à Kiel en 1703. un volume *in 4*.

4°. La Version du Commentaire de Salomon Jarchi sur l'Exode & le Lévitique, *in fol*. Il y doit représenter la véritable construction du Tabernacle de Moyse, & toutes les cérémonies du Temple de Jérusalem, qui n'avoient point encore été suffisamment expliquées, de même que les Loix & la Politique des Hébreux; qui en feront le principal sujet.

5°. La Version Latine *in 4*. de quelques Livres de la Mischne, où il est traité du Dépôt, de l'Usure, des Locations, des Conventions, de la société dans le Commerce, des Héritages, des Successions, des Achats & Ventes, selon les Loix & Coutumes anciennes des Hébreux.

6°. La Version Latine de deux Titres de Moyse Maimonides, l'un des Oblations, & l'autre des Sicles, avec celle des Scholies de Joseph Karan & d'Abraham Ben-David. Nous passons les autres Versions, pour n'être pas trop long. Ce que nous venons de marquer, doit suffire pour faire juger de l'importance de cet Ouvrage. Nous avons déja parlé de l'Auteur.

Ce que *Christophe Simler*, Allemand Luthérien, a donné dans ses Antiquitez de l'Ecriture, en Allemand, est beaucoup plus court & plus à la portée de ceux qui commencent. On les a imprimées à Hall en 1708. *in 12*.

ARTICLE II.

Des Loix & de la Religion des Juifs.

Du général, nous venons au particulier. Les Loix & la Religion des Juifs ont toujours eu la première place entre leurs Antiquitez; ils ont eu des Loix, un Culte & une Religion si-tôt qu'ils ont commencé à faire un Corps séparé des autres Nations, & qu'ils sont devenus le peuple de Dieu, la Nation sainte & choisie, sous la sage conduite de Moyse. C'est donc avec raison que nous commençons par les Ouvrages qui regardent ce sujet.

Sur les préceptes donnez aux Noachides, ou aux enfans de Noé après le Déluge, voyez *Jean Selden*, *de Jure Naturali & Gentium secundum Disciplinam Hebræorum*. Ce Traité a été imprimé à Londres en 1640. *in fol.* & réimprimé en Allemagne.

Melchior Leïdeker de vario Reipublicæ Hebræorum statu. Il en sera parlé plus amplement dans l'Article de la République des Hébreux.

Joannis Frischmuth, de septem Noachi præceptis Dissertationes duæ. Elles se trouvent dans le premier tome du Trésor des Dissertations Théologiques & Philologiques, pag. 154.

Joannis Francisci Buddei Introductio ad Historiam Philosophiæ Hebræorum. Elle a paru à Hall en Saxe l'an 1702. *in 8.* Il a fait un grand nombre d'autres Ouvrages, dont on aura lieu de parler.

Joannis Alberti Fabricii Apocrypha veteris Testamenti, pag. 269. 270. & dans sa Bibliothèque Antiquaire, Chap. 15. n. 2. Il y distingue trois sortes de Loix prescrites par Moyse ; les unes Morales, les autres Civiles, & les Cérémonielles. Il y marque aussi tous ceux qui ont écrit sur ces Loix.

Sur les Loix Cérémonielles des Juifs, voyez *Jean Spencer, de Legibus Hebræorum Ritualibus*, à Cambrige en 1685. 2. vol. *in fol.* & un vol. *in* 4. à la Haye en 1684. C'est un Traité fait exprès sur les Loix des Hébreux, divisé en trois Livres. Il est d'une longue discussion, & il y a beaucoup d'érudition.

On peut voir aussi *Joannis Marsham Canon Chronologic.* dans son neuvième Siécle, l'Article intitulé : *Lex Mosaïca*. Nous parlerons plus amplement ailleurs de cet Ouvrage.

Ægyptiaca d'Herman Wits ou *Witsius*, imprimez à Amsterdam en 1683. *in* 4. & 1696. Cet Ouvrage est divisé en trois Livres, où il fait un paralelle des Cérémonies des Égyptiens avec celles des Hébreux. On parlera de lui ailleurs.

Il faut voir les Disquisitions du Pere *Frassen*, Livre premier, Chap. 5. Nous en avons déja parlé ci-dessus, & nous y avons marqué ce que le Pere *Alexandre* a dit sur le même sujet dans son Histoire Ecclésiastique. Voyez l'Article des Dissertations.

Notre Préface sur l'Exode & sur le Deuteronome, où nous donnons le précis des Loix de Moyse.

Manuale Legum Mosaïcarum, de *Josué Arnd*, imprimé à Gustrow en 1666. *in* 8. Nous avons parlé de son grand Ouvrage dans l'Article précédent.

De Legibus Hebræorum Forensibus, de *Constantin l'Empereur*, imprimé à Leide en 1637. *in* 4.

Juris Hebræorum Leges, par *Jean Henri Hottinger*, imprimées à Zuric l'an 1658. seconde édition *in* 4. Cet Ouvrage contient cent soi-xante-une Loix de Moyse. Cet Auteur a beaucoup travaillé sur l'Ecriture.

Maimonides, de studio Legis, ex versione Rabbini Flavereng. Cet Ouvrage contient les Cérémonies & les Loix des Hébreux, tirées du Talmud, & a été imprimé à Amsterdam pour la derniére fois en 1702. deux volumes en quatre Livres ou Chapitres, avec les Commentaires de *Joseph Athia* Juif, qui a eu soin de cette édition. *Louis de Veil* en a traduit en Latin quelques Livres, dont l'un regarde les Cérémonies, imprimé à Paris en 1667. *in* 12. l'autre, sur le Culte Divin, *ibid.* 1678. *in* 4. Il y a joint de sçavantes Remarques. Nous parlerons de *Maimonides* plus d'une fois, & de *Veil.*

De Hebræorum Ritibus, par *François Tissard*, Professeur à Paris. Cela se trouve dans sa Grammaire Hébraïque, imprimée à Paris en 1508. *in* 4.

De Rebus, Ritibusque Hebræorum, par *Georges Gaspard Kirchmaier*, ou plûtôt *Kirchmeier.*

Legum Mosaïcarum Forensium Explicatio, par *Guillaume Zepper*, imprimée à Herborne en 1614. *in* 4. seconde édition. Il y examine, si elles obligent encore, & quand elles ont été abolies. Il étoit Allemand, Calviniste, & Ministre à Herborne.

Un autre Ecrivain de même nom, mais surnommé *Philippe*, de même Nation & Religion, a donné les Loix Civiles de Moyse, comparées avec celles des Romains, imprimées à Hall en Saxe l'an 1632. *in* 8.

Leon de Modéne, Cérémonies & Coutumes des Juifs, avec le Supplément de *Richard Simon*, qui les a mises en François, & fait imprimer en 1681. *in* 8. On les a inférées depuis dans un grand Recüeil des Cérémonies & Coutumes Religieuses de tous les Peuples du monde, imprimé à Amsterdam en 1723. en trois volumes *in fol.* Celles dont nous parlons, sont à la tête du tome premier, avec une belle Préface de l'Editeur, page premiére, Partie première. On y trouve aussi celle de M. Simon.

L'Ouvrage de Leon de Modéne avoit été imprimé en Hébreu à Mantoüe en 1612. *in fol.* Il l'augmenta depuis, & c'est sur la seconde édition que M. Simon a fait sa Traduction Françoise. Ce sçavant Juif a encore donné un Discours sur la Pâque Juïve, en Italien, & imprimé en lettres Hébraïques à Venise en 1609. *in fol.* Il étoit de Modéne, Médecin Juif, & fleurissoit au commencement du dix-septième siécle.

Synagoga Judaïca, par *Buxtorf* le pere, imprimée en Allemand, qui étoit sa Langue naturelle, à Bâle en 1603. en Latin à Hanover en 1604. *in* 8. 1680. quatriéme édition Latine de celles qui ont été faites à Bâle. Elle est

est augmentée & corrigée par son fils & son neveu, en Flamand à Amsterdam en 1650. *in* 8. Il y traite de la Religion, de la Naissance, de la Vie, des Mœurs & de la Sépulture des Hébreux. Buxtorf étoit de Westphalie, Calviniste, & est mort en 1629.

Synagoga Judaïca de *Herman Geremberg.*

Itinera Deserti seu de Judaïcis Disciplinis, par *Gerard Veltuyck.* Cet Ouvrage a été imprimé à Venise en 1539. *in* 4.

Theologia Hebraorum, par *Guillaume Surenhusius.* Elle a pour titre : Βίβλος καταλλαγης, & a été imprimée en 1712. *in* 4. à Amsterdam. Son Ouvrage le plus considérable est sa Traduction de la Misne. Il faut voir ce que le Pere Souciet en dit dans ses trois Lettres, ou douzième Dissertation, dont nous avons parlé dans la première Partie. Voyez l'Article des Dissertations. Surenhusius étoit Allemand Luthérien, Professeur des Langues Orientales à Amsterdam. Peut-être vit-il encore.

Sa Version de la Misne & des Notes de Maimonides sur cet Ouvrage, a été aussi imprimée à Amsterdam. Elle est divisée en six Parties, qui ont été données au public l'une après l'autre. La première parut en 1698. & la derniére en 1703.

ARTICLE III.

Du Messie & de l'Antechrist.

C'est de tout tems que l'espérance de la venuë d'un Messie a fait le principal objet de la Religion des Juifs, & il l'est encore aujourd'hui dans leur aveuglement. *Abraham a vû son jour, & il s'en est réjoüi.* Jacob l'a prédit dans sa célèbre Prophétie du *Sceptre de Juda.* David & tous les autres Prophétes en ont parlé si visiblement, qu'il faut être Juif opiniâtre pour ne se reconnoître dans tout ce qu'ils en ont dit. Il est donc à propos de marquer ici les Auteurs qui ont traité de la venuë du Messie, & de ses divins Caractéres, après avoir parlé de ceux qui ont écrit en général de la Religion des Juifs.

On peut voir sur Daniel les Auteurs qui ont écrit sur les Septante Semaines, & ceux qui ont traité des Caractéres du Messie, marquez dans les Prophéties d'Isaïe.

De uno Messia, par *Abdias Widmarius*; le Pere le Long ne marque de lui qu'un Traité de l'*Urim & Thummim*, imprimé à Hardewic en 1644. Ce Widmarius étoit Allemand de Westphalie, Calviniste, Professeur en Langue Hébraïque, mort en 1648.

Theologia Judaïca de Messia, par *Antoine Hulsius*, imprimée à Bréde en 1653. *in* 4. où il réfute ce que les Rabbins disent pour combattre la venuë du Messie. Il peut encore en avoir parlé dans ses Prophéties de l'ancien Testament, imprimées à Leide en 1683. *in* 4. Pour ce qui est de sa Théologie Judaïque, Fabricius dit qu'il n'en a vû que la première Partie. Hulsius étoit Flamand, Calviniste, & est mort en 1685.

Voyez notre Dissertation sur les Caractéres du Messie selon les Juifs, qui se trouve à la tête de notre Commentaire sur le Prophéte Jérémie.

Dialogus de Messia de *Benoît Poscanti.*

Dialogi 18. *de Messia* de *Bernardin Ochin*; Lipenius en marque trente, qui ont été imprimez à Bâle en 1563. *in* 8. avec ceux qu'il a faits sur le Mystère de la sainte Trinité; apparemment qu'il y en a douze sur ce Mystère & dix-huit sur le Messie. L'Apostasie de cet Auteur, & ses sentimens erronez, mériteroient qu'on le laissât dans un éternel oubli.

Tractatus de victoria Messia, par *Blaise Viegas.* Je ne trouve point ce Traité; ni dans Lipenius, ni dans le Pere le Long. On peut voir Sotuel dans sa Bibliothéque.

Disputationes de Divinitate & officio Messia, par *Chrétien Matthias.* Voici le véritable titre de ces Disputes : La première, *de Adoratione Christi*, contre les Photiniens & les Calvinistes : La seconde, *de Agno Dei*, à Nuremberg en 1619. *in* 4.

Traité *de Messia* de *Daniel Cramer*, le véritable titre est : *Schola prophetica de Messia Jesu Christo*, à Hambourg en 1607. *in* 8. Il y a encore un autre *Jean Rodolphe Cramer*, & *Jean Jacques* de même nom; qui dans leur *Théologie d'Israel*, imprimée en Latin à Leipsic en 1704. n'ont d'autre but que de faire voir que JESUS-CHRIST est le Messie. On parlera de ces deux derniers dans l'Article suivant.

De Adventu Messia, par *Didace Gatica*; contre les Juifs, imprimé à Madrit en 1667. *in* fol. Il étoit de Seville en Espagne.

Schilo, seu vaticinium Patriarchae Jacobi, Génèse XLIX. 10. par *Jacques Alting.* Ce qui a été imprimé à Franeker en 1660. *in* 4. Nous parlerons de lui sur l'ancien Testament.

Disputatio de Messia, par *Jacques Martin.* Ce sont des Disputes opposées aux blasphémes des Juifs, & imprimées à Wittemberg en 1616. *in* 4.

De Adventu Messia, par *Jean de Bacon* ou *Bacontorp.* Il faut que ce Traité soit parmi ceux qu'il a faits contre les Juifs, qui ne sont que manuscrits, ou perdus. Il étoit Anglois, né à Bacontorp, village du pays de Norfolk, se fit Carme, & fut elû Provincial de son Ordre en 1329. est mort à Londres en 1346.

Dissertatio de Adventu Messia, par *Jean Romberg.*

De Messia divinitate, par *Bartolocci.*

De Adventu Messia, par *Jules César Valentini.*

De Judæorum Messiâ, par *Laurent Brancati*.

Quod Jesus est Messias, par *Jean Louis Vives*. C'est peut-être le même Ouvrage intitulé: Le Triomphe de JESUS-CHRIST, ou la Description de JESUS-CHRIST, dans le tome deux du Recueil de ses Ouvrages, pag. 131. 137. selon l'édition de Bâle de 1555. *in fol*, ou parmi les Livres de la vérité de la Religion, tome premier, pag. 436-527. Il étoit de Valence en Espagne, fit ses études à Paris, enseigna à Louvain; passa en Angleterre en 1522. revint en Flandres, où il se maria, & y mourut vers l'an 1536. ou environ, âgé de 48. ans. Thomas Morus en fait un bel éloge dans une de ses Lettres, qui est la trente-septiéme du treiziéme Livre de celles d'Erasme.

Liber de Messiâ, par *Pierre Antesignanus*.
De Adventu Messiæ libri tres Petri Canonici.
Monitum ad Judæos de Messiâ, de *Philippe de Mornai*.
Demonstratio Adventus Messiæ, par *Richard Kidder*.

Antoine Kirchhoff, Allemand, a donné, *Messias elucidatus*, à Leipsic en 1640. *in* 4.

La Démonstration & la Préparation Evangélique d'*Eusébe de Cesarée*, où il est beaucoup parlé du Messie, & des Prophéties qui le regardent. Ces deux Ouvrages sont deux volumes *in fol*. imprimez à Paris en 1628. en Grec & en Latin. Nous parlerons d'Eusebe sur les Pseaumes.

Il en est de même de la Démonstration Evangélique de M. *Huet*, où il parle beaucoup de JESUS-CHRIST comme Messie. Il faut voir ce que nous en avons dit ci-dessus.

On peut y joindre *Jean Charon*, qui a fait aussi une Démonstration Evangélique, imprimée à Paris en 1703. *in* 12. avec une explication des Septante Semaines de Daniel, le tout en François. Le dessein de l'Auteur est de prouver que la Religion de JESUS-CHRIST a toujours été & sera la seule véritable; par conséquent qu'il est le Messie si souvent promis aux Juifs. L'application qu'il y fait des anciennes Prophéties au Sauveur, est juste, nette & solide; il y montre clairement que tout ce qui a été prédit du Messie, convient parfaitement au Sauveur. Il y a beaucoup d'érudition Juive dans tout cet Ouvrage; elle est tirée des meilleurs Auteurs, qui sont: Ligfoot, Drusius, Jacques & Louis Cappel, Sebastien Munster, Reuchlin, Raymon Martin, Genebrard, Jérôme de Sainte-Foi, Juif converti, & beaucoup d'autres.

Dissertation de *Tanegui le Fevre* sur le Passage de Joseph, touchant JESUS-CHRIST. Il faut voir M. Huet dans sa Démonstration Evangélique, proposition troisiéme, nombre 11.

Charles d'Aubuze sur le même Passage ou témoignage de Joseph. C'est une Dissertation imprimée à Londres en Latin l'an 1708. *in* 8. avec une Préface de Grabe. Elle est divisée en deux Livres. Il y soutient que ce témoignage est véritablement de Joseph.

Georges Wedel, dans une de ses Dissertations Sacrées & Profanes, imprimées à Jene en Latin, fait voir aussi par plusieurs raisons, que ce Passage n'est point supposé.

Adventus Messiæ à Judæorum blasphemiis & hæreticorum calumniis vindicatus, par *Charles Imbonati*, dans le cinquiéme tome de la Bibliothéque Rabbinique, derniere Partie.

Le même *de Pseudo-Messiis Judæorum*, dans la même Bibliothéque, tom. 4. pag. 48. & des blasphêmes des Juifs contre JESUS-CHRIST, *ibid.* pag. 423.

Basnage, dans sa continuation de l'Histoire des Juifs, tom. 4. Liv. 6. Chap. 20. & suivans, jusqu'au Chap. 28. Nous parlerons de cette Histoire & de l'Auteur plus bas.

Jean Wulfer dans son *Theriaca Judaïca*, pag. 369. Cette Thériaque a été imprimée en 1681. *in* 4. à Nuremberg.

Specimen Anti-Judaïcum de duplici Messiâ, Leucopetra 1668. par *Christophe Cellarius*.

De Pseudo-Messiis Judæorum, par *Jean Alent*. Cet Ouvrage des Faux-Messies des Juifs, a été imprimé à Herborne en 1684. *in* 4. C'est peut-être plûtôt *Jean Alesius*, dont on parlera ailleurs.

Pugio Fidei, le Poignard de la Foi, par *Raymond Martin*, avec les Notes de Voisin, imprimé à Paris en 1651. *in fol.* Carpzovius, Protestant, en a donné une derniere édition avec des augmentations.

De Arcanis Catholicæ veritatis, par *Pierre Galatin*. Cet Ouvrage des Secrets de la vérité Catholique, dont il y a eu plusieurs éditions. La derniere qui est de 1672. *in fol.* à Francfort, n'est qu'une copie du Poignard de la Foi de Raymond. Galatin étoit Italien Juif, né dans la Poüille; mais s'étant converti, il se mit de l'Ordre de saint François, & est mort vers 1532.

Outre tous ces Auteurs, il y en a encore d'autres qui ont traité plus particulierement du Messie.

Alexandre Sostman, Calviniste, a fait une Addition à son Explication des Septante Semaines de Daniel, pour montrer que JESUS est le Messie, & il recherche les causes de l'incrédulité des Juifs. Elle est imprimée en Latin à Leide en 1710. *in* 4. Cette Addition contient deux Parties. Dans la premiere, l'Auteur prouve aux Juifs que le Messie est venu, & que c'est JESUS-CHRIST. Dans la

SECONDE PARTIE.

la seconde, il fait voir que les Juifs sont aussi incrédules aujourd'hui que l'étoient leurs peres, & qu'ils ont les mêmes préjugez.

David Averbach a traité de la venuë du Messie dans notre chair ; *de Adventu Messiæ in carnem* ; ce qui a été imprimé à Leipsic en 1640. *in* 4.

Alphonse Bonihominis, de l'Ordre des Freres Prescheurs, a traduit de l'Arabe en Latin la Lettre du *Rabbin Samuel* Juif, adressée au Rabbin Isaac, dans laquelle il fait voir, par les paroles des Prophétes, que le CHRIST véritable Messie est venu, qu'il a souffert, qu'il est mort, qu'il est ressuscité, monté au Ciel, & qu'il viendra une seconde fois. Cette Lettre, importante pour la vérité de la Religion Chrétienne, a été imprimée à Bâle chez Henri Petri, on ne marque pas en quelle année. Elle se trouve aussi dans le *Micropresbyticon*, avec les Ouvrages des premiers Peres de l'Eglise.

Jacques Brocard, Protestant, a fait deux Livres ; l'un adressé aux Chrétiens, où il traite de la Prophétie ; l'autre aux Hébreux, où il prouve le premier & le second Avenement du Messie, en Latin à Leide en 1581. *in* 8.

Jean Buxtorf pere, a fait une Dispute d'un Juif avec un Chrétien, touchant notre Messie, *de Messia nostro*, imprimée à Hanover en 1604. & 1622. *in* 8. Nous avons parlé de lui ci-devant.

Abraham Calovius, Protestant, a fait un Traité intitulé : *De Messia languorum nostrorum Bajulo*, imprimé à Wittemberg en 1675. *in* 4. Un autre, *Messias ut Salvatus Salvator*, *ibid.* 1681. *in* 4. On aura lieu de parler de ses autres Ouvrages.

Jean Benoit Carpzovius, Protestant, comme nous le dirons ailleurs, a traité en particulier, *de Asino Messia in urbem Jerosolymam vectore* ; ce qui est imprimé à Leipsic *in* 4. en 1671.

David Chrétien a fait quatre Disputes touchant le Messie, imprimées à Giessen en 1657. *in* 4. Elles sont en Latin.

Pierre Coste a donné *Typus Messiæ & Christi Domini ex veterum Prophetarum Præsentionibus*, contre l'incrédulité des Juifs, à Leipsic en 1654. *in* 4.

Louis Crocius, *Apodixis parænetica de Messia*, à Brême en 1624. *in* 8. Et *Christophe Dauderstad*, *Apodixis Messiæ*, où il prouve que JESUS de Nazareth, est le seul & véritable Messie, promis & manifesté dans la plénitude des tems, à Leipsic en 1616. *in* 8.

Jean Deutschman, une Exercitation Théologique touchant le désir de la venuë du Messie par les Patriarches ; une autre sur la Conception & la Naissance temporelle du Messie. L'une & l'autre en Latin, & imprimées à Wittemberg en 1664. *in* 4.

Jean Frischmuth est celui qui a le plus travaillé sur ce sujet. Car il a fait en Latin une Dissertation touchant le Messie Fils de Dieu, imprimée à Jene en 1676. *in* 4. Une autre sur le respect qui est dû au Messie, *ibid.* la même année. Une Démonstration de la venuë du Messie dans les derniers tems, *ibid.* 1670. *in* 4. Une Dispute sur les caractéres du Messie, *ibid.* 1666. *in* 4. Du nom glorieux du Messie, de sa Naissance & sa Prosopographie, *ibid.* 1661. & 1669. *in* 4. *De Messia pro reatu se tradentis unicâ hostiâ.* L'Oracle touchant le Messie, dans ces paroles : *Quæ non rapui solvam.* Des trente deniers dont il fut prisé par les Juifs, tout cela, *ibid.* en 1672. *in* 4. Du Messie attaché en Croix, & qu'il faut pleurer comme un Fils unique, *ibid.* 1668. *in* 4. Du Gémissement du Messie en Croix contre les Juifs ; de ses pieds & de ses mains percées, *ibid.* 1663. *in* 4. Que le Messie ne devoit pas rester dans le Tombeau, *ibid.* 1668. *in* 4. *De Messiæ excisione*, & de la ruine de Jérusalem prédite par Daniel, 1672. *in* 4. à Jene. Du Messie Roi de Sion, selon le Prophéte Zacharie, *ibid.* 1678. Nous parlerons encore plusieurs fois de cet Auteur Protestant.

Martin Geier a traité de la Mort, de la Sépulture & de la Résurrection du Messie, en Latin à Leipsic en 1645. & 1680. seconde édition.

Genebrard a fait un Recüeil de tous les endroits de la Paraphrase Chaldaïque, où le nom du Messie se trouve, imprimé à Paris, on ne dit pas en quelle année. Nous parlerons de lui sur les Pseaumes.

Si l'on veut voir un plus grand nombre d'Auteurs sur cette matiére, on peut consulter *Imbonati*, dans sa Bibliothéque Rabbinique, tom. 5. pag. 522. 523. & *Lipenius*, dans sa Bibliothéque Théologique, tom. 2. pag. 277. 278. sous le titre de *Messias*.

ARTICLE IV.

Auteurs qui ont écrit de l'Antechrist.

Il est assez ordinaire, quand on parle du Messie, de traiter en même-tems de l'Antechrist, parce que celui-ci doit travailler à détruire la Religion sainte que le Messie a établie, & seellée de son Sang. Nous avons crû néanmoins qu'il étoit à propos de distinguer l'un d'avec l'autre dans un Article.

Sancti Hippolyti Martyris de Antichristo. Le même, ou un autre : *De consummatione Mundi & Antichristo.* On ne doute plus à présent que ce dernier Traité ne soit supposé. Nous parlerons de ce saint Martyr dans l'Article des Commentateurs généraux Catholiques, Partie quatriéme.

Malvenda,

Malvenda, de Antichristo, à Rome en 1604. *in fol.* à Valence en 1621. *in fol.* & avec ses autres Ouvrages sur l'Ecriture. Celui-ci contient treize Livres, & est fort estimé. M. Dupin en a donné un Extrait assez exact dans sa Bibliothéque Ecclésiastique du dix-septiéme siécle, tome premier, pag. 262. *in* 8. Nous parlerons de ce célébre Auteur en plus d'un endroit. Voyez en particulier sur l'Apocalypse.

Benedicti Pererii Disputationes XXIII. imprimées à la fin de son Commentaire sur l'Apocalypse. Il y combat Annius de Viterbe, & plusieurs autres, qui ont crû que Mahomet étoit l'Antechrist dont il est parlé dans les Livres saints, & dans les Peres. Nous parlerons de lui sur la Génése.

Adsonis Abbatis Dervensis de Antichristo, dans l'Appendix du tome 6. de la nouvelle édition de saint Augustin. Le Prologue & Epilogue qui y manquoient, sont dans les Additions du tome onziéme, après les Tables générales. On croit qu'Adson étoit Abbé de Luxeu en Franche-Comté, & de Montier-Ender en Champagne, & peut-être de saint Mammert de Toul. On lui a restitué le Traité dont il est ici fait mention ; car il avoit été faussement attribué à saint Augustin & à Alcuin.

Voyez notre Dissertation sur l'Antechrist, dans notre Commentaire sur les Epîtres de saint Paul.

On peut y joindre ceux qui ont écrit des faux Messies, dont Fabricius a fait le Catalogue dans sa Bibliographie, pag. 246. & Lipenius, tom. 2. pag. 278. de sa Bibliothéque Théologique.

ARTICLE V.
Du Tabernacle & du Temple.

Si c'est une chose intéressante de connoître quel étoit le principal objet de la Religion des Juifs, il ne s'est pas moins de sçavoir quels lieux où il étoit permis d'adorer le vrai Dieu ; leur établissement, leur structure, & tout ce qui en dépend. C'est pourquoi cet Article est destiné à marquer ceux qui en ont traité plus particuliérement.

De triplici Tabernaculo Mosis, d'*Adam l'Ecossois* ; ce qui fait le troisiéme Livre des quatre qu'il a composez, & qui ont été imprimez à Anvers en 1659. *in fol.* Ce Livre est divisé en trois Parties. Dans la première, il fait une Description toute littérale de Tabernacle, telle qu'elle est dans l'Ecriture. Dans la seconde, il explique allégoriquement cette Description : & dans la troisiéme, il l'explique moralement. Cela se trouve, pages 328. & 449. de l'édition que nous avons marquée. Il y a de plus deux Lettres qu'il a écrites sur ce sujet à l'Abbé & aux Religieux de Prémontré. Il étoit Ecossois, & Prémontré ; il mourut en 1180.

Venerabilis Beda de Tabernaculo & vasis ejus, dans le quatriéme tome de ses Ouvrages, & dans le second, de l'édition de Paris, pag. 1554. Nous aurons lieu de parler de lui dans l'Article des Commentateurs généraux Catholiques.

Ariæ Montani Beseléel, sive de Tabernaculo. C'est une Description du Tabernacle de Moyse, avec la figure en taille-douce, qu'il a donnée dans son Apparat à la Polyglotte d'Anvers. Nous parlerons de lui dans cet Article des Polyglottes, Partie troisiéme.

Jacob Juda delineatio Tabernaculi Mosis. Cette Description est de *Juda Arieh*, imprimée en Espagnol à Amsterdam en 1654. *in* 4. Elle l'avoit déja été en Flamand en 1647. au même endroit *in* 4. Sa mesure du Temple de Salomon a été traduite de l'Espagnol en François, & imprimée à Amsterdam en 1643. *in* 4. Il l'a mise lui-même en Hébreu, & fait imprimer en 1650. *in* 4. *ibid.* Jean Saubert l'a traduite en Latin, & fait imprimer avec des figures à Helmstat en 1665. *in* 4.

Ce dernier Ouvrage est divisé en quatre Parties ; dont la première est du Temple de Salomon en général ; la seconde, de sa forme & de sa construction ; la troisiéme, des Vases qui y étoient ; la quatriéme, des Edifices qui étoient proche du Temple. Juda Arieh étoit Espagnol Juif ; & fut Rabbin de la Synagogue d'Amsterdam.

Templum Judaïco-Ethnicum, par *Alexandre Rossée*, Ecossois & Chapelain de Charles I. Cet Ouvrage fut imprimé à Londres en 1666. *in* 8. David Nerretter l'a donné depuis en Allemand avec des figures, à Nuremberg en 1701. *in* 8. Il y traite du véritable culte de Dieu, & de l'Idolâtrie en particulier ; des différens Sacrifices des Juifs ; du Temple bâti sur le Mont-Garizim ; du Sabbat ; de la Pâque ; des Fêtes & Solemnitez Judaïques ; de l'Urim & Thummim, &c.

Maimonides de Cultu Divino, à Paris 1678. *in* 4. la version Latine est de *Louis de Compiegne de Veil.* Le Pere le Long n'a pas sû que ce n'est qu'une Traduction, puisqu'il en fait tout l'honneur à ce dernier, & qu'il n'en parle point dans l'Article de *Maimonides.* Cet Ouvrage contient entre autres choses, une Description exacte de la figure & de la forme du Temple de Salomon.

De Templo, & his quæ ad Templum pertinent, par *François Ribera*, en cinq Livres, imprimez à Salamanque l'an 1591. à Anvers en 1603. *in* 8. Il y traite de la construction du Temple, de l'Arche, de l'Autel, des Sacrifices, des habits des Prêtres, des Fêtes, &c.

&c. Nous parlerons de lui sur l'Epître aux Hébreux.

Joannis Henrici Cocceii & Campegii Witringæ de Templo Ezechielis. C'est Jean Henri le Cock, fils du fameux le Cock, Calviniste comme son pere, qui a fait ce Traité du Temple d'Ezéchiel, imprimé à Amsterdam en 1691. *in* 4. & par *Witringa*, à Francker en 1687. *in* 8. deux vol. & 1695. en Flamand; avec une Dissertation sur la ville de Jérusalem, & le partage de la terre de Canaan. Ils y combattent le sentiment de Villalpand.

Leonardi Christophori Sturmii Sciagraphia Templi Jerosolymitani, imprimée à Leipsic en 1694. *in* 4. Il étoit Allemand Luthérien, Professeur en Mathématiques.

Samuel Lée, orbis Miraculum de Templo Hierosolymitano. Cet Ouvrage a été imprimé en Anglois à Londres en 1665. *in fol.* L'Auteur étoit Anglois lui-même, & de la Religion Anglicane.

La Description du Temple de Jérusalem, *de Jerôme de Prado & de Villalpand*, dont nous parlerons sur le Prophête Ezéchiel.

Descriptio Templi Hierosolymitani, par *Ligfoot*, qui se trouve dans le tome premier de ses Ouvrages. Voyez Ligfoot dans le Catalogue Alphabétique.

Descriptio triplex Templi Jerosolymorum de *Louis Cappel*, au commencement du tome premier de la Polyglotte de Londres.

De Templi 2. Arcâ exteriore, par *Jean Jacques Cramer*, à Leide en 1697. *in* 4. Ce sont des Exercitations Philologiques. Cet Auteur étoit de Zuric & Calviniste. Il est mort en 1702.

Outre l'Ouvrage que nous avons déja marqué de *Maimonides*, il a encore donné une Description du Temple, où il traite de son appareil ou ornemens, de la maniére d'y entrer, des choses qu'il étoit défendu de mettre sur l'Autel, & de la maniére d'offrir des Sacrifices. Ce qui se trouve en Latin dans le sixiéme *Fasciculus* de Crenius.

Salomon Vantill a aussi traité du Tabernacle, en expliquant les Chap. 25. 30. de l'Exode. Ce qui a été imprimé en Latin à Amsterdam en 1714. Voyez Vantill dans le Catalogue Alphabétique.

Cosme l'Egyptien a donné en Grec une Description du Tabernacle dans son Systême Géographique du monde, Livre cinq, que Dom Montfaucon a traduit en Latin, & fait imprimer dans sa Collection des Peres Grecs. On le nomme l'Egyptien, pour le distinguer de Cosme de Jérusalem qui vivoit au septiéme siécle. Celui-ci fleurissoit au commencement du sixiéme. Il étoit d'Aléxandrie & Moine. Il faut voir ce que Dom Montfaucon en dit dans sa Collection, tom. 2. On parlera ailleurs de ce qu'il a fait sur Isaïe.

Le Pere Lami, Prêtre de l'Oratoire, dont nous avons déja parlé, a fait un Traité exprès sur le Tabernacle, le Temple de Salomon & la ville de Jérusalem, en Latin, imprimé à Paris en 1720. *in fol.* Cet Ouvrage est divisé en sept Livres, dont les deux premiers sont comme des préliminaires; dans le troisiéme, on trouve la Description du Tabernacle. Les trois derniers sont destinez à traiter du Temple, & de tout ce qui y a rapport.

Moyse Amyraut, dans un de ses Sermons sur l'Epître aux Hébreux, donne une Explication du Tabernacle; c'est le cinquiéme, sur le Chapitre ix. v. 1..5. Ils ont été imprimez en François à Saumur l'an 1668. *in* 8. Il étoit Calviniste & Ministre à Saumur.

Bernard Conrad a fait une Description générale de la structure & de la figure du Temple, imprimée en Latin à Hannover en 1621. *in* 4. Il étoit Protestant Luthérien d'Allemagne.

Frideric Muller a fait une Dispute, *de Tabernaculi Mosaïci Vecte mediano*, à Giessen *in* 4. 1664. Voyez son titre dans le Catalogue Alphabétique.

Auguste Pfeiffer, dans ses Doutes imprimez à Dresde en 1679. *in* 4. traite des lieux Sacrez; c'est-à-dire, du Tabernacle, des Temples & des Synagogues des Hébreux, en Latin. Voyez son titre *ibid*.

Jean Rusbroeck, Catholique, a parlé aussi du Tabernacle & de ses dépendances, dans un Ouvrage imprimé à Cologne en 1552. *in fol.* & 1609. seconde édition, avec ses autres Ouvrages de piété, qu'il a composez en Flamand, mais que Surius a mis en Latin. Il étoit Flamand, Chanoine Régulier, & est mort en 1381. âgé de 88. ans.

Michel Chrétien Louis, Protestant, a fait deux Disputes sur le Temple de Salomon, imprimées en Latin à Jene en 1658. *in* 4.

Altare exterius ad mentem Hebræorum delineatum, par *Thomas Dassovius*, ou plûtôt, *Theodore*. Voyez son titre.

Il a encore donné, *de Imaginibus rerum Hebræorum quæ nostrâ ætate circumferuntur*.

Pour les autres qui ont traité la même matiére; il faut voir *Fabricius* dans sa Bibliographie Antiquaire, Chap. 9. Num. 4. 5. 6. .. 9. *Lipenius*, dans sa Bibliothéque Théologique, sous les titres de *Tabernacle* & de *Temple*. On peut aussi consulter les Commentateurs sur l'Exode, Chap. 25. & les suivans, où ils ont traité cette matiére. Nous en avons aussi traité nous-même dans la Dissertation sur les Temples des anciens, où nous avons donné la Description du Temple de Salomon, à la tête du troisiéme Livre des Rois, & notre Dissertation sur les richesses laissées par David à Salomon. Il faut voir aussi l'Article l'Article *Temple* dans ce Dictionnaire de la Bible.

ARTICLE VI.

Des Synagogues des Juifs.

Outre le Temple, qui étoit le seul endroit où il étoit permis de sacrifier, & où les Juifs de toutes les Nations étoient obligez de se rassembler aux grandes solennitez de la Pâque & de la Pentecôte, comme on le voit par le Livre des Actes, ils avoient d'autres lieux destinez pour s'assembler & pour s'instruire certains jours de la semaine, comme ils font encore à présent : ce qu'on appelloit Synagogue, & c'est ce qui leur reste depuis la derniere destruction du Temple de Jérusalem. C'est donc ce qui va faire le sujet de cet Article.

De Synagogâ vetere, de *Campege Vitringa*, & *Archisynagogus, seu de decem otiosis Synagogæ*. Le premier de ces deux Ouvrages n'est qu'une seconde édition faite à Franeker en 1696. *in* 4. de celui qu'il avoit déja donné au même endroit en 1685. *in* 4. sous ce titre : *Archisynagogus observationibus novis illustratus.* Il est divisé en trois Livres, où il parle des Noms, de la Construction, de l'Origine, des Préfets, des Ministres, & de tout ce qu'il y avoit de sacré dans les Synagogues. Il prétend faire voir en particulier que nos Eglises ont pris leur forme de ces Synagogues. Mais pour son Traité des dix Personnes qui étoient chargées du soin de l'ancienne Synagogue ; c'est une défense de *Ligfoot* contre *Rhenferd*, imprimée au même endroit en 1687. *in* 4. On aura lieu de parler souvent de cet Auteur Protestant. Voyez son titre dans l'*Index*.

De Synagogis Judæorum, par *Jean Held*, à Nuremberg en 1664. *in* 4. Il y traite aussi des Ecoles des Juifs. Il étoit Allemand Luthérien, & ne s'est fait connoître que par cet Ouvrage.

De Synagogis Judæorum, par *David Clodius*. Cet Ouvrage est plûtôt de G. Grambs qui l'a fait publier sous le nom & les auspices de ce Clodius, à Giessen en 1682. dit *Fabricius* dans sa Bibliographie, pag. 616. Le Pere le Long marque qu'il fut imprimé à Wittemberg, & ne dit point l'année ni la forme de l'édition. Nous parlerons encore de Clodius sur les Prophétes. Pour Grambs, on ne le connoit point d'ailleurs.

Dissertationes de Synagogis Judæorum, par *Chrétien Bornit* ou *Bornitius*, imprimées à Wittemberg en 1650. & 1652. *in* 4. Dans la premiére, il répond à David Silligius; dans la seconde, il réfute Chrétien Gunther; & dans la troisiéme, Israël Muller. Il étoit Allemand Luthérien, & différent de Jacques Bornitius.

De decem Otiosis Synagogæ, par *Jacques Rhenferd*, imprimé en 1686. à Franeker *in* 4. Il a encore traité des Préfets & des Ministres de la Synagogue, sous le titre : *D'Investigation*, imprimée à Franeker en 1700. Ce que le Pere le Long n'a pas sû, puisqu'il ne le marque point. Rhenferd étoit Flamand, Calviniste, sçavoit les Langues Orientales, fut fait Professeur à Franeker, & est mort en 1713.

Formula Græca renuntiandi Judaismo, dans les Notes de *Cotelier* sur les Ouvrages des Peres Apostoliques, Part. 2. pag. 352.

On peut voir encore la comparaison des Cérémonies des Juifs, avec la Discipline de l'Eglise, par *Richard Simon*, sous le nom caché de *Simonville*. *Basnage*, dans sa Continuation de l'Histoire des Juifs, Livre 7. Chap. 6. Livre 9. Chap. 31. de l'édition de Paris en 1718. *in* 12. La Dissertation de *Benoît Pictet*, sur les Temples & sur leur dédicace, imprimée à Genève en 1716. *in* 8.

ARTICLE VII.

Des Prêtres & des Sacrifices des Juifs.

De tout tems il y a eu des Prêtres & des Sacrifices ; car avant qu'il y eût des Temples, ou d'autres lieux consacrez au Très-haut, Abel, Noé & les autres Patriarches, ont rempli cet Office dans la Loi de Nature, puisqu'ils ont offert des Sacrifices, comme nous le voyons dans l'Ecriture ; & le droit d'offrir ou de sacrifier étoit particuliérement réservé à l'aîné de chaque Famille, comme M. *Petit-Pied* le prouve évidemment dans son excellent Traité du Droit, & des Prérogatives des Ecclésiastiques dans l'administration de la Justice séculiere, imprimé en François à Paris en 1705. *in* 4. Mais dans la Loi Ecrite, les Prêtres ont été plus distinguez, & les Sacrifices ont été prescrits selon l'ordre que Dieu même en a fait à Moyse. C'est ce qui se voit par les Ouvrages que nous allons marquer ici.

De successione in Sacerdotium Hebræorum, par *Jean Selden*, in 8. à Leide en 1630. à Londres en 1636. *in fol.* à Francfort sur l'Oder en 1673. *in* 8. avec un autre Traité. Celui dont nous parlons est divisé en deux Livres. Selden étoit Anglois de Sussex, sçavoit l'Histoire, la Jurisprudence, la Philologie Sacrée, les Langues Orientales, & est mort en 1654. Il paroîtra encore plusieurs fois dans la suite.

Catalogus summorum Pontificum veteris Legis, par *Jean Decker* ou *Deckerius*. Ce Catalogue n'est pas encore imprimé, selon Sorwel, qui en parle dans sa Bibliothéque ; on le conserve manuscrit à Louvain. Decker étoit natif de Hoesbrouck en Flandres, étudia à Doüay sous Leonard Lessius, alla à Rome

SECONDE PARTIE.

Rome où il entra dans la Société des RR. PP. Jésuites, & y mourut en 1619. âgé de 59. ans.

Voyez notre Dissertation sur la succession des Grands-Prêtres Hébreux, à la tête de notre Commentaire sur le Livre de Judith.

De XXIV. Ephemeridiis Sacerdotum apud Hebræos, par *Jean Slevogt*. Nous parlerons de cet Ouvrage plus particulièrement sur saint Luc, & de l'Auteur sur saint Matthieu.

De Sacramento Ordinis Hebraicè dicto semicha, par *Bartolocci*.

De inauguratione & consecratione Sacerdotum Hebræorum, par *Georges David Ziegra*, à Wittemberg en 1680. *in* 4. Il a encore fait deux Dissertations sur l'Onction sacrée, dont il est parlé au ỹ. 22. 25. du Chap. xxx. de l'Exode. Elles sont dans le Trésor des Dissertations Philologiques, tom. II. pag. 900. Nous parlerons de lui sur la Génèse.

De uno Sacerdotio & uno altari, par *Henri Dodwel*.

De vestitu Sacerdotum Hebræorum, par *Jean Braunius*, deux volumes *in* 4. à Amsterdam 1701. belle édition. Il faut sçavoir que dans l'édition de 1684. il n'y a qu'un seul Livre, à la fin duquel l'Auteur en promet un second sur le même sujet. Nous en parlerons plus amplement sur l'Exode, & nous y ferons connoître cet Auteur.

De vestibus Sacris, ou *de re vestiaria Hebræorum & de funeribus*, par *Jérôme Sopranés*, dans les Digressions de son Commentaire sur David, imprimé à Lyon l'an 1643. *in fol.* Il étoit Italien de Genes, se fit Jésuite en 1592. & est mort en 1629. âgé de 57. ans.

De vestitu Aaronis, par *Jean Prideaux*, dans la seconde de ses Oraisons, imprimées à Oxfort en 1626. & à Zuric en 1672. *in* 4. Nous parlerons de lui sur l'Apocalypse.

De ornatu & vestibus Aaron, par *Didace del Castillo*. Nous en parlerons plus particulièrement sur l'Exode.

De vestitu Aaronis diatriba singularis, par *Samuel Lée*, Protestant, dont nous avons déja parlé dans l'Article précédent.

De Pontificum Hebræorum vestitu sacro, par *Benoît David Carpzovius*. C'est une Dissertation imprimée à Jene en 1655. *in* 4. & qui se trouve dans les Dissertations de *Jean Benoît* son frere, imprimées en Latin à Leipsic en 1699. *in* 4. Il étoit lui-même de Leipsie & Luthérien.

De vestitu Sacerdotum, par *saint Jérôme* dans sa Lettre à Fabiole, *de l'Ephod & du Teraphim*, dans celle qu'il a écrite à Marcelle.

Dissertatio de Mithra, Stola, Ephod, &c. par *Jacques Alting*, dans le cinquième tome de ses Ouvrages, pag. 269. Nous avons déja

parlé de lui, & nous en parlerons encore dans la suite.

Robertus Sheringham ad tractatum Talmudicum Ioma, imprimé à Londres en 1648. *in* 4. C'est le Code Talmudique traduit de l'Hébreu en Latin avec un Commentaire; il y est traité des Sacrifices & des Ministres destinez pour cette fonction le jour de l'Expiation solemnelle, selon qu'il est ordonné au Chapitre xvi. du Lévitique, & xix. des Nombres. Cet Auteur étoit Anglois de Cambrige, & de la Religion Anglicane.

On peut aussi consulter le tome second de la Mischne mise en Latin, & imprimée par les soins de Surenhusius. Nous en avons parlé dans la Partie précédente.

Sur l'*Urim & Thummim*, il faut voir *Spencer*, *de Legibus Hebræorum Ritualibus*, dont nous avons parlé dans l'Article des Loix. Spencer a fait aussi une Dissertation particulière sur ce sujet, imprimée à Cambrige en 1669. & 1670. selon Lipenius.

Viller, ou plûtôt *Gantesviller* (*Jean Jaeques*) qui a donné *Lux è tenebris*, c'est un éclaircissement du Mystére de l'*Urim & Thummim*, imprimé à Hanover en 1675. *in* 4. Il y aura occasion de parler de lui ailleurs.

Pour *Philippe Ribouldeau*. Voyez sur l'Exode, Article dixième.

Mais *André Senner* a fait un Traité de l'*Urim & Thummim*, imprimé à Wittemberg en 1677. *in* 4. & *Jean Buxtorf*, des Exercitations sur l'Histoire de l'Arche d'Alliance, sur le Feu Sacré & Céleste, sur l'*Urim & Thummim*, imprimées en Latin à Bâle en 1659. *in* 4.

On peut y joindre *Martin Becan* qui a fait un Traité en Latin du Souverain Pontife de l'ancienne Loi, imprimé à Mayence en 1612. *in* 8. Nous parlerons de lui & de ses Ouvrages cy en plus d'un endroit.

Jean Frischmuth, *de vestitu Pontificum Hebræorum sacro*, à Jene en 1655. & 1669. *in* 4. *Du Pontificat de Moyse ibid.* 1677. *in* 4. Il a fait plusieurs autres Ouvrages dont nous parlerons dans la suite.

ARTICLE VIII.
Des Sacrifices.

LES Souverains Pontifes, les Prêtres & les autres Ministres étoient destinez pour offrir les Sacrifices; c'étoit leur principale fonction, & leur devoir le plus essentiel. Nous en traiterons en particulier dans cet Article, en parlant de ceux qui ont écrit sur ce sujet.

Maimonides de Sacrificiis ex versione Ludovici de Compiegne de Veil, à Londres en 1683. *in* 4. & dans le septiéme *Fasciculus* de Crenius.

Crenius. Nous en avons déja parlé plus haut. Voyez son nom dans l'*Index*.

De Sacrificiis Hebræorum, par *Guillaume Outram*, en deux Livres; dont le premier traite des Sacrifices des Juifs & des autres Nations; le second, du Sacrifice de JESUS-CHRIST, imprimez à Londres en 1677. *in* 4. & à Amsterdam en 1688. *in* 8. Cet Auteur étoit Anglois, de la Religion Anglicane, & Chanoine de Westmunster. Dans tout son Ouvrage, il attaque particuliérement Socin, & ses Sectateurs. Il specifie ensuite les différentes sortes de Sacrifices que les Juifs étoient obligez d'offrir, selon les différens besoins, ou les Loix qui leur étoient prescrites; & marque tous ceux qui en ont traité.

De Sacrificiis Patriarcharum seu primorum hominum, par *Jean Frischmuth*, à Jene en 1653. *in* 4. Il a aussi traité du Bouc Emissaire; ce qui se trouve dans les grands Critiques. Nous avons déja parlé de cet Auteur, & nous en parlerons encore.

Schola Sacrificiorum Patriarchalis, par *Jonas Cloppenburg*, à Leide en 1637. *in* 16. Nous parlerons ailleurs de cet Auteur.

De sale Sacrificiorum, par *Henri Pontan* ou *Pontanus*, à Utrecht en 1703. *in* 4.

De Sacrificiis Hebræorum, par *Jean Saubert*, à Jene en 1659. *in* 8. Nous avons déja parlé de lui.

Jean Spencer a traité du Bouc Emissaire dans son Traité des Loix, Livre 8. Dissertation huitiéme. Nous en avons marqué l'édition dans l'Article des Loix, ci-dessus.

Maimonides de vacca Rufa, avec le Commentaire d'*André Christophle Zeller*.

De vacca Rufa, par *Jean Benoît Carpzovius*, à Leipsic en 1669. *in* 4. Une autre Dissertation dogmatique, sur le même sujet, *ibid.* en 1678. *in* 4. Nous avons déja parlé de cet Auteur.

Rituale Ecclesiasticum, de *Gaspard Calvœrius*, imprimé à Jene en 1705. *in* 4. Il est divisé en deux Parties. La première traite de l'origine & des causes des Rites de l'Eglise Evangélique, du bon & du mauvais usage qu'on en fait. La seconde, regarde les lieux, les tems, les Personnes Sacrées, & tout ce qui est de l'antiquité Ecclésiastique. Voyez son titre dans l'*Index*.

De Lustratione Judæorum, par *Theodore Dassovius*. Ce Traité a été imprimé à Wittemberg en 1692. Voyez aussi son titre *ibid.*

De uno Altaris Sacrificio, par *Dodwel*, en Anglois, & imprimé à Londres en 1683. *in* 8. En voici le titre Latin, comme il se trouve dans la Bibliothéque du Roi : *Ex Antiquis Autoribus in eorum adversus Schismata controversiis, cum necessariis Relationibus ad quosdam Tractatus postremos Ricardi Baxter.* Nous parlerons ailleurs de ce Protestant Anglois.

Sur les Sacrifices des Hébreux, on peut voir encore d'autres Auteurs citez dans la Bibliographie Antiquaire de *Fabricius*, Chap. XI. Num. 1. 2. 3. Il nous y renvoye, pour mieux s'instruire sur ce sujet, à ce que *Edvvard Bernard* en dit dans ses Notes sur le troisiéme Livre de l'Histoire des Antiquitez de *Joseph*, Chap. IX. & suivans, où il déplore la perte qu'on a faite de l'Ouvrage de cet Historien Juif, touchant les Loix des Hébreux, paga 211.

Lipenius, dans sa Bibliothèque Théologique, marque encore d'autres Auteurs qui ont traité la même matière.

Schola Sacrificiorum Patriarcharum sacra, de *Wolfang Franzius*, en XXII. Disputes, imprimée en 1614. 1625. & 1654. Voyez sur le Lévitique Article douziéme.

De Sacrificiis Leviticis, par *Jacques Heerbrand*, à Tubinge en 1573. *in* 4.

Clypeus Fortium, du Rabbin *Abram Rophé*, c'est-à-dire, *Médecin Juif*. Il y parle du Sanctuaire, des Encensemens, des Sacrifices, &c. imprimé à Mantouë en 1612.

ARTICLE IX.

Des Fêtes des Juifs en général.

Il y avoit certains jours marquez pour les Sacrifices; & ces jours, outre le Sabbat, avoient le nom de Fêtes. Voici les Auteurs qui en ont traité.

De Festis Hebræorum & Græcorum, par *Jean Jonston*, à Jene en 1670. *in* 12. seconde édition la meilleure, & plus ample que celle de 1660. à Breslaw *in* 12. sous le titre de *Syntagma*. Il étoit Allemand Luthérien.

Dissertatio de Festis Judæorum, à Wittemberg en 1666. *in* 4. par *Auguste Pfeiffer*. Il y traite aussi des Féries des Juifs, comme nous l'avons déja dit au commencement de cette Partie, en parlant de sa Sciagraphie.

De Festis Judæorum, *Christianorum & Ethnicorum*, par *Theodore Thummius*, à Tubinge en 1624. *in* 4. C'est un Traité Historique & Théologique. L'Auteur étoit Allemand Luthérien, Professeur à Tubinge, & est mort en 1630.

De Festis Judæorum, *Christianorum*, *& Ethnicorum*, de *Matthieu Dresser*, à Leipsic en 1593. *in* 8. Il vint au monde à Francfort en 1536. fut Professeur en Théologie à Leipsic, & est mort en 1607. âgé de 72. ans.

De iisdem Festis, par *Rodolphe Hospinien*, à Genève en 1639. *in* fol. Il y en a eu deux derniéres éditions en 1675. & 1681. *in* fol. *ibid.* beaucoup augmentées. Cet Ouvrage est divisé en trois Livres. L'Auteur étoit Ministre Calviniste, & est mort en 1626.

Observationes...

Obſervationes.... de Rebus naturalibus in veteri Teſtamento, de Diis Syris, de Hebræorum Feſtis, Uliſſingæ 1671. *in* 4. par *Adrien le Cocq*. Ce ſont des Obſervations & des Exercitations, tant Philologiques que Phiſiologiques, ſur l'ancien Teſtament ; où il éclaircit le Texte Sacré, particulièrement dans les endroits qui traitent des Choſes naturelles & des Fêtes des Hébreux. Il y donne auſſi la ſolution de pluſieurs Queſtions douteuſes. Il étoit de Zelande, Calviniſte, & vivoit en 1670.

De Origine & Cauſis Feſtorum Judaïcorum, par *Jean Mayer*, ou plûtôt *Meyer*, à Amſterdam en 1693. *in* 8. C'eſt une Diſſertation ſur l'origine des Fêtes & des jours ſolemnels que les Juifs obſervoient dans la Terre de Chanaan, & qu'ils obſervent encore à préſent. L'Auteur étoit Flamand, Calviniſte, & Profeſſeur dans l'Académie d'Hardewic.

Fabricius, dans ſa Bibliographie, entre dans le détail de toutes les Fêtes des Juifs, & marque tous ceux qui en ont traité. Nous nous fixerons ici aux principales.

ARTICLE X.

Des Fêtes des Juifs en particulier.

Le Jubilé, la Pâque, la Dédicace, & l'Expiation étoient les principales Fêtes des anciens Juifs, comme elles le ſont encore à préſent.

Jubilæi veteris Hebræorum & novi Chriſtianorum collatio, par *Henri Cutens*, à Anvers en 1601. & 1618. *in* 8. Il étoit de Cortemberg en Brabant, fut reçû Docteur à Louvain en 1597. & Curé de Grammont.

Exercitatio de Jubilæis Judæorum & Romanorum Pontificum, par *Jean Erneſt Gerard*, imprimée à Jene en 1658. & à Tubinge en 1677. *in* 4. Il étoit fils de Jean Gerard. Voyez leur titre dans l'*Index*.

Liber de Jubilæo ſecundum Hebræos, par *Joſeph de Voiſin*, à Paris en 1655. *in* 4. Il étoit de Bourdeaux, Aumônier de M. le Prince de Conti, & eſt mort en 1685.

Diſputatio de anno Jubilæo ſecundum Hebræos, par *Jean Chriſtophe Wagenſeil* ; imprimée à Straſbourg en 1700. *in* 4. Il étoit de Nuremberg, Luthérien, Profeſſeur des Langues Orientales, & eſt mort en 1706.

De Feſto Expiationis, par *André Adam Hochſtetter*, à Tubinge en 1707. *in* 4. Il étoit Allemand Luthérien, & eſt mort Profeſſeur à Tubinge.

Comparatio anniverſaria Expiationis Pontificis Maximi cum unica ac æterna Expiatione Jeſu Chriſti, par *Jacques Rhenferd*, à Franeker en 1696. *in* 8.

Sur la Fête de Pâque, on peut voir ce que nous en diſons dans la Diſſertation ſur ce ſujet, à la tête du Commentaire ſur ſaint Matthieu ; & *Maimonides*, *de ſolemnitate Paſchali*, dans le ſeptiéme *Faſciculus* de Crenius.

Henri du Mai ou *Majus* le fils, a donné en Latin le Traité de *Maimonides*, touchant les Droits de la ſeptiéme année & du Jubilé, avec une Diſſertation préliminaire, imprimée à Francfort ſur le Mein en 1708. *in* 4. Il ne ſe contente pas de traduire fidélement le Texte de ſon Auteur, il y a joint des Notes pour éclaircir les endroits difficiles. Dans ſa Diſſertation, il fait un précis de la Doctrine que *Maimonides* expoſe dans ſon Traité.

Pour la Fête de la Dédicace, il n'y a preſque que des Auteurs Allemands qui en ayent écrit ; ce qu'on peut voir dans la Bibliothéque Théologique & Philoſophique de *Lipenius*, ſur le mot *Encænia*.

ARTICLE XI.

Des Décimes & des Oblations des Juifs.

Sur les Décimes, on peut conſulter les Commentateurs ſur l'Exode, Chap. XXII. ỳ. 29. ſur le Lévitique, Chap. XVII. ỳ. 30. &c.

De Decimis, par *Joſeph Scaliger*, dans les grands Critiques de Londres, tom. premier, pag. 1322. & ce que *Selden* a écrit ſur le même ſujet.

Commentarius de Decimis Moſaïcis, par *Sixtinus Amama*, dans ſon *Antibarbarus Biblicus*, imprimé à Franeker en 1656. *in* 4. & à Londres en 1660. *in* 4. Nous en parlerons ailleurs.

Il faut voir auſſi la Miſchne de la Traduction de *Surenhuſius*, tome premier, pages 76. 245. 306. tome ſecond, pag. 108. Nous en avons déja parlé.

De Decimis Judæorum, par *Jean Conrad Hottinger*. C'eſt un Traité ſur les Dixmes Judaïques, avec dix Diſſertations & une Lettre d'*Adrien Reland* ; le tout imprimé à Leide en 1713. *in* 4. Tout ce qui concerne cette matière y eſt éclairci par les Livres Sacrez, & par les Ecrits des anciens Juifs. De plus, quelques endroits de la ſacrée Antiquité y ſont éclaircis par occaſion. Pour ce qui eſt de l'Auteur, il faut voir ſon titre dans l'*Index*.

Jean Spencer parle auſſi des Dixmes, dans ſes Loix Rituelles des Hébreux, Livre 3. Chap. 10. Voyez ce que nous en avons dit dans l'Article des Loix.

Trifolium ſacrum de Primogenitis, Primitiis, & Decimis, par *Auguſte Varen*, à Roſtoch en 1646. *in* 4. Nous parlerons ailleurs de ſes autres Ouvrages & de lui-même.

De Oblationibus, Decimis, Donis, &c. pat *Jules Bartolocci*, dans sa Bibliothéque Rabbinique, tom. 3. p. 115.

ARTICLE XII.

Des Jeûnes, des Batêmes, & des Priéres des Juifs.

Ce peuple fut assujetti à un grand nombre d'Observations Légales, parce que c'étoit un peuple charnel, qui donnoit tout aux sens, rien à l'esprit, encore moins au cœur & à la Foi. C'est pour cela qu'il lui falloit quelque chose de charnel pour le retenir dans les justes bornes de l'obéïssance. Telles étoient les pratiques dont il est parlé dans les Traitez que nous allons marquer.

Tractatus Talmudicus Taanith, c'est-à-dire, Traité Thalmudique du Jeûne, avec les Notes de *Daniel Lundius*, à Utrecht en 1694. *in* 8. Il étoit Suédois, Luthérien & Professeur des Langues Orientales à Upsale.

Maimonides Tractatus de Jejuniis, mis en Latin par *Jean Benoît Carpzovius* fils, & imprimé à Leipsic en 1662. *in* 4. De plus, dans le septiéme *Fasciculus* de Crenius *de solemnitate Expiationum.*

Constitutiones de Jejuniis, par *Joseph Caro*, ou plûtôt *Carro*, Rabbin Juif; avec les Observations du Rabbin *Moses Iserles*, imprimées à Venise en 1600. Il y en a qui le nomment *Karo.*

De Jejunio Judæorum, pat *Bartolocci* dans sa Bibliothéque Rabbinique, tome 3. page 142.

De Jejuniis Hebræorum, par *Henri Opitius*, à Kiel en 1680. *in* 4. Ce n'est qu'une Traduction Latine qu'il a faite du Traité de *Jean Georges Wasmuth*, Rabbin Juif.

De Jejunio Noë per 40. dies, Observationes sacræ, de *Jean Gregoire*, ou *Gregorii* Anglois, dans les grands Critiques de Londres, tome 9.

Henri Burton Anglois, a fait aussi un Traité, *De Jejunio Israëlitico*, imprimé en 1628. *in* 4.

Sur les *Batêmes & Purifications* usitées parmi les Juifs, voyez *Leidecker* dans son Traité de la République des Hébreux, Livre 12. Chapitre 9. Nous en parlerons plus bas, dans l'Article qui regarde cette République.

Miscellaneorum Cap. 9. *Edvvard Pocock*; il n'y parle que du Lavement des mains en usage chez les Juifs. Nous en marquerons l'édition ailleurs. Voyez son titre dans l'*Index.*

De Baptismo Presbyterorum par *Buxtorf*; dans la septiéme Dissertation du Trésor des Dissertations Théologiques & Philologiques.

Jean Selden, de jure Nat. & Gent. Livre 2. Chapitre 4. & *de Synedriis*, Livre premier, Chap. 3. Nous en marquerons ailleurs l'édition. Voyez son titre dans l'*Index.*

Alting, Heptade 7. Dissert. 7. tom. 5. de ses Ouvrages. Voyez son titre, *ibid.*

Hammond, Anglois Protestant, & *Ligfoot*, dans leur Commentaire sur saint Matthieu. Voyez aussi leur titre, *ibid.*

Voyez les autres dans la Bibliographie Antiquaire de Fabricius, Chap. 11. Num. 25. Il y marque *Jacques Ounam*, dont l'Ouvrage a été imprimé à Hambourg en 1706. *in* 8. En voici le titre, qui paroît assez intéressant: *Lotio Manuum Judæis usitata ex codice Misnico ad mentem Hebræorum expressa & restituta.* Il étoit Allemand & Luthérien. Le Pere le Long le nomme *Jacques Martin Ouvmanne.*

Lipenius, dans sa Bibliothéque Théologique, marque *Jean Reiske* qui a traité des Batêmes des Juifs, imprimé à Jene en 1674. *in* 4. en Latin.

Il y a ajouté plusieurs Auteurs Allemands qui ont écrit sur le même sujet, & rapporte les titres de leurs Ouvrages en Allemand; ce qui nous dispense de les mettre ici. Ceux qui entendent cette Langue, peuvent recourir à cette Bibliothéque, tome premier, page 130.

Sur les Priéres des Juifs, voyez *Selden*, dans son Ouvrage *de Synedriis Hebræorum*, Livre 3. Chap. 12.

Dissertatio de Battologia Judæorum, par *Balthasar Stolberg*. Cette Dissertation sur la Battologie, c'est-à-dire, le grand nombre de Priéres des Juifs, est imprimée dans le Trésor des Dissertations Philologiques, avec les autres qu'il a faites, & que nous marquerons sur saint Matthieu, où nous parlerons de lui.

Misna Tractatus Berachoth. Ce Traité, sur le même sujet, se trouve traduit en Latin dans l'édition de la Mischne, par *Surenhusius*, tome premier au commencement. Nous en avons déja parlé.

De Ritu precandi veterum Hebræorum, par *Jean Saubert*, à Helmstat en 1663.

Jean Buxtorf en parle aussi dans sa Synagogue Judaïque, Chap. 10. dont nous avons marqué l'édition. *Jean Ligfoot*, dans le tome premier de ses Ouvrages, pag. 720. *François Burman*, dans ses Exercitations de la Bible, Partie seconde, pag. 45.

De Litanicis Supplicationibus Judæorum & de invocatione SS. Angelorum, par *Jules Bartolocci*, dans le tome premier de sa Bibliothéque Rabbinique, p. 192. & 196. On peut y ajouter *Georges Léopol Ponat*, *de vetusta Orantium Judæorum Battologia*, à Helmstat en 1709. *in* 8.

ARTICLE

ARTICLE XIII.
De la Circoncision Judaïque.

Cette cérémonie est si ancienne chez les Juifs, qu'elle distinguoit autrefois le Peuple de Dieu des Nations Idolâtres; ce qui a donné lieu aux Théologiens, aux Commentateurs, & aux Critiques d'en traiter à fond: & c'est ce qui nous oblige d'en faire un Article particulier, quoique nous en traitions aussi sur la Génése.

Spencer en parle dans son Ouvrage: *De Legibus Hebræorum ritualibus*. Livre I. Chap. 4. section 2. 3. *Jean Marsham* dans son Canon Chronologique au cinquiéme siécle. *Bartolocci* dans sa Bibliothéque Rabbinique, tome 3. p. 468.

Voyez notre Dissertation sur l'origine de la Circoncision, à la tête du Commentaire sur la Génése; & sur les effets de la Circoncision, à la tête du Commentaire de l'Epitre aux Romains.

Fabricius dans sa Bibliographie Chap. XI. n. 24. nous renvoye au Talmud dans le Traité du Sabbat, tome 2. de l'édition de Surenhusius, p. 62. & suiv.

Philon Juif, dans son Livre de la Circoncision, donne des raisons pourquoi Dieu l'a instituée. *Saint Justin* dans sa question 102. aux Orthodoxes. *Photius* dans sa Lettre 248. *Sebastien Schmid* dans ses Dissertations, p. 213. *Suicer* dans ses Observations sacrées, p. 57. & suiv. *Pierre Redan* sur le premier Livre des Maccabées, p. 267. & suiv. *Simon Episcopius* dans ses Institutions Théologiques, tome 1. de ses Ouvrages, p. 45.

Anastase Sinaïte, question 28. prétend que les Egyptiens l'ont empruntée des Israëlites. *Saint Jérôme* dit que c'est de Joseph fils de Jacob, qu'ils l'ont reçuë; c'est dans son Commentaire sur Jérémie, Chap. IX. ℣. 25. selon la tradition des Hébreux. Il y en a d'autres au contraire, qui soûtiennent que les Hébreux l'ont reçuë des Egyptiens: sur quoi on peut voir Fabricius, p. 383. en l'endroit ci-dessus.

Henri Krenschner a traité du couteau de la Circoncision, dans un Ouvrage imprimé à Konisberg en 1713. in 4. On peut voir aussi ceux qui ont écrit sur le ℣. 25. du Chap. IV. de l'Exode. *Ramires* dans son Pentecontarque Chap. IV. les Analectes de *Mathias Zimmerman*, p. 412. & suiv. les Nouvelles Litteraires de la Mer Baltique de l'an 1698. p. 29. *Chrétien Wasevvitz*, *in Turture Johanneo*, p. 136. & suiv.

Il y a d'autres Auteurs qui ont traité de bien des choses qui regardent la Circoncision; ce que l'on peut voir dans Fabricius, p. 384. Nous les passons ici, parce qu'elles ne sont pas de notre sujet. Nous nous arrêtons seulement à voir qui en étoit le Ministre ordinaire.

Richard Montaigu, dans le tome 1. des Origines Ecclésiastiques, prouve qu'elle s'est faite par des Laïcs, p. 81. *Grotius* dans son Droit naturel, prouve par la maniére dont elle se faisoit, que toute personne avoit le pouvoir de circoncire, p. 18. & sur Saint Luc, p. 59. du Chap. 1. Voyez les Commentateurs sur l'Exode & sur les Maccabées.

M. le Pelletier de Roüen, a fait une belle Dissertation en forme de Lettre, sur l'origine & les cérémonies de la Circoncision; elle se trouve dans les Mémoires de Trevoux de l'an 1704. au mois de Décembre: pour l'origine, il prétend faire voir que c'est des Hébreux que les autres Peuples l'ont empruntée. A l'égard des cérémonies, il attaque l'erreur des Peintres, qui dans leurs tableaux ajoûtent bien des choses contraires à ce que l'Evangile nous dit de la Circoncision du Sauveur.

ARTICLE XIV.
De l'Idolâtrie, & des Superstitions des Juifs.

Le Peuple Juif devint Idolâtre & Superstitieux presque aussi-tôt qu'il fut adorateur du vrai Dieu. Sa demeure en Egypte le fit tomber dans les Superstitions des Egyptiens; & son commerce avec les Nations Idolâtres, l'engagea dans l'Idolâtrie. C'est le juste reproche que Dieu lui fait souvent par ses Prophétes, pour le ramener à lui; & il n'étoit pas plûtôt revenu à son seul & veritable bienfaiteur, qu'il retomboit presque aussi-tôt. De là toutes ces fausses Divinitez, dont il est parlé dans l'Ecriture; ce culte superstitieux qu'on y dépeint, pour en donner de l'horreur: & c'est ce qui fait la matiére des Ouvrages suivans.

Abarbanel, *de Idololatriæ speciebus, de quibus in Scriptura fit mentio*. Cela se trouve dans ses différentes Dissertations, que Jean Buxtorf a mises en Latin, & fait imprimer avec ses Dissertations Philologiques, à Bâle en 1662. in 4. Voyez le titre de ce Docteur Juif dans l'*Index*.

On peut y joindre le Livre de l'Idolâtrie par *Moses Maimonides*, imprimé avec la Version & les Notes de *Denis Vossius*, à Amsterdam en 1642. 1668. in 4. Voyez aussi le titre de ce Rabbin. ibid.

Antonii Vandale, *de origine & progressu Idololatriæ & Superstitionum; de vera & falsa Prophetia, & de Divinationibus Idololaticis Judæorum. Amstelodami 1696. in 4.*

Vossii

Vossii de origine & progressu Idololatriæ. C'est *Gerard-Jean Vossius* qui a composé cet Ouvrage en deux volumes *in fol.* imprimé à Amsterdam en 1668. Voyez son titre dans la Table alphabétique.

Syntagma de Diis Syriis, par Jean Selden, imprimé avec des Observations d'*André Beyer*, à Leipsic 1668. & à Francfort 1672. *in* 8. Il y traite des fausses Divinitez, dont il est parlé dans l'ancien Testament. Il y a à la tête de ce Traité, des Prolégomènes, qui valent presque autant que tout l'Ouvrage. Nous avons déja parlé de cet Auteur.

Athanasius Kircherus, de Ægyptiorum, Syrorum, Hebræorumque s, dans le tom. 1. de son Oedipe Ægyptien.

Agobardus Episcopus Lugd. de Superstitionibus Judæorum, dans une de ses Lettres, qui est à la page 66. du tome 1. de ses Ouvrages de l'édition de Baluze, où il traite fort au long des Superstitions des Juifs, & qui est comme la suite d'une autre, écrite touchant l'insolence des Juifs; toutes deux adressées à l'Empereur Loüis, surnommé le Débonnaire.

Chevræanea, tome 1. page 395. Ce sont les Mélanges de M. Chevreau, imprimez à Paris en 1697. *in* 12. en François. Il y parle du Dieu Moloch, dans l'endroit cité.

On peut consulter en général ceux qui ont écrit contre les Juifs. Voyez-en le Catalogue dans *Imbonati*, tome 5. de la Bibliothèque Rabbinique, p. 526. 527.... 531.

Voyez aussi notre Dissertation sur l'Idolâtrie des Juifs dans le désert, à la tête du Commentaire sur les petits Prophétes. Sur la Religion de Juda & d'Israël, depuis leur séparation, *là même.* Sur les Divinitez des Phéniciens, *là même.* Sur Moloc & les autres Divinitez des Ammonites, à la tête du Commentaire sur le Lévitique. Sur Chamos, Béelphégor, & autres Divinitez des Moabites, dans le Commentaire sur les Nombres. Sur les Divinitez des Philistins, à la tête du Commentaire sur le premier Livre des Rois. Sur le Démon Asmodée, au Commentaire sur Tobie. Sur les enchantemens des Serpens, au Commentaire sur le tome premier des Pseaumes. Sur le Veau d'or, dans les Dissertations sur l'Exode. Sur le culte de la Lune, de *Meni* ou de la Reine du Ciel, dans le Commentaire sur Isaïe Chap. LXV. ℣. 11. de Jérémie, Chap. VII. ℣. 18. & XLIV. ℣. 17. 18. Sur la Divinité de *Gad*, dans le Commentaire sur la *Génèse* Chap. XXX. ℣. 11. & sur Isaïe, Chap. LXV. ℣. 11.

Theodorus Dassovius, de coma Hebræorum licita & interdicta. C'est une Dissertation sur la chevelure des Hébreux, imprimée à Wittemberg en 1695. *in* 4. Elle est sur le ℣. 27. du Chap. XIX. du Lévitique.

De tonsuris Paganorum, Judæorum, & Christianorum, par *Prosper Stellart*, ou *Stellartius*, à Doüai 1625. *in* 8. C'est dans le troisiéme Livre de cet Ouvrage qu'il parle des tonsures & couronnes des Juifs. Il étoit Flamand, de l'Ordre de saint Augustin, & est mort en 1626. âgé de 39. ans, allant à Rome pour les affaires de son Ordre.

De Sortitione veterum Hebræorum, par *Martin Maurice*. C'est un Traité Philosophique, sur le Sort en usage parmi les anciens Hébreux, imprimé à Bâle en 1692. *in* 8. Il étoit Allemand Luthérien.

Catalogus Scriptorum Græcorum & Latinorum Anti-Judaicorum, par *Pierre Stevart*, ou *Stevartius.* Ce n'est autre chose que le septiéme tome des Antiquitez de Canisius, imprimé à Ingolstat en 1616. *in* 4. On promet ce même Catalogue beaucoup augmenté. Voyez Fabricius p. 26. de sa Bibliographie. Pour Stevart, il faut voir son titre dans l'*Index.*

Lipenius dans sa Bibliothéque Théologique en marque plusieurs autres qui ont écrit sur le même sujet; comme *Georges Moebius*, qui a donné *Moscholatria Populi Israelitici*, où du culte du Veau d'or, sur le Chap. XXXII. de l'Exode, en plusieurs Disputes, à Leipsic 1669. 1674. *in* 4. Voyez son titre dans le Catalogue alphabétique. Voyez aussi *Monceau* & *Visor.*

ARTICLE XV.

De la République & Police des Hébreux.

Jamais République n'a été mieux policée que celle des Hébreux. Toutes les magnifiques idées que Solon, Platon & Aristote s'étoient formées d'une République, n'étoient que des idées creuses, qui n'ont point eu d'exécution. Ce qu'ils en ont laissé dans leurs Livres, est beau & bien conçu; la difficulté étoit de le mettre en pratique: en quoi ils n'ont pû réussir. Il n'y a que Moyse, qui étant inspiré de Dieu, & conduit par son saint Esprit, a sçû donner les reglemens nécessaires pour le bon gouvernement d'une République, & qui a eu la consolation d'en voir l'heureux succès. C'est que ces anciens Philosophes ne suivoient que les lumières de la raison, qui sont bien foibles quand elles ne sont pas secondées des lumières de la Grace; au lieu que Moyse consultoit Dieu en toutes choses, & n'agissoit que par des principes de Religion, qui doivent servir de base & de fondement à l'édifice du bon gouvernement. De cette source toute divine sont venus ces beaux & sages reglemens qu'il donne dans ses Livres.

On

On y trouve en effet les véritables regles & les plus sures du bon gouvernement des Etats, comme M. *Bossuet* le fait voir dans son Ouvrage de la Politique, tiré des propres paroles de l'Ecriture Sainte, & imprimé après sa mort à Paris en 1709. *in* 4. ou deux volumes *in* 12. C'est donc cette République des Hébreux & leur Police, qui a exercé la plume d'un grand nombre de Sçavans. Voici les principaux.

Oratio de Theocratia Israëlitarum, par *Herman Witsius*. Ce Discours sur la Theocratie des Israëlites, a été imprimé à Amsterdam en 1700. *in* 4. Voyez son titre dans l'*Index*.

Joseph l'Historien, dans son second Livre contre Appion, pag. 1071. de l'édition de ses autres Ouvrages que nous marquerons plus bas, dans l'Article de l'Histoire & Annales des Juifs.

De adolescentia Reipub. Israel, sub temporibus Judicum, par *Gustave Georges Zeltner*, à Nuremberg en 1696. *in* 8. Il y explique le Chapitre VI. du premier Livre des Rois, & le ỳ. 20. du Chap. XIII. des Actes. Il étoit Allemand Luthérien, & Professeur des Langues Orientales à Altorf.

Exercitatio de XII. Judicibus, par *Guillaume Moller*. C'est une Dispute sur les XII. Juges des Juifs, imprimée à Nuremberg en 1709. *in* 4. Voyez son titre dans l'*Index*.

Diatagmata de rebus Judaïcis ex jure Cæsareo & Pontificio concinnata, par *Henri Hahnius*, à Helmstat en 1665. *in* 4. Ce fut un grand Jurisconsulte qui a beaucoup écrit sur le Droit, comme on le peut voir dans la Bibliothéque Juridique de Lipenius.

Mosaïcarum & Romanarum Legum Collatio, par *Pithou*. Ce n'est autre chose que ce qu'avoit recüeilli *Lucinius Rufin*, & qui a été imprimé avec les Notes de M. Pithou dans les grands Critiques, tome 8. pag. 150. de la première édition. Il avoit d'abord paru dans les Ouvrages mélangez de M. Pithou, à Paris en 1619. *in* 4. Pithou étoit de Troyes en Champagne; il nâquit l'an 1539. étudia les Belles-Lettres sous Turnebe, & la Jurisprudence sous Cujas, & mourut près de Troyes en 1596. âgé de 57. ans. Quant à Licinius Rufin, il étoit Moine, Jurisconsulte, & vivoit du tems de Cassiodore vers l'an 540. Si nous croyons Marquard Freher, c'est plûtôt un Juif qui a fait cet Ouvrage, pour montrer que les Loix de sa Nation ne sont pas en tout différentes des Loix Romaines. Il faut voir ce que dit là-dessus *Fabricius* dans sa Bibliothéque Latine, Livre IV. Chap. IX.

Nota in Gallicanæ Ecclesiæ Decreta quædam in Judæos sancita, par *Samuel Bochart*, dans Tome IV.

le tome premier de ses Ouvrages, pag. 499. Il faut voir le titre *Bochart* dans l'*Index*.

Juris Divini Judæorum & Juris Civilis Romanorum parallela, par *Guillaume Velvvood*. C'est le Droit Divin des Juifs, comparé avec le Droit Romain, & imprimé à Leide en 1594. *in* 4. Velwood étoit Luthérien.

De differentiis Legum Mosaïcarum & Romanarum, par *Pagnin Gaudence*. Cet Ouvrage n'a pas encore été imprimé; mais on promet de le donner dans le Trésor des Antiquitez Judaïques, selon Fabricius dans sa Bibliographie, pag. 26. Ce Gaudence a été Professeur à Pise, & est mort en 1649.

Respublica Hebræorum ex Josepho excerpta, par *Sebastien Castalion*, ou *Châtillon*, à Helmstat en 1616. *in* 8. Le Pere le Long nous avertit que cela se trouve aussi dans la Bible du même Auteur, imprimée en 1697. *in fol*. Voyez l'Article des Bibles Latines, & le titre de ce *Castalion* dans l'*Index*.

Carolus Sigonius de Republica Hebræorum, cum Notis Joannis Nicolaï, à Helmstat en 1686. *in* 4. Il y en a eu plusieurs éditions. La dernière a paru à Amsterdam en 1701. *in* 4. On l'a encore mise depuis dans la nouvelle édition du Commentaire de *Menochius* en 1719. *in fol*. à Paris, 2. vol.

Cet Ouvrage contient sept Livres, & non pas trois seulement, comme le marque Fabricius dans sa Bibliographie. Le premier, traite de la République. Le second, des Lieux sacrez. Le troisiéme, des Jours sacrez. Le quatriéme, des Rites sacrez. Le cinquiéme, des Personnes sacrées. Le sixiéme, des Conseils & des Jugemens. Le septième, des Magistrats. Sigonius étoit Italien de Modène, Catholique & Professeur de la Langue Latine à Boulogne, & est mort en 1585.

De Republica Hebræorum, par *Bonaventure Corneille Bertram*, avec les Notes de *Constantin l'Empereur*, à Leide en 1641. ce qu'on a aussi imprimé dans les grands Critiques de Londres, tome 8. page 739. de la première édition. Il y traite de la Police Judaïque, Civile & Ecclésiastique. C'est le titre que porte l'édition de Genève en 1574. & 1580. *in* 8. Voyez son nom dans le Catalogue Alphabétique.

De Republica Hebræorum, par *Pierre Cunæus*, se trouve aussi dans les grands Critiques de Londres, tom. 8. pag. 812. imprimé depuis à Amsterdam en 1717. *in* 8. & en François par Goérée en 1716. 3. vol. *in* 8. avec des figures, & le Supplément & la suite de cet Ouvrage. M. Nicolaï l'a aussi donné à Leyde en 1703. *in* 4. avec des Notes fort longues sur chaque Chapitre, excepté celui qui regarde Melchisedech, qui cependant en méritoit le plus. Il a aussi retranché l'Epitre Dédicatoire

Dédicatoire de *Cunæus*, qui est une piéce considérable.

Le premier roule sur l'antiquité, l'équité & l'utilité des Loix de Moyse; sur la souveraine Puissance, & à qui elle appartenoit; ce qui concerne le Messie. Le second, sur ce qui regardoit les Prêtres & les Lévites, leurs Vêtemens, leurs Priviléges. Le troisiéme est employé à faire voir que c'est toujours une même Eglise qui s'est perpétuée depuis le commencement du monde jusqu'aujourd'hui.

Quelque réputation que cet Auteur se soit acquise, ce n'est pas un Auteur sûr, & il est sujet à bien des méprises; outre qu'il s'approprie souvent, & qu'il donne comme de son fond, des sentimens ou assez communs, ou au moins connus avant lui; il donne dans des opinions hardies & dangereuses. Il vivoit au commencement du dix-septiéme siécle. Il a été Professeur à Leide, & a acquis l'estime des Sçavans.

Dans le Supplément, Goerée traite du Tabernacle, des trois sortes de Temples des Juifs, & des Sacrifices. *Jacques Basnage* y a ajouté deux volumes qui sont des Remarques Critiques sur la République des Hébreux, imprimées à Amsterdam en 1713. *in 8*.

De Republica Hebræorum, par *Melchior Leidecker*, à Amsterdam en 1704. *in fol.* Cet Ouvrage contient douze Livres, où il traite de l'origine sacrée de la Nation Juive, de son état en Egypte, des Miracles de la divine Providence pour l'établir en forme de République, de sa Théocratie, du pays qu'elle possédoit, de son Gouvernement & de sa Religion. Il y a de l'érudition Rabbinique dans ce Traité, beaucoup de choses à lire, mais peu à remarquer. Le même Auteur a donné en 1710. un autre Ouvrage imprimé à Amsterdam *in fol.* qui est comme une continuation du premier. Il y traite, en neuf Livres, des différens changemens arrivez dans la République des Hébreux. Voici le titre sous lequel il a paru : *De vario Reipublicæ Hebræorum statu*.

De Politia Hebræorum, de *Jean Conrad Danhawver*, à Helmstat en 1700. *in 4*. par les soins de *Jean André Schmid*. Voyez le titre de Danhawer dans l'*Index*.

De Repub. Hebræorum Dissertationes 8. de *Jean Georges Wend*, ou *Wendius*, imprimées à Thorn en 1696. *in 4*. Ce sont des Recherches Théologiques & Politiques, qui traitent des différens Gouvernemens des Juifs dans les différens états où ils se sont trouvez. Cet Auteur étoit de Breslaw & Luthérien.

Respublica Hebræorum, par *Joachim Louis Reimer*, à Copenhague en 1657. & depuis à Altembourg *in* 12. en 1671. Il n'a fait que copier ou abréger Sigonius, Bertrand,

Durer, & les autres. Il étoit Allemand, Luthérien de Hambourg, & est mort en 1680.

De Repub. Hebræorum, par *Etienne Menoch*, ou *Menochius*, à Paris en 1618. *in fol.* 1648. selon le Pere le Long, 1684. selon M. Dupin : ce sont apparemment différentes éditions. Ce Traité est en huit Livres sur toutes les Antiquitez des Hébreux. Voyez son titre dans l'*Index*.

De Politia seu Repub. Hebræorum, par *Herman Conring*, ou *Conringius*, à Helmstat en 1648. *in 4*. & à Roterdam en 1693. *in 12*. Crenius a mis cet Ouvrage dans son second *Fasciculus*. Conringius étoit de Frise, Luthérien, Professeur en Médecine à Helmstat, & est mort en 1681. Voyez ses autres Ouvrages sur saint Luc.

Joannes Selden de Synedriis veterum Hebræorum.

Item de Jure Naturæ & Gentium. Le premier Ouvrage sur les Sanhédrins & les Préfectures des anciens Hébreux, est de l'an 1650. & 1655. *in 4*. trois vol. imprimez à Londres, & en un seul volume à Amsterdam en 1659. à Francfort en 1696. *in 4*. Il est divisé en trois Livres. Le premier & le second en seize Chapitres; le troisiéme, en quinze. Chaque Livre fait un volume de l'édition de Londres. Le premier Livre traite de l'établissement du Sanhédrin & des autres Préfectures Juridiques des Hébreux; de ceux qui en étoient les Chefs, de leurs Colléges, de leurs siéges, &c. Il y a aussi des Recherches sur les Epoques Astronomiques & Chronologiques. Le second & le troisiéme ne sont qu'une suite de la même matiére.

Son Ouvrage du Droit de la Nature & des Gens, selon la Discipline des Hébreux, a été d'abord imprimé à Londres en 1640. *in folio*, à Strasbourg en 1665. *in 4*. & à Wittemberg en 1698. *in 4*. On peut dire qu'il y a un grand fond d'érudition dans tous les Ouvrages, & beaucoup de Recherches sur les anciennes coutumes des Hébreux.

Voyez notre Dissertation sur la Police des Hébreux, à la tête du Commentaire sur les Nombres.

Joannis Vorstii de Synedriis Hebræorum, dans le quatriéme *Fasciculus* de Crenius. Voyez son titre dans l'*Index*.

Joannis Clerici de Synedrio Hebræorum, à la fin de son Commentaire sur Esther : voyez *ibid*.

Basnage, dans sa continuation de l'Histoire des Juifs, Livre 7. Chap. 1... 5. Nous en parlerons dans l'Article de l'Histoire des Juifs.

Francisci Moncæi, de portis civitatis Juda, & fori judiciorumque in iis exercendorum prisco Ritu, à Paris en 1587. *in 4*. Il étoit

étoit Catholique & Seigneur de Fridevallé. Voyez sur l'Exode dans les Dissertations, ou son titre dans l'*Index*.

Gilberti Genebrardi Paratitla Talmudicæ Doctrinæ, seu de Jure veterum Hebræorum. Possevin qui fait mention de cet Ouvrage dans son Apparat Sacré, marque aussi qu'il n'étoit point encore imprimé de son tems.

Guillelmi Zepper, Legum Mosaïcarum Forensium explicatio ; nous en avons déja parlé dans l'Article des Loix, ci-dessus.

Jacobi Alting, Respublica Hebræorum. Il ne traite que de la République Scholastique des Hébreux ; c'est-à-dire, de leurs Ecoles ou Académies, dans quatre Discours, dont il y en a eu deux imprimez séparément à Groningue en 1652. *in* 12. Voyez sur le Pentateuque & ailleurs.

Politica Judaïca de *Jean Hemberg*, imprimée en Allemand en 1616. *in* 4.

De persona & officio Judicis apud Hebræos, alio sque, &c. par *Thomas James*, ou *Jamesius* ; à Oxford 1600. *in* 4. Il étoit Anglois de Neutport, & de la Religion Anglicane, Bibliothéquaire d'Oxford, & mourut en 1629. On peut voir ses autres Ouvrages sur saint Matthieu, & sur le Cantique des Cantiques. Voyez aussi son titre dans l'*Index*.

Maimonides de Juramentis Hebræorum, ex versione Miegii, & Præfatione Jacobi Perizonii, à Leide 1706. *in* 4. C'est *Jean Frideric Miege*, selon Fabricius dans sa Bibliographie. Cet Ouvrage de Maimonides est dans le tome IV. du Talmud de *Surenhusius*.

Jacobi Lydii Syntagma de re militari, & de jurejurando Hebræorum ; avec les Notes de *Salomon Vantill*.

Voyez sur le même sujet les Auteurs marquez dans la Bibliographie de Fabricius Chap. 12. n. 7. Il y remarque que *Perizon*, où *Perizonius* dans sa Préface, traite en particulier du Serment qui se faisoit en touchant la cuisse.

Selden de successione in bonâ defunctorum, ex institutione Hebræorum ; à Londres 1636. & à Leide 1638. *in* 8.

Maimonides de jure pauperis & peregrini apud Judæos ; avec les Notes de *Humfroi Pridean*, dans la Mischne de l'édition de *Surenhusius*.

De Servis Hebræorum, par *Jacques Alting*, dans le tome 5. de ses Ouvrages, Dissertation 6. *Heptade* 7.

De Servorum Hebræorum acquisitione & servitiis, Lipsiæ 1704. par *Jean-Georges Abicht*. Voyez son titre dans l'*Index*.

Il faut voir aussi là-dessus la Mischne par *Surenhusius*, tome 3. p. 362.

De Proselytis Hebræorum, par *Paul Slevogt*. C'est dans un Traité où il parle aussi de la Metempsycose des Juifs & de l'année Jubilaire, imprimé à Jene en 1656. *in* 4. Voyez son titre dans l'*Index*.

De Proselytorum Baptismo, par *Jean-André Danz*, ou *Danzius*. Voyez son titre dans l'*Index*.

Lipenius dans sa Bibliothéque Théologique, marque un plus grand nombre d'Auteurs qui ont traité en particulier de la République & de la Police des Hébreux, tome 1. p. 18. On peut le consulter, de même que sa Bibliothéque Juridique & Philosophique.

ARTICLE XVI.

Des Peines & Supplices des Hébreux.

Quoique ce sujet regarde encore la Police des Hébreux, nous en traitons séparément, parce qu'il est un des plus curieux, & que plusieurs en ont écrit.

Voyez d'abord notre Dissertation sur les Supplices des anciens Hébreux, à la tête du Commentaire sur le Deuteronome.

On peut aussi consulter *Fabricius* dans sa Bibliographie. Chap. 15. n. 14. où il distingue quatre sortes de Supplices qui étoient en usage chez les Hébreux ; sçavoir de brûler vif, de lapider, d'étrangler & de faire mourir par l'épée : ce qui étoit regardé comme le supplice le plus honteux. Il faut y joindre la coutume de pendre un homme qui avoit été lapidé, le supplice de la croix & la flagellation, &c.

Dissertatio de stipendio hominis lapidibus obruti, par *Theodore Dassovius*, à Wittemberg 1694. *in* 4. Voyez son titre dans l'*Index*.

Claudius Salmasius, & Justus Lipsius de Cruce. Ces deux Traitez ont été imprimez plusieurs fois & en plusieurs formes. Celui de Saumaise à Amsterdam en 1647. *in* 8. à Leide 1650. *in* 8; Celui de Lipsius, avec des Notes de *Georges Calixte*, à Brunswic 1640. *in* 4.

Joannis Georgii Moebii, Dissertatio de Cruce. Voyez son titre dans le Catalogue Alphabétique.

Hieronymus Magius de Equuleo ; avec les Notes de *Gotfroi Jungermain*, à Amsterdam 1664. *in* 12. & avec le Traité d'*Antoine Galonius, de Instrumentis, ou Cruciatibus Martyrum*, à Hanovre 1601 *in* 8. à Paris 1659. *in* 4. Magius étoit de Toscane & Jurisconsulte.

Campegii Vitringa Archi-Synagogus. Nous avons marqué l'édition de cet Ouvrage dans l'Article des Synagogues. Il y traite de la peine du fouët, à laquelle on condamnoit dans les Synagogues les violateurs de la Loi. C'est dans le Chap. 16. Ce qui se faisoit en

attachant

attachant le patient à une colonne avant que de le crucifier. On sçavoit le nombre des coups qu'il falloit lui donner.

Il y avoit encore la peine de l'exil & de l'excommunication ; sur quoi on peut voir les Auteurs que cite Fabricius dans l'endroit que nous avons marqué.

ARTICLE XVII.

De la Monarchie & des Rois des Hébreux.

Le Peuple de Dieu jaloux de voir que les autres Peuples avoient des Rois & des Monarques ; ou plûtôt lassé de se voir gouverné par des Juges & des personnes choisies de Dieu même, qui ne cherchoient que sa gloire, & ne combattoient que pour l'utilité publique ; ce Peuple ingrat & aveugle demanda un Roi, & il en eut un, quoique Samuël, à qui il s'étoit adressé, lui fist voir les inconveniens de cette demande, & ce qu'il lui en couteroit. De là est venu ce nouveau gouvernement Monarchique dont il est parlé dans les Livres historiques de l'Ecriture, & dont plusieurs Sçavans ont traité.

Monarchia Hebræorum ante Saülem, par *Adrien Houtuyn*. Cet Ouvrage de la Monarchie des Hébreux avant Saül, a été imprimé à Leide en 1685. *in* 12. L'Auteur prétend y prouver que dans la République des Juifs il y avoit déja une véritable Monarchie avant le regne de Saül. Elle subsista même, selon lui, depuis Abraham jusqu'à la dispersion des Juifs. Houtuyn étoit d'Amsterdam, Calviniste & Jurisconsulte.

De ficta Hebræorum ante Saülem Monarchia Civili, par *Adam Rechemberg*. C'est une Dissertation imprimée à Leipsic en 1687. *in* 4. & dans le tome 1. des Dissertations Politiques Historiques p. 336. L'Auteur y fait voir que la prétenduë Monarchie des Juifs avant le regne de Saül, est une pure fiction. Il y attaque particulierement ce qu'en dit Selden dans son second Livre des Sanédrins, Chap. 2. Voyez son titre dans l'*Index*, & sur le nouveau Testament.

Appendix de habitu Religionis Christianæ, par *Samuel Pufendorf*. Ce Livre de la Religion Chrétienne, a été imprimé avec l'Appendix à Brême en 1687. Pufendorf y combat aussi le sentiment qui établit une Monarchie chez les Juifs avant le regne de Saül. Cet Auteur qui étoit Luthérien, a été Historiographe du Roi de Suéde. Il a fleuri jusqu'en 1690.

Oratio de Monarchia Regni Israëlitici, par *Antoine Probe*. Ce Discours a été imprimé à Isleben en 1586. *in* 4. *Probe*, ou *Probus* étoit Allemand Luthérien, & Professeur à Isleben.

De Regis Judæorum juribus, par *Michel Vvendeler*, à Wittemberg 1656. *in* 4. Il a aussi écrit des quatre grands Empires dont parle le Prophéte Daniel. Ce qui a paru au même endroit en 1657. *in* 4. Il étoit de Misnie, Luthérien, Professeur, & est mort en 1671.

Maimonides de Regibus Hebræorum, eorumque juribus ; avec la version Latine & les Notes de *Melchior Leidecker*. Ce qui se trouve dans le Livre 7. de la République des Hébreux, Chap. 4. p. 431. de Leidecker, & dont nous avons marqué l'édition dans l'Article de la République des Hébreux. Cela se trouve aussi dans le neuviéme *Fasciculus* de Crenius.

De Jure Regio, par *Guillaume Schickard*. Ce Traité du Droit Royal des Hébreux, tiré des Ténébres des Rabbins, comme porte le titre entier, a été imprimé d'abord à Tubinge en 1621. *in* 4. & à Strasbourg en 1625. *in* 4. On l'a donné depuis avec les Notes de *Benoît Carpzovius*, à Leipsic en 1674. *in* 4. Schickard étoit Allemand, Luthérien, Professeur des Langues Orientales à Tubinge, & est mort de la peste en 1635. âgé de 43. ans. Son Ouvrage ne contient que six Chapitres, dont le Sommaire est à la fin, qui donne une juste idée de la méthode que l'Auteur a suivie.

Joannis Buxtorfii, de statu & Jure Regio, & de Judicum & Regum convenientiis & differentiis. Il faut que cela se trouve dans son Ouvrage intitulé : *Judaïca*, & imprimé à Bâle en 1641. 1661. *in* 8.

De Rege apud Judæos eligendo & deponendo, par *Jean Frischmuth*, à Jene 1659. *in* 4. Ce Traité sur le droit d'élire & de déposer un Roi, est du Chap. xvii. du Deuteronome & des Commentaires des Hébreux. Voyez nos Listes sur l'ancien Testament, & le titre de Frischmuth dans l'*Index*.

De Jure Regis, par *Jean Vvandalin*. Il a fait six Livres sur le Droit des Rois d'Israël, dont les quatre premiers ont été imprimez à Copenhague en 1663. les deux derniers en. 1667. *in* 4. Voyez les Auteurs que nous citons sur le nouveau Testament, & le titre de Wandalin dans l'*Index*.

Fortunat Schacch, traite le même sujet dans le troisiéme Livre & ailleurs, de son Ouvrage intitulé : *Myrothecium*. Nous en marquerons l'édition en son lieu.

Claudii Salmasii Defensio Regia. C'est la défense de Charles I. Roi d'Angleterre, imprimée à Londres en 1652. 1660. *in* 8.

Defensio Populi Anglicani contra Salmasium, par *Jean Milton* Anglois. Il a fait deux sortes de Défense : la premiere imprimée en 1652. à Londres : la seconde *ibid*. 1654. *in* 12.

Joannis

Joannis Rhenferd, Differtatio de Arabarcha, feu Alabarcha, vel Ethnarcha Judæorum; à Franeker 1702. Nous avons déja eu occafion de parler de cet Auteur Proteftant. Voyez fon titre dans l'*Index*.

Voyez de plus notre Differtation fur les Officiers de la Cour des Rois de Juda, à la tête du Commentaire fur les Paralipoménes. Il faut voir *Fabricius*, qui dans fa Bibliographie, Chap. 14. n. 1. 2. 3. marque les autres Auteurs qui ont traité cette matiére.

ARTICLE XVIII.

De la Milice des Hébreux.

C'eft aux Rois & aux Monarques qu'il appartient de porter le glaive du Seigneur, pour défendre les Etats qu'il leur a confiez, & les Peuples qu'il leur a foumis. C'eft à eux de mettre le bon ordre dans les armées qu'ils levent pour ce fujet ; & ils doivent en rapporter toute la gloire au Dieu des batailles, quand elles font victorieufes. C'eft donc avec raifon que nous joignons cet Article au précédent, pour y parler de ceux qui ont traité de la Milice des Hébreux.

Mais avant il eft bon de voir notre Differtation fur la Milice des Hébreux, à la tête du Commentaire fur le Livre d'Efther.

Differtatio de Hebræorum re militari, par *André Dantz*, ou *Dantzius*, fur les Chap. xx. xxi. du Deutéronome. Cette Differtation a été imprimée à Jene *in* 4. l'an 1690. Voyez nos Liftes fur l'ancien & le nouveau Teftament, ou fon titre dans l'*Index*.

Agonoftica facra de *Jacques Lydius*, à Dordrecht 1698. *in* 4. par les foins de *Salomon Vantill*, & avec fes Notes, comme Fabricius dans fa Bibliographie num. 2. du Chap. 17. nous l'apprend. Il ajoute qu'il a été mis en Flamand par *Adrien Van-Halen*, & imprimé avec fes Notes à Roterdam l'an 1703. *in* 8. Le même Fabricius ne nous dit pas fi fon *Syntagma de re militari*, a été imprimé. Ce Lydius étoit Flamand, Calvinifte & Miniftre de l'Eglife de Dordrecht.

Pallas armata de *Jacques Turner*, en Anglois, à Londres 1683. *in fol.*

A tous ces Auteurs on peut ajouter la Tactique facrée en trois Livres, de *Jean Arroufmith*, imprimée à Cambrige en 1657. & à Amfterdam 1700. *in* 4. qui cependant eft toute fpirituelle, afcétique & morale. Il étoit Anglois, de la Religion Anglicane, Profeffeur à Cambrige en 1660.

M. *le Pelletier* de Roüen a encore fait une Differtation en forme de Lettre, où il attaque les fauffes repréfentations que les Peintres font dans leurs tableaux, du camp des Ifraëlites dans le défert. Elle eft imprimée dans les Mémoires de Trévoux au mois de Décembre de l'année 1704. Nous en parlons plus particuliérement fur les Nombres Art. XIII.

Enfin on trouvera dans cette feconde édition du Dictionnaire, plufieurs Articles fur l'ancienne Milice des Hébreux, fur leur Tactique & leur Art militaire, par les foins du célebre M. le Chevalier de Folart.

ARTICLE XIX.

De l'Hiftoire, des Annales, & de la Chronologie des Hébreux.

Le plus ancien Hiftorien des Hébreux, après les Auteurs facrez, eft *Jofeph*, furnommé *Flavius*. Ses Ouvrages ont été imprimez en Grec à Bâle en 1544. *in fol.* On les avoit déja donnez en Latin *ibid.* 1540. de la Verfion d'*Erafme*; depuis en Grec & en Latin à Leipfic 1691. *in fol. Edouard Bernard* en avoit donné les quatre premiers Livres imprimez à Oxford en 1700. *in fol.* en Grec avec fes Notes. *Jean Hudfon* a donné depuis l'Ouvrage entier, avec fes Notes, *ibid.* 1720. *in fol.* M. *Arnaud d'Andilly* a traduit Jofeph en François, & l'a fait imprimer en deux volumes *in fol.* à Paris 1667. feconde édition ; à Amfterdam 1697. & en cinq volumes *in* 12. Cet Hiftorien Juif a été traduit en toutes les Langues. Ce qui diftingue l'édition de 1691. par *Ittigius*, font les Prolégoménes qu'il y a joint, & une Differtation contre Lambecius, touchant le fameux paffage qui regarde JESUS-CHRIST. Jofeph naquit l'an 37. de J. C. à Jérufalem. Il fut fils de Mathias, & fleurit fous les Empereurs Vefpafien, Tite & Domitien, jufqu'en 93. & beaucoup au-delà. Sa diction eft pure, fes expreffions nettes, fon ftile magnifique, & fa narration agréable, dit Photius.

Jacques Bafnage, a fait la continuation de l'Hiftoire de Jofeph, imprimée à Amfterdam en 1707. 5. vol. *in* 12. ce que le Pere Le long attribué à Samuël Bafnage. Dans le premier Livre il traite de l'Etat & du Gouvernement de la Judée fous la race des Hérodes. Dans le fecond, des Sectes qui fubfiftoient du tems de JESUS-CHRIST, & de la ruine de Jérufalem, avec un Supplément à l'Hiftoire des Samaritains. Dans le quatriéme, des Dogmes des Juifs, leur confeffion de Foi, leurs variations, & l'Hiftoire de leur Religion. Dans le cinquiéme, de leurs Rits & Cérémonies. Dans le fixiéme, de leurs antiquitez & difperfions jufqu'au huitiéme fiécle. Dans le feptiéme, de leurs différentes difperfions en Orient & en Occident, depuis le 8me. fiécle, jufqu'au 18me.

Il y a une feconde édition de cet Ouvrage, faite à Paris en 1710. 7. vol. *in* 12. Ce n'eft pas

pas une simple réimpression de celle de Hollande, quoique ce soit dans le fond le même Ouvrage. On en a changé l'ordre & le nombre des Livres; on en a retranché plusieurs fautes à relever dans cet Ouvrage donné par Basnage. Voyez p. 126. & suiv. & *Richard Simon* dans sa Bibliothéque choisie, tome 2. Chap. 16. p. 254. & suiv.

Basnage vint au monde à Roüen en 1653, fut fait Ministre de l'Eglise Calviniste en cette Ville en 1676. alla depuis à Rotterdam. La nouvelle édition de Canisius, qu'il a donnée en quatre volumes *in fol.* parut en 1725.

Il a encore donné l'Histoire de l'ancien & du nouveau Testament, représentée avec des figures très-belles, par Romain Hooghe, & y a joint une explication des endroits les plus difficiles de l'Ecriture: elle a été imprimée à Amsterdam en 1704. *in fol.* & 1705. 2. vol. *in* 4. 1706. *in fol.* en François. Il l'a commencée par une longue Préface étudiée sur l'existence de Dieu, la divinité des Livres de Moyse, & des autres Prophétes, l'utilité qu'il y a à les lire, la necessité d'avoir une Religion. Il entre dans l'Histoire du nouveau Testament par une autre Préface, qui n'est pas moins étenduë. Le stile est serré, & souvent trop concis, où il devoit être plus étendu.

Joseph Ben-Gorion. Hebraïcè & Latinè, avec les Notes de *Frideric Breittap*, à Leipsic 1710. Il y avoit déja eu une première édition de cet Ouvrage à Oxford en 1706. *in* 4. avec la Version Latine faite sur l'Hébreu par *Jean Gagnier*, avec une Préface & des Notes de sa façon. Joseph Ben-Gorion est ordinairement cité sous le nom de *Gorionides*.

Tous les sçavans conviennent à present que c'est un Auteur supposé, que les uns font vivre au septiéme siécle, les autres au onziéme: ceux-ci disent qu'il étoit François, ceux-là veulent qu'il ait été Breton. On peut voir ce que M. Basnage dit de ces Ouvrages, dans sa continuation de Joseph, Livre 7. Chap. 6. & Placcius dans ses Pseudonymes.

Seder Olam Rabba, & *Seder Olam Zuta*, c'est-à-dire, *la grande & la petite Chronique des Juifs*, qui se trouve dans la Chronologie de Genebrard, & dans le cinquième tome de la Bibliothéque Rabbinique.

Zemach David, seu *Chronologia R. David Ganz*. Cette Chronologie sacrée & prophane, qui contient l'Histoire des Juifs, depuis le commencement du Monde jusqu'en 1592. est divisée en deux parties, dont la première fut imprimée en Hébreu à Francfort en 1692. la seconde à Amsterdam en 1694. 2. vol. *in* 4. *Henri Vorst*, ou *Vorstius*, l'avoit déja mise en Latin, & fait imprimer avec ses Notes à Leide en 1646. *in* 4. On l'a depuis imprimée en Langue Rabbinique à Francfort sur le Mein en 1698. *in* 4. avec une continuation. L'Auteur a intitulé cet Ouvrage, *le Germe de David*, parce que c'est le premier qu'il a composé. D'ailleurs comme son Histoire découvre la misère du Peuple Juif, & le pouvoir des Chrétiens, il vouloit obliger ses Lecteurs à se souvenir par-là du Germe de David, & à prier pour sa manifestation.

Il y a trois choses particulières dans sa Chronologie. 1°. Il la commence par la création du Monde, & remonte au premier Temple & aux Patriarches, au lieu que les Historiens Juifs ne commencent ordinairement qu'à l'époque des Grecs. 2°. Quoiqu'il ait copié souvent Joseph, & les Docteurs de sa Nation qui l'avoient précédé, il ne laisse pas d'être plus exact, & d'en corriger les fautes. 3°. Il a compilé dans son Livre divers Auteurs Chrétiens, mais il n'est pas heureux dans le choix qu'il en fait. Il étoit Juif, né à Prague en Bohême, & Mathématicien. Il a fleuri vers 1592.

Gilberti Genebrardi Chronologia, *in fol.* Genebrard a fait deux sortes d'Ouvrages qui regardent l'Histoire. Une Chronologie sacrée, imprimée à Louvain en 1570. *in* 12. & à Cologne 1571. qui ne contient qu'un Livre. Une Chronographie en quatre Livres, dont les deux premiers traitent de l'ancien Peuple, & renferment l'Histoire de 4000. ans. Elle a été imprimée à Paris en 1580. 1585. *in fol.* & depuis encore en 1609. *in fol.* qui est la plus belle édition, faite à Lyon chez Jean Pille-Motte. Cette Chronique ou Chronographie a été fort estimée avant qu'on en eût de plus exacte. Pour ce qui est de Genebrard, voyez sur les Pseaumes, & son titre dans l'*Index*.

Eusebii Cæsariensis Chronicon, cum Notis *Josephi Scaligeri*, à Leide 1606. 1656. *in fol.* avec les Notes de *Pontac*, à Bourdeaux 1604. Cet Ouvrage d'Eusébe est très-estimé. Les Notes de Scaliger sont excellentes ; celles de Pontac ne sont pas à négliger. Le premier a rétabli la Chronique d'Eusébe sur celle de Syncelle & de Cedrene, qui n'en étoient que des copies ou des abrégez.

Sancti Hieronymi Chronicon, à Paris 1581. à Anvers 1608. à Amsterdam 1658. Saint Jérôme

Jérôme n'a fait que traduire Eusébe, & y a mêlé ou ajouté quantité de choses. Voyez son titre dans l'*Index*.

Chronicum Paschale seu Alexandrinum, en Grec & en Latin, de l'édition de M. *Ducange*, avec ses Notes imprimées au Louvre en 1688. *in fol*. *Matthieu Rader*, ou *Raderus*, l'avoit déja fait imprimer en Grec & en Latin, avec ses Notes à Munich en 1615. *in* 4.

Eutychii Alexandrini Chronicon Arabico-Latinum, de la Version d'*Edward Pocock*, à Oxford en 1659. 2. vol. *in* 4. Ce n'est pas tant une Chronique que des Annales, qui commencent à la création du Monde, & finissent à l'an 940. de J. C. On y voit plusieurs Traditions des Orientaux. *Eutyche* fut Patriarche d'Aléxandrie depuis 933. jusqu'à 956. qu'il mourut, infecté de l'Héréfie des Jacobites.

Joannis Marsham Chronicus Canon Ægyptiacus, Hebraïcus, Græcus, à Londres 1672. *in fol*. à Leipsic 1676. *in* 4. Cette édition est plus correcte & plus ample. Une troisiéme à Franeker en 1696. *in* 4. Il y a dans ce Livre une érudition très-recherchée, mais peu d'ordre & de méthode; même beaucoup de sentimens hardis & singuliers. Le même Auteur a fait en particulier une Dissertation Chronologique sur les 70. Semaines de Daniel, imprimée à Londres en 1649. *in* 4. Il étoit de Londres, Chevalier & Baron; sçavoit à fond l'Histoire, & est mort en 1672.

Josephi Scaligeri, de emendatione Temporum, à Paris *in fol*. 1583. La meilleure édition est celle de Leyde 1598. *in fol*. ou de Genève 1629. Voyez son titre dans l'*Index*.

Annales Ecclesiastici veteris Testamenti, de *Jacques Salien*, Jésuite, en six volumes *in fol*. à Paris depuis 1619. jusqu'à 1624. L'Abrégé de ces Annales en deux volumes *in fol*. qui suffit & vaut mieux, à Rouën 1640. & à Cologne 1638. La moëlle de cet Abrégé, sous le titre d'*Enchiridion Chronologicum Historia sacra & profana*, à Paris 1636. *in* 12. & 1641. à Cologne.

Augustini Tornielli Annales sacri & profani. Ces Annales de *Torniel* contiennent l'Histoire sacrée & profane depuis la création du Monde jusqu'à la passion du Sauveur, & ont été imprimées à Francfort en 1666. *in fol*. en un volume. On les avoit déja imprimées à Anvers en 1620. en deux volumes *in fol*.

Doctrina Temporum cum Chronologia; de *Denis Petau*, en deux volumes *in fol*. à Paris 1627. & à Anvers 1705. *in fol*. Il faut y joindre son *Rationarium Temporum*; ou *Histoire Universelle*, imprimée plusieurs fois *in* 8. & mise en François par le sieur *Collin*, avec des augmentations & un Supplement,

à Paris 1681. 3. vol. *in* 12. Ces deux Ouvrages sont fort estimez.

Diatriba super primam temporum doctrinam, par *Alfonse Carranza*, contre le P. Petau.

Sethi Calvisii, opus Chronologicum, cum Isagoge Chronologica, à Francfort 1620. *in fol*.

Annales Sacri & Ecclesiastici, par *Henri de Sponde*, en Latin *Spondanus*; depuis le commencement du Monde jusqu'à J. C. à Paris 1639. *in fol*. à Cologne 1646. *in fol*. Il a aussi donné la continuation des Annales de Baronius, 3. vol. à Paris 1641. *in fol*. Il les a réduites en un Abrégé, avec des Notes & un *Auctuarium*, imprimé à Maience 1620. & à Cologne 1627. *in fol*. *Jérôme de Marens*, de *Marenis*, a fait des Observations Latines sur les Annales de Sponde, imprimées en Latin à Paris 1656. Voyez le titre de *Sponde*.

Jacobi Usserii Annales utriusque Testamenti. Ces Annales sont divisées en deux Parties, dont la premiére parut à Londres en 1650. & la seconde au même endroit en 1654. *in fol*. Cet Auteur est très-exact, & peut suffire à ceux qui ne veulent pas approfondir par eux-mêmes les matières de Chronologie. Celle qui est à la fin de la Bible de Vitré *in fol*. n'est que l'Abrégé de la Chronologie d'Usserius.

Joannis Harduini Chronologia veteris Testamenti. Cet Ouvrage fut d'abord supprimé à Paris, à cause de certains traits hardis & singuliers qu'il contient; mais on l'a réimprimé dans le Recueil des Oeuvres de l'Auteur, à Amsterdam en 1709. *in fol*. Il est bon d'y joindre la censure qu'en a faite *Alphonse de Vignolles*, à Rotterdam 1708.

Ludovici Capelli Chronologia sacra. Cette Chronologie sacrée est tirée de l'Ecriture sainte, depuis le commencement du Monde, jusqu'à la derniére captivité des Juifs sous les Romains. Elle a paru à Paris en 1655. *in* 4. & se trouve dans la Polyglotte d'Angleterre, à la tête du Tome 1.

Jacques Cappel, frere de Louis, a fait une Histoire sacrée depuis Adam jusqu'à l'Empereur Auguste; imprimée à Sédan en 1612. *in* 4. & depuis Auguste jusqu'à Valentinien, *ibid*. 1622. *in* 4. Il a encore donné les plus mémorables époques, avec une explication des endroits de l'Ecriture les plus difficiles; *ibid*. 1601. *in* 4. Il avoit médité un plus grand Ouvrage historique; le P. le Long en fait le détail dans le second Tome de sa Bibliothéque sacrée, à la lettre *Cappel*. Voyez ici leur titre dans l'*Index*.

Isaaci Vossii de LXX. Interpretibus, cum Chronologia & Dissertatio de vera Mundi ætate, à la Haye 1654. *in* 4. Il a encore donné *Castigationes adversus Hornium*. Voyez aussi son titre *ibid*.

Le Pere Paul Pezron, l'Antiquité des tems rétablie, à Paris 1687. *in* 4. *Dom Jean Martianay*, Défense du Texte Hébreu contre l'Antiquité des tems rétablie, *ibid.* 1689. *in* 8. L'Antiquité des tems détruite, par le *Pere le Quien*, *ibid.* 1693. *in* 8. Défense de l'Antiquité des tems par le P. Pezron, *ibid.* 1691. *in* 4. Nous joignons ces trois Sçavans, qui se sont fait une guerre de littérature, qui a beaucoup servi à éclaircir les points capitaux de la Chronologie sacrée. Il est bon de donner ici quelque idée de leur démêlé.

Tout le dessein du Pere Pezron, est de montrer que le Monde est plus ancien que ne le croyent les Chronologistes modernes; & qu'au lieu qu'ils ne mettent que quatre mille ans entre sa création & la naissance de notre Seigneur, il y en a eu près de six mille. Il soûtient que pour reconnoître la véritable durée du Monde, il faut suivre la Version des 70. Interprétes, & s'éloigner du Texte Hébreu, comme altéré par les Juifs qui ont vécu depuis la prise & la destruction de Jérusalem.

Son Ouvrage n'eut pas plûtôt paru que le P. Martianay l'attaqua pour soutenir la vérité du Texte Hébreu contre la Version des Septante. Le Pere le Quien entra aussi en lice, pour soutenir l'intégrité du Texte Hébreu contre le Pere Pezron. Le P. Martianay témoigna par une belle & longue Lettre, la joye qu'il avoit de ce qu'il s'étoit joint à lui pour confirmer son sentiment contre ce sçavant Bernardin. Elle est imprimée dans le Journal des Sçavans. Celui-ci prit encore les armes contre ces deux Religieux, pour prouver que dès la naissance de l'Eglise, les Auteurs Ecclésiastiques ont été persuadez que six mille ans s'étoient déja écoulez depuis la création du Monde. C'est ce qu'il fait dans son second Ouvrage; & on trouve à la fin un Canon Chronologique, qui contient un Abrégé de l'Histoire sainte mêlée avec la profane, lequel est composé avec un ordre & une exactitude qui ne servent pas peu à prouver la véritable étendue des siécles. Il faut voir dans l'*Index* les titres de ces trois doctes Religieux.

Joannis Selden de anno civili Judæorum. C'est une Dissertation sur l'Année civile, & le Calendrier de la République des Juifs, imprimée à Londres en 1644. *in* 4. & à Leipsic 1673. *in* 8. à Leide 1683. Voyez son titre *ibid*.

Julii Bartolocci de anno solari Judæorum, de anno lunari, de cyclo, de mensibus, &c. dans sa Bibliothéque Rabbinique, tome 2. p. 392. & suiv. Voyez aussi son titre dans le même Catalogue.

Voyez notre dissertation sur la Chronologie, au commencement du Commentaire sur la Genése. Histoire des Peuples voisins des Juifs, pour servir à éclaircir les Prophéties, à la tête du Prophéte Isaïe. Précis de l'Histoire profane d'Orient depuis Salomon jusqu'à la captivité de Babylone, pour le même dessein.

Philippi Labbæi Annales, à Paris 1670. *in fol.* 5. vol. de l'édition du Louvre. C'est plûtôt une Chronologie Historique divisée en trois parties, & une Chronologie Technique en deux parties. Il a encore fait un Abrégé de la Chronologie sacrée & profane, imprimé au même endroit en 1651. *in* 4. Une Méthode facile pour apprendre la Chronologie, *ibid.* 1649. *in* 12. Un Abrégé Chronologique de l'Histoire sacrée & profane, en cinq volumes *in* 12. & en deux *in* 4. *ibid.* 1667. Le P. Labbe vint au Monde à Bourges en 1607. entra dans la Société en 1623. & mourut à Paris en 1667. âgé de 60. ans. Il sçavoit les Belles-Lettres, la Philosophie & la Théologie. Plusieurs Sçavans, même Protestans, parlent de lui avec éloge.

Joannis-Baptistæ Riccioli Chronologia reformata. C'est un grand Ouvrage de Chronologie sacrée en trois volumes *in fol.* imprimez à Boulogne en 1669. Le dixiéme Livre du premier tome traite des années & des époques des Hébreux. Le septiéme, des années du Monde, & de ses âges jusqu'à JESUS-CHRIST. Le huitiéme, de l'année & du jour de la naissance de JESUS-CHRIST, aussi-bien que de sa Généalogie. Dans le second tome, on trouve une Chronique des années du Monde selon les Septante. Une autre selon l'Hébreu. Une grande Chronique des années avant & après JESUS-CHRIST, jusqu'à l'an 1666. Le troisiéme tome contient une Table des Patriarches, des Juges, des Rois de Juda & d'Israël, des Prophétes de l'ancien Testament, des Pontifes Hébreux, & des personnes qui appartiennent à la Généalogie de JESUS-CHRIST. Riccioli étoit Italien, de Ferrare, Jésuite, & est mort en 1671.

Christophori Helvici Theatrum Historico-Chronologicum. Ce Théatre Historique & Chronologique a été imprimé à Oxfort en 1651. *in fol.* Voyez nos Listes sur la Genése, ou le titre d'*Helvicus* dans l'*Index*.

Georgii Hornii Dissertatio de vera Mundi ætate, imprimée à Leide en 1659. *in* 4. avec sa défense contre Vossius, & une addition à cette défense. Il a encore donné l'*Arche de Moyse*, c'est-à-dire l'Histoire du Monde contre le même, *ibid.* 1669. *in* 12. Il étoit Allemand, Calviniste du Palatinat, Professeur à Leide, & est mort en 1670.

Gerardi Joannis Vossii, Dissertatio gemina de J. C. Genealogia, & de annis quibus natus, baptizatus,

baptizatus, &c. Ces deux Differtations fur la Généalogie de JESUS-CHRIST, & l'année de fa naiffance, de fon baptême, & de fa mort, ont été imprimées à Amfterdam en 1643. *in* 4. Il a fait encore une Introduction à la Chronologie facrée, ou huit Differtations fur les tems de l'Hiftoire des Hébreux, imprimées à la Haye en 1659. *in* 4. Les unes & les autres font dans le fixiéme tome du grand Recueil de fes Ouvrages, à Amfterdam 1701. Voyez l'Article des Concordes Evangéliques, ou le titre de Gérard Jean Voffius dans l'*Index*.

Joannis Ligfoot, *Chronica temporum*, & *ordo textuum veteris Teftamenti*, dans le tome 1. & 2. de fes Ouvrages. Voyez fon titre dans l'*Index*.

Joannis Georgii Hervvart, *novæ, veræ & exactè ad calculum aftronomicum revocatæ Chronologia*, &c. Cette Chronologie a été imprimée à Munich en 1614. *in* 4. Ouvrage affez exact, quoique mal digéré. L'Auteur a été Chancelier du Duc de Baviére, & a fait d'autres Ouvrages Hiftoriques marquez dans la Bibliothéque Claffique de *Draudius*, mais on n'y parle point de celui-ci.

Joannes Kepler, *de Jefu Chrifti vero anno natalitio*. Cet Ouvrage eft contre *Laurent Suflyga* Polonois ; & a été imprimé à Prague en 1606. *in* 4. & à Francfort 1614. Il a encore donné des Eglogues Chronologiques fur les tems d'Hérodes & des Hérodiades, du Baptême, du Miniftére, de la Paffion, de la Mort & de la Refurrection de JESUS-CHRIST, imprimées à Francfort en 1615. *in* 4. Il étoit Allemand, Luthérien & Mathématicien ; il mourut en 1630.

Michaëlis Paludani, *Chronologia Regum Juda & Ifraël*. C'eft une Concordance des tems depuis Saül jufqu'à Cyrus, imprimée à Louvain en 1628. *in* 4. Paludanus étoit de Gand, de l'Ordre de faint Auguftin, Docteur & Profeffeur de l'Univerfité de Louvain, mort en 1652. Il ne faut pas le confondre avec *Jean Paludanus*, qui étoit de Malines, & eft mort en 1630.

Concordia Librorum Regum & Paralipomenon, avec des Notes, à Paris 1691. *in* 4. par *Jean-Baptifte le Brun*. Voyez nos Liftes fur les Livres des Rois, & fon titre dans le Catalogue Alphabétique.

Samuëlis Petit Ecloga Chronologicæ. Ces Eglogues Chronologiques ont été imprimées à Paris en 1632. *in* 4. Elles fe trouvent auffi dans le tome 8 des Antiquitez Romaines, p. 373. & dans les grands Critiques de Londres felon le P. le Long ; apparemment de la derniére édition, car on ne les trouve point dans la premiére de 1661. Il étoit de Nifme, Calvinifte, & eft mort en 1643.

Thomæ Lydiatti, *emendatio temporum ab orbe condito*. Cet Auteur a fait plufieurs Ouvrages de Chronologie ; fçavoir, la correction des tems depuis le commencement du Monde jufqu'à fon fiécle, imprimée à Londres en 1609. *in* 8. & à la Haye 1654. *in* 12. Des Canons Chronologiques depuis le commencement du Monde jufqu'au commencement de l'Evangile ; à Oxford 1675. *in* 8. La Chronique des Rois de Juda en Hébreu, fi nous en croyons Antoine Vanzwood. Une Explication touchant les années de la naiffance & du miniftére de JESUS-CHRIST. Il étoit Anglois, d'Oxford, Chronographe, & eft mort en 1646. C'eft contre Scaliger, & les autres qu'il a fait fa correction des tems.

Chriftiani Noldii, *Hiftoria Idumææ*. C'eft une Differtation fur la vie & les actions des Herodes, imprimée à Franeker en 1660. *in* 16. & dans le quatriéme *Fafciculus* de *Crenius*. Il a fait encore un Abregé des Hiftoires & Antiquitez facrées, qui a paru à Copenhague en 1662. *in fol*. Il étoit Danois, Luthérien, Profeffeur à Copenhague, & eft mort en 1683. Il y en a qui le nomment *Chriftophe*, & non pas *Chrétien*.

Friderici Spanheim Chronologia. C'eft Spanheim le fils, qui eft Auteur de cette Chronologie, où de l'Hiftoire facrée des deux Teftamens, imprimée à Leyde en 1701. *in fol*. Il avoit deja donné une Introduction fur le même fujet, *ibid*. en 1683. & 1694. *in* 4. Voyez fur l'ancien Teftament, ou fon titre dans l'*Index*.

Joannis Buxtorfii filii, *Exercitationes ad Hiftoriam veteris & novi Teftamenti*. Ces Exercitations Hiftoriques font, fur l'Arche d'Alliance, le Feu facré & célefte, l'Urim & Thummim, la Manne & la Pierre du Défert, & le Serpent d'airain. Elles ont été imprimées à Pâle en 1659. *in* 4. Buxtorf étoit lui-même de Bâle, Profeffeur en Langue Hébraïque, & eft mort Calvinifte en 1664.

Joannis Guillelmi Stuckii, *Hiftoria Palæftinorum, Syrorum & Sidoniorum*, &c. Cette Hiftoire des Peüples de la Paleftine, de Syrie & de Sidon, utile pour bien entendre les Livres de Samuël, a été imprimée à Zuric en 1595. *in fol*. Stuck étoit Suiffe, Calvinifte, Profeffeur à Zurich, & eft mort en 1607.

Chronologia Samaritanorum, Autore Edvvardo Bernardi.

Natalis Alexandri, *Selecta Hiftoria Eccleſiaſtica veteris Teftamenti capita*. Nous avons marqué l'édition derniére de ce grand Ouvrage dans l'Article des Prolegoménes & Differtations. Voyez le titre du Pere Aléxandre dans l'*Index*.

Auguftus Varenius, *de Annis Sabbaticis & Jubilæis*

Jubilais Judæorum, à Rostock 1652. *in* 4.

Nicolai Muller, *Judæorum annus Lunæ solaris*; & *Turco-Arabum merè lunaris*, à Groningue 1650. *in fol.* Voyez *Muller* dans l'*Index*.

Maimonides, *Descriptio initiationis novilunii*, *cum versione Henning*, *Bern-Vittor*.

Christiani Massai, *Calendaria quatuor*, *Ægyptium*, *Hebraïcum*, *Macedonicum & Romanum*, imprimez à Anvers en 1540. *in fol.*

Il a donné encore les Chroniques de la Bible en vingt Livres, imprimées aussi à Anvers la même année 1540.

Voyez le Calendrier des Juifs, imprimé à la tête du premier tome de notre Dictionnaire de la Bible, seconde édition. On peut encore consulter les Auteurs marquez dans *Imbonati*, t. 5. de la Bibliothéque Rabbinique p. 534. 537. & ceux qui sont dans la Bibliographie de *Fabricius*, Chap. 10. n. 1. 2. 3. & Chap. XI. n. 1. 2. On peut voir aussi *Lipenius* dans sa Bibliothéque Théologique, tome 1. au titre de *Chronique*.

ARTICLE XX.

Des Auteurs qui ont donné des Histoires de l'ancien & du nouveau Testament, ou même l'Histoire des Juifs.

On a imprimé à Ausbourg en 1700. *in fol.* l'Histoire des Juifs par *Paul Mezger*, qui contient tout ce qui s'est passé de plus mémorable parmi cette Nation sous les différentes formes de gouvernement où elle s'est trouvée. L'Ouvrage est divisé en cinq Livres : dont le premier contient ce qui s'est passé sous Abraham, Isaac, Jacob & ses enfans. Le second, depuis la naissance de Moyse jusqu'au premier des Juges. Le troisiéme, depuis Josué jusqu'à Saül. Le quatriéme, depuis Saül jusqu'à la prison de Sédécias. Le cinquiéme n'est qu'un abrégé de la vie de Tobie & de Judith.

Il y ajoûte plusieurs questions sur le sens littéral, spirituel & mystique de l'Ecriture. Il y a beaucoup d'ordre dans tout ce qu'il dit, & ceux qui se donneront la peine de le lire, y trouveront de quoi se satisfaire, & y apprendront l'Histoire sainte très-facilement. On l'a imprimé à Ausbourg en 1700. *in fol.*

Jérôme Vecchietti a fait huit Livres en Latin sur l'année primitive, depuis le commencement du Monde, rapportée à l'année Julienne, & la maniére de supputer les tems sacrez, imprimez à Ausbourg 1621. *in fol.*

Dans le premier Livre il examine quel a été le commencement des tems, & la premiére année établie par Adam, dont il est parlé dans les saintes Ecritures. Dans le second, il démontre la vérité de la suite du tems dans l'ancien Testament, après avoir expliqué ce qui est dit au Chapitre sixiéme de la Génése, *les enfans de Dieu voyant les filles des hommes*, &c. ce qui regarde Nemrod & l'Histoire de Job. Dans le troisiéme, il prouve l'époque véritable du premier avénement de JESUS-CHRIST, de sa prédication & de sa mort : il explique les 70. Semaines de Daniel, & expose les circonstances de la derniére Céne, avec la maniére de célébrer la Pâque. Le quatriéme est intitulé de la Grace Evangelique. Le cinquiéme traite de ce qui l'a suivi. Le sixiéme est des derniéres successions. Le septiéme contient les marques des derniers tems désignez dans l'Apocalypse. Le huitiéme contient des Tables Chronologiques & Astronomiques.

Cet Ouvrage de Vecchetti a été condamné à cause de son sentiment touchant la derniére Céne, qui a été réfuté par *Antoine Capelle*, Franciscain. L'Auteur fut mis à l'Inquisition, & y mourut après plusieurs années de prison, âgé de 80. ans, quoiqu'il fût Italien de Florence, & qu'il eût été envoyé en Egypte par Clement VIII. pour y soûtenir les intérêts de la Religion.

François Macé, a donné en François un Abrégé Historique & Chronologique de l'ancien & du nouveau Testament, imprimé à Paris en 1704. *in* 4. Il étoit Parisien, Docteur & Chefcier de l'Eglise de sainte Opportune, & est mort en 1721. Son Ouvrage n'est pas un simple Abrégé Historique, comme il le nomme, mais un Commentaire judicieux & suivi sur toute la Bible. Ceux qui aiment l'élévation, y trouveront quelques-uns de ces grands traits qu'ils cherchent dans les Historiens Grecs & Latins.

Edmond Maclot, a fait l'Histoire de l'ancien & du nouveau Testament, avec des Notes Théologiques, imprimées à Nancy en 1705. 1712. 2. vol. *in* 8. Il étoit de l'Ordre de Prémontré, Abbé de l'Etanche, Diocése de Verdun, où il mourut en 1711. âgé de 78. ans. Pour ce qui est de son Ouvrage, il ne s'y attache pas simplement à rapporter ce que le Texte de l'Ecriture contient, il y mêle quantité d'Observations & de Remarques, soit de Théologie, soit de Morale, soit d'Histoire.

Il y en a qui se sont contentez de donner l'Histoire de l'ancien Testament ; c'est ce qu'a fait *Jean Langius*, dans un Ouvrage Latin imprimé à Hall en 1718. *in* 4. avec des exegéses ou explications des endroits difficiles de l'Ecriture. L'Ouvrage est divisé en sept périodes.

Le Pere *Jacques Grandami* Jésuite, a donné sous le nom de Théologie Chrétienne, tout

tout ce qui eſt arrivé depuis la création du Monde, & le rapporte à la naiſſance de JESUS-CHRIST. Son Ouvrage eſt en Latin, imprimé à Paris en 1668. *in* 4.

Enfin nous avons donné l'Hiſtoire de l'ancien, du nouveau Teſtament & des Juifs, imprimée à Paris en deux volumes *in* 4. 1718. & en ſept volumes *in* 12. 1725. Nous ne l'avons compoſé après tant d'autres, qu'à la ſollicitation de feu M. l'Abbé Fleury, pour ſervir comme d'introduction à ſon Hiſtoire Eccléſiaſtique, laquelle ne commence qu'aux Actes des Apôtres vers l'an 36. de JESUS-CHRIST. Celle que nous avons donnée, commence à la création du Monde, & va juſqu'après la ruine de Jéruſalem, où M. l'Abbé Fleury entre tout-à-fait en matiére. Nous avons tâché d'imiter la briéveté & la préciſion de ce ſçavant Hiſtorien, ſans charger notre Ouvrage de recherches ſçavantes & curieuſes, ne cherchant uniquement qu'à inſtruire les Fidéles, & les édifier par la lecture de l'Hiſtoire de l'Egliſe ancienne, juſqu'à la fondation du Chriſtianiſme.

ARTICLE XXI.

De la Géographie ſacrée.

La Géographie eſt une des principales parties de l'Hiſtoire. Il eſt preſque impoſſible de la lire avec agrément, & de la bien retenir, ſi on n'a pas toute la connoiſſance néceſſaire des lieux, des places & des villes, au moins des pays où ſe ſont paſſées les choſes qu'on raconte. Or cette connoiſſance ne peut s'acquérir qu'en deux maniéres; l'une en voyageant & parcourant le pays dont on veut parler : mais tout le monde n'eſt pas en état de voyager, ou n'en a pas l'inclination. L'autre eſt de s'inſtruire de la ſituation des lieux & des pays, ce qui ſe fait en liſant les Auteurs qui en ont traité, ſoit pour le ſacré, ſoit pour le profane. Nous nous bornons à la Géographie ſacrée, qui eſt ſeule de notre ſujet.

Il faut conſulter les Commentateurs ſur le dixiéme chapitre de la Genéſe, & ſur le Livre de Joſué, & voir notre Diſſertation ſur la Carte Géographique de la Terre ſainte, qui ſe trouve à la tête du Commentaire ſur Joſué.

Euſebii Cæſarienſis, Liber de locis Hebraïcis, ſive Onomaſticon, imprimé à Amſterdam en 1707. *in fol.* avec la Verſion Latine de ſaint Jérôme, & les Notes de *Jacques Bonfrerius,* & de *Jean le Clerc.* L'Ouvrage d'*Euſébe* ne pouvant ſervir qu'à ceux qui entendoient le Grec, ſaint Jérôme crut devoir le traduire en Latin. Il y fit même quelques changemens ou additions, enſorte qu'il en a été & l'Auteur & l'Interpréte, comme il le dit lui-même dans ſa Préface. Le long ſéjour qu'il fit en Paleſtine, & le ſoin particulier qu'il eut toujours de s'inſtruire de tout ce qui pouvoit contribuer à éclaircir les Livres ſaints, le mirent fort en état de perfectionner cet Ouvrage.

Il ne le rendit pourtant pas auſſi parfait qu'il pouvoit l'être. Bonfrerius l'ayant examiné, y obſerva pluſieurs omiſſions, & crut qu'on pouvoit le mettre dans un meilleur ordre; ce qui l'engagea à en donner une meilleure édition; & il le fit en 1631. *in fol.* avec ſon Commentaire ſur Joſué.

Le P. Martianay en a encore donné une autre dans ſa nouvelle édition de ſaint Jérôme, & il y a corrigé pluſieurs fautes ſoit de Bonfrerius, ſoit de l'Imprimeur.

Enfin M. *le Clerc* s'eſt ſervi des corrections de l'un & de l'autre, pour rendre la ſienne plus achevée, il y a ajouté de nouvelles Notes à celles de Bonfrerius; & quoique ces Notes regardent principalement le Texte Grec d'*Euſébe,* il ne laiſſe pas d'y inſérer diverſes remarques critiques ſur les verſions.

L'ordre dans lequel il a arrangé tout ce qui entre dans cette édition, eſt fort commode : chaque Chapitre eſt diviſé en trois colonnes, le Texte Grec dans le milieu, la Verſion de ſaint Jérôme d'un côté, & celle de Bonfrerius de l'autre. Au bas des pages ſont les Notes de Bonfrerius & celles de le Clerc, en caractéres plus petits. Ces derniéres ſont très-courtes pour la plûpart. Celles de Bonfrerius ſont d'une juſte longueur, & remplies d'érudition.

On trouve enſuite une Carte Géographique de la Terre de Promiſſion. C'eſt celle d'*Adrichomius,* mais tellement changée par Bonfrerius, qu'on ne la reconnoît preſque plus. Ce ſçavant Jéſuite rend raiſon de ces changemens, dans un diſcours qui accompagne la Carte. On y voit encore la deſcription de la Terre ſainte, par *Brocard,* qui y parle comme témoin oculaire.

Sancti Hieronymi de 42. manſionibus Iſraëlitarum in deſerto, Epiſtola ad Fabiolam, dans le tome 2. p. 586. de la nouvelle édition. On peut voir du même Pere dans ſa Lettre 86. *ad Euſtochium,* p. 669. où il y a pluſieurs remarques ſur les lieux de la Terre ſainte. Voyez ſon titre.

Brocardi Monachi Ordinis Prædicatorum, Deſcriptio Terræ ſanctæ, à Bâle 1555. *in fol.* en dernier lieu dans l'*Onomaſticon* dont nous venons de parler, & dans la nouvelle édition de *Menochius,* par le P. *Tournemine,* tome 2. à Paris 1719. *in fol.* C'eſt *Grynée* qui avoit eu ſoin de la faire imprimer à Bâle. *Adrichomius* eſtime beaucoup cet Ouvrage, parce que l'Auteur a vû lui-même exactement tous les endroits dont il parle, & il avoue qu'il s'en est servi dans son Théatre de la Terre sainte.

Il est divisé en treize Chapitres. Le premier donne une idée générale de la Syrie, de la Phénicie, de la Palestine & de l'Arabie. Le second renferme une description de la ville d'Acre ou Ptolemaïde, où ce Religieux avoit établi comme le centre de toutes ses courses; de celle de Tyr, & de quelques autres, &c. Dans le troisiéme, quatriéme, cinquiéme, sixiéme & septiéme, il est parlé des villes & des lieux de la Terre sainte, qui sont au septentrion, à l'orient & au midi de la ville d'Acre. Le huitiéme décrit la ville de Jérusalem ; & le neuviéme les montagnes qui environnent cette ville. Il y fait aussi diverses remarques sur Joppé, Bethléem, Rama, &c. Le dixiéme traite des lieux qu'il place à l'occident de la ville d'Acre ; sçavoir la caverne d'Elie, la demeure d'Elisée, la ville de Césarée, &c. Sur la fin, l'Auteur marque l'étenduë de la Terre sainte. Le onziéme traite de la fertilité de ce pays: & dans le douziéme, l'Auteur parle des Peuples qui de son tems habitoient la Palestine. Il y donne en peu de mots le caractére des principales de ces Nations. Le treiziéme Chapitre contient une description de l'Egypte.

Brocard étoit de l'Ordre des Freres Prêcheurs, natif de Strasbourg. Il fit le voyage de la Terre sainte en 1280. Il se nommoit aussi *Burchard*; ce qui est cause que plusieurs l'ont confondu avec un autre *Burchard* aussi Dominicain, qui est fort différent, quoiqu'il ait vécu dans le même tems, car celui-ci dédie son Ouvrage au premier.

Eucherii, de situ Jerosolymæ & locorum sanctorum, dans le tome 1. de la Bibliothéque nouvelle des manuscrits du P. Labbe, p. 665. Voyez dans l'article général des Commentateurs Catholiques, quel est cet Eucher, & son titre dans l'*Index*.

Beda venerabilis, de locis sanctis, dans le tome 3. de ses Ouvrages. Voyez aussi son titre dans l'*Index*.

Phocas, Epiphanius Hagiopolita & Perdiccas, de locis Palestinæ, de l'édition de *Leon Allatius*, dans son *Symmicta*. Outre cette édition, la Description abrégée des villes depuis Antioche jusqu'à Jérusalem, avec celle de la Syrie, de la Phénicie, de la Palestine, &c. par *Phocas*, se trouve en Latin dans les Bollandistes au mois de Mai, tome 2. au commencement. Il étoit Grec de l'Isle de Crète & Moine, vivoit au douziéme siécle, & entreprit son voyage vers l'an 1185.

Frederic Morel avoit déja donné l'Ouvrage d'*Epiphane*, Moine & Prêtre de Jérusalem. On ne sçait pas quand il a vécu. Pour *Perdiccas*, il étoit Protonotaire d'Ephèse. Du Cange croit que c'est le même dont parle Pachimere au Livre sixiéme, Chap. 24. de son Histoire. Il a écrit en vers iambiques.

Adamnanus Scotus, de locis Terræ sanctæ, dans les Actes Benedictins de D. Mabillon, tome 3. part. 2. p. 502. Il y a aussi donné l'Itineraire de *Bernard*, Moine de France, p. 523. Il faut voir ce que Dom Mabillon en dit dans l'endroit que nous avons marqué.

Itinerarium à Burdegala Jerosolymam usque. Ce voyage depuis Bourdeaux jusqu'à Jérusalem, a été écrit il y a plus de 1300. ans. C'est *Pierre Pithou* qui l'a donné, & on l'a imprimé avec l'Itineraire de l'Empereur Antonin; à Cologne l'an 1600. *in* 8. C'est la meilleure édition.

Guillelmi Tyrii, Historia belli sacri, Lib. 23. avec sa continuation par *Jean Herold*. C'est une Histoire de la Croisade faite au douziéme siécle, & depuis 1099. jusqu'à 1183. Elle est dans le *Gesta Dei per Francos*, tome 1. p. 625. jusqu'à 1046. avec un Prologue au commencement, par *Jacques Bongars*. Cet Ouvrage a été imprimé à Paris en 1611. *in fol*. *Guillaume*, autrement *Willerm*, étoit Syrien de nation, ou peut-être de Jérusalem même. Il fut fait Archevêque de Tyr en 1174. alla au Concile de Latran, & est mort en 1190. La continuation de *Jean Herold* a été imprimée à Bâle en 1557. *in* 4. à Francfort 1600. *in folio*.

Marini Sanuti Torselli, Descriptio Jerosolymæ, dans le *Gesta Dei per Francos*, tome 2. p. 1. jusqu'à 281. Le véritable titre porte : *Les secrets des Fidéles de la Croix*: ou *Moyens de recouvrer la Terre sainte*, en trois Livres, qui contiennent quinze Parties. Ce *Marin Sanut*, ou *Sanudo*, étoit de Rivoalti dans l'Etat de Venise, & fut surnommé *Torselle*, du nom d'un instrument dont on le dit inventeur. Il mourut l'an 1329.

Benjamini Tudelensis Itinerarium, écrit l'an 1173. & a été imprimé avec la Version Latine d'*Arias Montanus*, accompagnée des Notes de *Constantin l'Empereur*, à Leide in 12. l'an 1654. & l'avoit déja été in 8. l'an 1633. La premiére édition sans Notes est de 1575. à Anvers. *Matthias Frideric Beck*, a fait aussi des Notes sur cet Itineraire, qui ne sont pas encore imprimées.

Benjamin étoit Juif, originaire du Royaume de Navarre. Il entreprit son Ouvrage après avoir voyagé dans tous les lieux où il crut qu'il y avoit des Synagogues, afin de s'instruire de l'état de sa Nation. Comme il en étoit fort zèlé, il n'oublie rien de ce qui peut en relever la gloire & l'éclat. Il s'écarte quelquefois des Geographes & des Historiens connus ; il a même imaginé des

pays

pays nouveaux, mais il ne laisse pas de donner une idée générale de l'état des Juifs tant en Orient qu'en Occident, tels qu'ils étoient de son tems.

Itinerarium Rabbi Petachiæ sæculo XII. avec la Version Latine de *Wagenseil*, qui se trouve dans ses Exercitations, page 161. Voyez le titre de *Jean Christophe Wagenseil* dans l'*Index*.

Abrahami Peritsol, Itinera mundi, avec la Version de *Thomas Lyde*, & ses Notes, à Oxford 1691. in 4. L'Auteur a écrit cet Itineraire ou Voyage du Monde en 1525. à Ferrare. Il y cite p. 39. sa Mappe-Monde, qui n'a pas vû le jour. Il étoit Juif d'Avignon. Il se nomme *Abraham Mardochée Peritsol.*

Joannis Ligfoot, Horæ Hebraïcæ, & Talmudicæ in Evangelia, &c. Il y a joint une Centurie Chorographique sur saint Matthieu & les autres Evangelistes. Tout cela se trouve dans le tome 2. de ses Ouvrages, imprimez à Utrecht en 1699. *in fol.* Voyez son titre dans l'*Index.*

Hermanni Witsii, Historia Jerosolymæ. Cet Ouvrage fait la dixiéme & onziéme Exercitation de ses Mélanges sacrez, tome 2. imprimé séparément à Amsterdam en 1700. *in 4.* & avec ses autres Ouvrages, à Herborn. 1717. *in 4.* 6. vol. Il y fait l'Histoire de la ville de Jérusalem depuis sa fondation jusqu'à sa ruine par les Babyloniens, & depuis son rétablissement jusqu'à sa destruction par les Romains. Witsius étoit Hollandois, Calviniste, Professeur à Leide, & non pas à Liege, comme on lit dans le Pere le Long. Il est mort en 1708.

Adriani Reland, Palæstina illustrata, imprimée à Utrecht en 1714. 2. vol. *in 4.* & à Nuremberg 1716. Cet Ouvrage est partagé en trois Livres. Dans le premier, qui occupe plus des trois quarts du premier volume, l'Auteur traite des divers noms de la Palestine, de sa situation, de ses bornes, de sa division, de ses eaux, de ses montagnes, & de ses campagnes & plaines. Il recherche dans le second Livre, les distances qui se trouvoient entre les différens lieux de ce même pays; & c'est par-là qu'il termine le premier volume. Dans le second est contenu le troisiéme Livre de cet Ouvrage, c'est-à-dire, une notice de toutes les villes & de tous les bourgs de la Palestine, rangez pat ordre alphabétique. On trouve à la fin de ce second volume trois Tables fort utiles; l'une des Chapitres; l'autre des passages de l'Ecriture, citez ou éclaircis; la troisiéme, des noms propres, & des principales matieres. On peut dire que c'est un Ouvrage recommandable, & par la profonde érudition qui y regne, & par la beauté de l'édition.

Il y a encore dans la première Partie de ses Dissertations mélées, & imprimées à Utrecht l'an 1706. *in* 12. en Latin, quatre Dissertations très-curieuses qui regardent le même sujet.

La première traite de la situation du Paradis Terrestre. Il le place dans l'Arménie au milieu des quatre fleuves si connus, le Phase, l'Araxe, le Tigre & l'Euphrate, & qui, selon lui, répondent parfaitement aux quatre du second Chapitre de la Génèse, & qui étoient autant de fleuves primitifs; pour ainsi dire, distinguez l'un de l'autre; & qui avoient leur source dans le Paradis Terrestre, d'où ils couloient dans différens pays. Il en fait voir tous les rapports & la ressemblance dans les noms & la situation. Il finit cette Dissertation en faisant voir, que les sources de ces quatre fleuves ne sont pas fort éloignées l'une de l'autre.

La seconde, est sur la Mer rouge. Il y examine, 1°. En quel lieu cette Mer est située. 2°. D'où lui venoit le nom de Mer rouge. Pour décider la première question, il entreprend de prouver que toute l'antiquité, cette étenduë de Mer qui baigne les côtes méridionales de l'Asie, n'a point été autrement appellée que *Mer rouge*. Il cite pour garants de son sentiment les anciens Historiens & Géographes. La situation véritable de cette Mer ainsi déterminée, il cherche l'origine du nom qu'on lui a donné en Grec & en Latin, car les Hébreux ne l'ont jamais appellée *Mer rouge*. A la fin de cette Dissertation, il explique deux passages difficiles qui y ont rapport, l'un de Pindare, l'autre de *Silius Italicus.*

Dans la troisiéme, il parle du mont Garizim, donne la signification de ce mot, & fait voir où cette montagne est située. Il y propose aussi quelques conjectures ingénieuses, sur l'origine du mot *Sichar*, qui désigne *Sichem* dans l'Evangile. Il tâche d'y justifier les Samaritains du reproche que leur font les Juifs, d'avoir adoré la figure d'une colombe sur le Garizim, & d'autres idoles cachées sous cette montagne.

La quatriéme est sur le pays d'Ophir, dont il est si souvent parlé dans l'Ecriture sainte. Il tâche d'en marquer la véritable situation qui convienne en tout à ce qu'en disent les Livres saints; & il croit que c'est un pays voisin d'*Oupara*, ou *Sophara*, ville dont parlent Ptolomée, Ammien Marcellin, & Arrien. En effet on y trouve une parfaite ressemblance avec ce que dit l'Ecriture du pays d'Ophir. Pour ce qui regarde l'Auteur, il faut voir son titre dans l'*Index.*

Christophori Cellarii, Geographia antiqua, imprimée en deux volumes *in* 4. à Leipsic. Le premier tome parut en 1701. & le second en 1706. On avoit déja donné à Jene son *Nucleus Geographiæ*, en 1676. *in 12*. Voyez son titre *ibid*.

Friderici Spanheim, *Introductio ad Geographiam antiquam*, dans le tome 1. de ses Ouvrages, imprimez à Leide en 1701. *in fol*. Voyez aussi son titre.

Samuelis Bochart, *Phaleg & Chanaan*, imprimez à Caën, l'an 1646. *in fol*. à Francfort 1674. *in 4*. Voyez son titre dans l'*Index*.

Salomonis Deylingii, *fertilitas terræ Chanaan*, dans le tome 2. de ses Observations sacrées. Voyez son titre *ibid*.

Bened. Ariæ Montani, *Phaleg*, *Chanaan*, *Caleb & Nehemias*, dans sa Polyglotte d'Anvers. Voyez l'Article des Polyglottes, & son titre, *ibid*.

Christiani Adrichomii, *Theatrum Terræ sanctæ*, *in fol*. avec des figures, à Cologne 1590. 1612. Il a donné en particulier une Description de la ville de Jérusalem, telle qu'elle étoit du tems de JESUS-CHRIST, *ibid*. 1588. *in 8*. 1597. troisiéme édition. La même en Espagnol, à Valence en 1620. *in 8*. deuxiéme édition. Il étoit de Delft, & est né en 1533. fut fait Prêtre en 1561. Il se retira à Cologne, où il est mort en 1585. âgé de 52. ans.

Nicolai Samson, *Geographia sacra*, *ex vet. & nov Test*. avec les Notes & la Préface de *Jean le Clerc*, à Amsterdam 1703. *in fol*. Tout l'Ouvrage est divisé en quatre Tables ou Cartes. La premiere contient les parties du Monde dont il est parlé dans les saintes Ecritures. La seconde, la Terre promise, ou le partage des dix Tribus. La troisiéme & quatriéme, la patrie, les demeures, les voyages de JESUS-CHRIST, de saint Pierre & de saint Paul. On y a ajouté la Description de la Terre de Chanaan, la vie de JESUS-CHRIST & des Apôtres saint Pierre & saint Paul : des Notes sur les Tables, & un *Index* Géographique.

Dans la Préface de M. le Clerc, on trouve une liste de ceux qui ont fait des Descriptions de la Terre sainte depuis Aristée jusqu'à Spanheim, avec la Critique des Auteurs ; ce qui est suivi de la Préface de Samson, avec des remarques sur la Carte de la Judée, le nombre des villes de chaque Tribu, leurs situations & leurs distances. M. le Clerc y a joint des remarques, où il reléve les fautes de Samson. Enfin on y trouve un petit Traité du même Samson, intitulé *Judæa*, où il fait en peu de mots l'Histoire des divers Habitans qui ont occupé ses parties, les uns après les autres.

La Préface que M. le Clerc a mise à la tête de ce volume, est curieuse & très-propre au sujet. Il y fait une espéce de Catalogue des Auteurs qui ont décrit la Terre sainte, ou toute entiére, ou en partie ; & il en marque un grand nombre.

Pour Samson, il commence son Ouvrage par des Remarques sur *Adrichomius*, & sur lui-même. Son Discours sur la Judée, est une Histoire abrégée, mais exacte, de cette partie de la Terre.

Les Cartes sont très-nettes, & parfaitement bien gravées. La Table Alphabétique qui les accompagne, & qui y sert d'explication, est fort méthodique. Samson étoit d'Abbeville, & très-habile Géographe.

Joannis Nicolai Quistorpii, *Nebo*, *seu de Terra sanctâ*, dans le neuviéme *Fasciculus* de Crenius. Cet Ouvrage avoit déja été imprimé à Rostock en 1663. *in 12*.

Petri Danielis Huetii, *de navigationibus Salomonis*. Voyez nos Listes sur les Livres des Rois. Il a encore fait l'Histoire du commerce & de la navigation des Anciens, imprimée à Paris en 1716. *in 12*. Voyez son titre dans l'*Index*.

Gasparis Barreirii, *de Ophirâ regione*, à Anvers 1600. *in 8*. Voyez son titre dans l'*Index*.

Voyez notre Dissertation sur le Pays d'Ophir à la tête de la Génése.

Lucæ Holstenii Epistola ad Bertholdum Nihusium de Fluvio Sabbatico, dont parle Joseph dans son Histoire de la guerre des Juifs, Livre 7. Chap. 24.

Nicolaus Fullerus, *de fabuloso Flumine Sabbatico*, ou *Sambatione*.

Joannis Buxtorfii, *Lexicon Talmudicum ex Rabbinis*. Nous en avons déja parlé. Voyez son titre dans l'*Index*.

Alphonsi Tostati, *Liber de situ Terræ sanctæ*. On ne trouve pas que cet Ouvrage soit imprimé. Il n'y a que *Nicolas Antonio* qui en parle dans sa nouvelle Bibliothèque d'Espagne. Voyez l'Article des Commentateurs généraux Catholiques, & son titre dans l'*Index*.

Anselmi, *Descriptio Terræ sanctæ*. Cette Description de la Terre sainte a été imprimée à Cracovie en 1514. *in 4*. & se trouve dans les anciennes Leçons de *Canisius*, tome 4. de la derniére edition. *Anselme* étoit Polonois, de l'Ordre de saint François, & vivoit en 1505.

Christophori Heidman, *Palæstina*, *seu Terra sancta*, imprimée d'abord à Helmstat en 1625. *in 8*. ensuite à Wolfembutel en 1655. *in 4*. augmentée, & à Hanover 1689. Cet Auteur étoit d'Helmstat, Luthérien, Professeur en Eloquence, & est mort en 1627.

Didaci Martinès, *Descriptio Idumææ*. On ne trouve pas que cette Description soit imprimée, il n'y a que Sotwel qui en ait parlé, & des autres Ouvrages de cet Auteur, qui ne sont que manuscrits. Il est different d'un autre

SECONDE PARTIE.

autre *Didace Martinés*, de l'Ordre des Carmes. Celui-ci qui étoit Jésuite Espagnol, de Cordouë, entra dans la Société en 1585. & y mourut en 1645.

Jacobi Ziegleri Terræ sanctæ Descriptio, imprimée à Strasbourg en 1536. seconde édition *in fol.* & à Francfort 1575. Il étoit de Bavière, Géographe, & est mort en 1549.

Joannis Brisselii, Terræ sanctæ Topothesia brevis, &c. c'est-à-dire, Description abrégée de la Palestine, imprimée à Amberg en 1659. *in 8.* & à Dilingue 1679. Le Pere le Long dans sa Bibliothéque sacrée, & Lipenius dans sa Bibliothéque, le nomment *Jean Bissel* ; il étoit Jésuite de Suabe, Théologien, & fleurissoit en 1659.

Joannis Perusini, Descriptio Terræ sanctæ. Cette Description de la Terre sainte n'est encore que manuscrite, selon Possevin, qui en parle dans son Apparat sacré. L'Auteur étoit Italien, de Péruse, d'où il a tiré son nom.

Michaëlis Altsengeri, Terra promissionis topographicè & historicè, &c. *in 4.* à Cologne 1582. Cet Auteur qui fleurissoit en 1582. étoit Allemand & Catholique.

Christophori Pezelii, Theatrum Terræ sanctæ.

Fretellus, Archidiacre d'Antioche. Ce qu'il a écrit des Lieux saints, n'est que manuscrit, dans la Bibliothéque de Clairvaux, selon le Pere le Long.

Jacques Pantaleon, Patriarche de Jérusalem, a été Pape sous le nom d'Urbain IV. Il étoit de Troyes en Champagne, & est mort en 1264. Nous ne connoissons sa Description de la Terre sainte, que par ce qu'en dit *Adrichomius*, dans son *Theatrum Terræ sanctæ.*

Hermanni Borculoi, Civitatis Jerusalem, & locorum sacrorum Dissertatio, à Utrecht en 1538.

Tilmanni Stella, Jerosolymitanæ Civitatis & totius Terræ promissionis, Tabula, imprimée en 1557. Il a encore donné : *Typus Chorographicus locorum in Regno Juda & Israël*, à Anvers 1580. & à Amsterdam chez Janson. Il a été un grand Géographe.

Petri Lackstein, Descriptio antiquæ & novæ Urbis Jerosolymorum, Cælcuriæ Clivorum. 1576.

Enfin, *le Pere Pezron*, qu'il ne faut pas omettre, a fait une Dissertation sur les anciennes bornes de la Terre promise. Elle est imprimée en forme de Lettre dans les Mémoires de Trévoux au mois de Juin de l'année 1705. Elle est fort longue, & digne d'un aussi sçavant Auteur. Nous en parlons plus particulièrement sur le Livre de Josué.

Il est bon d'avoir aussi, ou de consulter les anciens & les nouveaux Voyageurs de la Terre sainte. Nous en marquerons quelques-uns, comme des témoins de ce qu'ils en rapportent.

Jacques de Vitry, peut être de ce nombre. C'est dans son Histoire d'Orient & d'Occident, qu'il parle des lieux sacrez de la Palestine. Elle est divisée en trois Livres, dont les deux premiers ont été imprimez à Douai en 1597. *in 8.* La Préface, qu'on n'avoit pas mis dans cette édition, se trouve dans les anciennes Leçons de *Canisius*, tome 4. p. 27. de la derniére édition *in fol.* Le premier & le troisiéme Livre, sont imprimez dans le *Gesta Dei per Francos* de *Bongars*, p. 1047. Dom *Martene* a donné depuis le troisiéme, dans ses Anecdotes, tome 3. p. 268. Il est different de celui qui est dans les anciennes éditions.

Cette Histoire contient en assez bon Latin, une ample Description de la Terre sainte, des mœurs des Habitans, de tout ce qu'on y voit & qui s'y est passé de considérable jusqu'en 1218. Ce Jacques de Vitry étoit d'Argenteuil proche Paris. Il se fit Chanoine Regulier dans le Monastére de Sainte Marie d'Oignies proche Namur, alla en Palestine vers 1230. & mourut en 1244.

Jean Maudeville, en Latin *de Montevilla.* Voyez le titre de son Voyage : *Itinerarium in partes Hierosolymitanas*, *in 4.* tel que Lipenius le rapporte dans sa Bibliothéque Théologique. En voici un autre qu'il spécifie dans sa Bibliothéque Philosophique. *Peregrinationum in Terram sanctam, & aliarum experientiarum Libri V.* à Strasbourg 1507. Le premier a été imprimé à Anvers en 1564. ce que Lipenius n'a pas marqué.

Rodolphe Langius, imprimé à Cologne en 1517.

Gerard Kuinretorf; Voyage de Jérusalem, imprimé à Campen en 1520.

Barthelemi de Salignac, imprimé à Lion en 1526. Lipenius le marque en 1593. *in 4.*

Jean Zuallars, Mayeur de la ville d'Ath, Voyage de Jerusalem, à Anvers 1608. *in 4.* avec figures.

Bernard de Breidembach, à Spire en 1502. 1490. *in fol.* à Mayence 1586. *in fol.* en Flamand à Utrecht 1488. Il étoit Doyen de l'Eglise de Mayence.

François Quaresme, a fait un fort gros Ouvrage sur la Terre sainte. Cet Auteur étoit de l'Ordre des Freres Mineurs, & fleurissoit vers l'an 1646.

Otthon Dapper, ou *Tapper.*

Le Pere *Eugene Roger*, Voyage de Palestine, à Paris *in 4.* avec figures.

Jean Pascal, Carme de Malines, a donné une Description de la Terre sainte, à Louvain 1563. *in 4.*

Voyage d'Outre-mer au Saint Sépulcre, par *Antoine Regnault*, Bourgeois de Paris,

a

à Paris 1573. avec des figures en bois assez bien dessinées.

Pierre Appien, *Gerard Mercator*, *Volfang de Veissembourg*, *Jean Ceverio de Vera Crux*, ont donné aussi leurs Voyages de la Terre sainte. On peut y joindre *Jean Cotovicius*, dont le Voyage a été imprimé à Anvers en 1619. *in 4.* en Latin. Il étoit d'Utrecht, & Jurisconsulte.

Jean Doubdan. Son Voyage de la Terre sainte en François, a paru à Paris en 1661. 1666. *in 4.*

Joannis Dubliulii Hodœpericon peregrinationis Jerosolymitana, à Cologne 1600. *in 8.*

Maundrell. Voyage d'Alep à Jérusalem, traduit de l'Anglois, & imprimé à Utrecht en 1705. *in 12.* Comme ce Voyage a été estimé, il y en a eu plusieurs éditions.

M. de Beauveau. Voyage du Levant, imprimé à Toul en 1608. & encore en 1619. avec figures, *in 4.*

Morizon, Chanoine de Bar-le-Duc. Voyage de Jérusalem, *in 4.*

Adami Reisneri, *Descriptio Jerusalem*, mise de l'Allemand en Latin, par *Jean Heydenus*, à Francfort 1563. *in fol.*

On peut voir la Liste des Auteurs citez par *Adrichomius*, à la fin de sa Description de Jérusalem, imprimée à Cologne *in 8.* 1585.

ARTICLE XXII.

Des Etudes, Ecoles, & Livres des Hébreux.

De tout tems les Juifs ont eu leurs Etudes particulieres, leurs Ecoles & leurs Livres. Leurs Etudes dans leur premier principe, étoient une Théologie toute sainte : l'Ecriture, la Loi, les Cérémonies, & tout ce qui regarde le Culte Divin, en étoient le principal & presque l'unique objet. Leurs Ecoles étoient comme des Académies, où l'on s'instruisoit & l'on disputoit sur des points de la Loi, & où l'on réformoit les abus. Depuis long-tems leurs Etudes ont beaucoup dégénéré. Leurs Livres sont ceux que les Rabbins ont écrit, ou pour expliquer la Loi, ou pour y substituer leurs fausses Traditions. Nous commencerons par leur Théologie.

Joannis Henrici Maii, *Synopsis Theologiæ Judaicæ veteris & novæ*. Cet Abrégé de la Theologie ancienne & nouvelle des Juifs, a été imprimé à Giessen en 1698. *in 4.* Il en fait voir la vérité & la fausseté. Maius étoit Luthérien, & Professeur en Théologie à Giessen.

Joannis Benedicti Carpzovii, *Introductio in Theologiam Judaicam*. Cette Introduction à la Théologie des Juifs, est de Carpzovius le fils, & a été imprimée dans la nouvelle édition qu'il a donnée *du Poignard de la Foi*, en 1687. *in fol.* à Leipsic. Voyez nos Listes sur Ruth, & son titre dans l'*Index*.

Josephi de Voisin, *Theologia Judæorum*, à Paris 1574. *in 4.* C'est *Fabricius* qui marque cette Edition ; en quoi il s'est trompé dans sa Bibliographie Antiquaire, puisque cet Auteur n'est mort qu'en 1685. Il faut donc dire que cette Théologie des Juifs a été imprimée en 1648. comme le marque M. Dupin ou celui qui a dressé ses Tables. Ce qui se trouve en effet dans les Observations de M. *de Voisin* sur le *Poignard de la Foi*, imprimé *ibid.* en 1651. *in fol.* Il étoit de Bourdeaux, Aumônier du Prince de Conti, & sçavoit la Langue Hébraïque.

Antonii Hulsii, *Theologia Judaïca*, à Bréde 1653. *in 4.* Nous en avons déja parlé dans l'Article troisiéme de cette Partie, & de son Auteur.

Joannis Alent, *Theologia Judaïca recentior*, à Herborne 1694. *in 8.* Son véritable nom est *Jean à Lent*. Son Ouvrage de la Théologie des Juifs modernes, est distribué en lieux communs.

Theodorus Hackspanius, *de usu Rabbinorum in Theologia*, à Nuremberg 1644. *in 4.* Il a fait plusieurs Ouvrages sur l'Ecriture. Il étoit de Saxe, Luthérien, & est mort en 1659.

Claudii Capellani, *Mare Rabbinicum inftdum*, à Paris 1667. *in 12.* Nous en avons déja parlé ci-dessus. Voyez son titre dans l'*Index*.

Julii Bartolocci, *Bibliotheca Rabbinica*, avec le Supplément d'*Imbonati*, en 5. vol. *in fol.* Nous en avons déja parlé plusieurs fois, & nous en parlerons encore. Voyez son titre dans l'*Index*.

Scipionis Sgambati, *Archiv. vet. Test.* à Naples 1703. *in fol.* Ces Archives sont divisées en trois Livres. Le premier traite des choses qui regardent Dieu. Le second des premiers Peres. Le troisiéme des Hommes illustres de l'ancien Testament.

L'Auteur de cet Ouvrage, après quelques Dissertations préliminaires sur l'Antiquité de la Langue Hébraïque, & sur les premiers caractéres dont on s'est servi pour écrire, entreprend de donner un détail exact de tous les anciens monumens, par le moyen desquels les Juifs assurent que les sciences divines & humaines ont été communiquées aux hommes. Selon eux, ces monumens sont de deux sortes ; les uns ont été rendus publics & mis entre les mains de tout le peuple ; & ce sont les Livres qui composent le corps de l'ancien Testament : les autres sont demeurez cachez, ou n'ont été communiquez qu'à très-peu de personnes choisies, qui ont pris soin de tems en tems d'instruire un petit nombre de leurs plus fidéles disciples,

des

des secrets qui étoient, disent-ils, contenus dans ces Livres merveilleux. On connoît assez les premiers; pour les autres, on en verra les titres dans cet Ouvrage, si on est curieux de les sçavoir. *Sgambat* étoit de Naples, Jésuite, & est mort en 1652.

Gilberti Gaulmin, de apocryphis Hebræorum Scriptis. Voyez son titre dans l'*Index*.

Joannis Alberti Fabricii, Codex Pseudepigraphus veteris Testamenti, Hamburgi & Lipsiæ 1713. *in* 8. Item *novi Testamenti*, Hamburgi 1703. *in* 8. Un troisiéme tome imprimé, *ibid*. en 1719. *in* 8. qui fait la troisiéme Partie du nouveau Testament. Ces deux Ouvrages sont très-utiles pour découvrir la source des sentimens qui nous paroissent singuliers dans les plus anciens Peres.

Joan. Van-Bashuysen, de Academiæ Academicorumque titulorum origine Hebraïca, à Hannover 1703. *in* 4. C'est une Dissertation. Nous avons parlé de cet Auteur au commencement de cette Partie.

Joan. Leonardi Henbner, Dissertationes de Academiis & Societatibus litterariis Hebræorum, à Wittemberg 1703. *in* 4. Il étoit Allemand & Luthérien.

Jacobi Altingii, Historia Academiarum, & promotionum Academicarum, à Amsterdam 1652. *in* 12. & dans le tome 5. de ses Ouvrages imprimez *ibid*. 1687. *in fol*. où l'on trouve aussi son Traité de l'homme Hébreu studieux & Docteur. Voyez son titre dans l'*Index*.

Julii Bartolocci, Ritus studendi in Academiis Judæorum, dans le tome 1. de sa Bibliothéque Rabbinique, p. 486. & tome 3. p. 663. 667. & suiv. Voyez ci-dessus.

Voyez aussi notre Lettre contre M. de Fourmont, imprimée à Paris en 1710. & notre Dissertation sur les Ecoles des Hébreux, à la tête du Commentaire sur Jeremie.

Georgii Ursini, Antiquitates Hebraïcæ Scholastico-Academicæ, à Copenhague 1698. *in* 4. Il y traite des statuts & priviléges, tant des Ecoles que des Académies des Juifs. La matiére y est diversifiée par quantité de choses qui plaisent & qui amusent. L'Auteur étoit Danois, & Luthérien.

Christiani Friderici Willischii, de filiis Levitarum, à Leipsic 1708.

Rodolphi Martini Meelfuhrer, Diatriba de meritis Hebræorum in rem litterariam, à Vittemberg 1669. Voyez nos Listes sur saint Matthieu, & son titre dans l'*Index*.

Maimonides, de studio Legis, avec les Notes de *Robert Claveringius*, à Oxford 1705. *in* 4.

Henrici Otthonis, Historia CXXX. Doctorum Mischnicorum, à Amsterdam 1699. 1709. *in* 12. avec des Notes ajoutées par un autre Auteur.

Basnage, dans sa continuation de l'Histoire des Juifs, tome 5. Livre 7. Chap. 7. p. 115. édition de Paris 1710. *in* 8.

Jacobi Altingii, de Concionibus Judæorum post reditum è Babylonia, dans le Recueil de ses Ouvrages. Voyez ci-dessus.

Joannis Christophori Wagenseil, de Concionibus Judæorum nostræ ætatis, dans son Livre qui a pour titre : *Tela ignita Satanæ*, p. 245. & suiv. Voyez son titre dans l'*Index*.

Guillelmi Surenhusii, Theologia Hebræorum, à Amsterdam *in* 4. Voyez son titre *ibid*.

Gerard Veltwyckius, de Disciplinis Hebræorum, & de leur vanité. Cet Ouvrage est écrit en vers Hébreux, sous ce titre: *Itinera Deserti*; & a été imprimée à Venise en 1539. *in* 4. L'Auteur étoit de Ravestein.

Henri Hottinger, a mis en Latin le Traité de la Gemare, touchant l'inceste, la création & le char, imprimé à Leide en 1704. *in* 4. Il y a des Notes tirées des Rabbins. Voyez son titre dans l'*Index*.

Schabatai Ben-Joseph, Juif, & frere du plus fameux des Rabbins, a donné le Catalogue des Livres Rabbiniques, intitulé : *Labia dormientium*, & imprimé à Amsterdam en 1683. *in* 4. Il parle dans sa Préface des différens usages qu'on peut faire de son Livre, & de la maniére d'enseigner dans la Synagogue d'Amsterdam.

Fabricius, dans sa Bibliographie Antiquaire, marque plusieurs autres Auteurs, qui ont traité le même sujet, p. 616. Il faut rapporter à ce même Article notre Dissertation sur les bons & les mauvais Anges. Elle est à la tête du Commentaire sur saint Luc.

Julii Bartolocci, de Angelis & Dæmonibus secundum Hebræos, dans le tome 1. de sa Bibliothéque Rabbinique, de *Inferno & Purgatorio*, tome 2. p. 128. De *Peccato Originali, seu figmento malo Rabbinorum, ibid*. p. 43.

ARTICLE XXIII.

Des différentes Sectes des Juifs.

Si-tôt que les Juifs se sont éloignez du véritable esprit de la Religion qu'ils avoient reçuë de Moyse, & du vrai culte qu'il leur avoit prescrit, ils se diviserent en plusieurs Sectes, & elles avoient chacune leurs sentimens particuliers; leur doctrine, leurs coutumes, leurs traditions. C'est ce que l'on voit dans les Livres que nous allons marquer.

Nicolai Serrarii, Trihæresis, seu de tribus Judæorum Sectis: Cela se trouve parmi ses Opuscules. Voyez son titre dans l'*Index*.

Josephi Scaliger, Elenchus Trihæreseos;

parmi ses Ouvrages, & avec le suivant. On y trouve aussi sa Réponse à *Serrarius*, où il lui dit beaucoup d'injures. Il y a à la tête deux Lettres ; l'une de *Drusius* adressée à *Jean Prideaux*; l'autre qui lui est supposée. A la fin se trouvent les Notes de *Sixtinus Amama*, qui a eu soin de cette édition.

Joannis Drusii, de Sectis Judæorum, à Arnhem 1619. *in* 4. Voyez son titre dans l'*Index*.

Julii Bartolocci, de Saduceis, Baithuseis, aliisque Judæorum Sectis, tome 1. de sa Bibliothéque Rabbinique, p. 376. & *Imbonati de Samaritanis, ibid.* tome 4. p. 171. *Bartolocci, de Rechabitis, ibid.* tome 1. p. 122.

Nous parlons sur les Sectes des Juifs, à la tête de notre Commentaire sur S. Marc, & dans notre Dissertation sur les Réchabites, à la tête de Jérémie.

Basnage, dans sa continuation de l'Histoire des Juifs, tome 1. Livre 3. Chap. 1, 2, 3. Des Sectes des Juifs, *ibid.* Livre 9. Chap. 1. Il traite en particulier des *Samaritains*, dans tout son Livre huitiéme; des Talmudistes, Caraïtes & Cabalistes, dans tout le Livre neuviéme.

Jacobi Rhenferd, de fictis Judæorum hæresibus Dissertationes; & *Adriani Relandi, de Samaritanis*. On doit donner ces deux Ouvrages dans le Trésor des Antiquitez Hébraïques, tome XI. Nous avons parlé de l'un & de l'autre Auteur.

Jacobi Triglandii, de Caraïtis. C'est une Dissertation qu'il a faite sur les Caraïtes, imprimée avec ce que *Christophe Wolf* a donné sur le même sujet, à Hambourg 1714. *in* 4. Trigland ayant fait imprimer l'Ouvrage de *Serrarius, de Drusius*, & de *Scaliger*, sur les trois Sectes des Juifs, y ajouta la Dissertation dont nous venons de parler. Tout cela ensemble parut à Delft en 1703. *in* 4. Trigland étoit Hollandois, Calviniste, Professeur à Leide, & mourut en 1706.

Richard Simon, Dissertation sur les Caraïtes & les Samaritains. Voyez son titre.

Herman Witsius, de Rechabitis. Cet Ouvrage de Wits sur les Rechabites, fait la neuviéme Exercitation du tome 2. de ses Mélanges sacrez, dont nous avons parlé ci-dessus. Voyez son titre.

Samaritanorum Epistolæ ad Scaligerum, Ludolfum & Fratres, in Anglia diversis temporibus scripta.

Chronicon Samaritanorum, dont nous avons déja parlé.

ARTICLE XXIV.

Des Monnoyes, des Poids & Mesures des Hébreux.

Les Hébreux dès le commencement de leur République, ont eu leurs Monnoyes, leurs Poids & Mesures. La difficulté est de sçavoir quelle étoit cette Monnoye, quels étoient ces poids & ces Mesures, dont il est si souvent parlé dans l'Ecriture sainte. Voilà ce qui a exercé la plume des Auteurs suivans.

Edvvardi Bernard, de Mensuris & Ponderibus antiquis, & de Mari Salomonis. Tout cela imprimé à Oxford en 1688. *in* 8. en trois Livres; édition beaucoup plus ample que celle qui avoit déja paru. Cet Auteur étoit Anglois, & est mort en 1697. âgé de 53. ans.

Joannis Gaspard. Eisenchmid, de Ponderibus & Mensuris veterum Romanorum, Græcorum & Hebræorum, nec non de valore pecuniæ veteris, à Strasbourg 1708. *in* 8. L'Auteur étoit Allemand, Luthérien.

Guntheri Henrici Thulemarii, de variis siclis & talentis Hebræorum, à Erford 1676. *in* 12. Tulemarius étoit Allemand, Calviniste, Jurisconsulte & Conseiller du Prince-Electeur Palatin.

Andreæ Beyer, siclus sacer & Regius appensus, à Leipsic 1667. *in* 12. Beyer étoit Allemand, Luthérien, & vivoit en 1668.

Caroli Imbonati, de Nummis Hebræorum, dans la Bibliothéque Rabbinique, tome 4. p. 158.

Benedicti Ariæ Montani, Tubal-Cain. Cela se trouve dans sa Polyglotte d'Anvers, & dans les grands Critiques de Londres, tome 8. p. 642.

Gaspar Waserus, de Nummis Hebræorum, à Zuric 1605. & à Heidelberg 1610. *in* 4. & dans les grands Critiques, tome 8. p. 926. Voyez son titre dans l'*Index*.

Raphaël Avellinus, Declaratio Numismatis Hebraïci, David & Abraham, en Italien.

Edvvard Brerevvood, de Ponderibus & pretiis veterum Nummorum, à Londres 1614. *in* 4. & dans les grands Critiques tome 8. p. 1093.

Marquardi Freheri, de Numismate censûs, à Heidelberg 1599. *in* 4. & dans les grands Critiques, tome 9. p. 3627. Voyez nos Listes sur saint Matthieu.

Henrici Buntingi, de Monetis, Ponderibus & Mensuris sacræ Scripturæ, à Magdebourg, 1583. *in* 8. & à Londres 1683. en Anglois *in* 4. Il y a plusieurs autres éditions de cet Ouvrage en toutes sortes de Langues. Bunting étoit Allemand, d'Hanover, Luthérien, & Surintendant de Goslar; il fleurissoit en 1590.

Herman Conringius, de Nummis Hebræorum Paradoxa, à Helmstat *in* 4. 1675. L'Auteur dans ces Paradoxes, prétend prouver que tous les anciens sicles étoient d'argent;

qu'il

SECONDE PARTIE.

qu'il n'y a point de véritable Monnoye Hébraïque, qui représente la figure de l'homme, &c. On a imprimé ce même Ouvrage dans le second *Fasciculus* des *Opuscules*, à Leipsic 1695. *in* 8. Fabricius en fait un assez ample détail dans sa Bibliographie, p. 533. Voyez sur saint Luc ce qui regarde cet Auteur, où son titre dans l'*Index*.

Otthon Sperling, *de Nummis non cusis*. Cet Auteur prétend aussi qu'il n'y a point eu de Monnoyes frappées au coin en usage chez les Juifs, avant la captivité de Babylone.

Fortunat Scacchus, dans son *Myrothecium*, Livre 2. Chap. 3. traite le même sujet. Voyez son titre dans l'*Index*.

Adrianus Relandus, *de Nummis Samaritanorum*. Nous en avons parlé dans l'Article précédent, à l'occasion d'un autre Ouvrage du même.

Le Pere Hardouin & *Jean Gagnier*, ont écrit sur le même sujet : le premier dans sa Chronologie de l'ancien Testament, p. 603. & suivantes. Ce que Jean Gagnier a écrit sur les Monnoyes, se trouve dans les Mémoires de Trévoux de 1705. au mois de Septembre, p. 1643. & au mois de Novembre, p. 1997.

Richard Cumberland, a donné un Essai touchant les Monnoyes, les Poids & les Mesures des Hébreux, imprimé à Londres en 1686. *in* 8. en Anglois. Il y compare les Poids, les Mesures & les Monnoyes des Juifs, avec celles des Anglois. Il étoit Anglois & Théologien de Cambrige.

Stanislas Grepsius, *de Siclo & Talento Hebraorum: de Ponderibus & Mensuris*, à Anvers 1568. *in* 8. Il étoit Polonois de nation, & vivoit au seiziéme siécle.

Jacobi Tirini, *de Antiquis Hebraeorum*, &c. *Ponderibus, Mensuris & Monetis*. Ce sont des Prolégomènes qu'il a fait sur cette matiére, & qui se trouvent, tant dans la grande & la très-grande Bible de Jean de la Haye, que dans les Polyglottes de Londres.

Joannis Henrici Hottingeri, *de Nummis Orientalium*, *Hebraorum maximè & Arabum*, à Heidelberg 1662. seconde édition, augmentée. Il y a à la fin une planche, où l'on trouve plusieurs Monnoyes Juives. Voyez son titre dans l'*Index*.

Joannis Pastritii, *de Siclis & Nummis Hebraicis*. Il n'y a que *Imbonati*, qui dans sa Bibliothéque Latine - Hébraïque, tome 5. p. 123. parle de cet Ouvrage des Sicles, & de plusieurs autres très-importans, & dont on pourroit faire un grand usage, s'ils étoient imprimez. On en peut voir les titres dans le Pere le Long, tome 2. de sa Bibliothéque sacrée, *in fol*. p. 895. Pastritius étoit de Dalmatie, sçavoit la Langue Grecque & Hébraïque, enseigna à Rome, & mourut en 1708.

Joan. Selden, *Liber de Nummis*, imprimé à Londres en 1675. *in* 4. Voyez son titre dans l'*Index*.

Joan. Wulferi, *de Siclo mense Adar offerendo*. C'est un Traité Talmudique de la manière d'offrir tous les ans le Sicle pendant que le Temple des Juifs subsistoit. Wulfer n'a fait que le mettre en Latin, & y a joint un Commentaire imprimé à Altorf en 1680. *in* 4.

Josiæ Simleri, *vocabula rei Nummaria*, *Ponderum & Mensurarum Græca, Hebraïca, Arabica*, à Zuric 1580. *in* 8. Simler étoit Suisse & Calviniste. Il est mort en 1576.

Ludov. ab Alcazar, *Opusculum de Ponderibus & Mensuris*. Cet Ouvrage, fort recommandable, & par lui-même & par son Auteur, est une Recherche curieuse de la vérité dans les Poids & les Mesures, imprimé à Anvers en 1614. & à Lion 1616. *in fol*. Voyez sur l'Apocalypse.

Marini Mersenne, *Tractatus de Mensuris*, *Ponderibus & Nummis Hebraorum, Græcorum*, &c. imprimé à Paris 1644. *in* 4. Cet Auteur, qui étoit de la Province du Maine, se fit Minime, devint habile Mathématicien, & est mort en 1648. Il a eu de très-étroites liaisons avec le célèbre Descartes. Voyez nos Listes des Auteurs sur la Génèse.

Matthæi Hosti, *Historia rei nummaria veteris*, &c. Item *Libri tres de veteribus Ponderibus & Mensuris intervallorum, Romanis, Græcis, Hebraïcis*, &c. Ces deux grands Ouvrages ont été imprimez à Francfort en 1580. & 1595. 2. vol. *in* 8. Encore depuis, avec les anciens Auteurs qui ont écrit sur la Monnoye, à Leide 1695. *in* 4. Voyez le titre de *Hoste*, ou *Hostus*, dans l'*Index*.

Philippi Labbe, *Bibliotheca nummaria*, à Paris 1664. *in* 8. Nous avons parlé de ce sçavant Auteur, dans l'Article des Annales, ci-dessus.

M. *le Pelletier* de Rouen, Traité des Monnoyes, des Poids & des Mesures des Hébreux, réduites à celles de France, imprimé à la tête de notre Commentaire sur la Génèse.

Réduction des Monnoyes anciennes des Hébreux, & de quelques autres Peuples, à notre poids de marc, par M. *Turpin*, Conseiller à la Cour des Monnoyes, imprimée dans le *Dictionnaire*, Tome premier, seconde édition.

Le R. P. Lamy de l'Oratoire, a aussi donné des Tables des Monnoyes, des Poids & des Mesures des Hébreux, dans son Apparat; mais ce n'est qu'un Abrégé d'un grand Ouvrage qui vient de paroître de lui sur ce sujet.

Jean

Jean Mariana, de Ponderibus & Mensuris. Voyez-le dans la nouvelle édition de *Menochius*, où le P. *Tournemine* adapte aux Poids & Monnoyes de France, ce que Mariana a dit des Monnoyes par rapport à l'Espagne.

Il est bon de voir ce que M. *le Pelletier de Roüen*, a écrit sur la pesanteur des cheveux d'Absalon, parce qu'il y a fait une sçavante & longue discussion sur les Sicles & Mesures des Hébreux. On la trouve dans les Mémoires de Trévoux de 1702. au mois d'Août. Il a fait en particulier un Traité des Poids & Mesures, imprimé dans les Essais litteraires du mois de Mai 1703. p. 316. Nous avons parlé de lui sur la Génèse. Voyez sur l'Arche de Noé dans les Dissertations.

Zvvinger a fait une Dissertation sur les Sicles des Hébreux, imprimée en Latin à Bâle en 1709. Il y distingue le Sicle sacré du prophane: il fait aussi une longue discussion sur les trente deniers que reçut Judas pour le prix de sa trahison.

Fabricius dans sa Bibliographie, marque tous ceux qui ont traité de cette matière, p. 530. 540. 544. & *Lipenius* dans sa Bibliotheque Philosophique, tome 1. & 2.

ARTICLE XXV.

Des Animaux dont il est parlé dans l'Ecriture.

Les Sçavans ont porté leur critique jusques sur les Animaux dont parle l'Ecriture, pour examiner & éclaircir les passages qui souffrent quelque difficulté là-dessus. Voici les principaux de ceux qui en ont traité.

Bened. Ariæ Montani, *Naturæ Historia*, à Anvers 1601. & dans sa Polyglotte. Nous avons déja souvent parlé de cet Auteur. Voyez son titre.

Samuelis Bochart, *Hierozoicon, seu de Animalibus sacræ Scripturæ*, 2. vol. *in fol.* à Londres 1663. à Francfort 1675. à Utrecht 1692. & 1712. avec ses autres Ouvrages. 3. vol. *in fol.* Celui dont nous parlons ici, est particuliérement recommandable par la profonde érudition qui s'y trouve, *singulari planè eruditione refertum*, dit *Fabricius* dans sa Bibliographie. *Bochart* étoit de Roüen, Calviniste, sçavoit les Langues Orientales, & est mort en 1667. âgé de 68. ans, étant né l'an 1599.

Stephani Vesei, *Epitome Samuelis Bochart.* Cet Abregé a été imprimé à Francker en 1690. *in* 4. *Vesé* étoit Hongrois de nation.

Joannis Henrici Maii, *Epitome ejusdem Hierozoici*, à Francfort 1686. *in* 8. Cet Auteur reprend assez souvent Bochart & quelquefois avec raison. Voyez son titre dans l'*Index*.

Wolfang Franzius, de Animalibus sacræ Scripturæ, à Wittemberg 1613. *in* 8. Cet Ouvrage a été augmenté & perfectionné par *Jean Cyprien*, & imprimé à Dresde en 1697. 2. vol. *in* 8. Depuis en 1712. 2. vol *in* 4. Il l'avoit déja été à Londres en 1674. *in* 8. en Anglois. L'Auteur y suit une autre Méthode que Bochart dans son Histoire des Animaux. Voyez ses autres ouvrages dans nos Listes sur le Lévitique, & son titre dans l'*Index*. Il étoit Allemand, Luthérien, & est mort en 1628. *Cyprien* étoit aussi Allemand Luthérien, Professeur à Leipsic sur la fin du dix-septième siécle.

Joannis Bustamantii, *de Animalibus sacræ Scripturæ reptilibus*, à Complut, ou Alcala, l'an 1595. 2. vol. *in* 4. à Lyon 1620. & 1638. 2. vol. *in* 8. Cet Ouvrage est bien superficiel en comparaison de celui de *Bochart*. Bustamantius étoit Espagnol, & Médecin à Complut en 1595.

Godefridi Muller, *Theologia Biblica, seu de Animalibus Biblicis*, à Wittemberg 1676. *in* 8. Voyez son titre dans l'*Index*.

Joannis Henrici Ursini, *Animalium Biblicorum Nomenclator*: ce qui fait le quatrième Livre de ses Mélanges sacrez, à Nuremberg 1666. *in* 8. Voyez aussi son titre *ibid.*

On peut voir aussi ce que *Jean Conrad Dieteric* a écrit là-dessus dans ses Antiquitez de la Bible, p. 416.

Les Hieroglyphes des Animaux donnez par *Simson*, imprimez à Edimbourg en 1622. *in* 4. Ce n'est point *Edouard*, comme le dit *Fabricius*, mais *Archibaud Simson* dont on parlera sur la derniére Epître de Saint Pierre.

Les Commentaires Physiques de *Jean de Mey* sur le Pentateuque & le nouveau Testament, imprimez à Middelbourg en 1661. 2. vol. *in* 4. & dans ses Ouvrages imprimez à Leide en 1706. *in fol.* Il étoit de Zélande, Calviniste, & est mort en 1678.

Le Traité des Animaux, que *Salomon Van-Till* a joint à son Commentaire sur le XXV. jusqu'au XXX. Chapitre de l'Exode, imprimé à Amsterdam 1714. *in* 4. en Latin. Voyez son titre.

Quoique *Olaus Rudbeck* se soit proposé de traiter de tous les animaux dont parle l'Ecriture, cependant nous n'avons encore que la première partie de ce grand projet, imprimée en Latin à Upsal en 1705. *in* 4. Il y explique seulement ce qu'étoit le *Selau* dont il est fait mention au Chapitre XI. ⅴ. 31. du Livre des Nombres. Il prétend contre le sentiment de Bochart & de Ludolf, que c'étoit un poisson. Il employe un grand nombre d'observations, pour rendre son opinion vrai-semblable. Il y joint des Remarques tirées des Naturalistes.

Nous

Nous avons dans les Mémoires de Trévoux, au mois de Mars 1719. une Lettre de *M. Pestalozzi*, Médecin, ou plûtôt une Dissertation sur le Poisson qui engloutit le Prophéte Jonas. Tout ce qu'il en dit est sçavant & curieux.

ARTICLE XXVI.
Des Maladies dont il est parlé dans l'Ecriture.

Voici encore un autre sujet pour les habiles Critiques ; ils se sont appliquez à rechercher les differentes sortes de Maladies dont parle l'Ecriture sainte ; leurs causes, leur nature, leurs espéces. Ce qui ne sert pas peu à éclaircir bien des endroits qui paroissent obscurs.

Francisci Vallesii, *de Sacra Philosophia*, à Lyon en 1592. *in* 8. à Francfort en 1667. Il y parle des Maladies rapportées dans l'Ecriture. Ce François de Valles étoit Espagnol, né dans la vieille Castille ; il fut Médecin de Philippe II. Roi d'Espagne. Il n'a écrit que sur la Médecine, comme on le peut voir dans *Nicolas Antonio*, qui marque tous ses Ouvrages.

Guillelmi Ader, *de Morbis Evangelicis*, à Toulouse en 1628. *in* 8. & dans les grands Critiques de Londres, tome IX. page 3665. de la premiére édition. *Fabricius* en a donné l'Extrait dans l'Histoire de sa Bibliothéque, tome premier, pag. 201. & en porte le jugement, *ibid.* page 335. C'est pour prouver la vérité des Miracles de JESUS-CHRIST qu'il a entrepris cet Ouvrage. Il étoit Médecin Catholique, & vivoit au commencement du dix-septiéme siécle.

Thomæ Bartholini, *de Morbis Biblicis*, imprimé à Francfort sur le Mein en 1672. & à Copenhague en 1673. *in* 8. On ne trouve dans le *Fasciculus* cinquiéme de Crenius, que ce qu'il a écrit des Paralytiques de l'Evangile ; ce qui avoit déja été imprimé séparément à Copenhague en 1653. *in* 4. & à Bâle en 1661. *in* 8. Voyez les Dissertations sur saint Matthieu, où il est parlé de lui, & d'un autre Ouvrage.

Christiani Vvarlitz, *de Morbis Biblicis*, à Wittemberg en 1714. *in* 8. Il a fait aussi un Traité sur les différentes Nourritures, les Boissons & les Pierres précieuses dont parle l'Ecriture. Il faut voir là-dessus les Nouvelles Littéraires d'Allemagne de 1705. page 163. Il étoit Allemand, Luthérien, Docteur & Professeur en Médecine.

Conradi Tohreni, *de Morbis Biblicis & de Christo Medico*, à Francfort sur l'Oder en 1704.

Valentini Henrici Vogler, *de rebus Naturalibus & Medicis*, *quarum in Scriptura sit mentio*, à Helmstad en 1682. *in* 4.

Voyez notre Dissertation sur la Médecine des Hébreux, à la tête de notre Commentaire sur l'Ecclésiastique.

ARTICLE XXVII.
Des Arbres & des Plantes dont parle l'Ecriture.

Il n'y a rien à négliger dans les saintes Ecritures ; tout y mérite notre attention, jusqu'aux moindres Plantes, jusqu'à l'Hysope qui a fait la matiére des disputes de Salomon. Il ne faut donc pas s'étonner si des Sçavans de nos jours en ont fait le sujet de leur application.

Ludovici Rumetii, *Viridarium Sacræ Scripturæ*, *de Arboribus frugiferis*, *& infrugiferis*, *& aromaticis*, à Paris en 1628. *in* 8. Ce Verger de Louis Rumet est littéral & mystique, divisé en trois parties. L'Auteur étoit d'Abbeville, & Chanoine de la Métropole de Paris.

Villelmii Sarcerii ; *Herbarium spirituale Germanicè*, à Francfort en 1573. *in fol.* Guillaume Sarcer étoit Allemand, Luthérien.

Adrianus Cocquius; *Historia Sacra Plantarum*, *Arborum & Herbarum Sacræ Scripturæ*. Cette Histoire Sacrée d'Adrien Cocq, a été imprimée à Flessingues en 1664. *in* 4.

Levinus Lemnius, *de Plantis Sacris*, à Francfort en 1596. *in* 12. Ce petit Livre avoit déja été imprimé en François à Paris en 1577. & a été traduit en Anglois par *Thomas Nevvton*, & imprimé à Oxford en 1587. *in* 8. *Levinus* ou *Lemnius* a encore donné une Explication des Paraboles de l'Ecriture, qui sont prises des Arbres & des Plantes ; elle a été imprimée à Anvers en 1565. *in* 4. Il étoit de Zelande, Médecin, & est mort en 1568.

Joannis Henr. Ursini, *Arboretum Biblicum*, à Nuremberg en 1663. & 1699. 2. vol. *in* 8. avec son Jardin Aromatique, où il traite de tous les Aromates dont parle l'Ecriture Sainte. Nous avons déja parlé de lui. Voyez son Titre.

Thomæ Brovvn ; *Observationes de Plantis in Sacra Script. memoratis*. Lipenius ne dit point si ces Observations sont imprimées, quoiqu'il ait parlé dans sa Bibliothéque Philosophique des autres Ouvrages de cet Auteur. Il en est aussi parlé dans l'Histoire de l'Académie d'Oxford, pag. 336. Ce *Brovvn* ; car c'est ainsi qu'il faut écrire son nom ; étoit Anglois ; natif de Londres ; il passa Maitre ès Arts en 1629. voyagea beaucoup ; & à son retour en Angleterre, Charles II. l'honora l'honora de la dignité de Chevalier. Il mourut fort âgé, après l'an 1671.

Isidor. Barreira, de significatione Plantarum, Florum & Fructuum quæ memorantur in Sacra Scriptura. Ce Traité est écrit en Espagnol. On l'a imprimé à Lisbonne en 1622. *in* 4. *Barreira* étoit Portugais & Prêtre. Il vivoit au commencement du seiziéme siécle.

Matthieu Hiller, Abbé de Royale-Fontaine, a donné *Hierophyticon.* C'est un Commentaire sur quelques endroits de l'Ecriture, où il est parlé des Plantes, divisé en deux Parties ; dont la premiére traite des Plantes ; la seconde, des Herbes. Il est imprimé à Utrecht en Hollande chez Broedelet, avec une Préface de *Pfistori*, Professeur de *Bebenhus*, & la Vie de l'Auteur. Cet Ouvrage est annoncé dans la Gazette d'Utrecht de 1725. au Supplément.

ARTICLE XXVIII.

Des Pierres précieuses dont parle l'Ecriture Sainte.

Ces précieux trésors, qui sont cachez dans les entrailles de la terre, & dans les abîmes de la mer, ont encore mérité l'attention de nos plus célébres Critiques. Leur loüable curiosité les a porté à examiner les beautez, la nature, l'usage & les propriétez de ces Pierres, que l'avarice des hommes porte à foüiller la terre & la mer pour les y trouver.

Sancti Epiphanii, de 12. Gemmis Pectoralis summi Pontif. dans le second tome de ses Ouvrages. Ce petit Traité a aussi été imprimé séparément, en Grec & en Latin à Zuric en 1566. *in* 8. & avec les Notes de *Saumaise*, dans l'édition de l'Ouvrage de *Matthieu Hiller* sur ces douze Pierres, à Tubinge en 1698. & 1711. *in* 4. Nous venons de parler de ce dernier Auteur.

Louis de Dieu en traite aussi dans son Commentaire sur l'Exode, Chap. xxviii. ỳ. 17. Voyez son Titre dans l'*Index.*

Franciscus Rueus, de Gemmis Apocalypsis, à Francfort en 1596. *in* 12. Ce qui se trouve aussi dans le Traité de *Lemnius* sur les Plantes. Voyez dans l'Article précédent. L'Ouvrage de *François de la Ruë* est partagé en deux Livres, dont il y a plusieurs éditions ; celle que nous avons marquée est la derniére. Il a encore donné les noms Hébreux des Pierres précieuses, dans un écrit imprimé à Lyon en 1588. *in* 8. Il étoit de l'Isle en Flandres, Docteur en Médecine, & est mort en 1585.

Edvvard Bernard, parle des mêmes Pierres dans ses Notes sur les Antiquitez de Joseph, Livre 3. pag. 180. Nous en avons marqué l'édition au commencement de l'Article des Histoires.

Paschasius Balduinus de Hebraïcis Gemmarum nominibus. Ce n'est qu'une Lettre que *Baudoüin* a écrit sur les noms Hébreux des Perles, & il ne paroît pas qu'elle soit imprimée. *Paschal Baudoüin* étoit Flamand, Chanoine Régulier, selon Valere André dans sa Bibliothéque Belgique, où il marque tous ses Ouvrages, qui ne sont encore que Manuscrits.

Joan. Braunius, de vestitu Sacerdotum Hebræorum, il y parle des Pierres du Pectoral dans le Livre 2. Chap. 8. Nous avons marqué l'édition ci-dessus. Voyez son Titre dans l'*Index.*

Joannes Jacobus Bayerus, Dissertatio de Sapphiro Sacræ Scriptura. Cette Dissertation de *Bayer* a paru à Altorf en 1705. Il étoit Allemand, Luthérien, Professeur des Mathématiques à Altorf, vers 1707. Voyez ses autres Dissertations sur Job. Dans celle dont nous parlons ici, il prétend que le Sapphir de l'Ecriture n'étoit autre chose que le *Lapis* ou *Lazuli*, ou la Pierre d'azur, qui est la même chose.

Samuelis Reiheri, Mathesis Mosaica, à Kiel en 1679. *in* 4.

Joan. de Mey Physiologia Sacra, à Middelbourg en 1661. *in* 4.

Fabricius dans sa Bibliographie, en marque plusieurs autres qui ont écrit sur le même sujet.

ARTICLE XXIX.

Sur le Manger & les Festins des Hébreux.

Joannes Guillelm. Stuckius, Antiquitates convivales, Hebræorum, Græcorum, Romanorum. Ce grand & magnifique Ouvrage de *Guillaume Stuck*, comme *Fabricius* le qualifie, a été imprimé à Zuric en 1582. *in fol.* & depuis avec ses autres Ouvrages à Leide en 1695. *Juste Lipse* en fait l'Eloge dans sa Lettre 65. de ses Miscellanez, Centurie premiére, & la Lettre 26. Centurie seconde. Nous avons déja parlé de Stuck dans cette Partie. Voyez son Titre dans l'*Index.*

Sur le Manger, les Festins, &c. des anciens Hébreux, voyez notre Dissertation à la tête de notre Commentaire sur l'Ecclésiastique.

Theodorus Dassovius, de Accubitu ad Agnum Paschalem, à Wittemberg en 1698. *in* 4. Voyez son Titre dans l'*Index.*

Joannes Buxtorfius de Cœna primæ Paschalis ritibus & forma. Voyez son Titre, ibid.

M. Phil. Rohr, Pictor errans in Historia sacra,

sacra, ce qui se trouve dans le tome second des Dissertations Théologiques & Philologiques, pag. 860.

Voyez *Fabricius* dans sa Bibliographie Antiquaire, Chap. 19. Num. 1. 2. 3. 5. & M. *le Pelletier de Roüen*, *Erreurs des Peintres*, dans les Journaux de Trévoux, aux mois de Novembre & de Décembre de l'année 1704.

ARTICLE XXX.
Des Habits & Chaussures des anciens Hébreux.

Les anciens Hébreux avoient différentes sortes d'Habillemens & de Chaussures, qui les distinguoient des autres Nations. On a parlé des Habits des Prêtres dans l'Article qui les regarde.

Melchior Leidecker, *de Vestibus & Ornamentis Hebraeorum privatorum*, dans sa République des Hébreux, Livre 12. Chap. 8. Voyez son Titre dans l'*Index*.

Julius Bartolocci, *de iisdem*, dans sa Bibliothéque Rabbinique, tome premier, pag. 556. 576. 579.

Michel Beck, *de usu Philacteriorum Judaicorum*. Cet Auteur a fait deux sortes d'Ouvrages sur les Philactéres des Juifs ; l'un imprimé à Jene en 1676. l'autre, *ibid.* en 1684. *in* 4. Voyez son Titre dans l'*Index*.

Matth. Hiller, *de Vestibus Hebraeorum Fimbriatis*, à Tubinge en 1701. Nous avons parlé de lui ci-dessus.

Fridericus Adolphus Lampe, *de Sacco*, *Cilicio*, *Cinctura & Calceis Hebraeorum*.

Fortunatus Scacchus, *de Vestibus & Ornamentis Regum apud Hebraeos*, dans son Myrothecion, Livre 3. Chap. 38. 43.

Antonius Bynaeus, *de Calceis Hebraeorum*. Cet Ouvrage qui contient deux Livres avec des figures, a été imprimé à Dordrecht en 1682. *in* 12. & en 1695. *in* 4. édition revuë & augmentée. Personne n'avoit encore traité cette matiére à fond comme a fait cet Auteur ; ce qui engage à en donner ici un petit Abrégé. Il commence son premier Livre par l'origine des Souliers, que *Baudoüin* a attribuée à Adam ou à Dieu même ; & il dit que sans remonter si haut ni déterminer rien de positif là-dessus, ce qui ne peut être fondé que sur des conjectures peu certaines ; il y a de l'apparence que le besoin que l'on en a toujours eu, aussi-bien que des Habits, n'a pas permis aux hommes de s'en passer long-tems. Il montre donc par plusieurs passages de l'Ecriture, que l'usage des Souliers étoit déja fort en vogue du tems d'Abraham ; & qu'à la réserve de quelques cérémonies de la Religion, où de quelques coutumes particuliéres que nous rapporterons dans la suite, les Hébreux marchoient toujours chaussez. Il conclut de-là, avec S. Augustin, S. Chrysostome, &c. que Jesus-Christ, lequel observoit exactement jusqu'aux moindres de leurs coutumes, n'a pas non plus marché pieds nuds pendant sa vie, comme le prétendent saint Jérôme, Denis le Chartreux, saint Bonaventure, & quelques autres.

Quant à la matiére dont leurs Chaussures étoient faites, il croit qu'elle n'étoit autre que du cuir & des peaux dont ils se sont anciennement habillez, & dont presque tous les Peuples se sont servis pour cet effet. Empedocles est le premier que l'on trouve en avoir porté de fer, & quoiqu'il y ait dans l'Ecriture *ferrum & as Calceamentum ejus*, on ne doit pas cependant inférer de-là, que cette sorte de Soulier ait jamais été en usage parmi les Hébreux ; Moyse faisant allusion en cet endroit à la Chaussure des Gens de guerre qui devoit être garnie de ces métaux, pour exprimer par-là que ceux de la Tribu d'Aser seroient des hommes forts & de grands Guerriers.

La couleur la plus ordinaire de cette Chaussure étoit la blanche. La noire n'étoit en usage que parmi les hommes. La plus rare & la plus estimée étoit la rouge ou écarlate ; c'est avec des Souliers de cette couleur que les Juges du Sanhedrin alloient au Temple trois fois l'année. Les Rois d'Albanie, ceux de Rome, & les Empereurs de Constantinople après eux, s'en sont aussi servis, comme l'on trouve que nos Rois en portent de bleus le jour de leurs Sacres.

Cette Chaussure n'a d'abord consisté, selon cet Auteur, qu'en de simples semelles ; de-là est venuë la coutume qu'avoient les Hébreux de laver les pieds de ceux qu'ils recevoient chez eux avant que de les faire asseoir à table. Mais parce que cela semble répugner à ce qu'il avance touchant la couleur de cette Chaussure, puisque si elle n'avoit couvert que la plante des pieds, & non pas le dessus, on ne l'auroit pû discerner ; il veut que cela s'entende des courroyes avec lesquelles on attachoit ces semelles. Les courroyes dans le commencement n'ont pas passé le talon & le dessus du pied, à la maniére des Sandales ; mais dans la suite des tems, elles ont été continuées & entrelassées plus ou moins avant, le long de la jambe, ce qui a formé plusieurs différentes espéces de Chaussures. Il s'en trouve même une assez extraordinaire, ressemblant à une lampe, que cet Auteur dit avoir été particuliére

particuliére aux Soldats, comme les brodequins, & les bottines l'ont été aux Généraux d'Armées, & aux Empereurs.

Après avoir ainsi parlé de l'origine, de la matiére, & de la forme des Souliers, il explique & rend raison de plusieurs coutumes des Hébreux qui regardent ce sujet. Ainsi il dit qu'il leur étoit défendu d'entrer dans le Temple autrement que pieds nuds; ce qui a encore été observé par plusieurs autres Peuples, & l'est même aujourd'hui par les Chrétiens d'Ethiopie. Qu'aux jours de Deüil, à la Fête d'Expiation, & dans l'accomplissement des Vœux, les Juifs alloient aussi pieds nuds. Que quand dans l'ancienne Loi, la Veuve qui étoit refusée par son Beau-frere, lui attachoit son soulier, cela marquoit qu'il perdoit le droit qu'il avoit auparavant sur elle; cette Formule étoit alors en usage pour exprimer dans les Contrats que l'on se dépoüilloit de son droit. Que c'étoit un signe de mépris & un grand outrage chez les Hébreux de frapper de son soulier, ou de le jetter contre quelqu'un; comme au contraire parmi les Arabes, c'étoit une marque & une protestation d'une fidélité inviolable.

Il y a quantité d'autres Remarques particuliéres, & l'on y trouve plusieurs belles corrections, tant sur les Auteurs Prophanes & sur les Peres, que sur quelques endroits du Texte même de l'Ecriture. Ainsi sur le troisiéme Chapitre d'Isaïe, où la Vulgate porte: *Auferet Dominus ornamentum Calceorum vestrorum & Lunulas*, il dit que ce dernier mot est transposé, & qu'on le doit lire après celui de *Torques*, comme il est dans le Texte Hébreu, d'autant plus que ce n'a jamais été la coutume parmi ce Peuple d'orner leur Chaussure de croissans, mais seulement leurs Colliers.

ARTICLE XXXI.

Des Mariages des anciens Hébreux.

Il y avoit, pour les Mariages des anciens Hébreux, des Loix & des Coutumes plus inviolables, que les précédentes; elles étoient prescrites sur la maniére de contracter, d'épouser, de renvoyer une femme adultére, ou de l'éprouver, afin de la convaincre & de la justifier, &c. C'est ce qu'ont traité à fond les Auteurs que nous allons indiquer.

Joannis Buxtorfii, de Nuptiis & Divortiis Hebræorum. C'est une Dissertation de Buxtorf le fils, imprimée à Bâle en 1652. *in* 4.

Joan. Seldeni, Uxor Hebraïca, où il traite aussi des Nôces & des Divorces. Cet Ouvrage est imprimé à Londres en 1646. *in* 4. Il en parle encore dans son Traité, *de Jure Nat. & Gent.* Nous en avons marqué l'édition ci-dessus. Voyez son Titre dans l'*Index*.

Voyez notre Dissertation sur les Mariages des Hébreux, à la tête de notre Commentaire sur le Cantique des Cantiques; voyez aussi notre Dissertation sur le Divorce, à la tête de notre Commentaire sur le Deutéronome.

Thomæ Pii, de Divortiis Hebræorum, à Londres en 1663. *in* 4.

Roberti Cenalis, de Divortio Matrimonii Mosaïci per Evangelicam Legem rejecto, à Paris en 1549. *in* 4.

Talmud, Tractatus Kiduschim, Cethuboth & Gittim, qu'il faut voir dans l'édition de *Surenhusius*. Voyez son Titre dans l'*Index*.

Joannis Bened. Carpzovii, de Chupha Hebræorum Disputatio Academica, parmi ses autres Disputes Académiques, pag. 411. & suivantes. Voyez son Titre, *ibid*.

Joannis Barthold Niemeier, de consanguinitatis & affinitatis gradibus, à Helmstad, en 1699. *in* 4.

Jacobi Perizonii de ducenda defuncti fratris uxore, Deutéronome xxv. ꝟ. 5. 6. Voyez dans les Dissertations sur le Deutéronome, & son Titre, *ibid*.

Samuelis Friderici Bucher, de velatis & conclusis feminis; c'est dans ses Antiquitez Grecques & Hébraïques, imprimées à Budissen en 1717. deux volumes *in* 12. Il apprendra à ceux qui n'ont lû ni l'Ecriture, ni les Anciens, que les Hébreux, les Grecs, les Perses & les Romains tenoient leurs femmes enfermées au haut de la maison, dans un appartement séparé, dont les fenêtres étoient grillées; qu'elles y étoient gardées par des femmes ou par des Eunuques; que les veuves n'avoient pas plus de liberté après la mort de leur mari, que pendant sa vie; qu'on enfermoit avec plus de soin les jeunes Vierges; que dans le Temple & dans les Synagogues, les femmes étoient séparées des hommes. Il n'oublie rien de ce qu'il a lû touchant les Vestales.

Personne assurément ne lui contestera des véritez si certaines, il les prouve par une foule de Passages d'Auteurs sacrez & profanes, de Rabbins, de Modernes.

Il a fait entrer dans ses digressions presque toutes les cérémonies du Mariage chez les Hébreux & chez les Grecs. Le pere de la fille la présentoit à l'époux voilée, & il les fiançoit en présence de quelques témoins; on écrivoit le contrat; on mangeoit ensemble plus d'une fois; les festins se continuoient quelquefois sept jours avant les nôces, &

sept jours après ; ils duroient au moins trois jours. Le jour des nôces on dreſſoit un pavillon, ſous lequel l'époux alloit attendre l'épouſe ; ils recevoient la bénédiction nuptiale ſous ce pavillon. L'époux mettoit un anneau au doigt de l'épouſe. Un dais porté par quatre jeunes eſclaves tenoit quelquefois lieu de pavillon. La nuit étant venuë, l'époux ſe rendoit chez l'épouſe ; les amis lui faiſoient cortége, avec un chœur de Muſiciens : on portoit devant lui des flambeaux d'épines blanches. Les amies de l'épouſe étoient auprès d'elle. On enfermoit les mariez dans une chambre préparée avec ſoin : un ami de l'époux, un parent de l'épouſe, gardoient la chambre ; les Grecs les appelloient *Paranymphes*. Enfin l'époux conduiſoit chez lui ſa femme avec le plus de pompe qu'il pouvoir. Les Romains & d'autres Nations obſervoient les mêmes cérémonies ; elles ſont encore obſervées par divers Peuples. Le reſte du Traité eſt employé à montrer que les filles & les femmes ne ſortoient que voilées ; à expliquer les différens voiles : un fait en forme de réſeau couvroit le viſage, un autre couvroit la tête & les épaules, ſemblables aux voiles des Religieuſes ; le plus ordinaire ſemblable aux mantes ; couvroit la tête & tout le corps ; c'eſt ce qu'on appelloit *peplum*. Cet habit étoit à l'uſage des femmes, cependant les hommes voluptueux & efféminez s'en ſervoient ; & les hommes les plus graves s'en ſervoient auſſi dans le deüil. La coutume de voiler les femmes étoit commune dès le tems d'Abraham, beaucoup de Nations l'ont ſuivie, pluſieurs la retiennent encore.

Alberti Fabricii, Bibliotheca Antiquaria, *Cap. XX*. Il y entre dans un grand détail ſur les mariages des anciens Hébreux, puiſqu'il y parle, 1°. Des Nôces. 2°. De la Dot. 3°. Des Fiançailles ; de la Bénédiction nuptiale, &c. Il cite auſſi tous les Auteurs qui en ont traité.

Sur la Polygamie, voyez *Selden* ; dans ſon Traité, qui a pour titre : Uxor Hebraïca, Livre 2.

Heidegger, Hiſtoria Patriarcharum. Il y traite auſſi de la Polygamie. Voyez ſon titre.

Melchior Zeidler, Tractatus de Polygamia.

Montacutius, ou *Montaigu*, en traite auſſi dans ſon Apparat, p. 193. & ſuiv. Voyez ſon titre.

Julii Bartolocci, de eſſentia Matrimonii apud Hebræos, dans ſa Bibliothéque Rabbinique, tome III. p. 158.

Il faut voir les Commentateurs ſur ſaint Matthieu, Chap. XIX. ỳ. 3.

Joannis Chriſtophori Wagenſeil, de Uxore adulterii ſuſpecta. Ce Traité eſt imprimé à Nuremberg en 1674. *in* 4. avec les Notes de *Lipman*. Voyez dans l'*Index* le titre de *Wagenſeil*.

Guillelmi Salden, de Potu Zelotypiæ. C'eſt un traité ſur l'épreuve dont on ſe ſervoit chez les Hébreux pour connoitre ſi une femme étoit infidelle ou non. Il ſe trouve parmi les Ouvrages de Salden, imprimez à Amſterdam en 1684. ſous ce titre : *Otia Theologica*. Cet Auteur étoit Flamand & Calviniſte. Voyez le titre de *Salden*.

Andreæ Acoluthi, de Aquis amaris. Il a fait ſur les Eaux de jalouſie un Traité Théologique, imprimé à Leipſic en 1682. *in* 4. Voyez ſon titre dans l'*Index*. On peut auſſi conſulter ſur cette même matiére le tome premier de notre Dictionnaire de la Bible, où il en eſt beaucoup parlé.

ARTICLE XXXII.

De la Poëſie & des Jeux des Hébreux.

On a examiné fort ſérieuſement s'il y a eu des Poëtes parmi les Hébreux ; & ſi la Langue Hébraïque eſt ſuſceptible d'une véritable Poëſie en rimes & en cadences. Chacun a ſon ſentiment particulier là-deſſus, comme on le peut voir dans les Auteurs ſuivans.

Auguſti Pfeiffer Differtatio de Poëſi Hebræorum. Cela ſe trouve dans ſes *Dubia vexata*, ſur les endroits difficiles de l'Ecriture, p. 616. imprimez à Dreſde en 1674. *in* 4. Voyez ſon titre.

Franciſci Gomari, nova Davidis Lyra ; qui ſe trouve dans le Recüeil de ſes Ouvrages Théologiques, Partie ſeconde, p. 313. imprimé à Amſterdam en 1664. *in fol*. Ce même Ouvrage a été imprimé ſéparément à Leide en 1637. *in* 4. Voyez ſon titre.

Ludovici Cappel, Animadverſiones in Librum, nova Davidis Lyra. Ces Notes ſur l'Ouvrage précédent de *Gomare*, ont été imprimées à Genéve en 1640. *in* 8. avec deux Differtations, l'une ſur le mot Hébreu Elohim, l'autre ſur le Jehova. Voyez le titre de *Cappel*.

Marci Meibomii, Pſalmi David X. priſco Hebræorum metro reſtituti ; à Amſterdam 1698. *in fol*. Voyez le titre de *Meibomius*.

Julii Bartolocci, de Poëſi moderna Hebræorum, dans ſa Bibliothéque Rabbinique, tome 2. p. 244.

M. le Clerc, Bibliothéque univerſelle de l'an 1688. p. 219. au mois de Mai. Eſſai de critique, où l'on tâche de montrer en quoi conſiſte la Poëſie des Hébreux.

M. *l'Abbé Fleury*, Differtation fur la Poëfie des Hébreux, à la tête de notre Commentaire fur les Pfeaumes; & notre Differtation fur la Poëfie des Hébreux, à la tête du Commentaire fur l'Exode.

Sur la Poëfie moderne des Hébreux, voyez-en les regles à la fin du *Thefaurus Grammaticæ Hebr.* de *Jean Buxtorf*. Nous en avons marqué l'édition dans l'Article des Grammaires. Voyez le titre de *Buxtorf*.

Il faut ajouter *Garofalo*, qui a traité exprès en Italien de la Poëfie des Hébreux, dans un Ouvrage imprimé à Rome en 1707. *in* 4. Cet Auteur commence par un Difcours préliminaire, où il parle de la juftelfe & de la précifion qu'on remarque dans l'Hébreu : & à ce fujet il obferve quelques conformitez de la Langue Italienne & de l'Hébraïque. Il paffe enfuite à l'examen général de la Poëfie des Hébreux. Cet examen confifte à mettre dans tout fon jour le caractére propre, & l'art des deux Cantiques de Moyfe, & quelques Pfeaumes de David.

Quant au ftyle du vers héroïque, il choifit le Livre de Job & les Lamentations de Jérémie : comme il prend pour modèle de l'Epitalame le Cantique des Cantiques, qui dans ce genre eft plus parfait, felon lui, que tout ce qui a été compofé dans la même efpéce par les Grecs & les Romains; il embraffe l'opinion de ceux qui croyent que la Langue Hébraïque, ainfi que la plûpart des Langues Orientales, n'eft point fufceptible de cette forte de mefure & de pieds, qui confiftent en fyllabes longues ou bréves, & qui dans le Grec & le Latin forment le langage des Poëtes : felon lui, ce n'eft qu'un certain affemblage de fyllabes, qui toutes enfemble produifent un fon & une cadence agréable Il appuye ce fentiment par des obfervations fur la Syntaxe Hébraïque ; d'où il conclut, que l'Hébreu n'eft pas propre à cette forte de Poëfie qu'ont fuivie les Poëtes Grecs ou Romains. Ce qui le conduit à parler de la Poëfie Grecque, qui ne nous regarde point. Il a fait encore d'autres Ouvrages fur l'Ecriture, fçavoir des Differtations fur les Mandragores de Rachel, fur le liére de Jonas, fur l'hyfope & les lys du Cantique des Cantiques, imprimées à Rome 1721. *in* 4. Il y prend le nom de *Cariophile*. Il étoit Abbé Napolitain.

Si les Hébreux anciens avoient leur Poëfie particuliére, ils avoient auffi des Jeux & des divertiffemens, comme les Grecs & les Romains ; mais il n'eft pas certain que leurs Poëtes, s'ils en ont eu de véritables, ayent contribué à ces fortes de Jeux, au lieu que chez les Grecs & les Romains, ils ont fourni les plus belles piéces du Théatre. C'eft que la Poëfie des Hébreux étoit toute fainte & facrée ; elle avoit pour principal objet l'inftruction & la correction des mœurs, au lieu que l'autre étoit toute prophane & comique. Nous ne marquerons ici qu'un très-petit nombre de ceux qui ont traité des Jeux des anciens Hébreux.

Wagenfeil, *de Lufibus Hebræorum Differtatio*, dans fon Livre imprimé à Nuremberg, C hap. XXII

Jean Henri Otthon, dans fon Lexicon Rabbinique: cherchez *Ludus*. Nous en avons marqué l'édition dans l'Article des Dictionnaires.

Thomæ Lyde, *de Ludis Orientalium*, à Oxford 1694. *in* 8. Voyez fon titre dans le Catalogue alphabétique.

ARTICLE XXXIII.

De la Mufique, & des Inftrumens de Mufique des anciens Hébreux.

Dès avant le Déluge l'ufage des Inftrumens de Mufique étoit connu. Ils étoient connus parmi les Juifs du tems de Moyfe. Ils le furent encore davantage après le tems de David. Il en eft parlé fouvent dans les Pfeaumes. C'eft ce qui a donné fujet à plufieurs Sçavans d'examiner ces mêmes Inftrumens, leur forme, leur matière, leur ufage, &c.

Julii Bartolocci, *de Pfalmis & muficis Inftrumentis Hebræorum ;* dans fa Bibliothéque Rabbinique, tome II. p. 184. & fon continuateur *Imbonati*, a fait une Differtation, *de Mufica*, qui fe trouve dans la même Bibliothéque, tome IV. p. 427.

Salomon Vantil, *de Mufica veterum Hebræorum*, en Flamand, à Dordrecht 1692. *in* 4. Voyez fon titre.

Nous avons auffi donné une Differtation fur la Mufique des anciens Hébreux, à la tête du Commentaire fur les Pfeaumes; & une autre fur les Inftrumens de Mufique, *ibid.*

Chriftiani Zoëga, *de Buccina Hebræorum*. 1692.

Joan. Gabriel. Drefchleri, *Differtatio de Cythara Davidica*, à Leipfic 1670. *in* 4. Cet Auteur étoit Allemand, Luthérien.

Aug ufte Pfeiffer, dans fes doutes fur l'Ecriture, dont nous avons déja parlé, traite le même fujet expliquant le Pfeaume IV. ỳ. 1.

Fortunat Scacchus, dans fon *Myrothecion*, Liv. 3. Chap. 35. & *Wagenfeil*, *de Lufibus Hebræorum*, p. 962.

Cyprien de la Huerga, de l'Ordre de Citeaux, mort en 1560. a laiffé un Traité manufcrit, intitulé : *De ratione Muficæ & Inftrumentorum ufu apud veteres Hebræos*. Voyez *Imbonati*,

Imbonati, dans la Bibliothéque Rabbinique, tome v. p. 338.

On peut voir aussi *Fabricius*, dans sa Bibliographie, Chap. xi. p. 373. 374. & *Lipenius*, dans le tome ii. de sa Bibliothéque Philosophique.

ARTICLE XXXIV.
Des Funérailles des Hébreux.

Ce n'est pas sans raison, ni par un pur hazard, que nous finissons cette Partie par un si lugubre sujet. Les Funérailles sont tout ce qui reste à l'homme en quittant cette pénible vie. Il en sort comme il y est entré, sans y rien apporter, & sans en rien emporter. Mais comme en naissant on lui donne tous les secours dont il a besoin pour ne pas mourir aussi-tôt, de même quand il est mort, on lui rend les derniers devoirs, pour le remettre avec honneur dans le sein de la terre d'où il est sorti. Or ces devoirs ont été différens, selon les différens usages qui se sont introduits parmi les Nations. Ceux des anciens Hébreux ont toujours été les mêmes, parce qu'ils ont été prescrits par la Loi. C'est ce qui a donné lieu aux Sçavans d'écrire sur ce sujet, un des plus curieux & des plus dignes de leur critique.

Martini Geieri, *de luctu Hebræorum*, à Leipsic 1666. *in 12.* & en 1683. troisième édition. Il a puisé tout ce qu'il dit sur cette matière, des Ecritures saintes, de Maimonides, & de ceux qui ont écrit sur le même sujet. L'Ouvrage est divisé en 22. Chapitres. L'Auteur y traite des Funérailles & de la Sépulture. Voyez son titre dans l'*Index*.

Friderici Muller, *de Sepulcris Hebræorum Libri tres*, à Giessen 1664. *in 4.* Voyez aussi son titre, *ibid*.

Joannis Nicolaï, *de Sepulcris Hebræorum*, à Amsterdam 1705. *in 4.* & à Leide 1706. On peut dire que cet Ouvrage est d'un Auteur de grande lecture. Avec plus de méthode & une meilleure latinité, il seroit plus estimable. Il est divisé en quatre Livres. Dans le premier on trouve une espéce de Glossaire de tous les mots Hébreux, Grecs & Latins qui signifient ou la mort, ou ce qui a quelque rapport à la mort, comme sépulture, funéraille, bierre, tombeau. *Nicolaï* commence le second par montrer qu'il est du droit des gens de donner la sépulture aux morts : que la coutume la plus ancienne a été de les mettre en terre. Après quoi il parcourt plusieurs Nations, pour faire voir leurs usages. Enfin au troisième Livre il vient proprement à son sujet, je veux dire, qu'il conduit le Lecteur aux tombeaux des Juifs,

après l'avoir promené parmi toutes les Nations, & puis arrêté long-tems à l'épitaphe de Sardanapale & aux pyramides d'Egypte. Le quatrième renferme diverses choses, la plûpart assez legeres, touchant les mêmes tombeaux & les funérailles des Juifs. Nous parlons de lui sur la Genèse, Article viii.

Joannis Henrici Hottingeri, *Cippi Hebraïci*, à Heidelberg 1659. *in 12.* Voyez son titre.

Monumenta antiqua Judaïca. Ces anciens Monumens ont été trouvés à Ausbourg, & imprimés avec les Notes de *Matthias Frideric Beck*, en 1686. *in 8.*

Voyez notre Dissertation sur les funérailles des Hébreux, à la tête de l'Ecclésiastique, & sur la résurrection des morts, à la tête du Commentaire sur saint Paul.

Menasse Ben-Israël, *de Resurrectione mortuorum*, à Amsterdam 1636. *in 12.*

Julii Bartolocci, *de Resurrectione secundum Thalmudistas*, dans la Bibliothéque Rabbinique, p. 475. tome 3. Il a fait aussi une Dissertation sur l'os nommé *Luz*, tome 1. p. 86. & *Buxtorf*, dans sa Synagogue Judaïque, Chap. 35. Voyez son titre. *Melchior Leidecker*, dans sa République des Hébreux, Livre xii. Chap. 10. Nous en avons marqué l'édition.

Joannis Benedicti Carpzovii, *de sepultura Jacobi Patriarchæ*: Cette Dissertation a été imprimée *in 4.* à Leipsic en 1697.

Joannis Hieronymi Soprani, *Digressio de ritibus Hebræorum in funere, & de publico privatoque luctu*, à la fin de son Ouvrage sur David, imprimé à Lyon en 1643.

Menochius, dans sa République des Hébreux, Livre 8. Chap. 5. & suiv. *Goodvvin*, dans son Traité, *Moyses & Aaron*, Liv. 6. Chap. 5. *Octavius Ferrarius*, dans ses *Electa*, Livre 2. Chap. 20.

Jean Jacques Chifflet, a fait un Traité particulier, *de linteis & fasciis sepulcralibus* imprimé à Anvers en 1624. *in 4.*

Joan. Andr. Schmidt, *de Tumba Salvatoris*, à Helmstat 1703. Voyez son titre.

On peut voir *Etienne le Moine*, dans ses *varia sacra*, tome 2. p. 516. & suiv. *Fabricius*, dans sa Bibliographie, Chap. 23. p. 655. & *Lipenius*, dans sa Bibliothéque Théologique, Juridique & Philosophique.

Nous y ajouterons *Henri Sponde*, qui a fait un Traité des Cimetiéres sacrez, où il traite des cérémonies de la sépulture chez les Juifs, imprimé à Paris en 1638. *in 4.* Cet Ouvrage est divisé en quatre Livres, & fort estimé. Il étoit né Calviniste en 1568. à Maulcon en Béarn. Il étudia le Droit Canonique & Civil, abjura son hérésie, alla à Rome, fut nommé Evêque de Pamiers en 1626. & mourut à Paris en 1643.

Ceux qui voudront connoître ou consulter les Auteurs Juifs qui ont écrit sur tous les sujets que nous venons de proposer, & sur plusieurs autres qui peuvent avoir quelque rapport à l'étude de l'Ecriture sainte, pourront voir le Catalogue de ces Ecrivains, qui se trouve à la tête du quatrième tome de la Bibliothéque Rabbinique de *Bartolocci* & d'*Imbonati*, p. 20. & suiv.

Et pour les Auteurs Chrétiens, tant Catholiques que Protestans, on pourra consulter *Fabiani Justiniani Index universalis. Rom. in 8. 1614.*

Et *Guilielmi Grouvei, Elenchus Scriptorum in sacram Scripturam.*

La Bibliothéque sacrée du *P. le Long* de l'Oratoire, 2. vol. *in fol.*

Et le P. *Charles Joseph Imbonati*, dans tout le cinquième tome de sa Bibliothéque Rabbinique.

Fin de la seconde Partie de la Bibliothéque Sacrée.

BIBLIOTHEQUE

BIBLIOTHEQUE SACRÉE.

TROISIE'ME PARTIE.

Des Textes originaux de la Bible, des Paraphrases, & des différentes Versions ou Traductions qu'on en a fait.

ARTICLE I.

Des Bibles Polyglottes générales & particuliéres.

Es Polyglottes générales, sont celles qui contiennent tous les Livres de l'Ecriture sainte, c'est-à-dire l'ancien & le nouveau Testament. Les particuliéres ne renferment qu'une partie de l'Ecriture, l'ancien ou le nouveau Testament, ou même quelques Livres seulement. On les nomme Polyglottes, parce que ces sortes d'Ouvrages sont en plusieurs Langues, & se dérivent de ces deux mots Grecs πολύ & γλῶττα, *multum & lingua*.

On met ordinairement au nombre des Polyglottes générales, celles d'Alcala, d'Anvers, de Vatable, d'Hutter, de le Jay, de Walton. Nous allons donner les titres de chacune, tels qu'ils sont en Latin dans les imprimez: nous marquerons ensuite ce qu'elles contiennent; & enfin nous parlerons de ceux qui y ont travaillé, pour leur en faire honneur.

Biblia Polyglotta Complutensia Ximenii Cardinalis, cum Lexico; Compluti ab anno 1514. ad 1517. 6. vol. in fol. Cette Polyglotte contient quatre Langues; l'Hébreu, le Chaldéen, le Grec & le Latin. Le nouveau Testament étoit imprimé dès l'an 1514. le Dictionnaire en 1515. & l'ancien Testament fut achevé en 1517: mais le corps entier ne fut publié qu'en 1520. La Bulle de Leon X. qui confirmé l'édition est du 22. Mars 1520. Cette Polyglotte procurée par le Cardinal Ximenés, a servi de modéle à toutes celles qui sont venuës depuis. L'Hébreu y est imprimé assez correctement. Le Grec du nouveau Testament s'y trouve sans accens & sans aspirations. Le Texte des Septante y est reformé en une infinité d'endroits; pour le rendre plus conforme à l'Hébreu & à la Vulgate. Le Texte Latin est encore différent en quelques endroits, &

des anciens Manuscrits, & de la Vulgate qui a été donnée par le Pape Clément VIII. & qui se trouve aujourd'hui dans les Bibles Latines imprimées depuis l'an 1592. Le Chaldéen est aussi reformé en plus d'un endroit; ensorte qu'on ne peut pas dire que hors l'Hébreu, on y ait aucun autre Texte pur & sans altération. Ainsi cette Polyglotte est plus considérable par sa rareté & son antiquité, que par l'utilité qu'on en peut tirer. Le prix en avoit d'abord été fixé par l'Evêque d'Avila, qui en avoit reçu l'ordre du Pape, à six ducats d'or & demi; ce qui revient à quarante livres de notre monnoye, & qui faisoit une grosse somme pour ce tems-là.

Le Cardinal Ximenés est regardé comme le premier Auteur de la Polyglotte de Complute, parce qu'elle se fit à ses frais, & qu'il rassembla tout ce qu'il y avoit alors de Sçavans dans les Langues Orientales, pour y travailler; sçavoir Demetrius Ducas, Antoine de Lebrixa, Didace Lopez de Stunica, Ferdinand Nonnius, Alphonse d'Alcala, Paul Coronell, Zamora & Jean.

Ceux qui seront curieux de lire & d'apprendre à fond l'Histoire de cette Polyglotte, la trouveront dans la Vie de Ximenés par *Marsolier*, Livre 4. p. 222. *in* 8. Dans la nouvelle Bibliothéque d'Espagne de *Nicolas Antonio*, tome 1. p. 293. Dans la Bibliothéque Grecque de *Fabricius*, Liv. 3. Chap. XI. p. 325. & Liv. 4. Chap. V. p. 185. Dans l'*Hispania illustrata*, tome 1. p. 966. 967. Richard Simon dans ses Recherches critiques contre *Vossius*, marque ce qu'il y a d'utile & de défectueux.

Quoique tous les grands hommes dont le Cardinal Ximenés s'est servi pour publier cette Polyglotte, ayent également travaillé à la perfectionner, il est bon cependant de distinguer ce qu'ils y ont contribué chacun en particulier. L'Epître Dédicatoire adressée à Leon X. est du Cardinal Ximenés; mais on doute qu'il soit l'Auteur des Préfaces, le grand nombre d'occupations ne lui ayant pas permis de s'appliquer beaucoup à l'étude. C'est au moins le sentiment de *Marsolier* dans sa Vie, p. 223. *Demetrius Ducas* a fourni la Version Latine interlinaire, avec le Texte Grec. *Lebrixa* s'est particuliérement appliqué aux corrections & à l'arrangement. *Zamora* a mis en Latin le Targum d'Onkelos, de Jonathan, de Joseph l'aveugle & des autres: il a fait aussi la Version Hébraïque de l'Epître aux Hébreux. *Vergara* a eu pour sa part les Livres sapientiaux, au rapport de *Gomez*, qui l'avoit entendu dire plusieurs fois au Cardinal Ximenés: il avoit même eu dessein de donner des Scholies sur le Livre de l'Ecclésiastique; mais son peu de santé & sa mort l'ont empêché de l'exécuter, dit cet Ecrivain Espagnol.

Biblia Polyglotta, Antuerpiæ impressa typis Christophori Plantini, curâ & studio Benedicti Ariæ Montani, Antuerpiæ ab anno 1569. ad annum 1572. sumptibus Philippi II. Hispaniarum Regis. L'ancien Testament est en quatre Langues; sçavoir en Hébreu, en Grec, en Latin & en Chaldéen; & le nouveau Testament, outre le Grec & le Latin, contient aussi le Syriaque. L'ancien & le nouveau Testament sont en cinq volumes, & les Apparats en trois; ensorte que tout l'Ouvrage est en huit volumes. Le premier tome de l'Apparat comprend des Grammaires & des Dictionnaires Hébreux, Grecs, Chaldéens & Syriaques. Le second tome renferme le Texte Hébreu de l'ancien Testament, & le Grec du nouveau, avec la Version Latine interlinaire. Le troisiéme tome de l'Apparat contient plusieurs piéces concernant l'Ecriture, comme un Traité des Idiotismes, un Traité des Poids & Mesures, la Chronologie, la Géographie, & les Ornemens des Prêtres, &c. par *Benoît Arias Montanus*. Cette édition quoique belle & plus magnifique que celle de Complute, n'est point parfaite, & on lui reproche les mêmes défauts quant au Chaldéen, au Grec & au Latin; mais on a mis dans le Grec du nouveau Testament les accens & les esprits qui manquoient dans la premiere. Pour connoître en quoi elle differe de la Polyglotte du Cardinal Ximenés, il faut lire ce qu'*Arias Montanus* en dit dans sa Préface, & le *Pere le Long* sur les Polyglottes dans sa Bibliotheque sacrée. *Vossius* en fait un magnifique éloge dans ses Recherches critiques, Chap. 27. p. 215. Il y en a même qui l'appellent une des merveilles du monde, *Orbis miraculum*. Dans les Antiquitez Orientales du *Pere Morin*, p. 131. 137. on voit les fautes qui s'y trouvent.

Ceux qui y ont eu plus de part, sont Montanus, Fabricius Boderianus, Jean Harlem, François Raphelingius, Luc de Bruges, André Masius, Jean Livinejus, Guillaume Canterus, Augustin Hunnée & Corneille Goudan.

Montanus est un des principaux Auteurs qui ont travaillé à l'Apparat de cette Polyglotte, & il en fait un des plus beaux ornemens, par les importans sujets qui y sont traitez sous le titre d'Antiquitez Judaïques. Les deux freres *de la Boderie* ont fourni la Version Latine avec beaucoup de fidélité, comme Arias lui-même l'assure dans sa Préface. *Harlem* a donné l'*Index* de la Bible, avec des différentes Leçons Latines tirées des manuscrits. *Raphelingius* a travaillé sur toute la Paraphrase Chaldaïque, & a fourni beaucoup

coup de corrections qu'il a faites avec exactitude. *Luc de Bruges* y a ajouté les siennes. *Masius* a donné la Paraphrase Chaldaïque sur les premiers Prophetes, sur les Pseaumes, l'Eccléfiaste & Ruth. Il y a ajouté une Grammaire & un Dictionnaire Syriaques. *Livinejus* & *Canterus* ont touché au Texte Grec, selon M. de Thou dans son Histoire. *Hunnée* & *Goudan* en ont fait la revision, comme il paroît par le Bref que Gregoire XIII. leur a adressé pour les y engager.

Biblia Polyglotta vulgò dicta Vatabli. Heidelberg. an. 1586. 2. vol. in fol. Cette Polyglotte est en Hébreu, en Grec & en Latin ; sçavoir l'ancienne Latine de *Saint Jérôme* ; & la nouvelle de *Santes-Pagnin* ; rangées en quatre colonnes, avec les Notes de *Vatable* ; ce qui lui en a fait donner le nom. Elle se trouve avec des frontispices differens, quoiqu'elle soit du même Imprimeur, sçavoir de *Jérôme Commelin*, dit de *Saint-André*. Les unes portent : *Ex Officina Sant-Andreana*, 1586. D'autres, *Heidelberga*, 1599. D'autres : *Ex Officina Commelniana*. Mais c'est toujours la même Bible mot pour mot, & lettre pour lettre. Le P. le Long attribuë cette Bible à *Corneille Bonaventure Bertram*. Voyez sa Dissertation sur les Polyglottes.

Il faut plutôt dire que cette Polyglotte a été imprimée sous le nom de *Vatable* ; car elle fut imprimée à son insçu & malgré lui, de même que les Notes marginales que l'on a falsifiées. Walton dans ses Prolégoménes, p. 33. écrit que *Robert Etienne* est Auteur de cette Polyglotte ; ce qu'il appuye du témoignage de Boot, qui le dit dans ses Animadversations sacrées : & Genébrard remarque que Théodore de Béze l'attribuoit à *Leon de Juda*. Pour ce qui est des Notes, nous en parlerons ailleurs. Outre les deux éditions que nous avons marquées, il y en a une troisiéme de 1616. 2. vol. *in fol.* & le P. Delfau dans son Catalogue manuscrit des Bibliothéques, dit en avoir vû une de 1587. 3. vol. *in fol.*

Biblia Polyglotta Eliæ Hutteri. Nuremberg. 1599. Cette Bible est en six Langues, dont les quatre premieres sont copiées sur la Bible d'Anvers ; sçavoir l'Hébreu, le Chaldéen, le Grec & le Latin. La cinquiéme est la Version Allemande de Luther. La sixiéme varie ; car quelques Exemplaires ont la Version Sclavonne de l'édition de Vittemberg, les autres la Françoise de Genéve ; les troisiémes, l'Italienne, aussi de Genéve ; les quatriémes, la Version Saxonne, faite sur l'Allemande de Luther. Il n'y a que le Pentateuque, Josué, les Juges & Ruth imprimez de cette sorte. Ce qui distingue cette Bible,

& ce qui la rend utile aux commençans, c'est qu'elle marque en caractéres pleins de lettres radicales des mots Hébreux, & supplée au-dessus de la ligne la radicale où les radicales qui manquent ; & pour les lettres serviles, elle les écrit en lettres creuses faites exprès.

Le même Auteur a donné un Pseautier & un nouveau Testament en Hébreu, en Grec, en Latin, & en Allemand.

Il a aussi publié le nouveau Testament en douze Langues, en Syriaque, en Hébreu, en Grec, en Italien, en François, en Espagnol. C'est ce qu'occupe la premiere page. La seconde page est occupée par le Latin, l'Allemand, le Bohémien, l'Anglois, le Danois, le Polonois.

A cette Polyglotte on peut joindre celle de *Wolder*, qui n'en est qu'une copie. L'une & l'autre sont d'un genre tout particulier, puisqu'on y a mis des Versions en Langues vulgaires pour l'usage des Eglises Protestantes. Elle est en quatre volumes *in fol.* La premiere édition est de 1587. sur laquelle David Wolder a donné la sienne en 1596. & en autant de volumes. Il faut voir le jugement qu'en ont fait les Sçavans dans un Recueil de Lettres cité dans le Dictionnaire critique de Bayle sur Hutter. Son nouveau Testament en douze Langues, fut imprimé l'an 1600. depuis il le réduisit à quatre Langues ; & il a fait imprimer en 1603.

Biblia Polyglotta Guidonis Michaëlis le Jay, Parisiis, an. 1645. 10. vol. *in fol.* C'est la plus magnifique Polyglotte qui ait paru jusqu'ici. Elle est en sept Langues ; sçavoir l'Hébreu, le Samaritain, le Chaldéen, le Grec, le Syriaque, l'Arabe & le Latin. On prétend qu'elle n'est pas assez correcte pour l'impression. Elle n'a ni Léxicon, ni Apparat, ni Prolégomenes. Le Grec & le Latin sont pris sur l'édition d'Anvers. La grosseur & la grandeur des volumes en rend l'usage très-incommode. Ces défauts ont rendu cette édition moins chére & moins estimée.

Vossius dans ses Disquisitions critiques, p. 217. parle beaucoup de cette Polyglotte ; & M. Simon, dans son Histoire critique de l'ancien Testament. Ce dernier en fait voir les défauts, p. 518. sans cependant lui ôter quelques avantages qu'elle a sûr celle d'Anvers ; il fait voir que l'Auteur lui-même dans sa Préface en détruit tout le mérite *ibid*. p. 269. 519.

Dès l'an 1615. on avoit pensé à l'impression de cette nouvelle Polyglotte, & peut-être M. le Jay lui-même ; sur quoi on peut lire la Lettre de M. *de Thou* écrite cette même année, & qui se trouve dans le premier tome, p. 160. des Mémoires de *Lambecius*, touchant la Bibliothéque de Vienne. Mais on ne commença à y travailler qu'en 1628. par le conseil du *Cardinal de Bérulle*. On y employa Philippe Aquin, Jean Morin, Gabriel Sionita, Abraham Eckellensis & Jérôme Parent, tous gens capables de soutenir un si pénible travail; ce que le Pere *le Long* rapporte amplement dans sa Bibliothéque sacrée, *in fol.* p. 19. 35. Part. 1.

Biblia Polyglotta Waltoni, Londini impressa anno 1657. 6. vol. *in fol.* C'est la plus complette & la plus commode de toutes les Polyglottes. Elle comprend neuf Langues, l'Hébreu, le Samaritain, le Chaldéen, le Grec, le Syriaque, l'Arabe, l'Ethiopien, le Persan & le Latin. Ce n'est pas à dire que tous les Livres de la Bible soient généralement en Persan & en Ethiopien, en Samaritain & en Chaldéen; il y en a seulement quelques-uns en ces Langues. Dans le nouveau Testament, les quatre Evangiles sont en six Langues; les autres Livres seulement en cinq Langues: le Livre de Judith & les deux Maccabées en trois Langues. Il n'y a aucun Livre de l'ancien Testament qui soit en neuf Langues: mais cela n'empêche pas qu'il ne s'y trouve en tout neuf sortes de Langues. Le Texte Hébreu y est très-correct. Le Grec des Septante est tiré de l'édition Romaine; & la Vulgate Latine est celle de Clement VIII. Les Paraphrases Chaldaïques sont plus entières que dans les éditions précédentes. Enfin cette édition est accompagnée de Préfaces, de Prolégomènes, de Traitez sur les Poids & les Mesures, de Cartes Géographiques, de Tables Chronologiques, qui ne laissent presque rien à désirer. On a imprimé à part les Prolégoménes de Walton, pour la satisfaction & l'utilité de ceux qui n'avoient que la Polyglotte de M. le Jay, ou celle de Philippe II.

Celle-ci est préférable à toutes les autres, si ce n'est pas pour la beauté de l'édition & des caractéres, au moins parce qu'elle contient ce qui est dans celle d'Anvers & de Paris. Il y a de plus quantité de bonnes choses qu'on y a ajoutées. C'est ainsi qu'en parle *Vossius* & *R. Simon* en l'endroit déja cité. Le premier néanmoins remarque qu'on y a laissé glisser bien des fautes de la Polyglotte de *le Jay*, qu'on n'a pas eu soin de corriger. Le *P. le Long* en a fait l'Histoire dans sa nouvelle Bibliothéque sacrée, p. 35. 40.

Entre ceux qui y ont travaillé, on peut compter *Brian Vvalton*, *Edmond Castel*, *Aléxandre Huisse*, *Samuel le Clerc*, *Thomas Hyde* & *Loftusius*. Vvalton a fourni la Préface, les Prolégoménes & l'Apparat; il a aussi travaillé aux Versions & au Texte sacré: il a même fait la défense des Polyglottes en Anglois, imprimée à Londres en 1659. *in* 8. Castel a traduit du Syriaque quelques fragmens du Prophéte Daniel, les Livres de Tobie & de Judith, les Lettres de Jérémie & de Baruch, avec le premier Livre des Maccabées: il a aussi donné la Version Latine du Cantique des Cantiques faite sur l'Ethiopien. Il a ajouté des Notes sur le Pentateuque Samaritain. Enfin ce qu'il a fait de plus considérable, c'est son Lexicon, en 2. vol. *in fol.* qui ne doit point être séparé de cette Polyglotte. Huisse a procuré la plûpart des différentes Leçons qui se trouvent à chaque page: il a aussi revû la Version des Septante, le Texte Grec du nouveau Testament, & la Vulgate. Il a de plus comparé l'édition Romaine de l'ancien Testament, & celle du nouveau par *Robert Etienne*, avec un Manuscrit d'Aléxandrie très-ancien. Hyde a corrigé les Versions Arabe, Syriaque, Persanne, &c. Il a traduit en Latin le Pentateuque sur la Langue Persanne. Loftusius a traduit en Latin le nouveau Testament Ethiopien.

En voilà suffisamment pour ce qui regarde les grandes Polyglottes. Nous dirons seulement qu'on a donné à Utrecht en 1684. *in* 8. *Synopsis novorum Polyglottorum*. Ce n'est que le projet d'un Abrégé de celles de Paris & de Londres, & qui n'a pas été exécuté que je sçache. *Jean Hottinger* a donné une Dissertation sur les Polyglottes de Paris, à Zurich 1649. *in* 4. *ibid.* 1652. *in* 8.

Polyglottes Aléxandrines. Nous n'avons pas cru devoir mettre au nombre de ces Polyglottes celles qu'on nomme Aléxandrines, à cause que les Imprimeurs de Hollande ont voulu les faire passer sous le nom d'Aléxandre VII. Ce n'étoit que celle de *le Jay*, à qui ils avoient donné un nouveau titre, pour en avoir un plus grand débit. Mais leur tromperie a été bien-tôt découverte. Ceux qui voudront sçavoir quelque chose, n'ont qu'à lire le *Musæum Italicum* de *Dom Mabillon*, t. 1. p. 95. ou la Bibliothèque du *P. le Long*, tome 1. p. 44. *in* 8. & p. 40. col. 2. de la seconde édition *in fol.*

ARTICLE II.
Des Polyglottes particuliéres.

Outre ces grandes Polyglottes dont nous venons de parler, & qui contiennent le Texte sacré, de l'ancien & du nouveau Testament, on en a de particuliéres, qui ne renferment qu'une partie de la Bible, ou même, comme nous l'avons dit, quelques Livres seulement.

Psalterium quadrilingue, *Hebræum*, *Latinum*, *Græcum & Æthiopicum*, *Joannis Potken*, à Cologne 1518. *in fol.* Il n'y a point de Livre de l'Ecriture qui ait été mis en autant de différentes Langues que celui des Pseaumes.

Augustin

Augustin Justinien, avant Potken, l'avoit donné à Genes l'an 1516. *in fol.* en huit Langues ; sçavoir, l'Hébreu, le Grec, l'Arabe, le Chaldéen, trois versions Latines, avec des Annotations très-courtes. Il avoit fait ainsi toute la Bible ; mais nous n'avons que les Pseaumes & Job. *Erasme & Pellican*, ont donné aussi les Pseaumes en Hébreu, en Grec & en Latin, de la version de saint Jérôme, qui se trouve dans les Oeuvres de ce Pere, de l'édition de Bâle en 1518. par Amerbach. Il y a encore plusieurs autres versions, marquées par le Pere le Long, même de quelques Pseaumes en particulier ; comme aussi des Proverbes, du Cantique des Cantiques & de Ruth.

Pentateuchus quadrilinguis, Hebræus, Chald. Persic. Arabic. caractere Hebraico. Studio Judæorum, Constantinopoli, an. 1546. *in fol.*

Pentateuchus Hebraïcus, Chaldaïcus, Hispanicus & Barbaro-Græcus, Constantinopoli, 1547. *in fol. in domo Eliezer, Berab Gerson Soncinatis.* Le Pere le Long parle de ces deux Polyglottes, & nous apprend qu'il y en a un exemplaire à Paris dans la Bibliothéque du Roi, & un autre dans celle des Peres de l'Oratoire de la ruë saint Honoré. Cette Bible est en trois colonnes ; au milieu est le Texte Hébreu ; à droite la Version Espagnole ancienne, & à gauche la Version en Grec moderne, à l'usage des Caraïtes de Constantinople, qui n'entendent pas bien l'Hébreu. L'Espagnol est en faveur des Juifs réfugiez dans le même pays. Au haut de la page est le *Targum d'Onkelos*, & au bas le Commentaire du Rabbin *Salomon*.

Biblia Davidis Vvolderi Lutherani, Græcè, Latinè & Germanicè, Hamburgi 1596. Nous avons déja parlé de cette Bible Polyglotte, en parlant de celle de *Hutter*, dont elle n'est qu'une copie. Voyez ci-dessus. C'est pourquoi nous nous contenterons d'en donner ici le titre. *Vvolder* étoit Allemand, Luthérien & Ministre dans le seiziéme siécle.

Quatuor Evangelia Gothicè, ex versione Ulphilæ ; item Succico, Islantico, & Latino Idiomatibus, Stokolm. 1671. *Studio Georgii Stiernhielmii. Ulphilas*, Arien & Evêque des Gots vers l'an 365. avoit mis toute la Bible en sa Langue, mais il ne nous en reste que ce que nous marquons ici. *Georges Stiernhielm* qui a procuré cette édition, étoit Suédois de nation & Luthérien, Préfet du Collége Royal des Antiquitez à Ulme vers l'an 1671.

Chrétien Reineccius, Allemand, Luthérien, qui vivoit encore en 1720. a donné l'ancien Testament en quatre Langues ; sçavoir, l'Hébreu, avec la Version Grecque, Latine & Allemande, imprimé à Leipsic *in fol.* Il a donné aussi le nouveau Testament en quatre Langues, qui sont le Syriaque, le Grec avec la Version Latine de *Sebastien Schmidt*, & la Version Allemande de *Luther*. Il y a joint les leçons différentes, autrement dites *Variantes*, & des notes Critiques. Cet Ouvrage parut à Leipsic en 1713. *in fol.*

Jean Draconites, autre Allemand Luthérien, entreprit de donner une Bible en Langue Hébraïque, Chaldaïque, Grecque, Latine & Allemande, mais la mort l'empêcha d'executer ce dessein. Il publia seulement les Pseaumes, les Proverbes, Michée & Joël, à Wittemberg l'an 1565. Pour ce qui est de la Génése, le Pere le Long croit qu'il n'y en a eu peut-être que les cinq premiers Chapitres imprimez. Cet Auteur qui mourut en 1566. étoit Allemand de Franconie, né à Carlostad en 1494. Il fit ses premiéres études à Erford. Il apprit l'Hébreu de *Paul Fagius*. Etant allé à Wittemberg, il se laissa aisément gagner par les Protestans, & enseigna l'Ecriture à Marpourg. Ensuite, il passa en Saxe & enseigna à Rostok. Il fut fait Evêque de Sombac, dans la Prusse, d'où il revint à Wittemberg, & mourut en 1566. Il sçavoit profondement les Langues, & étoit assez bon Théologien dans les principes de Luther. M. Dupin dit que sa science & son éloquence paroissent également dans ses Commentaires.

Georges Othon, aussi Allemand Luthérien, qui vivoit encore en 1720. a donné les quatre premiers Chapitres de la Génése en plusieurs Langues, à Francfort sur le Mein, l'an 1702. *in* 4. Le Pere le Long en parle fort en détail dans sa Bibliothéque sur les Polyglottes.

Des quatre Grands Prophétes, il n'y a que le Prophéte Isaïe qu'on ait donné en plusieurs Langues, à Bâle *in* 4. sans datte d'année, & à Nuremberg en 1601. *in* 4. Des douze Petits Prophétes, nous n'avons que Osée, Jonas, Joël, Abdias, Michée & Malachie, en forme de Polyglotte. On peut en voir les différentes éditions dans le Pere le Long, pag. 42.

Le nouveau Testament, quoique compris dans les Polyglottes, a été aussi mis en plusieurs Langues ; même les quatre Evangiles séparément, & quelques Epîtres de S. Paul, comme on le peut voir dans le Pere le Long, pag. 45. 46. 47. ce qui nous meneroit trop loin, si nous en faisions le détail. Nous remarquerons seulement que ce Pere s'est trompé quand il dit, que l'Histoire de la Femme adultére, les Epîtres Canoniques & l'Apocalypse manquent dans la Polyglotte de *Théodore de Beze* ; car tout cela se trouve dans celle que nous avons dans la Bibliothéque de saint Mihiel, imprimée chez Henri Estienne en 1569. *in fol.* 2. vol. si ce n'est qu'il ait voulu dire que l'Histoire de la Femme adultére n'y est point en Syriaque ; ce qui est encore vrai de la seconde Epitre de saint Pierre, & de la seconde de saint Jean, qui ne sont qu'en Grec & en Latin, de même que l'Apocalypse.

Henri Kellermanne. a donné en 1712. l'Evangile de saint Matthieu en plusieurs Langues. Il étoit Moscovite, fut élevé dans le Collége de Padouë, & a été Médecin du dernier Czar Pierre I. Il vivoit encore en 1720.

On a encore donné l'Oraison Dominicale & quelques Epitres de saint Paul, en une infinité de Langues, comme on le peut voir dans le Pere le Long, pages 46. 47.

ARTICLE III.

Des Bibles Hébraïques & Rabbiniques.

En général les Bibles Hébraïques qui ont été imprimées par les Juifs, sont plus correctes que celles qui ont été imprimées par les Chrétiens, mais elles leur cedent en beauté.

Biblia Hebraïca cum punctis, in folio, Soncini 1488. *curâ Josue Selomo filii Israël Nathan, mann Abraham illustris Rabbi-Chaum.*

Biblia Hebraïca à Judæis impressa Pisauri, in 4. *an.* 1494. *correctissima, cum punctis.*

Biblia Hebraïca sine punctis, in fol. & in 4. *Pisauri correctissimè, ann.* 1494. *Sunt & alia editiones sine punctis, annis* 1573. 1610. 1631. 1639. 1694. 1702. à Leide, deux volumes *in* 24.

Biblia Hebraïca, in 8. *Brixiæ* 1494. *item alia Pisauri, ad usum Judæorum.*

Biblia Hebraïca duplici columnâ, in fol. an. 1517. *à Judæo Soncinate.*

Biblia Hebraïca, Rabbinica, cum Paraphrasibus Chaldæis, & Rabbinorum Commentariis, Venetiis, anno 1518. *curâ Felicis Pratensis, Typis Danielis Bomberg.* C'est la premiére édition de la Bible en Hébreu, après celle de *Complute*, procurée par des Chrétiens. *Felix Pratensis* avoit été Juif, & avoit embrassé le Christianisme avant que de travailler à cette Bible. Il y a six éditions de cette Bible Rabbinique, sçavoir des années 1518. 1526. 1549. 1568. 1617. 1619.

Biblia Hebraïca Danielis Bomberg, in fol. an. 1526. *item alia* 1549.

Biblia Hebraïca, in 4. *ejusdem Dan. Bomberg, an.* 1518. 1521. 1525. 1528. 1533. 1544.

Biblia Hebraïca cum Latina Versione Sebastiani Munsteri, 2. vol. *in fol. Basileæ ex Officina Bebeliana, an.* 1534. *& secunda editio* 1546. Elle est en caractère Hébreu, dont se servent les Allemands, & accompagnée de Notes tirées des Rabbins. La seconde édition de 1546. est plus ample & plus correcte.

Biblia Hebraïca, sine notis, in 4. 2. *vol. curâ Sebastiani Munsteri. Basileæ, Typis Froben, & Episcopii, an.* 1536.

Biblia Hebraïca, in quarto 4 *vol. Parisiis, ex Officina Roberti Stephani,* 1539.... 1544. Cette édition, sur tout la première Partie, est assez belle, mais peu correcte.

Biblia Hebraïca ejusdem Roberti Stephani, 7. *vol. in* 16. *Parisiis* 1544.... 1546. Cette édition est plus belle & plus correcte que la précédente.

Biblia Hebraïca, in 4. *Venetiis, operâ Cornelii Adelkenad, apud Anton. Justiniani, an.* 1551. *item in* 18. 4. *vol. an.* 1552. *item in* 4. *an.* 1563.

Biblia Hebraïca, Francofurti, ad Oderam. in 4. *an.* 1551.

Biblia Hebraïca, cum Comment. Germanico R. Nephtali-ben-Aser, in fol. Cracoviæ 1552.

Biblia Hebraïca, in 4. *Venetiis, Joan. de Gara, an.* 1566. Il fit réimprimer la Bible Rabbinique de Bombergue en 1568.

Biblia Hebraïca, Antuerpiæ, Typis Christophori Plantini. 1. *vol. in* 4. *&* 2. *vol. in* 8. *&* 4. *vol. in* 16. *edita pluries, scilicet annis* 1566. 1572. 1573. 1582. 1584. 1590. Ces éditions sont belles & assez correctes.

Biblia Hebraïca, cum versione interlineari Santis Pagnini, an. 1572. *in Polyglottis Antuerpiens.* Cette édition est la meilleure de toutes. On se plaint de ce qu'*Arias Montanus*, pour rendre la Version Latine plus conforme à l'Hébreu, l'ait tellement défigurée & l'ait renduë si barbare, qu'on a peine à l'entendre. Les racines de l'Hébreu de l'ancien Testament, & celles du Grec du nouveau y sont marquées en marge. Cette édition a été réimprimée plusieurs fois par Plantin, en 1581. & 1584. & à Genève par Pierre de la Rouviere, en 1609. & 1619. Les Libraires, pour en faciliter le débit, y ajoutérent ce titre : *Additis Correctionibus Romanis Lucæ Brugensis, an.* 1619. mais c'est la même que l'édition de 1609. Elle fut réimprimée à Leipsic en 1657. *in* 8. 8. vol. à Leide en 1608. 1613. Elle est utile pour les commençans.

Biblia Hebraïca, sine punctis, in 8. *& in* 24. *vol.* 2. *Antuerp. apud Plantin. an.* 1573.

Biblia Hebraïca, in 4. *Venetiis* 1573. *item in* 4. *Venetiis, apud Joan. de Gara, anno* 1582. *item Venetiis* 1595.

Biblia Hebraïca & Latina Ariæ Montani, cum ejusdem Tract. de varia Librorum Hebræorum scriptione & lectione, & de Versionis

TROISIE'ME PARTIE.

sionis Pagnini defensione, in fol. in Burgo Aracenensi in Hispania, an. 1581. Cette edition est rare.

Biblia Hebraïca, in 4. *apud Plantin,* 1582.

Biblia Hebraïca, studio Eliæ Hutteri, in fol. Hamburgi, an. 1587. *operâ Jacobi Lucii.* Cette édition est remarquable, parce que les lettres serviles, déficientes, & qui ne se prononcent pas, y sont marquées d'un caractére vuide & blanc. La même Bible se trouve sans aucune différence, avec la note des années 1588. 1595. 1603. les Libraires ayant apparemment changé les dattes, pour faire croire que c'étoit autant de nouvelles éditions, & pour en faciliter le débit.

Biblia Hebraïca, in 8. *Antuerpiæ,* 1590.

Biblia Hebraïca, Francofurti ad Oderam, 1. *vol. in* 4. & 2. *vol. in* 8. & 4. *vol. in* 16. *apud Hartmann, an.* 1595. Les Juifs font grand cas de cette Bible.

Biblia Hebraïca, 2. *vol. in* 16. *Leid. Rapheleng.* 1595.

Biblia Hebraïca, sine punctis, 2. *vol. in* 24. *Hannoviæ* 1610. La même que celle de Leide, marquée ci-dessus.

Biblia Hebraïca, minimo caractere, ex recensione Johan. Buxtorf. Basileæ, Vvaldrich 1611.

Biblia Hebraïca, 4. *vol. in* 12. *Venetiis, Typis Joan. Bragadini, an.* 1614-1615.

Biblia Rabbinica, juxta priores edit. Dan. Bomberg. 4. *vol. in fol. Venetiis, an.* 1617. *apud Petr. & Laurent. Bragadin.* Leon de Modéne, autrement, R. *Judas Arié,* présida à cette édition. Elle est fort correcte, mais non pas entièrement exempte de fautes, au jugement de Bartolocci.

Biblia Hebraïca, Genevæ, operâ Cephæ Elon, an. 1618. *in* 4. *in* 8. & 6. *vol. in* 18. Ces éditions ne sont pas estimées, parce qu'elles sont pleines de fautes.

Biblia Rabbinica Joan. Buxtorfii patris, 4. *vol. in fol. Basileæ, Typis Ludovici Koning. an.* 1618. & 1619. Walton prétend qu'elle vaut beaucoup mieux que les Bibles Rabbiniques de Bombergue.

Biblia Hebraïca, cum Commentariis Rasi & Jakal Sopher, in 8. *Pragæ* 1629.

Biblia Hebraïca sine punctis, in 8. *Amstelod. Typis Menasse-ben-Israel, sumptibus Henrici Laurentii* 1631.

Biblia Hebraïca, cum versione Hispana vocum difficiliorum in margine caractére Hebraïco, in 4. *Venetiis* 1635.

Biblia Hebraïca, duabus columnis distincta, studio Rab. Menasse-ben-Israel, 2. *vol. in* 4. Cette édition passe pour très-correcte. L'Auteur a encore donné deux Bibles *in* 8. dont l'une est sans points, à Amsterd. chez Janson en 1639.

Biblia Hebraïca, cùm Commentar. Rab. Jacob Lombroso, in 4. *Venetiis* 1639. *Joan. Martinelli.*

Biblia Hebraïca, cùm Massora in Pentateuchum, & Comment. Rasi, 4. *vol. in* 4. *Venetiis, Antonii Calceoni, an.* 1647-1649.

Biblia Hebraïca, Typis Josephi Athias Judæi Amstelodam. cum Præfat. Lat. Joan. Leusden. an. 1661. & *iterum an.* 1667. Cette Bible est en deux volumes *in* 8. fort bien imprimée & assez correcte. Elle est plus utile que la plûpart des autres éditions des Bibles Hébraïques, parce que l'on y trouve la distinction des Chapitres & des Versets, suivant notre usage.

Biblia Hebræa, caractere minuto, cum titulis Librorum & Capitum Latinis, & distinctione Versuum, J. *Gerg. Nisselii, Leidæ* 1662.

Biblia Hebræa, Lemmatibus Latinis illustrata, à Joanne Leusden, 2. *vol. in* 8. *Amstelod. Typis Josephi Athias,* 1667. Elle est recommandable par son exactitude, sa beauté, sa commodité. Les Chapitres, les Versets, le précis des Chapitres y sont marquez en marge. Leurs Hautes Puissances des Etats Généraux, pour reconnoître le travail & la diligence d'Athias dans l'impression de cette Bible, lui firent présent d'une chaîne d'or, à laquelle pendoit une Médaille d'or. On croit néanmoins cette édition moins correcte que celle de l'an 1661.

Biblia Hebraïca, Versibus, Capitibus, Masoretarum Keri & Ketib, &c. instructa operâ & studio Davidis Clodii, in 8. *Francofurti ad Mænum,* 1677. & *iterum recognita à Joan. Henrico Maio, & à Joan. Leusden revisâ, an.* 1692. Daniel Ernest Jablonski dit que cette seconde édition est très-fautive.

Biblia Hebraïca, sine punctis, in 12. *Francofurti, Joan. Wustii,* 1694. Elle est pleine de fautes.

Biblia Hebræa, cum notis Hebraïcis, & Lemmatib. Latinis, ex recensione Joan. Ernesti Jablonski, in 4. *Berolini, an.* 1699. Malgré tous les soins qu'on a pris pour rendre cette édition parfaite, elle n'est pas toutefois exempte de fautes.

Biblia Hebræa, cum Commentario Rasi, 4. *vol. in* 12. *Amstelodami, studio Rab. David Nunnes Torres, an.* 1700. *in domo Emmanuelis* F. *Joseph Athias.*

Item ibidem, eadem Biblia, sed sine notis Rasi, 4. *vol. in* 12.

Biblia Hebraïca, secundum ultimam editionem Josephi Athias, à Joan. Leusdeno denuo recognitam recensita, 2. *vol. in* 8. *Amstelod. & Ultrajecti, Typis Boom & Sociorum, an.* 1705. Cette édition est toute des plus belles & des meilleures. On assure que les points voyelles sont fondus avec les lettres mêmes;

mêmes; en sorte qu'on a évité par-là une infinité de fautes, qui arrivent d'ordinaire par le dérangement & la perte des voyelles.

Biblia Hebraïca, cum Latina Versione sanctis Pagnini, Bened. Ariæ Montani, &c. in fol. Francofurti ad Mœn. 1707.

Biblia Hebræo-Germanica veter. Testament. & Græco-Germanica nov. Testam. ex versione Lutheri, in 4. Lipsiæ 1707.

Biblia Hebraïca, studio sociorum Collegii Orientalis Theolog. Halensis, in Saxonia. Elle étoit commencée & assez avancée en 1707.

Biblia Hebræa à Judæis edita Venetiis, an. 1678. Il y a à la marge une version Italienne des mots difficiles.

Voilà le Catalogue des principales Bibles Hébraïques, qui ont paru depuis le commencement de l'impression jusqu'aujourd'hui. On peut remarquer en général que celles qui sont imprimées avec le précis des Chapitres, & avec les Versets marquez en marge, sont les plus commodes pour l'usage. Ainsi celles de Leusden & d'Athias peuvent sans contredit être préférées aux autres. Depuis celles de Robert Estienne, je ne sçache pas que l'on en ait imprimé en France, si on en excepte celles de la Polyglotte de M. le Jay; parce qu'il n'y a que très-peu de Juifs dans ce pays, & qu'il est mal-aisé que d'autres que des Juifs réussissent à bien corriger ces sortes d'Ouvrages, sur tout lorsqu'on y met les points voyelles & les accens.

Nous ne donnons point ici de Catalogue des morceaux séparez de la Bible, que l'on a imprimez à part pour deux raisons. La premiére, parce que cela nous meneroit trop loin; & la seconde, parce que nous ne pourrions rien dire de particulier de chacun de ces Livres. Ceux qui veulent la Bible dans le Texte Original, ne manqueront pas d'avoir la Bible entiére; & ceux qui veulent former une riche Bibliothéque, & ramasser tout ce qu'ils trouveront de plus beau & de plus singulier en ce genre, pourront consulter la Bibliothéque Sacrée du R. Pere le Long de l'Oratoire, de qui nous avons tiré une bonne partie du Catalogue que nous venons de donner. On peut aussi consulter *Lipenius* dans sa Bibliothéque Théologique, tom 1. p. 152. sous le titre *Bible*.

Nous ne pouvons pas nous dispenser de dire ici quelque chose des habiles Imprimeurs qui nous ont procuré de si belles Bibles, & qui seront à jamais un des principaux ornemens des Bibliothéques. Ces Imprimeurs sont les Etiennes, Bombergue & Plantin, qu'on peut mettre au nombre des Sçavans, puisqu'ils sçavoient les Langues, & n'ignoroient pas la Critique.

Robert Etienne vint au monde à Paris l'an 1503. sous le Regne de Louis XII. Il étoit fils de *Henri Etienne*, premier du nom. Il étudia & devint sçavant, non seulement en Latin, mais aussi en Grec & en Hébreu; il étoit alors Catholique, mais les chagrins qu'on lui causa au sujet de ses Notes sur l'Ecriture Sainte, l'obligérent de quitter sa Patrie & de se retirer à Genéve, où il se fit Calviniste en 1551. & y mourut l'an 1559. âgé de 56. ans. Il faut voir plus au long son Eloge dans Teissier, tom. premier, p. 387-99. Nous parlerons en son lieu des Notes qu'il a fait sur quelques Livres de l'ancien & nouveau Testament.

Henri son fils, second du nom, naquit à Paris avec un esprit très-propre pour les Lettres, & une mémoire admirable. Il suivit son pere à Genéve, & mourut Calviniste l'an 1598. Il faut voir son Eloge dans Teissier, tom. 4. pag. 342.

Le caractére particulier du pere & du fils, a été un zele extraordinaire pour enrichir le Public de belles & correctes éditions des Livres qu'ils ont imprimez, jusqu'à ruiner leur famille; puisqu'ils ont consumé leurs soins, leurs travaux, leur bien & leur vie dans l'exercice continuel d'un Art si noble. On peut voir tout ce qui regarde les Etiennes, dans leurs Vies écrites par Janson d'Alméloveen, & imprimées à Amsterdam en 1683.

Daniel Bombergue étoit Flamand, né à Anvers. Il alla à Venise pour y exercer l'Art de l'Imprimerie, ce qu'il fit avec beaucoup de frais: il y mourut l'an 1549. Bayle parle de lui dans son Dictionnaire Critique de 1715. tome 1. Il fut aussi désintéressé dans son Art que les Etiennes; il n'y épargna ni le travail, ni la dépense. Il a au-dessus d'eux, qu'il est mort Catholique, & l'a toujours été: il sçavoit l'Hébreu en perfection.

Christophe Plantin est encore un de ces fameux Imprimeurs qui se sont rendus recommandables par le grand soin qu'ils ont eu de cultiver leur Art, & en ne donnant que de belles impressions. Il étoit François, né à Tours, ou à Mont-Louis proche de Tours, & demeura à Anvers, où il mourut Catholique l'an 1598. à l'âge de 75. ans. Il faut voir son Eloge dans Teissier, tom. 4. p. 6.... 10. Le Cardinal Baronius le loüe comme le premier des Imprimeurs du monde, autant par une piété sincére, que par toutes les autres qualitez qui composent un homme achevé pour cette Profession.

ARTICLE IV.
Du nouveau Testament en Hébreu.

Nous faisons un Article particulier de cette

cette seconde partie de l'Ecriture Sainte, parce qu'elle ne se trouve pas dans la plûpart des grandes Bibles Hébraïques, sur tout dans celles que les Juifs ont fait imprimer ; car ils ne reconnoissent point de nouveau Testament, étant ennemis déclarez de celui qui en est le principal objet. D'ailleurs, étant certain, comme nous le dirons, que saint Matthieu est le seul qui ait écrit en Hébreu, & son Original étant absolument perdu, cela a engagé plusieurs Sçavans à traduire en cette Langue, ou tout le nouveau Testament, ou les quatre Evangiles seulement, ou quelqu'un des quatre, ou quelque Epître de saint Paul, pour les rapprocher davantage du Texte Sacré de l'ancien Testament écrit en Hébreu.

Saint Matthieu avoit donc écrit son Evangile en Hébreu, ou plûtôt en Syriaque mêlé d'Hébreu, qui étoit la Langue commune de la Palestine de son tems ; mais depuis le siécle de saint Jérôme, cet Original Hébreu de saint Matthieu est entiérement disparu, sans qu'on sçache ce qu'il est devenu. Ainsi les exemplaires Hébreux du nouveau Testament ; & en particulier celui de saint Matthieu, sont modernes, du consentement de tous les Sçavans d'aujourd'hui.

Elie Hutter traduisit en Hébreu tout le nouveau Testament, dans l'espace d'un an, & il le fit imprimer dans son nouveau Testament en plusieurs Langues, l'an 1599. & en 1602. Le même, corrigé & mis dans une forme plus commode par *Robertson*, in 8. à Londres en 1661. Robertson étoit Anglois, de la Religion Anglicane, & vivoit vers l'an 1680.

Les quatre Evangiles, traduits du Latin en Hébreu par *Jean-Baptiste Jona*, & dédiez au Pape Clément IX. à Rome en 1668. Le reste du nouveau Testament du même Auteur est demeuré manuscrit. Jona est mort en 1668.

Evangelium S. Matthai Hebraicè, ex Versione Sebastiani Munsteri, in fol. Basileæ, typis Henrici Petri 1537.

——*Idem Hebraicè & Latinè, ibidem* 1557. 1582.

——*Idem, curâ Joannis Quinquarborei. Parisiis* 1551. On convient que cet Evangile n'est pas le vrai Original de saint Matthieu; & on soupçonne qu'il a été traduit par les Juifs sur le Texte Latin.

Evangelium Hebraicum Matthæi, cum Interpretatione Latina Joannis Merceri, curâ ac studio Joannis Tillii ; editum Paris. in 8. 1555. M. du Tillet trouva cet Evangile à Rome entre les mains des Juifs en 1553. & l'ayant apporté en France, il le donna à Jean le Mercier Professeur en Hébreu, pour le traduire. Cette Version Hébraïque est plus châtiée & plus correcte que celle de Munster : mais pour le fond elle en est peu différente, & est prise sur un Texte Latin, assez peu correct. Voyez M. Mill *Prolegom. in nov. Test. p.* 127.

S. Lucæ Evangelium Hebraicè, ex Versione Friderici Petri, in 8. *Vittebergæ* 1574.

S. Pauli Epistola ad Romanos Hebraicè, in 4. *Leidæ* 1616.

Epistola D. Pauli ad Hebræos Hebraicè, cum Latina Versione Alphonsi de Zamora ; in 4. *Compluti an.* 1526.

——*Eadem Hebraicè & Latinè, edita cum Evangelio sancti Matthæi, in* 8. *Basileæ* 1557. 1582.

——*Eadem ex Græco in Hebræum conversa, à Friderico Alberti, in* 4. *Lipsiæ* 1676.

Quelques Sçavans ont cru que l'Epître aux Hébreux avoit été écrite en Langue Hébraïque ; mais ce sentiment est très-mal appuyé, & a très-peu de défenseurs : & quand il seroit vrai que saint Paul l'auroit écrit originairement en cette Langue, il est indubitable que ce qu'on en a imprimé, n'est nullement le Texte de ce saint Apôtre. Ceux même qui l'ont donné ne l'ont pas prétendu.

ARTICLE V.

Du Pentateuque Samaritain, Arabe, & Persan.

Nous ne parlons ici que de ce Livre, parce qu'il est le seul de tous les Livres Canoniques, qui soit en usage parmi les Samaritains ; & ils l'appellent *la Loi de Moyse*, qu'ils observent plus à la lettre, que les Juifs mêmes ; les explications ou gloses contenuës dans le Thalmud, & que les Juifs suivent exactement, leur étant inconnuës. *Richard Simon*, dans sa Critique de l'ancien Testament, p. 65. examine si leur Exemplaire doit être préféré à celui des Juifs, ou si nous devons suivre l'un & l'autre comme deux Exemplaires d'un même Original ; qui ont chacun leurs perfections & leurs défauts. Pour cela il fait voir les diversitez de ces deux Exemplaires, en les comparant ensemble ; & il paroît porté à croire que le Texte Hébreu Juif est préférable au Samaritain, contre le sentiment du P. Morin, & des autres. On peut en voir les raisons au même endroit de la Critique de M. Simon. Pour nous, nous nous contenterons de donner une juste connoissance de ce Livre ; dont on a tant parlé, & d'en marquer les différentes éditions.

Le Pentateuque Samaritain est donc celui qui est à l'usage des Samaritains d'aujourd'hui, & qui est écrit en caractéres Hébreux anciens, tels qu'ils étoient usitez parmi les Juifs avant la captivité de Babylone, & avant qu'ils eussent adopté les caractéres Chaldéens, dont ils se servent à présent. Le Pentateuque Samaritain est donc écrit en la même Langue que celui des Juifs, il ne diffère proprement que dans les caractères. Il y a toutefois des différences que les Sçavans ont remarquées, & qui ont fait croire à quelquesuns, que les Samaritains avoient réformé leurs Exemplaires sur la Version des Septante.

On peut voir sur cela ce qu'en disent *Usserius*, le *P. Morin*, *Vvalton*, & autres, qui ont examiné le Pentateuque Samaritain suivant les regles de la Critique, comme *Edmond Castel* dans sa Préface du but & de l'usage des Animadversions Samaritaines sur le Pentateuque, dans la Polyglotte de Walton, tome 6. *Jean Henri Hottinger*, dans ses Exercitations contre le P. Morin touchant le Pentateuque Samaritain, imprimées à Zuric en 1644. *in* 4.

Pour ce qui est des éditions de ce Pentateuque, on n'a commencé à en voir des Exemplaires en Europe que dans le dix-septiéme siécle. *Usserius* se vante d'être un des premiers qui en ait fait venir ; c'est dans sa Lettre à Louis Cappel, qui se trouve à la fin de son *Syntagma*, touchant les 70. *Interprétes*. *Petrus della Valle*, étant à Damas en 1616. en acheta un Exemplaire, qu'il envoya à Messire Achille de Harlay, pour lors Ambassadeur du Roi à Constantinople. C'est sur cet Exemplaire que l'on imprima le Pentateuque Samaritain, qui se trouve dans la Polyglotte de *le Jay* en 1645. Mais dès l'an 1632. le *P. Morin* l'avoit fait imprimer par l'ordre du Cardinal de Berulle.

Pentateuchus Samaritanus, cum Versione Latina, in Polyglottis Londin. an. 1657. Cette édition du Pentateuque est plus correcte que celle de Paris ; toutefois elle n'est pas exempte de fautes.

Nous ajouterons ici quelque chose du même Pentateuque en Arabe & Persan. *Edvvard Pocock*, a fait une Préface où il rend raison des différentes Leçons qui se trouvent dans le Pentateuque Arabe. Elle est imprimée dans la Polyglotte de *Vvalton*, tome 6. C'est une remarque dont nous sommes redevables au sçavant M. *Salmon* Bibliothéquaire de Sorbonne, & de plusieurs autres qu'il a bien voulu nous communiquer.

Ce Pentateuque en Arabe a été imprimé à Leide en 1616. 1622. *in* 4. & depuis dans la Polyglotte de Walton. On l'y trouve aussi en Langue Persanne ; c'est dans le tome 4.

ARTICLE VI.

Des Targums ou Paraphrases Chaldaïques, & Persannes.

Quoique ces sortes d'Ouvrages ne soient pas entiérement inutiles, puisqu'ils sont une preuve évidente de la grande fécondité de l'Ecriture ; toutefois il y a bien des choses superfluës, pour ne pas dire rebutantes : telles sont les fables des Rabbins, & quantité de superstitions qui s'y trouvent en grand nombre. Il ne faut donc pas s'étonner si les Juifs en font tant d'estime, puisqu'ils y trouvent toutes leurs rêveries, qui les éloignent le plus de la véritable Religion. C'est pourquoi M. Simon, dans sa Critique de l'ancien Testament, Livre 2. Chap. 18. examine s'il a été à propos de les imprimer. Dans la nécessité où nous sommes d'en parler ; nous commencerons par en donner la plus juste idée qu'il nous sera possible ; nous marquerons ensuite ceux qui en sont les Auteurs, & les différentes éditions qu'on en a faites. Enfin nous parlerons des Versions qu'on en a données, & de ceux qui y ont travaillé.

Quant à l'idée qu'il faut s'en former, on peut dire que les *Targums* sont des Traductions, ou plûtôt des Paraphrases faites en Langue Chaldaïque. On connoît quatre Auteurs de ces Paraphrases ; Onkélos, Jonathan fils d'Uziel, le Paraphraste Jérosolymitain, & Joseph l'Aveugle. Nous en avons parlé plus en détail dans le corps de notre Dictionnaire. On peut voir les articles *Targum*, ou *Onkelos*, &c. Ces Paraphrases passent pour fort anciennes ; & après les Livres sacrez, les Juifs n'ont rien de plus authentique ni de plus ancien. Quelques-uns veulent même qu'au moins celles d'*Onkélos* & de *Jonathan* soient d'avant JESUS-CHRIST. Mais il est constant qu'elles sont plus modernes, quoiqu'on n'en puisse pas marquer l'année précise (*a*). Ces Paraphrases sont très-utiles, non seulement pour découvrir le vrai sens du Texte, qu'elles expliquent quelquefois très-heureusement, mais aussi pour assurer au Messie certains passages de l'Ecriture, que les Juifs d'aujourd'hui veulent expliquer dans un autre sens. Celle d'*Onkélos* est la plus courte & la meilleure : les autres sont plus longues, & plus remplies de fables & de vaines traditions des Juifs.

Onkélos n'a travaillé que sur le Pentateuque.

Jonathan a expliqué tous les Prophétes, grands & petits. Mais on doute avec raison, que la Paraphrase sur le Pentateuque, qui porte son nom, soit de lui.

Le *Targum de Jérusalem* n'est que sur le Pentateuque.

La *Paraphrase de Joseph*, dit *l'Aveugle*, est sur les Pseaumes, sur Job, sur les Proverbes, sur l'Ecclésiaste, le Cantique, Esther, Ruth, & les Lamentations.

(*a*) *Vide Morinum in Exercitat. Biblicis. Lib.* 2. *Exercit.* 8. *Cap.* 2.

TROISIE'ME PARTIE.

Enfin on a publié depuis quelques années une Paraphrase sur les Paralipomènes, qui n'avoit point encore paru, & dont l'Auteur n'est pas connu.

Les Paraphrases Chaldaïques d'Onkélos avoient été imprimées plus d'une fois, avec le Texte Hébreu du Pentateuque, avant l'an 1517. que la Polyglotte du Cardinal Ximenés fut achevée; & depuis cette Polyglotte, & les autres qui ont paru après elle, on les a encore imprimées plusieurs fois, aussi-bien que les autres Paraphrases, dans des Volumes séparez. Nous n'entrerons point ici dans le détail de toutes ces éditions particuliéres, nous nous contenterons de marquer celles qui ont été faites dans les diverses Polyglottes, ou d'en expliquer les différences.

Dans la Polyglotte de Complute, ou de Ximenés, on ne donna pas toutes les Paraphrases que nous avons aujourd'hui; elles n'étoient pas encore connuës: on ne donna que celle d'Onkélos, & encore tronquée & corrigée en quelques endroits.

La Bible Rabbinique de *Bomberg*, imprimée en 1518. & réimprimée plus d'une fois depuis, comprend la Paraphrase d'Onkélos, & la Jérosolymitaine sur le Pentateuque; celle de Jonathan fils d'Uziel, sur les Prophètes; celle de Joseph l'Aveugle, sur les Pseaumes; sur les Proverbes, sur Job, sur l'Ecclésiaste, le Cantique des Cantiques, les Lamentations, Ruth, & une autre Paraphrase sur Esther.

La Polyglotte d'Anvers de Philippe II. comprend les mêmes Paraphrases que la précédente, à l'exception de celle de Jonathan sur le Pentateuque. On remarque que ces Paraphrases sont mutilées, & qu'on y a fait quelques changemens dans cette édition, de même que dans celle de Complute; & dans la Bible Rabbinique de Venise; ce qui est cause que les Juifs ne les estiment pas.

La Polyglotte de *Hutter* ne contient que le Targum d'Onkélos sur le Pentateuque.

La Bible Rabbinique de *Buxtorf*, imprimée à Bâle en 1618. est plus correcte que les précédentes. Quant à l'impression des Paraphrases Chaldaïques, Buxtorf a suivi les éditions de Venise, où elles sont plus entiéres que dans celles d'Anvers; mais on prétend qu'il y manque encore quelque chose. Voyez *Valer. de Flavigni*, Epist. 1. p. 22.

Dans la Polyglotte de Paris, on a suivi les éditions précédentes de Venise, d'Anvers & de Bâle, dans lesquelles le Texte des Paraphrases Chaldaïques est mutilé. On a principalement copié l'édition d'Anvers, où ces Paraphrases sont très-imparfaites.

Enfin la Polyglotte d'Angleterre de *Walton*, imprimée à Londres en 1657. a suivi l'édition des Paraphrases Chaldaïques, procurée par *Buxtorf*, à Bâle en 1618. dans lesquelles, dit Walton, Buxtorf a rétabli sur la foi des Manuscrits, ce qui avoit été retranché dans les éditions précédentes. Walton dit qu'il a ajouté dans cette édition d'Angleterre, trois Paraphrases du Pentateuque, qui ne se trouvoient pas dans les autres Polyglottes. La première Paraphrase est celle de Jérusalem, avec la Version Latine de *Chevalier*. La seconde, est celle qui est attribuée à Jonathan, avec la Version du même Chevalier. La troisième est la Paraphrase Persienne de *Jacques Tavvasus*, avec la Traduction Latine faite par M. *Hyde*. Les deux premières étoient déja imprimées dans les Bibles Rabbiniques, mais elles n'étoient pas traduites. Ainsi on ne peut disconvenir que les meilleures éditions des Targums, ne soient celles des Bibles Rabbiniques de Buxtorf, & de la Polyglotte de Londres.

La Paraphrase des deux Livres des Paralipomènes qui étoit demeurée inconnuë jusqu'à l'an 1680. fut heureusement découverte par *Matthias Friderie Beckius*, dans la Bibliothéque d'Erford, & publiée en deux volumes *in* 4. à Ausbourg l'an 1680. & 1683.

Il faut maintenant parler de ceux qui ont traduit ces Paraphrases. *Alphonse de Zamora, Paul Fagius, Bernardin Baldi, André de Leon*, ont donné la Version de la Paraphrase d'Onkélos. Celle de Zamora se trouve dans toutes les Polyglottes, dans toutes les Bibles Latines imprimées depuis 1609. jusqu'à 1616. & en particulier à Anvers l'an 1535. *in* 8. Celle de Fagius a paru avec les Annotations à Strasbourg en 1546. *in fol.* Celle de Baldi a été faite en 1594. selon *Janus Eritthrée*, dans son *Pinacotheca*, p. 1. p. 6. Enfin la quatrième d'André de Léon, fut faite en 1628. & se trouve à Rome dans la Bibliothéque Barberine, comme M. Simon l'a témoigné lui-même dans ses Antiquitez de l'Eglise Orientale, p. 131.

M. Huet, *de claris Interpretibus*, §. 20. p. 117. trouve que toutes ces Versions ne sont pas fidelles & qu'il faudroit entièrement les refondre, quoiqu'*Arias Montanus* les ait corrigées en bien des endroits. On peut voir ce que Fagius pense de la sienne dans sa Préface, qui se trouve dans les grands Critiques de Londres, t. 1. p. 19. de la première édition.

La Paraphase du faux Jonathan sur une partie du Pentateuque, a été traduite par *Antoine Chevalier*, dont la Version se trouve dans la Polyglotte d'Angleterre, & par *François Tayler*, qui fit imprimer sa Version en 1649. *in* 4. à Londres. Walton dans ses Prolégomènes 12. §. 20. dit de celle-ci, qu'elle étoit pleine de fautes; ce qui l'a engagé à en faire une autre: & Selden dans son premier

mier tome *de Synedriis Hebræorum*, dit de la première, qu'elle lui avoit été communiquée par Emeric Casaubon.

Celle du vrai *Jonathan* sur les Prophétes, a été traduite par *Alphonse de Zamora*, & revûë par *Arias Montanus*, corrigée par *Walton* dans sa Polyglotte. *Jean Mercier* a traduit celle qui est sur les petits Prophétes, & sa Version fut imprimée à Paris en 1559. *in 4*.

Zamora & *Montanus* ont encore traduit la Paraphrase de *Joseph l'Aveugle* sur les Pseaumes, & autres Livres *Edmond Castel*, *André de Léon* & *Adrien Chil*, ont corrigé cette Version. *Scialac* a traduit la Paraphrase du même sur Job ; sa Version a été imprimée à Rome en 1618. *in 8*. *Jean Terentius* en a aussi donné une, avec des Notes, à Franeker 1663. *in 4*. *Erasme Osvvald Schreckenfusch* une autre sur les Cantiques & l'Ecclésiaste, à Bâle 1553. *Jules Bartolocci* avec des Scholies ; elle n'est que manuscrite à Rome dans la Bibliothéque du Vatican, comme il l'assure dans sa Bibliothéque Rabbinique, tome 3. p. 792. *Jean Mercier* a fait la sienne sur Ruth, imprimée à Paris 1564. *in 4*. *Montanus*, sur Esther ; elle est dans sa Polyglotte, & *François Tayler*, imprimée à Londres 1655. *in 4*. *Samuel le Clerc* sur les Paralipoménes, 2. vol. *in 4*. *Frideric Beck*, avec des Notes, à Ausbourg 1680. 1683. 2. vol. *in 4*.

Bartolocci dans le premier tome de sa Bibliothéque Rabbinique, p. 400. a fait une sçavante Dissertation touchant l'origine de la Paraphrase Chaldaïque sur le Pentateuque ; où il prétend faire voir que Onkélos n'en est pas le premier Auteur, parce que long-tems avant qu'il vînt au monde, la Langue Chaldéenne étoit en usage parmi les Juifs. Chacun peut voir si ses raisons sont bien convainquantes. Il faut aussi voir sur le nouveau Testament, art. 2. ce que nous disons du Traité de Luc de Bruges sur la Paraphrase Chaldaïque.

Voici un abrégé de la Vie des Auteurs de ces Paraphrases, & de ceux qui en ont fait des Versions.

Onkelos est tout-à-fait différent d'Aquila, quoique *Crowæus* & d'autres les ayent confondus. C'étoit un des plus célébres Rabbins ; mais nous ne sçavons pas bien en quel tems il vivoit. Si nous en croyons Abenezra, il est heureux à trouver des sens mystiques, même dans les endroits où le sens littéral est tout naturel & sensible.

Jonathan, Juif d'origine, étoit fils d'Uziel ; c'est celui qui a donné la Paraphrase sur les Prophétes : car pour celui qui a donné la Paraphrase du Pentateuque en partie, il est plus nouveau, & par conséquent bien différent de l'autre, comme M. Simon le remarque par la différence du stile ; & il s'étonne que cela ait échappé au sçavant M. Huet, aussi-bien qu'aux autres Critiques ; dans ses Disquisitions Cap. 3. p. 101. On a suffisamment parlé de *Joseph l'Aveugle* dans le Dictionnaire de la Bible, tome 1. Voyez *Joseph*.

Nous avons déja parlé d'*Alphonse de Zamora* dans l'article des Polyglottes. *Paul Fagius*, autrement dit *Buchlin*, Allemand, né à Saverne en 1504. étudia à Strasbourg, où il apprit la Langue Hébraïque sous Capiton, & l'enseigna lui-même dans cette grande ville. Depuis il devint Ministre Luthérien à Isna. Il fut appellé en Angleterre par Cranmer sous le regne d'Edouard VI. & étant devenu Calviniste, il mourut en 1550. âgé de 45. ans. Melchior Adam a donné sa Vie parmi celles des Théologiens Allemans ; & Fabricius dans l'Histoire de sa Bibliothéque, tome 1. p. 11. 12. Pope Blount a ramassé tous les éloges qu'on lui a donnez. C'est dans sa Censure des Auteurs, p. 645. M. Dupin a fait le Catalogue de ses Ouvrages dans ses Tables, tome 4. p. 1454. & dans sa Bibliothéque des Hérétiques, tome 1. p. 99.

Entre les premiers Protestans, il n'y en a point qui ait sçu la Langue Hébraïque plus à fond. Il étoit aussi bon critique, & s'est servi des Rabbins fort à propos, dit M. Simon ; mais *celui qui touche la poix*, dit l'Ecriture, *en sera gâté* ; ce qui lui est arrivé : car en se fiant trop sur ses Rabbins, il va chercher des étimologies toutes ridicules. M. Huet ne laisse pas de l'appeler un Interprete exact, qui cherche plûtot le véritable sens que l'élégance : *de claris Interpretibus*, page 143.

Balde, ou *Baldi*, étoit d'Urbin, où il naquit l'an 1553. Il apprit la Langue Grecque & Latine sous de sçavans Maîtres. Il alla à Pise & à Padoue. De retour à Urbin, il s'appliqua aux Mathématiques : mais ayant pris les Ordres sacrez, & ayant été élu Abbé de Guastalla, il s'adonna tout entier à l'étude de l'Ecriture sainte. Il mourut en 1617. non pas en 1597. comme l'écrit le P. le Long ; puisqu'il composoit encore en 1603. & que Marc Antoine Virgilius fit son Oraison funébre en 1617. qui par conséquent étoit l'année de sa mort. Bayle parle de lui dans son Dictionnaire critique, tome 1. p. 446. de la premiére édition, & p. 467. de la seconde.

Il avoit un esprit capable de toutes sortes d'études, comme on en peut juger par les différens Ouvrages qu'il a donnez. Il étoit tellement appliqué à l'étude, que souvent il lisoit en mangeant : il a lû l'Ouvrage de la Cité de Dieu de saint Augustin jusqu'à trois fois pendant ses repas : tant qu'il fut en santé, il se levoit à minuit pour étudier. Enfin sa mort a été aussi sainte que sa vie.

André

André de Leon étoit de Zamora, & Chanoine Régulier. Il mourut en 1649. Il faisoit souvent des solécismes & des hébraïsmes dans ce qu'il écrivoit. On a une de ses Lettres à M. le Jay, touchant la Polyglotte, dans les Antiquitez Orientales.

Cevalerius, autrement *Chévalier*, étoit Normand, proche de Vire, & Calviniste, Professeur de la Langue Hébraïque à Genève. Il est mort en 1572.

Tayler, ou *Taylor*, étoit Anglois, & avoit soin d'une Eglise proche de Londres vers 1650. Il a ajouté des Notes marginales à sa Version, & a fait d'autres Ouvrages. M. Dupin en a donné le Catalogue dans ses Tables, tome 4. p. 1290.

Adrien Chil étoit Flamand de Maldeghem & Curé vers l'an 1533. Il sçavoit le Grec & le Latin. Sanderus & Valere André parlent de lui dans leur Bibliothéque de Flandres.

Jean Terentius étoit aussi Flamand, mais Calviniste, qui enseigna la Langue Hébraïque à Franeker l'an 1663.

Erasme Osvvald Schreckenfusch, étoit Allemand Luthérien, Professeur des Mathématiques & en Langue Hébraïque à Tubinge vers 1553. Il mourut l'an 1579. âgé de 68. ans, étant né l'an 1511. Melchior Adam parle de lui dans les Vies des Philosophes Allemans, & Vossius, *de Mathematicis*. Teissier dans ses Eloges, tome 3. p. 163. Il excelloit en la science des Mathématiques, & il entendoit très-bien la Langue sainte, qu'il avoit apprise de Sebastien Munster. M. Dupin a donné le Catalogue de ses Ouvrages dans ses Tables, tome 4. p. 401. M. Baillet dans ses Jugemens des Sçavans. Les autres, dont nous ne parlons point ici, se trouveront ailleurs.

ARTICLE VII.

Des Bibles en Langues Orientales.

Nous comptenons sous ce seul titre, toutes les Bibles qui ont été écrites ou mises en Syriaque, Samaritain, Arabe, Persan, Turc, Arménien, &c. Nous n'en ferons qu'un Article, où nous parlerons de ceux qui en ont procuré les éditions, ou qui les ont mises en ces différentes Langues.

Bible Syriaque.

Nous avons parlé des Bibles Syriaques, dans le Dictionnaire sur l'Article des Bibles, & nous ne répétons point ici ce que nous avons dit en cet endroit. La Bible Syriaque fut premiérement imprimée dans la Polyglotte de M. *le Jay* en 1645. avec la Version Latine de *Gabriel Sionite*. *Abraham Echellensis* traduisit Ruth, & *Jean Hesronite* traduisit les cinq Livres attribuez à Salomon.

Cette édition n'est pas entière : il y manque les Livres suivans ; Tobie, Judith, Esther, la Lettre de Jérémie & Baruc, avec les Fragmens de Daniel, & le second Livre des Maccabées. Tout le nouveau Testament est de la Traduction de *Gui Fabricius Boderianus*, d'*Edouard Pocock*, & de *Louis de Dieu*.

La Polyglotte d'Angleterre a réimprimé la Version Syriaque qui se trouve dans la Bible de M. *le Jay* ; & elle y a ajouté les Livres d'Esther, de Judith, de Tobie, la Lettre de Jérémie, Baruc, l'Histoire de Susanne, une partie du Cantique des trois Hébreux, le second & le troisiéme Livre des Maccabées. *Walton* dit qu'il a reformé & corrigé ce Texte en une infinité d'endroits ; mais M. *Simon* assure que l'on trouve dans l'édition d'Angleterre toutes les mêmes fautes qui sont dans l'édition de Paris.

Psalmi Davidis cum Canticis veteris & novi Testamenti Syriacè & Arabicè. Ces Pseaumes ont été imprimez au Mont Liban en 1610.

Psalmi Syriacè sine punctis, editi à Thoma Erpenio, cum Versione Latinâ, in 4. Lug. Batav. 1625.

Psalmi Davidis Syriacè cum punctis, & Versione Latina Gabrielis Sionitæ, in 4. Parisiis 1625.

Novum Testamentum Syriacè cum punctis, à Vuidmanstadio, 2. vol. in 4. à Vienne en Autriche 1555.... 1562. Cette édition est la premiére & la plus estimée du nouveau Testament en Syriaque. La seconde Epitre de S. Pierre, la seconde & troisiéme de saint Jean, celle de saint Jude & l'Apocalypse ne s'y trouvent point, quoique les Syriens les reçoivent pour canoniques ; parce, disent les Editeurs, que ces piéces ne se trouvoient point dans leurs Exemplaires. *Jean Albert Vuidmanstad*, Auteur de cette édition, étoit Allemand, Catholique, Chancelier d'Autriche & Jurisconsulte vers l'an 1555. Il sçavoit en perfection la Langue Syriaque.

Novum Testamentum Syriacè caracteribus Hebraïcis sine punctis in 24. Antverpiæ, Plantin. 1575.

Novum Testamentum caractere Syriaco, cum versione Latina Tremellii in 4. Cothenis Anhaltinorum 1621. 1624. Dans toutes ces éditions il manque les quatre Epîtres Canoniques que nous avons nommées plus haut, & l'Apocalypse : mais depuis l'édition de la Polyglotte de Paris, on trouve ordinairement le nouveau Testament tout entier avec la Version de *Boderianus*. On peut voir le P. *le Long* dans sa Bibliothéque sacrée, pour les éditions des Livres particuliers de l'Ecriture, faites à part en Syriaque.

On a donné à Leide en 1708. en 2. vol. *in 4.* le nouveau Testament en Langue Syriaque, avec un Dictionnaire Syriaque, qui contient

contient une Concordance de tous les mots qui sont dans ce nouveau Testament. *Charles Schaaf* avoit entrepris cet Ouvrage avec *Leusden* ; celui-ci étant mort, Schaaf l'a achevé seul. Il y a joint une nouvelle Version Latine, diverses Leçons tirées des précédentes éditions & des manuscrits.

Bible Samaritaine.

Nous avons parlé ci-devant du Pentateuque Hébreu, écrit en caractéres anciens, tels qu'ils étoient en usage chez les Juifs avant la captivité de Babylone ; mais comme les Samaritains qui s'en servent, n'entendent plus l'ancien Hébreu, ils en ont fait une Traduction en leur Langue, qui est un mélange du Syriaque, du Chaldéen, & de l'Hébreu. Cette Traduction a été imprimée dans les Polyglottes de Paris, avec la Version Latine du *P. Morin* en 1645. & réimprimée depuis dans celle d'Angleterre en 1657.

Outre cette Version Samaritaine, on dit qu'il y en a encore une en Arabe, & une en Grec. Voyez *Vvalton*, Prolegom. XI. paragr. 20. le *P. Morin* & le *P. le Long*, Bibliothèque sacrée.

Bible Arabe.

Nous avons parlé assez au long des Bibles Arabes dans le Dictionnaire sur l'Article des Bibles. L'édition Arabe qui se trouve dans la Polyglotte de M. *le Jay*, renferme tous les Livres de l'ancien & du nouveau Testament, à l'exception des Livres d'Esther, de Judith, de Tobie & des Maccabées qui y manquent. Le Pentateuque est l'ouvrage du Rabbin *Saadias Gaon* fameux Juif, qui l'a faite sur l'Hébreu. La Version Latine est de *Jean Esronite*. Les autres Livres de l'Ecriture sont traduits en Arabe sur le Grec ; & la Version Latine qui est dans les Polyglottes, est de *Gabriel Sionite*. Cet Auteur étoit de Syrie & Maronite du Mont Liban, Professeur des Langues Syriaque & Arabe à Paris. On le fit venir dans cette ville, pour y travailler à la Polyglotte de M. *le Jay*, & il y enseigna dans le Collége Royal en 1650. Il passoit alors pour un de ceux qui sçavoient le mieux les Langues Orientales. Cependant les Versions Latines qu'il a données ne sont pas exemptes de fautes.

Vvalton a fait réimprimer la même Version Arabe ; il dit qu'il l'a corrigée en différens endroits.

Biblia Arabica Romæ edita jussu Urbani VIII. L'ancien Testament fut achevé en 1647. & le nouveau en 1650. Mais comme cette édition n'étoit pas entièrement conforme à la Vulgate, la Congrégation de la Propagande, la fit retoucher, & l'Ouvrage ne parut qu'en 1671. *Vide Diarium eruditorum Italic. Romæ edit.* 29. *Januar.* 1672. *ab Abbate Nazario.*

Novum Testamentum Arabicè curâ Thomæ Erpenii in 4. *Leydæ è Typogr. Erpeniana* 1616.

Evangelia Arabicè absque punctis & cum figuris, in fol. Romæ è Typogr. Medicea 1591. *Item* 1619.

Bible Ethiopienne.

On n'a aucune Bible entière imprimée en Langue ni en caractère Ethiopien. *Théodore Pettæus* fit imprimer à Leide *in* 4. en 1660. les quatre premiers Chapitres de la Génése. *Georges Chrétien Burcklin* les imprima à Francfort *in* 4. en 1696. avec la Version Latine. Ils ont encore paru en 1702. & en 1707. en Allemagne.

Le Livre de Ruth a été imprimé à Leide *in* 4. par *Jean Georges Nisselius* en 1660. Les Pseaumes ont été imprimez assez souvent, par exemple, par *Jean Potken, in* 4. *Romæ* 1513. par les soins de *Ludolf*, à Francfort *in* 4. 1701. & dans les Polyglottes d'Angleterre. On trouve aussi le Cantique des Cantiques, les Prophétes Joël, Jonas, Sophonie & Malachie, imprimez séparément en Ethiopien en différens endroits.

Novum Testamentum Æthiopicè, Romæ in 4. 1548.

Epistolæ 13. *D. Pauli Æthiopicè an.* 1549. *Romæ.* Cette édition est très-fautive, & c'est néanmoins celle qu'a suivi *Vvalton* dans son édition d'Angleterre. Il a pris le Pseautier Ethiopien des éditions faites à Rome & à Cologne, & le Cantique des Cantiques, avec le nouveau Testament, sur l'édition de Rome, & la Version Latine de *Lostussus*, corrigée par *Edmond Castel*. M. *Ludolf* soutient que cette édition est pleine de fautes, & que les Anglois ont encore ajouté de nouvelles fautes à l'édition de Rome, parce que les Ethiopiens qui présidoient à l'édition de Rome, n'avoient qu'un Exemplaire imparfait & mutilé. *Job Ludolf*, ou *Leutholf*, dont il est parlé dans cet Article, étoit Allemand d'Erford, Conseiller de l'Empereur & de l'Electeur Palatin. Il sçavoit les Langues Orientales, & particulièrement l'Ethiopienne. Il est mort en 1704.

Epistolæ Jacobi, 1res Joannis & Judæ, Æthiopicè & Arabicè, cum punctis vocalibus & Versione Latina in 4. *Leidæ , Elzevir.* 1654. M. *Ludolf* dit que ce Livre est plein de fautes.

TROISIE'ME PARTIE.

Bible Persanne.

Pentateuchi Versio Persica caractere Hebræo, interprete Jacobo filio Joseph Tavvos Judæo-Constantinopoli 1546. Cette Bible est imprimée avec l'Hébreu, le Chaldéen & l'Arabe ; l'Hébreu est au milieu, la Paraphrase d'*Onkelos* est à la gauche, & la Version Persanne est à la droite ; l'Arabique est au haut de la page. Cette même Version est imprimée dans la Polyglotte d'Angleterre, avec la Version Latine de *Thomas Hyde*.

Evangeliorum Versio Persica, cum Versione Latina Abrahami Vvheloci Londini 1652. 1657. M. l'Abbé Renaudot soutient que cette Version est faite sur le Syriaque & non sur le Grec, comme le prétendent les Editeurs. Abraham Wheloch étoit Anglois, Professeur en Langue Arabe & Saxonne à Cambridge. Il décéda en 1654.

Evangelia Persicè ex interpretatione Simonis filii Joseph Taurinensis, juxta Codic. Pocockianum, cum Versione Latina Samuëlis Clerici. Elle se trouve dans la Polyglotte d'Angleterre, & est prise sur le Syriaque. Elle est différente de celle de *Wheloch*.

Bibles en Langue Turque.

Nous n'avons aucune Bible entiere imprimée en cette Langue, mais seulement le nouveau Testament imprimé à Londres *in* 4. en 1666. de la Traduction de *Guillaume Séaman*.

Albert *Bobovius*, Polonois, & Apostat de la Religion Chrétienne, s'étant fait Turc, & ayant pris le nom d'*Ali Beigh*, traduisit la Bible en Langue Turque à la prière de *Levinus Warnerus*. Celui-ci l'envoya à Leide pour y être imprimée, mais elle y est demeurée manuscrite dans la Bibliotheque publique de cette ville. *Bobovius*, autrement *Bobovvski*, fut premier Interprete de Mahomet IV. du nom, Empereur des Turcs. Il vivoit vers l'an 1660. & il mourut dans son apostasie.

Bibles Arméniennes.

Biblia Armena impressa Amstelodami in 4. *an.* 1666. Cette Version Arménienne est faite sur les Septante ; elle est fort belle, & faite avec grand soin, & même accompagnée d'images qui représentent l'Histoire sainte. On dit pourtant qu'elle n'a pas été agréable aux Arméniens, quoique procurée par *Jacques Caraffetus* leur grand Patriarche.

Biblia Armenica studio Theodori Petræi, in fol. Amstelod. 1670.

Biblia Armenica Constantinopoli in 4. *erant sub prælo, an.* 1707.

Psalmi Armenicè in 8. *Romæ* 1565. *Venetiis* 1642. *Amstelodami* 1661. *in* 4. *ibidem* 1666. *in* 24. &c.

Novum Testamentum Armenicè in 8. *Amstelodami* 1668.

ibidem nitidioribus typis in 8. *an.* 1698.

Bibles Cophtes, ou Egyptiennes.

Il y a plusieurs Exemplaires manuscrits des Bibles Cophtes dans les Bibliothéques ; mais on n'en connoît aucuns d'imprimez. Voyez la Bibliothéque sacrée du P. le Long de l'Oratoire, tome 1. de l'édition *in fol.* & sur toutes ces Bibles en Langues Orientales, voyez *Lipenius* dans sa Bibliotheque Théologique, tome 1. p. 146.

ARTICLE VIII.
Des Bibles Grecques des Septante, & des autres.

La plus ancienne Version Grecque de l'Ecriture que nous connoissons, est celle des Septante Interprétes, que l'on croit avoir été faite en Egypte sous le regne de Ptolémée Philadelphe, qui monta sur le trône l'an du Monde 3720. avant J. C. 280. avant l'Ere vulgaire 284. Quelques-uns veulent que dès auparavant, il y ait eu une Traduction Grecque des Livres saints des Hébreux, mais on n'a jamais pû prouver ce sentiment. On a parlé assez au long des Septante sous leur article dans le Dictionnaire de la Bible : nous ne répéterons point ici ce que nous en avons dit. Nous nous bornons à donner dans cet Article les principales éditions de l'ancien Testament, ou des Septante. Nous marquerons ensuite le jugement qu'on en doit faire ; & enfin nous parlerons de ceux qui ont travaillé à ces différentes éditions.

Biblia Græca cum Versione Latina ad verbum, Compluti 1517. C'est celle qui est dans la Polyglotte du Cardinal Ximenés. Les Sçavans reconnoissent que cette édition n'est rien moins que la pure & la vraye traduction des Septante. Ceux qui ont travaillé à la Polyglotte de Complute, ayant retouché le Texte Grec, pour le rendre conforme à la Vulgate ou à l'Hébreu, ne se sont pas mis en peine s'ils suivoient ou non la Version des Septante. Aussi cette édition est peu estimée.

Biblia Græca curâ Andreæ Asulani, in ædibus Aldi & Andreæ Asulani ejus soceri, in fol. Venetiis 1518. Cette édition parut avant celle de Complute, quoiqu'elle eût été achevée un an après. Elle approche plus du vrai Texte des Septante que l'édition de Complute ; mais les Sçavans y trouvent encore quelques additions tirées de *Theodotion* &

des

des anciens Interprétes. Grecs. On la réimprima en 1526. 1545. 1550. 1582. 1597. 1599. & 1687.

Les courtes Préfaces Latines qui s'y trouvent sont d'*Asulan*. A la tête de chaque Epître de saint Paul, & des Epîtres Canoniques, il y a un avant-propos en Grec, qui en explique le sujet. Cette édition porte le nom d'*Alde* l'ancien, parce qu'elle est sortie de son Imprimerie, où Asulan travailloit, & peut-être qu'il y avoit mis la main avant que de mourir, comme il peut en avoir fourni le dessein. Car il excelloit pour le Grec; & avant lui on laissoit du vuide dans le Latin, où il y avoit des mots Grecs à placer, parce qu'on n'avoit point encore de caractéres de cette Langue. C'est donc improprement qu'*Usserius* dit que c'est Alde lui-même qui a donné la première édition de la Bible Grecque. Car Alde étoit mort dès 1516. & cette édition n'a été achevée qu'en 1518. comme nous l'avons déja marqué. Pour bien connoître tout le mérite de cette édition, il faut lire ce qu'en dit *Walton*, dans son Prolégoméne 9. num. 29. & *Masius* dans sa Préface sur Josué. Enfin les Actes de Leipsic de 1698. p. 75.

Biblia Græca, *minimo caractere*, *juxta Venetam Aldi editionem*, 4. vol. in 8. *Argentorati*, *Vvolphius Cephalaus N. Test. an. 1524. vet. Test. 1526. cum Præf. Joan. Loniceri.*

Biblia Græca juxta editionem Venetam in fol. Basileæ Joannis Hervagii, an. 1545. cum Præf. Philippi Melanctonis. C'est l'édition qui est connue sous le nom d'édition de Bâle, & qui est la même que celle d'Alde: mais la division des Chapitres & des versets en est différente, comme remarque Walton dans le Prolégoméne cité ci-dessus. Il y a encore celle de *Vvechel* & de *Zanetti*, & on y trouve au bas de chaque page un grand nombre de différentes leçons, qui ne contribuent pas peu à la rendre précieuse. Il faut voir ce qu'en dit Fabricius dans sa Bibliothéque Grecque, Livre 3. p. 326.

Biblia Græca vet. Test. Græcè ex edit. Aldi, & Latinè ex edit. Complut. 4. vol. in 8. *Basileæ Nicolai Brylinger* 1550.

Biblia Græca & Latina 3. vol. in 8. *Basil. Bryling.* 1582. C'est la même que l'édition de 1550. dont on a changé le titre.

Biblia Græca vet. Test. autoritate Sixti V. Pontif. Max. & operâ Antonii Caraffæ Card. cum Præf. Lat. Petri Morini in fol. Rom. Typogr. Franc. Zannetti 1587. Cette édition passe pour la meilleure, la plus pure & la plus correcte de toutes celles qui avoient paru jusqu'alors. Il y a toutefois des Sçavans, comme Mariana & le P. Morin, qui croyent qu'il s'y est encore glissé quelques passages des anciens Traducteurs Grecs. Pour en juger sainement, il n'y a qu'à lire les Préfaces qui sont à la tête: le *P. Morin*, dans ses Exercitations de la Bible Liv. 1. Exercit. 9. Chap. 1. num. 8. 12. Le *P. le Long* dans sa Bibliothéque sacrée, Article des Bibles Grecques. *Simon*, dans son Histoire critique de l'ancien Testament, Livre 2. Chap. 3. où il défend cette édition contre Vossius, & prescrit en même-tems le moyen de la réformer, ce que Vossius avoit promis de faire, & ce qu'il n'a pas executé, de même que Colomiez, qui avoit fait la même promesse. Mais *Lambert Bos* & *Ernest Grabe* ont mis en execution un si beau dessein au commencement de ce siécle, dans leurs éditions corrigées & augmentées, que nous allons bientôt marquer.

Un si grand Ouvrage demandoit de grands hommes pour être dans toute sa perfection. C'est ce qu'ont fait les Cardinaux Sirlet & Caraffa, Latinus Latinius, Marianus Victorius, Paulin qui étoit Dominicain, Agellius, Emmanuel Sa, Pierre Parra sous Pie V. Lelius, Turrianus, Ciaconius, Maldonat, Pierre Morin, Comitolus, Ursinus, Livinejus, Valverda, Bellarmin, Tolet sous Grégoire XIII. Jean Morin & Flaminius Nobilius sous Sixte V. Il faut dire quelque chose de chacun en particulier.

Guillaume Sirlet naquit à Stilli, que quelques-uns nomment Squilliaco, dans la Calabre. Il étudia les Langues à Naples, fut fait Cardinal par Pie IV. à la recommandation de saint Charles Borromée, qui travailla aussi à le faire élire Pape au lieu de Pie V. qui ne laissa pas après sa promotion de le faire Bibliothéquaire du Vatican. Il mourut l'an 1585. âgé de 71. ans. Il faut voir sa vie dans Ciaconius, & dans l'Histoire des Cardinaux par Auberi. Il avoit une parfaite connoissance de la Langue Hébraïque & Grecque. Il passoit à Rome pour l'Aristarque de son tems. Nous parlerons ailleurs de ce qu'il a fait sur l'Ecriture, dans l'Article des différentes Leçons. M. Dupin a donné le Catalogue de ses Ouvrages dans ses Tables, tome 1. p. 1287.

Antoine Caraffe étoit sorti de l'illustre maison des Caraffes. Il apprit avec beaucoup de soin & de succés la Langue Grecque sous Sirlet. Pie V. lui donna le chapeau de Cardinal, lorsqu'il n'avoit encore que trente ans; mais comme il étoit extrêmement studieux, une mort prématurée l'enleva en 1591. n'ayant que cinquante-trois ans. Dans une grande jeunesse, il fit paroître une vertu & une chasteté extraordinaire. Il fut aussi extrêmement recommandable par sa charité; car il fit de grandes aumônes aux pauvres pendant sa vie; & en mourant, il donna ses biens à l'Ecole des Maronites. Eugubinus,
Baronius,

TROISIE'ME PARTIE.

Baronius & Bince ont fait comme à l'envi son Oraison funèbre. Il faut voir dans les Eloges de Teissier, tome 4. p. 152. ce qu'en dit M. de Thou dans l'Histoire de son tems. Monsieur Dupin a donné le Catalogue de ses Ouvrages dans ses Tables, tome premier, p. 1341.

Latinus Latinius vint au monde à Viterbe l'an 1513. & fit ses premiéres études à Sienne : étant allé à Rome en 1554. il s'appliqua à l'étude de la Théologie ; il fut Secretaire de trois Cardinaux, & mourut en 1593. âgé de 80. ans Voyez sa Vie dans les Eloges de Teissier, tome 4. p. 181. 84. Juste Lipse l'appelle *protissimus senex & omni litterarum genere instructissimus*. Colomiès le loue comme un homme docte & diligent. Pamelius admire sa doctrine ; & Raimond Capisucchi ne pouvoit se lasser d'admirer le travail & la constance infatigable avec laquelle il avoit lû & déchifré tant d'Auteurs ; non plus que la pénétration & la solidité de son jugement. On peut voir les autres éloges qu'on lui a donné dans Pope Blount, page 734.

Marianus Victorius, ou *Victorinus*, si connu par sa fameuse édition des Ouvrages de saint Jérôme, étoit de Rieti ; il fut fait Evêque d'Amelie par Pie V. en 1571. & en 1572. de Rieti ; ce qui a donné lieu au P. le Long de dire qu'il étoit d'Amelie & Evêque de Rieti. Ughellus dans son Italie sacrée, t. 1. en parle, & dit qu'il mourut vers l'an 1572. Il étoit recommandable & par sa science & par sa probité. M. Dupin a donné le catalogue de ses Ouvrages dans ses Tables, tome 1. p. 1161.

Nous ne connoissons *Paulin Dominicain* & *Pierre Parra*, que par la part qu'ils ont eu à l'édition Grecque de Rome. Le P. le Long n'en dit pas davantage dans sa Bibliothéque Sacrée.

Nous parlons d'*Emmanuel Sa*, dans l'article des Commentateurs, aussi-bien que de *Maldonat* & de *Bellarmin*, parce qu'ils sont plus recommandables par ce qu'ils ont donné sur l'Ecriture sainte.

Antoine Agellius étoit de Sorento dans le Royaume de Naples & Théatin. Clément VIII. le nomma Evêque d'Acerno l'an 1593. Il se dépouilla volontairement de cette dignité en 1604. & mourut en 1608. ayant plus de 70. ans. Ughellus parle de lui dans l'Italie sacrée. Il s'est rendu recommandable & par la pureté de ses mœurs & par sa doctrine, particuliérement par son application infatigable à l'étude de l'Ecriture sainte. Voyez sur les Pseaumes.

Le P. le Long dit que *Lelius* étoit Théologien du Cardinal Caraffe, & qu'il fut fait Evêque de Narni dans les Etats du Pape ; il l'a confondu avec un autre Lelius qui fut élevé à cette dignité en 1455. & qui par conséquent est plus ancien que celui dont il s'agit ici, puisqu'en 1455. il n'étoit pas encore au monde, & qu'il n'est mort que vers la fin du seiziéme siécle.

François Turrianus, ou *de la Torre*, étoit natif d'Herrera au Diocése de Valence en Espagne, & neveu de Barthelemi Torrensis Evêque des Canaries, qui le fit instruire dans les saintes Lettres à Salamanque. Après ses études il alla en Italie & étant à Rome, le Pape l'envoya au Concile de Trente. Il se fit Jésuite, quoique déja avancé en âge, l'an 1566. & mourut en 1584. Il faut voir ce que disent de lui Teissier dans ses Eloges, tome 3. p. 363. Nicolas Antonio dans sa nouvelle Bibliothéque d'Espagne, tome 1. p. 285. Les différens éloges qu'on lui a donné dans Pope Blount, p. 681. dans M. Baillet Jugement des Sçavans, §. 252. 393. 876. M. Dupin a donné le Catalogue de ses Ouvrages dans ses Tables, p. 1276. & tome 2. p. 2877. Il passoit pour un homme très-sçavant ; & il a mérité l'estime du public par plusieurs excellens Ouvrages. Il y en a pourtant qui disent que c'étoit un homme de mauvais goût, & qui étoit entêté de ses préjugez.

Pierre Ciaconius, différent d'Alphonse Ciaconius Espagnol, & sçavant comme lui, naquit en 1525. à Tolede. Il apprit à Salamanque la Langue Grecque & les Mathematiques sans le secours d'aucun Maître. Il s'appliqua aussi à la Théologie, & devint un grand Théologien par la lecture de l'Ecriture sainte, & des Ouvrages des SS. Peres. Il fut fait Chanoine de Séville ; vint à Rome sous Gregoire XIII. & mourut en 1581. âgé de 56. ans, selon M. de Thou. Voyez Teissier dans ses Eloges, tome 3. p. 222. - 26. Nicolas Antonio dans sa Bibliothéque d'Espagne, tome 2. M. Dupin a donné le Catalogue de ses Ouvrages dans ses Tables, t. 1. p. 1254. Il faut voir aussi Janus Nieius Erythræus *in Pinacotheca*. Il s'est rendu recommandable par son sçavoir universel, par la connoissance de l'Antiquité & de la belle Littérature, dit M. de Thou dans l'Histoire de son tems. Il rendit son nom si célébre, qu'il fut appellé le Varron de son siécle. Il fut encore plus recommandable par sa grande modestie, & une humilité égale à son mérite.

Nous ne parlons ici que de *Pierre Morin*. Il naquit à Paris en 1531. d'un pere qui étoit homme de Palais, & le destinoit au même emploi. Il étudia d'abord les Langues Orientales, les Auteurs prophanes & l'Ecriture sainte. Ensuite il alla en Italie ; alors le Théatre des Belles-Lettres. Son pere le rappella à Paris en 1559. dans le dessein de le marier ; ce qui ne réussit point. Etant mort, Morin prit le parti d'aller à Rome en 1565. sous Pie IV. où il mourut en 1608. M. Dupin en parle fort au long dans sa Bibliothéque Eccléfiastique au dix-septiéme siécle, tome 1. p. 34. 36. où il fait l'analyse de ses principaux Ouvrages *ibid.* 37-54. Il a écrit lui-même sa vie, & donné le Catalogue de ses Ouvrages dans l'édition qu'en a donné le P. Quietif Dominicain, à Paris l'an 1675. R. Simon en parle aussi dans sa Lettre 34e. du Livre premier. Il avoit beaucoup de critique, le jugement fort sain, & une mémoire merveilleuse. Il étoit aussi d'une humeur égale ; homme franc, simple, sincére, doux, civil, honnête, agréable & de bonnes mœurs ; qui aimoit le bien & haïssoit le fourbe. Il ne portoit envie à personne, méprisoit les honneurs & les biens ; son unique passion étoit l'étude. Il travailloit avec assiduité & avec facilité. Enfin on peut dire qu'il n'y a point eu de son tems d'homme de Lettres qui eût plus d'érudition & de beauté d'esprit.

Flaminius Nobilius étoit de Luques en Italie. Il alla à Rome sous Sixte V. & étant de retour en sa patrie, il y mourut l'an 1590. âgé de 58. ans. Il faut voir ce qu'en dit Teissier dans ses Eloges, tome 4. p. 98. M. Dupin a donné le Catalogue de ses Ouvrages dans ses Tables, tome 1. page 1308. il en parle aussi dans sa Bibliothéque Eccléfiastique. Selon Annibal Caro, c'est un Ecrivain également docte & poli. Il étoit aussi très-sçavant en la belle Philosophie. Il étoit plus critique que Théologien, & écrivoit très-bien en Latin, selon M. Dupin. Nous aurons lieu de parler de lui ailleurs.

Paul Comitolus étoit de Perouse ; il se fit Jésuite en 1559. n'ayant que quatorze ans, & mourut où il étoit né en 1626. âgé de 67. ans. M. Dupin a donné le Catalogue de ses Ouvrages dans ses Tables, tome 2. p. 1637. Sotwel dit qu'il avoit 81. ans quand il mourut. Si cela est, M. Dupin s'est trompé dans son calcul. Il faut qu'il soit venu au monde en 1539. Il étoit sçavant en Grec & en Latin. Nous aurons encore occasion de parler de lui sur Job.

Fulvius Ursinus étoit Romain & a vécu long-tems dans la maison d'Aléxandre Farnése. Il fut fait Chanoine de Latran, & mourut en 1600. selon M. de Thou, dans l'Histoire de son tems. Il sçavoit en perfection le Grec & le Latin. Il étoit encore plus profond dans l'Histoire de l'Antiquité, & surtout pour ce qui regarde les affaires Eccléfiastiques, dit Casaubon son intime ami. Il faut voir dans Pope Blount, p. 784. les beaux éloges qu'on lui a donné.

On a réimprimé la Bible Grecque de Rome dans la Polyglotte d'Angleterre en 1657. Elle l'a encore été à Paris par le *Pere Morin*, avec la Traduction Latine en 2. vol. *in fol.* en 1628. & à Londres avec les Scholies & les varietez de leçons, en 1653. *in* 4. cette édition est fort correcte ; & à Cambridge 3. vol. *in* 12. par *Jean Field* en 1665. cette édition n'est point estimée ; à Amsterdam *in* 8. chez *la veuve de Sameren* en 1683. édition très-fautive ; à Leipsic & à Goslar en 1697. 2. vol. *in* 8. par les soins de *Jacques Claver*, & de *Thomas Klumpsius*.

Biblia Græca veteris & novi Testamenti ; veteris quidem juxta editionem Basileensem, seu Aldinam ; novi verò juxta editionem Roberti Stephani an. 1550. *in fol. Francofurti ad Mænum, apud Andreæ Wechel haredes* 1597.

Biblia Græca veteris Testamenti, ex antiquissimo codice manuscripto Alexandrino, curâ Joannis Ernesti Grabe, cum Præf. Joan. Pearson in fol. & in 8. *Oxonii è Theatro Sheldoniano,* an. 1707. On avoit attendu long-tems cette édition de la Bible tirée du manuscrit Alexandrin ; & Walton en avoit déja donné les varietez de leçons dans sa Polyglotte de Londres. *François Lée*, Docteur en Médecine, a publié ce qui restoit, en 1719. *in fol.* à Oxford, afin que le Public eût enfin les Septante selon l'Exemplaire Aléxandrin.

Grabe Auteur de cette édition, étoit de Prusse & Luthérien ; mais ensuite il embrassa la Religion Anglicane, & mourut en 1711. Il étoit très-versé dans l'Ecriture & la lecture des Peres ; judicieux dans sa critique, & modeste dans ses sentimens.

Biblia Græca, cum variantibus Lectionibus, ex recensione Lamberti Bos in 4. *Franekeræ,* 1709. Cette édition est fort belle & fort commode. Elle a été réimprimée à Francfort en 1709. 2. vol. *in fol.* beaucoup augmentée. Fabricius marque les autres éditions dans sa Bibliothéque Grecque, Liv. 3. Chap. 11. p. 329. Lambert Bos enseigne peut-être encore actuellement les Belles-Lettres dans l'Académie de Franeker. Il a donné quantité de beaux Ouvrages d'érudition, qui regardent l'Antiquité. Voilà pour ce qui regarde les principales éditions de la Version des Septante. Ceux qui voudront s'instruire à fond cette Version Grecque, & ce qu'il faut savoir toute l'Histoire, soit véritable, soit fabuleuse, & ce qu'on en doit penser au juste, peuvent consulter Walton dans ses Prolégoménes, 9. n. 1. 19. Les Héxaples d'Origénes par D. Montfaucon, *t. 1. c. 3.* Isaac Vossius *de LXX. Interpretibus.* Le Clerc dans la Bibliotheque choifie, t. 8. p. 345. 370. L'Histoire Eccléfiastique du P. Aléxandre, second siécle, t. 3. Dissertation 11. p. 455. *in fol.*

TROISIÉME PARTIE.

in fol. M. Valois, à la fin de l'Histoire Ecclésiastique d'Eusebe. Colomiès dans sa Bibliothéque choisie, p. 447. 585. Fabricius dans sa Bibliothéque Grecque, Livre 3. p. 317. Le P. Simon dans son Histoire critique de l'ancien Testament, Livre 2. Chap. 3. & tous les autres qui ont écrit ou pour ou contre cette Histoire, dont le P. le Long a donné le Catalogue dans la Table des Matières de la Bibliothéque sacrée, p. 1037. col. 1. *in fol.* Enfin notre Dissertation dans le Recueil, tome 1. part. 3. p. 74.

Quoique l'on dise & que l'on pense de la vérité ou de la fausseté de cette Histoire, on ne doit pas au moins douter que la Version Grecque appellée des Septante, ne soit très-respectable par son antiquité, & l'usage que JESUS-CHRIST même, aussi-bien que les Apôtres en ont fait, puisqu'ils l'ont citée préférablement à toute autre, sans en excepter le Texte Hébreu. Walton ne fait point de difficulté de dire que c'est par un effet tout particulier de la divine Providence, que les saintes Ecritures ont été mises en Grec, long-tems avant la venuë du Sauveur, parce que cette Langue étoit alors plus universellement répanduë dans le monde, & qu'elle devoit (cette Version) servir à dissiper les ténébres de l'erreur, avant le lever du Soleil de justice. On ne peut rien ajouter à ce que Jean Péarson a écrit pour la défense de cette Version, dans un Traité fait exprès, & imprimé à Helmstat 1694. *in 4.* On peut encore voir les Mémoires de Trévoux de 1709. tome 2. p. 927.

Nous ajouterons que l'édition de Grabe *in fol.* est singuliérement estimée, parce que la Préface qu'il y a mise est un sçavant Discours du célébre Péarson, touchant l'utilité de la Version des Septante. Il y a joint des Prolégoménes, divisez en quatre Chapitres, dont le premier contient une notice du Manuscrit d'Aléxandrie. Dans le second, il expose la méthode qu'il a suivie dans son édition. Dans le troisiéme, il marque les différentes éditions, & quelques anciens Manuscrits des Septante. Dans le quatriéme, il exerce sa critique sur quelques endroits de ces Manuscrits. Le Texte de cette édition est purement Grec & sans Traduction Latine.

ARTICLE IX.

Nouveau Testament en Grec.

Nous commencerons, comme nous avons déja fait, par indiquer les meilleures éditions du nouveau Testament Grec, tant anciennes que modernes. Ensuite nous parlerons de ceux qui y ont travaillé.

Novum Testamentum Græcè, sine spiritibus & accentibus, ut ipsum autographum melius referat, in Polyglottis Compluensibus, an. 1514. *editum, sed publicatum duntaxat post an.* 1522. C'est la première édition Grecque que nous ayons; elle a été réimprimée plus d'une fois: elle est prise sur un Manuscrit du Vatican, & est beaucoup plus correcte & meilleure que l'édition des Septante dans la même Bible de Complute.

Novum Testamentum Græcè & Latinè, ab Erasmo Rot. recognitum, & Leoni X. nuncupatum, in fol. Basileæ apud Froben 1516. Jean Occolampade & Nicolas Gerbelius, prirent soin de l'impression. Cette édition souffrit de grandes contradictions de la part des Ennemis d'Erasme, mais elle s'est toujours fort bien soutenuë. Erasme la fit réimprimer à Bâle *in fol.* chez Froben en 1519. avec beaucoup de corrections, & grand nombre d'annotations. Le Pape Leon X. l'a approuvée, & les plus habiles conviennent qu'Erasme est un des meilleurs Interprêtes du nouveau Testament. On a réimprimé cet Ouvrage en plusieurs formes, & en différens endroits; quelquefois avec des notes, & plus souvent sans notes. Nicolas Gerbelius, qui eut soin de la première édition, étoit Allemand. Il enseigna la Jurisprudence à Vienne en Autriche & à Strasbourg, où il mourut fort vieux en 1560. Melchior Adam a donné sa Vie parmi celles des Jurisconsultes Allemans. Colomiès parle de ses Ouvrages dans sa Bibliothéque choisie; p. 429. & Teissier dans ses Eloges, tome 2. p. 67. M. de Thou, dans son Histoire, dit que c'étoit un homme de grande probité, & aussi recommandable par ses mœurs que par sa science. Il étoit très-sçavant Jurisconsulte, & avoit une parfaite connoissance de la Langue Grecque & Latine. Il étoit Luthérien de Religion.

Novum Testamentum Græcum ex edit. Aldi & Asulani. Venetiis 1518. Elle est jointe à l'ancien Testament imprimé la même année au même lieu.

Novum Testamentum Græcum à Ceporino (id est Pellicano) castigatum, in 8. Basileæ, Bebelii. 1524. Cette édition a été réimprimée en 1531. 1538. 1540. Elle est faite sur la troisiéme édition d'Erasme 1522.

Novum Testamentum Græc. & Lat. absque distinctione capitum, in fol. Basileæ typis Joan. Froben 1527. Cette édition est faite avec grand soin, confrontée sur divers Manuscrits, & très-correcte.

Novum Testamentum Græc. in 8. Parisiis, Simonis Colinæi 1534. M. Mill remarque que l'Auteur de cette édition avoit devant les yeux plusieurs bonnes éditions du Texte, & qu'il a suivi la Leçon qui lui a paru la meilleure.

Novum

Novum Testamentum Græc. in 4. Basileæ, Froben & Episcopii 1545. Cette édition est faite sur la cinquiéme d'Erasme ; elle est magnifique & d'un beau caractére.

Novum Testamentum Græc. in 16. Parif. typis Roberti Stephani 1546. Cette édition est une des plus belles qui ait jamais paru. On prétend qu'il n'y a que douze fautes ; elle est remarquable par la Préface qui commence *O mirificam*. Il y en a eu une réimpression en 1549. qui est presque en tout semblable à celle de 1546. M. Mill, qui a pris la peine de confronter ces deux éditions, a remarqué que la derniére a onze fautes de plus que la premiére, & qu'elle en différe en soixante-sept endroits. On la remarque encore, en ce que dans la Préface, p. 1. lig. 2. avant la fin, on y lit *pulres*, au lieu de *plures*.

Novum Testamentum Græc. in fol. Parif. Rob. Steph. 1550. C'est la meilleure de toutes les éditions Grecques du nouveau Testament, qu'ait fait Robert Etienne. Il a mis en marge les varietez de Leçons tirées de seize Exemplaires Grecs. M. Mill en a fait une critique exacte, que l'on peut voir au long dans les Prolégoménes sur son édition du nouveau Testament. On a réimprimé plusieurs fois l'édition de Robert Etienne de l'an 1550. mais on n'y a pas toujours également bien réussi.

Novum Testam. cum duplici interpretatione Erasmi scilicet & veteris Interpretis, 2. vol. in 8. ex officina Rob. Steph. 1541. Cette édition a été faite à Genéve, non en 1541. comme marquent les imprimez, mais en 1551. pendant que ce fameux Imprimeur y étoit réfugié. Elle est toute la même que celle de 1550. mais elle est remarquable en ce que l'Imprimeur y a marqué les versets, qui est une invention nouvelle de sa façon. Il l'inventa en allant à cheval de Paris à Lyon, dit Henri Etienne son fils, & il en donna les premiers essais dans le nouveau Testament dont nous parlons. L'usage en parut si utile, qu'on l'a suivi dans presque toutes les éditions postérieures à celle-ci.

Novum Testamentum Græc. cum variis Lectionibus, in 12. Parif. Joan. Crispini 1553. Cette édition est faite sur le Texte de Robert Etienne : elle est tout-à-fait propre, & le caractére en est fort net.

Novum Test. Græc. à Theodoro Beza Latinè versum, cum ejusdem annotationibus & Præfatione, in fol. Basil. 1559. Cette édition a été réimprimée plusieurs fois en differens endroits. Celle de Cambridge en 1642. avec le Commentaire de Camerarius, passe pour la meilleure de toutes.

Novum Test. Græc. in 24. Antuerpiæ, Christop. Plantin. 1564. Il y a plusieurs autres éditions du nouveau Testament, faites par Plantin en 1572. 1573. 1574. 1583. 1584.

Novum Test. Græc. cum argumentis Capitum & variis Lectionibus, in 16. Joan. Crispini 1564. & 1565. Cette édition est très-propre & très-correcte.

Novum Test. Græc. cum interpretatione duplici Latina, una veteri, altera Theodori Bezæ, in fol. typis Henrici Stephani 1565. Cette édition est considérable par le grand nombre d'Exemplaires qu'avoit consulté Henri Etienne, & par les varietez de Leçons qu'il y a joint. Voyez les Prolégoménes de M. Mill.

Nov. Test. Græc. 2. vol. in 16. ex officina Henrici Stephani, Roberti filii, an. 1568. Cette édition est assez correcte, & l'Imprimeur a mis à la fin plusieurs varietez de Leçons, tirées d'Exemplaires très-anciens.

Novum Test. Græc. & Lat. ex recognitione Benedicti Ariæ Montani 1585. *in fol. in Burgo-Aracenensi in Hispania.* Cette édition est rare : elle est jointe à la Bible Hébraïque du même Arias Montanus ; mais la meilleure édition du nouveau Testament Gr. & Lat. faite par cet Auteur, est celle d'Anvers, *in fol.* chez Plantin 1584.

Novum Test. Græc. & Lat. ex versione Sebastiani Castellionis, in 8. Venet. 1583. Item 1584. & 1591. On sçait que Castaillon, ou Châteillon, se piquoit de parler bien Latin, & qu'il a affecté une pure Latinité dans ses traductions de l'Ecriture.

Novum Test. Græc. sub Aristarchi limam revocatum, additis notis marginalibus, in 8. Basileæ Brylinger. 1586. On croit que ce nouveau Testament fut procuré par les soins d'Isaac Casaubon, de même que celui qui fut imprimé *in 16.* par Henri Etienne en 1587. & à Genéve par Eustate Vignon en la même année 1587. Il y a des Notes, des varietez de Leçons, des Concordances : il fut imprimé à Genéve en 1615. & à Paris chez Paul Etienne en 1617.

Novum Test. Græc. cum notis Josephi Scaligeri, in 4. Genev. Petri de la Rouviere, 1620.

Nov. Test. Græc. cum notis Steph. Casaub. & Scalig. in 8. Londini 1622. Cette édition est pleine de fautes. Les éditions de 1633. & de 1641. sont la même, mais celle de 1633. vaut mieux.

Novum Test. Græc. ex Regiis Philippi II. & aliis optimis editionibus summâ curâ expressum, in 16. Lug. Batav. Elzevir. 1624. Cette édition est très-belle, comme la plûpart de celles des Elzevirs. Elle est faite sur la troisiéme édition de Robert Etienne, donnée en 1550. M. Mill n'y a remarqué que douze différences : elle est sans distinction des versets. Les Elzevirs ont encore donné des

des nouveaux Testamens Grecs, en 1633. 1641. 1656. 1658. 1662. 1675. 1678. Toutes ces éditions sont des plus propres, mais elles ne sont pas exemtes de fautes. Celle de 1633. est la meilleure de toutes ; les versets y sont distinguez.

Novum Test. Græc. in 32. Sedani. Joan. Jannoni 1628. Cette édition n'est remarquable que par son extrême petitesse, & par la beauté du caractére.

Novum Testamentum Græcè in 24. Amstelodami, typis Guilielmi Blaeu. L'édition est en très-petit caractére, fort nette ; mais elle n'est pas exemte de fautes.

Novum Testamentum Græco vulgari seu litterali, ex versione Maximi Galliopolitani, in 4. Geneva 1638. Cette édition en Grec vulgaire, fut faite aux frais & par l'ordre des Etats Généraux des Provinces-Unies, en faveur des nouveaux Grecs. Mais elle n'a pas eu grand succès parmi ces peuples, qui ne lisent le nouveau Testament qu'en sa Langue primitive & originale, & qui l'entendent encore assez, pour pouvoir se passer de Traductions. Voyez Langius, Dissert. sur cette édition, p. 4. &c. Galliopolitanus étoit Moine Grec Jéronymite, selon Fabricius dans sa Bibliothéque Grecque : & il ajoûte que Seraphim, aussi Jéronymite, étant en Angleterre, fit réimprimer son nouveau Testament en 1703. *in* 12. & qu'il lui en avoit fait present. On dit même qu'on l'a encore imprimé depuis à Hall en Saxe. Fabricius le nomme Maximus Margunius Galliopolitanus. Il paroît qu'il l'a confondu avec un autre Grec de nation, & Evêque de Cerigo, mort à Venise en 1602.

Novum Test. Græc. cum variis lectionib. ad calcem, in fol. Paris. ex Typographia Regia 1642. Elle est toute des plus belles & des plus magnifiques, mais elle ne passe pas pour des plus correctes.

Novum Test. Græc. ex antiquissimo manuscr. operâ Joannis Boëcleri, in 12. *Argentorati,* 1645. Il y en a une seconde édition de 1660. Boëcler qui nous a donné cette édition, vint au monde en Franconie dans le village de Crohem, l'an 1611. Son pere, qui étoit Luthérien, lui enseigna les premiers élémens. N'ayant encore que dix ans, il fut envoyé à Heilbrone, où il fit de grands progrès dans les Sciences & dans les Langues. L'an 1631. il alla à Nuremberg, où il brilla dans l'Université, jusqu'en 1649. qu'il fut appellé à Upsal par la Reine de Suède. De retour en sa patrie, il mourut à Strasbourg en 1672. âgé de 61. ans. Vitten a donné son Oraison funébre & le Catalogue de ses Ouvrages, dans les Vies des Philosophes & des Orateurs, p. 557. *in* 8. Il est regardé comme un des plus beaux ornemens de l'Allemagne.

Tome IV.

Il avoit une vaste connoissance des choses civiles & humaines. On en pourra juger par les excellens Ouvrages qu'il a laissé.

Dans la Polyglotte d'Angleterre, imprimée en 1657. on a donné le nouveau Testament Grec sur la belle édition de Robert Etienne, faite en 1550. & dans la Polyglotte de Paris, on a suivi le Grec de l'édition de Complute.

Novum Test. Græc. cum versione Latina vulgata & Gallica Montensi, in 8. à Mons 1673. Cette édition en trois colomnes, fut imprimée à Roüen, & non pas à Mons, comme le porte le titre. Elle est fort commode, & assez bien imprimée.

Novum Test. Græc. cum locis parallelis, variantib. Lection. ex plus 100. Mss. Codicib. & antiquis Versionib. in 8. Oxonii è Theatro Sheldoniano 1675. Il a été réimprimé en 1697. & 1702. Le Texte en est assez net, & assez correct ; mais les varietez de Leçons qui sont au bas de la page, sont un peu trop confuses, & il faut du tems pour s'habituer à les démêler ; d'ailleurs, comme les Editeurs n'ont pû les vérifier, il y en a un bon nombre de fautives.

Novum Test. Græc. & Germanicè, studio Joan. Leusden, in 12. *Luneburgi* 1693. Le même Leusden en a fait encore imprimer un autre Grec & Latin à Amsterdam chez Wetstein *in* 12. 1698. un Grec sans abréviations, à Amsterdam en 1698. & un autre Grec & Flamand *in* 12. à Amsterdam 1698.

Novum Test. Græc. cum Scholiis Græcis ; è Græcis Scriptorib. variantib. Lection. operâ Joan. Gregorii Archidiaconi Glocestriens. in fol. Oxonii 1703. L'Auteur étant mort avant la fin de l'Ouvrage, M. Henri Aldrich, & M. Grabe y ont mis la derniére main. Jean Gregoire ou Gregory, étoit Anglois de Buckingham, où il vint au monde en 1607. Il étudia à Oxforde & les Langues Orientales, & la Théologie ; ensuite il fut nommé Archidiacre de Glocester ; & mourut en 1646. suivant l'Histoire de la Bibliothéque d'Oxfort, qui fait le Catalogue de ses Ouvrages, part. 2. p. 275. col. 1. Cet Auteur avoit beaucoup d'érudition, & toutes les qualitez naturelles qu'on peut souhaiter dans un homme d'esprit. Il faut voir ce que les Mémoires de Trévoux disent de son nouveau Testament, sur l'an 1708. & les Actes de Leipsie sur 1704. p. 50.

Novum Test. Græc. cum variantibus Lection. studio Joan. Georgii Pritii, cum ejus Prolegomenis, in 24. *Lipsia* 1703. La même année il en donna encore une autre édition *in* 12. au même lieu ; & en 1709. *in* 12. avec l'Histoire de la Passion de J. C. & les Cartes Geographiques de Cellarius. L'Auteur reconnoît qu'il qu'il a beaucoup profité des précédentes éditions, pour rendre la sienne plus correcte. Jean George Pritius étoit Allemand de Leipsic, & Luthérien, Professeur en Théologie & des saintes Ecritures. Il vivoit encore en 1720.

Novum Test. Græc. cum variantib. Lection, locis parallelis, prolegomenis, &c. studio & labore Joannis Millii, in fol. Oxonii è Theatro Sheldoniano 1707. C'est l'édition la plus achevée du nouveau Testament qui ait encore paru. M. Mill y avoit travaillé pendant trente ans; il mourut peu de tems après, avant qu'elle fût entiérement sortie de dessous la presse. Le fond de cette édition est pris sur celle de Robert Etienne de 1550.

M. Ludolf Kuster, la fit réimprimer *in fol.* à Amsterdam chez Gaspard Fritsch & Michel Bohen en 1710. Il y fit quelques additions, & la réduisit dans un meilleur ordre. Son édition est tout-à-fait belle & correcte, & est beaucoup moins chere que celle d'Oxford. Kuster étoit Allemand, Calviniste, & Docteur en Droit. Mais étant venu à Paris, il se fit Catholique, & mourut dans la véritable Religion en 1717. Il faut voir le Journal des Sçavans de 1707. au 10. Octobre, & le Journal Litteraire, tome 2. p. 229. les Lettres de Bayle, p. 563. 904.

Novum Test. Græc. editio nova, ex Regiis, aliisque optimis editionibus, cum postrema Millienfi diligentissimè collatis, expressa. Cette édition est en 2. vol. *in 12.* imprimée à Paris en 1715. chez P. F. Emeri.

On peut dire du nouveau Testament de M. Mill, que tout contribue à le rendre recommandable. L'Auteur commence par des Prolégomenes, où il se propose trois choses; de marquer le tems où chaque Livre du nouveau Testament a été écrit; de rapporter l'Histoire du Texte sacré depuis ses premiers tems jusqu'au nôtre; d'exposer le plan de son dessein & de son travail, ce qu'il a très-bien executé. Pour le Texte, il s'est attaché à celui de Robert Etienne, imprimé en 1550. *in fol.* Au bas des pages, il marque non-seulement la concordance des versets de l'Ecriture, mais aussi ceux qui ont rapport aux explications des Peres, & aux écrits de quelques Auteurs Juifs, comme Joseph & Philon. Plus bas il place toutes les diverses Leçons ou variantes qu'il a recüeillies. On peut juger par-là qu'il ne manque rien à cette édition. Pour ce qui est des autres qui l'ont précédée, on pourra voir ce qu'en dit Fabricius dans sa Bibliothéque Grecque, Liv. 4. Chap. 5. p. 185. 191. & Simon dans son Histoire critique du nouveau Testament, Chap. 9. Jean Mill étoit Anglois, Chanoine de Cantorberi, après l'avoir été d'Erfort. Il mourut en 1707.

Il ne faut pas omettre de parler du nouveau Testament Grec de *Jean Henri Majus,* imprimé à Giessey l'an 1705. *in* 8. sur les meilleurs manuscrits, avec des sommaires & des lieux paraléles; comme aussi des deux éditions du nouveau Testament Grec, par Etienne Courcelles; avec des variétez, & les passages paralèles en marge, dont parle M. le Clerc dans sa Bibliotheque ancienne & moderne, tome 19. part. 1. p. 129. Etienne Courcelles vint au monde à Genéve en 1586. Il y enseigna la Théologie, & mourut Arminien l'an 1659. M. Dupin a donné le Catalogue de ses Ouvrages Théologiques, dans ses Tables, tome 4. p. 1061. Baillet parle de lui dans la Vie de Descartes, part. 2. liv. 6. ch. 4. p. 215. Pour ce qui est de Jean Henri Maius, il étoit Allemand, Lutherien, & Professeur des Langues Orientales. Il est connu par un grand nombre d'Ouvrages qu'il a donnez sur l'Ecriture.

ARTICLE X.

Des Bibles Catholiques en Latin.

Saint Augustin, dans son second Livre de la Doctrine Chrétienne, Chap. 11. dit qu'on pouvoit sçavoir le nombre de ceux qui ont traduit les divines Ecritures de l'Hébreu en Grec; mais que ceux qui les ont traduites du Grec en Latin, étoient sans nombre. Que diroit-il à présent que le nombre de ces Traducteurs s'est multiplié jusqu'à l'infini ? Si les Catholiques se sont fixez à la Vulgate depuis l'Ordonnance du saint Concile de Trente, ce n'est que pour l'usage; car les differens Commentateurs, au moins pour la plûpart, n'ont pas laissé de faire de nouvelles Versions Latines des Livres qu'ils ont entrepris d'expliquer. C'est en quoi les Protestans se sont plus distinguez; car la plûpart de leurs Commentateurs en ont fait selon leur goût, & leurs idées particuliéres. Ce qui a multiplié au-delà de ce qu'on peut dire, les éditions des Bibles Latines.

Mais quoique le nombre en soit presque infini, cependant un curieux Bibliothequaire ne les négligera point, sur tout les anciennes, qui ont été imprimées avant le Concile de Trente, parce qu'encore que pour la plûpart elles soient assez fautives, on les considére comme autant de manuscrits. Il faut prendre garde néanmoins de ne pas multiplier celles qui sont prises sur d'autres éditions précédentes & plus anciennes. Car elles ne doivent passer que comme des réimpressions du même Texte.

Depuis le Concile de Trente jusqu'à la correction de Clément VIII. en 1592. l'on usa encore d'une assez grande liberté dans les éditions des Bibles Latines selon la Vulgate.

TROISIE'ME PARTIE.

gate. Mais ce Pape ayant ordonné que son édition faite à Rome en 1592. seroit dans la suite tenuë par tous les Catholiques ; pour la Vulgate, qui avoit été déclarée authentique par le Concile de Trente, on s'y est conformé dans presque toutes les éditions qui se sont faites depuis ce tems-là, à l'exception des Protestans, qui se sont toujours donné une entiére liberté dans ce point capital. C'est pourquoi nous distinguerons les Bibles Catholiques Latines des Bibles des Protestans, dans deux Articles separez.

On cite des éditions Latines faites en 1450. 1458. & 1459. Mais comme on n'en peut pas faire voir la datte, on les tient pour suspectes & pour supposées.

La premiére édition bien avérée est celle de 1462. imprimée à Mayence par Jean Fust Bourgeois de cette ville, & Pierre Schœffer de Gersheim, Clerc du même Diocése, & achevée en la veille de l'Assomption. Elle est très-rare ; on en trouve toutefois jusqu'à neuf exemplaires dans Paris. Ils sont *in fol.* & en vélin. M. Achille de Harlay, Premier Président au Parlement de Paris, en avoit un en papier.

Le même Pierre Schœffer en imprima encore une autre à Mayence en 1472. en 2. vol. *in fol.*

On trouve encore une édition en deux volumes *in fol.* sans nom de lieu ni d'Imprimeur, en 1473.

Biblia Latina, Augusta Vindelicorum ; Joan. Bemler 1466.

Biblia Latina, in fol. Reutlinga ; Joan. de Averbach 1469.

Biblia Latina, cum Opusculo Aristea, curâ Joan. Andreæ Aleriens. Episcopi, Roma, 2. *vol. in fol.* 1471. par Conrad Suvenheim, Arnold & Parnarst.

Biblia Latina, in 4. *Placentiæ ; Joan. Petri de Ferratis Cremon.* 1475.

Biblia Latina, in fol. Norimberg. Antonii Coburger 1475.

Biblia Latina in fol. Paris. 1476. par Ulric Gering, Martin Crants, & Michel Friburger.

Biblia Latina, in fol. Venetiis, Francisci de Hailbrun, & Nicolai de Francfort 1476. Ils en imprimérent encore une en 1478.

Biblia Latina, caractere Gothico, Venetiis ; operâ Nicolai Jenson Gallici 1476. *in fol.*

Biblia Latina, in fol. Neapoli ; per Matthiam Moravum 1476.

Biblia Latina, 2. *vol. in fol. per Bernard. Richel. Basileæ* 1477.

Biblia Latina, cum Canonibus, Evangelistarumque Concord. Menardi Monachi, 2. *vol. in fol. Norimberg. Antonii Coburger* 1478. Ses Concordances se trouvent encore imprimées dans l'édition de Jean Zeimer à Ulm en 1480. & dans celle d'Antoine Coburger à Nuremberg la même année.

Biblia Latina, cum postillis Nicolai de Lyra 7. *vol. in fol. Coloniæ* 1480. Ces postilles de Lyra ont été souvent réimprimées en 1481. 1482. 1487. 1489. 1493. 1498. 1502.

Biblia Latina, in fol. 1481. sans nom du lieu de l'impression ni de l'Imprimeur. Le caractére en est fort beau. La même en 1483.

Biblia Latina, cum Glossa ordinaria, &c. 6. *vol. in fol. Norimbergæ* 1493. Elle a été réimprimée plusieurs fois en 1495. 1496. 1502. 1508. 1520. 1524. 1528. 1545. 1588. 1589. 1617. 1634. Il est inutile de grossir ce Catalogue par une liste exacte de toutes les Bibles imprimées jusqu'en 1517. ou 1522. que parut la Polyglotte de Complute. Ceux qui présidérent à cette édition y apportérent beaucoup plus de soin qu'on n'avoit fait dans les éditions précédentes. Après cela vinrent les éditions de Robert Etienne en 1528. 1532. 1534. 1540. 1545. 1546. &c. qui enchérirent encore sur toutes les autres par leur exactitude. Les Théologiens de Paris censurérent les éditions de ce fameux Imprimeur, faites avant 1547. & 1548. Mais leur censure ne tombe que sur les notes & les sommaires, où ils crurent remarquer quelques erreurs. Cet Imprimeur fit une réponse très-aigre à ces Censeurs, imprimée en François & en Latin en 1552.

Biblia Latina, cum annotationibus & interpretatione propriorum nominum Hebraicorum, in fol. Paris. 1532. *ex officina Rob. Stephani.* Cette édition a été réimprimée plusieurs fois.

Biblia Latina ejusdem Rob. Stephani, 1540. *in fol.* Cette édition est la meilleure de toutes celles d'Etienne, soit qu'on regarde la beauté du caractére, l'exactitude, les notes, les planches, &c.

Biblia Latina Franc. Gryphii in 8. 1541. & *in fol.* 1550. *elegantissima.*

Biblia Latina Joan. Benedicti, cum scholiis ad marginem, &c. ex officina Simonis Colinæi, Paris. 1541. Cette Bible a été réimprimée plusieurs fois en 1549. 1552. 1558. 1564. 1565. 1567. 1573.

Biblia Latina, Autore Isidoro Clario Benedictino, cum scholiis, &c. in fol. Venet. 1542. Dans cette édition, l'ancien Testament est corrigé sur l'Hébreu, & le nouveau sur le Grec. Les notes sont prises pour la plûpart de Sebastien Munster. L'Auteur avouë lui-même qu'il a profité des travaux des autres ; mais il ne nomme pas Munster, qui étoit Protestant, & dont le nom étoit odieux parmi les Catholiques. La Bible de Munster avoit paru en 1535. & en 1546. comme nous l'avons remarqué ci-devant, en parlant des Bibles Hébraïques. Le Prologue & les Prolégoménes légomènes de Clarius ont été mis à l'*Index*. C'est pourquoi ils ne se trouvent point dans l'édition de 1564.

Biblia Latina in 8. *Parif. ex officina Rob. Stephani* 1545. Cette édition est très-belle, d'un caractère fort net, imprimée en deux colomnes, dont l'une représente l'édition vulgate, & l'autre celle de Zurich, avec les Notes attribuées à Vatable, & des diverses Leçons. Robert Etienne glissa dans ses Notes la doctrine de Calvin, & essaya de les faire passer sous le nom de Vatable, qui étoit Professeur Royal dans la Langue Hébraïque à Paris. Ce Professeur n'avoit jamais écrit des Notes; mais Bertin le Comte, un de ses disciples, fut chargé par Robert Etienne de ramasser tout ce qu'on avoit écrit sur les explications de ce sçavant homme, & il les fit imprimer, comme nous venons de dire. Vatable qui vivoit alors, & qui étoit zélé Catholique, en fut si outré, qu'il entreprit Robert Etienne, & lui suscita un procès; mais sa mort arrivée en 1547. fut cause que cette affaire ne fut point terminée. On peut se servir très-utilement de ces Notes, purgées par les Docteurs de Salamanque dans leur édition, qui parut en deux volumes *in fol.* à Salamanque en 1584. & réimprimée plusieurs fois depuis. Au reste cette édition de Robert Etienne a été souvent réimprimée depuis, sçavoir en 1567. 1588. 1605.

Biblia Lat. ad vetustissima exemplaria recens castigata, in fol. Lov. 1547. Jean Hentenius eut beaucoup de part à cette édition. Elle est principalement imprimée sur celle de Robert Etienne de l'an 1540. Hentenius a mis en marge plusieurs variétez de Leçons; & c'est-là la fameuse Bible des Docteurs de Louvain, qui a été réimprimée si souvent. L'édition de 1574. passe pour la meilleure & la plus exacte. François Lucas de Bruges, Jean Molam, Augustin Hunnæus, Cornelius Reyneri Gaudanus, & Jean Harlem, y eurent grande part, & y joignirent beaucoup de diverses Leçons. L'édition de 1583. faite à Anvers par Plantin, avec les Notes de Luc de Bruges, est aussi fort estimée.

Biblia Latina, cum scholiis Joan. Benedicti, adjectis Lemmatibus, & Præfatione Renati Benedicti, Parif. in fol. Joan. Macæi 1564. & 1566. L'édition de 1573. procurée par les Théologiens de Paris, sur tout par Jacques le Févre, passe pour une des meilleures.

Biblia sacra vulgata editionis ad Concilii Tridentini præscriptum emendata, & à Sixto V. Pontif. Max. recognita & approbata, in fol. Romæ ex typographia Apost. Vaticana 1590. C'est-là la fameuse édition de Sixte Quint, si rare & si chére. L'intention de ce Pontife étoit qu'elle servît de régle pour toutes les éditions Latines de la Bible; mais le Pape Clément VIII. la fit corriger & publier de nouveau en 1592. & c'est cette derniére qui passe aujourd'hui pour la seule vraye & authentique Vulgate, canonisée par le Concile de Trente, & imprimée une infinité de fois depuis dans tous les endroits de l'Europe. Ceux qui travaillérent à cette edition sont, Antoine Colonne, Guillaume Alain, Barthelemi de Miranda, Bellarmin, François Tolet, Augustin Valere, Frederic Borromée, Ange Rocca, qui tous méritent des éloges, pour les peines qu'ils se sont données. *Antoine Colonne* étoit de l'illustre famille des Colonnes. Il vint au monde à Rome, & étudia sous Felix Montalte, depuis Sixte V. Il fut fait Cardinal par Pie IV. & Pie V. le fit Archevêque de Salerne. Il mourut en 1597.

Guillaume Alain, ou *Allen*, Anglois de la Province de Lancastre, étudia à Oxford. Etant allé à Louvain, il fut fait dans la suite Docteur à Douai, Archevêque de Malines, & Cardinal par Sixte V. Il mourut en 1594. âgé de 63. ans. Il fut un zélé défenseur de la Religion Catholique dans le Schisme d'Angleterre sous la Reine Elizabeth, comme on en peut juger par ses Ouvrages Polémiques, dont M. Dupin a donné le Catalogue dans ses Tables, tome 1. p. 1353.

Barthelemi Miranda, Espagnol & Dominicain, mourut en 1597. Ce fut Gregoire XIV. qui l'employa à l'édition de la Bible. Il n'est connu que par ce seul endroit, & Nicolas Antonio ne parle point de lui dans sa Bibliothéque d'Espagne.

Augustin Valere, qui étoit Vénitien, naquit en 1531. Il fut Evêque de Verone & fait Cardinal par Gregoire XIII. Il présida à l'édition de la Bible sous Clément VIII. Il étoit sçavant dans les Belles-Lettres, la Théologie & la connoissance des Langues. Sa mort arriva en 1606.

Frederic Borromée, de l'illustre famille des Borromées, fut élevé par saint Charles son parent dans l'étude des sciences, & la pratique de la vertu. Il fit de grands progrès sous un si grand maître. Sixte V. le fit Cardinal, & Clément VIII. Archevêque de Milan. Il mourut en 1631. après avoir été le modéle des Prélats, & par sa piété, & par sa doctrine. Il augmenta beaucoup la fameuse Bibliothéque Ambrosienne qui est à Milan. Nous avons de lui plusieurs Ouvrages, dont on peut voir le Catalogue dans les Tables de M. Dupin, tome 2. p. 1742.

Ange Rocca, Italien de la Marche d'Ancone, étudia à Rome, à Venise, & à Padouë. Il se fit Hermite de saint Augustin, & fut ensuite Evêque de Tagaste. Il sçavoit la Langue Hébraïque & Chaldaïque. Il avoit beaucoup de lecture & d'éloquence; mais il ne faisoit pas un juste choix des Auteurs,

dont

dont il se servoit indifferemment auffi-bien que des Ouvrages douteux, dit M. Dupin au dix-septiéme siécle, tome 1. p. 175. Il faut voir auffi M. Baillet dans ses Jugemens des Sçavans, tome 2. Rocca mourut en 1620. âgé de 75. ans. Nous parlons de *Bellarmin* & de *Tolet* dans un autre endroit.

Biblia Latina, *cum gloffis Hugonis Cardinalis*, 8. vol. in fol. *Venetis apud Seffas*. 1600.

Biblia Latina in fol. *Antuerpiæ Joan. Moreti* 1603. On trouve à la fin plusieurs corrections ramassées par Luc de Bruges.

Biblia Latina variarum translationum, studio Fortunati Sthacchi Fanenfis, 2. vol. in fol. *Venet.* 1609. La même Bible augmentée de quelques Traductions, fut imprimée en trois volumes *in fol.* à Anvers en 1616. par les soins de Beyerlink, si connu par son grand Théatre de la vie humaine.

Biblia Latina cum versione Gallica D. D. *Lovan.* in fol. *Parif.* 1615.

Biblia Latina cum gloffa ordinaria Strabi Fuldenfis, *poftillis Nicolai de Lyra*, *additionibus Pauli Burgenfis*, &c. *operâ Theologorum Duacenorum*, 6. vol. in fol. *Duaci Balthazar Beller* 1617. L'Edition d'Anvers de 1634. est la meilleure de toutes.

Biblia sacra cum scholiis Joan. Marianæ, *& notationibus Emmanuelis Sa*; *addito Petri Lanffelii supplemento*, 2. vol. in fol. Anvers 1614.

Biblia sacra cum expositionibus priscorum Patrum, *collectore & scholiaste Franc. Haræo.* in fol. Anvers 1630.

Biblia Latina cum brevi explicatione Stephani Menochii, 2. vol. in fol. *Coloniæ Agrippinæ* 1630.

Biblia magna Commentariorum Joan. Gagnæi, *Guillelmi Eftii*, *Emmanuelis Sa*, *Joan. Menochii*, *& Jacobi Tirini*, curâ *Joan. de la Haye*, 5. vol. in fol. *Parif.* 1643. Ce Recüeil est beaucoup plus estimé que celui que publia en 1660. le même Pere de la Haye, sous le nom de *Biblia maxima*, en 19. vol. in fol. à Paris. L'Auteur y a mis très-peu du sien; & dans ce qu'il appelle *Concordance*, qui est proprement son Ouvrage, il y a peu d'ordre, de netteté & d'exactitude, sans parler des fautes d'impression; qui y sont en très-grand nombre. Il n'y a d'ajouté que le Commentaire de Nicolas de Lyra, & les varietez de Leçons des Versions Orientales & de quelques Versions Latines, sans aucun choix ni discernement. Les Prolégoménes sont assez bons, mais trop diffus; en un mot toute l'édition est très-fautive.

Biblia Latina, 8. vol. in fol. *Parif.* è Typographia Regia 1642. Cette Bible est plus pour la montre que pour l'usage.

Biblia Latina, *juffu Cleri Gallicani*, denuo edita, 8. vol. in 12. *Parif. Antonii Vitré*, 1652. Cette Bible est fort remplie de fautes d'impression.

Biblia Latina, *Notis Chronologicis & Hiftoricis illustrata*, & *sacrâ Chronologiâ*, additâ quoque Geographiâ, in fol. *Parif. Antonii Vitré* 1662. Le P. Dom Claude Lancelot Bénédictin, approuve cette édition. La Chronologie qu'il y a mise est celle d'Usserius; & la Géographie est de M. Samson. Cette Bible est des plus belles & des plus commodes.

Biblia Latina, *Notis Chronologicis & Hiftoricis illustrata*, in 4. *Parif. Antonii Vitré*, 1666. Elle est prise sur celle de 1662. & procurée par le même P. Lancelot; mais au lieu de la Géographie de M. Samson, il y donne celle du P. Lubin, & abrége les Tables Chronologiques de l'édition *in fol.*

Biblia Latina, *litteralibus & moralibus Commentariis illustrata*, per *Antonium de Escobar & Mendoza*, 9. vol. *Lugduni* 1667.

Biblia Latina, *cum brevi explicatione Gallica Marci de Berulle*; juxta sensum litteralem, 2. vol. in fol. *Gratianopoli* 1681.

Biblia Latina, *cum versione Gallica Isaaci le Maistre de Saci*, & brevibus notis, en quatre volumes *in fol. Leodii Brohcard* 1701. & 1702. Item 16. vol. in 12. Paris. Desprez 1696. ... 1702.

Biblia Latina cum brevissimis & selectis annotationibus Joan. Baptiftæ Duhamel, in fol. *Parif.* 1706. Elle seroit assez belle & assez commode; si elle n'étoit pas remplie de fautes d'impression.

Biblia Latina à Sancte Pagnino Ordinis Prædicat. edita in 4. *Lugdun.* 1527. 1528. Cette édition est l'ouvrage de vinq-cinq ans. Pagnin n'oublia rien pour la rendre parfaite. Elle a eu l'approbation des Souverains Pontifes, & de tous les Sçavans, même des Protestans: On en a fait une infinité d'éditions. Arias Montanus la fit imprimer avec ses corrections interlinéaires au-dessus du Texte Hébreu dans les Polyglottes d'Anvers: & quoique plusieurs ayent blâmé les térmes barbares dont la a défiguré la Verfion de Pagnin, il faut toutefois convenir que sa méthode à ses utilitez: & les diverses éditions qu'on a faites de sa Bible interlinéaire, font voir qu'elle n'a pas été indifférente au publíc.

Biblia Latina ex Hebræo de verbo ad verbum, interprete *Thoma Malvenda Ord. Prædicat.* cum ejus *Commentariis*, 5. vol. in fol. *Lug.* 1650. Cet Auteur n'a donné sa Bible & son Commentaire que jusqu'à Ezéchiel. Ses Commentaires sont fort estimez & fort littéraux, mais rares, parce que l'édition en fut presque entièrement brûlée à Lyon. Sa méthode de traduire mot à mot & scrupuleusement, l'oblige en une infinité d'endroits, d'employer des termes barbares, inufitez, forgez à plaifir, & qu'on ne pourroit jamais entendre, fi tout de fuite, & à la marge, il n'en mettoit de plus intelligibles & de plus latins.

Biblia Latina curâ & ſtudio Thomæ de Vio, Card. Cajetani, 5. vol. *in fol.* 1639. Le Cardinal Cajetan ne ſçavoit point les Langues, mais il ſe ſervoit pour faire ſa Traduction de deux hommes qui ſe ſçavoient, l'un Juif & l'autre Chrétien, par leſquels il ſe faiſoit expliquer le Texte Hébreu, ayant devant lui pluſieurs Dictionnaires de la même Langue. Il compoſa ainſi ſa Traduction, & fit enſuite ſes Commentaires. C'eſt ce qu'il nous apprend lui-même au commencement de ſon Commentaire ſur les Pſeaumes. Il n'a traduit que le Pentateuque, Joſué, les Juges, les Rois, les Paralipomènes, Eſdras, Néhémie, Job, les Pſeaumes, les Proverbes de Salomon, & les trois premiers Chapitres d'Iſaïe. Ses Commentaires ſont attachez à la lettre; & quoiqu'il ne ſçût pas parfaitement les Langues originales, il a quelquefois très-heureuſement réuſſi dans ſa Traduction.

ARTICLE XI.

Des Bibles Françoiſes Catholiques.

On a parlé avec une juſte étenduë des Bibles Françoiſes, dans le Dictionnaire de la Bible, ſous l'article qui les regarde. C'eſt pourquoi on ſe contentera ici d'en marquer les principales éditions.

Bible Hiſtoriale, 2. vol. *in fol.* Paris, vers l'an 1488. C'eſt la Traduction de *Guiart des Moulins*, avec des Notes tirées de l'Hiſtoire Scholaſtique de Pierre le Mangeur. Elle fut imprimée par l'ordre de Charles VIII. Roi de France, après avoir été corrigée & retouchée par *Jean de Rely*, Docteur en Théologie, & Confeſſeur de ce Prince. Cette Bible a été imprimée & réimprimée pluſieurs fois. La Verſion Françoiſe eſt une des premiéres, puiſque Guiart des Moulins vivoit en 1294. On en a des Manuſcrits dans les Bibliothéques, comme on le peut voir dans le P. le Long Bibliothéque ſacrée, p. 315. *in fol.* Il ne faut donc pas s'étonner, ſi cette Verſion eſt toute barbare, & ſi dans l'édition de 1541. il y a des figures toutes groteſques, telles qu'on les voit dans l'Exemplaire qui ſe trouve dans l'Abbaye de ſaint Mihiel en Lorraine. Jean de Rely, qui par ordre du Roi Charles VIII. retoucha la Traduction de Guiart des Moulins, étoit Flamand du pays d'Artois. Il paſſoit pour le premier des Philoſophes & des Théologiens de ſon tems. L'innocence de ſa vie relevoit la nobleſſe de ſon ſang. Il fut fait Evêque d'Angers, & mourut en 1498. Pic de la Mirandole lui a écrit une Lettre, qui eſt la neuvième du troiſième Livre. Voyez le *Gallia Chriſtiana* de M. de Sainte-Marthe.

Bible Françoiſe de la Traduction de *Jacques le Fevre d'Eſtaples*, 4. vol. *in* 8. à Anvers 1528. 1530. 1534. & réimprimée plus d'une fois depuis. Celle d'Anvers de chez Martin l'Empereur en 1534. eſt la plus correcte & la plus exacte. Elle fut revûë & corrigée par *Nicolas de Leuſe & François de Larben*, Docteurs de Louvain; & c'eſt la premiére Bible Françoiſe qui ait paru un peu châtiée & travaillée. Elle fut dans la ſuite défenduë & ſupprimée. Dans les éditions d'Anvers de 1528. & 1530. *in* 4. 4. vol. on ne trouve ni le Pſeautier, ni le nouveau Teſtament; ces Livres y ont été ſuppléez dans les éditions ſuivantes.

Bible traduite en François par les *Docteurs de Louvain*, & imprimée *in fol.* à Louvain en 1550. On prétend avec raiſon que pour le fond, elle eſt la même que celle d'Anvers de 1534. mais revûë & retouchée en quelques endroits. On y travailla encore de nouveau pour l'édition de 1578. & depuis ce tems, elle a été réimprimée en une infinité d'endroits.

La ſainte Bible en François & Latin, ſuivant la Verſion des *Docteurs de Louvain*, revûë & corrigée par quelques Docteurs de la Faculté de Théologie de Paris, *in fol.* dédiée à Henri IV. en 1608. Cette édition a été réimprimée à Paris en 1615.

La Bible des Docteurs de Louvain, publiée par *Frizon*, Pénitencier & Chanoine de Rheims, avec des Sommaires des Chapitres tirez du Cardinal Baronius; & de plus les moyens de diſcerner les Bibles Françoiſes Catholiques, d'avec les Bibles Huguenotes, *in fol.* à Paris 1621. On prétend que cette Bible n'eſt pas encore bien purgée des erreurs du Calviniſme. Frizon n'ayant pas eu aſſez de lumière pour les découvrir, ou d'exactitude pour les corriger. Pierre Frizon étoit de Rheims. Il fut quelque tems Jéſuite, & ayant enſeigné les Humanitez dans cette Société, il la quitta avant que de faire ſes vœux. En 1624. il fut admis à la Société du College Royal de Navarre, dont il fut enſuite Grand-Maître depuis 1633. juſqu'en 1635. Comme il changea ſouvent d'emploi, cela ſe fit paſſer pour un eſprit inconſtant. Il mourut en 1651. Launoi parle de lui dans ſon Hiſtoire du College de Navarre, tome 2. p. 833.

La ſainte Bible traduite en François par *René Benoît*, *in fol.* à Paris 1566. avec des Notes marginales pour l'explication des endroits difficiles. Cette Bible fut cenſurée par les Docteurs de la Faculté de Théologie de Paris

Paris en 1567. Ils confirmérent leur censure en 1568. & Gregoire XIII. approuva la censure qu'ils en avoient faite par un Bref du 3. Octobre 1575. René Benoit au lieu de donner la pure Traduction de Louvain, donna imprudemment celle de Genève, qu'il croyoit avoir bien purgée, mais qui se trouva encore toute remplie du venin du Calvinisme. Le Cardinal du Perron dans sa réponse au Roi de la Grande Bretagne Liv. 6. Chap. 8. nous apprend le sujet de cette censure. Il dit que ce n'étoit point que ces Théologiens improuvassent que René Benoit eût traduit la Bible en Langue vulgaire, mais de ce qu'il n'avoit point donné d'autre Version que celle de Genève, sans la corriger: C'est pour cela que Richard Simon la met au nombre des Bibles Hérétiques, de même que le P. Veron dans son Avant-propos sur le nouveau Testament. René Benoit né à Anvers de pauvres parens, mais vertueux, vint à Paris pour y faire ses études. Il s'appliqua à la Philosophie & à la Théologie, & fut admis en 1556. à la Société de Navarre. Il passa en Ecosse en 1560. avec Marie Stuart pour être son Confesseur : de retour à Paris il fut fait Curé de saint Eustache en 1569. & ensuite nommé à l'Evêché de Troyes, qu'il ne put posseder, parce qu'on lui refusa à Rome les Bulles. Tout son tems étoit employé à prêcher, à écrire & à disputer contre les Hérétiques. Il eut beaucoup de part à la conversion d'Henri IV. Enfin il mourut en 1608.

Bible Françoise par *Jacques Corbin*, 8. vol. à Paris *in 16.* en 1643. pour la première fois, & en 1661. pour la seconde, sans qu'il y ait rien de changé. Vossius dit dans ses Disquisitions critiques Chap. 31. que le style en est tout-à-fait barbare; & le P. Veron trouve la Version trop litterale. Elle fut néanmoins approuvée par les Docteurs de Poitiers.

Bible Françoise de *Michel Marolles*. Elle ne fut pas achevée. On imprimoit le vingt-troisième Chapitre du Lévitique, lorsque M. le Chancelier Seguier la fit supprimer en 1671. Le P. le Long dans sa Bibliothéque sacrée p. 332. apporte les raisons de cette suppression. Marolles n'a pas laissé de donner quelques essais de cette Bible. Voyez son titre dans l'*Index*.

Bible Françoise de la Traduction de M. *Maître de Saci*, avec l'explication du sens litteral & spirituel, imprimée plusieurs fois depuis l'an 1672. On l'a souvent retouchée & corrigée. On l'a donnée en toutes sortes de grandeurs, tantôt avec le sens spirituel, tantôt avec des Notes abrégées, & tantôt avec le Texte seul. Ce grand Ouvrage a été fort estimé; mais les Sçavans ne l'ont pas trouvée par tout exacte & suivie. M. l'Abbé de Beaubrun s'est donné la peine de la retoucher, telle qu'elle est imprimée en 1717. 3. vol. *in fol.* à Paris chez Desprez. On y a ajouté un quatrième tome, qui contient les Livres apocryphes de l'ancien Testament, les écrits des tems apostoliques, les Préfaces de saint Jérôme, des Dissertations sur l'Ecriture sainte, & plusieurs autres pièces curieuses & importantes.

ARTICLE XII.

De quelques Livres de la Bible mis en François par des Catholiques.

La Genése traduite en François par *Jacques des Coustures*, avec des Remarques litterales sur les endroits difficiles, 4. vol. *in 12.* à Paris 1687. & 1688. Jacques Parain Baron des Coutures étoit d'Avranches. Il a mêlé le sacré avec le prophane; puisqu'ayant porté les armes, il s'est appliqué à une étude si sainte, & qu'il a encore travaillé sur la Philosophie. Il est mort en 1702. On peut voir l'Histoire des Ouvrages des Sçavans de 1688. au mois de Décembre.

Job, les Proverbes, l'Ecclésiaste & le Cantique des Cantiques, traduits de l'Hébreu en François par *Philippe Codurque*, avec des Notes de la façon *in 8.* à Paris 1647. & 1657.

Les Pseaumes en François de la Version de *Guiart des Moulins*, 2. vol. *in 4.* à Paris, vers l'an 1487. Cette Version, comme l'on croit, a été retouchée par *Jacques le Fevre d'Etaples*, *ibid.* chez Simon de Colines, 1525. 1530.

Le Pseautier en Latin & en François, de la Traduction de *Gabriel du Puits Herbaut*, *ibid. in 8.* 1535. 1563. 1575. &c. Le même en François de la Version de *Renaut de Beaune*, *ibid. in 8.* 1587. Le même traduit de l'Hébreu en François par *Rodolphe le Maître*, *ibid. in 12.* 1629. Le même avec les Cantiques, de la Version de *Michel de Marolles*, avec de courtes Notes *in 8: ibid.* 1644. & réimprimé plusieurs fois depuis. Le même de la Traduction d'*Isaac le Maître*, avec des Notes tirées de saint Augustin, à Paris 1664.

Traduction Françoise des Pseaumes, par M: *Macé*, qui a paru en 1686. & 1706. *in 12.* avec une Paraphrase. Il faut voir ce qu'en dit le Journal des Sçavans de 1686. p. 189.

Traduction Françoise des Pseaumes, par *Nicolas Cocquelin*, *ibid.* 1686. Voyez aussi le Journal, *ibid.* p. 327. C'est plutôt une Paraphrase qu'une Traduction, comme il l'avoue lui-même dans sa Préface. Il y a une Epitre dédicatoire à Loüis XIV. qui mérite d'être lûë. Cocquelin étoit de Paris, Docteur de Sorbonne & Chancelier de l'Eglise de Paris. Il mourut en 1693.

La Verſion des Pſeaumes par *Timoleon de Choiſi*, *ibid.* 1687. Il y a ajoûté la Vie de David, qu'il repreſente comme un Roi toûjours triomphant; & celle de Salomon ſous la noble idée d'un Roi toûjours pacifique. Il faut voir l'Hiſtoire des Ouvrages des Sçavans de 1687. au mois de Novembre. M. de Choiſi né à Paris l'an 1644. étoit d'une maiſon diſtinguée. En 1685. Louis XIV. l'envoya en ambaſſade vers le Roi de Siam. A ſon retour il fut reçu de l'Académie des Sciences. M. Dupin qui devoit le connoître, dit qu'il a ſçu joindre à une étude continuelle, beaucoup d'honnêteté & de gayeté dans la converſation, une grande pureté de langage, & mille autres belles qualitez. Il eſt mort en 1724. lorſqu'il travailloit à l'Hiſtoire Eccléſiaſtique, dont il avoit déja donné quelques volumes.

Traduction Françoiſe des Pſeaumes par *Elies Dupin*, faite ſur le Texte Latin, traduit ſur l'Hébreu, & imprimée à Paris en 1691. *in* 12. La même année il avoit déja donné le Pſeautier, avec deux Verſions Latines, la Vulgate, & une autre réformée ſur l'Hébreu, *in* 8. Il avoit commencé par ce Livre de l'Ecriture ſainte, pour ſervir d'eſſai à ce qu'il avoit projetté de donner ſur toute la Bible. Mais nous n'avons de lui que le Pentateuque, imprimée à Paris en 1702. Il y a joint d'excellentes Notes. Dupin né à Paris l'an 1657. fit ſes premiéres études au Collége d'Harcourt, & il étoit déja en troiſiéme qu'il n'avoit encore que dix ans. Il reçut le bonnet de Docteur en 1684. & mourut en 1719. âgé de 62. ans, après avoir donné un grand nombre d'Ouvrages dont il a fait lui-même le Catalogue dans le ſixiéme tome du dix-ſeptiéme ſiécle de la Bibliothéque Eccléſiaſtique.

La Verſion des Pſeaumes par *Jacques Melicque*, imprimée à Paris en 1705. *in* 8. peu de tems après ſa mort, qui arriva la même année. On y trouve des Notes litterales & grammaticales.

Euſtache le Noble, a auſſi donné une Verſion Françoiſe des Pſeaumes, imprimée à Paris en 1706. avec des Notes littérales *in* 8. Le P. *Adam* Jéſuite, avec la Verſion Latine, *ibid.* 1651. *in* 12. & y a joint les Cantiques dont l'Egliſe ſe ſert dans ſon Office. Le P. Adam natif de Limoges, fut un habile Prédicateur pour ſon tems, aſſez bon Poëte & Controverſiſte. Il a particuliérement exercé ſa plume contre le Miniſtre Daillé, & y a aſſez bien réuſſi. Il mourut en 1684. âgé de 76 ans. Euſtache le Noble étoit de Troyes en Champagne, & avoit été Procureur Général à Mets. Il mourut en 1711.

Henri Vignier, a fait imprimer ſa Verſion *ibid.* en 1703. *in* 12. avec des Réflexions de pieté. *Philippe Lallemant* Jéſuite, en a donné une en 1708. Elle a été réimprimée pluſieurs fois. Le Pere *Lallemant* eſt encore vivant. Le Pere Vignier étoit Champenois, & Prêtre de l'Oratoire. Il mourut en 1706.

Pierre Gorſe a donné en François les Livres Sapientiaux, à Paris 1654-55. 4. vol. *in* 12. *François de Bellegarde* a traduit les mêmes Livres, imprimez avec des Explications Morales, *ibid.* 1701. Pierre Gorſe étoit d'Alby où il vint au monde en 1590. Il ſe fit Jéſuite, & mourut en 1661. âgé de 71. ans.

François d'Aurat a donné le Cantique des Cantiques avec des Notes littérales, à Lyon en 1693. ſeconde édition, *in* 8. de même que *Armand Gerard*, avec des Paraphraſes, à Paris 1690. *in* 8. ce dernier étoit natif & Chanoine de Sarlat; il mourut en 1697. François d'Aurat Prêtre fleuriſſoit en 1689.

ARTICLE XIII.

Du nouveau Teſtament mis en François par des Catholiques.

Nous omettrons ici les anciennes Verſions Françoiſes qui ne ſont plus en uſage, depuis que notre Langue s'eſt perfectionnée & ſe perfectionne encore tous les jours. Car il n'en eſt pas comme de la Latine. Il faut remonter juſqu'à ſa premiere ſource pour la trouver dans toute ſa pureté, qu'elle perd à proportion qu'elle s'en éloigne. La nôtre au contraire, toute barbare dans ſon origine, s'eſt formée avec le tems, & ſi elle a eu ſon enfance, on peut dire qu'elle eſt dans ſon âge viril; peut-être aura-t-elle ſa vieilleſſe & ſon âge caduc; c'eſt pourquoi nous commençons par ceux qui ont donné des Traductions du nouveau Teſtament en bon François.

Le nouveau Teſtament mis en François par *Michel de Marolles*, *in* 8. à Paris chez Cramoiſy 1649. 1653. Cette Traduction n'eſt pas faite ſur la Vulgate, mais ſur la Verſion Latine d'Eraſme: car l'Auteur ne ſçavoit pas aſſez le Grec, pour oſer en faire une de lui-même ſur l'original. Son Epître Dédicatoire eſt adreſſée au Clergé de France, & ſa Préface eſt pleine d'érudition.

Le nouveau Teſtament du *Pere Amelotte* de l'Oratoire, 3. vol. *in* 8. Les Evangiles & les Actes des Apôtres furent imprimez en 1666. Les Epîtres de ſaint Paul en 1667. Les Epîtres Canoniques, & l'Apocalypſe en 1670. Cette édition eſt enrichie de Notes & de quelques varietez de Leçons; on l'a réimprimée pluſieurs fois avec des Notes & ſans Notes. La principale édition, la plus belle & la plus commode eſt de 1688. *in* 4. 2. vol. &

& la derniere de 1712. On y a ajoûté une Table alphabétique de la Géographie sacrée, avec un plan de la ville de Jérusalem, & du Temple de Salomon.

La Traduction de cet Auteur est littérale, mais peu élégante ; elle est néanmoins la premiere qui soit un peu exacte, & en beau stile, selon Richard Simon dans son Histoire Critique du nouveau Testament, chap. 34. Il faut voir les Remarques de Claude Brusson sur cette Version, imprimées à Delft en Hollande l'an 1697. in 12. & le Journal des Sçavans, tom. 1. page 416. On en a aussi parlé dans le Dictionnaire sous l'article des *Bibles*. Amelotte étoit de Saintes, & Prêtre de l'Oratoire. Selon le Pere Simon, il sçavoit parfaitement la Langue Françoise: il n'ignora pas la Grecque, mais il s'appliqua trop tard à la Critique & à la connoissance des Langues Orientales : il avoit de l'esprit & de la piété, mais son jugement ne répondoit pas à l'un & à l'autre ; il mourut en 1678.

Le nouveau Testament imprimé à Mons chez *Gaspard Migeot* ; on en a aussi parlé dans le Dictionnaire de la Bible *ibid*. Tout le monde sçait les difficultez qui sont survenuës à l'occasion de cette Traduction, & les Ecrits qu'on a publiez contre elle & pour sa défense. Si M. Mallet & le Pere Maimbourg l'ont attaquée, d'autres l'ont vigoureusement défenduë ; il faut voir là-dessus les Actes de Leipsic de 1686. page 201. Fabricius dans sa Bibliothéque Grecque, liv. 4. chap. v. Les Réponses de M. Arnaud aux difficultez de Steyaert, 5. vol. *in* 8. Tout ce que nous en pouvons dire ici, c'est qu'elle a été condamnée par les Papes Clément IX. en 1668. & par Innocent XI. en 1679. & depuis par plusieurs Evêques de France. Elle a été imprimée plusieurs fois & en différentes formes ; elle a servi comme de canevas à la plûpart des Traductions qu'on a faites depuis qu'elle a paru. Les trois principaux Auteurs de cette Traduction de Mons sont, *Antoine Arnaud, Pierre Nicole, & Claude de Sainte-Marthe*. M. Arnaud né à Paris l'an 1612. fut le vingtiéme & le dernier des enfans de M. Antoine Arnaud, si connu par ses Plaidoyers ; il perdit son pere à l'âge de sept ans ; il étudia d'abord en Droit, mais suivant le sage conseil de sa mere, il s'appliqua à la Théologie, & fut reçu Docteur de Sorbonne en 1641. il se retira à Port-Royal en 1644. il quitta la France en 1679. & mourut en 1694. âgé de 82. ans.

M. Nicole vint au monde à Chartres en 1625. il se fit recevoir Bachelier en Théologie de la Faculté de Paris ; son grand amour pour la retraite le porta à s'éloigner du monde, & il se retira dans la solitude de Port-Royal des Champs où il passa plusieurs années ; il est mort en 1695. dans sa soixante & dixiéme année.

M. de Sainte-Marthe vint au monde à Paris l'an 1610. il se consacra de bonne-heure à Dieu dans l'Etat Ecclésiastique, & se retira aussi à Port-Royal des Champs ; ayant été obligé d'en sortir, il choisit sa demeure à Corbeville en 1690 étant âgé de 70. ans.

Le nouveau Testament de *M. Godeau* Evêque de Vence, 2. vol. *in* 8. à Paris 1668. Il a mis plusieurs années à perfectionner cette Version, dont il y a eu une seconde édition en 1672. *in* 12. Il a inseré de tems en tems quelques mots dans le Texte pour l'éclaircir. On a aussi des Paraphrases du même Prélat sur les Epîtres de saint Paul qui sont estimées. M. Godeau natif de Dreux fut nommé à l'Evêché de Grasse par Louis XIII. en 1636. il s'en démit quoiqu'il pût le retenir, pour prendre l'Evêché de Vence. Ce Prélat sçut joindre une grande pieté à une noble ardeur pour l'étude ; il avoit un zéle digne d'un Evêque, il attaqua fortement le vice, & inspiroit agréablement la vertu ; il s'attacha à la Doctrine de saint Augustin, & la prêcha sur les toits. Le Clergé de France l'appelloit le Modéle des Evêques, son peuple l'aimoit comme son pere, la Cour de Rome en faisoit beaucoup d'estime, les Théologiens le regardoient comme leur oracle, les Protestans même n'ont pû s'empêcher de lui donner les éloges qu'il mérite ; il mourut en 1672. dans sa soixante & septiéme année.

Nouveau Testament de la Traduction de *Richard Simon*, avec des Notes littérales & critiques sur les endroits difficiles, 4. vol. *in* 8. à Trévoux 1702. & à Roüen 1703. Les Actes de Leipsic parlent de cette Version sur l'an 1704. p. 81. il en parle lui-même dans ses Lettres choisies, liv. 3. p: 260. & les Mémoires de Trévoux sur l'an 1702. page 383. Nous dirons seulement que M. le Cardinal de Noailles en 1702. & M. Bossuet pour lors Evêque de Meaux en 1702. & 1703. s'élevérent contre cette Traduction pour en défendre l'usage dans leurs Diocéses, & leurs censures ne regardent pas seulement les Notes du P. Simon, mais aussi quelques endroits du Texte qu'il avoit mal traduits. Richard Simon étoit de Dieppe en Normandie ; étant entré dans la Congrégation de l'Oratoire, il s'y appliqua à l'étude de la Théologie, des Langues Orientales, & de la Critique sacrée ; mais en étant sorti, il ne laissa pas de continuer ce travail & de composer beaucoup d'Ouvrages de Critique sur l'Ecriture sainte dont nous parlons en son lieu ; il sçavoit le Grec & l'Hébreu, avoit un bon sens & un jugement exquis, une érudition plus qu'ordinaire, mais sa critique est un peu trop hardie.

hardie. Vossius admire sa grande application à lire les Rabbins, il trouve néanmoins qu'il s'y est trop arrêté. M. Simon mourut en 1712. âgé de 76. ans.

Le nouveau Testament du R. P. *Bouhours* Jésuite *in* 12. Les quatre Evangiles parurent en 1697. 1698. Les Actes, les Epîtres des Apôtres, & l'Apocalypse en 1703. Voyez dans le Dictionnaire article des *Bibles*. Le P. *Lallemant* Jésuite a adopté cette Version dans ses Réfléxions sur le nouveau Testament imprimées en 1709. D'autres au contraire l'ont attaquée à cause de quelques expressions trop recherchées ou mal sonnantes. Le Pere Bouhours né à Paris en 1628. entra dans la Compagnie de Jésus en 1644. enseigna les Humanitez dans le College de Clermont où il les avoit apprises; il se distingua dans son cours de Théologie, mais étant affligé d'un mal de tête continuel, il s'appliqua à composer des Livres, & mourut à Paris en 1702. dans sa soixante & quinziéme année. Le P. Bouhours étoit doüé d'un heureux naturel, il s'appliqua à sçavoir toutes les beautez & les délicatesses de la Langue Françoise, en quoi il a parfaitement réüssi.

Nouveau Testament de M. *Huré*, accompagné de Notes & d'Explications courtes & littérales, à Paris 4. vol. *in* 11. 1703. & 1706. 2. vol. *in* 12. La version est la même que celle de Mons, si ce n'est qu'elle est retouchée & réformée en plusieurs endroits, surtout au lieu où celle de Mons s'éloignoit de la Vulgate pour suivre le Grec. Dans quelques endroits M. Huté suit aussi la Traduction du P. Bouhours.

Le nouveau Testament du R. P. Martianay Bénédictin, à Paris 3. vol. *in* 12. année 1712. avec des Notes & des Explications littérales dont un grand nombre n'a pas paru solide. Cette Version se rencontre souvent avec celles qui ont précédé, souvent aussi elle s'en éloigne. Le Pere Lallemant dans ses Notes littérales attaque assez souvent les remarques du Pere Martianay. Dom Jean Martianay naquit l'an 1648. à Sever-Cap au Diocése d'Aire en Gascogne, il entra dans l'Ordre de saint Benoît, & fit profession l'an 1668. il employa l'espace de trente ans à visiter les Bibliothéques, & par-là se mit en état de donner une nouvelle édition de saint Jérôme; il se dépeint lui-même avec des couleurs naturelles dans ses Prolégoménes sur cette édition, il avoir beaucoup de lecture, & sçavoit les Langues Orientales: nous aurons plus d'une fois occasion de parler de ses ouvrages, il mourut en 1717. âgé de soixante & neuf ans.

Le nouveau Testament de la Traduction de *M. l'Abbé Fleury* Confesseur du Roi, n'a pas encore paru, il est fait sur la Vulgate & sur l'édition Greeque de Henri Etienne en 1550. le stile en est aisé & simple. M. Fleury né à Paris en 1640. quitta le barreau pour entrer dans l'état Ecclésiastique; en 1684. il fut fait Abbé du Loc-Dieu, qu'il quitta lorsqu'il fut nommé au Prieuré d'Argenteüil: il fut Sous-précepteur des enfans de France: on le choisit en 1716. pour être Confesseur de Loüis XV. & il mourut en 1723. à quatre-vingt-trois ans. Ayant une grande justesse de jugement, il se prescrivit cette régle dans ses études de distinguer le vrai d'avec le faux, les sciences utiles de celles qui ne le sont pas; en quoi il a parfaitement bien réüssi; on en peut juger par les excellens Ouvrages qu'il a donné. Il étoit Solitaire au milieu de la Cour du plus grand Roi du monde, ne pensant qu'à s'acquitter de l'emploi qui lui étoit confié, & ne s'occupant qu'avec Dieu & ses Livres.

La Version du *Pere Quesnel* imprimée plusieurs fois, n'est pas différente de celle de Mons; il y a seulement ajoûté des Réfléxions Morales; elle fut d'abord imprimée par ordre de M. Vialart Evêque de Chalons l'an 1672. & depuis plusieurs fois jusqu'en 1705. 1713. 4. vol. *in* 8. beaucoup augmentée: on a même mis ses Réfléxions en Latin, & imprimées à Louvain l'an 1694. 8. vol. *in* 16. Ce nouveau Testament n'a pas été moins attaqué que celui de Mons. Le Pere Quesnel né à Paris en 1634. entra dans la Congrégation de l'Oratoire n'ayant que dix-huit ans; il en sortit ensuite au sujet de quelques réglemens qui se firent, & ausquels il ne crut pas pouvoir en conscience s'assujettir; après quoi il se retira dans les Pays-Bas Espagnols. Il est mort en 1719. âgé de quatre-vingt-six ans.

ARTICLE XIV.

Des Bibles Latines données par des Protestans.

Biblia sacra recognita & emendata ab Andreâ Osiandro Seniore, in 4. *Nurimbergæ* 1522. André Osiander étoit Protestant, comme tout le monde sçait; il ne fit pas une Traduction nouvelle de la Bible, mais il corrigea seulement l'ancienne Vulgate, & la réforma sur l'Hébreu & sur le Grec.

Biblia Latina ad fontes Hebraici Textus emendata, cum brevi & perspicua expositione Lucæ Osiandri, 7. *vol. in* 4. *Tubingæ* 1574. 1586. Luc Osiander ne fit que corriger la Vulgate, pour l'accommoder aux sentimens & à la Version de Luther. Sa Version & ses Notes ont été réimprimées plusieurs fois en 1589. 1593. 1597. 1599. 1600. 1606. 1609. 1615. 1618. 1635.

Biblia sacra cum observationibus Andreæ Osiandri,

Osiandri, Lucæ filii, in fol. Francofurti & Tubingæ 1600. André Osiander le jeune a suivi la même méthode que Luc Osiander son pere. Ce n'est point une Traduction nouvelle qu'il donne, c'est une réformation de la Vulgate, accompagnée de Notes faites par divers Docteurs Luthériens de sa Communion.

Biblia Vulgatæ editionis emendata studio Conradi Pellicani, cum ejus Commentariis. 7. *vol. fol. Tiguri.* 1532. Il a suivi la même route que les deux précédens. Il y a dans cette Bible une belle Préface, & un excellent discours de Pellican & de Bullinger sur les saintes Ecritures ; à la fin on trouve toute l'Histoire de l'Ecriture en vers élégiaques de la composition de Rodolphe Gautier. Il est fait mention de cette Bible dans la Préface de la Synopse des Critiques *in* 4. & dans l'Histoire de M. de Thou, liv. 36. page 726. ce qui doit plûtôt s'entendre de la Bible de Zurich imprimée en 1543. dont nous parlons plus bas.

Biblia Latina Rob. Stephani in 8. 1555. Elle est distinguée par chapitres & par versets, & c'est la premiere que Robert Etienne ait donnée de cette sorte pour l'ancien Testament ; car pour le nouveau, dès l'an 1551. il avoit déja imprimé le Texte Grec, avec deux Versions Latines distinguées par versets.

Biblia Hebraica & Latina ex versione Sebastiani Munsteri, cum Annotationibus &c. 2. *vol. fol. Basil.* 1534. 1535. Son édition a été réimprimée plusieurs fois, comme nous l'avons déja dit. Les Sçavans conviennent qu'aucun Auteur Protestant n'a mieux réüssi dans sa Traduction ; mais on lui reproche son trop grand attachement aux Rabbins.

Biblia sacra ex Sanctis Pagnini translatione recognita & scholiis illustrata, curâ Michaelis Villanovani, in fol. Lugd. 1542. Michel Villanovanus n'est autre que Servet, fameux par ses erreurs sur la Trinité. Sa Bible, qui se voit dans la Bibliothéque de saint Mihiel en Lorraine, porte son véritable nom sans déguisement ; celui de Villanovanus n'est qu'un nom emprunté sous lequel il a voulu se déguiser.

Biblia sacra ex Hebræis Græcisque fontibus in Latinum translata per Theologos Tigurinos, in fol. Tiguri 1543. C'est la fameuse Version de Zurich. Léon Dejudas a traduit tout l'ancien Testament d'Hébreu en Latin, à l'exception des huit derniers chapitres d'Ezéchiel, des quarante-huit derniers Pseaumes, de Daniel, de Job, de l'Ecclésiaste, & du Cantique des Cantiques, qui ont été traduits par Théodore Bibliander. Les Livres qui ne sont qu'en Grec, ont été traduits par Pierre Cholin ; la Version du nouveau Testament est d'Erasme. Les Protestans font grand cas de cette Traduction : M. Simon reproche à Léon Dejudas d'être plûtôt Paraphraste que Traducteur. On l'a réimprimée plus d'une fois, en 1544. 1545. 1550. 1564. 1584. 1616. &c.

Biblia veteris Test. ex Hebræo, & novi ex Græco, interprete Sebast. Castalione, cum ejus annotationibus, in fol. Basil. Oporini. 1551. Cette édition est en caractére italique. Chateillon y a affecté une pureté de langage qui a soulevé contre lui également les Catholiques & les Protestans ses confreres : il a, pour ainsi dire, énervé la force des expressions de l'Ecriture, & étouffé le génie de la langue Hébraïque, par ses expressions affectées & effeminées. Voici ce qu'en dit M. de Thou liv. 35. *Castellio cumpuriorem linguarum cognitionem ad Theologicam scientiam adjunxisse se putaret, impurissimas manus multorum judicio ad sacra tractanda attulit, cùm à rebus ad tantum opus necessariis homo imparatissimus novam Bibliorum interpretationem insolenti temeritate molitus est.* Et Genebrard dans sa Préface des Oeuvres d'Origénes : *Castalionis versio est affectata, plus habens pompæ & phalerarum, quàm rei & firmitatis, &c.* Elle a toutefois été imprimée plusieurs fois, en 1554. 1556. 1573. 1697. 1699. L'édition de 1573. passe pour la meilleure, & plus d'un sçavant l'ont loüée.

Biblia Latina ex versione Emman. Tremellii, & Franc. Junii, in fol. Francoforti ad Mænum, Andreæ Wechel. La premiere partie fut imprimée en 1575. La seconde en 1576. La troisième & la quatrième en 1579. Le nouveau Testament n'est point dans cette première édition, qui a été réimprimée plusieurs fois ; les Protestans ont beaucoup estimé cette Version, surtout en Angleterre, & à Genève : toutefois quelques Critiques trouvent que souvent elle est paraphrasée ; & Jean Drusius en a fait une sévére censure. Les Notes de Junius sont fort estimées.

Biblia Latina ex versione Joan. Piscatoris, in 8. *Herborn. Nassoviorum ab an.*1601. *ad an.* 1618. Piscator a fait d'assez bons Commentaires sur tout l'ancien Testament, mais il n'a traduit d'Hébreu en Latin que Job, les Pseaumes, l'Ecclésiaste, & les quatre grands Prophétes. La Version des autres Livres de l'ancien Testament, est prise de Tremellius & de Junius ; & celle du nouveau, est de Béze.

Biblia sacra ex linguis originalibus in Latinum translata à Sebastiano Schmidt Lutherano, in 4. *Argentorati* 1696. Cette édition est Latine, simple, claire, & aisée. L'Auteur l'a donnée étant âgé de près de 80. ans. Il y en a eu une seconde édition *ibid.* en 1708. *in* 4. beaucoup plus correcte, comme nous le lisons dans la Préface de la Faculté de Strasbourg

Strasbourg qui a donné cette nouvelle édition. Les Sommaires de chaque chapitre ne sont point de Schmidt, mais de *Jean Frédéric Spoor*.

Les Actes de Leipsic parlent de cette Bible sur l'an 1696. page 351. & Fabricius dans l'Histoire de sa Bibliothéque tome III. page 350. où il dit, entre autres choses, que la Version de Schmidt ne répond pas à ce qu'on en attendoit, qu'elle est obscure en bien des endroits. Schmidt étoit Allemand né dans le village de Lampertheim, il fut Luthérien, & Professeur à Strasbourg, où il est mort en 1696. Nous aurons lieu de parler de ses autres Ouvrages sur l'Ecriture.

Biblia Latina Joan. Clerici cum ejus Paraphrasi & notis, in fol. Amstelodami 1693. & suiv. Nous n'avons encore de M. le Clerc sur l'ancien Testament, que le Pentateuque, & les Livres Historiques en 3. vol. Il donne d'abord le Texte Latin avec une nouvelle distribution de chapitres ; au-dessous est la paraphrase aussi en Latin ; & enfin le Commentaire littéral ; il met au commencement ou à la fin de chaque volume quelques Dissertations sur des sujets de l'Ecriture, ou des points de Discipline assez importans. On remarque dans ses Notes beaucoup de Socinianisme, ce qui les rend fort dangereuses. Nous parlerons en son lieu de sa Version Françoise du nouveau Testament, & plus amplement de ses Notes dans l'article second de la partie suivante.

Thomas James, ou *Jamesius*, a donné *Bellum Papale*, imprimé à Londres en 1600. *in* 4. & 1678. *in* 8. C'est sur l'édition de la Vulgate faite par les ordres de Sixte V. & de Clément VIII. dont il prétend faire voir les fautes & les contradictions. Quoique cet Ouvrage soit mauvais dans le motif qu'a eu l'Auteur, il ne laisse pas d'avoir son utilité. L'Auteur étoit Anglois.

ARTICLE XV.

De quelques Livres de la Bible mis en Latin.

Nous croyons devoir faire un article particulier de quelques Livres de la Bible mis en Latin, soit par les Catholiques, soit par les Protestans, sans néanmoins les distinguer. Nous suivrons seulement l'ordre des Livres de l'Ecriture.

Jean Drusius a traduit de l'Hébreu en Latin, quelques Livres de l'Ecriture sainte, comme la Génése, l'Exode, le Lévitique, & les dix-huit premiers chapitres des Nombres. Il a aussi traduit Job, Ruth, Esther, & les a accompagnez de ses Notes. Ayant lû lui-même les Livres des Juifs, & les anciens Traducteurs Grecs, il s'étoit formé une meilleure idée de la Langue sainte, que les autres Critiques qui ne se sont appliquez qu'à la lecture des Rabbins, & par consequent il a mieux réussi. C'est le sentiment de Rich. Simon dans son Histoire Critique de l'ancien Testament.

André Masius a traduit de l'Hébreu en Latin le Livre de Josué, auquel il a joint un excellent Commentaire. Voyez sur Josué.

Christian Ravius a mis en Latin les six premiers chapitres de la Génése, imprimez à Leipsic en 1665. *in* 8. *Elai Terser* a traduit le Pentateuque, imprimé à Upsal en 1652. excepté les Nombres & le Deuteronome, dont la Traduction faite par cet Auteur n'est encore que manuscrite. Il faut voir ce qu'en dit Scheffer dans sa Bibliothéque Danoise page 193. Christian Ravius étoit de Berlin & Luthérien, Professeur des Langues Orientales à Upsal, il est mort en 1677. Fabricius parle de lui dans l'Histoire de sa Bibliothéque, tome v. pages 507. 508. Elai Terser Suédois de nation, Luthérien, Professeur en Théologie, & Evêque de Lincop, mourut en 1678. il sçavoit l'Hébreu.

Meibom, ou *Meibomius* a donné trois Versions Latines de quelques morceaux de l'ancien Testament, pour servir d'essai à une plus vaste entreprise. On a imprimé cet Ouvrage à Amsterdam l'an 1698. *in fol.* Il en est parlé dans le Journal des Sçavans de 1699. p. 474. Marc Meibomius différent de Henri, Luthérien comme lui, étoit d'Holsace, & sçavoit trois Langues, il mourut en 1710.

Jean Schudt a traduit en Latin sur l'Hébreu, que les quatre premiers chapitres de la Génése, imprimez avec le Texte Hébreu à Francfort l'an 1695. *in* 8. Schudt étoit Allemand Luthérien, Recteur du College de Francfort sur le Mein, & vivoit encore en 1718.

Victorin Strigel, a traduit tout le Pentateuque sur l'Hébreu, imprimé en 1566. à Leipsic 3. vol. *in* 8. & les deux Livres des Maccabées sur le Grec, au même endroit 1571. *in* 8.

Augustin Justiniani a mis en Latin le Livre de Job, imprimé *in* 4. à Paris en 1516. Il a aussi traduit le Pseautier ; voyez l'article de ces deux Livres. Justiniani étoit de Gènes, & Dominicain ; il fut fait Evêque de Nubio en Corse, & assista au Concile de Latran sous Léon X, Léandre Alberti dit qu'il sçavoit l'Hébreu, l'Arabe, & le Chaldéen. En 1536. il périt dans une tempête étant âgé de 66. ans.

Jacques Bolduc a aussi traduit le Livre de Job qu'il a commenté, 2. vol. *in fol.* à Paris 1637. & *in* 4. 1629.

Le même Livre a été traduit par *Jean le Cock*, par *Philippe Codurques*, & par *Jean-Henri*

Henri Hottinger. La Verſion de *Jean le Cock*, ou *Cocceius* a paru à Francker en 1644. *in fol.* & celle d'*Hottinger* à Zurich en 1689. *in* 8. elles ſont faites ſur l'Hébreu. Pour *Philippe Codurques*, voyez ſur Job.

Le Pſeautier a été traduit d'Hébreu en Latin par *Félix du Pré*, & *Aretius Felinus*, (c'eſt-à-dire, *Martin Bucer*) dont la Verſion a été imprimée à Straſbourg en 1526. *in fol.* Il y a deux Verſions qui ſe trouvent auſſi avec ſes Commentaires ; il a encore traduit le Prophéte Sophonie, imprimé *ibid.* 1528. *in* 8.

Conrad Pelican, Hulric Zuingle, & *Jean Bugenhague,* ont auſſi traduit le Pſeautier. La Verſion du dernier a paru à Bâle en 1524. avec des Commentaires.

Nous avons encore la Verſion du Pſeautier par *Jacques Fabri,* ou *le Févre,* qu'on nomme ordinairement, *Pſalterium Quintuplex,* ſçavoir, *Gallicanum, Romanum, Hebraicum,* ce qui fait trois Verſions Latines différentes miſes en parallele, en trois colomnes ; *vetus & conciliatum* en deux autres colomnes, ouvrage très-rare & curieux pour les Sçavans. Il y a à la tête une longue Epître Dédicatoire adreſſée à Guillaume Briçonnet, Cardinal & Evêque de Meaux ; une autre plus longue, ou plûtôt un *Appendix* ſur le Pſeaume trentiéme adreſſé à Pierre Chartreux. Fabri s'y juſtifie ſur ce qu'on lui imputoit d'avoir dit, que l'Ame de JESUS-CHRIST avoit ſouffert dans les Enfers. Il déclare à la fin de ſon Ouvrage, qu'il l'acheva dans le Monaſtére de ſaint Germain des Prez, l'an 1508. & qu'il fut imprimé chez Henri Etienne en 1509. C'eſt le même Pſeautier que *Pierre du Pré,* ou *Deſprez* a fait imprimer en 1515. à Caën. Jacques Fabri ou le Févre, ſurnommé l'*Ancien,* pour le diſtinguer d'un autre Jacques le Févre plus nouveau, étoit d'Eſtaples en Picardie. Il fit ſes Etudes à Paris, & y brilla dans l'Univerſité au commencement du ſeiziéme ſiécle. Il alla depuis à Meaux, enſuite à Blois, & enfin à la Cour de la Reine de Navarre, ce qui le fit ſoupçonner d'héréſie. Il mourut à Nerac en 1537. Fabri avoit beaucoup d'eſprit dans un petit corps. Eraſme ſon ami l'appelle un homme de bien, ſçavant, & fort humain. Paul Jove, & M. de Sainte Marthe ont fait ſon éloge.

A tous ces Traducteurs du Pſeautier on peut joindre, Volfang Muſculus, Jean Calvin, Sébaſtien Caſtalion ou Chateillon, Jean Cocceius, Jean Draconites, Conrad Hereſbach, Léon de Juda, Rodolphe le Maître, George Major, Thomas Malvenda, Henri Muller, Siméon de Muis, Sébaſtien Munſter, Santès Pagnin, Jean Piſcator, ou le Peſcheur, Sébaſtien Schmidt, Emmanuel Tremellius, Thomas de Vio Cardinal, Joſſe Villichius. On compte au moins vingt-cinq Traductions faites depuis 1515.

ARTICLE XVI.

Du nouveau Teſtament mis en Latin.

Le nouveau Teſtament étant une des principales parties de la ſainte Bible, il eſt bien juſte que nous faſſions un article diſtingué des Verſions Latines qu'on en a donné, comme nous en avons fait une des éditions Grecques. Il y a eu un très-grand nombre de ces Verſions ; nous ne marquerons que les principales.

Novum Teſtamentum è Græco in Latinum verſum ab Eraſmo Roterodamo, 1516. Il a été retouché plus d'une fois par Eraſme, & réimprimé pluſieurs fois ordinairement avec le Texte Grec.

Novum Teſtamentum ex Græco in Latinum, operâ ſanctis Pagnini. M. Simon prétend que Pagnin ne ſçachant pas parfaitement le Grec, comme il ſçavoit l'Hébreu, n'a pas ſi bien réüſſi à traduire le nouveau Teſtament qu'à traduire l'ancien.

Novum Teſtamentum Latinè redditum à Thoma de Vio, Cardinale Cajetano. Cet Auteur ne ſçavoit pas le Grec ; mais il ſe ſervit pour faire ſa Traduction, du ſecours de gens qui le poſſédoient fort bien. Il n'a pas traduit l'Apocalypſe.

Novum Teſtamentum Latinè factum per Galterum de Loenum, in 4. *Londini* 1540.

Novum Teſtamentum ex verſione Eraſmi à Petro Cholino, à Rodolpho Gualthero iterum cum Græco collatum, & pluribus locis emendatum, 1543. Cette Traduction, ou Reviſion fut imprimée dans la Bible de Zurich. Le nouveau Teſtament de la Traduction de cet Auteur ſe trouve ordinairement dans le grand Recüeil de ſes Ouvrages de l'édition ancienne de Bâle ; & de la nouvelle d'Amſterdam. On l'a imprimé ſéparément à Bâle en 1541. *in fol.* avec deux Verſions Latines, & le Grec.

Novum Teſtamentum ex verſione Sebaſtiani Caſtalionis, imprimé plus d'une fois. L'Auteur y a ſuivi la même méthode que nous avons vû dans ſa Traduction de l'ancien Teſtament. On vit cette Verſion Latine accompagnée d'une Traduction Françoiſe, *in* 4. & *in* 8. *Baſileæ* 1572. L'une & l'autre étoit apparemment du même Chateillon.

Novum Teſtamentum à Theodoro Beza Latinè verſum: Cette Traduction fut d'abord fort eſtimée, ſurtout des Proteſtans. Il y en a toutefois qui blâment la hardieſſe de Beze, qui donne quelquefois trop à ſes conjectures, en s'écartant ſans néceſſité de la leçon commune du Texte Grec. Sa Traduction a été imprimée une infinité de fois.

Novum Testament. Lat. interprete Erasmo Schmidt, 1658.

Novum Testamentum Lat. versum à Sebastiano Schmidt, 1694.

Epistolæ D. Pauli Latinè versæ à Jacobo Fabro Stapulensi. addito Commentario, in fol. Paris. 1512. *& sequentib.* On prétend que cet Auteur ne sçavoit pas assez parfaitement le Grec, & qu'il s'est éloigné souvent sans nécessité du Texte de la Vulgate.

Nous ne parlerons point ici de ces Traducteurs, qui se trouvent aussi au nombre des Commentateurs. Voyez leur Titre dans l'*Index*.

ARTICLE XVII.

Des Versions Françoises de quelques Livres du nouveau Testament.

Ce n'est pas seulement tout le nouveau Testament qu'on a mis en François, mais aussi quelques Livres en particulier.

François de Harlay, a traduit l'Epître aux Romains sur le Grec, & y a joint des Observations tant historiques que Théologiques. Cette Version est exacte, *Accurata*, dit le P. le Long. M. Dupin dit au contraire, que c'est plûtôt une Paraphrase qu'une Version. Elle a été imprimée à Paris en 1641. *in* 8.

M. de Harlay étoit de la famille des Harlay, aussi recommandable par sa vertu que par la noblesse du sang, dit Scevole de Sainte-Marthe dans ses Eloges. Il vint au monde à Paris l'an 1585. fut fait Coadjuteur du Cardinal de Joyeuse en 1614. & lui succéda à l'Archevêché de Roüen en 1616. Après l'avoir gouverné l'espace de 38. ans, il s'en démit en faveur de son neveu, & mourut en 1653. âgé de 68. ans. Il s'appliqua de bonne-heure à l'étude, en sorte qu'il étoit encore fort jeune quand il fut reçû Docteur en Sorbonne; il présida souvent aux Assemblées du Clergé de France, & il enrichit sa Bibliothéque de Roüen, & la rendit publique : il fit lui-même beaucoup d'Ouvrages. M. Dupin en a donné le Catalogue dans ses Tables, t. 2. p. 2157.

Jean Desmarets de Saint Sorlin a donné une Version Françoise de l'Apocalypse, avec une Explication, imprimées à Paris avec ses autres Ouvrages l'an 1658. *in fol.* sous le titre de *Animi deliciæ*.

Jean Desmarets étoit Catholique, & différent de Samuël Desmarets qui étoit Calviniste, comme nous le verrons ailleurs. Celui dont nous parlons étoit de Paris, & de l'Académie des Sciences, frere de Roland Desmarets, il mourut en 1676. à l'âge d'environ 80. ans. La Reine de Suede (Christine) disoit de lui qu'il avoit perdu son tems en composant des Ouvrages de pieté. M. Dupin en a donné le Catalogue dans ses Tables, t. 2. p. 2353.... 2931.

M. *Bossuet* a donné aussi une Version Françoise de l'Apocalypse avec la Version Latine & une Explication, imprimée à Paris en 1689. *in* 8.

M. *Bossuet* vint au monde à Dijon en 1627. où il fit aussi ses premieres études ; il alla ensuite à Paris en 1642. pour y étudier en Théologie dans le College de Navarre, & il prit le bonnet de Docteur en 1652. A peine fut-il Docteur, qu'il se retira à Mets où il étoit Chanoine, & où il fut depuis grand Archidiacre, & Doyen de sa Cathédrale ; il s'appliqua alors entierement à l'étude de l'Ecriture sainte & des Peres, & particulierement de saint Augustin : on le fit venir à Paris où il brilla dans les premieres Chaires, même à la Cour. Loüis XIV. satisfait de son éloquence le nomma Evêque de Condom en 1669. & de Meaux en 1681. enfin il mourut plein de mérites & de bonnes œuvres en 1704. à l'âge de 76. ans. Il avoit une grande facilité de parler & d'écrire, son seul nom marque tout ce que l'éloquence, l'esprit, & le zéle pour la défense de la foi ont de plus exquis. Ce zéle paroît dans les beaux Ouvrages de Controverse qu'il a laissé. M. Dupin en a donné le Catalogue dans ses Tables, t. 2. p. 2940. & dans sa Bibliothéque au dix-septiéme siécle, tome. 4. p. 1.

ARTICLE XVIII.

Bibles Françoises publiées par des Auteurs Protestans.

Ce ne sont pas seulement des Catholiques qui ont crû devoir mettre la Bible en notre Langue, pour en procurer la lecture à ceux qui n'entendent ni le Latin, ni le Grec, encore moins l'Hébreu. Les Protestans se sont aussi donné cette liberté pour l'usage de ceux qui sont de leur Communion. Nous en parlerons encore dans l'Article second de la partie suivante, par rapport aux Notes qu'ils ont ajoûtées à leurs Bibles.

La Bible de Généve traduite en François par *Robert Pierre Olivetan*, & imprimée *in fol.* 1535. en la Ville & Comté de Neufchâtel par Pierre de Wingle. C'est la premiére édition qu'ayent donné les Calvinistes ; elle fut faite sur celle des Docteurs de Louvain, ou plûtôt sur celle de Jacques le Févre d'Estaples imprimée à Anvers par Martin l'Empereur en 1534. Voyez le Dictionnaire sur l'article, *Bibles Françoises*, & ci-devant l'article, *la Bible de Jacques le Févre d'Estaples*. Robert Pierre Olivetan ou Oliveteau, Auteur de cette Traduction, étoit Picard, & parent de Calvin. Il fut Ministre Calviniste dans les Vallées du Piémont, & mourut

mourut en 1538. Si nous en croyons Théodore de Beze, il sçavoit trois Langues, dont l'Hébreu en étoit une : mais la connoissance qu'il en avoit n'étoit pas profonde, comme on en peut juger par sa mauvaise Traduction.

Bible Françoise *in 4. Lugd. 1545.* On a souvent réimprimé les Bibles de Génève, & elles sont toutes prises sur les premiéres faites par les Catholiques.

Bible Françoise de *Sébastien Chateillon*, traduite, l'ancien Testament sur l'Hébreu, & le nouveau sur le Grec, dédiée à Henri II. Roi de France, *in fol.* à Bâle, Jean Hervage 1555. Voyez ce que nous en avons dit dans le Dictionnaire.

Bible Françoise avec de longues Notes, & une Epitre de *Nicolas des Gallars*, *in fol.* Génève 1562. & souvent ailleurs.

Bible Latine de *Sanctés Pagnin*, & Bible Françoise de Génève, imprimée à Lyon plus d'une fois, 1560. 1571. 1575. & aussi à Génève en 1568. &c. La Version Latine de Pagnin qui a toûjours été très-bon Catholique, s'est trouvé si fort au goût des Protestans, qu'ils se la font comme appropriée, & qu'ils en ont donné un grand nombre d'éditions.

Bible Françoise de Génève, corrigée sur l'Hébreu & sur le Grec avec des figures, des Notes marginales, &c. *in fol. in quarto & in octav. Genev.* 1588. 1591. &c.

Bible Françoise traduite sur l'Hébreu & sur le Grec par *Jean Diodati*, *in fol.* à Génève chez Pierre Chouet 1644. Elle a été fort estimée par les Protestans, & ils s'en servent encore aujourd'hui. L'Auteur paraphrase quelquefois pour se rendre plus intelligible. Voyez le Dictionnaire de la Bible.

Bible de Génève, communément dite de *Desmarets*, 2. vol. *in fol.* à Amsterdam, de Daniel Elzévir 1669. Cette Version est accompagnée d'un grand nombre de Notes tirées de Diodati, & d'autres Docteurs Protestans. L'impression en est belle & magnifique, mais peu correcte : la Version est celle d'Olivétan, mais retouchée & copiée sur celle de Charenton faite en 1652. par Pierre Deshayes, en trois volumes *in 12.* que *Samuel Desmarets* dit être la plus correcte de toutes.

Bible de Génève retouchée & corrigée par *David Martin*, qui y a aussi ajoûté des Notes Théologiques & Critiques, 2. vol. *in fol.* à Amsterdam 1707.

Nouveau Testament François sur la Version de *Jacques le Févre d'Estaples*, adoptée par les Calvinistes, & ensuite revûë par Olivétan & par Calvin, imprimé en 1535.

Nouveau Testament François traduit par *Etienne Dolet*. Ce Livre a paru vers l'an 1546. puisque l'Auteur fut brûlé à Paris le 3. Août de la même année, pour ses opinions impies sur la Religion. Il étoit d'Orléans, & fut Imprimeur à Lyon.

Nouveau Testament François retouché & corrigé par *Jean Calvin*, & *Théodore de Beze*, *in 12.* 1560. Et le même avec des Notes de *Nicolas des Gallars*, à Genéve 1561. & 1562. Et le même encore avec les Notes d'*Augustin Marlorat*, en 1564. & 1565. &c.

Nouveau Testament François avec des Notes de *David Martin*, *in 4.* à Utrecht 1696.

Nouveau Testament François traduit sur le Grec, par *M. le Clerc*, avec des Notes de sa façon, 2. vol. *in 4.* à Amsterdam chez Loüis de Lorme 1703. Cette édition a été supprimée par les ordres des Etats Généraux, & défenduë dans les Etats du Roi de Prusse, par ordre du Consistoire de Berlin, comme un Ouvrage propre à établir les erreurs de Sabellius, & de Socin ; c'est ce que nous apprend P. Bayle dans ses Entretiens imprimez contre M. le Clerc en 1707. ce que le Clerc lui-même réfute dans sa Bibliothéque ancienne & moderne, tome xix. p. 130. Il étoit de son intérêt & de son honneur de se défendre là-dessus ; mais il n'empêchera pas de croire que sa Version est très-suspecte, pour ne pas dire dangereuse.

Beausobre & l'Enfant, ont aussi donné une nouvelle Traduction du nouveau Testament faite sur le Grec, avec des Notes littérales, à Amsterdam 1718. 2. vol. *in 4.* grand papier. La Préface du premier tome, qui est de l'Enfant, contient 308. pages, & peut servir d'Introduction à l'Ecriture sainte, & d'Abrégé des Antiquitez Juives. Celle du tome 11. qui est de Beausobre, n'a que 38. pages, & regarde les Epitres de saint Paul.

ARTICLE XIX.

Des Bibles en Langues Etrangéres.

Nous comprenons sous ce Titre les Bibles Italiennes, Espagnoles, Allemandes, Flamandes, Danoises, Suédoises, Anglo-Saxones, & Angloises modernes, Esclavonnes, Bohémiennes, Polonoises, Russiennes. Il faut voir ce qu'on a dit dans le Dictionnaire de la Bible sur l'article de *Bibles*, & le second tome de la Bibliothéque sacrée du P. le Long de l'édition *in 8.* ou le tome 1. de l'édition *in fol.* Nous ne laisserons pas d'en toucher ici quelque chose.

Antoine Bruccioli, est un de ceux qui a mis la Bible en Italien ; sa meilleure Version est celle de 1540. à Venise chez Zanetti, 3. vol. *in fol.* 1544. 4. vol. *in fol.* avec ses Commentaires. Celle qui a été retouchée par Tudeschi, & imprimée en 1560. passe pour la plus correcte. Il faut voir ce que Vossius en dit dans ses Disquisitions Critiques, Simon dans son Histoire Critique du nouveau Testament,

Teftament, chapitre 58. page 873. Baillet dans fes Jugemens des Sçavans, §. 1016. *Marmochin* n'a fait que la retoucher en quelques endroits, & qu'y ajoûter le troifiéme Livre des Maccabées, qui n'avoit point encore été traduit en cette Langue ; & dans l'édition de 1547. on trouve le Livre de Job avec les Pfeaumes en vers Tofcans, de la compofition d'un autre Auteur. Bruccioli étoit de Florence, & Laïc. Il a vécu vers 1550. il fut mis à l'Index des Livres défendus à caufe de la Verfion de la Bible en Langue Tofcane, & parce qu'il avoit mis à la tête une Epître où il faifoit voir la néceffité & l'utilité de ces fortes de Verfions. Santés Marmochin étoit Tofcan, & Dominicain, il vivoit dans le même tems que Bruccioli. Il fçavoit les Langues, & particulierement l'Hébreu. Voyez la nouvelle Bibliothéque des Dominicains par le Pere Echard.

Nicolas Antonio dans fa nouvelle Bibliothéque d'Efpagne, tome 1. p. 200. col. 2. attribuë à Cyprien Valere la Bible traduite en Langue Caftillane, par *Caffiodore de Reyna*, en quoi il fe trompe, puifque Valere n'en a été que l'Editeur, ou tout au plus le Copifte. Ils étoient tous deux Calviniftes Efpagnols.

Entre les Bibles Allemandes, les plus eftimées, tant pour la pureté du langage, que pour la Catholicité, font celles de Mayence, imprimées en 1662. *in fol*. avec des figures, & *in* 4. 1666.

Il y a dans la Bibliothéque de faint Mihiel une Bible Suédoife, imprimée à Leyde en 1635. *in* 8. avec le Privilege de la Reine Chriftine de Suéde. On y voit auffi la Bible Angloife de 1639. *in fol*. à Londres. Sans doute que c'eft une édition de celle de 1612. qui fut faite fous le regne de Jacques I. ou de celle qui fut imprimée par les ordres de Henry VIII. lorfqu'il fe fut féparé de l'Eglife.

Ceux qui voudront fçavoir quelque chofe des autres Bibles étrangéres, n'ont qu'à lire Fabricius dans fa Bibliothéque Grecque, livre 4. chapitre 5. pages 191. & fuivantes ; & la Bibliothéque Critique du Pere Chérubim de faint Jofeph, Carme Defchauffé.

ARTICLE XX.

Des Variantes ou différentes Leçons du Texte facré.

Les Variantes ou différentes Leçons, appartiennent encore au Texte facré, puifque ce font certains paffages de l'Ecriture, qui fe lifent différemment dans les différens Exemplaires. Il y en a fur toute la Bible en général, & fur quelques Livres en particulier. Nous deftinons cet Article à parler des premieres. Nous parlerons des fecondes dans le fuivant. Or ces Variantes font en autant de Langues qu'il y a d'Exemplaires originaux de la Bible ; c'eft-à-dire, qu'il y en a d'Hébraïques, Samaritaines, Chaldaïques & Grecques. Notre deffein n'eft point de les donner ici, mais feulement d'indiquer les endroits où elles fe trouvent, & les Auteurs qui en ont traité.

Variantes Hébraïques.

On en trouve plufieurs dans la Bibliothéque Rabbinique de *Bartolocci* ; mais *Elias Levite* eft le premier qui en a donné à Venife en 1538. *in* 4. que *Sebaftien Munfter* a mifes en Latin, & fait imprimer à Bâle en 1539. *in* 8.

Elie Levite, furnommé en fa Langue *Habbachur*, étoit Allemand du Brandebourg, né à Neuftad en 1509. & non pas en Italie, comme l'a cru Bartolocci. Il alla à Rome, où il eut plufieurs Chrétiens pour Ecoliers ; entre autres le Cardinal Gilles de Viterbe, de l'Ordre des Hermites de faint Auguftin, à qui il enfeigna la Langue Hébraique : ce qui lui attira de grandes perfécutions de la part des Juifs. Il ne laiffa pas néanmoins de demeurer toujours Juif, & eft mort dans fon incrédulité en 1549. âgé de 40. ans. Baillet, Simon & d'autres Catholiques, le loüent & l'eftiment beaucoup à caufe de fa grande fincérité à avoüer les erreurs des Rabbins. Il a compofé un grand nombre d'Ouvrages, dont parle Baillet dans fes Jumens des Sçavans ; Simon dans fon Hiftoire critique de l'ancien Teftament, Liv. 1. Chap. 31. Bartolocci dans fa Bibliothéque, tome 1. p. 135.

Il y a plufieurs Juifs qui ont auffi donné de ces Variantes ; entre autres *Rabbi Manahen* ; dans un Livre intitulé *Lux Legis*, imprimé à Venife en 1618. & à Amfterdam en 1659. *in* 4. Il les a tirées des anciens Manufcrits Hébreux.

Entre les Calviniftes, *Buxtorf* le pere s'eft particuliérement appliqué à ramaffer de ces fortes de Variantes. On les trouve dans fa Tibériade, ou fon Commentaire fur la Mafore. Il faut voir ce que Walton en dit dans fon Prolégoméne 8. num. 27.

Arias Montanus a donné auffi des Leçons différentes du Texte Hébreu, dans fon Apparat, qui fait le huitiéme volume de fa Polyglotte.

Maldonat a fait la même chofe, pour faire voir les différences du Grec avec l'Hébreu en plufieurs endroits. Il parle lui-même de cet Ouvrage dans fon Commentaire fur faint Matthieu, Chap. 13. ℣. 15. & l'appelle le Livre des Leçons Hébraïques. On ne fçait s'il

TROISIEME PARTIE.

s'il a été imprimé, car aucun autre que lui n'en fait mention.

En 1635. *Sixtinus Amama* a donné une Differtation de *Keri & Chetib*, c'eſt-à-dire, des différentes Leçons Hébraïques ; à Amſterdam *in* 8. Elle ſe trouve auſſi dans ſon *Anti-Barbarus* de 1628. p. 727-898. & dans les éditions ſuivantes.

Amama, qui étoit de Friſe & Calviniſte, enſeigna la Langue Hébraïque dans l'Académie de Franeker, après avoir été diſciple de Druſius. Il alla en Angleterre, & fut très-bien reçu à Oxford par les Docteurs qui y étoient alors. Il mourut en 1629. n'étant pas fort âgé ; il étoit digne d'une plus longue vie. Il faut voir ce que Bayle dit de lui dans ſon Dictionnaire critique, tome 1. p. 224. de la première édition, le Catalogue de ſes Ouvrages dans les Tables de M. Dupin, tome 4. p. 1027. & dans l'Hiſtoire de la Bibliothéque de Fabricius tome 1. p. 315. Ce qu'en dit Baillet dans ſes *Anti*, & M. Simon dans ſon Hiſtoire critique de l'ancien Teſtament.

La Critique ſacrée de *Louis Cappel*, ne contient que les différentes Leçons de l'ancien Teſtament ; & il s'en ſert pour expliquer pluſieurs paſſages difficiles. Il faut voir l'*Index* qu'il a mis à la fin, ſelon l'ordre des Livres ſacrez. Walton en a donné auſſi dans le ſixième Tome de ſa Polyglotte d'Angleterre.

Louis Cappel, différent de Jacques & de Jean ; quoique tous trois Calviniſtes, étoit de Sédan, où il naquit en 1585. au milieu des guerres civiles de la France. A peine avoit-il deux ans qu'il perdit ſon pere & ſa mere. Il demeura inconnu juſqu'en 1613. qu'il profeſſa la Langue Hébraïque & la Théologie à Saumur. Il mourut en 1658. âgé de 80. ans. Il faut voir ſa Vie qu'il a écrite lui-même, & qui ſe trouve à la tête de ſes Notes critiques imprimées à Amſterdam en 1689. *in fol.* Dupin en a donné un Abrégé dans ſa Bibliothéque des Hérétiques, tome 2. page 325. 336. où il parle de ſes Ouvrages. Il étoit très-habile dans les Langues Orientales, & particuliérement dans l'Hébraïque ; très-verſé dans les Ouvrages des Rabbins ; laborieux & bon critique. Il avoit auſſi beaucoup de ſageſſe & de Jugement : écrivoit purement & clairement : car on trouve dans ſes écrits de la netteté & de la méthode.

Variantes Samaritaines, Chaldaïques, Arabes, &c.

Jean Morin a donné des Variantes du Pentateuque Samaritain, à Paris 1657. *in* 12. dans ſes Opuſcules.

Dans le ſixième tome de la Polyglotte d'Angleterre, on trouve les Variantes Chaldaïques de *Samuel le Clerc* : les Syriaques de *Herbert de Thorndik* : les Samaritaines & Ethiopiennes de *Caſtel* : les Perſannes ſur le Pentateuque & les quatre Evangiles, de *Thomas Gravius*, & les Arabiques d'*Edvvard Pocock*, ſur l'ancien Teſtament. Dans l'Apparat d'Anvers, les Chaldaïques ſont de *Raphelingius*, les Syriaques de *la Boderie*, & de *Troſtius*.

Herbert Thorndik étoit Anglois de nation & de Religion, vivoit ſur la fin du dix-ſeptiéme ſiécle. Dupin parle de ſes Ouvrages dans ſes Tables, tome 4. p. 1323.

Thomas Grave étoit auſſi Anglois, & ſçavoit les Langues Orientales. Il eſt mort Chanoine Anglican de l'Egliſe de Petersbourg en 1637. On écrit ſon nom en Anglois *Greaves*.

Edvvard Pocock étoit d'Oxford, Profeſſeur en Hébreu & en Arabe, Chanoine de l'Egliſe de Chriſt, mort en 1692. Dupin a donné le Catalogue de ſes Ouvrages dans ſes Tables, tome 4. p. 1327.

Martin Troſtius, Allemand de Veſtphalie & Luthérien, mourut l'an 1631. Il ſçavoit les Langues Orientales.

Gilles Guthir a donné à Hambourg en 1667. *in* 8. des Notes critiques ſur le nouveau Teſtament Syriaque, où il y a des Leçons différentes priſes des meilleurs Exemplaires ; & *Jean Albrecht* en a auſſi donné ſur les quatre Evangiles à Jene 1666. *in* 8.

Gilles Guthir & *Jean Albrecht*, étoient Allemans & Luthériens ; le premier qui étoit de Tutinge, mourut l'an 1667. L'autre vivoit vers 1666. Ils ſçavoient l'un & l'autre la Langue Syriaque.

Variantes Grecques.

Il y en a pluſieurs dans la Polyglotte d'Angleterre, tome 6. dans les Bibles Grecques qui avoient déja été imprimées, ou qui l'ont été depuis ; dans les grands Critiques de Londres : & Druſius les a fait imprimer avec des Notes, à Arnhem 1619. *in* 4.

Mais Dom Bernard de Montfaucon les a donné plus amplement dans ſes Héxaples d'Origénes, en 2. vol. *in fol.* Ce ſont des Fragmens des anciens Interprètes Grecs, *Aquila, Symmaque & Theodotion.* Il faut voir ce que le P. Morin en dit dans ſes Lettres p. 366. & Jean de la Cerda dans ſes Adverſaires ſacrez, Chap. 174. p. 182.

Aquila, originaire du Pont, qui de Chrétien ſe fit Juif, a vécu ſous l'Empereur Adrien vers 128. comme M. de Tillemont le fait voir dans ſon Hiſtoire des Empereurs, tome 2. Il faut voir ce que Cave dit de lui dans ſon Hiſtoire littéraire, p. 315. D. Mattfaucon *ubi ſuprà*, dans ſes préliminaires ſur Origénes,

Tome IV. P 4

Origénes, Chap. 4. & Pope Blount qui a ramaſſé tous les différens éloges qu'on lui a donné. On révoque en doute tout ce que ſaint Epiphane a dit de lui. Saint Jérôme le loüe en plus d'un endroit, comme un homme très-ſçavant dans la Langue Grecque ; mais il en vouloit aux Chrétiens, qui lui reprochoient qu'il étudioit trop les Auteurs profanes, & qu'il étoit trop attaché à l'Aſtrologie judiciaire. Les Juifs le préféroient à tous les autres Interprétes Grecs de l'ancien Teſtament.

Symmaque étoit Samaritain & de nation & de Religion ; il ſe fit Juif, enſuite Chrétien & devint Ebionite. Il vivoit en 194. ſous l'Empereur Severe, ſelon le P. Aléxandre ; ſous Commode en 184. ſelon le P. le Long, ſous Marc Aurele en 170. ſelon M. Tillemont ſur Origénes, art. 8. p. 512. du troiſiéme tome de ſes Mémoires. On le trouve plus élégant & meilleur Interpréte qu'Aquila. Saint Epiphane l'accuſe d'avoir eu trop d'ambition : il le met néanmoins au nombre des ſages qui ont fleuri parmi ceux de ſa nation.

Theodotion étoit Marcionite, ſelon ſaint Epiphane, & enſuite ſe fit Juif. Saint Jérôme croit qu'il étoit Ebionite. Il vivoit ſous l'Empereur Commode en 185. comme le prouve M. de Tillemont dans ſes Mémoires, tome 3. p. 512. ſur Origénes. Il n'étoit pas ſi habile dans la Langue Grecque que Symmaque & Aquila ; il eſt même quelquefois bien difficile d'excuſer les fautes qu'il a faites dans ſa Verſion, quoiqu'Origénes le préfére aux deux autres, comme le remarque M. Simon.

Dans le ſixiéme tome de la Polyglotte d'Angleterre, de même que dans celle d'Alcala ou Complute, on trouve d'autres Leçons différentes Grecques recueillies par Pierre Morin, Flaminius Nobilius, Alphonſe de Zamora, Patricius Junius, Thomas Piercius, Hugues Grotius, avec des Remarques de leur façon.

Patricius Junius, vulgairement dit *Young*, étoit Ecoſſois, & Bibliothéquaire de Jacques I. Roi d'Angleterre. Il ſçavoit le Grec, & eſt mort en 1652. âgé de 68. ans. Il a auſſi travaillé ſur les Peres Grecs. Nous en parlerons encore ſur Job.

Piercius étoit Anglois & de la Religion Anglicane, Doyen de Saliſbury vers 1683. Il a fait un Ouvrage de Controverſe marqué dans les Tables de M. Dupin, tome 4. p. 1337.

ARTICLE XXI.

Des Variantes de quelques Livres de la Bible.

Outre ces Variantes générales ſur preſque tout l'ancien Teſtament & le nouveau, il y en a de particuliéres ſur quelques Livres de la Bible, qui ſe trouvent encore dans le ſixiéme tome de la Polyglotte d'Angleterre : Sur la Geneſe, recüeillies par *Jaques Uſſerius* & *Patricius Junius*. Sur Joſué par *André Maſius*, & ſe trouvent auſſi dans ſes Commentaires ſur les Livres hiſtoriques. Sur les titres des Pſeaumes par *Guillaume Sirlet* ; ſur Iſaïe par *Guillaume Noriſius*. Sur les petits Prophetes, par *Jean Ligtfoot*, dans le troiſiéme tome de ſes Ouvrages, p. 19. de l'édition *in fol.* à Utrecht 1699. Sur les Proverbes par *Giggée*.

Jacques Uſſerius étoit de Dublin, où il naquit en 1580. Ayant l'eſprit naturellement porté à l'étude, il s'y adonna dès ſa jeuneſſe & particuliérement à l'Hiſtoire. Son pere étant mort, il s'appliqua à la Théologie ; & ſon oncle, Archevêque d'Armach, le fit Prêtre ſelon le Rit Anglican, lorſqu'il n'avoit encore que 21. ans. Le Roi Jacques le fit Evêque de Meath l'an 1620. & il ſuccéda à ſon oncle en 1626. Après avoir ſiégé l'eſpace de 30. ans, il mourut en 1655. dans ſa ſoixante-quinziéme année. Il eſt plus aiſé de l'admirer que de le loüer, comme Europe le diſoit de l'Empereur Antonin. Il étoit toujours occupé à lire, à écrire, à prêcher : il ſçavoit à fond l'Antiquité, la Théologie & les Belles-Lettres. Tout cela étoit accompagné d'une grande modeſtie. Il faut voir ſon portrait & ſa vie dans les Hommes ſçavans de Smith, imprimez à Londres 1707. *in* 4. Le Catalogue de ſes Ouvrages dans les Tables de M. Dupin, tome 4. p. 1295. Il faut voir Bayle dans ſon Dictionnaire critique de la derniére édition.

Ces Variantes dont nous avons parlé, ſont en plus grand nombre ſur le nouveau Teſtament. Il faut voir ce qu'en dit Fabricius dans ſa Bibliothéque Grecque, Livre 4. Chap. 5. p. 81. On les trouvera dans les éditions de Robert Etienne, dans la Polyglotte d'Angleterre & d'Anvers, dans la chaîne des Peres Grecs de Poſſin ou Pouſſines ſur S. Marc ; dans le nouveau Teſtament Grec donné par *Courcelles* ; & *Iſaac Voſſius* & *Jean Lomejer* ont eu part à cette collection.

Iſaac Voſſius, fils de Gerard Jean Voſſius, dont nous aurons à parler dans l'Article des Concordes, étoit né en Hollande à Leide en 1618. mais s'étant retiré en Angleterre, il embraſſa la Religion Anglicane, & fut fait Chanoine de Windſor, & mourut l'an 1688. âgé de 70. ou 72. ans. Il a donné beaucoup d'Ouvrages, dont on peut voir le Catalogue dans les Tables de Dupin, tome 4. p. 1140. dans les Jugemens des Sçavans de Baillet §. 568. dans le Supplément de Moreri ; dans les Lettres de Bayle, tome 3. & dans la Bibliothéque

bliothéque choifie de Colomiès, pag. 281. Bochart dans fon Hiftoire des Animaux, l'appelle un homme qui poffédoit toutes les fciences, *undequaque doctiffimum*. M. Baillet l'a mis au nombre des Enfans célébres, parce qu'il commença de bonne-heure à compofer. Louis XIV. en faifoit tant d'eftime, qu'il lui fit écrire de fa part par M. Colbert en 1663. pour lui donner une penfion. Il aimoit la vérité jufqu'à ne pas épargner fon propre pere, en relevant les fautes qu'il a faites fur la Chronologie, fans néanmoins fortir du refpect qu'il lui devoit.

Jean Lomejer étoit Flamand Calvinifte & Miniftre de Zutphen. Il mourut en 1699. Il a fait beaucoup d'Ouvrages, dont on peut voir le Catalogue dans les Tables de Dupin, tome 4. p. 1148. Dans le Jugement des Sçavans de Baillet, §. 229. num. 12. Dans les Lettres de Bayle, tome 1. & 2. Dans les Ouvrages des Sçavans de 1694. mois de Juin §. 5.

Mill & *Kufter* en ont auffi donné dans leur nouveau Teftament Grec, dont il a été parlé ci-deffus. *Daniel Withby* a fait un examen particulier de ces Variantes de M. Mill, imprimé à Londres en 1710. *in fol.* en Latin. Il y prétend que c'eft mal-à-propos que ce Docteur Anglois a multiplié les Variantes Grecques prefque jufqu'à l'infini. *Richard Bentley*, dans fon Effai du nouveau Teftament en Grec & en Latin, combat auffi ce grand nombre de Variantes. S'il en admet quelques-unes, ce n'eft qu'en très-petit nombre. Il faut lire l'Ouvrage de l'un & l'autre, pour fçavoir leurs raifons.

Patrice Junius & *Jean Morin*, ont encore donné des Variantes Grecques fur les quatre Evangiles, & fur les Actes des Apôtres en particulier. Elles font imprimées dans les Exercitations de la Bible du P. Morin, tome 1. p. 48-54. On ne peut pas douter qu'elles ne foient très-importantes, étant tirées d'un Manufcrit de Cambridge, que Beze appelle un Livre admirable, & un monument précieux de la vénérable Antiquité. *Junius* en ayant décrit lui-même les différentes Leçons, il les envoya d'Angleterre à Meffieurs Dupui, & ceux-ci les communiquérent au P. Morin qui les a publiées.

Jean Hentenius a ramaffé du Commentaire d'Euthymius des Leçons différentes Grecques fur les quatre Evangiles, & les a mifes à la tête de ce Commentaire, imprimé à Paris en 1544. *in 8.*

Luc de Bruges a donné un Livre de Remarques qui expliquent les Variantes Grecques & Latines des quatre Evangiles. Il eft à la tête de fon Commentaire imprimé à Anvers en 1606. 1616. *in fol.* Mill, dans fes Prolégoménes fur fon nouveau Teftament Grec, dit qu'il n'a rien lû de plus fçavant ni de mieux travaillé que cet Ouvrage : que l'Auteur ne s'y eft pas fié à la bonne foi d'autrui, comme avoit fait Beze, mais qu'il a collationné lui-même les anciens Exemplaires, pour ne rien dire qui ne foit très-avéré.

Louis de la Cerda a donné dans fes *Adverfaria*, Chap. 9. les différentes Leçons que le Marquis de *Velés* ou *Velefius* a recüeillies fur les quatre Evangiles, de feize Manufcrits. Ce feroit un grand tréfor, s'il avoit marqué les endroits d'où il les a tirées, dit Mariana dans fon traité de l'édition vulgate, Chap. 17. p. 83. Il faut voir ce qu'en penfe M. Mill dans fes Prolégoménes déja citez, p. 138.

Le véritable nom de *Velés*, ou *Velefius*, étoit *Pierre Exard*, ou *Faxard*, ou *Fagiard*, Efpagnol de nation, très-riche & d'une ancienne nobleffe. Il vivoit vers 1600. fçavoit le Grec ; & n'épargnoit rien pour amaffer des Manufcrits.

On a imprimé à Helmftadt en 1672. *in 4.* les Variantes du Texte Grec de faint Matthieu, que *Jean Saubert* a recüeillies de plufieurs Exemplaires Grecs, tant imprimez que manufcrits. Il y a ajouté des Prolégoménes fur l'origine, l'autorité & l'ufage des Variantes dans le Texte Grec du nouveau Teftament.

Saubert étoit Allemand de Nuremberg, fils de Jean Saubert Miniftre Luthérien de Nuremberg. Il étoit auffi Luthérien, & profeffa la Langue Hébraïque, premiérement à Helmftat, enfuite à Aldorf. Il mourut en 1688. âgé de 51. ans. Il avoit beaucoup d'efprit, étoit fçavant, grave & modéré, dit Fabricius, qui parle de lui & de fes Ouvrages, dans l'Hiftoire de fa Bibliothéque, t. 3. & 5. Nous avons auffi lieu d'en parler dans la fuite.

Le *P. Morin* a encore donné dans fes Exercitations Livre 1. p. 55-59. des Variantes fur les Epîtres de faint Paul, qu'il a tirées d'un Manufcrit du Collége de Clermont à Paris. Ce qui le rend recommandable, c'eft le prix de ce manufcrit. Car Beze a cru que c'étoit la feconde partie du Manufcrit de Cambridge. En effet il eft très-ancien, comme on en juge par le caractére, qui eft en grandes lettres Grecques. Voyez ce qu'en dit le P. Morin, *ibid.*

ARTICLE XXII.

Des Variantes, ou diverfes Leçons Latines.

Quoique ces fortes de Variantes ne foient point du Texte original de la Bible, nous ne laiffons pas de les joindre aux précédentes, pour n'être pas obligé d'en parler ailleurs,

leurs, & pour les mettre ici sous le même titre qui leur convient.

Ces autres Variantes se trouvent dans les Bibles Latines dont nous avons parlé, & particuliérement dans la très-grande Bible du P. de la Haye, dont nous parlerons dans la suite. Il y en a aussi dans l'Apparat de la Polyglotte d'Anvers, dans le quatriéme tome de la Polyglotte d'Angleterre, dans les grands Critiques de Londres, & le Supplément imprimé à Francfort, tome 1. 1700. Il s'en trouve aussi dans le fameux Livre de Jamesius, intitulé *Bellum Papale*, & dans celui de Bukentop, *Lux de luce*, dont nous parlons ailleurs.

Outre ces Variantes Latines générales de toute la Bible, il y en a de particulières: entre autres sur les Pseaumes, qui se trouvent dans la nouvelle édition de saint Augustin, tome 4. au commencement, dont il est parlé dans la Préface.

On a aussi imprimé à Cologne en 1555. *in* 8. & dans les grands Critiques, l'Ouvrage de *Zeger*, intitulé *Castigator locorum depravatorum*; ce qu'il faut entendre de sa Préface, qui est à la page 14. du tome 6. au commencement. *Tacite Nicolas Zeger* de Bruxelles, & de l'Ordre des Freres Mineurs, sçavoit le Grec, & étoit assez bon Critique. Il s'adonna à l'étude de l'Ecriture sainte, comme il paroît par ses Ouvrages. Il mourut l'an 1559.

Samuel Petit a donné des Variantes qui éclaircissent plusieurs endroits de l'Ecriture sainte. On les a imprimées dans le neuviéme tome des grands Critiques, page 2536. Elles avoient déja paru à Paris en 1633. *Samuel Petit* de Nismes & Calviniste, étoit ennemi de tout parti. Il respectoit beaucoup l'antiquité Ecclésiastique & la hiérarchie, qu'il disoit établie du tems des Apôtres. Sa mort arriva l'an 1643.

Le P. *Martianay* a fait imprimer à Paris en 1695. *in* 12. des Variantes sur l'Evangile de saint Matthieu. Dom Mabillon en a donné quelques-unes à la fin de sa Liturgie Gallicane, extraites d'un ancien Lectionnaire. Nous en avons aussi à la fin du dernier Tome de notre Commentaire, tirées d'un ancien Manuscrit de Corbie, qui a plus de mille ans, dont nous avons choisi les principales.

Fin de la troisiéme Partie de la Bibliothéque Sacrée.

BIBLIOTHEQUE

BIBLIOTHEQUE SACRÉE.

QUATRIE'ME PARTIE.

Des Commentateurs anciens & modernes Catholiques, Protestans & Juifs: Des Ouvrages critiques & Dissertations sur tous les Livres de l'ancien Testament.

Ous donnerons à cette Partie toute l'étenduë qu'elle mérite, en parlant de ceux qui ont écrit ou sur toute la Bible en général, ou sur quelque Livre en particulier ; commençant par les Peres Grecs & Latins, & faisant suivre ceux, qui à leur exemple, ont fait des Commentaires sur l'Ecriture, soit anciens, soit modernes ; Catholiques, ou Protestans, ou Juifs ; distinguant les Ouvrages de critique, les Notes, les Dissertations des véritables Commentaires, dans des Articles séparez.

ARTICLE PREMIER.

Des Commentateurs généraux Catholiques, sur l'ancien & le nouveau Testament.

Nous ne connoissons aucun des Anciens, soit Grecs, soit Latins, dont les Commentaires soient parvenus jusqu'à nous, qui ait écrit sur tout l'ancien & le nouveau Testament. Raban Maur, & le vénérable Béde ont expliqué la plûpart des Livres de la Bible ; mais il y en a quelques-uns sur lesquels ils n'ont pas écrit. M. Fabricius a recüeilli divers Fragmens de saint *Hippolyte* l'ancien, & de saint *Hippolyte* le jeune, sur l'ancien Testament, dans la nouvelle édition qu'il en a donnée à Hamboug en 1716. & 1718. 2. vol. *in fol*. Il en a fait aussi le détail dans sa Bibliothéque Greeque, tome 5. p. 203-213. dans sa Bibliothéque Ecclésiastique sur le Chap. 61. sur le Catalogue des Ecrivains de saint Jérôme ; & le P. le Long dans sa Bibliothéque sacrée, tome 2. p. 778. a donné une liste exacte de tout ce que ce saint Martyr avoit écrit sur l'ancien Testament. Car, pour ce qui est du nouveau Testament, quoi qu'il soit très certain, selon Raban Maur, que ce premier Commentateur Grec a écrit sur saint Matthieu, on n'a point encore pû déterrer ce qu'il a fait. Saint Hippolyte, disciple de saint Irénée, & déja célébre en 228. entre les plus sçavans hommes de l'Eglise, a été Evêque, mais on ne peut pas dire de quel endroit : il est seulement certain qu'il a versé son sang pour la foi de Jesus-Christ, vers l'an 235. Un saint Confesseur du septiéme siécle, l'appelle plusieurs fois un grand & un très-saint Docteur, un fidéle témoin de la vérité, par la bouche duquel le Saint-Esprit même parloit.

Saint Eucher, Evêque de Lyon, ou plûtôt un autre *Eucher* plus nouveau, a écrit des Questions très-courtes sur l'ancien & le nouveau Testament. Elles ont été imprimées à Bâle *in fol.* avec les autres Ouvrages de ce Pere, l'an 1531. Elles l'avoient déja été séparément en 1530. *in 4.* On les trouve aussi dans la dernière Bibliothéque des Peres, tome 6. p. 822. Cassiodore dans le dixiéme Chapitre de ses divines Leçons, met un Eucher au nombre de ceux qui ont donné des régles & des lumiéres générales pour entendre l'Ecriture, & dont il avoit mis les écrits dans sa fameuse Bibliothéque. Or il ne parloit point d'un nouvel Eucher qu'il n'a point connu, & qui a vécu après lui. Il faut donc qu'il ait parlé de l'ancien ; & c'est sur son témoignage que les Sçavans se fondent pour croire que saint Eucher avoit écrit des Questions sur l'Ecriture. Mais de sçavoir si c'est son véritable Ouvrage que nous avons, cela souffre quelques difficultez. M. de Tillemont, y répond dans la Vie de ce Saint, art. 5. note 3. & 4. p. 850. du quinziéme tome de ses Mémoires Ecclésiastiques. Il en fait même une belle analyse, *ibid.* p. 129.

Salvien, Evêque de Marseille, disoit de cet Ouvrage, qu'il n'en pouvoit assez admirer la doctrine céleste ; que ni lui ni aucun autre n'en pouvoit faire l'éloge. Ces deux Livres sont petits, dit-il, si on n'en considére que les paroles, mais ils sont grands, si on a égard aux véritez qu'ils renferment.

Nous avons encore un autre Ouvrage de saint Eucher, ou sous son nom, intitulé *Formulæ*, qu'il appelle les principes de l'intelligence de l'Ecriture, qui se trouve aussi dans le recüeil de ses Ouvrages, & dans la Bibliothéque des Peres, *ibid.* Il y parle des fêtes des Idoles, des habits sacerdotaux, des poids & des mesures des Hébreux ; ce qu'il traite assez succinctement, mais ce qu'il en dit ne laisse pas d'avoir son utilité, quoiqu'il se trompe quelquefois.

Enfin le P. le Long dans sa Bibliothéque sacrée, tome 2. p. 716. ne fait point difficulté de le croire Auteur de la Lettre à Faustin, Prêtre : *De situ Jerusalem & Judæa*, que le P. Labbe a fait imprimer dans sa Bibliothéque des Manuscrits, tome 1. p. 665. sous le nom d'Eucher Evêque ; & M. de Tillemont donne assez à connoître que cet Eucher peut être l'ancien Evêque de Lyon ; mais, dit-il, cette piéce étant fort obscure par les fautes qui y sont, & n'ayant rien de bien considérable, il importe peu de sçavoir de qui elle est. Saint Eucher étoit de Lyon, dont il fut Evêque vers l'an 441. Il mourut en 449. après avoir mené une vie fort exemplaire & digne d'un Evêque.

Un ancien Auteur cité sous le nom de *Saint Justin le Martyr*, a aussi expliqué plusieurs passages de l'Ecriture dans 146. Questions qu'il se propose, & qu'il tâche de résoudre. Elles se trouvent dans les Ouvrages de ce Pere Grec ; mais les sentimens sont partagez sur leur véritable Auteur. M. Tillemont dans la Vie de saint Justin, apporte de fortes raisons pour faire voir qu'elles ne sont pas de lui, mais d'un Ecrivain du cinquiéme ou sixiéme siécle. Il y en a même qui prétendent qu'il se nommoit *Justin de Sicile*. Tous néanmoins conviennent que cet Ouvrage est d'une grande utilité & digne d'un vrai Théologien, à cause de plusieurs Questions de Théologie positive qui y sont solidement expliquées, & de plusieurs endroits de l'Ecriture qui y sont éclaircis. Le Pere *Nourry* en fait une belle analyse dans son Apparat, tome 1. p. 460. Dodwel qui avoit lû ces Questions, dit que l'auteur, tel qu'il fût, étoit un homme de grand jugement, d'une profonde érudition, & d'un jugement accompli.

Saint Patere a composé une espéce de Commentaire sur tout l'ancien Testament, & sur la plus grande partie du nouveau, tiré des Ouvrages de saint Gregoire le Grand. Il est imprimé dans le tome 4. de la nouvelle édition des Oeuvres de ce saint Pape, avec une belle Préface de nos Peres. Ils y ont ajouté la seconde Partie qui est sur le nouveau Testament, & qui n'avoit point encore paru jusqu'alors. Car celle qui se trouve dans l'édition de Rome & de Paris par Goussainville, est bien différente de ce qu'on a donné sur des Manuscrits de cinq à six cens ans. Il faut y joindre *Alulfe*, puisqu'on a mis aussi son Commentaire au même endroit p. 594. Dom Mabillon en avoit déja donné le Prologue dans ses Analectes, tome 1. p. 312. avec des Remarques, *ibid.* p. 317. Le Commentaire avoit déja été imprimé à Paris en 1516. *in 4.* Oudin dans sa nouvelle Bibliothéque Ecclésiastique, tome 1. Ch. 17. de sa Dissertation sur les Ouvrages de S. Gregoire Pape, prétend prouver que la seconde Partie que nos Peres ont donnée, n'est point de Patere, mais d'un certain *Bruno* qui vivoit en 1110. ou 1120. Il y rapporte aussi le Prologue de

QUATRIE'ME PARTIE.

ce Bruno qui est en forme de Lettre écrite à Werner.

Quoique ces deux Auteurs ayent eu le même dessein, en faisant des extraits des Ouvrages de saint Gregoire, ils ont cependant vécu dans des tems bien éloignez; Patere à la fin du sixiéme siécle & au commencement du septiéme siécle, ayant été disciple, même ami intime de ce grand Pape; & Alulfe sur la fin du onziéme siécle & non pas du douziéme, comme le dit M. Dupin dans sa Bibliothéque Ecclésiastique, & dans ses Tables, tome 1.

Bede Bénédictin de l'Abbaye de Girve en Angleterre, a commenté le Pentateuque, les quatre Livres des Rois, Esdras, Néhémie, Tobie, les Pseaumes, les Proverbes de Salomon, le Cantique des Cantiques, & tout le nouveau Testament. Tout cela se trouve dans le tome 4. de ses Ouvrages de l'édition d'Anvers en 1612. 8. vol, *in fol.*

Ce qu'il a fait sur le Pentateuque, est un véritable Commentaire. Ce n'est qu'une explication allégorique qu'il a donnée sur les deux premiers Livres des Rois, qui est divisée en quatre Livres. Il a fait une pareille explication des Livres d'Esdras & de Tobie. C'est aussi un Commentaire qu'il a fait sur les Proverbes, divisé en trois Livres, & sur le Cantique des Cantiques en sept Livres. Il y a de plus une allégorie particuliére sur l'Arche de Noé, dans le même volume. Il avoit fait aussi un Commentaire sur l'Ecclésiaste & sur saint Paul, qui est perdu ; car celui qu'on lui attribuë est supposé. L'exposition sur Job, qu'on lui attribuë est aussi supposée, selon M. Dupin dans ses Tables.

A l'égard du nouveau Testament, il ne nous reste de lui que son Commentaire sur saint Matthieu, saint Marc & saint Luc, sur les Actes, sur les Epîtres Canoniques & sur l'Apocalypse. Ce qui compose le cinquiéme & sixiéme tome de ses Ouvrages. Cave, dans son Histoire littéraire, p. 403. a donné son Prologue sur les Epîtres Canoniques.

Outre cela il a composé des Questions sur tout le Pentateuque, sur Josué, sur les Juges, sur Ruth, sur les quatre Livres des Rois, & un Livre intitulé *Variarum Quæstionum*, qui se trouve dans le sixiéme tome de ses Ouvrages. Les autres Questions sont dans le tome premier. De plus, deux Livres de la création des six jours, ou de l'Héxaëméron, dont le premier se trouve à la tête du quatriéme tome ; & le second à la page 52. du huitiéme. Le tout a été donné depuis peu par Dom Martene, dans ses Anecdotes, tome 5. p. 115. 295. 317. 381. & avoit déja été publié par Warton à Londres en 1693. *in* 4. avec son Livre sur le Cantique d'Habacuc.

Le même Béde a aussi composé deux Livres du Tabernacle, de ses Vases, de ses Ornemens Sacerdotaux, au tome 4. p. 837. Un Livre du Temple de Salomon, page premiére du huitiéme tome. Son Commentaire sur les Actes des Apôtres se trouve à la page 625. du cinquiéme tome, & son Traité du nom des lieux qui se trouvent dans les Actes, p. 666. du même volume. Enfin il a donné *Retractationes in Actus Apostolorum*. Ces Rétractations sont à la premiére page du sixiéme tome. Il faut voir dans le Pere le Long, tome 2. de sa Bibliothéque sacrée ; comment il a disposé tous ces différens Ouvrages, selon les différentes éditions. Nous en parlerons plus particuliérement dans la suite.

Nous dirons seulement ici en général, que le vénérable Béde suit dans ses Commentaires les explications des Saints Peres. Il y employe même leurs expressions ; il avoit marqué jusqu'à leurs noms, pour ne se rien attribuer de leur travail. Mais ils ne se trouvent plus dans les Manuscrits, par la négligence des Copistes. Béde étoit Anglois, & naquit en 672. Il n'avoit encore que sept ans, lorsque ses parens l'offrirent au saint Abbé Benoît Biscop. Il prit aussi-tôt l'habit Religieux, fut fait Diacre à dix-neuf ans, & Prêtre à trente. Il enseigna & écrivit beaucoup sans se dispenser des exercices réguliers. Béde mourut en 735. étant âgé de soixante & trois ans.

Raban Maur a aussi composé des Commentaires sur tout le Pentateuque, sur les Juges, Ruth, les quatre Livres des Rois, les Paralipomènes, Judith, Esther ; sur les Cantiques que l'on récite à Laudes pendant la semaine ; sur les Proverbes de Salomon, la Sagesse, l'Ecclésiastique ; Jérémie, Ezechiel, les deux Livres des Maccabées, sur S. Matthieu, sur les quatorze Epîtres de saint Paul & diverses Homélies. Tout cela se trouve dans le second, troisiéme, quatriéme & cinquiéme tome de ses Ouvrages de l'édition de Pamelius, à Anvers 1626. Il faut voir la Liste qu'en a donné le Pere le Long dans sa Bibliothéque.

Il a aussi écrit sur les Actes des Apôtres, puisqu'on en a le Manuscrit à Oxford, comme il est marqué dans le Catalogue des Manuscrits d'Angleterre, p. 10. num. 425. Il a fait encore un Glossaire sur toute la Bible, qui est manuscrit dans la Bibliothéque de Vienne en Autriche, selon Lambécius, tome 2. p. 416.

L'Epître dédicatoire sur Josué, la Préface sur Judith & Esther, manquent dans l'édition de Pamélius ; à quoi le P. Mabillon a suppléé, en le faisant imprimer dans ses Actes Benedictins, quatriéme siécle, seconde partie, p. 41. 42. Nous avons oublié de de marquer ses allégories sur toute l'Ecriture, qui sont dans le cinquiéme tome de ses Ouvrages, p. 749. Son Commentaire sur les Actes avec un Glossaire Latin de toute la Bible, manuscrit à Oxford. Le Pere Quesnel dans sa Discipline de l'Eglise, tome 1. p. 89. cite un passage de ce Commentaire.

Il faut remarquer que quelques-uns des Livres qu'on attribuë à Béde & à Raban, leur sont contestez, & il seroit à souhaiter que quelque habile homme entreprît de donner une nouvelle édition de leurs Ouvrages, & de faire le juste discernement des vrais & des faux. Il est bon aussi de faire attention que les Commentaires de Raban, comme nous l'avons dit de ceux de Béde, ne sont que des tissus de passages des anciens Peres, qu'il a ramassez. Raban Maur né à Mayence vers l'an 776. fut mis dès son enfance dans le Monastére de Fulde, dont il gouverna dans la suite les Ecoles. Il en fut fait Abbé en 822. & en 847. Il fut élu Archevêque de Mayence. Sa mort arriva l'an 856.

Walafride Strabus, ou *Strabon*, composa ce qu'on appelle la *Glose ordinaire* sur toute l'Ecriture, laquelle est aussi une espéce de chaîne des Peres, qui l'ont précédé. Elle a été imprimée souvent; & le P. le Long dans sa Bibliothéque sacrée, tome 2. p. 1010. col. 2. marque jusqu'à quatorze éditions différentes: mais les meilleures sont celles de Doüay & d'Anvers en 1617. & celle de 1634. 6. vol. *in fol.* à laquelle on a ajoûté les postilles de *Lyra*, son fameux Traité contre les Juifs, son Exposition sur le Décalogue; le *Scrutinium Scripturarum* de *Paul de Burgos*; les repliques de Matthias Thoringus; des Analyses, des Paralléles, des Tables Géographiques & Prosographiques, tome 6. ensorte que cette édition est un trésor pour les Théologiens, & pour les Prédicateurs. Fabricius dans l'Histoire de sa Bibliothéque, en parle fort au long, & marque tout ce qu'elle contient. Et l'on peut dire en particulier de la *Glose* de Strabon, que c'est comme une clef pour entrer dans l'intelligence du sens littéral, historique & moral des divines Ecritures. C'est aussi comme un tissu des passages des Peres. Strabon fut un célébre Religieux de l'Abbaye de Fulde, & Abbé de Richenau dans le Diocése de Constance. Il mourut l'an 849. âgé de quarante-trois ans.

Anselme de Laon, composa une Glose ou une explication interlinéaire sur toute la Bible, ajoûtée à la Glose de Strabon, & elle se trouve dans les premières éditions de cette Glose. Trithême lui donne encore un Commentaire sur le Pseautier, qui n'a point paru jusqu'ici. Il y en a même qui le croyent Auteur de ceux qui sont imprimez sous le nom de saint Anselme de Cantorbery, dans l'édition de ses Ouvrages, à Cologne 1612. *in fol.* On lui attribuë encore des explications sur les Evangiles, & un Commentaire particulier sur saint Matthieu, imprimée à Anvers en 1651. *in* 8. Tout cela n'est pas sans quelque difficulté. Ce que D. Gerberon auroit éclairci, s'il avoit eu le tems de donner les véritables Commentaires de l'Archevêque de Cantorbery. Anselme de Laon, Doyen & Archidiacre de cette ville, mourut en 1117. Guibert l'appelle la lumiere de la France & de tout le pays Latin. Jean Chanoine de saint Victor, dit qu'il étoit respectable par ses bons conseils & la pureté de ses mœurs.

Hugues de Saint Cher a composé des Commentaires sur toute la Bible, qui sont imprimez; ou plûtôt des Postilles & des Gloses en 8. vol. *in fol.* imprimées à Venise en 1600. La derniére édition est de 1669. à Lyon. Il y suit les quatre sens différens de l'Ecriture. Ce qu'il a fait sur les Pseaumes, est plus étendu & mieux travaillé que tout le reste, & peut passer pour un véritable Commentaire. On l'avoit attribué à Aléxandre de Halés, mais saint Antonin l'a restitué à son véritable Auteur. On lui attribuë aussi les Concordances Latines de la Bible; Ouvrage si utile pour l'étude de l'Ecriture: & on dit qu'il y employa cinq cens de ses Confréres, qui travailloient sous lui. *Sixt. Sen. Biblioth. Sacr. Lib.* 3. Hugues de saint Cher ou de saint Thierry, Religieux de saint Dominique, fut fait Cardinal en 1244. par Innocent IV. Il mourut en 1262. On reléve beaucoup de qu'il dit en mourant, qu'il auroit mieux aimé avoir passé toute sa vie dans le Cloître, que d'avoir été Cardinal.

Nicolas de Lire, ou *Lyranus*, a laissé des Postilles ou de petits Commentaires sur toute la Bible, qui se trouvent dans les différentes éditions de la Glose de Strabon, & que le P. de la Haye a fait imprimer dans sa très-grande Bible. Il a encore donné les différences de l'ancien & du nouveau Testament, avec une explication des noms Hébreux, imprimée à Roüen *in* 8. ancienne édition dont on ne sçait pas l'année.

Dans ces Postilles il éclaircit ce que la lettre de l'Ecriture a de plus obscur, au jugement de *Serrarius*; & on peut dire qu'il est meilleur Commentateur qu'il ne paroît à plusieurs: qu'il a beaucoup servi l'Eglise en étudiant les Rabbins, sur tout le Rabbin Salomon Jarchi, dont il se sert souvent dans ses Commentaires, qui sont recommandables par leur clarté, & où l'on remarque plusieurs traditions des Juifs. Son style néanmoins se ressent fort de la barbarie de son siécle. *Paul de Burgos*, Juif converti, fit

des

QUATRIE'ME PARTIE. 341

des Additions confidérables aux Poftilles de Lyre. Nicolas de Lyre du Diocefe d'Evreux étoit né Juif ; mais s'étant converti , il prit l'habit des Freres Mineurs au Convent de Verneüil vers l'an 1292. Il mourut en 1340. comme on voit par fon Epitaphe que Dom Mabillon a rapportée à la fin de fes Etudes Monaftiques.

Denys le Chartreux, nommé auffi *Rikel*, du lieu de fa naiffance, a compofé des Commentaires fur toute la fainte Ecriture, dont il y a eu une infinité d'éditions en plufieurs volumes *in fol*. Le Pere le Long en marque jufqu'à douze, toutes différentes , & pour l'année, & pour le lieu. On ne voit pas , à la vérité , une grande érudition profane dans fes Commentaires, ni beaucoup de critique ; mais fa pieté & fa Religion y éclatent de toute part ; fon ftile eft fimple & aifé, fçavant néanmoins avec difcernement. Il ne parle des Myftéres qu'avec beaucoup de prudence & de retenuë.

Il a encore fait un Epitôme ou Sommaire des Oracles de l'un & l'autre Teftament, imprimé à Cologne en 1532. *in* 8. Le Monopanton, c'eft-à-dire, *omnia unum*, tiré des Epîtres de faint Paul , & imprimé à Paris en 1631. *in* 16. On l'a mis depuis en François fous le titre de Concorde de faint Paul avec les autres Apôtres, *ibid*. 1663. *in* 12. Ce dernier Ouvrage, tout petit qu'il eft, l'emporte beaucoup fur tout ce qu'a fait Rikel, tant à caufe de fon utilité , que parce qu'il eft d'une compofition toute finguliere. C'eft un Recüeil des plus beaux paffages de l'Apôtre faint Paul rangez fous certains titres qu'il s'eft choifi pour fon deffein ; enforte que , comme les Epîtres du Docteur des Nations font un des plus précieux monumens des Livres facrez ; on peut dire auffi que cette collection eft d'un prix infini. Denys le Chartreux étoit du Diocefe de Liege ; il mourut en 1471. Il eft un de ceux qui ont le plus écrit : ce qui eft étonnant dans un Chartreux, dont une grande partie du tems eft employée à la Pfalmodie.

Commentaria in omnem fermè Scripturam ex D. Auguftini Libris , per Joan. Gaftium , Bafileæ 1542. 2. vol. *in fol*. Le véritable Auteur de cet Ouvrage eft Barthelemi Evêque d'Urbin , fi connu par fon *Milleloquium* de faint Ambroife & de faint Auguftin. Gaftius Calvinifte & Miniftre de Bâle , l'a feulement fait imprimer , en retranchant ou défigurant plufieurs endroits, felon Sixte de Sienne, qui dit dans fa Bibliotheque fainte , qu'il eut la témérité de fupprimer le nom de l'Auteur & d'y mettre le fien à la tête , même d'y inférer un grand nombre d'erreurs. M. Dupin dans fes Tables des Hérétiques , fe contente de dire qu'il n'a fait que copier ce Commentaire.

Tome IV.

Il a encore été imprimé à Venife en 1543. 2. volumes *in* 4.

Emmanuel Sa Jéfuite , a compofé de courtes Notes fur tout l'ancien & le nouveau Teftament , qui ont été imprimées plufieurs fois, & qui font fort utiles pour ceux qui commencent , ou qui n'ont pas le loifir d'approfondir les difficultez ; on les trouve dans la Bible imprimée à Anvers chez Plantin en 1624. 2. vol. *in fol*. avec les Notes de *Mariana*, & enfin dans la grande Bible du Pere la Haye imprimée à Paris en cinq vol. *in fol*. 1643. Il ne les a pas mifes dans fa très-grande Bible, imprimée à Paris en 1660. Ce Jéfuite qui étoit Portugais, mourut en 1596.

Les Notes de *Mariana* ont été imprimées féparément à Paris en 1620. *in fol*. & en 1624. à Anvers avec celles de SA. Il faut remarquer que les Scholies de ce dernier fur les quatre Evangiles font toutes différentes de celles que le P. la Haye a mis dans le Tome IV. de fa grande Bible , comme on peut le remarquer en confrontant les unes avec les autres. On les a imprimées à Anvers en 1596. *in* 4. à Lyon 1602. & à Cologne 1612. En dernier lieu en 1624. avec celles de Menochius , & le Texte de la Bible. Mariana Jéfuite Efpagnol fe diftingua dans fa Societé par la connoiffance des Langues & de l'Hiftoire. Il mourut en 1624. étant fort âgé.

Richard Simon dans fon Hiftoire Critique de l'ancien Teftament, p. 416. 426. du nouveau p. 636. 637. parle bien différemment des Scholies de l'un & l'autre Jéfuite. Il trouve que les premieres font trop courtes , & qu'il n'y a pas affez de critique ; les fecondes lui paroiffent meilleures. Matthieu Pol dans fa Préface de la Synopfe dit : *Exigua quidem mole ; fed ufu non contemnenda , & cum judicio exarata*.

Jean Etienne Menochius, auffi Jéfuite, a donné une courte , mais folide explication du fens littéral de toute l'Ecriture , imprimée fouvent à Paris , & qui fe trouve dans la grande, & la très-grande Bible du P. la Haye. Le P. Tournemine l'a fait réimprimer en 1719. *in fol*. avec un Supplément de quelques Traitez importans pour l'intelligence de l'Ecriture. Nous les marquons en leur place. Menochius fils du fameux Jurifconfulte de ce nom ; vint au monde à Pavie. Il fe fit Jéfuite à l'âge de dix-fept ans, & mourut à Rome en 1655. dans fa quatre-vingt-deuxième année. Selon Meffieurs Dupin & Simon , c'eft un excellent Scholiafte de l'Ecriture fainte , qui en dit plus en peu de mots , que les autres dans leurs ennuyeux Commentaires.

Jacques Tirin Jéfuite, a laiffé un Commentaire fur toute la Bible, où il a ramaffé & abrégé ce qui fe trouve de meilleur dans les autres Commentateurs , furtout dans Cor-

R 4 nelius

nelius à Lapide. Ses Ouvrages sont fort communs. Ils se trouvent imprimez séparément, à Anvers en 1632. 3. vol. *in fol.* avec le Texte de la Bible, & en dernier lieu à Ausbourg en 1704. *in fol.* Son Commentaire est aussi dans la grande Bible de *la Haye*, & ses Prolégomènes des poids & mesures des Anciens Hébreux, des Grecs & des Romains, sont dans la très-grande Bible du même, & dans la Polyglotte d'Angleterre. Sa Chorographie de la Terre-sainte dans les Bibles Latines de *Gordon*. Selon M. Dupin & Richard Simon, il s'applique à rendre fidélement & clairement le Texte sacré. Tirin qui étoit d'Anvers, nâquit en 1580. Il se fit Jésuite en 1600. & mourut en 1636. dans sa cinquante-sixième année. Valere André en parlant de lui, dit : *Candidi vir ingenii & accuratæ eruditionis.*

Jacques Gordon Jésuite, a fait un Commentaire à peu près pareil à celui de Tirin, mais un peu plus long & moins sec ; il n'est pas fort estimé ni beaucoup en usage. L'Auteur y traite de Théologie, de Controverse, & de Chronologie. Il n'y a encore qu'une édition de ce Commentaire, à Paris en 1636. 3. vol. *in fol.* Gordon étoit Ecossois ; il vint à Paris & entra en 1573. chez les Jésuites, où il mourut en 1641. âgé de 88. ans.

La seule chose que l'on peut dire des Commentaires fort abrégez, comme sont les quatre dont nous venons de parler ; c'est qu'ils ne peuvent donner qu'une légere idée des choses, & ne peuvent approfondir les difficultez, ni nous apprendre les raisons qu'ont eu les Auteurs de se déterminer pour un sentiment plûtôt que pour un autre. Mais aussi, ils sont d'un grand secours aux personnes qui n'ont ni le loisir, ni la capacité de lire de grands Ouvrages, ni les moyens pour les acheter.

On peut mettre au rang des Commentaires généraux sur toute l'Ecriture, les Recüeils dont nous avons déja parlé ; sçavoir la Bible imprimée par Plantin en 1624. avec les Notes de *Sa*, & de *Mariana*. La grande Bible du P. *la Haye*, où il renferme *Sa*, *Menochius*, *Gagnée*, *Estius*, & *Tirin* ; & enfin la très-grande Bible, où il a reüni *Liran*, *Estius*, *Menochius*, & *Tirin*. Les Libraires ont mis aussi *Gagnée* dans le Titre, ce qui ne se doit entendre que de ce qu'il a fait sur l'Apocalypse, qui se trouve dans le dix-septiéme tome. Le P. le Long se trompe quand il dit que ses Scholies, surtout le nouveau Testament, s'y trouvent, cela n'est vrai que de ce dernier Livre de l'Ecriture.

Toute l'utilité que l'on peut tirer de ces deux Ouvrages du *P. la Haye*, consiste dans le juste choix qu'il a fait des meilleurs Commentateurs nouveaux pour les y insérer de suite sur chaque verset de l'Ecriture. On préfere ordinairement la grande à la très-grande Bible, parce que dans celle-là il y a plus d'Auteurs que dans celle-ci, & qu'il n'y a rien mis du sien ; au lieu que la seconde est devenuë incommode par le grand nombre de volumes qu'elle contient, & tout ce qu'il y a ajoûté de son propre fond. Jean de la Haye né à Paris en 1593. alla en Espagne, où il se fit Cordelier, & y enseigna la Théologie ; De retour en France, la Reine Anne d'Autriche le choisit pour son Confesseur à cause de la grande probité de ses mœurs. Il mourut en 1661.

La *Synopse des Critiques*, publiée par *Matthieu Pol*, & imprimée à Londres en 1669. puis à Utrecht en 1684. *in fol.* 5. vol. à Francfort en 1709. avec un Supplément qui contient les Livres que les Protestans appellent *Apocryphes*, & qui fait un sixième volume. Elle avoit déja été imprimée au même endroit en 1694. 5. vol. *in 4.* La seconde Préface qu'on y a ajoûtée, est de *Jean Henri Maïus*, connu par d'autres Ouvrages ; il porte son jugement sur tous les Commentateurs, tant Catholiques qu'Hérétiques qui sont citez dans la Synopse. Ce qui rend cette Préface très-utile.

Cette Synopse est un précis de tous les Ouvrages compris dans les grands Critiques de Londres, dont nous allons parler. Il seroit à souhaiter que l'on y mît un peu plus d'ordre & de netteté. Car elle a certainement son utilité, & abrége beaucoup de chemin à ceux qui n'ont pas de grandes Bibliothéques, ni la connoissance des Langues, pour aller puiser dans les sources. Si l'on vouloit retrancher certaines varietez de Leçons, & le grand nombre de sentimens & d'interprétations, qui ne changent rien au sens, on diminuëroit considérablement la longueur de cét Ouvrage, & on soulageroit les Lecteurs que ce cahos de varietez trouble & embarrasse.

On peut mettre dans le même rang les grands Critiques d'Angleterre, intitulez *Critici sacri*, dont le Recüeil est en neuf volumes *in folio*, ou même en dix, en y comprenant *Loüis Tena*, sur l'Epître aux Hébreux, imprimé à Amsterdam en 1698. ausquels on a encore joint deux volumes *in folio* de Dissertations choisies sur l'ancien & le nouveau Testament, intitulez : *Thesaurus Theologico-Philologicus. . . . ad selectiora & illustriora veteris & novi Testamenti loca*, à Anvers & Utrecht en 1701.

On a ajoûté à ce Recüeil par forme de Supplément, deux volumes *in fol.* imprimez à Francfort sur le Mein en 1700. où l'on a inféré quelques Ouvrages *de Sixtinus Amama, de Cartvvright, de Jean-Baptiste Tsicus, de Jean*

QUATRIEME PARTIE.

Jean Drusius, &c. Il est important de remarquer que les Notes de Sixtinus Amama, de Jean Drusius, & de Cartwright, se trouvent déja dans le premier & le second tome des grands Critiques ; & par conséquent que ces deux derniers tomes sont très-inutiles à ceux qui ont déja les grands Critiques.

Au reste le Recüeil des grands Critiques diffère de la Synopse des Critiques, non-seulement en ce qu'il comprend un bon nombre d'Auteurs qui ne sont pas dans la Synopse, mais aussi en ce qu'il rapporte en entier, ceux que la Synopse ne rapporte qu'en extraits & en abrégé. Tout le mérite de ces sortes de Recüeils dépend de l'ordre qu'on y garde, & du choix qu'on fait des Ecrivains qui y entrent. Or dans celui des Critiques sacrez, la plûpart des Auteurs qui s'y rencontrent, sont estimez pour le sens littéral, & il y en a même qui ne se trouvent pas aisément ailleurs.

Quant au *Trésor Théologique & Philologique*, les Dissertations qui le composent, ne sont pas autrement bien choisies ; il y en a de bonnes, mais la plûpart sont très-chétives. Pour l'ordinaire ce sont des Pieces ou des Harangues de jeunes gens qui prennent des Dégrez, ou qui entrent dans le ministére des Eglises Protestantes. Ils y font une vaine parade de leur connoissance des Langues ; mais au fond, il y a peu de vraye érudition, & de solidité dans leurs discours.

Ceux qui ont travaillé à ce grand Ouvrage des Critiques sont, *Jean & Richard Pearson, Antoine Scattergood, & François Gouldman*. Voyez leurs Titres dans l'*Index*.

Isidorus Clarius, a donné des Notes sur tout l'ancien & le nouveau Testament, imprimées *in fol.* à Venise en 1542. 1557. *ibid.* seconde édition, où l'on ne trouve point ses Scholies sur l'Apocalypse. Il n'y a que le Texte de ce Livre. La troisième édition qui parut en 1564. a été réformée suivant l'intention des Censeurs Romains. Car le Prologue & les Prolégomènes de Clarius furent mis à l'*Index*. On a depuis répandu ses Scholies dans le corps des grands Critiques, selon l'ordre des Livres de la Bible ; mais il n'y a rien de lui sur l'Apocalypse. Ce qui fait conjecturer qu'il n'a pas voulu se hazarder de donner quelque chose sur un Livre si mysterieux, ou qu'il n'a pas eu le tems d'achever tout ce qu'il avoit projetté sur l'Ecriture.

Au reste, ses Notes sur l'ancien Testament, sont les mêmes que celles de *Sébastien Munster*, mais corrigées, abrégées, & réformées. M. Huet *de claris Interpretibus*, chap. 16. en juge plus avantageusement que n'ont fait Melchior Canus dans son Traité des lieux Théologiques, & Simon dans son Histoire Critique de l'ancien & du nouv. Testament.

Le *P. le Long* parle d'un autre Ouvrage de ce sçavant Bénédictin. Ce sont cent six Discours imprimez à Venise en 1567. 2. vol. *in* 4. où il explique un grand nombre de passages difficiles de l'un & l'autre Testament ; ce que Crowæus appelle *Orationes extraordinariæ*. Isidore Clarius Religieux Bénédictin, fut fait Evêque de Fuligno en Ombrie, il assista au Concile de Trente, où il fit un éloquent Discours sur la Vulgate. Selon M. de Thou, il sçavoit trois Langues, étoit d'une vie irréprochable, ne respiroit que l'union, la paix, & la charité dans l'Eglise. Sa mort arriva en 1555.

François Vatable, Professeur Royal en Hébreu dans l'Université de Paris, n'écrivit jamais des Notes sur l'Ecriture ; mais un de ses Ecoliers nommé *Bertin le Comte*, ayant ramassé toutes les Explications de ce sçavant homme, les donna à Robert Etienne, qui y mêla des sentimens Calvinistes, & les publia en 1545. Les Docteurs de Salamanque pour ne pas laisser inutile aux Catholiques un si excellent Ouvrage, le purgérent en 1584. & en donnérent une édition à Salamanque, qui a été imprimée plusieurs fois depuis.

Il est bon d'avoir les deux éditions de la *Bible de Vatable*, pour mieux connoître ce que Robert Etienne y avoit glissé de plus dangereux, & ce que les Docteurs de Salamanque y ont corrigé. Il faut aussi lire les Censures des Docteurs de Sorbonne imprimées en François & en Latin par R. Etienne, à Paris l'an 1552. *in* 8. Avec ces sages précautions, l'Ouvrage devient très-utile.

L'édition la plus suspecte est celle de 1557. parce que Robert Etienne avoit fait alors profession ouverte du Calvinisme ; au lieu qu'en 1545. qui est l'année de la premiere édition, il songeoit seulement à quitter la Religion Catholique, & Calvin n'avoit encore rien donné sur l'Ecriture.

Il faut aussi sçavoir que la Version des Livres Apocryphes, selon les Protestans, sont de *Claude Baduvel* ; le nouveau Testament avec ses Notes est tout entier de *Théodore de Beze*. Les Notes sous le nom de *Vatable*, se trouvent en partie dans les grands Critiques, tome 2. sur les Livres Historiques, tome 3. sur les Livres Sapientiaux, tome 4. sur les Prophètes. On a imprimé à part ce qu'il a fait sur le Pentateuque & sur les Pseaumes. Vatable étoit de Picardie ; il fut le premier Professeur de la Langue Hébraïque à Paris en 1539. & un fidéle interpréte des saintes Ecritures. M. Huet *de claris Interpretibus, l. 2. p. 156.* dit qu'il est quelquefois un peu obscur. Il sçavoit si bien l'Hébreu, que les Juifs alloient à ses leçons, & l'écoutoient avec admiration. Il mourut en 1547.

Biblia

Biblia Latina Theologorum Lovaniensium, Antuerp. Plantini 1580. 82. 83. 84. 87. 1590. Cette Bible est accompagnée de varietez de Leçons & de bonnes Notes, ausquelles *Luc de Bruges*, *Molan*, *Hunnæus*, *Corneille*, *Reyner*, & *Jean Harlem* ont travaillé. Les Notes de ces Docteurs de Louvain ne sont point dans le corps de la Bible, mais à la fin, après l'Apocalypse ; c'est ce qui se trouve dans l'édition de 1583. *in fol.* On les a depuis imprimées dans les grands Critiques, tome 9. p. 3129. 3437. ce que le P. le Long n'a point observé.

M. Mill trouve ces Notes fort sçavantes & bien travaillées. Simon dans son Histoire Critique de l'ancien Testament, p. 135. & Fabricius dans l'Histoire de sa Bibliothéque, tome 1. p. 290. en font un magnifique éloge. Il ne sera peut-être pas hors de propos de dire ici quelque chose des Docteurs qui ont eu part à ces Notes. *Molan* né à Lille en Flandre en 1533. fit ses études à Louvain, où il se fit recevoir Docteur en Théologie ; tout ce qu'il a écrit est digne de la curiosité des Lecteurs, selon M. Dupin. Baronius dans son Martyrologe dit qu'il a rendu de grands services à l'Eglise & à la vérité ; il mourut en 1585. *Hunnæus* qui naquit à Malines l'an 1521. excella dans la connoissance des Langues Orientales. Valere André dans sa Bibliothéque, page 94. parle de lui très-avantageusement. Il mourut en 1578. *Jean de Harlem* Jésuite, étoit fort habile dans les Langues. Il expliqua à Louvain l'Ecriture sainte dans le College de sa Société, & y mourut en 1578. âgé de quarante ans. Nous parlerons un peu plus bas de *Luc de Bruges*.

Biblia sacra cum Expositionibus priscorum Patrum litteralibus & mysticis, ipsorum verbis fideliter prolatis, collectore & scholiaste Francisco Haræo Ultrajectino, Antuerpia 1630. *in fol.* Haree a fait encore d'autres Ouvrages sur l'Ecriture. Voyez son Titre dans l'*Index*. Cet Auteur Chanoine de S. Jacques de Louvain, mourut en 1632.

Biblia Latina cum selectissimis notis Joan. B. du Hamel Paris. 1706. *in fol.* Cette édition est pleine de fautes d'impression, & n'a rien d'extraordinaire pour les Notes. Tout ce qui peut rendre recommandable cette Bible, ce sont les Tables Chronologiques que le P. Tournemine y a ajoutées. Du Hamel étoit de Vire, petite ville du Diocèse de Bayeux ; à l'âge de 19. ans il entra dans les Peres de l'Oratoire. Il y fut dix ans, & en sortit pour être Curé de Neüilly sur Marne. Il mourut en 1706. dans sa quatre-vingt-deuxième année. On peut dire de lui qu'il fut cet homme si rare à trouver, dont le Prince des Orateurs a fait le portrait, *quem si videris, bonum virum facile crederes.*

Guillaume Estius a donné des Explications sur les endroits difficiles de l'ancien & du nouveau Testament, mais il en a omis un très-grand nombre qu'il n'a pas touchez ; & ceux même qu'il a traitez ne répondent pas toûjours à la haute réputation qu'il s'est acquise par d'autres Ouvrages. Celui dont nous parlons est posthume. Nous avons déja remarqué qu'il est imprimé dans *Biblia magna*, & dans *Biblia maxima*. On l'avoit imprimé séparément à Anvers en 1621. pour la premiere fois, & on l'a donné pour la cinquiéme fois à Paris en 1683. *in fol.* Nous parlerons d'*Estius* sur saint Paul.

Jean Maldonat a donné un Ouvrage à peu près pareil à celui d'Estius, *in præcipuos veteris Testamenti locos ; Paris.* 1643. *in fol.* avec son Commentaire sur les quatre grands Prophétes, & le Pseaume 109. Ces Scholies ne sont que sur les Pseaumes, les Proverbes, l'Ecclésiaste, & le Cantique des Cantiques. Nous parlerons de Maldonat sur les Evangiles.

Cornelius à Lapide a laissé dix volumes *in fol.* de Commentaires sur l'Ecriture, imprimez plusieurs fois, à Lyon, à Anvers, & ailleurs. L'édition d'Anvers est de 1681. Il y en a une nouvelle faite à Venise en 1710. par *Albrizi* ; c'est la plus uniforme de toutes. On a dit ci-dessus en parlant de Lorin, qu'il a abrégé les Commentaires de la Pierre, il est plus croyable que c'est celui-ci qui a amplifié le Commentaire de Lorin, puisqu'il a vécu après lui, & qu'il est plus diffus.

Quoiqu'il ait fait tant de volumes, cependant il n'a pas écrit sur les Pseaumes, ni sur Job. Il comprend non-seulement le sens littéral, historique, & grammatical, mais aussi l'allégorique, le moral, & l'anagogique, & il mêle quelquefois de la controverse, de l'histoire, & de la critique dans son Ouvrage. Il sçavoit les Langues Hébraïque & Grecque, & avoit lû les bons Commentateurs qui avoient écrit avant lui ; son stile est simple & peu poli ; il cite & reçoit pour vrais & pour bons, des Livres qui sont aujourd'hui regardez comme supposez par les meilleurs Critiques ; par exemple, la Chronique de Lucius Dexter, & les Antiquitez d'Annius de Viterbe, le faux Methodius, & plusieurs autres. Il cite plusieurs Ouvrages sous le nom des Peres ausquels ils n'appartiennent pas. Mais c'est qu'alors on n'avoit pas encore fait la Critique des Ouvrages des Peres, & qu'on n'en avoit pas donné de bonnes éditions ; cette remarque doit servir pour excuser aussi les autres Commentateurs qui ont écrit en ce tems-là. Les Ouvrages de Cornelius à Lapide sont fort connus, & ont été imprimez plusieurs fois ; ce qui justifie l'utilité que le public en a tiré.

Simon

QUATRIE'ME PARTIE.

Simon dans son Histoire Critique du nouveau Testament, estime particulierement ce qu'il a donné sur saint Paul; & Fabricius dans l'Histoire de sa Bibliothéque, tom. 1. p. 262. fait le détail de tous les différens Traitez qui sont à la tête de chaque Commentaire. Quoiqu'il n'ait rien donné sur Job & sur les Pseaumes, il seroit à souhaiter qu'on eût mis dans la derniere édition ce qu'il a écrit sur ces deux Livres, si imparfait qu'il soit, pour faire un Commentaire complet. Corneille de la Pierre Flamand, mais originaire d'une ancienne famille d'Allemagne, se fit Jésuite en 1592. il renfermoit un grand génie dans un petit corps; passoit les jours & les nuits à lire & à méditer les saintes Ecritures. Il mourut en 1637. âgé de 71. ans.

Thomas de Vio Cardinal, plus connu sous le nom de *Cajetan*, a écrit sur toute la Bible à l'exception de l'Ecclésiaste, du Cantique des Cantiques, des grands & des petits Prophétes, des Livres qui ne sont qu'en Grec dans l'ancien Testament, & de l'Apocalypse; le tout imprimé en 5. volumes *in fol.* à Lyon en 1639. & ailleurs séparément. Nous avons déja remarqué qu'il ne sçavoit ni l'Hébreu, ni le Grec, mais il se servoit d'un Juif & d'un Chrétien qui entendoient ces Langues, & qui lui faisoient connoître la signification & la force des termes, qu'il rendoit ensuite en Latin, pour en former sa Traduction; sur laquelle il a fait des Commentaires litteraux, assez bons pour un homme qui n'avoit point d'autres secours pour entrer dans le sens des Textes Originaux, & qui étoit d'ailleurs persuadé que la Langue Hébraïque est fort équivoque.

Nous avons dit que *Cajetan* n'a point écrit sur l'Ecclésiaste & les Prophétes; cependant le P. le Long marque son Commentaire sur l'Ecclésiaste, imprimé à Lyon l'an 1552. *in fol.* & sur les trois premiers Chapitres d'Isaïe, à Rome 1542. *in fol.*

Il expose lui-même dans sa Préface sur les Pseaumes, la méthode qu'il a suivie dans ses Commentaires, & elle est fort estimée tant des Protestans que des Catholiques: entre les premiers, Chamier la loüé beaucoup: entre les derniers, le Cardinal Sadolet regardoit ses Commentaires comme des productions d'un grand esprit. Simon prend sa défense contre Catharin & Gretser. Thomas de Vio surnommé Cajetan, parce qu'il étoit de Caïette ville du Royaume de Naples où il naquit en 1469. se fit Dominicain étant encore fort jeune. Il fut élû Général de son Ordre dès l'âge de 39. ans, & Leon X. le fit Cardinal en 1517. Le Cardinal Sadolet loüa sa constance dans son amitié qu'il fit paroître dans la mauvaise comme dans la bonne fortune. Il fut aussi tranquille & attaché à l'étude au milieu du bruit des armes, pendant que les troupes de Charles V. assiégerent Rome, que dans les heureux jours de la paix. Il mourut en 1634. dans sa soixante & sixiéme année.

Luc de Bruges, Doyen de saint Omer, a donné des Annotations sur tous les Livres de l'Ecriture, qui se trouvent dans le dernier tome de ses Oeuvres imprimées en 1712. *in fol.* ce qui les a rendu plus communes; au lieu qu'avant cette réimpression, elles étoient devenuës fort rares. Le même a encore donné des Commentaires sur les quatre Evangiles, les *Corrections Romaines*, & les *varietez de Leçons* tirées de plusieurs anciens Mss. L'Auteur est sçavant, sage, & judicieux; nous avons marqué plus haut la part qu'il a euë à la Bible des Docteurs de Louvain. Luc de Bruges étoit Flamand; il sçavoit l'Hébreu, le Chaldéen, le Syriaque, & le Grec. Il étoit Critique, mais avec jugement & modestie. Il ne se sioit pas à de simples conjectures, mais il pesoit toutes choses, & ne couchoit rien sur le papier qu'après avoir bien pensé. C'est le jugement qu'en porte M. Simon dans sa Critique de l'ancien Testament. Il fut Doyen de l'Eglise Cathédrale de saint Omer. Sa mort arriva en 1619.

La Bible & les Commentaires François de M. *de Sacy* sont connus de tout le monde. Il a embrassé les deux sens, le littéral & le moral, ou spirituel; mais il fait son capital du spirituel; & quoiqu'il soit assez bon sur le sens littéral, toutefois il n'en approfondit pas les difficultez, & n'entre pas dans la Critique des Textes Originaux, & des sentimens des Commentateurs. On en a donné des précis & des abrégez dont on a parlé à la tête de ce Catalogue.

Il n'est pas néanmoins le seul qui a travaillé à ce grand Commentaire. *Thomas du Fossé* a fourni celui de Jérémie, Ezéchiel, & Daniel, des Maccabées, & des quatre Evangiles. La suite du nouveau Testament est d'un troisiéme, qui a employé les mémoires ébauchez de M. de Sacy. M. de Sacy né à Paris en 1613. embrassa l'état Ecclésiastique, & mourut en 1684. dans le Château de Pompone âgé de 71. ans. M. du Fossé étoit de Roüen, il eut un grand attrait pour la solitude, où il passa presque toute sa vie; sa mort arriva en 1698.

Le Commentaire littéral que nous avons fait imprimer en 26. volumes *in 4.* à Paris chez Pierre Emery, depuis l'an 1707. jusqu'en 1717. & ensuite réimprimé chez Emery le Fils, Saugrain l'aîné, & Pierre Martin en 1719. 9. volumes *in fol.* comprend le Texte Latin, la Version Françoise, & un Commentaire François littéral, historique, & critique pour les Livres historiques de l'Ecriture;

l'Ecriture ; & littéral & moral, pour les Livres moraux. A la tête des Livres historiques & prophétiques, on a mis des Préfaces, des Dissertations, des Cartes Géographiques, des Plans, & des Tables Chronologiques pour la commodité des Lecteurs. A la tête des Livres moraux, on a mis de même des Préfaces & des Dissertations, pour l'éclaircissement des endroits obscurs & difficiles ; enfin on s'est proposé de faire ensorte qu'avec ce seul Commentaire, on pût se passer des autres. Il ne nous convient pas d'en dire davantage ; le jugement que les Sçavans en ont porté nous est trop avantageux pour nous en prévaloir. On parle ailleurs du nouveau Recüeil qu'on a fait de nos Préfaces & de nos Dissertations en forme de Prolégomènes. Voyez dans l'*Index* le Titre de D. Calmet.

D. *Pierre Guillemin*, Religieux Bénédictin de la Congrégation de Saint Vanne, a entrepris de donner un Commentaire littéral plus abrégé en plusieurs volumes *in* 8. On a déja imprimé les trois premiers Tomes, qui contiennent le Pentateuque, à Paris 1721.

ARTICLE II.

Des Commentateurs Protestans qui ont travaillé sur toute la Bible.

Sebastien Munster publia en 1534. 1535. & 1546. *in fol.* une Traduction Latine de l'ancien Testament & de l'Evangile de saint Matthieu, faite sur l'Hébreu avec des Notes de sa façon.

Ces mêmes Notes ont été réimprimées dans les grands Critiques ; sçavoir, sur le Pentateuque dans le Tome 1. Sur les Livres Historiques, dans le 11. Sur les Hagiographes, dans le 111. Sur les Prophétes, dans le 1v. Sur Tobie, dans le v. & sur saint Matthieu, dans le v1. On les a aussi imprimées séparément, sur les Proverbes à Bâle en 1524. sur Isaïe *ibid*. *in* 4. sur saint Matthieu *ibid*. 1582. *in* 16. ou *in* 8. Selon Crowée, p. 317. de son *Elenchus*, la meilleure édition & la plus complette est celle de Bâle 1546. *in fol.*

Ces Notes sont tirées pour la plûpart des Rabbins ; car *Munster* avoit beaucoup donné dans l'étude de ces Auteurs, & cette érudition commençoit alors à être fort à la mode ; mais ses Commentaires seroient certainement beaucoup meilleurs, s'il eût consulté davantage les Peres de l'Eglise, qui sont les Interprétes naturels des saintes Ecritures. M. Simon dans son Histoire Critique du nouveau Testament, chap. 47. p. 710. n'approuve point celles qu'il a faites sur saint Matthieu, parce qu'il s'y arrête à disputer contre les Juifs, & qu'il explique très-peu le Texte sacré. Munster né à Ingelheim en 1489. entra chez les Cordeliers : mais il en sortit depuis, ayant donné dans les sentimens des Protestans ; il étoit Mathématicien & Géographe, avoit de l'esprit, & sçavoit beaucoup. Il ne se mêla point de controverse, mais s'adonna à l'étude des Sciences naturelles qu'il a beaucoup cultivées. Il mourut en 1552. dans sa soixante-troisiéme année.

Les trois Osiander, André l'ancien, Luc, & André le jeune, ont aussi donné des Bibles avec des Notes. Nous en avons parlé ci-devant dans l'article des Bibles Latines données par des Protestans. Nous ajoûterons ici qu'il y a un quatriéme *Osiander* nommé Jean Adam, qui a écrit sur le Pentateuque, & quelques autres Livres de l'Ecriture, comme on verra dans la suite.

André Osiander l'ancien n'a proprement donné des Notes que sur la concorde de l'Evangile ; mais *Luc Osiander* est le principal Auteur des Annotations sur toute la Bible, imprimées à Tubinge en 1573. 1584. huit vol. *in* 4. *André* son fils, appellé le jeune, pour le distinguer de l'ancien, a fait imprimer celles de son pere, en y ajoûtant les siennes, & celles des Docteurs Luthériens, *ibid*. 1606. 2. vol. *in fol.* C'est peut-être ce que le P. Le Long appelle, *Explicatio interpolata Bibliorum*, *ibid*. 1597. 3. vol. *in fol.* Ces Notes littérales, courtes & très-commodes sont rangées vis-à-vis le Texte sacré en deux colomnes, au moins dans l'édition de 1606. que nous avons vûë dans la Bibliothèque de S. Mihiel, & que le P. le Long, ni Crowée n'ont point connuë, puisqu'ils n'en parlent point. Osiander l'ancien né en 1498. étoit de Baviere. Il se fit Augustin, & quitta depuis l'habit Religieux, s'étant déclaré pour Luther dès 1522. C'étoit un esprit chagrin & emporté : il avoit quelque teinture de la Langue Hébraïque, parloit aisément & avec force ; il mourut en 1552. âgé de 54. ans. Luc étoit de Nuremberg, & André son fils naquit à Wittemberg en 1562. On dit du pere qu'il a trouvé le secret d'être bref avec fertilité, & d'être fertile dans sa brieveté. Pour le fils, on l'appelle un Théologien vigilant & sage, fécond & vigoureux dans ses discours, clair & persuadant aisément. Le pere mourut en 1604. & le fils en 1617.

Conrad Pellican a suivi la même méthode que les Osiander ; il a retouché la Vulgate, pour la rendre plus conforme à l'Hébreu & au Grec, & y a joint ses Commentaires imprimez à Zurich en sept volumes *in folio* 1532. 1540. mais il n'y a rien sur Jonas, Zacharie, & l'Apocalypse. Les Notes de tous ces Auteurs peuvent être quelquefois utiles pour le sens littéral & grammatical. Pellican étoit de Ruffach en Alsace, où il vint au monde l'an 1478. Il entra chez les Cordeliers, qu'il quitta dans la suite à cause de ses sentimens.

Gretser

Gretſer dit qu'il étoit le plus moderé de tous les Novateurs, particulierement dans ſes Commentaires. Cependant il eut beaucoup de part à tout ce qui ſe fit contre la Religion dans la ſuite. Pellican ſe maria deux fois, & mourut en 1556 qui étoit la 78. année de ſon âge.

Nous avons déja remarqué que les premieres éditions de la Bible & des Notes de *Vatable*, depuis l'an 1545. juſqu'à la correction des Docteurs de Salamanque en 1584. ne ſont point approuvées des Catholiques, & doivent être miſes au rang des Commentaires donnez par les Proteſtans : & nous y avons fait obſerver que c'eſt Robert Etienne qui les a falſifiées.

La Bible de *Chateillon*, dont nous avons parlé ci-devant, eſt accompagnée de courtes Notes ſur l'ancien & le nouveau Teſtament. Elles n'ont rien de fort ſingulier ; cependant elles ſont préferables à celles des autres Calviniſtes, en ce qu'il n'y a point mêlé comme eux, une ſcience toute Judaïque, & il y paroit très-habile Critique, au ſentiment de M. Simon dans ſon Hiſtoire Critique du nouveau Teſtament, p. 775. Sa Bible fut imprimée à Bâle en 1551. *in fol.* pour la premiere fois ; & enſuite en 1554. 56. 73. 1697. 99. Il a fait imprimer *ibid.* en 1557. *in 8.* la défenſe de ſa Traduction de la Bible. Ses Notes ſe trouvent auſſi dans les grands Critiques, ſur le Pentateuque, Tome I. Sur les Livres Hiſtoriques, Tome II. Sur les Hagiographes, Tome III. Sur les Prophétes, Tome IV. Sur les Apocryphes, Tome V. Sur les Evangiles, Tome VI. Sur les Actes & les Livres ſuivans, Tome VII. Chateillon né en 1515. fut Profeſſeur à Geneve, & enſuite à Bâle, où il mourut l'an 1563. On lui reproche d'avoir changé le langage de l'Ecriture par des mots choiſis, & une latinité affectée. Sainte Marthe le met au nombre des plus ſçavans de ſon ſiecle.

Michel Villanovanus, autrement *Michel Servet*, a accompagné la Verſion Latine de *Pagnin*, imprimée en 1542. à Lyon, de Notes de ſa façon, qui ſont telles qu'on la doit attendre d'un Ecrivain de cette ſorte. Servet étoit natif de Tarragone en Eſpagne, il avoit de l'eſprit, étoit hardi & inventif, & écrivoit d'une maniere propre à ſéduire. Calvin le fit brûler à Geneve en 1553. à cauſe de ſes blaſphêmes contre le Myſtére de la ſainte Trinité.

La Bible dite communément *de Zurich*, eſt chargée de Notes littérales, & de Scholies ſur les marges. *Léon de Juda*, *Théodore Bibliander*, *Pierre Cholin*, *Rodolphe Gautier*, & *Conrad Pellican* y ont eu part. Cette Bible fut imprimée à Zurich en 1543. 1544. 1545. 1550. 1564. 1584. 1616. *in folio.* Elle eſt utile pour le ſens littéral & grammatical.

Les Notes de *Léon de Juda*, ont été imprimées ſéparément ſur la Genéſe & l'Exode, à Zurich 1527. *in 8.* Sur le nouveau Teſtament, *ibid.* 1581. *in fol.* On lui reproche que voulant éviter d'être obſcur dans une juſte brieveté, il s'eſt rendu plûtôt Paraphraſte que fidéle Interpréte. *Théodore Bibliander*, a mis la derniere main à ſes Notes, comme il l'en pria en mourant. On doit juger de même de celles qu'il a faites. Elles ont été imprimées ſéparément ſur pluſieurs Livres de l'Ecriture, ce qu'on peut voir dans Crowée & dans le P. le Long. Léon de Juda Allemand, fut Miniſtre Proteſtant de Zurich, où il mourut en 1542. Bibliander natif de Biſchoffiſel, près de ſaint Gal en Suiſſe, naquit l'an 1514. il étoit ſçavant dans les Langues & dans la Théologie des Proteſtans. Melchior Adam dit qu'il fut appellé *Bibliander*, à cauſe du grand nombre d'Ouvrages qu'il a compoſez. Il mourut de peſte à Zurich en 1564.

La Bible de *Tremellius* & de *Junius*, imprimée d'abord en 1575. *in fol.* & pluſieurs fois depuis, eſt accompagnée de ſçavantes Notes littérales. *Junius* l'a ſouvent retouchée, & les dernieres éditions ne ſont pas les moindres. Il a auſſi donné des paralleles ſacrez fort eſtimez, où il conféré les paſſages de l'ancien Teſtament avec ceux du nouveau qui y ont quelque rapport ; on les a imprimez à Heidelberg ſéparément en 1598. *in 8.* & depuis dans le Tome I. de ſes Ouvrages, en 2. volumes *in fol.* à Geneve 1607. 1613. Tremellius né à Ferrare d'un pere Juif, étoit très-ſçavant dans la Langue Hébraïque. Il mourut en 1580. âgé d'environ 70. ans. Junius, autrement du Jon, naquit à Bourges l'an 1545. il alla à Anvers l'an 1565. & y fut Miniſtre. Enfin après avoir été en différens endroits, il mourut en 1602. âgé de 57. ans.

Jean Piſcator a joint des Commentaires aux Livres de l'ancien & du nouveau Teſtament qu'il a publiez en 24. vol. *in 8.* à Herborn, depuis 1601. juſqu'en 1616. On les a réimprimez en 1643. 45. 58. on trouve qu'ils ne ſont proprement qu'une Analyſe du Texte ſacré, & qu'il y mêle de tems en tems des Queſtions de Controverſe. Simon dans ſon Hiſtoire Critique du nouveau Teſtament, p. 760. ne laiſſe pas d'eſtimer cette méthode, comme une marque de ſon exactitude & de ſon érudition ; mais les minuties dans leſquelles il tombe, & ſon ſtile Scholaſtique le rendent ennuyeux.

Jean Druſius a auſſi écrit ſur preſque toute la Bible ; ſes Ouvrages ſont ramaſſez dans les grands Critiques, & dans les deux derniers volumes du Supplément de ce grand Ouvrage. Cet Auteur ſçavoit bien les Langues ; il eſt aſſez moderé, & ſes Ouvrages ſont utiles pour

pour la lettre. Ils ont été imprimez en différens lieux, & sous diverses formes. Il a écrit des Notes sur tout le Pentateuque, & outre cela de plus grandes Notes sur la Génèse, l'Exode, le Lévitique, & les dix-huit premiers Chapitres des Nombres. De courtes Notes sur Josué, les Juges, Ruth, les deux premiers Livres des Rois, Esther, Job, l'Ecclésiaste, l'Ecclésiastique, les douze petits Prophétes, Tobie, le premier Livre des Maccabées. Des Scolies sur les cinquante-quatre premiers Pseaumes, & un Commentaire sur les dix-neuf premiers. Des Notes sur Osée, Joël, Amos, Michée, Abacuc, & Sophonie; & des Leçons sur Michée, Abacuc, Sophonie, & Zacharie, sans parler des divers Traitez qui ont rapport à l'Ecriture.

On compte jusqu'à dix-neuf volumes *in 4.* & quatorze *in 8.* de ses différens Ouvrages sur l'Ecriture. Ses Notes sont répanduës dans les sept premiers volumes des grands Critiques. Il y a de plus dans le huitiéme, p. 1211. des Animadversions sacrées, p. 1327. Des Questions Hébraïques, p. 1489. Une Explication des Proverbes qui sont dans l'Ecriture sainte, p. 1589. Des Adages Hébraïques, & d'autres Ouvrages 1889.

Dans ses Notes il mêle des Observations sur l'Histoire, sur les Rites, & les Mœurs des Juifs: c'est ce qui a fait qu'elles ont paru sçavantes & judicieuses à M. Dupin, quoique M. Simon en juge autrement. Drusius né à Oudenarde en Flandres l'an 1550. étoit bon Critique, infatigable à l'étude, & moderé dans la dispute. Il mourut en 1616. à Franeker âgé de 66. ans.

Hugues Grotius, un des plus habiles hommes, & des plus moderez qu'ayent eu les Protestans, a écrit sur tout l'ancien & le nouveau Testament, des Notes très-estimées & qui sont entre les mains de tout le monde. On les a imprimées à part, & encore dans le Recüeil de ses Oeuvres, en quatre volumes *in fol.* à Amsterdam 1679. On les trouve toutes entieres dans les grands Critiques d'Angleterre, & même dans la Synopse des Critiques. Mais on doit préferer l'édition d'Amsterdam, tant à cause de la beauté de l'édition, que pour l'*Index*, qui ayant été dressé par l'Auteur même, est un des plus exacts & des plus sçavans.

Colomiez estime particulierement les Notes qu'il a fait sur le nouveau Testament. Son Commentaire sur Saint Matthieu est beaucoup plus chargé que les autres; mais par tout il répand sur ses Notes une belle érudition profane, qui contribuë beaucoup à le faire lire, & rechercher par ceux qui ont du goût pour cette sorte de litterature. Il faut voir ce qu'en dit R. Simon dans son Histoire Critique du nouveau Testament, p. 805. jus-

qu'à 815. & M. Dupin dans sa Bibliothéque des Hérétiques, t. 2. p. 499.

Il est bon néanmoins de précautionner les Lecteurs contre un Ecrivain si fameux, & si propre à insinuer ses sentimens par sa haute réputation, & par sa grande érudition, jointe à une rare modestie; il est important de remarquer qu'il a des sentimens fort équivoques sur la Divinité de JESUS-CHRIST, détournant presque tous les passages les plus exprès qui l'établissent; il en use de même à l'égard des passages que nous citons, pour appuyer le dogme du péché originel. Sa Préface & son Explication du Cantique des Cantiques, est scandaleuse. Il a des idées fort singuliéres sur les deux Epitres aux Thessaloniciens, sur la seconde de Saint Pierre, sur celle de Saint Jude, & sur le tems auquel l'Apocalypse a été écrite. Il affoiblit, ou il réduit presque à rien les Prophéties qui regardent JESUS-CHRIST.

Pour se convaincre de ce que nous avons avancé de lui touchant la Divinité du Sauveur, on peut consulter ses Commentaires sur *Isaï.* VII. 14. IX. 6. *Psal.* XLV. 7. & CIX. tout entier; & sur S. Jean, chap. IX. ỳ. 35. & XX. 28. & sur S. Luc, XXII. 43. & *Act.* XX. 28. & *Rom.* IX. 5. & 1. *Joan.* III. 16. & *Heb.* I. 3. 5. 6. Et pour sçavoir ce qu'il pense sur le péché originel, voyez ses Commentaires sur *Genes.* VIII. 21. *Job* XIV. 4. & XXXI. 18. & *Psal.* L. 7. LVII. 14. & *Isaï.* XLVIII. 8. & *Osee* VI. 7. & *Sap.* XII. 10. 11. & *Roman.* V. 12. 13. 14. 15. & I. *Cor.* V. 15. & *Ephes.* II. 3. & *Luc.* II. 22. &c. Le Clerc dans sa Bibliothéque ancienne & moderne, p. 132. tom. 19. le défend. Il faut voir son Livre *Pietas ordinum Hollandiæ* de 1614. Hugues Grotius naquit à Delft en 1583. Il fit ses études avec une rapidité incroyable; dès l'âge de 15. ans il soutint des Théses générales de Philosophie. Sa mémoire étoit prodigieuse. Il avoit un jugement solide, étoit sçavant dans les Langues, bon critique, & très-versé dans l'Antiquité sacrée & profane. Il mourut après bien des traverses âgé de 62. ans en 1645.

Loüis de Dieu, très-sçavant Protestant, a donné *Animadversiones in omnes veteris Testamenti Libros, in quarto Lugd. Batav.* 1648. *& in quatuor Evangelia*, au même lieu, *in quarto* 6. vol. 1631. De plus, il a publié des Commentaires sur les Epîtres de Saint Paul, sur les Epîtres Canoniques, & sur l'Apocalypse, imprimez séparément en quatre volumes *in 4.* On estime tout ce que cet Auteur a écrit. Il étoit profond dans les Langues, & fort moderé. On a imprimé ses Ouvrages dans les grands Critiques. Cela ne doit s'entendre que des Conférences critiques & sacrées qu'il a euës avec Cloppenburg; & qui se trouvent dans le neuviéme Tome, p. 3968.

Mais

QUATRIE'ME PARTIE.

Mais on a imprimé *in fol.* à Amsterdam l'an 1693. ce qui l'avoit déja été en 6. vol. *in* 4. M. Simon dans son Histoire des Commentaires du nouveau Testament, chap. 53. dit qu'il a affecté trop de subtilité, & que la passion de critiquer les autres, l'a fait tomber dans des minuties grammaticales. Loüis de Dieu né à Flessingue en Hollande en 1590. étudia à Leyde, & y enseigna jusqu'à sa mort qui arriva l'an 1642. Constantin l'Empereur le compare à un astre éclatant, à cause de la connoissance qu'il avoit des Langues & des beaux Arts.

Jean Lightfoot Anglois, a travaillé sur presque toute l'Ecriture. On a donné de lui une Harmonie de l'ancien Testament en Anglois, *in fol.* imprimée à Londres en 1655. Des Observations sur la Génése, *in* 4. *Manipulus spicileg. ex Exodo, in* 4. en Anglois.

Une Harmonie des quatre Evangiles, *in fol.* à Londres 1655.

Horæ Hebraica in Matthæum, Marcum, Lucam, & Joannem, & in Acta.

Item in Acta Commentarium Chronologico-Criticum, en Anglois, *in* 4. 1645.

In Epist. ad Romanos, & in primam ad Corinthios, Horæ Hebraicæ.

Item Centuria Chorographica loca quædam terræ Israëlitica perlustrans, ad Evangel. Matthæi.

Item Decas Chorographica Marco præmissa.

Item Chorographica pauca in Lucam.

Item Chorographica in Joannem.

Enfin il a fait quelques Remarques sur la Génése, sur l'Exode, sur les Nombres, sur Josué, &c. La plûpart de ces Ouvrages ont été imprimez séparément, & ensuite réünis dans deux vol. *in fol.* imprimez à Utrecht en 1699. Lightfoot né en 1602. dans le Comté de Stafford, mourut en 1675. dans sa 74. année. D. Mabillon loüe beaucoup la profonde connoissance qu'il avoit des Antiquitez Juives. Mais M. Simon trouve que sa critique est trop Rabbinique.

Salomonis Deylingii Observationes sacræ, à Leipsic, Tome 1. 1708. Tome. II. 1711. Tome III. 1715. Voici le Titre entier de l'Ouvrage selon le P. le Long. *Observationes variæ, in quibus multa Scripturæ veteris & novi Testamenti dubia vexata solvuntur, loca difficiliora illustrantur, atque vindicantur, duæ partes, in* 4. Apparemment que ce Pere n'a pas vû la troisième Partie de 1715. puisqu'il n'en parle pas. Cependant les Actes de Leipsic de 1709. 1711. & 1715. font mention de cet Ouvrage, & Fabricius dans l'Histoire de sa Bibliotheque, t. IV. p. 493.

Jean le Clerc, célèbre par le grand nombre d'Ouvrages qu'il a composez, a fait imprimer en 1693. un Commentaire Latin, Philologique, accompagné de Dissertations critiques, & d'une Paraphrase sur le Pentateuque; & en 1708. la suite de ce Commentaire sur les Livres Historiques de l'Ecriture. On attend le reste de son Commentaire sur l'ancien Testament.

Sur le nouveau, il a donné ses Remarques & ses Corrections Latines sur le Commentaire d'*Hammon*, & un Commentaire François avec une Version du nouveau Testament. Cet Auteur est fort soupçonné de Socinianisme, ou d'Arrianisme. Il est habile, parle bien, rempli d'une érudition fort recherchée. Bayle assure que son dessein dans ses Notes, est de renouveller l'erreur de Sabellius & le Socinianisme. Il cite quelquefois les anciens & les nouveaux Commentateurs, mais ce n'est souvent que pour faire valoir ses explications au préjudice des autres.

Les Protestans ont publié plus d'une Bible Françoise avec des Notes & des Explications. Olivétan & Calvin s'étoient contentez d'en mettre de fort courtes, pour donner du jour à quelques endroits de leurs Traductions; mais on les grossit, & on les multiplia beaucoup dans la suite. Nous en avons déja parlé dans l'Article XVI. de la précédente Partie.

Sébastien Chateillon, traduisit en François la Bible qu'il avoit mise en Latin, & la fit imprimer avec des Notes à Bâle en 1555. *in fol.* Elle eut encore moins de succés que sa Bible Latine.

La Bible Françoise imprimée à Geneve & à Lyon en 1562. *in fol.* avec de longues Notes de *Nicolas des Gallars*. *Augustin Marlorat* revit ces Notes, les augmenta, & les fit imprimer *in fol.* à Geneve & à Lyon en 1563. *Henri Etienne* qui cacha son nom sous celui d'*Henri Anastase*, les réimprima en 1565. Pour ce qui est de Marlorat, outre ses Notes, il a fait des Commentaires sur plusieurs Livres de l'Ecriture, ou des Expositions, en 5. volumes *in fol.* imprimées en 1561-62. C'est une espèce de Bibliotheque, où il a recüeilli les Explications des Protestans, de quelques Peres, & d'Erasme : Il y a seulement ajoûté ses Annotations. Ce qui doit lui avoir beaucoup coûté. Il avoit encore entrepris une espèce de Trésor des noms, des mots, & des exemples de toute la Bible, qu'il n'a fait qu'ébaucher; mais que *Jacques Fenquier* a achevé, & fait imprimer à Geneve en 1613. 1624.

La Bible Françoise de Geneve imprimée *in fol. in* 4. & *in* 8. à Geneve en 1588. est encore chargée de Notes de la façon de *Théodore de Beze*, d'*Antoine de la Faie*, de *Jean Jaquemot*, de *Simon Goulart*, & surtout de *Corneille Bonaventure Bertram*.

Il est bon d'observer que *des Gallars* n'a fait des Notes que sur l'Exode & le nouveau Testament,

Tome IV. T 4

Testament, & *la Faie* sur quelques Livres. Il en est de même de *Jaquemet*, ou *Jaquemot*, de *Goulart*, & de *Beze*. Mais *Bertram*, outre ses Notes, a donné un Essai de la maniere d'expliquer les endroits les plus difficiles, sous le Titre de *Lucubrationes Frantsallenses*, parce qu'il étoit à Frankentale quand il y travailla. Elles sont dans les grands Critiques, Tome VIII. p. 1120-1164. & ont été imprimées séparément à Altorf en 1647. *in* 8. troisième édition. On peut dire qu'il y a beaucoup de jugement dans cet Ouvrage, & qu'il l'emporte sur les grands Commentateurs de ceux de sa Religion. Ses Explications sont toutes littérales & historiques. Bertram Ministre & Professeur en Langue Hébraïque à Geneve & à Lausane, naquit à 7 houars en Poitou, l'an 1531. Il fut sçavant dans les Langues Orientales & les Antiquitez Judaïques. Vossius dans ses Disquisitions critiques, page 209. lui reproche d'avoir eu des préjugez favorables pour les Juifs. Il mourut à Lausane en 1594.

La Bible Françoise de *Jean Diodati*, parut à Geneve *in fol.* en 1644. chez Pierre Choüet, avec des Notes. Elle a été & est encore fort estimée par les Protestans Réformez. *Vedel* dit de ces Notes qu'elles sont toutes d'or, expression métaphorique qui fait voir combien il les estimoit : elles sont plus littérales & historiques que morales. Il n'y en a point sur les Livres qu'il regardoit comme apocryphes ; mais seulement un Discours critique sur chacun pour en ruiner l'autorité. Diodati étoit de Lucques en Italie, d'où il se retira à Geneve, où il fut fait Ministre ; il y mourut l'an 1649.

La Bible Françoise appellée vulgairement Bible de *Desmarets*, parut en 2. vol. *in fol* à Amsterdam chez Daniel Elzévir en 1669. Il seroit mal-aisé de rien ajoûter à la beauté du caractére & du papier, & à la netteté de l'impression ; mais il y a beaucoup de choix à faire dans les Notes, qui sont ramassées de différens Auteurs, & dont les unes sont littérales, les autres critiques, les autres dogmatiques & Théologiques, & toutes suivant les dogmes de Calvin. Samuel Desmarets né en Picardie en 1599. étudia à Paris, fut reçu Ministre en 1620. & fut Professeur en 1642. à Groningue, où il mourut en 1673. dans sa 74. année.

La Bible Françoise de Geneve réimprimée à Amsterdam chez Desbordes, Mortier, & Brune, en 2. vol. *in fol.* à l'usage des Eglises Wallones Réformées, a été mise en meilleur François, & éclaircie par des Notes Théologiques & Critiques, par les soins de *David Martin*. Ces Notes sont plus correctes & plus châtiées que celles de Desmarets, mais l'Auteur s'applique par tout à y appuyer ses préjugez & ses sentimens. On l'a réimprimée en 1707. *in fol.* avec une Chronologie à la fin.

Histoire de la Bible avec des figures en taille douce, à Amsterdam, chez Pierre Mortier 1700. *in fol.* La plûpart des tailles douces sont d'un assez bon goût, & l'Histoire est assez correcte. Si l'Auteur avoit pû s'abstenir d'y glisser les sentimens de son parti, l'Ouvrage auroit été d'une utilité plus universelle.

Nous pouvons encore mettre ici *Marc Escher*, qui a fait un Recüeil de plusieurs endroits de la Glose de Liran, imprimez dans la Bibliothéque Philologique, tome II. page 389. *Jacques Hasse* qui a fait des Observations sur les endroits de la Bible les plus difficiles, imprimées dans la même Bibliothéque, *ibid.* p. 986. 1073. *Yves Gaukes*, Docteur en Médecine, qui a fait une Dissertation pour expliquer tous les miracles rapportez dans l'ancien & le nouveau Testament, *ibid.* tome III. p. 581. 624. *Ruard Andula*, qui a expliqué quelques endroits de l'un & l'autre Testament. Ce qu'on a imprimé à Francker en 1720. Il y en a quelque chose *ibid.* tome IV. p. 589. 597. *Jean Christophe Pfaff*, qui a fait une Dissertation sur les passages de l'ancien Testament alleguez dans le nouveau, imprimée à Tubinge en 1702. *in* 4.

ARTICLE III.

Des Commentateurs Juifs qui ont écrit sur tout l'ancien Testament.

Les Juifs ont eu aussi leurs Commentateurs, qui ne sont point à négliger, puisqu'ils sçavoient leur Loi, & qu'ils entendoient les saintes Ecritures dans leur Langue originale. Nous ne marquerons ici que les principaux, ou ceux qui ont quelque réputation parmi les Chrétiens, en suivant l'ordre Chronologique.

Les premiers sont les *Aarons* ; celui de Pesaro, qui fleurissoit en 1581. a donné un *Index* général de tous les passages de l'Ecriture qui se trouve dans le Thalmud de Babylone, imprimé à Bâle en 1587. *in folio*, troisième édition.

Aaron, fils de Samuël, qui vivoit sur la fin du dix-septiéme siécle, a fait imprimer un autre *Index* de la Bible, disposé selon l'ordre des Livres & des Chapitres, à Francfort sur l'Oder en 1690. *in fol.*

Abraham, fils de Téchiel, Prêtre de Porto, a mis par ordre alphabétique, des Notes allégoriques, ou des Expositions Caballistiques des mots difficiles de l'Ecriture, à Venise 1628. *in* 4. seconde édition.

Abraham, fils de Lévi Konki, né à Hébron, & Collecteur en Flandres des Aumônes pour

pour les Synagogues de la Palestine, sur la fin du dix-septiéme siécle, a fait un Commentaire sur tous les Livres anciens, intitulé: *La poussiére des Scribes*, à Amsterdam 1704. *in fol.*

Le Rabbin *Bezatéel* de Lithuanie, fils de Salomon, & Prédicateur des Juifs en 1674. a donné des Discours allégoriques sur plusieurs endroits, en sept parties; qu'il appelle les sept Colomnes, à Dyrenfort, en 1693. *in 4.*

Eliezer, fils du Rabbin Manahem-Manès, a donné la Clef & l'*Index* des passages de l'Ecriture, qui se trouve dans le Livre Zoar, à Sulsbach en 1684. *in fol.*

Le Rabbin *Ghedaliah*, fils du Rabbin Joseph *Jehhia*, a fait une Chaîne de Traditions depuis Adam jusqu'à l'an de Jesus-Christ 761. en deux parties, & une troisiéme, où il traite de la Création du Monde. Il est mort en 1448. Son Ouvrage a été imprimé à Venise en 1587. *in 4.*

Bartoloccius dans le second Tome de sa Bibliothéque Rabbinique, parle d'un Rabbin *Hhaim Hhabria*, qui vivoit en 1650. & a écrit sur toute l'Ecriture.

Jacob Abendana, Juif Espagnol, & Préfet de la Synagogue de Londres, mort en 1685. a donné un Spicilége d'Explications sur plusieurs endroits choisis de l'Ecriture, à Amsterdam 1685. *in fol.*

Salomon Jarchi Rabbin, a fait un Commentaire sur tout l'ancien Testament, que Jean Frideric Breithaupt a traduit en Latin, & fait imprimer à Gotha en 1710. & 1714. 3. vol. *in 4.* Ce Commentaire peut être d'une grande utilité pour une Traduction du Texte original; mais il ne sçauroit guéres servir à en acquérir la véritable intelligence; car ce Commentaire a souvent besoin d'un autre Commentaire. Il falloit un homme aussi habile dans le Rabbinisme que l'est M. Breithaupt, pour en entreprendre une Traduction Latine; Il y a ajouté les éclaircissemens nécessaires par de sçavantes Notes au bas des pages.

Le Rabbin *Jarchi* naquit en France à Troyes en Champagne, selon M. Simon, ou à Lunel en Languedoc, selon Bartolocci; & il vivoit au douziéme siécle.

Jacob, fils d'Isaac, Allemand, qui vivoit en 1612. a donné trois Commentaires en Allemand, avec le Texte Hébreu, 3. vol. *in fol.* à Amsterdam 1706. & ailleurs en différentes années.

Nous avons de *Joseph Karo*, fils d'Ephraïm, Espagnol & Recteur de l'Académie dans la ville de Japhet, des Explications mystiques & littérales, divisées en deux parties, & imprimées en Hébreu à Amsterdam 1706. 1708. 2. vol. *in 4.* Il mourut en 1575.

Isaac Abarbanel, ou *Abravanel*, Portugais, Juif de Lisbonne, mort en 1508. a fait differens Traitez, dont on peut voir le Catalogue dans le P. le Long, p. 802. col. 2. ou dans la Bibliothéque Rabbinique de Buxtorf. Il seroit trop long de les rapporter ici.

Le Rabbin *Issachar*, fils de Nephtali, Prêtre Juif de la Synagogue de Russie, a donné une Clef & un Index pour expliquer les endroits difficiles de l'Ecriture, sous ce titre: *Vision du Prêtre*, à Amsterdam 1673. *in 4.* seconde édition; & les Dons Sacerdotaux, à Francfort sur l'Oder 1692. *in fol.* quatriéme édition.

Le Rabbin *Moses Maimonides*, Espagnol de Cordoüé, qui sçavoit les Langues Orientales, & est mort en 1205. a beaucoup écrit; & tout ce qui vient de lui est fort estimé. Il faut voir le P. le Long au même endroit, p. 869. Nous en marquerons quelque chose dans cette quatriéme Partie.

Moses Nephtali, fils d'Aser, Juif Allemand, a donné en Allemand un Commentaire tiré des autres Commentaires, & imprimé en caractére Hébreu à Cracovie 1552. *in fol.*

Le Rabbin *Salomon*, fils d'Isaac, a donné le nouveau *Zohar*, où un Appendix de ce qui manquoit à ce Commentaire, imprimé à Amsterdam 1701. *in fol.* avec des Additions du Rabbin *Mardochée*, troisiéme édition: & *Salomon*, fils de Melec, Espagnol Juif du seiziéme siécle, a fait un Commentaire sur tout l'ancien Testament en Hébreu, imprimé à Amsterdam, avec un Spicilége de *Jacob Abendana*, 1685. *in fol.* Plusieurs l'ont traduit en Latin; ce qu'on peut voir dans le P. le Long, p. 941.

Le Rabbin *Simeon*, dit le Prédicateur, Allemand de Francfort, qui vivoit en 1310. a fait une Collection de differentes Explications, imprimée *ibid.* 1709. 2. vol. *in fol.* avec une autre Collection du Rabbin *Samuel*, fils de Gedalia.

On peut mettre au rang de ces Commentateurs *Philon le Juif*, qui a écrit plusieurs Traitez sur l'Ecriture, qu'il explique toujours d'une maniére allégorique.

Joseph l'Historien, qui dans son Histoire des Juifs, & dans ses Livres contre Appion, a donné un grand jour à plusieurs endroits obscurs de l'Ecriture.

Les *Targums*, ou les Auteurs des Paraphrases Chaldéennes, *Onkelos*, *Jonathan*, *Joseph l'Aveugle*, &c. dont nous avons parlé ci-devant.

Enfin *les Rabbins* ramassez dans les Bibles Rabbiniques de Venise & de Bâle. Voyez l'Article des *Bibles Hébraïques*.

Les Fragmens des Héxaples d'Origénes ramassées en deux volumes *in fol.* par le R. P. de Montfaucon, & accompagnées de deux Léxicons,

Léxicons, l'un Hébreu & l'autre Grec, avec de sçavantes Préfaces, sont très-utiles pour tout l'ancien Testament, & rendent presque inutile le travail de *Jean Drusius*, intitulé: *Veterum Interpp. Græcorum in V. T. Fragmenta*, &c. à Arphem 1622. *in* 4.

ARTICLE IV.
Des Commentateurs Catholiques sur le Pentateuque.

Nous ne répéterons point ici les Auteurs dont nous venons de parler, & qui ont donné des Commentaires sur toute l'Ecriture; ou si nous en parlons, nous nous contenterons de les nommer, sans entrer dans aucun détail.

Saint Augustin a écrit des Questions sur tout le *Pentateuque*, ou plûtôt sur l'*Heptateuque*, c'est-à-dire sur les sept premiers Livres de l'Ecriture, sçavoir les cinq de Moyse, Josué & les Juges. On les trouve dans le tome 3. de ses Ouvrages, de la nouvelle édition, p. 379. Il appelle cet Ouvrage des *Questions*, parce qu'il a plûtôt proposé des doutes qu'il n'en a donné la solution, *plus quæsita quàm inventa*, dit-il lui-même, quoiqu'il ait satisfait à plusieurs de ces Questions. Car il y examine & explique principalement les maniéres de parler des Auteurs sacrez, qui sont éloignées des usages de la Langue Latine. En général, il s'applique davantage au sens dogmatique & moral, qu'au sens littéral des Livres sacrez. Mais dans les Questions dont nous parlons, il se borne presque uniquement au sens littéral. Il y cite quelquefois la Version Grecque. Saint Augustin né à Tagaste en Afrique en 354. mourut en 430. à Hippone, dont il étoit Evêque. Si on veut s'instruire à fond de ce qui regarde ce saint Docteur, il faut consulter le treiziéme tome des Mémoires de M. de Tillemont, nos Peres, dans le dixiéme volume de leur édition, M. Godeau, &c.

Saint Cyrille d'Aléxandrie, a fait sur le Pentateuque un Commentaire intitulé *Glaphyra*, c'est-à-dire, un Ouvrage de sculpture bien & délicatement travaillé. Ses explications sont subtiles, allégoriques & de peu d'usage, parce qu'il ne s'arrête pas tant à la lettre qu'au sens spirituel. Tout son but est de faire connoître Jesus-Christ dans l'ancien Testament, & les Mystéres de notre Religion, fondé sur cette maxime, que l'ancien n'a été que la figure & l'ombre du nouveau. Les Glaphires sont imprimées dans le premier tome des Ouvrages de ce Saint. Saint Cyrille étoit d'Aléxandrie, neveu du Patriarche Theophile, à qui il succéda en 421. & mourut en 444. Voyez M. de Tillemont, tome 14.

Theodoret, Evêque de Cyr, a fait aussi des Questions sur le Pentateuque & les Livres suivans, jusqu'à celui d'Esdras, où il se propose diverses difficultez, qu'il résout fort solidement & fort judicieusement, comparant souvent la Version des Septante à celles des anciens Interprétes Grecs, pour mieux découvrir le vrai sens du Texte. Il s'attache au sens littéral; il cite même le Texte Hébreu. Ses Questions se trouvent dans le premier tome de l'édition du Pere Sirmond. Cet Auteur étoit fort attaché à la doctrine de saint Chrysostome, & témoigne par tout beaucoup de jugement, de solidité & de piété. Theodoret étoit d'Antioche en Syrie. Comme il prit pendant quelque tems le parti de Nestorius, cela le rendit suspect; ce qui a donné lieu d'en parler fort diversement. Voyez les Mémoires de M. de Tillemont. Il mourut l'an 457.

Procope Sophiste de Gaze, qui vivoit au sixiéme siécle vers l'an 520. a écrit un Commentaire ou une espéce de chaîne, ou tissu des passages & des sentimens des Peres sur l'Ecriture, tâchant de concilier ceux qui paroissoient contraires; il se sert des anciens Interprétes Grecs, Aquila, Symmaque & Theodotion, & même de la Version de saint Jérôme, que Sophrone avoit traduite en Grec. Cet Ouvrage a été traduit de Grec en Latin, & donné en cette derniére Langue par Conrad Clauser *in fol.* à Zurich 1555.

Cette chaîne n'est pas seulement sur le Pentateuque, mais aussi sur Josué, les Juges, les Rois & les Paralipoménes. Nous n'avons que la Version Latine de son Commentaire Grec sur les sept premiers Livres; le Grec & le Latin sur les Rois & les Paralipoménes, de la Version de Lavater, à Leyde 1620. *in* 4. avec les corrections de Mursius, qui a procuré cette nouvelle édition. Il y en a encore d'autres chaînes de Procope, dont nous parlerons dans la suite. Photius qui avoit lû cet Auteur dans sa Langue originale, dit que son style est trop fleuri pour un Commentateur. Il suit particuliérement Theodoret dans ses explications; il s'arrête souvent à des minuties, & explique des termes qui sont assez clairs par eux-mêmes.

Saint Isidore de Seville, qui vivoit au septiéme siécle, a écrit sur le Pentateuque, les Juges, les quatre Livres des Rois; si toutefois il est bien certain que tout ce qu'on lui attribuë soit de lui; car le Pere le Long en donne une bonne partie à *Isidore de Cordouë*, dit l'ancien, qui vivoit au cinquiéme siécle, & est mort en 430. Il est certain au moins que saint Isidore déclare dans sa Préface, qu'il a tiré ce qu'il dit d'Origénes, de Victorin, de saint Ambroise, de saint Jérôme, de Cassien, de saint Augustin, de saint Fulgence, & de saint Grégoire le Grand,

Grand, qui vivoit de son tems. *Quod enim ego loquor, illi dicunt, & vox mea ipsorum est lingua*, dit-il. Saint Isidore étoit de Seville en Espagne, frere puisné de S. Leandre Evêque de cette ville, à qui il succeda l'an 595. Il avoit beaucoup de piété & de lecture. Son style n'est pas élégant, quoiqu'il soit fort clair, dit M. Dupin. Il se trompe souvent, & ne choisit pas ce que les Auteurs ont de meilleur. Sa mort arriva en 636.

Béde le vénérable, Raban Maur, & } Nous en avons parlé ci-devant. Voyez l'Article premier de cette Partie.

L'Abbé Rupert, ont écrit sur le Pentateuque. Les deux premiers ont fait des espéces de chaînes, ou de petits précis des anciens Peres. La méthode de celui-ci est d'expliquer d'abord d'une maniére simple & sans critique la lettre de l'Ecriture, puis de s'étendre sur le sens moral ou allégorique; ou plûtôt sa méthode est toute singulière : on ne laisse pas d'y trouver de l'esprit & de l'érudition. Maldonat en recommande la lecture, mais il voudroit qu'il y eût plus d'exactitude. Nous avons de lui d'autres Ouvrages, dont on parlera ci-après. Nous en marquerons seulement ici les différentes éditions ; l'une est de 1528. à Cologne en 3. vol. *in fol.* & à Paris en 1638. 2. vol. *in fol.* On ne sçait pas précisément de quel pays étoit l'Abbé Rupert, dit Dom Massuet dans sa continuation de nos Annales, tome 5. p. 301. Valere André qui le met au nombre des Ecrivains de Flandre, dit qu'il entra de bonne-heure dans le Monastere de saint Laurent de Liege ; ce qui fait conjecturer qu'il étoit de cette ville ou des environs. Ayant ensuite été envoyé au Monastere de Duits proche Cologne, il en fut fait Abbé, & mourut en 1135.

Brunon d'Ast a fait des Commentaires sur le Pentateuque, sur Job, sur les Pseaumes, Isaïe, le Cantique des Cantiques, & l'Apocalypse, imprimez dans la nouvelle Bibliothèque des Peres, tome 20. p. 1294. On le croit aussi Auteur du Commentaire sur les Epîtres de saint Paul, & de quelques autres Ouvrages qu'on a publiez sous le nom de saint Bruno Fondateur des Chartreux. Ses Ouvrages ont été ramassez en un corps par Dom Maur Marchés, Doyen du Mont-Cassin, en 1651. Cet Auteur s'est principalement attaché au sens moral & allégorique. Brunon né à Ast au onziéme siécle, fut fait Evêque de Segni dans la Campagne de Rome. Il quitta dans la suite cette dignité, pour se faire Religieux au Mont-Cassin, dont il fut élu Abbé. Enfin sur les instances du Pape Paschal, il revint à Segni, & gouverna cette Eglise jusqu'à sa mort, qui arriva l'an 1125.

Hugues de S. Victor a aussi écrit de courtes Annotations sur le Pentateuque. Elles sont quelquefois assez littérales, & souvent morales. Il faut y joindre *Richard de S. Victor*, puisque ces deux grands hommes ont vécu ensemble, qu'ils étoient du même Ordre, & qu'ils ont écrit de la même maniére ; ensorte qu'on attribuë souvent à l'un ce qui appartient à l'autre. Leurs Ouvrages ont été imprimez ensemble à Roüen en 1648. & 1650. 4. vol. *in fol.* Hugues né en Flandre sur la fin du onziéme siécle, se fit Chanoine de saint Victor à Paris, & mourut en 1142. n'ayant encore que quarante ans. Richard son disciple étoit Ecossois. Il se rendit recommandable tant par sa bonne vie, que par sa science. Il mourut fort âgé en 1173.

Alphonse Tostat a écrit quatre gros volumes *in fol.* sur le Pentateuque. Sa méthode est d'exposer & d'expliquer le Texte Latin fort succinctement, puis de proposer plusieurs questions sur ce même Texte, de les traiter au long, de produire les preuves pour & contre, à peu près à la maniére des Scolastiques; de les résoudre par raison ou par autorité. Souvent il forme des questions assez étrangéres à son sujet, & assez inutiles. On y voit plus de fécondité & d'usage de disputer, de parler pour & contre sur toutes sortes de sujets, que de solide érudition & de bon goût. C'est un défaut de son siécle, plûtôt que de son esprit. Quoique fort diffus, il ne laisse pas d'être heureux en digressions, & fécond en questions qu'il fait à l'occasion de son Texte. L'édition la plus complette de ses Ouvrages est celle de Cologne 1613. 13. vol. *in fol.* Il y en a douze sur l'Ecriture. Tostat Espagnol né en 1414. étudia à Salamanque, & fit en peu de tems tant de progrès dans les Sciences, qu'il commença à enseigner à l'âge de vingt-deux ans. Il se trouva au Concile de Bâle, fut fait Evêque d'Avila, & remplit dignement les premiers emplois du Royaume. Il mourut l'an 1454. âgé de quarante ans. On le regarde comme le prodige de son siécle.

Santes Pagnin, outre ses Traductions de l'Ecriture, dont nous avons parlé, a fait un Commentaire sur le Pentateuque, intitulé : *Catena argentea in Pentateuchum*, imprimé à Lyon en 1536. Le Pere le Long n'en marque point l'édition ni la forme. Il renvoye seulement à *Altamura*.

Thomas de Vio Cajetan. Voyez son article ci-devant, parmi ceux qui ont commenté toute l'Ecriture.

Augustin Steuchus d'Eugubio, a fait des Commentaires sçavans sur le Pentateuque, imprimez pour la premiére fois à Paris chez Sonnius l'an 1578. 2. vol. *in fol.* avec ses autres Ouvrages, dont le premier renferme ses

ses Commentaires sur l'Ecriture. On a imprimé séparément à Venise en 1529. *in* 4. & à Lyon 1531. *in* 8. son Commentaire sur le Pentateuque, sous ce titre, *Veteris Testamenti ad Hebraicam veritatem recognitio, sive in Pentateuchum Annotationes.*

Cet Auteur sçavoit fort bien les Langues, & il y a beaucoup de critique dans ses Ouvrages. Ils sont assez concis, mais j'y voudrois tant soit peu plus d'ordre, de méthode & de netteté. Il faut aussi observer qu'il en veut beaucoup aux Septante, & souvent il leur en impose, n'ayant sçu que médiocrement l'Hébreu, dit M. Simon. Erasme dans sa Lettre 34. du vingt-sixiéme Livre, l'avertissoit de corriger bien des choses dans son Ouvrage. Steuchus Chanoine Régulier de la Congrégation de saint Sauveur, fleurissoit vers l'an 1530. Il fut fait Evêque dans l'Isle de Candie, & envoyé par Paul III. au Concile de Trente. Il mourut vers 1550. Possevin l'appelle l'ornement de l'Italie.

Nicolas Abram, Jésuite Lorrain, a composé plusieurs Ouvrages, entre autres: *Pharus veteris Testamenti, sive sacrarum Quæstionum Libri XV. Paris.* 1648. *in fol.* Cet Ouvrage est bien écrit, sçavant, solide & fort estimé. Il y traite les Questions à fond; mais il est à remarquer que de ces quinze Livres de Questions, il n'y en a que huit sur quelques endroits de la Genèse, & le neuviéme sur l'Exode, ou sur la demeure des Israëlites en Egypte. Les suivans sont sur les Juges, la transmigration de Babylone, la venuë du Messie, & les septante semaines de Daniel. Nous parlerons encore de lui en plus d'un endroit. Voyez son titre dans l'*Index.*

Jérôme Olivier, ou *Hieronymus ab Oleastro*, ou *Oleaster*, a composé un sçavant Commentaire sur le Pentateuque, imprimé à Lisbone en quatre volumes *in fol.* l'an 1556-1558. & à Anvers en 1569. *in fol.* 1. vol. Il s'y applique particuliérement à trouver la signification de chaque mot Hébreu; mais il n'est pas toujours heureux dans le choix qu'il fait de ses Interprétations. Olivier étoit Portugais. Il se fit Dominicain en 1520. Jean III. Roi de Portugal l'envoya en 1545. au Concile de Trente. Il mourut en 1583.

Corneille de la Pierre sur le Pentateuque, est utile. On en a parlé dans l'Article premier de cette Partie.

Jacques Bonfrerius a laissé un excellent Commentaire sur le Pentateuque, imprimé à Anvers en 1625. *in fol.* avec de fort bons Prolégomènes. Il ne s'attache guéres qu'au sens littéral. Ses Prolégoménes méritent d'être lûs, dit Simon, quoiqu'ils n'ayent pas encore cette perfection que nous recherchons; car il auroit pû omettre quelques Questions qui paroissent inutiles. Il auroit aussi mieux réussi dans son Commentaire, s'il avoit eu plus de connoissance des Langues Orientales. Bonfrerius vint au monde à Dinant l'an 1573. & se fit Jésuite en 1592. Il enseigna à Douai & mourut en 1642. à Tournai. Cet Auteur avoit de la mémoire, du jugement, de l'érudition, écrivoit bien & aisément.

Sacra Scriptura ubique sibi constans: seu difficiliores Scripturæ loci in speciem sibi pugnantes conciliati, operâ Joan. Pontasii Doctor. Paris. t. 1. *in Pentateuchum* 1698. *in* 4. Ce premier &unique volume contient plus de 330. Questions, avec les Réponses, qu'il appuye de l'autorité des saints Peres & des autres Commentateurs plus approuvez. Il ne se contente pas de concilier les contradictions apparentes de l'Ecriture, il éclaircit encore plusieurs passages qui semblent renfermer un paradoxe, ou qui paroissent contraires à la Foi. De plus, on y trouve une exacte critique des différentes Leçons de l'Hébreu, du Chaldaïque, du Syriaque, du Grec & des autres Versions. En un mot, cet Ouvrage est une espéce de Bibliotheque, qui renferme ce qu'on ne pourroit sçavoir d'ailleurs sans beaucoup de Livres. Il seroit à souhaiter que M. Pontas eût continué à travailler ainsi sur le reste de l'Ecriture, ou que quelque autre entreprît d'imiter sa méthode & son zéle.

Cornelius Jansenius, Evêque d'Ypres, fameux par les disputes arrivées après sa mort à l'occasion de son Livre intitulé *Augustinus*, a composé un fort bon Commentaire sur le Pentateuque. Il est court, solide, judicieux, & cet Ouvrage n'a jamais été ni accusé d'erreur, ni flétri par aucune censure. On l'a imprimé à Paris en 1649. *in* 4. Il y en a eu beaucoup d'autres éditions. Jansenius né en 1585. prit le bonnet de Docteur en Théologie en 1617. à Louvain, où il professa la Théologie; fut fait Evêque d'Ypres en 1635. & mourut en 1638. âgé de 53. ans.

Francisci Sylvii in Genesim, Exod. Levit. & Numeros. On avoit d'abord imprimé séparément ses deux Commentaires sur la Génése & sur l'Exode, à Douai 1639. & 1649. 2. vol. *in* 4. mais le P. d'Elbecque, qui a donné ses Ouvrages posthumes à Anvers l'an 1698. 2. vol. *in fol.* qui sont les cinquiéme & le sixiéme volumes, a fait imprimer ensemble ces deux Commentaires, & en a ajouté deux autres qui n'avoient point encore paru, l'un sur le Lévitique, & l'autre sur les Nombres. Quoiqu'il soit court dans ses explications, cependant il est sçavant, clair & abondant, puisqu'il a sçu mêler le sens littéral avec le spirituel, le mystique & le moral qu'il a tiré des SS. Peres. Sylvius naquit en 1581. à Braine-le-Comte en Hainaut. Il s'appliqua de bonne heure à l'étude; fut Doyen de saint Amar de Doüai, & Vice-Chancelier de l'Université,

sité. Il mourut en 1649. dans sa soixante & neuviéme année.

Disquisitiones Biblicæ Fraßenii in Pentateuchum, à Roüen 1705. *in* 4. Le Livre que le P. Fraßen avoit donné au Public, & qui contient des Prolégoménes sur les Livres saints en général, a fait souhaiter qu'il sortît de la même plume des Commentaires particuliers sur l'Ecriture. Il s'étoit contenté jusqu'alors, comme il le dit lui-même, d'entrer dans le vestibule de cet auguste Temple. Il n'est personne qui ne se joigne volontiers à un guide aussi sûr, pour y pénétrer jusqu'aux endroits les plus reculez & les plus respectables. C'est à quoi peut beaucoup servir cet Ouvrage, où l'Auteur se propose d'exécuter surtout quatre choses, par rapport à chaque Livre du Pentateuque qu'il explique. D'abord il recherche le sens littéral des endroits obscurs & embarassez. Il concilie ensuite les Textes qui paroissent opposez les uns aux autres. Il traite en troisiéme lieu les Questions Chronologiques & Géographiques, sur lesquelles les Sçavans sont les plus partagez. Enfin, il découvre les mystéres enveloppez sous l'écorce de la lettre. On y trouve aussi une infinité de Questions curieuses; & il y a autant de justesse que de solidité dans les Réponses. Le style est clair & assez pur. Les Analyses, tant des Livres que des Chapitres, sont justes & bien digérées.

Commentarius in Pentateuchum, reddens sensum litteralem Anagogico-Allegorico-Symbolicum, 2. vol. *in fol.* Coloniæ 1713. Ce Commentaire de *Jean Laurent Helbig*, Allemand & Curé d'Hissingen, est joint à son *Pandesia sacra*, ou Prolégoménes sur toute l'Ecriture. Il n'y a rien qui soit bien singulier dans ce Commentaire. L'Auteur y rapporte en peu de mots les opinions différentes, en choisit une, donne des explications allégoriques, fait des réflexions morales. Il sera néanmoins utile à ceux qui ne peuvent pas lire beaucoup de Livres, mais inutile à ceux qui veulent puiser dans les sources.

Pentateuchus Mosis cum notis quibus sensus litteralis exponitur, Paris. 1702. 2. vol. *in* 8. On peut dire que M. Dupin dans ses Notes a évité & la longueur des grands Commentaires, & la trop grande briéveté des Scholies. Il explique tous les endroits qui peuvent arrêter un Lecteur médiocrement éclairé, & ne laisse aucune difficulté sans l'éclaircir. Il y rapporte les varietez du Texte & des Versions, & des explications des Peres, des Rabbins & des Critiques. Il y fait plusieurs remarques sur la Chronologie, sur la Géographie, & sur le sens des termes. On y trouve aussi des réflexions, mais courtes & littérales. Il a mis en marge les principales différences du Texte Hébreu, & les années du monde. Il y a au commencement une Préface, où il traite amplement de l'Auteur du Pentateuque, & du sujet des cinq Livres dont il est composé. Cet Ouvrage peut être commode à ceux qui s'attachent au sens littéral de l'Ecriture sainte; parce que lisant ce Traité, ils trouveront dans les Notes tout ce qui est nécessaire pour l'entendre parfaitement, sans avoir recours à plusieurs gros volumes, qui ne leur donneroient pas plus de lumière. C'est ce qui avoit fait souhaiter que l'Auteur continuât de donner des Notes semblables sur tous les autres Livres de l'Ecriture sainte, comme il a fait sur les Pseaumes; mais la mort, qui n'épargne personne, lui en a ôté le tems & le moyen.

ARTICLE V.
Des Commentateurs Protestans & Juifs sur le Pentateuque.

I. *Des Commentateurs Protestans.*

Joannis Marckii Commentarius in præcipuas quasdam partes Pentateuchi, Lug. Batav. an. 1713. *in* 4. C'est une espéce d'Analyse Exégétique des Prophéties de Moyse, de Balaam & du Patriarche Jacob; car il n'a écrit que sur quelques endroits du Pentateuque. Il étoit Flamand, Calviniste & Ministre à Leyde.

Jacques Alting a donné une Analyse exégétique des quatre premiers Livres, & un Commentaire sur le Deutéronome; le tout dans le premier tome de ses Ouvrages, imprimez à Amsterdam 1687. 5. vol. *in fol.* Il étoit Calviniste, vint au monde à Heidelberg l'an 1618. & mourut en 1670. Les cinq cens Lettres qu'il a écrites font assez voir quel étoit son esprit & sa conduite.

Commentarii in quinque Libros Mosis. Ce Commentaire d'*Auguste Varen*, a été imprimé à Rostoch en 1676. *in* 4. On prendroit plaisir à le lire, & les autres qu'il a faits, s'il y avoit autant de clarté qu'il y a d'érudition, dit Crovius. Il étoit né à Hitziger dans le Duché de Luneboug: il fut disciple de Grave, enseigna la Langue Hébraïque à Rostoch, & mourut en 1684. âgé de 64. ans. Il fut Poëte, Orateur, Théologien & Interpréte des saintes Ecritures parmi les Luthériens.

Nous ne devons pas omettre *Jean le Cock*, ou *Cocceïus*, qui a tant travaillé sur l'Ecriture. Il a commencé par un Commentaire sur plusieurs Chapitres de la Genése, des Observations sur l'Exode & le Lévitique, sur quelques endroits des Nombres & du Deutéronome; ce qui fut imprimé à Franeker en 1650. *in* 4. separément, & mis depuis dans le corps de ses Ouvrages imprimez à Amsterdam l'an 1701. 8. vol. *in fol.* troisiéme édition, & deux autres volumes *ibid.* 1706. *in fol.* Son style est, ou celui de l'Ecriture même, ou tout-à-fait populaire, étant facile à entendre. Il s'éloigne de la Scholastique ; & sa maniére d'expliquer l'Ecriture, plaît beaucoup à M. Simon : il fait cependant un grand nombre d'hypothéses qu'il ne prouve pas, & qu'il lui seroit difficile de prouver. Il excelle particuliérement dans l'explication des Prophétes. Il étoit Allemand, né à Brême l'an 1603. & mourut en 1669. âgé de 66. ans, après avoir formé une espéce de Secte appellée de son nom Coccéienne, qui approche fort du Socinianisme. Il sçavoit à fond les Langues Orientales.

Herman Von-der-Hardt a donné des Journaux Philologiques en douze Discours, où il éclaircit quelques endroits du Pentateuque, à Helmstat 1703. *in* 4. troisiéme édition. Nous aurons encore occasion de parler de lui.

Sebastien Edzard a examiné contre Jean le Clerc, si le Pentateuque a été écrit par un Prêtre Samaritain, à Wittemberg 1695. *in* 4. Il a encore fait d'autres Ouvrages que nous marquerons dans la suite.

Paul Fagius, est un des plus renommez entre les Protestans qui ont donné des Notes sur le Pentateuque. Les siennes sont imprimées dans les grands Critiques de Londres, tome 1. Elles ne sont point faites sur le Texte Hébreu, mais sur la Paraphrase Chaldaïque d'Onkélos, qu'il a traduite en Latin, comme nous l'avons déja dit. Cependant elles n'éclaircissent pas moins le Texte que la Paraphrase. Elles sont selon les regles de la Critique, parce qu'il ne s'applique presque qu'à donner la signification des mots Hébreux la plus naturelle, & à faire entendre le sens littéral de Moyse. Il étoit Allemand, né à Saverne en 1504. fut d'abord Luthérien, ensuite Calviniste, & est mort en 1550. âgé de 45. ans. Il étoit bon Critique, & se servoit des Rabbins ; ce qui est cause qu'il a trop donné dans le Rabbinisme.

Herman Deusing a donné Moyse évangélisant, où il explique plusieurs endroits des Livres de Moyse, à Utrecht sur le Rhin 1719. *in* 4. On a remarqué dans la Bibliothéque Philologique les passages qu'il y explique, tome 2. p. 752. 758. Nous aurons lieu de parler encore de lui dans la suite. Il vint au monde à Groningue l'an 1654. perdit son pere en 1666. étudia à Leyde & ailleurs ; mourut en 1722. âgé de 68. ans. On peut voir sa Vie dans le même Recueil, tome V. p. 925. 935. dans le Catalogue de ses Ouvrages, p. 936. 940.

Pentateuchus Mosis ex translatione Joannis Clerici, cum Paraphrasi perpetua, Commentario Philologico, Dissertationibus criticis quinque, Amstelodami 1710. 2. vol. *in fol.* C'est la seconde édition de cet Ouvrage, la premiére ayant paru dès l'an 1693. 1696. 2. vol. *in fol.* L'Auteur déclare qu'il a réformé son style en plusieurs endroits, corrigé les fautes qu'il a pû découvrir, & qu'il a fait des additions plus considérables par le nombre que par la longueur. Il y a à la tête trois Dissertations, dont la premiére traite de la Langue Hébraïque ; la seconde roule sur les Traducteurs ; & la troisiéme sur l'Auteur du Pentateuque : où il répond aux objections que l'on fait ordinairement, pour prouver qu'il n'est pas de Moyse. Dans le corps de l'Ouvrage, chaque page présente la Version Latine, la Paraphrase & le Commentaire. Il y a à la fin de la Génése deux Dissertations, l'une sur la destruction de Sodome, & l'autre sur la femme de Loth changée en une statuë de sel. Plûtôt que de croire ce prodige, l'Auteur donne aux expressions de Moyse un sens figuré. Il insere quelquefois dans sa Paraphrase des conjectures & des idées étrangéres. Il y a à la fin du Deutéronome une Dissertation sur le passage de la Mer rouge. Il explique selon ses idées, comment il est arrivé, & y reconnoît quelques miracles. Il y a aussi une Traduction du Traité des Dixmes par Selden, des Tables Géographiques & Chronologiques.

I I. *Des Commentateurs Juifs.*

Entre les Juifs, *Abdias Sphorno*, Italien & Médecin, mort en 1550. a donné une Explanation, sous le titre de *Lumiere du Seigneur*, imprimée à Ferrare en 1567. *in* 4. deuxiéme édition.

Abraham, fils de David, qui vivoit en 1605. a fait sur le Targum du Pentateuque un Ouvrage imprimé à Francfort sur l'Oder 1681. *in fol.* deuxiéme édition. Il a aussi donné en Latin les treize maniéres d'expliquer la Loi selon les Juifs, à Cambrige 1597. *in* 8.

Le Rabbin *Bahhie*, ou *Behhai*, fils d'Aser, Espagnol de Saragosse, Philosophe en 1291. a donné un éclaircissement littéral, allégorique & caballistique du Pentateuque en Hébreu, imprimé plusieurs fois ; la derniére édition est de Cracovie en 1610. *in fol.* Simon dit que ce Commentaire est assez étendu.

Beer, fils d'Israël Leyser, de Bohéme, & Intendant de la Synagogue d'Eulembourg en 1624. a donné l'exposition de plusieurs explications sur le Pentateuque, à Prague 1623. *in fol.*

David, fils de Salomon, Médecin de Toléde, Musicien

Muficien & Poëte en 1467. a donné *la Couronne de la Loi*. Ce font fix cens treize préceptes pris du Pentateuque, imprimez en Hébreu à Conftantinople 1516. *in* 4.

Elie Mifdrahhi, ou *Oriental*, Recteur de la Synagogue de Conftantinople en 1490. a donné un Commentaire imprimé à Cracovie en 1595. *in fol.* quatriéme édition. *Ifaac Cohen* en a fait un abregé imprimé à Prague 1604. *in fol.* & 1609. 2. vol.

Eliezer, Juif Allemand, a fait une expofition de l'Hiftoire du Pentateuque en Hébreu, à Cravovie 1584. *in fol.* feconde édition.

Ephraim, fils d'Aaron, Préfet de la Synagogue de Léopol vers 1580. On a quatre Ouvrages différens fous fon nom ; mais on n'eft pas certain qu'ils foient tous de lui. Ils ont été imprimez en différens endroits. Voyez le P. le Long, tome 2. p. 713.

Ezechias, fils de Manoahh, a fait un Commentaire littéral & myftique imprimé avec le Texte Hébreu & le Targum, à Bâle 1606. *in fol.*

Hhaüm, fils de Jofué, de la famille d'Horwitz, a fait des Obfervations divifées en deux parties, & imprimées à Dyrenfort 1690. & 1703. 2. vol. *in* 4.

Jacob Baal Hatturim, mort en 1328. a fait des Notes marginales, imprimées à Venife en 1607. *in* 4. troifiéme édition, & dans les Bibles Rabbiniques. Il y en a plufieurs autres de même nom, des Jofeph, des Ifaac, des Moyfe, des Salomon, des Simeon, & des Samuël, que nous ne pouvons pas tous marquer ici.

Si l'on défire une Lifte exacte des Auteurs Juifs qui ont écrit fur l'Ecriture en tout ou en partie, ou fur les Livres qui y ont du rapport, on peut confulter la Bibliothéque Rabbinique de Bartolocci & d'Imbonati, Religieux de l'Ordre de Cîteaux, en 5. vol. *in fol.* & en particulier, le Catalogue de tous les Livres dont il eft parlé dans cette Bibliothéque Rabbinique, qui fe trouve au commencement du quatriéme tome, p. 21. & fuiv. Le P. le Long dans fa Bibliothéque facrée, tome 2. p. 1079..1083.

ARTICLE VI.

Des Commentaires Catholiques fur la Génefe.

Origénes a écrit dix-fept Homélies fur la Génefe, dans lefquelles il a renfermé le Commentaire de tout ce Livre. Ce n'eft cependant que la moindre partie de ce qu'il avoit fait fur ce premier Livre de la Bible, puifqu'il avoit compofé jufqu'à douze & peut-être treize Livres de Commentaires, & deux autres d'Homélies myftiques. M. Huet a trouvé quelques Fragmens de ces Livres fur la Génefe, & les a fait imprimer en Grec

& en Latin dans fon édition d'Origénes, tome 1. Sixte de Sienne dit que les Homélies qui nous reftent en Latin, feulement dans l'édition de Froben & de Génébrard, font une partie de fes Homélies myftiques. Ce n'eft pas le fentiment de M. Huet ni le nôtre, parce qu'elles ne font pas affez travaillées, & qu'elles peuvent être du nombre de celles qu'il prononça fur le champ.

On fçait quel eft le mérite de cet Auteur en fait d'explication de l'Ecriture. On convient que perfonne ne manie mieux l'allégorie, & n'ouvre de plus beaux fens moraux. Comme il étoit habile dans les Langues, il étoit très-capable de donner auffi de bons Commentaires littéraux ; & lorfqu'il entreprend d'expliquer littéralement un paffage, d'ordinaire il y réuffit fort bien. Il eft important de le lire avec foin, non feulement parce qu'il eft très-ancien, mais auffi parce qu'il eft original, & que la plûpart de ceux qui font venus depuis, l'ont confulté, y font allufion, le copient ou le réfutent. Origénes né en Egypte en 185. de parens Chrétiens, puifque fon pere Léonide fouffrit le martyre pour la foi l'an 202. fut un des plus grands génies de fon fiécle. Sa doctrine a toujours paru fort équivoque, mais il y a lieu de préfumer qu'on a corrompu fes écrits. Il poffedoit toutes les fciences divines & humaines ; enforte qu'il étoit le premier maître de fon tems. Sa mort arriva en 253. lorfqu'il étoit dans fa foixante-neuviéme année.

Saint Jean Chryfoftome, Archevêque de Conftantinople, a écrit plufieurs fçavans Commentaires fur l'Ecriture, & en particulier LXVII. Homélies fur la Génefe, dans lefquelles il explique tout ce divin Livre. Il y a outre cela huit Homélies fur différens endroits de la Génefe, imprimées à la fin de fon Commentaire. Ce grand Docteur paffe à bon droit, pour le plus excellent Interprete de l'Ecriture qu'ait produit l'Eglife Grecque. Il eft clair, folide, fçavant, judicieux. Sa méthode ordinaire dans chacune de fes Homélies, après avoir bien établi le fens littéral, eft d'y joindre des réfléxions morales & fpirituelles tirées du fond même de la matiére. Les Commentateurs Grecs qui ont écrit depuis faint Jean Chryfoftome fe font prefque tous contentés de le copier ou de l'abréger ; enforte que quand on a lû faint Chryfoftome, on peut dire qu'on a vû tout ce qu'il y a de meilleur dans Théodoret, dans Euthyme, dans Théophilacte & dans Oecuménius.

Ses LXVII. Homélies fe trouvent en Grec dans le premier tome de l'édition de Savilius, les huit autres dans le cinquiéme tome, p. 1. & 31. en Grec & en Latin, dans le fecond tome de l'édition de Morel, p. 1. & tome 5.

page 773. Dom Montfaucon a donné les unes & les autres dans le quatriéme tome de sa nouvelle édition. Il y a joint une belle & longue Préface, où il parle du nombre de ses Homélies, du lieu & du tems où elles ont été prononcées. Il y ajoute quelques observations pour éclaircir des endroits difficiles. Il a même donné une neuviéme Homélie, avec un Avertissement, *ibid.* p. 645. Pour ce qui est du style de ces Homélies, nous pouvons dire avec Photius, qu'on y voit par tout éclater la netteté, la beauté & l'abondance si ordinaire à cette bouche d'or ; les sentences & les comparaisons y sont très-fréquentes : ce sont néanmoins les premiéres qu'il a prêchées, & lorsqu'il n'étoit encore que Prêtre. Il s'y applique particuliérement à la morale, & à rendre ses auditeurs plus gens de bien que sçavans, sans toutefois négliger le sens littéral quand il le juge nécessaire. Saint Chrysostome originaire d'Antioche, où il naquit vers l'an 347. sçut allier de bonne-heure la sagesse avec l'éloquence. Il fut élevé sur le siége de Constantinople l'an 398. Il s'y conduisit avec toute la fermeté d'un saint Evêque jusqu'à l'an 404. qu'il fut envoyé en exil, & y mourut en 407.

Saint Augustin a écrit douze Livres intitulez *De Genesi ad litteram*, dans lesquels il n'explique que les trois premiers Chapitres de la Génése. Ce n'est rien moins qu'un Commentaire critique & littéral. Ce saint Docteur y traite assez au long plusieurs questions Théologiques, & y explique par occasion diverses choses qui ont quelque rapport à la lettre ou à l'histoire. Il dit dans le second Livre de ses Retractations, qu'il a proposé dans cet Ouvrage plus de questions qu'il n'en a résolu : *in quo opere plura quasita, quàm inventa sunt ; & eorum qua inventa sunt, pauciora firmata.*

Le même saint Augustin a écrit un Livre imparfait sur la Génése, dans lequel au commencement de sa conversion il voulut essayer ce dont il seroit capable en fait de Commentaire historique & littéral sur l'Ecriture ; mais il sentit bientôt qu'il n'étoit point encore assez exercé dans ce genre d'étude, & avant que d'avoir achevé seulement un Livre, il abandonna l'entreprise. Ce Livre imparfait ne va que jusqu'au vingt-sixiéme verset du premier Chapitre de la Génése. Il suppléa dans la suite à ce qu'il n'avoit pû faire alors, en composant ses douze Livres *de Genesi ad litteram*, dont nous avons parlé ci-devant.

Enfin dans les deux derniers Livres de ses Confessions, il a expliqué allégoriquement le commencement de la Génése contre les Manichéens. Tout ce que nous avons marqué de saint Augustin sur la Génése, se trouve dans le troisiéme tome, partie premiére de la nouvelle édition. Rien n'est plus humble que ce qu'il en dit lui-même au Livre premier de ses Rétractations : *in Scripturis exponendis tyrocinium meum sub tanta sarcina mole succubuit.* Cassiodore en a parlé autrement dans ses Institutions divines, livre 1. où il dit qu'il a surpassé ce que les autres avoient écrit avant lui sur le même sujet, *Opus suum longè in aliam summitatem Domino largiente perduxit.*

Saint Eucher, dont nous avons parlé dans l'article premier de cette Partie, a fait, ou un autre sous son nom, un Commentaire sur la Génése qui se trouve dans le tome VI. de la grande Bibliothéque des Peres de l'édition de Lyon, p. 868. Mais quel que soit cet Auteur, qui peut-être a voulu se faire un mérite d'un si grand nom, comme tant d'autres, son Commentaire n'est qu'un tissu de passages ou d'extraits tirez de S. Augustin, de S. Jérôme, & des autres Peres qui l'ont précédé, & qu'il copie sans les citer.

Saint Jérôme a écrit un Traité des *Questions*, ou des *Traditions Hébraïques* sur la Génése, qui pourroit passer pour un Commentaire abregé, critique & littéral sur ce Livre. Ces Questions se trouvent dans le tome 2. de la nouvelle édition, p. 506. 549. Dom Martianay y a joint des Observations pour expliquer quelques endroits obscurs, *ibid.* p. 550. On peut y joindre les trois Lettres qui suivent, puisqu'elles contiennent d'autres questions sur des passages difficiles de la Génése, & qu'elles en donnent la solution.

Ce Saint y explique la force de plusieurs mots Hébreux, il fait la critique de quelques endroits de la Version des Septante, & des autres Interprétes Grecs ; il y rapporte quelques traditions des Juifs. Tout le monde connoît la profonde érudition de S. Jérôme, & les grands services qu'il a rendus à l'Eglise. Sa maniére d'expliquer l'Ecriture est plus littérale, plus sçavante, plus critique, que celle de la plûpart des autres Peres. Il avoit infiniment lû, & il a rempli ses Commentaires de tout ce qu'il y avoit de meilleur dans Origénes, Didyme, Apollinaire, Théodore d'Héraclée, Eusébe de Césarée, & dans les autres Anciens qui l'avoient précédé. Mais comme il ne les cite pas, il est mal-aisé de distinguer ce qu'il dit de lui-même, & de ce qu'il rapporte de ces grands hommes, & de sauver toutes les contrariétez de sentimens que l'on remarque dans ses Ouvrages, qui doivent être mises sur le compte des Auteurs qu'il copioit, & ne lui être pas imputées à lui-même. Saint Jérôme né vers l'an 378. dans la ville de Stridon, qui étoit sur les confins de la Dalmatie & de la Pannonie, fut envoyé de bonne heure à Rome par ses parens sens pour y étudier. Il fit en peu de tems de grands progrès. Après avoir parcouru les SS. Lieux de la Judée & de la Syrie, pour y voir les Solitaires qui y habitoient dans les plus affreux Déserts, il se retira à Bethléem, & y mourut en 420.

Saint Basile le Grand, Evêque de Césarée en Cappadoce, a composé un excellent Ouvrage, intitulé : *Hexaëmeron*, sur le commencement de la Génése, ou sur l'Ouvrage des six jours. C'est un chef-d'œuvre d'érudition & d'éloquence.

Saint Grégoire, Evêque de Nysse, & frere de saint Basile le Grand, a aussi composé un Livre sur l'*Héxaëmeron*, ou sur l'Ouvrage des six jours ; un autre *sur la création de l'homme* ; deux discours sur ces paroles : *Faisons l'homme à notre image & ressemblance* ; & un Traité *de la vie de Moyse*. Il traite diverses questions importantes dans son Traité de la formation de l'homme, & tout ce qu'il a écrit est utile & agréable.

L'Ouvrage de ces Saints se trouve en Grec & en Latin dans le premier tome de leurs Ouvrages, avec ce qu'ils ont écrit par rapport à la Génése. Les Peres Grecs ont admiré celui de Saint Basile, tant à cause de la grande éloquence de son Auteur, que d'une certaine érudition toute singuliere. Car on y reconnoît plûtôt un parfait Orateur, qu'un Interprete de Texte sacré. Saint Grégoire est plus court dans son exposition ; & sans toucher les mêmes questions, il se contente d'expliquer l'ordre naturel de la création. Il est plus diffus dans son Traité de la création de l'homme. Pour ce qui est de la vie de Moyse, c'est plûtôt une Histoire qu'un Commentaire.

Saint Ambroise, Archevêque de Milan, a composé six Livres de l'*Héxaëmeron*, ou de l'Ouvrage des six jours, qui ne sont presqu'une traduction de l'Ouvrage de saint Basile sur le même sujet ; un Livre du *Paradis terrestre* ; deux Livres de *Caïn & d'Abel* ; un Livre de *Noé & de l'Arche* ; deux Livres d'*Abraham* ; un Livre d'*Isaac & de l'Ame* ; deux autres de *Jacob & de la vie bienheureuse* ; un Livre *du Patriarche Joseph* ; enfin un Livre *des bénédictions des Patriarches*. Tout cela a rapport au Livre de la Génése. La méthode de saint Ambroise dans ses Ouvrages sur l'Ecriture, est de s'attacher plûtôt au sens allégorique & moral qu'au littéral, à l'Histoire, & à la Critique. Il suit volontiers les Anciens qui ont écrit avant lui. Comme il entendoit le Grec, il a beaucoup pris de Philon, d'Origénes, de Didyme, d'Hippolyte Martyr, & de S. Basile. Il est quelquefois obscur & guindé, à cause de ses allégories, & des allusions fréquentes qu'il fait à l'Ecriture.

L'Héxaëmeron de S. Ambroise, & ses autres Ouvrages qui ont du rapport à la Génése, se trouvent dans le premier tome de la nouvelle édition de Paris. Ce qu'il a écrit sur le Paradis terrestre est plus recherché & plus sçavant, parce qu'il y travailla dès la premiere année qu'il fut fait Evêque. Il est plus élégant dans ses deux Livres sur Caïn & Abel ; il y a beaucoup de bonnes instructions pour les mœurs. Dans son Livre de l'Arche, il s'attache au sens littéral plus qu'ailleurs, & y rapporte le sentiment des autres avec beaucoup d'érudition. Saint Ambroise naquit dans les Gaules vers l'an 340. Il fit ses études à Rome, & lorsqu'il étoit à Milan en qualité de Gouverneur, il en fut élû Evêque par tout le peuple l'an 374. & mourut en 397. Il ne faut que lire ses Ouvrages pour y connoître son véritable esprit & la sainteté de sa vie.

Eustathe, Evêque d'Antioche, a fait un Traité fameux de la *Pythonisse*, dont nous parlerons sur les Livres des Rois ; voyez sur Saül. On lui attribue aussi un Ouvrage de l'Héxaëmeron, qui a été publié en Grec & en Latin par Allatius, à Lyon en 1629. *in 4*. avec ses Notes, & le Traité de la Pythonisse. Au reste, ce n'est pas le même Héxaëmeron qui se trouve en Latin dans la grande Bibliothéque des Peres, & qui n'est qu'une Version Latine de l'Héxaëmeron Grec de Saint Basile, qui pour cette raison avoit déja été mis dans les anciennes éditions Latines de ce Pere, faites à Anvers en 1616. *in fol.* p. 666. Mais celui qu'Allatius a donné, se trouve aussi en Latin seulement avec sa Préface dans le vingt-septiéme tome de la même Bibliothéque. Ainsi il y en a deux qui sont tous différens. Il y en a qui croyent que cet Hexaëmeron, donné par Allatius, est d'un autre Auteur qui a pris, ou qui avoit aussi le nom d'*Eustathe*. Quoiqu'il en soit, ce Commentaire est rempli d'érudition. L'Auteur y mêle beaucoup d'Histoire naturelle. Il fait l'abrégé de l'Histoire sainte, depuis le commencement du monde, jusqu'à la mort de Josué. L'Ouvrage est court, & on le peut lire avec autant de plaisir que de profit. Saint Eustathe étoit de la ville de Side en Pamphilie. Il fut un des premiers qui se déclara contre l'hérésie Arrienne, & qui la combattit de vive voix & par écrit. Ce qui lui attira la haine des ennemis de la foi, qui eurent recours à la calomnie pour trouver un prétexte de le déposer, & de le faire envoyer en exil, où il mourut vers l'an 338.

On a deux Ouvrages de *Bede le Vénérable* sur la Génése ; l'un intitulé : *Commentarii in Hexameron*, dans le tome 4. de ses Ouvrages, p. 1. 2. 3. Et le second : *Expositio venerabilis Bedæ Presbyt. in primum Lib. Moysis*, &c. Il est fort douteux que ce dernier Ouvrage soit

soit du Vénérable Béde, & le premier n'est qu'une petite partie de celui qu'il a véritablement composé sur la Génése, comme il le marque lui-même dans le catalogue de ses Ouvrages. *Henri Warthon* a donné en 1693. *in* 4. à Londres, ce qui manquoit de ce Commentaire de Béde, qui va jusqu'à la naissance d'Isaac, & le renvoi d'Agar & d'Ismaël. Nous avons déja dit que D. Marténe l'a aussi donné dans ses Anecdotes, il y a joint des Notes & des Variantes. Voyez l'article premier de cette partie, où nous avons parlé de Béde. Le peu qui nous reste de lui sur la Génése, est une exposition succincte & agréable à lire. On y trouve une explication aisée des sens de l'Ecriture les plus cachez, & de belles maximes pour le réglement des mœurs.

Alcuin, ou *Albinus Flaccus*, a composé un Ouvrage utile & succinct sur la Génése, par demandes & par réponses, qui avoient été imprimées séparément à Haguenau en 1529. *in* 8. Depuis D. Luc d'Achery les a données dans son édition d'Alcuin, partie deuxiéme. Il y a joint son explication sur ces paroles: *Faciamus hominem &c.* p. 54. C'est comme un *Appendix* du premier Ouvrage. Alcuin Anglois de naissance fut attiré en France par Charlemagne, & mourut en 804. cassé de vieillesse, *effæto jam corpore*, comme il dit lui-même dans sa Lettre dix-septiéme; il fut un homme sage, humble, modeste, sçavant, & toûjours Chrétien, dit M. Baillet dans sa vie au 19. Mai.

Anastase Sinaïte, a écrit onze Livres de Réfléxions Morales de l'Héxaëmeron, imprimées en Latin seulement au neuviéme tome de la Bibliothéque des Peres, édition de Lyon, p. 857. & suiv. sous ce titre, *Anagogicarum contemplationum in Hexameron Lib.* 11. Elles avoient été imprimées en Grec & en Latin à Paris en 1666. *in* 4. par les soins de Jean Tarin. On a donné depuis le douziéme Livre à Londres en 1682. *in* 4. en Grec & en Latin. C'est *Claude Alix* qui a procuré cette nouvelle édition. On en trouve aussi quelques Fragmens Grecs dans la nouvelle édition de Saint Jean Damascéne, donnée par le P. le Quien, tome 1. p. 174. Il y a encore cent cinquante-quatre Questions sur l'Ecriture que l'on attribuë à cet Auteur, avec les Réponses, imprimées en Grec & en Latin à Ingolstat en 1617. *in* 4.

Ces Ouvrages ne sont guéres propres à éclaircir le Texte sacré; ce n'est pas même le principal objet de l'Auteur. Il s'attache à des moralitez & à des réfléxions plus spirituelles que littérales. Il y a deux Auteurs connus sous le nom d'Anastase Sinaïte; l'un s'appelle l'ancien, & l'autre le jeune. Ils ont professé tous deux la vie Monastique sur le mont Sinaï, & ont été Patriarches d'Antioche successivement. Mais on ne sçait pas bien auquel des deux appartient ce que nous avons marqué.

Saint Bonaventure, a fait vingt-trois Discours sur l'Héxaëmeron, qui se trouvent dans le tome 1. de ses Ouvrages, p. 9. de l'édition de Mayence en 1609. *in fol.* 7. vol. On avoit déja ces Sermons avec son Pseautier, à Rome en 1588. *in* 8. Ils sont pleins de réfléxions morales & mystiques, de sens tropologiques & figurez. Saint Bonaventure vint au monde en Toscane l'an 1221. Il prit l'habit de S. François en 1243. & fut fait Cardinal en 1273. Sa mort arriva l'année suivante au mois de Juillet. *Profundus est non verbosus*, dit le sçavant Gerson, *subtilis non curiosus, disertus non vanus, flammantia non inflantia verba proferens*.

Jean Pic de la Mirande, célébre par un grand nombre d'Ouvrages, & surnommé *le Monstre sans défaut*, a écrit sept Livres sur le premier Chapitre de la Génése, intitulez: *Heptaplus de opere sex dierum*, imprimez au t. 1. de ses Ouvrages. Chaque Livre est divisé en sept Chapitres. Le premier Livre parle du Monde élémentaire; le second, du Ciel & du Monde celeste; le troisiéme, du Monde Angelique & invisible; le quattriéme, de l'homme; le cinquiéme, de tous les Mondes en particulier; le sixiéme, du rapport des Mondes entre eux; le septiéme, de la félicité éternelle. Cet Ouvrage ne paroît pas fort utile pour expliquer Moyse, & l'Auteur est trop élevé pour le commun des Lecteurs. M. Dupin dit que son Heptaple est plûtôt un essai qu'un ouvrage complet. Il avoit déja été imprimé à Strasbourg en 1574. *in fol.* Pic étoit Italien & Comte de la Mirandole. Il naquit en 1463. & mourut l'an 1494. âgé de 31. ans, & non pas de 33. comme nous avions dit. Il joignit à beaucoup de science encore plus de pieté & de vertu. Car ce fut un véritable Philosophe Chrétien, qui ne se servit de ses connoissances que pour bien vivre & bien mourir.

Aloïsius Lippomanus, ou *Louis Lippoman*, a laissé une chaîne tirée des Peres Grecs & Latins sur la Génése, l'Exode, & les Pseaumes. Il y a joint même des Remarques de Strabus, Saint Thomas, Cajetan, & ses propres Annotations, qui sont d'ordinaire critiques & littérales. La premiere édition de cette Chaîne est de 1546. *in fol.* à Paris, & depuis à Lyon en 1657. en un gros volume *in fol.* Il y rapporte des Extraits d'environ soixante Auteurs, tant anciens que modernes. Fabricius dans sa Bibliothéque Grecque, livre 5. chap. 17. p. 753. a donné la liste de ces Auteurs. Au reste, ces sortes de chaînes ne sont pas d'une grande utilité; il vaut bien mieux

mieux puiser dans leurs sources, que dans ces petits ruisseaux, dont l'eau n'est pas toûjours bien pure. Lippoman se distingua par l'innocence de sa vie, & son application à l'étude. Car ses grandes affaires ne l'empêchérent pas de lire les Peres Grecs & Latins, ni d'écrire les Vies des SS. encore moins de les imiter. Il fut Evêque de Verone, & mourut en 1559.

Benoît Pererius, ou *Pereira*, a laissé un excellent Commentaire sur la Génése, imprimé en deux volumes *in fol.* ou en quatre *in 4.* La dernicre & la meilleure édition est de 1685. à Cologne, parce qu'elle contient tous ses Ouvrages pour l'Ecriture. Les douze premiers chapitres de ce Commentaire occupent le premier tome, partagé en seize Livres, & en plusieurs Questions ou Disputes, que l'Auteur traite au long, rapportant ce que l'on peut dire pour & contre. La seconde partie est traitée d'une manière plus courte, & a plus la forme de Commentaire. Pérérius étoit sçavant, solide, judicieux, & son Commentaire seul peut tenir lieu de plusieurs autres. Montaigu dit que c'est un Ouvrage sçavant & d'un grand travail, *Doctum & laboriosum Opus*. Pérérius étoit de Valence en Espagne, où il naquit en 1535. Il mourut à Rome l'an 1610.

Ambroise Catharin, Dominicain, a fait un Commentaire sur les cinq premiers Chapitres de la Génése, sur les Epîtres de Saint Paul, & sur les Epîtres Canoniques. Il combat souvent Cajetan, quoique son confrere. Il est hardi & libre dans ses sentimens. Son Ouvrage a été imprimé à Rome en 1552. & 1556. *in fol.* Il y traite particulierement les Questions qui regardent le Texte sacré & quelquefois la Théologie. Il faut y joindre ses Annotations sur les Commentaires de *Cajetan*, imprimées à Lyon en 1542. *in 8.* Catharin né à Sienne en 1487. se fit Dominicain à l'âge de 30. ans. Il fut fait Evêque de Minori dans le Royaume de Naples, d'où il fut transferé par le Pape Jules III. à l'Archevêché de Conza. Il mourut l'an 1553.

Ascanii Martinengi Glossa magna in Genesim, 2. *vol. in fol. Patavii* 1597. L'Auteur est sçavant, mais un peu trop diffus. On trouve dans ce prodigieux Ouvrage toutes les différentes éditions, les phrases & les expressions Hébraïques, les explications tant littérales que mystiques tirées de près de deux cens Peres, dit le P. le Long. Il assure que ce qu'il a fait sur toute l'Ecriture, est dans la Bibliothéque de Saint Sauveur de Bresse. Martinengue étoit de Bresse en Italie. Il fut Chanoine Régulier, Abbé & Général de son Ordre; il mourut l'an 1600.

Marin Mersenne, Minime, a écrit un long Commentaire sur les six premiers Chapitres de la Génése, dont voici le Titre rapporté

Tome IV.

par le P. le Long: *Quæstiones celeberrimæ in Genesim cum accuratâ Textûs explicatione.* Il y a joint des Observations & des Corrections sur les Problémes de George le Vénitien sur la Génése. Le tout imprimé à Paris en 1623. 1625. *in fol.* Ce sont des Questions sur les endroits les plus difficiles & les plus célébres de ce Livre. Ce qui manque sur le reste de la Génése est manuscrit dans la Bibliothéque des Peres Minimes de Paris, ajoûte le P. le Long. En effet, M. Baillet dans la vie de Descartes, tôme 1. p. 110. *in 4.* dit que ce qui est imprimé ne fait que le premier tome de cet Ouvrage.

Il est plûtôt d'un Philosophe & d'un Théologien que d'un Commentateur; Mersenne y attaque particuliérement les Athées & les Roses-croix. Il faut lire la Lettre que *Sixtin Amama* lui a écrit là-dessus. On la trouve dans les Critiques de Londres. Ce Religieux étoit sçavant dans les Langues & les Mathématiques. Il naquit en 1588. se fit Minime à Paris en 1611. & y est mort en 1648. âgé de 60. ans.

Jean le Mercier a fait en particulier un Commentaire sur la Génése, imprimé avec ses autres Ouvrages par les soins de *Josias* son fils, à Geneve en 1598. *in fol.* Cet Ecrivain est un des plus habiles en Hébreu qu'on ait vû en France. Ses Ouvrages sont sçavans & recherchez; mais secs & fort attachez au sens grammatical. Cet Auteur étoit d'Uzès. M. de Thou dans son Histoire dit qu'il avoit une candeur admirable, beaucoup d'érudition, & qu'il menoit une vie irreprochable. C'est à tort qu'on l'a crû Calviniste.

Florianus Nannius, a donné un Commentaire sur la Génése, intitulé: *Catena Argentea in Genesim*, imprimé à Boulogne l'an 1587. *in 4.* Il n'y a que ce qu'il a fait sur le premier chapitre: ce qui suit jusqu'au huitiéme chapitre est manuscrit à Rome, dit le P. le Long. Ainsi Crowée & M. Dupin se trompent quand ils disent que sa Chaîne sur toute l'Ecriture a été imprimée. Nanni Italien, fut Chanoine Régulier de Latran, & Evêque de Seala dans le Royaume de Naples. Il mourut en 1598. Sa Chaîne est tirée des Théologiens Scholastiques, ce qui ne doit pas en donner une grande idée.

Firmini à Capitiis Expositio in Genesim, Paris. 1567. *in 8.* Cette Exposition ne s'étend pas plus loin que jusqu'à la naissance d'Isaac. L'Auteur étoit François de nation, & de l'Ordre de S. François, en 1580.

Guillelmi Hameri Ord. Prædicatorum, Commentationes in Genesim plurimis clarissimorum Hebraïcæ, Græcæ, & Latinæ linguæ Auctorum Sacrorum & Profanorum sententiis ornatæ, *Dilingæ* 1564. *in fol.* Sixte de Sienne dans sa Bibliothéque Sainte appelle ses Explications

Y 4 sçavantes,

sçavantes, utiles, & agréables. Hamer étoit de Nuis, ville du Diocese de Cologne. Il se fit Dominicain, & mourut vers l'an 1564.

Hieronymi Vielmii Liber de sex diebus conditi orbis, in 4. *Venetiis* 1575.

Martin Delrio, a fait un Ouvrage intitulé, *Pharus sacra sapientia*, imprimé à Lyon en 1608. *in* 4. Cet Ouvrage ne contient proprement que des Gloses littérales sur la Génése. Delrio né à Anvers en 1551. se fit Jésuite en Espagne étant âgé de 29. ans. Il mourut trop tôt pour l'exécution des grands desseins qu'il avoit formez. Car il n'avoit que cinquante-huit ans lorsque la mort l'enleva en 1608.

Louis Ystella, Dominicain, a écrit sur la Génése une Explication interlinaire, avec des Scolies, imprimées à Rome en 1601. *in folio.*

Gabriel à Costa, Professeur de Conimbre en Portugal, a fait un Commentaire sur le quarante-neuviéme Chapitre de la Génése, & non pas sur les quarante-neuf Chapitres, comme on avoit crû ; puisqu'il n'y explique que les Bénédictions des douze Patriarches. Il est *in fol.* imprimé avec ses autres Ouvrages à Lyon l'an 1641. L'Auteur mourut en 1616. avant que ses Ouvrages pussent paroître.

Gilles de Viterbe, ou plûtôt *Gilles Colonne*, a fait un Commentaire sur les trois premiers Chapitres de la Génése, imprimé à Venise en 1521. *in* 4. & depuis à Padoüe. Il sçavoit les Langues. Gilles Colonne de l'illustre famille des Colonnes, entra chez les Augustins, dont il fut élû Général en 1292. Il fut ensuite nommé à l'Archevêché de Bourges, & mourut en 1316. âgé de 69. ans. Il est particulierement connu par un grand nombre d'autres Ouvrages qu'il a fait. Voyez sur le Cantique des Cantiques.

Siméon de Muis, a fait des Notes sçavantes sur la Génése, imprimées dans le corps des grands Critiques, tome IX. p. 2605. & avec son Commentaire sur les Pseaumes, à Paris 1650. *in fol.* Le Titre de ces Notes est, *Varia sacra in Pentateuchum.* Il y explique d'une maniére courte & succinte les endroits les plus difficiles de l'Ecriture.

Nous avons obligation à Dom Bernard Pez, & à Dom Martene, de nous avoir donné quatre Ouvrages sur la Génése qui n'avoient point encore paru. Le premier est le Commentaire d'*Angelome*, dans le premier tome des Anecdotes de Pez, p. 45. imprimez à Ausbourg en 1721. 4. vol. *in fol.*

Il dit que l'Auteur y explique le Texte sacré, *nervosè & breviter*, en rapportant néanmoins les passages de Saint Jérôme, de Saint Augustin, & des autres Peres, selon l'usage de son tems. Il fut Moine de Luxeu, & a demeuré quelque tems dans le Palais de l'Empereur Lothaire, comme il le dit lui-même.

Le second est le Commentaire d'*Honoré d'Autun*, sur l'Ouvrage des six jours, *ibid.* tome 2. p. 71. Il en parle lui-même dans son Catalogue des Ecrivains, chap. 17. Il étoit Prêtre & Ecolâtre de l'Eglise d'Autun depuis 1090. jusqu'en 1120. Il est loüable d'avoir fait de grands Recüeils, mais il n'y a pas apporté toute la diligence nécessaire, dit M. Dupin.

Le troisiéme est le Commentaire de *Remi d'Auxerre*, *ibid.* tome 4. partie premiere, p. 3. il est succint & élégant. L'Auteur ne se contente pas de rapporter ce qu'ont dit les Anciens ; il y met beaucoup du sien, & a travaillé en Auteur original. Il présida aux Ecoles de Reims, & mourut vers l'an 900. mais il ne fut point Archevêque de cette Ville. Il s'est fort distingué par sa science.

Le quatriéme est le Traité de *Pierre Abelard*, sur l'Ouvrage des six jours, que Dom Martene a mis dans le cinquiéme tome de ses Anecdotes, p 1361. Il suit le sens littéral, allégorique, & moral : on y reconnoît son esprit & son érudition. Il est trop connu par ses avantures, pour qu'il soit nécessaire d'en parler ici. Nous aurons sujet de le faire ailleurs.

Jean de la Haye, a donné des Commentaires littéraux sur la Génése, à Paris trois volumes *in fol.* 1663. troisiéme édition, & d'autres dont nous parlerons sur l'Exode & l'Apocalypse.

Il y a eu deux Auteurs de ce nom & surnom, l'un Jésuite, & l'autre Cordelier, qui tous deux ont beaucoup travaillé sur l'Ecriture. Nous avons déja parlé du Cordelier dans l'article général des Commentateurs ; nous parlerons de l'autre sur les Harmonies de l'Evangile, ou de l'introduction à l'Ecriture.

Jean Paul Oliva, a joint son Commentaire sur la Génése à celui qu'il a fait sur Esdras. Voyez sur *Esdras*.

Il y en a d'autres qui, sans faire de Commentaire, se sont appliquez, ou à expliquer quelques passages de la Génése, qui leur ont paru les plus difficiles, ou à former de nouveaux systêmes sur la création du Monde ; tels sont les nouveaux Essais d'explications physiques du premier chapitre, par M. de *Saint Rambert*, & autres dont nous parlerons dans l'article suivant.

On a donné à Paris en 1685. *in* 12. des Questions curieuses sur la Génése, en François. C'est une espéce de Commentaire fort agréable & fort instructif. On demande, par exemple, ausquels des deux d'Adam ou d'Eve, la côte qui servit à la formation de celle-ci, sera rendu au jour de la résurrection générale ;

QUATRIE'ME PARTIE.

générale ; & on répond, après *Toſtat*, qui a le premier formé cette queſtion, que n'étant pas néceſſaire que les hommes reprennent alors tout ce qui ſe perd chaque jour de leur ſubſtance, & qui ſe répare par une nouvelle nourriture, car autrement ils reſſuſciteroient monſtrueux ; cette côte doit être renduë à Eve & non à Adam : puiſque dans le tems que Dieu la lui ôta, il en remit une ſemblable à la place qui lui ſera renduë en ce dernier jour.

On recherche de même ſi ce fut un ſerpent qui tenta Eve, ou bien le démon ſous la figure d'un ſerpent. *Cajetan* a crû que ce fut le démon ſeul que l'Ecriture n'appelle ſerpent que par métaphore, & à qui l'uſage de la parole & la qualité de ruſé conviennent beaucoup mieux qu'à cet animal ; mais ſon ſentiment eſt contraire à la plus ſaine opinion, qui enſeigne qu'il y avoit en cette occaſion un démon & un ſerpent tout enſemble.

La diſcuſſion que l'on fait ſur l'exiſtence & la ſituation du Paradis terreſtre eſt fort curieuſe : on y voit comment il ſe peut prouver par l'autorité des Peres de l'Egliſe, par l'Ecriture, & par le raiſonnement, que ce ſejour délicieux ſubſiſte encore actuellement ; on lit auſſi d'un autre côté le fondement que l'on a de croire qu'il a été détruit & ruiné ; ce que néanmoins l'Auteur fait voir n'être pas ſi abſolument & ſi entierement arrivé, qu'on ne puiſſe dire que ce Paradis eſt en quelque façon. A l'égard de ſa ſituation, il remarque qu'il n'étoit ni étendu par toute la terre, comme Joſeph l'a crû, ni ſous la ligne équinoxiale, ou en quelque lieu des Indes Orientales, comme des Catholiques l'ont avancé ; ni enfin borné dans la ſeule Arménie, la Méſopotamie, ou la Paleſtine, en particulier, mais étendu tout à la fois en chacune de ces trois régions.

Le nombre des enfans qu'Eve a mis au monde, fournit encore une queſtion aſſez curieuſe. Il eſt certain qu'il doit avoir été grand ſi l'on conſidere la longueur de la vie de nos premiers Peres ; mais il n'eſt pourtant pas croyable qu'en 930. ans qu'Eve vécut avec ſon mari, elle lui ait donné dix-huit cens enfans, comme l'a voulu Salien, ni auſſi, dit cet Auteur, que le nombre ait été réduit à douze garçons ſeulement & deux filles, ainſi que l'a écrit Saint Epiphane.

L'*Abbé Gouſſault* a fait auſſi des raiſonnemens ſur la Géneſe, imprimez à Paris en 1679. *in* 12. en François. Ce ne ſont pas de ſimples raiſonnemens ſur ce qui s'eſt paſſé dès le commencement du monde : on y trouve chaque point d'Hiſtoire traité à fond & expliqué ſelon les ſentimens des Peres. Ainſi M. l'Abbé Gouſſault en parlant des Géans, fait voir que Saint Auguſtin, Saint Cyrille,

& pluſieurs autres, entendent par-là des hommes ſuperbes, violens, impies & cruels, robuſtes, & abandonnez à toutes ſortes de crimes ; d'où les Poëtes ont pris occaſion de nous les repréſenter eſcaladant le Ciel, & déclarant la guerre aux Dieux. En parlant de même de la Tour de Babel, il explique le ſentiment de Saint Auguſtin touchant la confuſion des Langues, qu'il multiplie avec Saint Proſper juſqu'à 72, par rapport aux 72. familles deſcenduës des trois enfans de Noë, qui s'étoient toutes ramaſſées enſemble pour élever cette ſuperbe Tour, en y comprenant la Langue Hébraïque, qui de générale & univerſelle qu'elle étoit alors, devint ſelon ces Peres, & pluſieurs Interprétes, la Langue particuliere de la famille d'Héber, d'où elle fut appellée Hébraïque.

Nous avons dans les Mémoires de Trévoux de 1723. au mois de Décembre, p. 2285. une Analyſe philoſophique du commencement de la Géneſe, ſur la Création, par D. *Henri Hugonet*. Son principe général eſt que l'on peut entendre & expliquer à la lettre tous les Textes de l'Ecriture ſainte, qui parlent des choſes naturelles ; & qu'il n'eſt permis de les reſtraindre à un ſens allégorique, que lorſque celui qu'ils préſentent à l'eſprit, eſt abſolument contraire à des veritez connuës d'une certitude infaillible.

Selon ce principe, l'Hiſtoire de la Création écrite par Moïſe, renferme une verité littérale & phyſique, quant aux faits, à l'ordre, & à la ſucceſſion de ces faits, aux intervalles, & aux autres principales circonſtances qui font le ſujet de cette Hiſtoire ; il n'y a que ces expreſſions, *Dieu dit*, *Dieu vit la lumiére*, & ſemblables, que l'on doive prendre dans un ſens figuré, ſur lequel perſonne ne peut ſe tromper.

Les principes particuliers dont il ſe ſert, ſont à peu près ceux qui ſuivent. 1°. Il ſuppoſe que le monde eſt fini, & qu'il a des bornes réelles. 2°. Il ſuppoſe que la maſſe entiere, au moment de ſa création, étoit terminée & comme renfermée dans une figure ſphérique. Les expreſſions du Livre des Proverbes, VIII. 27. ſemblent favoriſer tout-à-fait ce ſentiment, que la prévention commune a adopté. 3°. Il ſuppoſe que Dieu créa toute la matiere diviſée réellement en une infinité d'atomes. 4°. Quoique ces atomes ne ſoient pas abſolument indiviſibles, il ſuppoſe que leur ſolidité eſt telle qu'ils ne ſont jamais diviſez effectivement par l'action ordinaire des cauſes ſecondes. 5°. Il ſuppoſe que la plus grande partie de ces atomes étoit de figure ſphérique, quoiqu'ils fuſſent les uns plus gros, les autres plus petits. 6°. Il ſuppoſe que le reſte des atomes étoit, ou tout chargé d'angles, & comme taillé à facettes ; ou qu'ils

avoient

avoient leurs côtez en partie arondis, & en partie angulaires : mais que ces derniers étoient moindres que ceux qui étoient tout-à-fait polygones, quoique les uns & les autres fussent plus gros que les sphériques. 7°. Il marque ces quatre différences des atomes par les noms usitez de premier, second, troisiéme, & quatriéme élément.

Il lui seroit facile de justifier par des applications particuliéres, les hypothéses qu'il fait touchant la nature des atomes, si c'étoit ici le lieu de traiter de la nature des corps : mais il se contente de les défendre par la liberté que tout le monde a de se former un systême sur les choses naturelles.

On peut voir dans les mêmes Mémoires de Trévoux, les explications qu'il a fait du premier Chap. de la Génése, selon ces principes. Il étoit de Franche-Comté, Religieux Bénédictin Réformé de l'Ordre de Cluny, & est mort en 1727. assez jeune.

Dans les mêmes Mémoires de Trévoux de 1725. au mois de Mai, p. 922. il y a une explication de quelques passages du quatriéme Chapitre de la Génése ; on ne dit pas qui en est l'Auteur ; le premier & le principal passage qui y est expliqué, est l'entretien que Dieu eut avec Caïn, qui venoit de tuer son frere, &c.

Il y a aussi une assez longue Lettre de M. *Mallemant*, sur le second ⅄. du sixiéme Chapitre de la Génése, où il explique ce qu'il faut entendre par les Anges qui devinrent amoureux des filles des hommes, & s'étend beaucoup sur la situation du Paradis terrestre. Cette Lettre se trouve au mois de Septembre 1706.

ARTICLE VII.

Des Commentateurs Protestans sur la Génése.

Jean Gerhard, Professeur Luthérien à Salane en Saxe, publia un Commentaire sur la Génése, où il explique le Texte Hébreu, propose & résoud les difficultez, & concilie les contrarietez apparentes. Cet Ouvrage a été imprimé en 1675. & ensuite à Leipsic en 1693. *in* 4. En voici le Titre, qui en donne une juste idée : *Commentarius in Genesim, in quo Textus sacer declaratur, quæstiones dubiæ solvuntur, observationes cruuntur, & loca in speciem pugnantia conciliantur.* C'est Gerhard le pere dont nous parlons ici. Il étoit né en 1582. & mourut à Jene en 1637. n'ayant que 55. ans. Il étoit d'un travail infini, donnant tout son tems à l'étude. Il sçavoit les Langues, avoit lû les Peres, & raisonnoit en bon Controversiste.

Paul Fagius, publia une explication des mots Hébreux des quatre premiers Chapitres de la Génése, sous ce Titre : *Expositio Dictionum Hebraïcarum litteralis & simplex in quatuor capita priora Geneseos*, *Isnæ* 1542. *in* 4. Il y est étendu que dans ses Notes sur tout le Pentateuque, dont nous avons parlé, & de lui dans l'article V. de cette Partie.

Abrahami Calovii Luther. Comment. in Genesim, *in* 4. *Wittembergæ* 1671. Ce Commentaire est accompagné de Prolégoménes, & de Tables Chronologiques. Il entre dans l'examen critique de tous les mots du Texte, & après avoir établi le sens littéral, il en tire des instructions morales. Il a encore écrit contre Grotius, & a pris à tâche de réfuter presque toutes ses Explications de l'Ecriture, dans un Ouvrage intitulé : *Anti-Grotiana annotata in vetus & novum Testamentum*. Il pousse quelquefois un peu trop loin l'envie de contredire son sçavant Antagoniste. Il étoit de Prusse, où il naquit l'an 1612. Luthérien, & mourut en 1686. âgé de 74. ans. Il a beaucoup travaillé sur l'Ecriture ; on compte jusqu'à dix-sept volumes *in* 4. de Dissertations seulement, sans plusieurs autres *in folio* que nous marquons selon la matiere qui en fait le sujet. Voyez son Titre dans l'*Index*.

Nouveaux Essais d'explication Physique du premier Chapitre de la Génése, par M. de *Saint Rambert*, ou *Ramperg*, selon les principes de Descartes, à Utrecht 1713. *in* 12. en François. Le dessein de l'Auteur est de montrer une entiere conformité entre la formation du monde, selon le sistême de M. Descartes, & l'Histoire de la Création, comme elle est rapportée au premier Chapitre de la Génése. Si ce n'est pas la première tentative qui ait été faite sur ce sujet, c'est certainement la plus ingénieuse, la plus étudiée, & la mieux poussée. M. de Saint Rambert proteste dans sa Préface, & à la fin de son Ouvrage, qu'il est prêt d'abandonner ses propres pensées, & de les condamner, si elles s'éloignent en rien de la créance de l'Eglise Catholique, Apostolique, & Romaine. Il étoit François, selon le P. le Long : peut-être qu'il vit encore.

Jean Amerpoel avoit déja donné sans déguisement, *Cartesius Mosaïsans*, à Lewarden l'an 1676. *in* 12. C'est une explication du premier Chapitre de la Génése, où il semble ne suivre que la pensée de *Descartes*, qui dit dans quelques-unes de ses Lettres, que relisant ce Chapitre, il avoit trouvé qu'il pouvoit expliquer facilement, suivant ses principes, tout ce que Moyse y dit de la création du Monde : Amerpoel prétend que la doctrine de ce Philosophe n'a rien de contraire à cette Histoire. Ainsi son Ouvrage n'est proprement qu'un parallele de ce Chapitre, & des principes de Descartes. Il étoit de Groningue en Frise, Calviniste, & vivoit en 1669.

Un

Un autre Auteur a donné depuis le monde naissant, ou la création du monde & de l'homme, selon les mêmes principes de Descartes, à Utrecht en 1685. *in 12.* Ce Traité qui contient trois parties est curieux. Tout y est expliqué avec beaucoup d'ordre & de netteté.

Burnetii Archæologia Philosophica, seu doctrina de rerum originibus, *in 4.* Londini 1692. Et *Telluris Theoria sacra, orbis nostri originem & mutationes generales quas aut jam subiit, aut olim subiturus est complectens: Libri duo priores de Diluvio & Paradiso*, *in 4.* ibid. Anglicè 1681. *in fol.* 1684. l'un & l'autre Ouvrage en 1694. *in 4.* à Amsterdam ; mis en Allemand, & imprimez à Hambourg en 1698. *in 4.* Il y a eu une autre édition à Londres en 1702. Le P. le Long ne la marque point.

Dans ces deux Ouvrages, l'Auteur propose un nouveau sistême sur la création du monde, & sur la maniere dont la terre étoit avant le déluge. Il y explique aussi comment le déluge s'est fait, selon son hypothése. Ses sentimens sont hardis, & il a été refuté. Voyez Salomon Deyling dans ses Observations sacrées, tome 1. Observ. 4. Erasme Waren l'a aussi attaqué ; mais il lui a répondu en Anglois, dans un Ouvrage imprimé à Londres en 1690 *in fol.* Thomas Burnet étoit Anglois, & Médecin du Collége d'Edimbourg, selon Bayle. Le P. le Long le dit Ecossois, & Clerc de la Chapelle du Roi d'Angleterre.

Christophori Cartvvright, Electa Targumico-Rabbinica, sive Annotationes in Genesim ex triplici Targum seu Chaldaïcâ Paraphrasi: Item ex Rasi, Aben-Esra, aliisque Hebræis excerpta, una cum animadversionibus subindè interspersis, Londini 1648. *in 8.* & se trouvent dans le Supplément des grands Critiques, tome 2. C'est un Commentaire entièrement Rabbinique, & assez sec. L'Auteur étoit Anglois, né à Yorck, & mourut en 1658. âgé de 56. ans. On peut juger de la solidité de son jugement, & de sa grande capacité à bien entendre les écrits des Hébreux, par les Ouvrages qu'il a donnez.

Sixtini Amama Annotata in Genesim, dans le tome 1. du Supplément des grands Critiques. Il étoit de Frise, & Calviniste, enseigna à Franeker ; alla en Angleterre, & y mourut l'an 1629. n'étant pas fort âgé, & digne d'une plus longue vie.

Petri Artopœi Christiana trium Linguarum Elementa de primâ rerum origine, vetustissimaque Theologia ex tribus primis capitibus Geneseos, Basileæ 1546. *in 8.* Crowée lui donne encore des Discours tirez des trois premiers Chapitres de la Génése, & imprimez à Stetin en 1545. Il y a bien de l'apparence que c'est le même Ouvrage dont il n'a pas connu le Titre. Cet Auteur étoit de Poméranie, & Lutherien, Ministre à Stetin, & est mort en 1593. selon quelques-uns. Il étoit habile en Hébreu, mais trop prévenu contre la Vulgate ; trop attaché à ses préjugez ; & aux sentimens de sa Secte.

Robinson a donné le sistême Philosophique & Théologique touchant l'Histoire de la Création, comme elle est rapportée par Moyse ; avec la défense de ce sistême, imprimé en Anglois à Londres 1709. *in 8.*

Le dessein de l'Auteur est de faire voir qu'on peut, sans nul inconvénient, expliquer en Philosophe ce que Moyse raconte de la Création. Il donne d'abord une grande idée de ce saint Législateur, de son habileté dans toutes les sciences, & surtout dans la Philosophie. Il met ensuite sous les yeux le Texte du premier Chapitre de la Génése, avec sa Paraphrase Philosophique & Théologique, qui remplit une deuxième colonne, & qui contient les hypothéses particulières, dont il s'efforce de faire voir le juste rapport avec le Texte de Moyse. Enfin il tire de là un grand nombre de conclusions morales, qu'il partage en plusieurs classes, & qui forment autant d'argumens pour établir un Dieu & une Providence.

Il parle lui-même de cet Ouvrage dans son Essai de l'Histoire naturelle des Comtez de Westmerland, & de Comberland. Il étoit Anglois Calviniste, & Ministre dans le Comté de Comberland.

Un autre Auteur inconnu a donné *Moyse éclairci*, ou une explication littérale & physique du premier Chapitre de la Génése, à Amsterdam 1709. *in 12.*

Tout son dessein est de proposer un nouveau sistême pour expliquer le mouvement ; 1°. par le moyen duquel sistême il prétend, 1°. Qu'on ne fait agir Dieu que par sa volonté. 2°. Qu'on explique plus clairement les principes du mouvement ; 3°. Qu'on évite bien des difficultez qu'il croit inséparables des explications que les nouveaux Philosophes donnent du mouvement.

Edmond Dicinson a fait un Traité sur la création du monde, intitulé : *Physica vetus & vera, sive tractatus de naturali veritate Hexaëmeri Mosaici,* à Londres 1685. & 1702. *in 4.* Tout son dessein est de faire voir que la Philosophie corpusculaire des atomes, est clairement établie dans la Génése. Il étoit Anglois, & Médecin du Roi.

ARTICLE VIII.

Des Commentateurs Juifs sur la Génése.

Entre les Juifs il y a deux *Abraham* qui ont écrit sur la Génése : l'un fils d'Aser de la ville de Japhet dans la Galilée supérieure, & qui vivoit

vivoit en 1567. Son Commentaire est imprimé à Venise l'an 1561. *in fol.* en Hébreu, sous le titre : *Lumiere de l'entendement.* L'autre surnommé *Samaria*, dont le Commentaire qu'il nomme *la Lumiere de la vérité*, a été imprimé à Thessalonique, l'an 1604. *in 4.*

Juda, fils d'Abraham Jacob de l'osnanie, a donné Judas Maccabée, & un Commentaire sur la Génése, à Cracovie en 1646. *in fol.* en Hébreu. Et Bartolocci dans sa Bibliothéque Rabbinique, tome 3. p. 66. parle d'un Traité sur l'Ouvrage des six jours, qui est de Juda, fils de Moyse.

Samuël Japhé, fils d'Isaac, Allemand, qui fleurissoit à Constantinople au commencement du dix-septiéme siécle, a fait un Commentaire littéral & allégorique, imprimé à Tarth l'an 1692. *in fol.* quatriéme édition. Et *Samuël*, fils de Joseph, Prêtre Juif, a fait des Discours, imprimez à Venise en 1605. *in 4.*

ARTICLE IX.

Traitez & Dissertations particulieres sur la Génése.

Pour donner quelque ordre à ces Dissertations, qui sont en très-grand nombre, nous les rangerons sous les Titres qui leur conviennent, & qui ont quelque rapport aux différens endroits de la Génése, que ces Dissertations ou Traitez éclaircissent.

Sur la Génése, & sur Moyse, comme Auteur de ce Livre.

Un Auteur dont on ne sçait pas le nom, a fait deux Dissertations sur le commencement de la Génése, & une autre sur l'origine du Droit naturel en Latin, à Mastricht 1713. *in 4.* Il y a un grand fond d'érudition dans cet Ouvrage ; mais il n'a rien de singulier ; on y reconnoît le génie de l'Auteur par ses raisonnemens, & quant au stile, les fréquentes répétitions de la même chose lassent tellement l'esprit, qu'il est moins frappé de ce qui lui est si souvent présenté, & ne sauroit qu'avec peine retenir son attention.

Sur Moyse Auteur du Pentateuque, & par conséquent de la Génése, voyez ce qu'ont écrit R. Simon, le Clerc, Hobbes, Spinosa &c. le P. Aléxandre, le P. Frassen, M. Dupin &c. & en particulier Salomon Deyling dans ses Observations sacrées, t. 1.

Moses vindicatus, seu veritas historiæ creationis mundi adversus Burnetii Archæologias Philosophicas. Cet Ouvrage imprimé à Amsterdam en deux volumes *in 4.* ou plûtôt *in 12.* est de *Jean Graverol* de Nismes, Calviniste, & Ministre de l'Eglise Françoise à Londres, mort l'an 1694. Il y donne la preuve de l'Histoire de la Création, conformément à ce qu'en dit Moyse.

Joan. Henr. Hottingeri Historiæ Creationis Examen, *Heidelbergæ in 4. 1659.* à Zurich 1663. *in 4.* & à Heidelberg 1672. après la mort de l'Auteur. Il étoit de Zurich, né en 1620. enseigna les Langues Orientales à Heidelberg, & étant allé à Leyde, il fit naufrage en 1667. étant âgé de 47. ans. Sa réputation étoit si grande, que les Sçavans lui écrivoient de tous côtez pour le consulter ; il ne lui manquoit que la modération & l'exactitude dans ses Ouvrages ; car il se précipitoit trop en les composant, dit Simon dans son Histoire critique.

Jacobi Martinii, seu Eliæ Faddelii Disputatio de primo creationis triduo, apud Cren. Fascic. 2. Cet Ouvrage avoit déja été imprimé à Wittemberg en 1654. *in 4.* avec le *Pentas Quæstionum Biblicarum ex Genesi*, du même Auteur. Il étoit né à Halberstat en 1570. fut Professeur Luthérien à Wittemberg, & y mourut en 1649. dans sa soixante-dix-neuviéme année.

Eusebii Bohemi Quæstiones Biblicæ de Luce primigeniâ, dans le second *Fasciculus de Crenius* ; cet Ouvrage avoit été imprimé à Wittemberg en 1625. *in 4.* L'Auteur étoit Allemand de Misnie, & Luthérien.

Melchior Leidecker a donné une Archéologie sacrée, où il expose l'Histoire de la Création & du Déluge selon Moyse contre Burnet ; elle est à la fin de sa République des Hébreux, imprimée à Amsterdam 1704. *in fol.* Leidecker particuliérement connu par son Histoire du Jansénisme, étoit Calviniste de Zélande, & vivoit encore en 1721.

Jacques Hasée a aussi traité de Moyse & du Pentateuque dans la Bibliothéque philologique,t. 4. p. 769.795. Il étoit Allemand Luthérien, & vivoit au commencement du dix-septiéme siécle ; c'est tout ce qu'il a fait, & la seule fois que nous en parlerons.

Jean Leonard Heubner, a fait une Dissertation sur le Cahos Mosaïque, à Wittemberg 1701. *in 4.* Nous parlerons d'un autre de ses Ouvrages ailleurs. Il étoit Allemand Luthérien, & fleurissoit au commencement du dix-huitiéme siécle.

Jean Meisner a traité de la Création dans un Ouvrage imprimé à Wittemberg en 1652. *in 4.* De la lumiere, *ibid.* 1662. *in 4.* Du Proto-Evangile, *ibid. in 4.* De la confusion des Langues, & d'autres Traitez dont nous parlerons dans la suite. Il étoit de Saxe, Luthérien, & Professeur à Wittemberg, & est mort en 1681. Il a aussi donné des Ouvrages de Controverses, dont M. Dupin a fait la Liste dans ses Tables, tome 4. p. 762. Il le nomme *Misnaus.*

André Virginius a fait une dispute Théologique sur la Création ; elle parut à Derpt en 1647. Nous parlerons encore de cet Auteur
sur

sur les Pseaumes. Il étoit Allemand de Poméranie, Luthérien, Professeur à Derpt en Livonie. Il mourut en 1664.

Jean André Van-der-Meulen, a écrit des Dissertations philologiques sur le premier & le second Chapitre de la Génése touchant la création du monde, à Utrecht en 1713. *in* 4. Il étoit Hollandois Calviniste, vivoit au commencement du dix-huitiéme siécle.

Jean Nicolai, Allemand Luthérien, Professeur des Antiquitez dans l'Académie de Tubinge, & mort en 1708. a fait une Dissertation particuliere sur le nom d'*Alpha* donné à Moyse. Elle a été imprimée à Leyde en 1703. *in* 16. en Latin. Tout le dessein de l'Auteur est de venger le Législateur des Hébreux contre la dérision que *Hellade* a fait de ce terme qui lui est appliqué. C'est dans sa Chrestomathie dont Photius a fait un extrait, & on peut dire que le Sieur Nicolaï a assez bien réüssi dans son dessein.

Car il tourne à l'honneur de Moyse ce surnom d'*Alpha*, 1°. En ce qu'il se faisoit distinguer par sa beauté naturelle, & par l'éclat que Dieu lui donna à la descente de la Montagne de Sinaï. 2°. Parce qu'il fut le Chef & le Conducteur, le Maître & le Docteur de son peuple. Ceux qui ont primé dans leur genre, & qui ont été à la tête des autres, on les a souvent appellez *Alpha*, du nom de la premiere lettre de l'Alphabet. 3°. La douceur de Moyse peut aussi lui avoir fait donner ce nom, qui est une épithéte donnée aux bœufs & aux moutons, les plus doux des animaux. 4°. Avoir été Médiateur entre Dieu & les hommes, avoir été honoré de la familiarité de Dieu dans plusieurs entretiens, peuvent encore être des raisons de le nommer ainsi.

Nicolaï cherche ces dernieres étimologies dans l'Arabe; en ce petit Ouvrage il fait voir qu'il n'ignoroit pas les Langues sçavantes. Il passe de Moyse à JESUS-CHRIST, qui dans l'Apocalypse est appelé *Alpha* & *Oméga*, le commencement & la fin, le premier & le dernier. La suite de l'Ouvrage mene à quelques réfléxions qui pourroient ici trouver leur place, si on ne craignoit d'être trop long.

Histoire Royale, ou Questions sur la Génése en général en forme de Lettres, dédiées au Roi, par *Nicolas de Hauteville*, Docteur de Paris, à Paris 1665. *in* 4. 1666. *ibid*. 3. vol. *in* 4. & 1667. 2. vol. *in* 4. Ouvrage assez peu utile. Cependant le Titre porte, qu'il y traite les questions les plus curieuses de l'Histoire sacrée. Il étoit François de Nation, & Chanoine de S. Pierre de Généve.

Nicolaï Abram de opere sex dierum, dans son *Pharus* dont nous avons déja parlé, Livre I.

Sur le Paradis Terrestre.

Mosis Bar-Cepha Commentarius de Paradiso, imprimé à Anvers en 1569. *in* 8. mis en Latin par *Jean Masius*, imprimé depuis dans la Bibliothéque des Péres, tome 17. de l'édition de Lyon, p. 458. jusqu'à 500. dans les grands Critiques de l'édition d'Amsterdam en 1698. & dans le Supplément de 1701. à Francfort, tome 2. p. 327. M. Dupin en a donné l'Analyse dans sa Bibliothéque Ecclésiastique au dixiéme siécle, p. 12.

Bar-Cephas étoit Syrien de nation, & a écrit son Traité en Langue Syriaque; il est mort en 914. Il répéte souvent la même chose; ce que Masius a corrigé dans sa Traduction Latine.

Thomæ Malvenda de Paradiso voluptatis, à Rome *in* 4. 1605. Ce Traité, tout petit qu'il est, est plus estimé que tout ce qu'il a donné en cinq volumes *in fol*. sur l'Ecriture, selon M. Dupin, qui en a fait un extrait assez amplé dans son premier tome du dix-septiéme siécle, p. 262. de l'édition *in* 8.

Malvenda Espagnol, né l'an 1565. se fit Dominicain, & mourut l'an 1628. âgé de 63. ans. C'étoit un grand génie, il avoit beaucoup d'érudition sacrée & prophane, un jugement solide, & une grande mémoire; une forte santé dans un petit corps nerveux & bien composé. Il approfondissoit tout ce qu'il traitoit. Souvent il étoit un peu diffus.

Georgii Gasparis Kirkmaier, Dissertatio de Paradiso, Arca Noë, Diluvio, &c. dans Crenius *Fasciculo quarto*; & cette Dissertation avoit déja été imprimée à Wittemberg en 1662. *in* 4. Kirkmaier étoit Allemand, Luthérien & Philosophe. Il est mort en 1700.

Joannis Hopkinson, Descriptio Paradisi, dans Crenius *Fasc*. 2. Cette Description a été aussi imprimée à Leide en 1594. *in* 4. dans les grands Critiques, tome 10. page 45.

Ce Traité est tiré de plusieurs Auteurs; il est court, mais judicieux, & bien écrit en Latin, quoique sur un sujet où il est difficile de s'exprimer en cette Langue. Selon M. Dupin, l'Auteur y fait connoitre qu'il sçavoit l'Hébreu, & qu'il avoit lû les Rabbins. Il étoit Anglois, vivoit sur la fin du seiziéme siécle, enseigna les Langues Orientales, & passa ses derniéres années à composer cet Ouvrage.

Joannis Marckii, Historia Paradisi, *in* 4. à Amsterdam en 1705. Cet Auteur dont nous avons parlé sur le Pentateuque, éclaircit en quatre Livres l'Histoire du Paradis terrestre.

Joannis Frischmuth, Proto-Evangelium Paradisiacum, imprimé à Jéne en 1675. *in* 4. &

& dans le tome premier du Trésor Philologique avec les autres Dissertations qu'il a donné jusqu'au nombre de 56. Nous les marquons ailleurs.

Nicolai Abram, de fluviis & loco Paradisi, dans le Livre 2. de son *Pharus*. Il croit que le Paradis terrestre étoit dans la Palestine.

Salomon Vantil a fait imprimer à la fin de son Commentaire sur Malachie, une sçavante Dissertation sur le Paradis terrestre, où il réfute solidement le systême de M. Huet. En effet personne n'a traité cette matiére si difficile avec plus d'exactitude & de soin. Sa Dissertation est partagée en trois Livres avec une addition. Le premier contient une exacte description de l'ancienne Mésopotamie, & des pays voisins de la Syrie arrosez par l'Euphrate, c'est-à-dire de la Comagéne & de la Cyrrotestique, de la Palmyrene, de l'Assyrie, de la Chaldée, des pays de Chus & d'Avila. Le dernier Chapitre de ce Livre détermine la position du pays appellé Eden. Le second Livre traite des Fleuves du Paradis terrestre, de l'Euphrate, du Tigre, du Phison, du Gehon & du Fleuve d'Eden. Ces deux Livres éclaircissent plus qu'on ne l'a fait jusqu'ici la Géographie Orientale, si nécessaire pour entendre l'Ecriture sainte. Le troisiéme Livre examine les divers sentimens sur la situation du Paradis terrestre; & l'Auteur ne propose le sien dans le dernier Chapitre, qu'après avoir réfuté tous les autres. L'addition n'est qu'un ample Commentaire sur la description du Paradis terrestre, renfermée par Moyse en sept versets du second Chapitre de la Génése.

L'Auteur dans tout cet Ouvrage, fait paroître autant de lecture & encore plus de critique que dans son Commentaire sur Malachie; & l'on peut dire, sans le flatter, que la Dissertation mérite une place distinguée parmi les Ouvrages les plus curieux & les plus utiles. Nous parlerons de lui sur Malachie.

La Dissertation de *M. Huet* avoit d'abord été écrite en François, & imprimée à Paris l'an 1691. depuis en Latin & augmentée, à Leipsic en 1694. *in* 12. & à la fin de sa Démonstration Evangélique, *ibid.* 1694. *in* 4. à Amsterdam 1701. *in* 12. Enfin dans le Supplément des grands Critiques, tome 2. p. 737. L'Auteur dans cette Dissertation s'attache particuliérement à trouver la véritable situation du Paradis terrestre. Nous avons lieu de parler de lui ailleurs. Voyez son titre dans l'*Index*.

Le *P. Hardouin* a mis dans sa nouvelle édition de Pline l'ancien, tome 1. p. 359. une Dissertation curieuse sur le même sujet, où il fait voir la convenance de cet Auteur Payen avec Moyse, touchant la situation du Paradis terrestre. Pour ce qui le regarde, voyez son titre dans l'*Index*.

M. Mallement dans la Lettre marquée ci-dessus Article VI. traite aussi cette matiére fort au long. Il y recherche encore la véritable situation de ce Paradis, & tâche de la fixer au juste. Nous parlons de ce sçavant Auteur en plus d'un endroit.

Tout ce que nous pouvons dire après tant de sçavans Ecrivains, est que quoique Moyse ait décrit la situation du Paradis terrestre avec la derniére exactitude, néanmoins le changement arrivé aux lieux dont il parle, & l'ignorance de l'ancienne Géographie, ont répandu sur sa description des ténébres qu'aucun Critique n'a encore dissipées entiérement. C'est peut-être l'endroit de toute la sainte Ecriture le plus obscur, & qui par son obscurité a donné lieu à une plus grande diversité d'opinions. Heureusement c'est une matiére libre. Les Peres ne conviennent de rien là-dessus. L'Eglise n'en a jamais rien décidé: chacun en a pû dire sa pensée.

Sur l'Arbre de vie & le Serpent séducteur.

Georg. David Ziegra, de Arbore scientiæ boni & mali. Cette Dissertation a été imprimée à Wittemberg en 1679. *in* 4. & se trouve dans le Trésor des Dissertations Théologiques, Philosophiques, tome 1. aussi-bien que dans le *Fasciculus* de Crenius, avec la Dispute de *Chemnit* ou *Chemnitius*, qui avoit déja été imprimée à Jéne en 1683. *in* 4. troisiéme édition; & quatre autres sur le même sujet, *ibid.* 1679. *in* 4. seconde édition. *Ziegra* & *Chemnit* étoient Allemans Luthériens, & ont vécu presque dans le même tems.

Thomas Crenius a mis à la tête de son *Fasciculus*, tome 2. une Exposition particuliére sur l'ordre que Dieu fit à Adam & Eve de manger du fruit de tous les Arbres du Paradis terrestre, & sur la défense de toucher au fruit de l'Arbre de vie. Il étoit Allemand Luthérien, & vivoit encore au commencement du dix-huitiéme siécle.

Joan. Frischmuth, de seductione serpentis antiqui. C'est la même chose que son *Proto-Evangelium Paradisiacum*, dont nous venons de parler sur le Paradis terrestre.

Cornelii Paschii, de Serpente seductore Dissertatio, à Wittemberg 1683. *in* 4. & se trouve dans le Trésor des Dissertations Philologiques, tome 1. Cet Auteur étoit Allemand Luthérien.

Andreæ Tilemanni Rivinii, Serpens iste, antiquus seductor & sedulus. Cette Dissertation a été imprimée à Leipsic en 1686. *in* 4. seconde édition. L'Auteur y suit la pensée des Juifs & des Chrétiens. Il étoit Allemand Luthérien

QUATRIEME PARTIE.

Luthérien, Professeur en Langue Hébraïque, & est mort l'an 1692.

Pauli Ryssii, Monomachia hominis & serpentis, c'est-à-dire, du combat de l'homme avec le serpent, imprimé à Anvers en 1519. *in* 8. Le P. le Long ne marque point cet Ouvrage. *Stace Erheuberger* a fait une Dissertation sur la séduction de l'homme par le serpent, imprimée à Helmstat en 1685. *in* 4.

Jean Frimel, & *Christophe Wegleitter*, Allemans Luthériens, ont écrit sur le même sujet. La Dissertation du premier se trouve dans le tome 1. des Dissertations Philologiques. Le Traité du second a été imprimé à Altorf en 1697. *in* 4.

Sur Adam & Eve.

Jean Nicolas Hardschimdt a fait une Dissertation sur le sommeil d'Adam : *De somno Adami divinitus immisso*, imprimée à Strasbourg en 1700. *in* 4. & une autre dont nous parlerons sur les Rois. Il étoit Allemand Luthérien, & Professeur à Strasbourg au commencement du dix-huitième siècle.

George Lanus a écrit de la côte d'Adam : *De costa Adami*. C'est une Dissertation imprimée à Leipsic en 1687. *in* 4. & *George Frideric Heupel* a fait une Disputé sur la création d'Eve tirée de la côte d'Adam : *De creatione Evæ ex costa Adami*, imprimée à Wittemberg en 1690. *in* 4. Ces deux Auteurs étoient Allemans Luthériens, & vivoient sur la fin du dix-septième siècle.

Jean Gezel a donné le *Nomenclator* d'Adam ; qui contient les différens noms qu'il donna aux Animaux, imprimé à Abo en 1667. *in* 4. Il est de Dannemarck & Evêque Luthérien.

Salomon Deyling in hæc verba Genes. 3. 8. *Cum audissent vocem Domini perambulantis in Paradiso*, dans le tome 3. de ses Observations sacrées ; dont nous avons déjà parlé.

Joan. Helvici Willemeri, de tunica Adami pellicea. C'est une Dispute imprimée à Wittemberg en 1688. *in* 4. sur la tunique de peau que se fit le premier homme après avoir péché, pour couvrir sa nudité. Elle se trouve aussi dans le Trésor des Dissertations Théologiques.

Joan. Michterleim, de tunicis pelliceis. Cette Dissertation se trouve dans le même Trésor, tome 1. Le Pere le Long le nomme *Nuchterlein*. Il étoit comme le précédent Allemand Luthérien ; & vivoient sur la fin du dix-septième siècle.

Christiani Friderici Sinneri, de nuditate primorum parentum, dans les Miscellanées de Leipsic, tome 1. *in* 8. Le P. le Long n'a point connu cet Ouvrage. L'Auteur étoit aussi Allemand Luthérien du dix-septième siècle.

Tome IV.

Julii Bartolocci, de peccato originali, secundum Rabbinos, dans sa Bibliothéque Rabbinique, tome 2. p. 43.

Joan. Fromme, de Cherubim & gladio flammante, dans le Trésor des Dissertations Philologiques, tome 1. & avoit été imprimé à Wittemberg en 1670. *in* 4. Il faut y joindre *Jean François Buddée*, qui a fait une Hypothèse sur les Cherubins du Paradis terrestre, imprimée dans les Observations de Hall, tome 10. Observation 11. Nous parlons ailleurs de l'un & l'autre Auteur. Voyez leur titre dans l'*Index*.

Zachariæ Hetzel, Gentium Desiderium ex confessione Evæ, dans le tome 1. des Dissertations Philologiques, & avoit été imprimé à Wittemberg en 1676. *in* 4. Cet Auteur étoit Luthérien de Silésie, & vivoit sur la fin du dix-septième siècle.

Christ. Helvici, Desiderium matris Evæ, dans les grands Critiques, tome 8. p. 54-82. avec son *Proto-Evangelium Paradisiacum*. L'un & l'autre avoit été imprimé à Giessen l'an 1613. *in* 4°. & 1620. *in* 8. Dupin en a donné l'Analyse dans sa Bibliothéque des Hérétiques, tome 2. p. 52. Helvic étoit de Sprendlingen en Allemagne, où il naquit l'an 1587. Il fut Professeur Luthérien à Giessen, & mourut en 1617. Si nous en croyons Crowée, il se distingua par sa science.

Deyling in Genes. 4. 7. *Sub te erit appetitus tuus*, dans le tome 3. de ses Observations sacrées, Chap. 3.

Cornelii Hasæi, de Proto-Evangelio Diatriba, imprimée à Brême 1691. *in* 4. & dans le même Trésor des Dissertations. Il étoit Allemand, Calviniste & Professeur vers la fin du dix-septième siècle.

Il y en a encore trois autres qui ont donné le *Proto-Evangelium* ; sçavoir *Chrétien Langius*, Luthérien de Saxe, mort l'an 1657. Son Ouvrage a été imprimé à Leipsic 1641. *in* 4. Celui de *Chrétien Korthold*, à Kiel 1678. *in* 4. Nous parlerons de lui sur les Nombres : & celui de *Martin Trostius*, à Wittemberg, 1631. *in* 4. Il a aussi donné : *Depulsio nebularum falsæ interpretationis*, *ibid*. Il étoit Allemand de Westphalie, Luthérien, & mourut en 1631.

Pierre Garbon a fait un Traité sur ces paroles : *Ipsa conteret caput tuum*, imprimé à Prague 1580. *in* 8. Il étoit Allemand, de l'Ordre des Chartreux, & mourut en 1590. *Jean Berthold* Luthérien, à la fin du dix-septième siècle, a écrit sur le même sujet ; ce qu'on a imprimé à Helmstat 1703. *in* 4. *Abraham Coster* Flamand, Calviniste, au commencement du 17ᵉ siècle, prétend que cela ne se doit pas entendre de la sainte Vierge. Son Ouvrage parut à Leyde en 1614. *in* 8.

Nicolas Hugues a donné aussi le *Proto-Evangelium*

A 5

gelium Paradisiacum, à Coburg 1633. *in* 4. Il étoit Allemand Luthérien, & vivoit au commencement du dix-septiéme siécle. C'est tout ce qu'il a fait.

Jean Himmel a donné un Ouvrage sous ce titre : *le premier Evangile proposé à nos premiers Peres dans le Paradis terrestre*, sur le verset 15. du troisiéme Chapitre de la Génése. Il a été imprimé à Jéne en 1618.

Martin Gejer a aussi traité du *premier Evangile*, dans ses Ouvrages, dont nous parlerons sur les Pseaumes dans l'Article des Protestans Commentateurs Généraux.

Herman de Hardt a écrit une Lettre sur ce sujet, imprimée à Helmstat en 1705. *in* 8. Nous parlerons de lui ailleurs. On a écrit contre son Ouvrage. Voyez *Liebentants*.

Samuelis Andrea, *de salute Ada*, dans le Trésor des Dissertations Philologiques ; séparément à Marpourg en 1678. Il a fait une autre Dissertation sur la sépulture du premier homme, imprimée *ibid.* en 1679. Il étoit Allemand, Calviniste & Professeur en éloquence à Marpourg vers l'an 1680.

Harveng, ou *Philippe Abbé de Bonne-Espérance*, a traité aussi du salut d'Adam dans un Discours qui se trouve à la page 345. de ses Oeuvres, imprimées à Doüai 1621. *in fol.* Nous parlerons encore de lui sur Salomon & sur les Cantiques.

Le *P. Aléxandre* a fait une Dissertation sur le même sujet, qui se trouve la troisiéme du tome premier de son Histoire de l'ancien Testament, p. 73. Elle est contre Tatien & les Encratites. Nous parlons de lui ailleurs. Voyez son titre dans l'*Index*.

Sur toutes les choses apocryphes que l'on dit d'Adam, voyez *Fabricius* dans son *Codex Pseudepigraphus*, qui a été imprimé à Hambourg & à Leipsic l'an 1713. *in* 8. Il contient toutes les fables qu'on a débitées, & les fausses pièces qu'on a attribuées non seulement à Adam, mais à tous les anciens Patriarches. Il auroit, ce semble, mieux valu laisser dans l'obscurité ces sortes d'Ouvrages, si peu dignes du jour, & qui ne nous peuvent rien apprendre, si ce n'est de quelles extravagances l'esprit humain est capable, quand il est livré à soi-même. Fabricius a fait la même chose pour le nouveau Testament, où nous parlerons de lui.

Thomas Sherloch a fait une dissertation sur ce que les Anciens avant JESUS-CHRIST pensoient touchant les circonstances & les conséquences de la chute d'Adam. Elle est à la fin d'un Livre intitulé, *l'usage & le but des Prophéties* : en Anglois, *The use and intent of the Prophetes*, & imprimé à Londres 1726.

Sur Caïn, Abel, Henoch, Lamech, Seth & Nemrod.

Jean Fechtius a donné l'Histoire de Caïn & d'Abel avec des Notes Critiques, Philologiques, Historiques & Théologiques, à Rostoch 1704. *in* 4. Il étoit Allemand Luthérien, Ministre Général à Rostoch, au commencement du dix-huitiéme siécle.

Jean Adam Osiander a traité du sacrifice de Caïn & d'Abel ; à Tubinge 1678. *in* 4. autre Allemand né à Vayhing, & mort en 1697. Luthérien. Voyez sur le Pentateuque, où nous avons parlé de ses autres Ouvrages.

Deyling n'est pas le seul qui ait traité de la Ville bâtie par Caïn, dans ses Observations sacrées, tome 3. chap. 3. il faut y joindre *Frederic Gotter*, Allemand Luthérien d'Altembourg en Misnie, qui a fait imprimer à Jéne l'an 1705. *in* 4. un Ouvrage sur le même sujet.

Paul Stockman a fait aussi une Dissertation sur Caïn, imprimée dans le Trésor des Dissertations Philologiques, tome 1. autre Allemand Luthérien. Voyez sur S. Matthieu.

Jean André Dantz en a fait une sur le nom de Caïn, *ibid.* & imprimée à Jéne en 1682. *in* 4. Il étoit Allemand Luthérien, Professeur des Langues Orientales à Jéne sur la fin du dix-septiéme siécle.

Nicolas Langius a traité du discours de Caïn avec Abel & avec Dieu ; ce qu'on a imprimé à Wittemberg 1695. *in* 4.

D'autres n'ont écrit que sur le signe qui fut donné à Caïn ; sçavoir *Jean Pasch*, à Wittemberg 1685. *in* 4 *Chrétien Neubaur*, à Erford 1673. *in* 4. *Paul Stockman*, dans le Trésor des Dissertations Philologiques, t. 1. & *Jean Christophe Ortlob*, à Leipsic *in* 4. 1701. Il y a ajoûté : *Caïnus non desperans, ejusque vindicia, ibid.* 1706. Tous ces Auteurs sont Allemans Luthériens du dix-septiéme siécle, de même que les suivans.

La Dissertation de *Jean Drusius* sur l'enlévement d'Henoch, a été imprimée à Franeker en 1615. *in* 4. & dans les grands Critiques, tome 8. 2029. Il y examine s'il est mort ou encore vivant.

Auguste Pfeiffer a fait une Dissertation Philologique sur le même, imprimée à la fin de son Commentaire sur Abdias.

Adrien Vanvesebe, Calviniste Flamand, a traité de la vie & de la mort d'Henoch, à Amsterdam 1693. *in* 8. *André Kesler* a donné l'Histoire d'Henoch à Wittemberg 1702. *in* 4. Voyez sur les Pseaumes.

Jean-Philippe Pfeiffer a fait une Dissertation sur l'homicide de Lamech, imprimée à Konigsberg 1670. & dans le tome premier des Dissertations Philologiques.

Jean-Guillaume

QUATRIEME PARTIE.

Jean-Guillaume Hilliger a fait aussi un Traité intitulé : *Homicidium & vindicta Lamechi*, à Wittemberg 1673. & dans le tome premier des Dissertations Philologiques.

Le P. *Aléxandre* dans sa quatriéme Dissertation, parle de la Polygamie de Lamech.

Jean-Michel Langius a fait une Dispute, *de prima Sethitarum cognominatione*, à Altorf 1705. *in* 4. Une autre sur l'homicide de Lamech, *ibid.* 1700. *in* 4. & une troisiéme sur Nemrod le Chasseur, *ibid.* 1706. *in* 4.

George Henri Goetzius, & *Jean Christophe Uden*, Allemans Luthériens, ont traité du salut de Caïn ; ce que le dernier a fait imprimer à Helmstat, l'an 1682. *in* 4. Pour le premier, voyez son titre dans l'*Index*.

Voyez aussi notre Dissertation sur Enoch & son Livre, à la tête du Commentaire sur l'Epître de S. Jude.

Ægidii Strauchii, de columnis Sethianis, dans le cinquième *Fasciculus* de Crenius. Sur ces mêmes colonnes des enfans de Seth, voyez Joseph dans ses Antiq. Livre 1. Chap. 2. Fabricius dans ses Apocryphes de l'ancien Testament, p. 139. 148. & suiv. Voyez aussi les Auteurs qui y sont citez.

Sur les Préadamites, & la longue vie des Patriarches.

Sur les Préadamites, voyez *la Peyrere*, & les Dictionnaires de *Bayle*, sous l'article de la Peyrere, & *M. Simon*, tome 2. Epîtres choisies, Lettres 1. 2. 3. 4.

Voyez aussi *Vossius* des septante Interprètes, *George Stramer*, *Barthelemi Crodelbalch* sur les mêmes Préadamites ; *Christophe Engelke, Præadamitismi recens incrustati examen*, 1707. & *Abraham Calovius*.

La Peyrere est le premier Auteur de l'opinion des Préadamites. Il étoit de Bordeaux, où il naquit de parens Calvinistes ; mais il se convertit depuis, & mourut chez les Peres de l'Oratoire proche Paris l'an 1677. âgé de 80. ans. Son Ouvrage fut imprimé en Latin en Hollande en 1655. Il mit 30. ans à l'enfanter. Il trouva presque aussi-tôt un grand nombre d'adversaires, qui sont les suivans.

Joan. Conrad. Dannhavverus, Præadamita utis, c'est-à-dire, *Nullus nemo*, ou *Fabula primorum hominum ante Adamum penitùs explosa*, à Strasbourg 1656. *in* 8. C'est un Dialogue où il fait parler deux personnes sous des noms empruntez. Le P. le Long ne le marque point parmi les autres Ouvrages de cet Auteur, dont nous parlons ailleurs. Voyez son titre dans l'*Index*.

Eusebius Romanus adversus Præadamitas. C'est *Philippe le Prieur*, qui sous le nom d'Eusèbe Romain, a fait une Lettre où il y a des remarques sur le Livre des Préadamites, adressées à la Peyrere lui-même. Elle a été imprimée à Paris l'an 1656. & 1658. ce que le P. le Long n'a pas sçu, puisqu'il ne marque pas cet Auteur. Il étoit François Catholique, & est mort l'an 1680. Il est particulierement connu par ses sçavantes Notes, sur Tertullien, Optat & saint Cyprien.

Il y a aussi l'Ouvrage de *Jean Henri Ursinus*, imprimé à Francfort en 1656. Il étoit Ministre Luthérien à Ratisbonne, quoique de Spire, & est mort en 1666. ou 1662. Celui d'*Antoine Hulse*, intitulé *le non être Préadamite*, imprimé à Leide en 1656. Il étoit Flamand Calviniste, & est mort en 1685. Celui de *Jean Hilpert*, Luthérien de Franconie, & mort en 1680. C'est une Disquisition imprimée en 1656. à Amsterdam.

L'Ouvrage de *Samuel Desmarets*, Calviniste, imprimé à Groningue l'an 1656. *in* 12. sous ce titre : *Refutatio fabulæ Præadamicæ*. *Jean-Baptiste Morin*, de Ville-Franche, & Docteur en Médecine, a aussi donné : *Compendiosa refutatio erronei ac detestandi Libri de Præadamitis*, à Paris 1656. *in* 16. On peut voir les autres dans la Bibliothéque Théologique de Lipenius, tome 2. & Philosophique, tome 2.

Gaspar Dornavius Mathusala vivax, seu de causis longævitatis Patriarcharum, dans le Trésor des Dissertations Théologiques & Philologiques, tome 2. p. 974. Cette Dissertation avoit déja été imprimée séparément à Francfort 1619. *in* 4. où il examine pourquoi les premiers hommes vivoient si long-tems. Il étoit Allemand Luthérien & Médecin, au commencement du dix-septiéme siécle. Morhof dit de lui : *Diligens fuit in nugis, sed eruditis*.

Il n'est pas le seul qui ait écrit sur ce sujet : long-tems auparavant *Engelbert*, Abbé Bénédictin en 1297. avoit fait un Livre, que Dom Bernard Pez a donné dans ses Anecdotes, tome 1. partie premiére, page 439. Son Ouvrage contient 41. Chapitres, où il examine à fond cette matiére.

Entre les Luthériens, *Godefroi Sprotta* a aussi fait une Dissertation imprimée à Leipsic 1668. *in* 4. *Louis Roger* a fait un examen de la conjecture du P. Tournemine sur la différence du Texte Hébreu, Samaritain & Grec, touchant les années des Patriarches, en François, dans les Memoires de Trévoux, 1703. §. 140. Nous parlerons de lui sur Isaïe.

Sur les Geans, autrement dits Nephilins.

Hieronymi Magii, de Gigantibus, à Paris chez Commelin en 1603. *in* 4. & dans le huitiéme

huitiéme *Fasciculus* des Ouvrages Historiques & Philologiques *in* 16. à Roterdam 1697. Il étoit Italien, & ayant été pris par les Turcs, il fut étranglé en 1572. M. de Thou dans son Histoire fait son éloge sur l'an 1568. Ceux qui en ont parlé le nomment *Librorum helluo*, un homme qui dévoroit les Livres ; expression qui marque sa grande ardeur pour l'étude.

Jacobi Boulduc, *de Ecclesia ante Legem*. Il y traite des Géans dans le premier Livre, Chap. 2. 8. 9. 11. & dans le Livre 3. Chap. 2. L'Anonyme qui a écrit contre lui est *Thomas Bange*, sous ce titre : *Exercitatio de Nephilinis Gigantibus vulgò dictis*, *contra Jacobum Boulduc*, où il prétend en démontrer l'existence, que Boulduc tâche de détruire. Cette Exercitation a été imprimée à Copenhague en 1652. *Bange* étoit de Finlande, Luthérien, & est mort en 1661.

Joannis Goropii Origines ; & *Chassagnon*, *de Gigantibus* : ou plutôt, *Joannis Cassanii de Gigantibus contra Joan. Gorop. Becanum*, à Bâle 1580. *in* 8. & à Spire 1587. *in* 8. C'est dans les Origines d'Anvers, que Gorope parle des Géans. Elles ont été imprimées à Anvers en 1580. *in fol.* seconde édition plus ample que la premiére : & dautant qu'il y nie qu'il y ait jamais eu des Géans, *Jean Chassagnon* a écrit contre lui dans l'Ouvrage que nous venons de marquer. Celui-ci est aussi peu connu, que *Gorope* est en grande réputation. Il étoit né dans le Brabant en 1518. & mourut en 1572. âgé de 53. ans. Juste Lipse le nomme *ingenium acre*, *facile*, *felix*.

Antonius Terillus, *de termino magnitudinis & virium in animalibus*, dans ses Problèmes de Mathématiques, imprimez à Parme en 1660. *in* 12. Il étoit Anglois de Dorcester, mais Catholique & Jésuite.

Voetius parle aussi des Géans dans le tome premier de ses Disputes sur la Création, partie huitiéme, page 704. & *Athanase Kircher*, dans son Monde souterrain, Livre 8. Sect. 2. Chap. 4. Il y prétend prouver p. 56. 64. qu'il y a eu des Géans, par des ossemens d'une grandeur prodigieuse qu'on a trouvez dans des cavernes. Nous parlerons encore de lui plus bas.

Voyez notre Dissertation sur les Géans, imprimée dans le Recueil de nos Dissertations *in* 4. à Paris. Histoire du Géant Theudobochus, à Paris 1613. *in* 8. & les Ouvrages qui ont été publiez en ce tems-là, pour & contre l'existence des Géans par *Guillemot* & *Habicot*, tous deux Chirurgiens de Paris.

Item, la *Gigantomachie de Jean Riolan* ; & la *Gigantologie* du même, à Paris 1613. & 1618. *in* 8.

Matthieu Hiller a fait aussi un Ouvrage, *de antiqua Gigantum gente & sedibus ex Genesi*, à Tubinge 1701. *in* 4. *Jean Christophe Kiesewetter* a fait une Dispute sur les Géans, imprimée à Jéne 1694. *in* 4. Hiller étoit de Tubinge, & Professeur des Langues Orientales, au commencement de ce siécle.

Jean Frideric Rachnée, a examiné quand les Géans ont commencé, & combien ils ont duré ; à Leipsic 1704. *in* 4. *André Senner* a fait une Dissertation Historique & Philologique sur le même sujet, à Wittemberg 1663. *in* 4. Ils étoient tous quatre Allemans Luthériens, & vivoient sur la fin du dix-septiéme siécle.

Sur l'Arche, *le Déluge & l'Iris*, *ou Arc-en-Ciel*.

Joannis Buteonis, *de Arca Noë*. Il parle de la forme & de la capacité de l'Arche, d'une manière Géométrique. C'est dans ses autres Ouvrages de Géométrie, imprimez à Lyon 1554. *in* 4. & depuis à part dans les grands Critiques, Tome 8. p. 83. Cet Ouvrage est sçavant & recherché. L'Auteur étoit de Vienne en Dauphiné, Religieux de saint Antoine, & non pas de saint Antonin, comme on le lit dans le P. le Long. Il mourut de chagrin de ce qu'il manquoit de Livres, en 1564. âgé de 75. ans.

Athanasii Kircher, *de Arca Noë*, imprimé à Amsterdam en 1675. *in fol.* Nous parlerons de lui plus bas.

Matthai Hosti, *inquisitio in fabricam Arcæ Noë*, imprimée à Francfort 1575. *in* 8. & à Leide 1695. *in* 4. 2. vol. avec son Traité des Poids & des Mesures. Depuis dans les grands Critiques, tome 8. p. 164. Il étoit Allemand Luthérien, & mourut en 1587. n'ayant encore que 25. ans.

La Dissertation de M. *le Pelletier* a été imprimée en François l'an 1700. *in* 8. & M. Dupin en a donné un long extrait dans sa Bibliothéque du dix-septiéme siécle, tome 8. p. 53. 58. Il étoit de Roüen, & est mort en 1711. n'étant que Laïc & Marchand.

Jean Philippe Hein, Allemand Luthérien, a fait des Observations Critiques sur l'épaisseur de la couverture de l'Arche ; dans les Nouvelles Littéraires de 1716. p. 139. Il peut être encore vivant.

Arias Montanus, dont nous avons parlé sur les Polyglottes, a fait une Description littérale de l'Arche. C'est le sixiéme Livre de ses Antiquitez Judaïques, imprimées dans le huitiéme volume de sa Polyglotte, & depuis dans les grands Critiques d'Angleterre, tome 8. p. 606.

Jean Bec, en Latin *Becius*, a traité du Déluge & de l'Arche de Noé en Flamand à Arnhem 1640. Il étoit Flamand Calviniste, & fleurissoit vers 1640. Il y a de lui une Lettre parmi

parmi celles des Théologiens Protestans écrite en 1606. avec une Réponse, p. 168.

George *Moebius* a donné un Discours sous ce titre : *Arca Noë conservatrix generis humani*, à Leipsic 1686. *in* 4. & parmi ses Disputes de Théologie, *ibid.* 1694. *in* 4. Il étoit Allemand, né à Lauche en Thuringe, Luthérien, Professeur à Leipsic, & est mort en 1697. âgé de 81. ans. Fabricius parle de lui & de ses Ouvrages, dans l'Histoire de sa Bibliothéque, tome 5. p. 372-74. Nous parlerons encore de lui sur l'Exode & ailleurs.

Entre les Anciens, *Béde le vénérable* a donné une Explication allégorique, avec la figure de l'Arche, à qui il donne trente coudées de haut & trois cens de long, au second tome de ses Ouvrages, page 350. de l'édition de Bâle. Nous avons parlé de lui dans l'Article des Commentateurs Généraux.

Hugues de saint Victor n'en donne qu'une Description mystique & morale, dans le t. 2. de ses Ouvrages, p. 286. de l'édition de Roüen. Nous avons parlé de lui *ibid*.

Jérôme Savonarole a fait des Discours sur l'Arche de Noé, imprimez à Venise en 1536. 1580. & sur d'autres Livres de l'Ecriture. Voyez l'Article de l'Exode & les suivans.

Il y en a qui ont traité en particulier du Déluge. *Christophe Reuchlin* a fait là-dessus une Dissertation Philologique, imprimée à Wittemberg en 1685. *in* 4. *Abraham Vander Mile* a écrit sur l'universalité du Déluge, à Geneve 1667. & à Hale 1705. *in* 12. *Guillaume Bonjour* a parlé du tems du Déluge, dans ses Dissertations choisies.

Jean Moller a fait une Disquisition : *De forma & quantitate anni Diluviani*, à Francfort 1652. *in* 8. *George Gaspard Kirchmaier* a donné une Description du Déluge, avec ce qu'il a écrit du Paradis terrestre. Voyez ci-devant. *Yves Gukes* a fait une Dissertation Physique, Géométrique & Théologique sur le Déluge en trente articles, dans la Bibliothéque Philologique, tome 4. p. 798.

Michel Chrétien Tieroff, a donné le Déluge sacré & prophane, à Jéne 1672. Nous parlerons de ses autres Ouvrages *infrà*. Il étoit Allemand Luthérien, & vivoit sur la fin du dix-septiéme siécle.

Il faut voir *Isaac Vossius*, dans son Ouvrage *de Ætate Mundi*, p. 283. où il traite du Déluge.

Nous avons dans les Mémoires de Trévoux de 1724. quelques pensées de *Dom Hugonet* sur le Déluge. Il s'y applique particuliérement à rechercher d'où pouvoit venir la prodigieuse quantité des eaux qui inondérent toute la terre. Nous avons parlé de lui sur la Génése.

On a imprimé à Geneve une Dissertation Latine sur le Déluge en 1667. *in* 12. Elle est divisée en onze parties, avec un Cotollaire qui peut être regardé comme la douziéme. Dans la premiére, l'Auteur rapporte tous les passages de l'Ecriture, & les raisons qui établissent l'universalité du Déluge. Dans la seconde, il explique en Philosophe comment cette universalité a été possible, & comment un si grand Déluge a pû cesser. Dans la troisiéme, il propose les doutes que l'on peut avoir touchant cette universalité, & rapporte un grand nombre de passages, aussi-bien que de conjectures qui semblent les favoriser. Dans la quatriéme, il examine quelle partie de la terre aura été inondée, en supposant que le Déluge n'étoit pas universel. Dans la cinquiéme, il prouve par beaucoup d'autoritez que les hommes n'habitoient qu'un certain pays ; d'où il conclut qu'il n'étoit pas nécessaire qu'il fût universel. Dans la sixiéme, il apporte d'autres preuves pour montrer que toute la terre n'étoit pas habitée avant le Déluge. Dans la septiéme, il soutient que quoique toute la terre n'ait pas été inondée, cependant il y en a eu une très-grande partie. Dans la huitiéme, il explique le terme d'universalité donné au Déluge, en ce sens que toute la terre qui étoit habitée a été inondée. Dans la neuviéme & dixiéme, il répond aux objections qu'on peut faire contre ce sentiment. Dans la onziéme, il examine en quel lieu étoit Enoch dans le tems du Déluge, & croit que ce lieu est différent du Paradis où Adam fut créé.

Il finit son Corollaire en soumettant sa Dissertation au jugement des Sçavans. Il se dit fils de Dieu & de l'Eglise, ennemi déclaré des nouvelles opinions.

Un autre Auteur anonyme du dix-septiéme siécle, a donné l'Histoire de Noé & du Déluge universel, expliquée par les Peres de l'Eglise, & par les Interprétes de l'Ecriture sainte, à Paris 1687. *in* 8. en François. Ceux qui traitent une même matiére ne la traitent pas également bien ; chacun suit son génie & son goût : celui-ci ne cherche que le spirituel & le moral. Son Ouvrage est partagé en trois livres ; & chaque livre en plusieurs parties. C'est dans le second seulement qu'il commence à traiter sa principale matière de l'Arche & du Déluge, où il lâche grand nombre de conjectures ridicules & basses. Le précédent ne contient que des sujets de morale fort éloignez de son dessein. Il finit le troisiéme par la confusion des Langues.

Le P. Aléxandre dans son Histoire Ecclésiastique de l'ancien Testament, a fait une Dissertation exprès sur l'Arche & le Déluge. C'est la dixiéme, p. 106. du t. 1. divisée en 5. articles : dans le premier il fait voir que l'Arche, telle que Moyse la décrit, a pû contenir des animaux de toute espéce. Dans le le second, il parle de la signification mystique de l'Arche. Dans le troisiéme, il prouve que ces paroles de la Génèse, *eruntque dies illius centum viginti annorum*, doivent s'entendre de l'espace de tems que Dieu accordoit aux hommes pour faire pénitence avant le Déluge, & non pas de la durée de la vie des hommes. Dans le quatriéme, il traite de l'universalité du Déluge : & dans le cinquiéme, de l'éternelle damnation de ceux qui ont péri dans les eaux.

D. *Petit-Didier* a employé la seconde & la troisiéme section de sa dix-septiéme Dissertation à parler de Noé, de l'Arche & du Déluge. Ce n'est qu'un abrégé de tout ce que les autres avoient déja dit là-dessus. Il suit particuliérement Buteo comme le meilleur : il répond aux objections des Préadamites contre l'universalité du Déluge.

La terrible & juste vengeance que Dieu avoit tiré des pechez des hommes par un Déluge universel qui n'avoit rien épargné, l'engagea à donner une marque certaine de sa colere appaisée : il choisit pour cela l'Arc en Ciel, qui subsistoit avant le Déluge, mais que Dieu établit depuis pour être le signe de sa réconciliation. Il y en a qui ont prétendu qu'il n'a paru que depuis le Déluge ; d'autres ont soutenu le contraire. *Salomon Deyling* s'est expliqué là-dessus un peu à fond dans ses Observations sacrées, tome 1. On peut y ajouter la plûpart des grands Commentateurs.

George Albert Hamberger dans ses Dissertations Académiques, imprimées à Jéne l'an 1708. *in* 4. en a fait une sur l'Iris ou l'Arc en Ciel. Elle est divisée en quatre Chapitres. Dans le premier, il expose les principaux Phénomènes de ce Météore, qui sont au nombre de 33. Dans le deuxiéme, il établit les principes destinez à expliquer ces Phénomènes. Dans le troisiéme, il s'applique à rendre raison de tous ces Phénomènes. Dans le quatriéme, il décide la question si l'Arc en Ciel paroissoit avant le Déluge, ou s'il n'a paru que depuis par un miracle particulier.

Il n'a pas de peine à prendre son parti là-dessus. Il est persuadé que cet effet est purement naturel, & que la même cause qui le produit aujourd'hui, le produisit avant le Déluge : que Dieu le proposa à Noé, non comme un effet miraculeux, capable de le rassurer contre la crainte d'un second Déluge, mais seulement comme un signe éclatant, & d'autant plus propre à renouveller la promesse que Dieu avoit faite à ce Patriarche ; que l'Arc en Ciel est presque toujours accompagné de la pluye, fleau dont Dieu s'étoit servi pour punir le genre humain. Dans tout ce qu'il étale ici, il ne dit rien qui ne soit bien appuyé, & est d'une grande érudition.

Sur Noé & ses enfans, Sem, Cham & Japhet.

Nicolai Abram, de benedictionibus Noë, dans son *Pharus*, Livre 3. & Livre 5. Il faut y joindre *Bernard Gosman*, qui a fait une Dispute sur la bénédiction de Sem, imprimée à Rostoch 1657. *in* 4. Au contraire, *Jean Philippe Olearius* en a fait une sur la malédiction de Cham, à Leipsic 1707. *in* 4.

Abraham Calovius a aussi traité de la Prophétie de Noé sur les tentes de Sem & de Japhet, à Wittemberg 1702. seconde édition *in* 4. *Jean Busch* a donné une Dissertation sur la bonne odeur du sacrifice de Noé, à Wittemberg 1683. *in* 4. & dans le Trésor des Dissertations Philologiques, tome 1. Tous ces Auteurs étoient Luthériens Allemans.

Le P. *Aléxandre* est presque le seul qui ait fait une Dissertation sur l'yvresse de Noé. C'est la troisiéme du second âge du monde, p. 146. tome 1. de son Histoire Ecclésiastique. Il faut y joindre *Calvorius*, qui dans sa septiéme Dispute parle, *de Noë retecto*. Voyez sur Loth.

Fabricius dans son Codex apocryphe de l'ancien Testament, rapporte tout ce qu'on a attribué à Noé & à ses enfans. 1°. La prédication qu'il fit aux hommes pour les exhorter à la pénitence, afin d'appaiser la colére de Dieu avant que le Déluge arrivât, en Grec & en Latin, p. 234. 239. 2°. La priére qu'il fit dans l'Arche chaque jour avec sa femme & ses enfans, p. 243. 3°. Les préceptes qu'il leur donna au sortir de l'Arche, p. 244. 4°. Son Testament, *ibid*. p. 265. 5°. Les sept préceptes des enfans de Noé, page 268. avec ses annotations, &c.

Le P. *Aléxandre, ubi suprà*, a encore fait une Dissertation particuliére sur ces préceptes, p. 143. avec son Commentaire. Nous les avons aussi rapportez dans notre Commentaire sur la Génése.

Sur la Tour de Babel, la confusion des Langues & la transmigration des Nations.

Voyez notre Dissertation sur la Tour de Babel, dans le Recüeil de nos Dissertations *in* 4. tome 1.

Salomon Deylingii, de Babelis origine & confusione Linguarum, dans ses Observations sacrées, tome 3. Chap. 4.

Nous avons remis à parler ici de l'Ouvrage du P. *Kircher* sur l'Arche de Noé, à cause de la liaison qu'il a avec celui qui regarde la Tour de Babel ; l'un & l'autre imprimé avec son Oedipe Egyptien, à Amsterdam 1673. 1675. 3. vol. *in fol*. Dans le premier,

QUATRIÉME PARTIE.

mier, il fait voir quelle a été la véritable construction de l'Arche. Dans le dernier, il traite de la vie des hommes après le Déluge, de la construction de la Tour, de la confusion des Langues & de la transmigration des Nations. Kircher étoit de Fulde en Allemagne, où il naquit l'an 1601. se fit Jésuite, alla à Rome & y mourut en 1678. âgé de 78. ans. Morhof dans sa Polyhistoire dit du dernier Ouvrage : *Operosum opus plenum iconibus* ; & lui il l'appelle : *centum Doctor Artium*.

Joachim Colombe a aussi traité de la construction de cette Tour dans un Ouvrage Latin qui parut à Konigsberg l'an 1675. *in* 4. Il étoit Allemand Luthérien. *Conrad Dieteric* dans ses Antiquitez de la Bible, en parle page 116. & de la division des Nations, *ibid.* p. 128. Nous aurons occasion de parler de lui ailleurs. *Jean Joachim Zentgrave*, autre Allemand Luthérien, mort en 1707. a encore fait une Dispute en Latin sur cette Tour, à Wittemberg 1674. *in* 4.

Abraham Pungeler a donné plusieurs Dissertations sur ce sujet à Herborne 1710. *in* 8. Pungeler, Allemand Calviniste, vivoit au commencement du dix-huitiéme siécle. Il naquit en 1679. fut reçu Docteur à Franeker en 1701. Ses autres Ouvrages sur l'Ecriture, sont marquez dans la Bibliothéque Philologique, tome 5. p. 166.

Joan. Buxtorfii de confusione Linguarum. C'est Jean Buxtorf le fils qui parle de cette confusion des Langues, dans ses Dissertations de la Langue Hébraïque, imprimées à Bâle en 1645. *in* 4. Nous parlons de lui ailleurs. Voyez son titre dans l'*Index*.

Joannis Meisneri de confusione Linguarum Babylonicâ, à Wittemberg 1664. *in* 4. *Georg. Dav. Ziegra*, *de confusione Linguarum*, *ibid.* 1679. *in* 4.

Christoph. Crinesii, Disputatio de confusione Linguarum, dans les Analectes de Crenius, & avoit été imprimée à Nuremberg en 1629. *in* 4. Il étoit de Bohême, & est mort en 1629.

Il faut y joindre *Frideric Viccius*, qui a fait des Dissertations Philologiques sur la confusion des Langues, imprimées à Wittemberg en 1654. *in* 4. Voyez plus bas sur Joseph. *Jean André Quensted* a écrit sur le mélange des Langues ; ce qu'il a fait imprimer, *ibid.* en 1656. *in* 4. Voyez sur l'Exode.

La confusion des Langues, qui arriva dans le tems de la construction de la Tour de Babel, a donné lieu aux Critiques d'examiner quelle a été la premiere & la plus ancienne de toutes les Langues.

Stephani Morini Exercitationes de Lingua primava ejusque Appendiciis, à Utrecht *in* 4. Voyez aussi notre Dissertation sur la premiere Langue, dans le Recüeil de nos Dissertations, tome 1. p. 1.

Joan. Buxtorfii de Lingua Hebreæ antiquitate & origine, à Bâle 1645. *in* 4. *Henrici Kippingii de Lingua primava*, dans les Analectes de Crenius, imprimez à Amsterdam en 1699. *in* 8. Il étoit Allemand Calviniste.

Joan. Vorstii, *de Lingua omnium prima*, dans ses *Miscellanea Academica*, ou dans sa Philologie sacrée, que nous marquerons ailleurs.

Gaspar Calovius a aussi traité de l'origine des Langues dans son Ouvrage intitulé, *la gloire de Moyse*. Voyez plus bas. Les autres sont marquez dans la Bibliothéque Théologique de Lipenius, tome 2.

Abraham Mile a écrit de la transmigration des Peuples & des animaux dans tous les pays du monde, après le Déluge, en Latin à Geneve 1667. *in* 12.

Quoique le principal dessein de l'Auteur soit de faire voir comment cette transmigration est arrivée, il remonte cependant jusqu'à l'origine & des hommes & des animaux. C'est là-dessus particuliérement que roule son Traité, qui quoique très-petit en lui-même, contient beaucoup de recherche & d'érudition.

Pour ce qui regarde l'origine des hommes & des animaux, il parle d'abord en Philosophe de leur création, & de celle du monde ; réfute ceux qui l'ont crû éternel ; surquoi il dit des choses très-curieuses, & montre la conformité des sentimens des anciens Philosophes, avec ce que Moyse a écrit de l'Histoire de la création.

Il passe ensuite à la transmigration, & recherche exactement quel est le premier pays que les hommes ont habité, sans jamais s'éloigner de ce que Moyse en a dit. C'est le guide fidéle qu'il suit toujours. Il s'y étend beaucoup sur le Déluge, les descendans de Noé, & le pays d'Ophir. Enfin il examine comment il s'est pû faire que les hommes se soient répandus de leur premiére demeure, qui étoit l'Asie, dans l'Afrique, l'Amérique & l'Europe : ce qui lui paroit plus difficile à expliquer des animaux terrestres. Cependant il tâche d'en donner le dénouement & montre comment cela s'est pû faire.

Il finit cet Ouvrage en nous apprenant qu'il avoit déja soixante & dix ans, quand il l'a achevé ; & rend graces au Dieu immortel de ce qu'il lui a donné assez de forces & de corps & d'esprit pour y mettre la derniére main.

Sur la Géographie sacrée, sur *Tharsis*, & sur *Ophir*, *&c.* il faut voir l'Article de la Géographie.

Sur Caïnan, fils d'Arphaxad.

Il y en a eu trois de ce nom, dont il est parlé dans la Génèse ; l'un qui a été fils d'Enos, sur lequel il n'y a point de difficulté : les deux autres, que les uns croyent fils de Sem ou d'Arphaxad, & que d'autres ont mis mal-à-propos dans le Texte Grec des Septante.

Jacobi Usserii Dissertatio de Caïnan, dans son *Syntagma* de la Version des 70. Interprétes, imprimée à Londres en 1655. *in* 4. & depuis à Leipsic 1695. *in* 4. Elle est aussi dans les grands Critiques, tome 9. p. 4004. Fabricius en a fait l'Analyse dans l'Histoire de sa Bibliothéque, tome 1. p. 293.

Friderici Spanhemii de eodem, dans ses doutes Evangéliques, doute 3. dont nous parlerons, & de lui, dans l'Article général du nouveau Testament.

Pour ce qui est d'*Usserius*, il prétend qu'il n'y en a eu qu'un seul de ce nom, sçavoir le fils d'Enos ; que les deux autres ont été ajoûtez dans le Texte sacré, parce qu'ils ne se trouvent point dans l'Hébreu, ni dans la Paraphrase d'Onkélos, encore moins dans la véritable Version Grecque. Nous avons parlé de lui dans l'Article des Variantes.

Le *P. Aléxandre* est un de ceux qui s'est le plus étendu là-dessus. C'est dans sa quatriéme Dissertation du second âge du monde, p. 148. tome 1. où il prétend que Caïnan est supposé ou ajoûté. C'est aussi le sentiment commun.

Sur Abraham, Melchisedech & Loth.

Le même *P. Aléxandre*, ibid. p. 156. a fait une Dissertation sur l'année de la naissance d'Abraham. C'est la sixiéme du second âge, p. 54. où il prétend qu'il vint au monde, lorsque son pere avoit déja 130. ans.

Sur le Patriarche Abraham, voyez *saint Ambroise* & le *P. Nicolas Abram*, dans son *Pharus*, Livre 7.

Le Traité de Saint Ambroise, qui est dans le tome 1. de ses Ouvrages, p. 282. de la nouvelle édition, est plus moral que critique, selon la coûtume de ce Pere, qui cherchoit plûtôt à instruire qu'à disputer.

Sur le jurement qu'Abraham exige de son serviteur, en lui disant : *Mettez votre main sous ma cuisse*, Genes. xxiv. 2. 2. Voyez *Joan. Henr. Otto Lexic. Rabbinico-Philolog. Selden. l. 2. de Synedriis*, c. 2. *Samuël Petit*, *Var. Lect.* c. 16. *Jac. Perizonius*, *Præfat. in Lib. Maimon. de jure jurando latius reddito à J. Frider. Miegio*. Leid. 1706. 4. *Dan. Fesselius, l.* 1. *adverss. sacr.* c. 4. Herman de Hardt, dans une Dissertation particuliere, a prétendu qu'il falloit traduire : *Mettez votre main sous mon poignet droit*. Elle a été imprimée à Helmstad en 1711. Cet Auteur étoit d'Osnabruck, Luthérien, & vivoit encore en 1725. On lui donne l'honorable titre d'Amateur de l'Antiquité la plus reculée.

Jean Pitron a fait une Dissertation sur le dégré de consanguinité d'Abraham avec Sara, imprimée dans les Mémoires de Trévoux en 1709. au mois de Juin, article 84. avec la réponse du P. Dauché. On examine dans cette Dissertation, si Sara étoit sœur d'Abraham, ou sa niéce. L'Auteur croit qu'il est beaucoup plus vraisemblable que Sara étoit sœur d'Abraham ; il le prouve d'abord en montrant qu'elle n'étoit point sa niéce ; il passe ensuite à une preuve plus directe, & prétend établir que Sara étoit la propre sœur de ce Patriarche : il s'objecte enfin l'autorité des Peres qui paroissent contraires à son sentiment, & la raison qu'on tire de la loi de nature, qui semble défendre le mariage entre freres & sœurs ; & il s'efforce de satisfaire à ces deux difficultez.

Ceux qui disent que Sara étoit niéce d'Abraham, le prouvent par la Génèse, Chap. xi. ỹ. 29. où il est dit qu'Aram l'un des freres du Patriarche laissa deux filles. Il répond à cela 1°. Que ces deux filles y sont appellées, l'une Melcha, l'autre Jescha, non pas Sara, prétendre que celle-ci ait eu deux noms, c'est-là, dit-il, avancer un fait sans preuve, & proposer une conjecture sans en avoir le moindre fondement. 2°. Sara n'avoit que dix ans moins que son mari, Génèse 17. ỹ. 17. Aram étoit cadet d'Abraham, ibid. xi. ỹ. 26. 27. donc si Sara étoit fille d'Aram, il faut qu'Aram ait été son pere à l'âge de huit ou neuf ans.

Pour prouver la seconde partie, il suppose avec Saint Augustin & plusieurs autres Peres, qu'Abraham n'a pas menti en assurant comme il a fait, que Sara étoit sa sœur. Or (dit-il) il auroit menti, & Sara elle-même, si elle ne l'eût pas été effectivement, mais seulement sa niéce. Abraham dit à Abimelech, elle est véritablement ma sœur, & je l'ai épousée. *Vere soror mea est*.

A l'autorité des Peres, il répond qu'il n'y a pas au-dessus de tradition constante & suivie : qu'à la vérité cette autorité est respectable sur un point de foi & de morale ; mais que sur un point d'histoire, sur un simple fait is éloigné de leur tems, elle n'est pas décisive.

A la raison prise de la Loi, qui défend les mariages entre freres & sœurs, il répond que ces sortes de mariages n'étoient pas défendus du tems d'Abraham, & il le prouve par l'exemple de Jacob, qui épousa successivement les deux sœurs. Ce qu'on peut voir fort au long dans les Mémoires de Trévoux de 1709.

au

Gilles Strauchius, Allemand Luthérien, de Wittemberg, & mort à Dantzic en 1682. âgé de 50. ans, a écrit sur l'année de la naissance & de la vocation d'Abraham, à Wittemberg en 1653. *in* 4. & sur Melchisedech, à Dantzic 1672. *in* 4.

George Frideric Niehench, autre Allemand Luthérien, de Rostoch, au commencement du dix-huitiéme siécle, a fait une Dissertation exégétique & polémique sur les trois Anges qui apparurent à Abraham, à Rostoch 1707. *in* 4.

Jean Winckelman, rigide Luthérien, de Hambourg, mort en 1626. dans sa soixante-quinziéme année, a fait une Dispute sur l'alliance de Dieu avec Abraham, à Giessen en 1618. *in* 4.

Geoffroi Jungt a donné une Exercitation sur le festin d'Abraham, quand il sevra Isaac, à Brême en 1708. *in* 4. Voyez sur l'Exode.

Gaspard Sibelius, a traité de son Sacrifice, à Deventer en 1637. *in* 4. Il étoit de Hollande, né en 1587. & mort en 1658. Ministre Calviniste de Deventer.

Joan. Gottlieb & Christ. Wagnerus de Ur Chaldæorum, ou du pays du Patriarche Abraham, dans le Trésor des Dissertations Philologiques. L'Ouvrage de Wagner avoit déja été imprimé à Leipsic en 1681. *in* 4. *André Sennert* a fait aussi une Dissertation Philologique sur ce même pays, imprimée à Wittemberg en 1665. *in* 4. Et *Jean Sebastien Mitternachius*, une Dissertation sur le nom & la patrie d'Abraham, à Gera en 1661. *in* 4.

Michel Liebentants de Terra Moriah & monte visionis Dei, c'est une Dissertation Philologique imprimée à Wittemberg en 1663. *in* 4. & dans le Trésor des Dissertations Philologiques, tome 2. p. 895.

Sur Melchisedech, voyez *Saint Jérôme* dans sa Lettre à Evangelus, tome 2. p. 570. de la nouvelle édition. Il y combat un Auteur Anonyme qui prétendoit que Melchisedech étoit le Saint-Esprit, & il prouve que c'étoit un homme véritable, peut-être Sem, ou un autre. Il explique comment il a pû être Prêtre du Très-Haut, Roi de Salem, sans pere & sans mere.

Salomon. Deylingii de Personâ Melchisedechi, dans ses Observations sacrées, t. 2.

Voyez notre Dissertation sur Melchisedech à la tête de notre Commentaire sur l'Epitre aux Hébreux.

Joan. Owen de Melchisedecho non Henocho, dans son Commentaire sur l'Epitre aux Hébreux, imprimé en Anglois à Londres en 1668. & en Latin à Amsterdam 1700. 2. vol. *in fol.* Il étoit Anglois de Londres, Chef des Indépendans, & est mort en 1684. Il y a dans la Bibliothéque Philologique, tome 3.

Tome IV.

p. 879. deux Lettres écrites à Jean d'Owen sur le même sujet.

Saint Chrysostôme a fait une espéce de Traité contre les Melchisedeciens, qui vouloient que Melchisedech fût plus grand que le Fils de Dieu; c'est une Homélie qui se trouve dans le tome 6. de la nouvelle édition, p. 265.

Un Auteur Anonyme de Dannemarck, prétend faire remonter les deux dignitez de Melchisedech; la Sacerdotale & la Royale jusqu'à Japhet son ayeul; c'est dans un Essai problématique & historique imprimé à Coppenhague en 1710. *in* 4.

Hugues Brougton, Anglois Calviniste, mort en 1612. croit que c'est Sem, dans un Traité imprimé à Londres en Anglois, en 1591. *in* 4. & en Latin *ibid*. 1596. mis depuis avec ses autres Ouvrages, *ibid*. 1662. *in fol*. Il avoit une profonde connoissance des Antiquitez Hébraïques.

Henri Hulsius soûtient qu'Enoch a commencé de revivre en la personne de Melchisedech, *Enoch redivivus*, à Amsterdam 1706. *in* 8. Il étoit frere d'Antoine Hulsius, Flamand & Calviniste, dont nous avons parlé ci-dessus.

Jacques la Peyre, qui se nommoit aussi d'*Auxoles*, Catholique, & mort en 1642. a écrit sur le tems auquel Melchisedech a vécu, c'est une Apologie contre Salien, imprimée à Paris en 1626. *in* 8. Salien lui a répondu dans sa Préface du tome 5. de ses Annales; & prouve contre ce qu'il a avancé, que Melchisedech n'est point Enoch.

Matthieu Van-Rein a fait aussi une Dissertation sur ce qui est écrit de Melchisedech, dans le septiéme Chapitre de l'Epître aux Hébreux; elle est dans le second tome des Dissertations Philologiques.

Christophle Schlegel a donné des Questions sur Melchisedech, qui se trouvent dans le dixiéme tome des grands Critiques, p. 829. Il y rapporte tous les differens sentimens des Auteurs, & soûtient que c'étoit un homme véritable, mais extraordinaire & suscité de Dieu pour ses desseins. Ces deux derniers Auteurs étoient Allemans Luthériens; le dernier est mort en 1678.

Jacques Gaillard, François Calviniste, qui vivoit encore en 1704. a fait un Traité pour faire voir que Melchisedech est JESUS-CHRIST même, imprimé à Leyde en 1686. C'est particuliérement contre lui que Dom Petit-Didier a fait une Dissertation exprès sur ce sujet; c'est la dix-huitiéme dans le Recüeil de ses Dissertations Critiques.

Enfin *Fabricius* dans son *Codex* apocryphe de l'ancien Testament, a donné une liste des nouveaux Critiques qui en ont écrit; ce qui peut suppléer à ceux que nous avons omis pour abréger.

C 5

La juste punition de la femme de Loth a paru une chose si extraordinaire, qu'on a crû qu'il falloit des Dissertations particuliéres pour l'examiner à fond.

Henrici Baumann de Statua salis, dans le tome 1. des Dissertations Philologiques, & séparément, à Wittemberg en 1674. *in* 4. seconde édition. L'Auteur est mort en 1669.

Joan. Clerici de Statua salis, & de Sodoma finitimarumque urbium subversione, à la fin de son Commentaire sur la Génése. Il examine dans la premiére Dissertation, qui est celle de l'embrasement de Sodome, s'il y a eu du miracle; & il suit ce sentiment qui est le plus conforme à l'Ecriture. Dans la seconde, il prétend qu'il ne faut pas prendre à la lettre les paroles de Moyse; que la seule frayeur a rendu immobile la femme de Loth & l'a étouffée. Nous parlons de lui ailleurs. Voyez son Titre dans l'*Index*.

David Constantius de Statua salis, à Lausanne en 1693. *in* 4. Voyez sur l'Exode. *Joan. Saubert de eadem*. Nous ne sçavons pas bien si c'est *Saubert* le pere ou le fils qui a écrit de cette Statuë.

Christophe Herman dans sa Disquisition sur le sort de la femme de Loth, soûtient qu'il n'y a pas eu de miracle; elle a été imprimée à Jéne en 1706. & 1708. *in* 4. seconde édition augmentée. Herman étoit Allemand Luthérien, & vivoit encore au commencement du dix-huitiéme siécle. Voyez sur l'Evangile de Saint Jean, & l'Epître aux Philippiens.

Voyez notre Commentaire sur la Génése, Chap. XIX. seconde édition.

Jean Laurent Fischer a donné à son Ouvrage sur ce sujet, le titre de *Statua salaria*, imprimé à Dantzic en 1680. *in* 4. Il étoit Allemand de Prusse, Luthérien, & vivoit sur la fin du dix-septiéme siécle.

Cæson Gramme a fait une Exercitation sur la Métamorphose de la femme de Loth, à Kiel en 1669. *in* 4. *Isaac Philman* a fait une Dissertation imprimée à Abo ville de Suéde, dans la Finlande méridionale, en 1707. *in* 4. *Michel Tieroff* en parle aussi dans sa Disquisition sur les liens sacrez des Juifs, imprimée à Jéne en 1657. *in* 4.

De la Circoncision ordonnée à Abraham.

Nous faisons ailleurs un article particulier de la Circoncision considerée comme un Sacrement chez les Juifs, & dans toutes ses circonstances; ici nous n'en parlerons qu'en général, & fort succinctement, pour ne pas tomber dans des redites.

Bartolocci de Circumcisione, dans le tome 3. de sa Bibliothéque Rabbinique, p. 468.

Jacobi Interbuch, an pueri Hebræorum non baptisati aliquo modo salventur. Cet Auteur étoit Chartreux de Saint Sauveur auprès d'Erford.

Salom. Deylingii de origine Circumcisionis, dans ses Observations sacrées, tome 2.

Zacharie Grapius a fait un examen, sçavoir si la circoncision a passé des Egyptiens à Abraham, à Rostoch en 1699. *in* 4. *Sebastien Schmidt* a prouvé que c'est le premier Sacrement de l'ancienne Loi, dans son exposition du dix-septiéme Chap. de la Génése, à Strasbourg en 1661. *in* 4.

Herman Vonder-Hardt, a donné un Prodrome sur la Circoncision, à Helmstat en 1700. *in* 8. *André Coler* a écrit sur le même sujet contre Ligtfoot, à Kiel en 1688. *in* 4. *Daniel Lundius* a donné une Dissertation, à Upsal en 1705. *in* 8. Et *Jean Scherzer* en a donné un Traité, à Leipsic en 1657. *in* 4. Tous ces Ecrivains sont Luthériens ou Calvinistes.

Sur Isaac, Esaü, Jacob, Rachel, & Lia.

Jean Georges Bayer, Luthérien Allemand, a fait une Dispute sur la bonne odeur des habits d'Esaü, imprimée à Altorf 1705. *in* 4. Pour bien entendre ce que c'étoit que cette bonne odeur, & quels étoient ces habits, il faut dire quelque chose du droit d'aînesse d'Esaü, & voir au juste en quoi il consistoit.

C'est ce que M. Petit-Pied développe très-bien dans son sçavant Traité du droit & prérogatives des Ecclésiastiques dans l'administration de la Justice séculiére. Il y fait voir par un passage de saint Thomas, que l'honneur du Sacerdoce, joint à une autorité légitime, qui étoit comme une Magistrature & une Royauté, fut, par les descendans de Noé, qui demeurérent fidéles à Dieu, restraint & attaché à la seule personne des chefs de famille, & de leurs aînez; *hanc dignitatem primogenitis attribuebant*; qui conjointement avec leurs peres remplissoient cette fonction dans leurs nombreuses familles; & c'est en quoi consistoit principalement le droit de primogéniture, si considérable dans les maisons des Patriarches.

La tradition des Juifs, rapportée par S. Jérôme dans ses Questions Hébraïques sur le vingt-septiéme Chapitre de la Génése, nous apprend que l'aîné des enfans des Patriarches étoit Prêtre, & qu'il avoit des vêtemens particuliers & prétieux dont il se revêtoit pour offrir avec dignité le sacrifice. Ce qui a donné lieu à quelques Commentateurs de croire que les habits dont Jacob se couvrit par le conseil de Rebecca, pour s'approcher de son pere & obtenir sa bénédiction, étoient des habits sacerdotaux, remarquables par leurs richesses & par leur agréable odeur,

qui

qui avoient appartenu à Esaü en qualité d'aîné, & qu'il avoit vendu à son frere, avec le droit attaché à la primogéniture. *Primogenitura autem vestis erat sacerdotalis, quâ induti majores natu cum benedictione patris, victimas Deo velut Pontifices offerebant*, dit la Glose ordinaire sur la Génése, Chap. 25.

C'est le sentiment des Peres, des anciens Rabbins, & de tous ceux qui ont écrit sur la Génése (si l'on en excepte deux ou trois Auteurs modernes) que l'aîné étoit véritablement Prêtre, exerçant la Sacrificature. Jacob ayant surpris la bénédiction de son aîné, sacrifia plusieurs fois allant chez son oncle Laban, & à son retour. On voit même sur l'Exode, que les aînez avoient la sacrificature; ce qui depuis fut dévolu à la seule Tribu de Lévi. L'aîné étant le seigneur de la famille, toute sorte d'honneur lui étoit déféré: à la table, il tenoit la première place: le double partage lui étoit accordé dans les biens du pere, à cause de sa dignité; il avoit de plus le pouvoir de Juge, pour terminer les différens entre ses freres, & les accommoder entre eux. Voilà quel étoit le droit d'aînesse dans l'ancienne Loi, & même devant, comme dans la personne d'Esaü.

Joan. Drusius, *de Mandragoris*, dans le tome 1. des grands Critiques, p. 286. & séparément à Amsterdam 1632. *in* 4. seconde édition, à la fin de son Commentaire sur Ruth. Il y explique de quelle nature étoient ces Mandragores.

Michael Liebentants, *de Rachelis Dudaim*, dans le Trésor des Dissertations Philologiques: *Antoine Deusing* a fait aussi une Dissertation là-dessus, imprimée à Groningue en 1659. *in* 12. L'*Abbé Garofalo*, sous le nom de *Cariophyle*, en a fait aussi une. Voyez sur la Poësie des Hébreux, ou son titre dans l'*Index*.

Philippe Codurc, dans un Ouvrage imprimé à Paris en 1657. *in* 4. seconde édition, a prétendu prouver que ces Mandragores ne sont point les Dodaims, mais un Tubereuse, *Tubera*. Voyez sur Job.

Gilles Straunius a écrit sur la Statuë sépulchrale de Rachel, à Wittemberg 1661. *in* 4.

Aug. Knericht, *de fœtura Jacob artificiosa*, c'est-à-dire, de l'adresse dont se servit Jacob pour rendre ses brebis fécondes, dans le Trésor des Dissertations Théologiques & Philologiques.

Godefroi Vockerod en a aussi traité, & fait imprimer à Jéne 1689. une Dissertation sur ce sujet. Ces deux derniers Auteurs étoient Allemans Luthériens, & vivoient en même tems.

Samuel Bochart en parle aussi dans son Ouvrage, *de Animalibus sacris*, Part. 1. Liv. 2. Chap. 49. p. 544. &c.

Abraham Calovius, *de lucta Jacobi cum Angelo*, à Wittemberg.

Ægidius Strauchius & *Gaspar Sibelius* ont écrit du même combat de Jacob avec l'Ange.

Gaspar Finch en a aussi écrit en Allemand; ce qui est imprimé à Giessen en 1613. *in* 4.

Il faut encore mettre *Campege Vitringa*, dont la Dissertation se trouve dans la Bibliothéque Philologique; tome 1. p. 773. jusqu'à 804. divisée en deux Chapitres. Dans le premier, il expose & explique le passage. Dans le second, il propose des doutes sur ce fait historique, & en donne la solution. Il a fait une seconde Dissertation sur le même sujet; qui se trouvé *ibid*. tome 2. p. 5-48.

André Musculus, Ministre Général à Francfort sur l'Oder, & mort en 1580. a écrit sur l'Echelle de Jacob, à Francfort 1578. *in* 8.

Jean Simon a consideré dans les causes naturelles, le prétendu artifice dont Jacob se servoit pour rendre ses brebis fécondes, à Wittemberg 1675. *in* 4. Il étoit Allemand Luthérien; & vivoit sur la fin du dix-septiéme siécle.

Philippe Roesler a traité de la bénédiction que Jacob enleva à son frere Esaü, à Tubinge 1706. *in* 4. Cet Auteur, Allemand Luthérien, écrivoit au commencement du dix-huitiéme siécle.

Sur Joseph & les autres Patriarches.

Guillaume Bonjour a fait une Dissertation sur le nom que Pharaon donna à Joseph, à Rome 1696. *in* 4. Il étoit de Toulouse, de l'Ordre de saint Augustin; & vivoit encore au commencement du dix-huitiéme siécle.

Louis Alvares, Portugais, du Diocése de Conimbre, mort en 1681. a donné *Joseph illustratus*, à Lyon 1675. *in* fol.

Jean François Budée a fait une Dissertation, & *Maurice Vagner* une Dispute sur la coupe de Joseph; celle-ci imprimée à Wittemberg en 1700. *in* 4. l'autre, dans les Observations choisies de Hall. Observ. 4.

Godefroi Scheliger prétend que c'est à tort qu'on dit qu'il a deviné par sa coupe. C'est dans un Ouvrage qui parut à Leipsic en 1704. *in* 4.

Jean Reinard Rus a donné deux Disputes sur le songe du grand Pannetier expliqué par Joseph; à Jéne 1701. *in* 4.

Jacques Trigland a fait une Dissertation sur le Patriarche Joseph, adoré sous la figure d'un Bœuf sacré, à Leide 1700. Il étoit Calviniste Hollandois, & mourut en 1706.

Jean Friderie Frosch, Allemand Luthérien, a parlé de Joseph vendu injustement, sur le Chap. 37. à Wittemberg 1695. *in* 4.

Jacques Laurent a donné une exposition de l'Histoire du même, intitulée *Carcer Regius*,

gius, à Amsterdam 1670. *in* 4. troisiéme édition. Il étoit d'Amsterdam, Calviniste & Ministre. Il mourut en 1644. Dupin marque ses autres Ouvrages dans ses Tables, tome 4. p. 10. 18. 20.

Sebastien Schmid a traité du nombre de la famille de Jacob, à Strasbourg 1688. *in* 8.

Bernard de Marolles a donné des Lettres Critiques, pour concilier ce que Moyse & saint Etienne en ont dit, en François, à Utrecht 1705. *in* 8. *Jean Masson* a donné le même Ouvrage imprimé *ibid.* ce qui fait conjecturer que ce peut être le même sous différens noms. Il étoit François Calviniste.

André Selneccer a fait sept Dialogues sur le Patriarche Jacob & ses enfans, qui vendirent leur frere Joseph ; & la douleur qu'il en eut. Ils sont imprimez à Leipsic en 1586. *in* 8.

Frideric Viccius a traité de l'éloge que Pharaon fit de Joseph, rapporté au Chap. 41. de la Génése, ỳ. 44. Ce qui a été imprimé à Wittemberg en 1657. *in* 4. Nous parlerons encore de cet Auteur sur l'Exode.

Sur les douze bénédictions de Jacob.

De benedictionibus Jacob in filios, voyez *Helvicus, Didacus Celada, Adam Osiander, Gabriel Acosta, Pererius* ; & les autres Commentateurs. Entre les anciens, *saint Ambroise & Rufin*.

Didace de Celada a fait sur ces bénédictions un Commentaire littéral & moral, imprimé à Lyon en 1657. *in fol.* seconde édition. Il étoit Jésuite Espagnol, & est mort en 1661. Il avoit de l'érudition sacrée & profane.

Ce que *Jean Adam Osiander* a donné est plus précis, & a été imprimé à Tubinge en 1669. *in* 4. Nous avons déja parlé de lui, & nous avons aussi marqué ce que *Gabriel Acosta* a fait.

C'est un Livre entier que *Benoît Pererius* a fait sur ces douze bénédictions, imprimé à Ingolstat en 1591. *in* 8.

On conserve manuscrit dans le Collége de Complute, ce que *Denis de Arriola* a fait là-dessus. *Jean Brunus* s'est aussi distingué par son Commentaire & ses Questions sur le même sujet, imprimées à Venise en 1604. *in* 4. Voyez leur titre dans l'*Index*.

Le Traité de *saint Ambroise* sur ces bénédictions, est à la page 514. du tome 1. de la nouvelle édition. Il prétend qu'elles sont toutes prophétiques, & en fait la juste application.

Celui de *Rufin* a été imprimé avec ses autres Commentaires, à Paris 1680. *in fol.* Il y trouve que ces bénédictions sont accomplies ou dans l'Eglise ou dans les Tribus des Juifs. Il étoit d'Aquilée, contemporain de saint Jérôme, & son antagoniste, comme l'on sçait. Le Pape Gelase l'appelle, *vir religiosus*.

Plusieurs ont écrit en particulier sur la célébre Prophétie du sceptre de Juda, comprise dans la bénédiction que Jacob donna au premier des Patriarches, & elle est trop intéressante, pour ne pas marquer les principaux Auteurs qui en ont traité.

Salomon Deylingii, de sceptro Juda non recessuro, dans ses Observations sacrées, tome 2.

Lettres Critiques par *M. de J.* Amsterdam 1715. sur le sceptre promis à Juda.

Philippe Caroli, Luthérien de Neubourg, & mort Catholique en 1638. a fait là-dessus une Dissertation imprimée à Altorf en 1640. *in* 4.

Christophe de Cheffontaines, ou *à Capite fontium*, en a donné une à Lyon en 1578. *in* 8. Il fut fait Général des Cordeliers l'an 1571. & Archevêque de Césarée par Gregoire XIII. Il écrivoit bien en Latin, & étoit fort dans le raisonnement, selon M. Dupin. Nous n'aurions jamais fait si nous voulions marquer tous ceux qui ont écrit sur cet Oracle, on les peut voir dans le P. le Long.

Nous ne pouvons omettre l'explication de la Prophétie de Jacob par le *P. Tournemine*, rapportée dans les Mémoires de Trévoux. Il trouve dans cette Prophétie cinq marques infaillibles pour reconnoître le Messie. 1°. Le tems de sa venuë. Il viendra avant que Dieu abandonne la Tribu de Juda, & permette qu'elle soit chassée de la Terre sainte, & dissipée comme les autres. 2°. La famille dont il sera. Il naîtra de la race de Juda. 3°. Le lieu où il paroîtra. La Terre sainte. 4°. Un événement mémorable qui le distinguera de tout autre homme : c'est la réunion de toutes les Nations dans une seule Eglise. 5°. Une circonstance de son triomphe fort singuliére : il s'y servira d'une ânesse & d'un ânon. Les cinq marques conviennent à JESUS-CHRIST seul, & forment en faveur de sa Religion, un argument dont toutes les chicannes des Juifs n'éluderont jamais la force. On voit les Nations réunies dans son Eglise. On sçait qu'il s'est servi dans son triomphe d'une ânesse & d'un ânon. Les Juifs ne nient pas qu'il soit de la race de Juda. Ils conviennent qu'il a paru dans la Terre sainte, peu d'années avant la dissipation entiére de la Tribu de Juda.

Une Dissertation sur la même Prophétie de Jacob, qui se trouve dans les Mémoires de Trévoux au mois d'Octobre 1719. & de Février 1721. Cette Dissertation a deux parties. Dans la premiére on tâche de renverser cet argument invincible des Chrétiens. Dans la seconde on attaque les Juifs par une nouvelle route. Les preuves qu'on employe contre eux ne sont pas usées ; personne jusqu'à présent

présent ne s'étoit avisé de les mettre en œuvre: mais cela même les rend fort suspectes. On peut voir ce qu'il en faut penser, dans les Mémoires de Trévoux, où l'on combat fort au long toutes les mauvaises raisons de l'Auteur ; c'est au mois de Février 1724. p. 107-138. On y répond aussi à ses Objections, *ibid.* p. 139-178. On y continuë à examiner cette Dissertation au mois de Février de la même année p. 311-354.

Sur le Testament des douze Patriarches.

Dissertation avec des Notes sur les Testamens des douze Patriarches, par M. MACÉ, à Paris 1713. *in* 12. L'Auteur occupé depuis huit ans à l'explication des Prophéties de l'ancien & du nouveau Testament, n'a osé y faire entrer celles que le Livre d'Enoch & les Testamens des douze Patriarches lui offroient, sans pressentir le Public sur l'autorité de ces Livres. Il employe une Dissertation écrite avec beaucoup d'art, à justifier leur antiquité ; & il n'omet rien pour les faire recevoir comme les Ouvrages légitimes de ceux dont ils portent les noms respectables. Il voudroit qu'on crût qu'ils ne sont apocryphes, que dans ce sens que les Docteurs Juifs les cachoient au peuple. Mais pourquoi lui auroient-ils caché un Livre si édifiant que les Testamens des Patriarches ? On n'en apportera jamais de raison plausible. Pourquoi les Apôtres n'auroient-ils pas fait valoir dans leurs prédications & dans leurs Epîtres, les prédictions si claires de la divinité & de la passion de JESUS-CHRIST, que contient le Livre des douze Testamens ? C'est assurément l'ouvrage de quelque Juif Helleniste converti au Christianisme, mais qui en embrassant la véritable Religion, n'avoit pas renoncé au génie fabuleux qui a regné parmi les Juifs Alexandrins, & qui leur a fait supposer plusieurs Ouvrages. Il ne faut que lire celui dont nous parlons, pour se convaincre de la supposition ; la morale en est excellente, mais les fictions y sont grossières, & les Prophéties plus claires que celles de l'Ecriture. L'imposteur qui l'a composé, est apparemment l'Auteur du Livre apocryphe d'Enoch, dont il ne nous reste que quelques fragmens. L'erreur du commerce des Anges avec les femmes avant le Déluge, est enseignée dans ces deux Ecrits, & le Livre d'Enoch est cité avec affectation dans celui des 12. Testamens. Au reste ces deux Livres supposez sont plus anciens qu'Origènes qui les cite, sans leur attribuer cependant que peu d'autorité : ils sont même beaucoup plus anciens qu'Origènes, si notre conjecture est vraye, & s'ils sont l'ouvrage du même imposteur. Car saint Justin, saint Irenée, Tertullien, ont lû le Livre d'Enoch. On a même prétendu que saint Jude le citoit dans son Epître ; ce qui lui donneroit une bien plus grande antiquité : mais il est plus probable que S. Jude ne rapporte la Prophétie d'Enoch que sur la foi de la tradition, & que c'est sa citation qui a fait naître la pensée d'attribuer au saint Patriarche Enoch le Livre qu'ont eu les Peres, & dont les fragmens, que Syncelle a conservé, prouvent évidemment la supposition. M. Macé a crû pouvoir justifier ce Livre & celui des douze Testamens, par une conjecture ingénieuse. Il avance que le mot Hébreu *Elohim*, que l'on a traduit en Grec *Anges*, devoit être traduit *les grands, les puissans* : *Elohim* a en effet ces deux significations. Mais outre qu'on n'a aucune preuve que les douze Testamens & le Livre d'Enoch ayent été composez en Hébreu, l'erreur du commerce des Anges avec les femmes y est trop clairement exprimée, pour les justifier sur un terme équivoque. M. Macé aura cependant la gloire d'avoir défendu une mauvaise cause aussi-bien qu'on pouvoit la défendre.

Ce Testament des douze Patriarches est en Grec & en Latin dans les Apocryphes de l'ancien Testament par Fabricius, avec la Préface de Grabe, p. 496-748. Il y fait aussi la Chronologie de leur âge selon Dodwel.

Sur plusieurs endroits de la Génése.

Jean Deutschmann a aussi donné *Pentecostalis Pneumatologia Paradisiaca*, à Wittemberg 1692. L'Harmonie des Harmonies sur Jehovah Elohim, *ibid.* 1700. *in* 4. Sur le nom de Caïn, *ibid.* 1654. *in* 4. Sur l'ordre des enfans de Noé, *ibid.* 1671. *in* 4. Sur le vœu du Pattriarche Jacob, 1668. & une Dispute sur le sceptre de Juda ; *ibid.* 1646. *in* 4. Cet Auteur, Allemand de Saxe, Luthérien, mourut à Wittemberg en 1705.

Jean Friderie Mayer a fait une Dissertation sur l'Arbre de la science du bien & du mal ; à Wittemberg en 1685. Sur les péchez & les peines des bêtes, dans le t. 1. du Trésor des Dissertations Théologiques avec la précédente. Sur le mariage de Jacob avec les deux sœurs, à Leipsic 1674. *in* 4. Sur les douze Patriarches, à Gripswaldt 1707. *in* 4. Mayer étoit de Leipsic, Luthérien, & mourut en 1712. Fabricius l'appelle le Chrysostome de Poméranie. *Thomas Sherlock* Anglois, a fait une Dissertation particulière sur la bénédiction de Juda, jointe à celle qu'il a fait sur Adam. Voyez l'*Index*.

Nous rappellons ici le célébre *Philon*, que nous avions mis à la tête des Commentateurs Juifs, & qui convient mieux ici, puisqu'il a écrit 1°. Sur le Cherubin du Paradis

radis terreftre. 2°. Sur les facrifices d'Abel & de Caïn. 3°. Sur la vigne plantée par Noé & fon yvreffe. 4°. Sur les Géants. 5°. Sur la confufion des Langues. 6°. Sur Abraham, Jofeph & Moyfe. 7°. Sur la Circoncifion. Enfin fur l'ouvrage des fix jours; derniere édition, à Francfort 1691. *in fol.* Il étoit d'Aléxandrie, & vivoit vers l'an 40. de J. C.

ARTICLE X.

Des Commentateurs Catholiques fur l'Exode.

Origenes a compofé 13. Homélies fur les vingt-fept premiers Chapitres de ce Livre. Elles ne font qu'en Latin dans les éditions de Bâle & de Génébrard. M. Huet en a donné quelques fragmens en Grec & en Latin dans fon tome 1. p. 17-26.

Il eft inutile de parler ici de faint Auguftin, de Théodoret, de Procope, de Béde, Rupert, & des autres qui ont écrit fur le Pentateuque.

Louis Lippomanus a compofé une chaîne de paffages tirez des Peres Grecs & Latins fur l'Exode, imprimée à Paris en 1550. *in fol.* & à Lyon 1657.

Benoît Pererius a fait 147. Difputes, qui font comme autant de Differtations fur l'Exode. Elles ont été imprimées à Venife en 1607. *in 4.* feconde édition.

Jérôme Oleafter ou *Olivier Leonard Marius*, & *François Titelman*, ont compofé des Commentaires fur le même Livre, qui font eftimez ; c'eft-à-dire, qu'ils ont particuliérement excellé en l'expliquant dans leurs Commentaires fur le Pentateuque, & même fur toute la Bible, entre autres Titelman. Car ils n'ont rien fait de particulier fur l'Exode.

Louis de Tftella a fait des Scholies & une efpéce de Commentaire interlinaire fur le même Livre, imprimé avec celui qu'il a fait fur la Généfe. Voyez ci-deffus.

Sebaftien Barradas, Jéfuite Efpagnol, a fait *Itinerarium filiorum Ifraël ex Ægypto in terram repromiffionis*, imprimé à Anvers *in fol.* en 1621. à Venife en 1623. *in 4.* à Mayence en 1627. *in fol.* C'eft fans contredit ce qu'il a fait de meilleur fur l'Ecriture. Il y joint l'hiftoire avec la morale. Il étoit fçavant & pieux. Il mourut en 1615. âgé de 73. ans. Son Ouvrage peut tenir lieu d'un bon Commentaire fur une grande partie de l'Exode.

Entre les anciens, *Honoré d'Autun* a expliqué fpirituellement les dix playes de l'Egypte. Ce que D. Bernard Pez a donné dans fes Anecdotes, tome 2. p. 91. part. 2.

Jean de la Haie, outre fa grande & très-grande Bible, a fait des Commentaires littéraux fur l'Exode, de même que fur la Généfe, comme nous l'avons marqué dans l'Article de ce Livre. Ceux-ci ont été imprimez à Paris en 1639-1641. deux volumes *in fol.*

Firmin Capiton a fait une expofition fur l'Exode, jufqu'à la mort des premiers-nez de l'Egypte, partagée en plufieurs Homélies ; à Paris 1576-1580. *in 8.* Nous avons parlé de lui fur la Généfe, & c'eft tout ce qu'il a fait. Ainfi nous fommes exemts d'en parler dans la fuite.

Henri Louis Chaftenier, outre fes Exercitations fur la Généfe, en a donné encore fur l'Exode, &c. à Poitiers 1629. *in 4.* & fur d'autres Livres dont nous parlerons dans la fuite, comme nous avons déja parlé de lui dans l'Article des Commentateurs Généraux Catholiques.

Haimon Corius a donné trois volumes *in fol.* de Commentaires littéraux & moraux fur les dix playes de l'Egypte, fous ce titre: *Pharao flagellatus*, à Milan 1660-1677. Il étoit Italien, né à Milan.

Jean Fery, en Latin *Ferus*, outre fes Enarrations fur la Généfe, en a donné auffi fur l'Exode, &c. à Cologne 1574. feconde édition *in 8.* Nous avons déja parlé de lui dans l'Article fur la Généfe, & nous en parlerons encore dans la fuite.

Jean Nodin a donné la victoire des Hébreux fur les Egyptiens, ou un Commentaire fur les 15. premiers Chapitres de l'Exode pour l'utilité des Prédicateurs, à Lyon 1611. *in fol.* Il étoit François de nation & Cordelier, Docteur en Théologie de la Faculté de Paris, mort avant 1611. felon Croweus.

Guillaume Pepin qui a travaillé fur la Généfe, comme nous l'avons déja dit, a fait une pareille Expofition fur l'Exode, imprimée à Paris 1534. *in 8.* M. Dupin marque fes autres Ouvrages dans fes Tables, tome premier, page 956.

Galeaffe Triffin a fait fur l'Exode des Expofitions choifies, imprimées à Venife en 1614. *in 4.* & c'eft tout ce qu'on a de lui, avec ce qu'il a donné fur la Généfe. Voyez l'Article où nous avons parlé de lui.

ARTICLE XI.

Des Commentateurs Proteftans & Juifs fur l'Exode.

Entre les Proteftans, fans répéter ici ceux qui ont écrit fur toute la Bible, ou fur tout le Pentateuque ; on peut confulter *Jean Drufius*, *Sixtinus Amama* & *Chriftophe Cartvvright*.

Ce que *Cartvvright* a donné fur l'Exode, font des Annotations intitulées : *Electa Tagumico-Rabbinica*, à Londres 1653. *in 8.* Elles fe trouvent dans le Supplément des grands Critiques de la derniere édition. Nous avons parlé de lui fur la Généfe.

Nous ajoûterons *Salomon Van-Til*, qui a fait

fait une espéce de Commentaire du Chapitre ving-cinq, jusqu'au trentiéme de l'Exode, imprimée à Amsterdam en 1714. *in* 4. en Latin. C'est un Commentaire littéral & leger sur cet endroit de l'Exode où Moyse décrit la structure du Tabernacle, de l'Arche, de la Table pour les Pains de proposition, du Chandelier à sept branches, de l'Autel pour les sacrifices & des parfums, de l'habillement & consécration des Prêtres : sujet difficile & d'une grande discussion, en laquelle l'Auteur ne s'engage pas. Il a joint à ce qu'il dit des rapports allégoriques à JESUS-CHRIST & à l'Eglise.

Nous ajouterons *Jean le Cock*, qui a donné des Observations sur l'Exode, imprimées avec son Commentaire sur la Génése, à Franeker 1650. *in* 4. comme nous l'avons déja dit sur le Pentateuque.

Nicolas de Gallars, François, Calviniste & Ministre à Genève, mort vers 1570. a fait un Commentaire imprimé à Genève 1560. *in fol.* & depuis en 1640. *in* 4. *Jean Lightfoot*, à son Harmonie Chronologique, a joint des Annotations sur l'Exode, en Latin & en Anglois, à Londres 1643. *in* 4.

Il y en a même plusieurs qui n'ont écrit que sur quelques Chapitres de l'Exode; mais nous ne les marquerons pas ici. Cela nous conduiroit trop loin.

Entre les Juifs nous marquerons seulement *Samuel Japhé*, Rabbin, qui a donné un Commentaire imprimé à Cracovie, sous le titre : *In Rabbot*, en Hébreu, 1657. *in fol.*

ARTICLE XII.

Traitez & Dissertations sur l'Exode.

Nous commencerons cet Article par marquer celles qui regardent la personne de Moyse & les Israëlites, qui en sont le principal sujet. Moyse y décrit toute l'histoire de sa vie, celle du Peuple de Dieu, & ce que le Tout-puissant a fait par son ministére, pour tirer ce peuple de la captivité de l'Egypte, pour le conduire dans la Terre promise. C'est à ces deux chefs que se rapporte tout ce que contient ce second Livre de l'Ecriture.

Sur Moyse & les Israëlites.

Nicolas Abram, de Pharaone. Item, de mora filiorum Israël in Ægypto, dans son *Pharus*, Livre 8. & 9. & *Salomon Deyling*, dans ses Observations sacrées, tome 1. Observation 11.

Sur la personne de Moyse, il faut consulter *Joseph l'Historien*, dans ses Antiquitez Juives, Livre 2. Chap. 5. La Vie de Moyse par *Gaulmin*, traduite de l'Hébreu en Latin, & imprimée à Paris *in* 8. en 1629.

Caroli Imbonati, Dissertatio de Mose Propheta secundum Hebræos, dans sa continuation de la Bibliothéque Rabbinique, tome 4. p. 115. *Item, Blasphemia Judæorum in Mosen, ibid.* p. 130-134-138. *De Virga Mosis, ibid.* page 128. *De Asino super quem Moyses equitare fecit filios suos, ibid.* p. 130-131.

Jean Helvic Willemer, Allemand Luthérien, qui vivoit encore au commencement de ce siécle, a fait aussi une Dispute sur la Verge de Moyse, imprimée à Wittemberg en 1680. *in* 4. Voyez encore le *Codex Apocryphus* de l'ancien Testament par *Albert Fabricius*. Il y a beaucoup de piéces sur Jéthro, beau-pere de Moyse; sur Jannés & Mambrés; sur Moyse & sa sœur Marie.

Thadæus Dunus, Quæstio quandiu Israelitæ fuerint in Ægypto, imprimée à Zurich en 1595. *in* 4.

Danielis Angelocratoris, Appellatio contra D. Thadæum Dunum, imprimée à Casal en 1603. *in* 4. Il faut y joindre la Réponse apologétique de *Thadée Dun*, qui a paru la même année à Zurich. Nous parlerons de l'un & de l'autre ailleurs. Voyez leur titre dans l'*Index*.

Francisci Grisendi, Epistola de anticipatione liberationis Populi Israël de Ægypto.

On peut voir le Systême de M. *Boivin* l'aîné, sur le tems de la demeure des Israëlites dans l'Egypte, ou dans le Supplément de notre Commentaire, imprimé à la fin de l'Apocalypse, p. 56-57.

Sur les différens noms de Dieu.

Joan. Drusii, de nomine Elohim, & Pauli Burgensis, de nomine Tetragrammato, en douze Questions, avec des Scholies de Drusius; le tout imprimé ensemble à Franeker en 1614. *in* 4. & à Amsterdam 1634. *in* 4.

Dissertation sur les noms de Dieu, *El, Sadaï & Jehovah*. Voyez le Recüeil des Dissertations Critiques, imprimées à Paris chez Wite en 1715. *in* 4. *Item*, dans le même Recüeil, la Dissertation sur l'Exode VI. 3. *Nomen meum Adonaï non indicavi eis*. Ces Dissertations sont du P. Souciet l'aîné & Jésuite.

L'endroit du Chapitre 6. ỳ. 3. qu'il entreprend d'expliquer, est véritablement obscur; nul passage de l'Ecriture n'a peut-être été sujet à tant d'interprétations.

La Vulgate a rendu fidélement le sens du Texte Hébreu : *Ego Dominus*, en Hébreu, *Jehovah, qui apparui Abraham, Isaac & Jacob in Deo omnipotente, Sadai, & nomen meum Adonaï, Jehovah non indicavi eis*. Toutes les autres Versions sont d'accord entre elles & avec la Vulgate, & souffrent la même difficulté que le Texte. Cette difficulté
consiste

consiste dans la contradiction apparente de ce passage, qui semble dire que le nom sacré *Jehovah* n'a point été connu des Patriarches, avec plusieurs autres passages de la Génése, où on lit le nom *Jehovah* prononcé par les Patriarches, & même par des étrangers.

Les Interprétes sont partagez, & chaque opinion se soutient par le nombre & la réputation de ses partisans. Joseph, saint Basile, Diodore de Tharse, saint Cyrille, Théodoret, Steuchus, Nieremberg, Loüis Cappel, coupent le nœud, & avoüent que les Patriarches n'ont point connu le nom de Dieu *Jehovah*. Moyse l'a mis dans la bouche des Patriarches, disent-ils, par une anticipation qui n'est pas hors d'usage parmi les Poëtes. Il n'est, ajoûtent-ils, nullement vraisemblable que des étrangers, des infidéles ayent connu & prononcé ce nom; & si Moyse le met dans leur bouche par anticipation, il a pû le mettre dans la bouche des Patriarches, en se servant de la même figure. Ils appuyent fort sur ce qu'il est évident par des passages de l'Exode, que Moyse ignoroit le nom de Dieu. On peut lire dans les Dissertations mêmes ce que le P. Souciet oppose à ces autoritez si respectables. Nous parlons dans l'Article des Prolégoménes sur l'Ecriture, des autres Dissertations contenuës dans son Recüeil.

Salomon Deylingii, *de vocibus El-Sadaï*, dans ses Observations sacrées, tome 1.

Thomæ Gatakeri, *Dissertatio de nomine Tetragrammato*, dans le tome 2. de ses Ouvrages, imprimez à Utrecht en 1697. *in fol.* & séparément à Londres en 1645. avec sa défense contre Louis Cappel.

Ludovici Capelli, *de nomine Tetragrammato*, à la fin de sa Critique sacrée, p. 666. & sa défense contre Gataker, *ibid.* p. 713.

S. Hieronymi, *de decem nominibus Dei, ad Marcellam*, dans le tome 2. de ses Ouvrages, p. 704. de la nouvelle édition.

Sur le Buisson ardent, & sur Sephora.

Francisci Moncæii, *Historia apparitionum Dei Moysi factarum in Rubo & in Diversorio*, dans le neuviéme *Fasciculus* de Crenius, & séparément à Arras 1592-1597. *in* 4. Monceaux étoit d'Arras, Jurisconsulte & Poëte.

Joan. Frischmuth, *de Circumcisione Sephoræ*, dans le Trésor des Dissertations Philologiques, & séparément à Jéne en 1663. *in* 4.

Francisci Moncæii, *Dissertatio de eâdem Circumcisione*, c'est-à-dire, de la Circoncision que Sephora fit sur son fils, qui lui donna lieu de dire à Moyse: *Sponsus sanguinis tu mihi es.*

Sur la Pâque Judaïque & sur le Sabbat.

Georgii Ludov. Goldneri de Agno Paschali inter duas vesperas mactando, dans les Miscellanées de Leipsic, tome 2.

Ægidii Strauchii, de Paschate primo, & exitu Ifraëlitarum ex Ægypto, dans les Dissertations Philologiques, tome 1.

Theodori Dassovii, de accubitu ad Agnum Paschalem veterum Hebræorum, ad illustrandum accubitum Salvatoris cum Discipulis, à Wittemberg 1698. *in* 4. Nous parlerons de lui en plusieurs endroits. Voyez son titre dans l'*Index*.

Joannis Buxtorfii, de Cœna Dominicæ primæ ritibus ac forma, ejusque adversus Cappellum vindiciæ.

Liber Ritualium Paschalium, ex versione Joan. Stephani Rittamgeli, autrement *Liber Jassan & Jezraï*; à Amsterdam 1642-43. *in* 4.

Julii Bartolocci, Relatio Rituum quos antiquitùs servabant Judæi in Cœna Paschali celebranda, & an Christus eos servaverit, dans sa Bibliothéque Rabbinique, tome 2. p. 736-745. Il y a de plus une Dissertation expresse sur la Pâque des anciens Hébreux, page 389.

Nicolas Durand a fait un Traité de l'accomplissement de la Pâque Judaïque contre les Calvinistes, à Paris 1569. *in* 8. Il s'appelloit aussi de Villegagnon, étoit de Provins, Chevalier de Malte, vers 1570. Dupin a donné le Catalogue de ses Ouvrages, dans ses Tables, tome 1. p. 1227. Il étoit très-habile dans les belles-lettres, avoit beaucoup d'esprit & de valeur.

Paul de Middelbourg a fait un Traité sur l'observation de la Pâque Judaïque à Fossomborne 1513. *in fol.* Il étoit de Zélande, né à Middelbourg & Evêque de Fossombrone au commencement du seiziéme siécle.

Basile Ponce. La principale de ses quatre Questions sur l'Ecriture, regarde l'immolation de l'Agneau Paschal. Elles ont été imprimées à Salamanque en 1600-1611. *in fol.* & depuis dans la nouvelle édition de Menochius 1719. Il étoit de Grenade en Espagne, Augustin, Professeur en Théologie, & mourut en 1629. Dupin marque ses autres Ouvrages dans ses Tables, tome 2. p. 1661. Nous en parlerons encore sur l'Apocalypse.

Louis de Leon a fait un petit Traité sur le véritable tems de l'immolation de l'Agneau Paschal, le figuratif de l'ancienne Loi & le véritable de la nouvelle, à Salamanque 1590. & à Madrit 1604. *in* 4. Le P. Daniel en a fait tant d'estime, qu'il l'a mis en François, avec ses Remarques; à Paris 1695. *in* 12. dautant que cet Auteur Espagnol a un sentiment particulier dans son systême,

QUATRIÉME PARTIE.

système, prétendant que l'Agneau Paschal anciennement & dans sa première institution, s'immoloit dès le soir qui précédoit le quatorziéme de la lune de Mars, par conséquent dès le treiziéme. Plusieurs ont mis la main à la plume pour le réfuter.

Entre autres un Docteur de Sorbonne dans une Lettre écrite à un autre Docteur, imprimée à Paris 1695. *in* 12. Le P. Lamy avoit déja paru sur les rangs, tant dans son Harmonie sur l'Evangile, que dans son Traité historique de la Pâque, imprimé à Roüen 1693. *in* 12. où il soutient que JESUS-CHRIST n'a point mangé l'Agneau Paschal la veille de sa Passion. Cet autre sentiment ayant paru tout extraordinaire à feu M. de Tillemont, & même contraire à l'ancienne créance de l'Eglise, il lui écrivit une grande Lettre pleine de modestie & d'érudition, où il lui fait ses objections, & combat en ami son système; elle est à la fin du second tome de ses Mémoires Ecclésiastiques: il avoit déja touché cette matière dans une Note du premier volume. On peut dire que c'est celui qui l'a le mieux approfondi. Il ne faut pas néanmoins ôter au P. Lamy la gloire d'avoir bien travaillé sur ce sujet; mais en voulant dire quelque chose de nouveau, il s'est jetté dans des recherches assez inutiles. Nous avons réüni ici tous ces différens Traitez, parce qu'ils ont beaucoup de rapport entre eux; & quoique le principal but soit la Pâque de JESUS-CHRIST, on n'a pas pû se dispenser d'y toucher tout ce qui regarde l'ancienne Pâque des Juifs; ce qui doit servir & pour cet endroit de l'Exode, & pour celui des Evangiles, où il est parlé de la derniére Pâque.

Nous ajouterons aussi le P. Hardouin, qui a fait un Traité sur la derniere Pâque de JESUS-CHRIST, à Paris 1693. *in* 4. On en a tiré des Extraits imprimez en forme de Dialogue en François *ibid*. 1693. *in* 12. Le même Traité avec sa défense se trouve dans le Recüeil de ses Ouvrages imprimé à Amsterdam 1709. *in fol*. p. 372. L'on y a joint le Dialogue dont nous venons de parler, p. 405. & une Lettre d'Eusèbe à Irénée, p. 411. D'autant que ce sçavant Jésuite donne beaucoup dans le système du P. Lamy, un Anonyme fit ses réflexions là-dessus imprimées à la tête du second volume de la Pâque de ce dernier.

Le P. *Mauduit* n'ayant point épargné son Confrere sur ce sujet dans sa trente-uniéme & trente-deuxiéme Dissertation de l'Analyse de l'Evangile, celui-ci a fait des Réfléxions là-dessus imprimées dans ce même volume. Il y a ajouté une belle Lettre à M. de Tillemont pour réponse à la sienne, où il tâche de satisfaire à ses objections, mais sans quit-

Tome IV.

ter de vûë son nouveau système. On peut dire que rien n'est plus honnête que sa maniére de répondre sans aigreur, sans passion, comme a fait M. de Tillemont, ce qui est rare entre deux adversaires; c'est que dans l'un & dans l'autre le seul désir de trouver la vérité conduisoit leur plume. Le P. Lamy a encore ajouté à la fin de son second volume, les Réfléxions du P. Daniel sur le système de Louis de Leon, & un Extrait assez court de ce système. De plus, il y a des Réfléxions qu'il a faites sur la Lettre des Docteurs de Sorbonne, imprimée à Toulouse en 1692. *in* 12. & sur l'Histoire Evangélique du P. Pezron; deux Lettres qu'il a écrit au Pere Bessin Religieux Bénédictin de la Congrégation de S. Maur, touchant les Réfléxions qu'il a faites sur son système. Ces Réfléxions ont été imprimées à Roüen en 1697. *in* 12. & ces deux Lettres la même année.

Louis de Leon, qui nous a donné lieu de parler de tous ces Auteurs, étoit originaire de Beaumont dans le Royaume de Leon, né peut-être à Madrid, étudia à Salamanque, où il se mit dans l'Ordre des Hermites de S. Augustin en 1544. & y enseigna non seulement la Théologie, mais aussi les saintes Lettres. Etant déja âgé, & quoique maître d'un grand nombre d'Ecoliers, il se mit sous la discipline de sainte Thérese & de Louis de Grenade. Il mourut en 1591. âgé de 64. ans. Arias Montanus qui lui étoit ami, le loüe à cause de son éloquence & de la beauté de son discours, à qui, dit-il, Dieu avoit donné une onction toute Chrétienne dans la maniére de s'exprimer. Nicolas Antonio n'en parle pas autrement dans sa Bibliothéque nouvelle d'Espagne, tome 2. p. 36-37. où il parle de ses Ouvrages, & M. Dupin dans la Bibliothéque Ecclésiastique au seizième siécle, tome 4. p. 545. dans ses Tables, tome 1. p. 1343.

M. Dupin dans sa Bibliothéque Ecclésiastique, dix-septiéme siécle, tome 4. p. 346. a réüni tous ceux qui ont écrit sur la Pâque, & y a fait des extraits fidéles de leurs Ouvrages, qui peuvent être d'un grand secours pour ceux qui ne les ont pas, & qui veulent sçavoir à fond cette matière. C'est à son exemple que nous les joignons tous ici ensemble, puisqu'ils ont eu part à cette fameuse querelle entre les Sçavans du dernier siécle.

L'Ouvrage de M. *Piednud* a été imprimé à Paris en 1690. *in* 12. & sa réponse au P. Lamy dans les Actes des Sçavans de 1695. §. 4. l'un & l'autre en François. Nous parlerons de celui du P. Pezron sur les Evangiles, & de lui dans l'Article 59. sur les Prophétes.

Jacques Piednud, ou *Jean*, selon M. Dupin, étoit de Normandie, Professeur d'Humamanitez au Collége d'Harcourt, & Profeſſeur Royal en Langue Grecque en 1698. Il eſt mort en 1703.

Puiſque le même M. Dupin *ubi ſuprà*, p. 419. nous apprend que M. *Witaſſe* eſt ce Docteur de Sorbonne ci-deſſus mentionné, qui attaqua le ſyſtême de Louis de Leon, il eſt bien juſte que nous parlions de lui, puiſque nous n'aurons plus occaſion de le faire. Il étoit de Chably dans l'Iſle de France, Docteur de Sorbonne & Profeſſeur en Théologie ; connu par différens Traitez de Théologie & d'autres Ouvrages qu'il a donné. Il faut encore ſçavoir qu'outre la Lettre que nous avons marqué , il y en a encore d'autres ſur la Pâque dans les Journaux des Sçavans de 1696. §. 10. 34. & 36. & de 1697.

§. 8.

Le ſieur de *Beaumont*, autrement *Ragot*, a fait une Diſſertation où il prétend prouver que l'immolation de l'Agneau Paſchal ne ſe pouvoit faire dans le Temple, imprimée à Roüen 1701. *in* 12. en François. Il étoit Pariſien & Prêtre au commencement du dix-huitiéme ſiécle. C'eſt peut-être le même M. Ragot Archidiacre d'Alet, exilé à Concarneau, qui a écrit une Lettre pour la juſtification de M. Pavillon, autrefois Evêque d'Alet. Elle eſt de 1703. imprimée dans un Recüeil de pluſieurs Lettres.

Gilles Bucherius a fait un Traité de l'ancien Cycle Paſchal des Juifs ; imprimé avec ſon Commentaire de la Doctrine des tems, à Mons 1664. *in fol.* troiſiéme édition. C'eſt tout ce qu'il a fait qui regarde l'Ecriture ; ce qui nous engage à parler ici de lui. Il naquit à Arras en 1576. ſe fit Jéſuite en 1598. & mourut en 1665. C'étoit un homme d'une grande lecture, & très-habile à trouver le calcul des tems & des années.

Jean George Dorſchée, outre ce que nous avons déja marqué de lui *ſuprà* ſur l'Exode, a encore fait une Diſſertation ſur l'Agneau Paſchal, à Straſbourg 1644. *in* 4.

Humer Bond a donné une Diſſertation ſur le terme ou le tems de la Pâque des Juifs, à Lunden en Scanie 1705. *in* 4. Il étoit Suédois, Luthérien, Profeſſeur en Mathematique au commencement du dix-huitiéme ſiécle, peut-être vit-il encore.

Jean Molther a fait une Diſquiſition hiſtorique & mathématique ſur la différente manière dont les Juifs & Jesus-Christ ont mangé l'Agneau Paſchal, à Marpourg 1595. *in* 4. Il étoit Allemand Luthérien, Profeſſeur en Langue Hébraïque, ſur la fin du ſeiziéme ſiécle.

Les Juifs ſe ſont particuliérement appliquez à expliquer cet endroit de l'Exode qui regarde l'immolation de l'Agneau Paſchal, le tems & les cérémonies.

Abarbanel a fait un Commentaire en Hébreu ſur l'ordre de la Fête Paſchale, à Veniſe 1545. *in* 4. en Hébreu & en Italien, par Léon de Modéne, avec des figures *ibid.* 1609. *in fol.* en Hébreu & en Eſpagnol *ibid.* la même année & la même forme ; en Hébreu & en Allemand *ibid.* la même année : en Hébreu, en Allemand & en Latin, par Rittangel, à Mont-Real 1644. *in* 4. en Hébreu & en Allemand avec des Commentaires *ibid.* 1664. *in fol.* Toutes ces différentes éditions & traductions ſont une marque évidente de la bonté de cet Ouvrage.

Elie fils de Moyſe a fait un Traité en Hébreu ſur la Pâque. On en trouve pluſieurs fragmens dans Selden *de Synedriis vet. Hebræorum*, Lib. 1. p. 93. & Lib. 2. p. 34-37. &c.

Judas Arieh a fait une Narration Hiſtorique de la Pâque en Italien en caractéres Hébreux, avec le Texte & des figures, à Veniſe 1609. *in fol.* Il eſt plus connu ſous le nom de Léon de Modéne, fils d'Iſaac, Rabbin de Veniſe & Recteur de la Synagogue. Il mourut en 1654. Il eſt particuliérement connu par ſon fameux Livre des Cérémonies des Juifs, dont nous avons lieu de parler ailleurs.

Sur le *Sabbat*, on peut voir la Diſſertation d'*Oſiander* ; Jean Selden, *de Jure Natur. & Gent.* Lib. 3. Cap. 10. &c. Jean Spencer, *de Legibus Ritual. Hebræorum*, Lib. 1. Cap. 4. Gomar, *de Origine Sabbati*, Cap. 4. Rivet & Bartolocci, *Biblioth. Rabbin.* p. 411. & ſeq.

Sur le Paſſage de la Mer Rouge, & l'Ange exterminateur.

Voyez notre Diſſertation ſur ce Paſſage, dans notre Commentaire ſur l'Exode.

Joannis Clerici Diſſertatio de trajectione Maris Idumæi, dans ſon Commentaire ſur l'Exode ; & *Salomon Deyling*, dans ſes Obſervations ſacrées, tome 3. chap. 5.

George Nicolas Ockelein a fait une Diſſertation ſur le voyage des Iſraëlites de l'Egypte dans la terre de Chanaan, à Roſtoch 1707. *in* 4. Il étoit Allemand Luthérien du dix-huitiéme ſiécle.

Michel Muller a traité des préſens que les Iſraëlites reçurent des Egyptiens. Son Ouvrage a été imprimé à Tubinge en 1702. *in* 4. qui fut l'année de ſa mort. Il étoit auſſi Allemand Luthérien. *André Kempfer*, encore Allemand Luthérien, a écrit du paſſage étonnant des Iſraëlites, au milieu de la Mer Rouge, à Gieſſen 1696. *in* 4.

Chriſtiani Henrici Bromel, *de Angelo exterminatore*, dans le Tréſor des Diſſertations Philologiques, & ſéparément à Jéne en 1685. *in* 4. Il étoit Allemand, Miniſtre Luthérien,

QUATRIÉME PARTIE. 387

Luthérien, & est mort après mil sept cens cinq.

Sur les Magiciens, la Manne & la Colonne de nuée.

Nous avons parlé des vrais & faux miracles, à l'occasion de ceux de Moyse, & des prestiges des Magiciens, dans notre Commentaire sur l'Exode.

Josias Schutte a écrit des faux miracles des Magiciens ; ce qu'on a imprimé à Londres en 1645. *in* 4. Il étoit Anglois d'Yorck, & est mort en 1640. ou 1643.

Jean Joachim Zentgrave a fait une Dispute Historique sur Jannés & Mambrés, ces deux célèbres Magiciens de Pharaon, dont parle saint Paul. Elle a été imprimée à Strasbourg en 1669. *in* 4. Voyez ce que nous avons dit de lui ci-dessus.

Sur la Manne, on peut voir Buxtorf dans sa Dissertation *de Manna.* Claude Saumaise, *de Manna.* La première dans les Exercitations imprimées à Bâle en 1660. *in* 4. la seconde à Paris 1664. *in* 8. avec d'autres Exercitations.

Bochart de variis Manna speciebus, dans le second tome de sa Bibliothéque sacrée, page 871. de l'édition de Leyde 1707. *in fol.*

Joan. Frederici Stapeln, de vocula Manna, dans le Trésor des Dissertations Philologiques, tome 1. & séparément à Wittemberg 1664. *in* 4. Il explique le terme de Manne. Il étoit Allemand Luthérien.

Voyez encore notre Commentaire littéral sur l'Exode, Chap. 16.

Jean Michel Walter a fait aussi une Dissertation sur ce sujet, imprimée à Jéne 1664. *in* 4. quatriéme édition. Il y a eu le pere & le fils ; tous deux Allemans Luthériens.

Caroli Josephi Imbonati, de Manna ; cur vocetur cibus levissimus ; quando cœperit ; quando desierit, &c. dans sa continuation de la Bibliothéque Rabbinique, tome 4. p. 151. 155

Martin Bohem a fait aussi en Allemand un Traité sur la Manne, imprimé à Wittemberg l'an 1627. *in* 4. *David Klug* en a fait aussi un sur la Manne céleste dont parle saint Luc Chap. 2. imprimé à Vismar en 1664. Voyez leur titre dans l'*Index.* Lipenius en marque plusieurs autres dans sa Bibliothéque Théologique, tome 2.

Frideric Valentin a écrit sur la Colonne de nuée & de feu, une Dissertation imprimée à Leipsic en 1680. *in* 4. & *Chrétien Sahm*, *ibid.* 1689. *in* 4. tous deux Allemans Luthériens, qui vivoient sur la fin du dix-septiéme siècle. *Toland* dans son *Etradymus,* imprimé à Londres en 1720. traite aussi ce même sujet. Voyez les Mémoires littéraires de la Grande-Bretagne, page 361. tome 6.

Sur les Décimes & le Veau d'or, ou l'Idolatrie du Peuple Juif.

Josephi Scaligeri, de Decimis, dans les grands Critiques. Voyez aussi *Selden* & *Sixtinus Amama,* sur les Décimes, dans le même Recüeil ; les autres Auteurs que nous citons dans l'Article des Oblations & des Décimes.

Josephi Hall, de Vitulo aureo, dans le corps de ses Ouvrages, imprimez à Londres en 1662. 3. vol. *in fol.* C'est dans le Livre 5. de ses Contemplations, p. 352. selon l'Edition marquée par Lipenius, dans la Bibliothéque Théologique, tome 2. Il étoit Anglois & Evêque Anglican, mort en 1656. âgé de 88. ans.

Francisci Monceii, de Vitulo aureo, seu Aaron purgatus, imprimé à Arras en 1606. *in* 8. à Francfort 1675. Dans les grands Critiques d'Angleterre, tome 9. p. 4416. 4532. Dans les Antiquitez de la Bible, à Leipsic 1689. *in* 12.

R. Visor écrivit contre cet Ouvrage de M. de Monceaux, sous le titre de *Destruction du Veau d'or purgé ou justifié*, à Paris 1608. *in* 8.

Il faut voir *Selden, de Diis Syris*, Chap. 4. avec les Additions d'*André Beyer. Bartolocci* dans sa Bibliothéque Rabbinique continuée par *Imbonati,* tome 4. chap. 25. 27. 28. & p. 146. &c. 154.

Georgii Mœbii, Moscholatria Populi Israël, imprimée à Leipsic en 1666. *in* 4. en quatre Disputes.

Jean Henri Heidegger a fait aussi une Dissertation sur ce sujet ; & une autre sur la réconciliation du Peuple avec Dieu, qui sont dans le tome 3. de ses Dissertations, imprimées à Amsterdam en 1690. *in* 4. Il étoit Calviniste de Zuric, né en 1633. & y mourut en 1698. âgé de 65. ans.

Sur la réception de la Loi, & le Décalogue.

Salom. Deyling, de vultu Moysis radiante, Exod. xxxiv. ℣. 30. 35. dans ses Observations sacrées, t. 3.

Michaël Liebentants, de facie Mosis cornutâ, dans le Trésor des Dissertations Philologiques.

Imbonati de cornibus Moysis, dans sa continuation de la Bibliothéque Rabbinique, tome 4. chap. 31. p. 157. Item *de duabus Tabulis lapideis, ibid.* p. 138. 139. 145.

Chr. Walter a écrit sur le même sujet ; ce qui se trouve dans le Trésor des Dissertations Philologiques, tome 2. p. 907. séparément, à Konisberg en 1679. *in* 4.

Hug.

Hug. Grotii in Decalogum, à Amsterdam en 1640. *in* 8. & dans le tome 1. de ses Ouvrages de l'édit. de 1679. *ibid. in fol.* Voyez aussi les Commentateurs sur le Chapitre 20. de l'Exode, & les Auteurs citez dans l'Article des Loix & de la Religion des Juifs; ou dans la Bibliothéque Théologique de Lipenius sur le Décalogue, tome 1.

Sur le Tabernacle, & l'Arche d'Alliance.

André Dan. Habichhorstius, *de mulieribus quæ vigilabant ad fores Tabernaculi*, Exod. 38. ỳ. 8. dans le Trésor des Dissertations Théologiques, tome 1.

Sur le Tabernacle en particulier, on peut voir l'Article touchant le *Tabernacle & le Temple.*

Georg. David Ziegra, *de oleo unctionis sacro*, *ad Exod. cap.* 30. ỳ. 22. *Thesaur. Theol. Philol.* tome 2. p. 900.

Fortunati Schacchi Myrothecium. Cet Auteur étoit de l'Ordre des Hermites de Saint Augustin; il a traité de toutes les Onctions dont il est parlé dans l'Ecriture; comme celle des Rois, des Prêtres, des Prophétes, & des choses saintes; & même de l'huile des lampes, & de l'huile des parfums, &c. & il fait entrer dans son sujet plusieurs questions incidentes qu'il traite avec beaucoup d'érudition. Son Ouvrage qui étoit assez rare, est devenu plus commun, depuis l'édition d'Amsterdam par Halma, *in fol.* en 1701.

Joan. Buxtorfii, Exercitationes de Arca Fœderis, ignis sacri, &c. à Bâle en 1654. *in* 4.

Andreæ Sennert, de rebus in Arca contentis Exercitatio, imprimée à Wittemberg en 1680. *in* 4.

Salom. Deylingii, de Arca Fœderis, dans ses Observations sacrées, tome 1.

Sébastien Schmidt, dans sa Réponse à Benoît Carpzovius, où il fait cette question Philologique & Théologique: *Quorsum Arca Fœderis pervenerit.* Il y a joint un Catalogue des Livres des Auteurs Hébreux, dont il approuve ou rejette le sentiment, à Strasbourg en 1658. *in* 4.

Jean ab Hamm a fait des Exercitations Philologiques sacrées sur l'Interieur de l'Arche & ses Ministres, imprimées à Herborne l'an 1715. *in* 4. Il étoit Allemand Luthérien, Professeur à Herborne, & vit peut-être encore.

Jean Palmroot a fait une Dissertation sur l'Arche d'Alliance, imprimée à Upsal en 1700. *in* 8. Une autre sur l'Huile sacrée de Moyse, & deux autres dont il est parlé ailleurs; voyez son Titre dans l'*Index*. Il étoit de Suéde, Ministre Luthérien, sur la fin du dix-septiéme siécle.

Sur les Habits des Prêtres, l'Urim & Thummim.

De Urim, & Thummim, on peut voir *Spencer de Legibus Hebræorum Ritual.* & *Philippe Riboudeault*, qui a écrit contre lui, imprimé à Geneve en 1685. *in* 12. & *Jean Jacques Gantesviller*, qui a écrit sur le même sujet, sous ce titre: *Lux è Tenebris*, à Hanover en 1675. *in* 4. & les autres marquez dans l'article particulier sur ce sujet. De même pour les Habits des Prêtres, où il en est aussi parlé.

Nous nous contentons de marquer ici *Nicolas Polman*, Allemand Luthérien de Lunebourg, qui a écrit sur l'*Urim & Thummim*, imprimé à Wittemberg en 1666. *in* 4. & sur les Ténébres de l'Egypte, à Bréme en 1693. *in* 4.

Il faut aussi ajoûter quelque chose du sentiment de Riboudeault, opposé à celui de Spencer. L'opinion de Spencer est donc que l'Urim étoit une petite statuë creuse de figure humaine que le souverain Pontife cachoit dans la doublure de son pectoral, & par le moyen de laquelle Dieu ou un Ange répondoit à ses interrogations; en un mot, il croit que c'étoit un véritable Théraphim. Pour le Thummim, c'étoit de même, selon M. Spencer, une autre petite statuë différente de l'Urim, & quant à l'usage, & quant à la forme, mais que l'on tenoit cachée auprès de l'autre sous le pectoral.

M. Riboudeault qui réfute ces deux sentimens dans cet Ouvrage, montre en premier lieu touchant l'Urim, que quoique Dieu se soit quelquefois accommodé aux usages des autres peuples, pour venir plus facilement à bout de l'inclination & du penchant que les Juifs avoient à l'idolâtrie; cela ne conclut rien en particulier pour la convenance de l'Urim avec les statuës qui servoient aux faux Oracles; puisqu'il est certain que Dieu a défendu à son peuple, ainsi que nous l'avons vû, une infinité de choses, à cause qu'elles étoient usitées dans les pays Idolâtres.

Il répond ensuite à plusieurs autres raisons de M. Spencer. Il examine les autoritez qu'il a empruntées en partie de l'Ecriture, & en partie des autres Livres, pour appuyer son opinion: & il fait à cette occasion une ample discussion de l'action de Micha.

A l'égard du Thummim dont M. Spencer croit que Dieu régla l'établissement sur ce qui se pratiquoit en Egypte, où le Grand-Prêtre portoit pendu à son col une figure formée de pierres précieuses, laquelle on appelloit *la Vérité*: l'Auteur prétend qu'il y a plus d'apparence que les Egyptiens ont imité cela

des

des Juifs. Il le confirme en répondant fort sçavamment aux Remarques que ce sçavant Anglois a faites là-dessus; après quoi il rapporte en peu de mots les opinions que divers Auteurs ont eues sur l'Urim & sur le Thummim.

Salomon Deyling, quo ordine & situ panes facierum coram Jehova collocati fuerint, dans ses Observations sacrées, tome 2. *De Aquâ amarâ à Mose mitigata*, *ibid.* tome 3. chapitre 6.

Joannis Braunii de vestibus Sacerdotum Hebraorum, 2. vol. *in* 4. à Amsterdam en 1701. Cette édition est meilleure que la premiere qui parut en 1680. C'est une espéce de Commentaire sur le vingt-huitiéme & vingt-neuviéme Chapitre de l'Exode. Braunius étoit Allemand d'Alsace, & Calviniste, & mourut en 1708.

Frideric Viccius a écrit en particulier du pectoral d'Aaron, sur le Chapitre 27. de l'Exode, à Wittemberg en 1678. *in* 4. Voyez ci-dessus.

Didace Castillo, Espagnol & Archevêque de Sainte Foy dans la nouvelle Grenade, vers 1590. a fait un Commentaire littéral & moral sur les Habits & Ornemens d'Aaron, à Lyon en 1654. *in fol.*

Autres Dissertations sur différens endroits de l'Exode.

Comme on n'a pas pû mettre sous un même Titre les differentes Dissertations qu'un même Auteur a données sur plusieurs sujets, ni certaines Dissertations trop courtes pour faire un Titre particulier, nous avons réservé de les mettre à la fin de cet article ; ce que nous avons déja observé, & ce que nous observerons encore dans la suite.

Joannes Spencerus, de Legibus Hebraorum Ritual. à Cambridge 1685. *in fol.* Cet Auteur Anglois parle 1°. de l'origine des Sacrifices;2°. des Purifications;3°. des Néoménies ; 4°. de l'Arche & des Chérubins ; 5°. du Temple ; 6°. de l'Urim & du Thummim ; 7°. du Bouc émissaire ; 8° de la Circoncision ; 9°. de la distinction des viandes pures & impures ; 10°. de l'Idolâtrie ; 11°. de la Théocratie des Juifs &c. Cet Ecrivain est sçavant & fort profond : il a fait un parallele perpétuel des Loix & des Usages des Juifs, avec les pratiques des Egyptiens ; & il croit que Moyse a beaucoup pris de ces derniers.

Calvorius a fait quatre Disputes sur la Colonne de nuée & de feu ; sur la Manne ; sur le visage rayonnant de Moyse ; & sur les habits des Israëlites qui ne s'usoient point, imprimées avec les autres, dont nous avons déja parlé.

Michel Liebentants a fait une Dissertation sur la Manne, à Wittemberg en 1662. *in* 4. Deux Exercitations sur les Chérubins du Propitiatoire, *ibid.* en 1663. *in* 4. Sur le Pectoral & le Frontal ou Lame d'or d'Aaron, *ibid.* 1659. & 1662. 2. vol. *in* 4. Sur le visage de Moyse tout rayonnant de gloire, *ibid.* en 1659. *in* 4.

Jean André Quenstedt, a écrit des prémices & des décimes des Hébreux, à Wittemberg en 1685. *in* 8. De l'Agneau Pascal, en 1699. *in* 4. De l'Ange Exterminateur, *ibid.* en 1676. *in* 4.

Jean Frischmuth a traité de l'Agneau Pascal, à Jéne en 1660. *in* 4. De l'Arche d'Alliance, *ibid.* en 1676. seconde édition *in* 4. De l'habit sacré du Grand-Prêtre, en 1669. *in* 4.

Jean Benoit Carpzovius a fait une Dissertation sur la sépulture de Joseph, à Leipsic en 1647. *in* 4. Une autre sur les Médailles qui représentent Moyse avec deux cornes, *ibid.* en 1659. *in* 4. Deux autres sur l'Arche d'Alliance, à Strasbourg en 1558. *in* 4. Voyez ci-dessous.

Loüis Georges Treviran a fait une Dissertation sur le trente-troisiéme Chapitre de l'Exode, ỳ. 21. 22. 23. touchant la gloire de Dieu *à posteriori*. Dans la Bibliothéque Philologique ; tome 4. p. 1. 19.

David Constant en a fait une sur le Buisson ardent, & le Serpent d'airain, qu'il a joint à celle qu'il a fait sur la femme de Loth ; voyez plus haut. Il a encore donné un Discours sur le passage de la mer Rouge, à Lausanne en 1690. *in* 4. Il étoit né à Lausanne en 1638. fut fait Ministre Calviniste en 1660. Principal du Collége de Lausanne en 1674. & vivoit encore en 1720. âgé de 82. ans. Le Catalogue de ses Ouvrages est dans la Bibliothéque Philologique, tome 4. p. 676.

M. *Bochart* dans ses Remarques sur le Poëme de M. de Saint-Aman, intitulé : *Moyse sauvé*, rapporte plusieurs choses curieuses sur le Livre de l'Exode ; par exemple, sur la demeure des Rois d'Egypte du tems de Moyse, sur le séjour des Israëlites dans l'Egypte, &c. Voyez tom. 2. *Geogr. sacr. pag.* 1095 édit. *Leyd.* 1707.

Jessen a fait une Assertion des trois jeûnes de Moyse pendant quarante jours sur le Mont Sinaï, à Copenhague en 1703. *in* 4. Il étoit de Danemarck, fils d'Annibal & Luthérien, au commencement du dix-huitiéme siécle. Nous en parlerons encore dans les Rois.

Jean Christophe Ortlob en a fait une sur le jeûne de quarante jours de Moyse, dont il est parlé dans le trente-quatriéme Chapitre, ỳ. 26. à Leipsic en 1702. *in* 4. Nous avons parlé de lui sur Caïn.

Jean Georges Abicht a traité de l'acquisition des Esclaves dont il est parlé au Chap.

23. ℣. 13. à Leipsic en 1704. *in* 4. Voyez sur Tobie 6. 48.

Jean Jacques Freiſſeben a fait auſſi une Diſſertation ſur les 70. Anciens choiſis pour être Juges dans Iſraël, à Jéne en 1665. *in* 4. Une autre dont nous parlerons ſur l'Evangile de Saint Jean. Il étoit Allemand Luthérien, & Archidiacre d'Altembourg, & mourut en 1657.

Godefroi Jungt a donné une Diſſertation ſur l'Alliance faite au Mont Sinaï, à Brême en 1708. *in* 4. Il étoit Allemand Calviniſte, & Prédicant à Brême, au commencement du dix-huitiéme ſiécle. Nous en avons déja parlé ſur la Généſe, article 31. voyez Abraham. Nous en parlerons encore ſur les Juges; voyez Samſon.

Georges Frideric Heupel, a fait une diſpute ſur la fonction de Jethro, beau-pere de Moyſe, dont il eſt parlé au Chapitre 3. de l'Exode, ℣. 1. à Strasbourg *in* 4. On ne dit pas en quelle année. Nous avons parlé de lui ſur la Généſe, article 31. Voyez Adam.

Jean Fecht a donné une Exercitation ſur le ſeizième Chapitre, ℣. 16. 17. 18. où il eſt parlé du Gomor, à Dourlac en 1670. *in* 4. Voyez ſur la Généſe Caïn & Abel.

Abraham Calovius a donné une Diſſertation ſur le Pectoral d'Aaron, Chapitre 28. ℣. 30. à Wittemberg en 1675. *in* 4. Voyez ſur la Généſe.

Jean Henry Majus, ſur le Propitiatoire, au Chapitre 25. ℣. 10. 16. à Gieſſen en 1695. *in* 4. Sur l'Urim & Thummim, Chapitre 28. ℣. 30. *ibid.* en 1696. *in* 4. Voyez l'article 27.

Matthieu Hiller a fait un Traité ſur les douze pierres que le Grand-Prêtre devoit porter ſur ſa poitrine, ſelon qu'il eſt ordonné au vingt-huitiéme Chapitre, ℣. 4. 22. à Tubinge en 1698. *in* 4. Nous avons parlé de lui ſur la Généſe, & nous en parlerons encore ſur les Nombres.

Iſaac Pihlman a fait une Diſſertation ſur la colonne de nuée & de feu, au Chapitre 19. 20. à Abo en 1707. *in* 4. Une autre ſur l'habit du Grand-Prêtre, au Chapitre 28. *ibid.* en 1707. *in* 8. Nous avons parlé de lui ſur la Généſe, Article 31. Voyez Loth; nous en parletons encore ſur les Actes.

Guillaume Poſtel a donné une explication du Chandelier d'or, dont il eſt parlé au Chapitre 23. ℣. 31. en Hébreu, en Latin, & en François, à Veniſe en 1548. Nous parlons encore de lui dans l'article de la Géographie Sacrée. Il étoit Normand, du Dioceſe d'Avranches, Prêtre, & Profeſſeur des Langues Orientales à Paris; il mourut en 1581. dans un âge aſſez avancé.

ARTICLE XIII.
Des Commentateurs Catholiques ſur le Lévitique.

Origénes a expliqué tout ce Livre, à l'exception du dernier Chap. dans ſeize Homélies que nous avons parmi ſes Oeuvres. Nous avons encore ſes Scolies dans les éditions Latines de Bâle & de Génébrard. On les trouve auſſi dans les éditions Latines de Saint Cyrille d'Aléxandrie, dit le P. le Long; & M. Huet a donné quelques fragmens de la ſeconde Homélie, en Grec & en Latin, dans ſon tome 1. p. 26.

Heſychius, ou *Iſychius*, a écrit ſept Livres ſur le Lévitique, imprimez à Paris en 1581. en Grec, & à Bâle en 1527. en Latin *in fol.* & au tome 12. p. 52. de la grande Bibliothéque des Peres. Le P. Labbe aſſure qu'il a écrit en Grec; mais qu'un autre à demi barbare l'a mis en Latin.

M. Dupin au dix-ſeptiéme ſiécle, p. 30. de l'édition *in* 8. loue la clarté de ce Commentaire, le ſens littéral, allégorique & moral en peu de mots; pour l'allégorique, il n'y eſt touché que ſuccinctement. Il croit auſſi que cet Auteur a écrit en Latin, qu'il étoit Prêtre de Jeruſalem, & qu'il en fut fait Patriarche. Ce qui n'eſt pas certain. Il l'eſt encore moins du ſiécle où il vivoit.

Radulphus Flaviacenſis in Leviticum, *lib.* 10. imprimez dans la grande Bibliothéque des Peres, tome 17. p. 47. ſéparément, à Cologne en 1536. *in fol.* Il y explique le ſens hiſtorique & ſpirituel de l'Ecriture, ſi ſçavamment & avec tant de piété & d'érudition, que tous les autres Commentateurs n'ont rien dit qui en approche, ſelon Sixte de Sienne. Blondel parle de lui dans ſon Traité de la Papeſſe Jeanne.

Il étoit Moine Bénédictin de l'Abbaye de Flay (*Flaviacum*) autrement de Saint Germer, au Dioceſe de Beauvais. Il eſt mort vers 1157.

On peut voir *Jean Lorin*, & *Pierre Serranus* ſur ce Livre. Le Commentaire du premier a été imprimé pluſieurs fois; la meilleure édition eſt celle de Doüai & d'Anvers, ſelon le P. le Long, de l'an 1620. *in fol.* celui *de Serranus*, *ibid.* 1572. *in fol.* en 1609. Il étoit de Cordoüe, Chanoine d'Alcala, & eſt mort en 1578. Nous marquons ſes autres Ouvrages ailleurs. Voyez ſon Titre dans l'*Index*.

Il eſt inutile de répéter ici Saint Auguſtin, Théodoret, Procope, Béde, Rupert, Toſtat, Cajetan, Oleaſter, & les autres qui ont écrit ſur tout le Pentateuque.

ARTICLE XIV.

Des Commentateurs Protestans & Juifs sur le Lévitique.

Entre les Protestans, *Jean le Cocq* Calviniste, a fait des Observations imprimées avec celles qu'il a faites sur l'Exode. Voyez ci-dessus. *Jacques Brocard* a fait un Commentaire imprimé à Leyde en 1580. *in* 8. autre Calviniste de Brême, qui vivoit au seizième siécle. *Paul Constantin Phrygion* a fait une explanation imprimée à Bâle en 1543. *in* 4. & 1546. *in* 8. Il étoit Luthérien, Ministre à Tubinge, & est mort en 1543.

Wolfgang Frantz a donné un Ouvrage sur le Lévitique, intitulé: *Schola sacrificalis*, à Wittemberg en 1698. quatrième édition: De plus un Commentaire où il explique solidement, *solidè*, dit le P. le Long, les Loix cérémonielles & rituelles de Moyse, dont il est parlé dans le même Livre, à Leipsic en 1696. *in* 4. Il y explique l'usage figuratif des Loix cérémonielles, & développe plusieurs cas difficiles.

Valens Albert y a joint une Préface, où il traite de la nécessité de connoître les Loix & de leur utilité, comme nous l'apprend Jean Fabricius dans l'Histoire de sa Bibliothéque, tome 4. page 39. Frantz Allemand de Saxe, est mort Luthérien en 1628. âgé de 64. ans.

Frideric Spanheim le fils, a fait des Observations Historiques, Topiques & Morales sur le Lévitique, imprimées dans le troisième de ses Ouvrages, dont nous parlons sur la Chronologie sacrée. Voyez les Juges.

Jean Benoît Carpzovius n'a écrit que sur le vingt-sixième Chapitre, ⅄. 44. touchant le Singe d'or des Juifs, à Leipsic en 1681. *in* 4. Voyez *infrà*. *Theodore Dassovius* a corrigé les Scolies des Critiques sur le Lévitique, à Kiel *in* 4. On ne dit pas en quelle année.

Entre les Juifs, *Aaron* fils d'Abraham, & Chef de la Synagogue à Maroc, vers 1609. a donné en particulier un ancien Commentaire sous le Titre de *Sacrifice d'Aaron*, à Venise en 1609. *in fol*. De plus treize maniéres d'expliquer la Loi, *ibid*. 1609. *in fol*.

Tobie, fils d'Eliézer, a fait une collection de ce qu'il y a de plus utile dans le Lévitique, les Nombres, & le Deutéronome, *ibid*. en 1546. *in fol*.

ARTICLE XV.

Des Traitez & Dissertations sur le Lévitique.

Dans les articles des Loix des Juifs, de leurs Cérémonies, Sacrifices, & Mariages; des Animaux & des Maladies, nous touchons plusieurs choses qui regardent ce Livre. Nous ne laisserons pas de marquer ici quelques Traitez & Dissertations particuliéres, nous contentant pour les autres de renvoyer à ces articles, afin de ne pas tomber dans une redite ennuyeuse.

Sur les Animaux & le Bouc émissaire.

Sur les animaux purs & impurs, voyez le grand Ouvrage de Bochart, *de animal. sacris*.

Sur les défauts qui excluoient les animaux de l'Autel, ou qui empêchoient qu'on ne les pût offrir en sacrifice; voyez Moyse l'Egyptien dans *Jad Chazakah*, ou *Imbonati*, Bibliothéque Rabb. p. 471. 474. tome 4.

Joan. Frischmuth de Hirco emissario, dans le Trésor des Dissertations Philologiques, tome 2. p. 914. séparément, à Jéne en 1664. *in* 4. Une autre Dissertation, *de Sepimento Legis*, *ibid*; en 1674. *in* 4.

Spencer parle aussi du Bouc émissaire dans son Traité des Loix des Hébreux, tome 3. Dissertation huitième, Chapitre 1. & *Salom. Deyling* dans ses Observations sacrées, tome 1.

Sebastien Schmidt a aussi écrit *de Hirco Apopompæo*, imprimé à Strasbourg en 1676. *in* 4. *Bernard Pierre Karll*, imprimé dans la Bibliothéque Philologique, tome 3. page 36. 57. tome 6. p. 225. 245.

Bernard von-Sanden a traité des deux Boucs, ce qu'on a imprimé à Konigsberg en 1699. *in* 4. *Daniel Lunde* a traité de la Vache rousse, à Upsal en 1707. *in* 8.

André Norrel a traité des oiseaux dont il est parlé au Chapitre 11. ⅄. 10. 21. 22. Ce qu'on a imprimé dans la Bibliothéque Philologique, tome 3. p. 36. 57.

Sur les Sacrifices & Idolâtrie.

Sur les Fêtes des Juifs, voyez l'article de la Religion & des Fêtes des Hébreux. *Salomon. Deylingii*, *de Authore Sacrificiorum*, dans ses Observations sacrées, tome 2. *De Antiquitate Ignis sacri & perpetui apud Hebræos*, Levit. 6. 13. 9. 24. Dans les mêmes, *ibid*. De *ingressu Pontificis in Sancta Sanctorum die expiationis*, Levit. 16. *ibid*. *De orbiculari coronâ Arabum*, Levit. 19. 27. *ibid*.

Samuel Bochart, *de veste*, *lino*, *& lanâ intertexta*, tom. 2. *Geogr. sacr*. p. 880. edit. Leyd. 1707.

Voyez notre Dissertation sur Moloch à la tête de notre Commentaire sur le Lévitique, Chapitre 28. ⅄. 21.

Valent. Greissing, *de immolatione liberorum Molocho factâ*, in *Thesaur. Theol. Phil*.

Joan. Seldeni, *de Diis Syris*, c. 6. & les Additions d'*André Beyer*. Nous aurons souvent occasion de parler de Selden, & il est bon

bon de le faire connoître. Son érudition étoit très-vaste ; il étoit sçavant dans les Antiquitez, & dans le droit des Juifs ; les Langues Orientales lui étoient familiéres, & les Ouvrages qu'il a donnez sur les Antiquitez Grecques, prouvent qu'il n'étoit pas moins profond en ce genre, que dans les Antiquitez sacrées : mais il est négligé, obscur, embarrassé. Il s'écarte souvent dans des digressions, & il y a très-peu d'ordre & de méthode dans ses Ouvrages.

Sur la Lépre, & autres sujets différens.

Voyez notre Dissertation sur la Lépre dans notre Commentaire sur le Lévitique, & dans le Recüeil de nos Dissertations, tome 1. p. 561.

Jacob. Alting, de Lepra, orat. v. *nonæ Eptados. Joan. Clerici Dissertatio de Lepra*, dans son Commentaire sur les Livres Historiques.

Paul Hulsius a fait une Dissertation sur les Mariages défendus aux Juifs ; ce qui lui a donné lieu de traiter de tous les incestes depuis Adam jusqu'à Moyse, à Groningue en 1702. & 1714. 2. vol. *in* 4. Il étoit Flamand Calviniste, de Groningue, au commencement du dix-huitiéme siécle.

Sountage a écrit de la punition de Nadab & d'Abiu ; c'est une dispute sur le dixiéme Chapitre du Lévitique, à Altorf en 1691. *in* 4. Et *Olaus Eric Torme* a écrit du sacrifice Minhha, sur le troisiéme Chapitre, à Franeker en 1662. *in* 4. Il étoit Danois, & Luthérien.

Jean Benoît Carpzovius a fait une Dissertation sur le ỳ. 44. du Chapitre 26. intitulée : *Aurea Simia Judæorum*, pour désigner la fausse interprétation qu'ils donnent à ce passage, prétendant y trouver que le Messie n'est point venu, & qu'il les ramenera dans la Terre de Canaan. Cette sçavante Dissertation se trouve dans le tome 10. des grands Critiques de la nouvelle édition, p. 345. & avoit déja été imprimée à Leipsic en 1681. *in* 4.

ARTICLE XVI.

Des Commentateurs Catholiques sur les Nombres.

Origénes a écrit vingt-huit Homélies sur tout le Livre des Nombres ; elles ne sont qu'en Latin dans les éditions Latines de Bâle & de Génébrard.

On y peut joindre les autres Commentateurs qui ont écrit sur le Pentateuque. *Item, Jean Lorin, Sixtinus Amama, de Muis, &c.* Le P. le Long commence à parler des Commentaires de *Jean Lorin*, par celui qu'il a fait sur les Nombres, comme étant le meilleur & le plus considérable ; il a été imprimé à Lyon en 1622. *in fol. Commentarii in Librum Numerorum, in quibus præter accuratam sensûs litteralis explanationem, variarum tum editionum tum Lectionum collationem cum Vulgata quæ defenditur, mystici omnis generis sensûs ex Patribus traduntur, Lugd.* 1622. *in fol.* C'est le titre de l'Ouvrage qui en donne une grande idée, & il ne faut point douter qu'il ne l'ait bien remplie.

Jean Rusbroeck ou *Rusbrock*, dans son Tabernacle de Moyse, explique plusieurs mystéres du Livre des Nombres, dans ses Ouvrages imprimez à Cologne en 1552. *in fol.* & 1609. *in* 4. Il étoit de Brabant, & Chanoine Régulier, non pas Bénédictin, comme l'écrit le P. le Long ; il est mort en 1380.

Louis Chastenier a joint ses Exercitations sur les Nombres à celles qu'il a faites sur l'Exode. Voyez l'article précédent aux Commentateurs Catholiques.

Jean Ferus a joint aussi ses Enarrations sur les Nombres à celles qu'il a données sur l'Exode & sur le Deuteronome &c. à Cologne en 1574. *in* 8. seconde édition. Nous avons commencé à parler de ses Commentaires sur la Génése, & il reviendra encore plusieurs fois.

Corneille Hazart, à ses discours moraux sur les principaux endroits de la Génése, de l'Exode, & du Levitique, en a ajoûté sur les Nombres. Voyez l'article de la Génése. C'est pour la derniere fois que nous parlerons de lui, n'ayant rien fait de plus.

ARTICLE XVII.

Des Commentateurs Protestans, & Juifs sur les Nombres.

Guillaume Attersol, Anglois, qui vivoit en 1618. a fait en sa Langue un Commentaire, imprimé à Londres en 1618. *in fol.* & mis en Flamand, à Amsterdam en 1667. *in fol.*

Charles Lithman, de Suéde, Luthérien, mort en 1686. a fait une dispute sur ce Livre, imprimée à Upsal en 1665. *in* 8.

Nous avons déja marqué ce que *Tobie* Juif a fait sur les Nombres. C'est le seul de cette Nation qui ait écrit en particulier sur ce Livre.

ARTICLE XVIII.

Traitez & Dissertations sur les Nombres.

Nous touchons encore ailleurs plusieurs choses qui regardent le Livre des Nombres ; nous nous arrêterons seulement ici à ce qui lui convient plus particuliérement.

Sur les Demeures des Hébreux, & sur les Azyles.

D. *Hieronymi*, *de 42. Manſionibus*, dans ſa Lettre à Fabiole, tome 2. p. 586. de la nouvelle édition.

Hermanni de Schildis, *de 42. Manſionibus*. Il n'eſt pas certain que cet Ouvrage ſoit imprimé. Le P. le Long ne le marque pas même avec ceux de cet Auteur, qu'il dit être manuſcrits dans la Bibliothéque de Bâle. Il étoit Allemand de Weſtphalie, de l'Ordre de Saint Auguſtin, & eſt mort en 1357.

Georgii Rittershuſii, *de jure Azylorum*, ad *Num*. 35. imprimé à Strasbourg en 1624. *in* 4. & dans les grands Critiques, tome 8. p. 214. Il étoit fils de Conrad Luthérien, mort après 1624.

Thomas Lebner, a écrit ſur le même ſujet, & fait imprimer à Leipſic en 1673. *in* 4. Autre Allemand Luthérien, qui vivoit ſur la fin du dix-ſeptiéme ſiécle.

Sur le Camp des Iſraëlites dans le Déſert.

Salom. Deylingii, *de Diſpoſitione Caſtrorum Iſraëlitarum in Deſerto*, dans ſes Obſervations ſacrées, tome 2. chap. 10.

Jean le Pelletier a fait des Remarques ſur le Camp des Iſraëlites, qui ſe trouvent dans les Mémoires de Trévoux. Ce Sçavant eſt choqué avec raiſon de voir des pavillons d'étoffes repréſentez où l'on ne devroit voir que des cabanes de feüillage, ou des huttes formées de branches d'arbres de différentes ſortes. Car nous liſons dans le vingt-troiſiéme Chapitre du Lévitique, où Dieu regle la célébration de la Fête des Tabernacles, qui étoit une Commémoraiſon de la demeure des Iſraëlites dans le Déſert pendant quarante ans; que ces peuples toutes les années ſeront obligez de ſe pratiquer dans les champs des petits cabinets de branches d'arbres feüillus, de certaines eſpéces, pour y demeurer les ſept jours que durera cette ſolemnité. *Sumetis vobis die primo frondes arboris pulcherrima, ſpatulaſque palmarum, & ramos ligni denſarum frondium & ſalices de torrente, & habitabitis, Baſſuecoth* בבכרה *in umbraculis ſeptem diebus*. Ce qui ſe pratiqua encore après la captivité de Babylone, puiſque nous voyons dans le huitiéme Chapitre du ſecond Livre d'Eſdras, qu'ils firent de ces cabinets avec des branches d'oliviers, de myrthes, de palmiers, & d'autres bois touffus. *Afferte frondes oliva & frondes ligni pulcherrimi, frondes myrthi, & ramos palmarum, & frondes ligni nemoroſi, ut fiant tabernacula, ſicut ſcriptum eſt*. Et Paul Fagius ſur le Chapitre du Lévitique, dont nous venons de parler, nous en marque la Tradition conſtante par le témoignage d'un grand nombre de Rabbins, qui diſent que les Juifs étoient obligez de porter dans les champs le matin, le premier jour de cette ſolemnité, un faiſceau compoſé de branches d'olivier, de palmier, de myrthe, & de ſaule, pour la conſtruction de ces ſortes de berceaux.

Les Juifs par cette conſtante coûtume, marquent donc viſiblement que les cabanes, que leurs Peres habitérent dans le Déſert, n'étoient que de branches d'arbres. Après tout il n'eſt guéres du bon ſens de s'aller imaginer que dans ces premiers âges du monde, les étoffes fuſſent communes comme elles le ſont aujourd'hui, pour s'en ſervir à dreſſer des tentes. Ajoûtons que Dieu n'auroit pas ordonné aux Iſraëlites de faire des cabanes de branches d'arbres, pour ſolemniſer la Fête des Tabernacles, ſi les tentes du Déſert n'avoient pas été des cabanes de même matiere; puiſqu'il dit en termes exprès, qu'il n'ordonnoit cette ſolemnité que pour apprendre à leurs enfans que leurs peres en avoient habité de pareilles dans le Déſert, après qu'il les eut retirez de l'eſclavage des Egyptiens. *Ut diſcant poſteri veſtri quod in Tabernaculis* (*baſſuecoth* בבכרה) *habitare fecerim filios Iſraël, cùm educerem eos de terra Ægypti*. Auſſi le fameux Rabbin Léon de Modéne dans le ſeptiéme Chapitre de la troiſiéme partie de ſon Livre des *Cérémonies des Juifs*, dit que les Juifs modernes n'habitoient des cabanes de branchages appellées *ſuecoth*, pendant la Fête des Tabernacles, qu'en mémoire de ce que leurs peres en habitérent de pareilles dans le Déſert, à la ſortie d'Egypte; de ſorte qu'il eſt très-évident que les Peintres ne ſçauroient ſans une erreur groſſiere, repréſenter des tentes d'étoffes ou de toiles, où l'on doit s'attendre de voir des cabanes ou berceaux de branches d'arbres.

Sur le Devin Balaam, Béelphégor, & Chamos.

Voyez notre Diſſertation ſur Béelphégor & Chamos, dans notre Commentaire ſur les Nombres, & dans le Recüeil de nos Diſſertations, tome 2. p. 418.

Voyez auſſi *Selden de Diis Syris*, Chapitre 5. & les Additions de *Beyer*, avec ce que nous avons dit de lui ci-deſſus.

Julii Bartolocci, *de Balaam & Béelphégor*, dans ſa Bibliothéque Rabbinique, tome 1. p. 655.

Balaami Hiſtoria à Georgio Mœbio, à Leipſic en 1675. *in* 4.

Salom. Deylingii, *de Balaam Vate*, dans ſes Obſervations ſacrées, tome 3. Chap. 10.

Jean le Cocq a fait auſſi des Obſervations ſur

la prophétie de Balaam, imprimées avec celles qu'il a faites sur l'Exode.

Joan Willemer, *de Stella ex Jacob oriunda*, Dissertation imprimée à Wittemberg en 1678. *in 4*. Voyez ci-dessus. *Jean Benoît Carpzovius* a aussi écrit sur la prophétie de Balaam ; ce qui a été imprimé à Leipsic en 1692.

Jerôme Veller a fait des Annotations sur l'Histoire de Balaam, qu'il a jointes à ses Annotations sur la Génése. Voyez sur ce Livre.

Jean George Salmuth, & *Numide Schroder*, en ont aussi écrit : ce qui est imprimé à Heidelberg l'an 1659. *in 4*. à Jéne en 1668. *in 4*. Ils étoient Allemans Luthériens du dix-septiéme siécle. *Guillaume Hilliger* a traité de l'Asne de Balaam, qui parla, imprimé à Wittemberg en 1672. *in 4*.

Sur plusieurs différens sujets des Nombres.

Joannis Henrici Haner, *de ritu benedictionis sacerdotalis*, Num. 6. ℣. 23. dans le Trésor des Dissertations Philologiques, tome 1. séparément, à Jéne en 1671. *in 4*. Il étoit Allemand Luthérien.

Jacobi Schmaltzii, *de uxore Moysis Æthyopissa*, dans le même Trésor, & séparément, à Leipsic en 1675. *in 4*.

Caroli Imbonati, *de Coturnicibus à quibus Israëlitæ perierunt*, Num. 11. ℣. 32. dans sa continuation de la Bibliothéque Rabbinique, tome 4. p. 167.

Michael. Bek, *de Uva magna Chananæa ad Num.* 13. dans le Trésor des Dissertations Philologiques, tome 1. Il étoit Luthérien de Wittemberg, est mort en 1704.

Christiani Kortholt, *de virga Aaronis florida*. Num. 17. imprimé à Kiel en 1676. *in 4*. *Jean Majus* en a aussi parlé, & fait imprimer à Wittemberg l'an 1680. *in 4*. *Chrétien Vonstockten* a fait une Dissertation Théologique & Philologique sur ce sujet, imprimée à Kiel en 1676. *in 8*.

Jean Christophe Vagenseil, *de uxore adulterii suspecta*, à Nuremberg en 1674. *in 4*. Il étoit Luthérien de Nuremberg, & Professeur à Altorf, mort en 1706.

Guillelmi Salder ou *Salden*, & *Andreæ Aoluti*, *de Aquis amaris*. Voyez l'article des Mariages des Hébreux, de même que de l'*Uxor Hebraïca* de Selden.

Petri Cunæi de Rep. Hebræorum. Voyez l'article de la République des Hébreux.

David Constant, a joint ce qu'il a fait sur le Serpent d'airain, à ce qu'il a écrit sur la femme de Loth. Voyez sur la Génése.

Georgii Mœbii de Serpente aneo Exercitationes, à Leipsic en 1674. *in 4*. & 1686.

George Mœbius examine dans sa premiere Dissertation, quelle fut la cause des murmures pour lesquels les Juifs furent punis des playes brûlantes dont ce serpent fut le remede ; & il tâche d'expliquer comment ce peuple pouvoit être dégoûté de la Manne, avec laquelle Dieu le nourrissoit d'une maniere si miraculeuse. Cela n'est pas si aisé à comprendre qu'on le pense ; car s'il est vrai que la Manne s'accommodoit au goût d'un chacun, l'amour de la variété ne trouvoit-il pas par-là le moyen de se satisfaire, quoique ce fût toûjours une même viande ?

M. Mœbius réfute ensuite ceux qui disent que les Serpens brûlans dont parle l'Ecriture, étoient une espéce de maladie qui fit naître de petits Serpens sur le corps des Israëlites ; ce qu'on tâche de prouver par un passage de Plutarque. Il rejette aussi l'opinion de ceux qui veulent que le Diable déguisé en Serpent ait fait ce ravage, & il l'attribuë à une espéce de Serpens aîlez qui étoient passez de la Lybie en Arabie, ou qui étoient déja dans l'Arabie, & qui auroient incommodé le peuple Juif beaucoup plûtôt, si Dieu n'avoit veillé à sa conservation. On ne fera pas plus de grace à ce sentiment qu'il en a fait avec justice à celui des autres. Pour l'appuyer, il allegue une tradition des Rabbins, qui porte qu'il y avoit sept nuées qui environnoient ce peuple dans le campement & dans sa marche le Désert, & que celle qui étoit à l'avant-garde tuoit les Serpens, & applanissoit les montagnes & les vallées.

La Dissertation suivante traite de l'érection du Serpent d'airain. L'Auteur soûtient que le bois où on l'attacha, étoit semblable à celui sur lequel les Romains, ou même les Juifs, portoient leurs Enseignes militaires, sçavoir en forme de croix ; & il se fonde entre autres raisons, sur ce que ce Serpent étoit une figure du crucifiment de JESUS-CHRIST, & sur ce qu'il avoit, dit-il, des aîles, afin de mieux ressembler aux Serpens qui mordoient les Israëlites. Pour ce qui est de la qualité du bois, si l'on s'en tient au Rabbin *Galli Raseicah*, & non pas *Razæ Gulchiach*, que le Pere Kirker a cité & suivi dans son *Oedipus Ægyptiacus*, c'étoit d'un arbre crû d'une branche de l'arbre de vie, que les Anges portérent à Adam dans le Désert, & que Seth y planta, & ce fut du même arbre, que Moyse tira la verge avec laquelle il fit tant de prodiges, & le bois qu'il jetta dans les eaux améres pour les adoucir.

La vertu du Serpent d'airain est le sujet de la troisiéme Dissertation. Les Cabalistes qui l'ont regardé comme un talisman, ont crû que cette vertu étoit inhérente, & lui étoit communiquée par telles ou telles Constellations. *Jean de Bustamante*, Professeur en Médecine à Complutum, l'a rapporté à la qualité de l'airain même dont il a fait valoir la vertu naturelle

QUATRIÉME PARTIE.

naturelle par un grand nombre de contes, dans son Livre *de animantibus Scripturæ sacræ reptilibus vere dictis*. D'autres alléguent la force de la vision, & certaines autres raisons que M. Mœbius rejette, ne reconnoissant ici qu'une causalité morale.

La derniere Dissertation est toute employée à la controverse, qu'il ne traite que légerement & par occasion dans les trois autres. Il y combat des dogmes des Catholiques, & des Prétendus Réformez, ausquels il s'imagine que le Serpent d'airain a quelque rapport. Il entre en dispute avec les Calvinistes de Geneve, entre autres, sur ce qu'ils prétendent par l'exemple de l'adoration qu'on rendit enfin à ce Serpent, qu'on ne doit point exposer d'Images dans les Eglises; & il nous attaque sur l'honneur qu'on leur rend, sur la justification, sur l'intercession des Saints, &c. Ceux qui auront la curiosité de lire cet Ouvrage, voyent par-là qu'ils le doivent faire avec précaution. Le même Auteur a aussi écrit sur la punition de Dathan & d'Abiron, à Leipsic en 1677. *in* 4.

George Frideric Meinhart, a fait trois Dissertations sur les Nazaréens, dont il est parlé au Chapitre 6. ℣. 9. 12. à Jéne en 1676. *in* 4. Il étoit Allemand d'Armstat, & Lutherien, sur la fin du dix-septiéme siécle.

Jean Clodius a écrit sur le Droit des Nazaréens, tiré des Antiquitez des Hébreux, à Wittemberg en 1672. *in* 4.

Jean Deutschmann a parlé du Jubilé des Juifs, sur le Chap. 6. ℣. 22. 26. à Wittemberg en 1700. *in* 4.

Jean Christophe Ortlob, a traité de la mort d'Aaron sur le Chap. 20. à Leipsic en 1704. *in* 4. Voyez plus haut.

Jean Hiller a écrit des Franges des Hébreux, sur le Chap. 15. ℣. 37. 41. à Tubinge en 1701. *in* 4.

ARTICLE XIX.

Des Commentateurs Catholiques sur le Deutéronome.

Outre les Auteurs qui ont écrit sur le Pentateuque, on peut voir *Lorin in Deuteronomium*, imprimé séparément à Lyon en 1625. 1629. 2. vol. *in fol*. C'est un ample Commentaire distingué des autres qu'il a fait sur l'Ecriture.

Andr. Masius in Deuteron. cap. 16. & sequentia. Ce qu'on a tiré de ses manuscrits & imprimé à la fin de son Commentaire sur Josué. Ce sont des Annotations sur le Chapitre 16. jusqu'au 34. On les a mises aussi dans la nouvelle édition des grands Critiques de 1698. & dans le Supplément de 1701. *in fol*. Voyez sur Josué.

Jean Ferus a fait des Enarrations qu'il a jointes à celles qu'il a données sur l'Exode & les Nombres.

ARTICLE XX.

Des Commentateurs Protestans & Juifs sur le Deutéronome.

Sixtinus Amama, *Simeon de Muis*, *Paulus Fagius*. On peut y joindre *Jean le Cock*, qui a fait des Observations sur les six derniers Chapitres du Deuteronome, imprimées à Franeker en 1650. *in* 4. & des Notes Analytiques depuis le premier Chapitre jusqu'au vingt-neuviéme, imprimées avec celles qu'il a données sur les Nombres. Les quinze Disputes de Wolfang Frantz sur ce Livre, peuvent tenir lieu d'un Commentaire, dit le P. le Long, à Wittemberg en 1608. *in* 4.

Isaac Abarbanel, ou *Rabanel*, dont nous avons déja parlé, a fait un Commentaire imprimé en 1551. *in fol*. Nous ajoûterons ici que ce fut un des plus sçavans Rabbins, qui explique ordinairement le sens littéral de l'Ecriture, & qui cependant maltraite fort les Chrétiens.

ARTICLE XXI.

Des Traitez & Dissertations sur le Deutéronome.

Il y a encore sur ce Livre quelques sujets que nous touchons dans des Articles particuliers, où nous renvoyons pour s'en éclaircir plus amplement.

Sur Moyse, le Divorce, & la Loy du Mariage.

Aug. de Quiros, *Commentarius in Canticum Moysis*, imprimé à Lyon en 1623. *in* 4. seconde édition, avec ses autres Ouvrages. Il étoit Espagnol, se fit Jésuite en 1583. il mourut en 1622. âgé de 56. ans.

Georg. Frid. Meinhart, *de Propheta Moysi pari*, *Deuter*. 18. dans le tome 1. des Dissertations Philologiques. *Salomon Deyling* a écrit sur le même sujet dans ses Observations sacrées, tome 2.

Voyez notre Dissertation sur la mort de Moyse dans notre Commentaire sur l'Epître aux Hébreux, & dans le Recüeil de nos Dissertations, tome 3. p. 585.

Marci Marini de fabulosâ morte Mosis, ce qui ne se trouve point imprimé, le Pere le Long n'en parle point. Nous sçavons seulement que cet Auteur étoit Chanoine Régulier de Latran, & mourut en 1594.

Joan. Ernesti Gerhard, *de sepultura Mosis Disputatio*, imprimée à Leipsic en 1703. *in* 4. C'est Gerhard le fils, Allemand Luthérien, qui vivoit au dix-septiéme siécle. *Jean Erellius* a aussi écrit de la sépulture de Moyse, ce qu'on a imprimé à Jéne en 1667. *in* 4.

Voyez les *Apocryphes* de Fabricius, & le *Petirath Moſé* de Gilbert Gaulmin, imprimé en Hébreu & en Latin, à Paris en 1629. *in* 4. Depuis à Hambourg en 1714. *in* 8. avec une Préface de *Jean Albert Fabricius*. Il y est parlé de la vie & de la mort de Moyse. *Gaulmin* étoit François Catholique, & est mort en 1667.

Jacobi Friſchmuth, *de morte Moſis & ſepultura Diſſertatio*, imprimée à Jéne en 1656. *in* 4.

Jacobi Hecht, *de pugna Michaelis pro corpore Moſis*, imprimée à Jéne en 1653. *in* 4. Il étoit Allemand Luthérien.

George Hornius en parle dans son Histoire Ecclésiastique, *Num.* 74. *Bartolocci, de Inventione corporis Moſis*, dans sa Bibliothéq. Rabb. tome 3. p. 923.

Jean Burſcht, autre Allemand Luthérien, a fait aussi une dispute sur la sépulture de Moyse, imprimée à Leipsic en 1703. *in* 4.

Voyez notre Dissertation sur le Divorce, dont il est parlé au Chap. 24. du Deuteronome dans notre Commentaire sur ce Livre, & dans le Recueil, tome 1. p. 387.

Jacobi Perizonii, *de constitutione divinâ super ducenda fratris defuncti uxore*, dans ses Dissertations imprimées à Francker en 1691. *in* 8. & à Leyde en 1702. *in* 8. Il étoit Hollandois Calviniste, mort en 1715.

Sur les Habits des Hébreux qui ne s'uſoient point.

Joan. Villelm. Hilliger de veſtimentis Iſraëlitarum in Deſerto, ad Deuter. 8. C'est une Dissertation imprimée à Wittemberg en 1676. *in* 4. Il étoit Allemand Luthérien.

Coſmas Indicopleuſtes, ou *Coſme l'Egyptien*, surnommé *Indopleuſtes* à cause de ses Navigations, traite le même sujet dans sa Topographie du monde, p. 205. liv. 5. tom. 2. de la Collection des Peres Grecs, par Dom Montfaucon, qui y parle fort au long de cet Auteur, dans une Préface exprès ; & Fabricius dans sa Bibliothéque Grecque, Livre 3. Chapitre 25.

Marckius, ou *Jean Marck*, en parle aussi dans ses Exercitations de la Bible, imprimées à Amsterdam en 1694. *in* 4. C'est dans la quatorziéme Exercitation. Il étoit Flamand Calviniste.

Sur pluſieurs & différens ſujets du Deutéronome.

Jean André Schmidt a fait une Dispute Théologique & Exégétique sur la mort de Moyse, à Helmstat en 1703. *in* 4. Voyez Josué *infrà*.

Jean Chriſtophe Ortlob a traité de la mort d'Aaron, à Leipsic en 1704. *in* 4.

Jean Meyer a fait une Dissertation Théologique sur la vérité & la divinité de l'Histoire de Moyse & de sa prophétie, à Harderwic en 1705. *in* 4. Voyez ci-dessous. *Abraham Calovius* a expliqué son Cantique & son dernier Adieu, à Wittemberg en 1668. *in* 4.

Zacharie Henzel a fait aussi une Dissertation sur le combat de Saint Michel, *ibid.* en 1676. *in* 4. & dans les Dissertations Philologiques, tome 1.

Nicolas Nieremberg a écrit une Exercitation exégétique & polémique sur le même sujet, à Ratisbonne en 1682. *in* 4. Il étoit Allemand Luthérien, Ministre à Ratisbonne, & est mort en 1705.

Jean Nicolas Quiſtorp a traité de la montagne de Nébo, dont il est parlé au Deuteronome, Chap. 32. ℣. 49. à Rostock en 1657. *in* 4. Cet Auteur Allemand de Rostoch, & Luthérien, mourut en 1669.

Thomas Reve, Anglois, a traité des Juges dont il est parlé au Chap. 1. à Londres en 1632. *in* 4.

Gabriel Reuſſel a écrit de la maladie pestilentielle sur le Chap. 28. ℣. 21. Elle est dans le Trésor des Dissertations Philologiques, tome 1.

Chrétien Salden a traité de ceux qui mandioient Israël, sur le Chap. 15. ℣. 4. dans un Ouvrage intitulé , *Otia Theologica*.

Frideric Adolphe Lampe, Allemand Calviniste de l'Eglise de Brême, a fait une Harmonie du cinquième Chapitre du Deuteronome, avec le vingtième de l'Exode, où il rapporte les différentes Leçons, & explique le Précepte du Décalogue, dans sa Bibliothéque Philologique, imprimée à Brême l'an 1719. tome 1. p. 75. jusqu'à 100.

Jean André Dantz, a fait une Dissertation sur l'art militaire des Hébreux, dont il est parlé au Chapitre 20. & 21. à Jéne en 1690. *in* 4. Voyez *suprà*. Article 31. sur Caïn.

ARTICLE XXII.

Des Commentateurs Catholiques ſur Joſué.

Origénes a écrit sur tout le Livre de Josué vingt-six Homélies, qui ne sont qu'en Latin dans les éditions de Bâle & de Génébrard. M. Huet a donné dans son édition de ce Pere tome 1. un Fragment Grec & Latin de la vingtiéme Homélie, tiré de la Philocalie.

Saint Auguſtin, *Béde*, & *Théodoret*, ont fait des Questions sur ce Livre. *Procope* l'a expliqué dans un Commentaire exprès assez court, mais utile. Il est compris dans sa chaîne sur l'Octateuque. Voyez ci-devant.

Toſtat, *Cajetan*, *Coſme Magalian*, *Arias Montanus*, l'on aussi commenté. Voici le titre

titre de l'Ouvrage du dernier: *De optimo Imperio*. C'est un excellent Commentaire sur Josué, imprimé à Anvers en 1583. *in 4*. Nous avons parlé de l'Auteur dans l'article des Polyglottes.

Le meilleur Ouvrage que l'on ait sur ce Livre, est celui d'*André Masius*, qui étoit très-habile dans les Langues. Il y a joint une Traduction Latine sur l'Hébreu. Voici le titre de l'Ouvrage : *Josuæ Imperatoris Historia illustrata atque explicata*, & a été imprimé à Anvers en 1574. *in fol*. Depuis dans les grands Critiques, tome 2. sur Josué. L'Auteur y explique, & les mystéres, & le vrai sens de l'Ecriture ; examine en bon Critique, & refute les rêveries des anciens Hébreux, de même que des Thalmudistes ; décrit en habile Géographe les Villes & tous les lieux dont il est parlé dans les Saintes Ecritures. Simeon de Muis dit que ses Notes & son Commentaire méritent qu'on en fasse à jamais de nouvelles impressions. Masius mourut en 1573 ; ainsi il n'eut pas la consolation de voir son Ouvrage imprimé.

Jacques Bonfrerius, Jésuite, a aussi travaillé sur Josué, & y a fort bien réüssi, sur tout dans la Géographie, ayant donné le Livre des noms Hébreux composé par Eusèbe, & traduit par saint Jérôme, auquel il a ajoûté de bonnes Notes de sa façon. Nous en parlons encore dans l'article de la Géographie sacrée. Le Commentaire a été imprimé à Paris en 1659. *in fol*. seconde édition. Bonfrerius y excelle dans le juste choix qu'il a fait des différentes Versions, en les comparant ensemble ; ensorte qu'il y surpasse de beaucoup les autres Commentateurs, selon M. Dupin.

Cornelius à Lapide in Josue, dans son grand Ouvrage sur presque toute l'Ecriture.

Nicolas Serrarius, Jésuite de Rembervillers en Lorraine, a écrit plusieurs bons Ouvrages sur l'Ecriture, sur tout un long Commentaire sur Josué. Sa méthode est de former diverses questions sur l'Histoire, & de les résoudre, après avoir examiné les raisons pour & contre. Ces questions peuvent passer pour autant de petites Dissertations. Serrarius mourut en 1609. Son Commentaire sur Josué fut imprimé en 1609. à Mayence *in fol*. M. Simon rend justice à son érudition & à sa grande capacité ; mais il trouve qu'il mêle trop de science étrangère, & trop peu de critique dans ses questions.

Ce que *Cosme Magalian* a fait, ce sont deux tomes *in fol*. de Commentaires sur l'Histoire de Josué, ausquels il a ajoûté un Appendix, imprimez à Tournon en 1612. Il étoit Portugais Jésuite, & mourut en 1624. âgé de 73. ans. Nous parlerons de ses autres Ouvrages sur les Juges, & les deux Epîtres à Timothée.

Tome IV.

Nous pouvons ajoûter *Henri Marcel*, dont le Commentaire a été imprimé à Wirtzbourg en 1661. *in 4*. Il étoit Flamand Jésuite, & mourut à Reims en 1664. dans sa soixante & onzième année.

Emmanuel de Naxera, a fait un Commentaire littéral & moral, imprimé à Anvers en deux volumes *in fol*. en 1658. troisième édition. Il étoit Espagnol de Toledo, & Jésuite, mort en 1680. selon le P. le Long ; 1675. selon Nicolas Antonio.

ARTICLE XXIII.

Des Commentateurs Protestans & Juifs sur Josué.

Jean Mulman Luthérien de Pegaw, mort en 1613. âgé de 40. ans, a fait un Commentaire que Samuel Martin a revû & fait imprimer en 1701.

Jean le Cock a fait des Notes très-courtes ; & *Drusius*, des Annotations sur Josué ; voyez plus haut. Tous ceux qui ont écrit sur les Livres Historiques ont commencé par Josué, comme Brence, Chytrée, le Clerc, & les autres, tant Luthériens que Calvinistes.

Il en est de même des Commentateurs Juifs ; mais *Aaron*, fils d'Abraham, a donné *Cor Aaronis* en Hébreu avec le Texte, à Venise 1609. *in fol*.

David, fils de Joseph Kimhi, né en Espagne, & mort en 1232. a fait un Commentaire en Hébreu *in fol*. imprimé l'an 1486.

Samuel Laniado, en a donné un intitulé, *Vas pretiosum*, à Venise 1603. *in fol*.

Levi, fils de Gersen, en 1494. *in fol*. On peut y joindre le Rabbin *Salomon*, qui a écrit sur Josué & les Juges.

ARTICLE XXIV.

Traitez & Dissertations sur les Livres de Josué.

Sur la Géographie de la Terre Sainte.

Voyez les Auteurs rapportez dans l'Article de la Géographie sacrée. De plus saint Jérôme, *de Terra Promissionis*, *Epistola ad Dardanum ; & Epitaphium Paulæ*. Enfin son Livre des Lieux Hébreux, dont nous parlons amplement dans le même Article.

D. Paul Pezron dans une Lettre mentionnée *ibid*. s'applique particuliérement à rechercher quelles étoient les véritables & anciennes bornes de la Terre promise. Il s'y fait d'abord cette objection assez naturelle. Quoi, ne voit-on pas assez, en lisant l'Ecriture, quels ont été les confins de cette Terre promise aux anciens Patriarches, & après eux à Moyse ? Peut-on ignorer quand on a la

H 5 moindre

moindre teinture des Livres sacrez, que la Terre promise à ces hommes divins, est celle-là même que nous nommons la Terre Sainte, & qui est tant de fois appellée le pays de *Chanaan?* Et qui ne sçait maintenant que le pays possédé par les Chananéens, ne s'étendoit que depuis Dan jusqu'à Bersabée, ou depuis le Mont-Liban jusqu'au torrent d'Egypte; car c'est ainsi que les Livres saints s'en expliquent souvent, & par conséquent ses limites n'alloient que depuis la ville de Gaza jusqu'à celle de Sidon; ou depuis l'Idumée jusqu'aux sources du Jourdain.

A quoi il répond. Il est vrai, & c'est-là ce qui trompe, que la terre occupée sur les Chananéens, & depuis possédée par les enfans d'Israël, n'a point eu d'autres limites que l'Idumée & le Mont-Liban : mais la Terre promise à leurs peres, j'entends aux anciens Patriarches, & dont ils n'ont eu qu'une partie, à cause de leurs continuelles prévarications, étoit bien d'une autre étendue en tirant vers le Septentrion ; ce qu'il tâche de prouver par les Ecritures, comme on le peut voir dans les Mémoires de Trévoux de l'année 1705. où cette Lettre est imprimée.

Sur le miracle du Soleil arrêté par Josué.

Voyez notre Dissertation sur le commandement que Josué fit au Soleil de s'arrêter, dans son Commentaire sur ce Livre, & dans le Recüeil de nos Dissertations, tome 2. pag. 105.

Abarbanel de miraculosâ statione Solis tempore Josue, ex versione Joan. Buxtorfii. C'est dans la Préface de son Commentaire que cet Auteur Juif parle de ce miracle; on l'a imprimé à Leipsic en 1686. *in fol.* & à Hambourg en 1687. édition augmentée d'un Spicilége d'Observations : & *Jean Buxtorf* a donné cette Préface en Latin dans ses Dissertations, à Bâle en 1662. *in 4.*

Sur la pluye de pierres, les Gabaonites, & Jéricho.

Voyez notre Dissertation sur la pluye de pierres qui tomba sur les Chananéens; une autre sur le pays où se sauvérent les Chananéens, devant la face de Josué, & nos recherches sur la Géographie de la Terre-Sainte, à la tête de notre Commentaire sur Josué. Elles sont aussi dans le Recüeil, tome 2. page 120.

Nicolai Serrarii Josuani Sacerdotes. C'est le premier de ses Opuscules.

Jean Fecht a donné une Dispute sur le neuviéme Chapitre de Josué, touchant la Religion des Gabaonites, à Dourlac en 1703. *in 4.* Voyez ci-dessus. *Daniel Pfeiffenger* a aussi écrit de ces peuples, & des autres dont il est parlé dans ce Chapitre. Voyez sur Aggée.

Jean François Buddée a fait une Dissertation sur les ruines de Jéricho, imprimée à Jéne en 1690. *in 4. Jean André Schmidt* a écrit sur le même sujet, à Jéne en 1690. *in 4.* Voyez ci-après.

Sur plusieurs sujets différens du Livre de Josué.

Henri Buntingus a fait un Traité touchant la distribution de la Terre de Chanaan en douze Tribus, dans son *Chronicon Ecclesiasticum*, à Magdebourg en 1597. *in fol.* C'est ce que M. Dupin appelle un Commentaire sur Josué. Il étoit d'Hanovre, Ministre Luthérien de Goslar, vers 1590. On lui donne la qualité de Sçavant, d'homme d'esprit, exact & industrieux.

André Kempfer a traité du passage des Israëlites au milieu du Jourdain, à Giessen en 1696. *in 4.* ce qu'il a joint au passage de la Mer Rouge. Il étoit Allemand Luthérien.

Jean Pasch a parlé de la ville de Selah; ce qu'on trouve dans les Dissertations Philologiques, tome 1. Il est différent de Corneille Pasch.

Christophe Henri Ritmeïer, a fait une Disquisition sur la ville de Cariath-Sepher, c'est-à-dire, des belles Lettres, sur le Chapitre 15. ℣. 15. à Helmstat en 1711. *in 4.* Il étoit Allemand Luthérien, Professeur en Langue Grecque, au commencement du dix-huitiéme siécle.

J. Georg. Abicht, Disputatio de cultris saxeis ad Josue v. Regiomonti an. 1713. *in 4.* Cet Ouvrage n'est pas extrêmement étudié; on pourroit y ajoûter beaucoup de choses.

Gerard Outhove a fait une Dissertation sur Rahab, qui se trouve dans la Bibliothéque Philologique, tome 3. pages 438. 469. Il y a vingt-un articles.

Le P. Aléxandre dans sa douziéme Dissertation du quatriéme âge du monde, parle du serment que fit Josué de sauver la vie aux Gabaonites : page 40. du second tome. Dans la treiziéme, il traite du miracle que Dieu fit en arrêtant le Soleil, & en prouve la vérité contre ceux qui osent le nier, *ibid.* page 43. Dans la quatorziéme, il examine quelles étoient les années Sabbatiques & Jubiléres, leurs époques & les différens sentimens là-dessus, *ibid.* p. 46. Dans la quinziéme, il fait voir que Josué n'a gouverné la République des Hébreux que 17. ans, *ibid.* p. 49. Dans la seiziéme, il avance qu'on ne sçait pas qui est Auteur du Livre de Josué, ni quand il a été écrit, *ibid.* p. 50.

D. Petit-Didier dans sa vingt-deuxiéme Dissertation, établit la vérité du miracle de Soleil,

Soleil, quand il s'arrêta à la voix de Josué, & le compare avec celui qui se fit sous Ezéchias par sa rétrogradation : il prouve l'un & l'autre contre les Préadamites qui en ont combattu la réalité, p. 192. & suiv. Dans la vingt-troisiéme, il embrasse le sentiment de ceux qui croyent que Josué est lui-même Auteur du Livre qui porte son nom, & répond aux objections de ceux qui disent le contraire.

Ce qui mérite le plus d'être examiné, est l'ancienne demeure des Chananéens, & la prétenduë usurpation faite sur les enfans de Sem. Voyez les Mémoires de Trévoux de 1704. au mois de Juillet, tome 2. p. 1214.

Jean Jacques Holsac a aussi travaillé sur le miracle du Soleil qui s'arrêta. Son Ouvrage a été imprimé à Wittemberg en 1678. in 4. c'est tout ce qu'il a fait. Il étoit Allemand Luthérien, sur la fin du dix-septiéme siécle.

Emmanuel Porto a joint le miracle du Soleil qui s'arrêta sous Josué, avec celui de sa rétrogradation sous Ezéchias, à Padoüe en 1643. in 4. Il étoit Italien, & vivoit dans le dix-septiéme siécle.

ARTICLE XXV.

Des Commentateurs Catholiques sur les Juges.

Origénes a expliqué les sept premiers Chapitres des Juges par neuf Homélies, qui finissent après la victoire de Gédéon sur les Madianites. Nous ne répétons point ce que nous avons dit de sa méthode.

Saint Augustin, Théodoret, & Béde, ont aussi proposé des questions sur les événemens de ce Livre.

Hugues de Saint Victor, a écrit d'assez courtes Notes, intitulées : *Annotationes elucidatoria in Librum Judicum.* Il y mêle le sens historique & le littéral au moral.

Tostat, Cajetan, Cosme Magalian, Cornelius à Lapide, Christophe de la Vega, Serrarius, Arias Montanus, Luc de Bruges, ont écrit sur les Juges ; chacun suivant sa méthode.

Tostat & Serrarius forment & examinent diverses questions sur l'Histoire. Les autres cherchent le sens littéral.

Le Commentaire d'*Arias Montanus* est intitulé, *de Varia Rep.* imprimé à Anvers en 1592. in 4. Nous dirons ici qu'il étoit de Séville en Espagne, sçavoit les Langues Orientales, & est mort en 1598.

Cosme Magalian n'a donné que des éclaircissemens sur les huit premiers Chapitres, à Lyon 1626. in fol. Voyez ci-dessus. Il y a joint des Notes morales.

Le Commentaire de *Serrarius* a été imprimé à Mayence en 1609. in fol. Celui de *Christophe de Vega*, en trois volumes in fol. à Lyon en 1663-1671. est littéral & moral. Cet Auteur né dans le Royaume de Navarre, se fit Jésuite, & mourut en 1672. Il passoit pour un homme fort prudent parmi ceux de sa Société.

Nous pouvons ajoûter *Jean Freyre* de Lisbonne en Portugal, & Jésuite, mort en 1626. Son Commentaire n'est que sur les sept premiers Chapitres, à Madrid en 1642. in 4. seconde édition.

Le Commentaire littéral & moral de *Didace Celada*, n'est que sur Débora, imprimé à Lyon en 1673. in fol. seconde édition. Il étoit Espagnol de Toléde, & Jésuite, mort en 1661.

ARTICLE XXVI.

Des Commentateurs Protestans & Juifs sur les Juges.

Parmi les Protestans, outre ceux qui ont écrit sur toute la Bible ; nous avons *Amama, Drusius, Pierre Martyr, M. le Clerc.* Le Commentaire de *Pierre Martyr* a été imprimé à Zuric en 1561. in fol. à Londres en 1564. & à Heidelberg en 1610. Simon dans son Histoire Critique, rapporte de ce Commentaire deux endroits, pour faire voir la fastueuse ostentation de ce Protestant, & ses digressions inutiles.

Nous ajoûterons *Martin Bucer*, dont les Commentaires commencent par les Juges, en 1553. in fol. par R. Etienne.

Jean le Cocq, outre des Notes, a donné un Commentaire particulier sur le Cantique de Débora, imprimé avec celui qu'il a fait sur Job. Voyez ci-dessous.

Sebastien Schmid a fait aussi un Commentaire particulier sur les Juges ; imprimé à Strasbourg en 1684. in 4. Outre l'explication du Texte, il y a des questions considérables sur chaque Chapitre, & un Appendix chronologique à la fin.

Entre les Juifs, *Isaïas*, fils d'Elie, Lévite, qui a fleuri au treiziéme siécle, a fait un Commentaire particulier sur les Juges, imprimé en 1619. selon Bartolocci dans sa Bibliothéque Rabbinique. On peut voir encore *Jarchi, David Kimchi, Levi Ben-Gersan*, dans les Bibles Rabbiniques.

ARTICLE XXVII.

Traitez & Dissertations sur le Livre des Juges.

Nicolai Abram S. J. Chronologia Judicum, dans son Pharus de l'ancien Testament, Livre 10. Voyez *Marsham* sur le même sujet.

Sur l'Autel de Gédéon, & le vœu de Jephté.

André Daniel Habichorst, Altare Gedeonis & Ephod Gedeonis, dans le Tréfor des Differtations Philologiques, tome 1. & féparément, à Roftoch en 1687. 88. 2. vol. *in* 4.

Joan. Georg. Bindrimii de Altari Gedeonis, Judicum VI. ỳ. 23. dans le même Tréfor, tome 2. p. 949. féparément, à Roftoch l'an 1677. *in* 4. Ces deux Auteurs étoient Allemans Luthériens, l'un de Roftoch, & l'autre de Mecklebourg. *Habichorst* eft mort en 1704.

Frideric Spanheim de voto Jephte : à la fin de fon Commentaire fur Job en forme d'Appendix. Voyez Job. Cet Ouvrage eft de *Spanheim* le fils, mort Calvinifte à Leyde en 1701.

Le pere n'a écrit que fur le nouveau Teftament & fur Ifaïe.

Joan. Jacobi Schudt de voto Jephte, il ne traite pas exprès de ce vœu ; il en parle feulement dans la vie de ce Général, à laquelle il a joint des Prolégomènes fur la Théocratie des Hébreux ; ce qui a été imprimé à Francfort l'an 1701. *in* 12. Il étoit Allemand Luthérien de Francfort fur le Mein.

Lud. Cappel Diatriba de voto Jephte, imprimée avec fon Spicilége ou fes Notes fur le nouveau Teftament, à Saumur en 1683. *in* 4. quatriéme édition, & dans les grands Critiques, p. 2075. tome 2. Il faut y joindre *Henri Bauman*, qui a fait une Difpute fur le même vœu, imprimée à Wittemberg en 1665. *in* 4. Voyez ci-deffus.

Jean le Blanc a fait auffi un examen particulier de ce vœu, en François, à Amfterdam en 1708. *in* 12. Il étoit Miniftre Luthérien à Copenhague vers 1708. & François réfugié.

Jean Conrad Danhaver a fait une Difpute fur ce fujet, imprimée à Strafbourg en 1690. *in* 4. huitiéme édition. Et *Louis Charles des Maets*, en a fait quatorze, imprimées à Utrecht en 1649. *in* 4. Il étoit Hollandois Calvinifte, & eft mort en 1651.

Augufte Pfeiffer, dans la feptiéme de fes Exercitations de la Bible, traite le même fujet, à Drefde en 1679. *in* 4. Nous parlerons de lui ailleurs. *Schotan* a fait une Differtation imprimée à Franeker en 1662. *in* 4. Il étoit Flamand Calvinifte, & Profeffeur à Franeker.

André Sennert a donné une Exercitation, à Wittemberg en 1530. *in* 4. *Melchior Zeidler*, Allemand Luthérien, a écrit fur ce vœu, & fait imprimer à Konifberg en 1673. *in* 4. auffi-bien que *Chriftophe Schrader*, à Helmftat en 1661. *in* 4.

Voyez notre Differtation fur le même fujet, à la tête du Commentaire fur les Juges, & dans notre Recüeil des Differtat. t. 2. p. 141.

Differtation en François fur le vœu de Jephté, par un Auteur Proteftant, imprimée à Amfterdam l'an 1707. *in* 12. divifée en 23. Chapitres. 1°. L'Auteur prétend que Jephté n'a pas réellement immolé fa fille, mais que par fon vœu il l'a feulement confacrée à Dieu par un célibat perpetuel. 2°. Il répond aux raifons de ceux qui font pour l'immolation, en montrant que le chef de famille n'avoit aucun droit de la vie, ni des enfans, ni des efclaves chez les Juifs, & que toutes les victimes humaines que la Loi permettoit d'immoler, étoient toujours regardées comme coupables de quelque crime, ce qui ne convenoit pas à la fille de Jephté. 3°. Il tâche d'établir fon fentiment du célibat, expliquant le paffage de l'Ecriture, de la féparation du commerce du monde, de la confirmation au fervice de Dieu ; Jephté fe dépoüillant lui-même des droits qu'il avoit fur fa fille, afin qu'elle ne vécût plus que pour Dieu.

Sur Samfon & l'Idole de Michée.

Frideric Mayer de vulpeculis Samfonis, ad Judic. 15. Cette Differtation a été imprimée à Wittemberg en 1686. *in* 4. & dans le Tréfor des Differtations Philologiques, tome 1.

Godofridi Martini, de vulpibus Samfonis, dans les Mifcellanées, imprimez à Leipfic, tome 4. Et *Salom. Deyling*, dans fes Obfervations facrées, tome 1.

On peut y joindre la Difpute de *Henri Gebhard*, imprimée à Griphifwald en 1707. *in* 4. Il étoit Allemand Luthérien, & fçavoit les Langues Orientales. Celle d'*Hilliger*, à Wittemberg en 1674. *in* 4. De *Jean Hojer*, à Copenhague en 1705. *in* 4. Danois Luthérien. Les Théfes Théologiques de *Jean Henri Scopack*, à Tubinge en 1704. *in* 4. autre Allemand Luthérien.

Geofroi Jungt a écrit fur le problême & le feftin de Samfon, à Brême en 1768. *in* 4. *Theodore Kirmeier* en a auffi traité, à Wittemberg en 1673. *in* 4. Allemand Luthérien, de même que *Frifchmuth*, dont le traité a été imprimé à Jéne en 1654. *in* 4.

Jean François Buddée a écrit du Lion mis en piéces, dans les Differtations choifies de Hall, tome 11. c'eft la fixiéme. Il étoit Allemand de Pomeranie, & Luthérien, & vivoit encore en 1721.

Jean Henri Wildius a écrit fur la force & la douceur du Lion mis en piéces par Samfon, à Leipfic en 1665. *in* 4. de même que fur l'Enigme de Samfon. Il étoit Allemand Luthérien, Profeffeur à Efting vers 1660. *Herman Chriftophe Engelcke*, a parlé auffi de ce Lion, à Roftoch en 1708. *in* 4.

Albert Veïelius, *de Idolo Micha*, dans le Tréfor des Differtations Philologiques, tom. 1.

1. Il étoit Allemand Luthérien, & vivoit sur la fin du dix-septiéme siécle.

Sur plusieurs & différens sujets du Livre des Juges.

Jean Christian Ortlob a traité de la Fontaine de Samson, sur le Chapitre 15. ⅴ. 19. à Leipsic en 1703. *in quarto*. *Christian Rohrensec* a donné *Samson absolutus*, à Wittemberg en 1681. *in* 4. Il étoit Allemand Luthérien, & est mort en 1705.

Jean Pierre Grunemberg a parlé de Samgar sur le Chapitre 9. ⅴ. 31. à Rostoch en 1703. *in* 4. Ministre Luthérien à Rostoch, & mort en 1706.

Christian Kortoldt a fait une Dissertation sur le sacrifice de la fille de Jephté, à Kiel en 1667. *in* 4.

Jean Michaëlis a cherché le véritable sens du Selah, dont il est parlé au Chapitre 18. à Gryphiswald en 1662. *in* 4.

Daniel Moller, Luthérien de Poméranie, & Professeur en Histoire à Altorf, a fait une Dispute sur les douze Juges des Juifs, à Nuremberg en 1709. *in* 4.

Jean Fidelman de Dannemarck, Luthérien, a fait une Dissertation critique sur la mâchoire dont se servit Samson, contre les Observations d'Hall, à Copenhague 1706. *in* 4.

Christophe Weisenborn a traité en particulier de la mort de Samson, à Jéne en 1700. *in* 4.

Michel Christian Tieroff, dans sa Disquisition des liens des Juifs, a parlé du vœu de Jephté ; voyez sur la Génése, Article 31. à la fin.

Dans le huitiéme tome des Observations choisies, imprimées à Hall en 1708. *in* 8. il y en a une sur les Renards de Samson ; sur ce qu'il paroit difficile de se persuader que Samson ait pû prendre à la chasse trois cens Renards, & leur attacher un tison à la queuë ; on hazarde ici une conjecture, qui est que Samson se servit de fagots de paille, & non de Renards pour mettre le feu à la moisson des Philistins. La raison qu'on y oppose est, que s'il n'y a guéres de ressemblance entre un Renard & un fagot de paille, ou une javelle, il y en a une grande entre les mots Hébreux, qui signifient ces deux choses, & qui ne diffèrent entre eux que d'un *Vau*.

On avoüe que cette interprétation est toute neuve, c'est donc de cet endroit que l'Auteur d'un Livre imprimé depuis peu en Hollande, & intitulé, *l'Ane de Balaam, la Mâchoire d'Ane, les Renards de Samson, & les Corbeaux d'Hélie*.

ARTICLE XXVIII.

Commentateurs & Dissertations sur le Livre de Ruth.

Béde, *Tostat*, *Cajetan*, *François Feu-Ardent Franciscain*, *Quinquarboreus*, *Serrarius*, *Cornelius à Lapide*, *Gaspar Sanctius*, *Bonfrerius*, *Didacus Celada*, sont estimez sur le Livre de Ruth.

Joannis Merceri in Ruth interpretatio Syriaca cum Scholiis. *Paris.* 1564.

François Feu-Ardent a fait imprimer séparément son Commentaire à Paris en 1582. *in* 8. & depuis à Anvers en 1585. Il étoit né à Coûtances en Normandie l'an 1541. se fit Cordelier à Bayeux, & mourut en 1610. Il est connu par le grand nombre d'Ouvrages qu'il a donné.

Celui de *Gaspar Sanctius* a été imprimé à Lyon en 1628. *in fol.* avec ce qu'il a fait sur Esdras. Il étoit Espagnol, Jésuite, & est mort en 1628. âgé de 75. ans. Le grand nombre de Commentaires qu'il a fait, & qui contiennent jusqu'à dix volumes *in fol.* & trois *in* 4. montre assez qu'il étoit fort laborieux. Il étoit né pour l'étude, & ne cessa jamais de lire ou d'écrire.

Le Commentaire de *Serrarius* est joint à celui qu'il a fait sur les Juges. Voyez ci-dessus.

Les Scholies de *Jean le Mercier* avec sa Version Syriaque, ont été imprimées à Paris en 1564. *in* 4. Simon dans son Histoire Critique de l'ancien Testament, ne met pas cet Ouvrage au nombre de ses meilleurs Commentaires.

Carpzovius in Ruth Comment. imprimé à Leipsic en 1703. *in* 4. C'est un Commentaire Littéral, Rabbinique, & Biblique. On y voit d'abord le Texte Hébreu avec une Version littérale, le Targum, ou une Paraphrase Chaldaïque avec sa Version ; la grande & la petite Massore, les Commentaires des Rabbins Salomon Jarchi, Aben Esra, Aben Meleck, & Aben Dana, avec des Versions, & ensuite des Notes très-amples de l'Auteur sur le tout. Cet Ouvrage peut être de quelque utilité à ceux qui veulent apprendre l'Hébreu, & servir d'introduction à la lecture des Rabbins. Il avoit paru dès 1671. *in* 4. C'est *Carpzovius* son neveu qui l'a continué, & qui a donné la seconde édition.

Frideric Spanheim, parle de Booz, dans ses Doutes Evangeliques, Doute 3. On peut y joindre *Jean Drusius*, qui a fait un Commentaire & des Notes sur ce même Livre, avec un Traité sur les Mandragores ; le tout imprimé à Amsterdam en 1632. *in* 4. seconde édition.

Il y a aussi des Juifs qui ont commenté ce Livre.

Livre. *Deux Eliezers*, l'un surnommé *de Gremifa*, Allemand de Wormes, & qui vivoit en 1240. dont le Commentaire a été imprimé à Lublin, on ne dit pas en quelle année. L'autre originaire de France, né à Troyes en Champagne au seiziéme siécle; son Commentaire allégorique & mystique est de 1560. *in 4.* en Hébreu. On ne dit pas où il a été imprimé.

Pour ce qui est des Dissertations, *Jean Glodius* en a fait une sur la coûtume de se déchausser en faisant un contrat, au Chapitre 4. ℣. 7. imprimée à Wittemberg en 1672. *in 4.* Le Pere le Long marque des Dissertations d'un *Antoine Lanceus*, qui n'ont point d'autre Titre que celui de *Benjamin Lupus Rapax, seu Ruth*, à Perouze en 1650. *in 12.* Il est le seul qui en parle, & dit qu'il étoit Italien.

ARTICLE XXIX.

Des Commentateurs Catholiques sur les quatre Livres des Rois, & sur les Paralipoménes.

Nous réünissons ensemble tous ces Livres Historiques de l'Ecriture, parce qu'il y a entre eux une étroite liaison, comme M. le Brun l'a fait voir dans son Livre de la Concorde, dont nous parlerons à la fin de cet Article.

Origénes a fait une longue Homélie sur le commencement du premier Livre des Rois. *Théodoret*, & *saint Grégoire le Grand*, ont aussi travaillé sur les Livres des Rois.

Outre le Commentaire tiré des Oeuvres de ce saint Pape par saint Patere son Disciple, & dont nous avons parlé parmi ceux qui ont écrit sur toute la Bible, nous avons sur les Livres des Rois un Commentaire suivi, qui porte son nom dans les éditions de ses Ouvrages. Il y a toutefois sur cela quelque difficulté entre les Sçavans; les uns l'attribuant tout entier à saint Grégoire, les autres soutenant qu'il n'est point de lui : mais le sentiment qui paroît le mieux soûtenu, est que Claude Abbé de Classe, & Disciple de Saint Grégoire, l'écrivit après quelques explications que ce saint Pape en avoit faites de vive voix en sa présence, en conservant, autant qu'il lui fut possible, non seulement le sens & les pensées, mais aussi le tour de la phrase de Saint Grégoire.

Toutefois ce saint Docteur quelques années après, se fit apporter tous les Exemplaires de cet Ouvrage, qui se trouvoient au Monastére de Classe, afin qu'à son loisir il pût le retoucher, & le mettre en un état qu'il pût l'avoüer pour le sien. Mais on ne sçait pas s'il exécuta ce dessein ; & il n'a pû empêcher que les copies de ce Livre ne se répandissent dans le monde. Voyez la Préface qui est à la tête de ce Commentaire dans la nouvelle édition de Saint Grégoire. Au reste cet Ouvrage est tout moral.

Angelomus, dont nous avons parlé sur la Génese, a composé des Commentaires sur les Livres des Rois, imprimez à Rome en 1565. *in fol.* seconde édition. Le Pere le Long attribuë cet Ouvrage à *Angelome*, & à *Saint Eucher*. Il faudra voir ce que Dom Bernard Pez nous dira là-dessus, comme il le promet dans son tome premier des Anecdotes. Ce qui est de certain, c'est que ces Commentaires ne sont que des tissus de passages des Peres, & des Explications mystiques & figurées, selon la méthode de Raban Maur, Maître d'Angelome. Il y cite souvent les Traditions Hébraïques sur les Livres des Rois. Cet Auteur étoit pieux & sçavant pour son siécle.

Les Questions ou Traditions Hébraïques sur les Livres des Rois, sont ordinairement citées sous le nom de Saint Jérôme ; mais les Sçavans conviennent aujourd'hui qu'elles ne lui appartiennent pas. Nous avons déja remarqué qu'Angelomus Ecrivain du neuviéme siécle, les cite quelquefois. Raban Maur qui vivoit au commencement du même siécle, vers l'an 820. les cite aussi, & dit que ces Traditions sont d'un Auteur Hébreu qui vivoit alors, & qui étoit fort sçavant dans la Loy : *Hebræi cujusdam modernis temporibus in scientia legis florentis capitula, traditionem Hebræorum habentia. Raban Præfat. in Libb. Regum. Vide & in Libb. Paralipp.* Au reste ces Traditions sont peu considérables en elles-mêmes : mais il est toûjours important de sçavoir les sentimens & les Traditions des Juifs. Le R. P. Martianay remarque que l'Ecrivain de ces Traditions croyoit en JESUS-CHRIST. C'étoit apparemment un Juif converti.

Saint Ambroise a écrit deux Apologies de David, & quatre Livres intitulez : *De interpellatione Job & David*. Il a aussi écrit sur Elie, Nabot, & Achab, dans le premier tome de ses Ouvrages de la nouvelle édition. Ce n'est autre chose qu'une morale édifiante, selon sa manière d'interpréter l'Ecriture.

Les Annotations de *Hugues de S. Victor* sur les Livres des Rois, sont courtes & assez littérales ; mais on sçait qu'en ce tems-là l'étude des Langues & la Critique n'étoient pas ce qui occupoit les Théologiens.

Richard de S. Victor a donné une description du Temple de Salomon, & une maniere de concilier les années des Rois de Juda & d'Israël : mais alors la Chronologie sacrée n'étoit pas assez débroüillée, pour pouvoir réüssir comme il faut dans un tel Ouvrage.

On a imprimé à Paris en 1691. un Ouvrage sous ce titre : *Concordia Librorum Regum*

QUATRIE'ME PARTIE. 403

& *Paralipomenon*, *cum annotationibus & variis indicibus*, qui peut suffire pour concilier les variétez & les contrarietez apparentes des dattes, qui se trouvent dans les Rois & les Paralipoménes. L'Auteur est un Ecclésiastique de Chartres, ou plûtôt de Roüen, selon le P. le Long, & se nomme *Jean-Baptiste le Brun des Marettes*.

Dans cet Ouvrage il n'a rien omis ni retranché du Texte des quatre Livres des Rois, & des deux des Paralipoménes. Celui qui contient le récit le plus étendu est en plus gros caractére, si bien que le Lecteur peut reconnoître d'une même vûë ce qui est des Livres des Rois, & ce qui est de ceux des Paralipoménes ; en quoi les Livres s'accordent, & en quoi ils semblent ne se pas accorder.

L'Argument est au commencement non seulement de chaque Chapitre, mais de chaque page ; à la marge sont les années de la création du monde d'avant la naissance de JESUS-CHRIST, & du regne de chaque Roi, tirées presque toutes des Annales d'Usserius. Il y a aussi des Notes fort courtes pour éclaircir les endroits les plus obscurs, & trois Tables, dont la premiere est une liste des Sentences les plus remarquables répandues dans cette Histoire. La seconde est une explication des mots les plus difficiles ; & la derniere un recüeil des choses les plus importantes.

Ce sçavant homme est encore connu par d'autres Ouvrages qu'il a donné, & celui dont nous parlons, est un des plus utiles & des mieux travaillez.

Serrarius n'a pas suivi dans son Commentaire sur les Rois & les Paralipoménes, la même méthode qu'il a gardée dans son Commentaire sur Josué & sur les Juges. Sur les Rois, c'est un Commentaire succint, où il ne propose que peu de questions, qu'il résoud en peu de mots. Il explique la lettre ; mais il y mêle peu de critique sur le Texte. Ce n'est que comme le cannevas d'un grand Ouvrage qu'il méditoit apparemment sur ces Livres. Il n'a pas eu le loisir de le publier, ayant été prévenu par la mort, & on l'a imprimé à Lyon en 1613. & à Mayence en 1617. *in fol.*

Francisci de Mendoça Commentaria in Libros Regum. 3. vol. *in fol. Lugduni an.* 1621. 1625. 1631. Mendoça étoit natif de Lisbonne en Portugal. Il mourut à Lyon en revenant de Rome en 1626. âgé de 54. ans. Son Commentaire sur les Livres des Rois est fort diffus. Il y fait de longs extraits des Peres, & y propose diverses questions. Dans ces trois volumes *in fol.* il n'explique que les quinze premiers Chapitres du premier Livre des Rois. S'il avoit achevé cet Ouvrage, il auroit laissé peu de choses à desirer sur ce sujet, au moins quant aux sens moraux, & aux questions qu'on forme sur l'Histoire.

Gaspar Sanchez, ou *Sanctius*, Jésuite Espagnol, célébre par sa piété & par sa doctrine, & qui mourut en 1628. a travaillé sur plusieurs Livres de l'Ecriture, comme *Ruth*, *les quatre Livres des Rois*, *les deux des Paralipoménes*, *les deux d'Esdras*, *Esther*, *Job*, *l'Ecclésiaste*, *le Cantique des Cantiques*, *les grands & les petits Prophétes*, *Tobie*, *Judith*, *les Maccabées*, *& les Actes des Apôtres*. Cet Auteur est sçavant, sage, judicieux, littéral, & un des plus excellens Commentateurs que je connoisse. Son Commentaire sur les Livres des Rois passe pour un de ses meilleurs Ouvrages. Il y a deux éditions différentes de son Commentaire ; l'une de 1623. *in fol.* à Lyon avec une Paraphrase ; l'autre de 1624. à Anvers, & 1625. à Lyon sans Paraphrase.

Pour le regne de Salomon & pour tout ce qui regarde Salomon, il faut lire *Jean de Pineda* qui a écrit *de Rebus Salomonis* ; ce qu'on a imprimé à Mayence en 1613. *in fol.* troisiéme édition. Cet Ouvrage est très-estimé, & vaut un bon Commentaire : il est diffus, mais on peut dire qu'il est méthodique. Pineda étoit de Séville, il se fit Jésuite en 1572. & est mort en 1637. Nicolas Moller a écrit contre lui touchant la Sagesse de Salomon, à Kiel en 1703. *in 4.*

Claudius Reugolius, *Ordinis Minimorum*, *in Libros Regum*. 2. vol. *in fol.* à Paris 1621. Il y mêle plusieurs questions de Théologie & de Discipline Ecclésiastique, où il se propose d'attaquer particuliérement Pierre Martyr, & d'opposer à ses erreurs les véritables Dogmes de l'Eglise Catholique. Son style, quoique simple, n'est point rebutant, il est assez clair & peu embarrassé. Il est fâcheux que l'Auteur n'ait pas eu tous les secours nécessaires pour perfectionner son Ouvrage, comme il s'en plaint dans sa Préface. Il étoit de Crepy en Valois, & est mort en 1625.

Nicolas Caussin a fait des Disputes sur les quatre Livres des Rois, touchant l'éducation des Princes, imprimées à Paris en 1650. *in fol.* Il vint au monde à Troyes en Champagne l'an 1570. se fit Jésuite en 1596. mourut en 1651. âgé de 81. ans. M. Dupin a fait le Catalogue de ses Ouvrages dans ses Tables, tome 2. p. 2136. C'est tout ce que nous aurons à dire de lui.

ARTICLE XXX.

Commentateurs Protestans & Juifs.

Sur les mêmes Livres des Rois & des Paralipoménes.

Entre les Protestans on a *Drusius*, *Amama*, *Pierre Martyr*, *M. le Clerc*, *Strigelius*.

Pierre

Pierre Martyr a fait deux Commentaires séparez, l'un imprimé à Zuric en 1561. *in fol.* sur les deux premiers Livres ; l'autre *ibid.* 1566. 1581. & à Heidelberg 1599. Il étoit de Florence, né en 1500. se fit Chanoine Régulier ; s'acquit un grand nom par ses prédications ; fut fait Abbé de Spolette, & Principal du Collège de Naples : mais ayant quitté la véritable Religion, il se retira à Zurich, où il leva l'étendart contre l'Eglise, & mourut en 1562. après s'être marié jusqu'à deux fois. Il avoit une grande facilité pour concevoir les choses les plus difficiles, une mémoire heureuse & une ardente passion pour l'étude.

Sebastien Schmid a fait séparément un Commentaire sur les deux premiers Livres des Rois, imprimé à Strasbourg en 2. vol. *in 4.* & des Annotations sur les deux autres, *ibid.* 1697. Il étoit Allemand Luthérien, Professeur à Strasbourg, & est mort en 1696.

Victorin Strigelius a joint à son Commentaire une Chronologie du Royaume de Juda & d'Israël, depuis Saül jusqu'à la captivité de Babylone, imprimée à Leipsic en 1569. & 1583. *in 8.* & à Neustat 1591. Il est fort court, & passe aisément sur les endroits les plus difficiles. Il étoit de Souabe, né de parens Catholiques en 1524. mais étant allé à Wittemberg, il y embrassa les sentimens de Luther, & devint Calviniste, & mourut en 1569. Il étoit Théologien & Philosophe, & sçavoit même l'Histoire.

Nous ajoûterons encore *Erasme Sarcerius*, dont le Commentaire a paru à Leipsic l'an 1559. *in 4.* Il étoit d'Anneberg en Saxe, Ministre Luthérien, mort en 1559. Il étoit grave dans ses mœurs & constant dans son amitié ; ennemi du luxe, aimoit la simplicité & le travail ; bon Orateur, & persuadoit aisément.

François Lambert a fait un Commentaire sur les quatre Livres des Rois, imprimé à Francfort en 1539. & d'autres dont nous parlerons dans la suite. Il étoit d'Avignon, se mit de l'Ordre de saint François ; ensuite se fit Luthérien, & est mort Professeur à Marpourg en 1530. Il a fait un Ecrit pour rendre raison de son apostasie, & d'autres Ouvrages marquez dans les Tables de Dupin, tome 2. p. 390.

Jérôme Weller a écrit sur les quatre Livres des Rois séparément, à Francfort 1555. *in 8.* & à Nuremberg 1560. *in fol.* Voyez son titre.

Jean Guillaume Steuch a donné l'Histoire des Peuples de la Palestine de Syrie, & des Sidoniens, pour bien entendre les deux Livres de Samuël, à Zurich 1595. *in fol.* Il étoit Suisse, Calviniste, Professeur à Zurich, & est mort en 1607.

Entre les Rabbins, *Levi Ben-Gerson*, *Kimchi*, *Jarchi* & les autres. Ce qu'ils ont fait sur les Rois & les Paralipoménes, est compris avec ce qu'ils ont donné sur les Livres Historiques. Mais *Isaac* fils de Samson, a fait un Commentaire particulier sur les deux premiers Livres des Rois, imprimé à Prague en 1613. *in fol.* seconde édition.

ARTICLE XXXI.

Traitez & Dissertations sur les Livres des Rois & les Paralipoménes : Sur les Philistins & Goliath.

Voyez d'abord notre Dissertation sur les Divinitez des Philistins, dans notre Commentaire sur le premier Livre des Rois, & dans le Recüeil de nos Dissertations, tome 2. p. 441.

Selden, dans son Ouvrage, *de Diis Syris*, Chap. 2. 3. 6.

Jean. Nicol. Hardschmide, *de Anis Philistinorum*, 1. *Reg.* 6. Cette Dissertation sur les animaux qui firent mourir les Philistins, pendant qu'ils retinrent l'Arche du Seigneur, est imprimée dans le Trésor des Dissertations Philologiques, tome 1. & séparément à Wittemberg en 1685, *in 4.*

Jean Christ. Wolf a traité de l'appareil de guerre des Philistins, sur le Chapitre 13. ℣. 5. ce qu'on a imprimé *ibid.* en 1711. Il étoit Allemand Luthérien, né en 1683. & fut Professeur des Langues Orientales à Hambourg.

Matthai Hosti, *de Monomachia Davidis & Goliath*, dans les grands Critiques, tome 1. p. 278. de la première édition, en seize Chapitres. Il y a de sçavantes Remarques & beaucoup d'érudition dans ce petit Traité. Nous avons parlé de l'Auteur sur l'Arche de Noé.

Rohrensec a aussi écrit sur ce combat ; ce qu'on a imprimé à Wittemberg, en 1681. *in 4.* Voyez sur les Juges. *George Alberic Aulner*, ou *Subner*, a travaillé sur le même sujet, & fait imprimer à Altorf en 1702. *in 4.*

Sur Samuel, Saül, David & Absalom.

Il y a dans les Mémoires de Trévoux de 1721. au mois d'Août, une explication de ces paroles du premier Livre des Rois ℣. 1. Chapitre 13. *Filius unius anni erat Saül cum regnare cœpisset, duobus annis regnavit super Israël.* C'est une espèce de Dissertation, où le P. Jacques Marie Ayroli se propose de chercher le sens véritable de ce passage dans la source même, c'est-à-dire dans le Texte Hébreu. Comme ce passage est fort difficile, on l'a tourné en cent façons différentes. Le nouveau Commentateur les examine toutes & les réfute ; ensuite il explique son sentiment.

Salomon

Salomon Deylingius, *Saül inter Prophetas*, 1. Reg. 10. ꙋ. 10. Dans ses Observations sacrées, tome 3. Chap. 11.

Georg. Albert. Hamberger, *de Jurejurando Davidis*, 1. Reg. 25. 22. *Si reliquero mingentem ad parietem*, dans le Trésor des Dissertations Philologiques, tome 1. séparément, à Jéne 1684. *in* 4. Il étoit Allemand Luthérien, Professeur à Jéne sur la fin du dix-septiéme siécle.

Voyez aussi notre Commentaire sur le même passage, & Bochart dans son Traité *de Animalibus sacris*, Livre 2. Chap. 56. p. 675. & suiv.

Seb. Schmid, *de Fasciculo viventium*, 1. Reg. 25. ỳ. 29. dans le Trésor des Dissertations Philologiques, & séparément à Lunebourg en 1682. *in* 4. en Allemand. Il y explique la Prophétie d'Abigaïl touchant David.

Thomas Reve a traité en particulier de la faute de Nabal à l'égard de David, imprimé à Londres en 1623. *in* 4. Voyez ci-dessus. *Christophe Samuel Scharff*, a fait un Traité intitulé : *David contre Nabal*, & imprimé à Leipsic en 1703. *in* 4. Il étoit Allemand Luthérien.

Dissertation de l'apparition de Samuel à Saül, à la tête de notre Commentaire sur le premier Livre des Rois, & dans le Recüeil de nos Dissertations, tome 2. p. 148.

Salom. Deylingii, *Personati Samuelis Historia illustrata*, dans ses Observations sacrées, tome 2. Chap. 18.

Leonis Allatii, *de Engastrimytho*, *in mag. Criticis. Gregorii Nysseni Epistola de Ventriloqua seu Pythonissa*, dans le premier tome de ses Ouvrages, p. 867. *Eusthatii Antiocheni de Engastrimytho*, *Ed. Allatii*.

Il faut y joindre le Traité d'Origènes sur la Pythonisse, donné par Allatius en Grec & en Latin, à Lyon 1629. *in* 4. avec une Dissertation qu'il y a ajoûté, où il examine le sentiment de cet Auteur. M. Huet l'a fait depuis imprimer dans son édition d'Origènes, tome 1. & on l'a mis en Latin dans la Bibliothéque des Peres, à Lyon, & dans les grands Critiques, tome 8. On y a mis aussi le Traité d'*Eusthathe d'Antioche* sur ce sujet ; & le même Allatius l'avoit déja fait imprimer, avec l'Héxéméron qu'il lui a attribué.

Ces deux Auteurs sont d'un sentiment bien différent ; car le premier a prétendu que la Pythonisse par ses enchantemens, fit paroitre réellement Samuel en corps & en ame. Le second au contraire, que ce n'étoit que son ombre ; & c'est le sentiment le plus commun. Tel est celui de *saint Gregoire de Nysse*, dans sa Lettre à Théodose Evêque. Il s'y étend beaucoup sur les artifices dont le Démon se sert pour tromper les hommes.

Michaelis Rothardi : Samuel redivivus & Saül Αυτοχειρ *sui ipsius homicida*, a été imprimé à Francfort 1615. *in* 8. & à Hanover 1624. On le trouve aussi dans les grands Critiques, t. 8. p. 303. Il y a beaucoup d'érudition dans cet Ouvrage & de recherches utiles.

Michel Rothard, y examine deux choses. 1°. Si Samuel est véritablement apparu à la Pythonisse. 2°. Si Saül est damné. Il tient la négative pour le premier ; & l'affirmative pour le dernier. Il étoit Allemand, Ministre à Mulhausen, au commencement du dix-septiéme siécle.

Jean Henri Heidegger a fait aussi une Dissertation sur la Pythonisse, imprimée dans le Trésor des Dissertations Philologiques, tome 1. Voyez sur l'Exode. *Gilles Strauchius* a donné *Samuel personatus*, à Dantzic 1681. *in* 4. Voyez ci-dessus.

Il ne faut pas omettre *Jean Ernest Gerhard*, qui a fait aussi une Dispute sur le spectre de Samuel, à Jéne 1666. *in* 4. plus ample *ibid.* 1684. Voyez sur le Deuteronome.

Daniel Arculaire a écrit sur Samuel résuscité par la Pythonisse, dans ses Disputes Théologiques, tome 1. p. 538. imprimé à Marpourg 1566. *in* 4.

Enfin *Godefroi Vogler* a examiné si Samuel a été véritablement représenté, à Francfort 1705. *in* 4. Il étoit Allemand Luthérien, Docteur en Droit au commencement du dix-huitiéme siécle ; & *Bernard Waldschmidt* a fait un Traité sur la Pythonisse, *ibid.* 1660. *in* 4. Il étoit Allemand Luthérien, mort en 1665.

Henri Kipping a fait une Dissertation Historique & Théologique, sur la guérison de Saül par la Musique, dans ses Exercitations Académiques. Il étoit Luthérien de Leipsic, & Prédicateur de la Cour Electorale de Saxe, sur la fin du dix-septiéme siécle.

Jean Buch a donné une Dispute sur ce Prince agité par le malin esprit, & guéri au son de la lyre de David, à Copenhague 1703. *in* 4. Il est Danois Luthérien, & vit peut-être encore.

Jean Adam Osiander a traité de l'élection de Saül à la Royauté, à Tubinge 1667. *in* 4. & *Abraham Calovius*, du Droit Royal, à Konigsberg 1642. *in* 4. *George Mœbius* a traité du jugement terrible de Dieu sur la postérité de Saül, à Leipsic 1679. *in* 4. Il étoit Luthérien, & est mort en 1697.

Joan. Benedicti Carpzovii, & *Henrici Opitii*, *Dissertationes de Cerethis & Pelethis*. C'est *Jean Benoît Carpzovius* le fils, Luthérien, mort en 1699. qui a donné une Dissertation sur les Céréthiens & les Phéléthiens, dont

dont il est parlé au second Livre des Rois, Chap. 8. ℣. 18. Elle a été imprimée à Leipsic en 1661. *in* 4. Et celle de *Henri Opitius*, à Jéne 1684. seconde édition *in* 4.

Il faut voir aussi là-dessus *Scacchus* dans son Mythothecion, Livre 3. Chap. 5. Nous en avons déja parlé ci-dessus.

Samuel Bochart, de Absalom Capillis, dans le second tome de sa Géographie sacrée, p. 883. de l'édition de Leyde 1707. *in fol.*

M. *le Pelletier* de Roüen sur le même sujet, dans les Mémoires de Trévoux de 1702. au mois d'Aoust, Article 1. p. 175. C'est une Lettre écrite en François touchant la pésanteur des cheveux d'Absalom. Ce qui lui donne lieu de s'étendre beaucoup sur les poids & les mesures des anciens Hébreux, même des Romains. Voyez ci-dessus sur l'Arche de Noé.

Pour bien faire entendre le sens de cet endroit de l'Ecriture, & résoudre à fond la question, qui a fait tant de peine aux Interprétes, l'Auteur rapporte les paroles originales du Texte Hébreu, les principales Versions qu'on en a donné, & les circonstances qu'elles renferment. Il examine ensuite, si lorsqu'Absalom se faisoit couper les cheveux, il faisoit couper le tout ou seulement ce qui l'incommodoit: si c'étoit ce tout qui pésoit deux cens sicles, ou si c'étoit seulement ce qui l'incommodoit qui le pésoit. Enfin de quelle sorte de sicle on doit entendre l'expression qui marque cette pésanteur.

Irenée Poimander, ou *Poimenand*, Calviniste Flamand, a écrit sur le même sujet en sa Langue, ce qu'on a imprimé à Dordrecht en 1643. *in* 8.

Voyez aussi notre Commentaire sur le second Livre des Rois, Chap. 14. p. 486. notre Dissertation sur les richesses que David laissa à Salomon, *ibid.* & le Recüeil de nos Dissertations, tome 2. p. 160.

Abarbanel, de peccato David numerantis populum, ex versione Joannis Buxtorfii, 2. *Reg.* Cela se trouve dans les Dissertations de Buxtorf, imprimées à Bâle en 1662. *in* 4. *George Mœbius* en a aussi traité, & imprimé à Leipsic en 1681. *in* 4.

Joan. Ernesti Muller, de Davide ante Arcam fœderis saltante. Ce qui se trouve dans le Trésor des Dissertations Philologiques, & séparément à Leipsic 1687. *in* 4. Il étoit Allemand de Franconie, Luthérien, & vivoit sur la fin du dix-septième siécle.

Theodori Horn, de desiderio Davidis cùm petiit aquam è Bethleem, 2. *Reg.* 23. ℣. 15. 16. Dans le Trésor des Dissertations Philologiques, tome 1.

Sur Salomon, la Reine de Saba & le Temple.

S. Hieronymi, de judicio Salomonis ad Rufin. p. 616. du tome 2. de la nouvelle édition de ses Ouvrages. Il y explique allégoriquement le différend des deux femmes, qu'il compare à l'Eglise & à la Synagogue.

Ejusdem de Salomone & Achaz ad vitalem, ibid. p. 617. 619. Il y examine si Salomon & Achaz ont pû avoir des enfans avant l'âge de 12. ans.

Samuelis Coryli, de Regina Austri, dans le Trésor des Dissertations Philologiques, tome 1. Il étoit Allemand Luthérien, & peut-être qu'il vit encore.

Nous avons donné une Dissertation sur l'origine des Temples, dans le Recüeil de nos Dissertations, tome 2. p. 666.

Description du Temple de Jérusalem par *Joseph Antiq. l.* 8. *c.* 2. *p.* 259. & *de Bello, l.* 6. *c.* 6. *seu* 12. *p.* 915. & *suiv.*

Item, par *Ligtfoot*, au premier tome de ses Ouvrages p. 553.

Par *Louis Cappel*, dans les grands Critiques, & dans la Bible Polyglotte de Londres.

Par *Villalpand*, dans Villalpand & dans la Polyglotte de Londres. Par *Arias Montanus*, dans la Polyglotte d'Anvers.

Béde & *Richard de saint Victor*, ont aussi donné des Descriptions du Temple. Il faut voir ce que nous en disons dans l'Article des Temples des anciens Juifs.

Franc. de Ribera, de Templo, l. 5. *Lugd.* 1583. & *Antuerp.* 1602.

Il faut joindre *Louis Maillet*, qui a donné les figures de ce Temple & du Palais, avec une explication en François, à Paris 1695. *in fol.* Il étoit de Troyes en Champagne, & vivoit en 1704.

Eliezer fils de Jacob, a travaillé sur les dimensions de ce Temple, mises de l'Hébreu en Latin par Constantin l'Empereur, à Leide 1630. *in* 4. *Augustin Veget* a traité des Colonnes d'airain, dans deux Dissertations, à Wittemberg 1695. *in* 4. Il étoit Allemand Luthérien & Professeur à Giessen. *Michel Christian Louis*, de Saxe, Luthérien, mort en 1700. a fait deux Disputes sur ce Temple, à Jéne 1658. *in* 4.

Un certain *Laurent* de Portugal, Cordelier, & qui a vécu jusqu'en 1640. a traité de toutes les dépenses faites pour la construction de ce Temple, en Portugais, à Lisbonne 1617. *in* 4.

Philippi Bonæ-spei Abb. de damnatione Salomonis. C'est Harving, dont nous avons parlé sur Adam. Voyez nos Dissertations sur la Génése. Il fut Abbé Prémontré dans le Diocése de Cambrai, & y est mort en 1180. âgé

de

QUATRIEME PARTIE.

de plus de 80. ans, s'il est vrai qu'il ait eu pour maitre saint Anselme, mort en 1117.

Bachiarii Epistola de recipiendis lapsis, dans le sixiéme tome de la Bibliothéque des Peres, de l'édition de Lyon, p. 1174.

Joan. Rendtorfii, de Salomonis æterna salute. Il a encore fait d'autres Ouvrages sur l'Ecriture, dont Imbonati nous a donné le Catalogue dans sa Bibliothéque Rabbinique, tome 5. p. 417. 418. mais il ne dit pas s'ils ont été imprimés. Il nous apprend qu'il étoit de Hambourg & Lutherien, qu'il apprit la Langue Grecque & Hébraique; qu'ayant quitté sa patrie, il se fit Catholique, & est mort dans le sein de l'Eglise Romaine.

Nicolai Serrarii, de pænitentia Salomonis, dans ses Opuscules, p. 18.

Voyez notre Dissertation sur le salut de Salomon, dans le Recüeil de nos Dissertations, tome 2. p. 178.

Voyez *Harving*. Nous avons déja dit que c'est le même que Philippe Abbé de Bonne-Esperance.

Louis Vivalde en traite dans ses Opuscules imprimés à Lyon en 1548. Il étoit Piémontois, Dominicain, & fut fait Evêque en 1519. Pineda dit que son stile est assez bon pour son siécle, mais qu'il n'est pas du bel usage.

Feu-ardent a traité du salut de Salomon. On peut voir aussi *Tichonius*, t. 6. Biblioth. PP. p. 57. & *Martin. Delrio, in Cantica Cantic.* & *Pineda, in Salomone prævio*.

Jean Cousin, ou *Cognatus*. Voyez le titre de son Ouvrage, *de prosperitate & exitio Salomonis*, à Douai 1599. *in 8*.

Caleb Dalechamp, ou plûtôt, *Delachamp, Dalecampius*. Voici ce qu'il a fait: *Vindiciæ Salomonis de lapsu, statuque ejus æterno*, imprimé à Londres en 1622. on ne dit pas en quelle forme.

Le P. *Aléxandre* sur la même question, dans sa troisiéme Dissertation sur le cinquiéme âge du monde, p. 162. Il y soutient que le salut de ce Prince est fort incertain.

Sur Roboam & Jeroboam, Elie & Elisée.

Ægidii Strauchii, de Roboami Regis Juda vita, ad 3. Reg. 12. imprimé à Jéne l'an 1696. *in 4*. Nous avons déja parlé de lui. On peut y joindre la Dissertation du P. *Aléxandre* sur l'Idolâtrie, dans laquelle Jéroboam fit tomber le Peuple de Dieu. C'est la cinquiéme du cinquiéme âge.

Christian Robrensec a fait quatre Disputes sur le regne de Jéroboam, à Wittemberg 1675. *in 4*.

Salom. Deylingii, Dii montium, 3. Reg. 20. ℣. 23. dans ses Observations sacrées, tome 3. chap. 11.

Joan. Frischmuth, de Eliæ Prophetæ nomine & prosapia, ad 3. Regum 17. dans le Trésor des Dissertations Philologiques, & séparément à Jéne 1689. *in 4*. Voyez sur la Génése.

David Godef. Schuverter, Elias Corvorum convictor, ad 3. Reg. 17. ℣. 1. 16. dans le même Trésor. Il étoit Lutherien Allemand.

Ambrosius, de Elia & jejunio, dans le premier tome de ses Ouvrages, p. 535. de la nouvelle édition.

Joan. Helv. Willemeri, de pallio Eliæ. 4. Reg. 1. ℣. 8. dans le même Trésor, & séparément à Wittemberg en 1679. *in 4*. Il y a ajouté une Dispute curieuse sur les miracles de ce Prophete, & sa Lettre à Joram. Voyez sur la Génése.

Sebast. Kirchmayer, de flammante curru Eliæ, 4. Reg. 2. ℣. 1. dans le même Trésor; & séparément à Wittemberg en 1667. 1676. *in 4*.

Jean Frid. Mayer a traité du Corbeau nourricier d'Elie; ce qu'on a imprimé à Wittemberg en 1685. *in 4*. Il y a joint quelque chose sur l'Idole que Josias fit ôter du Temple, l'un & l'autre dans les Dissertations Philologiques, tome 1. Voyez sur les Juges.

Nous ajouterons *Henri Gebhardi* qui a examiné si ces Corbeaux étoient des hommes ou des animaux, à Griphiswald 1697. *in 4*. Voyez *ibid*.

Samuel Desmarets a traité aussi de l'enlevement d'Elie dans ses Disputes choisies, partie seconde, à Groningue 1663. Voyez ci-dessus. On peut consulter sur cette matiére *Jean Buxtorf* le fils dont l'Ouvrage a été imprimé à Bâle en 1660. *in 4*.

Joachim Zehner a écrit sur le même sujet, à Smalcalde 1599. *in 4*. Il étoit Allemand Lutherien, mort en 1612. *André Kesler* a aussi écrit sur le même sujet, à Wittemberg 1702. *in 4*.

George Wendius, de Silésie, Lutherien, a traité des Lettres d'Elie à Joram, à Thorn 1703. *in 4*.

Il y a dans les Mémoires de Trévoux une explication du ℣. 9. du Chap. 2. du 4e Livre des Rois. Voici le passage: *Elias dixit ad Eliseum, postula quod vis, ut faciam tibi, antequam tollar a te. Dixitque Eliseus: Obsecro ut fiat in me duplex spiritus tuus*; lequel pour n'avoir pas bien été compris est ainsi traduit. Elie dit à Elisée: demandez-moi ce que vous voudrez, afin que je l'obtienne pour vous. Elisée lui répondit: je vous prie que votre double esprit repose sur moi. Je dis qu'il me semble que les Interpretes de l'Ecriture sainte ne l'ont ni bien connu ni bien expliqué, manque d'avoir fait attention que le terme *duplex*, double, soit Latin soit François, a deux significations: par

la

la première, il signifie, qui vaut deux fois autant qu'on autre, comme double paye, double louis d'or, qui est celle selon laquelle on le trouve pris dans les interprétations, & dans les traductions qu'on en a données jusqu'aujourd'hui : par la seconde, il signifie *semblable*, *égal*, & copie d'une chose, comme il va paroître dans les exemples qui suivent. C'est en ce sens qu'on dit que deux personnes ont fait sous seing privé un acte *double*, pour dire deux actes semblables, dont l'un est le double ou la copie de l'autre. Un marché sous signature privée, se fait ordinairement *double* ; ce qui veut dire, qu'on en fait deux semblables. Le *double* d'une Sentence est la transcription d'une *semblable* Sentence dans quelque acte, ou la *copie* qu'on donne à la partie. En Musique, la mesure *double*, est celle qui se bat en deux tems *égaux*, *semblables*. Le *double* mineur se bat en deux tems très-légers, *égaux*, *semblables*. Au jeu de Lansquenet (s'il est permis de profiter de tout) on appelle une carte *double* la *semblable*, qui est déja venuë une ou deux fois. C'est en ces dernières significations que je dis qu'on doit expliquer & traduire le verset ci-dessus, & dire ainsi. *Elisée lui répondit : je vous prie que votre esprit soit fait double en moi*, ou, *je vous prie de m'obtenir que mon esprit soit la copie du vôtre*, ou, *je vous prie de m'obtenir que mon esprit soit semblable au vôtre, soit égal au vôtre*. Suivant ce sens naturel, on ne sera plus contraint de se donner tant de contorsions d'esprit, pour essayer de lui donner un sens qui convienne à l'humilité & à la sainteté du saint Disciple Elisée.

Jean And. Quensted, de petitione Naaman Syri 4. Reg. 5. dans le Trésor des Dissertations Philologiques, séparément à Wittemberg en 1678. *in* 4.

Nicol. Serrarii, *Naaman Syrus*, dans ses Opuscules, p. 22.

Voyez notre Dissertation sur la demande que Naamam fait à Elisée, 4. *Reg.* dans notre Commentaire, & le Recüeil de nos Dissertations, tome 2. p. 195.

Voyez aussi Tostat, Denis le Chartreux, notre Dictionnaire, & la Dissertation, ou la Lettre de Bochart à ce sujet, dans le tome 2. de sa Géographie sacrée, p. 892. & 899. édition de Leyde 1707.

Jean Dinckelius a fait un Discours sur l'Ecole & les Disciples d'Elisée, imprimé à Erford en 1580. *in* 8. Il étoit Allemand de Turinge, Ministre Luthérien, & est mort en 1601.

Sur Achab & Naboth, Achaz & Sennacherib.

Saint Ambroise, *de Nabuthe Jezraëlita*, Liber unus, dans ses Ouvrages, tome 1. p. 565.

Nous parlons de la défaite de Sennacherib & de la rétrogradation du Soleil à l'Horloge d'Achaz, dans notre Commentaire sur Isaïe, & au tome 2. p. 101. de nos Dissertations.

Basnage, Histoire des Juifs, tome 5. Livre 7. Chap. 11. de l'édition de Paris.

Frid. Strottman, *Achab appetens vineam Naboth, ad 3. Reg.* dans le Trésor Philologique, tome 1. Il étoit Allemand Luthérien. *Marc Rhodius* de même Nation & Religion, a écrit sur le même sujet, à Francfort 1696. *in* 4.

Pierre Beccer, Allemand Luthérien de Rostoch, & Professeur vers 1703. a traité de la rétrogradation du Soleil, à Rostoch 1708. *in* 8. *Emmanuel Porto* en a aussi parlé. Voyez sur Josué.

Gaspard Neumann a traité de la nourriture des habitans de Samarie pendant le siége, à Wratislaw 1707. *in* 4. Il étoit Allemand Luthérien de Wratislaw.

Martin Homers, Allemand Luthérien, a donné *Fames Samaritana*, à Leipsic 1615. *in* 4.

Sur plusieurs passages particuliers des Rois & des Paralipoménes.

Jean Michel Langius a fait trois Disputes sur le funeste ministére du Grand-Prêtre Heli, imprimées à Altorf 1701. *in* 4.

Christophe Besoldus a traité du Droit royal dont parle Samuel au Chapitre 8. ℣. 11. du premier Livre des Rois ; ce qu'il a fait imprimer en 1720. *in* 4. Il étoit Allemand & Luthérien.

Jacques Schallerus a traité du regne de Saül dans un Ouvrage qui parut à Strasbourg en 1670. *in* 4. Il étoit Professeur Luthérien dans cette ville sur la fin du dix-septième siécle.

Louis Wolters, Luthérien de Suéde, a fait une Dissertation sur les Pains de Proposition pris par David, à Francker 1706. *in* 4.

Joachim Stegmannus Socinien, mort en 1678. a écrit une Lettre sur la question qui regarde Abiathar & Abimelech : elle a été inférée dans les Ouvrages de Wolzogenius, imprimez à Amsterdam *in fol.* vers l'an 1656.

Jean Christ. Ortlob a parlé de la folie que David fit paroître devant Achis : ce qui a été imprimé à Leipsic en 1706. *in* 4.

Jean Ernest Gerhard a fait une Dispute sur le spectre de Samuel, imprimée à Jéne en 1666. *in* 4. & plus ample l'an 1684. *ibid.*

Geofroi Cohlreif, Allemand Luthérien, a fait une Dispute sur le Cantique de David appellé, l'*Arc des Enfans de Juda*. Elle a paru à Kiel en 1700. *in* 4.

Georges Wolgang Vvedelius a traité de la blessure

QUATRIE'ME PARTIE.

blessure d'Abner, dans ses Exercitations Philologiques, imprimées à Jéne depuis 1686. jusqu'en 1704. plusieurs volumes *in* 4. Cet Auteur étoit Allemand, Luthérien, & Docteur en Médecine.

Pantaleon Candidus a écrit sur l'enfant de David qui mourut : ce qui fut publié à Bâle en 1608. Voyez sur Job.

Christian Gottlieb Schwartz a donné deux Disputes sur la mort d'Achitophel, à Wittemberg 1704. *in* 4. Il étoit Allemand Luthérien de Misnie, & vivoit au commencement du dix-huitième siécle.

Jean Nicolas Quistorpius a écrit sur les derniéres paroles de David, 2. *Reg.* 23. ℣. 1. à Rostock 1708. *in* 4. Voyez ci-dessus.

Thomas Liebe a traité en particulier du nom & de la sagesse de Salomon : ce qui a été imprimé à Dresde en 1699. *in* 12. Liebe étoit Allemand Luthérien, de Fribourg, & est mort en 1704.

Jacques Hasée a fait quelques Dissertations sur les flottes de Salomon & d'Hiram. La premiére est dans le second tome de la Bibliothéque Philologique, p. 468. Elle contient dix-huit articles.

Gaspard Varrerius, dont le véritable nom est *Barreiros*, a publié *de Ophira regione Disputatio*. Il donne lui-même le titre de Commentaire à son Ouvrage imprimé à Conimbre en 1561. *in* 8. depuis à Anvers en 1600. à Roterdam en 1616. à Harderwick en 1637. & enfin dans les grands Critiques, tome 8. p. 363. tant il a paru important. Il place Ophir dans les Indes soumises au Roi de Portugal. Barreiros étoit Portugais, Chanoine d'Evora, & est mort en 1560. Nous ne trouvons point qu'il ait été Cardinal, comme le dit le P. le Long ; mais il fut ami du Cardinal Sadolet pendant son séjour à Rome.

Dans les grands Critiques on a joint à Barreiros, ce qu'Abraham Ortelius dit dans son Trésor Géographique du pays d'Ophir, tome 8. p. 479.

Martin Lipenius, *de Ophira regione Disputatio*, imprimée à Wittemberg en 1658. *in* 4. Il y a ajouté des éclaircissemens qui ont paru *ibid.* 1660. & 1682. *in* 4. Il étoit Allemand Luthérien de Hall. Il se distingua par son esprit dans le Collége de Lubec, & mourut en 1692. âgé de 62. ans. Il avoit beaucoup de probité, & aimoit la paix.

Matthias Frideric Beckius a joint ce qu'il a dit d'Ophir & de Tharse, à ce qu'il a écrit sur Eden, ce qui a été imprimé à Jéne en 1676. *in* 4. Cet Auteur étoit Ministre Luthérien d'Ausbourg, & est mort en 1701.

Voyez notre Dissertation sur les Officiers de la Cour & des armées des Rois de Juda, notre Commentaire sur les Paralipomènes & le Recüeil de nos Dissertations, tome 1. p. 508.

M. *Huet* a écrit aussi sur les navigations de Salomon. C'est une Dissertation qui fut imprimée en François à Utrecht en 1698. *in* 8. Elle se trouve encore dans les grands Critiques.

Balthazar Scheidius, Professeur Luthérien en Langue Grecque & Hébraïque, mort en 1670. a publié à Strasbourg en 1658. *in* 4. une Dispute sur le grand nombre des femmes de Salomon.

Godefroi Vallandus a écrit sur ce qui est dit au troisiéme Livre des Rois, Chap. 20. ℣. 33. 34. sous ce titre : *Congressus Regum victoris & victi*, imprimé à Francfort l'an 1678. *in* 4. & dans le tome 1. du Trésor des Dissertations Philologiques. Voyez sur la Génése.

Samuel Werenfels a fait une Dissertation pour justifier Naaman de Syrie de toute hypocrisie. Elle est parmi ses autres Ouvrages de la derniére édition, faite à Bâle en 1719. *in* 4. Werenfels naquit à Bâle en 1657. fut fait Ministre Calviniste en 1677. commença à enseigner la Philosophie en 1684. la Langue Grecque en 1685. l'Eloquence en 1687. & la Théologie en 1696.

Jean Michel Langius a donné une Dispute sur le fer qui nagea sur les eaux, & dont il est parlé au Chapitre 6. ℣. 6. Elle a été imprimée à Jéne en 1689. *in* 4. *Frideric Friese* Allemand Luthérien, a écrit sur le même sujet : ce qui se trouve dans le tome 1. du Trésor des Dissertations Philologiques.

Valentin Alberti a donné une Dispute sur le zéle de Jehu contre les Achabites & les Baalites, dont il est parlé au quatriéme Livre des Rois, Chap. 10. Elle a été imprimée à Leipsic en 1685. *in* 4. Voyez sur saint Matthieu.

Samuel Bochart ad 4. *Reg. Cap.* 16. ℣. 20. *Utrum quis anno ætatis* 10. *liberos valeat procreare ?* tome 2. Geograph. sacr. p. 920. edit. Leid. 1707.

Jean Crambsius a fait une Exercitation sur Soccoth Benoth, dont il est parlé au quatriéme Livre des Rois, Chap. 17. ℣. 30. imprimée à Jéne en 1667. *in* 4. Voyez sur Jonas.

Nous avons dans la Bibliothéque Philologique, tome 1. p. 826. une Dissertation sur la miraculeuse guérison du Roi Ezéchias, dont il est parlé au quatriéme Livre des Rois Chap. 20. ℣. 5. 7. & dans Isaïe Chap. 38. ℣. 5. On ne dit point qui en est l'Auteur, parce qu'il n'a pas voulu être connu ; mais on assure que c'est un sçavant d'Allemagne. Ce qu'il y a de plus curieux est ce qu'il dit de la rétrogradation du Soleil.

Bernard Pierre Karll a fait une Dissertation

Tome IV. L 5

tion sur la rétrogradation du Soleil. Elle est dans la même Bibliothéque tome 4. p. 635. 662.

Jessenius a fait imprimer à Copenhague en 1704. *in* 4. une Dissertation sur les chevaux & les chariots du Soleil, dont il est parlé au Chapitre 23. ℣. 11. du quatriéme Livre des Rois.

Nicolai Abram, de transmigratione Babylonis, Lib. 11. *Phari V. T.*

Julii Bartolocci Dissertat. de decem Tribubus dispersis & de fluvio Gozan. Biblioth. Rabbin. t. 1. *p.* 45.

Voyez notre Dissertation sur le pays où les dix Tribus furent transférées, & où elles sont encore aujourd'hui ; notre Commentaire sur les Paralipoménes, & le Recüeil de nos Dissertations, tome 2. part. 2. p. 229.

Menasse Ben-Israël, *Spes Israël*, *p.* 28. *& seq.*

Voyez les Auteurs citez dans M. Fabricius, *Bibliographiæ antiquariæ*, *Cap.* 1. *p.* 16. 17. 18. 19.

George Languord a traité du changement miraculeux de Manassé ; ce qui a été imprimé à Londres en 1621. *in* 4.

ARTICLE XXXII.

Des Commentateurs sur l'Octateuque & le Pentateuque Historiques.

Outre ces Auteurs qui ont écrit en particulier sur quelque Livre Historique de l'Ecriture, il y en a qui se sont proposé pour objet en général, ou les cinq Livres dont nous venons de parler, ce qui se nomme Pentateuque Historique, ou même encore les suivans, Esdras, Tobie & Judith ; ce qui compose l'Octateuque.

Entre ceux-ci *Jean Gottlob Carpzovius* a fait une Introduction à ces huit Livres Historiques, imprimée à Leipsic en 1714. *in* 4. en Latin. Dans sa Préface il fait le dénombrement des Auteurs qui l'ont précédé en ce genre de travail. Il trouve les uns trop diffus, les autres trop serrez : que les uns s'écartent en des digressions hors de propos, & que les autres omettent ce qui est le plus nécessaire. Ensuite il expose le plan qu'il s'est fait de son Ouvrage. C'est premiérement d'examiner le titre des Livres, & le rang qu'ils ont dans le Canon des Ecritures. 2°. De chercher par qui ils ont été écrits. 3°. D'en expliquer le sujet. 4°. D'en montrer l'utilité, & découvrir les rapports à JESUS-CHRIST. 5°. D'en prouver l'autenticité, & qu'ils sont Canoniques. 6°. De marquer la Chronologie. 7°. D'en exposer la division & l'analyse. Enfin, il indique les Interprétes, soit Chrétiens, soit Juifs. M. Carpzovius exécute son projet doctement & judicieusement, à quelques traits près, qui coulent de son Luthéranisme.

M. Felibien a donné le Pentateuque Historique, à Paris 1704. *in* 4. en Latin. Il contient les cinq premiers Livres Historiques de l'Ecriture, sçavoir Josué, les Juges, Ruth, le premier & le second Livre des Rois, avec des Commentaires tirez du Texte Hébreu, de la Version des Septante, & des meilleurs Interprétes, les argumens des Livres & des Chapitres en vers.

L'Auteur n'a point prétendu approfondir les difficultez de l'Ecriture, leur donner un tour nouveau, & ouvrir des routes inconnuës aux Sçavans. Il déclare modestement, qu'il laisse ce soin à des Critiques d'un plus grand loisir & d'une capacité plus étenduë. Pour lui, il a voulu mettre entre les mains des jeunes Ecclésiastiques un Commentaire ortodoxe, court, aisé. Il est parvenu à son but. Ses notes claires & sensées expliquent d'une maniére assez plausible, tout ce qui pourroit arrêter le Lecteur ; elles suffisent à la plûpart de ceux qui étudient les Livres sacrez. Au reste ses explications n'ont rien de nouveau, il ne s'en cache pas dès le titre de son Livre ; il s'applique le passage de S. Jérôme : *Fateor nunquam in divinis voluminibus propriis viribus credidisse, nec habuisse opinionem meam.* Le judicieux Commentateur ne s'arrête point aux allégories, & il se contente d'inculquer les endroits des saints Peres, où ceux qui aiment les subtilitez les trouveront. Il n'en use pas ainsi à l'égard des réflexions morales ; il en a inséré dans ses Notes plusieurs, extraites des écrits des saints Peres en leurs propres termes ; elles sont choisies avec beaucoup de discernement. Il a mis à la tête des Livres & des Chapitres l'argument en prose & en vers. La prose est claire, les vers ne sont pas excellens. Il est permis d'être Poëte médiocre dans un Commentaire sur l'Ecriture, quand on est bon Interprete. Il suit sans aucun changement la Chronologie de Torniel.

Quoique ce Commentaire soit littéral, on ne laisse pas d'y trouver de belles instructions très-propres à nourrir la piété des Fidéles. L'Auteur a ajouté à la fin du volume, une Chronologie de l'ancien Testament depuis la création du monde jusqu'à la mort de David, & il a eu soin de marquer d'une étoile les noms de tous ceux dont notre Seigneur JESUS-CHRIST est descendu.

Il étoit de Chartres, frere du fameux André Félibien, dont nous parlerons sur Jérémie. Il fut Chanoine & Archidiacre de Chartres, & non pas de Vendôme, comme l'écrit le P. le Long, qui l'a confondu avec un de ses freres. Il est mort en 1716.

Les Commentaires de *Malvenda*, sur les Livres

QUATRIEME PARTIE.

Livres Historiques, commencent par Josué. Voyez sur le Pentateuque. Ses Commentaires en cinq volumes *in fol.* ne sont pas si estimez que ce qu'il a écrit sur le Paradis terrestre & de l'Antechrist. Voyez sur la Génése, où nous avons parlé de lui. Nous en parlerons encore dans la suite.

Le Commentaire de *Fabrice Paulutius* sur les Livres Historiques, a été imprimé avec celui qu'il a fait sur le Pentateuque dont nous avons parlé. Il ne nous reste plus qu'à parler de l'Auteur. Il étoit Italien né à Forli, fut fait premier Evêque de la ville qu'on appelle en Italien *Civita de la Pieve*, dans la Province de Rome, par Paul V. en 1605. & mourut en 1615. Ughellus parle de lui dans son Italie sacrée, tome 1. p. 633. Nous en parlerons encore sur le nouveau Testament.

Nous sommes redevables au P. D. Bernard Pez de nous avoir fait connoître le sçavant Commentateur *Irembert*, & ses Ouvrages, qui jusqu'à présent étoient demeurez dans les ténébres. Il avoit promis de donner dans son Trésor d'Anecdotes le Commentaire d'Irembert sur Josué, & de le mettre dans le quatriéme tome; ce qu'il n'a pas fait. Il a donné ses deux Commentaires sur les Juges & Ruth, tome 4. p. 133. & 444.

Il nous apprend qu'il étoit Abbé Bénédictin en Allemagne, au milieu du douziéme siécle; qu'il brilloit entre les Sçavans de son tems, & qu'il mettoit tout son tems & son application à étudier les divines Ecritures; ensorte qu'il est devenu par-là un très-habile Commentateur. Nous parlerons dans la suite de ses autres Commentaires. Il n'y a aucun Bibliothéquaire qui ait parlé de lui, au moins nous ne l'y avons point trouvé après toutes les recherches que nous en avons faites.

ARTICLE XXXIII.

Commentateurs Protestans sur les Livres Historiques.

Le Commentaire de *Martin Borrhaus* sur Josué & les autres Livres Historiques, a été imprimé à Bâle 1557. *in fol.* Dans la Préface il parle des trois voyes que JESUS-CHRIST a prises selon les Saintes Ecritures, dont la premiére a été cachée. La seconde a été mixte. La troisiéme plus éclatante. Il attribue la premiére à Moyse & à ceux qui ont écrit les Livres Historiques, qui l'ont figuré tant par les ombres, que par les personnes & les choses qu'ils ont empruntées d'ailleurs. La deuxiéme aux Prophétes qui expliquent ce qui regarde JESUS-CHRIST & son Royaume, tantôt d'une maniére figurée & couverte, tantôt plus clairement. La troisiéme, aux Ecrivains du nouveau Testament qui parlent de la naissance, de la croix, de la mort, de la ré-surrection du Sauveur, & de sa glorieuse ascension au Ciel. Il ajoute des regles pour bien expliquer les saintes Ecritures; ce qu'on peut voir dans l'extrait que Fabricius en a donné dans l'Histoire de sa Bible, tome 1. p. 344.

Les Commentaires de *Jean Brentius* sur les Livres Historiques, ont été imprimez à Tubinge en 1576. *in fol.* Fabricius dans l'Histoire de sa Bibliothéque, tome 1. p. 19. parlant de ce Commentaire, nous avertit qu'il y a deux sortes d'expositions, la premiére & la derniére, avec une Epître Dédicatoire d'Eberhard, où il dit que tout ce qui est rapporté dans les Livres Historiques de l'Ecriture regarde JESUS-CHRIST : ce que Brentius a tâché de montrer dans son Commentaire, quoiqu'il n'eût pas dessein de le faire imprimer; autrement il l'auroit retouché en y mettant la derniére main.

François Burmann a fait une Explication du Livre de Josué, des Juges & de Ruth, en Flamand, imprimée à Utrecht 1675. 1693. *in 4.* en Allemand, à Francfort 1695. *in 4.* à Cassel 1705. *in 4.* Il a aussi donné une Exposition des autres Livres Historiques, imprimée en Allemand & en Flamand en différens endroits.

Il y a deux Auteurs de ce nom, le pere & le fils, tous deux Calvinistes, Hollandois de Leide, distinguez par les surnoms de François & de Pierre, quoique le P. le Long ait mis François à l'un & à l'autre. Le pere est mort en 1679. Professeur des saintes Lettres à Utrecht. Nous parlerons du fils dans l'Article des Harmonies de l'Evangile.

Jean le Clerc, outre son Commentaire sur le Pentateuque, en a fait un sur les Livres Historiques, qui commence par Josué, avec des Dissertations Critiques & des Tables Chronologiques, à Amsterdam 1708. *in fol.* Nous avons parlé de lui dans l'Article des Critiques Généraux Protestans, *suprà*.

Arthurus Jackson a donné en Anglois des Annotations sur Josué & sur les autres Livres Historiques, à Cambrige 1646. deux volumes *in 4.* Nous avons parlé de lui sur le Pentateuque, & nous en parlerons encore dans la suite.

Abel Nezen, en Latin *Nezenius*, a donné des Exercitations sur Josué & sur les autres Livres Historiques. à Jéne 1611. *in 4.* Nous en avons parlé sur le Pentateuque; & c'est tout ce que nous avons à dire de lui.

Jean Adam Osiander a donné trois volumes *in fol.* sur Josué & les autres Livres Historiques, à Tubinge 1681-1687. Nous avons parlé de lui sur le Pentateuque dans l'Article des Commentateurs Protestans; & nous en parlerons encore dans la suite; ce que nous avons fait aussi sur la Génése.

ARTICLE

ARTICLE XXXIV.

Des Commentateurs Catholiques, Protestans & Juifs, sur les Livres d'Esdras & de Néhémie.

Béde, Cajetan, Sanctius, M. le Clerc, & les Rabbins *Salomon Jarchi, & Abenezra*, & les Auteurs qui ont écrit sur toute la Bible.

Le Commentaire de *Gaspar Sanctius* est joint à celui qu'il a fait sur Ruth ; & celui de *Cajetan* à son Commentaire sur Josué. Voyez ci-dessus.

Jean le Clerc finit son Commentaire sur les Livres Historiques par Esdras & Esther.

Entre les Juifs, *Joseph* fils de David, a fait un Commentaire sur Esdras en Hébreu, imprimé à Boulogne en 1528. & à Venise en 1530. Il étoit Portugais, de Lisbonne, & est mort en 1539.

Traitez & Dissertations sur les Livres d'Esdras.

Il faut voir nos Dissertations sur le troisiéme Livre d'Esdras apocryphe, sur le quatriéme Livre d'Esdras apocryphe. Si Esdras est le restaurateur des saints Livres. Si Esdras a changé les anciens caractéres Hébreux, pour leur substituer les Chaldéens; dans notre Recüeil, tome 1. p. 31. & 41.

On peut y ajouter celle de *Paul Heigel*, sur les portes de l'ancienne Jérusalem, à Helmstat 1681. *in 4*. Il étoit Allemand Luthérien, & Professeur des Mathématiques, sur la fin du dix-septiéme siécle.

Les Observations Critiques de *Jean Philippe Hein*, sur l'origine du nom d'Ecbatane, avec ce qu'il a fait sur l'Arche de Noé. Voyez ci-dessus.

La Dissertation de *Pfeiffenger* sur les Nathinéens, au Chap. 4. ỳ. 20. avec ce qu'il a donné sur Josué. Voyez ci-devant. Il étoit Allemand Luthérien de Strasbourg, Professeur des Langues Orientales, au commencement du dix-huitiéme siécle.

Jean Christophe Artopée a fait une Dissertation sur Xerxés & le jeune Cyrus Libérateur des Juifs, à Strasbourg 1689. *in 8*. Voyez sur Judith.

ARTICLE XXXV.

Des Commentateurs Catholiques & Protestans sur Tobie.

Saint Ambroise a donné un Ouvrage sur Tobie, où il attaque principalement l'usure. C'est le troisiéme Livre de ce qu'il a fait sur Elie & Naboth.

Béde, Serrarius, Sanctius, Fabianus Justinianus, ont aussi expliqué Tobie. Béde dans le corps de ses Ouvrages. Le Commentaire de *Serrarius* a été imprimé séparément à Maïence en 1610. & à Paris en 1611. *in fol*. Voyez sur Josué. *Gaspar Sanctius* a joint le sien à celui qu'il a fait sur les Livres Historiques. Voyez Ruth.

Didacus de Celada Jésuite, qui vivoit en 1657. a écrit sur Ruth, Judith, Susanne, Débora & Tobie. Ses Commentaires sont littéraux & moraux. Celui qui est sur Tobie a été imprimé à Lyon 1648. & 1654. *in fol*.

Fabien Justinien a expliqué Tobie d'une maniére historique, avec des instructions morales, à Rome 1620. *in fol*. à Anvers 1629. Il y a joint une Synopse Chronologique de l'âge des deux Tobies, selon le Texte Hébreu, Latin, Grec, Syriaque & Arabe. Il étoit de Génes, Prêtre de l'Oratoire, fut fait Evêque d'Aiazzo en 1618. & est mort en 1627.

Frideric Nausea, Evêque de Vienne en Autriche, a écrit sur Tobie, aussi-bien que *David Maudenus*.

L'Ouvrage de *Frideric Nausea* n'est qu'une simple Enarration fort courte, imprimée à Cologne en 1532. *in 8*. Sixte de Sienne y trouve de l'élégant & de l'utile. Il étoit Allemand de Franconie, & est mort en 1552.

Ce que *David à Mauden* a donné est un Traité sur la vie de Tobie, intitulé : *Miroir de la vie morale*, à Anvers 1631. *in fol*. d'où il étoit. Il vint au monde en 1575. fut Curé de sainte Marie à Bruxelles, & est mort en 1641.

Claude Badvel, François, Calviniste, Professeur à Nismes, & qui fleurissoit en 1567. traduisit en Latin, sur l'édition Grecque de Complute, les Livres de l'ancien Testament que les Protestans tiennent pour apocryphes, & il les accompagna d'un Commentaire critique & littéral ; ou plûtôt d'Annotations, qui sont dans les grands Critiques tome 5. & dans la Bible Latine de Robert Etienne. Celles de *Drusius* ont été imprimées à Franeker en 1591. *in 4*.

ARTICLE XXXVI.

Traitez & Dissertations sur le Livre de Tobie.

Voyez notre Dissertation sur le Démon Asmodée. *Tobie* 8. 3.

Voyez aussi l'édition que M. Fabricius a fait de Tobie, & des autres Livres qu'il appelle apocryphes, parce qu'ils ne sont pas dans le Canon des Hébreux, & qu'ils ne sont pas reconnus pour canoniques par les Protestans ; & le même *Biblioth. Græc. t. 2. l. 3. c. 29. p. 743*.

Jules Bartolocci avoit traduit le Livre de Tobie, & y avoit ajouté des Notes, qui n'ont n'ont jamais été imprimées. Voyez sa Bibliothéque Rabbinique, tome 3. page 856.

Le P. *Aléxandre* dans sa onziéme Dissertation du cinquiéme âge du Monde, p. 225. prouve la canonicité du Livre de Tobie.

Jean Heringer a fait un Traité sur les deux Tobies, à Brême 1642. *in* 8. On trouve dans les *Adversaria* de Barthius, colonne 1460. l'Histoire de Tobie mise en Vers Elegiaques par *Matthias de Vendôme*.

ARTICLE XXXVII.

Des Commentateurs Catholiques & Protestans sur le Livre de Judith.

Traitez & Dissertations.

Raban Maur, *Serrarius*, *Didace de Celada* & *Sanctius*, ont travaillé sur ce Livre. Le Commentaire de *Celada* a été imprimé séparément à Lyon en 1664. seconde édition, *in fol.*

La Cerda, Evêque de Badajox, Bénédictin, mort en 1645. a fait un Commentaire sur Judith, imprimé à Lyon en 1653. 2. vol. *in fol.* seconde édition.

Jacques Pamelius a écrit sur le même Livre; & son Commentaire est imprimé à la fin du Commentaire de Raban Maur sur Judith, tome 3. de ses Ouvrages, p. 263. de l'édition de Cologne, faite l'an 1626. *in fol.* Il commence par une longue Préface, où il défend l'autorité de ce Livre, & la vérité de l'Histoire contre ceux qui en doutent, ou qui l'ont attaquée. Dans tout le Commentaire il n'explique que ce qui lui a paru difficile. Il étoit de Bruges en Flandres, né l'an 1536. parvint à l'Evêché de saint Omer, & mourut en 1587. On peut dire qu'il avoit une érudition universelle, comme il paroit par ses Notes sur Tertullien, & ce qu'il a écrit de la Liturgie.

Nous pouvons ajouter *Claude Thomassin*, qui a fait une Paraphrase sur Judith, en François, à Paris 1642. *in* 12. Il a aussi donné une sur Tobie en 1643. *in* 12. *Luc Vellosius* avoit entrepris un grand Commentaire, mais il n'a donné que le premier tome à Lyon 1649. *in fol.* Il étoit de Lisbonne, Jésuite, & est mort en 1653.

La vérité de l'Histoire de Judith par le R. P. de *Montfaucon*, imprimée à Paris *in* 12. 1690. Ceux qui n'ont pas cet Ouvrage, divisé en trois parties, peuvent en voir l'abrégé qu'en a fait M. Dupin dans sa Bibliothéque, au dix-septiéme siécle, t. 6. p. 294.

Il faut voir notre Préface sur Judith. *Nicolas Abram de Juditha*, dans son *Pharus*, Livre 13.

Entre les Protestans, *Victorin Strigel*, *Jacques Ziegler*, *Badvvel* & *Grotius*.

Joan. Christophori Artopai, *Meletema Historicum*, *quod narratio de Judtha & Holopherne*, *non Historia sit*, *sed Epopæia*, à Strasbourg 1694. *in* 4. & 1700. avec une Dissertation sur la navigation de Salomon. Il étoit Allemand Luthérien, Chanoine de saint Thomas de Strasbourg, est mort en 1702.

Jacques Ziegler a fait une Censure Chronographique de l'Histoire de Judith, imprimée à Bâle en 1548. *in fol. Christian Kortolt* a fait une Dispute sur le même sujet, imprimée à Rostoch en 1663. *in* 4.

Fabricii Biblioth. Gr. Tome 2. Livre 3. Chap. 29. p. 741. Il y a d'excellentes Remarques sur ce Livre, qui regardent particuliérement les differentes Versions Orientales qu'on en a faites, & ce que les Anciens en ont dit.

Philippe Jacques Hartman a fait une Disquisition Dialectique sur la vérité de cette Histoire, imprimée à Konigsberg en 1671. *in* 4. Il étoit Allemand Luthérien & vivoit à la fin du dix-septiéme siécle.

ARTICLE XXXVIII.

Des Commentateurs Catholiques, Protestans & Juifs sur Esther.

Raban Maur, Archevêque de Mayence, a travaillé sur Esther, ainsi que *Sanctius* & *Leandre Montanus*, Capucin de Murcie en Espagne, qui vivoit au milieu du dix-septiéme siécle. Son Commentaire littéral & moral a été imprimé à Madrid en 1648. *in fol.*

On peut y joindre *Cajetan*, *Serrarius*, *Celada*, *Feu-ardent*, dont le Commentaire a été imprimé à Paris en 1585. & à Cologne en 1594. *in fol.*

Olivier Bonart a fait un Commentaire littéral imprimé à Cologne en 1647. *in fol.* sous le faux nom d'*Enherpart*, selon Dupin. Il étoit d'Ypres, vint au monde en 1570. se fit Jésuite en 1599. & est mort en 1655.

Louis Henri d'Aquin a donné des Notes sur ce Livre, imprimées à Paris en 1624. *in* 4. Dupin dans ses Tables, & Colomiés dans sa Bibliothéque Orientale, disent que ce n'est qu'une Traduction du Commentaire Hébreu du Rabbin Salomon Jarchi. D'Aquin étoit Juif, né en France, & se fit Catholique vers 1620.

Laurent Cuper, Carme, & natif de Grandmont en Flandres, mort en 1594. âgé de 66. ans, a fait un Commentaire imprimé à Mayence en 1600. selon Crowée & Lipenius, qui le dit Evêque de Tournai. Il sçavoit à fond l'Histoire de sa Patrie, dit Valere André, dans sa Bibliothéque Belgique.

Entre les Protestans, *M. le Clerc*, *Amama*, *Drusius*, dont les Annotations sur Esther sont

sont imprimées à Leyde en 1586. Depuis dans les grands Critiques, tome 5. & c'est un de es premiers Ouvrages.

Entre les Rabbins, *Aben-Esra*, *Salomon Jarchi*, & *Aaron Ariob* qui a fait un Commentaire littéral en Hébreu, imprimé à Theſſalonique l'an 1601. *in* 4. ſous ce titre : *Oleum Myrrhæ*, tiré des Commentaires des autres Rabbins. Il vivoit ſur la fin du ſeiziéme ſiécle.

On a imprimé en dernier lieu à Hambourg en 1711. *in* 4. le Commentaire d'*Eliezer*, intitulé : *Augens Doctrinam*. Il étoit Juif Allemand, fils d'Elie, Médecin & Chef de la Synagogue de Poſnanie en Pologne, mort en 1586.

Iſaac a fait auſſi un grand Commentaire imprimé à Veniſe en 1565. Il étoit d'Eſpagne, né dans le Royaume de Léon au ſeiziéme ſiécle.

ARTICLE XXXIX.

Des Traitez & Diſſertations ſur le Livre d'Eſther.

Vuillel. Schikard, *de Feſto Purim*. C'eſt un Diſcours imprimé à Tubinge l'an 1633. *in* 8. Il étoit Allemand Luthérien de Tubinge, & eſt mort en 1635. âgé de 43. ans, enlevé par la peſte.

Julii Bartolocci, *de Purim Encæniorum Feſto Mardochæi & Eſtheræ*, dans ſa Bibliothéque Rabbinique, tome 1. p. 693.

Guillaume Salden a traité de la divinité ou inſpiration du Livre d'Eſther, dans ſes Exercitations ou Loiſirs Théologiques. Voyez ci-deſſus.

Jean Reiskius a fait deux Diſſertations ſur le mari d'Eſther, à Jéne 1677. *in* 4. ſeconde édition. Il étoit Allemand Luthérien, mort en 1701. âgé de ſoixante ans. Il ſçavoit la bonne Latinité, & avoit beaucoup de lecture, ſelon les Actes de Leipſic ſur l'an 1686. p. 463.

Fabricius dans ſa Bibliothéque Grecque, parle des Additions qu'on a fait au Livre d'Eſther, Tome 2. Livre 3. Chap. 29. p. 745. Lipenius dans ſa Bibliothéque Théologique, marque un grand nombre d'Auteurs ſur ce Livre : c'eſt dans le tome 1. ſur Eſther.

ARTICLE XL.

Des Commentateurs Catholiques ſur le Livre de Job.

Origénes, ou du moins un Auteur ancien ſous ſon nom, a écrit trois Livres ſur Job, qui ne vont que juſqu'au Chapitre 3. Cet Ouvrage eſt utile, quoiqu'il ne ſoit pas ſans défauts. Il ne ſe trouve que dans les éditions Latines. Eraſme s'étoit contenté de dire qu'il vient d'un impertinent Auteur, *inepti Autoris*. Le P. le Long, après Gerhard, dit qu'il eſt d'un Maximin Evêque Arrien.

Catena in Job, *per Paulum Comitolum*, *Venetiis* 1587. *in* 4. C'eſt à la vérité le premier qui a donné cette Chaîne des Peres Grecs, ſeulement en Latin ; mais depuis *Patricius Junius* l'a beaucoup perfectionné, y mettant le Grec ; & *Jean Terentius* l'a fait imprimer à Franeker en 1663. *in* 4. Il y a joint des Notes ſur la Paraphraſe Chaldaïque & des Variantes.

Saint Jean Chryſoſtome a compoſé quelques Homélies ſur Job. Il faudra voir ce que D. Montfaucon nous en dira dans ſa nouvelle édition.

Ambroſius, *de interpellatione Job & David*, dans le tome 1. p. 626. Nous avons déja dit ce qu'il faut penſer de ces ſortes d'explications de ce ſaint Docteur.

Il ne faut pas omettre *ſaint Auguſtin*, dont les Annotations ſur ce Livre ſe trouvent dans le troiſiéme tome de ſes Ouvrages, p. 626. de la nouvelle édition. Selon Caſſiodore dans ſes Inſtitutions divines, il y traite ſa matiére avec ſa pénétration ordinaire, chap. 6. M. Dupin dit que c'eſt une Paraphraſe ou une explication littérale du Texte ſacré.

Olympiodore, imprimé dans la Chaîne Grecque ſur Job, donnée par *Patrice Junius*, à Londres 1637. *in fol*. On trouve dans la même Chaîne, des Fragmens d'un grand nombre d'anciens Peres, qui rendent ce Recüeil important.

Saint Grégoire le Grand a compoſé trente-cinq Livres de morale ſur Job, imprimez dans le tome 1. de la nouvelle édition. On ſçait l'eſtime qu'on en a toujours fait.

Odon, Abbé de Cluny, en a compoſé un pareil nombre dans le même genre, qui ſe trouve dans la Bibliothéque des Peres, tome 17. p. 315. de l'édition de Lyon : ce n'eſt qu'une fidelle copie de l'Ouvrage précédent, & on l'avoit déja imprimé à Paris en 1617. *in* 8.

Béde le vénérable, ou plûtôt *Philippe*, Prêtre, Diſciple de ſaint Jérôme, a fait un Commentaire moral ſur le même Livre, que le P. Martianay a donné dans ſa nouvelle édition de ce Pere, tome 2. p. 70. Append. *cum textu interlineari*, & plus au long tome 5. p. 678. Il nous apprend que c'eſt même Philippe, dont parle Gennade, & qu'il eſt mort vers 430. Baronius dit en 456. ſous l'Empereur Marcien. *Jean Sichard* avoit déja fait imprimer ce Commentaire ſous ſon nom en 1527. *in fol*. à Bâle.

Brunon d'Aſte ou *de Signy* ſur Job, avec ſon Commentaire ſur le Pentateuque. Voyez ci-deſſus.

Aug. Cermelli, Ord. Prædic. *Catena in Job*. *Genuæ* 1636. *in fol*.

Saint

QUATRIE'ME PARTIE.

Saint Thomas d'Aquin a écrit sur Job d'une maniére qui tient beaucoup de la méthode & du style des Scholastiques. On y voit des divisions, des définitions, &c. Son Commentaire a été imprimé à Venise en 1505. *in fol.* & à Rome en 1562. *in* 4. Il est aussi dans le grand Recüeil de ses Ouvrages, tome 13. *ibid.* 1570. *in fol.*

Petri Blesensis, *Compendium super Job*, imprimé dans le tome 24. de la Bibliothéque des Peres, p. 1153. & dans la derniére édition de ses Ouvrages, p. 408. & suiv.

Francisci Titelmanni in Job. Ce sont des éclaircissemens paraphrastiques avec des annotations, dont la derniére édition est d'Anvers en 1566. *in* 4. Voyez plus bas.

Gaspar Sanctius, Jésuite. Son Commentaire est fort estimé. On l'a imprimé pour la derniére fois en 1712. à Leipsic *in* 4.

Jean Ferus, Franciscain, n'a fait qu'une Explication historique, imprimée à Cologne en 1574. *in* 8. en Latin, & en Allemand *ibid.* 1571.

François Feu-ardent, Franciscain. Ce ne sont que des Homélies qu'il a fait sur les trois premiers Chapitres & le dernier, en Latin & en François, imprimées à Paris en 1606. *in* 8.

Hieronym. Osorius senior in Job. Ce sont trois Livres de Paraphrases qui se trouvent parmi ses autres Ouvrages, imprimez à Rome en 1592. *in fol.* par les soins d'Osorius le jeune son neveu, qui y a ajoûté des Notes de sa façon. Osorius l'ancien étoit de Lisbonne. Il étudia les Belles-lettres à Salamanque & la Philosophie à Paris, n'ayant que 19. ans. Il alla à Boulogne où il acheva ses études : de retour en sa patrie, il enseigna la sainte Ecriture à Coïmbre, fut fait Evêque de Silves en Portugal, & mourut en 1580. âgé de 74. ans. Il faut voir sa vie écrite par son neveu, & mise à la tête de ses Ouvrages.

Steuchus Eugubinus in Job. Ce sont des Discours imprimez à Venise en 1567. *in* 4. séparément de ses autres Ouvrages.

Didace de Zuniga, ou *Stunica in Job*. Son Commentaire a été imprimé à Toléde en 1584. *in* 4. & à Rome 1591. Il y a joint le Texte Hébreu, la Version Latine de la Vulgate, la Grecque des Septante, & la Chaldaïque, pour les concilier ensemble & les expliquer. Stunica Espagnol de Salamanque, de l'Ordre des Hermites de saint Augustin, Professeur de Théologie, a fleuri jusqu'en 1680. Il sçavoit trois Langues. Son style dans ses Commentaires est très-pur, & approche de celui des anciens Romains, si nous croyons Nicolas Antonio dans sa nouvelle Bibliothéque d'Espagne, où il fait son éloge, p. 250.

Cypriani de la Huerga, *Cisterciensis*; *in Job*; à Complute 1582.

La Paraphrase du *P. Senault* sur Job, imprimée plusieurs fois, tant on en a fait d'estime. La derniére édition est de 1667. *in* 8. Elle a eu un adversaire Anonyme qui en a fait l'injuste censure, sous le nom supposé d'Eugène. On ne dit pas où, ni en quelle année. Le P. Senault né à Paris, fut Prêtre de l'Oratoire, Prédicateur du Roi, & le quatriéme Général de sa Congrégation. Il mourut en 1672. âgé de 71. ans.

Jean de Pineda, Jésuite Espagnol. Cet Auteur est fort estimé, & son Commentaire passe pour un des meilleurs qui ait été fait sur Job. Il est très-diffus, & ne laisse rien sans examen. Son Commentaire est en deux volumes *in fol.* Avec lui on peut se passer de la plûpart des autres Commentateurs. Pineda mourut en 1637. âgé de 80. ans Nous avons encore de lui d'autres Ouvrages, dont nous avons parlé en leur lieu.

Il y a eu deux derniéres éditions de son Commentaire, à Lyon 1701. & à Venise 1710. La Paraphrase qu'il y a jointe, est ce qu'il y a de meilleur; elle n'est que sur quelques Chapitres choisis. Il y a à la fin de chaque tome, une Table où il explique les mots Hébreux dont il s'est servi. Voyez sur les Rois.

Franc. Vavassoris S. J. Liber Job : cum poëticâ metaphrasi & expositione litterali, *in fol.* Amstelod. 1709. p. 423. Ce Commentaire est littéral, critique & bien écrit en Latin. Il avoit deja fait imprimer son Exposition littérale à Paris 1679. *in* 8. On l'a mise depuis dans le Recüeil de ses Ouvrages. Il étoit du Diocése d'Autun, né en 1605. Le P. le Long met sa mort en 1681. Il étoit Orateur & Poëte, comme on en peut juger par ce qu'il a laissé sur différens sujets. Dans son Commentaire sur Job, il suit le sens littéral & ne l'a fait qu'après avoir enseigné l'Ecriture sainte l'espace de trente-cinq ans. La beauté de sa diction & la netteté de l'explication, font regretter qu'il n'ait pas plus travaillé sur cette matiére.

A ces Auteurs on peut ajoûter *Jacques Bouldue*, qui a fait un Commentaire & une Paraphrase sur Job, imprimée à Paris 1629. *in* 4. premiére édition. La seconde *ibid.* 1637. 2. vol. *in fol.* Il y a ajoûté la Version Latine du Texte Hébreu & sa Paraphrase, les différentes éditions & Versions comparées à la Vulgate. Nous avons parlé de lui ci-dessus, nous en parlerons encore sur l'Epître de saint Jude & dans l'Article du Culte divin.

Les Scholies ou Annotations de *Philippe Codure* sur Job, ont été imprimées à Paris en 1651. *in* 4. & dans les grands Critiques de Londres, tome 3. Il a encore fait des Observations sur les endroits les plus difficiles de ce Livre, imprimées à Paris 1647. & 1657. *in* 8. en François.

M.

M. Dupin dans sa Bibliothéque Ecclésiastique au dix-septiéme siécle, tome 2. p. 331. fait un juste éloge de ces Annotations auxquelles il donne le titre de Commentaire. En effet l'Auteur y donne des preuves de sa profonde connoissance des Langues Orientales. Il explique littéralement le Texte Hébreu; il y joint la Paraphrase Chaldaïque, les autres Versions & les Explications des Rabbins. Cependant M. Simon le blâme de ce qu'il s'est arrêté à des minuties & s'est trop attaché au Paraphraste Chaldéen, Auteur absurde & fabuleux.

Balthasar Cordier, en Latin *Corderius*, a donné des éclaircissemens sur le Livre de Job, imprimez à Anvers en 1656. *in fol.* Il étoit d'Anvers où il nâquit l'an 1592. se fit Jésuite en 1612. & mourut en 1650. Il sçavoit à fond la Langue Grecque.

Jerôme de Cruce a donné aussi des éclaircissemens sur le Livre de Job, sous ce titre: *Stoicus illustratus sive Liber Job illustratus ex placitis Stoico-Christianis*, en Espagnol à Sarragosse en 1638. *in fol.* C'est tout ce qu'il a fait sur l'Ecriture. Il étoit Espagnol de l'Ordre de saint Jérôme, & vivoit vers le milieu du dix-septiéme siécle.

Jacques Janson a fait des Enarrations sur Job, imprimées à Louvain en 1623. & 1643. *in fol.* & d'autres Ouvrages sur l'Ecriture dont nous parlerons dans la suite; voyez les Pseaumes, &c. Janson né à Amsterdam enseigna les saintes Ecritures à Louvain, & fut fait Doyen de Saint Pierre. Il mourut en 1625. âgé de 78. ans. Il faut voir ce qu'en dit Valere André dans sa Bibliothéque de Flandres.

Jean à Jesu Maria a fait une Paraphrase sur le Livre de Job, imprimée à Rome en 1611. *in 4.* & d'autres Ouvrages dont nous parlerons dans la suite. Cet Auteur étoit Espagnol, Carme Déchaussé, & Général de son Ordre. Il mourut en 1614.

Henri Jonghem a fait de courts Eclaircissemens sur le Livre de Job, où il suit le sens littéral, tiré des meilleurs Auteurs, imprimez à Anvers en 1661. *in 8.* C'est tout ce qu'il a donné sur toute l'Ecriture sainte. Cependant M. Dupin lui attribuë un Commentaire sur Job différent de son Explication, imprimé *ibid.* en 1667. & marque ses autres Ouvrages dans ses Tables, tome 3. p. 323.

François Pean a joint son Commentaire littéral & moral sur Job, à celui qu'il a fait sur le Pentateuque, à Paris en 1680. *in 8.*

Guillaume du Vair a fait des Méditations sur ce Livre en François, imprimées à Paris en 1606. *in 8.* & dans le Recüeil de ses Ouvrages, *ibid.* en 1641. *in fol.* Suivant le P. le Long, il faut que ce soit une seconde édition; car celle qui se trouve dans notre Bibliothéque de Saint Mihiel, est de 1625. en très-beau caractére & en grand papier. Ces Méditations ne sont à la vérité qu'une espece de Paraphrase, puisqu'il commence par le Texte sacré, & qu'il y joint ses Réflexions quand le sujet le demande; cependant elles peuvent être utiles à ceux qui ne cherchent qu'à s'y édifier. M. du Vair né à Paris en 1558. d'une famille illustre, a rempli les plus nobles emplois sous Henri IV. & Loüis XIII. Il fut fait Evêque de Lizieux, & mourut en 1621. Il avoit beaucoup de finesse & de vivacité d'esprit, beaucoup de solidité dans le jugement, & sur tout une moderation admirable.

ARTICLE XLI.

Des Commentateurs Protestans sur Job.

Jean Mercerus, ou *le Mercier*, a fait un Commentaire littéral, critique, & grammatical sur Job, qui est très-estimé. On l'a imprimée à Geneve en 1573. *in fol.* & à Leyde en 1651. Voyez ce que nous avons dit de lui sur la Génèse.

Christophe Schultet a travaillé avec succès sur Job. C'est une Analyse typique imprimée à Stetin en 1647. & à Francfort en 1684. Christophe Schultet étoit de Stutgard, Ministre Luthérien à Stetin, & est mort en 1649.

Jean le Cock, en Latin *Cocceius*, Calviniste très-habile & très-profond, mais trop diffus, a fait un Commentaire imprimé séparément en 1644. à Francker, & depuis dans le Recüeil de ses Ouvrages. Voyez ci-dessus.

Frideric Spanheim le fils, a fait aussi un Commentaire, imprimé à Leyde en 1672. *in 8.* & dans le tome 2. de ses Ouvrages.

Diodati, outre ses Annotations sur toute la Bible, a donné des Explications sur Job en François, imprimées à Geneve en 1638. *in 4. Drusius* a donné aussi des Scholies sur ce Livre, imprimées à Amsterdam en 1636. *in 4.* & dans les grands Critiques, tome 3. Voyez son Titre dans l'*Index*.

Gaspar Hesler a donné une Explication du Livre de Job en Allemand, imprimée à Hambourg en 1599. *in 8.* Il étoit Allemand Luthérien sur la fin du seiziéme siécle. C'est tout ce que nous dirons de lui.

Richard Humphred a fait un Dialogue sur Job, qui contient une Paraphrase, imprimé en 1607. *in 4.* Il étoit Anglois de la Religion Anglicane, & fleurissoit au commencement du dix-septiéme siécle.

George Hutcheson a fait une Exposition qui contient 316. Discours en Anglois, à Londres en 1669. *in fol.* Il étoit Ecossois Calviniste, & Ministre à Edimbourg, au milieu du dix-septiéme siécle. Nous en parlerons encore sur les Prophétes & l'Evangile de S. Jean.

André

André Korthum a donné une nouvelle Exposition sur Job, avec une Paraphrase, en Allemand, à Leipsic en 1708. *in 4.* Il étoit Allemand Luthérien, & peut être encore vivant.

Louis Lavaterus a fait des Homélies sur Job, imprimées à Zurich en 1585. *in fol.* & en Allemand *ibid.* en 1582. Les Annotations d'*Edouard Leigh* sur Job, sont comprises dans celles qu'il a faites sur les Livres Poëtiques de l'Ecriture en Anglois, imprimées à Londres en 1675. *in fol.*

Ce dernier Auteur étoit Anglois, né à Scawel dans le territoire de Lancastre, en 1602. le même jour que la Reine Elizabeth paya le tribut à la nature. Ayant fait ses études aux environs de Staffort, il fut admis dans le College de Sainte Magdelcine, où il apprit la Philosophie n'ayant que 16. ans, fut fait Maître-ès-Arts à 23. alla à Londres pour y étudier en Droit, & mourut en 1671. Il avoit beaucoup de lecture, & étoit sçavant dans la Théologie positive, l'Ecriture, & l'Histoire. On en peut juger par les Ouvrages dont on verra le détail dans l'Histoire de la Bibliothéque d'Oxfort, partie 2. p. 376. col. 1. Nous en avons déja marqué, & nous en marquerons encore dans la suite.

Reinhard Luz a donné des Notes sur l'Histoire de Job, à Bâle en 1559. *in 8.* Il étoit Allemand & Calviniste, vers le milieu du seiziéme siécle.

Augustin Marlorat a donné séparément son Exposition sur Job, à Geneve en 1585. Nous avons parlé de lui & de ses Ouvrages dans l'article général des Commentateurs Calvinistes.

ARTICLE XLII.

Des Commentateurs Juifs sur Job.

Les Auteurs Juifs ne se sont pas moins appliquez que les Catholiques & les Protestans, à expliquer le Livre de Job, outre ceux qui ont écrit sur les premiers Prophétes, c'est-à-dire, les Livres Historiques, & que nous avons marquez sur Josué. *Abdias Sphorno* a fait un Commentaire en Hébreu sous ce titre, *justum Judicium*, imprimé à Venise en 1590. *in 4.* Il étoit Italien, Médecin de profession, & est mort en 1550. Nous avons déja parlé de lui sur le Pentateuque, & nous en parlerons encore sur les Pseaumes.

Aben Esra, a compris son Commentaire sur Job dans celui qu'il a fait sur la Loy : Voyez le Pentateuque & l'Article des Commentateurs Juifs en général.

Abraham, fils de Mardochée Peritsol, dont le Commentaire sur Job en Hébreu a été imprimé à Venise *in fol.* en 1518. & *in 8.* ibid. en 1587. *Conrad Pelican* l'a mis en Latin jusqu'au vingtiéme Chapitre. Il faut voir ce que Bartolocci nous dit de cet Ouvrage dans le premier tome de sa Bibliothéque Rabbinique, & d'un autre, page 42-47. Ce Juif étoit d'Avignon, & fleurissoit vers 1525.

Elie Levite a fait imprimer son Commentaire à Venise en 1544. Voyez l'Article sur les Juifs en général. Celui d'*Elie* fils de Joseph, a été imprimé en Pologne ; on ne dit pas quand.

Joseph, fils de David, a mis son Commentaire sur Job avec celui qu'il a fait sur les cinq Meghilloth & les Hagiographes, imprimé en Hébreu à Boulogne en 1528. & à Venise en 1530. *in fol.* Il étoit de Lisbonne en Portugal, & est mort en 1539. Nous en parlerons encore sur les Pseaumes.

Isaac Cohen, fils de Salomon, a fait imprimer le sien à Constantinople avec le Texte Hébreu, en 1545. *in 4.*

Isaac, fils de Meir, a compris le sien dans les cinq Meghilloth.

Mardochée, fils de Jacob, a donné le sien séparément, à Prague en 1597. *in 4.* Nous parlerons encore de ce Juif sur les Proverbes.

Alsec Moses a fait un Commentaire sur Job avec le Texte de la Bible, imprimé à Venise en Hébreu en 1603. *in 4.* sous ce titre, *Portio Legislatoris*. Nous avons déja parlé de lui, & nous en parlerons encore.

Meir a fait un Commentaire Philosophique & littéral sur Job, imprimé avec le Texte de la Bible en Hébreu en 1603. à Venise, quatriéme édition. Il étoit fils d'Isaac Arama, Espagnol Philosophe, & vivoit au commencement du seiziéme siécle. Nous en parlerons encore sur les Pseaumes & ailleurs.

ARTICLE XLIII.

Traitez & Dissertations sur le Livre de Job.

Salom. Deyling a fait une Dispute où il soûtient que Jobab n'est pas Job. C'est dans ses Disputes sacrées, tome 1. Dispute 9. & une autre sur le chap. 3. ℣. 5. *Qui maledicunt diei*, dans ses Observations sacrées, tome 3. chap. 13.

Joan. Ernest. Muller, *de Terra Job*, & *Matth. Muller, de Angelorum concilio*, Job 2. ℣. 7. dans le tome 1. des Dissertations Philologiques.

Voyez sur le même sujet *Bochart*, tome 2. de la nouvelle édition de ses Ouvrages faite à Leyde en 1707. c'est à la page 903. Il a aussi écrit sur ce passage, Job 38. ℣. 36. *Quis posuit in visceribus hominis sapientiam : vel quis dedit Gallo intelligentiam ?*

Joan. Reiskius, *de morbo Job difficillimo*, dans le Trésor des Dissertations Philologiques, & séparément, à Helmstat en 1685. *in 4.* *George Vedel* en a aussi parlé dans ses Exercitations

tations Philologiques ; voyez sur les Rois. Il faut voir *Jean de Pineda* sur le même sujet, & notre Dissertation dans notre Commentaire sur Job, & dans notre dernier Recüeil, tome 2. p. 274.

Wielm. Ernesti Tentzel, de Phenice ave contra Fellum, ce qui a été imprimé à Wittemberg en 1681. & dans le tome premier des Dissertations Philologiques.

Voyez notre Dissertation sur ces mots : *Sicut Palma multiplicabo dies*, Job 29. ℣. 18. dans notre Commentaire sur Job, & dans le nouveau Recüeil des Dissertations, tome 2. page 286.

Autres Dissertations sur plusieurs & différens sujets du Livre de Job.

André Habichorst a traité de l'Assemblée des Anges, Job 2. ℣. 7. ce qui a été imprimé à Rostoclt *in* 4.

George Gaspar Kirchmaïer a fait une Dissertation sur Béhémoth & Léviathan, imprimée à Wittemberg en 1669. *in* 8. seconde édition. Voyez ci-dessus. *Gaspar Loesther* a traité le même sujet, à Leipsic en 1664. *in* 4. Il étoit Allemand Luthérien de Wittemberg, sur la fin du dix-septiéme siécle. *Clément Schade* en a aussi parlé dans une Dissertation imprimée à Copenhague en 1705. *in* 4. Il étoit Danois Luthérien, & vivoit au commencement du dix-huitiéme siécle.

François Woerger a fait une Dissertation où il examine qui étoit le Léviathan, & ceux qui maudissent le jour, à Lubec en 1699. *in* 4.

Jean Henri Michaëlis a fait une Dispute sur l'Ange dont il est parlé au Chap. 33. ℣. 23. à Hall en 1707. *in* 4. *George Vvislebius* a fait des Disputes sur la Théologie des anciens Peres ; ou des Prolégoménes touchant le pays & le tems où vivoit Job, imprimez à Sora en 1656. *in* 4. *Jean Vvalle* ou *Vvallis*, a fait un Traité sur Job, dans ses Ouvrages imprimez à Amsterdam en 1699. *in fol.*

Chrétien Chemnitius a fait une Dissertation Théologique sur la personne & le Livre de Job, imprimée à Jéne en 1665. *in* 4. *Jacques la Peyre* a traité de la véritable Généalogie de Job, en François, imprimée à Paris en 1623. *in* 8. & depuis il a fait une Réponse au P. Petau sur l'origine de Job, imprimée *ibid.* en 1631. *in* 8. en François.

Jean Frideric Mayer a donné Job sanctifiant ses enfans, à Gryphiswald en 1705. *in* 4.

Jean Lassen a écrit des plaintes de Job en Allemand, à Nuremberg en 1661. *in* 4.

George Vvitzleb a fait des Prolégoménes sur l'âge & la famille de Job, à Sora en 1656. *in* 4. Il étoit Allemand Luthérien, Professeur des saintes Lettres, mort en 1676.

Jean Guillaume Bajer a expliqué le systême du Monde de Job sur le Chapitre 26. ℣. 7. à Hall en 1707. *in* 4. Il a aussi parlé du Saphir, Chapitre 28. ℣. 6. à Altorf en 1705. *in* 4. De Béhémoth & Léviathan en 1708. *in* 4. *ibid.*

Enfin *Jean George Abicht* a fait une Dispute sur le Goël ou Rédempteur de Job, au Chapitre 19. ℣. 25. à Leipsic en 1708. *in* 4. Voyez ci-dessus.

Jean Jacques Scheuchzer a traité de la maladie de Job & de l'Aquilon, dans l'Explication qu'il a faite du Chapitre 2. ℣. 7. 8. & du Chapitre 26. ℣. 7. sous le titre d'*Essai de la Physique sacrée*, dans la Bibliothéque Philologique, tome 2. p. 397. 409. Il étoit de Zurich, né en 1672. alla étudier à Altorf en 1692. & à Utrecht en 1694. fut fait Docteur en Médecine, & Professeur des Mathématiques en 1695. se maria en 1697. & fut appellé en Prusse en 1714. On peut voir le Catalogue de ses autres Ouvrages dans le même volume, p. 574. 578.

Jean George Schelhorn a fait une Dispute sur le ℣. 31. Chapitre 40. dans le même Recüeil, tome 4. p. 572. 588. Lipenius dans sa Bibliothéque Théologique, tome 2. sur Job, marque un grand nombre d'autres Auteurs Catholiques, Protestans, & Juifs, tant Critiques, que Commentateurs, qui ont travaillé à éclaircir ce Livre, ou quelques endroits difficiles.

ARTICLE XLIV.

Des Commentateurs Catholiques sur le Livre des Pseaumes.

Le nombre des Commentaires sur les Pseaumes est presque infini. Nous nous contenterons d'en marquer ici une partie, & d'indiquer les plus estimez. Nous sommes persuadez en général qu'il est comme impossible de réüssir à bien expliquer ce Livre, tandis qu'on ne sçaura ni qui sont les Auteurs des Pseaumes, ni à quelle occasion ils ont été composez, ni même où ils commencent, & où ils finissent ; car encore que la distribution que nous suivons dans nos Bibles soit ancienne, il est certain toutefois qu'elle ne vient pas ni des Auteurs du Pseautier, ni même des premiers Compilateurs de ce Recüeil. Origénes *in Psal.* 2. *in nov. edit. Hexapl. p.* 475. Saint Hilaire *in Psal. Prolog. p.* 6. *d. e. & in Psal.* 11. *p.* 29. B. Kimchi *in Psal.* reconnoissent que pendant un long tems, ils ne formoient, pour ainsi dire, qu'un même Pseaume, & n'étoient pas partagez comme ils le sont aujourd'hui ; & les Juifs divisent encore à présent autrement que nous, ainsi il est

est moralement impossible de découvrir sûrement le sens des Pseaumes.

A l'égard des Commentateurs, on peut dire en général que les Peres Grecs ont mieux réüssi dans l'explication du sens littéral des Pseaumes, que les Latins, parce que la Traduction Latine que nous lisons dans l'Eglise, est prise sur le Grec, & que les anciens Peres avoient les Hexaples d'Origénes, qui leur étoient d'un grand secours pour l'intelligence du sens littéral. Mais depuis qu'on a commencé à étudier le Grec, l'Hébreu, & les autres Langues Orientales, & que nous avons de bonnes éditions des Peres Grecs & Latins, nous avons plus de secours que n'en avoient même les Anciens ; & l'on a fait plus de progrès dans l'étude du sens littéral & grammatical de ces Livres, depuis deux cens ans, que l'on n'avoit fait pendant plusieurs siécles auparavant.

Origenes a composé cinq Homélies sur le Pseaume XXXVI. *Noli emulari in malignantibus &c.* Et deux Homélies sur le Pseaume XXXVII. *Domine ne in furore tuo, &c.* Deux autres sur le Pseaume XXXVIII. *Dixi: custodiam vias meas.* Ces neuf Homélies ne sont qu'en Latin, de la Version de Rufin dans les éditions Latines : mais M. Huet, dans son édition de ce Pere, tome 1. p. 37. a donné quelques fragmens Grecs & Latins de son grand Commentaire.

Eusebe de Césarée a écrit sur tout le Pseautier un Commentaire suivi, où l'on trouve de très-bonnes choses. Le R. P. D. Montfaucon l'a donné depuis peu en Grec & en Latin, *in fol.* à Paris en 1706. dans le tome premier de sa nouvelle Collection des Peres Grecs. Il n'y a cependant que ce qu'il en a pû trouver dans les anciens manuscrits, sçavoir ce qu'Eusebe a fait sur les cent dix-neuf premiers Pseaumes.

Dans ce Commentaire, Eusebe s'est proposé trois choses également utiles : 1°. De faire des Notes critiques sur l'ordre des Pseaumes. 2°. D'en donner une explication littérale & mystagogique. 3°. De combattre les Athées & les Impies : ce qu'il a très-bien exécuté ; & Saint Jérôme lui-même trouvoit ce Commentaire d'Eusebe de Césarée fort sçavant. Il vint au monde en Palestine vers l'an 264. fut fait Evêque de Césarée en 313. & est mort en 338. Il étoit sçavant & avoit de la piété ; on le soupçonne d'Arianisme : d'autres disent qu'il est très-Orthodoxe. Ce n'est pas ici le lieu d'en décider.

Saint Athanase a aussi fait un Commentaire sur les Pseaumes, imprimé dans le tome 2. de la même Collection des Peres Grecs. Il n'est pas tout-à-fait certain que cet Ouvrage soit de Saint Athanase, & il n'est pas d'une grande utilité. Sur quoi il faut remarquer que ce Pere a fait deux Ouvrages sur les Pseaumes ; sçavoir des Expositions qui se trouvent dans le premier tome, seconde partie de ses Ouvrages, de la nouvelle édition, p. 1009. précédées d'une Lettre à Marcellin sur les Pseaumes, *ibid.* p. 982. & dans le second tome de la Collection des Peres Grecs. Nous avons des Argumens & des Supplémens de ce Saint sur les mêmes Pseaumes tirez d'un ancien manuscrit.

Cassiodore dans ses Institutions divines, parle avec éloge de la Lettre de Saint Athanase à Marcellin ; & M. Dupin a donné un Abrégé dans sa Bibliothéque Ecclésiastique, tome 1. p. 152. Pour ses Expositions, il s'attache particuliérement à défendre la Divinité du Verbe ; & dans les Argumens, il traite de l'ordre des Pseaumes, de leurs différens Auteurs, & de la maniere de les lire avec fruit. Les Supplémens ne sont que des lambeaux de son Exposition abrégée & tronquée par les Copistes.

On attribuë à *saint Basile le Grand*, un Commentaire Latin sur les Pseaumes, qui n'est pas de lui, & qui n'est pas digne de ce grand Homme. C'est un ramas de divers Extraits tirez de saint Chrysostome & de Théodoret. Mais ce qui appartient vrayement à saint Basile, c'est une Homélie sur le premier Pseaume, où il donne une espéce de Préface sur tout le Pseautier. Il a expliqué aussi le septiéme Pseaume, *Domine, Deus meus in te speravi* ; le 14. *Domine quis habitat &c.* le 28. *Afferte Domino filii Dei* ; le 29. *Exaltabo te Domine quoniam suscepisti me* ; le 32. *Exultate, Justi, in Domino* ; le 33. *Benedicam Dominum* ; le 37. *Domine ne in furore tuo, &c.* le 44. *Eructavit cor meum* ; le 45. *Deus noster refugium & virtus* ; le 48. *Audite hæc omnes gentes* ; le 59. *Deus repulisti nos, &c.* le 61. *Nonne Deo subjecta erit anima mea* ; le 114. *Dilexi quoniam exaudiet, &c.* & le 115. *Credidi propter quod locutus sum.* En tout quinze Pseaumes.

D. Garnier dans sa nouvelle édition des Ouvrages de *saint Basile*, a retranché l'Homélie attribuée à ce Saint sur le trente-septiéme Pseaume, qu'il croit n'être pas de lui, de même que celle qui étoit sur le 115. Il a mis dans sa Préface générale beaucoup d'Observations curieuses touchant ce qu'on doit penser de ces Homélies. Elles se trouvent dans le premier tome de cette édition, p. 90.

Saint Chrysostome a écrit sur neuf Pseaumes separez. On trouve encore quelques Commentaires Grecs manuscrits sous son nom sur d'autres Pseaumes ; mais ils ne sont pas de lui. Il faut voir ce qu'en dit D. Montfaucon dans sa sçavante Préface qui est à la tête du tome 5. de sa nouvelle édition. Il y distingue tout ce qui est de ce Pere, d'avec les Ouvrages douteux & apocryphes.

Théodoret a écrit sur tout le Pseautier, à son ordinaire, d'une maniére courte & précise, mais judicieuse & pleine de sens.

Le P. *Cordier* Jésuite, a donné une chaîne des Peres Grecs sur les Pseaumes qui est très-utile, en trois vol. *in fol.* imprimée à Anvers en 1643. 1646. dont chaque volume contient cinquante Pseaumes avec la Version Latine & les Notes de l'Editeur. Nous avons parlé de lui dans l'Article précédent.

Saint Hilaire, Evêque de Poitiers, avoit dit-on, travaillé sur tout le Pseautier; (Voyez la Préface sur son Commentaire sur les Pseaumes, dans la nouvelle édition, p. 167. 168.) mais il n'en a encore paru qu'un long Prologue sur les Pseaumes, & des Commentaires sur les Pseaumes I. II. IX. XIII. XIV. LI. LII. LIII. LIV. LV. LVI. LVII. LVIII. LIX. LX. LXI. LXII. LXIII. LXIV. LXV. LXVI. LXVII. LXVIII. LXIX. XCI. CXVIII. CXIX. CXX. CXXI. CXXII. CXXIII. CXXIV. CXXV. CXXVI. CXXVII. CXXVIII. CXXIX. CXXX. CXXXI. CXXXII. CXXXIII. CXXXIV. CXXXV. CXXXVI. CXXXVII. CXXXVIII. CXXXIX. CXL. CXLI. CXLII. CXLIII. CXLIV. CXLV. CXLVI. CXLVII. CXLVIII. CXLIX. CL. La méthode de saint Hilaire est d'expliquer la lettre, & le sens moral & spirituel. Il a beaucoup profité du travail d'Origénes, comme le remarque saint Jérôme dans son Livre des Ecrivains Ecclésiastiques. Voyez-le aussi dans ses Epîtres 62. & 65. & la nouvelle édition de saint Hilaire, p. 173.

Il faut voir ce que M. Simon dit de l'Ouvrage de ce Saint sur les Pseaumes, & ceux qui ont écrit sa vie. Nous dirons seulement qu'il fut fait Evêque de Poitiers en 350. & mourut l'an 367. Il sçut joindre une grande pureté, un zéle héroïque pour la foi à une sublime connoissance de nos saints Mystéres.

Saint Ambroise, Archevêque de Milan, a travaillé sur douze Pseaumes; sçavoir, sur le premier, les XXXV. XXXVI. XXXVII. XXXVIII. XXXIX. XL. XLIII. XLV. XLVII. XLVIII. LXI. CXVIII. Il est plus moral que littéral, & a beaucoup suivi la méthode d'Origénes dans cet Ouvrage, comme dans la plûpart des autres.

Dans son Exposition sur le Pseaume CXVIII. qui est la plus ample, il ne s'applique pas tant à la morale qu'il ne touche les Dogmes de la Foi, sçavoir les Mystéres de la sainte Trinité, & de l'Incarnation, des deux volontez & opérations en JESUS-CHRIST d'une maniére si claire, qu'on n'a rien dit là-dessus de plus fort contre les Monothélites.

Saint Augustin a fait un très-grand Ouvrage sur les Pseaumes. Il est dogmatique, moral, & spirituel, & très-utile pour ceux qui ne cherchent qu'à s'édifier dans les Pseaumes; il contient tout le quatriéme tome de la nouvelle édition.

Le Commentaire sur les Pseaumes qui porte le nom de *saint Jérôme*, n'est pas de ce Pere, mais d'un Auteur ancien, qui vivoit au quatriéme siécle. Il copie quelquefois Origénes, S. Hilaire, S. Jérôme, & même S. Eucher. Ce qui l'a fait attribuer à *saint Jérôme*, est qu'on y trouve de tems en tems du Grec, de l'Hébreu, & de la critique sur ces Textes; choses fort rares chez les autres Commentateurs Latins de ces tems-là. Mais le Pere Martianay montre que cet Auteur ne sçavoit point l'Hébreu, & que c'est un simple Compilateur, qui vivoit dans l'Egypte, ou dans la Palestine, & qui écrivoit au quatriéme siécle, en même-tems que saint Jérôme.

Le même *P. Martianay* a aussi donné une autre Explication des Pseaumes attribuée à S. Jérôme, mais qui n'est pas plus de lui que la premiére. Cette derniere Exposition est ancienne, & d'un Auteur qui entendoit le Grec; elle ne comprend que les Pseaumes I. V. VII. LXXVIII. CXXVII. CXXVIII. CXXXI. CXLI. Voyez le second tome de la nouvelle édition de Saint Jérôme, *Appendic.* p. 118. & p. 522.

Saint Jérôme a expliqué le Pseaume XLIV. dans sa Lettre à Principia, *p. 681. t. 2. nov. edit.* Il fait la critique de plusieurs endroits des Pseaumes dans sa Lettre à Sunnia & Fretela, *p. 626. t. 2. nov. edit.* Il explique ce que c'est que *Sela* ou *Diapsalma*, dans sa Lettre à Marcella, *p. 706. nov. edit.* & le Pseaume LXXXIX. *Domine refugium factus es nobis.* Dans son Epître *ad Cyprian. Presbyt.* *p. 694. nov. edit.*

Nous ajoûtons ici une remarque assez interressante; c'est qu'il ne faut pas croire, comme ont fait plusieurs, que Sunnia & Fretela, à qui il adressa sa Lettre, soient deux Dames Romaines semblables à Marcella & Principia. Ce furent deux sçavans hommes, puisque nous lisons dans deux anciens manuscrits d'Angleterre, *Dilectissimis fratribus Sunnia & Fretela.*

On a un Commentaire sous le nom de *Rufin*, sur les soixante & quinze premiers Pseaumes. Mais comme l'Auteur y rapporte de grands Fragmens de Saint Augustin, & de Saint Grégoire le Grand, il est manifeste qu'il ne peut être de Rufin. Cependant le P. le Long croit qu'il peut être de lui, mais que l'on y a inséré ce qui est des Auteurs plus récens. On a imprimé ce Commentaire à Lyon en 1570. *in fol.* Nous avons parlé de cet Auteur sur la Génése. Voyez Jacob.

Apollinaire

QUATRIÉME PARTIE.

Apollinaire, Evêque de Laodicée, qui vivoit sous l'Empereur Constance au quatrième siécle, a laissé une Traduction du Pseautier en vers Grecs Héroïques, qui est imprimée en Latin dans la seconde partie du quatrième tome de la Bibliothéque des Peres, édition de Lyon. C'est plûtôt une Paraphrase, ou une Métaphrase, comme le Pere le Long la nomme. On en a fait plusieurs éditions *in* 8. Elle est en Grec & en Latin dans la Bibliothéque des Peres Grecs en 1624.

Il y a eu deux Apollinaires, le pere & le fils ; l'un Prêtre, l'autre Evêque de Laodicée, dans le quatriéme siécle. On ne sçait pas bien auquel des deux appartient cet Ouvrage.

Cassiodore a fait un Commentaire sur les Pseaumes, qui n'est presque autre chose que l'abregé de Saint Augustin. Il y a joint des espéces de Prolégoménes sur le même Livre. Dom Garet l'a donné dans le tome 2. de sa nouvelle édition. Béde, Strabon, Honoré d'Autun, ont beaucoup loüé cet Ouvrage. Cassiodore y met beaucoup du sien, & sa méthode est bien différente de celle de saint Augustin.

Cassiodore étant mort en 570. doit être né en 470. s'il a vécu cent ans comme il semble l'insinuer lui-même à la fin du Pseaume centiéme. Il est au-dessus de tous les éloges qu'on peut lui donner, s'étant également rendu recommandable, & à la Cour des Princes, & dans sa retraite. Nous parlerons sur l'Apocalypse de son Commentaire sur le nouveau Testament.

Remi d'Auxerre, Religieux Bénédictin du neuviéme siécle, a composé un Commentaire moral sur les Pseaumes, accompagné d'une assez longue Préface. Il a copié Saint Augustin, Saint Jérôme, Saint Ambroise, Cassiodore, & les autres Peres qui l'ont précédé. Cet Ouvrage est imprimé au tome 16. partie 3. p. 1041. de la Bibliothéque des Peres, édit. de Lyon. Il l'avoit déja été à Cologne en 1536. & 1538. *in fol.*

Arnobe le jeune est apparemment Auteur d'un Commentaire sur les Pseaumes, que Trithéme attribuë à Arnobe l'ancien qui vivoit au troisiéme siécle, vers l'an 297. au lieu que le jeune n'a pû vivre que sur la fin du cinquiéme siécle. Au Pseaume CVIII. il parle des erreurs de Photin, & des Disputes sur la Prédestination ; ce qui fait juger qu'il n'a vécu qu'après Saint Augustin. Quoiqu'il en soit, son Commentaire est fort court, & n'entre point dans les difficultez de la lettre. Il est moral & allégorique.

Laurent de la Barre en a donné une nouvelle édition à Paris en 1638. *in* 8. qu'on a mise depuis dans la grande Bibliothéque des Peres, tome 8. p. 236. avec la Préface de l'Editeur qui se déclare pour Arnobe l'ancien,

mais ses raisons ne sont pas convaincantes.

Aymo ou *Haimo*, Evêque d'Halberstat au neuviéme siécle. Son Commentaire sur les Pseaumes est, de même que ceux de ce temslà, un précis de ce que les anciens Peres ont dit sur le même sujet. L'étude & la science des Langues & la Critique n'étoient alors nullement à la mode. Ce Commentaire a été imprimé pour la derniere fois à Cologne en 1561. *in* 8. L'Auteur fut Disciple d'Alcuin, se fit Moine de Fulde, fut fait Evêque en 841. & est mort en 853.

Brunon d'Ast, ou *de Signy*, est Auteur du Commentaire que l'on a imprimé sous le nom de *Saint Bruno*, Fondateur des Chartreux ; au jugement de M. Dupin. Toutefois on trouve dans le tome 2. de la Bibliothéque des Peres, p. 1443. un Commentaire de Brunon de Signy, différent de celui qui se trouve parmi les Oeuvres de Saint Bruno.

Brunon de Wirtzbourg (*Herbipolensis*) qui mourut en 1045. a fait un Commentaire sur le Pseautier, imprimé au tome 18. p. 65. de la Bibliothéque des Peres. Son Ouvrage est un précis du Commentaire de Cassiodore.

Pour bien distinguer ces trois Commentaires, il faut remarquer qu'il y a eu trois Auteurs de ce nom qui ont écrit sur les Pseaumes ; celui d'Ast dont nous avons parlé ci-devant. Le second Archevêque de Wirtzbourg, dont le Commentaire a été revû par Cochlée, & imprimé à Leipsic en 1533. *in* 4. en dernier lieu dans la nouvelle Bibliothéque des Peres, tome 18. p. 65. Le troisiéme est Saint Bruno, fondateur des Chartreux, qui a fait un Commentaire différent des deux précédens ; ce que D. Massuet démontre évidemment dans le tome 5. de nos Annales, p. 445. On le trouve parmi ses autres Ouvrages imprimez à Cologne en 1640. *in fol.* 2. vol. Il étoit de Cologne lui-même, fut Chanoine de Reims ; se retira du monde en 1086. & mourut en 1101. Il avoit l'esprit juste & solide, pénétrant, & une memoire admirable. Mais sa conversion, & l'exemple d'austérité qu'il a donné à toute l'Eglise, sont beaucoup au-dessus de ses autres qualitez.

Euthyme Zigabene, qui vivoit au commencement du douziéme siécle, a écrit un fort bon Commentaire sur le Pseautier. Il l'a puisé dans les meilleures sources des Peres qui l'ont précédé, comme Saint Chrysostome, & Théodoret. On l'a imprimé en Grec à Verone en 1530. *in fol.* & en Latin dans la Bibliothéque des Peres, tome 19. p. 1. édition de Lyon. Cet Euthyme étoit Moine de Saint Basile, & vivoit en 1118. selon le P. Labbe.

Béde le Vénérable a aussi composé un Commentaire sur les Pseaumes, dans lequel il ne se contente pas de suivre ce qu'ont dit les Peres Latins : il a aussi consulté les Peres Grecs,

Tome IV.   O 5   &

& adopte souvent leur hypothése & leur explication dans ce Commentaire, qui se trouve au huitiéme tome de ses Ouvrages. Nous avons parlé de lui ci-devant, & plus d'une fois; voyez son titre dans l'*Index*.

Odon d'Ast, Moine Bénédictin, qui vivoit au douziéme siécle, a composé un Commentaire sur les Pseaumes, adressé à Brunon d'Ast, ou de Signy, & qui est imprimé au vingtiéme tome de la Bibliothéque des Peres, page 1816. édition de Lyon. On le trouve aussi à la fin des Ouvrages de Brunon d'Ast. Il ne passe pas le Pseaume 110. quoique Odon ait eu dessein de continuer jusqu'au cent cinquantiéme. Il dit lui-même que ce n'est qu'une simple méditation ou contemplation.

On attribuë à *Saint Bruno*, fondateur des Chartreux, un Commentaire sur les Pseaumes, imprimé au commencement du Recueil de ses Oeuvres, à Cologne en 1611. *in fol*. ce que nous avons tâché de développer ci-dessus. Voyez sur les trois *Bruno*.

Saint Prosper d'Aquitaine, Disciple de Saint Augustin, a composé un Commentaire sur les cinquante-un derniers Pseaumes, qui n'est presqu'un précis de celui de Saint Augustin. On le trouve à la page 171. de la derniere édition de ses Ouvrages. On l'y reconnoît par tout pour un véritable Disciple de Saint Augustin; en sorte que l'on diroit que c'est Saint Augustin lui-même qui parle & qui écrit. Cet Auteur commença à paroître vers 430. & vivoit encore en 455. Bien loin qu'il ait été Evêque, comme on l'a crû, on ne sçait pas même s'il est entré dans la Cléricature, ce qui est une grande marque de sa profonde humilité.

Hugues de Saint Victor a écrit une courte Explication de quelques versets des Pseaumes, qui lui ont paru les plus difficiles.

Saint Thomas a expliqué les cinquante premiers Pseaumes d'une maniere assez séche, & d'un style qui tient beaucoup de celui des Scholastiques.

Saint Bonaventure a donné une Explication morale de tout le Pseautier, imprimée avec son Héxaéméron; voyez sur la Génése. C'est presque tout ce qu'il a donné de bon sur l'Ecriture; il y enseigne à réciter les Pseaumes d'une maniere pieuse & dévote: il y joint une Explication suivie pour animer à la vertu; il est court en paroles, mais abondant en maximes & en Sentences. Nous parlerons ailleurs de ses autres Ouvrages. Voyez son Titre.

Saint Grégoire le Grand, ou selon d'autres, *Grégoire VII*. a expliqué les sept Pseaumes Pénitentiaux. Cette Explication se trouve dans le tome 3. part. 2. p. 467. de la nouvelle édition des Oeuvres de Saint Grégoire. C'est le Sieur Gousanville qui a prétendu qu'elle est plûtôt de Grégoire VII. que du grand Saint Grégoire. Nous croyons que cette Explication est de ce dernier Pape, aussi-bien que le Commentaire sur le Livre des Rois, qu'il peut bien avoir dicté à Claude Abbé de Classe, son Disciple, qui y aura ajouté quelque chose du sien. Il doit être mort sur la fin de 601. puisque le Saint dans une Lettre écrite cette année à Jean, Diacre, ordonne qu'on lui apporte tous ses papiers, afin qu'il puisse les examiner. C'étoient sans doute les copies des Commentaires qu'il lui avoit dictez.

Innocent III. a aussi donné une Explication de ces sept Pseaumes, imprimée à Venise en 1578. *in fol*. avec ses autres Ouvrages, & séparément, à Anvers en 1550. *in* 8. Il étoit Italien, né à Anagni, fut fait Pape l'an 1198. & mourut l'an 1216. Il avoit de grandes qualitez, & les a soutenuës par une vie irreprochable, autant que par son érudition, qui paroît sur tout dans ses Lettres données par M. Baluze, à Paris en 1682. 2. vol. *in fol*.

Urbain IV. a expliqué le cinquantiéme Pseaume. Il y a de la difficulté sur cette Explication, imprimée dans la nouvelle Bibliothéque des Peres, tome 25. p. 355. Le Pere le Long dit qu'elle est d'Urbain III. en un endroit, & ailleurs qu'elle est d'Urbain IV. Nous suivons ce dernier sentiment qui est celui de M. Dupin. C'est une Paraphrase où il parle à Dieu même, & lui fait un aveu sincere de toutes ses fautes. Il étoit de Troyes en Champagne, fut élû Pape en 1261. & mourut à Perouse l'an 1264.

Paschase Radbert a expliqué le quarante-quatriéme Pseaume en trois Livres, imprimez parmi ses autres Ouvrages à Paris en 1618. *in fol*. p. 1226. & dans la derniere Bibliothéque des Peres. Il vint au monde à Soissons, fut fait Abbé de Corbie en 836. & mourut l'an 851. selon les uns, 865. selon les autres. Il étoit fort âgé, & s'étoit démis de son Abbaye pour ne vacquer qu'à la prière.

Et Saint Bernard le quatre-vingt-dixiéme, *Qui habitat, &c*. en dix-sept Sermons qui se trouvent dans les différentes éditions de ses Ouvrages. Nous parlerons de lui sur le Cantique des Cantiques.

Michel Ayguanus, ou *Aignanos*, ou *Angrianus*, que l'on cite d'ordinaire sous le nom d'*Inconnu*, & qui a écrit sur les Pseaumes, vivoit au quatorziéme siécle, & au commencement du quinziéme; il fut élû Général de l'Ordre des Carmes en 1381. & on dit qu'il mourut en 1416. Son Commentaire n'est pas méprisable; il donne plûtôt le sens moral que littéral. Sa maniere d'écrire est dure & semblable à celle des Scholastiques, dont il imite aussi la méthode.

Ce Commentaire a été imprimé pour la premiere fois sous le nom d'*Inconnu*; mais depuis

QUATRIEME PARTIE. 423

depuis sous son nom l'an 1673. *in fol.* à Lyon. C'est la derniere édition donnée par Basile Anguissola, & beaucoup augmentée. C'est mal-à-propos qu'on le nomme aussi *Angrianus*.

Pierre Lombard, ou *le Maître des Sentences*, a travaillé sur les Pseaumes, & son Commentaire a été imprimé à Nuremberg en 1478. à Paris en 1541. 1561. *in fol.* Dans l'édition de 1541. *in fol.* on trouve un Prologue sur ce Commentaire, avec la comparaison des différentes Versions du Pseautier, & l'Apologie de la Version dont se sert l'Eglise quand la Vulgate paroît s'éloigner du Texte Hébreu. Ce que le P. le Long attribuë à un certain *Richard du Mans*, & Cordelier, différent de Richard Hampole.

Sanctis Pagnini Catena argentea in Psalmos, à Paris en 1520. *in fol.* Nous avons déja parlé de cet Auteur plusieurs fois.

Ludolphe Chartreux, *François Titelmann*, *Cajetan*, *Jacques Perez*, ou *Periz* de Valence, *Augustin Steuchus d'Eugubio*, & plusieurs autres dont nous avons déja parlé, ont aussi travaillé sur les Pseaumes.

Ludolphe a cela de particulier, qu'à la fin de chaque Pseaume il a mis une priere : la derniere édition est de Venise en 1542. Il étoit de Saxe, & après avoir passé trente années chez les Dominicains, il se fit Chartreux vers 1330. Il se nomme aussi *Landulphe*.

Ce que *Titelmann* a donné, consiste en des Eclaircissemens avec des Annotations, où il fait voir la différence du Texte Hébreu d'avec la Vulgate ; on l'a imprimé à Anvers en 1531. *in fol.* & 1689. 3. vol. *in 12.* Il étoit né à Hasselt, dans le Diocese de Liege ; de Cordelier il se fit Capucin à Rome l'an 1537. & mourut en 1553. âgé de 46. ans.

Le Commentaire de *Cajetan*, imprimé seul à Paris en 1540. *in fol.* troisiéme édition, est fait sur le Texte Hébreu, & il y suit le sens littéral.

Eugubio suit aussi le Texte Hébreu dans ses Enarrations, imprimées à Lyon en 1548. *in fol.* & avec ses autres Ouvrages. Voyez ci-dessus.

Jacques Perez, ou *Periz* de Valence, de l'Ordre de Saint Augustin, & Evêque de Christopole. Son Commentaire a été imprimé à Paris en 1531. *in fol.* On y a aussi imprimé son Explication des Cantiques de l'Ecriture. Il est mort en 1491.

Thomas le Blanc, Jésuite, a fait six volumes *in fol.* sur les Pseaumes, imprimés à Lyon en 1665. 1677. à Cologne 1680. 1697. Il commence par une Analyse de chaque Pseaume. Il explique ensuite le sens littéral & mystique. Il étoit du Diocese de Châlons, & est mort en 1669.

Antoine Agellius, Théatin, & depuis Evêque d'Acerno dans le Royaume de Naples, au commencement du dix-septiéme siécle, a laissé un excellent Commentaire sur les Pseaumes, sur le Cantique des Cantiques, sur les Lamentations de Jérémie, & sur Abacuc. Celui dont nous parlons a été imprimé en 1611. *in fol.* troisiéme édition.

Gilbert Génébrard, Bénédictin de l'Ordre de Cluny, a donné un des meilleurs Commentaires que nous ayons sur les Pseaumes. Il étoit habile dans les Langues, zelé Catholique ; & comme il vivoit dans le fort des Disputes contre les Protestans, il prend souvent les armes à la main contre eux, soûtient vivement les intérêts de l'Eglise, & combat pour l'authenticité de la Vulgate. Il mourut Archevêque d'Aix en Provence l'an 1597. Les premieres éditions de son Commentaire sont les moindres, parce qu'il l'a retouché souvent depuis. La quatriéme & la plus belle est de 1588. *in fol.* à Paris. Il y défend la Version Grecque des Septante contre ceux qui sont trop partisans du Texte Hébreu.

Robert Bellarmin, Jésuite Cardinal, fameux par ses Controverses, a fait aussi un Commentaire sur les Pseaumes. Il n'y a pas mêlé beaucoup d'érudition & de critique, mais il y a répandu beaucoup d'onction & de piété. Son Commentaire a été souvent imprimé, & quelquefois assez mal, par la faute des Imprimeurs. La derniere édition est de 1642. *in 4.* Simon dans son Histoire Critique de l'ancien Testament, trouve sa méthode bonne & digne de lui ; mais il n'y trouve pas assez de critique ; aussi n'étoit-ce pas son dessein.

Simeon de Muis, natif d'Orleans, Professeur en Hébreu dans l'Université de Paris, est Auteur d'un Commentaire sur les Pseaumes, qui passe pour un des meilleurs qui ait encore paru. L'Auteur a donné d'abord une nouvelle Version Latine faite sur l'Hébreu, & placée vis-à-vis la Vulgate ; après quoi vient le Commentaire, qui est critique, grammatical, & littéral. Il s'attache uniquement à l'Hébreu, & aux Rabbins qui l'ont expliqué, cite très-peu les Peres, & les autres Commentateurs Chrétiens, & ne donne point de Prolégomenes sur le Pseautier. C'est ce qui manque à son Ouvrage. Il est mort en 1644.

Il avoit donné d'abord un essai de son Ouvrage, par l'explication littérale & historique des cinquante premiers Pseaumes, à Paris en 1625. *in 8.* Son Commentaire a été imprimé *ibid.* l'an 1650. *in fol.* avec ses autres Ouvrages. Fabricius n'en pense pas comme nous, puisqu'il dit qu'on en pourroit retrancher tout ce qui le rend languissant. Simon trouve aussi qu'il n'est pas assez châtié. Nous avons parlé de lui sur la Génése.

Jean Lorin, sçavant Jésuite, mort en 1634. âgé

âgé de 75. ans , a laissé un long Commentaire sur les Pseaumes en trois volumes *in fol.* Il y explique la force des mots Hébreux en habile Critique , & fait diverses questions sur le dogme & sur la discipline. Il y a deux nouvelles éditions de ce Commentaire , l'une à Mayence en 1678. *in fol.* 3. vol. l'autre à Venise en 1710. Il a aussi donné en particulier un Commentaire sur le Pseaume LXVII. à Mayence en 1607.

Cornelius Jansenius , premier Evêque de Gand , mort en 1576. âgé de 66. ans, a écrit sur les Pseaumes un Commentaire qui est estimé. Ce sont deux sortes d'Ouvrages sur les Pseaumes ; une Paraphrase imprimée à Louvain en 1569. *in 4.* & à Lyon en 1692. quatriéme édition. Des Annotations , à Bruxelles en 1692. *in fol.* sixiéme édition beaucoup augmentée. Ses Notes sont très-exactes ; il y suit souvent le Texte Hébreu, comme le plus authentique & original ; il rapporte aussi la Version Grecque , le sens littéral , historique , & prophétique. Nous parlerons de lui ailleurs.

Augustini Justiniani , *Annotationes sparsa in octaplum Psalterii.* Elles sont imprimées à Paris & dans les grands Critiques , tome 2. du Supplément. Ce n'est point un Commentateur suivi , mais des Remarques sçavantes tirées des Rabbins pour la plûpart , sur quelques endroits choisis des Pseaumes. Justiniani étoit habile dans les Langues ; il mourut en 1536. Il étoit Dominicain , & Evêque de Nebbio en l'Isle de Corse.

On a fait imprimer en 1643. en un volume *in fol.* à Paris , les Ouvrages posthumes de *Maldonat* sur l'ancien Testament , où l'on trouve un petit Commentaire sur les Pseaumes.

Jean-Baptiste Folengio a fait un Commentaire sur les Pseaumes , imprimé à Rome en 1585. L'Auteur est poli , sçavant , modéré , & d'une grande étole. Son Commentaire n'est point sec & grammatical , ni hérissé de Grec & d'Hébreu , mais rempli d'onction, de morale , & de science Ecclésiastique. La derniere édition est de 1594. *in fol.* à Cologne. On y voit beaucoup d'érudition & d'onction , ce qui est rare dans ces sortes d'Ouvrages. D. Mabillon en faisoit une estime toute particuliere. M. Dupin au seiziéme siécle de sa Bibliothéque, tome 4. p. 139. rapporte la Table qu'il a fait pour disposer les Pseaumes en différentes classes, parce qu'elle est très-utile. Folengio étoit de Mantoüe , Moine de la Congrégation du Mont-Cassin : il mourut en 1559. âgé de 60. ans. Ce fut un personnage d'une grande piété, d'une charité exemplaire , & qui n'eut pas moins de politesse dans ses mœurs que dans ses écrits. M. de Thou dans son Histoire, liv. 23. sur l'an 1559. dit que personne ne se repentira jamais de les avoir lû.

M. Ferrand , natif de Toulon , fit imprimer à Paris en 1683. un Commentaire *in 4.* sur les Pseaumes avec des Prolégoménes. L'Ouvrage est assez travaillé , mais il n'a rien de fort singulier. Dans son Commentaire, outre les Prolégoménes, il y a une Paraphrase qui a été mise en François, à Paris en 1687. *in 8.* par *François Macé.* Quoique Avocat , il fut Critique, Interpréte, & Controversiste, comme on peut en juger par ses différens Ouvrages. Cet Auteur né à Toulon en 1645. vint à Paris en 1665. il passa de là à Mayence pour y travailler à une Traduction du Texte Hébreu de la Bible ; mais n'ayant point réüssi dans son dessein , il revint en France , où il s'appliqua au Droit. Ensuite il se fit recevoir Avocat au Parlement de Paris , & mourut en 1699.

Joannes Gagnæus in Psalmos , à Paris en 1564. 1587. *in 8.* troisiéme édition en vers Lyriques Latins , & non pas en vers Syriaques , comme on le lit dans les Tables de M. Dupin. Ce n'est donc qu'une Paraphrase poëtique , & non pas un Commentaire. Nous aurons lieu de parler ailleurs de cet Auteur. Nous dirons seulement ici qu'il étoit sçavant & bon Théologien.

Le petit Commentaire de *Flaminius* sur les Pseaumes est beau, bien écrit , judicieux , & de bon goût. Il y a eu deux Flaminius , Jean Antoine le pere , & Marc Antoine le fils , ce que nous marquons pour ne pas faire la même faute que M. Dupin , qui attribuë au pere ce qui appartient au fils. Marc Antoine dont il s'agit ici , donna d'abord une Paraphrase sur trente-deux Pseaumes , imprimée à Venise en 1538. *in 8.* Il publia depuis une courte Explanation avec une Paraphrase & des Notes sur tous les Pseaumes , imprimées jusqu'à quatorze fois. La derniere édition est de 1576. *in 8.* l'un & l'autre Ouvrage ensemble à Paris en 1549. *in 8.* Flaminius mourut à Rome en 1550. Il avoit beaucoup de piété , & une grande probité, beaucoup d'esprit & de jugement ; il aimoit l'étude, & y étoit fort assidu.

Jacques Benigne Bossuet , autrefois Evêque de Meaux , a donné un Ouvrage fort court, mais fort exact sur les Pseaumes , avec une belle Préface ; & outre la Version Vulgate, il a fait aussi imprimer dans une seconde colonne la Version de Saint Jérôme faite immédiatement sur l'Hébreu , à Lyon en 1691. *in 8.*

Ce sçavant Evêque a travaillé en faveur des Ecclésiastiques de son Diocese , & leur en a expliqué le sens, afin qu'ils les chantent à l'avenir avec autant d'attention & d'intelligence , que de bienséance & de dignité. Il a mis pour cet effet la Version de S. Jérôme & des plus célèbres Docteurs, S. Chrysostome, Théodoret,

QUATRIE'ME PARTIE.

Théodoret, Saint Ambroise, & Saint Augustin.

Il montre d'abord que les Pseaumes sont plus propres que nul autre Livre de l'ancien Testament à affermir la Foi, à réveiller l'Esperance, à animer la Charité. De-là il passe à leur stile ; dont il releve la magnificence ; puis les réduisant en plusieurs classes, il fait voir que les uns reprennent les méchans, & les autres confirment les gens de bien, les autres invoquent l'assistance de Dieu, les autres racontent des histoires, & les autres sont des prédictions touchant le Messie & l'Eglise. Il touche ensuite l'obscurité des Pseaumes, qui procéde de ce que le sens, qui se présente à l'esprit, en renferme d'autres plus cachez. Il marque que pour pénétrer cette obscurité, il faut étudier le Texte Original & les Versions, qui s'accordent parfaitement ensemble sur le fond de la doctrine, & ont la même force pour établir la vérité, & pour rejetter les erreurs.

Il faut aussi faire attention au titre, sans lequel il est aussi difficile d'acquérir l'intelligence du Pseaume, que d'entrer dans une maison sans la clef. Ces titres font quelquefois connoître l'Auteur : les uns sont attribuez à David, les autres à Heman, à Etan, à Moyse ; quelques-uns ont le nom de leurs Auteurs, mais seulement des Chantres, tel qu'étoit Asaph. Enfin M. l'Evêque de Meaux propose ce puissant motif d'étudier les Pseaumes, qu'ils contiennent tout ce qu'un Chrétien doit sçavoir & pratiquer, l'histoire sacrée, la morale, la loi, la personne, la vie du Sauveur, & les Mystéres de la Religion.

Il a fait en particulier l'Explication du 21. Pseaume sur la Passion & le délaissement de JESUS-CHRIST, imprimée avec son Explication de la Prophétie d'Isaïe sur l'enfantement de la Sainte Vierge, à Paris en 1704. *in* 12. en François.

Il y remarque 1°. Que ce Pseaume est constamment de David. 2°. Qu'il est ordinaire aux Prophétes de parler en la personne de celui dont ils annoncent les événemens, & principalement de JESUS-CHRIST. 3°. Qu'il appartient à David plus qu'à tout autre de parler sous le nom de JESUS-CHRIST, parce qu'il en est le pere, la figure, & le Prophéte. 4°. Qu'on a une raison particuliere d'appliquer ce Pseaume à JESUS-CHRIST, parce que lui-même étant à la Croix, se l'est appliqué. Il donne ensuite la clef & le dénouement de ce Pseaume prophétique, il y joint deux Traductions : l'une suivant la Version des Septante, & l'autre suivant celle de Saint Jérôme. Enfin, il paraphrase ce Pseaume, il en explique tous les versets, & fait sur chacun des Réfléxions solides, pieuses, &

Tome IV.

édifiantes. Il a encore donné *Supplenda in Psalmos*, à Paris en 1693. *in* 8.

Ellies Dupin a composé aussi un Commentaire abrégé sur les Pseaumes, où il a mis ce qu'il y a de meilleur dans M. de Muis. Ce Commentaire de M. Dupin, ou celui de M. Bossuet peuvent suffire pour les commençans, & pour ceux qui ne veulent pas approfondir les difficultez du Texte, ou qui n'ont pas le loisir, ou la patience de lire de gros Livres.

Le Commentaire de M. Dupin a été imprimé à Paris en 1691. *in* 8. en Latin. Il en a fait aussi la défense contre un Anonyme qui avoit prétendu y trouver du Socinianisme ; elle est imprimée à Cologne en 1693. *in* 8.

Ce Commentaire est court & facile, tiré de ce qu'il y a de meilleur dans les Commentateurs, & dans les autres Auteurs qui ont travaillé sur la Bible. Il fait entendre sans peine le Texte, en éclaircissant les endroits qui pourroient arrêter un Lecteur médiocre.

L'Auteur a été obligé, à cause de la grande diversité qu'il y a entre le Texte Hébreu & la Vulgate, de donner avec le Texte de la Vulgate tout pur, une autre Version qui n'est que la Vulgate même, dans laquelle il a changé les endroits où elle étoit différente du Texte Hébreu. Ses Notes sont courtes, nettes, faciles, & levent presque toutes les difficultez que l'on pourroit avoir pour l'intelligence du Texte. Pour en être convaincu, il ne faut que jetter les yeux sur les Pseaumes les plus difficiles, comme sur le LXV. sur le LXXII. & le CIX.

Il a mis en tête une sçavante Préface, où il traite à fond des Titres & des Auteurs des Pseaumes, de leur antiquité, de leur noblesse, des sujets qui y sont traitez, des Prophéties qui y sont contenuës, & enfin de la différence du Texte Hébreu & de la Vulgate qui a été faite sur le Grec. Il en découvre l'origine, & donne des regles pour connoître quand il faut suivre le Texte Hébreu ou la Vulgate. Il finit par une explication disposée par ordre alphabétique des mots & des phrases qui ont une signification particuliére dans les Pseaumes.

Interprétation des Pseaumes de David par le R. P. *de la Feuille* Dominicain. C'est une espece de Paraphrase & de Priere jointe au Texte Latin des Pseaumes, imprimée à Nancy en 1726. *in* 8.

Il y a encore d'autres Auteurs entre les anciens & modernes, qui ont travaillé sur les Pseaumes. Il paroît qu'un certain *Smaragde* avoit fait une Exposition, puisque nous avons sa Préface dans la derniere Collection de D. Martene, tome 1. p. 53. On le croit different de Smaragde Abbé de S. Mihiel en Lorraine, & qu'il fut seulement Moine de Saint Maximin

Maximin de Tréves, quoiqu'il ait vécu dans le même tems.

On trouve dans le Tréfor des Anecdotes du Pere Pez, tome 2. partie premiere, une Paraphrafe pieufe & fainte du Pfeaume L. par *Volfgang* Evêque de Ratifbonne, p. 13. & une Expofition morale du Pfeaume XII. par *Ethard de Lainiz* Abbé, p. 24. 37. Il y dit qu'il avoit 35. ans quand il y a travaillé. Celle d'*Honoré d'Autun* fur quelques Pfeaumes choifis, pages 97. 154. Ce ne font que quelques Extraits de fon grand Commentaire.

Pierre de Harentals a fait un Commentaire tiré des SS. Peres & des autres Interprétes, imprimé plufieurs fois; la premiere à Cologne en 1480. *in fol.* la derniere *ibid.* en 1554. *in* 4. Cet Auteur étoit Prémontré, & Abbé d'une Maifon de fon Ordre dans le Comté de Namur, vers le commencement du quinziéme fiécle.

Jean de Turrecremata a fait une courte & utile Expofition fur tout le Pfeautier, imprimée plufieurs fois *in fol. in* 4. *in* 8. la derniere édition eft de 1527. à Rome. Sixte de Sienne dit que c'eft une Paraphrafe très-courte, mais fort claire dans fa briéveté, & fimple dans fon abondance. Turrecremata, & en Efpagnol, de Torquemada, étoit du Diocefe de Palenza en Efpagne. S'étant fait Dominicain, il commença à briller dans l'Univerfité de Paris, & y fut reçû Docteur; de retour en Efpagne, le Pape Eugene le fit venir à Rome, le nomma Maître du Sacré Palais: il affifta aux Conciles de Bâle & de Florence, fut fait Cardinal en 1439. & mourut en 1468. Il étoit habile dans le Droit Canon, & les fubtilitez Scholaftiques; ce qui eft caufe que fon ftyle fe reffent de la barbarie de l'Ecole de fon fiécle.

Il faut mettre auffi de ce nombre *Jean Paul Palantier*, dont le Commentaire fur les Pfeaumes a été imprimé à Venife en 1617. *in* 4. 2. vol. Il l'avoit déja été à Breffe en 1600. Crowée dit qu'il y a beaucoup de queftions Scholaftiques.

Bernard de la Paliffe dans le dix-feptiéme fiécle, a fait une Expofition fur tous les Pfeaumes, imprimée à Touloufe en 1665. *in fol.* 2. vol. La Paliffe né à Gimon fur les confins d'Armagnac, fe fit Dominicain, & mourut en 1666.

Pierre des Champs-Neufs a fait une Expofition courte & littérale des Pfeaumes, imprimée à Paris en 1648. *in* 8. Nous en parlerons encore fur les Cantiques. Il étoit de Nantes en Bretagne, fe fit Jéfuite en 1621. & eft mort en 1675.

George Hefer a donné une Explication littérale des Pfeaumes, imprimée à Ingolftat en 1654. *in* 8. avec des Commentaires, à Munich en 1673-75. *in fol.* 2. vol. Hefer né en Autriche l'an 1609. entra dans la Societé des Jéfuites, où il mourut vers 1675. Launoi qui a écrit contre lui, l'appelle un homme d'une grande lecture, & éloquent.

Les Annotations choifies fur les Pfeaumes de *J. Baptifte du Hamel*, ont été imprimées féparément à Roüen en 1701. Nous avons parlé de lui dans l'Art. des Bibles Latines, fur le Pentateuque & Job. Il s'eft particuliérement appliqué à être court & clair dans fes Notes, pour rendre le fens littéral plus facile à ceux qui étudient l'Ecriture fainte; il ne laiffe pas quelquefois d'admettre le fens fpirituel, & l'interprétation tant des anciens que des nouveaux Commentateurs: enforte que fa méthode facilite aifément le moyen d'entendre les divines Ecritures, à ceux qui entendent le Latin.

Philippe Maffaria a donné *Deus homo*, c'eft-à-dire, la vie de JESUS-CHRIST tirée des Pfeaumes, felon l'explication des Peres Grecs & Latins avec des Notes, à Palerme en 1656. *in* 4. Il étoit de Palerme en Sicile, Jéfuite, & eft mort en 1655.

François Paris a fait auffi une Paraphrafe Françoife fur les Pfeaumes, à Paris en 1693. *in* 12. Il étoit de Châtillon près de Paris, Prêtre, & Sous-Vicaire de Saint Etienne du Mont à Paris, & mourut en 1718. Nous parlerons de ce qu'il a fait fur les Evangiles. M. Dupin marque fes autres Ouvrages dans fes Tables, tome 2. p. 2730.

On a donné à Paris en 1697. 2. vol. *in* 12. en François, une Paraphrafe, où l'Auteur fe propofe plufieurs régles, dans le choix defquelles il avoué qu'il a pû fe tromper, ou qu'il n'a peut-être pas bien obfervées. La premiere eft que pour faire d'un Pfeaume une inftruction, ou une priere, il a quelquefois mêlé le fens myftique avec le littéral, & appliqué à JESUS-CHRIST ce qui étoit dit de David, & ne lui étoit pas arrivé comme il étoit arrivé à JESUS-CHRIST. La feconde regle eft que quelquefois il a mêlé le fens moral avec l'hiftorique & le prophétique, lorfque David a dit des chofes qui ne peuvent convenir qu'à lui. La troifiéme eft que dans les Pfeaumes où David s'excite par la vûë des ouvrages de la nature à publier les grandeurs du Créateur; l'Auteur montre dans fa Paraphrafe que ce que Dieu a fait dans l'ordre de la nature, n'eft qu'une figure de ce qu'il a fait dans l'ordre de la grace. La quatriéme eft qu'il a expliqué les termes qui contiennent des métaphores. La cinquiéme eft qu'il a auffi expliqué d'autres termes difficiles, & certaines phrafes obfcures. La fixiéme eft que lorfqu'une maxime eft avancée dans un Pfeaume, il en ajoûte fouvent la preuve pour la rendre plus claire. La feptiéme eft que lorfqu'un verfet n'a rapport qu'à ce qui fe se pratiquoit dans l'ancienne Loi ; il l'applique à ce qui se pratique dans la nouvelle. La huitiéme est que lorsque le Psalmiste célébre ce que Dieu a fait pour la Synagogue, nôtre Auteur l'applique à l'Eglise. La neuviéme, que l'Auteur a tourné contre les pécheurs & contre les Démons les imprécations que David fait contre ses persécuteurs. La dixiéme est que comme les noms Hébreux des Villes, des autres lieux & des personnes, signifient quelque chose ; l'Auteur les a expliquez. La onziéme est, que lorsque David parlant au nom de JESUS-CHRIST, exalte son innocence ; l'Auteur l'a tourné de telle sorte qu'un Chrétien le peut dire de soi-même dans ses prieres. La derniere est, qu'il a tâché de pénétrer le dessein & la fin de chaque Pseaume. Ces douze regles sont proposées au long dans la Préface, & éclaircies par des exemples.

On a encore donné à Paris le Pseautier paraphrasé en forme de prieres l'an 1708. nouvelle édition in 8. Les Pseaumes étant particuliérement considerez dans l'Eglise comme les Cantiques de loüanges, & les prieres que tous ses enfans doivent offrir à Dieu tous les jours ; on s'est particuliérement proposé dans cet Ouvrage de les réduire presque tous en forme de prieres. On a tâché d'y garder le sens litteral que les Saints Peres, & surtout saint Augustin, leur ont donné. Or il y en a de deux sortes ; l'un qui n'a rapport qu'à l'ancien Testament, qui regarde les faits & les personnes particuliéres dont il y est parlé ; l'autre qui appartient au nouveau, qui regarde JESUS-CHRIST & son Eglise.

C'est à ces derniers qu'on s'est appliqué en expliquant tous les Pseaumes par rapport à JESUS-CHRIST, & l'Eglise qui est son corps mystique, même aux Saints, qui en sont les membres. On a cru que c'étoit les rappeller à leur sens propre & naturel. On s'est servi pour cela, également de l'Hébreu & de la Vulgate, & on n'a cherché que la netteté & la clarté dans les Explications qu'on y a ajoûtées, qui sont prises pour la plûpart des Commentaires de saint Augustin sur les Pseaumes. Enfin on n'a point d'autre but dans ce travail que de procurer aux ames Chrétiennes une lumiere céleste & une nourriture divine, qui puisse les éclairer & les fortifier à marcher & à s'avancer sûrement dans la voye de Dieu.

C'est dans cette vûë qu'on a partagé ce Pseautier dans des Tables, de telle maniere qu'on puisse le dire tout entier, chacun selon son loisir & sa commodité. Dans la neuviéme & la derniere, on a rangé les Pseaumes par matiere & sur différens sujets. Il y a dans cette nouvelle édition des additions & des corrections fort judicieuses, les unes & les autres peuvent beaucoup contribuer à une plus parfaite intelligence du sens doctrinal & moral renfermé dans le Livre des Pseaumes.

Nous avons encore l'Explication des Pseaumes de *Dom Joseph Mege*, à Paris en 1675. *in* 8. L'Eglise ne met si souvent les Pseaumes de David dans la bouche des Fidéles, qu'afin de les mettre en même-tems dans leur cœur, & afin qu'ils puissent se nourrir insensiblement des veritez, & suivre les saints mouvemens dont ces divins Cantiques sont remplis. L'Explication qu'en donne le P. Mege, & qu'il a tirée des Saints Peres, & des meilleurs Interprétes, peut servir beaucoup à ce dessein. Mais ce qui est assez singulier, & peut-être sans exemple, c'est que cet Auteur a mis à la tête de son Ouvrage, un abrégé de la vie de David, dressé par rapport aux Pseaumes ; ce qui donne beaucoup de jour & de secours pour l'intelligence de ceux où il y a quelque point d'histoire. Quoique cet Auteur ait plûtôt pensé à profiter qu'à plaire, il est certain que son Explication n'est pas sans agrément, & que dans les Pseaumes qui sont pathétiques & pleins de mouvemens, elle est soûtenuë d'autant d'éloquence, qu'il étoit nécessaire pour n'être pas languissante, & pour répondre aux saints transports du Prophéte. Le Pere Mege étoit de Clermont en Auvergne, & ayant atteint l'âge de 18. ans, il fit ses vœux monastiques dans l'Abbaye des Bénédictins de Vendôme, & mourut en 1691.

L'Abbé Brion a donné une Paraphrase sur quelques Pseaumes mystérieux, à Paris en 1718. 2. vol. *in* 12. Il faut reconnoître, dit l'Auteur, qu'il y a plusieurs Pseaumes où l'on ne peut trouver d'autre sens litteral que celui qui est mysterieux. Pour le montrer, il allégue l'autorité de quelques Péres, qui se sont attachez au sens allégorique ou moral, comme à celui qui leur convient le mieux. L'Auteur cite en particulier saint Augustin. Néanmoins d'autres prétendent avoir découvert dans ceux mêmes des Pseaumes qu'on regarde comme les plus mystérieux, & qui sont de véritables Prophéties, un sens litteral historique de ce qui se passoit au tems que s'écrivoient ces divins Cantiques. Quoiqu'il en soit, le premier des deux volumes dont nous parlons contient six Pseaumes, sçavoir le 8. le 16. le 19. le 30. le 33. & le 37. Le second volume en contient quatre, qui sont le 44. le 50. le 67. & le 72.

Parmi ces Pseaumes, il n'est guéres que le 44. *Eructavit cor meum*, & le 67. *Exurgat Deus*, qui fassent les plus grandes difficultez entre les Interprétes. Nous n'y avons pas trouvé de ces interprétations littérales qui peuvent être l'objet des recherches de la Litterature. Ce sont partout des sentimens pieux, qui sont venus à l'Auteur, & dont les bonnes ames peuvent à leur gré tirer de l'édification.

Ainsi

Ainsi dans ce verset qui a exercé les Interprétes, *qui eduxit vinctos in fortitudine, similiter eos qui exasperant, qui habitant in sepulcris* ; après que l'Auteur en a fait cette Traduction : *Qui par la force tire de l'esclavage ceux qui y étoient, & qu'il en fait autant des rebéles qui habitoient dans les sépulcres* ; cela veut dire selon l'exposition du même Auteur, que Dieu se plait quelquefois de convertir des ames qui lui paroissent tout-à-fait rebelles, & qui lui faisoient en quelque façon la guerre. A ce sujet l'Auteur s'étend à donner des éclaircissemens sur les différentes conduites de Dieu, pour faire voir en tout l'équité de ses jugemens.

Par cet endroit de l'Ouvrage on peut juger du dessein & des vûës que s'y est proposé l'Auteur. Il a choisi, dit-il, p. 139. le sens moral comme celui qui est le plus utile, puisqu'il contient le sens tropologique & l'anagogique, dont le propre est de conduire & d'élever les ames à la contemplation & à la perfection. Pour seconder des vûës si louables, nous souhaitons que tous fassent l'usage qu'il a prétendu du sens tropologique & de l'anagogique. Mais ce qui est le plus à souhaiter n'est pas toujours le plus à espérer.

On peut mettre encore au nombre des Commentateurs généraux des Pseaumes du dix-septiéme & dix-huitiéme siécle, tous ceux qui les ont mis en François, parce qu'ils y ont joint ou des Notes ou une Paraphrase. On les peut voir dans l'article des Versions, pour ne les pas répéter ici.

On peut y ajouter *Nicolas Fontaine*, selon M. Dupin, qui dit dans ses Tables, tome 2. p. 2650. qu'il a donné une Traduction des Pseaumes de David, avec des Notes de saint Augustin, imprimées plusieurs fois. Cependant le P. le Long n'en parle point dans son article de la Bibliotheque sacrée : le même Dupin ajoute qu'il a donné la Traduction de saint Augustin sur les Pseaumes, imprimée à Paris 1683. Ce qui doit être un Ouvrage considérable, si c'est de saint Docteur a donné sur ce Livre de l'Ecriture. Nous sommes plus certains des autres Traductions que Fontaine a fait sur le nouveau Testament, comme nous le dirons. Il étoit Parisien & Laïc, mort en 1709. âgé de 77. ans. Il se donna tout entier à traduire des Ouvrages de piété, comme on le peut voir dans M. Dupin.

Julien Loriot a donné les Pseaumes de David en Latin & en François, avec des Réfléxions morales qui servent d'explication, à Paris 1700. 3. vol. *in* 12. Il étoit François, né au Mans, Prêtre de l'Oratoire, mort en 1715. C'est la seule fois que nous parlerons de lui.

Une autre Traduction selon la Vulgate & les différens Textes, avec des Notes littérales & grammaticales, à Paris 1705. *in* 8. La méthode que l'Auteur a suivie est assez commode, & il n'a pas mal réussi dans le dessein qu'il s'est proposé de trouver un sens clair & suivi dans les Pseaumes. D'abord il propose les vûës du Prophéte & les circonstances des lieux, des tems & des affaires qui ont rapport au Pseaume. Il en éclaircit ensuite le titre ; puis il range sur trois colonnes la Version Vulgate, la Traduction Françoise de cette Version, & les différences des Textes. Le bas des pages est occupé par des Notes, qui roulent ordinairement sur le sens littéral & grammatical du Texte. Il y fait paroître beaucoup de circonspection & de recherche. Il n'y avance rien dont il ne soit bien assuré. On en pourra juger par la seule lecture, si on la fait avec toute l'attention que ces courtes Notes semblent mériter.

Traduction Françoise des Pseaumes par le *P. de Carrieres*, Prêtre de l'Oratoire, à Reims 1709. *in* 12. Voici un des Commentaires les plus courts & les plus clairs que nous ayons sur les Pseaumes. Il ne consiste qu'en quelques mots que l'Auteur a inseréz dans la Traduction, pour lier les versets les uns avec les autres, & pour en rendre l'intelligence facile. Ces mots sont imprimez en lettres italiques, afin qu'on puisse lire la Version seule quand on voudra, & remarquer si cette Traduction est fidelle. Il y a aussi un Commentaire sur les Cantiques inserez dans l'Office divin, où l'Auteur suit la même méthode.

Du sens propre & littéral des Pseaumes, à Paris 1708. *in* 12. en François. Dans cette interprétation on s'est proposé de faire parler le Prophéte dans le génie de notre Langue, sans lui faire dire que ce qu'il dit effectivement ; de modifier les expressions & les figures du Texte, sans jamais en altérer le sens ; d'exposer toujours clairement le sens littéral, en insinuant pourtant les autres, sans que celui-ci les enveloppe ; de faire un discours suivi de chaque Pseaume, par la liaison naturelle que l'on découvre entre les versets qui le composent ; de donner une juste étenduë aux pensées & aux sentimens, sans y rien mêler d'étranger ; de conserver enfin l'énergie, la noblesse & surtout l'onction du Texte. Telles ont été les vûës de ce nouveau Traducteur des Pseaumes.

Psalterium cum Canticis, versibus prisco more distinctum, argumentis & orationibus vetustis, novâque litterali explanatione brevissimâ dilucidatum ; studio & curâ venerabilis servi Dei Josephi Mariæ Thomasii, è Congregatione Clericorum Regularium, & postmodum S. R. E. Presbyteri Cardinalis : editio 2. ad usum Monachorum Congregationis

QUATRIÈME PARTIE.

nis Helveto-Benedictinæ : præit Epistola Dominici Archiepiscopi Ephesini. Typis Monasterii Einsidlensis, anno 1727. in 4. Le mérite & l'érudition de M. le Cardinal Thomasi sont connus de tout le monde, aussi-bien que le zéle, l'éloquence & la science de Monseigneur Dominique Passionei, Archevêque d'Ephése, Nonce Apostolique dans les Cantons Suisses, qui a procuré cette nouvelle édition, faite dans la fameuse Abbaye de Notre-Dame des Hermites. Ce sçavant Prélat, dans son Epitre préliminaire, adressée aux Abbez & aux Visiteurs de la Congrégation des Bénédictins de Suisse, leur fait l'éloge de l'Ouvrage & de la personne de Monseigneur le Cardinal Thomasi, & reléve l'utilité & les avantages de ce Pseautier, qu'il croit très-propre à leur procurer l'intelligence des Pseaumes, dont l'étude & la méditation occupent une grande partie de leur vie, par l'exercice du chant & de la psalmodie.

La méthode de M. Thomasi est de donner d'abord le titre du Pseaume, puis une espéce d'argument tiré du vénérable Béde, d'Eusébe de Césarée & de saint Athanase; puis il donne le Pseaume tout entier, avec les obéles & les astérisques, comme ils se trouvent dans quelques anciens manuscrits. Ensuite on trouve une Paraphrase du même Pseaume, qui en contient l'explication littérale; enfin quelques dévotes Priéres tirées des anciennes Liturgies, ou des anciens Breviaires tant imprimez que manuscrits; le tout dans l'esprit du Pseautier, & en conformité des sens qu'il renferme.

A la fin du Pseautier on trouve les anciens Cantiques tirez de l'Ecriture, & qui se chantent dans l'Office de l'Eglise. L'Auteur les donne en Latin selon la Version des Septante & selon la Version de saint Jérome prise sur l'Hébreu. Il les explique en suivant la même méthode que nous avons vûë sur le Pseautier. L'Ouvrage est fort méthodique, fort clair & très-propre à nourrir la pieté & à donner la vraye intelligence des Pseaumes. Dans l'explication des Cantiques il y a au bas de la page des Interprétations critiques qui sont courtes, mais solides & judicieuses.

Nova & accurata editio Psalmorum Davidis, una cum Paraphrasi Buchanani Poëtæ, &c. Parisiis apud Claudium de Hansy, 1729.

Liber Psalmorum vulgatæ editionis, cum notis in quibus explicatur titulus, occasio, argumentum cujusque Psalmi, &c. Accessit appendix ad notas, in qua discutiuntur præcipuæ differentiæ quæ occurrunt inter textum Hebræum & versiones 70. Interpretum, &c. Parisiis apud Nicol. Lotin & Chaubert 1729.

ARTICLE XLV.
Des Commentateurs Protestans & Juifs sur les Pseaumes.

Geierus Luthérien, a fait un gros Commentaire sur les Pseaumes, qui est assez estimé. Il auroit pû le rendre plus court & plus aisé, s'il n'y avoit pas affecté une certaine méthode Scholastique génée & toujours uniforme, suivant certains lieux communs qu'il s'est prescrit.

La derniere édition de ce Commentaire est de 1697. *in fol.* à Leipsic. Il se trouve aussi dans le Recüeil de ses Ouvrages, à Amsterdam 1695. 3. vol. *in fol.* Il étoit de Leipsic, Ministre Luthérien, & est mort en 1680. âgé de 66. ans.

Hammond, Ainsvvorth, Rivet, Priæus, Cocceius, Flaminius, & plusieurs autres, ont travaillé avec succès sur le même sujet. On peut voir la Synopse des Critiques, & les grands Critiques d'Angleterre.

Ce que *Henri Hammond* a donné est une Paraphrase & des Annotations en Anglois, à Londres 1659. *in fol.* & dans ses autres Ouvrages en quatre volumes *in fol. ibid.* 1684. Il étoit Anglois, Arminien, & est mort en 1660. âgé de 57. ans. Ses Commentaires sont pleins d'érudition & d'une finesse d'esprit qui n'est pas ordinaire. Il y explique les termes les plus difficiles avec une grande clarté; *sed latet anguis in herba.*

Les Notes de *Henri Ainsvvorth* sont imprimées avec celles qu'il a fait sur le Pentateuque & les Cantiques, à Londres 1639. en Anglois, avec ses autres Ouvrages, en particulier *ibid.* 1621. *in 4.* Il étoit Ecossois d'Edimbourg, Luthérien & Professeur à Leipsic, mort en 1665.

André Rivet n'a commenté que les Pseaumes Prophétiques, sçavoir les II. VIII. XVI. XIX. XXII. XXIII. XXIV. XL. XLV. LXVIII. CX. CXIX. à Roterdam 1647. *in 4.* Des Méditations sur les Pseaumes Penitentiels, à Arnhem 1638. *in 4.* Tout cela dans le Recüeil de ses Ouvrages, 3. vol. *in fol.* à Roterdam 1651. 1660. Il étoit Calviniste de saint Maixent en Poitou, né l'an 1572. & mort en 1651.

Les Notes de *Jean Priæus* se trouvent à la fin du tome 5. des grands Critiques & ont été imprimées à Paris en 1647. *in 8.* Il étoit Anglois de nation, né à Londres dans la Religion Anglicane; mais ayant voyagé & s'étant retiré à Florence, il se fit Catholique: ce qu'on peut croire sur le témoignage de Colomiés dans sa Bibliothéque choisie, p. 463. Il mourut à Rome l'an 1676. Il faut donc le mettre au nombre des Auteurs Catholiques, comme a fait M. Dupin, & non pas des Protestans, comme a fait M. Simon. Il avoit une vaste littérature & un grand jugement.

Jean le Cock a fait un grand Commentaire imprimé à Leide en 1660. *in fol.* Il a encore donné une Analyse des Pseaumes dans ses Anecdotes Philologiques dont nous avons déja parlé.

On trouve dans la Bibliothéque Philologique de *Théodore Hasée*, tome 1. p. 1... 59. partie seconde, l'Explication que *Herman Deusingius* a fait du Pseaume CXVIII. C'est un essai de l'Exposition de plusieurs autres qu'il dit avoir toute prête à donner. Nous parlerons de lui sur le nouveau Testament. Il a encore donné l'Explication du Pseaume XCIX. dans la même Bibliothéque, tome 2. p. 174. 190. & du Pseaume XIX. *ibid.* tome 1. p. 773. du Pseaume XC. & XCI. tome 3. p. 769. 849.

L'Explication du premier Pseaume, par *Gerard Outhove*, p. 205. partie troisième, & 447. partie quatrième. Ce n'est ici qu'un essai d'un plus grand dessein. Il a aussi donné l'Explication du Pseaume second dans la même Bibliothéque, tome 2. p. 261. où l'on a mis le Catalogue de tous ses Ouvrages. Il y en a un sur la Manne des Israëlites, imprimé à Groningue en 1694. *in* 4. Nous citerons les autres sur le nouveau Testament, où nous parlerons de lui. Nous marquerons seulement encore ici la suite des Observations du même sur ce Pseaume qui se trouve dans le même tome, p. 642. 680. Elles regardent particuliérement la génération divine du Verbe éternel, & sont contenues en vingt articles.

Il y a aussi un grand nombre de Rabbins qui ont travaillé sur les Pseaumes, comme il y a une infinité d'autres Catholiques & Protestans: car les uns ont écrit sur tous les Pseaumes en général; les autres sur quelques Pseaumes en particulier; sur les sept Pseaumes, ou même sur un seul: ce qu'on ne s'est pas proposé de détailler ici.

ARTICLE XLVI.

Traitez & Dissertations sur le Livre des Pseaumes.

Sur l'Auteur des Pseaumes, voyez les Préfaces de M. Bossuet, de M. Dupin & la nôtre à la tête des Pseaumes.

Sancti Hieronymi in aliquot loca Psalmi CXXVI. t. 2. *nov. edit.* p. 711.

Sur la Poësie, la Musique & les Instrumens de Musique des Hébreux, voyez l'Article particulier sur ce sujet.

Sur les titres des Pseaumes, voyez saint Gregoire de Nysse, tome 1. p. 257. & 291. Son Ouvrage est moral. *Item*, sur le sixiéme Pseaume, sur ces mots: *de Octava*, p. 367. Sur le *Sela*, voyez saint Jérôme *de Diapsalmate*, *Ep. ad Marcellam*, t. 2. *nov. edit.* p. 706. *Jul. Bartolocci, de Sela*, t. 2. *Biblioth. Rab.* p. 268. *Joan. Paschii, de Sela Philologicè enucleato. Thes. Dissert. Th. Philol. Henri Gotlieb Beime, de voce* Selah, t. 3. *Miscellan. Lipsiens.* Voyez encore notre Dissertation sur *Sela*, & sur *Lamnaseach*, dans le Recüeil de nos Dissertations, tome 2. p. 293.

Nous avons donné une Dissertation *sur les titres des Pseaumes*, & une autre *sur les Pseaumes graduels*, dans notre Commentaire & dans notre Recüeil, tome 2. p. 320.

Joan. Helvic. Willemer, de osculo filii, *Psalm. II*, 12. imprimé à Wittemberg en 1704. *in* 4. seconde édition, & dans le Trésor des Dissertations Philologiques, tome 1. *Joan. Frischmuth, de Messia Dei Filio*, *Psalm. II.* ⅴ. 7. *& de reverentia Filio Dei præstanda*, *Psalm. II.* ⅴ. 12. à Jéne 1676. *in* 4. *Item, de Messia in sepulchro non relinquendo*, *Psalm. XV.* ⅴ. 10. à Jéne 1668. *in* 4. *de Messiæ manuum & pedum perforatione*.

Nicol. Joan. Leth, de Seol, seu Inferno, *Psalm. XV.* ⅴ. 10. dans le Trésor des Dissertations Philologiques, tome 1. Il étoit Allemand Lutherien.

Voyez notre Dissertation sur ces mots: *Ils ont percé mes pieds & mes mains*, *Psalm. XXI.* ⅴ. 18. dans notre Commentaire sur les Pseaumes, & dans le Recüeil de nos Dissertations, tome 2. p. 303.

Voyez encore *sur les enchantemens des Serpens*, *Psalm. LVII.* ⅴ. 5. *ibid.* & dans le même Recüeil, tome 2. p. 311.

Lettre critique sur le même sujet, parmi celles de M. J. imprimées *in* 8. à Amsterdam 1715.

Joan. Phil. Pfeiffer, de Dæmonio meridiano, sur le Pseaume XC. ⅴ. 5. 6. à Konisberg 1673. *in* 4. Il étoit Allemand Lutherien, & vivoit sur la fin du dix-septième siècle.

Salom. Deylingii in Psalm. L. ⅴ. 8. *Aspergesme hyssopo, &c. & in Psalm. XCV.* ⅴ. 9. *Dominus regnavit à ligno*, dans ses Observations sacrées, Tome 2. Chap. 19. & 21. *Item in Psalm. CX. Christi divinitatis assertio*, *ibid.* Tome 3. Chap. 14.

Joan. Car. Beyer, de peste diurna & nocturna, *Psalm. XC.* ⅴ. 5. & 6. dans le Trésor des Dissertations Philologiques, tome 1. Il étoit Allemand Lutherien.

Samuel Bochart, sur ces paroles du Pseaume CIX. ⅴ. 3. *Tecum principium, &c.* dans le tome 2. de ses Ouvrages, p. 904. 907. de la nouvelle édition, à Leyde 1707.

Mich. Hieron. Boccius, Ornamentum Festi, ou sur ces paroles du Pseaume CXVII. ⅴ. 26. *Constituite diem solemnem in condensis*,

fis, &c. dans le même Trésor, & séparément à Amsterdam 1677. *in* 4. Il étoit Allemand Luthérien, & fleurissoit en 1679.

Théodore Hasée de Brême, Professeur des saintes Lettres, a fait une Dispute sur l'inscription du Pseaume XXII. qu'il explique d'un Instrument de Musique ; elle se trouve dans le premier tome de sa Bibliothéque Philologique, imprimée à Brême en 1716. 6. vol. *in* 8. Il avoüe que son sentiment est tout-à-fait singulier, mais il fait voir aussi qu'il est appuyé sur de bonnes autoritez. Ses autres Ouvrages sont marquez dans le même Recüeil, tome 1. p. 561.

Jean d'Outrein a fait 15. Dissertations sur le ỳ. 16. du Pseaume LXXXIX. où il traite des Trompettes & de Melchisedech. L'Auteur à l'occasion de ces paroles : *Beatus Populus cognoscens clangorem*, suivant la Traduction des Hébreux, rapporte tout ce qu'il a pû recüeillir dans les Auteurs sur les Trompettes, dont l'usage étoit fort ordinaire dans l'ancienne Loi. Ensuite il entreprend de montrer que ces Trompettes étoient une figure de l'Évangile, & de la maniére dont il devoir être annoncé. Pour rendre cette opinion plus plausible, M. d'Outrein commence par une Analyse de tout le Pseaume 89. & par l'interprétation de la Prophétie de Nathan, dont ce Pseaume, selon lui, n'est qu'une explication.

Cet Ouvrage finit par quelques Lettres de M. Cuper & les réponses de M. d'Outrein. Le dernier y soutient la Dissertation qu'il a faite pour prouver que Melchisedech est le Fils de Dieu, qui avoit apparu à Abraham sous une figure humaine. Si l'on n'admet point ce sentiment, on ne peut, selon M. d'Outrein, expliquer ce que dit saint Paul, que Melchisedech vit encore, qu'il étoit sans pere & sans mere, sans généalogie : c'est le seul moyen, ajoute-t-il, qu'on puisse avoir pour expliquer ces mots du Pseaume centiéme, *Tu es Sacerdos in æternum secundum ordinem Melchisedech.* De ce passage notre Auteur prend occasion de s'élever contre ceux qui prétendent que le Pseaume 109. peut s'entendre à la lettre de David. Si cet endroit de l'Écriture ne regarde point directement le Messie, rien n'étoit plus facile aux Juifs, dit M. d'Outrein, que de répondre à JESUS-CHRIST, qui leur objectoit ce passage : *Dixit Dominus Domino meo* ; que c'étoit de David dont il étoit parlé en cet endroit.

ARTICLE XLVII.

Des Commentateurs Catholiques sur les Proverbes.

On a un Commentaire sur les Proverbes attribué faussement à saint Jérôme. Il est aussi imprimé sous le nom de Béde, auquel il appartient plûtôt qu'à saint Jérôme. Le P. le Long croit qu'il est de Pélage. On le trouve dans le tome 5. de la nouvelle édition de S. Jérôme. Ce qui est véritablement de Béde, sont trois Livres sur les Proverbes, imprimez dans le tome 4. de ses Ouvrages, & quelques Fragmens dans le septiéme.

Salonius, fils de saint Eucher l'ancien, qui depuis fut Evêque de Lyon, fut élevé dans le Monastére de Lérin, avec son frere Veran : l'un & l'autre furent dans la suite élevez à l'Episcopat. On ne sçait pas bien quelle Eglise gouverna Salonius ; si ce fut Vienne, ou quelque autre Eglise des Gaules. Veran fut Evêque de Vence. Nous avons une Explication morale sur les Proverbes, en forme de dialogue entre les deux freres Salonius & Veran. Ils ont vécu au cinquiéme siécle, & leur Dialogue se trouve au tome 8. p. 401. de la Bibliothéque des Peres. Il est d'un style fort simple, mais clair & intelligible. Salvien dit d'eux, parlant à saint Eucher leur pere : *menti tuæ ac pietati pares.*

Béde, comme nous venons de le dire, a aussi travaillé sur les Proverbes, de même que *Raban Maur* & *Honorius d'Autun.* Mais ce sont des Ouvrages moraux. Ce dernier fleurissoit en 1120. Voyez sur la Génése, où nous avons parlé de lui. Son Commentaire a été imprimé à Cologne en 1540. *in* 8. 1544. *in fol.* Depuis dans la nouvelle Bibliothéque des Peres, tome 20. p. 1141.

Parmi les Modernes, nous avons *Cajetan*, *Arboreus*, *Agellius*, *Théodore Peltanus* Jésuite, mort en 1584. qui a écrit, *Paraphrasin & Scholia in Proverbia Salomonis.*

Le Commentaire d'*Agellius* se trouve dans les Opuscules de Louis Novarini, imprimez à Veronne en 1649. *in fol.* Voyez sur les Pseaumes.

Celui de *Jean Arboreus* à Paris 1549. *in fol.* Il mérite quelque estime & peut être lû avec fruit, quoique diffus comme ses autres Commentaires ; il explique le sens littéral.

Théodore Peltan n'a pas seulement donné une Paraphrase & des Scholies sur les Proverbes, mais encore la Chaîne des Peres Grecs qu'il a mis en Latin ; tout cela à Anvers 1607. *in* 4. & 1614. *in* 8. par les soins d'André Schottus. Il étoit de Liége, & mourut à Ausbourg en 1584. ce qui a fait croire à Possevin qu'il étoit Allemand. Nous lisons dans son Epitaphe, ce que saint Ambroise a dit d'un autre : *Vixit Ecclesiæ.*

Cornelius Jansenius, Evêque d'Ypres, a fait un fort bon Commentaire sur les Livres Sapientiaux. Il est mort en 1638. *Cornelius*, Evêque de Gand, a aussi écrit sur ces Livres.

Jansenius

Janſenius d'Ypres n'a fait que des Analectes. Voyez ſur le Pentateuque. On en peut dire ce que Fabricius a dit de ſes Commentaires : *Nec brevitas claritatis, nec extemporalitas lima gratiam amiſit.*

Le Commentaire de *Janſenius* de Gand a été imprimé à Lyon en 1578. *in* 4. troiſiéme édition, & avec des Notes à Bruxelles 1692. *in fol.*

Rodolphe Baynus, Anglois, Catholique, Profeſſeur en Langue Hébraïque dans l'Univerſité de Paris, mort en 1560. a donné une Traduction du Livre des Proverbes, qu'il a accompagné d'un ſçavant Commentaire de ſa façon, imprimé à Paris en 1555. *in fol.* & dans les grands Critiques, tome 3. p. 4006. Il explique le ſens littéral avec beaucoup de netteté, voulant ſe faire entendre d'un chacun ; en quoi il a réuſſi.

Jean Lorin, *Jean Maldonat*, *Cornelius à Lapide*, *Jérôme Oſorius l'aîné*, *Ferdinand de Salazar*, ont écrit auſſi ſur les Proverbes ; ce qui eſt joint avec leurs autres Commentaires.

Conſtantin de la Fuente a travaillé ſur les Proverbes, mais on n'a pas imprimé ſon Commentaire.

Sixte de Sienne & le Cardinal Bellarmin citent les Commentaires de *Guillaume de Paris* ſur les Pſeaumes, ſur les Proverbes, & ſur l'Eccléſiaſte, qui ne ſe trouvent pas dans le Recüeil de ſes Oeuvres imprimé à Paris en deux volumes *in fol.* 1674.

M. *Boſſuet* a fait des Notes ſur les Livres Sapientiaux, à commencer par les Proverbes, & ſur l'Eccléſiaſtique, dans un ſeul volume imprimé à Paris. Ces Notes ſont tout enſemble claires & courtes, comme celles qu'il a données ſur les Pſeaumes, n'ayant point eu d'autre deſſein que de ſeconder les efforts de ceux qui commencent à lire les Livres ſacrez, & de les aider à pénétrer d'eux-mêmes le ſens des paſſages les plus obſcurs ; il n'a pas dû les charger d'un long Commentaire ; auſſi ne s'eſt-il étendu que ſur quelques paſſages ſur leſquels des Interprétes modernes avoient donné des Explications qui ſembloient ébranler les véritez les plus certaines de la Religion. C'eſt ainſi qu'il s'eſt arrêté ſur le ſeptiéme verſet du douziéme Chapitre de l'Eccléſiaſte, pour effacer l'impreſſion dangereuſe que Grotius ſemble donner de la nature de l'ame, lorſqu'il compare ces paroles de Salomon, *ſpiritus redeat ad Deum*, à ces autres d'Euripide, *ſpiritus Cælo redit*, comme ſi les unes & les autres n'avoient que le même ſens, & ne ſignifioient rien autre choſe ſinon qu'à la mort l'ame ſe diſſipe dans l'air, de même que le corps ſe réduit en cendres dans la terre.

Ce que M. de Meaux a ajoûté ſur les Pſeaumes à la fin du volume, eſt auſſi contre Grotius, qui pour affoiblir les prédictions faites dans l'ancien Teſtament touchant la Naiſſance, la Réſurrection & l'Aſcenſion de Notre-Seigneur, a dit qu'elles lui pouvoient être appliquées, mais qu'elles ne fourniſſoient point de preuves ſolides, & que par cette raiſon les Apôtres ne les avoient point employées contre les Juifs, & s'étoient contentez de les convaincre par l'évidence des miracles & de la Réſurrection du Sauveur.

Notre ſçavant Prélat fait voir que Grotius ne s'eſt égaré de la ſorte que parce qu'il a choiſi de mauvais guides, & qu'il a ſuivi Crellius & d'autres ennemis déclarez de la divinité de JESUS-CHRIST ; que s'il s'eſt approché vers la fin de ſa vie des véritez enſeignées dans l'Egliſe Catholique, il n'a pas pour cela retranché dans ſes Notes ſur l'Ecriture toutes les erreurs qu'il avoit puiſées dans des ſources auſſi corrompuës que ſont les Livres des Sociniens.

Le préſervatif contre ces erreurs ſe trouve dans les Explications données par les ſaints Peres & même par les Apôtres aux paſſages de l'ancien Teſtament, où il eſt parlé du Meſſie, & rapportées par M. l'Evêque de Meaux dans ce qu'il a ajoûté ſur les Pſeaumes.

ARTICLE XLVIII.

Des Commentateurs Proteſtans & Juifs ſur les Proverbes.

Entre les Proteſtans on a ſur le même Livre *Jean le Mercier* & *Geïerus*, *Cartwright*, *Amama*, *Giggeius*, dont la plûpart ſe trouvent dans les grands Critiques & dans la Synopſe des Critiques.

C'eſt *Thomas Cartwright* qui a fait un Commentaire ſur les Proverbes, imprimé à Amſterdam en 1663. *in* 4. cinquième édition.

Celui de *Martin Geïerus*, a été imprimé à Leipſic 1699. *in* 4. quatrième édition. Et celui de *Jean le Mercier*, à Leide 1651. *in fol.* avec ſon harmonie.

A l'égard des Juifs, il ſuffit de voir *Giggeius*. Il étoit Catholique, Italien & de Milan, a vécu juſques vers 1630. Il n'a point fait de Commentaire particulier, il a ſeulement mis en Latin les Commentaires Hébreux de *Raſi*, *Aben-Eſra* & *Levi Gerſon*. Il y a joint des Leçons différentes avec ſes explications, à Milan 1620. *in* 4.

ARTICLE XLIX.

Traitez & Diſſertations ſur les Proverbes.

Voyez notre Préface ſur ce Livre, & la Diſſertation où nous examinons ſi les anciens Légiſlateurs

Législateurs & les Philosophes ont puisé dans l'Ecriture leurs loix & leur morale, dans le Recüeil de nos Differtations, tome 1. page 579.

Nous ajouterons *Valverde* qui a expliqué tout ce qui regarde la femme forte, dans un Ouvrage imprimé à Rome 1589. *in 4*. Il étoit Espagnol de Castille, est mort en 1590. Il sçavoit le Grec & l'Hébreu, & n'étoit pas moins habile dans la controverse.

David Wendeler a fait une Dispute sur les quatre choses difficiles à expliquer, dont il est parlé au ỳ. 18. & 19. du Chap. 30. à Witemberg 1676. *in 4*. & dans le Trésor des Differtations Philologiques, tome 2. Il étoit Allemand Luthérien, & vivoit sur la fin du dix-septiéme siécle.

ARTICLE L.
Des Commentateurs Catholiques sur l'Eccléfiaste.

Saint Gregoire Thaumaturge a composé une Paraphrase de l'Eccléfiaste, où il suppose que Salomon a composé cet Ouvrage comme un monument de sa pénitence & de son retour à Dieu. Elle est en Grec & en Latin dans l'édition de ses Ouvrages, donnez par Gerard Vossius, à Paris 1622. *in fol*. & en Latin seulement dans la nouvelle Bibliotheque des Peres, tome 3. Rufin dit que le style en est magnifique, *magnificentissimè scripta*. Ce saint Docteur vint au monde à Néocéfarée dans le Pont, vers l'an 215. Il naquit de parens payens ; mais ayant perdu son pere à l'âge de 14. ans, il se fit disciple d'Origénes, fut fait Evêque en 240. & mourut en 265. Il avoit toute l'éloquence de la Grece, jointe à une sainteté de vie admirable.

Saint Jérôme a fait un fort bon Commentaire sur l'Eccléfiaste, qui se trouve dans le second tome de la nouvelle édition, p. 715. avec des Notes à la fin. Le P. Martianay l'a mis en François avec les mêmes Notes, à Paris 1715. *in 12*. Ces Notes sont pour défendre le Saint contre Simon, qui a prétendu qu'il n'étoit pas le seul Auteur de la Vulgate.

Saint Gregoire de Nysse a composé huit Homélies sur le même Livre. Ce sont des explications morales & spirituelles. La derniére finit au ỳ. 13. du Chap. 3. Elles sont en Grec & en Latin dans le tome 1. de ses Ouvrages, dont nous avons parlé sur la Génése.

Nous avons aussi sur l'Eccléfiaste les Commentaires d'*Olympiodore*, imprimez dans la Bibliothéque des Peres, p. 491. t. 18. Cette explication se trouve en Grec & en Latin dans la Bibliothéque des Peres Grecs, tome 4. p. 602. Elle avoit déja été imprimée à Paris l'an 1511. *in 4*. à Bâle 1531. *in 8*. Sixte de Sienne dit qu'elle est courte & excellente.

Item, d'autres Commentaires de *Salonius*, imprimez *Bibliot. PP. t. 8. p. 401.*

Item, d'*Honoré d'Autun*, imprimé dans la Bibliothéque des Peres, tome 20. p. 1148. Il avoit déja été imprimé avec celui qu'il a fait sur les Proverbes. Voyez plus haut.

Alcuin & Hugues de S. Victor ont aussi travaillé sur ce saint Livre. Alcuin appelle le sien une simple exposition, ou un abrégé tiré des Peres, *Breviarium parvum*. On l'avoit déja imprimé à Bâle en 1531. *in 8*. & on l'a mis depuis dans ses Ouvrages. Voyez sur la Génése.

Saint Bonaventure, *Cajetan*, *Titelman*, *Lorin*, *Maldonat*, *Cornelius à Lapide*, *Gerard Moringus*, *Constantin de la Fuente*, *Jean Arboreus*, *Victorinus Manfus*, Bénédictin, *Jérôme Osorius le jeune*, ont aussi donné des Commentaires sur l'Eccléfiaste.

On avoit aussi imprimé le Commentaire de *saint Bonaventure* à Venise 1559. *in 8*. & depuis dans le tome 1. de ses Ouvrages. Il y employe l'autorité des saintes Ecritures & les passages des Peres.

Celui de *Cajetan* a été imprimé à Lyon en 1552. *in fol*. & celui de *Titelman*, à Paris 1581. *in 12*. septiéme édition. Voyez sur les Pseaumes.

Celui de *Jean Lorin*, à Lyon 1619. *in fol*. seconde édition, avec des Prolégoménes fort utiles de *Maldonat*, & avec ce qu'il a donné sur les Proverbes & les Pseaumes.

Gerard Moringus de Gueldre, & Théologien de Louvain, mort en 1559. s'attache au sens littéral dans son Commentaire, imprimé à Anvers en 1533. *in 8*. Il y évite les allégories, donne quelquefois dans la Paraphrase, & quelquefois il est plus étendu.

Le Commentaire de *Jean Arborée* a été imprimé à Paris en 1537. *in fol*. seconde édition, & avec ce qu'il a fait sur les Proverbes. Voyez ci-dessus.

Victor ou *Victorin Manso*, de Naples & Abbé de Cave, au seiziéme siécle, n'a fait qu'une Exposition paraphrastique, imprimée à Florence 1580. *in 8*.

Jérôme Osorius a joint une Paraphrase à son Commentaire, imprimé à Lyon en 1611. *in 8*. & dans l'édition des Ouvrages de son oncle. Voyez sur Job. Il étoit comme lui de Lisbonne, Chanoine d'Evora vers 1592. Il n'écrivoit pas si bien, mais il avoit plus d'érudition. Ses Paraphrases & ses Notes sont bonnes & pleines de remarques critiques, au jugement de M. Dupin.

M. *Jacques Auguste de Thou* a fait une Paraphrase en vers sur le même Livre. Elle a été imprimée avec celle qu'il a fait sur

Job & sur Jérémie, à Tours en 1588. *in* 8.

Jean de Pineda Jésuite, a composé sur l'Ecclésiaste un excellent Commentaire, avec de très-bons Prolégomènes, où il résout toutes les questions qu'on peut former sur cet Ouvrage. Ce n'est point un simple Commentaire: l'Auteur y donne le Texte de la Vulgate, la Version qu'il appelle de Venise, celle de Robert Shirwode, les variétez de l'Hébreu, tirées de plusieurs bons Interprétes, la Traduction de la Paraphrase Chaldéenne faite par Cirvele & Zamora, & une Paraphrase Chaldéenne, traduite par Pierre Coste; ensuite la Traduction du Syriaque & de l'Arabe; & enfin la Chaine des Peres Grecs: le tout en Latin. Après cela vient le Commentaire de l'Auteur, qui est fort diffus; ensorte qu'avec ce Commentaire, qui est imprimé *in fol.* à Paris 1620. on peut se passer de tous les autres sur l'Ecclésiaste. Outre l'édition que nous avons marquée, il y en avoit déja eu une à Seville en 1619. *in fol.*

ARTICLE LI.

Des Commentateurs Protestans & Juifs sur l'Ecclésiaste.

Entre les Protestans, outre ceux qui ont travaillé sur toute la Bible, on estime beaucoup *Mercerus, Geïer, Cartvvright*.

Le Commentaire de *Jean Mercier*, est avec celui qu'il a donné sur les Proverbes. Voyez ci-dessus. Celui de *Martin Geïer* a été imprimé à Leipsic 1691. *in* 4. quatriéme édition, & dans le Recüeil de ses Ouvrages. Voyez sur les Pseaumes.

Thomas Cartvvright a fait une Métaphrase & des Homélies imprimées à Amsterdam 1663. *in* 4. quatriéme édition.

Sebastien Schmidt a fait imprimer à Strasbourg en 1704. *in* 4. un grand Ouvrage sur l'Ecclésiaste, qui comprend une Version, une Analyse, une Paraphrase, & des Notes.

Abraham Scultet a fait une Paraphrase & une sçavante Analyse sur la Version Latine de l'Ecclésiaste, donnée par Antoine Corran, imprimée à Francfort 1618. *in* 4. Nous parlerons souvent de lui sur le nouveau Testament. Il étoit de Cromberg en Silésie, Calviniste, Professeur à Heidelberg, & Conseiller de l'Electeur Palatin Friderie V. Il est mort en 1624. âgé de 59. ans, selon Fabricius dans l'Histoire de sa Bibliothéque, tome 1. p. 324. en 1625. selon le P. le Long & M. Dupin, qui marque ses autres Ouvrages dans ses Tables, tome 4. p. 970. & dans la Bibliothéque des Hérétiques, tome 2. p. 465. Il avoit beaucoup lû l'antiquité, étoit bon Critique, excellent Prédicateur, homme de bien, aimant la paix, très-versé dans la lecture de l'Ecriture sainte, & qui sçavoit les Langues, fort modéré dans la controverse.

François Ycard a donné une Paraphrase sur l'Ecclésiaste en Anglois, à Londres 1701. *in* 8. Il ne prétend pas y donner une simple Paraphrase de l'Ecclésiaste: les Notes critiques, les Réflexions morales, la maniére aisée & méthodique dont il développe les endroits obscurs, pourront être de quelque utilité à ceux qui s'appliquent à l'étude de l'Ecriture. Sa Dissertation préliminaire est courte, mais curieuse. M. Ycard y examine ce qui regarde l'Auteur de l'Ecclésiaste. Quelques Critiques téméraires, dit-il, pour des raisons assez frivoles, ont osé soutenir que Salomon n'avoit pas écrit ce Livre: trois ou quatre mots Chaldaïques qui s'y rencontrent, font juger à ces Messieurs que l'Auteur de l'Ecclésiaste a vécu long-tems après Salomon. Notre Auteur nous donne ensuite une Analyse de tout le Livre. Il le divise en trois parties; la premiére contient les quatre premiers Chapitres, où Salomon prouve cette importante vérité: *que tout est vanité*. La seconde commence au cinquième Chapitre & finit au ỿ. 8. du douziéme Chapitre, où il nous apprend qu'*il faut craindre Dieu & garder ses Commandemens*. La troisiéme enfin est un abrégé de tout le Livre. Il étoit Anglois de nation.

Entre les Rabbins, on peut voir *Salomon Jarchi, Aben-Ezra* & plusieurs autres marquez dans le P. le Long, & la Bibliothéque Théologique de Lipenius, tome 1.

ARTICLE LII.

Traitez & Dissertations sur le Livre de l'Ecclésiaste.

Voyez les Prolégomènes de Pineda sur ce Livre, notre Préface sur le même, & saint Gregoire l. 4. Dialog. c. 4.

Pineda dans sa Préface, traite de l'Auteur de ce Livre, de ce qui en a fait le sujet, de l'ordre qui y est gardé, & de la maniére de l'expliquer. Saint Grégoire dans ses Dialogues explique ce passage: *unus interitus est hominis & jumentorum*.

Dans notre Préface à la tête du Commentaire sur ce Livre, nous réfutons le sentiment de Grotius & des autres Critiques, qui prétendent que ce Livre n'est point de Salomon. Nous examinons aussi en quel tems il peut l'avoir composé.

Le P. Aléxandre en parle aussi dans l'article troisiéme de sa sixiéme Dissertation sur le cinquiéme âge du monde, p. 171. & fait voir que les Payens même en ont tiré plusieurs endroits, *ibid.* p. 176.

Salomon. Deyling. in Eccl. 1. 7. *de fluminum fontiumque origine, t.* 3. *Observ. t.* 15.

ARTICLE LIII.

Des Commentateurs Catholiques sur le Cantique des Cantiques.

Saint Gregoire de Nysse dit qu'Origénes a beaucoup travaillé sur le Cantique des Cantiques ; & Saint Jérôme, qui nous a donné la Traduction d'un des Commentaires d'Origénes sur ce Livre, assure que ce fameux Auteur s'est autant surpassé dans cet Ouvrage, qu'il a surpassé les autres dans les Commentaires qu'il a composé sur l'Ecriture : *Origenes, cùm in cæteris Libris omnes vicerit, in Cantico Canticorum ipse se vicit.*

On a encore un autre Commentaire d'Origénes sur ce Livre, beaucoup plus long que celui qui a été traduit par saint Jérôme. Quelques Manuscrits attribuënt la Traduction de ce dernier à Rufin; d'autres l'attribuënt à saint Jérôme, & elle a été imprimée sous son nom. Ce dernier Ouvrage contient une longue Préface & quatre Homélies. Le premier ne comprend que deux Homélies, & ne va que jusqu'à ces mots du Chap. 2. ỹ. 14. *Vox enim tua dulcis, & facies tua decora* : & le second dans ses quatre Homélies, n'explique que les deux premiers Chapitres, jusqu'à ces mots du Chap. 2. ỹ. 15. *Capite nobis vulpes parvulas*, &c. Origénes avoit composé un de ces Commentaires étant jeune, & l'autre étant déja avancé en âge.

Le Pere Martianay dans sa nouvelle édition de saint Jérôme, a donné ces deux Commentaires, l'un dans le second tome, p. 807. & l'autre dans le cinquième, p. 603. parmi les Ouvrages supposez. C'est aussi le sentiment d'Erasme, qui croit même que ce Commentaire n'est pas d'un Auteur Grec, bien loin d'avoir été traduit par Rufin. On peut voir dans l'édition de Froben, la censure qu'il en a fait.

Philon Carpathien, que l'on fait contemporain de saint Epiphane, & que l'Au eur d'une vie de ce Saint, dit avoir été ordonné Evêque de Carpasie dans l'Isle de Chypre ; ce Philon n'est pas Auteur du Commentaire que nous avons sous son nom. M. Dupin croit qu'il est de la façon de quelque nouveau Grec ; parce qu'il contient plusieurs choses tirées mot à mot de celui de saint Gregoire le Grand.

Le Commentaire de cet Auteur supposé avoit été imprimé à Paris en 1537. *in* 8. & depuis dans la nouvelle Bibliothéque des Peres, tome 5. p. 661. Il y a plusieurs fragmens dans l'Original Grec dans la Chaîne sur le Cantique des Cantiques donnée par Meursius sous le nom d'Eusébe, à Leide 1617. *in* 4.

Saint Gregoire de Nysse a composé quinze Homélies sur le même Ouvrage. Il ne s'étend que jusqu'au ỹ. 8. du Chap. 6. & n'a pas touché le reste de ce Chapitre 6. ni les deux derniers tout entiers. Ces quinze Homélies suivent celles qu'il a fait sur l'Ecclésiaste. Voyez plus haut. Il y a cette différence que son Explication des Cantiques est allégorique.

Saint Gregoire le Grand a travaillé sur le même Livre ; & dans la derniere édition de ce Pere, on a montré que le Commentaire qui porte son nom, est véritablement de lui, & fort différent de ce que saint Patérius & le vénérable Béde ont composé sur le même sujet, & qui ne sont presque que des Extraits tirez de S. Gregoire le Grand. Ce Commentaire avoit déja été donné par Hommey dans le Supplément des Peres, à Paris 1684. *in* 8. Pamelius dit que dans tous les Manuscrits il est attribué à saint Isidore de Séville. M. Dupin croit qu'il est de l'Abbé Claude ; ce qui peut s'entendre en la maniere que nous l'avons dit ci-dessus du Commentaire sur les Rois.

Aponius, sçavant homme, qui vivoit sur la fin du septiéme siécle vers l'an 670. ou 680. est Auteur d'un Commentaire sur le Cantique des Cantiques, qui a été imprimé à part, & qu'on trouve aussi au tome 14. p. 98. de la Bibliothéque des Peres, avec l'abrégé de ce Commentaire, ou plûtôt la continuation depuis le ỹ. 8. Chap. 4. *ibid.* p. 128. composé par Luc Abbé du Mont saint Corneille prés de Liége. Béde a cité Aponius. Angelomus, Moine de Luxeüil, en a tiré diverses choses dans le Commentaire qu'il a fait sur le même Livre. On a marqué dans les éditions cinq ou six endroits qui méritent d'être censurez dans les Oeuvres d'Aponius. Il y a dans l'Abbaye de Moyen-Moutier, un fort beau & fort ancien Manuscrit d'Aponius à la fin duquel on lit ces mots : *Utilis iste Liber si correctus foret, esset.* Son Commentaire est fait sur la Version Grecque des Septante, & divisé en six Livres. M. Dupin y trouve de l'esprit & de la science ; il le préfére à un grand nombre d'autres Commentaires. Un certain Uldaric *Regius* a fait une censure de quelques endroits du sixiéme Livre, qu'on peut voir dans le tome 14. p. 128. de la nouvelle Bibliothéque des Peres. Nous ne sçavons qui il étoit ni quand il vivoit ; mais le continuateur étoit Prémontré, premier Abbé de saint Corneille, mort en 1157. & non pas 1237. comme l'écrit P. le Long, au lieu que celui qui a fait l'abrégé d'Aponius étoit Abbé Bénédictin.

Béde le vénérable a écrit sept Livres sur le Cantique des Cantiques. Le septiéme Livre est tout entier tiré de ce que saint Gregoire le Grand en avoit dit en différens endroits

droits de ses Ouvrages ; ce qui se trouve dans le quatriéme tome de ses Ouvrages : il l'a fait pour défendre la Foi Catholique contre Julien, Evêque d'Eclane, qui soutenoit l'hérésie Pélagienne ; & nous pouvons dire qu'il y fait l'office d'un véritable Docteur de la grace après saint Augustin.

Angelomus, Moine de Luxeüil, dont nous avons déja parlé ci-devant, a aussi écrit sur le Cantique des Cantiques. C'est une espéce d'Enchiridion pour l'Empereur Lothaire, afin qu'il pût le lire à sa commodité. Il est entièrement mystique & allégorique. On le trouve dans le quinzième tome de la nouvelle Bibliothéque des Peres, p. 307. & dans le neuviéme de celle de Cologne, partie première.

Honoré d'Autun qui vivoit au douzième siécle, a fait un Commentaire précédé d'un excellent Prologue, où il traite des différens sens de l'Ecriture, de la distribution des Livres sacrez, & y a ajouté des Questions qui regardent en particulier celui-ci. On l'a imprimé avec ses autres Ouvrages. Voyez ci-dessus.

Ambroise Autpert ou *Anspert* Bénédictin, qui fleurissoit au 8e siécle. Nous croirions aisément que son Commentaire n'a pas été imprimé, si Sixte de Sienne & le P. Labbe ne l'assuroient : Crovée même marque l'édition de Cologne en 1539. *in fol.* Il est plus connu par ce qu'il a fait sur l'Apocalypse, où nous parlerons de lui.

Saint Bernard Abbé de Clairvaux, mort en 1153. en a fait un, imprimé dans le tome 1. de la nouvelle édition, p. 1268. Dans l'espace de 18. ans qu'il y a travaillé, il n'a pû l'achever, tant il étoit occupé. Ainsi c'est à tort que Sixte de Sienne dit qu'il n'y a travaillé que la derniére année de sa vie. Il y a 86. Sermons seulement sur les deux premiers Chapitres & le premier verset du troisiéme où il a fini. Erasme dans une de ses Lettres les préfére aux autres Ouvrages du Saint. Il vint au monde à Fontaine en Bourgogne l'an 1091. & mourut aussi saintement qu'il avoit vécu en 1153. âgé de 62. ans, après avoir été l'Oracle des Conciles & la terreur des Hérétiques.

L'Abbé Rupert mort en 1135. Son Commentaire se trouve parmi ses autres Ouvrages.

Saint Thomas d'Aquin dicta le sien au lit de la mort. Il a été imprimé à Paris en 1634. *in 8.* & dans le grand Recüeil de ses Ouvrages, tome 13.

Gilles Romain ou *Gilles Colonne* a donné vingt Leçons qui ne sont que manuscrites à Crémone, dans la Bibliothéque des Augustins, selon le P. le Long. Cependant Crowée le met au nombre de ses Ouvrages imprimez à Venise *in fol.* Voyez ci-dessus sur la Génése.

Bruno d'Ast ou *de Signi*, dont le Commentaire se trouve avec les autres qu'il a fait. Voyez le Titre.

Juste Evêque d'Urgelle au sixiéme siécle. Son Commentaire a été imprimé en dernier lieu à Hall, avec deux de ses Lettres l'an 1617. *in 8.* depuis dans la nouvelle Bibliothéque des Peres, tome 9. p. 731. M. Dupin dit qu'il y explique en peu de mots & d'une manière fort claire le sens allégorique de ce Livre. Il étoit Espagnol & Evêque d'Urgelle en Catalogne. Il assista au second Concile de Tolède en 531. & est mort en 540.

Alcuin, *Cassiodore*, *Richard de saint Victor* & plusieurs autres parmi les anciens ont exercé leur plume sur ce Livre sacré.

On trouvera le Commentaire d'*Alcuin* parmi ses autres Ouvrages. Il n'est pas bien certain si Cassiodore a écrit sur ce Livre ; & il est presque évident que le Commentaire qui porte son nom n'est pas de lui. Il faut voir ce qu'en dit Dom Garet dans sa Préface, qui n'a pas laissé de le donner dans son édition tome 2. parce qu'il étoit à craindre qu'il ne vînt à se perdre : la première édition faite à Fribourg en Brisgau l'an 1538. *in fol.* étant la seule, & devenue très-rare.

Gilbert de Hoilande, Abbé de l'Ordre de Citeaux, a continué l'Ouvrage de saint Bernard sur le Cantique, en quarante-huit Sermons, depuis le commencement du Chapitre 3. & n'a pas passé le dixième verset du Chapitre 5. la mort l'ayant arrêté dans ce travail. Ils sont au commencement du tome 2. de la nouvelle édition de ce Pere. Le P. le Long se trompe quand il écrit qu'il a expliqué les trois derniers Chapitres, puisqu'il n'a pas passé le cinquième. Cet Abbé étoit Anglois, & mourut l'an 1172. & non pas en 1168. On en a des preuves authentiques que nous déduirons ailleurs. Il ressembloit en tout à saint Bernard, disent les Auteurs de sa vie.

Philippe Abbé de Bonne-Esperance, de l'Ordre de Prémontré, & contemporain de saint Bernard, a aussi écrit sur cet Ouvrage ; ce qui se trouve avec ses autres Ouvrages. Voyez Harding.

Guillaume Abbé de saint Thierri, & ensuite Moine de Signi, qui vivoit vers l'an 1142. a fait un Commentaire sur ce Livre, composé des propres paroles de saint Ambroise. Ce sont deux Expositions ; l'une se trouve dans le quatriéme tome de la Bibliothéque de Citeaux, & ne passe point le troisième verset du Chapitre troisième ; l'autre tirée de saint Ambroise, & mise dans le Supplément des Peres par Hommey, p. 260. plus correcte

dans

dans la nouvelle édition de saint Bernard, tome 1. p. 1546. Il étoit né à Liége, on ne dit pas quand. Il vint à Reims, où il se fit Religieux. Il doit être mort après saint Bernard, c'est-à-dire après 1153.

Thomæ Cistere. & Joan. Halgrini, de Abbatis-villa, Cardin. in Cantic. simul impressi in fol. Paris. 1521.

Le Commentaire de Thomas, Moine de Citeaux, a eu le même sort que le Livre de l'Imitation ; mais après des disputes de part & d'autre, on l'a rendu à son véritable Auteur, qui vivoit sur la fin du douzième siécle, & a imité le style de saint Bernard, dit Sixte de Sienne.

Entre les Modernes, sans y comprendre ceux qui ont travaillé sur toute la Bible, on compte *Robert Olkot* ou *Holkot* Dominicain Anglois, mort en 1349. dont le Commentaire a été imprimé à Venise en 1509. *in fol.* Sixte de Sienne y trouve une érudition subtile & féconde. Vossius dit qu'il étoit très-sçavant. Il n'épargna ni peines ni veilles pour se rendre habile.

François Titelman, qui a mis dans son Commentaire des Notes tirées des Textes Hébreu, Chaldaïque & Grec. La quatriéme édition est de 1554. *in* 8. à Paris.

Maldonat & Martin Delrio, Jésuites. Maldonat n'a fait que des Scholies, imprimées avec son Commentaire sur les quatre grands Prophétes, à Paris 1643. *in fol.* Mais *Delrio* a fait quatre sortes de Commentaires ; ce que Possevin appelle, *varium opus, eruditum & spissum*, imprimé à Ingolstat 1604. *in fol.*

Jean de Jesus-Marie Carme, qui n'a fait qu'une simple Explication imprimée à Cologne en 1610. *in* 8. quatrième édition. Elle est parmi ses autres Ouvrages.

Michel Ghislerius Théatin, mort en 1646. a donné le Cantique des Cantiques selon les différentes Versions sur l'Hébreu & le Grec des Septante, à Rome 1609. *in fol.* à Venise 1613. édition augmentée & corrigée, à Lyon 1620. derniére édition.

Louis Soto-mayor a fait une Explication imprimée à Lisbonne en 1599. & 1601. *in fol.* à Paris 1605. Il a aussi donné des Notes plus courtes, *ibid.* 1611. *in* 4. On le nomme *major*, pour le distinguer de Dominique Soto. Il étoit Portugais Dominicain, & est mort en 1610. Homme de probité & d'une grande douceur, dit Possevin. Nous parlerons encore de lui, sur les deux Epîtres à Thimothée.

Jérome Osorius le neveu. Voyez sur l'Ecclésiaste.

Gaspard Sanctius. Voyez sur les Pseaumes.

Agellius, Aresius, Libertus Fromondus, Louis de Léon, & M. Bossuet Evêque de Meaux.

Tome IV.

Pour *Agellius*, voyez sur les Pseaumes.

C'est de *Paul Aresius* dont nous avons voulu parler. Son Ouvrage contient quelques légéres difficultez touchant le véritable sens tant historique que spirituel, à Milan 1646. *in* 4. d'où il étoit lui-même. Il se fit Théatin n'ayant que 14. ans, & Paul V. le nomma à l'Evêché de Tortone en Italie l'an 1620. Il mourut fort âgé en 1644. ou 1645.

A l'égard de *Fromond*, son Commentaire a été imprimé à Louvain 1657. *in* 4. seconde édition, & avec ses autres Commentaires *ibid.* 1670. *in fol.* dont nous parlerons dans la suite, & de lui-même sur saint Paul.

L'Explication de *Louis de Léon* a été imprimée à Salamanque en 1589. *in* 4. troisiéme édition.

Gilbert. Genebrardi Canticum Canticorum, Versibus & Commentar. illustratum, adversus Trochaïcam, Theodor. Bezæ Paraphrasim. Adjuncti sunt tres Rabbini Jarchi, Abenezra & Anonymus, cum versione, Paris. 1585. in 8. Il a encore donné des Observations plus étenduës, à Paris 1570. *in* 4.

On peut ajouter *François Auras*, qui a donné une Explication littérale, à Lyon 1693. *in* 8. Il étoit François & Prêtre, & vivoit encore en 1704.

On trouve dans les Anecdotes de Pez, tome 2. partie premiere, p. 368. un Commentaire allégorique d'*Irembert* Abbé, sur quelques endroits de ce Livre. Celui de *Thomas* Abbé de Verceil *ibid.* p. 503. 689.

L'*Abbé Robert* avoit fait une courte Exposition, dont nous avons le Prologue & quelques lambeaux dans le premier tome des Analectes, p. 125. On nous apprend dans nos Annales Bénédictines quel fut ce Robert, tome 4. p. 369. Il avoit fait profession de la Régle dans le Monastére de saint Michel *in periculo maris*. Il en fut retiré pour être Abbé de saint Vigor de Bayeux ; alla à Rome sous Gregoire VII. Ce Pape mort il se retira dans son premier Monastére de saint Michel, dont il a pris le surnom de *Tumbalenia*. C'est mal-à propos qu'on a attribué à Raoul de Fontenel l'Exposition de ce Robert. Il a vécu jusqu'après 1096.

Saint François de Sales, dans ses Ouvrages imprimez à Paris en 1652. *in fol.* expose mystiquement ce Livre de l'Ecriture.

Paul Albinien de Raias a fait un Commentaire littéral, où il décrit les Nôces du Verbe avec l'Eglise, à Genes 1659. *in fol.* Il n'a donné que le premier tome. Il y en a encore trois de manuscrits, selon Sotwel. Les uns le font Portugais, les autres Espagnol de Valence, Jésuite, Professeur des saintes Ecritures. Il mourut en 1667. C'est tout ce que nous avons de lui.

Une Explication en Vers du Cantique des Cantiques,

Cantiques, appliquée à la sainte Vierge, avec des Notes & des Passages des SS. Peres, à Paris 1717. *in* 8. en François. Cet Ouvrage n'est point fait pour les hommes profanes, qui ne cherchent dans leurs lectures qu'un agréable & plaisant amusement. On veut ici moins plaire, qu'instruire & édifier ; on ne parle qu'à des Chrétiens, & non pas à des hommes mondains ; on ne désire enfin que de former des hommes parfaits, uniquement dévoüez à la gloire de JESUS-CHRIST, & au service de Marie, à qui l'on y fait la juste application de tout ce qui se trouve dans ce Livre divin.

ARTICLE LIV.

Des Commentateurs Protestans & Juifs, sur le Cantique des Cantiques.

Entre les Protestans, *Mercerus*, *Durham*, *Ainsworth* ont écrit sur le Cantique des Cantiques; mais ces derniers sont plus critiques que moraux.

Le Commentaire de *Jean Mercier* est imprimé avec celui qu'il a fait sur les Proverbes. Voyez ci-dessus.

Jacques Durham, Anglois d'Yorck, & Calviniste sur la fin du dix-septiéme siécle, a fait une Exposition en Anglois, imprimée à Edimbourg en 1668. *in* 4. à Londres 1695. troisiéme édition en Flamand, à Utrecht 1681. *in* 4.

Henri Ainsworth, aussi Anglois, a fait des Annotations, imprimées avec celles qu'il a données sur les Pseaumes, & séparément en Allemand à Francfort 1692. *in* 8.

Thomas James a donné une Exposition tirée des Peres, à Oxford 1607. *in* 4. Nous parlerons de lui ailleurs.

Entre les Rabbins on compte *Salomon Jarchi*, *Abenezra* & *Kimchi*. La Paraphrase Chaldaïque sur ce Livre est très-étenduë. On l'attribuë à Joseph l'Aveugle. Il faut voir aussi le Commentaire de Genebrard, dont nous avons parlé ci-dessus.

ARTICLE LV.

Dissertations sur le Cantique des Cantiques.

Voyez la Préface de *Sanctius* sur ce Livre, & la nôtre ; & de plus notre Dissertation sur les Mariages des Hébreux. Voyez aussi l'article particulier où l'on traite des Mariages des Hébreux.

Dans notre Préface sur ce Livre nous examinons qui en est l'Auteur, en quel tems & à quelle occasion il a été écrit : nous y expliquons aussi les sept jours & les sept nuits des Noces.

Deylingii in Cant. III. 11. *de Rege Salomone Nuptiarum die coronato, Lib.* 3. *Observ.* c. 16.

Hincmar, Archevêque de Reims, a écrit un Ouvrage intitulé : *Ferculum Salomonis* ; mais ce Livre n'avoit proprement aucun rapport à son titre. Il y traitoit de la grace & de la prédestination, du Sacrement du Corps & du Sang de JESUS-CHRIST, de la vision de Dieu, &c. Voyez Flodoard l. 3. c. 15. & *Hincmari Oper.* t. 2, p. 844.

Bochart a écrit quelque chose sur le *Copher* ou *Cyprus*, Cant. I. 14. & II. 1. & sur les *Dudaims* ou *Mandragores*, Cant. VII. 13. Voyez la nouvelle édition de ses Oeuvres, tome 3. p. 866. & 916.

Nous pouvons ajouter le P. *Aléxandre*, qui dans sa quatriéme Dissertation du cinquiéme âge du Monde art. 4. p. 177. fait voir que c'est un Epitalame de JESUS-CHRIST & de son Eglise, composé par l'inspiration du Saint-Esprit, & combat ceux qui prétendent que ce n'est qu'une piéce de Poësie & amoureuse faite par Salomon pour la fille du Roi d'Egypte qu'il aimoit passionnément.

Theodore Janson Almeloveen a fait une Dissertation en forme de Lettre sur le ỳ. 5. du Chap. 8. dans la Bibliothéque Philologique, tome 5. p. 995. 1004.

ARTICLE LVI.

Des Commentateurs Catholiques & Protestans sur le Livre de la Sagesse.

Béde le Vénérable a commenté quelques endroits du Livre de la Sagesse, dans le septiéme tome de ses Ouvrages.

Raban Maur dans son Epître à Othgar, Archevêque de Mayence, dit qu'il s'est déterminé à travailler sur le Livre de la Sagesse, parce qu'il a remarqué qu'aucun des anciens Peres ne l'avoient encore expliqué ; & que l'Ouvrage du Prêtre *Bellator*, dont parle saint Jérôme, & qui avoit composé huit Livres sur celui-ci, n'étoit pas parvenu jusqu'à lui. C'est plûtôt Cassiodore qui en parle dans ses divines Leçons, Chap. 15. 8.

On attribuë à *S. Bonaventure* un Commentaire sur ce Livre, imprimé à Venise en 1575. *in* 8. & dans le tome premier de ses Ouvrages.

Entre les nouveaux nous avons *Robert Holkoth*, *Cornelius Jansénius* Evêque d'Ypres, *Jean Lorin*, *Maldonat*, *Cornelius à Lapide*, *Jérôme Osorius*, *Luc de Bruges*, *Pierre Nannius*, imprimé à Bâle en 1551. *in* 4.

Les Leçons de *Robert Holkoth* ont été imprimées à Bâle en 1586. *in* 4. derniere édition. Les Notes de *Jansénius* Evêque de Gand, à Anvers en 1589. *in* 4. & à Lyon en 1580. *in fol.*

Les Analectes de *Jansénius* Evêque d'Ypres, avec ce qu'il a donné sur les Proverbes. Voyez ci-dessus. Le Commentaire de *Lorin*, à Mayence en 1608. *in* 4. à Cologne en 1624. *in fol.*

C'eſt *Oſorius* l'ancien & non pas le jeune, qui a fait une Paraphraſe imprimée à Boulogne en 1577. *in* 4. & à Cologne en 1584. *in* 8. & parmi ſes autres Ouvrages. Voyez ci-deſſus.

Pierre Nannius a fait des Scholies & un Commentaire, imprimez à Bâle en 1551. *in* 4. Colomiés dit que perſonne n'a mieux écrit que lui ſur ce Livre; & Fabricius dans ſa Bibliothéque Grecque, tome 2. s'étonne qu'on n'ait pas mis ſes Notes dans les grands Critiques. Il étoit Hollandois d'Alcmar, Chanoine.

Nicolas Selneccer a donné des Notes, imprimées à Leipſic en 1568. *in* 8. avec le Texte Grec. Il étoit Luthérien, Profeſſeur à Leipſic, où il mourut l'an 1592. âgé de 60. ans. Ses Notes ſur ce Livre comme toutes les autres qu'il a faites, ne ſont pas fort eſtimées, étant plûtôt de Controverſe que de Critique, dit M. Dupin, dans ſa Bibliothéque des Hérétiques, tome 1.

Laurent de Aponte a mis dans ſon Commentaire des Homélies, des Digreſſions Scolaſtiques, & une Paraphraſe. Il étoit de Naples, ſe fit Chanoine Régulier, & eſt mort en 1634. dans ſa ſoixante & quatriéme année. Son Commentaire a été imprimé à Paris en 1629. *in fol.*

M. *Boſſuet* Evêque de Meaux, & M. *de Bellegarde*, ont auſſi écrit ſur ce Livre.

Ajoûtez ceux qui ont écrit ſur toute la Bible.

Parmi les Proteſtans, *Badvvel*, *Grotius*, &c. imprimez dans les grands Critiques.

Les Scolies de *Claude Badvvel*, ſont dans le cinquiéme tome des grands Critiques.

Nous pouvons y joindre *Jean Sartorius* qui a fait un Commentaire imprimé à Bâle en 1558. *in fol.* ſous le nom de *Toſarius*. Il étoit d'Amſterdam, Calviniſte, & eſt mort en 1568. *Vir pacis amantiſſimus*, dit Crowée.

ARTICLE LVII.

Diſſertations ſur le Livre de la Sageſſe.

Les Préfaces de *Cornelius à Lapide*, & les nôtres.

Voyez notre Diſſertation ſur *l'Auteur du Livre de la Sageſſe*, & celle que nous avons faite ſur *l'origine de l'Idolâtrie*, à la tête de notre Commentaire ſur la Sageſſe de Salomon, & dans notre Recüeil, t. 1. p. 423.

Voyez auſſi le ſecond Tome de la Bibliothéque des Auteurs Grecs, par M. Fabricius, liv. 3. ch. 29. §. 3. p. 735. Il y fait voir que ce Livre eſt d'un Auteur très-ancien, & inſpiré de Dieu, quoiqu'il ne ſoit pas de Salomon. Voyez notre Préface ſur ce Livre, où nous répondons aux difficultez qui s'y trouvent; & dans notre Diſſertation, nous prouvons qu'il eſt Canonique, quoique nous ne ſoyons pas certain qui en eſt l'Auteur.

Nous pouvons ajoûter *Jean Maur Stohr*, Allemand Luthérien, qui a fait une Deſcription des fruits contagieux de Sodome, dont il eſt parlé au Chap. 10. ℣. 7. à Leipſic en 1695. *in* 4.

Une Diſſertation ſur la divinité du Livre de la Sageſſe, qui ſe trouve écrite en Latin dans le cinquiéme tome des Obſervations choiſies imprimées à Hall. On y voit ce que la force de la vérité a tiré de la bouche d'un Proteſtant Luthérien, contre les ſentimens de ceux de ſa Secte, en faveur du Livre de la Sageſſe.

Car il croit que ce Livre eſt l'Ouvrage de Salomon même, & qu'il a d'abord été écrit en Chaldaïque. Il appuye cette derniere conjecture de l'autorité de Maïmonide. On lui objecte que le ſtyle s'écarte de la ſimplicité noble des autres Livres de l'Ecriture, & qu'il ſent plûtôt le Déclamateur, que le Roi ou le Prophéte. Qu'on y reconnoît les idées des Philoſophes Grecs poſtérieurs à Salomon. Notre judicieux Critique n'en trouve pas le ſtyle plus élevé que celui du Livre de Job & de pluſieurs Pſeaumes: & ſi l'on ſuppoſe, comme on le peut faire avec aſſez de vraiſemblance, que l'Ouvrage dont il s'agit a d'abord été écrit en vers, l'objection s'évanoüit. Pour les ſentimens des Philoſophes Grecs que certains Sçavans y reconnoiſſent, l'Auteur de la Diſſertation leur conſeille de s'accorder entre eux, s'ils veulent prouver quelque choſe. Tandis que l'on y appercevra le Platoniſme; l'autre la doctrine d'Ariſtote; un autre les principes des Stoïciens; un autre les dogmes d'Epicure; un autre enfin les viſions de Pythagore; on les oppoſera les uns aux autres, & les gens ſenſez conclüeront que les principes d'aucune de ces Sectes ne ſont clairement exprimez dans le Livre dont il s'agit, & qu'une legere reſſemblance de la doctrine qu'il contient, avec des opinions que des Philoſophes Grecs n'ont pas inventées, eſt un foible argument pour ôter cet Ouvrage à Salomon.

De ces objections générales, notre ſincere & ſçavant Critique deſcend aux objections particuliéres de quelques Proteſtans diſtinguez. Turretin plus clair-voyant, ou plus emporté que les autres, s'imagine voir des alluſions aux combats des Athlétes dans le Chap. 4. ℣. 2. Ce n'eſt pas tout: il accuſe de faux ce qu'on lit de l'origine de l'idolâtrie dans le Chap. 4. L'alluſion aux combats des Athlétes n'eſt rien moins qu'évidente, elle paroît plus clairement marquée, *Iſai*. c. 2. 3. *Pſal*. 21. 3. Pour ce qui regarde l'origine de l'Idolâtrie, l'Idolâtrie, que l'Auteur de la Sagesse attribuë à la douleur d'un peré qui fit adorer son fils pour se consoler de sa mort ; il est vrai que plusieurs Auteurs prétendent au contraire, que le premier Idolâtre a été Ninus, qui fit adorer Bélus son pere. Mais à ne regarder même le Livre dont nous parlons, que comme un Livre profane, son autorité est préférable. Il a été écrit dans un tems & dans des lieux plus proches de la source de l'Idolâtrie. D'ailleurs Diophante de Lacedemone & Fulgence Placiade, parlent du commencement des Idoles comme ce Livre sacré.

L'objection de *Limborch* Théologien Remontrant, roule sur une supposition fausse : il a crû que l'Auteur sacré disoit que de son tems les Israëlites étoient opprimez, ce qui ne conviendroit pas au tems de Salomon. Il dit seulement que les amis de Dieu sont toûjours persecutez par les impies. Van-dale incrédule de profession, rejette ce Livre avec hauteur. Le Chap. 17. lui déplaît ; parce qu'il y est parlé des Spectres qui apparurent aux Egyptiens pendant les ténèbres que Dieu répandit sur ce Royaume : mais est-il impossible qu'il en ait apparu ? & l'opposition d'un Livre à nos sentimens suffit-elle pour le rejetter ? L'Auteur de la Dissertation conclut que de si foibles objections ne doivent pas nous empêcher de respecter la parole de Dieu dans le Livre de la Sagesse.

ARTICLE LVIII.

Des Commentateurs Catholiques & Protestans sur l'Ecclésiastique.

Raban Maur est le plus ancien Commentateur de ce Livre que nous connoissions, après le Vénérable Béde, dont il nous reste quelques fragmens, qui se trouvent dans le tome 7. de son Ouvrage.

Robert Holcoth a écrit sur les sept premiers Chapitres de l'Ecclésiastique ; ce qui se trouve avec ce qu'il a donné sur les Cantiques. Voyez ci-dessus.

Cornelius Jansenius, Evêque de Gand ; *Cornelius à Lapide* ; *Alexandre d'Aléxandrie*, de l'Ordre des Freres Mineurs ; *Robert Carme* ; *Paul Palacios de Salazar* ; *Robert Rosens* ; *Luc de Bruges*, ont commenté le Livre de l'Ecclésiastique.

Jansenius de Gand, outre un Commentaire imprimé avec ses Notes sur la Sagesse, a donné une Paraphrase & des Notes jointes à celles qu'il a faites sur les Pseaumes. Nous ne trouvons pas que les Apostilles d'*Aléxandre d'Aléxandrie* soient imprimées, ni même tout ce qu'il a fait sur l'Ecriture.

Ce que *Robert* Carme a fait sur l'Ecclésiastique, il faut le mettre au nombre de ses Ouvrages perdus.

Le Commentaire de *Paul Palacios de Salazar*, a été imprimé à Cologne en 1593. *in* 8. Il étoit de Grenade, Professeur des saintes Lettres à Conimbre, & est mort en 1582. On dit qu'il s'est autant distingué par sa piété que par sa science.

Il ne paroît pas que le Commentaire de *Jorius*, ou *Juorius* sur l'Ecclésiastique ait été imprimé de même que les autres qu'on lui attribuë ; Balée & Leland se contentent de les marquer. On le dit Carme ou Dominicain Anglois, de Londres, mort en 1392. Le Pere Echard ne le met point au nombre des Ecrivains de son Ordre.

Octavien de Tufo, Jésuite Napolitain, a écrit sur les dix-huit premiers Chapitres de ce Livre ; il a été imprimé *in fol.* à Lyon en 1628. & à Cologne en 1629. Il se fit Jésuite en 1594. & est mort en 1629.

Jean de Pina, de Madrid, a fait quatre Tomes sur l'Ecclésiastique, dont le premier a paru à Lyon en 1630. *in fol.* son Commentaire est en cinq volumes *in fol.* imprimez depuis 1630. jusqu'en 1648. Il étoit de Madrid, se fit Jésuite en 1602. & est mort en 1657.

Olivier Bonart, d'Ypres, imprimé à Anvers *in fol.* en 1634.

Le Commentaire de *Sauveur de Leon*, sur les treize premiers Chapitres de l'Ecclésiastique, a été imprimé à Anvers en 1640. *in fol.* Ce n'est qu'une Exposition avec des Eclaircissemens. Il étoit Espagnol de Murcie, & est mort l'an 1649.

Pierre Gorse, imprimé à Paris en 1655. *in* 8. C'est une Explication qui est jointe à celle qu'il a fait sur les autres Livres Sapientiaux, avec des Notes où il explique les endroits les plus difficiles en François. Nous en avons parlé ci-devant.

Alphonse de Flore, sur le vingt-quatriéme Chapitre de ce Livre, imprimé à Anvers en 1661. *in fol.* selon Nicolas Antonio, qui doit l'avoir vû, & non pas sur le vingt-cinquiéme, comme l'écrit le P. le Long. Il est littéral & moral ; il en fait l'application à Jesus-Christ, à la sainte Vierge, & à l'Eglise. Il étoit Espagnol, du Diocese de Tolede, & Jésuite, mort en 1660.

Gaspar Sanctius a écrit sur les vingt-quatre premiers Chapitres du même Livre. Nous ne voyons pas que ce Commentaire soit imprimé ; Crowée ne s'en explique qu'en disant, *quære.* Le Pere le Long nous renvoye à Sotwel.

M. *de Bellegarde* a aussi travaillé sur ce Livre. *Cornelius à Lapide* peut tenir lieu de presque tous les autres. M. *Bossuet*, Evêque de Meaux, a composé sur ce Livre un Commentaire succint, mais fort bon.

Entre les Protestans, nous avons *Joachim Camerarius,*

Camerarius, *Jean Drusius*, *David Hoeschelius*, *David Chytraus*, *Osiander*, *Calovius*, *Conrad Pelican*, *Paul Toussaint*, &c.

Les Notes de *Joachim Camerarius* ont été imprimées à Leipsic en 1570. *in* 8. avec une Version Latine ; on les a encore imprimées en 1682. Il étoit de Bamberg, né en 1500. Il se fit Luthérien, & mourut l'an 1574. Scaliger le regarde comme un des plus sçavans de son siécle ; Turnebe l'appelle l'Ornement de l'Europe.

Les Notes de *Drusius* sont dans les grands Critiques. Celles d'*Hoeschelius* & ses différentes Leçons, *ibid*. tome 5. & ont été imprimées à Ausbourg en 1605. *in* 8. d'où il étoit, & Luthérien, mort en 1617. âgé de 61. ans.

David Chytrée a fait une Explication imprimée à Wittemberg en 1573. deuxième édition.

Des quatre *Osianders*, il n'y a que Luc qui ait écrit sur l'Ecclésiastique, dans ses Notes sur l'ancien Testament ; & *Abraham Calovius* dans son Commentaire sur l'un & l'autre Testament : de même que *Conrad Pelican*. Voyez ci-devant les Commentateurs Généraux. *Paul Toussaint* dans ses Notes sur la Bible, y a mis aussi ce qu'il a fait sur ce Livre.

Hugues Grotius a très-bien réüssi sur ce Livre. *Hoeschelius* a donné le Texte Grec avec les varietez des Leçons, & quelques Notes littérales fort courtes.

ARTICLE LIX.

Des Dissertations & Traitez sur l'Ecclésiastique.

Voyez les Préfaces de *Cornelius à Lapide*, & les nôtres.

Jul. Bartolocci de Libro Ecclesiastici, t. 1. Biblioth. Rab. p. 678. Il y parle fort au long de Ben-Sira l'ancien, qu'il distingue de Ben-Sira son neveu ; & prouve qu'il doit être le véritable Auteur de l'Ecclésiastique par plusieurs endroits de ce Livre, qui se trouvent en propres termes dans les Ouvrages de Ben-Sira. Il finit sa Dissertation en faisant un abrégé de ce qui est plus excellent dans ce Livre.

Joan. Drusii Scholia in Proverbia Ben-Sira, in Criticis sacris.

Cornel. à Lapide Alphabeta duo Ben-Sira, p. 80. 81. *Praef. in Eccli.*

Christoph. Cartwright Mellificio Hebraïc. ỳ. 3. p. 3126. *& seq.*

Vide & Joan. Alb. Fabricii Biblioth. Graec. t. 2. l. 3. c. 29. §. 3. p. 730.

Sur la jeunesse & la vieillesse dont il est parlé Chap. 7. ỳ. 1. 7. voyez *Herman Wits* dans les Exercitations Académiques imprimées à Utrecht en 1714.

Tome IV.

Il est bon de voir aussi les Prolégoménes & le Prologue de *Tufo*, où il examine plusieurs points importans, & qui peuvent servir d'éclaircissemens.

ARTICLE LX.

Des Commentateurs Catholiques sur les Prophétes en général, & sur Isaïe en particulier.

Origénes a écrit sur Isaïe suivant sa méthode ordinaire. Nous n'en avons d'imprimé que neuf Homélies, qui ne vont pas au-delà du sixiéme & septiéme Chapitre de ce Prophéte. C'est ce qui reste des 25. Homélies qu'Origénes avoit fait sur ce Prophéte.

On trouve dans les Ouvrages de *Clément d'Aléxandrie*, des Recüeils tirez des Ecritures Prophétiques, où il ne se borne pas aux écrits des Prophétes ; il y cite indifferemment les Livres de l'ancien & du nouveau Testament, & il les explique sans suivre aucun ordre. On doute que cet Ecrit soit de saint Clément d'Aléxandrie ; on conjecture que ce pourroit bien être des Recüeils tirez de Tatien, ancien Hérétique. Voyez la nouvelle édition de saint Clément d'Aléxandrie par Potterus.

Saint Basile le Grand a écrit sur les seize premiers Chapitres d'Isaïe. Son Ouvrage est très-utile & très-instructif. Il s'attache au dogme & à la morale. Ce qui nous en reste fait regretter la perte de ce que nous n'avons pas, s'il est vrai qu'il ait écrit sur tout ce Prophéte. Car selon Erasme, c'est l'Ouvrage d'un très-éloquent Théologien, sur un très-éloquent Prophéte. *Eloquentissimi Theologi Opus in elegantissimum Prophetam*, dit-il dans sa Lettre 90. du Livre 30.

Eusébe de Césarée a expliqué toute la Prophétie d'Isaïe. Son Ouvrage a été donné depuis peu par le R. P. de Monfaucon dans sa *nova Collectio PP. & Scriptorum Graecorum*, t. 2. p. 357. Saint Jérôme a beaucoup profité de ces Commentaires dans son Commentaire sur Isaïe ; & nous y avons remarqué que d'ordinaire quand Eusébe dit qu'il a consulté son Maître Juif sur quelque passage, saint Jérôme dit de même qu'il a interrogé son Rabbin sur la difficulté dont il s'agit. Le principal but d'Eusébe de Césarée dans son Commentaire, c'est de combattre ceux qui donnoient tout au destin. Il y traite aussi des Martyrs de son tems, de la pieté des Princes, & d'une infinité de choses très-édifiantes.

Saint Cyrille d'Aléxandrie a travaillé sur la Prophétie d'Isaïe, en cinq Livres, qui comprennent tout le deuxiéme Tome de ses Ouvrages. Il est diffus & peu littéral.

Saint Chrysostome a fait sept Homélies sur le commencement d'Isaïe, qui ne passent

T 5   pas

pas le huitiéme Chapitre d'Isaïe. Dom Bernard de Montfaucon les a donné dans le sixiéme Tome de sa nouvelle édition.

Je ne parle pas d'*Apollinaire*, de *Dydime*, de *Pierius*, dont les Ouvrages qui sont loüez par saint Jérôme qui les avoir en main, ne sont pas parvenus jusqu'à nous.

Saint Jérôme a composé dix-huit Livres sur tout Isaïe. Tout le monde sçait qu'entre les Latins, personne n'a mieux réüssi que saint Jérôme dans l'Explication littérale de l'Ecriture, & que ses Commentaires sur les Prophétes, sont ses meilleurs Ouvrages ; ses Préfaces sur tout sont excellentes. Il avoit devant les yeux les anciens Commentaires Grecs, Origenes, Apollinaire, Dydime, Pierius, Eusebe, qui lui ont beaucoup servi. Il explique d'abord le sens littéral, puis il s'étend sur le moral & l'allégorique. Il n'a pas seulement écrit sur Isaïe, mais sur les quatre grands & douze petits Prophétes. Ce que nous disons ici pour ne le pas répéter dans la suite. Nous pouvons ajouter la même chose de *Théodoret*, & de quelques autres Peres.

Saint Augustin dans ses Confessions, liv. 9. c. 5. dit que saint Ambroise lui ayant conseillé au commencement de sa conversion, la lecture du Prophéte Isaïe, il la commença ; mais que l'ayant trouvé trop forte, il fut obligé de l'abandonner pour lors, & de la remettre à un autre tems.

Procope de Gaze a écrit sur Isaïe. Son Commentaire n'est qu'un abrégé de ceux des premiers Peres Grecs, donné par Jean Curterius, en Grec & en Latin, à Paris en 1580. *in fol.* Voyez ci-dessus.

L'Abbé Joachim, Abbé & Fondateur de la Congrégation de Flore, & qui étoit en grande réputation sur la fin du onziéme siécle, a fait des Commentaires sur Isaïe, sur Jérémie, & sur l'Apocalypse, & une Concorde de l'ancien & du nouveau Testament. On l'accuse d'avoir trop donné à ses imaginations & à ses visions ; on a condamné plusieurs de ses erreurs. Ses Commentaires sont peu estimez ; on les a imprimez à Cologne en 1577. *in 4.* seconde édition. Il étoit de Calabre, & est mort en 1202.

Les Commentaires sur Isaïe attribuez à *saint Thomas d'Aquin*, & qui sont véritablement de ce saint Docteur, comme le prouve le Pere Echard, *Bibliot. Ord. Prædic.* p. 324. 325. t. 1. ont été imprimez en 1531. à Lyon.

Entre les modernes, nous avons *Adam Sasbout*, imprimé à Cologne en 1608. *in fol.* On prétend qu'il est de *Jean Hessels*, ou *Hassels* son Maître. Il est plûtôt un Théologien que d'un habile Critique ; si cependant on en retranche les questions inutiles, on trouvera que le Texte y est expliqué d'une maniere assez claire. Il est court, judicieux, & exact.

Leon de Castro, Chanoine de Valladolid en Espagne, a écrit sur Isaïe & sur Osée. Il donne presque tout au sens spirituel, & applique généralement toutes les Prophéties d'Isaïe à JESUS-CHRIST, négligeant le sens littéral & historique. Son Commentaire sur Isaïe, parut à Salamanque en 1570. Il est tiré des anciens Peres. Cet Auteur étoit Espagnol, Docteur de Salamanque, & mourut en 1586.

Le Cardinal Hugues, l'Auteur imprimé sous le nom de *saint Thomas*, & de *Lyra*, sont plus attachez à l'Histoire.

Franciscus Forerius ou *Foreiro*, de l'Ordre de saint Dominique, natif de Lisbonne en Portugal, mort en 1581. a composé un vaste Commentaire sur Isaïe. Son Ouvrage est littéral, critique, & historique. Il sçavoit les Langues, & étoit grand Théologien. Son Commentaire a été imprimé à Venise l'an 1563. *in fol.* & dans les grands Critiques, tome 4. avec une sçavante Préface adressée aux Peres du Concile de Trente, & une autre à ses amis, où il explique la méthode qu'il a suivie dans son Commentaire.

Jérôme Osorius l'ancien, *Maldonat*, *Jérôme Oleaster*. Ce qu'*Osorius* a fait est une Paraphrase en cinq Livres, imprimée à Boulogne en 1577. *in 4.* & à Cologne en 1584. *in 8.* Elle est aussi dans le Recüeil de ses Ouvrages. Crowée l'appelle *Opus insigne*. Le Commentaire de *Jérôme ab Oleastro* a été imprimé à Paris en 1656. *in fol.* seconde édition. Il étoit Portugais, Dominicain, & mourut en 1563.

Gaspar Sanctius, *Cornelius à Lapide*, *Luc de Bruges*, *Hector Pintus*, *M. F. Thadée*, de l'Ordre de saint Augustin, sont estimez sur Isaïe.

Hector Pintus a aussi écrit sur les quatre grands Prophétes, imprimez avec ses autres Ouvrages, à Cologne en 1616. cinq volumes *in 4.* à Paris trois volumes *in fol.* en 1617. & séparément ailleurs. Il étoit Portugais Jéronimite, mort en 1584. Il sçavoit le Grec & l'Hébreu.

Le véritable nom de *Thadée* c'est *Guidellus* ; il fut Général de son Ordre, & mourut en 1606. Son Commentaire sur Isaïe a été imprimé à Perouse l'an 1598. deux vol. *in 4.*

On trouve dans les Anecdotes de Pez, une Exposition de *decem oneribus*, par *Irembert* Abbé, tome 2. partie premiere, p. 428. 500. De plus le Commentaire d'*Hervée*, Moine de Dole, qui contient huit Livres, *ibid.* tome 5. part. 1. p. 1. 756.

Cosme l'Egyptien, dont nous avons parlé sur l'Exode, a expliqué le Cantique d'Ezéchias,

chias, & traité de la rétrogradation du Soleil dans son Systême Géographique du Monde, Livre 8. *Vide ubi suprà.* Nous en parlons plus amplement dans l'Article de la Géographie sacrée.

Il est bon de sçavoir qu'une illustre Sçavante, appellée *Marie Magdeleine Feuillet*, a donné une Concordance des Prophéties avec l'Evangile sur la Passion, la Résurrection, & l'Ascension de notre Seigneur, à Paris en 1689. *in* 12. Elle y établit solidement les principes de la Religion Chrétienne, en faisant voir que les principaux Mystéres prédits par les SS. de l'ancien Testament, ont été accomplis en la personne du Fils de Dieu.

ARTICLE LXI.

Des Commentateurs Protestans & Juifs sur les Prophétes.

Entre les Protestans, après ceux qui ont écrit sur toute la Bible, les principaux sont, *Calvin, Oecolampade, Musculus, Gataker, Calovius, Marlorat, Rivet*, dont la plûpart se trouvent entiers dans les grands Critiques, ou par extrait dans la Synopse des Critiques.

Jean Calvin a écrit sur tous les Prophétes, grands & petits. Son Commentaire sur Isaïe a été imprimé à Geneve *in fol.* en 1617. sixiéme édition.

Il en est de même d'*Oecolampade*, qui a écrit sur tous les Prophétes, en particulier sur Isaïe, à Bâle en 1567. *in* 4. deuxiéme édition. *Wolgang Musculus* n'a écrit que sur ce premier Prophéte; son Commentaire a été imprimé à Bâle en 1623. *in fol.*

Celui d'*Augustin Marlorat* a été imprimé à Geneve en 1610. *in fol.* nouvelle édition. Tous ces Hérétiques sont assez connus.

Ce que *Thomas Gataker* a écrit sur Isaïe, se trouve dans ses Adversaires mélangez & posthumes, tome 1. de ses Ouvrages, imprimez à Utrecht en 1691. 2. vol. *in fol.* Il faut voir la Table des passages de l'Ecriture qu'il a expliquez, qui se trouve à la fin du premier volume.

Salomon Vantil a fait un Commentaire imprimé par les soins de Campege Vitringa, à Leuwarden en 1720. *in fol.* & contient 958. pages, sans la Préface & les Tables. *André Rivet* n'a commenté que le cinquante-troisiéme Chapitre d'Isaïe, à Leyde en 1625. *in* 4.

Drusius a fait des Notes sur les trois premiers Chapitres seulement, imprimées dans la seconde édition des grands Critiques, avec celles qu'il a fait sur les petits Prophétes. On ne les a données qu'après sa mort, comme on les a trouvées dans ses papiers.

Auguste Varen a fait des Disputes sur les douze premiers Chapitres d'Isaïe, imprimées à Rostoch l'an 1658. *in* 8. L'Ecole publique d'Isaïe, *ibid.* 1665. *in* 4. Le College Canonique des quatre derniers Prophétes de Babylone; sçavoir Daniel, Aggée, Zacharie, Malachie, *ibid.* en 1667. *in* 4. Le Trifolium des trois derniers Prophétes, *ibid.* en 1662. *in* 4. Enfin un Commentaire particulier sur le Prophéte Isaïe, revû par Jean Fecht, & imprimé à Leipsic en 1708. *in* 4. Nous avons parlé de lui sur la Génése.

Il a mis à la tête de ce Commentaire une espece d'Introduction qui comprend dix Articles. Il y examine le titre général de la Prophétie, l'ordre des sujets dont parle Isaïe; l'ordre où l'on place dans les Bibles la Prophétie d'Isaïe; ce qui concerne plus particuliérement la personne de ce Prophéte, les lieux, le tems, & les circonstances où il a prophetisé, le but général & la division de ses Prophéties. Il partage ensuite son Commentaire, en trois grandes Sections, dont la premiere finit au Chapitre 12. la seconde au Chapitre 39. & la troisiéme contient les suivans.

Dans ce long Commentaire il paroît ne vouloir pas que rien échape à l'exactitude & à la subtilité de ses réflexions; il épluche tout, il divise & subdivise tout, & ne laisse rien à faire à l'esprit du Lecteur. Ce qu'il y a d'incommode, c'est qu'il n'a pas mis le Texte d'Isaïe, ensorte qu'il faut recourir à la Bible, pour entendre son Explication. Au reste l'Auteur ne s'est pas tellement renfermé dans les bornes de la Critique ou de la Théologie, qu'il n'ait souvent mêlé dans son Commentaire plusieurs points d'Histoire Ecclésiastique & de Controverse, & l'on sera surpris de trouver des questions qui n'ayent qu'un rapport fort éloigné avec le Texte d'Isaïe.

Il faut encore sçavoir que dans cette nouvelle édition on a donné un Catalogue & la Notice des Ouvrages de *Varen*, tant imprimez que manuscrits, qui remplit presque la moitié du premier Tome. C'est une Préface de *Jean Fecht*, où il donne la vie de l'Auteur, dont voici l'abrégé.

Il vint au monde à Lunebourg l'an 1620. & est mort en 1684. Luthérien. Il avoit d'heureuses dispositions pour les Sciences, & une forte inclination pour la Langue Hébraïque, qu'il parloit avec plus de facilité que sa Langue naturelle. Il avoit aussi beaucoup de jugement & de mémoire.

Commentaire sur Isaïe par *Campege Vitringa* en Latin, à Leuwarden en 1714. 1715. 2. vol. *in* 4. Il s'y prescrit deux regles. La premiere, de suivre le sens propre & grammatical, qui résulte de la signification naturelle des mots, eu égard aux circonstances & au dessein du discours; si ce n'est que de fortes raisons

raisons l'obligent à recourir à un autre sens plus relevé & spirituel, lorsque les attributs ne sçauroient convenir au sujet qui paroît être exprimé. La seconde, de chercher l'accomplissement dans les tems voisins ; & s'il ne s'y trouve pas ou entier, ou en partie, de passer aux tems suivans & plus éloignez, en le vérifiant par l'Histoire. Il étoit Calviniste Hollandois, étudioit jour & nuit, & sçavoit très-bien l'Antiquité.

Explication de *Vincent Struck* sur Isaïe, en Latin à Leipsic en 1708. *in* 4. Ce sont plûtôt des Leçons Théologiques que des Observations sur un Prophéte. Il examine d'abord ce qu'on entend par le mot de Prophétie. 2°. Ce qui regarde l'Auteur de celle-ci. 3°. Il donne le sujet de ce Livre. 4°. Il marque le tems où Isaïe a prophétisé. Il s'étend beaucoup sur chacun de ces articles.

Commentaire de *Lyser* sur les petits Prophétes en Latin, à Leipsic en 1709. *in* 4. donné par Lyser son arriere-petit fils, qui y a joint son explication sur le Prophéte Aggée qui y manquoit. On trouve ici à la tête de chaque Prophétie des Prolégoménes dans lesquels l'Auteur donne la vie du Prophéte dont il entreprend d'expliquer les écrits. Il entre dans un grand détail, & tâche de faire connoître l'esprit & le génie du Prophéte. Il découvre les vices qui regnoient alors parmi le peuple Juif, & donne une idée du sujet & de la matiere de chaque Prophétie. Il y a de plus à la tête de chaque Chapitre une Analyse abrégée de tout ce qui y est contenu. Il explique ensuite tous les versets, quelquefois par une simple Paraphrase ; mais lorsqu'il se présente quelques difficultez, il traite la matiere avec plus d'étenduë, & d'une maniere qui fait bien connoître qu'il s'étoit particuliérement appliqué à l'étude de l'Ecriture sainte, & même qu'il étoit sçavant en Hébreu.

Il vint au monde à Winenden dans le Wittemberg en 1552. fut fait Ministre Luthérien l'an 1573. mourut à Dresde l'an 1610. selon Guillaume Wilck, ou 1601. selon Bayle. Il a fait un grand nombre d'Ouvrages sur l'Ecriture, que nous avons marqué chacun en sa place.

François Burmann a fait vingt-six Disputes sur les Prophétes, sçavoir Osée, Joël, Amos, Abdias, Jonas, & Michée.

Jean Cesar, plusieurs Discours en Allemand sur Jonas, Michée, Abacuc, & Sophonie, à Wittemberg en 1598. 1600. 1603. & 1608. 4. vol. *in* 8. Voyez sur Job, & c'est pour la derniere fois que nous en parlons.

Louis Cappel a fait des Notes sur le cinquante-troisiéme Chap. d'Isaïe, & la fin du cinquante-deuxiéme ; sur Abdias, Michée, Nahum, Habacuc, Sophonie, Aggée, Malachie, Zacharie, dans ses autres Ouvrages posthumes, à Amsterdam en 1689. *in fol.*

Barthelemi & Isaïe Heidenrich. Le premier a fait une Exposition sur Joël, Jonas, Abdias, Nahum, Aggée, & Malachie, à Wittemberg en 1610. *in* 8. Nous avons parlé de lui sur Ruth. Le second a fait plusieurs Discours en Allemand sur Joël, Jonas, Abdias, Michée, Amos, imprimez à Leipsic 3. vol. *in* 8. 2. vol. *in* 4. 1603. 1611.

Edouard Liveleius a fait des Notes sur Osée, Joël, Amos, Abdias, & Jonas, à Londres en 1587. *in* 8. & dans les grands Critiques sur les Prophétes. Il dit lui-même de ses Notes, qu'elles paroîtront peu de chose à ceux qui méprisent le sens grammatical. Il se flatte cependant qu'elles seront de quelque utilité. Simon lui reproche d'avoir trop affecté de paroître sçavant sans aucune necessité. On peut voir ce qu'il en dit dans son Histoire Critique de l'ancien Testament, page 445. Il étoit Anglois, Professeur dans l'Académie de Cambrige, & est mort en 1605. ou 1606. C'est tout ce que nous en dirons.

Jean Mercier a fait aussi un Commentaire sur les mêmes Prophétes, à Giessen en 1595. Voyez sur la Génése. *Amand Polanus* a fait un Commentaire sur Jérémie, & ses Lamentations, en 1608. *in* 8. Sur Ezéchiel avec une Analyse Logique & Théologique, *ibid.* en 1592. *in* 8. Sur Daniel en 1600. *in* 8. Une Analyse de Malachie en 1606. *in* 8. Du Prophéte Osée en 1601. *in* 8. Nous avons parlé de lui sur les Pseaumes, Article 50. Nous en parlerons encore.

Victorin Strigelius a mis son Commentaire sur les quatre grands Prophétes, avec celui qu'il a fait sur les Machabées. Voyez *ibid.* Il a aussi donné des Scholies sur les douze petits, à Leipsic en 1570. seconde édition *in* 8. Nous en parlerons encore sur les Lamentations.

Urbain Rhegius a expliqué Abdias, Habacuc, Sophonic, Aggée, Zacharie, Malachie, à Hall en Saxe en 1537. Voyez sur les Pseaumes, Article des Protestans.

Balthasar Willius a fait un Commentaire sur Zacharie, Aggée, Malachie, à Brême en 1638. *in* 8. Nous parlerons encore de lui ailleurs. Il étoit Allemand Luthérien de Brême, & Professeur, mort en 1656.

Edouard Pocock a fait un Commentaire sur Osée, Joël, Michée, & Malachie, dans ses Ouvrages, à Amsterdam en 1699. *in fol.* Nous parlerons de lui ailleurs.

Elie Schadée a donné la Synopse du Prophéte Joël, à Strasbourg en 1588. *in* 4. Un Commentaire sur Amos, *ibid.* la même année *in* 4. La Synopse des principaux endroits de Jonas, *ibid. in* 4. M. Dupin dans ses Tables, t. 4. p. 432. parle d'un autre Ouvrage très-

très-important tiré de l'Ecriture, mais qui n'entre pas dans notre deffein, puifqu'il eft purement Théologique. Il étoit Allemand de Limbewerden, Luthérien, Profeffeur à Strafbourg, & eft mort en 1593. Il fçavoit l'Hébreu, & fut Miniftre de l'Eglife Proteftante de Strafbourg.

Jean Henri Urfin a donné un Commentaire littéral fur Ofée, à Francfort en 1677. *in* 8. Sur Joël, à Spire en 1640. *in* 8. Sur Jonas, à Francfort en 1642. *in* 8. Sur Abdias & Nahum, *ibid.* en 1632. *in* 8. Nous avons parlé de lui fur la Génefe, & nous en parlerons encore.

Joffe Vvillichius, fur Jonas en particulier, à Francfort en 1546. *in* 8. Sur Abdias, Jonas, Habacuc, & Aggée, à Bâle en 1546. *in* 8. Voyez fur S. Paul.

Jean Leufden, des Notes Philologiques fur Jonas; Joël, & Abdias, à Utrecht en 1656. 1657. 2. vol. *in* 8. C'eft pour la derniere fois que nous parlerons de lui.

David Parée a fait un Commentaire fur Ofée, à Heidelberg en 1609. feconde édition *in* 4. Des Notes fur Joël, Aggée, Amos, à Oxford en 1631. *in* 4. Voyez fur la Génefe, Article 30. & fur S. Matthieu, &c.

Les Rabbins *David Kimchi*, *Salomon Jarchi*, & *Abenezra*, fe trouvent dans les Bibliothéques Rabbiniques.

David Kimchi Juif, a fait un Commentaire fur Ifaïe & Jérémie, imprimé à Conftantinople en 1503. *in fol.* feconde édition en Hébreu. Il a auffi écrit en particulier fur tous les petits Prophétes.

Celui d'*Abenezra* a été imprimé à Venife en 1526. *in fol.* & à Bâle en 1619. *Samuel de Lanido* a donné un ample Commentaire fous ce Titre: *Vas auri puri*, à Venife en 1657.

Salomon, fils d'Ifaac, a fait un Commentaire fur Ifaïe, avec le Texte de la Bible, imprimé à Theffalonique en 1600. *in fol.* Sur Ofée, Joël, Amos, Abdias, & Jonas, avec la Verfion Latine de Jean Mercier, à Paris en 1561. *in* 4. Sur Ofée avec les Notes de Coddée, à Leyde en 1621. *in* 4. Sur Joël avec la Verfion de Génébrard, à Paris en 1563. Sur Abdias, Jonas, & Sophonie, en Latin, par Pontac, *ibid.* en 1566. *in* 4. Sur Joël & Jonas, par Leufden, à Utrecht en 1657. feconde édition, 2. vol. *in* 8. Sur Malachie, en Latin, par Samuel Bohl, à Roftoch en 1637. *in* 4. en Hébreu & en Latin par Siméon de Muis, à Paris en 1620. feconde édition *in* 4. Sur les Lamentations, par François Taylor, à Londres en 1651. *in* 4. Nous avons déja parlé de lui ailleurs.

Tome IV.

ARTICLE LXII.

Traitez & Differtations fur les Prophétes, en particulier fur Ifaïe.

Salom. Deylingii, de origine vaticiniorum in gente Hebrea, dans fes Obfervations facrées, tome 1. Obferv. 1. & 23.

Voyez les Préfaces de *Cornelius à Lapide*, & les nôtres, fur les Prophétes en général, & fur Ifaïe en particulier.

Voyez auffi les deux premieres Homélies de *S. Bafile* fur ce Prophéte; les Prolégoménes de *M. Dupin* fur l'ancien Teftament; & l'Ouvrage du *P. Pezron* fur les Prophétes.

Saint *Bafile* dans fa premiere Homélie, traite de l'excellence du don de Prophétie. Dans la deuxiéme, il parle de toutes les vifions qu'ont eu les Prophétes; & explique comment elles fe font faites. *Corneille de la Pierre* dans fa grande Préface, parle de l'excellence des Livres des Prophétes; & de leur obfcurité; des différentes fortes de Prophéties; & marque tous les Auteurs qui les ont expliquées. Il donne auffi des régles pour bien entendre les Prophéties, avec une Concorde Chronologique. *M. Dupin* dans fes Prolégoménes, traite de la maniere de diftinguer les fauffes Prophéties d'avec les véritables, de la fucceffion des vrais Prophétes parmi les Juifs, & réfute M. Simon fur ce fujet.

Le Difcours préliminaire de *Paul Pezron*, eft fur l'antiquité, la fucceffion, & la néceffité des Prophétes. Ce qui fuit eft un effai d'un Commentaire littéral & hiftorique fur les Prophétes, où il explique quatre Chapitres d'Ofée; tout Joël; Amos, Abdias, & trois Chapitres d'Ifaïe, à Paris en 1693. *in* 12. en François. Cet Ouvrage, tout petit qu'il paroît, peut beaucoup fervir à entendre les faintes Ecritures; car l'Auteur y explique ce qu'il y a de plus difficile dans les Prophétes; il réfute les erreurs des Juifs fur le Meffie; & y établit la Foi Orthodoxe; mais ce n'eft qu'une partie d'un plus grand Commentaire qu'il méditoit fur tous les Prophétes; il feroit à fouhaiter qu'il eût exécuté un fi vafte deffein avec le même fuccès. M. Dupin dans le dixfeptiéme fiécle de fa Bibliothéque Eccléfiaftique, tome 5. p. 488. & fuivantes, a donné un affez long extrait de fon premier coup d'effai.

Nous avons déja dit quelque chofe du *P. Pezron* fur l'Exode, au fujet de la Pâque Judaïque; il eft à propos d'en parler ici plus amplement. Il étoit né à Hennebon, petite ville de Bretagne, l'an 1639. Il entra dans l'Ordre de Cifteaux en 1660. fit Profeffion dans l'Abbaye de Prieres en 1661. alla étudier à Paris au College des Bernardins; après fa Licence faite en Sorbonne, l'Abbé de Prieres

V 5

res le choisit pour son Sécretaire. Il y fut fait Maître des Novices en 1673. fut rappellé à Paris en 1677. reçû Docteur en 1682. En 1697. le Roi le nomma Abbé de la Charmoie. Il en donna sa démission en 1703. & mourut en 1706. âgé de 67. ans. Il avoit beaucoup d'érudition, & avoit fort étudié les anciens monumens de l'Histoire Prophane ; mais il donnoit trop à ses conjectures, & se formoit aisément des sistêmes : il écrivoit néanmoins facilement & agréablement sans aigreur, sans emportement, comme il paroît dans les difficultez qu'il a eu avec le P. Martianay sur des points de Chronologie, comme nous le disons dans l'Article de la Chronologie Sacrée. Il étoit doux, humble, & modeste dans la conversation ; véritablement Religieux dans toute sa conduite.

Joan. Alberti Fabricii, Bibliographia antiquar. c. 12. *n.* 3. 4. Il y donne les marques des vrais & faux Prophétes. On peut voir aussi son *Codex Pseudepigraphus*, où il rapporte plusieurs piéces attribuées aux Prophétes, en Grec & en Latin, & y a mis des Notes très-curieuses.

Il faut voir *Spencer* dans son troisiéme Livre des Loix des Hébreux, Chapitre 2. §. 3. *Dodwel* dans sa Lettre 2. *de studiis Theologicis. Abarbanel* dans ses Prolégoménes sur Daniel.

Joan. Gerson. Libell. de probatione spirituum, où il apprend la maniere de connoître les vrais & faux Prophétes. Il est parmi ses Ouvrages de la nouvelle & ancienne édition, de même que dans les Actes du Concile de Constance, tome 3. p. 23.

Herman Wwitsius, dans ses Miscellanées Théologiques, tome 2. Exercitation premiere, parle de la gloire du Messie revelée dans le sixiéme Chapitre d'Isaïe. Nous parlons de lui dans l'Article de la Géographie Sacrée.

Petri Molinæi Vates Lib. quart. imprimé à Leyde en 1640. *in* 8. où il traite de la connoissance des choses futures, des bons & des mauvais Prophétes. Il a encore donné l'accomplissement des Prophéties, à Sedan en 1611. Il étoit du Vexin, Calviniste, né en 1568. fut Ministre à Orleans, & est mort en 1658.

David Knibbe, *Historia Prophetarum in* 4. Belgicè, imprimée à Leyde en 1708. & à Berne en Allemand en 1709. *in* 4. Il étoit Flamand, Calviniste, Prédicateur à Leyde au commencement du dix-huitiéme siécle.

Nicol. Gurtler, *systema Theologia Propheticæ*, à Amsterdam en 1702. *in* 4. Il y traite de la Prophétie & des Prophétes. On peut y joindre l'Ouvrage d'*Abraham Gulich*, intitulé : *Theologia Prophetica de rebus veteris Testamenti*, imprimé *ibid.* en 1675. Car Gurtler n'a fait que suivre la méthode de Gulich, exposant les Prophéties selon l'ordre des tems qu'elles ont été accomplies, & traite de celles qui n'ont pas encore eu leur accomplissement. Gurtler étoit de Bâle, Calviniste, & est mort en 1711.

Caroli Bovilli, *de visione Propheticâ Domini Exercituum sedentis super solium*, dans ses Questions sur l'ancien & le nouveau Testament. Il étoit de Vermandois, Chanoine de Noyon, & est mort vers 1520.

Deylingius in Isai. 11. 10. *qui stat in signum populorum*, t. 2. *Observ. sacr. c.* 23.

Joan. Frischmuth, *de Evangelio è Sione egressuro*, ad *Isai.* 2. 1. Ce Traité a été imprimé à Jéne en 1669. *in* 4. Il a encore donné la Prosographie du Messie sur le neuviéme Chapitre d'Isaïe, ꝟ. 6. *ibid.* en 1664. *in* 4. & plusieurs autres Ouvrages sur le même Prophéte, dont nous aurons peut-être lieu de parler. Nous en avons traité ci-dessus.

Christiani Lochner in hunc Isai. locum : Ecce Virgo concipiet. Isai. 7. 14. dans le tome 1. des Dissertations Philologiques. Il étoit Allemand Lutherien.

Voyez la Dissertation de *M. Bossuet* Evêque de Meaux, sur le même sujet, à Paris en 1704. *in* 12. Et la nôtre sur ce même passage imprimée à la tête de notre Commentaire sur Isaïe, & dans le Recüeil de nos Dissertations, tome 3. p. 390.

R. P. Landriani Tract. de partu Virginis, *in* 4. *Mediolani* 1639. Il est plûtôt d'un Théologien que d'un Critique qui explique l'Ecriture.

Samuelis Andreæ, *de Nativitate Emmanuelis*, *in Thes. Theolog.* Il étoit Calviniste, & Professeur à Marpourg vers 1680.

Frideric. Spanhem. in Isai. 7. 14. *in Dubiis Evangelicis Dubio* 34. imprimez à Geneve en 1700. *in* 4. 3. vol. quatriéme édition. Il étoit du Palatinat, né en 1600. fut Ministre à Geneve, Professeur à Leyde, & est mort en 1649.

Samuel Bohl Commentar. Biblio-Rabbinic. in Isai. à cap. 7. *ad* 11. imprimé à Stetin en 1636. *in* 4. & dans les Dissertations Philologiques, tome 1. Il étoit de Poméranie, & est mort en 1639.

Dissertation de *M. Roger* sur le Chap. 7. *in* 8. à Paris en 1715. Cet Ouvrage contient deux Dissertations Critiques & Théologiques, dont la seconde est sur *Ecce Virgo concipiet*, &c. Il étoit de Bourges, Doyen de l'Eglise Cathédrale ; peut-être vit-il encore.

Dissertatio Franc. Vavasseur, *de formâ Christi*, p. 317. *Operum Vavassor.* Il y défend la beauté de JESUS-CHRIST contre ceux qui l'ont attaquée. Voyez notre Dissertation sur la beauté de JESUS-CHRIST à la tête de de notre Commentaire sur Isaïe, & dans le Recüeil de nos Dissertations, tome 3. page 422.

Rigaltii de forma seu specie Christi, ce qui se trouve dans l'édition de saint Cyprien donnée en 1649. Rigaut vint au monde à Paris, & mourut l'an 1652. âgé de 80. ans. Il étoit sçavant & avoit beaucoup de discernement pour le choix des matieres qu'il traitoit; mais son stile est trop enflé & trop recherché.

Andreæ Lencer de Prosographia Messiæ in Thes. Dissert. Cette Prosographie se trouve dans le dixiéme tome des grands Critiques de la derniere édition p. 754. Elle est sur le neuviéme Chapitre d'Isaïe, & regarde la naissance du Messie. Le Pere le Long ne l'a point marquée dans sa Bibliothéque sacrée.

Boileau, Chanoine de la Sainte-Chapelle de Paris, a fait une Dissertation pour montrer que JESUS-CHRIST étoit petit; je ne sçai si elle est imprimée.

Pauli Slevogth, de morbis & doloribus Messiæ. Isai. 53. imprimé à Jéne en 1644. *in 4.* Il étoit de Saxe, Luthérien, & est mort en 1655.

Joan. Andr. Danzius, in eundem Isaiæ locum, à Jéne en 1670. *in 4.* & sur le cinquante-troisiéme Chapitre il a donné *Judæus proprio jugulatus gladio*, *ibid.* en 1679. *in 4.*

Salomon Deylingii, in Isai. 8. 1. de libro magno & stilo hominis, t. 1. Observ. sacr. ejusdem in Isai. 9. 5. de Clavi quam Christus in humero. ibid. Vide & in Isai. 9. 6. 1. 3. Observ. c. 17.

Alb. Clingii in Isai. 53. 9. Dabit impios pro sepultura, &c. dans le Trésor des Dissertations Philologiques, tome 1.

De Quiros S. J. in Canticum Ezechiæ. Isai. 38. avec ses autres Ouvrages, à Seville en 1622. *in fol.* Voyez ci-devant sur le Deutéronome.

Dissertation sur Isaïe 53. 8. *De angustia & de judicio sublatus est, &c.*

Voyez le Recüeil des Dissertations Critiques, imprimées à Paris chez Wit *in 4.* en 1715. Il y a une Dissertation Critique du R. P. *Souciet*, Jésuite, sur Isaïe, ou défense de l'intégrité du Texte Hébreu d'Isaïe, 53. ℣. 8. contre la correction qu'y veut faire M. Indés Théologien de Salamanque. Voyez le passage d'Isaïe en question: *Propter scelus populi mei percussi eum.*

David Clodius a fait sur Isaïe une Dispute sur l'enfantement d'une Vierge, Chap. 7. à Giessen en 1685. *in 4.* Il étoit Allemand de Hambourg, Luthérien, Professeur en Langue Hébraïque à Giessen, & est mort l'an 1687.

Jean Cluppenburg a écrit sur le cinquante-troisiéme Chapitre, à Francker en 1652. *Gerard Meier* a fait contre les Juifs quatre Disputes sur la génération du Messie dont il est parlé au Chap. 53. d'Isaïe, à Wittemberg en 1686. *in 4.* Nous parlerons de lui ailleurs; voyez l'*Index.*

Gotlieb Eckstein a écrit sur son Sépulchre glorieux, à Wittemberg en 1682. *in 4.* Voyez sur Zacharie.

Jean Deutschmann a traité de la Conception & de la Naissance temporelle du Messie, sur le Chap. 7. ℣. 14. & 15. à Wittemberg en 1700. *in 4.* Voyez sur S. Matthieu.

Jean Juste Kisker a écrit sur la sépulture de JESUS-CHRIST au Chap. 53. à Rinthel en 1699. *in 4.* Il étoit Allemand Luthérien, Professeur à Rinthel sur la fin du dix-septiéme siécle.

Henri Opitius a écrit sur le cinquante-troisiéme Chapitre touchant le Messie, contre Grotius & les nouveaux Juifs, à Kiel en 1702. *in 4.*

Emmanuel Ryhiner a fait une Dissertation Philologique & Théologique sur la ville de Tyr dont parle Isaïe, & y a mis tout ce que les Prophetes en ont prédit, à Bâle en 1715. *in 4.* Il étoit Allemand de Bâle & Calviniste, vivoit au commencement du dix-huitiéme siécle; c'est tout ce qu'il a fait.

Christian Sahmius a traité de la rétrogradation du Soleil en deux Disputes, à Konisberg en 1689. & 1696. 2. vol. *in 4.* Nous avons parlé de lui sur l'Exode.

Guillaume Salden a traité des chiens muets dont il est parlé dans le Chapitre 56. ℣. 10. C'est dans ses Loisirs Théologiques; voyez l'Article 27.

Jean Frederic Scharff a écrit sur l'enfantement miraculeux d'une Vierge, à Wittemberg en 1653. *in 4.*

André Daniel Habichhorstius a fait des Dissertations sur Isaïe, depuis le premier Chapitre jusqu'au vingt-cinq, données par *Jean Fecht*, à Rostock en 1705. *in 4.* Elles ne sont que sur quelques principaux endroits. Il a encore traité en particulier de l'Agneau dominateur de la terre, dont il est parlé au Chapitre 16. ℣. 16. *in 4.* Voyez l'article 27. *infra* sur Ezéchiel.

Henri Burton a traité du jeûne des Israëlites dont il est parlé au Chap. 7. à Londres en 1628. Il a encore fait quelque chose sur l'Apocalypse, dont nous parlerons en son lieu. Il étoit Anglois, de la Religion des Indépendans, & vivoit vers 1628.

Sebastien Curtius a traité de la naissance d'Emmanuel, sur le Chapitre 7. ℣. 14. à Marpourg en 1554. Il étoit Allemand Luthérien.

Jean Rodolphe Secholzer a écrit sur le second Verset du second Chapitre, où il est parlé

parlé de la Montagne de la Maison du Seigneur. Il confere ce passage avec un autre de l'Historien Joseph qui parle de cette Montagne. Cet Ouvrage a été imprimé à Zurich *in* 4. L'Auteur étoit Allemand, Suisse, & Calviniste, & vivoit au commencement de 1700.

Jean George Abicht a expliqué l'Oracle d'Isaïe au Chap. 9. ⅴ. 1. allegué par S. Mathieu Chap. 4. ⅴ. 13. il suit le Texte Hébreu pour en donner le sens littéral, à Leipsic en 1708. *in* 4. Il a fait aussi une Dispute sur les supplices de la République des Juifs, révelez sous des symboles dans le premier Chapitre de Jérémie, ⅴ. 11. . 16. en 1708. *in* 4. Il étoit Allemand Luthérien, & Professeur de la Langue sainte à Leipsic vers 1708. Nous en parlerons encore sur Jonas.

André Geret, sur la rétrogradation du Soleil, à Wittemberg en 1673. *in* 4. c'est tout ce qu'il a fait. Il étoit Allemand Luthérien.

Jean Rodolphe Cramer a fait une Dissertation sur le Verset 16. du Chap. 48. qu'il entend du Fils de Dieu, imprimée à Herborne en 1701. *in* 4. Il étoit de Zurich, né en 1678. a été Professeur depuis 1702. jusqu'à 1717. & plus. Ses autres Ouvrages sont marquez dans la Bibliothéque Philologique, tome 2. page 572.

Pierre Werensfels a fait une Dissertation sur l'enfantement d'une Vierge, dont parle Isaïe Chap. 7. ⅴ. 14. 16. & sur un passage de Daniel, Chap. 12. ⅴ. 1. 2. 3. imprimée à Bâle en 1669. *in* 4. Il étoit de cette Ville, Calviniste, fils de *Jean Jacques Vverensfels*, né l'an 1627. & vivoit encore en 1675. selon Hofman, dans son Dictionnaire universel.

Jean Daniel Schramme a fait quelques Observations sur les Versets 1. 8. du Chap. 29. qui se trouvent dans la Bibliothéque Philologique, tome 3. p. 327. divisées en trente Articles. Il y prétend que ce passage regarde la défaite de Sennachérib, & non pas la ruine de Jérusalem, contre le sentiment des autres Interprétes.

Jacques Hasée dans une Dissertation explique ce qu'on doit entendre par le *Cymbalum alarum* du Chap. 18. ⅴ. 8. ce qui se trouve dans le même Recüeil Philologique, tome 6. p. 563-618. en quatre Chapitres, & une autre Dissertation sur le même sujet, qui contient le 5. & 6. Chapitre *ibid*. pages 298-360.

Gerard Othove a fait une Dissertation sur l'Empire du Messie, dont il est parlé au Chapitre 9. ⅴ. 1. Elle se trouve dans le même Recüeil, tome 6. p. 824-955. & contient 19. Articles.

Henri Maius le fils, a expliqué le Verset 3. du Chap. 12. du Messie, & fait imprimer à Francfort en 1711. *in* 4. Il tire tout ce qu'il en dit de la Paraphrase Chaldaïque de Jonathan, plus ancienne que JESUS-CHRIST même, de l'aveu des Juifs.

Josias Henri Opitius, dont nous avons parlé sur les Nombres, prouve dans une Dissertation contre Abarbanel, que Jérémie doit être le premier de tous les Prophétes. Elle a été imprimée à Leipsic en 1704. *in* 4.

Enfin *Guillaume Vvhiston* a fait huit Sermons en Anglois sur l'accomplissement des Prophéties de l'Ecriture, avec une Dissertation sur l'Ascension de JESUS-CHRIST, imprimez à Cambrige l'an 1708. *in* 8. Tout son dessein est de marquer le tems où chaque Prophétie a été faite, & celui de leur accomplissement.

ARTICLE LXIII.

Des Commentateurs Catholiques sur Jérémie & Baruch.

Origenes a fait quatorze Homélies sur Jérémie, imprimées seulement en Latin dans l'édition de Génébrard. *Balthazar Cordier* les a données depuis en Grec & en Latin, à Anvers en 1648. *in* 8. sous le nom de *Cyrille*; & *Mathieu Caryophile* en a donné sept, *Allatius* huit, dans sa Chaîne des Péres Grecs sur ce Prophéte, avec sa Version Latine, imprimée à Lyon en 1628. *in fol*. Le tout avec le Commentaire & la Paraphrase de *Michel Ghisler*, sur le même Prophéte, sur les Lamentations, & sur Baruch, imprimé *ibid*. en 1623. trois vol. *in fol*.

M. *Huet* dans son édition d'Origénes, a donné vingt Homélies de ce Pere en Grec & en Latin sur le même Prophéte. Il s'en faut bien qu'elles comprennent tout son Commentaire sur Jérémie. La dix-neuviéme Homélie ne va que jusqu'au douziéme verset du Chap. 20. & la vingtiéme est un fragment de la trente-neuviéme, de celles qu'Origénes avoit faites. Elle est sur le ⅴ. 22. du Chapitre 44.

Saint Jérôme a travaillé sur les trente-deux premiers Chapitres de Jérémie. *Théoduret*, *Raban Maur*, *l'Abbé Rupert*, *l'Abbé Joachim*, *S. Thomas*, ou l'Auteur que l'on cite sous son nom; *Haimon d'Alberstad*, ont écrit sur tout Jérémie.

Paschase Radbert a expliqué les Lamentations du même Prophéte, aussi-bien que *Hugues de saint Victor*, & *saint Bonaventure*. L'Ouvrage du premier est une Exposition imprimée à Cologne en 1532. seconde édition *in* 8. sous le faux nom de *Robert*. Il a été mis depuis dans ses Ouvrages; voyez ci-dessus.

Entre les modernes, *Jean Ferus* a commenté tout Jérémie; mais ses Discours sur les Lamentations sont imprimez séparément,

ment, à Lyon en 1567. *in octavo.*

Christophe de Castres, dont le Commentaire sur Jérémie, les Lamentations, & Baruch, a été imprimé à Paris en 1609. *in fol.*

André Capella, sur tout Jérémie, éclaircit la Vulgate Latine, & la compare, tant avec le Texte Hébreu, qu'avec la Version des Septante, & la Paraphrase Chaldaïque. Son Commentaire a été imprimé en 1586. *in* 4. Il étoit de Valence en Espagne, se fit Jésuite, & ensuite Chartreux en 1569. fut nommé Evêque d'Urgel en 1588. & est mort en 1610. Il sçavoit le Grec & l'Hébreu, & étoit un modele de vertu.

Gaspar Sanctius, *Cornelius à Lapide*, *Jean Maldonat*, *Luc de Bruges*, ont aussi commenté tout Jérémie ; sans parler de ceux qui ont travaillé sur toute l'Ecriture.

Sur les Lamentations, *Maldonat* & *Martin Delrio*. Le Commentaire de ce dernier est tout-à-fait littéral, & a été imprimé en 1608. *in* 4. à Lyon.

On peut y joindre *Hector Pintus*, *Antoine Agellius*, & *Quinquarboreus*, dont nous avons déja parlé. Le Commentaire d'*Agellius* est tiré des Peres Grecs ; il y a ajoûté une Explication à sa maniere, & la Chaîne des Peres Grecs avec sa Version Latine ; ce qu'on a imprimé à Rome en 1589. *in* 4.

Fr. Joan. Latherburi, Ord. Min. Moralia in Threnos Jeremia, in fol. en 1492. ou 1482. selon le Pere le Long. Cette Exposition est d'un grand travail & fort ample, puisqu'elle contient 115. Chapitres sur les seules Lamentations. L'Auteur étoit Anglois de nation, & vivoit vers 1460.

Jacobi Augusti Thuani Paraphrasis in Threnos Jeremia ; elle a été imprimée à Tours en 1588.

On en peut voir plusieurs autres dans la Bibliothéque Théologique de Lipenius, tome 2. Voyez *Threni*. Sur Baruch en particulier, *Théodoret*, *Maldonat*, *Christophe de Castres*, *Pierre Maucorps*, *Ghisler*, sans parler de ceux qui ont écrit sur tous les Prophétes.

Des Commentateurs Protestans & Juifs sur Jérémie.

Entre les Protestans, *Bugenhagen* a écrit sur Jérémie & ses Lamentations ; ce qu'on a imprimé à Wittemberg en 1555. *in* 4. Il étoit Luthérien, & est mort en 1558. âgé de 73. ans. Il étoit moderé & d'une érudition très-rare, dit M. de Thou.

Calvin a fait des Leçons sur Jérémie, imprimées à Geneve en 1589. *in fol.* par les soins de *Jean Budée* & *Charles Jouvillier*, qui les ont recüeillies, ayant été ses Disciples qui lui furent inviolablement attachez.

Pierre Martyr, dont le Commentaire n'est que sur les Lamentations de Jérémie, imprimé à Zurich en 1629. *in* 4. *Jean le Cock* & *Drusius*, qui ont joint ce qu'ils ont fait sur Jérémie avec leur Commentaire sur tous les Prophétes. C'est ce qu'a fait aussi *Strigelius*, mais son Commentaire sur les Lamentations a été imprimé séparément l'an 1564. *in* 4. Il faut y joindre *Gataker*, & *Jean Tarnovius*, qui a écrit en particulier sur les Lamentations ; ce qui a été imprimé à Hambourg en 1707. *in* 4.

Il composa ce Commentaire en 1624. & *Jean Carpzovius* en donna la premiere édition il y a plus de 60. ans. Dans celle que nous marquons ici, il y a à la tête des Prolegomenes courts, mais instructifs.

Entre les Rabbins, *Salomon Jarchi*, & *David Kimchi*, auxquels il faut ajoûter *Moses Alsec*, qui a donné un Commentaire sur les Lamentations, intitulé : *Vox Flentium*, en Hébreu, à Venise l'an 1606. *in* 4. Il y en a encore d'autres que l'on peut voir dans le P. le Long, & Lipenius.

ARTICLE LXIV.
Traitez & Dissertations sur Jérémie & Baruch.

Joan. Frischmuth de non speranda Arcæ fœderis restitutione, Jeremia 3. ℣. 14. dans le Trésor des Dissertations Philologiques, & avoit déja été imprimée à Jéne l'an 1658. *in* 4.

Voyez notre Dissertat. où nous examinons si l'Arche d'Alliance a été remise dans le second Temple, après la captivité de Babylone, imprimée à la tête des Machabées, & dans le Recüeil de nos Dissertations, tome 2. p. 253.

Abrah. Calovii de Selenolatria ; seu de adoratione Lunæ, ad Jerem. 7. ℣. 18. 44. ℣. 17. dans le même Trésor, tome 1. avec celle de *Frederic Meinhard* sur le même sujet. La Dissertation de *Calovius* avoit déja été imprimée à Wittemberg en 1682. *in* 4. Voyez aussi notre Commentaire sur cet endroit.

Nicol. Panecius, de Tophet valle Hinnom, ad Jeremia 7. ℣. 31. imprimée à Wittemberg l'an 1694. *in* 4. Il étoit Allemand Luthérien.

Joan. Frischmuth, de nomine Messiæ glorioso, ad Jeremia 23. ℣. 6. imprimée à Jéne l'an 1651. *in* 4. *De Fœdere novo, ad Jeremia* 31. ℣. 31. *ibid.* en 1671. *in* 4. Elle contient deux Disputes touchant la nouvelle Alliance. *De Regina Cœli, ad Jeremia* 44. ℣. 17. *ibid.* en 1663. *in* 4.

Henr. Jonath. Werenbergii, de jugo Jeremiæ, ad Jerem. 37. 38. C'est une Dispute imprimée à Leipsic en 1683. *in* 4. & dans le tome 1. des Dissertations Philologiques. Il étoit aussi Allemand Luthérien.

Herm. Petreus, *de misericordia Dei*, *Jeremia* 31. ⅴ. 20. Dans les grands Critiques de la nouvelle édition, tome 10. p. 844. Cette Dissertation a pour titre, τα κυρια πολυπλαγανα συγκρινοντος.

Julii Bartolocci, *Dissertat. de Rechabitis*, dans sa Bibliothéque Rabbinique, tome 1. p. 122. Voyez notre Dissertation sur les mêmes, à la tête de notre Commentaire sur Jérémie, & dans le Recüeil de nos Dissertations, tome 1. p. 744.

Herm. Witsius, *Dissert. de Rechabitis*, dans ses Exercitations sacrées, tome 2. Exercitation 9. imprimées à Amsterdam en 1700. *in* 4. Il étoit Flamand, Calviniste, Professeur à Leyde, & non pas à Liége, comme on lit dans le Pere le Long. Il est mort l'an 1708.

Il faut voir sur le même sujet *Boulduc de Ecclesia ante legem. Salomon. Deylingii*, *in Jeremia* 49. ⅴ. 38. *Explanatio*, dans ses Observations sacrées.

Jean d'Outrein, dont nous parlerons sur l'article aux Ephésiens, a fait une petite Dissertation sur le ⅴ. 21. du Chap. 30. qu'il explique du Messie ; elle est dans le tome 1. de la Bibliothéque Philologique de Théodote Hasée, imprimée à Brême en 1719. *in* 8.

Henri Guillaume Matthai, une Dissertation sur le nom du Roi & de la ville de Sesach, dont il est parlé au Chapitre 25. ⅴ. 26. Chap. 51. ⅴ. 41. imprimée à Wittemberg l'an 1703. *in* 4. Il étoit Allemand Luthérien de Misnie, & vivoit au commencement du dix-huitiéme siécle.

Jean Michel Lange, des Dissertations Botaniques & Théologiques sur l'herbe Borith, dont parle Jérémie au Chapitre 2. ⅴ. 22. imprimées à Altorf l'an 1705. *in* 4. avec des figures. Nous parlons encore de lui ailleurs ; voyez son Titre dans l'*Index*.

Esdras Edzard, Allemand Luthérien de Hambourg, & Professeur de la Langue Hébraïque, mort en 1707. a donné sur le Chapitre 23. ⅴ. 5-12. Le *Consensus* de l'Antiquité Judaïque, avec l'Explication des Chrétiens, à Hambourg l'an 1670. *in fol*. C'est tout ce qu'il a fait sur l'Ecriture, & cet Ouvrage doit être considérable.

Jean Jacques Erlmann a expliqué le ⅴ. 22. du Chapitre 31. sous ce Titre : *Novum omnium novorum novissimum*. Ce qui se trouve dans le Trésor des Dissertations Théologiques & Philologiques ; c'est aussi le seul Ouvrage qu'il a donné. Il étoit Allemand Luthérien.

Juste Volfgang Syburgius a fait une Dissertation sur le 23. ⅴ. du Chapitre 3. imprimée dans le même Trésor, & séparément, à Wittemberg en 1672. *in* 4. c'est tout ce qu'il a donné sur l'Ecriture. Il étoit Allemand Luthérien de Magdebourg & Ministre.

George Weissius a traité de l'horrible supplice des deux faux Prophétes dont il est parlé au 29. Chapitre, ⅴ. 20-23. & a été imprimé à Leipsic en 1683. *in* 4. Il a fait aussi une Exercitation sur la plainte de Baruch, mentionnée au Chapitre 45. & imprimée *ibid*. l'an 1684. *in* 4. Cet Auteur étoit Allemand Luthérien, & Ministre général.

Dissertations particulieres sur le Livre de Baruch.

Pour les Dissertations sur Baruch, voyez notre Préface ; & *Jean Albert Fabricius* dans sa Bibliothéque Grecque, Livre 3. Chapitre 29. p. 740. Il y cite la Chaîne Grecque sur Jérémie & Baruch, de *Michel Ghisler*, dont nous avons parlé dans l'Article précédent.

Voyez aussi M. *Huet* dans sa Démonstration Évangelique, Proposition quatriéme. *Lælius Bisciola*, Jésuite, qui est mort en 1629. a fait trois Discours sur la Lettre de Baruch, imprimez à Cosme en 1621. *in* 8.

ARTICLE LXV.

Des Commentateures Catholiques sur Ezéchiel.

Origénes a écrit quatorze Homélies sur Ezéchiel, que nous n'avons qu'en Latin dans l'édition de Génébrard ; mais M. *Huet* dans sa nouvelle édition de ce Pere, a donné des fragmens de son grand Commentaire en Grec & en Latin, tome 1.

Saint Jérôme a commenté tout ce Prophéte en quatorze Livres, & *saint Grégoire* Pape a écrit deux Livres de morale, ou plûtôt des Homélies, qui sont dans le tome 1. de la nouvelle édition. Quoiqu'elles soient toutes morales, il ne laisse pas de consulter quelquefois saint Jérôme, & même de le réfuter sans le nommer.

Raban Maur a fait aussi vingt Livres de Commentaires sur le même Prophéte. *Théodoret*, *Richard de S. Victor*, & quelques anciens Peres Grecs, dont on trouve des fragmens dans la Chaîne Grecque manuscrite du Vatican, ont aussi écrit sur Ezéchiel. Les Peres Prado & Villalpand se sont servis de cette Chaîne, & elle est citée par Corneille de la Pierre.

Les anciens Auteurs, qui ont écrit sur ce Prophéte, sont *Apollinaire le jeune*, dont nous avons parlé sur les Pseaumes ; *Polychrone* Évêque d'Apamée, *Severe*, & quelques autres, marquez dans la Bibliothéque sacrée du P. le Long, & dans la Bibliothéque Théologique de Lipenius, tome 1.

Entre les modernes, *Jérôme Prado*, & J.

QUATRIÈME PARTIE.

J. B. Villalpand, tous deux Jésuites, travaillérent pendant seize ans par les ordres & aux dépens de Philippe II. Roi d'Espagne, à expliquer les vingt-six premiers & les trois derniers Chapitres d'Ezéchiel qui concernent le Temple. Leur Ouvrage est imprimé en trois volumes *in fol*. M. Dupin parlant de ce Commentaire, dit que c'est un des meilleurs qu'on ait fait sur les Prophétes, & il appelle la Description qu'on y a faite, & du Temple & de la ville de Jérusalem, un excellent Ouvrage. Mais d'autres ne pensent pas ainsi, sur tout de la Description du Temple, qui, à la vérité, est belle, magnifique, & conforme aux regles de l'Architecture des Grecs & des Romains, disent-ils, mais qui ne répond pas à ce qu'en dit l'Ecriture dans les Livres des Rois & dans Ezéchiel.

Prado étoit Espagnol de Baeza, dans le Diocese de Jaen ; il se fit Jésuite en 1572. & est mort en 1595, âgé de 48. ans. Il renfermoit un grand esprit dans un petit corps ; mais il étoit d'une très-foible santé. *Villalpand* étoit aussi Espagnol, né à Cordoüe ; se fit Jésuite en 1575. & mourut en 1608. âgé de 56. ans, après s'être beaucoup fatigué par l'étude, qui avança sa mort.

Hector Pintus, & *Pierre Serranus* de Cordoüe, *Forerius*, *Gaspar Sanctius*, *Maldonat*, & *Cornelius à Lapide*, ont commenté le même Prophéte. Lipenius dans sa Bibliothéque Théologique, marque plusieurs éditions du Commentaire de *Pintus*, la derniere faite à Lyon est de 1584. *in fol*. & 1615. *in* 4. à Anvers. Celui de *Serranus* se trouve avec son Commentaire sur le Lévitique. Pour *Forerius*, il faut s'en tenir à ce qu'en dit André Schottus, *per fidem Schotti*, dit le même Lipenius. Le Commentaire de *Sanctius* est avec sa Paraphrase sur Daniel ; voyez l'article 49. Celui de *Maldonat*, & de *Corneille de la Pierre*, avec ce qu'ils ont écrit sur les quatre grands Prophétes.

Luc de Bruges a aussi laissé des Notes & des Variétez de Leçons raisonnées sur ce Livre. Elles se trouvent dans le tome 5. de ses Ouvrages imprimez à Anvers en 1712. *in fol*.

ARTICLE LXVI.

Des Commentateurs Protestans & Juifs sur Ezéchiel.

Entre les Protestans, *François Junius*, ou *Dujon* le pere, a fait un Commentaire imprimé à Geneve en 1609. & 1610. *in* 8. L'Auteur étoit mort dès 1602. Voyez son Titre dans l'*Index*.

Amand Polanus, mort en 1610. a fait aussi un Commentaire, auquel il a joint une Analyse Logique & Théologique ; ce qu'on a imprimé à Bâle en 1592. *in* 8. Voyez son Titre dans l'*Index*. Ces deux Auteurs, & *Jean Drusius* sont estimez sur Ezéchiel.

On peut ajoûter à ceux-là *Ligthfoot*, & *Louis Cappel*, qui ont donné des Descriptions du Temple, aussi-bien que *Campége Vitringa*. Louis Cappel a écrit contre Villalpand, mais modérément. Ce qu'on peut voir dans la Polyglotte d'Angleterre & les grands Critiques, tome 9. p. 3716.

Théodore Bibliander, qui a fait une Exposition des huit derniers Chapitres, où il est parlé du rétablissement du Temple, du Royaume d'Israël, & du partage de la Terre Sainte. Ce qui se trouve dans le Commentaire de Conrad Pellican, imprimé à Zurich en 1532. Voyez leur Titre dans l'*Index*.

Guillaume Lyser, qui a donné une Explication du quatorziéme Chapitre, ỳ. 9. imprimée à Wittemberg en 1637. *in* 4. Voyez sur Isaïe.

Matthias Haffenreffer, qui a fait un Commentaire sur les neuf derniers Chapitres, où il traite de la structure du Temple, des mesures, des poids, & des monnoyes des Hébreux qu'il compare avec les nôtres, imprimé à Tubinge en 1613. *in fol*. Il étoit Allemand Luthérien, de Wittemberg, né en 1560. fut Professeur à Tubinge, & est mort en 1619. Il sçavoit l'Hébreu. Nous parlerons encore de lui plus bas.

ARTICLE LXVII.

Traitez & Dissertations sur Ezéchiel.

Voyez les Préfaces de *Cornelius à Lapide*, les nôtres, & des autres sur ce Livre.

Joan. Clodii, de Magia Sagittarum Nabuchodonosor. ad Exech. 21. ỳ. 21. Cette Dissertation a été imprimée à Wittemberg en 1675. *in* 4. & dans le tome premier des Dissertations Philologiques. L'Auteur étoit Allemand Luthérien, & écrivoit vers 1672. Voyez son Titre dans l'*Index*.

Voyez notre Commentaire sur le même endroit, & notre Dissertation où nous examinons si les dix Tribus sont revenuës de leur captivité, à l'occasion de ce qui est dit dans Ezéchiel, Chap. 16. ỳ. 55. Chap. 37. ỳ. 16. 19. &c. dans le Recüeil de nos Dissertations, tome 2. p. 243.

Et notre Dissertation sur Gog & Magog. *Ezech.* 38. *& seq*. dans notre même Recüeil, tome 2. p. 352.

Voyez aussi notre Description du Temple, dans notre Dictionnaire sous l'Article, *Temple. Salom. Deylingii, in Ezechiel.* 9. ỳ. 4. *Signa Tau*, dans ses Observations sacrées, tome 1. & tome 2. Chap. 4. Le même *de statutis non bonis, in Ezech.* 20. ỳ. 25. ibid. Chap. 24. *In Ezech.* 33. ỳ. 25. 26. *Qui in sanguine comeditis, ibid*. Chap. 25. *In cap.* 8.

ỳ.

✝. 14. *De fletu super Thammuz* ; c'est une Dispute imprimée séparément à Leipsic en 1704. *in* 4. Voyez son Titre dans l'*Index*.

Jean Braunius, dans ses *Selecta sacra*, a écrit sur le même endroit d'Ezéchiel ; on les a imprimez à Amsterdam en 1700. *in* 4. Il étoit Allemand Luthérien du Palatinat, & est mort en 1708.

David Flud, Calviniste Hollandois, a aussi traité *de Fletu super Thammuz* : ce qui a été imprimé *ibid* en 1686. *in* 12. avec une Lettre adressée à Braunius. Il a de plus fait une Explication Philologique & Théologique du Chapitre 47. ✝. 11. imprimée à LeuWarden en 1684.

Henri Gebhard a fait un Traité sur Gog & Magog, imprimé à Gryphiswald en 1695. *in* 4. De même que *André Musculus*, à Francfort en 1577. *in* 8. *Jean Gerhard* en a aussi traité dans son *Chiliasmus*, imprimée à Jéne en 1667. *in* 4.

Michel Buckenroder a aussi écrit de l'irruption de Gog & Magog dans les montagnes d'Israël, imprimée à Jéne en 1664. *in* 4. Il étoit Allemand Luthérien.

André Habichhorst, a traité *de statutis non bonis*, sur le Chap. 20. ✝. 25. ce qui a paru à Rostoch en 1699. *in* 4.

Jean André a fait une Dissertation sur les coussinets & les oreillers dont il est parlé au Chapitre 13. ✝. 18. imprimé à Helmstat en 1702. *in* 4.

Samuel Dauderstat, Allemand Luthérien, & Ministre général à Frisingue, a écrit sur l'Antechist d'Orient, qu'il explique de Gog & Magog, imprimée à Leipsic en 1663. *in* 4.

André Rechemberg, Allemand Luthérien, de Misnie, a donné la Bibliographie d'Ezéchiel, sur le Chapitre 2. ✝. 8. 9. à Leipsic en 1710. *in* 4. Et *Sebastien Schmid*, les Hieroglyphes du Chariot des Chérubins dont il est parlé dans la vision d'Ezéchiel, à Strasbourg l'an 1670. *in* 4.

Jean Meyer, Hollandois Calviniste, & Professeur des saintes Lettres dans l'Académie d'Hardewick, a fait une Dissertation Théologique sur les neuf derniers Chapitres, touchant le Temple, la Ville, & le partage de la Terre promise, imprimée à Hardewick en 1707. *in* 4. Il entreprend d'y prouver que le tems de l'accomplissement de ces dernieres Prophéties n'est pas encore arrivé, mais qu'il arrivera dans la suite. Cela lui paroît certain. Mais il ne sçait s'il faut entendre toutes ces prédictions, suivant le sens littéral. Tantôt il semble l'assurer, & tantôt il avoué qu'il n'a là-dessus que des conjectures à avancer.

ARTICLE LXVIII.

Des Commentateurs Catholiques sur le Prophéte Daniel.

Saint Jérôme & *Théodoret* ont expliqué Daniel. On pourroit y joindre *saint Chrysostome*, si ce qu'on a sous son nom, étoit véritablement de lui. M. Cotelier l'avoit fait imprimer en Grec & en Latin ; D. Montfaucon l'a mis dans la nouvelle édition des Ouvrages de ce Pere, tome 6. p. 199. avec de sçavantes Notes, & un Avertissement, où il dit ce qu'il pense de l'Auteur. Il n'est pas fort éloigné de croire que c'est S. Chrysostome lui-même, quoiqu'il y ait bien des choses qui semblent combattre ce sentiment.

L'Abbé Joachim, dont le Commentaire a été imprimé à Venise en 1519. *Arias Montanus*, à Anvers en 1562. *in* 8. *Benoît Pererius*, imprimé pour la premiere fois à Rome l'an 1586. *in fol*. & depuis avec ses autres Ouvrages.

Le Fevre d'Estaples, *Gaspar Sanctius*, *Cornelius à Lapide*, *Jean Maldonat*, *Luc de Bruges*, *Hector Pintus*, dont le Commentaire sur Daniel est imprimé avec ceux qu'ils ont fait sur les autres Prophétes.

Celada a expliqué ce qui regarde l'Histoire de Suzanne, dans son Commentaire imprimé à Lyon en 1656. *in fol*. Nous avons parlé de lui ci-dessus ; voyez son Titre dans l'*Index*.

A ces Auteurs on peut ajouter *Jacques Veldius*, dont le Commentaire sur Daniel a été imprimé à Anvers l'an 1602. *in* 8. Il y a joint une Chronologie qui sert à entendre les Prophéties de Jérémie, Ezéchiel, & Daniel. Il étoit de Bruges en Flandre, Augustin, & est mort à Saint Omer en 1588. ou 1583. selon Valere André dans sa Bibliothéque Belgique, page 433. où il marque ses autres Ouvrages.

ARTICLE LXIX.

Des Commentateurs Protestans & Juifs sur Daniel.

Les Protestans & les Juifs se sont particulierement appliquez à expliquer les Prophéties de Daniel. *François Junius*, dont nous avons une Exposition tirée de ses Leçons, & imprimée à Geneve l'an 1594.

Jean Drusius, dans les grands Critiques, & la Synopse des Critiques, de même que dans le Recüeil de ses Ouvrages.

Amand Polanus, dont le Commentaire est contre Bellarmin, & a été imprimé à Bâle en 1599. *in* 4. & 1606. *in* 8. Il a fait encore un Discours sur la Prophétie de Daniel, imprimé *ibid*. en 1592. selon Lipenius dans sa Bibliothéque Théologique, tome 1.

Geierus ?

Geierus, qui a fait un Commentaire imprimé à Leipsic en 1667. *in* 4. & 1684. On le trouve aussi parmi ses autres Ouvrages, dont nous avons parlé ci-dessus. Voyez son Titre dans l'*Index*.

André Willet, qui a fait des Héxaples sur Daniel, imprimez à Londres en 1610. *in fol*. Il étoit Anglois de nation, & de la Religion Anglicane.

August. Varenius & *Calovius*, ont travaillé sur Daniel. Voici le Titre de l'Ouvrage de Varenius : *Collegium Canonicum in Danielem, Aggæum, Zachariam, & Malachiam*, à Rostoch en 1667. *in* 4. Nous avons déja parlé de lui. Calovius a fait : *Annotata Anti-Grotiana in Jeremiam & Danielem*, à Wittemberg en 1664. *in* 4.

Hugues Broughton, Anglois, a donné les Visions de Daniel Chaldaïques & Hébraïques tirées du Texte original, & éclaircies par des Explications en Anglois, à Londres l'an 1596. & 1607. *in* 4. mises en Latin par *Jean Boréel*, imprimées à Bâle en 1599. *in* 4. & avec ses autres Ouvrages dont nous avons parlé ci-dessus. Voyez son Titre.

Salomon Gesner a fait treize Disputes sur Daniel, précédées d'une Préface Chronologique, & imprimées à Wittemberg l'an 1606. *in* 8. Elles l'avoient déja été en 1601. *in* 4. & elles le furent en 1638. *in* 8. pour la troisiéme fois. Il a encore donné des Eclaircissemens sur ce Prophéte, imprimez en 1658. *in* 8. Voyez son Titre dans l'*Index*.

Ephraïm Huits, Anglois, a fait un Commentaire, une Analyse, & une Paraphrase en Anglois. Ce qui a été imprimé à Londres en 1644. *in* 4.

Juste Henri Jungmann, Allemand Luthérien, a donné une nouvelle maniere d'expliquer Daniel historiquement & Théologiquement, à Leipsic en 1700. *in* 4. seconde édition.

Entre les Rabbins, *Jacchiades* avec les Notes de *Constantin l'Empereur*, imprimé à Amsterdam en 1633. *in* 4. *Saadias Gaon*, & *Aben-Ezra*, dont le Commentaire est avec ceux qu'ils ont fait sur tous les Prophétes.

ARTICLE LXX.

Traitez & Dissertations sur le Prophéte Daniel.

Il y a dans ce Prophéte quelques endroits considérables, qui méritent qu'on en fasse des Titres particuliers.

Sur les septante Semaines de Daniel.

On peut voir là-dessus les Peres qui en ont traité, comme *saint Clément d'Aléxandrie*, *Tertulien*, *saint Jérôme*, *saint Augustin* dans ses Epîtres 197. 198. 199. Outre ces Peres, tous ceux qui ont écrit de la Chronologie sacrée, se sont particuliérement attachez à expliquer cet endroit de Daniel, qui est un des plus difficiles & des plus importans.

Bartolocci le traite dans sa Bibliothéque Rabbinique, tome 2. p. 307. & 353. *Martin Helvic*, dont le Traité se trouve dans les grands Critiques, & a été imprimé séparément à Giessen l'an 1677. *in* 4.

Joseph Medus, en a fait aussi un Traité exprès, selon Lipenius, mais il n'en marque point l'impression, & il se contente de le nommer *Josephus*.

Abraham Calovius & les suivans, avec quelques autres qui sont loüez dans la Préface du tome 3. de la Synopse des Critiques; sçavoir :

Strauchius, dont la Dissertation Chronologique & Historique, *de Computo 70. Hebdomadum Danielis*, a été imprimée à Wittemberg en 1662. *in* 4.

Derodon, *Matthias Wasmuth*, *Edouard Livelesjus*, *Hugues Broughton*, *Jean Rainold*, *Jean Wichman*; & les autres marquez dans Lipenius, qui sont :

Christophe Binder, qui n'a écrit que sur la neuviéme semaine, imprimé à Tubinge en 1614. *in* 4. *Jean Boulése*, qui a donné une Démonstration des septante Semaines, à Paris en 1575. *in* 8. *George Calixte*, qui en a fait une Exposition, imprimée à Helmstat l'an 1655. *in* 4. *Gerard Gravius*, qui a fait un Discours sur le Mystére des septante Semaines, imprimé en 1647. *in fol*. *Christophe Helvit*, qui a écrit contre Angelocrator, *seu Epidromus de 70. Hebdomadibus*, imprimé à Giessen l'an 1667. *in* 8. *Barthelemi Meyer*, dont le Traité est de 1628. à Leipsic *in* 8. *Michel Wendeler*, qui a fait imprimer le sien à Wittemberg en 1648. & 1650. *Amand Zieric*, dont l'Ouvrage est encore manuscrit à Louvain, comme l'assure Wadding. *Martin Helvic*, dont la Dissertation est imprimée dans les grands Critiques, tome 8. p. 498.

On y peut joindre le *P. Petau* & *Calvisius*, dans leurs Ouvrages de Chronologie; le *P. Hardouin* dans sa Chronologie de l'ancien & du nouveau Testament. *Jean Marsham*, dans son Canon Chronologique & Egyptien. *Nicolas Abram*, dans son *Pharus* de l'ancien Testament, Livre 14. page 15. *M. Huet*, *in Origenianis*.

Robert Baillius, dans son Ouvrage Historique & Chronologique; & nôtre Dissertation sur le même sujet, imprimée à la tête de notre Commentaire sur Daniel, & dans le Recüeil de nos Dissertations, tome 2. page 363.

Voyez aussi *Jean Frischmuth*, dans le Trésor Philologique, p. 902. & suiv. C'est une Dispute

Dispute qu'il a faite sur les 70. Semaines & leur division, imprimée à Jéne en 1671. *in* 4.

L'examen des 70. Semaines de Daniel, dans un Recüeil imprimé à Amsterdam en 1707. *in* 12. en François. C'est une Dissertation divisée en vingt Chapitres, où l'Auteur entreprend d'éclaircir cet Oracle du Prophete par l'examen du Texte, par l'explication du sens, & par la discussion des tems qui y sont prédits, dont il prétend marquer exactement le commencement & la fin.

Aléxandre Sostman a donné en Latin une explication de cette même Prophétie, imprimée à Leide l'an 1710. *in* 4. avec une addition, pour démontrer que JESUS est le Messie, en recherchant les causes de l'incrédulité des Juifs.

Jacques Marie Ayroli, en a traité plus particulierement sous ce titre : *Liber 70. Hebdomadum resignatus*, où il explique cette Prophétie par la Version Vulgate & le Texte Hébreu ; ce qui a été imprimé à Rome en 1714. *in* 4. Nous avons déja parlé de lui. Voyez son titre dans l'*Index*.

Jérôme Van-Alphen a fait un Commentaire sur le neuviéme Chapitre, où il est parlé des 70. Semaines, avec des additions pour éclaircir les difficultez de la Chronologie, en Flamand, à Amsterdam 1706. *in* 4. il étoit de Hanover, né en 1666. & fut fait Professeur à Amsterdam en 1715. Voyez sur les Epîtres aux Corinthiens.

Sur Nabuchodonosor & le Roi Balthazar.

Joan. Georgii Bucheim, *Dissertatio de Metamorphos. Regis Nabuchodonosoris*, dans le Trésor des Dissertations Philologiques, tome 1. Il étoit Lutherien Allemand.

Voyez notre Dissertation sur le même sujet, à la tête de notre Commentaire sur Daniel, & dans le Recüeil de nos Dissertations tome 2. p. 379.

Jean Guillaume Hilliger a donné un *Pilogema* sur cette même métamorphose de Nabuchodonosor, à Wittemberg 1703. *in* 4. seconde édition. Nous avons déja parlé de lui sur les Juges & ailleurs.

Jean Kirchmaïer Allemand Lutherien, en a aussi traité & fait imprimer ibid. 1654. *in* 4. Il y en a d'autres qui ont traité de la statuë & du songe de Nabuchodonosor. On les peut voir dans Lipenius & ailleurs.

Chrétien Hoffman a traité du feu de la fournaise de Babylone, qui ne brûla point les trois jeunes hommes ; ce qu'on a imprimé à Jéne en 1668. *in* 4. Il étoit Allemand Lutherien, & nous en parlerons encore sur saint Matthieu.

Jacob de Clerice, *Dissertatio de epulo*

Balthasar. Daniel V. Cette Dissertation a été imprimée à Wittemberg *in* 4. & dans les Dissertations Philologiques, tome 1. On peut y joindre *Michel Liebentants*, qui en a fait une sur ce que la main miraculeuse écrivit pendant le festin, imprimée *ibid.* 1661. *in* 4. Nous parlerons ailleurs de l'un & de l'autre. Voyez leur titre dans l'*Index*.

Sur les quatre Monarchies & les quatre Bêtes.

On ne s'est pas moins appliqué à donner le dénoüement des quatre Monarchies de Daniel, & on ne sçait pas encore qui a le mieux coupé ce nœud Gordien.

Salom. Deylingii in Dan. XI. ỹ. 2. de 4. Regibus Persiæ, dans ses Observations sacrées, Chap. 19. *Nicol. Abram, Darius Medus*, dans son *Pharus* de l'ancien Testament, Liv. 12. & *Jean Dieteric* a traité de l'état des quatre Monarchies dans les Antiquitez sacrées.

Gabriel Barliet a donné des conjectures sur ces mêmes Monarchies de Daniel & de l'Antechrist, imprimées à Hanovre en 1607. *in* 8. & dans la Politique Impériale de Goldast, à Francfort 1614. *in fol.* C'est un nom supposé de *Barthelemi Guerick*, Allemand Lutherien de Magdebourg, & Jurisconsulte vers 1607.

Herman Vonder Hardt, a traité le même sujet à Helmstat 1708. *in* 8. Voyez son Titre dans l'*Index*. *Philippe Beroald* a traité de la Monarchie des Perses en particulier, imprimé à Londres en 1590. *in* 4.

Maurice Heling a donné la Chronologie des quatre Monarchies, continuée par *Jean Paul Felluvinger*, & imprimée à Altorf en 1667. *in fol.* *Christophe Helvic* en a aussi traité & fait imprimer à Giessen en 1609. *in* 4. de même que plusieurs autres marquez dans Lipenius, tome 2. de sa Bibliotheque Théologique.

Ce qu'il y a de plus considérable là-dessus, sont les deux Dissertations de *Pierre Allix*, Ministre Calviniste, sur le double avénement de JESUS-CHRIST, qui servent d'explication au deuxiéme Chapitre de Daniel contre les Juifs, & imprimées à Londres en Latin l'an 1701. *in* 12.

Herman Witsius a traité des quatre Bêtes dont parle Daniel ; c'est dans ses Miscellanées sacrées. Voyez sur Jérémie, & son Titre dans l'*Index*. *Bernard Pierre Karll* a fait une Dissertation sur le même sujet, imprimée dans la Bibliothéque Philologique, tome 3. p. 804. 848. dont il y a 33. articles. Une autre sur le Colosse, *ad Cap.* 2. *ibid.* tome 5. p. 66. 109.

QUATRIÉME PARTIE.

Sur l'Histoire de l'innocente Susanne.

Sur l'authenticité de l'Histoire de Susanne, voyez la Lettre d'*Origénes* à Jules Africain, donnée par *Jean Rodolphe Westen*, avec la Lettre de Jules Africain à Origénes, en Grec & en Latin, à Bâle en 1691. *in* 4. où il a joint ses Notes; & une Dissertation sur la même Histoire : ce qui se trouve aussi imprimé avec le Dialogue contre les Marcionites *ibid.* 1679. *in* 4. On a mis l'une & l'autre en Grec seulement dans les grands Critiques, tome 8. p. 46. *Genebrard* les a données en Latin dans son édition d'Origénes.

S. Hippolyth. de Historia Susanna, dans la Bibliothéque des Peres, tome 27. p. 9. & dans le second tome de ses Ouvrages donnez par Fabricius en 1716. p. 273. Il y explique toutes les circonstances de l'Histoire de Susanne, & y joint quelque chose des années de la captivité de Babylone. Il faut voir aussi la Préface de *saint Jérôme* sur Daniel. Nous avons déja parlé de saint Hippolyte ailleurs. Voyez son Titre.

On y pourroit joindre *Saint Chrysostôme*, si ce que Dom Bernard de Montfaucon a donné dans son tome 6. de la nouvelle édition de ce Pere, étoit de lui; mais on ne sçait qui en est l'Auteur, & ce n'est qu'une simple explication de l'Histoire de Susanne, avec quelques traits de morale.

Sur plusieurs & différens sujets de Daniel.

Herman Witsius, de Michaele, dans ses Exercitations Académiques, imprimées à Utrecht en 1714.

Michel Boot a traité de la maladie prophétique de Daniel sur le dixiéme Chapitre, à Brême 1690. *in* 4. C'est tout ce qu'il a fait sur l'Ecriture. Il étoit Allemand Luthérien, & vivoit sur la fin du dix-septiéme siécle.

Balthazar Meisner a donné l'Ecole de Babylone, sur le premier Chapitre de Daniel, à Wittemberg 1620. *in* 4. Voyez sur Osée. *Jean André Quenstedt* a traité du Dieu Maozin, dont il est parlé au Chap. 2. ỳ. 38. imprimé *ibid.* en 1702. *in* 4. seconde édition.

Pierre Werenfels a fait une Dissertation Philologique sur le douziéme Chapitre, imprimée à Bâle en 1669. *in* 4. Voyez sur Isaïe.

Jean Frischmuth s'est attaché à expliquer tout ce que le Prophéte a dit du Messie au Chap. 9. ỳ. 24. 26. 27. imprimé à Jéne en 1670-72-77. 3. vol. *in* 4. *Robert Janson* a fait une courte Dissertation sur les Visions de Daniel, imprimée à Clausembourg en 1625.

in 8. C'est le nom supposé d'*André Vaidovius*, Polonois, Socinien & Ministre. *David Holzhalbius* a fait des Disputes sur plusieurs endroits, imprimées à Leyde en 1714. & marquées dans la Bibliothéque Philologique tome 2. p. 570. Il étoit de Zurich, Calviniste, né en 1677. fut fait Ministre en 1697. & Professeur depuis 1702. jusqu'en 1716.

ARTICLE LXXI.
Des Commentateurs Catholiques sur les douze Petits Prophétes en général.

Saint Jérôme & *saint Cyrille* d'Aléxandrie, sont les premiers de ce nombre. Le Commentaire de *saint Jérôme* suit ceux qu'il a faits sur les quatre grands Prophétes. Celui de *saint Cyrille* est dans le tome 3. de ses Ouvrages de l'édition de 1638. *in fol.* Il avoit déja été imprimé séparément à Ingolstat en Grec & en Latin par les soins de Jacques Pontan 1607. *in fol.* Il faut voir ce que nous avons dit de ses autres Commentaires sur l'Ecriture dans l'Article des Commentateurs généraux, & sur Isaïe.

Rufin d'Aquilée doit suivre ces deux Peres. Il a fait trois Livres sur Osée, avec une Préface sur les douze Petits Prophétes; de plus un Commentaire sur Joel & Amos. Tout cela se trouve imprimé avec ses Ouvrages, à Paris 1580. *in fol.* Nous avons parlé de lui sur les Pseaumes & la Génése.

Théodoret, Théophylacte, l'Abbé Rupert & Remy d'Auxerre, ont aussi écrit sur les douze Petits Prophétes, excepté que le Commentaire de ce dernier sur Osée n'est encore que manuscrit, comme nous le dirons en son lieu. Ce qu'il a fait sur les autres Petits Prophétes a été imprimé à Anvers en 1541. avec Oecumenius sur saint Paul; depuis on l'a mis dans la nouvelle Bibliothéque des Peres à Lyon, avec ses autres Ouvrages, tome 16. Nous avons parlé de lui sur les Pseaumes & la Génése; nous en parlerons encore sur saint Paul.

Théodore de Mopsueste avoit aussi écrit sur les mêmes Prophétes, mais son Ouvrage n'est encore que manuscrit entre les mains de Dom Anselme Banduri Religieux Bénédictin & Bibliothéquaire du Grand Duc de Toscane. Il est particuliérement connu par son *Imperium Orientale*, & d'autres Ouvrages dont il enrichit tous les jours le Public.

Raban Maur, Christophe de Castres & François Forerius, ont fait la même chose. Le Commentaire de *Christophe de Castres* a été imprimé à Paris en 1616. *in fol.* Celui des deux autres est avec ce qu'ils ont écrit sur les Grands Prophétes, dont nous avons parlé ci-dessus.

Gaspard Sanctius, François Ribera, Cornelius

nelius à *Lapide* & *Arias Montanus*, ont écrit sur les mêmes Prophétes, sans parler de ceux qui ont commenté toute la Bible.

Le Commentaire du premier est avec ce qu'il a fait sur Baruch, à Lyon 1621. *in fol.* Il y a jusqu'à huit éditions du Commentaire de Ribera. La premiére est de 1571. à Anvers *in fol.* & la derniére de 1611. à Douai. Mais il a donné séparément un Commentaire historique sur les mêmes Prophétes. C'est un Abrégé de son grand Commentaire, à Anvers 1611. *in* 8. troisiéme édition.

M. Simon dit que cet Auteur n'a rien d'extraordinaire pour la critique, & qu'il n'a eu qu'une connoissance médiocre des Langues Grecque & Hébraïque. Mais plusieurs habiles gens ont une toute autre estime de son grand Commentaire sur les Prophétes. Il s'y applique particuliérement à expliquer le sens littéral, & leurs façons de parler. Son grand Auteur est saint Jérôme, dont il a lû les Ouvrages avec application. Il a même donné des regles pour entendre la maniére d'écrire de ce Pere. En suivant un si bon guide, il ne pouvoit rien donner que de bon & d'utile.

Il étoit de Ville-Castin dans le territoire de Ségovie en Espagne ; prit l'habit de Jésuite en 1570. âgé de 33. ans ; enseigna à Salamanque, & mourut en 1601. n'ayant que 54. ans, selon M. Dupin. Crowée dit qu'il en avoit 57. Nicolas Antonio, Ecrivain Espagnol, met sa mort en 1591. Il avoit autant de piété que de science, *egregie doctus & pius*. Nous parlerons encore de lui ailleurs. Voyez son titre.

Le Commentaire de *Corneille de la Pierre* sur les douze Petits Prophétes, suit ceux qu'il a faits sur les grands. Celui d'*Arias Montanus* a été imprimé à Anvers en 1571. & 1582.

Joan. Jossarii Aquilovicani, &c. Nous avons déja marqué son Commentaire dans l'Article 43. puisqu'il est compris dans ce qu'il a fait sur les Grands-Prophétes.

ARTICLE LXXII.

Des Commentateurs Protestans sur les Petits Prophétes en général.

Joan. Marckius in duodecim Prophetas minores, *Amstel.* 1696. 1701. 4. vol. *in* 4. Nous parlons de lui plus d'une fois. Voyez son Titre dans l'*Index*.

Jean Crocius a fait un Commentaire sur ces Prophétes, imprimé à Leyde en 1652. *in fol.* & à Cassel 1673. en particulier sur Jonas *ibid.* 1656. *in* 8. Il étoit Allemand, Calviniste, Professeur à Marpourg, & est mort en 1659.

Lambert Daneau a fait aussi un Commen-taire général sur les douze Petits Prophétes, imprimé à Genéve en 1594. *in* 4. seconde édition, & un autre sur quelques-uns de ces Prophétes, imprimé *ibid.* 1578. *in* 8. Nous parlons de lui ailleurs. Voyez son Titre dans l'*Index*.

Jean Drusius a fait des Leçons sur les douze Petits Prophétes, & en particulier sur Michée, Aggée, Zacharie & Malachie, imprimées à Amsterdam l'an 1627. *in* 4. Sur Osée, avec des conjectures sur l'édition Grecque des Septante, à Leyde 1599. *in* 8. Sur Amos *ibid.* 1600. *in* 8. Sur Nahum, Habacuc, Sophonie, Joël, Jonas & Abdias *ibid.* 1595. *in* 8. Dans la nouvelle édition des grands Critiques, on a mis de nouvelles Notes de lui sur les Petits Prophétes & sur Isaie.

Jean Schmid a fait un Commentaire sur les neuf premiers Petits Prophétes & Frederic Baudouin l'a continué sur les trois derniers, imprimé à Leipsic en 1698. *in* 4. Voyez sur la Sagesse & Aggée.

Charles Marie de Veil a fait une exposition littérale des douze Petits Prophétes, imprimée à Londres en 1680. *in* 8. Voyez sur le Cantique des Cantiques & sur les Actes.

Jean Wolder a fait des Analyses de ces Prophétes, avec des Paraphrases & de courtes Explications, imprimées à Wittemberg en 1617. *in* 4. Il étoit Allemand Luthérien, de Poméranie, & vivoit au commencement du dix-septiéme siécle.

ARTICLE LXXIII.

Des Commentateurs Catholiques & Protestans sur chaque Petit Prophéte en particulier, selon le rang qu'ils tiennent dans le Canon des saintes Ecritures.

Sur Osée, Joel, Amos & Abdias.

Emmanuel Tremellius in *Oseam*. Son Commentaire a été imprimé séparément en 1563. *in* 8. Nous avons parlé de lui dans l'Article des Bibles Latines faites par les Protestans. Voyez son titre dans l'*Index*.

Jérôme Osorius l'ancien a écrit sur Osée & Zacharie ; ce qui se trouve dans le tome 4. de ses Ouvrages, édition de Rome 1592. Voyez son titre dans l'*Index*.

Quinquarboreus sur Osée & Amos, avec ses autres Ouvrages. Voyez ci-dessus, & son Titre dans l'*Index*.

Ligtfoot a expliqué les quatre premiers Chapitres d'Osée, ce qui est imprimé dans le Recüeil de ses Ouvrages 2. vol. *in fol.* Nous avons déja parlé de lui. Voyez son Titre dans l'*Index*.

Rivet a commenté tout Osée, ce qu'on a imprimé à Leyde en 1625. *in* 4. & dans le Recüeil de ses Ouvrages, tome 2. Nous avons

avons parlé de lui ailleurs. Voyez son Titre dans l'*Index*.

Jules Bartolocci dans le tome 2. de sa Bibliothéque Rabbinique, p. 767. a donné une Explication du Chapitre premier d'Osée, qui regarde la vocation des Gentils. On peut ajouter *Phelippeaux*, qui à son Commentaire a joint une Préface intéressante sur les Versions Grecques de la Bible & leurs différentes corrections; le tout imprimé à Paris en 1636. *in fol.* L'Auteur étoit d'Angers, se fit Jésuite en 1594. & mourut en 1643.

Jacobus Augustus Thuanus in Joël, Amos & Abdiam Cazaroduni Turonum 1588. *in* 8.

Hugues de saint Victor sur Joël & Abdias, avec ses autres Commentaires.

Benjamin Boner a fait une Paraphrase du Prophéte Joël, où il fait voir qu'il prédit la fureur de la guerre des Turcs, imprimée à Francfort en 1597. *in* 4. Il étoit Allemand Luthérien du seizième siécle.

Levinus Pouchein l'a expliqué d'une maniére toute scholastique. Son Ouvrage a été imprimé à Konigsberg en Prusse l'an 1649. Il étoit Allemand Luthérien, & est mort en 1648.

Jean Jacques Schurman a donné une Analyse de ce même Prophéte, avec une Explication en Flamand, à Vesel l'an 1703. *in* 4. Il étoit Hollandois Calviniste, & vivoit au commencement du dix-huitiéme siécle.

Pocock a fait un Commentaire Latin sur Joël, imprimé à Leipsic l'an 1695. *in* 4. Il n'a point eu d'autre vûë que de proposer le sens littéral dont il lui sembloit que les Interprétes s'étoient éloignez. Nous parlons de lui ailleurs. Voyez son Titre dans l'*Index*. *Charles Marie de Veil* a aussi expliqué ce Prophéte par l'Ecriture même, imprimé à Paris en 1676. *in* 12. Il a enrichi le sens littéral de beaucoup de belles remarques, tirées des Peres, des Interprétes, des mœurs & des façons de parler des Hébreux, dont il avoit une parfaite connoissance, étant né Juif. Nous en parlerons encore sur le nouveau Testament.

Sebastien Benefield a fait des Discours sur les trois premiers Chapitres d'Amos, en Latin, & imprimez à Oppenhem l'an 1615. *in* 8. & en Anglois, à Londres 1629. *in* 4. Il étoit Anglois, né dans le territoire de Glocester, & mort en 1630. Il avoit beaucoup de lecture des Peres & des Théologiens Scholastiques.

Jean Gerhard a donné des Notes sur le même Prophéte, imprimées à Jéne en 1676. *in* 4. troisième édition. *Paul Laurent*, dont nous parlons ailleurs, a fait des Discours en Allemand, imprimez à Leipsic l'an 1604. *in* 4.

Salomon Gesner a fait un Commentaire

Tome IV.

sur Abdias, imprimé à Hambourg en 1618. *in* 8. *François Gomar* en a fait aussi un qui se trouve parmi ses Ouvrages, imprimez à Amsterdam en 1644. 3. vol. *in fol.* Nous parlons de l'un & l'autre ailleurs. Voyez leur Titre dans l'*Index*.

Laurent Humphredus a traduit ce Prophéte de l'Hébreu en Latin, & y a joint une Explication, imprimée à Bâle en 1559. *in* 8. selon le P. le Long; en 1589. selon Dupin, dans ses Tables, tome 4. p. 1221. de l'édition de Paris *in* 8. Nous parlons de lui en un autre endroit. Voyez son Titre.

Sur Jonas, Michée, Nahum & Habacuc.

Joan. Catardi, *Enarratio in Jonam.* Ce sont des Notes, selon Konig, cité par le P. le Long. Il étoit de Limagne en Auvergne. Cet Auteur vivoit en 1550. Son Ouvrage a été imprimé en 1601. à Paris.

Jean Ferus Franciscain, dont nous avons déja parlé, a aussi écrit sur Jonas en Allemand, & son Commentaire a été imprimé à Cologne en 1567. en Latin à Venise en 1567. *in* 8. *Feu-ardent* en a aussi fait un imprimé à Cologne en 1594.*in fol.*

Andreas Mylius, *Commentarius Grammatico-Criticus in Jonam*, imprimé à Francfort en 1624. & à Konigsberg en 1640. *in fol.* Il étoit Allemand Luthérien, Professeur en Langue Hébraïque.

Joan. Bugenhagii, *Jonas Propheta expositus Vvittemberga* 1550. 1561. *in* 8. Nous avons parlé de lui. Voyez son Titre.

Frideric Albert a donné le Prophéte Jonas en Hébreu & en Chaldaïque avec des éclaircissemens, la Masore & les Commentaires Textuels de Rasi, Aben-Ezra, David Kimchi & Abarbanel, à Leipsic 1684. *in* 8. Il étoit né dans la Moravie & Juif il se fit Luthérien, enseigna le Talmud à Leipsic en 1690. S'étant échappé de cette ville en 1695. il retourna au Judaïsme, selon le sentiment de plusieurs. Nous avons déja dit quelque chose de lui. Voyez son Titre dans l'*Index*.

Jean Leusden a aussi écrit sur Jonas, &c. comme nous l'avons déja dit dans l'Article 61. Il faut y joindre *Auguste & Sigismond Pfeiffer*. Le premier a donné des Leçons sur ce Prophéte, revûës & réduites en un juste Commentaire, à Wittemberg 1671. & 1706. Sigismond a fait une Dissertation dont nous parlerons dans l'Article suivant.

Albert Gravverus a écrit sur le Prophéte Michée. Il a donné une Explication claire, où il examine plusieurs Questions de controverse; elle a été imprimée à Jéne l'an 1664. *in* 4. *Gaspard Graxard* a fait un Commentaire imprimé à Salamanque en 1570. *in* 8. Albert étoit de Meskou dans la Marche de Brandebourg,

Brandebourg, né en 1575. Il fut envoyé en Hongrie en 1595. revint à Wittemberg en 1599. fut fait Recteur du Collége d'Islebe, & ensuite Doyen de Mansfeld, Ministre Luthérien du Diocése de Weymar en 1616. & mourut l'an 1617. Il passoit parmi ceux de sa Secte pour un Théologien exact, & qui avoit du discernement.

Augustin. de Quiros, in Nahum & Malachiam, à Séville 1622. in fol. *Julianus Toletanus in Nahum*, dans la Bibliothéque des Peres, tome 12. p. 630. *Hector Pintus in Nahum.*

Theodore Bibliander a mis en Latin le Texte Hébreu du Prophéte Nahum, & y a joint une Exegése ou Exposition, où il rend raison de sa Version, & explique son sentiment, avec ce qu'il a donné sur Michée, à Zurich l'an 1534. in 8.

Salomon Gesner a aussi donné un Commentaire sur ce Prophéte, à Wittemberg 1604. in 8. C'est pour la derniére fois que nous parlons de cet Auteur. Voyez son Titre dans l'*Index*.

Jacobi Augusti Thuani, Paraphrasis in Habacuc. Sa Paraphrase sur ce Prophéte est jointe à celles qu'il a faites sur les Prophétes précédens. Voyez sur Osée.

Jansenius d'Ypres sur Habacuc & Sophonie, imprimé avec son Commentaire sur les Livres Sapientiaux. Nous avons déja parlé de lui sur le Pentateuque, & nous en parlerons encore sur les Evangiles.

Antoine de Guevara sur Habacuc. C'est une Paraphrase imprimée avec ses Notes sur le Pseautier, à Anvers 1609. in 4. troisiéme édition. Il étoit Espagnol, Jurisconsulte & Prieur d'Escalada au seiziéme siecle.

Antonius Agellius Episcopus Acernensis, in Habacuc, à Anvers 1597. in 8. Nous avons parlé de lui sur les Pseaumes & les Cantiques de Salomon. Le reste de ses autres Ouvrages sur l'Ecriture, n'est pas encore imprimé : car il en a fait plusieurs.

Salomon Vantil, Protestant, a fait un nouveau Commentaire sur Habacuc, imprimé à Leyde en 1700. in 4. Voyez plus bas sur Malachie. *Alphonse Padilla* a donné un Commentaire moral, des Notes & des Discours imprimez à Rome en 1702. in fol. Il étoit Espagnol, de l'Ordre des Minimes, & vivoit encore en 1704.

Sur Sophonie, Aggée, Zacharie & Malachie.

Nous en avons déja marqué ci-dessus plusieurs qui ont écrit sur Sophonie. *Martin Bucer*, Protestant, est aussi de ce nombre, & son Commentaire a été imprimé avec une Version Latine faite sur l'Hébreu, à Strasbourg en 1528. in 8. Voyez son Titre.

Henri Gebhardi a commenté une partie de ce Prophéte, imprimée à Gryphiswald l'an 1695. in 4. Voyez sur les Juges.

Jean Eckius ou *Eckon* sur Aggée. Son Commentaire est imprimé à Salignac en 1538. in 8. C'est tout ce qu'il a fait sur l'Ecriture. Il s'est particuliérement distingué par ses Ouvrages de Controverse. Possevin dit que son Commentaire est court & sçavant. On l'a aussi imprimé avec ses autres Ouvrages en 1530. in fol. Nous avons parlé de lui dans l'Article des Bibles Allemandes.

Jacques Gerschovius a fait des Scholies & une Analyse sur ce Prophéte, imprimées à Gryphiswald en 1639. Il étoit Allemand Luthérien.

Franciscus, ou plûtôt, *Joan. Reyroles Ord. Minim. in Zachariam Quæst. litterales & morales*, à Paris 1631. in fol. M. Dupin le nomme *Jean de Rairoles*.

Guillaume Pemble, Anglois Protestant, a fait en Langue Angloise une Exposition sur ce Prophéte, imprimée à Londres en 1629. in 4. Le P. le Long dit qu'elle n'est que sur les dix premiers Chapitres. Il mourut en 1632.

Zacharie Schilter a donné aussi un Ouvrage sur le même Prophéte Zacharie, imprimé à Leipsic en 1604. in 8. Il étoit Allemand Luthérien. Voyez son Titre. *Didace Stunica*, Catholique, dont nous avons déja parlé, a fait un Commentaire où il expose le Texte Hébreu, la Version Grecque & Latine, & donne des regles pour les mœurs, imprimé à Salamanque en 1577. in fol. Voyez son Titre.

Samuel Bohl, Protestant, a fait une Analyse depuis le premier Chapitre jusqu'au huitiéme; & *Zacharie Grapius* a continuée jusqu'à la fin, imprimée à Rostoch en 1711. in 4. Voyez le Titre de l'un & de l'autre.

Samuel Szattmar, Allemand Calviniste, & Professeur en Langue Hébraïque, en a donné une Explication, imprimée à Utrecht en 1715. in 4.

Salomon Vantil, est de tous les Protestans celui qui a le mieux travaillé sur Malachie. Car il en a donné une Explication imprimée à Leyde en 1701. in 4. avec une Dissertation sur la situation du Paradis terrestre, dont nous avons déja parlé. Il a mis à la tête de son Commentaire une Introduction, où il réfute & Origénes qui a cru que ce Prophéte étoit un Ange, & les Rabbins qui attribuent cette Prophétie à Esdras.

Samuel Bohl a donné les Commentaires des Rabbins sur le Prophéte Malachie, avec des Disputes Hébraïques & des Explications, imprimées à Rostoch en 1637. in 4. *Jean Martinius*, autre Protestant, a fait des Observations avec une Analyse, imprimées à

Groningue

Groningue en 1647. *in* 4. & 1658. *in* 8. Il étoit de Dantzic, Luthérien, & vivoit vers 1665.

Entre les Rabbins, *Salomon Jarchi* & *Kimchi* ont écrit sur ces douze Petits Prophétes. Il suffit de voir l'Ouvrage de *Bohl* & de *Frideric Albert*, qui ont donné les Commentaires des autres Rabbins.

ARTICLE LXXIV.

Traitez & Differtations sur les douze Petits Prophétes.

Joan. Stenber, *de conjugio Oseæ cum meretrice*, dans le Trésor des Diſſertations Philologiques, tome 1. & séparément à Marpourg en 1625. *in* 4. Il étoit Allemand Luthérien, né à Lisperg, & Professeur en Langue Hébraïque à Gieſſen. Il est mort en 1643. ou 1642. selon Dupin.

Abrahami Calovii, *de Arbelæ destructione Dissertatio*, Osée X. ℣. 14. imprimée avec ce qu'il a fait sur Jérémie. *Joan. Helvic Villemer in Osea XI*. ℣. 7. *Populus meus pendebit ad reditum meum*, &c. imprimée à Wittemberg 1680. *in* 4. & dans les Dissertations Philologiques.

Herman Chriſtophe Engelcke a expliqué le ℣. 9. du Chap. XIII. sous ce titre : *Lux in tenebris oriens*; ce qui est imprimé à Roſtoch l'an 1709. *in* 4.

Voyez notre Dissertation sur l'Idolatrie des Israëlites dans le Désert, *Amos* ℣. 26. Chap. V. au sujet du Dieu Rempha qu'ils adoroient, dans notre Commentaire sur les Petits Prophétes, & dans le Recüeil de nos Dissertations, tome 2. p. 95.

Herman Vonder Hardt, *de Sipphara Babidonia*, où il éclaircit le ℣. 2. d'Abdias. Sa Dissertation a été imprimée à Helmſtat l'an 1708. *in* 8.

Martini Lipenii, *Jona navigatio*, ou *Diaplus Thalaſſus*, *Jon. I.* ℣. 17. dans le Trésor des Diſſertations Philologiques, tome 1. avec trois autres Disputes, imprimées séparément à Wittemberg en 1667. *in* 4. & la Differtation *ibid.* en 1658. Nous avons parlé de lui ailleurs. Voyez son Titre dans l'*Index*.

Chriſt. Weidling, *de Kikaion*, *palmâ Chriſti*, *seu hederâ*, *Jon. IV.* ℣. 6. dans le même Trésor, & séparément à Leipsic 1684. *in* 4. Il étoit Allemand Luthérien & Docteur en Droit. Voyez aussi *Bochart* dans le tome 3. de ses Ouvrages de l'édition de Leyde, p. 919. & *saint Auguſtin* dans sa Lettre 71. n. 5. de la nouvelle édition p. 284. & 75. n. 22. L'Abbé *Garophalo* a fait aussi une Dissertation sur ce Livre de Jonas. Voyez son Titre dans l'*Index*.

Sigiſmond Pfeiffer a fait une Dissertation pour prouver que le Poisson qui engloutit Jonas étoit une Baleine, imprimée à Lubec 1692. *in* 4. C'est tout ce qu'il a fait, & la seule fois que nous en parlerons. Il étoit Allemand Luthérien, & different de deux autres de même nom.

Jean Brunſmann a fait une semblable Dissertation, imprimée à Jéne en 1686. *in* 8. dans l'article des Animaux dont parle l'Ecriture, nous marquons un autre Auteur qui suit un sentiment contraire.

Voyez notre Dissertation sur le Poisson qui engloutit Jonas, dans notre Commentaire sur ce Prophéte, & dans notre Recüeil tome 2. p. 390.

Voyez aussi *saint Auguſtin* dans sa Lettre 102. de la nouvelle édition, p. 284. & suiv. queſt. 6. *Jean George Abicht* a fait une Dispute sur la fuite de Jonas, imprimée à Leipsic en 1702. *in* 8. Nous avons parlé de lui. Voyez son Titre.

Joan. Friſchmuth, *de gloria Templi secundi*, *Agg. II.* ℣. 7. dans le Trésor des Diſſertations Philologiques ; *de Meſſia Rege Sionis*, *ibid. De triginta argenteis*, *ad Zach. XI.* ℣. 12. 13. *ibid.* séparément à Jéne 1660. 1668. 1672. 1678. 4. vol. *in* 4. *De Angelo fœderis*, *Malach. III.* ℣. 1. *ibid.* 1669. *in* 4. *De Eliæ adventu*, *Malach. IV.* ℣. 5. 6. *ibid.* 1662. *in* 4. *De Meſſia confixo*, *Zach. XII.* ℣. 10. *ibid.* 1668. *in* 4.

Salom. Deylingii, *de gloria Templi secundi*, *Agg. II.* ℣. 7. dans ses Observations sacrées, tome 3. chap. 20. *In Zachariam XIV.* ℣. 4. *de Aſcenſione Chriſti de monte Olivarum*, *ibid.* chap. 22. *In Malachiam III.* ℣. 10. *ibid.* chap. 23. *In Malachiam IV.* ℣. 2. qu'il entend de JESUS-CHRIST, *ibid.* chap. 24.

Michaëlis Hieron. Boccii, *Rabbinorum Templum tertium fictum*, *Agg. II.* ℣. 7. dans le Trésor des Dissertations Philologiques, tome 1. & séparément à Wittemberg 1677. *in* 4. *Daniel Pfeiffenger* a fait aussi deux Dissertations sur Aggée. Voyez sur l'Epitre à Tite.

Gaſpar Godefroi Mundinus a aussi écrit du second Temple, imprimé à Leipsic 1661. *in* 4. Il étoit Allemand Luthérien. *Jean Adam Scherzer* a fait une Dispute sur le même sujet, imprimée à Leipsic en 1665. & 1682. *in* 4. de même qu'*Auguſte Varenius*, à Roſtoch 1646. *in* 4.

Joh. Hulſemani, *Vir germen*, *Zach. VI.* ℣. 9. dans le Trésor des Dissertations Philologiques. *Gottlieb Eckſtein*, *de lacu in quo non est aqua*, *Zach. IX.* ℣. 11. dans le même Trésor, tome 1. & à Wittemberg 1681. *in* 4. Il étoit Allemand de Misnie, Luthérien, Professeur des Langues Orientales à Stetin.

Gebh. Salemanni, *de Meſſia confixo*, *Zach. XII.* ℣. 10. Ce qui se trouve dans le tome

s. des Dissertations Théologiques Philologiques.

Jacques Frideric Reimman a traité de la Vallée de Josaphat, dont il est parlé dans le Prophéte Joël, & fait voir comment cet Oracle est déja accompli ; ce qui se trouve dans la Bibliothéque Philologique, tome 6. p. 412. *Jean Hereig* en a aussi traité, & plus au long ; ce qu'on a imprimé à Brême l'an 1632. *in* 8. *De appellatione, citatione & compulsione ad judicium in Vallé Josaphat* ; c'est le titre du Livre.

ARTICLE LXXV.

Des Commentateurs Catholiques sur les Livres des Macchabées.

Raban Maur a travaillé sur les Macchabées, suivant le sens historique & allégorique, comme il le dit à l'Empereur Louis le Débonnaire, à qui il a dédié son Ouvrage.

Nicolaus Serrarius a écrit sur les mêmes Livres ; ce qui se trouve avec ses autres Commentaires. Voyez sur Tobie, & son Titre dans l'*Index*.

Joseph Etienne n'a expliqué que les quatre premiers Chapitres du premier Livre, en un vol. *in* 4. à Valence 1616. sous ce titre : *De Bello sacro Religionis causâ suscepto*. Il étoit de Valence en Espagne, & fut fait Evêque d'Origuela, en 1594. & est mort en 1604. & non pas 1594. comme on le lit dans Dupin.

Fullonus in Macchabæos, à Liége 1660. 1664. 3. vol *in fol*. sur le premier Livre seulement. Il étoit lui-même de Liége & Jésuite, & est mort en 1658. Il se nommoit *Jean Erard Fullon*.

Joan. Petri Verhost, Commentarius in Macchabæorum Librum I. à Tréves 1700. *in fol*. en voici le Titre : *Sacra Militia Typus & Historia*. Cet Ouvrage est peu de chose. Il y a cependant à la tête des Prolegoménes, qui peuvent être de quelque utilité. Il étoit Evêque d'Arba en Dalmatie, & fleurissoit au commencement du dix-huitiéme siécle.

ARTICLE LXXVI.

Des Commentateurs Protestans sur les deux Livres des Macchabées.

Victorin Strigelius a fait des Scholies, imprimées à Leipsic en 1571. seconde édition, 4. vol. *in* 8. *Badvvel*, *Alberic Gentilis* & *Drusius* ont fait des Notes qui se trouvent dans les grands Critiques, tome 5. de la premiere édition à la fin. Celles des deux derniers ont été imprimées séparément à Franeker l'an 1600. *in* 4.

Gentilis étoit Italien de la Marche d'Ancone, Calviniste, Jurisconsulte & Professeur Royal à Oxford. Il mourut en 1608. âgé de 58. ans. Dans sa Dispute, il traite sa matiére en Jurisconsulte, prétend détruire l'autorité de ces Livres, parce qu'il croit y trouver des choses contraires au Droit naturel & civil ; ce qu'il dit avoir déja fait au sujet du Livre de Tobie & d'Esther.

Himmelius a fait une Analyse de ces mêmes Livres, qui se trouve avec celles qu'il a faites sur les prétendus Livres Apocryphes. Voyez sur Judith.

ARTICLE LXXVII.

Traitez & Dissertations sur les Livres des Macchabées.

Alberici Gentilis, ad 1. *Machabæorum Disputatio*. Nous venons d'en parler. Dissertations sur les Médailles Hébraïques à l'occasion de ce passage. 1. *Macchab*. 15. ℣. 6. *Permitto tibi facere percussuram proprii Numismatis*.

Recüeil de Dissertations critiques par le *P. Souciet* Jésuite, à Paris 1715. *in* 4. Nous en avons déja parlé. Voyez *Souciet* dans l'*Index*.

Salom. Deylingii, de Re Nummaria veterum Hebræorum, à Leipsic 1715. & dans ses Observations sacrées, tome 3. chap. 25.

Drusii Tractatus de Hasidæis, dans les grands Critiques, tome 8. & séparément à Franeker l'an 1603. *in* 8. Il fait de belles recherches pour trouver qui ils étoient, la véritable signification de leur nom & leurs fonctions.

Voyez notre Dissertation de la parenté des Juifs & des Spartiates, dans notre Commentaire, & le Recüeil de nos Dissertations, tome 1. p. 554.

M. Huet dans sa Démonstration Evangelique, proposition 4. traite le même sujet, & *Etienne Morin* dans ses Dissertations imprimées à Dordrect en 1700. *in* 8. Cette Dissertation avoit déja été imprimée à Genéve en 1673. Nous avons déja parlé de lui, & nous en parlerons encore sur saint Matthieu.

Sur le troisiéme & quatriéme Livre des Macchabées, voyez dans nos Dissertations au tome 1. des Macchabées, & dans notre Recüeil, tome 2. p. 420. 423.

Fin de la quatriéme Partie de la Bibliothéque Sacrée.

Fons aquæ salientis in vitam æternam. Joan 4.14.

BIBLIOTHEQUE SACRÉE.

CINQUIÈME ET DERNIÈRE PARTIE.

Qui contient les Commentateurs sur le nouveau Testament.

OUR mettre cette derniére Partie dans son ordre naturel, nous commencerons par ceux qui ont fait des Concordes ou Harmonies sur les quatre Evangiles; nous mettrons ensuite les Commentateurs qui ont écrit sur les quatre mêmes Evangiles; & nous finirons par ceux qui ont écrit sur chaque Evangeliste en particulier, ou sur quelque Livre des autres Apôtres.

ARTICLE PREMIER.

Concordes ou Harmonies faites par les Catholiques.

Eusébe Livre 4. chap. 29. de son Histoire Ecclésiastique; saint Epiphane Hérésie 46. num. 1. & Théodoret Livre 1. chap. 20. des Fables des Hérétiques, parlent d'une Concorde des quatre Evangiles, composée par *Tatien*, hérétique des premiers siécles. Il avoit arrangé le Texte des quatre Evangelistes de telle maniére, que des quatre il n'en avoit fait qu'un; mais il en avoit malicieusement retranché les Généalogies du Sauveur, rapportées dans saint Matthieu & dans saint Luc, parce qu'il ne croyoit pas que JESUS-CHRIST eût véritablement pris la nature humaine. Théodoret dit qu'il trouva plus de deux cens Exemplaires de cette Concorde de Tatien dans les Eglises de son Diocése, plusieurs personnes, même des Orthodoxes, s'en servant à cause de sa briéveté; mais il les supprima & leur substitua le Livre de nos quatre Evangiles.

Victor de Capouë, Ecrivain du sixiéme siécle, ayant rencontré une Harmonie des quatre Evangiles, ou un Livre composé du Texte des quatre Evangiles, crut que c'étoit l'Ouvrage de Tatien; il le traduisit en Latin, & le publia sous le nom de cet Auteur. Nous l'avons encore aujourd'hui, & il se trouve imprimé dans les différentes Bibliothéques des Peres, & dans les Ortodoxographes. Mais ce qui démontre que ce n'est point l'Harmonie de Tatien, c'est qu'au Chap. 5. on y lit la Généalogie de JESUS-CHRIST, qui n'étoit certainement pas dans l'Evangile

Tome IV.   A 6   de de cet Auteur. Quelques-uns l'attribuënt à *Ammonius d'Aléxandrie*.

En effet, il en avoit aussi composé une, que l'on trouve en Latin, de la Traduction d'*Ottomare Luscinius*, imprimée à Ausbourg en 1523. *in* 4. à Mayence 1524. *in* 8. à Cologne 1532. revûë par *Gaspard Bruschius* à Erford 1544. en François à Lyon 1526. *in* 8. & dans les Bibliothéques des Péres, dans celle de Lyon tome 3. p. 266. D'autres, comme Baronius sur l'an 174. &c. l'attribuënt à Tatien, mais elle n'est pas certainement de lui pour la même raison que nous venons d'alléguer, & il est très-incertain qu'elle soit d'*Ammonius*.

C'est plûtôt une Paraphrase ou un Abrégé des quatre Evangiles, qu'une véritable Concorde, selon M. de Valois dans ses Notes sur Eusébe, p. 84. & il croit qu'elle a été composée en Latin par un vrai Catholique. Charles du Moulin, dans la Préface sur sa Concorde, trouve qu'il y a dans cette prétenduë Harmonie, plus de travail que de succès & d'utilité. *Quisquis eam elaboraverit, parum utiliter, majorique labore, quàm felicitate.*

Theophile d'Antioche avoit aussi composé une Harmonie des Evangiles, comme saint Jérôme dans sa Lettre 151. *ad Algasiam*, l'insinuë par ces paroles: *Theophilus Antiochenæ Ecclesiæ septimus post Petrum Apostolum Episcopus; quatuor Evangelistarum in unum opus dicta compingens, ingenii sui monumenta reliquit.* Mais cet Ouvrage n'est point parvenu jusqu'à nous. Il y en a même qui croyent que saint Jérôme a pris l'Harmonie de Tatien pour un Ouvrage de Théophile d'Antioche.

Eusébe de Césarée avoit écrit un Ouvrage sur les différences des Evangelistes, selon saint Jérôme dans son Catalogue des Ecrivains Ecclésiastiques, Chap. 81. & sur saint Matthieu Chap. 1. mais cet écrit est perdu. Nous n'avons plus de lui que les *Canons* ou *Regles Evangeliques*, rangées en dix colonnes, dans lesquelles on voit d'un coup d'œil les Chapitres où les Evangelistes sont semblables & différens entre eux. Ces Canons se trouvent dans plusieurs Manuscrits & dans plusieurs éditions Grecques & Latines. En Grec seulement dans les éditions Grecques du nouveau Testament du Louvre par R. Etienne à Paris 1550. *in fol.* avec sa Lettre à Carpathius. Mais la différence qui se trouve entre les Chapitres marquez par Eusébe, & ceux dont nous nous servons à présent dans nos Bibles, fait que ces Canons nous sont aujourd'hui assez inutiles.

Les quatre Livres de saint Augustin, *de consensu Evangelistarum*, sont une espéce d'Harmonie des quatre Evangiles, mais qui est raisonnée & étenduë, au lieu que celle de Tatien étoit composée des propres paroles des quatre Evangiles, qui ne formoient qu'un tissu & une narration suivie. Cet Ouvrage se trouve dans le tome 3. partie 2. p. 1. de la nouvelle édition. Il doit lui avoir beaucoup coûté, & il l'appelle lui-même, *laboriosas litteras*, dans son Traité 112. de saint Jean, & dans le 117. *res operosissimè disputatas*. Il faut voir ce que Simon en dit dans son Histoire critique du nouveau Testament, Chap. 18. p. 269.

Le Prêtre *Juvencus*, dans sa Paraphrase Poëtique de l'Evangile, a composé une espéce de Concorde des Evangelistes, dont il concilie les récits & les paroles. Elle a été imprimée pour la premiere fois à Paris *in* 4. ensuite à Leipsic en 1515. *in fol.* La derniere édition est de 1710. *in* 8. *ibid.* avec les Notes de plusieurs, par les soins d'*Erhard Reusch*. On la trouve aussi dans la Bibliothéque des Peres, édition de Lyon, tome 4. p. 55.

Gui de Perpignan, Ludolfe de Saxe, Pierre Lombard, Jean Gerson, Pierre le Mangeur, Simon de Cassia, Jean Hus, & quelques autres anciens Auteurs, ont fait aussi des espéces d'Harmonies des Evangiles, mais elles se sentent du mauvais goût, du peu de délicatesse & du défaut d'exactitude de leur siécle.

Celle de *Gui* est imprimée à Cologne 1618. 1631. *in fol.* Celle de *Ludolf* à Strasbourg 1483. 1537. *in fol.* sous le titre de *Vita Christi.* Depuis à Venise 1581. avec les Notes de *Jean Dairago*, & mise en François par *Jean Langlois*, à Paris 1582. *in fol.*

Celle de *Pierre Lombard* a été imprimée à Paris en 1483. 1561. de *Gerson* à Cologne 1546. *in* 8. & dans la nouvelle édition de ses Ouvrages, tome 4. p. 83. Quoiqu'on la mette au nombre de celles qui se sentent du mauvais goût de leurs Auteurs, elle a cependant son utilité, puisque le sçavant Gerson a fait une Histoire suivie des quatre Evangiles, ce qui demandoit beaucoup de travail.

L'Harmonie de *Pierre le Mangeur*, en Latin, *Comestor*, est comprise dans son Histoire Scholastique imprimée plusieurs fois & en plusieurs formes. Celle de *Simon de Cassia*, surnommé *Fidatus*, de l'Ordre de saint Augustin, a été imprimée à Cologne en 1533. 1540. *in fol.* Celle de *Jean Hus*, à Nuremberg 1558. *in fol.* & dans la nouvelle édition de ses Ouvrages. Voyez les Titres de ces Auteurs dans l'*Index*.

Zachariæ Episcopi Chrysopolitani, Concordia Evangelistarum, à Cologne 1535. *in fol.* & dans la Bibliothéque des Peres, tome 19. p. 732. édition de Lyon, tome 12. de Cologne. C'est plûtôt un Commentaire sur cette Concorde,

Concorde, qu'une Concorde même, divisé en quatre Livres, avec trois Préfaces. Pierre Pithou en a vû le Manuscrit dans la Bibliothéque de saint Denys, si nous en croyons Labbe *de Scriptoribus Eccles.* tome 2. p. 506. Nous avons eu nous-mêmes la satisfaction de le voir dans la Bibliothéque de saint Martin des Champs à Paris, dans le tems que nous y travaillions à cet Ouvrage. Il est très-bien écrit, & paroît ancien par le grand nombre d'abbréviations qui s'y trouvent. Ce Zacharie étoit de l'Ordre Prémontré, & du Monaftére de saint Martin de Laon, selon Alberic Moine de Cîteaux, dans sa Chronique sur l'an 1157. qui ne lui donne point la qualité d'Evêque. En effet, on ne peut rien dire de certain de sa qualité, ni en quel tems il vivoit. Le P. le Long marque l'an 1157. & le nomme Goldsboroug.

Sebastien Barradius Jésuite, a fait imprimer un Commentaire sur la Concorde Evangélique, en quatre volumes *in fol.* dont la dernière édition est de 1622. à Anvers. Nous avons parlé ci-dessus de son meilleur Ouvrage; car son Commentaire est tout moral, & ne convient qu'aux Prédicateurs. Il étoit de Lisbonne, se fit Jésuite en 1558. & est mort en 1615. âgé de 73. ans. Tous ses Ouvrages ont été imprimez à Cologne en 1628. 4. vol. *in fol.*

On attribuë à *M. Arnaud* une Concorde Evangélique, imprimée à Paris en 1653. *in* 12. en Latin. Elle est courte & fort estimée. On l'a réimprimée depuis sa mort dans la grande Bible de *M. de Sacy*, chez Broncard à Liége, tome 4. en Latin & en François, avec des Notes sçavantes & utiles.

Cornelius Jansenius, Evêque de Gand, a aussi composé un Commentaire sur la Concorde Evangélique, imprimé *in fol.* à Lyon 1594. La dernière édition est de 1684. Dans son Commentaire, il s'applique au sens littéral & mystique tiré des Peres, comme il le dit lui-même dans sa Préface. Dans sa Concorde, il marque d'abord ce qui est de chaque Evangéliste, ensuite ce qu'ils ont de commun entre eux, & rejette à la marge ce qui est de trop.

Le P. *Lamy* de l'Oratoire, a fait imprimer son Harmonie en 1689. *in* 12. à Paris. Il y a joint un Commentaire avec un Apparat Geographique & Chronologique, *in* 4. *ibid.* 1699. & 1703. 2. vol. dernière édition, où se trouvent un Appendix ou une Dissertation pour prouver qu'il n'y a eu qu'une Magdeleine, des Paralipoménes pour expliquer ce qu'il avoit omis, ou ce qui n'étoit pas assez expliqué, avec un Catalogue de ceux qui ont écrit sur les Evangiles, à la fin du tome premier.

Dans sa Concorde il suit particulièrement saint Matthieu & saint Jean, qui étoient Apôtres, & par conséquent ont vû & entendu ce qu'ils rapportent du Sauveur. Pour son Commentaire, il est entiérement littéral & critique; il y explique le Texte Grec & Latin, sans néanmoins s'attacher aux difficultez de Grammaire: tantôt c'est une Paraphrase, tantôt une Analyse qu'il fait: il y joint de longues & sçavantes Notes; le style même est clair, uniforme & agréable. Il déclare qu'il n'auroit pas mis la main à la plume pour enchérir sur les autres Concordes, s'il n'avoit crû en avoir trouvé une plus commode, non seulement pour l'arrangement des paroles des Evangélistes, pour la division en Livres & en Chapitres, & pour les Notes & les marques qui servent à distinguer les Evangélistes, mais encore pour la suite des actions de N. S. dans laquelle consiste principalement, selon lui, la Concorde de ces hommes divins, qui ont été inspirez pour les écrire. Il avouë que la suite qu'il propose est toute nouvelle & différente de celles qui ont paru jusqu'ici, & qui par conséquent, selon ses principes, n'ont pû être qu'imparfaites & défectueuses. Il tend par tout raison des changemens qu'il a faits dans sa Concorde. A la fin il fait une Description exacte de la Terre-Sainte, persuadé qu'à moins d'en connoître la situation, il n'est pas aisé de bien entendre les choses qui s'y sont passées. Il a inséré au commencement du cinquiéme Livre, une Dissertation sur les cérémonies que les Juifs observoient en célébrant la Fête de Pâques, & dont nous avons parlé sur l'Exode. Voyez son Titre dans l'*Index*.

Le P. D. *Paul Pezron*, de l'Ordre de Cîteaux, & dont nous avons déja parlé sur les Prophétes, a donné l'Histoire Evangélique, confirmée par les Histoires des Juifs & des Romains, à Paris 1696. *in* 12. 2. vol. Il y décrit la vie de JESUS-CHRIST selon l'ordre chronologique; fait voir quelle a été la foi des premiers Peres de l'Eglise, y met beaucoup de critique, & explique les endroits les plus difficiles. Il y a joint deux Dissertations, dont la premiére, qui est sur l'année de la Passion, contient plusieurs passages des Peres, qui la mettent sous le Consulat des deux Geminus. La seconde tend à concilier saint Jean avec les trois autres Evangelistes touchant la derniére Pâque.

Il a donné à son Ouvrage la forme d'Annales, où il s'est plus étendu que n'avoit fait Baronius, & où il n'a rien omis de ce qui a été touché par les Evangélistes, soit que ce soient des faits, des préceptes ou des conseils. Ainsi on y trouve tout ensemble & une Histoire & un Commentaire: & parce que nous n'avons aucune connoissance des actions du du Sauveur depuis son enfance jusqu'au commencement de son Ministére Evangélique, il a rempli ce vuide des plus beaux endroits de l'Histoire des Juifs & de celle des Romains, de la suite des Souverains Pontifes, de la liste des Tétrarques successeurs d'Hérode, de celle des Gouverneurs de la Judée & de Syrie.

M. *Toinard*, après avoir travaillé pendant plusieurs années à une Harmonie Evangélique, dont il avoit même fait imprimer plusieurs feüilles, mourut avant qu'elle pût voir le jour: mais ses amis l'ont enfin donnée au public après sa mort, à Paris chez Cramoisy 1707. & 1709. *in fol.* grand papier. *Charles Caton de Court* a fourni les Variantes; & M. *Fleuri* Chanoine de l'Eglise de Chartres a eu part aux Notes & aux Prolégoménes, comme nous l'apprend D. Liron, dans sa Bibliothéque Chartraine, p. 320. Elle rapporte le Texte Grec des Evangélistes, avec un précis de leur récit, en Latin. Nous l'avons principalement suivie dans notre Harmonie imprimée à la tête de notre Commentaire sur saint Matthieu.

On en porte un jugement très-avantageux dans les Mémoires de Trévoux de 1709. tome 1. p. 59. En effet, tout y est d'un goût très-exquis, soit pour la composition, soit pour les remarques, qui sont fort courtes, mais choisies & exactes. *Toinard* étoit d'Orleans, où il vint au monde en 1627. & mourut en 1706. au grand regret des Sçavans, pour ne pas dire de toute l'Europe.

M. *le Roux*, Curé d'Andeville au Diocése de Chartres, a publié une Harmonie qui est fort commode, à Paris 1699. 1701. *in* 8. Elle est en deux tomes separez, l'un Latin & l'autre François, & les Textes des Evangélistes y sont distinguez par la couleur des lettres, dont les unes sont rouges & les autres noires. Elle lui a coûté dix années de travail. C'est pour cette raison qu'il se persuade avoir mieux réüssi que ceux qui l'ont précedé. Il faut voir ce qu'en disent les Actes de Leipsic de l'an 1700. p. 82. Il y a joint des Notes. D. Liron, dans sa Bibliothéque Chartraine, p. 302. parle de cet Ouvrage & de son Auteur.

Nous avons fait une Harmonie des quatre Evangiles, que nous avons mis à la tête de saint Matthieu, & la Vie de Jesus-Christ que nous avons donnée au public, avec des figures en taille-douce, & aussi une espéce d'Harmonie des quatre Evangélistes.

Autres Concordes ou Harmonies Catholiques.

Nous rangeons les autres Concordes par ordre alphabétique du nom de leurs Auteurs, afin de les trouver plus aisément dans ce grand nombre qui en a été fait.

Joan. Alesii, Concordia Evangel. Lichæ 1605. *in* 8. & 1631. seconde édition, dit Crowée. M. Dupin dans ses Tables dit qu'il y a une Chronologie, & que cet Auteur étoit Catholique de Saltzbourg. Il vivoit au commencement du dix-septiéme siécle.

Concorde Evangélique du P. *Benjamin Beauport* Franciscain, imprimée à Paris en 1552. 1560. *in* 8. Il y a joint une Exposition.

Thomæ Beauxamis Carmelitæ, Commentarius in Concord. Evang. à Paris 1590. 2. vol. 1593. à Lyon 3. vol. La derniére édition est de 1650. à Paris. Il étoit de Paris, fut Curé de saint Paul, se fit Carme, & est mort en 1589.

Cæsaris Becilli Urbinatis, Connexio Evangeliorum, &c. à Rome 1625. à Paris 1631. & 1651. *in* 12. Il s'y est particuliérement appliqué à être court sans confusion. Il distingue ce que chaque Evangéliste a dit de particulier & ce qu'ils ont de commun entre eux. Il étoit d'Urbin en Italie, se fit Prêtre de l'Oratoire, & fleurissoit vers 1630.

Joan. Bourghesii, Historia & Harmonia Evangel. à Mons en Hainaut 1644. *in fol.* selon Crowée. La première édition est de 1622. à Anvers *in* 8. avec des figures, des méditations & des aspirations sur les mystéres de Jesus-Christ, ce que le P. Le Long n'a pas marqué. Cette Harmonie est toute Historique, expliquée par des Tables & des Questions. *Jean Bourgese* ou *Bourgeois*, étoit Jésuite, & est mort en 1653.

Anton. Brokevii, Concord. Evangel. à Cologne 1539. *in fol.* 1542. 1550. & à Paris *in* 8. 1554. 2. vol. à Venise 1548. *in* 4.

L'Auteur a eû plusieurs noms: *Broich, Broëckvvey, Bruichi, Bruch*. Il étoit de Flandre, Cordelier, & est mort en 1541. Il étoit bon Théologien & grand Prédicateur, selon Swertius, aussi son Harmonie n'est utile qu'aux Prédicateurs.

Matthæi à Castro, Epitome Concordiæ Janseniana, à Anvers 1593. *in* 8. Il étoit de Flandre comme Jansenius de Gand, dont il a abrégé l'Harmonie Evangélique.

Alani Copi Harmonia, à Louvain 1572. à Douai 1603. *in* 4. Ce n'est que l'Histoire de la Vie de J. C. mise selon l'ordre des années, & écrite telle que les Evangélistes la rapportent. Il suit néanmoins la méthode de Jansenius de Gand & a partagé son Harmonie en quatre colonnes. Il y a eu plusieurs Auteurs de ce nom, mais celui dont nous parlons étoit Anglois, de Londres, Chanoine de l'Eglise du Vatican vers 1560. & est mort en 1578. ou 1580.

Simonis du Corroy Cælestin, Consonantia Evangel. Lugd. 1547. & à Anvers 1591. *in* 16. Elle est intitulée: *Pandectes de la nouvelle Loi*; c'est-à-dire, une suite continuelle de ce qui est rapporté dans les quatre Evangelistes, selon l'ordre des années & des choses. Il étoit de Beauvais & Celestin & est mort en 1569.

Adriani Crommii S. J. Harmonia, à Louvain 1633. *in* 4. Elle est toute Historique. Il étoit Flamand & Jésuite ; est mort en 1651. Il sçavoit le Grec, l'Hébreu & l'Arabe.

Roberti Goulet, Harmonia Evangel. à Paris 1535. *in* 8. & non pas 1635. comme on lit dans le P. le Long. Il étoit Docteur en Théologie de la Faculté de Paris vers 1535.

Joan. de la Haye, Historia Evangel. Dispositio ipsis Evangelistarum verbis ordinata, à Douai 1607. *in* 4. 1609. *in fol.* 2. vol. 1611. avec un Apparat de l'Evangile. Il s'est proposé de ne point confondre le Texte des Evangiles l'un avec l'autre, mais il a séparé ce que chaque Evangéliste a rapporté, sans y rien ajouter ni en rien retrancher. Il est bien différent de *Jean de la Haye*, qui a donné le *Biblia magna & maxima*. Il étoit de Hainaut, se fit Jésuite à l'âge de 25. ans, & est mort en 1614. âgé de 74. ans. Il y en a cependant qui attribuent cette Harmonie à Jean de la Haye Cordelier ; il faudroit pour cela qu'il l'eût composée à l'âge de 13. ans, étant né en 1593. & cette Harmonie ayant été imprimée en 1607. il faut donc qu'elle soit d'un autre plus ancien que lui.

Protasii Henriet, Harmonia Gallicè, à Paris 1667. *in* 4. Il l'avoit d'abord donnée en 1660. *in* 4. en Latin & 1665. *in* 12. Il y a joint des Notes littérales & morales. Il la divise en autant de parties, qu'il y a de sceaux marquées dans l'Apocalypse, c'est-à-dire, sept, & en autant de Chapitres qu'il y a de Pseaumes, c'est-à-dire, 150. L'idée est assez singulière. Il étoit François de nation & Recolet, & est mort l'an 1688.

Cornelii Jansenii Yprensis Tetrateuchus ; à Louvain 1639. *in* 4. à Paris 1667. Ce n'est pas tant une Harmonie qu'un Commentaire, puisqu'il y explique tout de suite les quatre Evangelistes ; mais il a mis à la fin une Histoire Chronologique de la Vie de JESUS-CHRIST, qui peut passer pour une véritable Concorde, plus courte que les autres, & en cela plus commode. Le Commentaire est estimé de tous les Sçavans pour sa brièveté, sa manière naturelle d'expliquer l'Ecriture sainte, & le juste choix qu'il a fait des passages tirez des SS. Peres. Cependant M. Simon dans son Histoire Critique du nouveau Testament, Chapitre 44. p. 664. y reprend quelques endroits. Nous avons parlé de cet Evêque d'Ypres sur le Pentateuque.

Petri de Irurosqui, series Evangelii, Stellæ Navarr. 1557. *in fol.* Cet Auteur étoit du Royaume de Navarre, se fit Dominiquain, & fleurissoit au seiziéme siécle. Il s'appliqua tellement à l'étude, qu'il en perdit la vûe. Crowée le nomme *Irusque*.

Gerardi Mercatoris Harmonia, Duisburgi 1592. 1603. *in* 4. Tout son dessein dans son Harmonie a été de l'opposer à celle de Dumoulin. Il étoit de Ruremonde, où il naquit l'an 1512. étudia les Mathématiques à Louvain, & est mort âgé de 82. ans.

Pauli de Palacio, de Salazar, Harmonia Constantiæ 1605. *in* 4. Il a fait aussi des Enarrations sur saint Matthieu, imprimées à Coimbre en 1564. 2. vol. *in fol.* Nous avons parlé de lui sur l'Ecclésiastique.

Vincentii Regii S. J. Dilucidatio Concordiæ & Historiæ Evangel. Libri 8. *Colon.* 1615. *in fol.* 3. vol. & cependant nous n'avons que les cinq premiers Livres des huit qu'il devoit donner, si la mort ne l'avoit pas prévenu. Il y a des Scholies, des Théories & des Digressions ; ce qui a fort augmenté l'Ouvrage. Il étoit de Palerme en Sicile, & est mort en 1614.

Joan. Roberti S. J. Sancta Evangelia historiarum & temporum serie vinculata Græcè & Latinè, à Mayence 1615. *in fol.* C'est une espéce de Concorde sous l'idée des Chariots mystiques d'Ezechiel. Cet Auteur étoit Flamand, né dans le Bourg de saint Hubert des Ardennes en 1569. se fit Jésuite en 1592. & mourut en 1651. Il a fait quantité d'autres Ouvrages marquez dans Valere André, p. 553. de sa Bibliothéque Belgique.

Franc. de Roxas, Commentaria in Concordiam Evangel. à Madrid 1621. *in fol.* Cette Explication qu'il a jointe à sa Concorde, est littérale, anagogique, morale & allégorique. Elle a encore paru à Lyon en 1651. *in fol.* sous le titre de Chaîne. Il y a eu trois Auteurs de ce nom, tous trois Espagnols. Celui dont nous parlons étoit de Toléde & de l'Ordre de saint François.

Gaspar Serrano Lusitani, Compendium Concord. Evangel. Jansen. Gandav. à Cologne 1590. *in* 8. *Joan. Maria Verrati Carmelitæ, Concord. Evangel. Venetiis* 1571. Cette Concorde de Verrat est dans le tome 2. de ses Ouvrages. Il étoit Italien de Ferrare, & est mort en 1563.

On a donné à Bruxelles en 1676. 2. vol. *in* 12. des Méditations sur l'Histoire de la Concorde des Evangiles ; & depuis on a donné à Paris en 1709. *in* 12. un autre Ouvrage intitulé le Texte des quatre Evangelistes, réduit en un corps d'Histoire, ou la Vie & la Doctrine de JESUS-CHRIST, avec des Notes littérales sur les principales difficultez de l'Evangile.

La vûe que l'Auteur s'y est proposée, est de faciliter l'intelligence de l'Ecriture à ceux qui la liront. Il se sert pour cela de trois moyens. Pour le premier, il réduit le Texte de l'Evangile en un corps d'Histoire, où l'on trouve les faits dans leur suite naturelle, & accompagnez de toutes leurs circonstances, qui sont souvent séparées dans les récits que les Evangélistes en ont faits. Pour le second, il ne s'est pas arrêté à traduire mot à mot les endroits les plus obscurs, mais il les a rendus dans le sens des Peres, qui leur a paru le plus conforme au Texte. Pour le dernier moyen, il a expliqué les difficultez les plus considérables par des Notes, les unes littérales & très-courtes, mises en marge; les autres tirées des Peres, & qui se trouvent à la fin de l'Ouvrage.

On a encore donné à Paris en 1713. la Concorde des quatre Evangiles avec des Réfléxions morales & des Notes, 4. vol. *in 12*. en François, avec l'approbation de 24. Prélats. Ils y assûrent que la Traduction est saine, exacte & pure, que les Réfléxions sont édifiantes, pleines d'instructions & d'onction; que par leur varieté elles sont utiles à tous les états & à toutes les Professions du Chrétien; qu'elles apprennent à lire l'Ecriture avec fruit; que les Notes sont judicieuses; que dans leur briéveté elles renferment ce qu'il y a de meilleur dans les Commentaires, & donnent l'intelligence du Texte; que la Concorde est nette & suivie: enfin que tout l'Ouvrage est composé en esprit de paix, & inspire la docilité envers l'Eglise. Ils n'oublient pas même de louer la pureté du langage.

ARTICLE II.

Des Concordes ou Harmonies des quatre Evangiles par les Protestans.

L'Harmonie de *Jean Ligtfoot* est estimée. Elle se trouve dans le Recüeil de ses Ouvrages tome 1. Elle avoit d'abord été imprimée à Londres en 1644. en Anglois *in* 4. depuis en Latin *ibid.* 1655. *in fol.* & *in* 4. sous ce titre: *Harmonia quatuor Evangel. inter se & cum V. T.* Elle est divisée en trois parties, & ne va que jusqu'à la deuxiéme Pâque: ce qu'on y trouve de particulier est que l'Auteur y fait voir la convenance du nouveau Testament avec l'ancien, & qu'il explique clairement les principales difficultez. D. Mabillon la recommande à ceux qui veulent étudier à fond les saintes Ecritures. Nous avons déja parlé plusieurs fois de cet Auteur. Voyez l'*Index*.

Jean le Clerc a fait imprimer à Amsterdam en 1699. *in fol.* une Harmonie des quatre Evangiles, où il rapporte le Texte Grec entier avec la Version Latine, & une Paraphrase de sa façon. Cette Harmonie a aussi paru en Latin seulement à Francfort en 1700. *in* 4. & en Anglois à Londres la même année & en la même forme. Dans l'édition de 1699. il y a des Dissertations sur les années de JESUS-CHRIST, sur la Concorde & l'autorité des Evangelistes. C'est ce qu'il y a de meilleur dans cet Ouvrage. Car pour la Paraphrase, *latet anguis in herba*: L'Auteur y glisse de tems en tems du Socinianisme. Il nous apprend lui-même dans sa Bibliothéque choisie, tome 8. p. 415. qu'il a mis plusieurs années à perfectionner cet Ouvrage. Il avoit encore promis des Notes, dont il est parlé dans les Mémoires de Trévoux sur l'an 1702. partie premiére, page 157.

Christophe Alshofer, Allemand Lutherien, a fait une Harmonie en Latin, imprimée à Jéne en 1653. & 1658. *in* 4. & *Jean Avenarius* en a donné une imprimée à Bâle en 1588. *in* 12. Il étoit de Bohême, Lutherien, Professeur en Eloquence dans l'Académie de Wittemberg, & Docteur en Théologie. Il est mort l'an 1590.

Jani Bircherodii, series chronologica annorum Christi, à Copenhague 1679. *in* 4. Cet Auteur, différent d'un autre de même nom, & de Jacques Bircherod, étoit Danois, Lutherien, Docteur en Théologie à Copenhague, & est mort en 1686.

Joan. Bugenhagii, Concordia Evangelica Historiæ Christi, à Wittemberg 1524. *in* 8. Cette Harmonie ne comprend que ce qui est dans les quatre Evangelistes touchant la passion & la gloire de JESUS-CHRIST. Crowée ne la met point au nombre de ses Ouvrages, ni Lipenius dans sa Bibliothéque Théologique. Nous avons déja parlé de ce Protestant. Voyez son titre dans l'*Index*.

Laurentii de Bruin, concordia Belgicè, à Dordrecht en 1690. *in* 8. Sa Concorde ne va que jusqu'à la premiere Pâque, dont parle S. Jean. Il étoit Flamand, Calviniste, & Ministre vers 1690.

Henrici Buntingi Concordia, en Allemand, à Magdebourg en 1589. *in fol.* & en 1594. en Latin *ibid.* en 1591. en Suédois à Stockholm en 1617. *in fol.* Il étoit Allemand Lutherien, Ministre dans le Duché de Brunswic, sçavant, homme d'esprit, & fort attaché à l'étude. Crowée ne parle point de sa Concorde. Lipenius dit qu'elle a été réimprimée en Allemand en 1672.

Georgii Calixti Concordia Evangelistarum, à Halberstad en 1624. *in* 4. & à Helmstat en 1664. sixiéme édition. Elle n'est point de cet Auteur, mais d'un autre qui l'a tirée de ses Leçons, & publiée sous son nom.

Abrahami Calovii Harmonia, en Allemand, à Wittemberg en 1680. *in* 8. Elle est aussi dans les Bibles Latines imprimées en quatre volumes *in fol.* à Leipsic en 1719. seconde édition. Il a mis un Commentaire à la
tête

CINQUIE'ME PARTIE.

tête de son Harmonie. Nous parlons souvent de cet Auteur. Voyez son Titre dans l'*Index*.

Joan. Calvini Harmonia ex Matthæo, Marco & Luca, à Geneve en 1553. *in fol.* Il a crû ne devoir pas y mettre l'Evangile de S. Jean, parce, dit-il, qu'il y a peu de choses dans son Evangile qui soit commun avec les autres. Ce que Charles Dumoulin condamne dans la Préface sur sa Concorde, & avec justice, comme on le peut voir. Calvin a aussi joint un Commentaire à la sienne. Il est assez connu sans qu'il soit nécessaire de parler de lui plus au long.

Thomæ Cartvvright Harmonia Evangelica, à Amsterdam en 1630. *in* 4. en Anglois, à Londres en 1650. *in* 4. Cet Auteur a enrichi son Harmonie d'un Commentaire Analytique, Métaphrastique, & Pratique. Nous avons parlé de lui sur l'ancien Testament. Voyez son Titre.

Martini Chemnitii Harmonia Evangelica, à Anvers en 1593. *in* 8. & souvent ailleurs. La derniere édition à Hambourg en 1704. trois volumes *in fol.* On en a fait un Abrégé imprimé à Wittemberg en 1594. *in* 4. Ce qui a si fort grossi cette Harmonie, c'est que plusieurs y ont travaillé. *Chemnitius* l'a commencée ; *Polycarpe Lyser* l'a continuée depuis le Chapitre 52. & *jean Gerhard* l'a achevée depuis le Chap. 141. Il y en a eu un grand nombre d'éditions sous les noms de ces trois Auteurs, en Grec & en Latin de la Version d'Erasme. *Chemnit* a donné en particulier l'Histoire de la Passion, selon les quatre Evangelistes, en Allemand ; c'est aussi une espece de Concorde, imprimée à Francfort l'an 1595. *in* 8. Il étoit Allemand de Brunsvvic, Luthérien, & est mort en 1586.

Joannis Christiani Speculum Harmonicum præcipuarum Harmoniarum, à Berne en 1642. *in* 4. & à Brême en 1643. seconde édition, en Allemand, selon Lipenius. Ce n'est qu'une Analyse Synoptique des quatre Evangiles. Cet Auteur étoit Allemand Calviniste.

Joannis Cluverii Harmonia Evangelistarum, à Rostoch en 1628. à Hambourg en 1701. troisiéme édition. Ce n'est proprement qu'une Supputation Chronologique, selon les trois Pâques & les voyages de Jesus-Christ. Il étoit aussi Allemand Luthérien, & Ministre général de Ditmart ; il est mort en 1633.

Jacobi Dornkrellii ab Eberhertz Harmonia, en Allemand, à Lunebourg en 1683. 1686. *in fol.* & en 1688. *in* 8. Ce n'est point une simple Harmonie, mais une Concorde de l'ancien & du nouveau Testament. Il étoit Allemand de Lunebourg, Luthérien, & est mort en 1704.

Thomæ Draxi Harmonia, à Geneve *in fol.* on ne dit pas en quelle année. Son dessein a été d'opposer son Harmonie à celle de Calvin. Elle n'est que des trois premiers Evangelistes ; mais il y a joint un Commentaire sur S. Jean. Il étoit Anglois de Warvich, & est mort Calviniste en 1616.

Ruperti Erythropili Catena Aurea in Harmoniam Evangel. à Magdebourg en 1604. *in* 4. & en Allemand en 1608. *in* 4. On n'a que le premier tome de cette Chaine de six qu'elle devoit contenir. Lipenius doute que les cinq autres soient imprimez ; ils ne l'étoient pas encore en 1616. comme Erytrophile l'assure lui-même dans sa Préface de la Théologie Apostolique. Ce premier tome ne renferme que la vie de Jesus-Christ depuis sa Naissance jusqu'à la trentieme année. L'Auteur y a suppléé par un Commentaire méthodique sur l'Histoire de la Passion, imprimé à Magdebourg en 1647. *in* 8. Il étoit Allemand Calviniste, & Ministre d'Hanover.

Andreæ Fabri Syntagma Historiæ Evangel. Harmonicum, en Allemand, à Oulme *in* 4. en 1642. selon le P. le Long. Lipenius marque en 1652. *Faber*, ou le *Fevre*, étoit aussi Allemand Luthérien, & vivoit en 1652.

Henr. Gartvvaith, Harm. Evang. en Anglois, à Londres en 1630. *in* 4. & en 1657. Il étoit Anglois, & vivoit vers 1630.

Eilhardi Lubini Harmonia Græco-Latino-Germanica, à Rostoch en 1609. *in* 4. 1614. 1615. 1616. & 1640. en Grec & en Latin seulement, *ibid.* en 1626. *in* 4. Il étoit d'Oldembourg en Allemagne, né à Ammerlande en 1565. Il professa à Rostoch, & est mort en 1621. Il avoit de l'esprit & du jugement, comme il paroit dans ses Ouvrages de Littérature.

Joan. Henrici Maii Harmonia, à Giessen & à Franfort en 1707. *in* 4. Cette Harmonie comprend toutes les actions & les paroles de Jesus-Christ, jusqu'au tems de la derniere Pâque, finissant à la résurrection de Lazare. Elle est divisée en cinq parties, & chaque partie est partagée en plusieurs Chapitres ; que l'Auteur commence par un long Discours à propos du Texte des Evangelistes, & où il insere leurs paroles de loin à loin : ce qu'il appelle une Paraphrase. Il ajoute une suite de propositions, qui selon lui sont autant de veritez, mais qui ne contiennent que le pur Lutheranisme. Il finit par ce qui a rapport à la pratique, & à la conduite Chretienne, se tenant toûjours dans les bornes de son Lutheranisme. Son stile est diffus, & par ses longueurs il fait perdre de vûe le concert qu'il promet de faire voir entre les Evangelistes. Il étoit Allemand de Suabe, Luthérien, & Professeur à Giessen ; il est mort en 1719. âgé de 66. ans, étant né l'an 1653. On peut voir sa vie & le Catalogue de ses Ouvrages

vrages dans la Bibliothèque Philolog. tome 5. p. 298. 508.

Theobaldi Meufchii Harmonia, à Hanover en 1602. *in* 4. Il étoit Allemand Luthérien, Miniftre à Altorf vers 1612. Crowée dit qu'il étoit Calvinifte, & lui attribuë encore une Chronologie de l'ancien Teftament, imprimée à Spire en 1612. *in* 4.

Caroli Molinæi Collatio & unio Evangel. à Hanover en 1565. *in* 4. & dans le grand Recüeil de fes Ouvrages tome 5. p. 430. de l'édition de Paris en 1681. *in fol.* Il y a joint des Notes confidérables, & fuit la méthode de Calvin, avec cette différence qu'il y a ajoûté l'Evangile de S. Jean. Chaque Evangelifte a fa colonne, en forte qu'on en peut lire un fans lire les autres. Dumoulin étoit de Paris, né en 1500. Après fes premieres études il alla à Orleans, enfuite à Poitiers pour y étudier le Droit; fut reçu Avocat au Parlement de Paris en 1522. fe maria en 1533. fe fit Luthérien en 1542. ce qui lui attira beaucoup de difgraces dont il mourut en 1566. Il eft cependant mort Catholique, & fut enterré dans l'Eglife de faint André des Arcs. Il excelloit dans la connoiffance du Droit, & en a écrit très-fçavamment.

Andreæ Ofiandri, Harmonia Grecè & Latinè, Libris 4. *Bafileæ* 1573. *in fol.* Cette Harmonie avoit d'abord été imprimée en Latin en 1537. & 1540. à Anvers *in* 8. enfuite en Allemand, à Francfort en 1545. *in* 8. Enfin en Latin & en Grec à Bâle en 1561. feconde édition *in fol.* chez Froben. Elle eft divifée en quatre Livres; mais l'Auteur en voulant éviter la confufion qui fe trouve ordinairement dans les autres Harmonies, y eft tombé lui-même; car comment retenir toutes les marques dont il s'eft fervi pour défigner les paffages de chaque Evangelifte? Dumoulin ne laiffe pas d'eftimer fon Ouvrage, à caufe de la grande application qu'il y a donnée. Nous avons parlé de lui fur l'ancien Teftament.

Joan. Richardfon. Harmonia; Ufferius l'a fait mettre à la fin de fes Annales de l'ancien Teftament. Cette Harmonie de Richardfon ne regarde que les quatre Pâques du Sauveur, felon les quatre Evangeliftes, & fe trouve à la page 539. des Annales d'Ufferius. Il a fait encore des Obfervations choifies fur l'ancien Teftament en Anglois, imprimées après fa mort à Londres en 1655. *in fol.* Il étoit Anglois de Cefter, & Evêque Anglican d'Ardach, de la Province d'Armach; il eft mort en 1653.

Danielis Sachfii Concordia Evangel. en Allemand, à Francfort en 1651. 1662. 1668. trois volumes *in fol.* Cette Harmonie avoit déja été imprimée à Kothen dans la Principauté d'Anhalt en 1641. L'Auteur, qui étoit Allemand Luthérien, y a joint trois cens Difcours pour en donner l'Explication.

Gafpar. Harman. Sandhagen, Harmonia Evangel. en Allemand, à Lunebourg en 1684. *in* 8. Ce n'eft pas tant une Concorde, qu'une Introduction Synoptique à l'Hiftoire de JESUS-CHRIST & des Apôtres, tirée des quatre Evangeliftes, des Actes des Apôtres, & de l'Apocalypfe. Il y a joint un Difcours fur le Temple de Jérufalem, avec la Defcription de ce Temple. Il étoit Allemand Luthérien, Miniftre général du Duché d'Holftein, & eft mort en 1712.

Jufti Georgii Schotellii Harmonia Evangel. en Allemand, à Brunfwic en 1675. *in* 8. Il étoit auffi Allemand Luthérien d'Hanover, Docteur en Droit, & eft mort en 1676.

Nicolai Selnecceri Explicationes Harmoniæ Evangel. à Leipfic en 1604. *in* 8. En Grec & en Latin *ibid.* en 1583. Ce n'eft que l'Hiftoire de la Paffion, de la Mort, & de la Réfurrection de JESUS-CHRIST tirée des quatre Evangiles, avec des Prolégoménes. Nous avons déja parlé de cet Auteur fur l'ancien Teftament. Voyez fon Titre dans l'*Index*.

Georg. Sigelii Hiftoria J. C. Norimbergæ 1583. *in fol.* Ce n'eft auffi qu'un Abrégé de l'Hiftoire de J. C. tirée des trois premiers Evangiles. Sigelius étoit Allemand Luthérien de Nuremberg, & Profeffeur à Altorf dans le feiziéme fiécle.

Roberti Stephani Harmonia Evang. à Paris en 1555. *in fol.* Il faut entendre par ce titre fon Commentaire fur les trois premiers Evangeliftes, tiré des Commentateurs Calviniftes, comme il l'étoit devenu lui-même depuis qu'il s'étoit retiré à Geneve, où il mourut en 1559. comme nous l'avons déja dit; voyez fon Titre dans l'*Index*.

Salomon Vantill Harmonia Evangel. à Dordrecht en 1689. *in* 4. en Flamand. Nous avons déja parlé de lui plufieurs fois; voyez fon Titre dans l'*Index*.

Abraham Coüet du Vivier, Hiftoire Evangelique, à la Haye en 1706. *in* 4. en François fur la Verfion Françoife de Geneve; & mife en Allemand par *Hector Maximilien*, Comte de *Geyersberg*, à Ratisbonne en 1711. *in* 4. Cette Harmonie contient 120. Stations, aufquelles l'Auteur rapporte tout ce que les Evangeliftes ont écrit. Elle eft précédée d'une Préface où l'Auteur rend d'affez mauvaifes raifons, en affez mauvais François, de fon deffein & des libertez qu'il s'eft données dans fa Traduction. Il étoit François, Miniftre Calvinifte à la Haye, & vivoit encore en 1721.

Gerard. Joan. Voffii Harmonia Libri tres; à Amfterdam en 1656. *in* 4. & dans le tome 6. du grand Recüeil de fes Ouvrages. Il ne rapporte point les propres termes des Evangeliftes, mais il fait l'Hiftoire du Sauveur par

Chapitres

Chapitres & par Articles, ce qui a son utilité. Il ne s'est attaché qu'à ce qui regarde sa Passion, sa Mort, sa Résurrection, & son Ascension. Colomiés ne trouve pas assez d'exactitude dans cette Harmonie, & il y releve même quelques fautes. C'est dans sa Bibliothéque choisie, p. 492.

Il se nomme *Gérard Jean*, pour le distinguer des autres de même nom. Il étoit de Ruremonde, où il vint au monde en 1577. étudia à Dordrecht & y enseigna ; ensuite à Amsterdam, où il est mort Calviniste en 1650. *Et puer & juvenis chartis impalluit, vir senexque*. Il ne faut donc pas s'étonner s'il a donné tant d'Ouvrages, & tous fort estimez. Nous en marquons encore quelques-uns ailleurs. Voyez son Titre dans l'*Index*.

On a trouvé dans la Bibliothéque d'*Usserius*, une Harmonie traduite de l'Anglois en Allemand, & imprimée à Francfort en 1672. *in 8*. Lipenius en rapporte le Titre en Allemand. Nous parlons de cet Auteur en un autre endroit ; voyez l'*Index*.

Philippi Ziegler Concordia Evangelica, en Allemand, à Francfort en 1620. *in fol*. Il étoit Allemand Luthérien.

Des Bibliographes qui traitent de toutes les Concordes.

On peut voir un plus grand nombre d'Auteurs qui ont composé des Concordes, ou des Harmonies des quatre Evangiles, dans *Fabricius*, tome 3. de sa Bibliothéque Grecque, Livre 4. chap. 5. p. 215. & suiv. Dans le P. *le Long*, tome 2. de sa Bibliothéque Sacrée, *in 8*. p. 312. jusqu'à 325. & tome 1. de l'édition *in fol*. à la fin. Dans *Lipenius*, t. 1. de sa Bibliothéque Théologique, sous le Titre, *Evangelium*.

ARTICLE III.

Des Commentateurs Catholiques sur le nouveau Testament, & en particulier sur les quatre Evangiles.

Nous avons commencé cette Partie par les Concordes, parce qu'elles contiennent le Texte de l'Ecriture, comme nous avons commencé la premiere par les Polyglottes & les Bibles pour la même raison. Nous devons maintenant parler des Commentateurs, tant généraux que particuliers sur le nouveau Testament, comme nous avons fait dans la précédente Partie.

Saint Théophile d'Antioche, est le premier & peut-être le plus ancien des Peres Grecs qui ait composé un Commentaire allégorique sur les quatre Evangiles, si celui que nous avons sous son nom est véritablement de lui. Il se trouve en Latin seulement dans la Bibliothéque des Peres, de l'édition de Lyon, tome 2. p. 165. Cave croit qu'il est d'un Auteur Latin, & saint Jérôme, qui avoit lû le véritable Commentaire de ce Pere, ne trouvoit pas qu'il fût d'un aussi bon goût que ses autres Ouvrages qui sont certainement de lui, & imprimez à Hambourg en Grec & en Latin, *in 4*. avec des Notes de Fabricius. Ce Théophile vivoit du tems de Marc-Aurele & de Commode son fils.

Le même saint Jérôme parle aussi de saint Hippolyte Martyr, de Théodore d'Héraclée, d'Apollinaire de Laodicée, de Didyme d'Aléxandrie, de Victorin, & de Fortunatien ; dont nous n'avons plus les écrits.

Entre les modernes, Bellarmin cite *Guillaume de Paris*, dit autrement d'*Auvergne* ; mais je ne trouve aucun Commentaire sur l'Ecriture parmi ses Ouvrages. Il y a seulement quelques postilles sur les Epitres & les Evangiles des Dimanches & des Fêtes de l'année dans le tome 2. de l'édition de 1674. *in fol*. ce qui se trouve aussi dans l'édition de Venise. Cependant Oudin croit que ce qu'il a fait en particulier sur saint Mathieu, se trouve dans les anciennes éditions de saint Anselme de Cantorbie. Nous en parlerons encore ailleurs.

Antoine Birriet, Cordelier du seizième siécle, a écrit sur les quatre Evangiles : ce qui est imprimé à Paris en 1581. *Alphonse Salmeron*, fameux Jésuite, a fait seize volumes sur les Evangiles, & la suite du nouveau Testament. Le premier contient 43. Prolégoménes sur toute l'Ecriture. Le second traite du Verbe avant l'Incarnation. Le troisiéme, de l'Enfance de J. C. Le quatriéme, de l'Histoire de l'Evangile. Le cinquiéme, du Sermon sur la montagne. Le sixiéme, des Miracles de J. C. Le septiéme, des Paraboles. Le huitiéme, des Disputes du Sauveur avec les Pharisiens. Le neuviéme, de l'Eucharistie. Le dixiéme, de la Passion & de la Mort de J. C. Le onziéme, de sa Résurrection & de son Ascension. Le douziéme, est sur les Actes. Les treiziéme, quatorziéme, & quinziéme, sur les Epîtres de saint Paul. Le seiziéme, sur les Epîtres Canoniques & l'Apocalypse. Ce que nous marquons ici pour ne le point répéter ailleurs. Ce prodigieux Commentaire a été imprimé à Madrid en 1597. 1602. & à Cologne en 1604. L'Auteur étoit Espagnol de Tolede, & est mort en 1585.

Nous avons déja marqué ce que *Barradius* & *Jansenius* Evêque de Gand, ont fait sur les quatre Evangiles. Nous ajoûterons que ce sont moins des Commentateurs, que des Conciliateurs des Evangiles. Ils traitent les questions d'une maniere plus étenduë que ne font d'ordinaire les Commentateurs. *Salmeron* a un talent particulier pour adopter les Paraboles. *Barradius* excelle dans la morale,

Jansenius

Jansenius dans la solidité des explications. C'est le jugement qu'en porte Cornelius à Lapide.

Sylveira in Evangelia, Acta Apostolorum & Apocalypsim. Pour bien distinguer les Commentaires de cet Auteur, nous dirons qu'ils sont en dix volumes sur presque tout le nouveau Testament. Le premier est un Prélude ou Introduction à l'Ecriture sainte, imprimée à Lyon en 1676. Les six suivans sur les Evangiles, *ibid*. en 1645. 1675. à Lisbonne & à Madrid. Le huitiéme, sur les Actes. Les neuviéme & dixiéme, sur l'Apocalypse, à Lyon en 1663. 1669. Nicolas Antonio dans sa nouvelle Bibliothéque d'Espagne, tome 1. p. 598. fait le détail de ce que cet Auteur a écrit sur les Evangiles, & ajoute que ses Commentaires sont à l'usage des Prédicateurs. Il étoit Portugais de Lisbonne, & Carme.

Jean Maldonat, Jésuite, est excellent sur les quatre Evangiles, & la meilleure édition de son Commentaire est celle de Pont-à-Mousson, *in fol*. en 1596. La raison est qu'on a changé, ajouté, retranché dans les éditions de Paris & de Lyon. Ce que Philippe du Bois fait voir dans sa Préface sur les autres Ouvrages de ce sçavant Commentateur. Quoique ses autres Commentaires, dont nous avons parlé, ayent leur mérite; il excelle particuliérement dans celui-ci pour la clarté & l'éloquence. On peut voir ce qu'en dit Simon dans son Histoire Critique du nouveau Testament, chap. 42. p. 618. 633.

Didacus de Baeza, Jésuite, a écrit trois volumes *in fol*. sur l'Histoire Evangelique, imprimez à Paris en 1624. Quatre volumes, *ibid*. en 1628. La derniere édition est de 1684. à Cologne. Il a encore donné sept volumes sur l'ancien Testament, tous Commentaires allégoriques & moraux. Baeza étoit Espagnol de Ponferrat en Galice; il se fit Jésuite l'an 1600. n'ayant que dix-huit ans, & mourut en 1647.

Cornelius à Lapide, *Jansenius Yprensis*, & *Erasme*, ont commenté les quatre Evangiles. Le premier a écrit sur tout le nouveau Testament. Voyez ce que nous en avons dit sur l'ancien. Nous avons aussi parlé du Commentaire de *Jansenius* sur les Concordes. Erasme a aussi commenté tout le nouveau Testament : mais ce ne font que des Notes ou des Paraphrases qu'il a données. Il y en a eu un grand nombre d'éditions, dont nous avons eu lieu de parler. Voyez son Titre dans l'*Index*.

On peut voir aussi *Adam Contzen*, Jésuite, dont le Commentaire sur les quatre Evangiles est en deux volumes *in fol*. imprimez à Cologne & à Mayence l'an 1626. Il y défend le vrai sens littéral contre les impies & les Athées. Adam Contzen étoit de Juliers; il se fit Jésuite en 1595. & mourut en 1635. âgé de plus de 60. ans.

Luc de Bruges, dont le Commentaire est en quatre volumes *in fol*. Les deux premiers contiennent ce qu'il a écrit sur les quatre Evangiles; avec l'Itinéraire de J. C. qui est à la tête, & à la fin se trouve un Traité sur la Paraphrase Chaldaïque. C'est une espece d'Apologie du Paraphraste Chaldéen, où il fait voir l'usage de sa Paraphrase, & explique plusieurs endroits de l'Ecriture. Ces deux volumes ont été imprimez à Anvers en 1606. Le troisiéme contient le Supplément du Commentaire sur saint Luc & sur saint Jean, *ibid*. en 1612. Le quatriéme, le reste du Commentaire sur saint Jean. Nous avons déja donné le caractére de cet Auteur sur l'ancien Testament. Voyez son Titre.

Aloysius, ou *Louis Novarin*, qui a écrit quatre volumes *in fol*. sur le nouveau Testament, imprimez à Lyon en 1642. 1643. Si nous avions tout ce qu'il a fait sur l'Ecriture, il mériteroit d'avoir place parmi les Commentateurs généraux. Il faut recourir au Catalogue de ses Ouvrages, imprimé à Verone en 1648. *in 8*. ou au P. le Long dans sa Bibliothéque Sacrée. Il étoit de Verone, Théatin, & est mort en 1650. Il sçavoit la Langue Syriaque & Hébraïque.

On peut voir dans les grands Critiques, tome 6. les Notes d'*Erasme*, de *Laurent Valle*, & de *Henri Etienne*. Nous venons de parler de celle d'*Erasme*. Les Notes de *Laurens Valle*, ont été imprimées séparément, à Amsterdam l'an 1638. & dans ses Ouvrages à Bâle en 1543. *in fol*. *Henri Etienne*, outre ses Notes, a traité du stile des Apôtres dans le nouveau Testament; ce qui tient lieu de Préface à son nouveau Testament Grec, dont nous avons parlé, & de lui-même. Voyez son Titre dans l'*Index*.

Nous ne disons rien ici de ceux qui ont écrit sur toute l'Ecriture; mais il ne faut pas omettre le sçavant Commentaire du P. Aléxandre sur les quatre Evangiles, imprimé à Paris en 1703. *in fol*. il est littéral & moral. Celui du *P. Picquigny*, Capucin, qui est en Latin en un volume *in fol*. *ibid*. en 1726. & contient 706. pages, sans les Tables des Matieres qui sont fort amples. Le Pere Aléxandre vint au monde à Roüen l'an 1639. où il étudia, & se fit Dominicain en 1655. Il alla à Paris & y enseigna pendant douze ans. Il fut reçu Docteur de la Faculté de Théologie de Paris en 1675. & est mort en 1724. après avoir laissé un grand nombre d'Ouvrages.

Il y suit la même méthode que dans son Exposition sur S. Paul, qui avoit paru long-tems auparavant: voyez sur S. Paul. Il y a de plus des Observations dogmatiques, pieuses, morales, & ascétiques, aussi-bien que différentes

maximes

CINQUIEME PARTIE. 471

maximes Chrétiennes répandues dans tout le Commentaire, & qui se trouvent réünies à la fin de chaque Chapitre dans un Corollaire de piété.

Le *P. Mauduit*, Prêtre de l'Oratoire, a donné une Analyse de tout le nouveau Testament, imprimée à Paris en 1691. 1694. & les années suivantes, en plusieurs volumes *in* 12. Il y a joint un grand nombre de Dissertations sur les points les plus difficiles.

L'Anglet, qui a donné le nouveau Testament en Latin selon la Vulgate, à Paris en 1703. 2 vol. *in* 24. y a joint des Notes Historiques & Critiques tirées du sens grammatical du Texte, & de l'application qu'on fait des versets de l'Ecriture, qui étant plus clairs que ceux ausquels on les compare, servent par cette méthode que l'Auteur a expliqué plusieurs endroits assez difficiles. Il a aussi des Notes prises des Coutumes des Juifs, & des faits historiques qui servent à éclaircir le Texte. L'Auteur n'a pas même fait difficulté de rapporter des coutumes, dont on ne trouve des vestiges que dans le Paganisme, quand il a crû qu'elles pouvoient servir à son dessein. A la fin du second tome se trouve une Chronologie & une Géographie Sacrée ; l'une & l'autre fort abrégée. Les Notes sont au bas de chaque page, & il y a des argumens à la tête de chaque Epître. De plus une Préface sur la maniere d'étudier utilement cette partie de l'Ecriture.

Madame de Monsa, a donné les Elévations à JESUS-CHRIST sur les Textes du nouveau Testament, & des Réfléxions Chrétiennes qui en sont tirées, imprimées pour la premiere fois à Montpellier en 1689. & à Paris en 1706. *in* 14. seconde édition revûë & augmentée ; l'Ouvrage est en François. Il y a dans les Elévations des saillies fort vives, mêlées de tendres raisonnemens qu'elle adresse à JESUS-CHRIST. Les Réfléxions sont d'un autre caractère. Un vrai zele y arme cette illustre Sçavante contre le monde & le péché. Il y a entre autres de justes invectives contre les meres qui forcent leurs filles à se faire Religieuses. Madame de Monsa ayant été élevée dans la Religion Protestante, la quitta pour embrasser la Religion Catholique, comme nous l'apprend l'Auteur de l'Avertissement qui est à la tête de son Ouvrage. Il nous dit aussi que cette pieuse Vicomtesse avoit été du monde, & avant & après son mariage, à la maniere de la plûpart des filles & des jeunes femmes de sa qualité qu'on ne laisse pas d'appeller vertueuses au milieu des divertissemens & des pratiques du siécle ; mais elle devint un véritable exemple de retraite, de retenuë, & de modestie. Elle eut le cœur plein de l'amour de JESUS-CHRIST à qui elle s'unit par la mort l'an 1687.

Joseph Lambert, Docteur de Sorbonne, a donné à Paris en 1706. *in* 12. les passages les plus touchans du nouveau Testament, avec de courtes Réfléxions & des Notes, en François. Le Titre seul de cet Ouvrage en fait connoître la matiere & les utilitez. L'ordre qu'on y suit est simple, naturel, & très-propre à faire naître de saints désirs. On y trouve d'abord des Titres généraux, qui pour l'ordinaire sont divisez en plusieurs articles, au commencement desquels l'Auteur propose en peu de mots la verité qu'il va traiter. Il met ensuite en Latin & en François les passages du nouveau Testament, qui prouvent ou qui expliquent la vérité proposée. Quand il y a quelque difficulté dans les passages, il a soin de l'éclaircir dans une Note. Il finit toujours par une courte Réfléxion, qui apprend le fruit qu'on peut tirer des passages citez.

Le *P. de Cavieres*, Prêtre de l'Oratoire, a donné un Commentaire littéral du nouveau Testament, inséré dans la Traduction Françoise avec le Texte à la marge, imprimé à Reims en 1716. 5. vol. *in* 12.

Le *P. Lattaignant*, Jésuite, a donné l'Esprit des saints Evangiles, à Paris en 1714. *in* 12. Ce n'est ni une Paraphrase, ni un Commentaire sur les Evangiles ; ce n'est pas même une Analyse exacte. Mais cet Ouvrage peut tenir lieu de Commentaire, de Paraphrase, & d'Analyse. Il est même plus propre qu'aucun autre à faire entrer le Lecteur dans le sens des saints Evangiles, parce qu'il explique mieux qu'aucun autre le but que chaque Evangeliste s'est proposé. Le Cardinal Pierre Oriol est le premier qui ait bien connu ce dessein ; l'Auteur est le premier qui l'ait entierement développé & mis dans son jour.

Nous finirons cet Article par où nous devions presque le commencer. C'est la Chaîne des Peres Grecs sur les quatre Evangiles donnée par le *Pere Poussines*, & imprimée à Rome en 1673. en Latin *in fol.* à Hambourg en 1712. *in* 12. C'est un Spicilége Evangelique de 75. passages qu'il a choisis dans les quatre Evangiles pour expliquer diverses choses curieuses.

Il faut aussi voir le Traité de *Henri Etienne*, *de stilo novi Testamenti*, & Vorstius *de Hebraïsmis novi Testamenti*, à Amsterdam en 1665. *in* 4.

ARTICLE IV.

Des Commentateurs Protestans sur le nouveau Testament ; en particulier sur les quatre Evangiles.

Entre les Protestans on compte *Luther*, qui n'a point fait de Commentaire exprès sur les

les quatre Evangelistes, mais qui a seulement expliqué quelques Chapitres de chaque Evangeliste. Ce qui se trouve dans les différens tomes de ses Ouvrages, & ce que Lipenius a marqué très-exactement dans sa Bibliothéque Théologique, tome 2. Voyez les Titres des quatre Evangelistes.

Calvin, qui a fait un Commentaire sur tous les quatre, imprimé à Geneve en 1572. 1609. *in fol*. *Beze*, dont le Commentaire est imprimé à Geneve en 1598. *in fol*. *Pelican*, dont le Commentaire se trouve dans le tome 2. de ses Ouvrages imprimez à Zurich en 1582. *in fol*. *Zuingle*, dont le Commentaire n'est que sur l'Histoire Evangelique, imprimé *ibid*. en 1639. *in fol*.

On compte encore *Zegerus*, *Drusius*, *Jacques Revius*, *Castalion*, *Joseph Scaliger*, *Isaac Casaubon*, *Jean Cameron*, *Othon Gualtper*, *Jacques Cappel*, *Louis Cappel*, dont les Notes sur les quatre Evangelistes & tout le nouveau Testament se trouvent dans les grands Critiques, tome 6. & 7. aussi-bien que celles de *Grotius*, & de *Sebastien Munster*.

On a donné séparément à Cologne en 1553. *in* 8. les Scholies de *Zeger* sur tout le nouveau Testament; & en 1555. *ibid. in* 8. son *Epanorthotes sive Restitutor locorum depravatorum in N. T.*

Ce que *Drusius* a fait sur tout le nouveau Testament a été aussi imprimé séparément, sçavoir *Libri Praeteritorum X*. à Anvers en 1612. *in* 4. La seconde partie de cet Ouvrage *ibid*. en 1616. *in* 4. son Commentaire sur les mots Hébreux qui se trouvent dans le nouveau Testament, à Anvers en 1582. *in* 4. & à Franeker.

Le *Myrothecium*, ou *Praelectiones in selectiora N. T. loca*, de *Jean Cameron*, est imprimé à Saumur en 1677. *in* 4. troisiéme édition. Les Observations de *Jacques Cappel*, avec le Spicilége de *Louis Cappel*, à Amsterdam en 1657. *in* 4.

Les Notes de *Jean Pricaus* sur différens Livres du nouveau Testament, ont été imprimées à Londres l'an 1660. *in fol*. Nous avons déja parlé de lui; voyez son Titre dans l'*Index*.

On y peut ajoûter, *Scultet*, *Piscator*, *Calovius*, *Hammond*, *Schmidt*, *Mede*, *Lightfoot*, *Walaeus*, *Gataker*, & quelques autres dont on a donné les extraits dans la Synopse des Critiques.

L'Ouvrage de *Jean Piscator* est une Analyse avec des Scholies & des Observations, imprimées à Herborne en 1658. *in fol*. cinquiéme édition. Celui de *Abraham Calovius*, contient des Eclaircissemens sur tout le nouveau Testament, à Francfort en 1672. 1676. *in fol*. Celui de *Henri Hammond*, est une Paraphrase & des Notes en Anglois, à Londres en 1653. Nous avons déja parlé ailleurs des Notes de *M. le Clerc* sur cet *Hammond*, & de son Commentaire François sur le nouveau Testament. Voyez son Titre dans l'*Index*.

Ce que *Erasme Schmidt* a donné sur le nouveau Testament, consiste en une nouvelle Version Latine, & des Notes imprimées à Wittemberg en 1662. *in fol*. seconde édition. L'Ouvrage de *Lightfoot* est le même que son Harmonie Evangelique, dont nous avons déja parlé, & ses Heures Hébraïques, imprimées séparément à Londres en 1670. *in* 4. troisiéme édition, & à Leipsic en 1675. *in* 4. par les soins de Carpzovius.

Baudouin Walée n'a fait des Commentaires que sur les Livres Historiques du nouveau Testament, imprimez à Leyde en 1652. *in* 4. & à Amsterdam en 1662. troisiéme édition.

Augustin Marlorat a composé une Chaîne de vingt Auteurs Protestans qui ont écrit sur les Evangiles, imprimée à Geneve en 1620. deux volumes *in fol*. huitiéme & derniere édition. *Thomas Timme* l'a mise en Anglois, & fait imprimer à Londres en 1570-75. deux volumes *in fol*. & 1583. *in* 4. Nous avons parlé de *Marlorat* dans l'Article des Commentateurs généraux Protestans.

Frideric Spanheim le pere a donné plusieurs bonnes Explications sur des passages separez des Evangelistes, dans son Ouvrage intitulé, *Dubia Evangelica*, deux vol. *in* 4. à Geneve en 1636. & 1700. quatriéme édition. *Spanheim* son fils a aussi travaillé sur l'Ecriture. Ils étoient l'un & l'autre Calvinistes: mais le pere étoit Allemand & est mort en 1649. Le fils étoit de Geneve, & est mort en 1701. Il a donné entre autres l'Examen des endroits du nouveau Testament controversez, à Heidelberg en 1669. & à Leyde en 1685. *in* 4. depuis dans le Recüeil de ses Ouvrages.

Daniel Heinsius a écrit *Exercitationes in novum Test*. imprimées à Leyde en 1639. *in* 4. & à Cambrige en 1640. *in fol*. où l'on trouve quantité de bonnes choses sur le nouveau Testament. Elles sont partagées en vingt Livres avec des Prolégomenes, où il éclaircit le Texte Sacré, examine les passages des Peres, les anciennes & les nouvelles explications. Il en fait aussi l'Apologie contre les calomnies de Croïus, où il traite du stile, des phrases, & des divisions du nouveau Testament, à Leyde en 1646. *in* 12.

Il a encore donné *Aristarchus Sacer*, qui contient des Exercitations sur la Métaphrase de Nonnus *in Evangelium Joannis*, en deux parties. Dans la premiere, il examine tout ce que dit cet Interprete; dans la seconde, il compare ses Explications avec les paroles de l'Evangeliste; dans l'une & dans l'autre, il éclaircit beaucoup d'endroits de l'Evangile.

CINQUIE'ME PARTIE. 473

Cet Ouvrage a été imprimé à Leyde en 1627. *in* 8. & avec les Exercitations du même Auteur *ibid*. en 1639. *in fol*. Il étoit Flamand de Gand, mais Calviniste, Professeur en Histoire à Leyde, & est mort en 1655.

On peut ajoûter à ceux-là *Louis de Dieu*, dont le Commentaire sur les quatre Evangiles, & les Animadversions sur tout le nouveau Testament, ont été imprimées à Leyde en 1627. 1646. *in* 4.

Jean Doughteïus, qui a fait des Analectes sur le nouveau Testament, imprimez à Londres en 1658. 1660. *in* 8. *Daniel Brenius*, *Rodolphe Gualtherus*, qui a fait des Commentaires sur tout le nouveau Testament, imprimez à Zurich en 1610. troisiéme édition.

Daniel Tossanus, qui a intitulé ses Commentaires sur le nouveau Testament, *Opera Theologica*, imprimez à Hanover en 1604. *in* 4. 2. vol. *Jean Cocceius*, *Lambert Bos*, dont nous avons déja parlé. Nous ne ferons point mention des Auteurs Sociniens, qui se trouvent dans le Recüeil des Freres Polonois.

Voyez aussi *Fabricius* dans sa Bibliothéque Grecque, tome 3. Livre 4. Chapitre 5. p. 122. Il y a une Table Chronologique pour tout le nouveau Testament, où il fait voir en quelle année, & sous quel Empereur chaque Apôtre ou Evangeliste a écrit ; ensuite il fait un abrégé de leur vie, & beaucoup de Remarques tant critiques que choisies sur leurs Ouvrages.

Il a encore donné le *Codex* Apocryphe du nouveau Testament, à Hambourg en 1703. 2. vol. *in* 8. C'est un Recüeil des faux Evangiles & autres Piéces supposées, qu'il donne en Grec & en Latin avec des Notes. Ce qui fait la suite de son *Codex* Apocryphe de l'ancien Testament, dont nous avons déja parlé. Il faut être aussi embarrassé de soi-même que le sont les hommes, pour chercher à s'occuper sur des écrits qui ne peuvent servir de regle pour trouver la verité, tandis qu'il y a un si grand nombre d'autres qui pourroient y contribuer, & qu'on ne pourroit assez étudier. C'est de là d'où nous avons pris la plus grande partie de ce que nous avons dit dans nos Dissertations sur les Evangiles Apocryphes. Voyez sur S. Mathieu.

Jean Frideric Homberg, a fait des Observations Sacrées sur le nouveau Testament, imprimées à Utrecht l'an 1712. *in* 4. en Latin. Sa maniere d'écrire ne convient pas mal au titre de son Ouvrage, *Parerga*. Il semble jetter ses pensées, mais des pensées méditées & subtiles, qui n'ont pû venir qu'après une grande application à étudier le Texte Sacré, & une grande connoissance des Auteurs Grecs.

ARTICLE V.

Traitez & Dissertations sur le nouveau Testament.

Laurentii Ramirese de Prado Pentecontarchus, seu Observationes in varia loca novi Testamenti, imprimée à Anvers en 1612. *in* 4. Cet Ouvrage est ainsi appellé du mot Grec, parce qu'il est divisé en cinquante Chapitres, où l'Auteur explique differens endroits de l'Ecriture par les Coutumes des Hébreux, des Grecs & des Romains. Il étoit Espagnol, Jurisconsulte, & est mort en 1658.

Alexandri Mori in novum Fœdus Notæ, imprimées à Londres l'an 1661. & à Paris en 1668. *in* 8. Elles se trouvent aussi dans les grands Critiques, tome 10. de la premiere édition. L'Auteur étoit François de Castres, Calviniste, Professeur à Geneve, & Ministre à Charenton. Il est mort en 1670.

Petri Possini S. J. Spicilegium Evangelicum. Nous en avons déja parlé dans l'Article 3. de cette partie. Fabricius l'a fait imprimer de nouveau avec les deux Ouvrages précédens, parce qu'ils étoient devenus assez rares, & que d'ailleurs ils sont très-dignes d'être connus. L'impression est de 1712. *in* 8. à Hambourg.

Le même *P. Poussines* a encore donné trois Lettres Chronologiques sur la Naissance, le Baptême, & la Mort de JESUS-CHRIST, imprimées dans l'Apparat d'Henschenius à la Chronologie des Papes, tome 4. du mois de May des Bollandistes. Un autre Ouvrage sur la Généalogie de JESUS-CHRIST, imprimé à Toulouse en 1646. *in fol*. avec sa Chaîne dont nous parlerons ailleurs. Il étoit de Narbonne, se fit Jésuite en 1624. & est mort en 1686. après avoir donné un grand nombre d'Ouvrages, & plusieurs éditions des Peres Grecs.

Joan. Vorstii de Stylo novi Testamenti, dans le *Fasciculus* 3. de Crenius, ce qui a été aussi imprimé à Rostoch en 1641. *in* 4. & à Roterdam en 1693. *in* 12. Il a encore donné une Philologie Sacrée, où il expose tous les Hébraïsmes qui se trouvent dans le nouveau Testament, en deux parties ; la premiere, imprimée à Leyde en 1658. *in* 4. La seconde, à Amsterdam en 1665. *in* 4. & à Francfort en 1705. deux vol. *in* 4. Enfin, il a fait une Dissertation sur les Proverbes du nouveau Testament, imprimée à Leuwarden en 1701. *in* 4. troisiéme édition. Il étoit Allemand, de Luthérien se fit Calviniste, & est mort en 1676.

Thomæ Gataker de Stylo novi Test. dans le tome 1. de ses Ouvrages imprimez à Utrecht en 1698. *in fol*. séparément à Londres en 1648. *in* 4. Il y attaque particuliérement Se-

Tome IV.   D 6   *bastien*

bastien Pfochen. Il a encore donné des Miscellanées sur cette seconde partie de l'Ecriture *ibid.* en 1653. *in* 4. sous le Titre de *Cinnus*, & d'autres Miscellanées sur toute l'Ecriture, *ibid.* en 1659. *in fol.* Il étoit Anglois de Londres, Préfet du Collége de la Trinité à Oxford, & est mort en 1654. âgé de 80. ans.

Jean Gaspard Mereken a donné un Essai de Réflexions sacrées sur la personne de JESUS-CHRIST, où il examine 1°. S'il a été sujet à quelques maladies. 2°. S'il y a eu quelque défaut dans son corps. 3°. Quelles ont été ses différentes fonctions. 4°. Quels étoient les présens que les Mages lui offrirent. Cela se trouve imprimé en Latin dans la Bibliothéque Philolog. tome 4. p. 883.

Jean Mathias Florin a fait cinq Dissertations sur le nouveau Testament, imprimées à Francfort sur le Mein en 1707. *in* 4. Dans la premiere, il tâche de prouver que tout le nouveau Testament a été écrit en Grec, même l'Evangile de saint Mathieu ; ce qui lui donne lieu de s'étendre beaucoup sur l'origine & le progrès de la Langue Grecque. Les quatre autres Dissertations regardent la vie des quatre Evangelistes.

Jean Ens a fait une Dissertation particuliere sur le Canon des Livres du nouveau Testament imprimée en Latin à Amsterdam en 1710. *in* 8. Il s'y propose deux choses ; la premiere, d'assigner le tems où le Canon des Livres du nouveau Testament a été fixé ; la seconde, de montrer que ce Canon est le même que nous avons aujourd'hui entre les mains. Il y a de l'érudition dans cet Ouvrage ; mais elle est, pour ainsi dire, noyée dans un stile extrêmement diffus.

Richardson, dont nous avons déja parlé, a fait en Anglois la Défense du Canon des Livres du nouveau Testament, imprimée à Londres en 1702. *in* 8. Il attaque *Toland* qui sous le nom d'*Amyntor* avoit fait un Livre où il révoquoit en doute le Canon des Livres du nouveau Testament. Cet Ouvrage fut d'abord reçû fort diversement. Les Déistes & les Libertins en triomphérent ; les gens de bien en furent scandalisez. Les Sçavans le méprisérent, & prirent le parti de le laisser tomber. Richardson au contraire a cru devoir combattre ce Livre. Il en attaque les erreurs avec force, & répond d'une maniere claire & méthodique aux raisons de Toland.

Nous pouvons encore mettre ici les Observations de *R. Simon* sur le nouveau Testament, imprimées à Roterdam en 1689. & 1690. *in* 4. Elles sont divisées en deux parties. La premiere, regarde le Texte. La seconde, les Versions.

ARTICLE VI.

Des Commentateurs Catholiques sur Saint Matthieu.

Nous avons dans l'édition Latine de Génébrard , 35. Traitez d'*Origénes* sur saint Mathieu , qui commencent au Chapitre 13. ỹ. 36. & finissent au Chapitre dernier exclusivement ; & dans l'édition Grecque & Latine du même Origénes , donnée par M. Huet, nous avons le même Commentaire Grec & Latin depuis le Chap. 13. ỹ. 36. jusqu'au ỹ. 33. du Chap. 22. Le P. le Long croit que la Version Latine est d'*Epiphane* le Scholastique, ou du Prêtre *Bellator*.

Le P. *Cordier*, Jésuite, a donné une Chaîne des Peres Grecs sur saint Matthieu. Ce n'est que le tome 2. qui contient ce que Nicetas avoit recüeilli de trente Peres , & imprimé à Toulouse en 1647. *in fol.* avec la Version Latine. Le P. *Poussines* avoit déja donné le tome 1. imprimé *ibid.* en 1646. *in fol.* avec son Dialecticon sur la Généalogie de JESUS-CHRIST.

S. Hilaire, *S. Chrysostome*, *S. Jérôme*, *Béde*, *Raban Maur*, *Théophylacte*, *Euthyme*, *l'Abbé Rupert*, *Paschase Radbert*, Abbé de Corbie au neuvième siécle , comme nous l'avons déja marqué ; & *Chrétien Drutmar*, Moine de la même Abbaye aussi au neuvième siécle , ont écrit sur tout l'Evangile de S. Matthieu.

Il y en a qui ont cru que le Commentaire de *S. Hilaire* n'est qu'une simple Version de celui d'Origénes ; mais le contraire paroît tant par la différence du stile, que par la différente maniere d'expliquer l'Ecriture Sainte. Nous avons parlé de ce Pere sur les Pseaumes.

Saint Jérôme n'a pas seulement écrit sur saint Matthieu, mais aussi sur les autres Evangelistes. M. Dupin dans sa Bibliothéque Ecclésiastique, tome 3. p. 436-37. releve quelques fautes dans ses Commentaires ; mais une tache dans un beau corps ne lui ôte pas toute sa beauté, dit Paul Manuce. Il faut voir ce qu'en dit Simon dans son Histoire Critique du nouveau Testament , Chapitre 14. & 15.

Le *Vénérable Béde* dans le Catalogue de ses Ouvrages, ne fait pas mention de son Commentaire sur saint Matthieu. Il est donc à présumer que celui qui porte son nom n'est pas de lui. *Raban Maur*, *Théophylacte*, & *Euthyme*, ont écrit sur les quatre Evangiles.

Paschase Radbert dans son Commentaire, s'attache au sens littéral & moral ; il le composa en 844. avant qu'il fût élû Abbé de Corbie, selon M. Dupin dans sa Bibliothéque

CINQUIÈME PARTIE. 475

que Ecclésiastique du neuvième siécle, pag. 267.

L'Exposition de *Chrétien Drutmar* se trouve dans la Bibliothéque des Peres, tome 15. p. 85. de l'édition de Lyon, avec celle qu'il a fait sur saint Luc & saint Jean. On les avoit déja imprimées à Haguenau en 1530. & à Cologne en 1608. *in* 8. Dom Mabillon dans ses Annales, tome 2. p. 662. fait des remarques considérables sur ces deux sortes d'Expositions; & Simon dans son Histoire Critique du nouveau Testament, p. 370. L'édition d'Haguenau par Henri Molther est plus estimée que celle de Strasbourg de 1514. *in fol.* par Jean Wimphelingius. Drutmar s'est particulierement attaché au sens historique. Voyez ce que nous dirons encore de lui sur S. Luc.

L'Ouvrage imparfait sur saint Matthieu est d'un Auteur ancien, mais fort différent de saint Chrysostome. Cet Inconnu a donné cinquante-quatre Homélies, & ne va que jusqu'au Chapitre 26. exclusivement. Dom Montfaucon n'a pas laissé de le mettre à la fin du tome 6. de la nouvelle édition des Ouvrages de ce Pere, avec une longue & sçavante Dissertation, où il rapporte tout ce qu'on a dit touchant son véritable Auteur, le tems où il a été écrit, la maniere dont il est écrit, & ce qu'il y a de contraire à la pureté de la foi. On peut voir aussi ce que Simon en pense dans son Histoire Critique du nouveau Testament, au Chapitre 10. 11. & suivans.

Saint Augustin, outre les quatre Livres *de consensu Evangelistarum*, dont nous avons parlé dans l'Article des Concordes, a écrit deux Livres *de Sermone Domini in Monte*, qui sont comme les Commentaires des Chapitres 5. 6. & 7. de saint Matthieu. Ils sont dans le tome 3. de la nouvelle édition, partie seconde, p. 166. Le Saint a choisi ce Sermon, parce qu'il contient tous les préceptes de la morale Chrétienne, comme il le déclare lui-même dès le commencement.

De plus, il a composé deux Livres de *Questions Evangeliques*, & un Livre de *Questions* sur saint Matthieu, qui se trouvent *ibid.* p. 238. Elles regardent plûtôt les Mœurs que la Critique. Voyez Simon *ibid.* Chapitre 17.

Saint Grégoire de Nysse a expliqué les Chapitres 5. & 6. de saint Matthieu. Ce sont cinq Homélies sur l'Oraison Dominicale, & huit Discours sur les Béatitudes, qui se trouvent dans l'édition de ses Ouvrages de 1638. en Grec & en Latin 3. vol. *in fol.* à Paris. La Version Latine de ces Homélies & de ces Discours est de *Laurent Sifane*. Nous avons déja parlé de ce que Saint a fait sur l'ancien Testament. Nous ajoûterons ici qu'il étoit frere du grand saint Basile; il vint au monde en 330. fut fait Evêque en 371. assista au Concile de Constantinople en 381. & mourut en 395.

Saint Chromace, Evêque d'Aquilée au quatriéme siécle, & mort en 410. avoit écrit surtout saint Matthieu; mais il ne nous en reste que l'explication des Béatitudes, ou du cinquiéme Chapitre, qui se trouve dans le cinquiéme tome de la nouvelle Bibliothéque des Peres, p. 976. & 989.

Saint Thomas a composé une Chaîne, où un tissu des Peres sur saint Matthieu; si toutefois il en est le véritable Auteur. Car il y en a qui l'attribuënt à *Pierre Scaliger*, Dominicain de Verone. Cependant on trouve cet Ouvrage dans le tome 14. du grand Recüeil des Oeuvres de S. Thomas, imprimé à Rome en 17. vol. & il est différent de la Chaîne sur les quatre Evangiles, & qui est certainement de lui; elle est imprimée dans le tome 15. & elle l'a été séparément plusieurs fois.

Mais le plus célébre & le plus estimé est *Testat*, qui a fait quatre gros volumes *in fol.* sur saint Matthieu. Il y fait un grand nombre de questions, & en donne la solution. Nous avons parlé de ses autres Commentaires sur l'ancien Testament. Voyez son Titre dans l'*Index*.

Matthia Bredembach in Mattheum, à Cologne chez Jean Quentel en 1560. *in fol.* avec le Commentaire qu'il a fait sur les soixante-neuf premiers Pseaumes. Dans celui-ci il est fort diffus, & suit le Texte Hébreu. Sur S. Matthieu il est plus littéral, & suit souvent les Peres pour ce qui regarde la morale. Il étoit de Hainaut, né dans le Comté de Mons, & est mort en 1559. âgé de 70. ans.

Les suivans sont assez estimez sur saint Matthieu; sçavoir *le Fevre d'Estaples*, dont le Commentaire sur les quatre Evangiles est imprimé à Cologne en 1541. *in fol.* troisiéme édition. Nous avons deja parlé de lui plus d'une fois. Voyez son Titre dans l'*Index*.

Gagnée, ou *Gagny*, qui n'a fait que des Scholies sur les quatre Evangiles, imprimées à Paris en 1631. *in* 8. & 1552. *in fol.* Voyez sur les Pseaumes, & sur S. Paul.

Henri Holden a composé des Notes marginales courtes & littérales sur le nouveau Testament, 2. vol. *in* 12. en 1666. à Paris.

Claude Guilliaud, dont le Commentaire sur saint Matthieu a été imprimé à Paris en 1562. *in fol.*

Jean de Louvain, ou plûtôt *Jean Hessels* de Louvain, dont le Commentaire sur le même a été imprimé à Louvain en 1572. *in* 8. seconde édition. Voyez sur l'Epître à Timothée.

Jean Ferus qui a fait sur saint Matthieu des Enarrations

Enarrations pieuses & sçavantes, *pia & eruditæ*, comme les appelle Lipenius dans sa Bibliothéque Théologique. On les a imprimées plusieurs fois. La derniere édition est de 1610. à Lyon. Nous avons parlé de lui ailleurs. Voyez son Titre dans l'*Index*.

Paul de Palacio de Salazar, dont le Commentaire sur cet Evangile a été imprimé en plusieurs endroits, à Constance pour la derniere fois en 1612. *in* 4. Nous avons aussi parlé de lui. Voyez *ibid*.

Charles Marie de Veil qui a fait un Commentaire sur saint Matthieu & saint Marc, imprimé à Angers & à Paris en 1674. *in* 4. à Londres en 1678. *in* 8. Au sens littéral du Texte de l'Evangile, il a ajouté plusieurs Questions de Théologie & d'Histoire, qu'il traite avec beaucoup d'étenduë, sur le pain azyme, la derniere Pâque de JESUS-CHRIST, le mélange de l'eau avec le vin dans la Céne du Seigneur, & autres. Voyez sur les Actes. Nous avons déja parlé de lui sur les petits Prophétes, où nous l'avons mis au rang des Protestans ; ici nous le mettons avec les Catholiques, parce que de Juif il s'étoit converti à la foi, touché des vives exhortations de feu M. Bossuet ; mais il se fit ensuite Anglican, & devint enfin Anabaptiste, homme aussi changeant dans sa doctrine qu'il le fut dans sa Religion. Il mourut dans son apostasie.

Michel le Vassor, étant encore Prêtre de l'Oratoire, a donné une Paraphrase sur saint Matthieu en François, & imprimée à Paris en 1688. *in* 12. Il fait voir dans sa Préface par l'autorité de Papias, de saint Irenée, & d'Origénes, que cet Evangile a été écrit en Hébreu, & répond à ce qu'on allégue pour persuader qu'il a été écrit en Grec. Dans sa Paraphrase, il prouve contre les Juifs que JESUS-CHRIST est descendu de David, né à Bethléem d'une Vierge, & qu'il a confirmé sa doctrine par des miracles. On peut y joindre les Entretiens de *M. Hermant* sur saint Matthieu, imprimez *ibid*. en 1690. trois vol. *in* 8. Il y rapporte le Texte de l'Evangile tout entier, & fait plusieurs Entretiens avec des Réfléxions qui servent à faire rentrer les hommes en eux-mêmes, pour considerer l'état misérable où le péché les a mis, & l'extrême besoin qu'ils ont du secours d'un Libérateur. Il finit toûjours par une priere qui apprend à implorer ce secours, & à faire ce qu'il faut pour l'obtenir.

ARTICLE VII.

Des Commentateurs Protestans sur Saint Matthieu.

Entre les Protestans, *Godefroy Olearius* a fait quatre-vingt-deux Observations sacrées sur ce Evangeliste, en Latin, & imprimées à Leipsic en 1713. *in* 4. Dans la premiere, il examine le Titre des Evangiles, & incline à croire qu'il a été mis par les Evangelistes mêmes. Dans les deux suivantes, il soutient que nous avons l'Evangile de saint Matthieu dans le même ordre & la même suite qu'il a été composé. Les soixante-dix-neuf autres sont employées à éclaircir autant de passages de cet Evangile. Mais l'Auteur a affecté de ne citer dans son Ouvrage que des Protestans, qu'il ne manque pas d'honorer d'éloges magnifiques. De plus, il l'a infecté des dogmes Luthériens dans des endroits où il n'en étoit pas question. On y trouve, par exemple, l'ubiquité à l'occasion de la Transfiguration en l'observation cinquante-septiéme, l'égalité entre le Baptême de saint Jean & celui de JESUS-CHRIST en la soixante-quatrième, la justification par imputation en la soixante-dix-huitiéme ; ainsi des autres. Il a encore donné d'autres Observations sur la Transfiguration, selon S. Matthieu, & les Chapitres 11. 12. à Leipsic en 1709. *in* 4. Sur l'Oraison Dominicale, à Helmstat en 1710. *in* 4. Il étoit de Misnie, Luthérien, Professeur à Leipsic, & est mort en 1715.

Thomas James, ou *Jamesius*, a donné un *Index* des passages des Peres sur chaque Verset du Chap. 5. de S. Matthieu. On l'a imprimé à Londres en 1624. *in* 8. Nous parlons de lui ailleurs, à l'occasion de son *Bellum Papale*. Voyez son Titre.

Jacques Elsner a fait une Observation sur le ỹ. 9. du Chap. 3. imprimée dans la Bibliothéque Philologique, tome 4. p. 186. *Jean Henri Schram* & *Théodore Hasée* en ont fait sur la Parabole des Ouvriers envoyez à la Vigne, *ibid*. p. 688-706. *Gerard Outhovius* a expliqué le terme de juste dont il est parlé au ỹ. 19. du Chapitre premier, *ibid*. tome 6. p. 23. 109.

Jean George Altman a fait une autre Observation Philologique sur le chant du Coq, où il rapporte ce que les Auteurs en ont dit, & croit que cela se peut entendre d'une trompette ; elle est imprimée dans le même Recüeil, tome 5. p. 451-456.

Adrien Reland a fait aussi en Latin un Discours sur le chant du Coq, imprimé à Utrecht en 1709. *in* 12. Tout son dessein est d'expliquer comment il se peut faire que S. Pierre ait entendu la voix de cet animal, puisqu'il étoit défendu d'en avoir dans Jerusalem, comme il est porté par la Loi, de peur qu'ils ne fissent sortir des animaux immondes de la terre en la grattant avec leurs pieds. Il répond aux objections qui semblent détruire cette defense, & ses réponses marquent une grande érudition. Il leve ensuite cette difficulté, en disant que ce Coq, dont il s'agit, étoit peut-être peut-être hors de la ville, & qui se pouvoit aisément faire entendre à S. Pierre, ou que ce Coq pouvoit être dans la maison de Pilate, ou de quelque Soldat Romain qui ne se mettoit pas en peine des Observations Juives.

ARTICLE VIII.

Traitez & Dissertations sur l'Evangile de Saint Matthieu.

Voyez notre Dissertation ou Préface sur S. Matthieu. Voyez aussi les Commentateurs. *Saint Jérôme* dans son Epitre à Hedibia Dame Romaine, tome 4. p. 168. de la nouvelle édition, répond à douze Questions qu'on lui avoit proposées sur S. Matthieu, & sur d'autres endroits de l'Ecriture; & dans l'Epitre à Algasie; il résout onze autres Questions de même nature.

Jean Jacques Ulric, ou *Huldric*, a donné un Exercice Biblique, *Exercitium Biblicum* sur tout S. Matthieu, à Zurich en 1713. 1714. 2. vol. *in* 8. Il vint au monde à Zurich en 1683. fut fait Ministre Calviniste en 1701. Professeur en 1710. & vit peut-être encore. On peut voir le Catalogue de ses autres Ouvrages dans la Bibliothéque Philologique, tome 2. p. 302.

Rodolphe Martin, Luthérien de Brandebourg, & mort en 1680. a fait une Dissertation où il examine si saint Matthieu a écrit en Grec ou en Hébreu, imprimée à Altorf en 1696. *in* 4. & *Christophe Sountagius*, imprimée *ibid.* en 1696. *in* 4. Voyez plus bas.

Daniel Lagus, aussi Allemand Luthérien, & Professeur à Gryphiswald, a fait trois Disputes sur S. Matthieu, imprimées à Gryphiswald en 1654. *in* 4. Il mourut en 1678.

David Schram, Luthérien d'Ausbourg, qui vivoit au commencement du seizième siécle, a fait un Ouvrage *in* 8. à Giessen en 1617. où il prouve que S. Matthieu est le premier des Evangelistes, c'est-à-dire, qu'il a écrit le premier le saint Evangile.

Isaac Faustius a fait une Dispute sur l'Inscription de l'Evangile de S. Matthieu, imprimée à Strasbourg en 1677. *in* 4. Nous parlerons encore de cet Auteur Luthérien sur l'Epître aux Romains.

Sur la Généalogie & la Naissance de Jesus-Christ.

Dans les Opuscules de *M. de Marca* données par M. Baluze à Paris en 1681. *in* 8. il y a une Dissertation Latine sur la Généalogie de J. C. rapportée par S. Matthieu & par S. Luc, qu'il concilie en faisant voir comment S. Joseph a pû descendre de Jacob fils de Mathan & d'Héli; que l'un a été son pere selon l'ordre de la nature, qui fut Héli, &

l'autre selon l'ordre de la Loy, qui fut Jacob.

François Sixte de Naples, & Religieux Carme, mort en 1569. avoit déja écrit sur le même sujet, & fait imprimer son Ouvrage à Venise en 1564. *in* 4.

Les Protestans se sont aussi mis sur les rangs pour en traiter. *Jean Pierre Grunemberg*, Allemand Luthérien, & Ministre général à Rostoch, mort l'an 1706. a traité de la fidélité de S. Matthieu, en rapportant la Généalogie du Sauveur. Ce qu'on a imprimé à Rostoch en 1701. *in* 4. *Balthazar Stolbergius* a fait une Exercitation Philologique sur la même Généalogie, imprimée à Wittemberg en 1663. *in* 4.

Jean Henri Lentz, autre Allemand Luthérien, qui vivoit au commencement de ce siécle, a fait aussi une Dissertation sur cette même Généalogie selon S. Mathieu, imprimée au même endroit en 1704. *in* 4. On peut y joindre *Paul Slevogt*, de Saxe, Luthérien, Professeur des Langues Orientales à Jéne. Ce qu'il a écrit de cette Généalogie du Sauveur, a été imprimé en 1644. *in* 4. *Charles Linckus*, aussi Allemand Luthérien, a traité la même matiere. Ce qui a paru à Fribourg en 1648. *in* 12.

M. le Noble a fait imprimer à Paris en 1693. *in* 12. une Dissertation Chronologique de la Naissance du Sauveur. Il y attaque particulierement le Sieur Morin qui s'est imaginé pouvoir prouver la véritable année de la Naissance de notre Seigneur par sa figure Genethliaque. Il tâche ensuite de fixer la véritable époque de cette Naissance.

Pierre Allix, Calviniste, a fait aussi en Latin une Dissertation sur l'année & le mois de la Naissance de J. C. imprimée à Londres en 1707. *in* 8. Elle est partagée en 16. Chapitres, & est très sçavante. Avant lui *Jean Balthazar Schuppius*, qui étoit de Giessen, & Ministre Luthérien à Hambourg, mort en 1660. a porté plus loin sa recherche; car il a prétendu trouver le véritable jour de cette Naissance. C'est dans son Ouvrage intitulé: *Le Deucalion Chrétien*, & imprimé à Marpourg en 1638. *in* 4. *Antoine Bynée* a traité de la Naissance & de la Circoncision du Sauveur, à Amsterdam en 1689. *in* 4. Voyez sur la Passion.

Sur saint Joseph & sur les trois Mages.

Voyez notre Dissertation sur S. Joseph, imprimée dans le Recüeil de nos Dissertations, tome 3. p. 596. notre Dissertation sur les Mages, sur S. Matthieu, & dans le même Recüeil, tome 3.

Alphonse de Mendoza de Magorum Historia, dans ses Questions Quodlibétiques, où il examine si toute l'Histoire de Mages s'est passée en treize jours de tems depuis la Naissance de J. C. imprimées à Salamanque en 1588. & à Cologne en 1603. *in* 4. Il étoit Espagnol, de l'Ordre de S. Augustin, Aumônier de Philippe II. Roi d'Espagne, désigné Atchevêque de Grenade, & est mort en 1591.

Frideric Spanheim parle des Mages dans ses Doutes Evangeliques, partie 2. Doute 18. 19. 20. & suivans. *Balthazar Stolbergius de Magis*, dans le Trésor des Dissertations Philologiques. Et *Daniel Rhoden, ibid.* tome 2. Celui-ci étoit Allemand Luthérien. L'Ouvrage de Stolbergius est une Réponse à Clemmius, imprimée séparément à Wittemberg en 1673. *in* 4.

Stephani Salazar Minorita Hispani, de Adventu Magorum. C'est un Commentaire fait exprès sur le Chap. 2. de S. Matthieu, pour expliquer l'Histoire des Mages, avec des Observations morales, & ce qui regarde la Généalogie de J. C. ce qui a été imprimé à Lyon en 1584. *in* 8. Il étoit de Grenade, se fit Hermite de S. Augustin, ensuite Chartreux à l'âge de 58. ans. selon Nicolas Antonio, dans sa nouvelle Bibliothéque d'Espagne; il est mort en 1596.

Leichnerus de tempore Magorum, dans *Crenius Fasciculus X.* séparément, à Wirtzbourg en 1650. *in* 24. Il étoit Allemand. M. Dupin le nomme *Leicher*, & le met au nombre des Calvinistes.

Joan. Frischmuth Harmonia ad Micheæ 5. ℣. 1. & Matthæi 2. ℣. 6. imprimée à Jéne en 1662. *in* 4. *Frideric Spanheim*, sur le même Chap. dans ses Doutes Evangeliques, part. 2. Doute 46.

Gilles Hochmuth, Allemand Luthérien, a écrit en général sur les Mages; ce qu'il a fait imprimer à Leipsic en 1686. *in* 4. *Chrétien Notnagel*, de même pays & de même Religion, a aussi traité le même sujet dans un Ouvrage qui a paru à Wittemberg en 1652. *in* 4.

Jean Olearius le pere, qui étoit de Hall en Saxe, Ministre Luthérien, mort en 1684. a donné sept Dissertations sur l'Histoire des Mages, à Leipsic en 1671. *in* 4. Et *Haquin Stridzberg*, à Londen en 1687. *in* 4. Il étoit Danois Luthérien, Professeur à Coppenhague.

Jacques Frideric Isel a fait une Dissertation particuliére sur la Domination des Mages en Perse, imprimée à Bâle en Suisse en 1707. Il étoit lui-même de Bâle, où il vint au monde en 1681. commença à faire un Poëme contre les François en 1696. qui étoit la quinzième année de son âge. On peut voir le Catalogue de ses Ouvrages dans la Bibliothéque Philologique, tome 2. p. 313-322.

Céson Grammius a fait une Exercitation particuliére sur l'Etoile qui conduisit les Mages à l'Etable de Bethléem, elle a été imprimée à Kiel en 1670. *in* 4. Nous avons parlé de lui sur la Génése; voyez Loth. Il étoit Allemand Luthérien, Médecin & Professeur en Langue Grecque à Kiel, & est mort en 1673.

Frideric Madevisius, aussi Allemand Luthérien, a fait une Dissertation sur la même Etoile, imprimée *ibid.* en 1670. *in* 4. Il faut y joindre *Joachim Resenavius*, Professeur Luthérien à Gryphiswald, & *Samuel Werner*, qui ont écrit sur le même sujet. L'Ouvrage du premier est imprimé à Gryphiswald en 1657. *in* 4. & du dernier à Konisberg en 1681. *in* 4.

Dans les Opuscules de *M. de Marca*, dont nous avons parlé ci-dessus, il y a encore un Discours sur les Mages, où il éclaircit trois difficultez qu'on fait ordinairement à leur sujet; sçavoir, s'ils étoient véritablement Rois; s'ils venoient d'Arabie ou de Perse; & si c'est dans l'Etable qu'ils adorérent J. C. Il suit & confirme l'opinion commune sur les deux premiers chefs; mais pour le troisiéme, il croit que ces Rois n'adorérent point J. C. dans l'Etable, parce que, dit-il, il est probable qu'après sa Naissance, Marie & Joseph se retirérent dans quelque maison particuliére plus commode que l'Etable; en effet S. Matthieu dit qu'ils entrérent *in Domum*, & non pas *in Stabulum*, comme il le dit des Pasteurs. Ce sçavant Prélat étoit de Bearn, après avoir brillé dans la Robe, il entra dans la Cléricature, fut fait Evêque de Conserans, Archevêque de Toulouse, & de Paris presque successivement, & mourut en 1662. Il est connu par un grand nombre d'Ouvrages tant Ecclésiastiques qu'Historiques.

Philippe Busquier est presque le seul qui ait traité des présens que les Mages firent à l'Enfant Jesus; son Ouvrage est imprimé à Anvers en 1608. & à Cologne en 1611. *in* 8.

Sur Saint Jean, & sur le Baptême de Jesus-Christ.

Joan. Ernesti Butner Disquisitiones in Historiam Joannis filii Zachariæ, dans le quatriéme *Fasciculus* de Crenius, & dans le tome 2. du Trésor des Dissertations Philologiques, p. 285. On les a imprimées séparément à Jéne en 1670. *in* 4. Il étoit Allemand, Ministre Luthérien vers 1670. Le P. le Long le nomme *Bunher* & *Butner*.

Salom. Deylingius de Natalibus Joan. Baptistæ, Educatione &c. dans ses Observations sacrées, tome 3. Chap. 26. *Balthazar Stolbergius de Amictu & Victu Joannis Baptistæ*, dans le Trésor Philologique. *Conradi Oldii de de domicilio, victu & amictu Joannis*, dans le *Fasciculus* 3. de Crenius, séparément à Rostoch en 1657. *in* 4. Il étoit Allemand Luthérien. *Spanheim* dans ses Doutes Evangeliques traite le même sujet, partie seconde, Doute 98. La Dissertation de *Stolbergius* a aussi été imprimée séparément à Wittemberg en 1673. *in* 4.

George Gaspar Kirckmaier a écrit aussi de la nourriture & de l'habit de S. Jean. Ce qu'on a imprimé à Wittemberg en 1684. *in* 4. Nous avons parlé de lui sur l'ancien Testament.

Othon Burchard Prember a travaillé à éclaircir tout ce que S. Matthieu dit de ce saint Précurseur. Ce qui a paru au même endroit. Il étoit Allemand Luthérien. Enfin *Paul Rabe*, de même Nation & Religion, a fait plusieurs Exercitations sur l'habit & la nourriture de S. Jean, imprimées à Konisberg en 1693. & 1694. *in* 4.

Augusti Varenii de Columba super capite Christi visa, dans le Trésor Philologique, & séparément à Rostoch en 1671. *in* 4. Nous avons déja parlé de ses Ouvrages, & nous en parlerons encore. *Frideric Spanheim* traite aussi de cette Colombe dans ses Doutes Evangeliques, partie 3. Doute 46. 47.

Jean Henri Hauer, Allemand Luthérien, a fait une Dissertation sur la Voix du Ciel, qui dit pendant le Baptême de JESUS-CHRIST : *Celui-ci est mon Fils bien-aimé*. On la trouve dans le tome 2. des Dissertations Philologiques.

Jérôme Kromayer en a fait une sur le Baptême de J. C. imprimée à Leipsic en 1678. *in* 4. Nous parlons de lui ailleurs, Voyez son Titre dans l'*Index*.

Sur le Royaume des Cieux, & sur la Chaussure ancienne.

Frideric Spanheim dans ses Doutes Evangeliques, partie 1. Doute 14. & 15. parle du Royaume des Cieux au sujet des Beatitudes mentionnées dans S. Matthieu.

Jean. Adam Koenigius, de Ritu portandi Calceos, dans le Trésor Philologique, & séparément à Wittemberg en 1678. *in* 4. Cela regarde le Chap. 3. de S. Matth. ⟡. 11. Voyez aussi les Auteurs qui ont écrit de *Calceo antiquo*, comme Benoît Baudouin, & *Byneus de Calceis Hebræorum* ; nous les marquons dans un Article particulier, sur les Habits & les Chaussures des anciens Hébreux.

Sur le Sermon de la Montagne, & la Tentation au Désert.

On peut voir, si l'on veut, ce que S. Augustin a écrit du Sermon sur la Montagne, & ce que nous avons dit de l'Ouvrage de ce Pere dans l'Article premier de cette partie. *Spanheim* en a aussi traité dans ses Doutes Evangeliques, partie premiere, Doute 78. & suivans.

Salom. Deylingii de Christi tentationis Historia, dans ses Observations sacrées, tome 2. Chap. 27.

Jean Deutschman a fait aussi une Dissertation sur les trois Tentations de J. C. imprimée à Wittemberg en 1679. *in* 4.

Sur les Paraboles du Sauveur selon Saint Matthieu.

Valerii Greissingii, Sal infatuatum, en S. Matthieu Chap. 5. ⟡. 13. imprimée à Wittemberg en 1677. *in* 4. Il étoit Allemand Luthérien. *Spanheim* en parle aussi dans ses Doutes Evangeliques, partie 3. Doute 91. 92. 93.

Joan. Philippi Pfeiffer de Proverbio, Facilius est Camelum &c. en S. Matthieu Chap. 19. ⟡. 24. à Konisberg en 1679. *in* 4. & dans les grands Critiques de la nouvelle édition, tome 2. p. 156. *Jean Sommerin* a fait aussi une Dissertation sur ce Chameau qui se trouve au même endroit. p. 157.

Jean Jacques Fessen a fait une Exercitation Philologique sur le même sujet, qui est une Réponse à *Kirchner*, imprimée à Wittemberg en 1677. *in* 4. *Jacques Wolf* est encore de ce nombre ; sa Dissertation est imprimée à Gryphiswald en 1706. *in* 4. Il étoit Allemand Luthérien. *Auguste Tittel* dans les Miscellanées de Leipsic, tome 5.

Chrétien Hoffman, aussi Allemand Luthérien, a écrit sur le Figuier maudit par J. C. & *Jean Simon*, autre Allemand Luthérien. L'Ouvrage de celui-ci a été imprimé à Francfort sur l'Oder en 1680. *in* 4. & de l'autre à Jéne en 1670. *in* 4.

Jean Henri Maius, dont nous avons marqué l'Harmonie, a parlé de l'*Iota & Apex*, dont il est fait mention au Chap. 5. ⟡. 18. Ce qu'on a imprimé à Giessen en 1692. *in* 4.

Sur la maniere d'Angarier, & sur la Battologie.

Balthazar Stolbergius de Angariis veterum, sur S. Matthieu, Chap. 5. ⟡. 41. à Wittemberg en 1680. *in* 4. C'est une Réponse qu'il a faite à *Abraham Calovius* sur le même sujet. Il a aussi écrit *de Battologia precum*, en S. Matthieu, Chap. 6. ⟡. 7. ce qu'on a imprimé ibid. en 1679. *in* 4. Autre Réponse qu'il a faite à *Barth* sur la trop grande multiplicité des prieres.

Frideric Christophe Neubour, en a aussi traité ; & cela se trouve dans la Bibliothéque Philologique,

Philologique, tome 2. p. 613. jusqu'à 640. Sa Dissertation ne contient que quatre Articles. *Théodore Hasée*, Auteur de cette Bibliothéque, a ajoûté à cette Dissertation un Appendix sur le même sujet.

Deylingius en a aussi parlé dans ses Observations sacrées, tome 3. Chap. 27.

Sur le terme de Pain quotidien, & autres sujets.

Joan. Philip. Pfeiffer de voce ἐπιούσιος, *Panem nostrum quotidianum*, en S. Matthieu, Chap. 6. ℣. 11. dans le Trésor Philologique, & séparément à Konisberg en 1680. *in 4. Balthazar Stolbergius*, sur le même sujet dans le même Trésor, & séparément à Wittemberg en 1685. *in 4*.

Salom. Deylingius de duplici Publicanorum ordine ad Matth. 9. ℣. 10. dans ses Observations Sacrées, tome 1. Le même *de Sapientia à Liberis justificata*, en S. Matthieu, Chap. 11. ℣. 19. *ibid*.

Stolbergius en a aussi traité, & fait imprimer à Wittemberg en 1679. *in 4. Des Herodiens ibid.* en 1664. *in 4*. Il étoit Allemand de Misnie, Luthérien, Professeur de la Langue Grecque à Wittemberg, & est mort en 1684.

Joan. Adamii Koenig de Regina Austri, en S. Matthieu Chap. 12. ℣. 42. à Wittemberg en 1677. *in 4*.

Sur le péché contre son frere, & contre le Saint-Esprit.

Sur le péché contre le Saint-Esprit, voyez *S. Jérôme ad Marcellam* dans le tome 4. de la nouvelle édition, p. 164. *Origénes & Théognoste* rapportez par *S. Athanase*, qui traite cette matiere exprès, dans sa Lettre *ad Serapionem*, num. 8. 9. 10. &c.

Voyez notre Dissertation sur le même sujet, & les Auteurs qui y sont citez à la tête de notre Commentaire sur S. Marc, & dans le Recüeil de nos Dissertations, tome 3. page 380.

Jean Bugenhagius, Luthérien de Poméranie; a écrit un Livre exprès sur ce sujet.

Nicolas Faber de peccato in fratrem, en S. Matthieu Chap. 18. dans ses Opuscules imprimées à Paris en 1614. *in 4*. & dans les grands Critiques, tome 7. de la nouvelle édition, avec ce qu'il a écrit de la boisson que l'on donna au Sauveur sur la Croix. Il étoit de Paris, Jurisconsulte, & Précepteur de Louis XIII. il est mort en 1612. Il sçavoit le Grec & l'Hébreu, de même que le Latin.

Sur le Corban & le Numisma census.

Georg. Frider. Meinhardt Corban, Matth. 15. ℣. 5. Marc 7. ℣. 11. dans le Trésor des Dissertations Philologiques, tome 2. Nous avons parlé de lui & de ses autres Dissertations, tant sur les Nombres que sur les Juges. *Louis Cappel* en a aussi traité, & cela se trouve dans les grands Critiques, tome 6. p. 454. premiere édition. L'Ouvrage de Meinhardt a été imprimé séparément à Wittembetg en 1678. *in 4*. Si nous croyons Lipenius, *Stolbergius* a fait aussi une Exercitation Philologique sur le Corban, imprimée *ibid. in 4*. il ne dit pas en quelle année.

Jean Nicolas Schulinus de Numismate census, sur S. Matthieu Chap. 22. ℣. 19. & sur S. Marc Chap. 12. à Wittemberg en 1685. *in 4*. & dans le Trésor des Dissertations Philologiques, tome 2. Lipenius le nomme *Nicolas Schulz*. Il étoit Allemand Luthérien.

Marquard Freher en a aussi écrit. C'est un Traité Théologique & Historique imprimié à Heidelberg en 1599. *in 4*. avec des figures, & dans les grands Critiques. Il étoit Allemand d'Ausbourg, Luthérien, & est mort en 1614.

Sur la Pierre de l'Eglise, sur le mauvais Serviteur, & sur l'Hosanna.

Joan. Deutschman de Petra Ecclesiæ, sur le Chap. 16. ℣. 18. de S. Matthieu. Dans le tome 11. des grands Critiques de la nouvelle édition, p. 150. cette Dissertation est divisée en deux Sections, dont la premiere contient deux Chapitres, où il rapporte les differentes Versions des passages, & en donne l'Explication ou l'Analyse; dans la seconde il fait des Questions Philologiques & Théologiques sur le même sujet. Nous parlons de ses autres Dissertations plus bas. Voyez sur la Passion.

Dan. Winzern de Acclamatione Hosanna, sur le Chap. 21. ℣. 9. imprimé à Leipsic en 1677. *in 4*. Lipenius marque une Dissertation de *Thomas Malvenda* sur le même sujet; mais il ne dit point quand & où elle a été imprimée.

Gothofr. Preussius in hac verba, Servum nequam dividet, Chap. 24. ℣. 51. imprimé à Wittemberg en 1684. *in 4*. avec ce Titre, διχοτόμια. Il étoit Allemand Luthérien. *Jean Georges Schelhorne* en a aussi traité dans la Bibliothéque Philolog. p. 4.

Sur les sépulchres blanchis, les décimes, & le signe du Fils de l'homme.

Salom. Deylingius in Matth. 23. ℣. 23. *De Olerum*

Olerum Decimatione, dans ses Observations Sacrées, tome 3. Observation 28.

Joan. Christ. Rosteuscherus de sepulchris calce notatis, Matth. 23. ỳ. 27. imprimé à Wittemberg en 1679. *in* 4. & dans le tome 2. des Dissertations Philologiques. Il étoit Allemand, & Ministre Luthérien à Dantzic.

Joan. Philipp. Pfeiffer de signo Filii hominis, Matth. 24. ỳ. 30. à Konisberg en 1682. *in* 4. Nous avons déja parlé de lui sur Lamech. Voyez la Génése. Il étoit Allemand Luthérien, Professeur & Prédicateur.

Chrétien Klem a aussi écrit sur ce signe du Fils de l'homme, puisque c'est à lui que Pfeiffer répond dans sa Dispute sur ce sujet, comme Lipenius le marque dans sa Bibliothéque Théologique, tome 2.

On peut y joindre *Frid. Bechmann*, dont la Dissertation est imprimée à Jéne en 1681. *in* 4. *Jacques Schultes*, à Leipsic en 1615. *in* 4. *François Woergerus*, à Kiel en 1679. *in* 4.

Sur les obsessions & possessions du Démon.

Voyez *Deyling*. dans ses Observations Sacrées, tome 2. Chap. 28. & notre nouvelle Dissertation sur ce sujet, tome 1. p.593. de nos Dissertations imprimées séparément. Nous y attaquons particuliérement certains Incrédules ou Philosophes, qui sçavent allier un respect apparent pour les Ecritures avec une téméraire liberté de les tourner selon leurs idées, & qui à les entendre, bien loin de prétendre donner atteinte à la Religion, s'imaginent lui rendre un service essentiel, en la dégageant, disent-ils, d'opinions vaines, superstitieuses & erronées.

Sur la Transfiguration, & sur la coutume de se laver les mains.

Christophe Sountage, dont nous avons déja parlé sur l'ancien Testament, a fait des Observations sur l'Histoire de la Transfiguration, imprimées à Altorf en 1695. *in* 4. Il étoit Allemand Luthérien, & Professeur des Langues Orientales. Il est mort en 1717.

Joan. Buxtorf. Dissert. de lotione manuum Judaïca ante & post cibum parmi ses Dissertations Philologiques & Théologiques, *in* 8. à Bâle en 1707. *Joan. Adam Koënig de ritu lavandi manus, ad Matth.* 15. ỳ. 2. à Wittemberg en 1678. *in* 4. & dans le Trésor des Dissert. Philolog. tome 2.

Sur l'Abomination de la Désolation, & sur l'onction de Béthanie.

Gerard Outhovius a fait une Dissertation pour prouver que l'Abomination de la désolation dans le Lieu saint, dont il est parlé au Chap. 24. ỳ. 15. & 16. de saint Matthieu, doit s'entendre de l'Armée Romaine qui a désolé la Judée, cette Terre-Sainte, & dont parle Daniel au Chap. 12. ỳ. 11. Cette Dissertation se trouve dans le Trésor Philologique, tome 3. p. 625-661.

Frideric Lampe en a fait aussi une sur le même sujet qui se trouve dans le même tome p. 990-1036.

Georg. Henr. Gotze de unctura Christi Bethanica, sur S. Matthieu, Ch. 26. ỳ. 6. 7. à Leipsic en 1687. *in* 4. Nous parlerons d'un autre Ouvrage plus bas.

Jean Nicolas Graberg a fait aussi une Dissertation sur cette onction, qui se trouve dans le Trésor des Dissertations Philolog. Il étoit Allemand Luthérien.

Sur la derniere Pâque du Sauveur.

Voici un point de l'Evangile qui a été fort agité entre les Sçavans de notre tems, & qui consiste à sçavoir si JESUS-CHRIST a fait la Pâque en même-tems que les Juifs, ou s'il en a prévenu le tems. Chacun a eu son sentiment particulier là-dessus, & a tâché de le défendre par des raisons qui lui ont paru convaincantes. Nous en avons déja touché quelque chose sur l'Exode, en parlant de la Pâque légale, qui n'étoit que la figure de celle qui se devoit faire dans la nouvelle Loi.

Il faut voir *Saubert* & *Jean Frischmuth*, à Jéne en 1674. *in* 4. & dans le Trésor des Dissertations Philologiques. *Paul de Burgos*, *Louis de Léon* dans son Systême sur la Pâque, avec les Remarques du P. *Daniel*, à Paris en 1695. *in* 12. M. *Toinard* dans sa Concorde dont nous avons parlé dans l'Article premier de cette Partie; M. *de Tillemont* dans sa Lettre & sa Réponse au P. *Lamy* de l'Oratoire, à la fin du premier & second volume de son Histoire Ecclésiastique. Le P. *Lamy* dans sa Concorde; le P. *Hardouin* qui en a fait un Traité exprès; & nous dans notre Commentaire & nos Dissertations; le P. *Bessin*, Bénédictin, dans ses Réflexions sur le nouveau Systême du P. Lamy, imprimées à Roüen en 1697. *in* 12. Le P. *Mauduit* dans ses Dissertations à la fin de son Analyse sur les Evangiles; *Jean Cloppenburg*, & une infinité d'autres, sans compter les Commentateurs.

On peut y ajoûter la Dissertation du *Pere Vanni*, imprimée en Latin à Rome en 1705. *in* 4. *Adam Heroldt*, Auteur Luthérien Allemand, qui a aussi traité de cette derniere Pâque, & fait imprimer à Wittemberg en 1682. *in* 4.

Faës, Auteur Protestant, dans son Traité sur la derniere Céne, imprimé à Brême en 1693. *in* 8. examine un autre point assez particulier.

Tome IV. F 6

particulier. Il consiste à sçavoir si JESUS-CHRIST mangea son propre Corps & but son propre Sang, comme les Auteurs des Liturgies, plusieurs Saints Peres, les Docteurs Scholastiques, & même quelques Protestans l'ont crû. Il prétend prouver le contraire. 1°. Par le silence des Evangelistes, qui ne disent point que JESUS-CHRIST ait pris du pain & du vin consacré. 2°. Par la nature du Testament qui ne se fait jamais en faveur du Testateur. 3°. De la fin de la Communion, & de ses effets, qui consistent à unir ceux qui participent à ce Sacrement, à soutenir leur foi, à animer leur charité, à effacer leurs péchez, & à leur donner le gage d'une sainte mort, d'une glorieuse résurrection, & d'une bienheureuse éternité. Tous ces effets, dit-il, dont le Sauveur n'avoit pas besoin, forment une preuve plus que convaincante qu'il n'a pas mangé son propre Corps, ni bû son Sang. Il répond ensuite aux raisons des Saints Peres, & des Auteurs tant Catholiques que Protestans qu'il attaque.

Sur toutes les circonstances de la Passion.

Georgii Schuvartzen, *de pretio quo Salvator noster æstimatus est*, *ad Matth.* 27. ỹ. 9. 10. imprimé à Wittemberg en 1674. *in* 4. & dans le tome 2. des Dissertations Philologiques; il étoit Ministre Luthérien en Poméranie. *Deyling*. a traité le même sujet dans ses Dissertations Sacrées. *Frischmuth*, imprimé à Jéne en 1672. *in* 4.

Georg. Jer. Hoffmanni, *processus Synedrii adversus Christum ad Judæorum leges exacti Anomalia*, *ad Matth.* 27. dans le tome 2. des Dissertat. Philolog.

Joan. Ernesti Mulleri, *de Spinis Coronæ Christi*, dans le même Trésor des Dissertations Philologiques, & séparément, à Leipsic en 1688. *in* 4. *Charles Gotsch*, Luthérien d'Altembourg, a fait un Discours sur la même Couronne d'Epines, imprimé à Altorf en 1694. *in* 4.

Thomæ Bartholini de Cruce, *de vino myrrato*, *de Corona Spinea*, *de sudore Christi sanguineo*, à Copenhague en 1651. *in* 8. à Amsterdam & à Vesel en 1670. 1673. Il y a joint une Dissertation sur l'ouverture du sacré Côté, imprimée à Leyde en 1646. & à Francfort en 1686. Il étoit Danois, de Copenhague, Luthérien, & Médecin, & est mort en 1680.

Georgii Moebii, *de Crucis supplicio*, dans ses Disputes choisies, imprimées à Leipsic en 1694. *in* 4. & séparément *ibid*. en 1680. *in* 4. Nous avons parlé de lui sur l'ancien Testament.

Samuel. Reyheri, *de crucifixi Jesu titulis & hora crucifixionis*, dans le tome 2. des Dissertations Philologiques, & séparément à Kiel en 1694. *in* 4. Il étoit Allemand Luthérien, Professeur en Droit à Kiel.

Joan. Frischmuth, *de Eli, Eli &c. Matth.* 27. ỹ. 46. dans le Trésor des Dissertations Philologiques, & séparément à Jéne en 1663. *in* 4.

Godfrid. Thilo & Ortlob, *de sepulcro Christi*. La Dissertation du premier se trouve dans le tome 2. des Dissertations Philologiques, & avoit déja été imprimée à Wittemberg en 1675. *in* 4. Celle du second *ibid*. en 1656. Il a aussi écrit de la montagne des Olives & de la Croix du Sauveur, *ibid*. en 1655. *in* 4. Ils étoient l'un & l'autre Allemans Luthériens. Nous parlerons encore de Thilo sur les Actes.

Joan. Andr. Schmidt, *de Tumulo Salvatoris*, à Helmstat en 1705. *in* 4. Sur le Tremblement de Terre arrivé à la Passion, à Jéne en 1683. *in* 4. Nous avons parlé de ses autres Ouvrages sur l'ancien Testament.

Joan. Jac. Chifflet de linteis & fasciis sepulchralibus, à Anvers en 1624. *in* 4. Il y traite des différentes manieres d'ensevelir les Juifs. Il étoit Catholique, de Franche-Comté, Chevalier, & premier Médecin de Philippe IV. Roy d'Espagne; il est mort en 1660.

Antoine Bynée a fait trois Livres sur la Mort de JESUS-CHRIST, selon qu'elle est rapportée dans les quatre Evangelistes; ainsi c'est une espéce de Concorde, imprimée à Amsterdam en 1691. 1696. 1698. trois volumes *in* 4. Il a aussi fait un Traité particulier de la sépulture du Sauveur, imprimé à Dordrecht en 1688. troisiéme édition. Il étoit Flamand Calviniste, & fleurissoit sur la fin du dix-septiéme siécle.

Voyez aussi les Notes Philologiques d'*Edmond Merille*, & *Wissenbach* sur la Passion, dans le troisiéme Fasciculus de Crenius. Celles de *Merille* ont été imprimées séparément à Paris en 1632. *in* 8. & à Helmstat en 1657. *in* 4. Il étoit de Troyes en Champagne, Conseiller du Roi, premier Antecesseur dans l'Académie de Bourges, & est mort en 1647. Les Notes de *Wissenbach* ont paru à Franeker en 1643. *in* 8.

Frid. Ern. Kettneri de horis Passionis Christi, dans les Miscellanées de Leipsic, tome 4. Il étoit Allemand de Stolberg, Luthérien, & Ministre général sur la fin du dix-septiéme siécle. *Etienne Morin*, Calviniste de Caën, & Professeur en Langues Orientales, & mort en 1700. en a aussi traité, & fait imprimer à Leyde en 1686. *in* 8.

Il y a un grand nombre d'autres qui ont écrit sur la Passion. *Jean Frideric Hekelius*, Allemand Luthérien, a traité du passage du Torrent de Cédron, ce qu'il a fait imprimer à à Zwickau en 1676. *in* 4. Sur l'habit de pourpre qu'on donna au Sauveur par dérision ; sur la Couronne d'Epines & le Roseau, *ibid.* en 1673. 1675. *in* 4. deux volumes. Sur l'Inscription de la Croix, en 1675. *in* 4. à Kemnitz en Misnie.

Jean Christophe Lobhern a aussi traité de cette Inscription, & fait imprimer à Altorf en 1616. *in* 4. Il étoit Allemand Luthérien.

Christophe Feurtelius, autre Allemand Luthérien, a écrit de Bethphagé, à Leipsic en 1686. *in* 4. On a encore une sçavante Dissertation de *Jean Jacques Preisleben* sur le titre de la Croix, imprimée à Jéne en 1664. *in* 4. Ouvrage posthume, puisque l'Auteur est mort en 1657. à moins que ce ne soit une seconde édition ; ce qu'on ne dit pas. Il étoit Archidiacre Luthérien d'Altembourg.

André Hoyer, Allemand Luthérien, a traité des dernieres paroles de JESUS-CHRIST sur la Croix, imprimé à Dantzic en 1623. *in* 4.

Jean Hoornebeek, Hollandois Calviniste, mort en 1666. s'est exercé sur la derniere Pâque & le Crucifiement, dans ses Miscellanées Sacrées, Livre premier, imprimées à Utrecht en 1677. *in* 4. Nous avons déja parlé de lui sur l'ancien Testament.

Jean George Neumann, Professeur Luthérien de Wittemberg, & mort en 1709. a donné une Dispute sur l'Eponge dont on se servit pour le breuvage présenté à J. C. sur la Croix. Elle est dans ses Dissertations Académiques, imprimées à Wittemberg en 1700. *in* 8. Il a aussi traité des trois jours de la sépulture du Sauveur, dans ses Programmes imprimez au même endroit en 1703. *in* 4.

Auguste Pfeiffer a traité du langage Galiléen qui fit reconnoitre saint Pierre, imprimé à Dresde en 1699. *in* 4. Et *Jean André Quenstedt* a fait voir son érudition dans ce qu'il a écrit sur la priere de J. C. au Jardin des Olives. On l'a imprimé à Wittemberg en 1675. *in* 4. Nous avons parlé de l'un & l'autre sur l'ancien Testament.

Chrétien Rohrensee a écrit de la coutume de déchirer ses habits, par rapport au Grand-Prêtre qui déchira les siens dans le tems de la Passion, comme il est écrit au Chap. 26. ℣. 65. de saint Matthieu, ce qu'il a fait imprimer à Wittemberg en 1668. *in* 4. Voyez sur Goliath dans l'Article des Rois, ou son Titre dans l'*Index*.

Christophe Schlogelius ou *Slagelius*, que le P. le Long nomme *Slegelius*, a écrit du Champ du Sang, qui fut acheté avec les trente deniers ; ce qui a été imprimé à Hambourg en 1675. Voyez sur Melchisedech dans l'Article de la Génèse.

Jean Schmidt a parlé de la coutume de délivrer un Criminel dans le tems de Pâque, par rapport à Barabbas qu'on délivra à la Passion du Sauveur ; ce qui a paru à Leipsic en 1685. *in* 4. Il est différent d'un autre Schmid dont nous avons parlé sur l'ancien Testament ; & d'un troisième dont nous avons aussi parlé ci-dessus. Celui-ci étoit Allemand Luthérien, Professeur à Leipsic.

Enoch Svantenius, aussi Allemand Luthérien, Professeur, a écrit de la Lance qui perça le Côté de J. C. ce qu'il a fait imprimer à Rostoch en 1686. *in* 4. Et *Christophe Tobie Wideburgius*, aussi Allemand, Professeur Luthérien de Helmstat, a fait une Dissertation sur les Ténébres, imprimée à Helmstat en 1687. *in* 4.

Gaspar Sagitaire, ou *Sagittarius*, Allemand, mort en 1694: a donné l'Histoire de la Passion, selon saint Matthieu, avec des Observations Théolog. Philosoph. Philolog. & Historiques, imprimées à Jéne en 1684. *in* 4. Il a aussi traité en particulier du manteau d'écarlatte donné à J. C. par opprobre, & de la Lance, ce qu'on a imprimé au même lieu en 1672. 1673. 2. vol. *in* 4.

Jean Frideric Scharffius a écrit en particulier du Crucifiement, & a donné en général l'Histoire de la Passion de l'homme-Dieu, imprimée à Wittemberg en 1666. *in* 4. & à Jéne en 1676. *in* 4. Il étoit aussi Allemand Luthérien.

Sur Judas, sur Pilate, & sur les deux Larrons.

Guillaume Klebitius, *de buccella intincta quam comedit Judas*, dans les grands Critiques, tome 9. séparément à Francfort en 1675. & à Leipsic en 1676. *in* 8. Il étoit Allemand Luthérien.

Martin Kempius, Allemand Luthérien, & Historiographe de l'Electeur de Brandebourg, & qui est mort en 1661. a fait une Dissertation sur le baiser que Judas donna à J. C. pour le livrer entre les mains des Juifs, imprimée à Francfort en 1680. *in* 4. troisième édition augmentée.

George Goezius a écrit sur le supplice de Judas, imprimé à Jéne en 1661. *in* 4. Voyez sur saint Luc. *Jacques Gronove*, ou *Gronovius*, Hollandois de Deventer, Calviniste, & Professeur en Histoire à Leyde, mort en 1706. a fait des Exercitations Académiques sur la chûte de Judas, imprimées à Leyde en 1683. *in* 4. & 1702. avec la Défense contre *Perizonius*, qui avoit fait une Dissertation sur le même sujet ; cette Défense a été imprimée à Leyde en 1702. *in* 4.

Il faut remarquer que les Exercitations sont de *Jean Frideric Gronovius*, pere de Jacques, & la Défense est de ce dernier. Il y prouve que les Evangelistes se sont clairement expliquez sur la mort de Judas, par conséquent

conséquent que c'est avec raison que Gronovius son pere a tâché de concilier ce que saint Matthieu en a dit dans son Evangile, avec ce que saint Luc en a écrit dans les Actes. Jamais sujet tragique n'a été écrit d'un stile plus pompeux ; c'est une déclamation d'une éloquence si éblouïssante, qu'il y a de la peine à la suivre, & si abondante, qu'elle fait un gros volume divisé en 20. Chapitres.

Guillaume Goezius a écrit sur le jugement de Pilate rendu dans le Prétoire contre J. C. ce qui est imprimé à la Haye en 1677. & 1681. seconde édition *in* 4. Et *Daniel Hartnac*, Allemand Luthérien, a fait une Dissertation imprimée à Leipsic *in* 4. l'an 1676. où il réfute celle de *Jean Steller*, qui a prétendu défendre Pilate. Il a pris le nom supposé de *Maphanatus*. *Frideric Gotthelf Gotter* a fait une Dissertation sur le Songe de la femme de Pilate, imprimée à Jéne en 1705. *in* 4. Il étoit d'Altembourg, & Luthérien.

Voyez notre Dissertation sur la Lettre supposée de Pilate à Tibere au sujet de la mort de J. C. dans le Recüeil de nos Dissertations, tome 3. p. 651.

Kiping dans ses Mémoires Michaelins, parle du Traité de *Jean Michaelis*, sur les deux Larrons & Judas Iscarioth.

Dans le tome 8. des Observations choisies, imprimées à Hall en 1704. *in* 12. il y en a une sur le Paradis promis au bon Larron ; c'est la quatriéme. On l'explique de l'état heureux & paisible où les Ames des Saints attendoient leur Libérateur. Car, dit-on, il est certain que l'ame du bon Larron n'entra pas en la gloire du Ciel dès ce jour-là, & avant que J. C. en eût ouvert la porte à son Ascension. Mais avant que d'en venir à cette conclusion, l'Auteur fait de sçavantes Remarques sur le mot de *Paradis*. Ce qui est traité fort au long, comme on le peut voir.

Sur ceux qui ressuscitérent avec Jesus-Christ, & sur les Ténébres de la Passion.

Tob. Winkler, de *Bis-mortuis*, dans le Trésor Philologique, tome 6. p. 979. c'est-à-dire, de ceux étant ressuscitez après la mort du Sauveur, moururent ensuite.

Jean David Schvverdthner en a aussi traité dans les Miscellanées de Leipsic *in* 8. tome 1. Nous en avons parlé dans une Dissertation sur la Résurrection des saints Peres qui ressuscitérent avec J. C. dans le Recüeil de nos Dissertations, tome 3. & dans une autre Dissertation sur les Ténébres qui arrivérent à la mort de J. C. *ibid.*

André Kunadus a écrit sur les Saints qui ressuscitérent au tems de la Passion, ce qui a été imprimé à Wittemberg *in* 4. l'an 1614.

Jean George Michaelis a fait aussi une Exercitation sur les Saints qui ressuscitérent, où il dit qu'il est probable qu'ils ne moururent point une seconde fois, mais qu'ils entrérent avec J. C. dans la gloire. *Frideric Lampe* y a joint trois Questions, où il examine, 1°. Qui sont ces Saints qui ressuscitérent. 2°. Pourquoi saint Matthieu joint ce miracle à celui du Tremblement de Terre. 3°. Ce que ces miracles ont figuré. Tout se trouve dans la Bibliothéque Philologique, tome 3. p. 707-733. & 734. Pour les autres Auteurs qui ont écrit de la Passion du Sauveur, voyez Lipenius dans sa Bibliothéque Théologique, tome 2. au titre de *Passion.*

Sur plusieurs & différens endroits de saint Matthieu.

Nous avons déja parlé ci-dessus d'un *Ernest Muller* qui a écrit sur la Passion. Un autre du même nom, & surnommé *Jean George* a fait une Dissertation sur les Prosélytes, imprimée à Wittemberg en 1671. *in* 4. Un troisième distingué par le surnom de *Jean*, a fait une Question sur l'Histoire des Mages, & les Ecrits de saint Matthieu, imprimée à Zurich en 1660. *in* 4. Un quatriéme appellé *Henri*, a donné des Notes Théologiques, Critiques, & Historiques, sur la Passion, le Crucifiement, & la Sépulture de J. C. imprimées à Rostoch en 1661. *in* 4. & 1667. avec des augmentations ; elles ont aussi paru en Allemand à Leipsic en 1679. *in* 8. Un cinquième, c'est *André*, a écrit sur l'Eclypse arrivée à la Passion ; ce qu'on a imprimé à Berlin en 1655. *in fol.* Celui-ci étoit de Poméranie, & Ministre Luthérien à Berlin, & est mort en 1694. Les quatre autres étoient Allemands Luthériens.

Isebrand Archenroth, ou *Harkenroth*, a fait une Dissertation sur Rachel, dont parle saint Matthieu au Chap. 2. ỳ. 18. imprimée dans la Bibliothéque Philologique, tome 5. p. 1095. Une autre Topographique & Théologique sur la montagne où J. C. fut transporté par le Diable, & où il s'est transfiguré, *ibid.* tome 6. p. 969. 989. *Théodore Hasée* a fait une Observation sur le même sujet, *ibid.* p. 990. 1004. On y trouve encore p. 1071. une Dissertation de *Jean d'Outrein* sur le terme de *Multi*, du Chap. 8. ỳ. 2. où il explique ce qu'il faut entendre par ceux qui viendront de l'Orient & de l'Occident.

Michaelis, différent de celui dont nous avons parlé ci-dessus, a traité de l'usage des Phylactéres parmi les Juifs, imprimé à Jéne en 1604. Ils étoient l'un & l'autre Allemans Luthériens. Le premier vivoit au commencement du dix-septiéme siécle. L'autre est mort en 1686. & étoit de Rostoch, Ministre général dans le Comté d'Oldembourg.

Jean

Jean André Dantz a aussi écrit sur ces Phylactéres, dont parle saint Matthieu au Chapitre 23. ⅴ. 5. ce qu'on a imprimé à Wittemberg en 1682. *in* 4. Sur la peine du Talion au Chap. 5. ⅴ. 38. 39. à Jéne en 1700. Sur la guérison faite le jour du Sabat, *ibid.* en 1695. Nous avons parlé de lui sur Caïn. Voyez l'Article de la Génése.

Simon Friderc Frentzelius a fait deux Dissertations, l'une sur l'Etoile vûë en Orient par les Mages, l'autre sur la Couronne d'Epines, imprimées à Wittemberg l'an 1677. & 1679. deux vol. *in* 4. Il étoit Allemand Luthérien.

George Henry Goetzius, dont nous avons déja parlé plus haut, a fait une autre Dissertation sur le Centurion de la Passion, dont il est parlé au Chapitre 27. imprimée à Leipsic en 1698. *in* 4. Il fut Allemand Luthérien, & Ministre à Lubec.

Jean Helvic Willemer, dont nous avons parlé sur les Rois, a écrit sur les Saducéens & les Esséniens; ce qu'on a imprimé à Wittemberg en 1680. & 1681. 2. vol. *in* 4. *Henri Opitius*, sur les Pharisiens, dont il est parlé au Chap 23. ⅴ. 33. ce qu'il a fait imprimer à Kiel en 1680. *in* 4. Voyez ce que nous avons dit de lui sur l'ancien Testament, ou son Titre dans l'*Index*.

Jean Guillaume Kirchmaier, dont nous avons parlé sur Jonas, a écrit du Pain quotidien & du Sépulchre de J. C. imprimé à Wittemberg en 1711. 2. vol. *in* 4. Et *Jean Jacques Klug*, Allemand Luthérien, a traité du Jeûne de J. C. *ibid.* en 1676. *in* 4.

Albert Joachim Krackewits, aussi Allemand Luthérien, Ministre général en Poméranie, a écrit de l'Onction de Marie, & sur la Passion de J. C. Ce qu'on a donné à Rostoch & à Kiel en 1703. *in* 4.

Sebastien Niemann, de Lubec, Luthérien & Ministre général, mort en 1684. a aussi écrit du Jeûne de J. C. & de la derniere Pâque, imprimé à Jéne en 1663. & 1670. 2. vol. *in* 4. *Jean George Neuman*, de l'Oraison Dominicale, à Wittemberg en 1708. *in* 4. Nous avons parlé de lui ci-dessus. Voyez son Titre.

Isaac Laverbechius, Allemand Luthérien, s'est appliqué à écrire des années du ministére de J. C. ce qu'on a imprimé à Altorf en 1700. *in* 4. *André Kunadus* a écrit de la Tentation au désert, imprimé à Wittemberg en 1653. *in* 4. De la Confession de saint Pierre, *ibid.* en 1662. *in* 4. Nous parlerons de lui sur l'Epitre aux Galates.

Jean Nicolas Roste, Allemand Luthérien, a traité de la Ceinture des Anciens sur le Chap. 10. ⅴ. 9. imprimé à Jéne en 1681. *in* 4. Et *Eberard Rodolphe Roht*, des Théphilims ou Ligatures que les Juifs portoient à la tête & aux bras, *ibid.* en 1674. *in* 4. Il étoit de même Nation & Religion.

Jean Friderc Mayer, dont nous avons parlé sur l'ancien Testament, a traité de ceux qui ont enseigné J. C. Ce qu'on a mis au jour à Gryphiswald en 1704. *in* 4. De l'Oraison Dominicale, *ibid.* en 1705. Des sept paroles de J. C. en Croix, *ibid.* la même année. Nous marquerons encore ce qu'il a fait sur saint Luc & sur les Actes.

Daniel Guillaume Moller, de Hongrie, Luthérien, & Professeur en Histoire à Altorf, a fait une Dispute sur les quatre Evangelistes, sur l'Adoration des Mages, sur les Publicains, & sur la Colonne de la Flagellation, imprimée à Altorf en 1688. 1699. & 1703. quatre vol. *in* 4.

Adam Rechemberg, dont nous avons parlé sur Ezéchiel, & dont nous parlerons encore sur les Actes, a fait une Dissertation sur le terme ἔρημος dont se sert saint Matthieu Ch. 3. ⅴ. 1. imprimé à Leipsic en 1680. *in* 4. Une autre sur ce que dit J. C. que le Prophéte sera méprisé dans sa patrie, *ibid.* en 1672. *in* 4. Sur les Pharisiens, *ibid.* en 1679. Sur le Proverbe de J. C. au Chap. 24. ⅴ. 27. 28. *ibid.* en 1696.

George Wolgang Wedelius, dont on a déja parlé sur les Rois & sur Job, dans ses Exercitations Théologiques, imprimées à Jéne en 1686. *in* 4. en a fait plusieurs qui éclaircissent differens endroits de saint Matthieu. La premiere est sur la mort de Judas. La premiere de la troisiéme Décade, imprimée *ibid.* en 1687. *in* 4. est sur l'Ouverture du Côté de J. C. La seconde sur la Sueur du Sauveur. La premiere Exercitation de la quatriéme Décade, imprimée *ibid.* en 1689. est sur le Parfum de Marie. La seconde, sur la Paralysie du serviteur du Centurion. La troisiéme, sur l'Oraison Dominicale, & sur le Grain de Moutarde. La septiéme sur l'Onction du Sauveur. La seconde de la cinquiéme Décade imprimée en 1694. *in* 4. est sur l'Hysope qu'on lui mit sur les lévres. La quatriéme, sur la Belle-mere de saint Pierre. La cinquiéme, sur la Manthe, l'Aneth, & le Cumin des Pharisiens. La huitiéme, sur la Couronne d'Epines. La premiere de la Centurie seconde de la premiere Décade, est sur le Cens d'Auguste.

Jean Wandalin, dont il est parlé sur l'ancien Testament, a donné l'Explication de ce que dit le Sauveur du Scribe sçavant dans le Royaume des Cieux, imprimée à Copenhague en 1663. *in* 4. Il a fait aussi une Dissertation sur la Férie de la Passion, & les trois jours de la Sépulture, contre *Guillaume Langius*, imprimée à Leipsic en 1652. *in* 4. & dans les Dissertations de *Grævius*, imprimées à Utrecht l'an 1702. *in* 4.

Godefroy Wegner, dont il est aussi parlé sur l'ancien Testament, a fait des Notes sur l'Enfance, le Baptême, & la Tentation de JESUS-CHRIST, imprimées à Leipsic en 1705. *in* 4. Sur le stile de saint Matthieu *ibid.* en 1696. *in* 4. Sur le lieu de la Naissance de JESUS-CHRIST, à Francfort en 1673. *in* 4. Sur les trois jours de sa mort, dans ses Dissertations Historiques, & Théologiques.

ARTICLE IX.

Des Commentateurs Catholiques & Protestans sur Saint Marc.

Saint Théophile d'Antioche, dont on a parlé sur saint Matthieu, a écrit sur saint Marc; où ce qu'on lui attribuë sur cet Evangeliste, n'est pas tant un Commentaire, qu'une simple Explication de quelques endroits sur les quatre Evangelistes.

Catena Græcorum Patrum in Marcum, Interprete P. Possino, Romæ 1673. in fol. Cette Chaîne est recüeillie de trois differens manuscrits; sçavoir, le premier de la Bibliotheque Vaticane; l'autre de feu M. de Montchal, Archevêque de Toulouse; & le dernier, de la Bibliotheque du Duc de Baviere. Elle contient les differentes Expositions de dix-sept Peres sur cet Evangeliste. C'étoit le seul sur lequel nous n'avions point encore vû de ces sortes d'Ouvrages. Car en 1628. le P. Cordier avoit donné à Anvers un Recüeil dans lequel il avoit ramassé les Ouvrages de soixante-cinq Peres sur l'Evangile de saint Luc; mais sans y mettre le Texte Grec. Deux ans après il en donna un autre sur saint Jean. Il y a plus de quarante ans qu'on imprima à Toulouse deux tomes de ces sortes d'Ouvrages sur saint Luc, contenant les diverses Expositions de plus de cinquante differens Auteurs. On a donc obligation au P. Poussines d'avoir achevé ce qui manquoit.

Victor, Prêtre d'Antioche, qui vivoit au commencement du cinquiéme, ou à la fin du quatriéme siécle, a écrit sur saint Marc un Commentaire traduit de Grec en Latin par *Peltan*, & imprimé à Ingolstat en 1580. Il est en Latin seulement au tome 4. de la Bibliotheque des Peres, édition de Lyon. Ce sont plûtôt des Scholies que le P. Poussines a inserées dans la Chaîne dont nous venons de parler. Richard Simon croit qu'elles ne sont point de *Victor d'Antioche*, & que ce n'est qu'un Recüeil tiré de plusieurs Auteurs. M. Dupin en juge autrement, & dit que *Victor* après avoir expliqué la Lettre, ajoûte des Réfléxions morales.

Voyez aussi *Béde*, *Théophylacte*, *Zacharie de Chrysopolis*, *Euthyme*, & les autres qui ont écrit sur les quatre Evangiles. On trouve parmi les Oeuvres de *S. Chrysostome*, dans le tome 2. de l'édition Latine, un Commentaire sur saint Marc; mais on convient qu'il est d'un Auteur plus nouveau.

On a aussi publié sous le nom de *S. Jérôme*, un Commentaire sur saint Marc, qui n'est pas digne de ce Pere. Il est imprimé dans le tome 5. p. 886. de la nouvelle édition. Il est different du Commentaire sur les quatre Evangelistes, imprimé dans le même volume, & attribué aussi à saint Jérôme.

On trouve encore des Fragmens sur saint Marc, sous le nom de *Jean de Jerusalem*, imprimez parmi les autres Ouvrages qu'on lui attribuë, à Bruxelles en 1643. 2. vol. *in fol.* Ce Commentaire est aussi attribué à *saint Chrysostome* dans la Chaîne de saint Thomas.

Entre les Modernes, nous avons les deux *Jansenius*, celui de Gand, & celui d'Ypres, *Maldonat*, *Contzen*, *Cornelius à Lapide*, *Barradius*, *Didacus de Baeza*, dans ce qu'ils ont donné sur les quatre Evangelistes.

Nous avons encore les Homélies de *Jean Soarés*, imprimées separément à Paris *in* 4. en 1604. troisiéme édition. Il étoit de Portugal, de l'Ordre de saint Augustin, fut fait Evêque de Conimbre, & est mort en 1580. Il parut avec honneur au Concile de Trente.

Jean Gerson qui a fait deux Leçons sur saint Marc. On les trouve dans le tome 4. de ses Ouvrages de la nouvelle édition, imprimez à Amsterdam en 1706. *in fol.* cinq volumes.

Ange de Paz dans le tome 2. de ses Ouvrages imprimez à Rome en 1623. & 1628. à Cologne en 1646. *in fol. Luc. de Bruges, Erasme, Laurent Valle*, dans leurs Notes sur le nouveau Testament, dont nous avons parlé dans l'Article second de cette Partie.

Stanislas Socolovius, dont les Notes sur saint Marc ont été imprimées avec celles qu'il a faites sur saint Matthieu, & mises dans ses Ouvrages, qui parurent à Cracovie en 1594. *in fol.* Il étoit Polonois, Chanoine de Cracovie, & est mort Prédicateur du Roi Etienne.

Joannis Hofmeister in Lucam & Marcum, à Louvain en 1562. *in fol.* à Cologne en 1572. *in* 8. Il étoit Allemand de Colmar, Augustin, & est mort Religieux en 1547. Lipenius en marque encore d'autres qui ont écrit sur cet Evangeliste, soit Catholiques, soit Protestans; c'est dans le tome 2. de sa Bibliotheque Théologique dans l'Article de S. Marc.

ARTICLE X.
Des Commentateurs Protestans sur l'Evangile de S. Marc.

Entre les Protestans, *Charles Marie de Veit* a fait des Notes sur saint Marc, imprimées avec celles qu'il a données sur saint Matthieu, à Londres en 1678. *in 8.*

Lambert Danée a fait des Questions & des Scholies sur cet Evangeliste, imprimées à Geneve en 1594. *in 8.* Il étoit d'Orleans, Calviniste, & est mort en 1596.

Grotius, Beze, Piscator, Cameron, Zeger, Revius, Schmids, ont aussi expliqué saint Marc avec les autres Evangelistes : de même *Henri Hammond, le Clerc, Lightfoot, Chemnitius, Drusius, &c.* On peut y joindre *Jean Winckelmann*, dont le Commentaire sur saint Marc est imprimé avec celui qu'il a fait sur saint Luc, à Wittemberg en 1706. *in fol.* Voyez ci-dessus, ou son Titre dans l'Index.

ARTICLE XI.
Traitez & Dissertations sur S. Marc.

Voyez la Préface de *Cornelius à Lapide* sur saint Marc, où il parle de l'Original de cet Evangeliste, que l'on prétend conserver à Venise. Il y cite *Pagnin Gaudence*, Professeur à Pise, qui composa une Dissertation sur ce sujet.

Voyez aussi *Spanheim, de Historia Evangelica Scriptoribus, & in specie de Marco Evangelista*, tome 2. p. 265. de la nouvelle édition de ses Ouvrages, à Leyde en 1703. *in fol.*

On peut consulter aussi notre Préface sur saint Marc, & M. de Tillemont dans ses Mémoires Ecclésiastiques.

Sur la Divinité de Jesus-Christ, & sur Levi.

Gerard Outhove a fait une Dissertation sur le ℣. 39. Chap. 4. de saint Marc, où il démontre la Divinité de J. C. par les miracles qu'il a fait en commandant à la mer & aux vents. Elle se trouve dans la Bibliothéque Philologique de *Hasée*, tome 1. p. 66. seconde partie. Il y concilie ce passage de saint Marc avec celui de saint Matthieu & de saint Luc, Chap. 8. ℣. 24. Il étoit Ministre Luthérien d'Emden en Frise. Il a fait encore d'autres Ouvrages sur l'Ecriture dont il est parlé *ibid.* p. 194-205.

Le même *Hasée* ou son frere a fait une autre Dissertation, pour faire voir que Levi appellé à l'Apostolat par J. C. n'est point saint Matthieu, comme on le croit ordinairement, mais Jude Thadée, sur le Chap. 2. ℣. 14. Elle est dans le même Recueil, tome 5. p. 475-506. Il y concilie saint Luc avec saint Marc sur ce sujet. *Jean Christophe Biel* a fait une Observation sur ce même Levi, imprimée *ibid.* tome 6. p. 1038.

Sur les Parfums, la Passion, & autres sujets.

Balthasar Otto, de Nardo pistica, en saint Marc, Chap. 14. dans le tome 2. des Dissertations Philologiques, & séparément à Leipsic 1673. *in 4.* Il étoit Luthérien de Misnie.

Godefroi Eckard a fait une Dissertation sur le même sujet, imprimée à Wittemberg en 1681. *in 4.*

Christ. Faselti, de unctura Christi sepulcrali, dans le Trésor des Dissertations Philologiques, & séparément à Wittemberg en 1669. *in 4.* Il étoit Luthérien de Wittemberg.

Nicolai Fabri, de Myrratha Potione. Nous en avons parlé dans les Dissertations sur saint Matthieu. Voyez l'article huitiéme de cette partie.

Jacques Gretser, dans son Ouvrage sur la Croix, imprimé à Ingolstat en 1616. à la fin du Livre 5. tome 1. a fait aussi une Dispute sur le vin & la myrrhe, où il tâche de concilier saint Marc avec saint Matthieu. Car le premier dit Chapitre 15. qu'avant que de crucifier J. C. on lui présenta du vin de myrrhe à boire, & qu'il n'en voulut point prendre, *& non accepit.* Le second écrit que c'étoit du vin mêlé de fiel, & qu'il en goûta, *& cum gustasset.* Voilà tout le sujet de la Dispute, qui est de pure critique. *Jean George Hutten* en a aussi traité, & fait imprimer à Guben en 1673. *in 4.* Il étoit Allemand Luthérien.

François Woerger, Conciliatio Joannis & Marci super horam quâ crucifixus est Christus, en saint Marc Chap. 15. ℣. 25. Voyez les Commentateurs sur ce sujet, & M. Mill dans son nouveau Testament.

Salomon Deylingius, traite aussi la même chose dans ses Observations sacrées, tome 1. *Item de tempore sicuum*, dans S. Marc. Chap. 11. ℣. 13. *ibid.* tome 3. Chap. 29.

Gabriel Reehaan, Luthérien, Allemand & Ministre Général de Grasendorff, a fait une Harmonie des quatre Evangelistes sur l'Histoire des femmes dont parle saint Marc au Chapitre 16. Elle a pour titre ..... Théologique ; & a été imprimée à Wittemberg en 1619. *in 4.*

Jean André Sleich, aussi Luthérien Allemand, a traité des larmes des Apôtres, sur le Chapitre 16. ℣. 10. ce qu'on a imprimé *ibid.* en 1688. *in 4.* & *Daniel Spiegel* a écrit *de Sabbato dierum*, sur le même Chapitre, & fait imprimer *ibid*. en 1663. *in* 4. Il étoit Allemand & Luthérien.

George Wolgang Wedel a écrit de l'Extase de J. C. sur le Chapitre 3. ℣. 21. dans sa quatriéme Exercitation, & dans la cinquiéme il traite de son Agonie. Nous en avons marqué l'année de l'impression dans l'article des Dissertations sur saint Matthieu, à la fin.

Jean Pierre Grunembergius, dont nous avons aussi parlé sur saint Matthieu, a écrit sur le ℣. 48. du Chapitre 9. de saint Marc, où il est parlé de ceux qui seront salez dans le feu éternel ; ce qui est imprimé à Rostock en 1702. *in* 4.

ARTICLE XII.

Des Commentateurs Catholiques & Protestans sur saint Luc.

Balthasar Corderii, Catena Græcorum Patrum in Luc. & Joan. en Grec & en Latin à Anvers 1628. *in fol.* sur saint Luc seulement. Elle est composée de 65. Peres Grecs, & sert d'Introduction pour expliquer les quatre Evangélistes. L'Auteur y a joint des Notes, & y a suppléé des Passages des Peres tant Grecs que Latins. Nous parlerons sur saint Jean de celle qu'il a fait en particulier sur cet Evangéliste.

Origénes a écrit 39. Homélies sur saint Luc, qui vont jusqu'au vingtiéme Chapitre de cet Evangéliste. Elles ne nous restent qu'en Latin de la Version de saint Jérôme dans les éditions Latines de Génébrard & de Froben.

Tertulien dans son Livre 4. contre Marcion, s'étend beaucoup sur saint Luc. *Théophile d'Antioche* a aussi composé un Commentaire allégorique sur saint Luc. Il faut voir sur saint Matthieu ce que nous avons dit des prétendus Commentaires de cet Auteur.

Saint Ambroise a fait un Commentaire qui contient dix Livres, & se trouve dans le tome 1. de la nouvelle édition p. 1262. Il s'y applique particuliérement à concilier les quatre Evangélistes dans les endroits où ils paroissent se contredire. Il explique le sens naturel & historique, souvent même le mystique, & y combat surtout les hérésies de son tems, qui attaquoient la Divinité de J. C. Voyez ce qu'en dit R. Simon dans son Histoire Critique du nouveau Testament, Chap. 14. p. 207. M. Dupin estime beaucoup la Préface, où il fait voir ce que chaque Evangéliste a de particulier, & que de tout tems l'Eglise n'a reconnu que quatre Evangiles.

Tite de Bostres, Evêque dans l'Arabie Pétrée, & mort en 371. a fait aussi un Commentaire imprimé à Ingolstat en 1580. *in* 8.

en Grec & en Latin à Paris en 1627. *in fol.* dit Lipenius ; mais nous croyons qu'il a voulu marquer la Bibliothéque des Peres Grecs, où il se trouve, tome 4. p. 762. & dans la Bibliothéque Latine de Lyon, page 415. tome 4. Ce n'est pas un Ouvrage qui soit de ce seul Auteur, mais c'est un Recüeil de plusieurs Peres, comme il paroît par le titre d'un Manuscrit de la Bibliothéque du Roi, n. 2320. qui peut être d'un Auteur du sixiéme siécle, ainsi que le remarque Guillaume Cave.

Theophylacte, Euthyme, Bede expliquent saint Luc avec les autres Evangélistes. *Saint Bonaventure* a fait une Exposition particuliére, qui est dans le tome 8. de ses Ouvrages, & a été imprimée séparément à Venise en 1575. *in* 8.

Un Auteur dont on a les Commentaires sur lesquatre Evangiles, dans les Oeuvres de S. Jérôme, & dont nous avons parlé sur saint Matthieu. *Jean de Jérusalem* & *Zacharie de Chrysopolis* ont écrit sur le même Evangile. Voyez l'article des Concordes, & sur saint Marc.

Saint Bernard a composé quatre Sermons sur le premier Chapitre ℣. 26. & suivans, depuis *Missus est Gabriel Angelus*, jusqu'à *Ecce Ancilla Domini, &c.* C'est une Exposition toute spirituelle & morale.

Christian ou *Chrétien Druthmar*, Moine de Corbie, a donné un Abrégé sur saint Luc avec ce qu'il a fait sur saint Matthieu & saint Jean. Voyez sur S. Matthieu. Nous ajouterons à ce que nous avons dit, que la premiere édition est de 1514. *in fol.* à Strasbourg, donnée par Jean Wimphelingius, au lieu que la seconde de 1530. a été corrigée par Henri Molther : de là vient la différence de ces deux éditions. On a mis cette seconde dans la Bibliothéque des Peres, à Lyon. Lipenius en marque une de 1639. à Paris ; ce qui ne paroît guéres probable.

Saint Jérôme, dans son Epître au Pape Damase, p. 149. tome 4. de la nouvelle édition, explique la Parabole de l'Enfant Prodigue.

Entre les modernes on a *Cajetan*, qui explique saint Luc avec les autres Evangélistes. *Didacus Stella*, qui a fait un Commentaire exprès, imprimé plusieurs fois, & en dernier lieu à Mayence en 1680. *in fol.* Il y explique le sens littéral & moral. Il étoit d'Estella en Navarre, de l'Ordre de saint François, & est mort Evêque, selon Possevin. Les éditions de ce Commentaire, qui avoient été données avant l'an 1581. furent défendues à Rome & mises à l'*Index* : sur quoi on peut consulter Wading dans la Bibliothéque des Freres Mineurs.

Cornelius Jansenius d'Ypres, dans son Tetrateuque,

trateuque, dont nous avons déja parlé, explique aussi saint Luc. *Angelus de Pax* a fait un Commentaire particulier, imprimé avec celui qui est sur saint Marc en 1623. 1628. 3. vol. *in fol.*

Jean Maldonat dans son Commentaire sur les quatre Evangiles ; mais *François Tolet* a donné un Commentaire sur les douze premiers Chapitres, avec des Annotations, imprimé à Cologne en 1612. *in fol.* quatrième édition. Il étoit Espagnol de Cordouë, Jésuite & Cardinal, & est mort en 1596. Dominique Soto son maître, l'appelloit un prodige. Il est parlé de lui dans l'Histoire de M. de Thou. Quoiqu'il soit diffus, il ne laisse pas d'être exact. Il explique d'abord le Texte, ensuite il met des Notes. Voyez R. Simon dans son Histoire Critique du nouveau Testament, Chap. 41. p. 606.

Sebastien Barradius dans sa Concorde des quatre Evangiles, y a mis saint Luc. *Socolovius* a fait des Notes imprimées avec celles qu'il a données sur saint Matthieu & saint Marc. Voyez les articles précédens. *Contzen*, *Cornelius à Lapide*, *Luc de Bruges*, *Erasme*, &c. sans compter les autres qui ont écrit sur les quatre Evangiles.

ARTICLE XIII.

Des Commentateurs Protestans sur saint Luc.

Parmi les Protestans, nous avons presque tous les mêmes qui ont écrit sur saint Matthieu & sur saint Marc, & que l'on peut voir dans les grands Critiques ou dans la Synopse.

Jean Pricæus est aussi de ce nombre. Il faut voir ce que nous avons dit de lui sur les Pseaumes, où nous l'avons mis au nombre des Catholiques, puisqu'il est mort dans le sein de la véritable Eglise. Il a expliqué quelques passages des deux premiers Chapitres de saint Luc ; ce qu'on a imprimé avec ce qu'il a donné sur saint Matthieu, à Londres en 1660. *in fol.*

François Gomar, qui n'a expliqué que le premier & le second Chapitre de saint Luc ; ce qui est imprimé dans le tome 3. de ses Ouvrages, de l'édition d'Amsterdam, *in fol.* 1644. Il étoit de Bruges en Flandre, Calviniste & Professeur à Leyde, & est mort en 1641.

Jean Brentius le pere, a expliqué saint Luc dans ce qu'il a fait sur toute l'Ecriture. *Jean Winckelman*, avec ce qu'il a donné sur saint Marc ; voyez ci-dessus. Nous avons parlé de lui sur Abraham ; voyez l'article de la Génese : & *François Lambert* a fait un Commentaire imprimé à Strasbourg en 1526. *in* 8. à Francfort 1693. troisiéme édition.

Tome IV.

ARTICLE XIV.

Traitez & Dissertations sur saint Luc.

Sur la personne & sur l'Evangile de saint Luc, voyez les Préfaces des Commentateurs, & M. *de Tillemont* dans ses Mémoires Ecclésiastiques, article de saint Luc. *Jacques Hasée* a fait une Observation Géographique & Critique sur la ville où ce Saint a écrit son Evangile, dans sa Bibliothéque Philologique tome 4. p. 732. *Jean Abraham Koehler* a fait une Dissertation sur la personne de saint Luc, imprimée à Leipsic en 1698. *in* 4. Il étoit Allemand Luthérien.

Sur le Théophile, Zacharie & saint Jean.

Joan. Gotlob Stoltzen, *Vindiciæ Theophili Evangelici*, dans le Trésor des Dissertations Philologiques, tome 2. séparément à Wittemberg 1692. *in* 4. Il étoit Allemand Luthérien de Misnie. Voyez d'autres Auteurs sur les Actes.

Joan. Butner in Historiam Joannis filii Zachariæ Inquisitio, dont nous avons déja parlé sur saint Matthieu. Voyez aussi les Apocryphes de Fabricius dans son *Codex apocryphus novi Testamenti*, sur Zacharie & saint Jean-Baptiste.

Franc. Baringius, *de pugillari Zachariæ*, dont parle saint Luc, Chap. 1. ỷ. 63. dans le Trésor des Dissertations Philologiques, tome 2. Il étoit Allemand Luthérien.

Guillaume de Zech, dont nous parlerons sur la deuxième Epître aux Corinthiens, a écrit de saint Jean dans le sein de sa mere, imprimé à Jéne en 1680. *in* 4.

Sur plusieurs & differens sujets.

Salomon Deylingius, *de censu ab Augusto indicto*, dans ses Observations sacrées, tome 1. *De Jesu sedente inter Doctores*, Luc, Chap. 2. ỷ. 46. ibid. tome 3. Chap. 30. *De triplici an duplici, an unica Maria.* ibid. Chap. 31. Voyez ci-après les autres Auteurs qui ont traité le même sujet. *De Magistratibus Templi*, &c. *ad Luc.* XXIII. ỷ. 4. & *Act. IV.* ỷ. 1. & 24. *ibid.* Chap. 32.

Gaspar Henr. Graun, *de Tetrarchis Luc. III.* dans le Trésor des Dissertations Philologiques. *Ægidii Strauchii, seu Henrici Alischeri, de B. M. V. Natalibus*, dans le quatriéme *Fasciculus* de Crenius. L'Ouvrage de *Graun* a été imprimé séparément à Wittemberg en 1684. *in* 4. sous le nom de *Gaspar Henri Graverius* ; & c'est son véritable nom. Il étoit Allemand Luthérien.

Maniere de concilier saint Matthieu avec saint Luc sur la Généalogie de JESUS-CHRIST.

H 6 Voyez

Voyez la Lettre d'Africanus à Ariftide, rapportée dans Eufebe Hift. Ecclef. Livre 1. Chap. 7. Saint Auguftin *de confenfu*, Livre 3. Chap. 3. & dans fes Retractations.

Maldonat en traite auffi dans fon Commentaire fur le Chapitre 3. de faint Luc. M. *de Marca* dans fa Differtation *de ftemmate Chrifti*, dont nous avons parlé fur faint Matthieu. Le P. *Mauduit* dans fon Analyfe fur les Evangiles. Voyez Differtation fur la Généalogie de JESUS-CHRIST. Les Bollandiftes *in Propylæo Maii.* M. *de Tillemont* Note. 1. fur faint Jofeph, p. 502. & Notes 1. & 2. fur la fainte Vierge, dans fes Mémoires Eccléfiaftiques. Voyez auffi notre Differtation à la tête de faint Luc, & dans le Recüeil de nos Differtations tome 3. *Spanheim* dans fes Doutes Evangéliques, partie 1. Doutes 19. 20. 21. & fuiv.

Differtation fur Cainan dont faint Luc fait mention dans cette Généalogie. Voyez cidevant fur la Génèfe, article des Differtations.

Julii Bartolocci Differtatio, cur Chriftus adhuc puer ad diem Feftum Pafchæ voluerit afcendere, dans fa Bibliothéque Rabbinique, tome 3. p. 132.

Henri Muller, de Sabbato Deutero-proto, en faint Luc, Chap. 6. ⅴ. 1. dans le Tréfor des Differtations Philologiques, tome 2. *Jean Frifchmuth* en a auffi traité. Voyez *ibid.* ce qu'on avoit déja imprimé à Jéne en 1662. *in* 4. Il a auffi expofé le ⅴ. 44. du Chap. 24. où il eft parlé de la Loi & des Prophétes, imprimé *ibid.* 1665. *in* 4. & dans le Recüeil de fes Ouvrages. Voyez ci-deffus.

Gérard Outhove a fait des Obfervations fur ce Sabbat qui fe trouvent dans la Bibliothéque Philologique, tome 5. p. 411. 422. *Jofeph Scaliger, de emendatione temporum*, Livre 6. en traite auffi. *Cafaubon* dans fa quatriéme Exercitation contre Baronius; *Ligifoot* fur faint Luc; *Toinard* dans fon Harmonie, dont nous avons parlé dans l'article premier de cette Partie, & *Cloppenburg* dans fes Lettres à Louis Cappel, imprimées dans le tome 9. des grands Critiques.

Lud. Cappel, de Pafchate & de Sabbato Deutero-proto, à Amfterdam 1643. *in* 12. & parmi les Ouvrages de Cloppenburg *ibid.* 1684. *in* 4. *Sebaftien Schmid* en a auffi traité & fait imprimer à Leipfic en 1686. *in* 4.

Aug. Varenius, de finu Abrahæ, en S. Luc 16. ⅴ. 22. à Roftock 1685. *in* 4. Il a encore donné une Réflexion Philologique fur la Paffion, felon faint Luc *ibid.* 1666. *in* 4. Une Exercitation fur la fueur de fang & fur l'Ange confortateur *ibid.* 1680. *in* 8. La premiere fe trouve auffi dans le tome 2. des Differtations Philologiques.

Joan. Chrift. Arift, de lacrymis Chrifti, dans le même Tréfor. Cet Auteur n'eft pas bien connu, à moins que ce ne foit *Jean Henri Arftenius* qui a fait le *Paffionale Chrifti,* où il parle fans doute de ces larmes; ce qu'on a imprimé à Gotha en 1683. *in* 8.

Lipenius en marque plufieurs autres très-connus qui ont écrit fur le même fujet, comme *Jean Briflejus* Anglois, qui a donné *Lacryma Chrifti fuper Jerufalem;* on ne dit pas où, ni en quelle année. *Jean Michel Dilhernus* en Allemand à Nuremberg en 1642. *in* 4. *Ahafver Frifcheus, Lacrymæ Jefu*, à Jéne en 1662. *Joachim Hildebrand, de Lacrymis Chrifti,* dans fa Réponfe à Jacques Cuderling, imprimée à Helmftat en 1662. *in* 4. & dans le *Fafciculus* de fes Difputes, à Wittemberg 1672. *in* 4.

Jean Hoornebeck, deux Difputes pratiques, *de Lacrymis Chrifti*, à Leyde 1661. *in* 4. *Jean Olearius*, une Difpute fur les mêmes larmes, à Leipfic 1683. *Michel Siricius, Difcurfus de lacrymis Chrifti,* imprimé à Gieffen en 1669. *in* 4. troifiéme édition.

En particulier fur la fueur de fang de N. S. J. C.

Comme il n'y a que faint Luc qui ait parlé de cette circonftance de la Paffion du Sauveur, plufieurs fe font appliqués à en traiter particulierement. *Louis Vivés* dans le tome 2. de fes Ouvrages, p. 258. & fuivantes. C'eft un Office entier en l'honneur de ce myftére: les Matines, la Meffe & toutes les Heures du jour font de la compofition de Vivés. Il y a joint un long Sermon en Latin.

Thomas Bartholin a auffi traité cette matiére dans fon Livre *de Cruce*, où il traite de la Croix de JESUS-CHRIST placée au milieu des deux larrons; du breuvage qu'on lui préfenta, & de la couronne d'épines. Nous en avons marqué l'édition fur faint Matthieu, dans l'article des Differtations.

On a une belle Théfe de M. *Fagon*, Médecin, fur le même fujet, où il examine fi la fueur de fang eft un effet de force ou de foibleffe de témperamment; & nous avons fait une Differtation exprès là-deffus, imprimée dans le Recüeil de nos Differtations, tome 3. p. 612.

Gafpar Pofner a fait auffi une Difpute où il examine fi cette fueur étoit naturelle, & tout ce qui s'eft paffé dans la perfonne de JESUS-CHRIST à fa mort; elle a été imprimée à Jéne en 1665. *in* 4. Il en a fait une autre fur le tremblement de terre & tout ce qui eft arrivé à la Réfurrection, imprimé *ibid.* & 1672. *in* 4. Il étoit Allemand Luthérien & Profeffeur dans l'Univerfité de Jéne.

Herman Conringius a fait une Differtation

tion sur cette sueur de sang, imprimée à Hildesheim en 1674. *in* 12. Voyez ce que nous disons de lui sur la Police des Hébreux; ou son Titre dans l'*Index*.

Valentin Velthelmius, Luthérien de Saxe, a fait aussi une Dissertation sur le même sujet, imprimée à Jéne en 1697. *in* 4. Il est mort en 1700. Lipenius marque encore *Etienne Clotzius*, qui a fait un Traité *de sudore Christi sanguineo*, imprimé à Hambourg en 1670. & à Francfort 1671. *in* 4. *Jean Juste* qui en a traité en Allemand, & fait imprimer à Helmstat en 1658. *in* 8.

Sur la Madeléne ou la Femme pécheresse, & sur les trois Maries.

C'est encore un point d'une longue discussion entre les Commentateurs que celui des trois Maries & de la Madeléne. Sur les trois Maries, voyez *Origénes* sur saint Matthieu, dans son Homélie 35. p. 132. *Le Févre d'Etaples*, dans son Traité sur le même sujet. *Josse Clitov*, dans son Epître dédicatoire à François Dumoulin, à Paris 1519. *Casaubon* dans son Exercitation quatorziéme. *Mauduit* dans son Analyse des Evangiles, tome 2. *Pezron* dans son Histoire Evangélique, tome 2. *Manconduit* dans son Apologie de Marie Madeléne & de Marie sœur de Lazare, imprimée à Paris en 1685. *Tillemont* dans ses Mémoires Ecclésiastiques, tome 2. p. 30. & 512. *Baillet* dans la Vie des Saints au 22. Juillet. *Anquetin* dans sa Dissertation sur les trois Maries, à Rouën 1699. *in* 12. Voyez aussi la nôtre sur le même sujet, à la tête de notre Commentaire sur saint Luc, & dans le Recüeil de nos Dissertations, tome 3. p. 437.

Balthasar Sorio, *de unica Magdalena*, à Saragosse en 1521. contre le Févre d'Etaples. Il étoit de Valence en Espagne, & est mort en 1557.

Le Masson, qui prétend que la Femme pécheresse est Marie Madeléne & Marie de Béthanie. Cet Ouvrage est en François, imprimé à Paris en 1713. *in* 12. & est partagé en quatre Lettres. L'Auteur tâche d'y justifier la Femme pécheresse, en faisant voir qu'elle n'étoit pas si criminelle qu'on se l'imagine ordinairement. On peut louer en cela sa bonne intention, mais on doit reconnoître qu'il auroit défendu avec succès une meilleure cause.

Bilibalde Pirchemer avoit au contraire fait une Dissertation pour prouver que Madeléne n'est point la Femme pécheresse. Elle se trouve dans ses Ouvrages imprimez à Francfort en 1610. *in fol*. Il étoit Allemand Luthérien, & est mort en 1530.

Enfin *M. Trevet* a écrit contre M. Anquetin, pour soutenir l'unité d'une Madeléne, & faire voir que l'opinion qui ne fait qu'une même personne de la Femme pécheresse, de Marie de Béthanie & de Madeléne, est la plus conforme à l'Ecriture. Sa Dissertation est imprimée à Paris en 1713. *in* 4. Elle est divisée en trois parties, & il y a à la fin quelques Notes sur la Vie de sainte Marie Madeléne publiée par M. Baillet, qu'il prétend convaincre d'inconstance dans sa critique, de mécomptes considérables, & de citations peu fidelles.

Sur Zacharie & sur le juste Siméon.

On a imprimé dans les Mémoires de Trévoux deux Lettres de *M. le Pelletier*, où il combat les fausses représentations que les Peintres font ordinairement dans leurs Tableaux contre la vérité de l'Histoire, y ajoutant, selon leur fantaisie, ce que saint Luc ne dit point de Zacharie pere de saint Jean, & de Siméon le juste, puisqu'ils les dépeignent en habit de Souverains Pontifes. Cependant Zacharie n'a été que simple Prêtre, & il ne paroît pas que Siméon ait même été Prêtre; ce que ce sçavant homme prouve très-évidemment. Ses deux Lettres sont curieuses & instructives. Consultez les Mémoires de l'année 1705. aux mois de Janvier & de Mars.

Sur le dénombrement fait sous Auguste, & sur la naissance de J. C.

Jacques Perizonius a fait une Dissertation sur le dénombrement ordonné par l'Empereur Auguste; elle est en Latin, & imprimée à Franeker en 1690. *in* 8. Il trouve de grandes difficultez dans ce qu'en rapporte saint Luc au Chapitre 2. & tâche d'en donner la solution.

Barthelemi Richard, Allemand Luthérien, en a aussi traité & fait imprimer à Wittemberg, en 1694. *in* 4. de même que *Gotlieb Wernsdorf* ibid. 1693. *in* 4.

Guillaume Liser, dont nous avons parlé sur l'ancien Testament, a écrit de la Généalogie de JESUS-CHRIST, selon S. Luc, & de sa Circoncision; l'un & l'autre Ouvrage imprimé à Wittemberg en 1629. & 1672. 2. vol. *in* 4.

Daniel Spiegel, dont il est déja parlé sur saint Marc, a fait deux Disputes sur le jour & l'année de la naissance de JESUS-CHRIST, imprimées ibid. en 1666. *in* 4. & *Jean Pedan*, Allemand Luthérien, a décrit toutes les circonstances de cette naissance, selon saint Luc; ce qu'il a fait imprimer à Konigsberg en 1658. *in* 4.

George Michel Pfefferkorn, aussi Allemand Luthérien,

Luthérien, a fait une espéce de Commentaire sur le nom qui fut donné à J. C. le jour de sa Circoncision, imprimé à Altembourg en 1669. *in* 4.

George Goetzius a fait une Dissertation sur la crêche du Sauveur dont parle saint Luc, imprimée à Jéne en 1662. *in* 4. 2. édition. Il étoit Allemand Luthérien, Ministre général d'Erford, & est mort en 1699. *Jean Christophe Letschius*, aussi Allemand Luthérien, a traité de ce même berceau, & fait imprimer à Wittemberg en 1675. *in* 4. deuxiéme édition.

David Vogelius, autre Allemand Luthérien, a écrit de l'étable où est né le Sauveur; ce qu'on a imprimé à Konisberg en 1706. *in* 4. & *Jean Jacques Liebenvvald*, de même pays & de même Religion, a écrit de la ville même de Bethléem, imprimé à Leipsic en 1707. *in* 4.

Sur le mauvais Riche, & sur le pauvre Lazare.

André Louis Konigsmann, Luthérien Allemand, a fait un Paradoxe sur le mauvais Riche, imprimé à Kiel en 1708. *in* 4. *George wolfgang edelius*, dans deux de ses Dissertations, imprimées à Jéne la même année *in* 4. en Latin, traite du pauvre Lazare qui étoit devant la porte du mauvais Riche, & de l'habit de pourpre dont ce dernier étoit revêtu. Il examine particuliérement ce que c'étoit que cette pourpre & le *byssus*. Il entend par la pourpre ces vêtemens précieux qui servoient autrefois aux Rois & aux Princes; sur quoi il fait des recherches très-curieuses. Le *byssus*, selon lui, étoit un habit de pourpre différente de l'autre, en ce qu'elle étoit blanche: celle-ci servoit ordinairement d'habit de dessous, & l'autre se portoit par dessus. Il y a beaucoup d'autres remarques qui ne sont pas indifférentes.

Sebastien Niemann, dont nous avons parlé sur saint Matthieu, a fait une Dispute où il examine si l'Histoire du mauvais Riche est véritable, ou si c'est une simple Parabole. Elle est imprimée à Jéne en 1669. *in* 4.

George Vechner, Luthérien de Silésie, mort en 1647. a fait une Disquisition touchant le sein d'Abraham, dont il est parlé dans cette Histoire; on l'a imprimée en Pologne l'an 1678. *in* 8. & *Godefroi Wegner*, dont nous avons parlé sur saint Matthieu, a écrit sur le même sujet, imprimé à Francfort la même année *in* 4.

Sur l'Enfant prodigue & sur Zachée.

Levin Ammon, autrement *Vande Manden*, de Flandre & Chartreux, mort en 1556. a fait un Traité sur la Parabole de l'Enfant prodigue, imprimé à Louvain en 1542. *in* 8. *Nicolas de Clemangis* en a fait aussi un sur le même sujet, qui se trouve dans ses Ouvrages imprimez à Leyde en 1613. *in* 4. Il étoit du Diocése de Châlons en Champagne, Docteur de Paris, & est mort en 1440.

Jacques Elsner, Luthérien de Prusse, a fait une Observation particuliére sur la premiére robe de l'Enfant prodigue, dont il est parlé au ỳ. 22. du Chap. 15. On l'a imprimée dans la Bibliothéque Philologique, tome 3. p. 938.

Zacharie Huberus, de Zuric & Calviniste, a expliqué le ỳ. 8. du Chap. 19. où il est parlé de Zachée. C'est la quatriéme de ses Dissertations, imprimées à Francker en 1702. *in* 4.

Sur la Passion du Sauveur.

Isaac Frereissen, Allemand Luthérien de Strasbourg, mort en 1632. a écrit sur les derniéres paroles de J. C. en croix; ce qui a été imprimé à Strasbourg l'an 1725.

Corneille Paschius, Allemand Luthérien, a fait une Dissertation Astronomique sur l'éclipse arrivée au tems de la Passion. Elle a été imprimée à Wittemberg en 1683. *in* 4. *Paul Pater*, aussi Allemand Luthérien, a écrit sur le même sujet. Ce qui est imprimé à Thorne en 1700. *in* 4.

A la fin du Commentaire de *Benoît Carpzovius*, sur le Livre de Ruth, on trouve la descente de J. C. aux enfers. *Corneille Hasée* avoit attaqué cette Dissertation qu'il croyoit être de Carpzovius même, mais Lucius a pris lui-même sa défense, & prétend montrer que J. C. est véritablement descendu aux enfers, c'est-à-dire au lieu où sont les damnez, non pas pour y souffrir, comme l'a prétendu Calvin, mais pour y lier & enchaîner les démons, comme le dit saint Pierre.

ARTICLE XV.

Explications particulieres de quelques endroits de saint Luc.

Gilles Strauchius, dont nous avons parlé sur l'ancien Testament, a écrit sur la naissance d'Emmanuel selon saint Luc; sur la patrie du Messie; sur sa fuite en Egypte; sur sa derniere Pâque, le tems de sa passion & de sa mort. Ce qu'on a imprimé à Wittemberg en 1654. & 1659. 2. vol. *in* 4. en 1661. *ibid. in* 4. & à Leipsic 1661. 1666. 2. vol. *in* 4.

Jean Ernest Gerhard, dont nous avons aussi parlé sur l'ancien Testament, a écrit sur l'ombre du Très-Haut sur la sainte Vierge, selon la promesse de l'Ange, rapportée par saint Luc.

Luc. Ce qu'on a imprimé à Jène en 1665. *in* 4. seconde édition.

Michel Foerschius, Allemand Luthérien, a expliqué le ỳ. 37. & 38. du Chap. 20. de saint Luc, & a fait imprimer à Jène en 1707. *in* 4. *Henri Gebhardi*, dont nous avons parlé sur l'ancien Testament, a expliqué le nom de Béelzebud sur le ỳ. 15. du Chap. 11. Ce qu'on a imprimé à Gryphiswald en 1707. *in* 4.

Jean Henri Maïus, dont nous avons parlé sur saint Matthieu, a traité de l'Aigle dont il est fait mention dans le Chapitre 17. de S. Luc, ỳ. dernier. On l'a imprimé à Giessen en 1686. *in* 4.

Jean Mallement, Chanoine de sainte Opportune à Paris, a éclairci plusieurs endroits de saint Luc, dans cinq Lettres de Critique, qui se trouvent dans les Journaux de Trévoux ; sçavoir la première au mois de Juillet 1708. La seconde *ibid.* au mois de Décembre. La troisième au mois d'Août. La quatrième au mois de Septembre. La cinquième au mois de Novembre de 1709. On en peut voir le détail dans cet Ouvrage.

Jean Frideric Mayerus a écrit sur Anne la Prophétesse, sur la douzième année de J. C. Sur la sueur de sang. Ce qu'on a imprimé à Gryphiswald en 1706. & 1707. *in* 4. 2. vol. sur l'Assemblée au Thabor, à Hambourg 1688. *in* 4. & sur l'Ange confortateur, à Wittemberg 1683. *in* 4. Voyez son Titre dans l'*Index*.

Daniel Papebroch, dans son Apparat de la Chronologie des Papes, p. 25. du mois de Mai des Vies des Saints, a mis une Lettre touchant la trentième année de J. C. & une Exercitation sur ses proches parens, *ibid.* p. 31. Il étoit Flamand d'Anvers, & est mort Jésuite en 1714.

Sebastien Schmid, dont nous avons souvent parlé, a expliqué le Cantique *Benedictus* en saint Luc Chapitre 1. & fait imprimer à Strasbourg en 1684. *in* 4. *Frideric Lampe* a fait en particulier des Observations sur la *corne de salut*, dont il est parlé dans ce même Cantique, ỳ. 69. Ce qu'on a imprimé dans la Bibliothéque Philologique tome 2. p. 680. 706. Elles sont curieuses & contiennent douze articles.

Paul Slevogtus, dont nous avons parlé sur saint Matthieu, a fait une Dissertation sur les vingt-quatre Ephemeries des Prêtres dont parlé saint Luc ỳ. 5. Chap. 1. imprimée à Jène en 1649. *in* 4. & *Jean Schmid* une Exégèse sur le ỳ. 28. Chap. 9. imprimée à Leipsic en 1716. *in* 4. Voyez sur l'Epître aux Hébreux.

Théodore Haste, que nous avons déja cité plus d'une fois, a donné une Dissertation sur les 99. Justes qui n'ont pas besoin de pénitence. Il y explique aussi le passage de saint Paul aux Hébreux, ỳ. 23. Chap. 12. où il est parlé des ames des Justes. Il attaque ceux qui se servent du passage de saint Luc ỳ. 7. Chap. 15. pour soutenir leurs erreurs touchant le péché originel, qu'ils croyent n'être pas communiqué à tous les hommes ; & touchant le Baptême, qu'ils ne croyent pas nécessaire à tous, puisqu'il y a des Justes qui ne péchent point. Cette Dissertation se trouve dans la Bibliothéque Philologique, tome 1. part. 2. p. 99. 137. Il y est aussi parlé de plusieurs autres Ouvrages que le même Auteur a fait sur l'Ecriture, p. 560. 561. de la quatrième Partie.

ARTICLE XVI.

Des Commentateurs Catholiques & Protestans sur saint Jean.

Théophile d'Antioche, ou un autre sous son nom, comme nous l'avons dit ci-dessus. *Origénes* avoit commenté tout l'Evangile de saint Jean ; mais il ne nous reste de la Version de Genebrard que jusqu'au Chapitre 16. ỳ. 10. M. *Huet* n'en a pas donné davantage en Grec & Latin tome 2. *Origen*, de la Traduction d'*Ambroise Ferrarius*.

Saint Jean Chrysostome a aussi écrit sur saint Jean ; ce qui consiste en 87. Homélies en Grec & en Latin, tome 8. de l'édition de Morel. Il faut voir ce qu'en dit Richard Simon dans son Histoire Critique du nouveau Testament, Chap. 10. 11. D. Montfaucon en compte 88. dans le huitième tome de la nouvelle édition de ce Pere.

Saint Augustin s'est distingué particulièrement par son excellent Traité sur S. Jean ; car on peut dire, que comme saint Jean excelle entre les autres Evangélistes par la sublime connoissance des Mystéres ; aussi saint Augustin a excellé entre tous ceux qui ont expliqué ce dernier des Evangélistes. Son Ouvrage est imprimé dans le tome 3. de la nouvelle édition, part. 2. p. 290.

Saint Cyrille d'Aléxandrie a fait aussi un grand Commentaire sur saint Jean, qui se trouve dans le tome 4. en Grec & en Latin de ses Ouvrages, par le Pere Sirmond ; mais il est à remarquer que dans l'édition Latine, les 5. 6. 7. & 8. Livres sont de Josse Clictou, & non pas de saint Cyrille. Dans l'édition Grecque & Latine de 1638. à Paris, il y a dix Livres de Commentaires de saint Cyrille sur saint Jean, avec les Fragmens des 7. & 8. Livres.

Théophilacte & *Béde le Vénérable*, ont aussi expliqué S. Jean dans ce qu'ils ont fait sur les quatre Evangélistes. *Alcuin* a composé sept Livres sur saint Jean, imprimez dans ses Ouvrages, & séparément à Ausbourg en 1527. *in* 8.

L'*Abbé Rupert*, *Hugues de saint Victor*, *saint Thomas*, avec ce qu'ils ont fait sur les trois autres Evangiles. *Saint Bonaventure*, ou *Jean de Fidauza*, a fait une Postille sur saint Jean, imprimée dans le tome 2. de ses Ouvrages, à Rome 1688. à Mayence 1609.

Richard de Mediavilla, ou *Midleton* & *Zacharie de Chrysopolis*. Ce dernier dans son Harmonie Evangelique. Voyez l'article premier de cette Partie.

Nonnus a mis saint Jean en vers Grecs héroïques, ou plûtôt il a fait une Paraphrase sur l'Evangile de saint Jean, & c'est le titre que porte son Ouvrage. On en a diverses éditions. Celle du P. Abraham Jésuite, à Paris 1623. *in* 8. & à Leipsic 1629. est une des meilleures. Il y a joint d'excellentes Notes de sa façon. Il y a même suppléé par soixante & onze vers Grecs de sa façon, l'Histoire de la femme adultère, que Nonnus ne lisoit pas dans saint Jean. *Daniel Heinsius* a fait aussi imprimer cette Paraphrase avec un très-long Commentaire intitulé : *Aristarchus sacer*, dont nous avons déja parlé, & imprimée à Leyde en 1627. *in* 8.

Chrétien Drutmar a expliqué saint Jean avec saint Luc. Voyez ci-dessus, ou son Titre dans l'*Index*. Ce n'est qu'un Commentaire abrégé qu'il a fait.

Entre les modernes, *Thomas Cajetan*, *Jean Ferus*, qui outre le Commentaire qu'il a fait sur S. Jean & sa première Epître, imprimée à Louvain en 1559. a encore donné l'Apologie de ce Commentaire contre ceux qui ont osé l'attaquer. Elle est de 1572. *in* 8. à Mayence. Pour Cajetan, son Commentaire est avec les autres qu'il a faits sur les quatre Evangiles.

Cornelius Jansenius d'Ypres & *Jean Maldonat*, dans leur Commentaire sur les mêmes. *Benoît Pererius* a fait des Disputes sur saint Jean, imprimées à Lyon 1608. 1610. *in* 8. 2. vol. Elles sont fort estimées de Messieurs Simon & Dupin, à cause du bon choix qu'il en a fait, & des solutions qu'il en donne. Nous avons parlé de cet Auteur sur la Génèse.

François Tolet, Cardinal, a fait un Commentaire sur saint Jean & des Annotations, imprimées à Cologne 1639. *in fol*. derniere & sixième édition. Nous avons parlé de lui sur saint Luc.

Jean Servius, dont nous avons parlé sur le même Evangeliste. *Titelman*, qui a donné *Elucidatio Paraphrastica in Joh.* imprimée à Complute l'an 1566. derniere édition.

Sebastien Barradius, *Cornelius à Lapide*, *Luc de Bruges*, avec ce qu'ils ont fait sur les Evangiles. *François Ribera*, qui a fait un Commentaire particulier sur saint Jean, imprimé à Lyon en 1633. *in* 4. troisième édition. Nous en parlerons sur l'Epître aux Hébreux & sur l'Apocalypse. Son Ouvrage sur saint Jean est posthume & assez court.

Erasme, *Laurent Valle*, &c. dans leurs Notes sur le nouveau Testament. Voyez ce que nous en avons dit sur saint Matthieu.

Claudii Guilliaudi, *Enarrationes in Joan.* à Paris 1548. *in fol*. ou 1550. & 1585. Il étoit François, Chanoine d'Autun vers 1540. Nous en parlons encore ailleurs. Voyez son Titre dans l'*Index*.

Greg. Baptista, *in Cap. XIII. Joan.* à Conimbres 1621. *in fol*. Ce sont des Annotations dont il n'y a qu'une partie d'imprimée. Il étoit de Portugal, & vivoit vers 1621. Nicolas Antonio dit, qu'après avoir été Bénédictin, il entra dans l'Ordre de saint François.

On peut y joindre *Charles Boville*, qui n'a expliqué que le premier Chapitre de S. Jean : *Commentarius in Primordiale Evangelium D. Joannis*, comme porte le Titre, & imprimé à Paris en 1514. *in* 4. Nous parlerons encore de lui dans les Actes.

ARTICLE XVII.

Des Commentateurs Protestans sur saint Jean.

Entre les Protestans, *Martin Bucer*, sur saint Jean & les trois autres Evangiles, imprimé à Bâle en 1536. *in fol*. *Wolfang Musculus* a fait un Commentaire particulier sur cet Evangéliste, imprimé *ibid*. 1618. sixième édition.

Bullinger, un Commentaire sur le même, imprimé à Zurich en 1548. *in fol*. *Oecolampade* en a fait aussi un imprimé à Bâle en 1535. *in* 8. *Pelargus* a partagé le sien par Demandes & par Réponses, imprimé à Francfort en 1615. *Goman* : *Explicatio locorum selectorum in Joh.* dans ses Ouvrages, à Amsterdam 1644. *in fol*. *Melanchton*, qui a seulement fait des Notes sur saint Jean, imprimées dans le titre premier de ses Ouvrages, & séparément à Wittemberg en 1523.

David Chytrée, qui a fait un Commentaire imprimé *ibid*. en 1589. *in* 8. *Jean Cameron*, qui a donné sept Sermons sur le Chap. 6. en François, imprimez à Saumur en 1614. *in* 8.

Guillaume Zepper, une Analyse Logique, avec des Scholies & des Observations, imprimées à Herborne en 1595. *in* 8. *Cassiodore de Reyna*, qui a donné *Annotationes in Evangelium Joannis, sive Apologia pro æterna Christi divinitate contra Judæos, Ebionitas*, &c. à Francfort 1573. *in* 4.

Jean Brentius a fait 27. Homélies sur S. Jean, imprimées séparément à Francfort en 1569. troisième édition. De plus une Exégése sur le même, qui est dans le tome 6. de ses Ouvrages, & imprimée à part *ibid*. en 1543. *in* 8.

Calvin

Calvin a fait un Commentaire qui est joint à sa Concorde des trois premiers Evangélistes, & dont nous avons parlé dans l'Article des Concordes par les Protestans.

Théodore de Beze & *Grotius*, dans leurs Commentaires sur les Evangiles, ont joint saint Jean aux autres Evangélistes. *Piscator* a fait une Analyse Logique sur son Evangile en particulier, imprimée à Hesse en 1608. *in* 8. troisiéme édition.

Ligtfoot a aussi compris saint Jean dans ses Heures Hébraïques, dont nous avons déja parlé ailleurs. Voyez son Titre.

Cappel, Hammond & plusieurs autres, l'ont aussi expliqué dans ce qu'ils ont fait sur le nouveau Testament.

M. *le Clerc*, outre son Commentaire François, a fait imprimer à la tête de son Commentaire sur l'Exode, une Paraphrase & une Explication des 18. premiers versets du premier Chapitre de saint Jean, avec des Notes. Ce qu'on a aussi imprimé séparément à Amsterdam en 1695. *in* 8.

Revius, Drusius, Henri Etienne, Scaliger, Casaubon, Gualtperius, se trouvent dans les grands Critiques, & dans la Synopse. Il faut y joindre *Alexandre Alesius*, Ecossois d'Edimbourg, Luthérien & Professeur à Leipsic, mort en 1565. dont le Commentaire sur saint Jean, a été imprimé à Bâle en 1553. *in* 8.

Elie Benoît, Calviniste & Ministre de Delft, qui a écrit contre le Clerc, & fait imprimer à Roterdam en 1697. *in* 8. L'Analyse de *le Vassor*, jointe à celle qu'il a fait sur saint Matthieu.

ARTICLE XVIII.

Traitez & Dissertations sur saint Jean.

Sur le commencement de son Evangile.

Salom. Deyling. de voce λόγος ; dans ses Observations sacrées, tome 1. *Herman Wits*, dans ses Exercitations Académiques, à Utrect 1714. *Schurtz. Fleischius* & *Saubert*; dans son Prodrome de la Philologie sacrée, imprimé à Helmstat en 1665. *in* 4. qui est de Saubert le pere, ou dans les Ouvrages posthumes de Saubert le fils, où il explique plusieurs endroits de l'Ecriture, imprimez à Altorf en 1694. *in* 4. par les soins de Jean Albert Fabricius. Cet autre Saubert étoit Allemand Luthérien de Nuremberg, & est mort en 1688.

Voyez l'Exposition des 18. premiers versets du premier Chapitre de saint Jean par *le Clerc*, dont nous venons de parler, & *Baltus* dans sa défense des SS. Peres accusez de Platonisme, *in* 4.

Salom. Deyling. in Joh. 1. ỳ. 16. *Gratiam pro gratiâ*, dans ses Observations sacrées, tome 3. Chap. 33.

Sur l'Agneau de Dieu, & sur les cruches des nôces de Cana.

Joan. Frischmuth, *de Agno Dei*, dans le Trésor des Dissertations Philologiques, & séparément à Jéne en 1674. *in* 4. Nous avons parlé de lui plusieurs fois, & nous en parlerons encore.

Deylingius traite aussi de l'Agneau de Dieu, dans ses Observations sacrées, tome 3. Chap. 35. *Jean Weinmann* a fait une Dispute sur le même, imprimée à Altorf en 1660. *in* 4. Il étoit Luthérien, Professeur à Altorf, & est mort en 1672.

Juste Sossings a donné un Ouvrage intitulé: *Ecce Agnus Dei*, ou *l'Agneau de Dieu montré au doigt par saint Jean-Baptiste*, imprimé à Rudolstat en 1669. *in* 8. Il étoit Allemand Luthérien.

Etienne Klotzius, *Disputatio inauguralis de Agno Dei ex Joh.* 1. ỳ. 29. à Rostock 1634. *in* 4. *Chrétien Matthias* a fait aussi une Dispute sur le même sujet, imprimée à Nuremberg en 1619. *in* 4.

Matthieu Hostus, *de sex Hydriarum capacitate*, dans les grands Critiques, tome 9. de la premiere édition. Nous avons déja parlé de lui sur l'Arche de Noé & sur David. Voyez son Titre dans l'*Index*.

D. *Claude Lancelot* en parle aussi, comme on le peut voir à la fin de la Bible de Vitré *in fol.* p. 88. Il étoit Parisien & Bénédictin de saint Cyran, & est mort en 1695. n'étant que Soudiacre, quoique déja âgé.

Sur Nathanaël & sur Nicoméde.

Joan. Kindler, *de Nathanaël ad Joan. Cap.* 1. ỳ. 46. dans ses Dissertations Philologiques, imprimées à Amsterdam 1699. *in* 8. Il étoit Allemand Luthérien.

Si Nathanaël est le même que saint Barthélemi, voyez dans notre Dissertation sur saint Matthieu, Chap. 10. ỳ. 2. & les Auteurs citez, Tostat, Rupert, Jansenius, Cornelius à Lapide, Hammond.

Jacques Borste a écrit du même Nathanaël en Allemand, imprimé en 1671. *in* 12. & *George Frideric Greter* a donné *Nathanaël Christianus*, aussi en Allemand, imprimé à Hall en 1676.

Severin Sluterus, Allemand Luthérien, a donné la Conférence de JESUS-CHRIST avec Nicoméde, imprimée à Rostock en 1672. *in* 4. Lipenius le nomme *Severin Walther*.

On a aussi imprimé à Altembourg en 1672. & 1683. un Ouvrage en Allemand intitulé: *Nicodemus*, divisé en quatre parties.

Sur la Piscine probatique, & sur le jour du Sauveur.

David Wendeler, & *Mich. Arnold*, *Dissertatio de Piscina probatica*, Joan. Chap. 5. ỳ. 2. dans le Trésor des Dissertations Philologiques, tome 2. Celle de Wendeler a été imprimée séparément à Wittemberg en 1678. *in* 4. Nous avons parlé de lui sur les Proverbes. Pour Michel Arnold, il étoit Allemand Luthérien.

Jean Frischmut a fait aussi une Dissertation Philologique sur cette Piscine, imprimée à Jéne en 1661. *in* 4. *Jean d'Outrein* en a fait une autre qui est Historique & Philologique, où il examine le tems, le lieu & les autres circonstances de ce miracle. Elle se trouve dans la Bibliothéque Philologique, p. 597. 661. du tome 1.

On y trouve aussi pag. 473. de la quatrième partie, la Dissertation de *Christophe Auguste Heumann*, sur le ỳ. 56. du Chap. 8. de saint Jean, où il est parlé d'Abraham qui désiroit voir le jour de JESUS-CHRIST, pag. 485. 518. Celle de *Frideric Adolphe Lampe* sur le même passage, & dans le tome second de ce Recüeil. *Jean Laurent Mosheim*, rapporte les différens sentimens des Auteurs sur ce sujet. Il étoit Docteur Luthérien à Lubec. Nous avons parlé des deux autres sur la Génése & le Deutéronome. Voyez leur titre dans le Deutéronome.

Sur la Passion du Sauveur, & sur la personne de saint Jean.

Salom. Deylingii, *de aceto Christo sitienti porrecto*, dans ses Observations, sacrées tome 1. *De jure gladii Judaïs adempto*, *ibid.* tome 2. Chap. 33. & 34.

Gasparis Sagittarii, *de lancea quâ percussum est Christi latus*, en saint Jean, Chap. 19. ỳ. 34. à Jéne 1673. *in* 4. C'est une réponse faite à Philippe Langen.

Joh. Christ. Ritter, *de aqua ex Christi latere profluente*, dans le onziéme tome des grands Critiques, p. 388. *Thomas Bartholin* a aussi donné, *de latere Christi aperto*, à Leyde 1646. *in* 8.

Joan. Andreas Quenstedt, *de vulneribus Christi*, imprimé à Wittemberg en 1704. *in* 4. Nous avons parlé de lui sur saint Matthieu.

On a déja remarqué que *Bynæus* avoit fort bien traité tout ce qui regarde les circonstances de la Passion de Notre Sauveur. On peut y ajouter *Jean Nicolas Jacob* qui a fait une Dissertation Philologique sur les mêmes playes, imprimée à Leipsic 1686. *in* 4. Il étoit Allemand Luthérien.

Jean Conrad Dannhavverus a écrit sur les sept dernieres paroles de JESUS-CHRIST en croix ; ce qu'on a imprimé à Strasbourg en 1684. & 1697. 2. vol. *in* 4. Voyez sur les Actes. *Jacques Reichman*, Allemand Luthérien, a écrit sur l'Inscription de la Croix, & fait imprimer à Wittemberg en 1655. *in* 4.

Sur la personne de *saint Jean l'Evangeliste*, on peut lire les Préfaces des Commentateurs sur son Evangile, & M. de Tillemont, Histoire Ecclesiastique, sur sa mort. On peut lire ce qu'on en a écrit pour & contre.

George de Trebizonde, dans son Opuscule, imprimé à Bâle en 1543. *in* 8. explique ces paroles : *Sic volo eum manere*, &c.

Tillemont, tome 1. article 10. 11. sur saint Jean l'Evangéliste, & Notes 15. 16. 17. 18. *Malvenda de Anti-Christo*, Livre 9. Chap. 11. 12. *Fabricius* Notes sur la Vie de S. Jean par Abdias dans son Codex Apocryphe du nouveau Testament, p. 181. & seq. & Addenda p. 984. 985. *Ambroise Catharin*, dans son Commentaire. Enfin nous-même sur le même sujet à la tête de notre Commentaire sur saint Jean, & dans le Recüeil de nos Dissertations, tome 3. p. 455.

Autres Dissertations sur plusieurs & différens sujets.

Salomon Deyling in Joan. VII. ỳ. 38. *Qui credit in me, flumina de ventre ejus fluent aquæ vivæ*, dans ses Observations sacrées, tome 2. *Herman Deusingius* a fait une Dissertation sur le ỳ. 25. & 28. du Chap. 5. où il prétend que JESUS-CHRIST parle de la Résurrection spirituelle. On la trouve dans la Bibliothéque Philologique, tome 1. p. 805. 825. aussi-bien que celle de *George Schaub* sur la Samaritaine, tome 5. p. 1005. 1032. Nous parlons ailleurs de Deusingius. Voyez sur l'Apocalypse.

Abraham Calovius, dont nous parlons si souvent, a fait une Dispute sur le commencement de l'Evangile de saint Jean, imprimée à Wittemberg en 1652. *in* 4. Sur le jeûne de JESUS-CHRIST dans le désert *ibid.* 1676. *in* 4. Sur sa passion & sa mort, *ibid.* 1653. *in* 4.

Didace del Castillo & *Artiga*, Evêque de Grenade vers 1590. a fait une Dispute sur le Chapitre 6. imprimée à Rome en 1593. *in* 4. & *Corneille Hasée*, dont nous avons parlé sur la Génése, a écrit sur JESUS souffrant dans le Palais de Caïphe, imprimé à Brême en 1703. *in* 4.

André Helvvigius, Luthérien de Poméranie, a examiné si la Fête dont il est parlé au Chapitre 5. étoit la Pâque, imprimé à Rostock en 1634. *in* 4. *Albert Joachim Krackevvits*, dont nous avons parlé sur saint Matthieu,

Matthieu, a fait une Dissertation sur le lavement des pieds, imprimée à Kiel en 1707. *in* 4.

Antoine Loisel, François Catholique, a donné l'Explication du ⅴ. 15. du Chap. 4. dans ses Ouvrages imprimez par les soins de Claude Joly, à Paris 1652. *in* 4. p. 22. Il est mort en 1652.

André Malmenius, de Suéde, Luthérien, a fait une Dispute sur le Chapitre 10. imprimée en 1645. *in* 4. & *Jean Friderie Mayer* a fait un Traité des Miracles de JESUS-CHRIST rapportez par saint Jean. On l'a imprimé à Gryphiswald en 1703. *in* 4.

ARTICLE XIX.

Des Commentateurs Catholiques & Protestans sur les Actes des Apôtres.

Saint Chrysostome, *Béde*, *Oecumenius* ont commenté cet Ouvrage. Le premier dans 55. Homélies qui sont en Grec & en Latin, dans le neuviéme tome de l'édition de Paris par Morel. *Béde* a fait deux sortes d'Ouvrages, qu'il appelle lui-même deux Livres, sçavoir son Commentaire & ses Rétractations, qui se trouvent dans le tome 5. de ses Oeuvres, avec des Questions sur les Actes. *Oecumenius* n'est proprement qu'un Abbréviateur de saint Chrysostome.

Arator, Soudiacre du tems de l'Empereur Justinien, vers l'an 530. a mis en vers épiques l'Histoire des Actes, imprimée sans Commentaire, à Cologne en 1573. *in* 16. par Pulman, qui y a fait des corrections, & dans la Bibliothéque des Peres de l'édition de Lyon tome 10. p. 145. avec les Commentaires d'*Arius Mendoça*, imprimez pour la premiere fois à Salamanque en 1516. *in fol.* Cet *Arator* étoit de Ligurie, Soudiacre de Rome vers 544. puisque c'est en cette année qu'il adressa sa Lettre au Pape Vigile.

Entre les modernes *Thomas Cajetan* explique les Actes dans ses Commentaires sur le nouveau Testament. *Jean Gagnée* ou *Gagny*, dont nous avons parlé sur les Pseaumes, a fait des Scholies sur les Actes, imprimées à Paris en 1660. *in* 8. derniere édition, & dans la premiere Bible de la Haye, qui promet aussi de les donner dans le titre de *Biblia maxima*; mais elles ne se trouvent pas dans le corps de cet ennuyeux Ouvrage. Il faut voir ce que Simon en pense dans sa Critique, Chap. 40. p. 579. M. Dupin les croit trésutiles & necessaires à ceux qui veulent bien entendre le sens littéral du Texte du nouveau Testament, en peu de tems & sans avoir besoin de lire les grands Commentaires. *Gagnée* étoit de Paris, fut Chancelier de l'Université, Aumônier de François I. Il est mort en 1549.

Jean Lorin, dont nous avons marqué les autres Ouvrages sur l'ancien Testament, a fait un Commentaire sur les Actes, imprimé à Lyon en 1605. & 1609. *in fol.* plus correctement & plus amplement.

Alfonse Salmeron en a aussi fait un qui se trouve dans le douziéme tome de ses Commentaires, dont nous avons fait le détail ci-dessus. Voyez son Titre dans l'*Index*.

Fromont ou *Froidmont*, *Libertus Fromondus*, Professeur de l'Université de Louvain, mort en 1658. a fait un excellent Commentaire sur les Actes, imprimé *in fol.* à Paris en 1670. avec ses autres Commentaires sur l'Ecriture, en particulier à Louvain en 1654. *in* 4.

Barthelemi Petri, Professeur de Douai, puis Chanoine de cette ville, a travaillé avec beaucoup de succès sur les Actes des Apôtres, & son Commentaire a été imprimé à Douai en 1622. *in* 4. Il est mort en 1630. âgé de 85. ans.

Hofmeister in duodecim priora capita Actuum Apostolorum, imprimé à Paris en 1578. *in fol.* Si nous croyons Gandolf, il avoit aussi commenté les 16. autres Chapitres. Nous avons parlé de lui sur saint Marc.

Gaspar Sanctius, dont le Commentaire est imprimé à Cologne en 1617. *in fol.* & *Cornelius à Lapide* a aussi fort bien écrit sur les Actes.

Erasme, *Laurent Valle*, *Luc de Bruges*, ont aussi leur mérite, & leurs Notes sur les Actes sont dans les grands Critiques. *Jean Ferus* a fait des Enarrations imprimées à Paris en 1568. *in* 8. *Louis Novarin* a donné un Commentaire imprimé à Lyon en 1645. *in fol.* Nous avons parlé de lui ci-devant.

Nicolas Dubois, a fait des Leçons Académiques sur les Actes, imprimées à Louvain en 1666. *in* 4. Il étoit de Flandre, Professeur en Théologie à Louvain vers 1666. *Artus Pitsée*, a fait un Commentaire imprimé à Anvers en 1636. *in* 4. où il combat les Héresies de son tems. Il étoit Anglois & Chancelier du Cardinal de Lorraine, Chanoine de la Cathédrale de Verdun, & non pas de Liverdun, comme on le lit à la tête de sa Bibliothéque des Ecrivains Anglois.

Jean de Sylveira, qui a mis son Commentaire avec ceux qu'il a faits sur les Evangiles. L'Analyse du *P. Mauduit*, imprimée à Paris en 1697. 2. vol. *in* 12. avec des Dissertations sur les endroits difficiles. C'est la continuation du dessein qu'a eu l'Auteur d'expliquer le nouveau Testament par la méthode qu'on appelle *de resolutione*.

ARTICLE XX.

Des Commentateurs Protestans sur les Actes des Apôtres.

Entre les Protestans, nous avons *Henri Bullinger*, dont le Commentaire sur les Actes est imprimé à Zurich en 1590. *in fol.* Il étoit Suisse, Ministre Calviniste à Zurich, & mourut en 1575.

Drusius, Casaubon, Gualsperius, Pricæus & Henri Etienne, imprimez dans les grands Critiques, tome 7. de la premiére édition, aussi-bien que *Zeger & Cameron*.

Baudoüin Walæus, dont le Commentaire sur les Actes a été imprimé en Grec & en Latin, à Leyde en 1653. *in 4.* avec celui qu'il a fait sur les Evangiles. Le P. le Long marque une autre édition de 1662. à Amsterdam. Il étoit de Flandre, Calviniste, fils d'Antoine Walée, & est mort en 1639. selon Crowée.

Jean Boisius, Anglois & Chanoine d'Eli, mort en 1640. Ce qu'il a fait sur les Actes est imprimé avec ce qu'il a donné sur les Evangiles, à Londres 1655. *in 8.*

Hammond, qui a fait des Notes en Anglois, mises en Latin par le Clerc, & imprimées avec celles qu'il a faites sur tout le nouveau Testament, à Francfort en 1714. 2. vol. *in fol.* Nous avons déja parlé de lui. Voyez son Titre.

Piscator & plusieurs autres dans la Synopse des Critiques. *Ligtfoot*, *Commentarius historicus in Acta, & Horæ Hebraicæ in Acta*; tout cela se trouve dans ses autres Ouvrages, dont nous avons parlé dans l'Article des Commentateurs généraux. Voyez son Titre.

Cartwrigt, Mellificium Hebraïcum, imprimé dans les grands Critiques, tome 9. p. 2976. jusqu'à 3128. de la premiére édition. Nous avons parlé de lui sur la Génése.

Joan. Pearson, *Annales Paulini & Lectiones in Acta Apostolorum*, à Londres 1688. *in 4.* On le croit principal Auteur des grands Critiques. Il étoit Anglois, & est mort en 1687.

Ludov. de Dieu, in Acta, avec ce qu'il a fait sur le nouveau Testament. Voyez l'Article général des Protestans, où nous avons parlé de lui & de ses Ouvrages.

Baltazar Mentzer, d'Altendorf, Luthérien & Professeur à Giessen, a fait un Commentaire, imprimé à Giessen en 1622. *in 4.* seconde édition. Nous avons marqué ailleurs l'année de sa mort. Voyez son Titre dans l'*Index*.

George Calixte, qui a fait une Exposition littérale, imprimée à Brunswick en 1654. *in 4.* Il étoit aussi Allemand Luthérien, & est mort en 1656.

Charles Marie de Veil, dont nous avons parlé sur saint Marc, a expliqué littéralement le Livre des Actes. Ce qu'on a imprimé à Londres en 1684. *in 8.*

On peut ajoûter à tous ces Auteurs le Commentaire de *Van-Leuven*, imprimé à Amsterdam en 1704. *in 8.* 2. vol. & en Allemand à Brême en 1708. *in 4.* On dit que Vander-Linden doit en donner une nouvelle édition augmentée par l'Auteur. Nous parlerons de lui sur l'Epître aux Romains.

Othon Brunsfeld a fait des Notes sur les Actes & sur les Evangiles, imprimées à Strasbourg en 1535. *in fol.* Il étoit Allemand, né à Brunsfeld proche Mayence, & étudia chez les Chartreux, y prit même l'habit; mais ayant goûté les dogmes de Luther, il alla à Strasbourg, où il enseigna les Belles-Lettres: depuis étant allé à Bâle, il s'y fit passer Docteur en Médecine, & exerça cet art à Berne, où il mourut en 1534. On peut voir sa Vie dans celles des Médecins Allemans par Melchior Adam, p. 10. Nous parlons ailleurs d'un autre de ses Ouvrages. Voyez son Titre dans l'*Index*.

Christophe de saint Martin, Luthérien, qui a fait un nouveau Traité imprimé à Dresde en 1703. *in 4.* où il explique les versets 27. & 28. du quatriéme Chapitre des Actes. Il n'a rien omis pour rendre cette Explication complette. Car après avoir exposé le Texte Grec, il a jugé à propos d'y joindre douze Versions différentes, tant en Latin que presque dans toutes les Langues de l'Europe. Il divise ensuite son Ouvrage en trois Chapitres.

ARTICLE XXI.

Traitez & Dissertations sur les Actes des Apôtres.

Voyez les Préfaces des Commentateurs sur ce Livre. *Annales Paulini* de Pearson & la Vie de saint Paul par M. de Tillemont dans ses Mémoires Ecclésiastiques, avec les Notes sur cet Apôtre.

Sur les Apôtres & sur Judas.

Ludov. Capelli Historia Apostolica, dans les grands Critiques, tome 9. p. 3873. de la premiére édition. On ne peut douter de la grande utilité de cet Ouvrage pour bien entendre le Livre des Actes.

Melch. Flavii de regno Dei quo Christus locutus per 40. dies, *Act. Chap. 1. ✝. 3.* imprimé à Paris en 1566. Il étoit François, de l'Ordre des Freres Mineurs, Pénitencier sous Pie V. vers 1570.

Joan. Antonides Vander-Linden Exercitatio de vino plenis, *Act. 2. ✝. 13.* dans le neuviéme neuvième Tome des grands Critiques, page 4532. C'est la dixième de ses Exercitations, & où il y a de fort belles Recherches prises de l'Antiquité. Il étoit de Hollande, né en 1609. Professeur en Médecine à Leyde, & est mort Calviniste en 1664.

Nicolai Serrarii de sancto Paulo & Juda proditore, dans ses Opuscules. *Andr. Austen. de genere mortis Judæ*, dans le tome 2. des Dissertations Philologiques. Ce qu'on avoit déja imprimé à Rinthel *in* 4. Il étoit Allemand Calviniste, & vivoit vers 1688.

Julii Bartolocci de Juda proditore, patria, opificio, morte, dans sa Bibliothéque Rabbinique, tome 3. p. 24.

Dissertation de *M. Gronovius* sur Judas le traitre, que nous avons déja marquée sur S. Matthieu. *Jean Friderie Scharffius* sur la vocation de saint Matthieu, imprimé à Wittemberg en 1652. *in* 4.

Voyez aussi notre Dissertation sur les Élections par le sort, à la tête des Actes des Apôtres, & dans le Recüeil de nos Dissertations, tome 3. p. 463.

Volf. Dav. Schepsius, de flagellatione Apostolorum, dans le tome 2. des Dissertations Philologiques, & séparément à Wittemberg en 1683. Il étoit Allemand Luthérien.

Sur le chemin du Sabbat, & sur la Synagogue des Affranchis.

Mich. Waltheri & Georgii Edm. Voigti, de Itinere Sabbati. La Dissertation de l'un & de l'autre est dans le tome 2. des Dissertations Philologiques; & celle de *Walther* a été imprimée séparément à Wittemberg en 1673. *in* 4. Il étoit fils d'un autre Michel Walther, Allemand Luthérien comme son pere, & est mort en 1692. *Edmond Voigt* étoit de même Nation & Religion. Voyez aussi *Reland* dans sa Palestine illustrée, tome 1. p. 497.

Deylingius, de Synagoga Libertinorum; Act. VI. ℣. 9. dans ses Observations sacrées, tome 2. Chap. 35. Le P. Hardouïn Jésuite a aussi traité de la Synagogue des Affranchis; ce qui se trouve dans les Mémoires de Trévoux de 1701. aux mois de Mai & Juin. Il a encore expliqué les versets 14. & 16. du Chap. 7. dans les mêmes Mémoires de 1703. au mois de Septembre; mais sa Dissertation sur la Secte des Affranchis est en Latin dans le Recüeil de ses Ouvrages, p. 903. Il rapporte fort au long ce que les Interprétes & les autres Sçavans ont dit sur ce sujet. Leurs Livres sont entre les mains de tout le monde; & si l'explication du P. Hardouïn est la seule véritable, elle rend toutes les autres inutiles.

Sur les Langues de feu, & sur S. Etienne.

Godfrid. Thilo, de Linguis ignitis, dans le Trésor des Dissertations Philologiques, & séparément à Wittemberg en 1675. *in* 4. *Jean Jérémie Lederlin*, Allemand Luthérien, Professeur des Langues Orientales, a fait aussi une Dissertation sur ces Langues de feu, ou plûtôt sur le don des Langues accordé aux Apôtres le jour de la Pentecôte. On l'a imprimée à Strasbourg en 1714. *in* 4. Quoiqu'elle ne contienne que 21. pages, elle mérite néanmoins d'être lûë; car l'Auteur y fait paroitre une connoissance particuliére de la Langue Grecque.

Jean Gaspar Santoroc, Professeur Luthérien dans l'Académie de Marpourg, a aussi traité du don des Langues dans une Dissertation imprimée à Marpourg en 1718. *in* 8. Elle contient trois sections. Dans la premiére l'Auteur prouve que ce don n'a été que pour les Apôtres. Dans la seconde, il combat ceux qui croyent que le miracle n'étoit que dans les oreilles de ceux qui les entendoient parler. Dans la troisiéme, il réfute Saumaise, qui a cru que ce miracle n'a duré qu'un instant.

Caroli Bovilli, de visione Christi sedentis à dextris Dei per Beatum Stephanum, avec ce qu'il a donné du ravissement de saint Paul au troisième Ciel. Voyez sur les Epîtres aux Corinthiens.

Daniel Guillaume Moller a traité de l'élection des sept Diacres & de Moyse, dont il est parlé au Chapitre 7. ℣. 22. Ce qu'on a imprimé à Altorf en 1696. & 1707. 2. vol. *in* 4. Voyez sur S. Matthieu. *Haquin Stridzberg*, Luthérien, Danois, de Copenhague, a aussi écrit pour concilier saint Etienne avec Moyse, sur la demeüre des Juifs en Egypte. Ce qu'on a imprimé en 1694. *in* 4.

Theodore le Blanc, Pasteur de la Rochelle, & réfugié, a traité le même sujet, & des septante Semaines. Ce qu'on peut voir dans la Bibliothéque Philologique, tome 1. part. 2. p. 23. C'est ce qu'a fait encore *Bernard de Marolles*, Calviniste François du dix-huitiéme siécle. On l'a imprimé à Utrect en 1705. *in* 8.

Severin Linstrupius, Danois Luthérien de Copenhague, a écrit de la Polymathie de saint Luc dans l'Histoire des Actes, & de ceux qui disputérent avec saint Etienne, à Copenhague en 1698. *in* 4.

Jean Reinard Rus, Allemand Luthérien, Professeur à Jéne, a écrit du martyre de S. Etienne, lapidé par les Juifs. Ce qui est imprimé à Jéne en 1709. *in* 4. & *Jean Friderie Mayer*, dont nous avons parlé sur saint Jean, en a aussi traité & fait imprimer à Francfort

Francfort en 1693. *in* 4. seconde édition.

Sur Moloch & Rempha, dont il est parlé au Chapitre VII. ℣. 43.

Joan. Georg. Schvvabius de Moloch & Rempham, dans le tome 2. des Dissertations Philologiques. Il étoit Allemand Luthérien.

Deylingius, *de Tabernaculo Moloch*, dans ses Observations sacrées, tome 2. Chap. 36. Voyez sur le même sujet *Spencer de Legibus Hebræorum*, Livre 3. Dissert. 1. Chap. 3. sect. 1. & notre Dissertation sur la Religion des Israëlites dans le désert, imprimée à la tête des petits Prophétes, & les Auteurs qui y sont citez ; de plus une autre Dissertation sur Moloch, à la tête du Lévitique, & dans le Recüeil de nos Dissertations, tome 2. page 429.

Selden de Diis Syris, *Syntagma* 2. Chap. 14. & les Additions de *Beyer*. Ce que nous avons déja marqué dans l'Article des Dissertations sur le Lévitique, & ailleurs.

Sur le Baptême donné au nom de J. C.

Nous avons fait une Dissertation sur ce sujet, qui se trouve à la tête de notre Commentaire sur les Actes des Apôtres, & dans le Recüeil de nos Dissertations, tome 3. p. 356.

M. de Tillemont, dans ses Mémoires Ecclésiastiques ; le *P. Aléxandre*, dans son Histoire Ecclésiastique, & une infinité d'autres, ont aussi écrit là-dessus. C'est plûtôt une matiére de Théologie que de Critique.

Sur les Decrets du premier Concile de Jérusalem.

Joan. Georg. Dorschæus, *de sanguine & suffocato*, *Act*. XV. ℣. 20. C'est une Discussion de ce que Grotius a écrit sur cette Défense. On l'a imprimée à Rostock en 1665. *in* 4. & dans le Trésor des Dissertations Philologiques. Il a encore donné *Chronotaxis Actuum Apostolorum*, imprimée par les soins de *Jean Fechtius*, à Hambourg 1706. *in* 4. & bien d'autres Ouvrages dont nous parlons ailleurs.

Voyez aussi le *P. Aléxandre* dans sa dixiéme Dissertation sur le nouveau Testament. Deux Lettres sur le Decret des Actes des Apôtres, Chap. 15. ℣. 23. 24. en particulier sur la défense d'user du sang & des choses suffoquées, en un volume imprimé à Amsterdam 1707. *in* 12. en François.

Salom. Deylingii, *de fornicatione vetita*, *Act*. Chap. 15. ℣. 20. dans ses Observations sacrées, tome 2. Chap. 39. *Jean le Blanc*, dont nous avons parlé sur les Juges, a fait un examen du Decret des Apôtres, dont il est parlé au Chap. 15. On l'a imprimé en François à Amsterdam en 1708. *in* 12.

Jean Conrad Dannhavverus a traité du Concile même de Jérusalem, où s'est fait ce Decret ; ce qu'on a imprimé à Strasbourg en 1648. *in* 4. Il a aussi écrit sur ce qui est dit de Gallion au Chap. 18. ℣. 12. 16. imprimé *ibid.* en 1664. *in* 4. Nous avons parlé de lui sur l'ancien Testament.

Samuel Schelguigius, dont il est parlé sur saint Matthieu, a fait une Exercitation Théologique sur le même Concile, imprimée à Leipsic en 1678. *in* 4.

Sur Simon le Magicien, & autres endroits des Actes.

Salom. Deylingius, *in Acta Cap.* 13. ℣. 16. *Cap.* 16. ℣. 14. *Qui timentes Deum*, dans ses Observations sacrées, tome 2. Chap. 38. sur les mêmes Chap. 17. ℣. 28. *In ipso vivimus, movemur & sumus*, *ibid.* Chap. 40.

Nous parlons de Simon le Magicien dans le Recüeil de nos Dissertations, tome 3. p. 616. *Michel Sirice*, Allemand Luthérien, Professeur à Rostock, a fait une Disquisition sur le même, imprimée à Giessen en 1666. *in* 4.

Sur les Athéniens, les Ephésiens & les Asiarques.

Voyez notre Dissertation sur l'inscription de l'Autel d'Athénes : *Au Dieu inconnu*, à la tête de notre Commentaire sur les Actes, & dans le Recüeil de nos Dissertations, tome 3. p. 457.

Job. Eckard, *Athenæ superstitiosæ*, *Act*. Chap. 17. ℣. 22. dans le Trésor des Dissertations Philologiques, tome 2. & séparément à Wittemberg 1688. *in* 4. Il a aussi écrit sur la funeste mort de Judas, *ibid.* 1689. *in* 4. Il étoit Allemand Luthérien, & Recteur du Collége de Quedlinbourg.

Eric Benzelius, Suédois Luthérien & Archevêque d'Upsal, mort en 1709. a expliqué le Discours que saint Paul fit dans l'Aréopage d'Athénes, imprimé à Upsal en 1669. *in* 4. *Jean André Dubois*, de Leipsic, & Professeur à Jéne, mort en 1674. âgé de 48. ans, a fait une Dispute sur l'Autel du Dieu inconnu, qui donna lieu à ce Discours de l'Apôtre, imprimée à Jéne en 1659. *in* 4. & depuis dans le Trésor des Antiquitez Romaines, tome 5. p. 271.

Jean Jacques Hellerus, Allemand Luthérien, a aussi écrit sur le Dieu inconnu des Athéniens ; ce qui se trouve dans le Trésor des Antiquitez Grecques de Gronovius,

CINQUIEME PARTIE.

tome 4. seconde partie. *Simon Friderie Jagerus*, a traité le même sujet ; ce qu'il a fait imprimer à Wittemberg en 1691. *in* 4. Il étoit aussi Allemand Luthérien.

Salom. Deylingius, *de curiositate Ephesiorum*, *quid sit?* Dans ses Observations sacrées, tome 3. Chap. 38. où il explique le Ch. 19. des Actes. ℣. 19. *Christophe André Siberus* a écrit sur le même sujet, & sur deux autres versets du même Chapitre, touchant les Asiarques, trois Dissertations Critiques, qui se trouvent dans le Trésor des Dissertations Philologiques, tome 2. Il étoit Allemand Luthérien.

Christiani Schetgenii, *de Asiarchis*, *Act.* XIX. ℣. 31. *Quod Magistratus fuerint Civiles*, dans le tome 5. des Miscellanées de Leipsic.

Jean Nicolas Schulinus, *de Diana Ephesia*, dans le Trésor des Dissertations Philologiques, tome 2. & séparément à Wittemberg en 1687. *in* 4. Voyez sur saint Matthieu, où nous avons déja parlé de lui.

Christ. Andr. Siberii, *de voce διοπετὴς Jovis proles*, *Act. Cap.* XIX. ℣. 35. Ce qui se trouve dans le Trésor des Dissertations Philologiques, tome 2.

Deylingius, *de tumultu excitato à Demetrio*, dans ses Observations sacrées, tome 3. Chap. 39. & *Jean Christophe Ortlob* a fait une Dissertation sur les Livres des Ephésiens, qui furent brûlez par ordre des Apôtres, imprimée à Leipsic en 1709. *in* 4. Voyez sur l'ancien Testament.

En particulier sur l'Apôtre saint Paul.

Frider. Spanhem, *de conversionis Paulinæ Epocha*, *& de nomine Pauli*, dans ses Ouvrages, tome 2. p. 311.

Georg. Friderie Meinhard, *Pauli Nazaræatus*, *Act. Cap.* 18. ℣. 18. dans le tome 2. du Trésor des Dissertations Philologiques, & séparément à Wittemberg en 1680. *in* 4. Nous parlons de lui ailleurs.

Deylingius, *de Civitate Romana D. Pauli*, *ad Act.* XXII. ℣. 25. dans ses Observations sacrées, tome 3. Chap. 40.

Nous avons dans la Bibliothéque Philologique, tome 1. p. 17-34. une Dissertation de *Jacques Hasée*, où il suppute les mois du voyage de saint Paul de Jerusalem à Rome, pour expliquer les Chapitres 27. & 28. des Actes. Il étoit de Brême & Professeur en Droit.

Jacques Stolterforhtus a traité de la navigation du même Apôtre, rapporté au Chaître 27. Ce qu'on a imprimé à Lubec en 1637. *in* 8. Il étoit Allemand Luthérien, de même que *Jean Friderie Wandalin*, qui a écrit de l'Isle de Malthe, où débarqua cet Apô-

tre, selon qu'il est rapporté au Chapitre 28. Ce qu'on a imprimé à Copenhague en 1707. *in* 4. *Jean Gotlieb Erlmannus*, aussi Allemand Luthérien, a fait une Dissertation sur le jugement de ceux de Malthe, rapporté au Chapitre 28. ℣. 4. Elle est dans le Trésor Philologique, tome 2.

Godefroi Olearius, dont il est parlé sur S. Matthieu, a fait des Dissertations Philologiques sur ce qui est dit de saint Paul au Chapitre 17. ℣. 16-34. imprimées à Helmstat en 1706. *in* 4. *Chrétien Saalbach*, Professeur Luthérien Allemand à Gryphiswald en a fait une sur l'éloquence de cet Apôtre, imprimée à Gryphiswald en 1708. *in* 4.

Joachim Friderie Schmid, autre Allemand Luthérien, a donné une Dissertation Historique & Philologique sur le verset 10. du Chapitre 22. imprimée à Stutgard en 1706. *in* 4. *Jean*, de même nom & Religion, Professeur à Strasbourg, mort en 1658. a expliqué le verset 28. du Chapitre 20. Ce qui a été imprimé à Leipsic en 1623. *in* 4.

Conrad Samuel Schurtz-Fleischius, dont nous avons parlé sur saint Matthieu, a écrit sur les tentes que faisoit saint Paul ; ce qui est imprimé à Wittemberg en 1674. *in* 4. & sur les Sciences curieuses des Ephésiens au verset 19. du Chapitre 19. ibid. 1698. *in* 4.

Jacques Staalkopff, Ministre Luthérien, a défendu contre Spinosa l'Oracle de S. Paul, rapporté au verset 28. Chap. 17. Ce qui se trouve dans la Bibliothéque Philologique, tome 3. p. 470. Il y a vingt-deux Articles.

Sur plusieurs & différens sujets.

Jean d'Outrein & *Lampe* ont écrit sur le verset 32. du Chapitre 13. pour faire voir qu'il doit s'entendre de la Résurrection du Sauveur, non pas de sa mission ou de sa naissance, dans la même Bibliothéque, tome 2. p. 884. 906.

Isaac Pihlman, Suédois Luthérien, Professeur des Langues Orientales, a traité du Chef des Gardes du Temple, sur le premier verset Chap. 4. imprimé en 1704. *in* 4. *Jean Albert Syling*, Danois de Copenhague, a écrit des Gardes du Temple dans une Dissertation Philologique, imprimée à Rostock en 1702. *in* 4.

Friderie Chrétien Bucherus, Luthérien de Dantzic en 1680. a fait une Dissertation sur le verset 39. du cinquième Chapitre, & le 9. du 23. imprimée à Wittemberg en 1681. *in* 4. & dans le tome 2. des Dissertations Philologiques. Il a fait aussi la Description du voyage de saint Paul, imprimée ibid. en 1679. *in* 4.

Jean Chrétien Biel a fait des Observations sur les Juifs craignant Dieu, dont il est parlé au Chapitre 11. ỳ. 5. où il examine en particulier l'Explication de Ligtfoot. Elles sont dans la Bibliothéque Philologique, tome 3. p. 661. avec une Dissertation sur la Marchande de pourpre, dont il est parlé au Chapitre 16. ỳ. 14. imprimée dans le même Recüeil, tome 2. p. 409. 432. Il y a dix Articles. *Jean George Altman* y a fait une Addition, *ibid.* tome 5. p. 670. 673. & tome 6. p. 1041. *Biel* étoit Luthérien de Brunswick. Une autre, *ibid.* p. 678. 687. de *George Michaelis*, sur la priere de Corneille dont il est parlé dans le Chap. 10. des Actes, ỳ. 4. Il y explique le terme dont se sert S. Luc, & l'entend de l'accomplissement des promesses faites aux Gentils par JESUS-CHRIST. *Ibid.* p. 959. 987. se trouve ce que *Ives Gauckes* a écrit des vers qui rongérent le Roi Hérode, selon ce qui en est dit au ỳ. 23. du Chap. 12.

Albert Joachim Krackevvits, dont nous avons parlé sur saint Jean, a fait un Dissertation sur l'ombre de saint Pierre qui guérissoit les malades, imprimée à Rostock en 1704. *in* 4. *Jean Elie Reichardt*, sur la Pentecôte, à Iéne en 1693. *in* 4. Il étoit Flamand Luthérien. *Jean Schmid*, Professeur à Leipsic, sur les couronnes dont on se servoit dans les sacrifices, selon ce qui en est dit au Chap. 14. ỳ. 12.

Christophe Martin, Luthérien, a donné une explication particuliére des versets 27. & 28. du Chapitre 4. imprimée à Dresde en 1703. *in* 4. en Latin. Elle est purement Grammaticale & Théologique. L'Auteur a voulu y donner des marques de son érudition Luthérienne sur la Prédestination & la Réprobation. Il ne laisse pas d'y attaquer avec force les Calvinistes, qui enseignent que les péchez se commettent nécessairement, qu'ils sont les effets de la Réprobation, & que Dieu en est la cause. Il les attaque aussi sur la Prédestination, mais en vrai Luthérien.

ARTICLE XXII.

Des Commentateurs Catholiques sur les Epîtres de Saint Paul en général.

Hilaire, Diacre de l'Eglise Romaine, qui vivoit au quatriéme siécle sous le Pape Libére, a fait un Commentaire sur toutes les Epîtres de saint Paul, excepté l'Epître aux Hébreux. On l'a imprimé dans le tome 2. de la nouvelle édition de saint Ambroise, sous le nom duquel il avoit toûjours été cité. Nous disons que ce qu'il y a sur l'Epître aux Hébreux, n'est point d'Hilaire Diacre, parce qu'il est tiré de saint Chrysostome. Il y a dans cet Auteur quelques endroits peu corrects, & d'autres manifestement erronez; ce qui peut venir de ce qu'il étoit intime ami de Lucifer de Cagliari, comme le remarque saint Jérôme dans le Chapitre 95. des Ecrivains Ecclésiastiques.

Saint Jean Chrysostome a particuliérement excellé dans ses Commentaires sur S. Paul. Comme il étoit plein de l'esprit de ce grand Apôtre, on le prendroit en le lisant pour un autre saint Paul, ravi au troisiéme ciel : il avoit le même zéle & parloit le même langage avec autant de force & d'éloquence. Il a fait 32. Homélies sur l'Epître aux Romains, qui sont en Grec dans le tome 3. de l'édition d'Angleterre, p. 1. en Grec & en Latin dans le tome 4. de l'édition de Paris. 44. Homélies sur la premiére aux Corinthiens, avec une belle Préface, & 30. sur la deuxiéme, dans le tome 3. de l'édition Grecque, p. 243. & tome 5. de l'édition de Paris. Un Commentaire sur l'Epître aux Galates, tome 3. de la premiére édition, p. 763. & tome 5. de la seconde, p. 776. 24. Homélies sur l'Epître aux Ephésiens, tome 3. de la premiére édition à la fin, & tome 5. de la seconde, p. 864. 15. Homélies sur l'Epître aux Philippiens, tome 4. de la premiére édition, p. 1. & tome 6. de la seconde, p. 1. 12. sur l'Epître aux Colossiens, même tome de la premiére édition, p. 89. & de la seconde, p. 147. 18. sur la premiére aux Thessaloniciens, & 5. sur la deuxiéme, même tome de la premiére édition, p. 161. & tome 6. de la seconde, p. 262. 18. sur la premiére à Timothée, avec une Préface, & 10. sur la deuxiéme, *ibid.* p. 189. de la premiére édition : 402. de la seconde : 6. sur l'Epître à Tite, *ibid.* p. 381. de l'édition Grecque, & 619. de l'édition de Paris : 3. sur l'Epître à Philémon, même tome, p. 411. de la premiére édition, & 770. de la seconde : 34. sur l'Epître aux Hébreux, *ibid.* p. 427. & 694. qu'on dit avoir été recüeillies après sa mort par un Prêtre de ses amis. Pour les deux Homélies qui se trouvent dans le tome 3. de l'édition de Bâle, elles ne sont point de lui, mais d'un Auteur incertain, quoique fort ancien. On a imprimé séparément à Verone tout ce qu'il a fait sur saint Paul, en Grec seulement 3. vol. *in fol.*

Theodoret s'est aussi signalé dans ce qu'il a écrit sur saint Paul. Ses Commentaires sont dans le quatriéme tome de l'édition du Pere Sirmond en Grec & en Latin.

Theophilacte & *Oecumenius* suivent d'ordinaire saint Chrysostome comme leur maître. Le Commentaire du premier a été imprimé en Grec & en Latin, de la Version de *Philippe Montan*, à Londres en 1636. *in fol.* & en Latin à Cologne 1575. *in* 4. à Rome 1472. *in fol.* sous le nom d'Athanase d'Aléxandrie. Celui d'*Oecumenius* en Grec, à Verone 1532. *in fol.* à Paris en Grec & en Latin 1631. 2. vol. *in fol.*

Primasius,

CINQUIE'ME PARTIE.

Primasius, Evêque d'Adrumete en Afrique, qui vivoit sous l'Empereur Justinien, & qui étoit fort attaché à la Doctrine de S. Augustin, a écrit sur toutes les Epîtres de S. Paul. Ce que Gagnée a eu soin de faire imprimer avec une longue Préface adressée à François I. M. Simon en parle dans son Histoire Critique du nouveau Testament, Chap. 26. p. 365.

Béde le Vénérable a composé son Commentaire des paroles & des sentimens de saint Augustin. Ce qui ne doit pas s'entendre de celui qui est dans le tome 5. de ses Ouvrages, puisque ce n'est pas le véritable qu'il a fait, & que le P. le Long croit être de *Flore*, Diacre. Le P. Mabillon a eu le manuscrit de celui qu'il avoit composé, & il en a donné quelque chose dans ses Analectes, p. 15. & suiv. tome 1. C'est sans doute pour cela que *Baronius* sur l'an 562. §. 15. & 16. a prétendu que Béde n'a point fait de Commentaire sur saint Paul, & qu'il dit que celui qui est sous son nom dans ses Ouvrages, a pour Auteur *Pierre*, Abbé de Tripoly, dont parle Cassiodore dans ses divines Leçons, Chap. 8. Mais D. Mabillon dans les Actes Bénédictins au troisième siécle, partie premiere, p. 560. restitué à Béde ce que cet Annaliste a voulu lui enlever, parce qu'il n'avoit point vû le manuscrit dont nous venons de parler.

Sedulius Scotus a tiré son Commentaire sur saint Paul d'Origénes, de saint Jérôme, ou plûtôt de Pelage, d'où il a retranché les erreurs ; de saint Ambroise, ou d'Hilaire Diacre, & de saint Augustin. Son Commentaire se trouve dans le tome 6. de la nouvelle Bibliothéque des Peres, p. 494. & avoit déja été imprimé à Bâle en 1528. Usserius & Trithéme confondent cet Auteur avec *Sedulius Poëte*, qui vivoit long-tems avant lui, puisque celui-ci ne parlons n'est que du neuviéme siécle, & peut être le même que ce Sedulius dont nous avons parlé dans notre Bibliothéque de saint Mihiel, le manuscrit des Pseaumes en vers Grecs écrits de sa main. D. Montfaucon en parle dans sa Paléographie, p. 235.

Haymond d'Halberstad, Copiste de Primasius, a fait un Commentaire imprimé à Rome en 1598. selon M. Dupin, qu'il cite être tout différent de celui de Primasius. Il l'avoit déja été à Paris en 1533. in 8. & 1550. in 4.

Radulphe de Flay, ou de *S. Germer*, le même que *Raoul le Noir*, dont nous avons parlé sur le Lévitique, a fait un Commentaire qui n'est encore que manuscrit dans la Bibliothéque du Roi & de saint Germain des Prez. Il n'a pas été Moine de Fulde en Allemagne, comme quelques-uns l'ont crû, mais de Flay, *Flaviacensis*, dans le Diocese de Beauvais, vers 1157.

Saint Anselme, ou plûtôt *Hervé* de Limoges, Moine Bénédictin de Dôle, dans le Diocese de Bourges, est Auteur du Commentaire sur saint Paul, qui se trouve dans les Oeuvres de saint Anselme de Cantorbie, de l'édition de Cologne par Picard en 1612. *in fol.* Il y en a même qui l'attribuënt à *Anselme* de Laon. Cet Hervé vivoit vers 1130. ou même sur la fin du onziéme siécle, selon Dom Mabillon dans ses Annales, tome 3. p. 357.

Lanfranc, Abbé du Bec, & ensuite Archevêque de Cantorberi, a écrit sur toutes les Epîtres de S. Paul. Mais le Commentaire qui porte son nom, & dans la nouvelle Bibliothéque des Peres, tome 18. p. 621. & dans l'édition de ses Ouvrages par *Dom Luc d'Achery*, n'est pas certainement de lui, puisque le véritable n'est encore que manuscrit, comme l'assure D. Massuet dans la continuation des Annales de D. Mabillon, tome 5. p. 260. Il faut voir ce qu'en dit R. Simon dans son Histoire Critique du nouveau Testament, Chap. 27.

Remy d'Auxerre, dont le Commentaire se trouve dans la Bibliothéque des Peres, tome 8. p. 883. où il est appellé seulement *Remy de Reims*, à qui on l'a aussi attribué, de même qu'à *Remy de Lyon*, quoiqu'il soit certainement de Remy d'Auxerre. On l'a aussi imprimé séparément à Mayence en 1614. & à Cologne en 1618. *in fol.* par les soins de Jean-B. Villalpand, dit Lipenius dans sa Bibliothéque Théologique. Ce Commentaire n'est qu'une Collection tirée des Peres. L'Auteur vivoit au neuviéme siécle.

Theodule, Prêtre dans la Celé-Syrie, ou un autre Auteur sous son nom, dans la même Bibliothéque des Peres, tome 8. p. 587. Il n'y a que ce qu'il a fait sur l'Epître aux Romains : & c'est peut-être plûtôt *Theodule* d'Italie, qui sçavoit le Grec & le Latin. On n'est pas certain en quel tems il vivoit. Ce qu'il a donné n'est qu'une simple Exposition, ou Chaîne qui avoit déja été imprimée à Bâle en 1537. *in 4.* & dans l'Orthodoxographie. Jean Albert Fabricius dit que c'est ce qui a été publié sous le nom d'*Oecumenius* en Grec & en Latin, à Venise en 1556. *in* 8.

Raban Maur, Archevêque de Mayence, a écrit trente Livres de Commentaires sur les Epîtres de S. Paul, où il cite les Peres qui l'ont précédé, comme *Origénes*, *S. Ambroise*, ou *Hilaire Diacre*, *S. Jérôme*, *S. Augustin*, &c.

Saint Bruno, fondateur des Chartreux, a aussi écrit sur toutes les Epîtres de S. Paul. Car Dom Massuet dans nos Annales fait voir assez évidemment qu'il est Auteur du Commentaire sur S. Paul qui se trouve parmi ses Ouvrages, & non pas Brunon d'Ast, ou de Signy ; encore moins quelque autre

Auteur

Auteur sous son nom. Voyez ce que nous avons dit de ce Saint sur les Pseaumes.

Pierre Lombard, dont le Commentaire sur S. Paul a été imprimé en 1535. *in fol.* & 1555. *in* 8. à Paris. *Hugues de S. Victor*, dans ses Ouvrages ; *S. Thomas d'Aquin*, voyez plus bas *Nicolaï*; *Gregoire de Rimini*, dont l'Explication est perduë, ou seulement manuscrite. Tous ces Auteurs sont assez connus & ont leur mérite. On trouve néanmoins peu de choses nouvelles dans leurs Commentaires. Voyez leur Titre dans l'*Index*.

Pelage, dont le Commentaire n'est que sur treize Epîtres de S. Paul, imprimé dans le tome 5. des Oeuvres de S. Jérôme de la nouvelle édition, p. 925. & dans l'Appendix des Oeuvres de S. Augustin, par le Clerc à Amsterdam en 1703. *in fol.* S'il n'est pas de Pélage, il est certainement d'un Pélagien. Ce qui a jetté plusieurs dans l'erreur. Nous avons déja dit que *Sedulius Scotus* l'a presque toûjours copié, en retranchant toutefois ce qui ressentoit trop manifestement le Pélagianisme. *L'Abbé Rupert*, *Primasius*, & même *Raban Maur*, l'ont aussi assez souvent suivi. Le grand nom de S. Jérôme, qu'ils croyoient Auteur de ce Commentaire, leur a imposé, & l'ignorance des régles de la Critique leur a fait recevoir sans assez d'examen, ce qu'ils trouvoient inscrit du nom de *S. Jérôme*.

ARTICLE XXIII.

Des Commentateurs Catholiques modernes sur saint Paul.

Thomas Cajetan dans le grand Recüeil de ses Ouvrages que nous avons marqué ailleurs ; *Ambroise Catharin*, avec ce qu'il a fait sur les Epîtres Canoniques, à Paris en 1566. *in fol.* troisiéme édition. *Jean Gagnée* avec ce qu'il a donné sur les mêmes Epîtres & l'Apocalypse, *ibid.* en 1633. *in* 8. Catharin s'applique particulierement à expliquer le mystere de la Prédestination & de la Grace.

Benoît Justiniani a fait deux vol. *in fol.* imprimez à Lyon en 1612. 1613. avec des Prolégoménes où il traite de l'Apostolat, des Epîtres des Apôtres, & en particulier de S. Paul. Il étoit Italien, de Genes, & Jésuite, & est mort en 1622. On lui donne la qualité de sçavant, & de second Commentateur dans la Préface de la Synopse. Sébastien Schmidt le loüe souvent dans son Commentaire sur l'Epître aux Hébreux, & le corrige quelquefois selon ses idées. M. Dupin & M. Simon en portent le même jugement ; celui-ci dans son Histoire Critique du nouveau Testament, & l'autre dans sa Bibliothéque Ecclésiastique.

Denys le Chartreux, *Nicolas Lyran*, *Hugues le Cardinal*, avec ce qu'ils ont fait sur le nouveau Testament. *Claude Guilliaud* qui a fait un Commentaire particulier sur saint Paul, imprimé à Paris en 1550. *in* 8. édition plus ample & plus correcte que les précédentes. Nous avons parlé de lui sur saint Jean.

Gaspard Contarini, Cardinal, mort en 1542. a fait des Scholies sur toutes les Epîtres de S. Paul, imprimées dans le Recüeil de ses Ouvrages, à Venise en 1589. seconde édition *in fol.* Il étoit de Venise, d'une famille Patricienne, étudia à Padoüe sous Pomponatius, fut fait Cardinal en 1536. par Paul III. & mourut à Boulogne en 1542. n'ayant pas encore 60. ans. Paul Jove & plusieurs Sçavans ont fait son éloge.

Jacques le Fevre dont le Commentaire a été imprimé à Paris *in fol.* en 1531. troisiéme édition, à Bâle en 1527. *in* 4. & à Anvers en 1540. avec une Apologie, où il fait voir que l'ancienne Version des Epîtres de S. Paul, n'est pas celle de S. Jérôme. Nous avons parlé de lui ci-dessus.

François Titelman, qui non-seulement a écrit sur toutes les Epîtres de S. Paul en général, mais aussi en particulier sur l'Epître aux Romains ; le tout imprimé à Paris en 1553. quatriéme édition ; & à Anvers en 1529. 2. vol. *in* 8.

Pierre Stevartius qui n'a écrit que sur quelques Epîtres de S. Paul, en dix volumes *in* 4. imprimez à Ingolstad depuis 1588. jusqu'à 1611. Il étoit Flamand, de Liége, Professeur à Ingolstad, & est mort en 1621. âgé de 71. ans.

Alphonse Salmeron, dans le tome 13. 14. & 15. de ses Ouvrages, dont nous avons marqué l'édition ailleurs ; voyez son Titre dans l'*Index. Cornelius à Lapide*, dont le Commentaire sur S. Paul est particulierement estimé, & a été imprimé séparément à Lyon en 1683. *in fol.* quatorziéme édition. Il y est fort diffus, à son ordinaire. *Laurent Valle*, *Erasme*, *Luc de Bruges*, avec ce qu'ils ont fait sur le nouveau Testament.

Guillaume Estius, Prévôt de S. Pierre de Doüay, & Chancelier de l'Université de cette Ville, étoit de Gorcum en Hollande, il mourut en 1613. âgé de 72. ans. Son Commentaire sur les Epîtres de S. Paul passe pour le plus achevé que nous ayons. Il est rempli d'une vaste & solide érudition ; mais il est peut-être un peu trop diffus. La derniere édition est de 1679. 2. vol. *in fol.* Il mourut avant que d'avoir achevé son Ouvrage. Il le poussa jusqu'au ⅋. 7. du Chap. 5. de la premiere Epître de S. Jean. *Barthelemi Petri* prit soin de cet excellent Commentaire, y fit de tems en tems quelques Additions, & enfin acheva ce qu'Estius n'avoit pû finir.

Fromond est comme un excellent Abrégé d'Estius,

d'Estius, & a été imprimé à Louvain en 1663. *in fol.*

Les Analyses du *P. Mauduit*, à Paris en 1702. 2. vol. *in* 8. seconde édition, beaucoup augmentée. Les Explications du *P. de Carrieres*, dont nous avons parlé ailleurs ; la Paraphrase de *M. Godeau*, voyez dans l'Article des Versions Françoises ; celle d'*Erasme* en Latin dans ce qu'il a fait sur le nouveau Testament ; celle de *D. Louis Riclot*, Religieux Bénédictin de la Congrégation de S. Vanne, sont estimées sur S. Paul. La derniere a été imprimée à Paris en trois volumes *in* 12. en 1718.

Joan. Bence Doct. Sorbon. Manuale in Paulum, à Lyon en 1683. *in* 8. 2. vol. Nous avons déja parlé de cet Auteur. Voyez son Titre dans l'*Index*.

Joan. à Gorcum. Presbyteri Epitome Commentariorum Guillelmi Estii, & Cornelii à Lapide in omnes D. Pauli Epistolas, à Anvers en 1619. & 1623. *in* 8.

Le *P. Alexandre*, Dominicain, dont nous avons parlé sur les quatre Evangiles, a fait un Commentaire littéral & moral, imprimé à Paris en 1710. *in fol*. Il n'est point chargé, comme bien d'autres, d'une Critique excessive & ennuyeuse, quoique l'Auteur rapporte les différentes Versions qui méritent d'être remarquées, & les divers sentimens des anciens & des nouveaux Commentateurs. Il préfere l'Explication qui lui semble la plus conforme à la lettre de l'Ecriture Sainte, sans blâmer celle qu'il n'approuve pas. Il remarque avec soin les passages opposez aux hérésies, sans s'engager dans des Disputes de Controverse. Il évite les Questions qui ne sont propres qu'à exciter la subtilité des Théologiens de l'Ecole. Il combat la nouveauté, & soutient l'autorité du saint Siége ; il explique le sens moral par les plus beaux endroits des Peres, sans donner dans des Digressions importunes & dégoûtantes. Il reprend partout la corruption des mœurs, & le relâchement de la Discipline Chrétienne ; enfin il établit les régles qui conduisent les ames par la voye étroite que J. C. & les Apôtres nous ont montrée.

Le *P. Bernardin Picquigny*, Capucin, & dont nous avons aussi parlé sur les quatre Evangiles, a fait un grand Commentaire en Latin sur les Epîtres de S. Paul, imprimé à Paris en 1703. *in fol*. Depuis il en a fait un Abrégé en François, & imprimé *ibid.* en 1714. quatre volumes *in* 12. seconde édition. Il y a trois parties, sçavoir, une Analyse, qui placée à la tête de chaque Chapitre, en expose & le dessein, & la suite. Une Paraphrase qui accompagne le Texte, l'explique & l'éclaircit ; un Commentaire pour les endroits difficiles. Il y a à la tête une longue

Préface & un Prologue. Cet Ouvrage est généralement estimé des Sçavans.

Le *Pere Nicolai*, Dominicain, a donné une nouvelle édition du Commentaire de *S. Thomas d'Aquin* sur tout S. Paul, imprimé à Lyon en 1689. *in fol*. Il y a corrigé un grand nombre de fautes qui s'y étoient glissées dans les premieres éditions, & il y a ajoûté des Notes de sa façon.

M. Himbert a donné des Eclaircissemens pour bien entendre ces mêmes Epîtres dans le sens littéral, à Paris en 1690. *in* 8. Ils se réduisent à trois chefs principaux ; sçavoir, 1°. A rapporter l'occasion & les motifs que les Juifs, qui avoient embrassé la Religion Chrétienne, eurent de retourner à l'erreur de la justification, par les œuvres de la Loy de Moyse. 2°. A marquer les moyens dont ils se servoient pour établir ces erreurs. 3°. A déduire les remedes dont usa S. Paul pour en préserver les Fidéles, & pour guérir ceux qui en étoient déja infectez.

ARTICLE XXIV.
Des Commentateurs Protestans sur S. Luc.

On peut voir *Annales Paulini de Pearson*, & *Joannis Langii Commentatio Hermeneutica de vita & Epistolis B. Pauli*, à Hall en 1718. *in* 4.

Castalion, ou *Chateillon*, *Grotius*, *Zeger*, *Casaubon*, *Cameron*, *H. Etienne*, *Drusius*, *Scaliger*, *Gualtperius*, *Jacques* & *Louis Cappel*, imprimez dans les grands Critiques, tome 7. avec *Scultet* sur les deux Epîtres à Timothée, l'Epître à Tite & à Philémon ; & *Scipion Gentilis*, sur cette derniere. *Abraham Scultet* n'a fait que des Observations grammaticales & historiques, avec des idées de Sermons, en quatre volumes *in* 4. imprimez en différens endroits & différentes années. Il étoit de Silésie, Calviniste, & est mort en 1625. Il a encore fait d'autres Commentaires dont nous parlons ailleurs. *Gentilis* étoit Luthérien, Jurisconsulte, & est mort en 1616.

Beze, *Hammond*, *Piscator*, *Camerarius*, *Schmidt*, *Strigelius*, *Vorstius*, *Knatchbull*, & autres imprimez par Extraits dans la Synopse des Critiques. Mais l'Explication courte & méthodique de *Théodore de Beze* sur toutes les Epîtres des Apôtres, a été imprimée à Geneve en 1570. *in* 8. seconde édition. Nous parlons de lui ailleurs plus amplement ; voyez son Titre dans l'*Index*.

Ce qu'*Henri Hammond* a fait sur S. Paul est compris dans ce qu'il a fait sur tout le nouveau Testament, & dont nous avons parlé dans l'Article des Evangiles. On a aussi imprimé séparément ce que *Jean Piscator* a fait sur le nouveau Testament, à Herborne en 1658. 2. vol. *in 4.* & sur S. Paul. *ibid.* en 1610. *in 8.* avec une Analyse sur les cinq dernieres Epîtres de cet Apôtre, *ibid.* en 1596.

Le Commentaire de *Camerarius* est aussi sur tout le nouveau Testament, imprimé à Cambrige en 1642. *in fol.* avec celui de *Beze.* Celui de *Sebastien Schmidt* est en particulier sur les Epîtres de S. Paul, excepté celles qui sont écrites aux Philippiens & à Tite. Il est en 5. vol. *in 4.* Celui de *Strigelius* est sur tout le nouveau Testament, imprimé à Leipsic en 1565. *in 8.* Ce que Conrad *Vorstius* a donné sur S. Paul ne passe pas la premiere Epître à Timothée, & a été imprimé à Amsterdam en 1631. *in 4.* Pour *Knatchbull*, son Commentaire a été imprimé à Londres en 1659. & ailleurs.

Luther, *Melanchton*, & *Brentius*, ont aussi écrit sur les mêmes, avec ce qu'ils ont fait sur le nouveau Testament. *Henri Bullinger*, avec ce qu'il a donné sur les Epîtres Canoniques en un volume. *in fol.* à Zurich en 1603. sixiéme édition. Il a de plus fait un Commentaire particulier sur les deux premieres Epîtres aux Corinthiens, imprimé *ibid.* en 1534-1535. 2. vol. *in 8.* Il a donné d'autres Commentaires dont nous parlons ailleurs & de lui-même.

Eugenhagius, dont nous avons déja parlé, a écrit sur les Epîtres de S. Paul, excepté une partie de la premiere Epître aux Corinthiens, & la seconde toute entiere. On l'a imprimé à Bâle, à Haguencau, à Wittemberg en differentes années.

Erasme Sarcerius a donné des Méditations sur les deux Epîtres aux Corinthiens, imprimées à Strasbourg en 1544. *in 8.* Des Notes sur l'Epître aux Galates & aux Ephésiens, à Francfort en 1542. *in 8.* Nous avons parlé de lui sur les Rois.

Voyez aussi *Louis de Dieu* sur S. Paul, compris dans ce qu'il a donné sur le nouveau Testament, & imprimé à Leyde en 1646. *in 4.* à Amsterdam en 1693. *in fol.*

Herman Reiners dans ses Observations Sacrées, s'est beaucoup étendu sur l'Epître aux Ephésiens, & sur les deux à Timothée. Elles sont dans la Bibliothéque Philologique, tome 3. p. 957-990. On y trouve aussi, tome 5. p. 859... 876. les Observations de *Jean George Schelhorne* sur l'Epître à Tite, aux Hébreux, & aux Ephésiens.

ARTICLE XXV.

Des Commentateurs Catholiques sur l'Epître aux Romains.

Origénes a expliqué toute l'Epître aux Romains. Nous ne l'avons qu'en Latin de la Version de S. Jérôme, dans l'édition de Génebrard; ou plûtôt de la Version de Rufin qui l'a voulu faire passer sous le nom de ce Pere; il ne faut donc pas s'étonner s'il y a bien des endroits qui ont besoin de correction, puisqu'il y a ajoûté & retranché ce qu'il a voulu. M. *Huet* dans son édition d'Origénes, a donné quelques Fragmens Grecs de ce Commentaire, avec la Version Latine de Tarin.

S. Augustin a fait deux Ouvrages sur l'Epître aux Romains, qui sont dans le troisiéme tome de la nouvelle édition, partie seconde. Le premier, composé vers l'an 394. & avant qu'il fût Evêque, est intitulé : *Expositio quarumdam propositionum ex Epistola ad Romanos*. Dans le Livre 1. de ses Rétractations, Chap. 23. il rétracte plusieurs propositions qu'il avoit avancées dans cet Ouvrage. Le second Livre qu'il composa sur l'Epître aux Romains, est celui qui a pour titre : *Epistolæ ad Romanos inchoata Expositio.* Il n'entre pas dans l'Explication de cette Epître. Il n'en examine que la Salutation qui est à la tête. Pétrarque ne fait point difficulté de préférer cet Ouvrage, tout petit qu'il est, au grand Commentaire de ce Pere sur les Pseaumes.

Pierre Abailard & *Guillaume de Reims*, c'est-à-dire, Abbé de S. Thierry de Reims, (car il étoit de Liége) ont aussi commenté cette Epître. Ce dernier est imprimé dans la Bibliothéque de Cîteaux, tome 4. p. 174. Mais l'Explication de *Pierre Abailard* est parmi ses Ouvrages imprimez en 1616. *in 4.* Elle contient cinq Livres, & on peut dire que c'est le meilleur de ses Ouvrages; il y explique le sens littéral & naturel de l'Apôtre en forme de Paraphrase. M. Dupin en parle avantageusement dans sa Bibliothéque Ecclésiastique au douziéme siécle, tome 1. p. 402. Nous avons parlé de lui sur la Génése.

Entre les modernes, *Gilles Romain*, ou *Colonne*, a fait un Commentaire imprimé avec ses autres Ouvrages à Venise en 1617. *in fol.* seconde édition. Nous parlons de lui ailleurs; voyez son Titre dans l'*Index.*

Dominique Soto a fait un Commentaire que Sixte de Sienne loüé beaucoup, aussi-bien que R. Simon dans son Histoire Critique, Chap. 37. La meilleure édition de ce Commentaire est celle de Salamanque, en 1551. *in fol.* Soto étoit Espagnol, Dominicain, Confesseur de l'Empereur Charles V. & est mort en 1560. âgé de 66. ans.

Adam Sasbout, imprimé à Cologne en 1608. *in fol.* avec ce qu'il a écrit sur les Epîtres aux Galates, aux Philippiens, aux Ephésiens, aux Colossiens, les deux à Timothée, l'Epître à Tite, & une bonne partie de l'Epître aux Hébreux. Il en faut juger comme de ses Commentaires sur Isaïe. Voyez ci-dessus.

François

CINQUIEME PARTIE. 507

François Titelman a fait cinq Collations ou Conférences, où il explique les endroits les plus difficiles de cette Epître, & défend la Version Latine de la Vulgate contre Erasme, imprimé à Anvers en 1529. & 1530. *in* 8. Il y a beaucoup de Théologie, comme remarque Simon, *ibid.* Chap. 39. p. 564. . 569. Voyez ci-dessus.

Jacques Sadolet a fait un Commentaire imprimé à Mayence en 1607. *in* 8. avec ses autres Ouvrages ; il y est plutôt Orateur que Théologien ou Interprète. Il s'y entretient avec son frere Jules, & s'y applique beaucoup à la pureté de la Langue Latine ; c'est pour cela qu'il a corrigé le Texte Latin sur le Grec. Dans le troisième Dialogue, où il explique la morale de S. Paul, il parle des Rites de l'Eglise, des Ordres Monastiques, & des Prieres : *In quibus*, dit-il, *summum bonum veritas, summum scelus simulatio.* Voyez ce qu'en pense Simon, ci-dessus Chap. 38. p. 551. 556. Sadolet étoit de Modene, né en 1478. fut Sécretaire de Léon X. qui le fit Evêque de Carpentras, & Paul III. le fit Cardinal en 1534. Il mourut à Rome en 1547. Erasme l'appelle l'Ornement de son siécle, & un autre Ciceron pour l'élégance de son stile.

François Tolet, Jésuite & Cardinal, a fait un Commentaire fort estimé, & imprimé à Mayence en 1603. *in* 4. seconde édition.

Benoît Pérérius a fait des Disputes sur cette Epître, où il propose & résout plusieurs Questions. C'est un des meilleurs. Il en faut juger comme de ses Disputes sur Saint Jean. Voyez l'Article de cet Evangeliste. On l'a imprimé à Lyon en 1607. *in* 4. seconde édition, & avec ses autres Ouvrages, à Cologne en 1620. *in fol.*

Jacques Naclantus, Dominicain, a aussi travaillé avec succès sur cette Epître ; ce qu'on a imprimé à Lyon en 1570. *in* 8. avec ce qu'il a fait sur l'Epître aux Ephésiens, & dans ses Ouvrages, *ibid.* en 1657. *in fol.* Il commence par expliquer le Texte, & ensuite il se jette dans des digressions de Théologie, pour réfuter les erreurs de son tems, surtout touchant la Prédestination. Il est mort en 1569. après avoir été Evêque de Chiusi en Toscane.

Philibertus Haresche Ord. Erem. sancti Augustini in Epist. ad Roman. Paris. 1536. *in* 8. Il est court, mais clair dans sa brieveté ; il étoit de Paris, & est mort en 1545.

On ne répete point ici ceux qui ont écrit sur toutes les Epîtres de S. Paul ; mais il ne faut pas oublier l'explication littérale & morale de *Nicolas le Tourneux*, imprimée à Paris en 1702. seconde édition *in* 12. Son dessein n'est pas d'expliquer les grandes difficultez qui se trouvent dans cette Epître, mais seulement de faire sur le Texte des Réflexions propres à nourrir la piété. Il y expose en peu de paroles le sens littéral, & y joint presque toûjours quelque pensée propre à élever l'ame à Dieu, & à lui inspirer la crainte de ses jugemens. Il étoit de Rouen, fut Prêtre & Prieur de Villers, mourut en 1686. âgé de 46. ans. Il est parlé de lui fort au long dans le Nécrologe de Port-Royal, p. 443. où se trouve aussi son Epitaphe en Latin & en François.

Michel le Vassor a fait une Paraphrase sur cette Epître en François, imprimée à Paris en 1689. avec celle qu'il a fait sur S. Matthieu, S. Jean, & l'Epître de S. Jacques, avant qu'il eût quitté la Foy Catholique. Ce qui n'arriva qu'en 1697. On a retranché la Préface sur S. Matthieu, qui est contre M. Simon ; mais on en trouve des extraits dans le Journal des Sçavans, tome 17. p. 187. Il étoit d'Orleans, fut Prêtre de l'Oratoire, se retira en Hollande, & de-là en Angleterre, où il est mort dans son apostasie en 1718.

ARTICLE XXVI.
Des Commentateurs Protestans sur l'Epître aux Romains.

Parmi les Protestans, outre ceux dont nous avons déja parlé, on a *Philippe Pareus* qui a fait une Analyse Typique, non seulement de l'Epître aux Romains, mais encore de celle qui est aux Ephésiens, imprimée à Francfort en 1626. *in* 4. Un Commentaire sur l'Epître à Philémon, & sur celle de saint Jude. Tout cela se trouve dans le tome 1. de ses Ouvrages de l'édition de Geneve en 1650, *in fol.* Il étoit Allemand, fils de David Parée, fut Calviniste, & est mort en 1643.

André Willetus qui a fait un Commentaire en Anglois, imprimé à Londres en 1620. *in fol.* seconde édition. Il étoit d'Eli en Angleterre, & est mort en 1621.

Etienne de Bray, qui étoit François Calviniste, a fait une Analyse Paraphrastique de l'Epître aux Romains, avec une Dissertation sur le Sabbat premier & second, imprimée à Saumur en 1670. *in* 4.

Louis de Dieu a composé un juste Commentaire sur cette Epître. La capacité de cet Auteur est connue. Voyez les grands Critiques & la Synopse ; Fabricius dans sa Bibliothéque Greeque, tome 3. & 4. Chap. 5. p. 209.

Lightfoot Horæ Hebraïcæ in Epistolam ad Romanos, dont nous avons marqué l'édition dans l'Article général des Commentateurs Protestans.

Nous avons dans la Bibliothéque Philologique, tome 4. p. 281. 294. l'Explication
de

de sept endroits de cette Epître par *Heuman*, avec des Additions sur le nom du Sauveur ; sur les Corbeaux qui ont nourri Elie ; & sur la femme d'Osée, p. 295. *ibid.* p. 360. On trouve l'Explication que *Jean d'Outrein* a donnée du ℣. 14. Chap. 22. où l'Apôtre nous exhorte de nous revêtir de JESUS-CHRIST. Et dans le tome 6. p. 488. est une Observation de *Jean George Schelhorne* sur le ℣. 1. Chap. 12. touchant le culte raisonnable, en treize Articles.

Gebrard ou *Gebraud van-Leuvven*, a fait un Commentaire, divisé en quatre parties, & imprimé à Amsterdam en 1688. 1699. deux volumes *in* 4. Il étoit né en 1643. à Gescope proche de Goude, alla à Velba en 1665. à Harlem en 1678. & enfin à Amsterdam en 1681. où il fut fait Ministre & Professeur en Théologie en 1686.

Pierre Allix, d'Alençon, Calviniste, & Ministre à Roüen, ensuite Chanoine de Sarisbery en Angleterre, mort en 1717. prétend avoir donné la clef véritable de cette Epître, dans son Explication Françoise du ℣. 27. Chap. 3. imprimée sans nom d'Auteur, à Amsterdam en 1683. *in* 12.

Jean Christophe Hergog, Allemand Luthérien, a traité des Interponctuations qui se trouvent en plusieurs endroits de cette Epître, ce qui a été imprimé à Leipsic en 1707. *in* 4.

ARTICLE XXVII.

Traitez & Dissertations sur l'Epître aux Romains.

On peut voir les Préfaces de *Pererius*, *Cornelius à Lapide*, & des autres Commentateurs sur l'Epître aux Romains.

Voyez nos Dissertations sur la Prédestination & la Réprobation à la tête de notre Commentaire sur S. Paul. Sur la Circoncision & ses effets ; si les Gentils ont pû être sauvez sans la Foy & le Baptême, dans le Recüeil de nos Dissertations, tome 3. p. 471. & suiv. Voyez aussi sur ce sujet un Traité de la nécessité de la Foy pour être sauvé, à Paris chez Osmont 1701. *in* 8.

Jean. Henrici Knobloch, *de distinctione Pauli inter Judæos & Græcos*, dans le tome 2. des Dissertations Philologiques, & séparément à Wittemberg en 1695. *in* 4. Il étoit lui-même Allemand Luthérien de Wittemberg, & est mort en 1690.

Joan. Conrad. Dannhavverus, *de gemitu creaturarum. Roman.* 8. ℣. 19-23. à Strasbourg en 1647. *in* 4. Nous avons parlé de lui cidessus. *Isaac Faustius*, Allemand Luthérien, de Strasbourg, en a aussi écrit, & fait imprimer *ibid.* en 1690. *in* 4. Il est mort en 1702.

Salom. Deyling. in Rom. 8. ℣. 19-23. *Nam expectatio creaturæ revelationem filiorum Dei expectat &c. & in Rom.* 12. ℣. 13. *Necessitatibus sanctorum communicantes* : dans ses Observations Sacrées, tome 1. *Idem in Rom.* 9. ℣. 3. *De votivo Pauli anathemate ibid.* tome 2. Chap. 42.

Alexandre Alesius, dont nous avons parlé sur S. Jean, a fait une Dispute sur cette Epître, imprimée à Leipsic en 1553. *in* 8. *Jacques Arminius*, ou *Hermanni*, Hollandois, Chef de la Secte des Arminiens, a fait une Dissertation sur le véritable sens du Chap. 7. imprimée à Leyde en 1612. *in* 8. & une Analyse du Chap. 9. dans ses Ouvrages *ibid.* en 1629. *in* 4. Il est mort en 1609.

Michel Cobabus, Allemand Luthérien de Mekelbourg, a donné une Dissertation Exégétique du Chap. 5. imprimée à Rostoch en 1658. *in* 4. & une Analyse des Chap. 6. 7. imprimée *ibid.* en 1657. *in* 4. Il est mort en 1658.

Pierre Muller, aussi Allemand Luthérien, a écrit sur le saint baisé dont il est parlé au ℣. 16. Chap. 15. imprimée à Jéne en 1675. *in* 4. Et *Jean Jacques Muller*, de même pays & Religion, a fait plusieurs Dissertations Philologiques sur le Chap. 9. & 13. imprimées *ibid.* en 1669. *in* 4.

ARTICLE XXVIII.

Des Commentateurs Catholiques & Protestans sur les deux Epîtres aux Corinthiens.

Antoine Perez, dont le Commentaire a été imprimé à Barcelone en 1632. *in fol.* *Fromond*, *Laurent Valle*, *Erasme*, *Luc de Bruges*, *Cornelius à Lapide*, & les autres qui ont écrit sur toutes les Epîtres de S. Paul.

Adam Contzen, dont nous avons parlé cidessus, a écrit sur les deux Epîtres aux Corinthiens, imprimé à Mayence en 1631. *in fol.* avec ce qu'il a donné sur l'Epître aux Galates. Il a aussi travaillé sur l'Epître aux Romains, imprimé *ibid.* en 1629. *in fol.*

Berlingher Vigintimilius, de Sicile, mort en 1639. a donné des Paraphrases sur ces deux Epîtres, de même que sur celles qui sont écrites aux Romains & à Timothée. On les a imprimées à Palerme en 1643. *in* 4.

Jean Covillon, Jésuite, de Lille en Flandre, mort en 1581. a donné des conclusions tirées de la premiere Epître, imprimées à Rome en 1554. *Richard Sampson*, Anglois Catholique, a écrit sur la même Epître, & sur celle qui est aux Romains, imprimée à Paris en 1546. *in* 8. Il est mort en 1554.

CINQUIE'ME PARTIE.

ARTICLE XXIX.
Des Commentateurs Protestans sur les mêmes Epîtres.

Joan. Lightfoot Horæ Hebraïcæ in Epistol. 1. *ad Corinthios*. Nous avons marqué ailleurs l'édition de cet Ouvrage, qui contient une partie de ce qu'il a fait sur le nouveau Testament.

Guillaume Schlater, Anglois Calviniste, mort en 1627. âgé de 50. ans, a donné une Explication & des Scholies, imprimées en 1634. *in* 4. à Oxford. *George Calixte* a aussi donné de courtes Notes, non seulement sur ces deux Epîtres, mais aussi sur les suivantes, qu'on a imprimées à Helmstat en 1652-1654. 2. vol. *in* 4. Nous avons parlé de lui sur les Actes. Voyez aussi ce qu'il y a de ces deux Auteurs dans la Synopse des Critiques.

On peut aussi consulter *Robert Rollocus*, dont le Commentaire a été imprimé avec les Notes de *Piscator*, à Jène en 1602. *in* 8. seconde édition. *David Rungius*, de Poméranie, Luthérien, qui a fait une Analyse de ces deux Epîtres, imprimée à Wittemberg en 1597-1606. 2. vol. *in* 4. Il est mort en 1604. *Thomas Morton*, qui a fait une Exposition sur la premiere Epître, imprimée à Londres en 1596. *in* 8. Il étoit Anglois, & différent, selon Crowée, de *Morton*, Evêque de Durham, mort en 1659. Le Commentateur doit être mort plûtôt, quoique le P. le Long n'en fasse qu'une même personne.

Les Paraphrases de *Sebastien Schmidt*, ou plûtôt son Commentaire, imprimé avec celui qu'il a fait sur l'Epître aux Romains, aux Thessaloniciens, à Timothée, & à Philémon, à Hambourg en 1704. *in* 4. seconde édition. Mais *Philippe Jacques Spencer* a fait une Paraphrase en Allemand, imprimée à Francfort en 1691. *in* 8. Il étoit Allemand Luthérien, né en Alsace, & est mort en 1705.

Pierre Martyr a fait un Commentaire sur la premiere Epître seulement, imprimé à Zurich en 1589. quatrième édition *in fol.* Nous avons déja parlé de lui. *George Myle*, ou *Muller* en a fait autant, imprimé à Jène en 1606. *in* 8. Il est mort en 1607.

Renier Predenius, de Groningue, & Calviniste, en a fait un aussi sur la même Epître, imprimé avec son Explication sur les quatre Evangiles, & ses Notes sur les deux premiers Chapitres de l'Epître aux Romains, à Bâle en 1503. *in fol.* Il est mort en 1559.

Jean Bierman, Hollandois Calviniste, & Ministre vers 1707. a donné l'Explication des deux Epîtres en Allemand, imprimée à Francfort en 1703. *in* 4.

Rupert Erytropile, dont nous avons parlé Tome IV.

ci-dessus, a donné en Allemand un *Index Apostolique* de ces deux Epîtres, imprimé à Stetin en 1666. *in* 8.

Jean Henri Heidegger a aussi expliqué ces deux Epîtres dans ses Travaux Exégétiques sur Josué, S. Matthieu, l'Epître aux Romains & aux Hébreux, imprimez à Zurich en 1700. *in* 4. Nous avons parlé de lui sur l'ancien Testament.

Jean Locke, Anglois Socinien, Philosophe & Médecin, a fait une Paraphrase en Anglois sur ces deux Epîtres, sur l'Epître aux Romains, aux Ephésiens, aux Galates, imprimée à Londres en 1705-1706-1707. 4. vol. *in* 4. Le tout ensemble *ibid.* en 1709. avec la maniere de bien entendre S. Paul par lui-même. Cet Auteur est mort en 1704.

Sebastien Meyer, Calviniste & Ministre à Berne, a fait des Notes imprimées à Berne en 1546. *in* 4. *Ambroise Reudenius*, de Missnie, & Luthérien, a fait une Analyse des deux Epîtres, où il a compris l'Epître aux Romains, aux Galates, aux Ephésiens. On l'a imprimée à Jène en 1603. *in* 8. 2. vol. Il est mort en 1615.

Antoine Burgess, Anglois, célèbre vers 1659. a écrit en sa Langue sur la premiere Epître ; ce qui a été imprimé à Londres en 1659. *in fol.* *Jean Jacques Grynée* a fait la même chose en Allemand, imprimé à Bâle en 1592. *in* 4. Nous avons parlé de lui sur l'ancien Testament.

Jean Hus, de Bohême, condamné par le Concile de Constance en 1416. a aussi expliqué les sept premiers Chapitres ; ce qui se trouve dans la nouvelle édition de ses Ouvrages en deux tomes *in fol.* à Francfort en 1714.

Jérôme Simon van-Alphen, Flamand Calviniste, dont nous avons parlé sur Daniel, a fait un Commentaire sur la seconde Epître seulement, avec des Prolégomènes, imprimez à Amsterdam en 1708. *in* 4. On estime beaucoup la méthode qu'il y a suivie.

ARTICLE XXX.
Traitez & Dissertations sur les deux Epîtres aux Corinthiens.

Christ. Georg. Mayer de hominibus piacularibus 1. Cor. Chap. 4. ℣. 13. dans le Trésor des Dissertations Philologiques, tome 2. On y trouve aussi la Dissertation de *George David Ziegra* sur le même sujet. Ils étoient l'un & l'autre Allemands Luthériens.

Sur l'Aiguillon de la Chair, ou l'Ange de Satan.

Joan. Conrad. Dannhauverus, *in* 1. Cor. 9. ℣.

⟨. 27. *Castigo corpus meum &c.* à Strasbourg en 1650. *in* 4. sous le Titre de *Hypopiasmus Paulinus*. Nous avons déja parlé de cet Auteur. *Deyling* a aussi écrit sur le même passage, dans ses Observations Sacrées, tome 2.

Guillaume Zeschius, Allemand Luthérien, Professeur à Jéne, a écrit sur l'Aiguillon de la chair, & l'Ange de Satan, dont il est parlé 2. Corinth. 12. ⟨. 7. ce qu'on a imprimé à Jéne en 1681. *in* 4. Cet Auteur est mort en 1682.

Guillaume Salden, dans la dix-septiéme Exercitation de ses Loisirs Théologiques, Livre premier, traite le même sujet; & *Christophe Heinsius*, Allemand Luthérien, dans une Disquisition imprimée à Wittemberg en 1697. *in* 4. *George Vechner* a fait aussi une Dissertation sur ce passage, imprimée avec celle qu'il a fait sur le sein d'Abraham. Voyez sur S. Luc.

Jean Godefroy Lakemacher a fait aussi une Disquisition sur l'Aiguillon de la chair, imprimée dans la Bibliothéque Philologique, tome 6. p. 635-646. avec un Supplément de *Théodore Hasée*, *ibid*. p. 647..660.

Sur l'Ordre, que les Femmes doivent se voiler dans l'Eglise.

Eber. Rudolp. Roth de velamine capitis virilis ad 1. *Cor. cap.* 11. imprimée à Jéne en 1674. *in* 4. Nous avons déja parlé de lui plus haut. *Jean d'Outrein*, & *Gerard Croesius*, ont aussi expliqué dans une Dissertation & deux autres Traitez, cet endroit où S. Paul ordonne aux femmes de se voiler à cause des Anges. Ce qui se trouve dans la Bibliothéque Philologique, tome 2. p. 49...101...107. Nous avons déja parlé d'*Outrein*. Croës étoit d'Amsterdam, né en 1642. Après ses études, il fut fait Ministre Calviniste, voyagea en Angleterre & ailleurs. Il mourut à Dordrecht en 1710. âgé de 68. ans. On peut voir le Catalogue de ses autres Ouvrages dans la même Biblioth. p. 385.

Sur le Baptême pour les Morts.

Dan. Grade, *de Baptismo pro mortuis*. 1. *Cor.* 15. ⟨. 29. à Gryphiswald *in* 4. On ne dit pas en quelle année: depuis on l'a imprimé dans le tome 2. des Dissertations Philologiques. Grade étoit Allemand Luthérien.

Henri Muller a écrit sur le même sujet, dans le même endroit du Trésor des Dissertations Philologiques, & avoit été imprimé à Rostoch en 1665. *in* 4. Nous avons parlé de lui ci-dessus.

Salomon Deyling en a aussi traité dans ses Observations Sacrées, tome 2. Chap. 44. Bochart a fait une Dissertation exprès dans sa Géographie, tome second, page 1026.

Voyez notre Dissertation sur le même sujet, où nous avons rapporté & examiné jusqu'à 24. sentimens divers sur le Baptême pour les morts: elle est dans notre Commentaire sur S. Paul, & dans le Recueil de nos Dissertations, tome 3. p. 338.

Sebastien Schmidt a aussi écrit sur le Baptême pour les morts, & fait imprimer à Strasbourg en 1656. *in* 4. De même que *Jacques Reichman*, qui a fait imprimer à Wittemberg 1652. Voyez sur S. Jean. Et *Spanheim* le fils qui a fait une Dissertation sur le même sujet, imprimée à Leyde en 1673. *in* 4. & se trouve dans le tome 3. de ses Ouvrages.

S. *Jérome ad Minervium & Alexandr*. explique ces paroles, 1. Cor. 15. ⟨. 51. *Omnes quidem dormiemus, sed non omnes immutabimur*, dans le tome 4. p. 210. de la nouvelle édition.

Sur le combat de S. Paul avec les Bêtes.

Joan. Kindler in 1. *Corinth.* 15. ⟨. 32. *ad Bestias pugnavi Ephesi*: dans le tome 2. des Dissertations Philologiques. Il étoit Allemand Luthérien. On l'a imprimé séparément à Copenhague en 1683. *in* 4.

Deyling traite de ce même sujet dans les Observations Sacrées, tome 1. Observ. 43. Voyez aussi la Note 40. de *M. de Tillemont* sur S. Paul, & *Baron. ad an.* 55. & *Nicephore*, Livre 1. Chap. 25. de son Histoire Ecclésiastique; voyez aussi sur le même sujet notre Dissertation, tome 3. p. 642.

Severin Linstrupius, dont nous avons parlé sur les Actes, a écrit sur ce combat, & fait imprimer à Copenhague en 1695. *in* 4.

Sur l'Anathême, & sur le Ravissement de saint Paul.

Eliæ Weihenmaïer, de Paulino Anathematismo. 1. *Cor.* 16. ⟨. 22. dans le tome 2. des Dissertations Philologiques, & séparément à Wittemberg en 1689. *in* 4.

Joan. Renner Maran-atha, sur le même passage, dans le même Tome du Trésor des Dissertations Philologiques. Il étoit Allemand Luthérien. *Lightfoot* traite aussi de cet Anathême, dans le Tome 1. de ses Ouvrages. p. 778.

Alberti Christ. Ludvvig, de raptu Pauli in Paradisum. 2. *Cor.* 12. ⟨. 2. dans le tome 2. du Trésor des Dissertations Philologiques. Il étoit Allemand Luthérien. On y trouve aussi la Dissertation de *Sebastien Kirchmaïer* sur le même sujet; & elle avoit déja été imprimée à Wittemberg en 1684. *in* 4. avec ce qu'il a écrit sur l'Aiguillon de la chair.

Un autre *Kirchmaïer*, surnommé *George Gaspard*,

CINQUIE'ME PARTIE.

Gaspard, a traité le même sujet, & fait imprimer *ibid.* en 1692. *in 4.* Il a aussi donné quelque chose sur l'éloquence de S. Paul, *ibid.* en 1695. *in 4.* Nous avons déja parlé de l'un & de l'autre. *Jean Christophe Harremberg* a fait une Exercitation sur le même sujet, imprimée dans la Bibliothéque Philologique, tome 6. p. 611-634.

Augustin Strozza, Italien de Mantoüe, & Chanoine Regulier de Latran, est un des premiers qui ait écrit sur ce Ravissement de S. Paul au troisiéme Ciel, puisqu'il a été imprimé à Mantoüe en 1498.

Charles Boville, qui étoit de Saint Quentin, & est mort en 1517. en a aussi traité, & de la Vision Prophétique, dans un Ouvrage imprimé à Paris en 1589. *in 8.* Nous avons déja parlé de lui sur saint Jean, & ailleurs.

Sur plusieurs & différens sujets.

Jean Nicolas Hardschmidt a fait une Dissertation sur celle qui n'est pas mariée, *ad* 1. *Cor.* 7. ⅴ. 33. 34. Elle est imprimée dans le Tome 2. des Dissertations Philologiques. Il étoit de Strasbourg, & Luthérien.

Chrétien Gottlieb Kock en a fait une pour faire voir que S. Paul a été marié, contre ce qui est dit dans la même Epître & même Chapitre. On a imprimé cette Dissertation à Fleinsbourg en 1707. *in 12.* & est divisée en six Chapitres, dont le premier est de l'importance de la Question. Le second expose les preuves tirées de l'Ecriture sainte. Le troisiéme, les témoignages des Peres. Le quatriéme, celui des Docteurs modernes. Dans le cinquiéme, on répond aux objections. Dans le sixiéme, on réfute une fable des Ebionites, qui a rapport à cette matiere ; on y rejette aussi l'Histoire des Voyages de saint Paul & de sainte Thécla. C'est un Docteur Luthérien qui a ses préjugez, & qui en veut à l'Eglise Romaine. On laisse au Public à juger de la force de ses raisonnemens, & de la justesse de ses preuves.

Gabriel Groddek a fait une Dispute sur les Juifs qui vouloient ôter les marques de la Circoncision, selon ce qui est dit au Chap. 7. ⅴ. 18. de la premiere Epître aux Corinthiens. Elle a été imprimée à Dantzic en 1699. *in 4.* Il étoit Allemand Luthérien, Bibliothéquaire de Dantzic, & est mort en 1710.

Jean Elie Reichardt a écrit sur le voile dont il est parlé 1. *Cor.* 11. ⅴ. 10. ce qu'on a imprimé à Jéne en 1694. *in 4. Jean Arnold Nobten*, sur le jugement des Saints, au ⅴ. 2. Chap. 6. imprimé à Brême, ou Wratislaw l'an 1718. *in 4.* Il en est parlé dans la Bibliothéque Philologique, tome 1. p. 577.

Michel Sirice a écrit des Langues des Anges, 1. *Cor.* 13. ⅴ. 1. imprimé à Wittemberg en 1683. *in 4.* Voyez sur les Actes. *Jean Hilpert*, Allemand Luthérien, a fait une Dispute sur la flagellation des Juifs, 2. *Cor.* 11. ⅴ. 24. imprimée à Helmstat en 1652. *in 4.* Il est mort en 1680.

Jean Reinhard Hedinger, aussi Allemand Luthérien de Giessen, a écrit sur les Lettres de Recommandation, 2. *Cor.* 3. ⅴ. 1. imprimé à Giessen en 1699. *in 4.*

ARTICLE XXXI.

Des Commentateurs Catholiques & Protestans sur l'Epître aux Galates.

S. Jérôme a écrit trois Livres de Commentaires sur l'Epître aux Galates ; où il a rapporté ce qu'il avoit lû dans les anciens Commentateurs qui l'avoient précédé ; mais sans les nommer, & souvent même sans le corriger.

S. Augustin a expliqué cette Epître par un Commentaire suivi, & c'est la seule de toutes les Epîtres de S. Paul qu'il a expliqué d'un bout à l'autre.

Claude de Turin, qui vivoit vers l'an 820. a composé une assez longue & assez utile Explication de cette Epître, dans laquelle il a profité des lumieres de ceux qui l'ont précédé. Elle se trouve dans le tome 14. p. 139. de la nouvelle Bibliothéque des Peres.

Adam Sasbout qui a écrit sur toutes les Epîtres de S. Paul, excepté les deux aux Corinthiens, imprimées à Cologne en 1568. *Adam Contzen* avec ce qu'il a fait sur les Epîtres aux Corinthiens. Voyez ci-dessus.

Marin Grimani avec son Commentaire sur l'Epître aux Romains, à Venise en 1542. *in 4.* Il étoit Venitien, Patriarche d'Aquilée, Evêque de Porto, & Cardinal, & est mort en 1546.

Jérôme Seripand, Italien, de l'Ordre de S. Augustin, Archevêque de Salerne, & Cardinal, mort en 1563. a fait deux Commentaires sur cette Epître ; l'un imprimé avec celui qu'il a fait sur l'Epître aux Romains, à Naples en 1601. *in 4.* L'autre séparément à Venise en 1586. *in 4.* quatriéme édition, où il répond aux Questions sur le Texte de cette Epître.

Louis de Léon, dont nous avons parlé sur le Cantique des Cantiques ; a joint une Explication sur cette Epître à celle qu'il a faite sur Abdias, & imprimée à Salamanque en 1589. *in 4. Gregoire Polydore*, de Toscane, Augustin, a expliqué plusieurs endroits de cette Epître, imprimez à Lucques en 1625. *in 4.*

ARTICLE XXXII.

Des Commentateurs Protestans sur cette Epître.

François Gomar dans ce qu'il a fait sur tout le nouveau Testament. *Jean Brentius* le pere, autre Commentateur général de l'ancien & du nouveau Testament. *André Kunade*, de Misnie, Luthérien, Ministre général à Grimna, & mort en 1662. a fait des Disputes sur cette Epître, imprimées à Wittemberg en 1658. *in* 4. Nous en avons déja parlé sur S. Matthieu.

Barthelemy Battus, de Hambourg, Luthérien, mort en 1639. a fait un Commentaire imprimé en 1613. *in* 4. *Jérôme Kromayer*, Allemand Luthérien, Professeur à Leipsic, & mort en 1670. en a aussi fait un, imprimé à Leipsic la même année *in* 4. & plusieurs autres Ouvrages dont nous parlons ailleurs.

Frideric Weissius, aussi Allemand Luthérien, & Ministre général à Helmstat, est encore de ce nombre, & a fait imprimer à Helmstat en 1705. *in* 4. De même que *Sebastien Schmidt*, à Kiel en 1690. & à Hambourg en 1704. *in* 4. troisiéme édition. Sans compter ceux qui ont écrit sur tout S. Paul, tant Catholiques que Protestans.

ARTICLE XXXIII.

Traitez & Dissertations sur la même Epître.

Voyez les Préfaces des Commentateurs sur cette Epître, tant généraux que particuliers, Catholiques & Protestans, Anciens & Modernes.

Sur le nom & la personne de Céphas repris par saint Paul.

Si Céphas est le même que S. Pierre, voyez le *P. Hardoüin*, Dissertation sur ce sujet, à la page 920. du Recüeil de ses Ouvrages choisis, & imprimez à Amsterdam en 1709. *in fol*. Il prétend que ce n'est pas le même, & par conséquent que ce n'est point cet Apôtre qui a été repris par S. Paul. Nous avons déja parlé de lui sur les Actes, & nous en parlons encore ailleurs. Voyez son Titre dans l'*Index*.

M. Boileau, autrefois Chanoine de la Sainte Chapelle, a fait une Disquisition Théologique sur le second Chapitre, ỹ. 11. aux Galates, où il examine la même Question. Il y suit le sentiment opposé au P. Hardoüin, & le plus commun dans l'Eglise, depuis que S. Augustin l'a soûtenu contre S. Jérôme. Son Ecrit a été imprimé à Paris en 1713. *in* 16. en Latin.

Nous en traitons aussi dans notre Dissertation à la tête de notre Commentaire sur cette Epître, & dans le Recüeil de nos Dissertations, tome 3. p. 519. *Deyling*, dans ses Observations Sacrées, tome 2. Chap. 45.

Sur la dissimulation de S. Pierre, voyez *S. Jérôme & S. Augustin* dans les Lettres qu'ils se sont écrites l'un à l'autre sur ce sujet. Elles se trouvent dans la nouvelle édition de saint Augustin, Epist. 10. 40. 71. 72. 75. 80. 82. On y voit comment le premier a changé de sentiment, & s'est rendu aux raisons du dernier, quoique beaucoup plus jeune que lui.

César d'Arcons, Avocat, Catholique du Vivarez, a fait trois Dissertations sur l'Ecriture, dont la premiere est sur la Dispute de S. Paul avec S. Pierre, imprimées en François à Bruxelles en 1680. *in* 4. Il est mort en 1681.

Jean Wagnerus, Allemand Luthérien, & Ministre général de Brunswick, a écrit sur le même sujet, imprimé à Tubinge en 1668. *in* 4. *Jean André Quenstedt*, sur la Réprehension de S. Pierre par S. Paul, imprimée à Wittemberg en 1687. *in* 4. Voyez sur saint Jean.

Jean George Richterus, Luthérien & Ministre général de Reichembach, a traité le même sujet, & fait imprimer à Leipsic en 1708. *in* 4.

Sur les Stigmates, & sur l'Anathême de saint Paul.

Deyling. in Galat. 6. ỹ. 17. *Stigmata Domini J. C. in corpore meo porto*; dans ses Observations Sacrées, tome 3. Chap. 43.

Chrétien Bosen, Allemand Luthérien, a écrit touchant l'Anathême que S. Paul a prononcé contre ceux qui prêchent un autre Evangile que celui de JESUS-CHRIST; ce qu'on a imprimé à Leipsic en 1672. *in* 4. & dans le tome 2. des Dissertations Philologiques. Cet Auteur est mort en 1671.

Sur plusieurs & différens Sujets.

Nous avons dans la Bibliotheque Philologique, tome 4. p. 1007..1047. une Exercitation de *Théodore Hasée* sur les Baptisez revêtus de JESUS-CHRIST, dont il est parlé au ỹ. 27. Chap. 3. Elle contient 35. Articles. Et dans le tome 5. p. 40..56. une Exercitation juridique & critique sur les vers. 1.2. du Chap. 4. de *Frideric Christophe Neubour*, où il concilie la contradiction apparente d'un enfant héritier, qui n'est pas différent d'un serviteur, quoiqu'il soit le maître de tous les biens de sa maison.

Michel Cobabus, dont nous avons parlé sur l'Epître aux Romains, a fait une Dispute sur le troisiéme Chapitre de celle qui est aux Galates;

Galates ; elle est imprimée à Rostock en 1671. *in* 4. C'est une Réponse à Riesentampff, dit Lipsius.

Jean Frideric Mayer, a fait plusieurs Dissertations sur toute cette Epître, imprimées à Gryphiswald en 1709. *in* 4. Voyez sur les Actes.

ARTICLE XXXIV.

Des Commentateurs Catholiques sur l'Epître aux Ephésiens.

Saint Jérôme a travaillé exprès sur cette Epître : ce qui ne doit pas s'entendre des deux Commentaires imprimez sous son nom, l'un plus long, qui est de *Pelage*, & dont nous avons parlé ; l'autre plus court, dont l'Auteur est inconnu. L'un & l'autre s'étendent sur toutes les Epîtres de saint Paul. Le véritable Commentaire sur cette Epître est dans le tome 3. de la nouvelle édition de saint Jérôme.

Adam Sasbout, *Naclantus*, *Gabriel Vasquez*, & *Augustin de Quiros*, ont écrit sur cette même Epître, dans ce qu'ils ont fait sur les autres parmi leurs Ouvrages ; voyez leur Titre dans l'*Index*.

ARTICLE XXXV.

Des Commentateurs Protestans sur l'Epître aux Ephésiens.

Il y a un plus grand nombre de Protestans que de Catholiques, qui se sont appliquez à expliquer cette Epître. Un *Anonyme* dont on a publié l'Ouvrage à Cambrige en 1653. & depuis à Amsterdam en 1703. *in* 8.

Louis Crocius, dont le Commentaire est imprimé à Brême en 1620. *in* 8. Il est différent de *Jean Crocius*, Calviniste, Professeur à Marpourg, mort en 1659. lequel a aussi écrit sur cette Epître, & sur huit autres. Ce qu'on a imprimé à Marpourg en 1663. *in fol.*

Robert Bodius, Ecossois, a donné une Analyse du Texte de cette Epître avec une Explication, qui contient deux cens Leçons, où il traite différentes Questions de controverse ; on l'a imprimé à Geneve en 1660. *in fol.* seconde édition.

Jérôme Wellerus, Allemand Luthérien, mort en 1572. a fait sur cette Epître un Ouvrage imprimé en 1559. *in* 8. à Nuremberg.

Menno Honnekenius, Luthérien d'Oldenbourg, Professeur des Langues Orientales à Marpourg, & mort en 1671. a fait une Analyse avec une Exposition sur cette Epître, imprimées à Marpourg en 1631. *in* 4. seconde édition.

Barthel. Battus a fait un Commentaire enrichi de vingt-une Disputes, & imprimé à

Rostock en 1620. *in* 4. *Daniel Lagus*, un simple Commentaire imprimé à Gryphiswald en 1664. *in* 4. Il étoit Allemand Luthérien, & est mort en 1678. *Jean Tarnovius*, dont nous avons déja parlé, a fait aussi un Commentaire imprimé à Rostock avec ce qu'il a donné sur les quatre Epîtres suivantes en 1636. *in* 4.

Philippe Jacques Spencer, dont nous avons parlé sur l'Epître aux Romains, a fait une Explication en Allemand, imprimée à Hall en 1706. *in* 4. avec celle qu'il a donnée sur l'Epître aux Colossiens.

Christophe Althoferus, Luthérien & Ministre général, mort en 1660. a fait des Notes, imprimées à Nuremberg en 1641. *in* 4. *Banés*, Anglois, a fait un Commentaire en sa Langue imprimé à Londres en 1658. *in fol.* de même que *Paul Baynus*, aussi Anglois, qui en a fait un en la même Langue, imprimé *ibid.* en 1645. *in fol.* & *Henri Bineman*, autre Anglois, qui a fait une Exposition, imprimée *ibid.* en 1581. *in* 4.

Cler Carmohn, a fait une Paraphrase imprimée à Strasbourg en 1684. *in* 8. *Jean André Gleichius*, Luthérien, un Commentaire en Allemand, imprimé à Dresde en 1705. *in* 4.

Guillaume Gouge, en a fait un Anglois, imprimé à Londres en 1634. *in fol.* & *David Knibbe*, Flamand Calviniste, a fait une Explication en Allemand, imprimée à Francfort en 1698. *in* 4.

Nous avons parlé sur l'Epître aux Romains, de ce que *Philippe Pareus* a fait sur celle-ci, & de l'Analyse d'*Ambroise Reudenius* sur les Epîtres aux Corinthiens. *André Nemeierus*, Allemand Luthérien, en a fait aussi une imprimée avec ce qu'il a fait sur l'Epître aux Romains, à Jéne en 1608. *in* 8.

Jean d'Outrein a fait une Explication imprimée en Flamand à Francfort en 1696. *in* 4. Il étoit de Flandre, Calviniste, & Ministre à Amsterdam. On peut voir sa vie & le Catalogue de ses Ouvrages dans la Bibliothéque Philologique, tome 1. partie 2. pag. 181. & 193.

Jean Meelfuhrerus, Allemand Luthérien, mort en 1640. a donné un Commentaire imprimé à Nuremberg en 1628. *in* 4. avec celui qu'il a fait sur l'Epître aux Philippiens, & la premiere Epître à Timothée. Mais *Jean Wigan* a fait des Notes, imprimées à Erford en 1581. *in* 8. & sur quelques autres Epîtres.

Herman Alexandre Roell, a fait une Analyse Paraphrastique, imprimée à Utrecht en 1715. *in* 4. seconde édition. Il vint au monde en Westphalie en 1652. perdit sa mere en 1655. & son pere en 1656. Il commença à apprendre les Langues en 1669. & 1670. sous de sçavans Maîtres ; ensuite il fut fait Professeur de Philosophie à Franeker en 1679. & mourut en 1718. On peut voir sa vie & le Catalogue de ses Ouvrages dans la Bibliothéque Philologique, tome 2. p. 707. . 723. Il étoit Calviniste.

Nous finirons cet Article par *Pierre Dinant*, dont le Commentaire sur cette Epître a été imprimé à Roterdam en 1721. *in* 4. avec des Prolégoménes, où il fait voir, 1°. Que saint Paul en est le seul & véritable Auteur. 2°. Quel étoit l'état de la ville d'Ephése du tems de cet Apôtre. 3°. Le culte qu'on y rendoit à la Déesse Diane. 4. Le génie de ses Habitans. 5°. L'art magique des Juifs qui y demeuroient alors. 6°. Les Belles Lettres qu'on y cultivoit. 7°. Quel étoit Apollone de Thyane qui y séduisoit le peuple par ses tromperies. 8°. Il réfute le sentiment de Grotius, qui prétend que cette Epître a été écrite aux Laodicéens, & non pas aux Ephésiens. 9°. Celui d'Ussérius qui veut qu'elle ait été écrite à toutes les Eglises. 10°. Il expose quel a été le dessein de l'Apôtre en l'écrivant. 11°. Le tems où elle a été écrite. Pour la maniere de l'expliquer, elle est en forme d'Homélie. On trouve quelques-unes de ses Notes dans la Bibliothéque Philologique, tome 2. p. 535. 539.

ARTICLE XXXVI.

Dissertations sur l'Epître aux Ephésiens.

Voyez les Préfaces sur cette Epître des Commentateurs tant Catholiques que Protestans. Dissertation de *Tobie Eckard* sur ces paroles Eph. 2. ⅴ. 2. *Secundum Principem Potestatis Aëris hujus*, dans le tome 2. des Dissertations Philologiques, & séparément à Wittemberg en 1688. *in* 4. Nous avons parlé de lui sur les Actes.

Salom. Deyling. de Hymnis à Christianis decantandis ibid. ⅴ. 18. dans ses Observations sacrées, tome 3. Chap. 44. *Jean Deutschman* a écrit sur l'Ascension de JESUS-CHRIST au Ciel, dont il est parlé au Ch. 4. ⅴ. 8-10. ce qu'on a imprimé à Wittemberg en 1674. *in* 4. Voyez ci-dessus, où nous avons parlé de lui.

Etienne le Clerc a écrit sur les Armes spirituelles, dont il est parlé au Chap. 6. ⅴ. 10-12. dans les Questions sacrées de David le Clerc, imprimées à Amsterdam en 1685. *in* 8. Il étoit de Geneve, frere de Jean le Clerc, & est mort en 1676.

Corneille Hasée, sur la descente de JESUS-CHRIST aux Enfers, Chap. 4. ⅴ. 9. imprimé à Brême en 1702. *in* 4. Voyez sur saint Jean. *Jean Gottlieb Lucius* a écrit contre Hasée pour défendre le sentiment de Carpzovius ; nous avons déja parlé de cet Ouvrage ci-dessus. Il a été imprimé à Leipsic en 1705. *in* 4.

Gaspard à Lilien, Ministre Luthérien de Berlin & mort en 1687. a fait une Dissertation sur le quatriéme verset du Chap. 5. parmi ses Dissertations Philologiques, imprimées à Baruth en 1684. *in* 4.

Il y a dans la Bibliothéque Philologique, tome 2. p. 525-548. deux Dissertations sur le sacrifice ou la victime de bonne odeur, dont il est parlé au Chapitre 5. ⅴ. 2. L'une est de *Théodore Hasée*, qui n'y traite que des différens sacrifices en neuf Articles. L'autre de *Jean B. Ottius*, & contient trente articles, où il combat particuliérement l'usage de l'encens dans le sacrifice de la nouvelle Loi, prétendant qu'on ne s'en est servi que depuis le quatorziéme siécle. Il étoit de Zuric & Calviniste, Professeur de la Langue sainte, & Diacre de la grande Eglise de Zuric.

Jean George Schelhorne, a fait une Observation sur les paroles bouffonnes interdites par saint Paul, au quatriéme verset Chap. 5. & se trouve dans le même Recüeil, tome 5. p. 57-66.

ARTICLE XXXVII.

Des Commentateurs Catholiques & Protestans sur l'Epître aux Philippiens.

Adam Sasbout, parmi ses Ouvrages imprimez à Cologne en 1568. comme nous l'avons déja marqué. *Jean Antoine Velasquez*, qui est le seul Catholique qui se soit appliqué à faire un Commentaire particulier sur cette Epître. Il a été imprimé à Lyon en 1639. à Anvers 1640. & 1651. 2. vol. *in fol.* derniére édition. Il étoit Espagnol d'Avila, Jésuite, & est mort en 1669. Nicolas Antonio en parle dans sa nouvelle Bibliothéque d'Espagne.

Entre les Protestans, *François Gomar* a fait une Explication de cette Epître & des autres, dans le Recüeil de ses Ouvrages. Voyez sur saint Matthieu.

Jean Daillé, de Poitiers, Calviniste, Ministre à Charenton, & mort en 1670. a donné une Explication Françoise de cette Epître & des suivantes, imprimée à Paris en 1644. *in* 8. *Jean Tarnovius* avec la précédente. *Barthelemi Battus* avec son Commentaire sur l'Epitre aux Ephésiens & aux Colossiens, à Rostock 1620-1627-1628. *in* 4. Voyez sur les Galates.

ARTICLE XXXVIII.

Traitez & Dissertations sur l'Epître aux Philippiens.

Jacques Perizonius, dont nous avons parlé sur les Actes, a fait une Dissertation sur le terme de Prétoire, qui se trouve au verset 13.

13. du Chapitre premier: *In omni Prætorio & in cæteris omnibus*; ce qu'il explique du corps des Troupes Prétoriennes campées hors de Rome. Elle a été imprimée en Latin à Franeker l'an 1690. *in* 8.

Jean Stepner, Allemand Luthérien & Ministre général, mort en 1659. en a fait une autre sur le Chapitre 11. ỳ. 1-12. & imprimée à Leipsic en 1650. *in* 4: Nous avons aussi dans la Bibliothéque Philologique, tome 2. p. 580-584. une courte Dissertation sur le Chapitre 2. ỳ. 6. qui est de *Christophe Auguste Heuman*, dont nous avons parlé sur saint Jean.

ARTICLE XXXIX.

Des Commentateurs Catholiques & Protestans sur l'Epître aux Colossiens.

Augustin de Quiros, Jésuite Espagnol, mort en 1622. a fait un Commentaire sur l'Epître aux Colossiens, imprimé à Séville en 1622. *in fol.* avec les autres qu'il a fait sur l'Ecriture. Il en est de même de tous ceux qui entre les Catholiques ont commenté les Epîtres de saint Paul.

Entre les Protestans, *François Gomar*, parmi ses autres Ouvrages. Voyez ci-dessus. *Jacques Altingius*, dont nous avons aussi parlé, a fait une Analyse exégétique, imprimée dans ses Ouvrages, tome 5. à Amsterdam 1687. *in fol.*

Sebastien Schmid a fait un Commentaire imprimé à Hambourg l'an 1704. *in* 4. seconde édition. *Frideric Rappolt*, Allemand Luthérien de Reichembach & Professeur à Leipsic, où il mourut en 1686. a donné des Observations sur cette Epître, imprimées parmi ses autres Ouvrages, tome 1. de l'édition de 1693. *in* 4. à Leipsic.

Jean Davenantius, Anglois & Evêque de Sarisbery, mort en 1640. a fait une Exposition de cette Epître, imprimée à Groningue en 1655. *in* 4. cinquiéme édition. *Tarnovius* & *Daillé*; *ubi suprà*.

Dans la Bibliothéque Philologique, tome 3. p. 218. on trouve l'Explication que *Théodore Hasée* a fait du Chapitre premier, qui regarde les souffrances de JESUS-CHRIST. Mais *Clement Strezo* a donné un Commentaire entier, imprimé à Amsterdam en 1708. *in* 8. en Latin. Il n'y a pas observé une grande méthode, il n'y propose que ses pensées à mesure qu'elles se présentent, à peu près comme il feroit dans une conversation familiére. Ce n'est donc point une copie des autres Commentaires qu'il nous a donné, mais de nouvelles idées qu'il s'est formées sur les Dogmatistes ou Séducteurs des Colossiens, qu'il croit être les Esséens Cabalistes; & ce qu'il en dit est ce qu'il y a de moins commun dans son Commentaire.

ARTICLE XL.

Traitez & Dissertations sur cette Epître.

Voyez les Préfaces sur cette Epître, tant des Catholiques que des Protestans. Dissertation de *Henri Trierenbergius*, Allemand Luthérien, sur ces mots: *Coloss. III.* ỳ. 11. *Non est Barbarus neque Scytha*, dans le tome 2. des Dissertations Philologiques.

Jean André Quenstedt a fait des Disputes sur cette Epître, dont la premiére est sur le même passage, imprimées à Wittenberg en 1664. *in* 4. Nous avons aussi dans la Bibliothéque Philologique, tome 5. p. 253. l'explication qu'*Adrien Reland* a donnée de ce même verset, & page 270. celle de *Théodore Hasée*, p. 76-77-99. La Lettre de *Conrad Piken* sur le même sujet.

ARTICLE XLI.

Des Commentateurs Catholiques & Protestans sur les deux Epîtres aux Thessaloniciens.

Gabriel Vasqués, & ceux qui entre les Catholiques ont écrit sur les Epîtres de saint Paul: & entre les Protestans, *François Gomar*, & les autres que nous avons marquez ci-dessus.

Il faut y joindre *Josse Willichius*, Allemand de Prusse, Luthérien & Médecin à Francfort, mort en 1552. Il a fait un Commentaire particulier sur ces deux Epîtres, imprimé à Strasbourg en 1545. *in* 8.

Jean Crocius, dont nous avons parlé ci-dessus, en a aussi fait un sur les mêmes, & sur quelques autres, en deux volumes *in fol.* imprimez à Marpourg en 1663. comme nous l'avons déja marqué sur l'Epître aux Ephésiens.

Guillaume Bradshavv, Anglois, a donné une Explication de ces deux Epîtres, en Anglois imprimée à Londres en 1620. *in* 4. Il ne faut pas omettre les notes de *Jonas Schlichtingius*, sur le huitiéme verset du Ch. 2. contre Grotius. On les a imprimées d'abord à Amsterdam en 1643. *in* 8. & depuis dans les grands Critiques de la derniére édition, sous le nom de *Jean Simplicius*; ce qui a fait croire qu'elles étoient de M. Saumaise, qui s'est caché sous ce nom.

Il ne faut lire que quelques lignes de ces Notes, pour se convaincre qu'elles sont d'un homme plus versé dans la Théologie que ne l'étoit Saumaise; d'un homme qui raisonne avec plus d'art, de netteté & de méthode, mais qui n'écrit pas si bien en Latin, & qui n'étale aucune érudition Philologique; en quoi Saumaise excelloit, & dont il faisoit parade en toute occasion: c'est pourquoi nous

nous restituons cet Ouvrage à son véritable Auteur.

ARTICLE XLII.

Dissertations sur ces deux Epîtres.

Sur le deuxième Chapitre de la seconde Epître aux Thessaloniciens, voyez *Grotius*, Dissertation sur les endroits qui traitent, ou que l'on croit traiter de l'Antechrist ; & *Simplicius Verinus*, dont nous venons de parler.

Voyez aussi *Hippolyte Fronto*, ou plûtôt, *Pierre Dumoulin* & *Henri Morus* sur le même sujet, citez dans la Synopse des Critiques. Nous parlons de l'Ouvrage de saint Hippolyte , d'Adson Abbé , de Malvenda & de Grotius, dans l'Article qui regarde l'Antechrist : ce que nous ne répétons pas ici.

Nous parlons sur la fin du monde dans le second tome de notre Commentaire sur les Epîtres de saint Paul. On a imprimé à la fin de la Vie de M. de Tillemont, une Dissertation qu'il a faite sur l'état du monde après la Résurrection, p. 197.

Nous avons fait aussi une Dissertation sur la Résurrection des morts , tome 2. de notre Commentaire sur saint Paul , & dans le Recüeil de nos Dissertations, tome 1. p. 803.

Voyez sur le même sujet ce que nous avons remarqué à la fin de l'Article *des Funerailles des Hébreux.*

Tobie Eckard, *de signo Apostoli Pauli, ad 2. Thessal.* Chap. 3. ⅴ. 17. c'est-à-dire , sur la souscription des Epîtres de saint Paul, dans le tome 2. des Dissertations Philologiques, & à Wittemberg 1687. in 4. Nous avons déja parlé de cet Auteur. Voyez son Titre dans l'*Index*.

Jean Michel Langius a écrit des Généalogies & des Tables des Juifs, sur le troisième verset du premier Chapitre de la première Epître. Ce qui se trouve aussi dans le second tome des Dissertations Philologiques, & dans le cinquième tome , p. 800-857. Il y a une Dissertation de Pierre Hartl, où il explique ce qu'il faut entendre par l'Enfant de perdition, au Chapitre 2. ⅴ. 3. de la seconde Epître.

ARTICLE XLIII.

Des Commentateurs Catholiques sur les deux Epîtres à Timothée.

Adam Sasbout & *Claude d'Espense* , ont écrit sur les deux Epîtres à Timothée. La première édition du Commentaire du dernier, donnée à Paris en 1561. *in fol.* ne comprend que ce qu'il a fait sur la première Epître. On a imprimé ce qu'il a fait sur la seconde en 1564. mais le tout se trouve réuni dans l'édition de 1619. *in fol.* avec ses autres Traitez.

Sa méthode est toute différente de celle des autres Commentateurs ; car il commence par expliquer le sens littéral du texte ; ensuite il propose des questions & fait des digressions sur la Discipline Ecclésiastique , quoique tirées de ces deux Epîtres ; ce qui est fort au goût de M. Dupin. Richard Simon n'en juge pas ainsi dans son Histoire Critique du nouveau Testament , Chapitre 40. p. 592.

Claude d'Espence , vint au monde à Châlons en Champagne en 1511. étudia à Paris, alla à Rome en 1555. avec le Cardinal de Lorraine. De retour à Paris , il y mourut en 1571. âgé de 60. ans , selon M. de Thou, dans l'Histoire de son tems. Il s'est autant distingué par l'innocence de ses mœurs , que par sa rare doctrine. Génébrard n'en parle pas moins avantageusement.

Jean de Louvain , ou *Jean Hessels* , étoit de Louvain, y professa la Théologie, & y mourut en 1566. a commenté la première Epître à Timothée. Ce qui est imprimé à Louvain en 1568. *in* 8. On croit même qu'il est Auteur des Commentaires donnez par *Adam Sasbout*, qui avoit été son Disciple , & a fait imprimer ce que son maître lui avoit dicté.

Il y en a d'autres qui le confondent avec *Jean Hassels*, qui vivoit presque en même tems, & étoit de la même ville, mais celui-ci est mort en 1551. & fut le véritable Maître de Sasbout. Hessels mourut trop-tôt, n'ayant que 44. ans, pour qu'il ait pû faire grand nombre d'Ouvrages. Il étoit avantageusement partagé du côté de l'esprit, ayant une mémoire heureuse & la conception fort aisée. Il alla au Concile de Trente avec Jansenius Evêque de Gand , & il en vit la fin.

Cyprien de la Huerga a commenté la seconde Epître à Timothée, mais on ne voit pas que son Commentaire soit imprimé. Nicolas Antonio dit même qu'il est sur toute l'Ecriture , sans marquer l'année de l'impression.

Magalian Jésuite , & *Louis Soto major* Dominicain, ont aussi travaillé sur ces deux Epîtres. Le Commentaire du premier est de l'an 1609. *in* 4. à Lyon. Il y traite de la Hierarchie en trois Livres. Il y a aussi beaucoup de Théologie positive & scholastique. Nous avons déja parlé de lui sur Josué, & sur les Juges , & *de Soto major* sur le Cantique des Cantiques. Le Commentaire dont nous parlons à présent est de 1610. *in fol.* à Paris.

Isaac Habert, de Paris & Evêque de Vabres, mort en 1667. a fait une Exposition continuelle sur ces deux Epîtres & les deux dernieres ; ce qu'on a imprimé à Paris en 1656. *in* 8. *Charles Rapine* Récolet, mort en 1698. a fait aussi une Exposition en François, imprimée

primée *ibid.* en 1632. *in* 8. avec son Exposition sur les Epîtres à Philemon & aux Hébreux 2. vol. 1634-1636.

ARTICLE XLIV.

Des Commentateurs Protestans sur les deux Epîtres à Timothée.

Nous avons *Abraham Scultet*, avec ce qu'il a fait sur les deux Epîtres suivantes, imprimé à Francfort en 1624. *in* 4. & à Wittemberg 1630. *Jean Gerhard*, à Jéne 1666. *in* 4. seconde édition. Nous avons déja parlé de lui.

Sebastien Schmid, qui a seulement paraphrasé la première parmi ses autres Ouvrages. Voyez son Titre. *Lambert Danée* a fait aussi un Commentaire sur cette seule Epître, imprimé à Genéve en 1578. *in* 8.

David Chytrée a fait des Scholies & une Enarration sur la même, imprimée à Francfort en 1569. *in* 8. & *Gaspard Cruciger* un Commentaire imprimé à Strasbourg en 1540. *in* 8. avec d'autres Commentaires, dont nous parlons ailleurs. Il étoit de Leipsic, Luthérien, & est mort en 1548.

Antoine Fayus, Calviniste & Ministre à Genéve, mort en 1616. a fait un Commentaire sur ces Epîtres, & plusieurs autres, imprimez à Genéve en 1609. *in* 4. & *Paul Constantin Phrygion*, un autre joint à celui qu'il a fait sur le Lévitique. Voyez ce que nous avons dit de lui sur ce Livre.

Christophe Theophraste Saver, Allemand Luthérien, a fait des Observations sur quelques endroits de la première Epître, qui se trouvent dans le tome 2. des Dissertations Philologiques. *Kilian Venatorius*, de même pays & Religion, a donné une Explication en Allemand, imprimée à Isleben en 1570. *in* 8. si nous croyons Hunnius dans son Trésor Théologique.

Jean Henri Feuskingius, Luthérien, a expliqué la seconde Epître. *Alexandre Alesius*, dont nous avons parlé ci-dessus, a fait une Dispute sur ces deux Epîtres, imprimée à Leipsic en 1550-1551. 2. vol. *in* 8.

Pierre Artopée, de Pomeranie, Luthérien & Ministre à Stetin en 1554. a fait des Scholies imprimées à Bâle en 1546. seconde édition *in* 8. *George Christophe Dybradius*, Danois Luthérien, mort en 1607. a fait un Commentaire intitulé: *Le Miroir du Sacerdoce*, imprimé à Copenhague en 1599. *in* 8.

Matthias Nethenus, Calviniste & Ministre à Herborne, a donné une Dispute sur ces deux Epîtres, imprimée à Utrect 1655. *in* 4.

ARTICLE XLV.

Traitez & Dissertations sur les deux Epîtres à Timothée.

Jacques Godefroi a fait de sçavantes Exercitations touchant l'Eglise, pour éclaircir ce que dit saint Paul au verset 15. 16. du Chapitre 3. de la premiére Epître. Elles sont imprimées à Genéve en 1649. *in* 4. 2e. édition, & se trouvent dans les grands Critiques, tome 7. Il a fait aussi une Dissertation sur l'obligation où sont les femmes de se voiler dans l'Eglise, imprimée *ibid.* en 1654. *in* 4. Il étoit de Genéve, Calviniste, & est mort en 1652.

Michaelis Langii, *de Genealogiis nunquam finiendis*, 1. Timoth. 1. ℣. 4. Ce que nous avons déja marqué sur les Epîtres aux Thessaloniciens.

Joan. ou *Imman Weberus ad* 1. Timoth. Chap. 3. ℣. 15. *Ut scias quomodo oporteat te in domo Dei conversari, qua est in Ecclesia Dei.* C'est un Parergon Philologique imprimé avec un Traité de la souscription de cette Epître, à Leipsic en 1686. *in* 4. & dans le tome 2. des Dissertations Philologiques. Il étoit Allemand Luthérien.

Salom. Deylingius a écrit sur le même sujet, dans ses Observations sacrées, tome 1.

Benedicti Picteti & Georgii Henrici Goesii, de magno pietatis mysterio, ad 1. Timoth. 3. ℣. 16. dans les grands Critiques de Londres, tome 11. de la derniere édition, p. 660-665. L'Ouvrage de *Pictet* a été imprimé séparement à Genéve en 1690. *in* 4. Il étoit Calviniste de Genéve, né en 1655. fait Ministre en 1678. Professeur en 1686. Le Catalogue de ses Ouvrages est dans la Bibliothéque Philologique, tome 4. p. 303-304.

Paul Baudry d'Iberville, natif de Rouën, mais Calviniste, & Professeur en Histoire sacrée à Utrecht, mort en 1706. a aussi écrit une Lettre sur le grand mystére de l'Eglise, rapportée ou mentionnée dans la Bibliothéque des nouveaux Livres, imprimée à Utrecht en 1702. *in* 8. au mois de May & Juin. On trouve *ibid.* 1699. aux mêmes mois, une Lettre sur le même sujet d'un Hollandois Calviniste & Ministre, qui s'est caché sous le nom de *Philalethes*, c'est-à-dire, *ami de la vérité.*

Andrea Bosii, de juvenilibus cupiditatibus, 2. Timoth. 11. ℣. 22. à Jéne 1683. *in* 4. Voyez sur les Actes ce que nous avons dit de cet Auteur.

Deyling. in 2. *Timoth.* Chap. 4. ℣. 6. 7. *Ego enim jam delibor*, dans ses Observations sacrées, tome 2. Chap. 46.

Hect. Gotofr. Masii, de Pallio Pauli, 2. *Timoth.* Chap. 4. ℣. 13. dans le tome 2. des Dissertations

Dissertations Philologiques. Il a fait plusieurs autres Ouvrages dont nous parlons ailleurs, & de lui-même.

Il y a dans le tome 2. p. 113. de la Bibliothéque Philologique, une Dissertation de *Frideric Christophe Neubour*, sur les Fables profanes & l'exercice du corps dont parle S. Paul aux versets 7. & 8. Chap. 4. de la premiére Epître. Il y réfute ceux qui expliquent ce passage de la défense du mariage & d'un exercice purement spirituel. Il a aussi fait des Notes Philologiques sur plusieurs endroits du nouveau Testament, qui sont dans le premier tome de cette même Bibliothéque, p. 113. troisiéme partie. Il étoit Luthérien & Conseiller de guerre du Roi de la Grande-Bretagne dans l'Electorat de Brunswic & de Lunebourg.

Il faut encore voir la Vie de saint Timothée dans les Exercitations de *Witsius*, imprimées à Utrecht en 1714.

ARTICLE XLVI.

Commentaires & Dissertations sur l'Epître à Tite.

Saint Jérôme a fait un excellent Commentaire sur cette Epître, qui suit ce qu'il a fait sur les précédentes.

Jean Sasbout, *Magalien*, *Sotomajor*, ont écrit sur le même sujet. Voyez ci-dessus. *Claude d'Espence* a fait un Commentaire particulier, imprimé avec le précédent sur les deux Epîtres à Timothée. *Jean Gopyle* a fait une Paraphrase imprimée à Paris en 1644. in 8. Il étoit François Catholique.

Entre les Protestans, *Jean Wallis*, tome 3. de ses Ouvrages, *Frideric Rappolt*, *Josse Villichius*, *Jean Henri Wildhagen*, *Abraham Scultet*, avec leurs autres Commentaires sur l'Ecriture. Voyez aussi les grands Critiques & la Synopse des Critiques.

Nous avons dans le tome 1. de la Bibliothéque Philologique, p. 317. partie troisiéme, l'explication qu'*Adrien Reland* a faite du verset 5. Chap. 2. où il est ordonné que les femmes soient attachées à leur ménage, & tome 2. p. 109. il y a une Lettre de *Jacques Hasée* contre cette Explication. *Reland*, dont nous avons déja parlé, vint au monde à Amsterdam en 1676. enseigna à Utrecht les Langues Orientales l'espace de 17. ans, & est mort en 1718.

ARTICLE XLVII.

Dissertations sur cette Epître.

Voyez les Préfaces sur cette Epître tant des Commentateurs Catholiques que des Protestans, & *Christian Schmid*, *de Cretensium vituperio*, Tit. 1. ỳ. 12. dans le tome 2. des Dissertations Philologiques, & séparément à Leipsic en 1673. in 4. Il étoit Allemand & Ministre à Wratislaw.

Daniel Pfeiffenger, autre Allemand de Strasbourg, Luthérien & Professeur des Langues Orientales au commencement du dix-huitiéme siécle, a fait aussi une Dissertation sur ceux de Créte, imprimée à Strasbourg avec ses autres Dissertations, dont nous avons parlé sur Josué & Aggée.

ARTICLE XLVIII.

Commentaires sur l'Epître à Philémon.

Saint Jérôme a fait un Commentaire sur cette Epître, sans parler de *saint Chrysostome*, & de ceux qui l'ont suivi, ni des Auteurs qui ont écrit sur toutes les Epîtres de saint Paul.

Jacques Pamelius a fait imprimer un petit Commentaire sur cette Epître, dans le tome 5. des Oeuvres de Raban Maur. Nous avons parlé de lui sur Judith.

François Feu-ardent, Franciscain, avec ce qu'il a fait sur l'Ecriture. *Jean Vincent* de Limoges, Feuillant, & surnommé de saint Martial, mort en 1648. a donné une Explication familiére de cette Epître, à Paris en 1647.

Philippe Paræus, un Commentaire imprimé avec celui qu'il a fait sur l'Epître de S. Jude. Voyez ci-dessus l'Epître aux Romains. On y peut joindre ceux-ci. *Jean Pricæus*, *Lambert Danée*, *François Gomar*, *Abraham Scultet*. Voyez sur les Epîtres précédentes.

Scipion Gentilis a fait un Commentaire imprimé à Nuremberg en 1618. in 4. Il étoit frere d'Albert ou Alberic, dont nous avons parlé sur les Macchabées. Il étoit comme lui Luthérien, & est mort en 1616.

Christian Frideric Franckenstenius, Allemand Luthérien de Leipsic, mort en 1679. a fait des Observations sur cette Epître, imprimées à Hall. en Saxe en 1657. & à Leipsic 1665. in 12.

Sebastien Schmid a fait une Paraphrase, jointe à celle qui est sur la premiére Epître à Timothée: voyez plus haut. *Daniel Dike*, Anglois, a fait une Exposition sur cette Epître en sa Langue, imprimée à Londres en 1618. in 4.

ARTICLE XLIX.

Dissertations sur l'Epître à Philémon.

Zacharie Huber, dont nous avons parlé sur saint Luc, a expliqué le dix-huitiéme & dix-neuviéme verset de cette Epitre, dans la troisiéme de ses Dissertations Philologiques, imprimées à Franeker en 1702. in 4.

Le P. *de Vitry* Jésuite, a fait une Dissertation

tation sur la signification du mot *d'inutile*, qui se lit au ẏ. 11. Voyez les Mémoires de Trévoux de 1721. Article 73. au mois de Septembre.

ARTICLE L.

Des Commentateurs Catholiques sur l'Epître aux Hébreux.

François Ribera Jésuite ; son Commentaire sur cette Epître est son dernier Ouvrage, & il n'est pas même entièrement de lui, car étant mort lorsqu'il achevoit d'expliquer le cinquième verset du Chap. 5. ses Confrères l'ont continué. Nous avons déja parlé de lui sur saint Jean. Nous dirons seulement ici que son Commentaire a été imprimé à Salamanque l'an 1598. & à Cologne 1600. *in* 8.

Adam Sasbout, *Blaise Viegas*, *Michel de Palazzo* & *Louis Tena* ont aussi écrit avec assez de succès sur cette Epître.

Le Commentaire de Sasbout est avec ceux qu'il a faits sur l'Ecriture. Celui de *Viegas* n'a pas été imprimé ; il n'y a que Sotwel qui en parle. Les Discours de *Michel Palazzo* ont été imprimez à Salamanque en 1590.

Louis Tena est particulierement fort estimé. Il ne sçavoit pas les Langues Grecque ni Hébraïque, comme il l'avoüé lui-même. Son dessein a été de fournir aux jeunes Théologiens qui sont sur les bancs, des preuves & des réponses pour répondre aux argumens qu'on leur propose, & aux difficultez qu'on leur fait sur l'Ecriture, & en particulier sur l'Epître aux Hébreux. Sa méthode est de proposer différentes Questions, qui assez souvent n'ont pas beaucoup de rapport au Texte de saint Paul. Il les traite d'ordinaire à la maniere des Scholastiques & avec assez d'érudition ; mais comme alors on n'avoit pas encore un grand nombre de bonnes éditions des Peres, l'Auteur y employe plus de raisonnemens que d'autoritez. Il excelle surtout dans les préludes de ce Commentaire, parce qu'il y est plus concis que dans le corps de l'Ouvrage. Voyez ce qu'en dit Simon dans son Histoire critique du nouveau Testament.

Ce grand Commentaire a été d'abord imprimé à Toléde en 1611. *in fol.* Depuis on en a fait le dixième tome des grands Critiques de Londres, première édition. On l'a mis aussi dans la derniére, à Francfort 1698. Tena étoit de Cadix, Docteur & Chanoine d'Alcala, fut fait Evêque de Tortose vers 1622. & mourut la même année. Nicolas Antonio le loüe tant à cause de sa doctrine que pour son esprit.

On peut ajouter *Laurent Valle*, *Erasme*, *Luc de Bruges*, dont les Notes sur cette Epître sont dans les grands Critiques. *Constantin Buccafocus*, Italien Cordelier, Evêque de Verceil & Cardinal vers 1587. qui a fait un Commentaire imprimé à Rome la même année *in* 4.

Matthieu Galenus de Zelande & Chancelier de l'Université de Doüai, mort en 1573. en a fait aussi un, imprimé à Louvain en 1599. *in* 8.

Dom Montfaucon dans la nouvelle édition de *saint Athanase*, tome 1. part. 2. page 1272. a donné quelques Fragmens de ce Pere en Grec & en Latin sur cette Epître.

ARTICLE LI.

Des Commentateurs Protestans sur l'Epître aux Hébreux.

Jean Braunius, dont nous avons parlé sur Ezechiel, a fait un Commentaire imprimé à Amsterdam en 1705. *in* 4.

Christophe Wittichius, Allemand de Cleves, Calviniste & Professeur à Leyde, mort en 1687. a fait une Investigation sur cette Epître, imprimée *ibid.* en 1692. *in* 4. Il en avoit déja fait une sur l'Epître aux Romains, avec un Commentaire imprimé à Leyde en 1685.

Pierre Van-Hoeke, Ministre Calviniste à Leyde, a donné un Commentaire analytique, imprimé *ibid.* 1693. *in* 4. *Gaspar Strezo*, Allemand, Ministre Calviniste à la Haye, & mort en 1664. a fait aussi un Commentaire analytique, & outre cela pratique, comme porte le titre, de même que sur les Actes, imprimé à la Haye en 1661. *in* 4.

Jean Owen a fait un gros Commentaire Anglois sur cette Epître, en 2. vol. *in fol.* à Londres en 1668. & en Latin à Amsterdam 1700. Il étoit Anglois de Londres, Chef des Indépendans, & est mort en 1684. Il en a fait beaucoup d'autres Ouvrages qui sont estimez.

Jacques Altingius a seulement expliqué les neuf premiers Chapitres de cette Epître ; voyez sur l'Epître aux Colossiens. *Sebastien Schmid* a fait un Commentaire entier, imprimé à Leipsic en 1698. *in* 4. seconde édition. Voyez ci-dessus.

Jean Henri Maius a fait une Paraphrase imprimée à Giessen en 1700. *in* 4. Elle peut tenir lieu d'un bon Commentaire, dit Théodore Hasée dans sa Bibliothéque Philologique, tome 5. p. 306. Nous avons parlé de cet Auteur dans l'Article des Harmonies Evangéliques.

Jean Christophe Schomerus, Allemand Luthérien de Lubec, Professeur à Rostock, & Ministre général de Mecklembourg, mort en 1693. a fait une Paraphrase sur cette Epître, comprise avec celle qu'il a faite sur les précédentes, & imprimée à Rostoch en 1699. 1701. 3. vol. *in* 4.

Gaspar Erasme Brochmann, Danois Luthérien & Evêque de Séeland, mort en 1652. a
fait

fait un Commentaire imprimé à Copenhague en 1706. *in* 4.

Pareus, *Gerhard* en ont fait avec ceux qui font fur les Lettres précédentes. *Guillaume Gouge*, Anglois, & de la Religion Anglicane, mort en 1653. en a donné un en Anglois, imprimé à Londres en 1655. *in fol.* feconde édition.

Philippe Codurque, Proteftant converti, comme nous l'avons dit ailleurs, n'a fait des Notes que fur les verfets 16. 17. 18. du Chap. 9. imprimées dans les grands Critiques, tome 7. avec celles des autres que nous avons marqué ci-deffus.

ARTICLE LII.

Traitez & Differtations fur l'Epître aux Hébreux.

Quel eft le véritable Auteur?

Frideric Spanheim a fait un aflez gros Ouvrage là-deffus, & fur les autres Queftions préliminaires que l'on forme fur cette Epître. C'eft dans fes Exercitations imprimées dans le tome 10. des grands Critiques, p. 737. où il prouve que cette Epître ne peut être que de faint Paul.

Voyez auffi notre Préface, & la Differtation d'*Ambroife Catharin*, où il prouve la même chofe. Elle eft auffi imprimée dans le même tome des grands Critiques, p. 797. On y trouve encore page 801. la Réfutation d'une Differtation fur le Chapitre 9. par *Erric Guifard*, où il attaque particuliérement ce que Codurque a écrit fur ce Chapitre, & de fa converfion. Ce Guifard étoit Calvinifte.

Sur Melchifedech, & fur le Grand-Prêtre.

Friderik Koerber, Allemand Luthérien, a fait un Difcours Théologique & Philologique fur Melchifedech, imprimé dans le tome premier des Differtations Philologiques, & féparément à Zwickau en 1673.

Schlegelius Van-rein, & quelques autres Auteurs, que nous avons marquez dans les Differtations fur la Génefe touchant Melchifedech.

Joan. Wilkens, *Functio Pontificis Maximi*, *ad Hebr. IX. ⋎. 7.* dans le tome 2. des Differtations Philologiques. Il étoit Allemand Luthérien.

Sur plufieurs & différens fujets.

Immanuel Veberus, *ad Hebraos XIII. ⋎. 16. Beneficentiæ & communionis nolite oblivifci, &c.* Voyez fur la premiére Epître à Timothée.

Salom. Deylingius, *in Hebraos III. ⋎. 1. 2. Confiderate Apoftolum & Pontificem confeffionis noftræ Jefum. Et in Hebr. VII. ⋎. 22. Melioris Teftamenti fponfor factus, &c.* tom. 2. de fes Obfervations facrées. *Item Hebr. IX.*

⋎. 3. 4. 5. de his quæ in Tabernaculo fuerunt, *ibid.* tome 2. Chap. 47. *Item Hebr. IX. ⋎. 7. de ingreffu Pontificis in Templum*; *& in Hebr. XIII. ⋎. 4. de Nuptiarum dignitate*, *ibid.* tome 3. Chap. 47.

Jean André Dantz a auffi écrit fur le verfet 7. Chap. 9. au fujet de la fonction annuelle du Grand-Prêtre dans le Sanctuaire. Ce qui eft imprimé à Jéne en 1683. *in 4.* fur faint Matthieu.

Jacques Gouffet, de Blois, Calvinifte & Profeffeur à Groningue & mort en 1717. a fait plufieurs Difputes fur cette Epître, imprimées à Amfterdam l'an 1712. *in fol.*

Jean George Neuman en a fait une fur le Pontife du nouveau Teftament au Chapitre 7. ⋎. 26. 27. imprimée à Wittemberg en 1699. *in 4.* Voyez fur faint Matthieu. *Jean Godefroi Lave*, Allemand Luthérien, en a fait une autre fur le Chapitre 13. ⋎. 8. 15. imprimée à Leipfic en 1705. *in 4.* & *Jean Schmid*, une Exégéfe fur le même Chapitre ⋎. 4. *ibid.* 1624. *in 4.* autre Allemand Luthérien, Profeffeur à Strafbourg, mort en 1658.

Michel Siricius a écrit fur les larmes de JESUS-CHRIST, dont parle faint Paul dans cette Epître. Ce qui a été imprimé à Gieffen en 1666. *in 4.* & avec un *Appendix* en 1674. Voyez fur la premiére aux Corinthiens.

Jean Jacques Lavator, de Zurich, né en 1657. & qui enfeigna la Théologie depuis 1684. jufqu'en 1710. a fait une Difpute fur les promeffes en JESUS-CHRIST faites aux Patriarches de l'ancienne Loi & aux Fidéles de la nouvelle, pour éclaircir les Chapitres 10. 11. 12. On l'a imprimée à Zuric en 1714. 1715. 2. vol. *in 4.* Le Catalogue de fes autres Ouvrages fe trouve dans la Bibliothéque Philologique, tome 2. p. 568. & tome 4. p. 20. 33. Il y a une Obfervation facrée de *Jaques Staalkoff* fur l'Oracle de faint Paul aux Hébreux, Chapitre 11. ⋎. 3.

On a imprimé en Latin à Rome l'an 1719. une Differtation fur la Divinité du Meffie, pour fervir d'explication au deuxiéme & troifiéme verfet du premier Chapitre. L'Auteur pour donner une idée générale du Meffie, en fait confiderer les quatre principaux caractéres, qu'il trouve heureufement reprefentez dans cet endroit de l'Epître.

ARTICLE LIII.

Des Commentateurs généraux fur les Epîtres Canoniques.

Caffiodore nous a confervé une *Adumbration* ou Explication abrégée de *faint Clement d'Aléxandrie* fur quatre Epîtres Canoniques; fçavoir la premiére de faint Pierre, celle

celle de saint Jude, les deux premiéres de saint Jean. C'est un monument prétieux de l'antiquité sacrée. Il se trouve dans Cassiodore, dans le Recüeil des Ouvrages de saint Clément d'Aléxandrie, & dans la Bibliothéque des Peres, de l'édition de Lyon, tome 3. p. 231. D. *Guaret* ne l'a point mis dans sa nouvelle édition de Cassiodore.

Ce sçavant & ancien Auteur sacré nous assure lui-même dans ses divines Institutions, Chapitre 8. p. 543. qu'il avoit fait traduire en Latin cet Abrégé, avec la sage précaution d'en ôter ce qui ne lui paroissoit pas tout-à-fait orthodoxe. Il y a néanmoins tout lieu de douter si c'est la véritable Version que nous avons, puisque celle-ci explique entre autres l'Epître de saint Jude; au lieu que celle dont parle Cassiodore, expliquoit l'Epître de saint Jacques. *Mill* ne laisse pas de la citer souvent dans ses Notes sur le nouveau Testament.

Didyme d'Aléxandrie a aussi écrit sur les Epîtres Canoniques, dans la Bibliothéque des Peres, tome 4. p. 320. Ce ne sont que de courtes Annotations, & c'est saint Jérôme lui-même qui les a mis en Latin. Il y en a même qui croyent cet Ouvrage supposé, ou au moins douteux. M. Dupin le juge très-ancien; il le trouve très-clair & facile à entendre. Il y a d'excellentes Maximes de morale & dignes de Didyme, s'il en est Auteur.

Il y combat les Millenaires, soutient que les plaisirs du Paradis sont entiérement spirituels; il condamne la crainte purement servile; il définit la Prédestination, un decret de Dieu, par lequel il choisit ceux qui croiront en son Fils & feront de bonnes œuvres. Il donne quelquefois dans les imaginations d'Origénes. Il faut voir ce que Fabricius en dit dans sa Bibliothéque Grecque.

Ce *Didyme* vint au monde à Aléxandrie au commencement du quatriéme siécle, fut maître de saint Jérôme & Cathéchiste des Ecoles de cette ville, comme ce Saint l'écrit dans sa Lettre 32. & 41. Il mourut vers l'an 399. Ce qu'on admire le plus en lui, & ce qu'on regarde comme un prodige, c'est qu'ayant été privé de la vûë dès son bas âge, il soit devenu très-sçavant.

Béde a écrit sur toutes les Epîtres Canoniques; & son Commentaire se trouve dans le tome 5. de ses Ouvrages. Cave a fait imprimer dans son Histoire littéraire le Prologue qui manquoit à la tête de ce Commentaire. Voyez le titre de *Béde*.

Oecumenius a fait un semblable Commentaire en Grec, imprimé avec la Version Latine de *Jean Hentenius*, & les Notes de *Barthelemi Coppen*, à Francfort 1610. in 4.

Saint Thomas, ou plûtôt *Thomas Langlois*,

qui vivoit vers 1400. puisqu'il cite Lyran, qui est mort en 1340. Son Commentaire a été imprimé à Anvers en 1592. *in fol.* sous le nom de saint Thomas d'Aquin.

Cajetan, avec ce qu'il a écrit sur saint Paul, imprimé à Anvers en 1611. *in fol.* neuviéme édition. *Jean Gagnée*, dont les Scholies ont paru à Paris en 1563. *in 8.*

Nicolas Serrarius a fait un assez long Commentaire sur ces sept Epîtres, imprimé à Lyon en 1704. *in fol.* derniére édition, avec des Prolégoménes à la tête de chaque Epître.

Cornelius à Lapide, dont le Commentaire a été imprimé séparément des autres, *ibid.* 1627. *in fol. Benoist Justiniani*, *ibid.* 1621. Voyez sur saint Paul. *Jean Lorin*, à Cologne 1621. 1623. 2. vol. *in fol.* seconde édition.

Alphonse Salmeron, qui n'a écrit que sur cinq Epîtres Canoniques, & y a joint des Préludes sur l'Apocalypse; ce qui compose le seiziéme tome de ses Ouvrages. Voyez ci-dessus.

Luc de Buges & *Erasme* ont fait des Notes sur ces Epîtres, qui se trouvent dans les grands Critiques; de même que celles de *Jean Pricaus*.

Dom Louis Riclot, Religieux Bénédictin de la Congrégation de saint Vanne, a fait une Paraphrase sur ces Epîtres en François, imprimée à Metz en 1727. *in 12.* Il y a joint de courtes Notes comme dans sa Paraphrase sur saint Paul; une Analyse & des Préfaces. La Paraphrase est naturelle & édifiante, ayant des liaisons admirables, qui conduisent agréablement le Lecteur d'un verset à un autre, avec autant de justesse que d'érudition, qui n'éclatent pas moins dans les Notes choisies qui relevent cet Ouvrage. Les Préfaces sont sçavantes & instructives; les Analyses justes & correctes. On y remarque encore une fidélité exacte à rendre le sens littéral du Texte sacré, à démêler dans la Tradition tout ce qu'il y a de plus propre à éclaircir les passages difficiles de ces Epîtres Apostoliques, à mesurer sans prévention toutes les Explications avec l'économie de la foi, des regles des mœurs & de la pieté la plus solide.

ARTICLE LIV.

Des Commentateurs Protestans sur ces Epîtres.

Les Notes de *Zeger*, *Cameron*, *Casaubon*, *Drusius*, *Louis* & *Jacques Cappel*, *Henri Etienne*, *Grotius*, se trouvent dans les grands Critiques, tome 7. & séparément avec ce qu'ils ont donné sur le nouveau Testament. Voyez leur titre dans l'*Index*.

Louis de Dieu in Epistolas Canonicas, séparément

rément avec ce qu'il a fait sur le nouveau Testament imprimé à Leyde en 1627. & 1646. *in* 4.

Voyez *Fabricius* dans sa Bibliothéque Grecque, tome 3. Livre 4. Chap. 5. où il marque tous ceux qui ont écrit sur chaque Epître en particulier, & même ceux qui ont écrit sur le nouveau Testament, depuis la page 207. 212.

Joachim Langius a donné une Explication des deux Epîtres de saint Pierre, & des trois de saint Jean en Latin, imprimée à Hall en Saxe en 1713. 1714. 2. vol. *in* 4. Si l'on ôte à cet Auteur la passion ordinaire à ceux de sa Secte de parler contre l'Eglise Romaine, son Ouvrage peut être bon & utile.

ARTICLE LV.

Des Commentateurs sur l'Epître de S. Jacques.

Il y en a qui mettent *Gregoire de Rimini* au nombre de ceux qui ont écrit sur cette Epître ; mais on n'a pas imprimé ce qu'il a fait ; Lipenius ne le marque point dans sa Bibliothéque Théologique à l'Article de saint Jacques, & le Pere le Long nous renvoye à Sixte de Sienne, qui ne parle que de ce qu'il a fait sur les Epîtres de saint Paul.

Balthazar Paez a fait un Commentaire imprimé à Lyon en 1620. *in* 4. troisième édition, & avec ses autres Commentaires, imprimez à Paris en 1630. *in* fol. Il étoit de Lisbonne, Trinitaire, & est mort en 1636.

François Feu-Ardent en a aussi fait un imprimé à Paris en 1599. *in* 8. Voyez ci-dessus, ou son Titre dans l'*Index*. *Pierre Stevartius*, à Ingolstad en 1610. *in* 4. *Augustin de Quiros*, avec ses autres Commentaires sur saint Paul.

Entre les Protestans, *Jean Creidius*, Luthérien de Wittemberg, mort en 1656. a fait une Explication sur cette Epître en Allemand, imprimée à Francfort en 1656. *in* 4. *Jacques Laurens*, Calviniste, & Ministre, mort en 1644. un Commentaire imprimé à Amsterdam en 1662. *in* 4. seconde édition.

Thomas Manton, Anglois Calviniste, a fait une Exposition en Anglois avec des Notes, imprimées à Cambrige en 1657. *in* 4. *David Rungius*, dont nous avons parlé sur l'Epître aux Corinthiens, un Commentaire imprimé à Wittemberg en 1600. *in* 8.

Sebastien Schmidt a fait une Paraphrase des deux premiers Chapitres, imprimée à Strasbourg en 1665. *in* 4. De plus, des Disputes Analytiques & Paraphrastiques *ibid*. en 1699. *in* 4. *Juste Christophe Schomerus*, dont nous avons parlé sur saint Paul, une Exégése imprimée à Rostock en 1701. *in* 4.

François Stancarus, Italien de Mantoüe, & Médecin du Prince de Transilvanie, a donné une Explication de l'Epître de saint Jacques avec la conciliation de plusieurs passages de l'Ecriture, en Italien, imprimées à Venise en 1547. & en Latin, par *Thadée Dun*, à Bâle en 1547. *in* 8.

On met encore *Gataker* au rang de ceux qui ont écrit sur cette Epître ; mais Lipenius & le P. le Long ne le marquent point. *Salomon Deyling de efficacia precum ad Jacob.* ⅴ. 16. 17. dans ses Observations sacrées, tome 2. p. 48. *De miraculosâ ægrorum sanatione* ⅴ 14. *ibid*. tome 3. Chap. 48.

ARTICLE LVI.

Des Commentateurs sur les deux Epîtres de saint Pierre en général.

Jean-Baptiste Folengius a écrit sur l'une & l'autre Epître ; ce qui a été imprimé à Lyon en 1555. *in* 8. mais on l'a mis dans l'*Index* des Livres défendus, dit Possevin ; nous en avons apporté la raison ailleurs ; voyez son Titre. Il y a encore plusieurs autres Catholiques citez dans la Bibliothéque de Jacques de saint Charles, p. 180. & suiv. Dans celle de Lipenius, tome 2. dans l'Article de saint Pierre. On y peut joindre *François Feu-Ardent*, dont le Commentaire est de 1600. *in* 8. à Paris.

Parmi les Protestans, *Jean Gerhard* a écrit sur ces deux Epîtres, & fait imprimer à Jéne en 1660. *in* 4. & se trouve par extraits dans la Synopse des grands Critiques.

Guillaume Amesius, Anglois Calviniste, Professeur à Franeker, a fait une Explication Analytique, imprimée à Amsterdam en 1663. *in* 4. seconde édition. Cet Auteur est mort en 1635. *Théodore Antonides*, Flamand Calviniste, & Ministre en 1702. a donné une autre Explication en Allemand, imprimée à Brême en 1700. *in* fol. *Théodore Bibliander*, un Commentaire imprimé à Bâle en 1536. *in* 8.

Jonas Schlichtingius, Polonois Socinien, a fait un autre Commentaire qui se trouve parmi ses Ouvrages, imprimez à Amsterdam en 1663. *in* fol. Il est mort en 1661. *Nicolas Selneccerus* en a aussi fait un imprimé à Jéne en 1567. *in* 8.

ARTICLE LVII.

Des Commentateurs sur chaque Epître de Saint Pierre en particulier.

Sur la premiere, *Jean de Louvain*, autrement *Jean Hessels* a fait un Commentaire imprimé à Louvain en 1568. *in* 8. Il est presque le seul entre les Catholiques qui l'ait expliquée en particulier.

Entre les Protestans, *Robert Alley*, de la Religion Anglicane, a fait une Rapsodie sur cette Epître en Anglois, imprimée à Londres en en 1571. 2. vol. *in fol.* Il est mort la même année.

Jean Behm, Allemand Luthérien, mort en 1648. a fait un Commentaire imprimé *in* 8. on ne dit pas où ni en quelle année. Il a donné plusieurs autres Ouvrages de Chronologie dont nous parlons ailleurs.

Jean le Cock, ou *Cocceius*, dont on a déja parlé plus d'une fois, a fait une Disposition Harmonique de cette Epître dans ses Anecdotes, imprimées à Amsterdam en 1706. 2. vol. *in fol.* Et *Jean Roger*, Anglois, un Commentaire imprimé à Londres *in fol.* en 1660.

Menard Henri Schotanus a donné une Analyse & un Commentaire, imprimez à Franeker en 1644. *in* 4. Voyez sur l'Epître aux Philippiens. Mais *Jean d'Outrein* n'a expliqué que le ỳ. 24. Chap. 2. de cette premiere Epître; dans la Bibliothéque Philologique, tome 4. p. 154. 166. Il y est parlé de l'entiere satisfaction pour nos péchez faite par les souffrances de JESUS-CHRIST.

Heuman a traité de la Pansophie Chrétienne sur le ỳ. 20. du Chap. 2. *Vos scitis omnia*, ibid. tome 4. p. 991-1006.

Sur la seconde Epître, *Adam Sasbout* parmi les Catholiques, dans ses Ouvrages imprimez à Cologne en 1568. *François Feu-Ardent*, imprimé à Paris en 1600. *in* 8. *Jean Lorin*, avec ce qu'il a écrit sur celles de saint Jean, à Lyon en 1621. *in fol.*

Entre les Protestans, *Thomas Adams*, Anglois de la Religion Anglicane vers 1624. a fait un Commentaire en Anglois, imprimé à Londres en 1629. 1633. deux volumes *in fol.* Et en Allemand à Copenhague en 1700. *in* 4.

Joseph Mede, aussi Anglois d'Essex, a écrit sur le troisiéme Chapitre en Anglois, imprimé à Cambrige en 1643. *in* 4. & *Archibaut Simson* a fait un Commentaire en la même Langue, imprimé à Londres en 1632. *in* 4.

ARTICLE LVIII.

Traitez & Dissertations sur les deux Epîtres de saint Pierre.

Voyez notre Dissertation sur le voyage de saint Pierre à Rome, à la tête de notre Commentaire sur ces deux Epîtres, & dans le Recüeil de nos Dissertations, tome 3. p. 557. *Fr Spanheim de ficta profectione Petri Romam*, dans le tome 2. de ses Ouvrages, p. 331. séparément à Leyde en 1670. *in* 8.

Usserius Dissertatio de urbe Româ Babylone.

Le P. *Jacques Tierster de malorum Angelorum Tartaro* 2. Petri 2. ỳ. 4. dans les grands Critiques, tome 11. de la nouvelle édition.

Celestin Myslenta, Allemand Luthérien, a écrit sur la descente de JESUS-CHRIST aux Enfers, dont parle saint Pierre, ỳ. 18. 19. Chap. 3. de la premiere Epître, ce qui a été imprimé à Konisberg en 1647. *in* 4. *Jean George Neuman* a traité aussi le même sujet dans un Ecrit qui a paru à Wittemberg en 1703. *in* 4. seconde édition. Et *Jean Justin Reuling*, imprimé à Leipsic en 1668. *in* 4. Il étoit Allemand Luthérien.

Jean Jacques Hottinger, de Zurich, né en 1652. Ministre Calviniste en 1680. Diacre de l'Eglise Cathédrale de Zutich en 1686. & Professeur en 1698. a fait une Dissertation sur le Saint-Esprit, par lequel JESUS-CHRIST prêcha les Ames dans les Limbes, *ad cap.* 3. ỳ. 19. 20. de la premiere Epître, imprimée en 1672. Il a fait beaucoup d'autres Ouvrages, dont on peut voir le Catalogue dans la Bibliothéque Philologique, tome 2. p. 562.

ARTICLE LIX.

Des Commentateurs Catholiques sur les Epîtres de saint Jean.

S. *Augustin* n'a écrit que sur la premiere Epître; ce qui se trouve dans le troisiéme tome de la nouvelle édition. Il n'y excelle pas moins que dans son Commentaire sur l'Evangile de cet Apôtre. Il y est plus concis, mais il n'y approfondit pas moins les matieres.

Jean de Louvain, ou *Hessels*, a fait un Commentaire sur cette même Epître, imprimé à Doüay en 1599. *in* 8. & *Jean Lorin* avec ce qu'il a écrit sur les Epîtres Canoniques.

Jean-Baptiste Folengius a écrit sur la seconde Epître, ce qui est joint à ce qu'il a fait sur celles de S. Jacques & de S. Pierre. Voyez ci-dessus. *Barthelemy Petri* a continué le Commentaire d'*Estius*, depuis le cinquiéme Chapitre de la premiere Epître, & sur les deux suivantes. Voyez sur les Actes. Il étoit de Brabant, du Diocese de Malines, Professeur à Doüay, & est mort en 1630.

ARTICLE LX.

Des Commentateurs Protestans sur les Epîtres de saint Jean.

André Alhamer, Allemand Luthérien de Nuremberg en 1554. a expliqué les deux premieres Epîtres; son Ouvrage a été imprimé à Strasbourg en 1628. *in* 8. seconde édition; & *Jacques Beurlin*, Luthérien de Dornstat, a seulement expliqué une Epître, imprimé à Tubinge en 1557. *in* 8. quoique Lipenius dise : *Forté adhuc*, ἀνέκδοτος. Cet Auteur est mort en 1561.

Jean

Jean Benoît Carpzovius le fils, dont nous avons déja parlé, n'a expliqué que la seconde & troisiéme, imprimée à Leipsic en 1693. *in* 4. dans les Ouvrages de *Frideric Rapolt*. Et *Michel Cordesius*, Allemand Luthérien, a écrit sur la premiere & la seconde, imprimé à Hambourg en 1675. *in* 8.

Jean Cotton, Anglois, a écrit sur la premiere, imprimée en 1658. *in fol. Godefroy Cundisius* a fait six Disputes sur la même Epître, imprimées à Leipsic en 1648. seconde édition. Il étoit Allemand Luthérien de Misnie, Professeur à Jéne, & est mort en 1651.

Lambert Danée, dont il est parlé ci-dessus, a expliqué toutes les trois, & on l'a imprimé à Geneve en 1585. *in* 8. *Jean George Dorscheus* a écrit sur la premiere & la seconde, imprimé à Wismar en 1708. *in* 8. troisiéme édition.

Jacques Gaultier, Calviniste François, a fait une Exposition en François sur la seconde Epître, imprimée à Geneve *in* 8. & *Jean Gerhard* a fait des Notes sur la premiere & la seconde, imprimées à Hambourg en 1709. 2. vol. *in* 4. Voyez ci-dessus.

Nathanaël Hardy, Anglois, & de la Religion Anglicane, mort en 1670. a donné une Explication de la premiere Epître, à Londres en 1656. & 1659. 2. volumes. *Guillaume Jones*, autre Anglois, a donné aussi une courte Explication en Anglois de la seconde & de la troisiéme, *ibid.* en 1635. *in fol.*

Guillaume Lyser, dont nous avons parlé sur saint Luc, a donné des Aphorismes tirez des Epîtres, à Wittemberg en 1641. *in* 4. *Gaspard Megander* a fait des Notes sur la premiere, imprimées à Zurich en 1539. *in* 8. avec celles qu'il a fait sur l'Epître aux Hébreux ; voyez ci-dessus.

Jean Mestrezat, Calviniste de Geneve, & Ministre à Charenton, mort en 1657. a fait une Exposition sur la même Epître, imprimée à Geneve en 1651. *in* 8. en François, deux volumes.

Thomas Naogeorgius, de Baviere & Calviniste, mort en 1578. a fait aussi des Notes sur cette Epître, imprimées en 1544. *in* 8. à Francfort sur le Mein. *Frideric Rappolt*, un Commentaire sur la même, imprimé avec ses autres Ouvrages; & *Jonas Schlichtingius*, avec ce qu'il a fait sur les deux Epîtres de saint Pierre, *in fol.* à Amsterdam en 1666. Voyez ci-dessus pour l'un & l'autre Auteur, ou leur Titre.

Sebastien Schmidt, un Commentaire imprimé à Strasbourg en 1687. & à Leipsic en 1707. *in* 4. *Nicolas Selneccerus*, des Eclaircissemens imprimez à Francfort en 1597. *in* 8. Voyez aussi leur Titre dans l'*Index*.

Samuel Smith, Anglois, une Exposition sur la seconde Epître, imprimée à Londres en 1663. *in* 8. *Fauste Socin*, un Commentaire sur la premiere seulement, imprimée à Racovie en 1614 *in* 8.

Christophe Sontagius a écrit sur les deux dernieres, & fait imprimer à Altorf en 1698. *in* 8. *Guillaume Tyndall*, Anglois, mort en 1535. n'a écrit que sur la premiere, ce qu'on a imprimé à Londres en 1573. *in fol.* en Anglois, avec ce qu'il a fait sur saint Matthieu.

Guillaume Whiston, un Commentaire sur la premiere, *ibid.* en 1719. *in* 4. Et *Jean Wolkelius*, Socinien Allemand, sur la même, à Racovie en 1614. *in* 8.

Jacques Staalkopff a fait une Observation sur le ỹ. 13. du Chap. 4. de la premiere, imprimée dans la Bibliothéque Philologique, tome 4. p. 663. & est divisée en dix Articles. Il y combat particulierement l'erreur de Spinosa touchant notre union avec Jesus-Christ.

ARTICLE LXI.

Traitez & Dissertations sur les Epîtres de S. Jean.

Sur le passage de saint Jean, 1. Epître, Chap. 5. ỹ. 7. des trois Témoins, voyez notre Dissertation dans notre Commentaire sur ces Epîtres, & dans le Recüeil de nos Dissertations, tome 3. p. 552.

Celle de *Louis Roger*, imprimée à Paris en 1713. *in* 12. Cet Ouvrage est rempli d'érudition, & fait plaisir à le lire; & si l'importance du sujet dont il s'agit, excite la juste curiosité & l'attention des Lecteurs, la maniere sçavante & exacte avec laquelle il est traité, mérite leur approbation & leurs suffrages. L'Auteur y attaque particulierement les Sociniens & les Calvinistes, qui ont tant d'interêt à nier la vérité & l'autorité de ce passage. Il n'y épargne pas même les Catholiques qui prétendent qu'il est supposé. Il étoit de Bourges, & Doyen de l'Eglise Cathédrale.

Il faut aussi voir sur ce sujet la Dissertation de *M. Mill*, dans son nouveau Testament. Celle du *P. Aléxandre* dans son Commentaire sur le nouveau Testament, Article des Epîtres Canoniques. Celle de *Ketner* sur le même passage. Voyez *infrà Selden*, Liv. 2. *de Synedriis* ; & *Bukentop* dans son Ouvrage *Lux de Luce*, Livre 2. p. 306.

Jean George Dorschéus a aussi écrit sur le même sujet, imprimé à Strasbourg en 1637. & à Francfort en 1663. *in* 4. Voyez son Titre. Pour *Frideric Erneste Ketner*, Luthérien de Stolberg, & Ministre à Quedlimbourg, sa Dissertation a été imprimée à Leipsic en 1702. *in* 4. seconde édition augmentée. Il prétend y montrer l'autorité & le véritable sens de ce passage.

Christophe

CINQUIEME PARTIE.

Christophe Sandius, de Prusse, & Arien, mort en 1680. a écrit aussi là-dessus, & fait imprimer à Amsterdam en 1669. *in* 8. Et *Thomas Smith*, Anglois, mort en 1710. en a traité dans ses Miscellanées, imprimez à Londres en 1690. *in* 8.

Enfin *Godefroy Wegnerus*, dont il est parlé ci-dessus, a aussi écrit de ces trois Témoins. Ce qui a paru à Francfort en 1690. *in* 4.

Salom. Deylingius de probatione spirituum in 1. *Joan. cap.* 4. ℣. 1. 2. 3. dans ses Observations sacrées, tome 3. Chap. 45.

ARTICLE LXII.

Des Commentateurs Catholiques & Protestans sur l'Epitre de saint Jude.

Augustin de Quiros a fait un Commentaire sur cette Epitre, joint à celui qu'il a fait sur celle de saint Jacques. *Adam Sasbout* avec ce qu'il a fait sur les autres Epitres parmi ses Ouvrages; voyez ci-dessus. *Barthelemi Petri*, à la suite du Commentaire d'Estius.

François Feu-Ardent en a aussi fait un imprimé à Cologne en 1595. *in* 8. Et *Antoine Nicolas du Bois*, de Paris, Dominicain, mort en 1647. a fait une Explication en François, selon le sens littéral, imprimée à Paris en 1644. *in* 8.

Jacques Bolduc ou *Boulduc*, a fait un Commentaire imprimé *ibid*. en 1620. *in* 4. Voyez sur Job. *François Laurelotius*, une Exégèse, ou Exposition Théologique, Catholique, & morale, imprimée à Anvers 1612. *in* 8.

Entre les Protestans, *Lambert Danée* a joint son Commentaire sur cette Epitre à celui qu'il a fait sur l'Epitre de saint Jean. Voyez plus haut. *George Henri Goezius* n'a fait qu'une courte Introduction à cette Epitre, imprimée à Leipsic en 1700. *in* 4. Voyez sur saint Matthieu.

Herman Witsius a fait un assez long Commentaire qui se trouve avec la vie de saint Paul, qu'il a fait imprimer en Latin à Leyde en 1703. *in* 4. Il examine dans ce Commentaire à qui, par qui, en quel tems, & à quelle occasion cette Epitre a été écrite. Les remarques sur tous les Versets sont d'une grande érudition, & écrites avec beaucoup de justesse. Le stile est pur, les expressions fort claires, sans nulle affectation.

Antoine Grelot, François Calviniste, a fait un Commentaire imprimé à Leyde en 1676. *in* 4. Nous en parlerons encore sur l'Apocalypse. *André Gerard Hyper*, Calviniste de Flandre, a fait une Exposition imprimée à Zurich en 1584. *in fol*. Il est mort en 1564. âgé de 63. ans.

Guillaume Jenkins, Anglois, en a aussi fait une en Anglois, imprimée à Londres en 1652.

Tome IV.

in 4. *Pierre Kirstenius* de Wratislaw en Silésie, mort en 1640. & Luthérien, a fait des Notes imprimées à Wratislau en 1612. *in fol*. *Thomas Manton*, en a fait aussi en Anglois, imprimées à Cambrige l'an 1658. *in* 4. Voyez sur l'Epitre de saint Jacques.

Christophe Samuel Martini, Luthérien de Dresde, a fait un Commentaire imprimé à Leipsic en 1694. *in* 4. Il est mort en 1638. *Philippe Pareus* en a aussi fait un joint à son Commentaire sur l'Epitre à Philémon.

Guillaume Perkins, Anglois de Varvic & Calviniste, a fait une Exposition imprimée dans ses Ouvrages; 2. vol. *in fol*. à Geneve en 1624. Il est mort en 1602. *Samuel Pomarius*, Allemand Luthérien, un Commentaire imprimé à Wittemberg en 1684. *in* 4.

Gilles Radeus, Flamand Calviniste, un Commentaire imprimé à Geneve en 1599. *in* 8. seconde édition. *Frideric Rappolt*, des Observations avec celles qu'il a faites sur la premiere de saint Jean. Voyez ci-dessus.

Jean Stumphius, Allemand Luthérien, mort en 1632. a fait un Commentaire imprimé à Cobourg en 1627. *in* 8. *André Willetus*, dont nous avons déja parlé, un autre Commentaire imprimé à Cambrige en 1614. *in fol*. seconde édition. Et *André Wissovatius*, Socinien, mort en 1678. des Notes imprimées à Amsterdam en 1668. *in fol*. *Jean Verryn*, Calviniste, un Commentaire imprimé à Leyde en 1677. *in* 4.

Nous finirons cet Article par *Samuel Szattmar*, Luthérien, qui a fait une Explication en Latin, imprimée à Franeker en 1702. *in* 4. On y reconnoît le génie d'un habile Critique. Il seroit seulement à souhaiter qu'il y eût moins de faux préjugez contre l'Eglise Catholique, & la primauté du Pape; & qu'en voulant réfuter les Arminiens sur l'article de la Prédestination & de la distribution des graces, il n'eût pas donné dans l'extrémité contraire, dont on voit même aujourd'hui que presque tout le parti Protestant a de l'horreur.

ARTICLE LXIII.

Traitez & Dissertations sur l'Epitre de saint Jude.

Joan. Godefridi Bachman, de certamine circa corpus Mosis, ad Judæ ℣. 9. dans le tome 2. des Dissertations Philologiques. Il étoit de Cleves, Calviniste, & est mort en 1703. *Zacharie Henzel*, dont nous avons parlé sur la Génèse, voyez Eve, a fait une Dispute sur le même sujet, imprimée dans le même Trésor, & séparément à Wittemberg en 1676. *in* 4.

Voyez notre Dissertation sur ce sujet, la mort & la sépulture de Moyse à la tête de notre

notre Commentaire sur les Epîtres Canoniques, & dans le Recueil de nos Dissertations, tome 3. p. 585.

Voyez aussi la vie de Moyse, par *Gilbert Gaulmin*, imprimée à Paris en 1629. *in* 8. en Hébreu, avec sa Version Latine, & à Hambourg avec la Préface de Fabricius en 1714. *in* 8. Il étoit François Catholique, & est mort en 1667.

Jean Hecht, Allemand Luthérien, a aussi écrit sur la Dispute du Démon touchant le corps de Moyse, imprimé à Jéne en 1653. *in* 4. *Nicolas Nieremberg*, autre Allemand Luthérien, une Exercitation sur le même sujet, imprimée à Ratisbonne en 1682. *in* 4.

Balthas. Stolbergius de Agapis ad Judæ ℣. 13. imprimé à Wittemberg en 1673. *in* 4. Nous avons parlé de lui sur saint Matthieu. *Henri Willot*, de Liége, Cordelier, mort à Rome en 1599. a donné *Enoch Evangelique*, tiré de l'Epître de saint Jude, & imprimé à Liége en 1598. *in* 4.

Salomo. Deyling. ad Judæ, ℣. 13. *Sidera errantia*, dans ses Observations sacrées, tome 1. Chap. 50.

Jean Wandalin a fait une celebre Dispute touchant cette Epître, imprimée en Latin à Copenhague en 1663. *in* 4.

ARTICLE LXIV.

Des Commentateurs Catholiques sur l'Apocalypse.

Il est bon de faire ici quelques Remarques générales sur les Commentateurs de l'Apocalypse. On peut les distinguer en quatre classes. Les uns expliquent ce Livre d'une maniere morale & édifiante, tirant des moralitez de toutes les visions que saint Jean nous y propose; les autres les expliquent des signes avant-coureurs du jugement dernier; de la venuë de l'Antechrist, de ses guerres contre les Saints. Les troisiémes sont certains Protestans qui ont fait une application fausse & odieuse de ce qui est dit de Rome idolâtre & prostituée, au Pape & à l'Eglise Romaine. Enfin les quatriémes sont ceux qui expliquent l'Apocalypse d'une maniere littérale & historique.

Les anciens Peres des quatre premiers & même du cinquiéme siécle, ne pouvoient aisément réüssir dans leurs Commentaires sur l'Apocalypse, supposé que ce Livre ait rapport aux persécutions que l'Eglise a souffertes, aux guerres que les barbares devoient faire à l'Empire Romain, & à la ville de Rome; enfin à la chûte de la Babylone mystique, de Rome idolâtre, & de la victoire que l'Eglise a remportée sur ses ennemis; puisque de leur tems ces choses n'étoient point encore arrivées, & que la Prophétie étoit encore enveloppée d'épaisses ténébres, rien alors n'aidant à l'éclaircir, & à la développer.

Depuis ce tems, le respect qu'on a eu pour l'antiquité, a été cause que pendant plusieurs siécles, on ne s'est point avisé d'y chercher d'autres sens que ceux que les anciens Peres croyoient y avoir trouvez. Mais enfin le goût de la critique s'étant réveillé depuis deux siécles, on a essayé de l'interpréter d'une maniere historique, & les divers essais qu'on en a fait jusqu'ici, ont eu tant de succès, qu'il y a apparence que l'on continuera dans la suite à en user de même.

S. Justin, *S. Irenée*, *S. Hippolyte*, Evêque de Porto, *S. Methodius*, *S. Méliton*, *S. Denis d'Aléxandrie*, *S. Basile*, & *S. Grégoire de Nazianze*, *Tichonius*, Donatiste, *S. Cyrille d'Aléxandrie*, *Gennade*, *Cassiodore*, *Alcuin*, *Raban Maur*, ont écrit sur l'Apocalypse en tout ou en partie; mais leurs Ouvrages ne sont point imprimez, ou du moins ils ne portent point le nom de Commentaires sur l'Apocalypse; car saint Irenée dans ses Livres contre les Hérésies, a expliqué quelques endroits de l'Apocalypse. Saint Justin en a de même expliqué quelques autres dans son Ouvrage contre Tryphon.

Nous avons un ou deux Traitez sur l'Antechrist, sous le nom de *S. Hippolyte*; *Alcuin* a écrit de la vie de l'Antechrist, à l'Empereur Charlemagne. C'est apparemment ces Ouvrages qui ont fait dire que ces Peres avoient écrit sur l'Apocalypse. *Cornelius à Lapide* cite aussi un Commentaire manuscrit sur l'Apocalypse, composé par *F. Mathias*, Suédois, Confesseur de sainte Brigitte; & un autre de *Pierre Galatin*, aussi manuscrit.

Nicolas Antoine dans sa Bibliothéque d'Espagne, en cite encore quelques autres; & je ne doute pas qu'il n'y en ait beaucoup d'autres dans les Bibliothéques.

Victorin, de Petaw, ville de l'ancienne Pannonie, située sur la Drave en Styrie, qui vivoit vers la fin du troisiéme siécle de l'Eglise, a expliqué l'Apocalypse suivant l'hypothése qui l'entend du jugement dernier. Son Ouvrage se trouve dans le tome 3. de la grande Bibliothéque des Peres, p. 414. séparément à Paris en 1549. & 1609. *in* 8.

S. Hippolyte, Evêque de Porto en Italie, qui vivoit au commencement du troisiéme siécle, avoit écrit sur l'Apocalypse, comme le dit saint Jérôme dans son Livre des Hommes illustres, c. 61. Mais cet Ouvrage n'est pas venu jusqu'à nous; il ne nous reste de saint Hippolyte sur ce sujet, que deux Traitez sur l'Antechrist, dont le second même n'est pas de lui. Voyez l'édition que Fabricius a donné de ses Ouvrages, où le titre de

ce saint Martyr dans notre *Index*.

André & *Arétas*, tous deux Evêques de Césarée en Cappadoce, ont composé des Commentaires sur l'Apocalypse, que nous avons en Latin dans la Bibliothéque des Peres, & ailleurs en Grec & en Latin, à Heidelberg en 1596. *in fol.* à Paris en 1631. Ils expliquent l'Apocalypse du jugement dernier. André a vécu vers l'an 500. & Arétas vers 540.

Primasius, Evêque d'Adrumet, dans la Province Bizacéne en Afrique, a suivi le même système dans son Explication de l'Apocalypse. Voyez son Ouvrage, t. 10. Bibliothéque des Peres, séparément à Cologne en 1535. & à Bâle en 1544. *in* 8.

Nous croyons devoir mettre ici la nouvelle édition des Commentaires de *Cassiodore* sur les Epîtres, les Actes, & l'Apocalypse, donnée à Florence en 1721. *in* 8. par M. *Maffey*, avec des Notes. Cassiodore n'y explique qu'un petit nombre d'endroits des Livres sur lesquels il écrit, & ce ne sont ni les plus obscurs, ni les plus difficiles. Les Explications ne sont que morales, claires, & naturelles, ou la simple Explication du Dogme.

Ambroise Autpert, ou *Ausbert*, Abbé de saint Vincent de Volturne en Italie, qui vivoit au huitiéme siécle, vers l'an 770. a tiré des moralitez édifiantes des visions de ce Livre, imprimées à Cologne en 1636. *in fol.* en dix Livres; & dans la nouvelle Bibliothéque des Peres, tome 13. p. 403. D. Mabillon y trouve beaucoup de piété, dans ses Annales tome 2. p. 247. & M. Baillet dans sa vie au 19. Juillet.

Béde le Vénérable, dans son Commentaire sur l'Apocalypse, reconnoît que ce Livre comprend non seulement la description des sept Eglises d'Asie, décrite dans les trois premiers Chapitres, mais aussi les travaux de l'Eglise, & ses différentes révolutions ; & enfin ce qui doit arriver à la fin du Monde, dans le tome 5. de ses Ouvrages.

Brunon d'Ast, a suivi à peu-près la même méthode. Voyez la Bibliothéque des Peres, t. 20. p. 1678. Il croit que ce Livre comprend tout ce qui doit arriver à l'Eglise jusqu'à la fin du Monde. On a aussi imprimé son Commentaire dans le tome 1. de ses Ouvrages.

Berengaud, qui se trouve parmi les Ouvrages de saint Ambroise, vivoit vers la fin du huitiéme siécle. Dans son Exposition sur l'Apocalypse, il suppose, comme plusieurs autres, que ce Livre marque les persécutions de l'Eglise, & le jugement dernier ; mais il s'attache aussi beaucoup aux moralitez. Voyez la nouvelle édition de saint Ambroise, dans l'Appendix du second tome de ses Oeuvres, p. 498.

On a prétendu que le Commentaire sur l'Apocalypse qui est imprimé dans l'Appendix du troisiéme Tome de saint Augustin, p. 159. étoit l'Ouvrage de *Tichonius*, Donatiste, dont saint Augustin fait mention, & dont Primasius & Béde ont emprunté quelque chose. Mais les Auteurs de la nouvelle édition de saint Augustin, ont fort bien montré que cet Ouvrage n'étoit point celui de Tichonius qui n'est point parvenu jusqu'à nous. Celui dont nous parlons, est divisé en dix-neuf Homélies remplies de moralitez.

Aulphus, imprimé à la fin de la nouvelle édition de saint Grégoire le Grand, a fait un Commentaire sur l'Apocalypse, composé des propres paroles de ce Pere.

Jean Hus, imprimé sans nom d'Auteur, à Wittemberg en 1528. *in* 8. par les soins de Luther.

Haymon d'Alberstad, *Hugues* & *Richard de S. Victor*, *Oecumenius*, *Albert le Grand*, *S. Anselme*, ou plûtôt *Hervée* & *Thomas* l'Anglois, n'ont rien de fort particulier sur ce Livre. Le Commentaire d'*Haymon* divisé en sept Livres, se trouve parmi ses Ouvrages imprimez à Paris en 1533. avec ce qu'il a fait sur saint Paul, *ibid*. en 1550. Celui de *Hugues* & de *Richard* dans leurs Ouvrages. Celui d'*Oecumenius* avec ses autres Commentaires. D'*Albert le Grand*, imprimé à Bâle en 1506. *in* 4. & de *S. Anselme*, dans l'ancienne édition de ses Ouvrages.

L'*Abbé Rupert* est tout mystique aussi-bien que *Bernardin de Sienne*. Leur Commentaire est parmi leurs Ouvrages : celui du dernier a été beaucoup augmenté par *Jean de la Haye*, dans l'édition qu'il a donnée à Paris en 1636. *in fol.* & avoit été imprimé séparément à Venise en 1591. *in* 4.

L'*Abbé Joachim* a écrit aussi sur l'Apocalypse, & a prétendu avoir seul trouvé la clef de ce Livre, mais il n'a eu l'avantage de persuader à tous ses Lecteurs, imprimé à Verone en 1527. *in* 4. il n'a été suivi que par *Ubertin* & *Séraphin de Ferme*, qui partagent comme lui en six âges tout ce qui doit arriver à l'Eglise, depuis JESUS-CHRIST, jusqu'à la fin du Monde. Ubertin de Cassale vivoit vers l'an 1300. & Séraphin de Ferme au quinziéme siécle. Son Commentaire a été imprimé en Latin à Anvers en 1581. *in* 8. en Italien à Venise. Il étoit Chanoine Régulier de Latran. Celui d'Ubertin n'est pas encore imprimé, il n'y a que Petrée qui en parle. Il fut d'abord Cordelier, & ensuite Chartreux.

S. Antonin, *Lyran*, *Aureolus*, partagent de même en six âges ce qui doit arriver à l'Eglise depuis sa fondation, jusqu'au jour du jugement ; mais ils suivent une autre route que l'Abbé Joachim. Ce qu'*Aureolus* a écrit là-deſſus, eſt compris dans ſon Abrégé de la Bible, imprimé à Veniſe en 1571. *in* 4. cinquiéme édition, & à Louvain en 1647. à Roüen en 1649. *in* 8. derniere édition augmentée par *Etienne Novellerius*. Aureolus étoit de Verberie, ſe fit Cordelier, fut fait Evêque d'Aix; il paroît qu'il vivoit encore en 1345. qui eſt l'année où il publia ſon Abrégé, ſelon Denys de Sainte-Marthe, dans ſa nouvelle France Chrétienne, tome 1. p. 321. Cependant il n'étoit plus Evêque d'Aix, & dès l'an 1322. ce Siége étoit occupé par un autre Prélat. Ce qui a donné lieu à quelques Auteurs de dire qu'Aureolus étoit mort en 1322.

Alphonſe Salmeron ne trouve dans l'Apocalypſe que la deſcription des premiers tems de l'Egliſe; ſes guerres contre la Synagogue, & contre la Gentilité, & les victoires qu'elle a remportées ſur l'une & ſur l'autre. Son Commentaire ſe trouve dans le tome 16. de l'édition de Madrid en 1597. *in fol.*

Louis Alcazar, Jéſuite, croit que l'Apocalypſe eſt une Enigme perpétuelle, qui cache ſous des obſcuritez myſtérieuſes l'état & les victoires de l'Egliſe Romaine, & ſur tout de la primitive. Il a fait deux ſortes de Commentaires ſur ce Livre, imprimez à Anvers en 1614. & à Lyon en 1618. *in fol.*

Dans la premiere, il ſe propoſe d'expliquer le ſens caché, & il y a joint une Paraphraſe. Dans le ſecond, il explique tous les endroits de l'ancien Teſtament, qui ont quelque rapport aux endroits obſcurs de l'Apocalypſe, & en fait une juſte application; il eſt diviſé en cinq Livres. Le premier contient les alluſions aux Chapitres 38. 39. & 40. de Job. Le ſecond, celles des Pſeaumes. Le troiſiéme, la Paraphraſe & le Commentaire ſur le Cantique des Cantiques. Le quatriéme, le Sommaire des Chapitres d'Iſaïe, l'Explication du Chap. 36. de Jérémie; du 9. 38. 39. 48. d'Ezéchiel. Du 7. juſqu'au 12. de David. Le cinquiéme, l'Explication du Chap. 3. de Joël, d'Habacuc, & de Zacharie, depuis le premier Chapitre juſqu'au ſept. Tout cela imprimé enſemble à Lyon en 1632. *in fol.*

Il a employé vingt ans à ce prodigieux travail. Corneille de la Pierre y trouve de l'eſprit & de l'érudition. Selon R. Simon dans ſa Critique du nouveau Teſtament, p. 636. cet Auteur croit avoir trouvé le véritable ſens de ce qu'il y a de plus obſcur dans l'Ecriture: mais qui ſera garant qu'il y a réüſſi, dit Nicolas Antonio, tome 2. de ſa nouvelle Bibliothéque d'Eſpagne? Bayle dans ſon Dictionnaire Critique, tome premier, p. 171. de la premiere édition, ne laiſſe pas de beaucoup eſtimer cet Ouvrage. Alcazar étoit de Séville en Eſpagne, ſe fit Jéſuite en 1554. enſeigna à Cordoüe & à Séville, où il mourut en 1613.

Cornelius à Lapide a fort bien travaillé ſur l'Apocalypſe: il rapporte le ſentiment des Anciens & des Modernes, & ſe détermine pour celui qui lui paroît le meilleur. Ainſi ſon Commentaire peut tenir lieu de pluſieurs autres. Dans les Prolégomènes particuliers ſur ce dernier Livre de l'Ecriture, il fait la critique des autres Commentaires, & en porte le jugement; ſon Commentaire finit tous les autres qu'il a faits.

Jean Annius, ou plûtôt *Nannius*, de Viterbe en Italie, Dominicain, né en 1432. & mort en 1502. a fait auſſi deux ſortes d'Ouvrages ſur ce Livre; ſçavoir, des Queſtions, comme il l'aſſure Hentenius dans ſon Prologue mis à la tête du Commentaire d'Aretas; & une Gloſſe imprimée à Cologne en 1497. & à Gènes en 1541. *in* 4.

Claude du Mont des Martyrs, ou de *Montmartre*, Pariſien & Carme, a fait des Enarrations imprimées à Paris en 1550. *in* 16. Et *Cælius Pannonius*, autrement *Franciſcus Gregorius*, Prieur de ſaint Etienne du Mont Cœlius à Rome, a donné des *Collectanea* tirez des anciens & nouveaux Commentateurs, imprimez à Paris & à Veniſe en 1541. 1571. *in* 8.

Jean Gagnée au ſeiziéme ſiécle, a fait des Scholies imprimées avec les autres ſur les Epîtres de ſaint Paul, à Paris en 1563. & 1633. *in* 8. & dans la très-grande Bible de la Haye, non pas dans la grande Bible. *Luc de Bruges* au commencement du dix-ſeptiéme ſiécle, a fait des Notes avec ce qu'il a fait ſur tout le nouveau Teſtament.

François Ribera, Jéſuite, a expliqué littéralement l'Apocalypſe dans ſon Commentaire imprimé à Salamanque en 1591. *in fol.* & à Doüay en 1623. *in* 8. derniere édition. Voyez ſur l'Epître aux Hébreux.

Blaiſe Viegas, Portugais d'Evora, & Jéſuite, l'a expliqué moralement dans un Commentaire imprimé à Evora en 1601. *in fol.* & à Paris en 1630. *in* 4. dixiéme édition.

Benoît Pérérius a expliqué ſolidement & doctement les huit premiers Chapitres de l'Apocalypſe dans des Diſputes imprimées à Veniſe en 1607. *in* 4. & dans le tome 3. de ſes Diſputes choiſies; c'eſt la cent quatre-vingt-huitiéme.

Jean Kircher, Jéſuite, a donné *Prophetia Apocalyptica*, imprimée à Cologne en 1676. *in* 4. *Fromond*, un Commentaire imprimé à Louvain en 1657. *in* 4. & *Daniel Hervé*, de Nantes, Pere de l'Oratoire, mort en 1694. a fait une Explication Hiſtorique imprimée à Lyon en 1684. *in* 4. Son deſſein n'eſt point de développer tous les myſtères qui ſe trouvent dans ce Livre. Il avoüe qu'il y auroit de la témérité; mais il ſe propoſe d'appliquer à toutes les révélations ce que les Hiſtoriens, tant ſacrez que profanes, diſent être arrivé à

l'Egliſe

CINQUIE'ME PARTIE.

l'Eglise dans les persécutions. En quoi il a très-bien réussi.

Sylveira a écrit sur l'Apocalypse aussi utilement que sur les Evangiles. Son Commentaire est en deux volumes *in fol.* imprimé à Lyon en 1663. 1669. Voyez sur les Actes.

M. *Bossuet*, autrefois Evêque de Meaux, & dont nous avons parlé sur l'ancien Testament, a donné un Commentaire sur l'Apocalypse, où il explique historiquement les principales visions de cet Ouvrage. Cette Explication est une des plus estimées, quoiqu'elle ait eu un rude adversaire dans la personne de *Vitringa*, comme nous le dirons plus bas. Nous avons déja dit ailleurs que cet Ouvrage a été imprimé à Paris en 1689. *in 8.*

Joachim de la Chetardie, Parisien, Curé de Saint Sulpice, mort au commencement de ce siécle, a donné un Commentaire dans le même goût, intitulé : Explication de l'Apocalypse par l'Histoire Ecclésiastique, pour prévenir les Catholiques & les nouveaux Convertis, contre la fausse interprétation des Ministres, imprimée chez Toubeau à Bourges en 1692. *in 8.* & ensuite à Paris avec des figures en tailles douces chez Giffart en 1701. A la fin de l'Ouvrage on trouve la vie de quelques Empereurs, principaux Auteurs des persécutions contre l'Eglise ; la vie de Constantin & de sainte Helene, qui sont les principaux auteurs de la délivrance & de la paix de l'Eglise.

M. *Dupin* a donné en 1714. *in 8.* une Analyse de ce Livre, contenant une nouvelle explication simple & littérale, débarassée de tout ce qui pourroit détourner l'attention. Il y a joint onze Dissertations sur le même sujet. Il suppose en général que les trois premiers Chapitres de l'Apocalypse regardent les Eglises particuliéres de l'Asie ; & les trois derniers, la fin du monde & le jugement universel, & que tout le reste prédit en général les persécutions que les Fidéles ont souffertes, la mort des persécuteurs, & la ruine de l'idolâtrie.

Dans notre Commentaire sur l'Apocalypse nous nous sommes attaché à montrer par un détail historique, que ce Livre contient la prédiction des souffrances de l'Eglise, ses combats, sa victoire, son triomphe, & la chute de l'idolâtrie & de Rome idolâtre.

La clef de l'Apocalypse par *Noel Aubert de Versé*, à Paris 1703. 2. vol. *in 8.* Cet Auteur étoit d'abord Calviniste & Socinien ; mais s'étant converti avant sa mort, qui arriva en 1714. il composa cet écrit pour donner des preuves de sa sincere conversion, & pour réfuter les mauvaises explications de Jurieu sur l'Apocalypse. Il croit que la mort & l'apothéose de Jules César, sont comme le dénouëment & la clef de l'Apocalypse. Il

Tome IV.

dit qu'elle a été écrite sous Neron, qui envoya, dit-il, saint Jean en exil à Patmos.

Antiochus Brondo de Cagliari, de l'Ordre de la Merci, & qui a fleuri jusqu'en 1630. a expliqué les trois premiers Chapitres de l'Apocalypse, dans un Commentaire imprimé à Rome en 1612. & 1615. 2. vol. *in fol.* Il y a joint une Paraphrase & des Disputes, selon le P. le Long, qui en rapporte le titre.

Alexandre de Halés, Anglois Cordelier, mort en 1245. a fait aussi un ample Commentaire sur ce Livre, imprimé à Paris en 1647. *in fol.* avec les Annotations de Jean de la Haye, qui en a procuré l'édition. Tous les autres Commentaires de cet Auteur sur l'Ecriture, n'ont point encore paru, si on en excepte celui qui est sur les Picaumes, & qu'on attribuë ordinairement à Hugues Cardinal : il est parmi ses Ouvrages, tome 2.

Jacques de Bordes, Normand de Coutances, Capucin, mort en 1669. âgé de 75. ans a fait une Paraphrase en 2. vol. *in fol.* à Paris 1658. & une Explication de toutes les figures de l'Apocalypse, *ibid.* 1659. *in fol.* En voici le titre : *Elucidatio Paraphrastica Apocalypsis sancti Joannis*.

Pierre Bulengerus de Troyes, Professeur en Grec, & mort en 1590. a fait un ample Commentaire, imprimé à Paris en 1597. *in 8.* seconde édition. En voici le titre : *Ecphrasis ac Scholia in Apocalypsim*.

Nicolas Charpy de Sainte-Croix, Prêtre & Docteur en Théologie, mort en 1670. selon M. Dupin, a fait un Commentaire en François, imprimé à Paris en 1657. *in 12.*

Varin Desperieres a fait une Synopse en François des secrets de l'Apocalypse, imprimée à Paris en 1610. *in 8.* *Federic*, Venitien Dominicain, qui vivoit en 1348. a donné une Exposition en Italien, imprimée à Venise en 1515. *in fol.* *Gregoire Ferrarius*, aussi Italien Jésuite, mort en 1659. a donné un Commentaire en trois volumes *in fol.* imprimé à Milan en 1654. Il est divisé en deux Parties.

Seraphin Firmanus, autre Italien, & Chanoine Regulier de Latran vers 1570. a fait une Enarration en sa Langue, & imprimée à Venise, & en Latin à Anvers en 1581. *in 8.*

Garzia, ou *Saint Thomas de Villeneuve*, Espagnol & Evêque de Valence, mort en 1555. a fait une Exposition, qui se trouve dans le tome 2. de ses Ouvrages, imprimez à Anvers en 1690. *in 4.*

Charles Huré, dont nous parlons ailleurs, a joint ses Notes sur l'Apocalypse à celles qu'il a faites sur les Actes, les Epîtres de S. Paul & les Canoniques, imprimées à Paris en 1703. 1709. 7. vol. *in 8.*

Pierre Laserna Espagnol, Religieux de

S 6   la

la Merci vers 1633. a fait un Commentaire imprimé en 1671. *Gaspard de Melo*, aussi Espagnol, & de l'Ordre de saint Augustin, en a fait un, imprimé à Valladolid en 1589. *in fol.*

André Pintus Ramirés, de Lisbonne & Jésuite, mort en 1654. a seulement écrit sur les sept Epîtres aux sept Eglises d'Asie, imprimé à Lyon en 1652. *in fol.* mais *Pierre Serranus*, dont nous parlons ailleurs, a fait un Commentaire complet, imprimé à Alcala en 1563. *in fol.*

ARTICLE LXV.

Des Commentateurs Protestans sur l'Apocalypse.

Jean Marck, Calviniste de Flandre & Ministre à Leyde, a fait une Analyse Exégétique, imprimée à Amsterdam en 1689. & 1699. *in 4.* seconde édition augmentée. *Théodore de Beze* a fait des Notes, comprises avec celles qu'il a données sur tout le nouveau Testament, & imprimées à Cambrige en 1642. *in fol.* derniere & belle édition.

Henri Bullinger a fait cent Sermons sur ce Livre, imprimez à Zuric en 1604. *in fol.* huitième édition ; mais *Sebastien Meyerus*, Calviniste & Ministre de Berne, a fait un Commentaire imprimé ibid. en 1603. *in fol.* seconde édition. *François Lambert*, une Exégése, à Bâle 1539. *in* 8. seconde édition. Nous avons déja parlé de lui. Voyez son titre dans l'*Index*. C'est de ces trois Protestans qu'Augustin Marlorat a composé sa Chaîne sur l'Apocalypse.

Viret & *Pugnet* ont écrit sur le même Livre.

Nous avons outre cela dans les grands Critiques les Notes de *Pricæus*, Catholique, *Zeger*, *Drusius*, *Grotius*, *Cameron*, *Gualtperius*, *Louis Cappel* ; & dans la Synopse des Critiques *Hammond*, *Potter*, *Matthieu Cotterius*, *Jean Cluverus*, *Patrice Forbés*, *Brightman*, *Pareus*, *Gerard Gravius*, *Jean Napier*, *Cocceius ou le Cock*, *Jacques Durham*, *Henri Morus*, *Pierre Dumoulin* & quelques autres, sans compter ceux qui ont écrit sur toute l'Ecriture, ou sur tout le nouveau Testament.

Il est cependant à propos de sçavoir que *François Potter* a seulement donné *Explicatio numeri bestiæ*, à Amsterdam 1677. *in* 8. à Bâle 1678. en Anglois à Oxford 1642. *Matthieu Cotterius* a fait *Expositio perpetua in Apocalypsim*, imprimée séparément à Saumur en 1614. *in 4.* & à Sedan 1625. *Jean Cluverus*, *Diluculum Apocalypticum*, à Goslar 1621. *in* 8. & à Lubec 1647. *in fol.*

Le Commentaire de *Forbés*, avec des Notes en Anglois, à Londres 1613. *in fol.* en Latin à Amsterdam 1646. *in 4.* L'Analyse & les Scholies de *Thomas Brightman*, avec une Synopse universelle & une Réfutation de Bellarmin touchant l'Antechrist, à Francfort 1618. *in* 8. à Londres en Anglois 1644. *in 4.*

Le Commentaire de David Pareus à Hidelberg 1618. & 1622. *in 4.* Les Discours de *Gerard Gravius* sont en Allemand, imprimez à Hambourg en 1657. *in 4.* Il a encore donné *Tabulæ Apocalyptica*, à Leyde 1647. *in fol.* Le Commentaire de *Jean Napier* est aussi en Allemand, imprimé à Francfort en 1627. *in 4.* & en Anglois à Edimboug en 1611.

Cocceius ou *le Cock*, a seulement donné : *Cogitationes de Apocalypsi*. Ce qui se trouve dans le tome 5. de ses Ouvrages. *Jacques Durham* Anglois, a donné son Commentaire en 1658. *in fol. Henri Morus* a fait *Apocalypsis Apocalypseos*, imprimée à Londres en 1680. *in 4.*

Voyez en particulier *Louis de Dieu* sur ce Livre, & *Campége Vitringa*, qui a fait la Critique du système de M. Bossuet sur l'Apocalypse, dans son Commentaire imprimé à Franeker en 1705. *in 4.* à Amsterdam 1719. *in 4.* seconde édition & 1721. On peut voir le Catalogue de ses Ouvrages dans la Bibliothèque Philologique, tome 6. p. 735. 747.

Il ne faut pas omettre *Conrad Graserus*, qui a fait un Commentaire intitulé : *Plaga Regia*, & imprimé à Zuric en 1610. *in 4. Martin Becan* Jésuite, mort en 1624. âgé de 63. ans, a fait un Examen de cet Ouvrage de Graserus, imprimé à Mayence en 1612. *in 12.*

ARTICLE LXVI.

Traitez & Dissertations sur l'Apocalypse.

On peut voir les Préfaces de *Cornelius à Lapide*, de M. *Bossuet*, de *Dupin*, & la nôtre sur l'Apocalypse, & les huit premières Dissertations de M. Dupin sur ce Livre, lesquelles peuvent passer pour des Prolégomènes de l'Apocalypse.

Joan. Basel, Allemand Luthérien, *de Alpha & Omega*, Apocal. 1. ℣. 8. dans le tome 2. des Dissertations Philologiques.

Sur les Nicolaites & les Millenaires.

Eberard Rodolphe Roth, de *Nicolaitis*, *Apocal. II.* ℣. 15. à Jéne 1679. *in 4.* Il étoit Allemand, Professeur Luthérien à Stockolm. Voyez aussi M. de Tillemont dans ses Mémoires Ecclésiastiques, tome 2. p. 45. &c.

Augustin Balthasar, Luthérien & Ministre général en Poméranie, a fait une Dispute sur l'ancienne hérésie des Nicolaïtes, imprimée à Gryphiswald en 1682. *in 4.* C'est une Réponse à *Nicolas Dassovius*.

Sebastien

CINQUIE'ME PARTIE.

Sebastien Nieman a fait aussi une Dissertation Historique & Théologique sur ce sujet, imprimée à Jéne 1668. in 4. Jean Valekenier a fait une Disquisition sur cette hérésie, imprimée in 4. On ne dit pas en quelle année ni en quel lieu.

Dupin, Dissertation sur les Millenaires, Analyse, p. 319. & suivantes. Dissertation du même, sur l'état des ames jusqu'au jour du Jugement, p. 409. &c. Du Jugement dernier, p. 682. & suivantes.

Jean Henri Alstedius, de mille annis Apocalypticis & Danielis, à Francfort 1630. in 12. Moyse Amyrant : Du regne de mille ans, à Saumur 1614. & 1655. in 8. en François.

Jean Gerard, Tractatus de Chiliasmo, à Jéne 1667.

Sur la pierre blanche & sur le combat de saint Michel.

Christophe David Functius, de calculo albo, Apocal. II. ⅴ. 17. dans le tome 2. des Dissertations Philologiques, & séparément à Leipsic 1691. in 4. Il étoit Allemand Luthérien. Benoît Pictet a écrit sur le même sujet, & fait imprimer à Leyde en 1677. in 4. Nous avons parlé de lui sur la premiere à Timothée ; & Guillaume Salden dans ses Loisirs Théologiques, imprimez à Amsterdam 1684. in 4.

Georg. Schuvvartzen, de pugna Michaelis & Diaboli, Apocal. XII. ⅴ. 7. dans le tome 2. des Dissertations Philologiques. Il étoit Allemand Luthérien. Ulric Meyer, aussi Luthérien de Leipsic, a écrit sur le même combat, & imprimé à Leipsic en 1715. in 4. La Dissertation de Schuvvartzen a été imprimée séparément à Wittemberg en 1679. in 4.

Sur l'Agneau, sur le fleuve & sur les vêtemens.

Henrici Horchii, de Agno in monte Sion, Apoc. XIV. ⅴ. 1. 2. 3. dans le tome 2. des Dissertations Philologiques. Il étoit Calviniste & Ministre à Francfort. Jean Frideric, dont nous avons parlé sur saint Luc, a écrit sur le ⅴ. 8. Chap. 13. touchant l'Agneau tué dès le commencement du monde, imprimé à Gryphifwald en 1705. in 4.

Deylingius, in Apocal. XVI. ⅴ. 15. Beatus qui vigilat & custodit vestimenta sua, dans les Observations sacrées, tome 2. Chap. 50. De vestium candidarum usu apud Hebræos, ad Apoc. III. ⅴ. 4. VII. ⅴ. 13. t. 3. ibid. Ch. 49. De discessione facienda è Babylone, Apoc. XVIII. ⅴ. 4. ibid. tome 3. Chap. 50.

Jean Meisner, Flumen cristallinum, Apoc. XXII. ⅴ. 1. dans les grands Critiques de la derniére édition, tome 11. C'est une espéce de Commentaire où il décrit le Fleuve de cristal dont parle saint Jean.

Jacques Hasée a fait une Observation sur les vêtemens de ceux de Sardes, Apocal. III. ⅴ. 4. 5. dans la Bibliothéque Philologique, tome 3. p. 253. 316. Il y a vingt Articles.

Des sept Phioles, des sept Sceaux, des sept Eglises.

Henri Burtonis, de la Secte des Indépendans vers 1628. & Anglois, a traité des sept Phioles sur le Chapitre 15. & 16. imprimé à Londres en 1628. in 4. Jean Lomeier, dont nous avons déja parlé, a fait trois Exercitations sur les sept Sceaux. Elles sont dans le tome 2. des Dissertations Philologiques.

François Sengebart, Allemand Luthérien, a fait un Traité des sept Esprits de l'Apocalypse, contre Ribera & Alcasar, imprimé à Goslar en 1618. in 4. Thomas Smith, Anglois & de la Religion Anglicane, a traité des sept Eglises, dans ses Lettres des mœurs des Turcs, imprimées à Oxford en 1672. in 8. Il est mort en 1710. & Jerôme Vechietti dans ses huit Livres de l'Eglise primitive, imprimez à Ausbourg en 1621.

Sur les deux Témoins & sur l'Antechrist.

Jacques Durfeldius, de Westphalie, a traité des deux Témoins de la vérité au Chapitre 11. ⅴ. 3. imprimé à Rostoch en 1638. in 4. & a fait trois Disputes sur les sacrifices, au Chapitre 13. ⅴ. 8. imprimées ibid. en 1642. in 4. Henri Muhlius, Allemand Luthérien, a traité de la destinée des deux Témoins ; ce qui a été imprimé à Kiel en 1702. in 4.

Nous faisons ailleurs un Article particulier sur l'Antechrist. Nous ne parlons ici que du Traité de Malvenda, imprimé in fol. & divisé en onze Livres. Il commence par le Catalogue des Auteurs anciens & modernes qui en ont traité, soit exprès, soit dans leurs Commentaires sur l'Ecriture sainte, soit dans leurs Histoires, soit dans des Traitez de Controverse, ou dans d'autres Ouvrages. Il parle ensuite du nom de l'Antechrist, de sa personne, du tems où il doit paroître, &c. Il finit en soumettant son Ouvrage au jugement du Pape, & marque qu'il l'a achevé le jour de saint Thomas de Cantorbie l'an 1604. de J. C. & au commencement de la trente-huitiéme année de son âge. Il y a beaucoup d'érudition ; mais comme la matiére est obscure & fort incertaine, Malvenda y débite hardiment ses conjectures & celles des autres, sur des oracles dont le véritable sens ne peut être connu certainement des hommes : ce qui rend son Ouvrage plus curieux qu'utile & solide. Il y fait quantité de digressions sur des points d'Histoire & de Critique.

Critique, qui ne font pas ce qu'il y a de moins utile dans ce Traité. C'est le jugement qu'en fait M. Dupin dans fa Bibliothéque Eccléfiaftique.

Sur plufieurs & différens fujets.

Guftave Schrœdterus, Allemand Luthérien, a fait une Differtation particuliére fur l'Auteur de l'Apocalypfe, imprimée à Roftock en 1697. *in* 4.

George Wedelius, dans deux de fes Differtations facrées & profanes, imprimées en Latin à Jéne en 1708. *in* 4. explique ce que c'eft que le bois précieux appellé *Lignum Thyinum*, au ỳ. 12. Chap. 18. & la Defcription qu'il en fait convient fort à l'Arbre qu'on nomme Sabine ou Savinier. Nous avons déja parlé de lui. Nous ajouterons ici qu'il fut un des plus laborieux Auteurs de fa Nation.

Nous avons dans le tome 1. de la Bibliothéque Philologique, p. 139. 155. la fameufe Difpute entre *Antoine Drieffen* & *Herman Deufingius* fur le regne de mille ans, fur la Femme & la Bête de l'Apocalypfe; ce que l'un & l'autre explique en fa maniere & bien différente. Ce que *Drieffen* en dit n'eft qu'un Abrégé d'un plus grand Ouvrage qu'il avoit fait fur ce fujet, & imprimé *in* 4. en 1717. fous le titre de Méditations fur l'Apocalypfe, où il examine 1°. S'il n'y a pas fept périodes de l'Eglife du nouveau Teftament, dont chacune renferme l'efpace de 360. ans. 2°. Si outre ces périodes, il n'y a pas encore un autre efpace de tems de l'Eglife, marqué dans le Chapitre 20. 3°. Il traite des fept Sceaux, des fept Trompettes & des fept Tonnerres, &c. Il a encore donné *ibid*. *in* 4. & la même année, un autre Ouvrage fur toute l'Ecriture, dont il eft parlé dans le même tome de la Bibliothéque Philologique, page 168. Article 1. Il étoit d'Utrecht, & *Deufingius* étoit de Groningue, Calvinifte & Profeffeur en Droit.

Bernard Pierre Karl, Miniftre à Efens en Frife, a donné une Démonftration du tems de la première Vifion Apocalyptique: du Regne de mille ans, en fept Propofitions, dans la Bibliothéque Philologique, tome 2. p. 611. Il a fait auffi des Réflexions fur ce qu'*Antoine Drieffen* a écrit fur le même fujet. Elles font en forme de Lettre, adreffée à *Herman Deufingius*, & fe trouvent *ibid*. p. 961. 981. Il y a ajouté une efpéce d'*Appendix* touchant la Femme dans le défert, au Chapitre 12. ỳ. 6. 14. & touchant la Bête, Chap. 13. ỳ. 5. fur le Dragon, &c. *ibid*. tome 6. p. 1105. 1136.

Dans le tome 3. fe trouve une Obfervation fur le Thrône de Satan, de *Michel Refal*, Profeffeur en Langue Grecque à Groningue: c'eft à la page 93. 103. Il y explique le ỳ. 13. & 17. du Chap. 2. de l'Apocalypfe. Il y a encore dans le même tome, page 104... 132. une Differtation de *Theodore Hafée* fur le même fujet. Elle eft divifée en 18. Articles. Il y traite de toutes les fauffes Divinitez qu'on adoroit à Pergame, & du culte qu'on leur rendoit, particuliérement à Efculape fous la figure d'un ferpent. Il y a beaucoup de Recherches fur l'Antiquité dans cet Ouvrage.

Dans le même Recüeil, tome 4. p. 605. 634. fe trouve une Differtation de *Jean d'Outrein* fur le terme de victorieux, dont il eft parlé au Chapitre 11. ỳ. 7.

Jean Prideaux, Anglois d'Hatford, de la Religion Anglicane, & Evêque de Vorcefter, mort en 1650. a fait un Difcours fur le Livre de Vie, dont il eft parlé au Chapitre 13. ỳ. 8. C'eft le quatriéme de fes Difcours imprimez à Zuric en 1672. *in* 4.

Fin de la cinquiéme & derniere Partie de la Bibliothéque Sacrée.

TABLE ALPHABETIQUE DES NOMS DES AUTEURS.

Dont il est fait mention dans la Bibliothéque Sacrée.

A

Aron, 350. 391. 397.
Abarbanel, 267. 351. 386. 395. 397. 406. 445.
Abelard, 362. 506.
Abendana, 351.
Abichtius, 240. 271. 389. 398. 418. 448. 459.
Abraham, 350. 365. 417.
Abraham Echellensis, 309.
Abram, 238. 245. 354. 367. 368. 374. 376. 383. 399. 410. 413. 453. 454.
Acoluthus, 293.
Acosta (Gabriel) 362. 380.
Acosta (Joseph) 252.
Adam, 269.
Adami, 251.
Adamnanus, 280.
Adams, 523.
Adelkenad, 302.
Ader, 289.
Adrichomius, 282.
Adrien, 245.
Adson, 260.
Agellius, 313. 423. 431. 449. 458.
Agobard, 268.
Ainsworth, 429. 438.
Aitsengerus, 283.
Alain, 320.
Albert le Grand, 527.
Albert (Valens) 391.
Alberti (Frideric) 305. 457.
Alberti (Valentin) 409.

Albrecht, 333.
Alcazar, 528.
Alcuin, 360. 433.
Aleazar, 287.
Alent, 258. 284.
Alesius, 464. 495. 508. 517.
Aléxandre, 249. 277. 370. 371. 373. 374. 376. 398. 407. 413. 434. 438. 470. 500. 505. 524.
Alhamer, 523.
Alischerus, 489.
Allatius, 495.
Allen, voyez Alain.
Alley, 522.
Allyx, 454. 477. 508.
Almeloveen, 438.
Alphen (Van-) 454. 509.
Alstedius, 531.
Althofer, 466. 513.
Altingius, 257. 263. 266. 271. 285. 355. 392. 515. 519.
Altman, 476. 502.
Alvarès, 379.
Alulfe, 338. 527.
Amana, 333. 365. 387. 392. 395.
Ambroise (Saint) 359. 376. 380. 402. 407. 408. 412. 414. 420. 488.
Amelotte, 324.
Amerpoël, 324.
Amesius, 522.
Amyraut, 261. 531.
Anastase Sinaïte, 267. 360.
André de Cesarée, 527.

André (Jean) 452.
André de Leon, 307. 309.
Andula, 350.
Angelocrator, 383.
Angelome, 362. 402. 436.
Angrianus, voyez Ayguanus.
Anquetin, 491.
Anschel, 243.
Anselme, 282.
Anselme de Laon, 340.
Antesignanus, 258.
Antonides, 522.
Antonin (Saint) 527.
Apollinaire, 421. 450.
Aponius, 435.
Aponte (de) 439.
Appien, 284.
Aquila, 333.
Aquin (d') 241. 415.
Arator, 497.
Arboreus, 431. 433.
Arcons, 512.
Arculaire, 405.
Aresius, 437.
Aretas, 527.
Arias Montanus, 247. 253. 260. 282. 286. 288. 302. 332. 372. 399. 406. 452.
Arieh, 260. 386.
Arminius, 508.
Arnaud, 246. 250. 325. 463.
Arndius, 255. 256.
Arnobe, 421.
Arnold, 496.
Arola, 244.

Tome IV.   T 6   Arriola

Arriola (de) 380.
Arrousmith, 273.
Attopæus, 365. 412. 413. 517.
Arest, 490.
Asfeld (d') 246.
Asulanus, 311.
Athanase (Saint) 419.
Athias, 303.
Attersol, 392.
Aubuze (d') 258.
Avellinus, 286.
Avenarius, *voyez* Haberman.
Averbach, 259.
Augustin (Saint) 245. 352. 358. 396. 414. 459. 462. 475. 493. 506. 511. 512. 523.
Aulner, *voyez* Subner.
Aurat (d') 324. 437.
Aureolus, 527.
Aurpert, 436. 526.
Ayguanus, 422.
Ayroli, 404. 454.

B

BACHIARIUS, 407.
Bachman, 525.
Baconthorp, 257.
Badwel, 412. 439. 460.
Baeza, 470. 486.
Baillet, 491.
Baillius, 453.
Baldi, 307. 308.
Balinghem, 245.
Balthasar, 530.
Baltus, 495.
Banès, 513.
Bange, 372.
Bareirius, 282. 409.
Baringius, 489.
Barliet, 454.
Barradas, 382.
Barradius, 463. 469. 486. 489. 494.
Barre (de la) 421.
Barreira, 290.
Bartholin, 289. 482. 490. 496.
Bartholocci, 247. 250. 257. 263. 265. 266. 276. 284. 285. 286. 291. 293. 294. 295. 369. 378. 384. 386. 393. 396. 410. 412. 414. 430. 441. 450. 453. 457. 490. 499.
Basel, 530.
Bashuysen, 255. 285.
Basile (Saint) 359. 441. 445.
Basnage, 258. 262. 270. 273. 285. 286. 408.

Battus, 512. 513. 514.
Baudouin, 290. 479.
Baudry d'Iberville, 517.
Bauman, 378. 400.
Bayerus, 290. 378. 418.
Baynus, 432. 513.
Beaubrun, 251.
Beaumont, 386.
Beauport, 464.
Beausobre, 331.
Beauveau, 284.
Beauxamis, 464.
Bebelius, 255.
Becan (Goropius) 372.
Becan (Martin) 246. 263. 530.
Beccer, 408.
Bechmann, 481.
Becillus, 464.
Becius, 372.
Beck, 291. 394.
Beckius, 307. 409.
Bede, 260. 280. 339. 359. 373. 406. 414. 421. 431. 435. 438. 474. 488. 493. 497. 503. 521. 5 6.
Beer, 356.
Behhai, 356.
Behm, 523.
Beime, 430.
Bellarmin, 238. 423.
Bellegarde, 245. 324. 440.
Bence, 505.
Benefield, 457.
Benjamin, 280.
Benoît (Elie) 495.
Benoît (Jean) 244.
Benoît (René) 312.
Bentley, 335.
Benzelius, 500.
Berengaud, 527.
Berlingher, 508.
Bernard (Saint) 422. 436. 488.
Bernard (Edouard) 264. 277. 286. 290.
Bernardin (Saint) 527.
Beroald, 454.
Berthold, 369.
Bertram, 269. 350.
Besoldus, 408.
Bessin, 481.
Betuleius, 244.
Beutlin, 523.
Beyer, 286. 387. 391. 430. 500.
Bezaleel, 351.
Beze, 329. 331. 472. 495. 505. 530.
Bibliander, 347. 451. 458. 522.

Biel, 487. 501.
Bierman, 509.
Binder, 453.
Bindrimius, 400.
Bineman, 513.
Bircherodius, 466.
Birriet, 469.
Bisciola, 450.
Blanc (Jean le) 400. 500.
Blanc (Theodore le) 499.
Blanc (Thomas le) 423.
Blancuccius, 249.
Bobovius, 311.
Boccius, 430. 459.
Bochart, 269. 282. 288. 379. 387. 389. 391. 406. 409. 417. 430. 438. 459.
Bodius, 513.
Boecler, 317.
Bohem, 387.
Bohl, 446. 458.
Boileau, 447. 512.
Bois (Jean André du) 500.
Bois (Nicolas du) 497. 525.
Boisius, 498.
Boivin, 383.
Bolduc, 328. 372. 415. 525.
Bomberg, 304. 307.
Bonart, 413. 440.
Bonaventure (Saint) 360. 422. 433. 438. 448. 488.
Bond, 386.
Boner, 457.
Bonfrerius, 247. 248. 251. 279. 354. 397.
Bonihominis, 259.
Bonjour, 373. 379.
Bootius, 250. 455.
Borculous, 283.
Bordes (Jacques de) 529.
Boréel, 453.
Bornitius, 262.
Borromée (Fridéric) 320.
Borste, 495.
Bos (Lambert) 314. 473.
Bosen, 512.
Bosius, 517.
Bossuet, 269. 330. 424. 432. 437. 439. 440. 446. 529. 530.
Bouhours, 326.
Bovillus, 446. 494. 499. 511.
Boulese, 453.
Bourghesius, 464.
Boyer, 246.
Bradshaw, 515.
Brancati, 258.
Braunius, 263. 290. 389. 451. 519.
Breidembach, 283. 475.

Brenius,

Brenius, 473.
Brentius, 410. 489. 494. 505. 512.
Brerewood, 286.
Brighman, 530.
Brion, 427.
Brisseius, 490.
Brisselius, 283.
Brocard, 279.
Brocard (Jacques) 259. 391.
Brockman, 519.
Brokevius, 464.
Bromel, 386.
Brondo, 529.
Broughton, 377. 453.
Brown, 289.
Bruccioli, 331.
Bruin, 466.
Brun (le) 277. 403.
Bruner, 247.
Bruno (Saint) 421. 503.
Brunon d'Aſt, ou de Signy, 353. 414. 421. 436. 526.
Brunon de Wirtzbourg, 421.
Brunsfeld, 247. 498.
Brunus, 380.
Bruſmann, 459.
Buccafocus, 519.
Bucer, 329. 399. 459. 494.
Buch, 405.
Bucheim, 454.
Bucher, 292. 501.
Bucherius, 255. 386.
Buddeus, 256. 369. 379. 398. 400.
Bugenhagius, 329. 449. 457. 466. 480. 506.
Bukentop, 246. 524.
Bulengerus, 529.
Bullinger, 494. 497. 506. 530.
Bullocus, 244. 245.
Bunting, 286. 398. 466.
Burgeſſ, 509.
Burman, 266. 411. 444.
Burnet, 365.
Burſcht, 396.
Burton, 266. 447. 531.
Buſch, 374.
Buſquier, 478.
Buſtamantius, 288. 394.
Bureon, 372.
Butner, 478. 489.
Buxtorf, 239. 240. 243. 256. 259. 263. 266. 272. 277. 282. 290. 292. 294. 295. 303. 307. 332. 375. 384. 387. 388. 481.
Bynæus, 291. 477. 479. 482. 496.

C

CAJETAN, 321. 329. 345. 353. 423. 433. 488. 494. 497. 504. 521.
Calaſio (de) 243.
Calignius, 239.
Calixte (Georges) 271. 453. 466. 498. 509.
Calovius, 259. 364. 371. 374. 375. 379. 390. 405. 441. 449. 453. 459. 466. 472. 479. 496.
Calvin, 443. 449. 467. 472. 495.
Calviſius, 275. 453.
Calvœrius, 264. 389.
Camerarius, 441. 506.
Cameron, 472. 494.
Candidus, 409.
Cange (du) 275.
Capelle, 278. 449.
Capiton, 382.
Capnion, voyez Reuchlin.
Cappel (Jacques) 275.
Cappel (Louis) 250. 261. 275. 293. 333. 384. 400. 406. 444. 451. 480. 490. 495. 498.
Caraffe, 312.
Carbon, 369.
Cariophile, voyez Garofalo.
Carmohn, 513.
Caroli, 380.
Carpzovius, 259. 263. 264. 272. 284. 292. 295. 389. 391. 392. 401. 410. 449. 492. 524.
Carranza, 275.
Carrieres (de) 428. 471. 505.
Carro, 266. 351.
Cartwright, 246. 365. 382. 432. 434. 467. 498.
Caſaubon, 290. 491. 498.
Caſſiodore, 245. 419. 421. 527.
Caſtalion, 269. 329. 331. 347. 349. 505.
Caſtel, 238. 241.
Caſtillo (del) 263. 389. 496.
Catardi, 457.
Catharin, 245, 361. 496. 504. 520.
Cauſſin, 403.
Celada, 380. 399. 412. 452.
Cellarius, 258. 281.
Cenalis, 292.
Cene (le) 252.
Cephas (Bar-) 367.
Cerda (Louis de la) 335. 413.

Cermellus, 414.
Ceſar, 444.
Champs-neufs (des) 426.
Charon, 258.
Charpy, 529.
Chaſſagnon, 372.
Chaſtenier, 382. 392.
Cheffontaines, 380.
Chemnitius, 418. 467.
Cherubin de ſaint Joſeph, 237.
Chetardie (de la) 529.
Chevalier, 307. 309.
Chevreau, 268.
Chifflet, 295. 482.
Chil, 308. 309.
Choiſi, 324.
Chrétien, 259. 264. 467.
Chriſtophe de Caſtres, 449. 455.
Chromace (Saint) 475.
Chryſoſtome (Saint) 357. 377. 414. 419. 441. 493. 497. 502.
Chytrée, 441. 494. 517.
Ciaconius, 313.
Cinqarbres, 240. 456.
Clarius (Iſidore) 319. 343.
Claude de Montmartre, 528.
Claude de Turin, 511.
Clemangis, 492.
Clement d'Alexandrie, 441. 520.
Clenard, 238.
Clerc (David le) 250.
Clerc (Etienne le) 250. 514.
Clerc (Jean le) 250. 252. 270. 328. 331. 349. 356. 378. 386. 392. 411. 466. 495.
Clerc (Samuel le) 333.
Clericé (de) 454.
Clingius, 447.
Clitou, 491.
Clodius, 262. 395. 402. 447. 451.
Cloppenburg, 264. 447. 481. 490.
Clotzius, voyez Klotzius.
Cluverius, 467.
Cluverus, 530.
Cobabus, 508. 512.
Cocceius (Joannes) 241. 328. 355. 383. 391. 397. 399. 416. 430. 449. 473. 523. 530.
Cocceius (Joannes Henricus) 261.
Cocq (le) 265. 289.
Cocquelin, 323.
Codure, 323. 328. 379. 415. 520.

Cohlreif,

TABLE ALPHABETIQUE

Cohlreif, 408.
Coler, 378.
Collin, 275.
Colombe, 375.
Colonne (Antoine) 320.
Colonne (Gilles) 362. 436. 506.
Conrad, 261.
Conringius, 270. 286. 490.
Constantius, 378. 389.
Contarini, 504.
Coppen, 521.
Copus, 464.
Copyle, 518.
Corbin, 323.
Cordeosius, 524.
Cordier, 416. 420. 488.
Corius, 382.
Corroy (du) 464.
Corylus, 406.
Cosme l'Egyptien, 261. 396. 441.
Coste, 259. 264.
Coster, 369.
Cotelier, 262.
Cotten, 524.
Cottevius, 530.
Covillon, 508.
Courcelles, 354.
Cousin, 407.
Coutures (des) 323.
Crambsius, 409.
Cramer, 257. 261. 448.
Creidius, 522.
Crinesius, 246. 375.
Crocius (Jean) 456.
Crocius (Louis) 259. 513. 515.
Crœsius, 510.
Crommius, 465.
Crowée, 258. 295.
Croze (la) 242. 274.
Cruciger, 517.
Culens, 265.
Cumberland, 287.
Cunæus, 269. 394.
Cundisius, 524.
Cuper, 413.
Curtius, 447.
Cyprien (Jean) 288.
Cyrille (Saint) 352. 441. 455. 493.

D

Daillé, 514. 515.
Dalechamp, 407.
Daneau, 456. 487. 517. 524. 525.
Danée, voyez Daneau.
Dannhawer, 279. 371. 400. 496. 500. 508. 509.
Danzius, 271. 273. 370. 396. 447. 485. 520.
Dapper, voyez Tapper.
Dassovius, 255. 261. 264. 268. 271. 290. 384.
Dauché, 376.
Dauderstat, 452.
Davenantius, 515.
David, 356.
Deckerius, 262.
Delrio, 245. 247. 362. 437. 449.
Denis (le Chartreux) 341. 504.
Desmarets, 350. 371. 407.
Desmarets (S. Sorlin) voyez S. Sorlin.
Desperius, 529.
Despiers, 248.
Deusing, 356. 379. 430. 496. 532.
Deutschman, 259. 381. 395. 447. 479. 480.
Deylingius, 251. 282. 349. 369. 370. 374. 377. 378. 380. 384. 387. 388. 389. 391. 393. 400. 405. 407. 417. 430. 434. 438. 445. 446. 447. 450. 451. 454. 459. 460. 478. 479. 480. 481. 482. 487. 489. 495. 496. 499. 500. 501. 508. 510. 512. 514. 517. 520. 522. 525. 526. 531.
Dickinson, 365.
Didyme, 511.
Dietericus, 254. 288. 375. 454.
Dieu (Louis de) 239. 290. 348. 473. 498. 506. 507. 521. 530.
Dilhernus, 490.
Dinant, 514.
Dinckelius, 408.
Diodati, 350. 416.
Dodwel, 263. 264. 446.
Dornavius, 371.
Dornkrellius, 467.
Dorschée, 386. 500. 524.
Doubdan, 284.
Doughteius, 473.
Draconites, 301.
Draxus, 467.
Dreschlerus, 294.
Dresser, 264.
Driessen, 532.
Drusius, 247. 286. 328. 347. 370. 379. 383. 397. 401. 416. 441. 443. 449. 451. 452. 456. 460. 472. 498.
Drutmar, 475. 488. 494.
Dubliulius, 284.
Dufour, 238.
Duhamel, 321. 344.
Dunus, 383.
Durand, 384.
Durfeldius, 531.
Durham, 438. 530.
Dybradius, 517.

E

Eckard, 487. 500. 514. 516.
Eckius, 458.
Ectstein, 447. 459.
Ederus, 245.
Edzar, 356. 450.
Eizenchmid, 286.
Elie Levite, 238. 332. 417.
Elie Misdrahhi, 357.
Elie fils de Moyse, 386.
Eliezer, 351. 357. 402. 406. 414.
Elsner, 476. 492.
Empereur (l') 256. 269.
Enfant (l') 331.
Engelbert, 371.
Engelke, 371. 400. 459.
Enherpart, voyez Bonart.
Ens, 474.
Ephraïm, 357.
Epiphane (Saint) 290.
Epiphane, 280.
Episcopius, 267.
Erasme, 301. 329. 470. 489. 494. 497. 504.
Erellius, 395.
Erhenberger, 369.
Erlmann, 450. 501.
Erpenius, 309. 310.
Erythropilus, 467. 509.
Escher, 350.
Espence (d') 516. 518.
Estius, 344. 504.
Ethard de Lainiz, 416.
Etienne de Bray, 507.
Etienne (Henri) 244. 304. 316. 470. 471. 498.
Etienne (Joseph) 460.
Etienne (Robert) 244. 304. 316. 327. 468.
Eucher (Saint) 280. 338. 358.
Eugubio, 423.
Eulard, 245.
Eusebe, 245. 258. 274. 279. 419. 441. 461. 462.
Eustache, 359. 405.
Euthyme, 421. 488.
Ezechias, 357.

DES NOMS DES AUTEURS, &c.

F

Fabricius, 254. 256. 271. 285. 293. 295. 370. 374. 377. 381. 383. 396. 412. 413. 414. 439. 441. 446. 473. 496. 522.
Faës, 481.
Fagius, 307. 308. 356. 364. 445
Fagon, 490.
Faseltus, 487.
Fauftius, 477. 508.
Fayus, 517.
Fecht, 370. 390. 398. 447. 500.
Felibien, 410.
Fellwinger, 454.
Ferrand, 424.
Ferrarius, 529.
Ferus, 382. 392. 395. 415. 448. 457. 475. 494.
Feslen, 479.
Fesselius, 376.
Feu-ardent, 401. 407. 415. 457. 518. 522. 523. 525.
Feuille (de la) 425.
Feuillet, 443.
Fevre (André le) 467.
Fevre d'Etaples (le) 322. 329. 330. 475. 491.
Fevre (Jacques le) 504.
Fevre (Nicolas le) 480. 487.
Fevre (Tanneguy le) 258.
Feurtelius, 483.
Feuskingius, 517.
Fidelman, 401.
Filesac, 252.
Finch, 379.
Firmanus, 529.
Fischer, 378.
Flaminius, 424.
Flavigny, 250.
Flavius, 498.
Fleuri, 146. 294. 326.
Flore (Alphonse de) 440.
Florin, 474.
Flud, 452.
Foerschius, 493.
Folengio, 424. 522. 523.
Fontaine, 428.
Forbès, 530.
Forerius, 442. 455.
Forsterus, 240.
Franck, 240.
Franckenstenius, 518.
François de Sales (Saint) 437.
Franzius, 264. 288. 391.
Frassen, 246. 248. 255. 256.
Freissleben, 390. 483.

Tome IV.

Frentzelius, 485.
Frereisien, 492.
Fretellus, 283.
Freyre, 399.
Frimel, 369.
Frischeus, 490.
Frischmuth, 256. 259. 263. 264. 272. 367. 368 384. 389. 391. 396. 400. 407. 430. 445. 449. 453. 455. 459. 478. 481. 482. 490. 495. 496.
Frizon, 322.
Frommius, 369.
Fromond, 437. 497. 504. 508. 528.
Fronto, 516.
Frosch, 379.
Fuente (de la) 432.
Fullerus, 247. 282.
Fullonus, 460.
Funccius, 531.

G

Gabriel Sionite, 309.
Gagnæus, 424. 475. 497. 504. 521. 528.
Gagnier, 244. 274. 287.
Gaillard, 377.
Galatin, 250. 258.
Galenus, 519.
Gallars (des) 331. 349. 383.
Galliopolitanus, 317.
Galonius, 271.
Gantesvillier, *voyez* Villet.
Ganz, 274.
Gorofalo, 294. 379. 459.
Gastius, 341.
Gataker, 384. 443. 449. 473.
Gatica, 257.
Gaudence, 269.
Gaukes, 350.
Gaulmin, 285. 383. 396. 526.
Gaultier, 524.
Gebhard, 400. 407. 452. 458. 493.
Geier, 259. 295. 370. 429. 432. 453.
Genebrard, 239. 245. 259. 271. 274. 423. 437.
Gentilis, 460. 505. 518.
Georges de Trebizonde, 496.
Georgius (Franc.) 246.
Geremberg, 257.
Geret, 448.
Gerhard (Jean) 364. 452. 457. 467. 517. 524. 531.
Gerhard (Jean Erneft) 265. 395. 405. 408. 492.

Gerschovius, 458.
Gerson, 446. 486.
Gesner, 453. 457. 458.
Geyersberg, 468.
Gezel, 369.
Ghedaliah, 351.
Ghislerius, 437.
Giggée, 334.
Gilbert de Hollande, 436.
Glassius, 239. 251.
Gleichius, 513.
Godeau, 325. 505.
Godefroi (Jacques) 517.
Goérée, 253. 269.
Goetzius, 371. 481. 483. 485. 492. 525.
Goezius (Guillaume) 484.
Goldnerus, 384.
Golius, 241.
Gomar, 293. 386. 457. 489. 512. 514. 515.
Goodwin, 254.
Gordon, 342.
Gorion (Joseph Ben) 274.
Gorse, 324. 440.
Gosman, 374.
Gotter, 370. 484.
Gottlieb, 377.
Gouge, 513. 520.
Goulet, 465.
Goussault, 363.
Gousset, 241. 520.
Grabe, 314.
Graberg, 481.
Grade, 510.
Gramme, 378. 478.
Grandami, 278.
Grapius, 378. 458.
Graserus, 530.
Grave, 333. 530.
Gravelin, 245.
Graverius, 489.
Graverol, 366.
Gravius, 453.
Graun, 489.
Grawerus, 457.
Graxard, 457.
Gregoire le Grand (Saint) 402. 414. 422. 435.
Gregoire de Nysse (Saint) 359. 405. 430. 435. 475.
Gregoire de Rimini, 504.
Gregoire Thaumaturge (Saint) 433.
Gregorii, 166.
Gregory, 317.
Greissing, 391. 479.
Grelot, 525.
Grepsius, 287.
Greter, 495.
Gretser, 487.

V. *Grimani,*

TABLE ALPHABETIQUE

Grimani, 511.
Grisendus, 383.
Groddek, 511.
Gronovius, 483. 499.
Grotius, 348. 387. 439. 441. 495.
Grunemberg, 401. 477. 488.
Grynée, 509.
Gualterius, 473.
Gualtperius, 498.
Guarin, 239. 509.
Guevara, 458.
Gui de Perpignan, 462.
Guiart des Moulins, 322. 323.
Guichard, 240.
Guillaume de Reims, 506.
Guillaume de saint Thierry, 436.
Guillaume de Tyr, 280.
Guillemin, 346.
Guillemot, 372.
Guilliaud, 475. 494. 504.
Guisard, 520.
Gukes, 373.
Gulick, 446.
Gurtler, 446.
Gutbir, 333.

H

HABERMANN, 241.
Habert (Isaac) 516.
Habichhorstius, 388. 400. 418. 447. 452.
Hackspanius, 284.
Hafferenffer, 451.
Hahnius, 269.
Haie (la) Cordelier, 248. 321. 342. 362. 382. 527.
Haie (la) Jésuite, 465.
Haimon d'Halberstad, 421. 503. 527.
Halès (de) 529.
Halgrin, 437.
Halicot, 372.
Hall, 387.
Hamberger, 374. 405.
Hamel (du) 426.
Hamer, 361.
Hammond, 266. 429. 472. 495. 498. 505.
Haner, 394. 479.
Haræus, 344.
Hardouin, 275. 287. 368. 385. 453. 481. 512.
Hardschmidt, 369. 404. 511.
Hardy, 524.
Harentals (Pierre de) 426.
Harkenroth, 484.
Harlay (François de) 330.

Harremberg, 511.
Hartman, 413.
Hartnac, 484.
Harving, 370. 406. 407. 436.
Hasée (Corneille) 369. 492. 496. 514.
Hasée (Jacques) 350. 366. 409. 448. 489. 501. 518. 531.
Hasé (Theodore) 237. 431. 476. 480. 484. 487. 493. 510. 512. 514. 515. 532.
Hatturim, 357.
Hauteville, 367.
Hazart, 392.
Hecht, 396. 526.
Hedinger, 511.
Heerbrand, 264.
Heidegger, 247. 251. 293. 387. 405. 509.
Heidenrich (Barthelemi) 444.
Heidenrich (Isaïc) 444.
Heidman, 282.
Heigel, 412.
Hein, 372. 412.
Heinsius (Christophe) 510.
Heinsius (Daniel) 247. 472. 494.
Hekelius, 482.
Helbig, 355.
Held, 262.
Heling, 454.
Hellerus, 500.
Helvicus (Christ.) 276. 369. 453. 414.
Helvicus (Martin) 453.
Helwigius, 496.
Hemberg, 271.
Henriet, 465.
Hentenius, 335. 521.
Henzel, 369. 396. 525.
Hergog, 508.
Heringer, 413.
Herman, 378.
Herman de Hard, 370. 376.
Herold, 280.
Heroldt, 481.
Hervé, 503. 527. 528.
Herwart, 277.
Heser, 426.
Hesler, 416.
Hesselius, 442. 475. 516. 522. 523.
Hesychius, 390.
Heubner, 285. 366.
Heuman, 496. 523.
Heupel, 369. 390.
Hhaüm, 357.
Hilaire (Saint) 418. 420. 474.

Hilaire Diacre, 502.
Hildebrand, 490.
Hiller, 242. 290. 291. 372. 390. 395.
Hilliger, 371. 394. 396. 400. 454.
Hiltpert, 371. 511.
Himbert, 505.
Himmel, 370. 460.
Hincmar, 438.
Hochmuth, 478.
Hochstetter, 265.
Hody, 250.
Hoeke (Van-) 519.
Hoeschelius, 441.
Hofmeister, 486. 497.
Hoffman, 454. 479. 482.
Hojer, 400.
Holden, 475.
Holkot, 437. 438. 440.
Holsac, 399.
Holstenius, 282.
Homberg, 473.
Homers, 408.
Honnekenius, 513.
Honoré d'Autun, 362. 382. 426. 433. 436.
Hoornebeck, 483. 490.
Hopkinson, 367.
Horchius, 531.
Hornius, 276. 396. 406.
Hospinien, 264.
Hostus, 287. 372. 404. 495.
Hottinger, 239. 241. 252. 256. 265. 266. 285. 287. 295. 329. 366. 523.
Houtuyn, 272.
Hoyer, 483.
Huberus, 492. 518.
Huerga (de la) 294. 415. 516.
Huet, 245. 248. 252. 258. 282. 368. 409. 460.
Hugonet, 363. 373.
Hugues de saint Cher, 340.
Hugues (Nicolas) 369.
Hugues de saint Victor, 375. 399. 402. 422. 433. 448. 494. 504. 527.
Huits, 453.
Hulseman, 459.
Hulsius, 257. 284. 371. 377. 392.
Humbelot, 246.
Humphred, 416. 457.
Huré, 243. 247. 326. 529.
Hus, 462. 509. 527.
Hutcheson, 416.
Hutter, 242. 299. 303. 305. 307.
Hyper, 524.
Hypolyte (Saint) 259. 337. 455. 526.

DES NOMS DES AUTEURS, &c.

J

JACCHIADES, 453.
Jackſon, 411.
Jacob, 251.
Jacob (Jean Nicolas) 496.
Jameſius, 271. 328. 336. 438. 457. 476.
Janſenius de Gand, 424. 432. 438. 440. 463. 469. 486.
Janſenius d'Ypres, 354. 431. 438. 465. 470.
Janſon, 416. 455. 486. 488. 494.
Japhé (Samuel) 366. 383.
Jaquelot, 250.
Jarchi, 351. 459.
Jean Eſronite, 309. 310.
Jean ab Hamm, 388.
Jean Iſaac Lévite, 250. 252.
Jenkins, 525.
Jérôme (Saint) 252. 263. 267. 274. 279. 358. 377. 384. 393. 397. 406. 420. 430. 433. 442. 448. 450. 452. 455. 474. 477. 480. 488. 510. 511. 512. 513. 517. 518.
Jeſſen, 389. 410.
Illyricus, 242.
Imbonati, 258. 286. 294. 295. 296. 383. 387. 394.
Innocent III. 422.
Interbuch, 378.
Joachim, 442. 452. 527.
Joannes à Jeſu Maria, 416. 437.
Jona, 305.
Jonathan, 306. 308.
Jones, 524.
Jonghem, 416.
Jonſton, 264.
Joſeph, 269. 273. 351. 383. 406.
Joſeph l'Aveugle, 306.
Joſſarius, 456.
Irembert, 411. 437.
Iruroſqui (de) 465.
Iſaïas, 399.
Iſel, 478.
Iſerles (Moſes) 266.
Iſidore de Seville (Saint) 352.
Iſmaël, 246.
Iſſachar, 351.
Juda, 366.
Jungermain, 271.
Jungmann, 453.
Jungt, 377. 390. 400.
Junius, 334. 335. 347. 414. 451. 452.
Juſte, 436. 491.
Juſtin (Saint) 267. 338.
Juſtinien (Auguſtin) 301. 328. 424. 521.
Juſtinien (Benoît) 504.
Juſtinien (Fabien) 296. 412.
Juvencus, 462.

K

KARLL, 391. 409. 454. 532.
Karo, voyez Carro.
Kellermanne, 302.
Kempius, 483.
Kempler, 386. 398.
Kepler, 277.
Keſler, 407.
Kettner, 482. 524.
Kidder, 258.
Kieſwetter, 372.
Kimchi, 445.
Kindeler, 495. 510.
Kipping, 405. 484.
Kircher (Athanaſe) 268. 372. 374.
Kircher (Conrad) 242. 243.
Kircker (Henri) 528.
Kirchhoff, 258.
Kirchmaïer (George Gaſpard) 256. 367. 373. 418. 479. 510.
Kirchmaïer (Jean Guillaume) 454. 485.
Kirchmaïer (Sebaſtien) 407. 510.
Kirmeier, 400.
Kirſtenius, 525.
Kisker, 447.
Klebitius, 483.
Klem, 481.
Klotzius, 491. 495.
Klug, 485.
Knatchbull, 506.
Knericht, 379.
Knibbe, 446. 513.
Knobloch, 508.
Kock, 511.
Koehler, 489.
Koenigius, 479. 480. 481.
Koerber, 520.
Konigſmann, 492.
Korthum, 417.
Korthold, 390. 394. 401. 413.
Krackewits, 485. 496. 502.
Krenſchner, 267.
Kromayer, 479. 512.
Kuinretorf, 283.
Kunadus, 484. 485. 512.
Kuſter, 318. 335.

L

LABBE, 276. 287.
Lackſtein, 283.
Lagus, 477.
Lakemacher, 510.
Lambert, 404. 489. 530.
Lami, 245. 261. 287. 385. 463. 481.
Lampe, 237. 291. 396. 481. 496. 501.
Lancæus, 402.
Lancelot, 495.
Lanckiſch, 243.
Landrianus, 446.
Lanfranc, 503.
Langius (Chrétien) 369.
Langius (Jean) 278. 505.
Langius (Jean Michel) 371. 408. 409. 430. 517.
Langius (Joachim) 239. 522.
Langius (Nicolas) 370.
Langius (Rodolphe) 283.
Langlet, 471.
Languord, 410.
Laniado, 397.
Lanus, 369.
Lapide (Cornelius à) 248. 344. 354. 397. 440. 445. 451. 470. 486. 487. 489. 494. 497. 504. 521. 528. 530.
Laſerna, 529.
Laſſen, 418.
Laterburi, 440.
Latinius, 313.
Lattaignant, 471.
Lavaterus, 417. 520.
Lave, 520.
Laverbechius, 485.
Laurelotius, 525.
Laurent, 379. 406. 522.
Lauret, 245.
Lebner, 393.
Lederlin, 499.
Lée, 261. 263.
Leichnerus, 478.
Leidecker, 256. 266. 270. 272. 291. 295. 366.
Leigh, 241. 416.
Lelius, 313.
Lencer, 447.
Lentz, 477.
Leon de Caſtres, 250. 442.
Leon de Juda, 347.
Leon de Modéne, 256.
Leſſius, 250.
Leth, 430.
Letchius, 492.
Levi, 397. 404. 432.
Levinus,

Levinus, 289.
Leufden, 240. 242. 303. 445. 457.
Leuven (Van-) 498. 508.
Liebe, 409.
Liebentants, 377. 379. 387. 389. 454.
Liebenwald, 492.
Lightfoot, 261. 266. 277. 281. 349. 383. 406. 451. 456. 466. 495. 498. 507. 509. 510.
Linckus, 477.
Lindanus, 252.
Linden (Vander-) 498.
Linstrupius, 499. 510.
Lipenius, 409. 459.
Lippoman, 360. 382.
Lipse (Juste) 271.
Lira (Nicolaus de) 504. 527.
Lithman, 392.
Livelejus, 444. 453.
Lobhern, 483.
Lochner, 446.
Locke, 509.
Loefscher, 418.
Loisel, 497.
Lomejer, 334. 335. 531.
Long (le) 237. 251.
Lopès de Montoya, 252.
Lorin, 390. 392. 395. 423. 433. 497. 521. 523.
Loriot, 428.
Louis, 261. 406.
Louis de Leon, 384. 385. 437. 511.
Louvain (Docteurs de) 320.
Lubin, 467.
Luc de Bruges, 244. 335. 345. 440. 451. 470. 486. 489. 494. 497. 504. 519. 521.
Lucius, 514.
Ludolphe (Job) 242.
Ludolphe de Saxe, 423. 462.
Ludwig, 510.
Lundius, 266. 378. 391.
Luz, 417.
Lyde, 294.
Lydiattus, 277.
Lydius, 271. 273.
Lyser, 444. 451. 467. 491. 524.

M

MACE', 278. 323. 381.
Maclot, 278.
Madevisius, 478.
Maets (des) 400.
Magalian, 397. 399. 516. 518.

Magius, 271. 371.
Magrius, 246.
Maillet, 406.
Maimonides, 256. 260. 261. 263. 264. 265. 266. 267. 271. 272. 278. 285. 351.
Maître (Rodolphe le) 323.
Maïus, 246. 250. 251. 265. 284. 288. 318. 390. 394. 448. 467. 479. 493. 519.
Maldonat, 332. 344. 424. 433. 437. 442. 451. 470. 486. 489. 490. 494.
Mallemant, 364. 368. 493.
Malmenius, 497.
Malvenda, 260. 321. 367. 496. 531.
Manahen, 332.
Manso, 433.
Manton, 522. 525.
Maphanatus, 484.
Marca, 477. 478. 490.
Marcel, 397.
Marckius, 355. 367. 396. 456. 530.
Mardochée, 243. 417.
Marens (de) 275.
Mariana, 251. 252. 288. 341.
Marin, 241. 395.
Marius, 382.
Marlorat, 242. 349. 417. 443. 472.
Marmochin, 332.
Marolles (Bernard de) 380. 499.
Marolles (Michel de) 323. 324.
Marquard Freher, 286. 480.
Marsham, 256. 267. 275. 399. 453.
Marthe (Sainte) 325.
Martianay, 276. 279. 326. 336.
Martin (Saint) 498.
Martin (Christophe) 502.
Martin (David) 331. 350.
Martin (Godefroi) 400.
Martin (Jacques) 257.
Martin (Rodolphe) 477.
Martinengue, 361.
Martinès, 282.
Martini, 525.
Martinius, 366. 458.
Masclef, 239.
Masius, 328. 334. 395. 397. 517.
Massæus, 278.
Massaria, 426.
Masson, 491.
Masson (le) 380.
Matthias (Chrétien) 257. 495.

Matthias de Vendôme, 413.
Matthieu de Castres, 464.
Mauconduit, 491.
Maudenus, 412.
Maudeville, 283.
Mauduit, 385. 471. 481. 491. 497. 505.
Maundrell, 284.
Maurice, 268.
Mayer, 381. 400. 407. 418. 485. 493. 497. 499. 509. 513.
Mayr, 238.
Mede (Joseph) 453. 523.
Meelfuhrer, 285. 513.
Megander, 524.
Mege, 427.
Meibomius, 293. 328.
Meïer (Gerard) 447.
Meinhard, 395. 449. 480. 501.
Meir, 417.
Meisner, 366. 375. 455. 531.
Melanchton, 494.
Melicque, 324.
Melo (Gaspard de) 530.
Mendoça, 403.
Mendoza, 477. 497.
Menesse Ben-Israël, 255. 295. 410.
Menochius, 270. 295. 341.
Mentzer, 498.
Mercator, 284. 465.
Mercerus, 361. 401. 416. 434. 438. 444.
Mereken, 474.
Merille, 482.
Mersenne, 287. 361.
Mestrezat, 524.
Meulen (Vander-) 367.
Meuschius, 468.
Mey (de) 288. 290.
Meyer (Barthelemi) 453.
Meyer (Jean) 265. 396. 452. 509. 530.
Meyer (Ulric) 531.
Mezger, 278.
Michaëlis (Georges) 484. 502.
Michaëlis (Jean Henri) 401. 418.
Michterleim, 369.
Middelbourg (Paul de) 384.
Middoch, 241.
Miege, 271.
Mile (Vander-) 373. 375.
Mill, 318. 335. 524.
Milton, 272.
Miranda, 320.
Mirande (Jean Pic de la) 360.
Misdrahhi, 357.
Mitternachius, 377.

Moebius,

DES NOMS DES AUTEURS, &c.

Moebius, 268. 271. 373. 387. 393. 394. 405. 406. 482.
Moine (le) 295.
Mollet (Daniel) 401.
Moller (Daniel Guillaume) 485. 499.
Moller (Guillaume) 269.
Moller (Jean) 375.
Molther, 386.
Monceaux, 270. 384.
Monfa, 471.
Montaigu, 267. 293.
Montanus, 413.
Montfaucon, 242. 333. 351. 413. 519.
Morin (Etienne) 375. 460. 482.
Morin (Jean) 246. 306. 333. 335.
Morin (Jean-Baptiste) 371.
Morin (Pierre) 313.
Moringus, 433.
Morizon, 284.
Mornai, 258.
Morton, 509.
Morus (Aléxandre) 473.
Morus (Henri) 516. 530.
Moses (Nephtali) 351.
Mosheim, 496.
Mothe (de la) 250.
Moulin (du) 468. 516.
Muhlius, 531.
Muis (de) 246. 250. 361. 392. 423.
Muller (André, 484.
Muller (Friderie) 261. 295.
Muller (Godefroi) 288.
Muller (Henri) 484. 490. 510.
Muller (Jean Ernest) 406. 417. 482. 484.
Muller (Jean Georges) 484.
Muller (Jean Jacques) 508.
Muller (Matthieu) 417.
Muller (Michel) 386.
Muller (Nicolas) 278.
Muller (Pierre) 508.
Mulman, 397.
Mundinus, 459.
Munster, 238. 240. 302. 326. 346.
Musculus (André) 379. 452.
Musculus (Wolgang) 443. 494.
Mylius, 457.
Myslenta, 523.

N
Naclantus, 507. 513.
Nannius, 361. 439. 528.
Naogeorgius, 524.
Napier, 530.
Nathan (Mardochée) 243.
Nausea, 412.
Naxera (de) 397.
Neercassel, 246.
Nethenus, 517.
Neubaur, 370.
Neubour, 479. 512. 518.
Neumann, 408. 483. 485. 520. 523.
Nezen, 411.
Nicolaï, 269. 295. 367. 505.
Nicole, 325.
Niehenck, 377.
Niemann (Gaspard) 485.
Niemann (Jean Georges) 492.
Niemann (Sebastien) 492. 531.
Niemeïer, 292. 513.
Nieremberg, 396. 526.
Nisselius, 310.
Nobilius Flaminius, 314.
Noble (le) 324. 477.
Nobten, 511.
Nodin, 382.
Noldius, 239. 277.
Nonnus, 494.
Norisius, 334.
Norrel, 392.
Notker, ou Notger, 236.
Novarin, 470. 497.

O
Ochin, 257.
Ockelein, 386.
Odon d'Ast, 422.
Odon de Cluni, 414.
Oecolampade, 443. 494.
Oecumenius, 497. 502. 521. 527.
Oldius, 478.
Olearius (Godefroi) 476. 501.
Olearius (Jean) 478. 490.
Olearius (Jean Philippe) 374.
Oleaster, 354. 382. 442.
Oliva, 362.
Olivetan, 330.
Olympiodore, 414. 433.
Onkelos, 306. 308.
Opitius, 242. 266. 267. 405. 406. 447. 448.
Origenes, 242. 357. 382. 390. 391. 396. 399. 402. 414. 418. 419. 435. 441. 448. 450. 454. 474. 480. 488. 491. 506.
Ortlob, 370. 389. 395. 396. 401. 408. 482. 501.
Osiander (André) 326 346. 468.
Osiander (Jean Adam) 370. 380. 405. 411.
Osiander (Luc) 326. 346. 441.
Osorius, 415. 433. 437. 439. 442. 456.
Ottius, 514.
Otton (Balthasar, 487.
Otton (Georges) 301.
Otton (Jean Henri) 241. 285. 294. 316.
Otton (Jules Conrad) 241.
Ounam, 266.
Outhove, 398. 430. 448. 476. 481. 487. 490.
Outran, 264.
Outrein (d') 431. 450. 484. 496. 501. 510. 513. 523. 532.
Owen, 377. 519.

P
Padilla, 458.
Paez, 522.
Pagnin, 240. 245. 302. 321. 329. 353. 423.
Palantiet, 426.
Palazzo (de) 519.
Palisse (la) 426.
Palmroot, 388.
Paludanus, 277.
Pamelius, 413. 518.
Panecius, 449.
Pantaleon, 283.
Papebroch, 493.
Parée, 445. 507. 513. 518. 519. 525. 530.
Paris (Docteurs de) 320.
Paris, 426.
Pascal, 283.
Paschase Ratbert, 422. 448. 474.
Paschius (Corneille) 368. 492.
Paschius (Jean) 370. 398. 430.
Pasor, 242.
Pastritius, 287.
Patere (Saint) 338.
Paul de Burgos, 481.
Paulutius, 411.

Tome IV. X Paz

Paz (de) 486. 489.
Pean, 416.
Pearson, 498. 505.
Pelage, 504.
Pelargus, 494.
Pelletier, 267. 273. 287. 288. 290. 291. 372. 393. 406. 491.
Pellican, 301. 327. 329. 346. 417. 441. 472.
Peltan, 431.
Pemble, 458.
Pepin, 382.
Perdiccas, 280.
Pererius, 260. 361. 380. 382. 452. 494. 507. 528.
Perez, 423. 508.
Peritsol, 281.
Perizonius, 271. 292. 376. 396. 483. 491. 514.
Perkins, 525.
Perusinus, 283.
Pestalozzi, 289.
Petachias, 281.
Petau, 275. 453.
Petit, 277. 336. 376.
Petit-Didier, 250. 374. 398.
Petit-pied, 262.
Petræus (Herman) 450.
Petræus (Theodore) 310.
Petri, 497. 504. 523. 525.
Peyre (la) 377.
Peyrere (la) 371.
Pez, 242.
Pezelius, 283.
Pezron, 276. 283. 397. 445. 463. 491.
Pfaff, 350.
Pfefferkorn, 491.
Pfciffenger, 398. 412. 459. 518.
Pfeiffer (Auguste) 254. 261. 264. 293. 294. 370. 400. 457. 483.
Pfeiffer (Jean Philippe) 370. 430. 479. 480. 481.
Pfeiffer (Sigismond) 457. 459.
Pfochen, 474.
Phalesius, 244.
Phelypeaux, 457.
Philman, 378. 390. 501.
Philon, 267. 351. 581.
Philon Carpathien, 435.
Phocas, 280.
Photius, 267.
Phrygion, 391. 517.
Picquigny, 505.
Pictet, 261. 517.
Piénud, 385.
Piercius, 334.
Pierre (Corneille de la) *voyez* à Lapide.

Pierre de Blois, 415.
Pierre Lombard, 423. 462. 504.
Pierre le mangeur, 462.
Pierre Martyr, 399. 404. 449. 509.
Piken, 515.
Pin (du) 248. 250. 324. 355. 425. 445. 529. 530. 531.
Pina (de) 440.
Pineda, 403. 415. 434.
Pintus, 442. 451. 458.
Pirckemer, 491.
Piscator, 327. 347. 472. 498. 505.
Pithou, 269.
Pitron, 376.
Pitsée, 497.
Pius, 292.
Placus, 241.
Plantin, 304.
Pocock, 266. 306. 333. 444. 457.
Poimander, 406.
Poimenand, *voyez* Poimander.
Polanus, 451. 452.
Polman, 388.
Polydore (Gregoire) 511.
Pomarius, 525.
Pomis (de) 241.
Ponat, 266.
Ponce (Basile) 251. 252. 384.
Pontac, 354.
Pontanus, 264.
Pontas, 354.
Pool, 342.
Porto, 399. 408.
Poscanti, 257.
Posner, 490.
Possevin, 236.
Postel, 390.
Potken, 300.
Potter, 530.
Poucheim, 457.
Poussines, 471. 473. 486.
Prado (de) 261. 450.
Prado (de) Ramirese, 473.
Predenius, 509.
Prember, 479.
Preussius, 480.
Pricæus, 419. 472. 489. 498.
Prideaux, 263. 532.
Prieur (le) 371.
Primasius, 503. 504. 526.
Pritius, 318.
Probus, 271.
Procope, 352. 396. 442.
Prosper (Saint) 422.
Puffendorf, 272.
Pugnet, 530.

Puits-Herbaut (du) 323.
Pungeler, 375.

Q

QUARESME, 283.
Quenstedt, 254. 375. 389. 408. 455. 483. 496. 512. 515
Quesnel, 326.
Quien (le) 276.
Quinquarboreus, *V.* Cinqarbres.
Quiros (de) 395. 447. 458. 513. 515. 522. 525.
Quistorpius, 282. 396. 409.

R

RABAN, 339. 413. 438. 440. 450. 455. 460. 503.
Rachnée, 372.
Radeus, 525.
Radulphus, 390.
Ragot, *voyez* Beaumont.
Raias (de) 437.
Raimond (Martin) 258.
Rainold, 453.
Rambert (Saint) 362. 364.
Ramires, 267. 530.
Raoul le Noir, 503.
Raphelengius, 240.
Rapine, 516.
Rappolt, 515. 524. 525.
Ravanel, 237.
Ravius, 243. 328.
Rechemberg, 272. 452. 485.
Redan, 267.
Reehaan, 487.
Regnault, 283.
Reichardt, 502. 511.
Reichman, 496. 510.
Reiherus, 290.
Reimer, 255. 270.
Reimman, 460.
Rein (Van-) 377. 520.
Reineccius, 301.
Reiners, 506.
Reiske, 266. 414. 417.
Reisnerus, 284.
Reland, 254. 281. 287. 476. 499. 515. 518.
Remi d'Auxerre, 362. 421. 503.
Rendtorf, 407.
Renner, 510.
Resal, 532.
Resenavius, 478.
Reuchlin (Antoine) 243.
Reuchlin (Christophe) 373.
Reuchlin (Jean) 240.
Reudenius, 509. 513.

Reve,

DES NOMS DES AUTEURS, &c.

Reve, 396. 405.
Reugolius, 405.
Reuling, 523.
Reuſſel, 396.
Reyherus, 482.
Reyna, 332. 494.
Reyroles, 458.
Rhegius, 444. 465.
Rhenferd, 262. 265. 273. 286.
Rhodius, 408.
Ribera, 251. 252. 260. 406. 455. 456. 494. 519. 528.
Ribouldeau, 263. 388.
Riccioli, 276.
Richard (Barthelemi) 491.
Richard de Midleton, 494.
Richard de ſaint Victor, 402. 406. 450. 527.
Richardſon, 468. 474.
Richterus, 512.
Riclot, 505. 521.
Rigaut, 447.
Riolan, 372.
Ritmeïer, 398.
Ritter, 496.
Rittershuſius, 393.
Rivet, 429. 443. 456.
Rivinius, 368.
Robert, 437. 465.
Robertſon, 241.
Robinſon, 365.
Rocca, 320.
Roell, 513.
Roeſler, 379.
Roger de Bourges, 446.
Roger (Eugene) 283.
Roger (Jean) 523. 524.
Roger (Louis) 371.
Rohr, 290.
Rohrenſée, 401. 404. 407. 483.
Roht, 485. 510. 530.
Rollocus, 509.
Romberg, 257.
Rophé, 264.
Roſſée, 260.
Roſte, 485.
Roſteuſchenus, 481.
Rothard, 405.
Roux (le) 464.
Roxas (de) 465.
Rudbeck, 288.
Rue (de la) 290.
Ruſin, 380. 420. 455.
Rumetius, 289.
Rungius, 509. 522.
Rupert, 353. 436. 494. 504. 527.
Rus, 379. 499.
Ruſbrock, 261. 392.
Ryſtius, 369.

Ryhiner, 447.

S

SA (Emmanuel) 341.
Saalbach, 501.
Saadias (Gaon) 310. 453.
Sachſius, 468.
Saci, 321. 323. 345.
Sadolet, 507.
Sagittarius, 483. 496.
Sahm, 387. 447.
Salamanque (Docteurs de) 320.
Salazar (Etienne) 478.
Salazar (Paul de Palacio) 465. 476.
Salden (Chrétien) 396.
Salden (Guillaume) 293. 394. 414. 447. 510. 531.
Salemanni, 459.
Salien, 275.
Salignac, 283.
Salmeron, 247. 497. 504. 521. 528.
Salmuth, 393.
Salomon Jarchi, 351. 445.
Salomon, fils d'Iſaac, 445.
Salonius, 431.
Salvien, 338.
Samaritains, 286.
Sampſon, 508.
Samſon, 282.
Sanchés, voyez Sanctius.
Sanctius, 401. 403. 415. 437. 438. 440. 442. 451. 455. 497.
Sanden (Van-) 391.
Sanderus, 246.
Sandhagen, 468.
Sandius, 525.
Sanut, 280.
Sarcerius, 289. 404. 506.
Sartorius, 439.
Saſbout, 442. 506. 511. 513. 514. 516. 519. 523. 525.
Saubert, 246. 264. 266. 335. 378. 481. 495.
Saver, 517.
Saumaiſe, 271. 272. 387.
Savonarole, 373.
Sauveur de Leon, 440.
Scacchus, 272. 287. 291. 294. 388.
Scaliger, 265. 274. 275. 285. 387. 490.
Schabatai, 285.
Schade, 418.
Schadée, 444.
Schallerus, 408.
Scharff, 405. 447. 484. 499.

Schaub, 496.
Scheidius, 409.
Schelguigius, 500.
Schelhorn, 418. 480. 506. 508. 514.
Scheliger, 379.
Schepſius, 499.
Scherzer, 378. 459.
Schergenius, 501.
Scheuchzer, 418.
Schickard, 238. 272. 414.
Schildis (de) 393.
Schilter, 458.
Schlater, 509.
Schlegel, 377.
Schlichtingius, 515. 522. 524.
Schlogelius, 483.
Schmaltzius, 394.
Schmid (Chriſtian) 518.
Schmid (Eraſme) 472.
Schmid (Jean) 456. 483. 493. 502. 520.
Schmid (Jean André) 295. 396. 398. 482.
Schmid (Joachim Fridéric) 501.
Schmid (Sebaſtien) 267. 327. 380. 388. 391. 399. 404. 405. 434. 452. 490. 493. 506. 509. 510. 512. 515. 517. 518. 519. 522. 524.
Scholzer, 447.
Schomerus, 519. 522.
Schotan, 242. 400. 523.
Schotellius, 468.
Schott, 247.
Schrader, 400.
Schram (David) 477.
Schramme (Jean Daniel) 448.
Schramme (Jean Henri) 476.
Schreckenfuſch, 308. 309.
Schroder, 304.
Schrodterus, 532.
Schudt, 254. 328. 400.
Schulinus, 480. 501.
Schuppius, 477.
Schurman, 457.
Schurtzfleiſchius, 495. 501.
Schutte, 387.
Schwabius, 500.
Schwartz, 409.
Schwartzen, 482. 531.
Schwettner, 407. 484.
Scopack, 409.
Scultet (Abraham, 434. 505. 517.
Scultet (Chriſtophe) 416.
Scultet (Jacques) 481.
Seaman, 311.

Sedulius

TABLE ALPHABETIQUE

Sedulius Scotus, 503.
Selden, 255. 262. 266. 267. 268. 270. 271. 276. 287. 291. 292. 293. 386. 387. 391. 393. 404. 500. 524.
Selneccer, 380. 439. 468. 522. 524.
Senault, 415.
Sengebart, 531.
Sennert, 263. 372. 377. 388. 400.
Seraphin de Ferme, 527.
Seripand, 511.
Serranus, 390. 465. 530.
Serrarius, 247. 285. 397. 398. 401. 403. 407. 408. 460. 499. 521.
Servet 327. 347.
Servius, 494.
Sgambatus, 284.
Sheringham, 263.
Sherlogus, 255. 370. 381.
Sibelius, 377. 379.
Siberbaur, 245.
Siberius, 501.
Sigelius, 468.
Sigonius, 251. 269.
Silveira, 470. 497. 529.
Silvius, 354.
Simeon, 351.
Simler, 255. 287.
Simon, 242.
Simon de Caffia, 462.
Simon (Jean) 379. 479.
Simon (Richard) 246. 250. 252. 262. 274. 286. 325. 341. 374. 379.
Simson, 288. 523.
Sinnerus, 369.
Siricc, 490. 500. 511. 520.
Sirlet, 312. 324.
Sixte V. Pape, 477.
Sixte de Sienne, 236.
Sleich, 487.
Slevogt, 263. 271. 447. 477. 493.
Sluterus, 495.
Smith (Samuël) 514.
Smith (Thomas) 525. 531.
Socolovius, 486. 489.
Soffings, 495.
Sommerin, 470.
Soarès, 486.
Sopranès, 263. 295.
Sorio, 491.
Sorlin (Saint) 310.
Softman, 258. 454.
Soto, 506.
Soto mayor, 437. 516. 518.
Souciet, 251. 383. 447. 460.

Sountage, 392. 477. 481. 524.
Spanheim, 277. 282. 376. 391. 400. 401. 416. 472. 478. 479. 487. 501. 520. 523.
Spencer (Jean) 256. 263. 264. 265. 267. 386. 388. 389. 391. 446. 500. 513.
Spencer (Jean Jacques) 509.
Sperling, 287.
Sphorno, 356. 417.
Spiegel, 487. 491.
Sponde, 275. 295.
Sprotta, 371.
Staalkopff, 501. 520. 524.
Stapeln, 387.
Stancarus, 522.
Stegmannus, 408.
Stella (Didace) 488.
Stella (Tilman) 283.
Stellartius, 268.
Stepner, 515.
Stevartius, 268. 504. 522.
Steuber, 459.
Steuchius, 404.
Steuchius, 353.
Stiernhielm, 301.
Stockman, 370.
Stohr, 439.
Stolberg, 266. 267. 477. 478. 479. 480. 526.
Stolterforhtus, 501.
Stoltzen, 489.
Strabon Walafride, 340.
Strauchius, 371. 377. 379. 384. 405. 492.
Strezo, 515.
Stridzberg, 478.
Strigel, 328. 404. 444. 460. 506.
Strottman, 408.
Strozza, 511.
Struck, 444.
Struckius, 277. 290.
Stumphius, 525.
Stunica (Didace) *voyez* Zuniga.
Sturmius, 261.
Svantenius, 483.
Subner, 404.
Suicer, 267.
Surenhusius, 257. 266. 271. 285.
Syburgius, 450.
Syling, 501.
Symmaque, 334.
Szattmar, 458. 525.

T

Tapper, 283.
Tarnovius, 449. 513. 514. 515.
Tatien, 461.
Tayler, *voyez* Taylor.
Taylor, 307. 309.
Tena, 245. 519.
Tentzel, 418.
Terentius, 308. 309. 414.
Terillus, 372.
Terser, 328.
Tertullien, 488.
Thadée, 442.
Theodoret, 352. 420. 450. 452. 502.
Theodorion, 334.
Theodule, 503.
Theognoste, 480.
Theophile d'Antioche, 462. 469. 486. 488. 493.
Theophylacte, 488. 493. 502.
Thilo, 482. 499.
Thomas l'Anglois, 521. 527.
Thomas d'Aquin (Saint) 415. 422. 436. 442. 475. 494. 504. 505.
Thomas de Citeaux, 437.
Thomas de Villeneuve (S.) 529.
Thomasi, 428.
Thomassin, 240. 413.
Thorndik, 333.
Thou (de) 433. 449. 457. 458.
Thulemarius, 286.
Thummius, 264.
Tieroff, 373. 378. 401.
Tiersler, 523.
Til (Van-) 261. 271. 288. 294. 368. 382. 443. 458. 468.
Tillemont, 385. 481. 489. 490. 491. 496. 500. 510.
Tiliet (du) 305.
Tirin, 287. 341.
Tissard, 256.
Tite de Bostres, 488.
Titelman, 382. 415. 423. 433. 437. 494. 504. 507.
Tittel 479.
Tobie, 391.
Tohrenus, 289.
Toinard, 464. 481. 490.
Toler, 489. 494. 507.
Torme, 392.
Torniel, 275.
Tosarius, *voyez* Sartorius.
Tostat,

Toſtat, 282. 353. 475.
Tournemine, 380.
Tourneux (le) 507.
Touſſaint (Daniel) 473.
Touſſaint (Paul) 441.
Tremellius, 310. 327. 347. 456.
Trevet, 491.
Treviran, 389.
Trierembergius, 515.
Triglandius, 286. 379.
Triſſin, 382.
Trommius, 243.
Troſtius, 333. 369.
Trotius, 239.
Tufo, 440. 441.
Turner, 273.
Turpin, 287.
Turrecremata, 426.
Turrianus, 313.
Tyndall, 524.

V

VAIR (du) 416.
Valentin (Frideric) 387.
Valentin (Jules Ceſar) 257.
Valere, 320.
Vallandus, 409.
Valle (Laurent) 470. 494. 497. 504. 519.
Valleſius, 289.
Valois, 250.
Valverde, 433.
Van-Baſhuyſen, voyez Baſhuyſen.
Van-Dale, 250. 267.
Vande-Manden, 492.
Vanni, 481.
Van-Rein, 377.
Van-Til, voyez Til.
Vanveſebe, 370.
Varen, 265. 277. 355. 443. 453. 459. 479. 490.
Varryn, 525.
Vaſquès, 513. 515.
Vaſſor, 476. 495. 507.
Vatable, 299. 310. 343.
Vavaſſeur, 415. 446.
Ubertin, 527.
Uden, 371.
Vecchietti, 278. 531.
Vechner, 492. 510.
Vega, 399.
Veget, 406.
Veiclius, 400.
Veil (de) 256. 456. 457. 476. 487. 498.
Veiſſiere, voyez la Croze.
Velaſquez, 514.
Veldius, 452.
Tome IV.

Veleſius, 335.
Veller, 394. 404.
Velloſus, 413.
Velthelmius, 491.
Veltuyck, 257. 285.
Velvood, 269.
Venatorius, 517.
Vera-Crux, 284.
Verhoſt, 460.
Verratus, 465.
Verſe (Noël Aubert de) 529.
Veſeus, 288.
Viccius, 375. 380. 389.
Victor d'Antioche, 486.
Victor de Capouë, 461.
Victorin, 526.
Victorius, 313.
Viegas, 257. 519. 528.
Vielmius, 362.
Vignier, 324.
Vignoles, 275.
Villalpand, 261. 406. 451.
Villanovanus, voyez Servet.
Viller, 263. 388.
Viret, 530.
Virginius, 366.
Viſor, 387.
Vitringa, 261. 262. 271. 379. 443. 451. 530.
Vitry (Jacques de) 283.
Vitry, Jéſuite, 518.
Vivalde, 407.
Vivès, 258. 490.
Vivier (Couet du) 468.
Ulphilas, 301.
Ultre, 477.
Vockerod, 379.
Voëtius, 372.
Vogelius, 492.
Vogler, 289. 405.
Voigt, 499.
Voiſin, 265. 284.
Volzogue, 241.
Vonderhardt, 254. 356. 378. 454. 469.
Vonſtockten, 394.
Vormius, 255.
Vorſtius, 247. 270. 274. 375. 471. 473. 506.
Voſſius (Gerard Jean) 268. 276. 468.
Voſſius (Iſaac) 250. 275. 334. 371. 373.
Urbain IV. Pape, 422.
Urſinus (Fulvius) 314.
Urſinus (Georgius) 285.
Urſinus (Jean Henri) 288. 289. 371. 446.
Uſſerius, 250. 275. 334. 376. 523.
Wading, 245.

Wagenſeil, 265. 285. 293. 294. 394.
Wagnerus (Chriſtophe) 377.
Wagnerus (Godefroi) 486. 492. 512. 525.
Wagnerus (Maurice) 379.
Waldſchmidts, 405.
Wallée, 472. 498.
Wallis, 418.
Walter, 237. 387. 499.
Walton, 247. 251. 300. 307.
Wandalin, 272. 485. 501. 526.
Watlitz, 289.
Waſerus, 286.
Waſmuth, 453.
Waſwitz, 267.
Weberus, 517. 520.
Wedel, 258. 408. 417. 485. 488. 492. 532.
Wegleitter, 369.
Weidling, 459.
Weihenmaier, 510.
Weinmann, 495.
Weiſenborn, 401.
Weiſſembourg, 284.
Weiſſenbach, 482.
Weiſſius, 450. 512.
Wellerus, 513.
Wendeler, 238. 272. 433. 453. 496.
Wendius, 270. 407.
Werembergius, 449.
Werenfels, 409. 448. 455.
Wernsdorf, 491.
Weſten, 455.
Whiſton, 448. 524.
Wichman, 453.
Wideburgius, 483.
Widmanſtadius, 309.
Widmarius, 257.
Wigan, 513.
Wildius, 400.
Wilkens, 520.
Willemerus, 369. 383. 394. 407. 430. 459. 485.
Willet, 453. 507. 525.
Williſchius, 285. 445. 515.
Willius, 444.
Willot, 445.
Winckelman, 377.
Winkler, 484.
Winzern, 480.
Wiſlebius, 418.
Wiſſovatius, 525.
Witaſſe, 386.
Witſius, 256. 269. 281. 286. 441. 446. 450. 454. 455. 525.
Wittichius, 519.
Witzleb, 418.
Woërger, 418. 481. 487.
Y 6 ——— Z 6   Wolder,

Wolder, 299. 301. 456.
Wolf (Jacques) 479.
Wolf (Jean Christophe) 242. 404.
Wolgang, 426.
Wolkelius, 524.
Wolters, 408.
Wolzogue, 241.
Wulfer, 258. 287.
Wulfer, 255.

X

Ximene's, 297.

Y

Ycard, 434.
Yoland, 387.
Yſtella, 362. 382.

Z

Zacharie, 462. 488. 494.
Zamora, 240. 245. 305. 307.
Zecht, 489.
Zege, 336. 472.
Zehner, 407.
Zeidler, 293. 400.
Zeller, 264.
Zeltner, 269.
Zentgrave, 375. 387.
Zepper (Guillaume) 256. 271. 494.
Zepper (Philippe) 256.
Zeſchius, 510.
Zieric, 453.
Ziegler, 283. 413. 469.
Ziegra, 263. 368. 375. 388. 509.
Zimmerman, 267.
Zoëga, 294.
Zuallart, 283.
Zuniga (de) 415. 458.
Zwinger, 288.
Zwingle, 329. 472.

Fin de la Table Alphabétique des Noms des Auteurs.

PERMISSION

PERMISSION DE MONSIEUR L'ABBE'
de Moyenmonstier.

NOUS soussigné Abbé de Moyenmonstier, & Président ou Supérieur général de la Congrégation de S. Vanne & de S. Hydulphe, Ordre de S. Benoit, avons permis & permettons par ces Présentes au R. P. Dom Augustin Calmet, Religieux de la même Congrégation, & Abbé de S. Leopold de Nancy, de faire imprimer le nouveau *Dictionnaire de la Bible*, qu'il a composé ; à la charge néanmoins d'obtenir préalablement les Approbations & le Privilége necessaires à cet effet. Donné en notre Abbaye de Moyenmonstier le vingt-neuviéme jour du mois de Juillet 1721.

D. HUMBERT BELHOMME, Abbé de Moyenmonstier, & Président de la Congrégation de S. Vanne & de S. Hydulphe.

APPROBATION DE MONSIEUR PASTEL,
Docteur, & ancien Professeur de Sorbonne.

J'AI lû par l'ordre de Monseigneur le Chancelier, un Ouvrage intitulé : *Dictionnaire Historique, Critique, Chronologique, Géographique & Littéral de la Bible*, &c. Je n'ai rien trouvé dans cet Ouvrage qui ne soit conforme à la Foy Catholique, & aux bonnes mœurs ; & je crois qu'il sera fort utile à ceux qui s'appliquent à l'étude si nécessaire de l'Ecriture sainte. Fait à Paris ce 13. Novembre 1721. PASTEL.

PERMISSION DU CHAPITRE DE LA CONGREGATION
de saint Vanne.

IL est permis au R. P. D. Augustin Calmet, de faire imprimer son Supplément du Dictionnaire de la Bible, en observant ce qui est prescrit par nos Constitutions. Donné au Deffinitoire du Chapitre Général de la Congrégation de S. Vanne, tenu en l'Abbaye de S. Mihiel le 17. Avril 1725.

PAR ORDONNANCE DU CHAPITRE,

DOM GABRIEL DE RUTANT, Secretaire du Chapitre.

APPROBATION DE M. L'ABBE' DE VILLIERS.

J'AI lû par l'ordre de Monseigneur le Garde des Sceaux, le *Supplément au Dictionnaire de la Bible du R. P. Calmet*, &c. A Paris le 3. Février 1727. DE VILLIERS.

PRIVILEGE DU ROY.

LOUIS, par la grace de Dieu, Roi de France & de Navarre : A nos amez & feaux Conseillers les Gens tenans nos Cours de Parlement, Maîtres des Requêtes ordinaires de notre Hôtel, Grand-Conseil, Prevôt de Paris, Baillifs, Sénéchaux, leurs Lieutenans Civils, & autres nos Justiciers qu'il appartiendra, Salut. Notre bien amé Pierre Emery pere, Doyen des Syndics des Libraires & Imprimeurs de Paris, nous ayant très-humblement fait remontrer, que dans les Lettres de Privilege que Nous lui avons accordées le deuxiéme Février dernier, pour trente années, pour l'impression de tous les Ouvrages du Sieur Abbé Fleury, notre Confesseur, il n'y est fait mention que de son Histoire Ecclésiastique, qui ne fait qu'une partie de ses Ouvrages, ayant encore composé ceux intitulez : le Catéchisme Historique & son Abrégé, les Mœurs des Israëlites, les Mœurs des Chrétiens, Institution au Droit Ecclésiastique, le Traité du Choix & de la Méthode des Etudes, & le Devoir des Maîtres & des Domestiques ; & que comme notre intention avoit été de lui accorder nos Lettres de Privilége pour tous les Ouvrages dudit Sieur Abbé Fleury, il se trouvoit néanmoins

moins privé de cette grace par la seule omission des titres desdits Livres dans nosdites Lettres du deuxième Février dernier ; ce qu'il ne peut faire sans que nous lui accordions de nouvelles Lettres de Privilége, qu'il Nous a très-humblement fait supplier de lui vouloir accorder. À ces causes, voulant favorablement traiter ledit Emery pere, & le récompenser de son application à nous avoir donné depuis quarante ans l'impression de plus de soixante Volumes, tant *in folio*, qu'*in quarto*, dont quelques-uns n'ont pas eu tout le succès qu'il avoit esperé : Nous lui avons permis & accordé, permettons & accordons par ces Presentes, d'imprimer ou faire imprimer tous les Ouvrages dudit Sieur Abbé Fleury, intitulez : *Histoire Ecclésiastique de M. l'Abbé Fleury*, *son Catéchisme Historique avec son Abrégé & en toutes langues*, *les Mœurs des Israëlites & des Chrétiens*, *l'Institution au Droit Ecclésiastique*, *le Traité du Choix & de la Méthode des Etudes*, *& son Traité du Devoir des Maîtres & des Domestiques*. *Commentaire Littéral sur tous les Livres de l'Ecriture sainte*, *avec des Dissertations ou Prolégoménes*, *par le P. Calmet*, *avec son Histoire de l'Ancien & du Nouveau Testament*, *& le Dictionnaire Historique*, *Géographique*, *Chronologique*, *Critique & Littéral de la Bible*, *du même Auteur* : en tels volumes, forme, marge, caractére, en tout ou en partie, conjointement ou séparément, & autant de fois que bon lui semblera, & de les vendre, faire vendre & débiter par tout notre Royaume pendant le tems de trente années consécutives, à compter du jour de la datte desdites Presentes. Faisons défenses à toutes sortes de personnes, de quelque qualité & condition qu'elles soient, d'en introduire d'impression étrangere dans aucun lieu de notre obéïssance, à peine de trente livres pour chaque Volume desdits Ouvrages qui se trouveront contrefaits. Comme aussi à tous Libraires, Imprimeurs & autres, d'imprimer, faire imprimer, vendre, faire vendre, débiter ni contrefaire aucun desdits Ouvrages ci-dessus expliquez, en général ou en particulier, ni d'en faire aucuns extraits, sous quelque prétexte que ce soit, d'augmentation, correction, changement de titre, même de Traduction étrangere, ou autrement, que nous entendons être saisis en quelque lieu qu'ils soient trouvez, sans le consentement exprès & par écrit dudit Exposant, ou de ceux qui auront droit de lui, à peine de confiscation des Exemplaires contrefaits, de dix mille Livres d'amende contre chacun des contrevenans, dont un tiers à Nous, un tiers à l'Hôtel-Dieu de Paris, l'autre tiers audit Exposant, & de tous dépens, dommages & interêts ; à la charge que ces Presentes seront enregistrées tout au long sur le Registre de la Communauté des Libraires & Imprimeurs de Paris ; & ce dans trois mois de la datte d'icelles : Que l'impression desdits Livres ci-dessus spécifiez sera faite dans notre Royaume & non ailleurs, en bon papier & en beaux caractéres, conformément aux Reglemens de la Librairie ; & qu'avant de les exposer en vente, les Manuscrits ou imprimez qui auront servi de copie à l'impression desdits Livres, seront remis dans le même état où les Approbations y auront été données, ès mains de notre très-cher & feal Chevalier Garde des Sceaux de France, le Sieur de Voyer de Paulmy, Marquis d'Argenson ; & qu'il en sera ensuite remis deux Exemplaires de chacun dans notre Bibliothéque publique, un dans celle de notre Château du Louvre, & un dans celle de notredit très-cher & feal Chevalier Garde des Sceaux de France, le Sieur de Voyer de Paulmy, Marquis d'Argenson ; le tout à peine de nullité des Presentes. Du contenu desquelles Vous mandons & enjoignons de faire jouïr ledit Exposant ou ses ayans causes, pleinement & paisiblement, sans souffrir qu'il leur soit fait aucun trouble ou empêchement. Voulons que la Copie desdites Presentes qui sera imprimée tout au long au commencement ou à la fin desdits Livres, soit tenuë pour dûëment signifiée;& qu'aux Copies collationnées par l'un de nos amez & feaux Conseillers & Secretaires, foi soit ajoûtée comme à l'Original. Commandons au premier notre Huissier ou Sergent, de faire pour l'execution d'icelles tous Actes requis & necessaires, sans demander autre permission, nonobstant Clameur de Haro, Charte Normande & Lettres à ce contraires : Car tel est notre plaisir. DONNE' à Paris le dix-huitiéme jour du mois de May, l'an de grace mil sept cens dix-neuf, & de notre Regne le quatriéme. *Signé*, Par le Roi en son Conseil, DE SAINT HILAIRE.

J'ai fait part à M. Mariette de la moitié du présent Privilege, pour ce qui regarde les Ouvrages de M. l'Abbé Fleury seulement. Et de l'autre moitié desd. Ouvrages, comme aussi de la totalité du présent Privilege, pour ce qui regarde les Ouvrages du R. P. Calmet, à Emery mon fils, Saugrain & Martin mes gendres, pour en joüir en mon lieu & place, suivant l'accord fait entre nous. A Paris le 20. May 1719. *Signé*, P. EMERY.

Registré le présent Privilege, *ensemble les Cessions ci-dessus*, *sur le Registre IV. de la Communauté des Libraires & Imprimeurs de Paris*, *page* 480. *Numero* 525. *conformément aux Reglemens*, *& notamment à l'Arrest du Conseil du* 13. *Aoust* 1709. *A Paris le* 16. *Juin* 1719.
Signé, DELAULNE, *Syndic*.

AVIS

AVIS AU RELIEUR.

POUR PLACER LES FIGURES
de cette Nouvelle Edition du Dictionnaire de la Bible.

TOME PREMIER.

Il faut obferver que toutes les Cartes Géographiques, Plans,
& Figures, tant doubles que fimples, doivent
être collées fur des Onglets.

*Le Relieur eſt averti qu'il faut encarter la Figure en Taille-douce du Frontifpice
vis-à-vis la page rouge & noire du Commencement dudit Tome I.*

Monnoies des Juifs. *Premiere Figure*, *ſimple*. } page LXIX.
Monnoies des Juifs. *Seconde Figure*, *ſimple*. - -

Monnoies des Juifs. *Troiſiéme Figure*, *ſimple*. - - } page LXX.
Monnoies des Juifs. *Quatriéme Figure*, *ſimple*. - -

Carte Géographique du Monde ancien, fuivant le partage des
  enfans de Noé, après leur difperſion arrivée à Babel. *Premiere Carte*, *double*.

Carte du Paradis terreſtre, fuivant le fyſtême de M. Huet.
  Seconde Carte, *ſimple*.

Carte du Paradis terreſtre, fuivant le fyſtême de l'Auteur.
  Seconde Carte, *ſimple*.

Carte du Voyage, & Routes des Iſraëlites dans le Déſert, depuis leur fortie d'Egypte, juſqu'au paſſage du Jourdain. *Troiſiéme Carte*, *double*.

Plan & Diſtribution de la Terre de Chanaan, fuivant la viſion
  d'Ezéchiel. *Quatriéme Carte*, *double*.

Carte de la Terre promiſe, dreſſée par le R. P. Dom CALMET,
  Abbé de Senones. *Cinquiéme Carte*, *double*.

Carte particuliere des Pays que les Apôtres ont parcourus, & des
  lieux les plus renommez où ils ont prêché l'Evangile. *Sixiéme Carte*, *double*.

Ces ſix Cartes
Géographiques
doivent être pla-
cées de fuite, à la
fin des Meſures
creuſes, *page*
CXXIV. vis-à-vis
la Feüille A, où
eſt la Vignette.

Victoire d'Abimélech fur Gaal près Sichem. *Figure double*, page - - - 16

Abimélech combat les Sichemites, & les contraint de rentrer dans leur
  Ville. *Figure double*, page - - - - - - 18

Tombeau d'Abſalom. *Figure ſimple*, page - - - 30

Tome IV.   A 7   Défaire

Avis au Relieur pour placer les Figures.

Défaite de l'Armée d'Abſalom par les Troupes de David dans la Foreſt d'Ephraïm. *Figure double*, page — 31

Arbre généalogique des Deſcendans d'Adam & d'Eve, juſqu'au Déluge. *Figure ſimple*, page — 52

Cérémonies des Eaux de jalouſie. *Figure ſimple*, page — 67

Ruines des fameux Jardins, & des vaſtes Baſſins de Salomon, ſelon le Brun, & d'autres Voyageurs. *Figure double*, page — 90

Ancienne Vuë d'Aléxandrie. *Figure double*, page — 110

Défaite des Amalécites au Camp de Raphidim. *Figure double*, page — 116

Vuë de la Ville d'Antioche ſur l'Oronte, en l'état où elle étoit en 1630. *Figure double*, page — 174

Bataille d'Azot; Défaite d'Apollonius par Jonathas. *Figure double*, page — 194

Vuë du Mont Ararat du côté des trois Egliſes. *Figure double*, page — 202

Arche d'Alliance. *Figure ſimple*, page — 207

Plans des trois étages de l'Arche de Noé. *Figure double*, page — 209

Vuë & Elévation de l'Arche de Noé. *Figure double*, page — 210

Vuë de l'Aréopage d'Athénes. *Figure double*, page — 215

Autel des Parfums. *Figure ſimple*, page — 254

Elévation de la Tour de Babel. *Figure ſimple*, page — 167

Plan de la Ville de Babylone, ſelon Herodote & le Pere Kircher. *Figure double*, page — 270

Lavoir, ou Baſſin d'airain, qui étoit dans le Parvis du Tabernacle. *Figure ſimple*, page — 298

Vuë & Plan du Bourg de Béthanie. *Figure double*, page — 317

Vuë de la Caverne de Bethléem, où le Sauveur nâquit. *Figure ſimple*, page — 320

Ordre de la Bataille de Béthoron, ou Bethſure, dans laquelle Judas Maccabée mit l'Armée de Lyſias en déroute. *Figure double*, page — 325

Ordre de la Bataille de Beth-Zachara entre Antiochus Eupator & Judas Maccabée, où Eléazar ayant été écraſé ſous un Eléphant, les Juifs firent une retraite honorable. Nota B. *Cette Figure eſt d'une feuille entiere, & d'une demie feuille qui doivent être jointes & collées enſemble.* Figure triple, p. — 327

Colomnes Jachin & Boos. *Figure ſimple*, page — 350

Plan du Mont Carmel. *Figure double*, page — 386

Déroute de l'Armée de Cendebée par Jean fils de Simon. *Figure double*, p. — 395

Chandelier d'or à ſept branches. *Premiere Figure, ſimple*, page — 411

Chandelier d'or à ſept branches, vû dans une viſion de Zacharie. *Seconde Figure, ſimple*, page — 411

Diverſes Figures de Chérubins. *Figure ſimple*, page — 417

Cérémonies de la Circonciſion des Juifs. *Figure ſimple*, page — 433

Avis au Relieur pour placer les Figures.

Bataille des cinq Rois liguez contre Codorlahomor & ses alliez, dans la Vallée des Bois. *Figure double*, page — 446

Abraham poursuit Codorlahomor, le met en fuite, reprend tout le butin, délivre Loth son neveu, & tous les prisonniers. *Figure double*, page - 447

Vuë de la Ville & du Colosse de Rhodes. *Figure double*, page — 451

Confession des Juifs. *Figure simple*, page — 459

Diverses maniéres de crucifier. *Figure simple*, page — 470

Un des dix Bassins d'airain du Temple de Salomon, qui servoient à laver les Victimes, les Vases, &c. *Figure simple*, page — 482

Daphné près d'Antioche sur l'Oronte, *figure double*, page- — 501

Timothée voulant se saisir de la Forteresse de Dathman, Judas Maccabée vient au secours, & le met en fuite. *Figure double*, page — 508

Caverne d'Engaddi, où David se cacha étant poursuivi par Saül. *Figure simple*, page — 511

Plan souterrain des Tombeaux des Rois d'Israël, tiré de Serlius. *Premiere Figure simple*, page — 516

Vuë & Elévation du Tombeau des Rois d'Israël. *Seconde Figure simple*, page — 516

Funérailles des anciens Juifs, ou Maniére de porter les Morts en terre, *Figure double*, page — 542

A 7 ij   AVIS

AVIS AU RELIEUR,

POUR PLACER LES FIGURES
de cette Nouvelle Edition du Dictionnaire de la Bible.

TOME SECOND.

Il faut observer que toutes les Cartes Géographiques, Plans, & Figures tant doubles, que simples, doivent être collées sur des Onglets.

VUE d'une Ecole des anciens Juifs. *Figure simple*, page	7
Plan de la Ville d'Ephése, selon Pitton de Tournefort. *Figure double*, page	54
David consultant le Grand-Prêtre par l'Urim & Thummim. *Figure simple*, page	56
Estrade, ou Tribune d'airain de Salomon, suivant les dimensions données. 2. Paralip. *Figure simple*, page	82
Cérémonies de l'Expiation solemnelle. *Figure double*, page	100
Habit blanc du Grand-Prêtre pour le jour de l'Expiation solemnelle. *Figure simple*, page	103
Surprise de Haï; Josué taille en piéces tous ses habitans, & réduit la Ville en cendres. *Premiere Figure, double*, page	108
Surprise de Haï; Josué taille en piéces tous ses habitans, & réduit la Ville en cendres. *Deuxiéme Figure double*, page	108
Victoire des Benjamites sur les onze Tribus devant Gabaa. *Figure premiere double*, page	140
Les onze Tribus dressent des embuscades autour de Gabaa, & envoyent dix mille hommes pour attirer les Benjamites. *Deuxiéme Figure, double*, page	140
Défaite des Benjamites par les onze Tribus. *Troisiéme Figure, double*, p.	140
Armure du Géant Goliath. *Figure simple*, page	179
Hauts Lieux consacrez au culte des Idoles. *Figure double*, page	205
Cérémonies de la Consécration de la République des Hébreux par les bénédictions & les malédictions. *Figure double*, page	206
Généalogie des Descendans d'Hérode le Grand. Nota B. *Cette Figure est une feüille entiere qui est imprimée séparément, & se trouve dans le corps de l'Ouvrage au Tome II. à l'article* HERODE, *& a pour signature* L 3 page	224
Autel des Holocaustes. *Figure simple*, page	248
	Différens

Avis au Relieur pour placer les Figures.

Différens Autels des Holocaustes. *Figure simple*, page	249
Vuë & Profil de l'Autel des Holocaustes, selon les Rabbins. *Figure simple*, page	250
Saül délivre les habitans de Jabés, assiégez par les Ammonites. *Figure double*, page	262
Josué défait le Roi d'Asor, & plusieurs Rois liguez contre Israël. *Figure double*, page	264
Coupe de la Grotte de Pathmos, où saint Jean composa l'Apocalypse. *Figure simple*, page	293
Description de l'ancienne Jérusalem, selon Villalpand. *Figure double*, p.	314
Plan nouveau de l'ancienne Jérusalem, selon l'Auteur. *Figure double*, page	315
Siége de Jérusalem par Nabuchodonosor. *Premiere Figure, double*, page	317
Prise de Jérusalem par Nabuchodonosor. *Deuxieme Figure, double*, page	317
Siége de Jérusalem par Antiochus Sidetés. *Figure double*, page	321
Jonathas combat Bacchides, & passe le Jourdain à la nage en présence des Ennemis. *Figure double*, page	395
Tombeau des Maccabées, érigé à Modin. *Figure double*, page	398
Vuë de la Ville & du Port de Joppé, à présent nommée Jaffa, selon les nouveaux Voyageurs. *Figure double*, page	399
Vespasien assiége & prend Jotapat, où Joseph s'étoit enfermé. *Figure double*, page	426
Publication du Jubilé chez les Israëlites. *Figure double*, page	443
Tribunal des XXIII. Juges, selon les Rabbins. *Figure simple*, page	466
Bataille de Laïse entre Judas Maccabée, & Bacchides. *Figure double*, page	488
Figure de la Lance dont Jesus-Christ fut percé. *Figure simple*, page	495
Lépreux qui se présente au Prêtre, pour examiner si la lépre est bien guérie. *Premiere Figure, simple*, page	515
Purification du Lépreux. *Seconde Figure, simple*, page	515
Cérémonie du Lévirat, ou du Déchaussé. *Figure simple*, page	525
Habit des Lévites. *Figure simple*, page	526
Arbre généalogique des Sacrificateurs & des Lévites. *Figure double*, page	527
Plan du Palais de Salomon, appellé la Maison du bois du Liban. *Premiere Figure, double*, page	528
Vuë & Elévation du Palais de Salomon, autrement appellé la Maison du bois du Liban. *Deuxiéme Figure, double*, page	528
Défaite entiére des Madianites par les Israëlites, *Figure double*, page	586
Ancien Plan de l'Isle de Malte, où saint Paul aborda après son naufrage. *Figure double*, page	599
Mandragores artificielles, nuës & vétuës. *Premiere Figure, simple*, page	606

Tome IV.   B 7   *La*

558 *Avis au Relieur pour placer les Figures.*

La Mandragore avec ses fleurs & son fruit, dessinée sur la plante naturelle, au Jardin du Roi, à Paris. *Deuxiéme Figure simple*, page - 606

Le Dudaim, ou le Mauz des Arabes. *Troisiéme figure simple*, page - 606

Ordre & Marche des Israëlites dans le Désert. *Figure double*, page - 620

Ordre de la Marche de l'Armée d'Israël autour de Jéricho. Renversement de cette Ville le jour de la septiéme Marche. *Figure double*, page 621

Siége & Prise de Massada par les Romains. *Figure double*, page - - 637

Bataille de Médaba, & Défaite des Ammonites & des Syriens par les troupes de David. *Figure double*, page 653

Melchisédech en habit royal, selon Cosme l'Egyptien. *Figure simple*, page 661

Mer d'airain du Temple de Salomon. Coupe de la Mer d'airain du Temple de Salomon. *Figure double*, page - - - 673

Expiation d'un meurtre commis en pleine campagne, dont l'Auteur est inconnu. *Figure double*, page - - - 689

Juif tenant le Mezuzoth. *Figure simple*, page - - 689

Victoire des Israëlites sur les Moabites révoltez. *Figure double*, page - 703

Judas Maccabée attaque pendant la nuit Antiochus Eupator près Modin, tuë quatre mille hommes, & le plus grand des Eléphans. *Figure double*, page 706

Systême de la Création du Monde, selon Moyse. *Premiere Figure, simple*, p. 726

Systême de la Création du Monde, selon Moyse. *Deuxiéme Figure, simple*, p. 726

Figures des Instrumens de Musique, dont il est parlé dans l'Ecriture. *Figure simple*, page - - - 741

AVIS AU RELIEUR,

POUR PLACER LES FIGURES de cette Nouvelle Edition du Dictionnaire de la Bible.

TOME TROISIEME.

Il faut observer que toutes les Cartes Géographiques, Plans, & Figures tant doubles, que simples, doivent être collées sur des Onglets.

PLAN de la Ville de Nazareth. *Figure double*, page	21
Plan de la Maison de la sainte Vierge, à Nazareth, sur les fondemens de laquelle on a bâti une Chapelle. *Premiere Figure, simple*, page	22
Elévation & Coupe de la Chapelle de Nazareth. *Seconde Figure, simple*, page	22
Bataille d'Emmaüs où Judas Maccabée mit l'Armée de Nicanor en déroute. *Figure double*, page	34
Plan de la Ville de Ninive, selon Diodore de Sicile, & le P. Kircher. *Figure double*, page	46
Cérémonies de Mariage chez les Hébreux. *Figure simple*, page	51
Arbre généalogique des Descendans de Noé, d'où sont venuës toutes les Nations de la terre depuis le Déluge. *Figure double*, page	57
Plan de la Montagne des Oliviers, selon les nouveaux Voyageurs, *Figure double*, page	79
Onction & Sacre des Rois d'Israël & de Juda. *Figure double*, page	82
La Pâque Judaïque. *Figure simple*, page	120
Vuë de l'Isle & du Port de Pathmos. *Figure double*, page	136
Cérémonies de la Fête des Sorts. *Figure double*, page	208
Offrandes des Prémices portées au Temple de Jérusalem. *Figure double*, page	262
Rachat du Premier-né. *Figure simple*, page	265
Le Grand-Prêtre avec ses ornemens Pontificaux. *Figure simple*, page	270
Habit d'un simple Prêtre. *Figure simple*, page	271
Aaron & ses fils consacrez par Moyse. *Figure double*, page	273
Table des Pains de proposition. *Première figure, simple*, page	294

Avis au Relieur pour placer les Figures.

Table des Pains de proposition. *Seconde figure, simple*, page — 294

Proseuque des Juifs. *Figure double*, page — 296 & 297

Vuë de la Ville & du Port de Ptolémaïde en Phénicie. *Figure double*, page — 308

Plan & Coupe du Puits de Joseph au Caire. *Figure double*, page — 320

Tombeau de Rachel tel qu'on le voit à présent, selon M. le Brun & autres Voyageurs. *Figure simple*, page — 339

Défaite de Timothée par Judas Maccabée sur le Torrent de Jabok, près de Raphon. *Figure double*, page — 350

Pectoral, ou Rational du Jugement. *Premiere figure, simple*, page — 352

Noms Hébreux des XII. Pierres précieuses du Rational du Grand-Prêtre. *Seconde figure, simple*, page — 352

Formalitez des Juifs pour les Lettres de divorce. *Figure simple*, page — 368

Habit cérémonial des Rois d'Ifraël, selon Schaccus. *Figure simple*, page — 385

Cérémonies des Juifs le jour du Sabbat. *Figure simple*, page — 406

Salomon ayant fait bâtir le Temple de Jérusalem, en fait la dédicace au Seigneur. *Figure double*, page — 436

Siége de Samarie par Bénadad: son Armée innombrable est défaite, & mise en fuite par les Valets de pied des Princes d'Ifraël. *Figure double*, page — 444

Divers Faux-Dieux que les Samaritains ont adoré. *Figure double*, page — 450

Saul consultant la Pythonisse, lui fait évoquer Samuël. *Figure simple*, page — 465

Le Sanhédrin, ou Grand Conseil des Juifs. *Figure simple*, page — 473

Siége d'Abéla par Joab. *Figure double*, page — 504

Défaite de Séhon, Roi des Amorrhéens par les Ifraëlites, près Jafa. *Figure double*, page — 508

Bataille de Sémeron: Victoire d'Abia Roi de Juda, sur Jéroboam Roi d'Ifraël. *Figure double*, page — 518

Table ordinaire des dix Séphiroths. *Premiere figure, simple*, page — 526

Table des dix Séphiroths, en forme de cercle. *Seconde figure, simple*, p. 526

Différens Tombeaux des Hébreux. Vuë extérieure. *Premiere figure, simple*, page — 535

Vuë intérieure. Plan intérieur des Tombeaux. *Seconde figure, simple*, page — 535

Vuë intérieure. Plan intérieur des Tombeaux. *Troisiéme figure, simple*, page — 535

Vuë intérieure. Plan intérieur des Tombeaux. *Quatriéme figure, simple*, page — 535

Tombeau de la sainte Vierge, près Jérusalem. Ruines des Tombeaux des Rois d'Ifraël à Jérusalem. *Figure simple*, page — 537

Vuë extérieure du Sépulcre de Notre Seigneur. Vuë intérieure, ou Coupe du Sépulcre de Notre Seigneur. *Figure simple*, page — 537

Serpent

Avis au Relieur pour placer les Figures.

Serpent d'airain élevé par Moyse dans le Défert. *Figure simple*, page - 543

Vuë de la Ville de Rama située à l'occident de Jérusalem, entre Lydda & Joppé. *Figure double*, page - 544

Plan du Mont Sinaï & du Mont Horeb. *Figure double*, page - 570

Débora & Barac défont & mettent en fuite Sifara Général des Armées de Jabin fur le torrent de Cifon. *Figure double*, page 574

Supplice de la Prifon. Autre Prifon ou efpéce de cîterne. *Première figure simple*, page - 600 & 601

Supplice de la Queftion ou du Tympanum. Supplice du Foüet. *Seconde figure, simple*, page 600 & 601

Supplice de la Potence. Supplice de la Lapidation. *Troisième figure simple*, page - 600. & 601

Supplice de l'Epée. Supplice du Feu. *Quatrième figure simple*, page - 600 & 601

Précipiter dans la Mer, dans une Tour pleine de cendres, du haut d'un rocher fur des cailloux. Ecrafer fous des épines. *Cinquième figure simple*, page 600. & 601

Ecrafer fous les pieds des Eléphans. Ecrafer fous des rouleaux. *Sixième figure, simple*, page 600. & 601

Ecrafer fous des traîneaux. Ecrafer fous des chariots armez de pointes de fer. *Septième figure, simple*, page 600. & 601

Arracher les côtez avec des crocs, ou peignes de fer. Brûler les côtez avec des fallots ardens. *Huitième figure, simple*, page - 600. & 601

Supplice du Chevalet. Foüetter le Coupable étendu fur le Chevalet. *Neuvième figure, simple*, page 603

Synagogue des Juifs. *Figure double*, page 608

Tabernacle nud. *Figure simple*, page 616

Tabernacle avec fes couvertures. *Figure simple*, page 617

La grande Hofanna, ou Cérémonies du huitième jour de la fête des Tabernacles. *Figure double*, page 618

Réjoüiffances & Feftins des Juifs, pendant la fête des Tabernacles. *Figure simple*, page 619

Juifs en habit de prières. *Figure simple*, page 621

Parties & Ornemens de l'architecture du Temple, avec leurs mefures, felon Villalpand. *Première figure, double*, page 629

Defcription du Temple de Jérufalem, felon Villalpand. *Seconde figure, double*, page 629

Coupe du Sanctuaire de Salomon. *Figure simple*, page 629

Plan nouveau du Temple de Salomon, fuivant l'Auteur. *Première figure, double*, page 630

Vuë & Elévation du Temple de Salomon. *Seconde figure, double*, page - 630

Plan du Temple de Salomon, avec la defcription des parties dont il étoit compofé, dreffé par Mr. Prideaux, Doyen de Norwich, fur les

Tome IV.   C 7   moyens

562 *Avis au Relieur pour placer les Figures.*

moyens que fournissent l'Ecriture Sainte, Joseph, & le Thalmud. *Figure double*, page — 634

Plan du Temple, rebâti par Hérode le Grand. *Premiere Figure, double*, page — 640

Coupe & Profil du Temple de Jérusalem, rebâti par Hérode le Grand. *Seconde Figure, double*, page — 640

Vuë & Elévation du Temple de Jérusalem, rebâti par Hérode le Grand. *Troisiéme Figure, double*, page — 640

Thephilims, ou Philacteres des Juifs. *Figure simple*, page — 646

Plan du Mont Thabor & des environs. *Figure double*, page — 653

Figures des Téraphims, selon les Juifs. *Figure simple*, page — 672

Femme Juive avec son voile & ses riches parures. *Premiere Figure, simple*, page — 675

Femme Juive allant à la Synagogue. *Seconde Figure, simple*, page — 675

Ruines de Tibériade, selon M. le Brun & autres Voyageurs. *Figure double*, page — 684

Embrasement de la tour de Sichem, par Abimélech. *Figure double*, page — 701

Plan du Camp des Israëlites dans le Désert, avec le nombre des hommes depuis 20. ans & au-dessus, capables de porter les armes; montant en total à 625850. suivant le dénombrement rapporté dans les Nombres, ch. I. II. & III. *Fiugre double*, page — 711

Description du Camp d'Israël, autour du Tabernacle dressé dans le Désert. *Figure double*, page — 712

Vuë de la Ville & du Port de Tripoly en Syrie. *Figure double*, page — 714

Trone de Salomon d'yvoire, revêtu d'or. *Figure simple*, page — 718

AVIS AU RELIEUR.

POUR PLACER LES FIGURES de cette Nouvelle Edition du Dictionnaire de la Bible.

TOME QUATRIEME.

Il faut observer que toutes les Cartes Géographiques, Plans, & Figures, tant doubles que simples, doivent être collées sur des Onglets.

CEREMONIES du Sacrifice de la Vache rousse, brûlée hors du Camp d'Israël. *Figure double*, page   2

Idolâtrie des Israëlites dans le Désert. *Figure simple*, page - 10

Figure du Métier que Braunius a fait construire, sur lequel on peut travailler des tuniques avec des manches toutes d'une piéce, & sans couture. *Premiere Figure, simple*, page - - - 26

Explication de la figure du Métier. *Seconde Figure, simple*, page - 26

Représentation exacte de la Robbe de Notre Seigneur, gardée précieusement dans l'Eglise de Tréves. *Figure simple*, page - - 28

Tombeau de Zacharie. *Figure simple*, page - - - 80

Défaite de Zara Roi d'Ethiopie, par Asa Roi de Juda, dans la Vallée de Séphata. *Figure double*, page - - - 82

CATALOGUE

CATALOGUE DES LIVRES

IMPRIMEZ A PARIS,

Chez { EMERY, à Saint Benoist. SAUGRAIN Pere, à la Fleur de Lys. PIERRE MARTIN, à l'Ecu de France. } *Quay des Augustins.*

Oeuvres de Monsieur l'Abbé FLEURY, *Confesseur du Roy.*

HISTOIRE Ecclésiastique, 28. volumes *in-quarto.*
Tous les Volumes se vendent séparément.
La même Histoire Ecclésiastique, 28. volumes *in-douze.*
Discours sur l'Histoire Ecclésiastique, 2. vol. *in-douze.*
Cathéchisme Historique contenant en abrégé l'Histoire Sainte & la Doctrine Chrétienne, nouvelle Edition, avec 30. figures en taille-douce, 2. vol. *in-douze.*
Le même, abrégé, *in-seize.*
Le même, en Latin, *in-seize.*

Cathéchisme des Fêtes & autres solemnitez de l'Eglise, nouvelle Edition, corrigée & beaucoup augmentée, *in-seize*
Les Mœurs des Israëlites, *in-douze.*
Les Mœurs des Chrétiens, *in-douze.*
Les mêmes Mœurs des Israëlites & des Chrétiens, en un volume *in-douze* de petit caractére.
Institution au Droit Ecclésiastique, nouvelle Edition, 2. vol. *in-douze.*
Traité du choix & de la méthode des Etudes, *in-douze.*

Oeuvres du R. P. Dom AUGUSTIN CALMET, *Religieux Bénédictin Abbé de Senones.*

COmmentaire Littéral sur tous les Livres de l'ancien & du nouveau Testament, 26. volumes *in-quarto.*
Le même en grand papier.
Tous les Volumes se vendent séparément.
La Genése.
L'Exode & le Lévitique.
Les Nombres & le Deutéronome.
Josué, les Juges, & Ruth.
Les IV. Livres des Rois, 2. *volumes.*
Les Paralipoménes.
Esdras, Tobie, Judith, & Esther.
Le Livre de Job.
Les Pseaumes, 2. *volumes.*
Les Proverbes, l'Ecclésiaste, le Cantique des Cantiques, & la Sagesse de Salomon.

L'Ecclésiastique.
Le Prophéte Isaïe.
——— Jérémie & Baruch.
——— Ezéchiel & Daniel.
Les douze petits Prophétes.
Les IV. Livres des Maccabées.
L'Evangile de Saint Matthieu.
——— de Saint Marc & de Saint Luc.
——— de Saint Jean.
Les Actes des Apôtres.
Les Epîtres de Saint Paul, 2. *volumes.*
Les Epîtres Canoniques, & l'Apocalypse.
Les nouvelles Dissertations, avec les variétez de Leçons des Evangiles.
Le même Commentaire sur toute la Bible, en 9. vol. *in-folio.*
Le même en grand papier.

Tome IV.   D 7

Histoire de la Bible & des Juifs, suivant l'ordre des tems, pour servir d'Introduction à l'Histoire Ecclésiastique de M. l'Abbé Fleury, 2. vol. *in 4°.* enrichis de vignettes en taille-douce à chaque Livre, de Plans & de Cartes Géographiques de la Terre Sainte.
La même en grand papier.
La même Histoire en 7. vol. in-douze.
Dictionnaire Historique, Critique, Chronologique, Géographique, & Littéral de la Bible, enrichi d'un grand nombre de vignettes historiques, & de plus de trois cens figures en taille douce, qui représentent les antiquitez des Hébreux & des Juifs, leurs Temples, leurs cérémonies, leurs habillemens; les vuës des principales Villes de la Terre Sainte, les ordres de batailles, les machines de guerre, & les plus fameux siéges dont il est fait mention dans l'Ecriture Nouvelle Edition, revuë, corrigée, augmentée, & dans laquelle le Supplément a été exactement refondu; 4. vol. *in-folio.*
Le même Dictionnaire en grand papier.
Dissertations qui peuvent servir de Prolégoménes de l'Ecriture Sainte, avec figures, 3. vol. *in-quarto.*
Les mêmes en grand papier.
Histoire de la Vie & des Miracles de Jesus-Christ, par le même Auteur, enrichie de 24. figures en taille-douce, & d'une Carte géographique de la Terre Sainte. Seconde Edition, revuë, corrigée & augmentée, *in-douze.*
Commentaire Littéral abrégé sur tous les Livres de l'ancien & du nouveau Testament, avec la Version Françoise, par le R. P. Dom Pierre Guillemin, Religieux Bénédictin, 3. vol. *in-octavo.*
Explication des Textes difficiles de l'Ecriture Sainte, que tous les Commentateurs jusqu'à présent n'ont ni bien entendus, ni bien expliquez: Ouvrage enrichi d'antiques gravées en taille-douce, par le R. P. Dom Jacques Martin, Religieux Bénédictin, 2. vol. *in-quarto.*

Biblia sacra versiculis distincta, Lugduni, in-quarto, & 7. vol. in-douze.
Histoire Chronologique de la grande Chancellerie de France, ci-devant composée par le Sieur Tessereau, revuë de nouveau, & considérablement augmentée par Messieurs les Procureurs-Syndics de la Compagnie des Secretaires du Roy, 2. vol. *in-fol.*
Recüeil des Arrêts les plus remarquables donnez en la Cour de Parlement de Paris, mis au jour par M. Claude Henrys, augmenté dans cette nouvelle Edition de plusieurs Questions trouvées dans les Manuscrits dudit sieur Henrys; & revû, corrigé & augmenté de plusieurs Observations & Questions nouvelles, par M. Bretonnier, Avocat en Parlement, 2. vol. *in-fol.*
Recüeil par ordre alphabétique des principales Questions de Droit, qui se jugent diversement dans les différens Tribunaux du Royaume, avec des Réflexions pour concilier la diversité de la Jurisprudence, & la rendre uniforme dans tous les Tribunaux, par le même, *in-douze*, nouvelle Edition.
Institution au Droit François, par M. Argou: nouvelle Edition, corrigée & augmentée d'une Table des Matiéres, très-utile; par le même, 2. vol. *in-12.*
De l'Education des Filles, par M. de Fenelon Archevêque de Cambray, nouvelle Edition considérablement augmentée, *in-douze.*
Le parfait Maréchal, qui enseigne à connoître la bonté, & les défauts des Chevaux; leurs maladies, & les remédes pour les guérir, &c. par M. de Soleysel, *in quarto.*
Recüeil de Piéces curieuses, tant en prose qu'en vers, rassemblées & corrigées par M. de la Monnoye, 2. vol. *in-octavo.*
F. Sylvii Commentaria in D. Thomam, nova Editio, 4. vol. *in-fol.*
Apologie de la Morale des Peres de l'Eglise, contre les injustes accusations de Barbeyrac, par le R. P. Dom Remy Cellier, Religieux Bénédictin, *in-quarto.*
Paraphrase sur les Epîtres de Saint Paul, par le R. P. Dom Riclot, Religieux Bénédictin, 3. vol. *in-douze.*
Nouvelle Histoire du Concile de Constance, avec de nouvelles Preuves, par M. du Chastenet, *in-quarto.*
La Vie des Riches & des Pauvres, par M. de Villethiery, un vol. *in-douze,*
Deux Traitez du même Auteur, l'un de la Flaterie, & l'autre de la Médisance, un vol. *in-douze.*
Voyages en divers Etats d'Europe & d'Asie, par le R. P. Ph. Avril. de la Compagnie de Jesus, un vol. *in-quarto.*
Voyage de Thomas Gage aux Indes Occidentales, avec figures, 2. vol. *in-douze.*
Coutume d'Orleans, 2. vol. *in-fol.*
Thesaurus Anecdotorum, Auct. P. Martene, 5. vol. *in-fol.*
Les Oeuvres de Pasquier, 2 vol. *in-fol.*

Dictionnaire universel François & Latin, par Furetiere, imprimé à Trevoux, 5. vol. *in fol.*

L'Antiquité expliquée du P. Montfaucon, 10. vol. *in-fol.* grand papier.

———— *Idem*, petit papier.

Supplément à l'Antiquité du P. Montfaucon, 5. vol. *in-fol.* petit papier.

———— *Idem*, petit papier.

Traité des Duels, par Brantôme. *in-12.*

Mémoires de Bassompierre, 4. vol. *in-12.*

———— de la Minorité de Louis XIV. 2. vol. *in-douze.*

———— de Montrésor, 2. vol. *in-douze.*

———— de Villeroy, 7. vol. *in-douze.*

———— de Sully, 12. vol. *in-douze.*

Pensées sur la Comete, 4. vol. *in-douze.*

Histoire d'Angleterre depuis le commencement de la Monarchie jusqu'à présent, par M. Rapin Toyras, seconde Edition, 10. vol. *in-4°.* avec fig. 1726.

Les Révolutions d'Angleterre, du Pere d'Orleans, augmentées jusqu'à Guillaume III. 4. vol. *in-douze* avec figures.

Histoire des dernieres Révolutions d'Angleterre, par Burnet, 4. vol. *in-douze.*

Les mêmes, 2. vol. *in-quarto.*

Les Essais de Michel Seigneur de Montaigne, avec les Notes de M. Coste, sur l'Edition de Londres, 3. vol. *in-quarto.*

Les mêmes, en 3. vol. *in-douze.*

Entretiens sur les Vies & les Ouvrages des plus excellens Peintres; la Vie des Architectes; les Conférences de l'Académie Royale de Peinture; la Description des Maisons de Pline, & celle des Invalides, par M. Felibien, 6. vol. *in-douze* avec figures, Trevoux 1725.

Recüeil de Piéces galantes en prose & en vers, de Madame la Comtesse de la Suze, & de M. Pelisson, 4. vol. *in-douze*, Trevoux 1725.

Le Droit de la Guerre & de la Paix, par Grotius, avec les Notes de Barbeyrac, 2. vol. *in-quarto.*

Abrégé Chronologique de l'Histoire de France sous les Regnes de Louis XIII. & Louis XIV. pour servir de suite à celui de Mezeray, 3. vol. *in-douze.*

Le même, *in-quarto.*

Nouvelle Histoire de France, depuis le commencement de la Monarchie jusqu'à la mort de Louis XIII. par M. le Gendre, 8. vol. *in-douze.*

Dictionnaire Royal, François-Anglois, & Anglois-François, par M. Boyer, 2. vol. *in-quarto.*

Recueil des Commentateurs sur toutes les Coutumes de Picardie & du Vermandois, avec des Notes & des Explications nouvelles, 4. vol. *in-fol.* Paris 1726.

Dictionnaire des Cas de Conscience, ou Décisions des plus considérables difficultez touchant la Morale & la Discipline Ecclésiastique, par Messire Jean Pontas, Docteur en Droit-Canon, Sous Pénitencier de l'Eglise de Paris: Nouvelle Edition, revûë, corrigée, & considérablement augmentée, en trois vol. *in-fol.*

Nouveaux Réglemens pour l'Administration de la Justice, avec les Tarifs des Droits dûs aux Officiers, pour leurs frais & salaires, & la Taxe des dépens de tous les Procez, 2. vol. *in-douze,*

Le Praticien des Juges & Consuls, ou Traité de Commerce de Terre & de Mer, à l'usage des Marchands, Banquiers, Agens de Change, & Gens d'affaires; 2. vol. *in-douze*, sous presse.

Traité général du Commerce, plus ample & plus exact que ceux qui ont paru jusqu'à présent, par Samuel Ricard, *in-quarto.*

L'Ordonnance des Eaux & Forests, augmentée jusqu'à présent, *in 24.*

La Conférence de l'Ordonnance des Eaux & Forests, avec les anciennes Ordonnances, Edits, Déclarations & Réglemens rendus en interprétation depuis l'an 1515. jusqu'à présent; contenant les Loix Forestieres de France; 2. vol. *in-quarto.*

Relation du Voyage du Royaume d'Issini, Côte d'or, Pays de Guinée en Afrique; par le R. P. Loyer Dominiquain, *in-douze*, avec figures.

Le Code des Commensaux, contenant tous les Edits, Déclarations & Réglemens concernant les Priviléges, Franchises, Libertez, Immunitez, Exemtions, Rangs, Préséances, Droits honorifiques, & autres Prérogatives des Officiers, Domestiques & Commensaux de la Maison du Roi, & des Maisons Royales, *sous presse.*

Le Code des Chasses, ou Nouveau Traité du droit des Chasses, suivant la jurisprudence de l'Ordonnance de Louis XIV. du mois d'Aoust 1699. mise en conférence avec les anciennes Ordonnances, Edits, Déclarations, Arrests, Réglemens, & autres Jugemens rendus sur le fait desdites Chasses; où l'on a joint les Notes des meilleurs Auteurs, & des nouvelles Remarques pour l'intelligence de cette Jurisprudence; nouvelle Edition augmentée, 2. vol. *in-12.*

Recueil de plusieurs Arrests notables de

M. Loüet, par Brodeau; derniere Edition, 2. vol. *in-fol.*
Le nouveau Praticien François de M. Lange, 2. vol. *in-quarto.*
Dictionnaire universel de Justice, Police & Finances, par M. Chasles, 3. vol. *in-fol.*
Nouveau Dénombrement du Royaume, par Généralitez, Elections, Paroisses & Feux, où l'on trouvera sur chaque lieu tout ce qu'il renferme, & toutes les Justices ; seconde Edition augmentée d'un tiers, *in-quarto*, 2. vol.
Recuëil d'Edits, Arrests & Réglemens concernant les Mariages ; nouvelle Edition *in-douze*.
——— concernant les Manufactures, *in-douze*.
La Vie de Dom Pierre le Nain, Religieux de la Trappe, *in-douze*.
Les Curiositez de Paris, de Versailles, de Marly, de Vincennes, de Saint Cloud, & des environs, avec les Antiquitez justes & précises sur chaque sujet : Et les Adresses pour trouver facilement tout ce qu'ils renferment d'agréable & d'utile : Ouvrage enrichi d'un grand nombre de figures en taille-douce, 3. vol. *in-douze*
Nouveau Voyage de France, Géographique, Historique & Curieux, disposé par différentes Routes, à l'usage des Etrangers & des François, contenant une exacte Explication de tout ce qu'il y a de singulier & de rare à voir dans ce Royaume. Avec les Adresses pour trouver facilement les routes, les voitures & autres utilitez nécessaires aux Voyageurs : Ouvrage enrichi d'une Carte de la France, & de figures en taille-douce, *in-douze*.
Les Mœurs des Sauvages Amériquains, comparées aux mœurs des premiers tems, où il est savamment traité de l'origine, du caractére, de la Religion & du Gouvernement politique, des Mariages & de l'Education ; des Occupations des hommes & des femmes ; de la Guerre & du Commerce ; de la Chasse & de la Pêche, des Jeux, des Maladies & de la Médecine ; des Fêtes, des Morts, des Sépultures, du Deüil, & autres Coutumes des Sauvages & des Peuples de l'Amérique ; par le R. P. Lafiteau, de la Compagnie de Jesus. Ouvrage enrichi de figures en taille-douce, 2. vol. *in-quarto.*
Le même en 3. tomes *in-douze* avec les mêmes figures.
Dictionnaire Universel de la France, Ancienne & Moderne, & de la Nouvelle France, traitant de tout ce qui y a rapport, soit géographique, étymologique, historique, ecclésiastique, & curieux, dans lequel on trouvera les noms, la situation & la description de toutes les Provinces, Montagnes, Fleuves, Riviéres, Villes, Bourgs, Villages, & Communautez du Royaume ; & sur chaque lieu le nombre des Habitans, les Mœurs, &c. Les Forests, Mines, Miniéres, les Eaux Minérales, & autres curiositez & utilitez, 3. vol. *in-fol.*
La Religion des Gaulois, tirée des plus pures sources de l'Antiquité, contenant la connoissance parfaite de la Religion de toutes les Nations, que les Anciens appelloient Celtiques ; les Gaulois, les anciens Bretons, les Germains depuis le Rhin jusqu'au Danube, & de-là jusqu'au Boristhéne & au Pont-Euxin ; les Celtibéres, les Habitans de la Gaule Cisalpine, les Galates de Phrygie, les Scordistes de Pannonie, les Celto-Scythes, & autres Peuples, dans les veines desquels couloit le sang Gaulois. Par le R. P. Dom Jacques Martin, Religieux de la Congrégation de S. Maur. Ouvrage enrichi de beaucoup de figures en taille-douce, *in quarto*.
Le même en grand papier.
Nouveau Voyage en Guinée, Isles Voisines, Cayenne & Guyanne, en 1724. 1725. & 1726. avec des Cartes nouvelles & beaucoup de figures, *in-douze*, 4. vol.
Traité de l'Art Métallique, dans lequel on développe les Secrets de l'Art, & les moyens d'y réüssir, *in-douze*, avec fig.
Jugemens des Sçavans, qui ont traité de la Rhétorique, avec un Précis de la Doctrine de ces Auteurs, par M. Gibert, 3. vol. *in-douze.*
Epîtres, Evangiles de toute l'Année, *in-12.*

On trouvera chez les mêmes Libraires toutes sortes de Livres, Peres, de l'Eglise, Théologiens, Histoire, Belles lettres, Dictionnaires, Droit-Canon, & Civil, &c.

www.ingramcontent.com/pod-product-compliance
Lightning Source LLC
Chambersburg PA
CBHW070359230426
43665CB00012B/1175